ENZYKLOPÄDIE DER BAYERISCHEN TAGESPRESSE

ENZYKLOPÄDIE
DER
BAYERISCHEN TAGESPRESSE

Herausgegeben
im Auftrag und mit Unterstützung des
Verbandes Bayerischer Zeitungsverleger e. V.

von

Hans Wagner
Ursula E. Koch
Patricia Schmidt-Fischbach

VERLAGSGRUPPE JEHLE-REHM

München 1990

ISBN 3-8073-0833-4

in der
Verlagsgruppe Jehle-Rehm
Vogelweideplatz 10, 8000 München 80

Technische Herstellung:
Mittelbayerische Druckerei- und Verlags-Gesellschaft mbH, Regensburg
und Neue Presse Verlags-GmbH, Passau

Inhaltsverzeichnis

VORWORT des Verbandes Bayerischer Zeitungsverleger e. V. 7

VORWORT der Herausgeber 9

HANS WAGNER
Zeitungsland Bayern 17

DIE ZEITUNGSSTADT MÜNCHEN 73

„Bayerische Staatszeitung“ 75
„Süddeutsche Zeitung“ 87
„Münchner Merkur“ und „tz“ 107
„Abendzeitung“ 125

REGIERUNGSBEZIRK OBERBAYERN 137

„Land- und Seebote“ 139
„Ammersee-Kurier“ 151
„Oberbayerisches Volksblatt“ 159
„Trostberger Tagblatt“ und „Altbayerische Heimatpost“ 167
„Traunsteiner Wochenblatt“ 183
„Berchtesgadener Anzeiger“ 193
„Reichenhaller Tagblatt“ 207
„Donau Kurier“ 217

REGIERUNGSBEZIRK NIEDERBAYERN 239

„Straubinger Tagblatt“ 241
„Hallertauer Zeitung“ 251
„Passauer Neue Presse“ 259

REGIERUNGSBEZIRK OBERPFALZ 271

„Mittelbayerische Zeitung“ und „Die Woche“ 273
„Der neue Tag“ 295
„Oberpfälzer Nachrichten“ 307

REGIERUNGSBEZIRK OBERFRANKEN 313

„Nordbayerischer Kurier“ 315
Ring Nordbayerischer Tageszeitungen (RNT) 325
„Sechsämter Neueste Nachrichten“ 327
„Bayerische Rundschau“ 335
„Obermain-Tagblatt“ 345
„Coburger Tageblatt“ 353
„Neue Presse“ 365
„Fränkischer Tag“ 379

„Hofer Anzeiger" . . . 405
„Selber Tagblatt" . . . 419
„Sechsämterbote" . . . 427

REGIERUNGSBEZIRK MITTELFRANKEN . . . 435

„Fränkische Landeszeitung" . . . 437
„Nürnberger Zeitung" . . . 463
„Nürnberger Nachrichten" . . . 481
„Der Bote für Nürnberg-Land" . . . 509
„Pegnitz-Zeitung" . . . 515
„Hersbrucker Zeitung" . . . 523
„Erlanger Nachrichten" . . . 529
„Schwabacher Tagblatt" . . . 537
„Roth-Hilpoltsteiner Volkszeitung" . . . 547
„Weißenburger Tagblatt" . . . 557
„Treuchtlinger Kurier" . . . 561
„Windsheimer Zeitung" . . . 567
„Altmühl-Bote . . . 575

REGIERUNGSBEZIRK UNTERFRANKEN . . . 579

„Fränkisches Volksblatt" . . . 581
„Deutsche Tagespost" . . . 591
„Main-Post" . . . 605
„Kitzinger Zeitung" . . . 617
HZ Heimatzeitungsgesellschaft mbH . . . 623
„Bote vom Haßgau" . . . 625
„Rhön- und Saalepost" . . . 633
„Saale-Zeitung" . . . 643
Gemeinschaftsredaktion Bayerischer Heimatzeitungen . . . 653
„Haßfurter Tagblatt" . . . 655
„Rhön- und Streubote" . . . 663
„Der Steigerwald-Bote" . . . 669
„Main-Echo . . . 675

REGIERUNGSBEZIRK SCHWABEN . . . 691

„Augsburger Allgemeine" . . . 693
„Allgäuer Zeitung" . . . 721
„Allgäuer Anzeigeblatt" . . . 739
„Der Westallgäuer . . . 755

ANHANG

Alphabetisches Zeitungsverzeichnis . . . 767
Mitarbeiterverzeichnis . . . 769
Lizenzzeitungen in Bayern . . . 771
Ortsregister . . . 775
Personenregister . . . 781
Zeitungsregister . . . 793
Die Hauptausgaben der Bayerischen Tagespresse 1989 . . . 813

Vorwort

Die vorliegende Enzyklopädie* der bayerischen Tageszeitungen scheint mir zugleich ein sichtbares Zeichen des wiedererreichten Niveaus der Beziehungen und der Zusammenarbeit zwischen dem Verband Bayerischer Zeitungsverleger und dem Institut für Kommunikationswissenschaft (Zeitungswissenschaft) der Münchner Ludwig-Maximilians-Universität zu sein. Unsere Freude darüber ist groß, ging doch die Gründung des Instituts auf eine Initiative des Vereins Bayerischer Zeitungsverleger zurück, der im Herbst 1920 (gemeinsam mit dem Landesverband der Bayerischen Presse) an den Landtag herantrat und den Antrag stellte, neben einer „Pressestelle bei der Staatskanzlei" ein „Institut für Zeitungskunde" zu errichten. So erhielt Professor Karl d'Ester zum 1. 2. 1924 seine Ernennung zum „außerordentlichen Professor und Vorsteher des Instituts für Zeitungswissenschaft" in der Philosophischen Fakultät.

Wir sagen heute dem Institut, Frau Professor Dr. Ursula E. Koch, Frau Patricia Schmidt-Fischbach (M. A.), Herrn Professor Dr. Hans Wagner sowie Dr. Heinz Starkulla, für die Zusammenarbeit der letzten Jahre, speziell aber für die Bereitschaft zur Übernahme und die hervorragende systematische Bewältigung dieser Aufgabe der Schaffung einer „Enzyklopädie der bayerischen Tagespresse", herzlichen Dank als Verband und für die Mitgliedsverlage, die bayerischen Tageszeitungen. Wir bedanken uns speziell bei den direkt mit dieser Arbeit so umfangreich belasteten Mitarbeitern des Instituts.

Inzwischen wird bereits wieder an der Geschichte des „VBZV" bzw. an der Geschichte der Verlegerverbände seit der ersten Gründung eines „Verein Bayerischer Zeitungsverleger" am 5. 1. 1913 gearbeitet. Eine Reihe weiterer gemeinsamer Veröffentlichungen ist geplant. Sie alle zielen auf Transparenz und wollen durch die Vermittlung von Kenntnissen über die bayerischen Zeitungen auch zum Verständnis der eingenommenen verbands- und medienpolitischen Positionen beitragen.

K. H. Esser
1. Vorsitzender Verband Bayerischer Zeitungsverleger

* An Kritik und Verbesserungsvorschlägen für die nächste Auflage der Enzyklopädie interessiert nennen wir Ihnen gerne unsere Anschrift: Verband Bayerischer Zeitungsverleger e. V., Trogerstraße 40, 8000 München 80, Telefon (0 89) 4 70 50 11.

Vorwort der Herausgeber

Zu ihren Jubiläen pflegen Verbände sich und ihre Leistung zu präsentieren. Das macht durchaus Sinn. Denn das Wissen, in welchen Notwendigkeiten ein Verband gründet, wozu er gut war und immer noch gut ist, konzentriert und isoliert sich im Laufe der Zeit bei jenen wenigen, die das Interesse des Verbandes zu ihrem eigenen Berufs- und Arbeitsinteresse machen – im Auftrag der Verbandsmitglieder, versteht sich. Letztere, solchermaßen entlastet von ebenso mühseligem wie überflüssigem Wissen-Müssen und nicht selten vom Wissen-Wollen noch dazu, finden sich irgendwann auf einem Verbands-Ufer wieder, an dem der Wissensfluß zum Rinnsal geschrumpft ist. So entsteht die Kluft zum „wissenden" Funktionär, in ruhigen Verbandszeiten zumal. Und eben deshalb sind Verbands-Jubiläen, zu denen in Festreden und -schriften die Wissensspeicher geöffnet werden, unerläßlich, weil sie den Zusammenhalt stärken und die verbandstragende Basis der ganz „normalen" Mitglieder neu zu motivieren vermögen.

Eine Zustandsbeschreibung des Verbandes Bayerischer Zeitungsverleger ist dies natürlich an keiner Stelle. Zum einen nämlich geht er seit Jahren nicht gerade durch ruhige Zeiten; zum anderen sorgt die allgemeine Medienentwicklung schon dafür, daß die Interessen der Mitglieder und die Verbandsinteressen weitgehend deckungsgleich sind und bewußt bleiben. Zu seinem 75jährigen Bestehen sah daher der Verband Bayerischer Zeitungsverleger nicht primär einen Zwang zur verbandlichen Selbstpräsentation. Der Verband leistet sich vielmehr die Exposition seiner Basis: eine Darstellung der in Bayern tätigen Zeitungsunternehmen, die Beschreibung ihrer Geschichte, die Skizzierung ihres gegenwärtigen Erscheinungsbildes und ihrer Situation. Es gibt Zeitungs-Kataloge. Es gibt Zeitungs-Atlanten. Es gibt natürlich monographische Darstellungen einzelner Verlage, einzelner – insbesondere als qualitätvoll geltender – Blätter, einzelner Zeitungsstädte und Presseplätze. Der Versuch, die gewachsenen Zeitungsstrukturen eines ganzen Bundeslandes enzyklopädisch darzustellen, ist ein bisher einmaliges Unterfangen in der Bundesrepublik Deutschland. Die Herausgeber, die das Konzept des Verbandes Bayerischer Zeitungsverleger zu konkretisieren sich bemühten, wollten bewußt eine derartige *Enzyklopädie der bayerischen Tagespresse* schaffen: Das gesicherte Wissen über die heute in bayerischen Landen erscheinenden Tageszeitungen zusammentragen und vermitteln, es für eine große Benutzergruppe verständlich, im Idealfall sogar kurzweilig darstellen, und doch auch wissenschaftlichen Ansprüchen genügen, zumindest insoweit, als hier Grundlagen auszubreiten waren, auf denen Detailforschung aufbauen kann.

In vielerlei Hinsicht, davon sind wir überzeugt, kann und wird diese Enzyklopädie der bayerischen Tagespresse den Interessen der Zeitungen und den Interessen auch des Verlegerverbandes dienen können. Denn sie vermag vor allem einmal *Informationsdefizite über die Zeitung abzubauen.* Beim Publikum zunächst, das zwar jeweils „seine" Zeitung kennt, aber im Normalfall über sie nicht sehr viel weiß – und noch weniger über das „Institut" Zeitung, darüber also, wie eine Zeitung arbeitet, wie sie aufgebaut ist, was sie leistet, welche Aufgaben sie erfüllt. Diese Enzyklopädie ist daher als ganze und in ihren (vom jeweiligen Verlag gesondert nutzbaren) Einzeldarstellungen so angelegt, daß sie auch in Schulen, in der Erwachsenenbildung, in der staatsbürgerlichen Bildungsarbeit zumal, eingesetzt werden kann. Es gibt jedoch darüber hinaus Informationsdefizite, die in ihren Konsequenzen für den künftigen Bestand der Tagespresse von ganz erheblicher Bedeutung sein können. Der Wissensvorrat der Medienpolitiker etwa scheint bezüglich der Tagespresse weder besonders tief noch besonders breit zu sein. Nicht selten treten hier bis heute an die Stelle geprüfter Informationen Schlagworte und Vorurteile, die Ende der 60er Jahre im Rahmen ideologisierter Konzentrationsdebatten geprägt und seitdem munter transportiert wurden. Wenigstens die Chance einer Abhilfe könnte die vorliegende Enzyklopädie eröffnen.

Transparenz der Tagespresse war und blieb das Ziel aller Planungen und aller Konkretisierungsanläufe. Wir entwickelten ein Konzept, das eine umfassende Materialerhebung an den Quellen, in den Verlagen selbst, vorsah; es war zudem darauf abgestellt, eine breite Lage vergleichbarer Struktur- und Verlaufsdaten zu erfassen und zu präsentieren. Entsprechend detaillierte und standardisierte Materialwunschlisten wurden allen in Frage kommenden Verlagen zugesandt. Sehr rasch mußten wir jedoch einsehen, daß das erstrebte Daten-Optimum nicht erreichbar war. Dafür gibt es objektive Gründe. Viele, vor allem kleinere Verlagshäuser können in aller Regel nicht auf die erforderlichen Vorarbeiten zurückgreifen und sind für umfassende Auskünfte über sich selbst nicht gerüstet. Fragen, deren Klärung durchaus im Interesse der beteiligten Verlage und des Verbandes gelegen hätte, etwa eine systematische Ordnung der Zeitungsbetriebs-Klassen, die Herausgabe und Produktion von Zeitungen im „Nebenerwerb“, Aufbau und Sicherung von Arbeitsplätzen allgemein sowie in den Redaktionen im besonderen, Entwicklung von Kosten- und Erlösstrukturen – solche und manch andere Fragen mußten daher weitgehend unbeantwortet bleiben, sofern man als Antwort hierzu nur exakt quantifizierte Datensätze zuläßt. (Und es würde sich deshalb empfehlen, die Ansätze zur standardisierten Erfassung von Strukturdaten seitens des Verbandes der Bayerischen Zeitungsverleger systematisch voranzutreiben.) Wer indessen auch exemplarische oder typische Befunde zu lesen versteht, wird kein entscheidendes Kriterium entbehren müssen, um sich ein zutreffendes Bild von der bayerischen Zeitungsstruktur der Gegenwart zu machen. Wo immer es möglich war, haben wir deshalb auch die Vorstellungen der Verleger, der Verlagsgeschäftsführer, der Herausgeber oder der Redaktionen zitiert: Die „Idee der Zeitung“ nämlich, wie sie in den Köpfen der verantwortlichen Entscheidungsträger Platz greift, wird als Idealfaktor die Gegenwart und die Zukunft der tatsächlichen Zeitung wenigstens ebenso mitbestimmen wie etwa das Bündel der wirtschaftlichen Realfaktoren. Es sei allerdings auch vermerkt, daß neben objektiv gegebenen Materialdefiziten Reserven und Reserviertheiten von Verlagen in sämtlichen Bearbeitungsphasen dieses Enzyklopädie-Projektes gelegentlich recht deutlich spürbar wurden. Es ist eigenartig, daß ausgerechnet jene, die ständig in und mit der Öffentlichkeit arbeiten, ihrerseits recht öffentlichkeitsscheu sein können. Dafür gibt es sicher Gründe. Über sie zu spekulieren, wäre gewiß reizvoll. Entscheidend ist: Man muß mit ihnen rechnen! Und weil wir das Bessere nicht zum Feind des Guten werden lassen wollten, entschieden wir uns, je länger, je bewußter, für den *Mut zur Lücke.* Dieser bezieht sich nicht nur auf die angedeuteten Details der Darstellung; er bezieht sich auch auf die Gesamtanlage der Enzyklopädie. Zur Mitarbeit eingeladen wurden dazu über mehrere Wege *alle rechtlich selbständigen Verlage,* die Mitglieder im Verband Bayerischer Zeitungsverleger sind; unabhängig davon wurde lediglich Vollständigkeit bezüglich der 24 in Bayern tätigen „Publizistischen Einheiten" angestrebt; den „Verlagen als Herausgebern", die mit solchen „Publizistischen Einheiten" oder untereinander in welcher Form auch immer kooperieren, wurde – soweit sie Verbandsmitglieder sind – die Mitarbeit freigestellt. Die meisten entschieden sich für eine Teilnahme. Auf diese Weise können wir im ersten Anlauf die Porträts von 57 bayerischen Zeitungsverlagen oder von 60 Zeitungstiteln und drei Redaktionsgemeinschaften vorlegen. Es gab allerdings 1987 in Bayern – laut Aufstellung im BDZV-Jahrbuch – insgesamt 94 Zeitungstitel mit je einem eigenen Herausgeber, der im Regelfall den Verlag der betreffenden Zeitung repräsentiert. Es ist die Erwartung der Herausgeber, daß in künftigen Ausgaben dieser Enzyklopädie solche meist kleinen Heimatverlage mit selbständigen Kurzdarstellungen einbezogen werden können. Allerdings muß unterstrichen werden, daß bezüglich dieser Zeitungstitel oder Verlagseinheiten auch in der vorliegenden Fassung kein absolutes Defizit besteht, weil die entsprechenden Ausgaben in der Darstellung der jeweiligen Leit-Zeitung zumindest erwähnt sind.

Um dem Nutzer der Enzyklopädie eine möglichst gute und vor allem objektive Orientierung im Zeitungsland Bayern zu ermöglichen, wurde *für die Gliederung und für die Anordnung der Einzeldarstellungen* von den Erscheinungs- bzw. Verlagsorten ausgegangen. Erscheinen an einem Ort mehrere Zeitungen, so beginnt die Darstellung im allgemeinen mit dem jeweils ältesten Zeitungstitel; außerdem rangiert das Porträt einer Zeitung vor einer (nur schematisch skizzierten) Übersicht über eine Redaktionsgemeinschaft, die am selben Ort ihren Sitz hat. Die *Reihung der Erscheinungsorte* folgt der Gliederung des Landes nach Regierungsbezirken in deren amtlich festgelegter Abfolge. Innerhalb der einzelnen Regierungsbezirke (die zur besseren Orientierung auch auf Kartenausschnitten skizziert sind) beginnt die Darstellung prinzipiell mit den Zeitungsausgaben am Sitz der Bezirksregierung und bewegt sich dann zu den übrigen Erscheinungsorten entsprechend der zunehmenden Entfernung vom Verwaltungszentrum in Richtung Peripherie. Dabei wird allerdings stets darauf geachtet, daß kooperierende oder sonstwie zusammengehörende Verlage und Zeitungsausgaben in direkter Abfolge oder in erkennbarer Verbindung zur (mantelproduzierenden) Leit-Zeitung vorgestellt werden. Wo infolge dieses ortsbezogenen Ordnungsprinzips in seltenen Fällen zusammengehörende Zeitungsausgaben „auseinandergerissen" würden, weil sie in verschiedenen Regierungsbezirken angesiedelt sind, könnte die Verknüpfung durch gebräuchliche Querverweise ausdrücklich wieder hergestellt werden (ganz abgesehen davon, daß diese Verbindungen stets auch Gegenstand der jeweiligen Zeitungsdarstellungen sind). (Tatsächlich wird dieser, in der vollen Zeitungslandschaft ohnehin seltene Fall vorerst nur bei Zeitungen relevant, die in Redaktionsgemeinschaften kooperieren.) Indem die Gesamtdarstellung somit den Gepflogenheiten alltäglicher Ortsorientierung folgt (deren Nützlichkeit durch zusätzliche Register noch erweitert wird), informiert sie den Benutzer über Fundamentales zunächst: Wo erscheinen in Bayern welche Zeitungen? Weitergehende Antworten zu weiter ausholenden Fragen vermag eine bloße Gliederung nicht zu geben. Vor allem sagt sie noch nichts über Verbreitungen etwa oder über Marktpositionen – und schon gar nichts über Optionen oder Ambitionen der einzelnen Zeitungsverlage. Davon handeln, sofern entsprechende Auskünfte verfügbar waren, die einzelnen Zeitungsporträts. – Was schließlich die *Illustrationen* betrifft, so mußten wir uns ganz generell nach der Decke der nicht immer sehr reichen Möglichkeiten strecken. In diesem Rahmen jedoch haben wir versucht, Traditionsbeziehungen, Zeitungsentwicklungen und Ist-Stände soweit irgend möglich vorzustellen. Im Regelfall ist jedem Zeitungsporträt wenigstens ein neuerer Titelblatt-Anriß (meist aus der ersten Juli-Woche 1987) sowie die Grafik der Auflagenentwicklung beigegeben. Darüber hinaus haben wir gelegentlich auch exemplarisch illustriert: Was bedeutet „Heimatzeitung"? Wie sehen Zeitungs-Ursprünge aus? Nachkriegssituationen und Erstnummern von Zeitungen, Ausgaben-Übersichten, Herstellungsphasen einer Zeitung und manch andere Teilaspekte sind zumindest vereinzelt auch bildlich abgedeckt. Nicht Vorlieben oder Bevorzugungen haben zu dieser oder jener Bildauswahl geführt, sondern immer die Absicht, wenigstens in einem typischen Fall allgemeine oder programmatische Aussagen über bayerische Tageszeitungen ins Bild zu setzen.

Nicht nur die Schwierigkeiten bei der Erhebung des Materials, sondern auch solche der Materialbearbeitung sind ursächlich für eine relativ lange *Vorbereitungszeit* dieser Enzyklopädie gewesen. Anfänglich waren wir davon ausgegangen, daß die Einzeldarstellungen im Rahmen von Seminaren und studentischen Arbeitsgemeinschaften geleistet werden könnten. Diesen Traum mußten wir bald begraben. Es blieb am Ende ein kleines Häuflein Aufrechter übrig, dem wir eine Reihe einzelner Zeitungsbilder verdanken, mit dem jedoch der Gesamtplan nicht zu realisieren gewesen wäre. Dies wurde erst möglich, nachdem der Verband Bayerischer Zeitungsverleger sich bereit erklärte, eine Projektleiterin für die Enzyklopädie über Monate hin zu finanzieren. Immerhin war der Mitarbeiterstab nach Engagement und Temperament so gemischt, daß – trotz eines in Grundzügen festgehaltenen Konzepts – Porträt-Plantagen vermieden werden konnten und den Zeitungserscheinungen und Zeitungstypen entsprechend vielgestaltige Skizzen und Miniaturen präsentiert werden können.

Generell kann der Leser davon ausgehen, daß der *Redaktionsschluß* für das ausgebreitete Fakten- und Datenmaterial am Jahresende 1987 lag. Gelegentlich wurden Einzeldaten aus dem Jahr 1988 noch eingearbeitet, vor allem Auflagenzahlen. Solch neuere Angaben finden sich regelmäßig in den Zeitungsporträts, die erst im Laufe des Jahres 1988 geschrieben wurden. Jedoch haben derart unterschiedliche Zeitbezüge keine wesentliche Bedeutung für den Nutzen dieser Enzyklopädie. Denn hinsichtlich sämtlicher Daten, nimmt man sie isoliert und kontextlos, wird eine derartige Enzyklopädie rasch veralten; und daher wird und muß sie bei künftigen Neuauflagen jeweils aktualisiert werden. Aber alle genannten Einzeldaten stehen in den Zeitungsdarstellungen nicht primär als absolute Größen, sondern als Kriterien und Merkmale für *Tendenzen*, für *Trends*, für *typische Erscheinungsweisen* und Strukturen. Von diesen Voraussetzungen her gibt es keinen absoluten, strikt zu fassenden Redaktionsschluß, sondern lediglich einen gleitenden Zeitraum für typische Momentaufnahmen.

Erfahrungen sollten – weil sie Probleme erkennen lassen – dazu dienen, bessere Lösungen für die Zukunft zu finden. Dies ist natürlich für das ganze Unternehmen einer solchen Enzyklopädie richtig. Unsere Nachfolger können unsere Fehler vermeiden. Doch wären aus den bisherigen Erfahrungen auch weitergehende und unabhängige *Folgerungen* zu ziehen. Die Arbeit an dieser Enzyklopädie hat zahlreiche *Forschungslücken* sichtbar gemacht; sie betreffen durchaus brisante Fundamental-Fragen, wie etwa die nach Ursprung, Formen und künftiger Gestalt des Lokaljournalismus oder nach dem Typus der „Heimatzeitung". Forschungslücken sind aber auch bezüglich ganz banaler Grundlagen zu verzeichnen: Wo etwa sind die Standorte der alten Zeitungsbände? Wo bleiben die monographischen Darstellungen vor allem der „Provinz"-Presse? Es gibt hier eine Menge aufzuarbeiten, was über Jahrzehnte versäumt worden ist. Auf der anderen Seite aber wäre es wünschenswert, wenn vor allem die kleineren Heimatzeitungsverlage nach dem Leitsatz handelten, der mit vielen Variationen in Jubiläums-Ausgaben herausgestellt wird: Die Heimatzeitung ist ein *Geschichtsbuch des lokalen Lebensraumes.* Wenn dies wirklich so ist – und die Herausgeber zweifeln daran nicht –, dann läge es nicht nur im Interesse der Verlage, sondern auch im Interesse der Allgemeinheit, die Tradition solcher Chroniken sowie der mit ihr befaßten Chronisten viel bewußter zu pflegen, sie ausreichend zu dokumentieren, den Zugang zu dieser Tradition zu öffnen: Wer in der Öffentlichkeit handelt, wer von der Öffentlichkeit lebt, sollte sich dieser Öffentlichkeit wohl auch verpflichtet wissen – und dies zeigen.

Nun haben wir, nachdem das Projekt dieser Enzyklopädie der bayerischen Tagespresse gerade noch rechtzeitig zum Ende des Verbands-Jubeljahres seinen ersten vorläufigen Abschluß findet, allen Grund zu *Freude und Dankbarkeit.* An erster Stelle gebührt Dank dem Vorsitzenden des Verbandes Bayerischer Zeitungsverleger, Karl Heinz Esser („Mittelbayerische Zeitung", Regensburg): Ohne seine Initiative, ohne sein ganz persönliches Engagement, ohne sein Verständnis und ohne seine Geduld hätte dieses Projekt ganz gewiß weder in den Köpfen noch auf Druckpapier eine Realisierungs-Chance gehabt. Ihm, seinem Vorstandskollegen Hanns-Jörg Dürrmeier (Süddeutscher Verlag, München) sowie nicht zuletzt dem Verbandsgeschäftsführer RA Dietmar Ahrndsen verdanken wir Hilfe durch Rat und Tat, durch Material und Ermutigung, durch Absprachen und Fürsprachen; mit ihrem Vertrauensvorschuß zu wuchern, haben wir uns bemüht. Zu danken haben wir sodann allen Mitarbeitern an diesem Projekt. Darunter sind nicht nur jene wackeren Zeitungs-Porträtisten gefaßt, die auf der Ehrentafel der Mitarbeiter im Anhang dieses Bandes verzeichnet sind. Es liegt uns sehr daran, in diese Gruppe der Bedankten alle Repräsentanten kleiner und großer Zeitungsverlage aufzunehmen, die Sekretärinnen und Verlagsgeschäftsführer, die Abteilungsleiter und die Hilfskräfte, selbstverständlich Verleger und Herausgeber höchstpersönlich, die den Kontakt mit uns hielten, die als Ansprechpartner zur Verfügung standen, Material sammelten, unsere Fakten-Darstellung überprüften, Vorschläge und Ideen beisteuerten – und ganz nebenbei noch Tippfehler-Korrektur leisteten. Sie alle haben auf die eine oder andere Weise ihr Steinchen im Brett unseres bayerischen Zeitungsmosaiks. Bleiben mit Dank zu bedenken noch jene, die am Ende materialisierten, was wir ausgedacht haben: Annemarie Born-Buchner und Katrin Nikolaus, die den größten Teil des umfänglichen Manuskripts dem Textsystem eingaben; der technischen Leitung und den technischen Mitarbeitern im Hause des Mittelbayerischen Verlages, die unsere Quantitäten mit soviel Einsatz und Kreativität in leserfreundliche Qualität umzusetzen vermochten, daß im Rückblick aufs Ganze der Abschluß des Projekts für uns geradezu zum Vergnügen wurde. Wir möchten nur wünschen, daß Benutzer und Leser dies auch vom Ergebnis der ganzen Arbeit sagen werden.

München, August 1989

Hans Wagner, Patricia Schmidt-Fischbach, Ursula E. Koch

ZEITUNGSLAND BAYERN

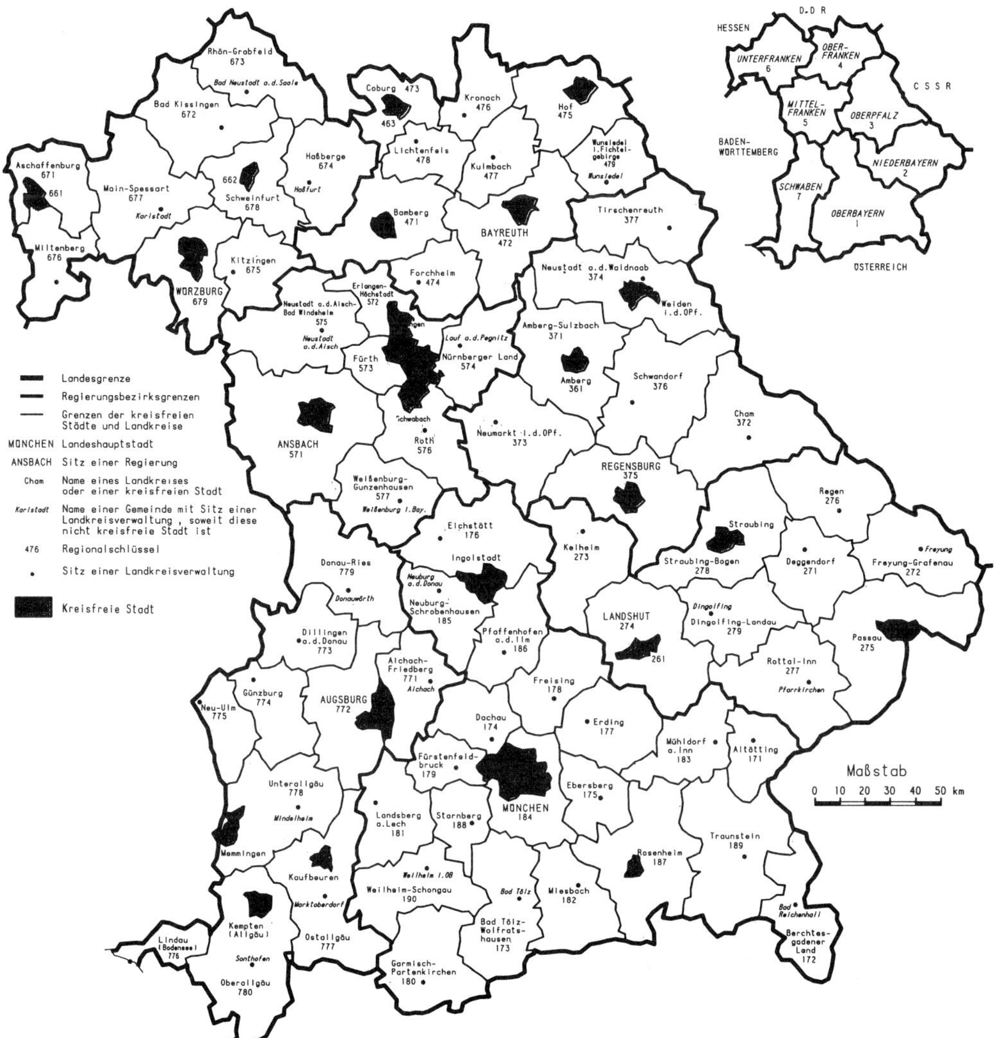

GLIEDERUNG NACH REGIERUNGSBEZIRKEN UND LANDKREISEN

STAND: 1. 7. 1984

ZEITUNGSLAND BAYERN

LANDKREISGLIEDERUNG VOR DER GEBIETSREFORM

1972

Hans Wagner

Zeitungsland Bayern

Man braucht vor allem und zunächst Übersicht, um sich in einer weit ausgedehnten Landschaft orientieren zu können. Übersicht ist nur möglich um den Preis, daß man Einzelheiten übersieht. Aus großer Höhe, aus der Vogelperspektive, stellt sich Übersicht ein. Da verschwimmen und verschwinden die Kleinigkeiten. Die groben Konturen treten hervor.

Aus solcher Distanz und obenhin betrachtet, lassen sich in Bayerns Presselandschaft folgende Strukturen erkennen und voneinander scheiden: 24 ‚Publizistische Einheiten', die markiert sind als Zeitungsprodukte, für die der aktuelle Inhalt aller klassischen Ressorts, wenigstens aber der Inhalt der politischen Seiten und des Lokalteils, von einer sogenannten Vollredaktion erarbeitet wird. Eine solche Vollredaktion wird in der Regel in einem Verlag angesiedelt sein; sie kann aber – wie etwa bei den 3 in Bayern erfolgreich tätigen Redaktionsgemeinschaften – auch von mehreren Verlagen gemeinsam eingerichtet und unterhalten werden.[1]

An dieser Stelle schon drängen sich in den Blick sogleich die großen bayerischen Zeitungs-Massive, deren Verbreitungs- und Auflagen-Spitzen weit aus dem Land ragen (wenngleich keineswegs in den Himmel wachsen): die „Süddeutsche Zeitung" vor allen anderen, dann die „Augsburger Allgemeine", die „Nürnberger Nachrichten" und der „Münchner Merkur"; erstere das „Weltblatt" aus München, die letzteren jeweils ganze Regierungsbezirke, Schwaben nämlich, Mittelfranken und Oberbayern, abdeckend. Diese Auflagen-Riesen aber sind sämtlich eingebettet in ein Panorama von Titel- und Blätter-Ketten, in denen sich 94 „Hauptausgaben" als deutliche Erhebungen abzeichnen und namhaft machen lassen. Sie werden in einschlägigen Presselisten als die bayerischen Zeitungstitel aufgeführt, als Ausgaben jedenfalls, die im allgemeinen nicht nur durch einen eigenen Zeitungskopf, sondern vor allem durch einen je speziellen Herausgebervermerk im Impressum gekennzeichnet sind, der nicht mit dem irgendeines anderen Blattes identisch ist; dieser Vermerk verweist auf den Kopf oder den Stab von Köpfen, der Tendenz, Farbe, Gehalt und Akzente der Zeitung bestimmt.

Die tatsächliche Zahl der wirtschaftlich tätigen Zeitungsunternehmen liegt geringfügig unter dieser Zahl der „Verlage als Herausgeber"[2], weil natürlich im gleichen

---

1 Der Begriff ‚Publizistische Einheit' wurde von Walter J. Schütz als pressestatistische Zähleinheit eingeführt und operational definiert. Siehe dazu Walter J. Schütz: Zeitungsstatistik. In: Emil Dovifat (Hrsg.): Handbuch der Publizistik. Berlin 1969, Bd. 3, S. 353 ff. Ders.: Deutsche Tagespresse 1985. In: Media Perspektiven, 1985, Nr. 7, S. 498 f. (mit Definitionen der pressestatistisch relevanten Schlüsselbegriffe). Ders.: Zur Struktur der Zeitungen in der Bundesrepublik Deutschland. In: Bundesverband Deutscher Zeitungsverleger e.V. (Hrsg.): Zeitungen '87. Bonn 1987, S. 16–51. (Kurzbeleg: Zeitungen '87.)

2 „Verlag als Herausgeber" ist die zweite wichtige Standardeinheit für pressestatistische Überblicke. Hierzu sowie zur Übereinstimmung dieser Zähleinheit mit dem üblichen Verständnis des Verlages als eines Wirtschaftsunternehmens sagt Walter J. Schütz: „Für die Zählung nach ‚Verlagen als Herausgeber' bilden die Angaben im Impressum der einzelnen Ausgaben die wichtigste Grundlage. Da unter Umständen auch mehrere ‚Verlage als Herausgeber' in einem ‚Verlag als wirtschaftliche Einheit' wirtschaftlich zusammenarbeiten können (Kooperation), ist ‚Verlage als Herausgeber' der weitere, ‚Verlage als wirtschaftliche Einheiten' der engere Begriff, um die Verlagsstruktur in miteinander vergleichbaren Zahlen auszudrücken." (Walter J. Schütz, Zeitungsstatistik, a. a. O., S. 355.)

Wirtschaftsunternehmen mehrere unterschiedliche, selbständige Zeitungstitel erscheinen können (etwa der „Münchner Merkur“ und das Boulevardblatt „tz“ im Münchener Zeitungs-Verlag). Auf diese Weise könnte man in Bayern knapp 90 Zeitungsverlage zählen, die zwar gemeinsam haben, daß sie rechtlich selbständige Unternehmen sind; aber sie treten mit recht variantenreichen Profilierungen in Erscheinung. Das nämlich hängt wesentlich von den Bedingungen ab, unter denen sie arbeiten, unter denen sie vor allem miteinander oder mit den großen, mantel-produzierenden Verlagseinheiten zusammenarbeiten.

Schließlich reichen die einzelnen Zeitungsausgaben, die zwar die gleichen Herausgebervermerke tragen, sich aber in den Lokalteilen, in Lokalseiten und -spalten voneinander unterscheiden, ganz weit hinunter in die ‚Täler‘ der alltäglichen Lebensräume: 228 solche inhaltlich verschiedenen „redaktionellen Ausgaben“[3] konnten für 1987/88 ermittelt werden.[4] Eine solche Ausgabe kennt jeder Leser; das nämlich ist die (Lokal-)Zeitung, die er täglich zur Hand nimmt.

Man kann diesen ersten Blick über die bayerische Zeitungslandschaft mit einer von Walter J. Schütz in entsprechenden Anwendungsbereichen immer wieder gebrauchten „Strukturformel“[5] zusammenfassen: Ende 1987 gaben in Bayern 94 „Verlage als Herausgeber“, für die 24 Vollredaktionen arbeiteten, 228 (lokale) Zeitungsausgaben heraus, die eine Auflage von insgesamt 2.925.400 Exemplaren[6] erreichten.

Zeitungs-Wende?

Dieses scheinbar so ruhige, einigermaßen klar geordnete und abgegrenzte Zeitungsgelände habe seine Fundamental-Maße, seine Einflußzonen und Ausdehnungen eigentlich erst nach dem Zweiten Weltkrieg erhalten – könnte man geneigt sein anzunehmen. In der „Stunde Null der deutschen Presse“[7], die dem deutschen Publikations-, Verlags- und Medienwesen von den Besatzungsmächten 1945 ange-

---

3 Als pressestatistische Zähleinheiten sind „redaktionelle Ausgaben“ solche, „die sich im Inhalt und/oder Titel voneinander unterscheiden“ (unabhängig von Impressumvermerken). (Vgl. Walter J. Schütz, Zeitungsstatistik, a. a. O.; ferner: Medienbericht der Bundesregierung 1974, Bundestagsdrucksache 7/2104, S. 6.) Unabhängig von dieser operational definierten Zähleinheit sind für die „redaktionellen Ausgaben“ in der Literatur und im Alltag auch Begriffe wie „Nebenausgabe“, „Bezirksausgabe“, „Heimatausgabe“, „Lokalausgabe“ u. a. ebenso im Schwange, wie sogar ganz allgemein der Begriff „Zeitungsausgabe“.

4 Die Erhebung wurde vorgenommen anhand der Angaben bei Dieter Zimpel: Die deutschen Vollredaktionen. München, Loseblattsammlung, incl. Aktualisierungslieferung 220. Diese Angaben beruhen auf den von den Zeitungsverlagen selbst unterschiedenen Ausgaben (die möglicherweise im manchen Fällen der operationalen Definition einer „redaktionellen Ausgabe“ nicht voll entsprechen).

5 Vgl. dazu Walter J. Schütz, in: Zeitungen ’87, S. 21.

6 Auflagenangabe nach „Zeitungen ’87“. Obwohl die Auflagenzahlen größtenteils IVW-kontrolliert sind, decken sich die diversen Auflagenstatistiken und -angaben im Ergebnis nur selten, da unterschiedliche Erhebungs- und Zählkonventionen – z. B. Ausschluß oder Einschluß der einmal wöchentlich erscheinenden Blätter, Behandlung der nicht der IVW angeschlossenen Blätter usw. – die statistische Arbeit leiten, wobei diese Konventionen in der Praxis häufig nicht deklariert werden.

7 Die Metapher ist in mehreren Varianten zur Beschreibung des Neuaufbaus im Medienwesen verwendet und von da aus fast zu einem Gemeinplatz geworden. 1966 bereits publizierte Hans Habe seinen Bericht über den Aufbau einer deutschen Presse unter dem Titel „Im Jahre Null“. 1972 gab dann Harold Hurwitz seiner Darstellung der Lizenzzeit, die lange als Standardwerk galt und es wohl auch bis heute ist, den Titel: „Die Stunde Null der deutschen Presse“.

sagt wurde, seien die publizistischen Räume neu vermessen, die Träger publizistischer Macht neu eingesetzt und die strukturellen Prinzipien der Medienorganisation neu statuiert worden. Tatsächlich sollte vom Tage der bedingungslosen Kapitulation an, die am 7. Mai 1945 gegenüber dem westalliierten Oberbefehlshaber Eisenhower in Reims vollzogen wurde, „ein dreimonatiger Black-out für die Medien in Deutschland herrschen. Während dieser Zeit sollte es ausschließlich alliierte Nachrichtenblätter mit Weltnachrichten und Besatzungsbefehlen geben sowie Rundfunksendungen, Zeitungen, Bücher, Filme usw. für ausländische Arbeiter, Deportierte und andere Gefangene."[8]

Die Rede von der „Stunde Null" suggeriert indessen die Vorstellung von einer publizistischen Zeitenwende: Die strukturellen Veränderungen seien so fundamental, die damals geschaffenen Institutionen und Organisationsformen so dauerhaft gewesen, daß die Einschätzung gerechtfertigt sei, nach dieser „Stunde Null" sei „fast alles anders gewesen als vorher". „Für den nachhaltigen Erfolg der damals angelegten Pressestruktur spricht, daß fast alle heute in der Bundesrepublik existierenden Tageszeitungen im Lizenzgrund wurzeln."[9] Für die Presse im Bundesland Bayern gewinnt diese These den Anschein der Richtigkeit überhaupt nur, wenn man sie großzügig lediglich auf „Publizistische Einheiten" anwendet. Schon der Versuch, sie auf jene 94 „Hauptausgaben" zu beziehen, die von unterschiedlichen „Verlagen als Herausgebern" stammen, überführt sie zumindest simplifizierender Übertreibung.

Zwar ist gar nicht zu leugnen, daß in grober Perspektive die Parzellen so sichtbar sind, wie sie nach der Flurbereinigung durch die Lizenzpolitik angelegt wurden, daß die neuen Zeitungsräume, genauer: die Einfluß- und Verbreitungszonen der mantel-produzierenden Leit-Zeitungen, im wesentlichen noch so geschnitten sind, wie sie im Grundbuch der amerikanischen Information Control Division (ICD) skizziert waren – wenn man auch hier einmal von den „Kleinigkeiten" einzelner Verlags-Aufgaben, Rückzüge oder umgekehrt gelegentlich nicht unerheblicher Expansionen absieht. Aber eingelagert in die Struktur dieses weitmaschigen Oberflächenrasters sind ganz andere, tiefgründigere und ältere Linien der gewachsenen Pressestruktur, die geprägt ist von kleineren Amts-, Kreis-, Lokal- und Heimatblättern. Dieses viel feinere, den überkommenen, realen Verwaltungs-, Verkehrs-, Handels- und Lebensräumen angeschmiegte Zeitungsnetz hat sich nur für wenige Jahre, und selbst da nur unter Zwang, zudecken und planieren lassen; ein für allemal zu verschütten war es nicht. Am 22. August 1949 trat in Bayern die Generallizenz Nr. 3 der Militärregierung in Kraft, die in Verbindung mit dem Grundgesetz und dem Bayerischen Pressegesetz vom 3. Oktober des gleichen Jahres die volle Freiheit der Presse, die Freiheit von jeglicher Aufsicht und Zensur, aber auch die Freiheit zur beliebigen Gründung von Zeitungen wieder herstellte. An 140 Stellen des bayeri-

---

[8] Kurt Koszyk: Die deutsche Presse 1945–1949. In Hans Wagner (Hrsg.): Idee und Wirklichkeit des Journalismus. München 1988, S. 63. Koszyk merkt im Anschluß an dieses Referat an, daß sich an die entsprechende alliierte Abmachung lediglich die Briten gehalten haben, und daß bereits ab 24. Januar 1945 in Aachen ein gemeinsam mit Deutschen produziertes Wochenblatt von der Psychological Warfare Division unter Hans Habe herausgegeben wurde. Was Bayern betrifft, so wird in den folgenden Einzeldarstellungen gelegentlich darauf verwiesen, daß unbeschadet der generellen Verbote mit Genehmigung der örtlichen Militärbehörden lokale Blätter zum Teil unter recht kuriosen Bedingungen und Umständen wenigstens zeitweise immer wieder erscheinen konnten.

[9] So neuerdings etwa Norbert Frei: Starrer Blick nach vorn. Gab es für die deutsche Presse eine Stunde Null? In: „Süddeutsche Zeitung", Nr. 29 vom 4./5. Februar 1989.

schen Zeitungslandes wurden daraufhin die tradierten Zeitungen wieder aufgelegt. Aber sie erwiesen sich nicht überall als lebensfähig. Und das hatte nicht zuletzt damit zu tun, daß die Lizenzpresse inzwischen festen wirtschaftlichen und publizistischen Boden unter den Füßen hatte. Die Strukturdifferenz zwischen dem neu geplanten und dem hergebracht dimensionierten Konzept der Presseräume läßt sich eindrucksvoll schon an ganz wenigen Vergleichsdaten ablesen (TAB 1).[10]

Bereits die Auflagen-Titel-Relationen demonstrieren, daß da ein David sich mit einem Goliath anlegte: Die Heimatpresse mit 86 Prozent der Zeitungstitel hielt nur einen Auflagenanteil von knapp 25 Prozent. Umgekehrt konnten die wenigen Lizenzzeitungen drei Viertel der Gesamtauflage in Bayern auf sich konzentrieren. Die Stärke der letzteren zeigt sich kaum irgendwo massiver als in der Zugehörigkeit zu den höchsten Auflagenklassen ab 20.000 Exemplaren. Wo die Lizenzzeitungen anfangen, hört die Präsenz der Heimatzeitungen schon auf. Mehr als die Hälfte der letzteren rechnet – wenigstens in diesen Anfangsjahren – zur Kleinpresse. Die enge wirtschaftliche Basis dieser Zeitungsunternehmen findet Ausdruck in einer deutlich schmäleren publizistischen Leistungskraft. Und viel dringlicher sowie in viel höherem Maße sind die Heimatzeitungen auf Anzeigenerlöse, vor allem aber auf die Erlöse aus dem „Nebengeschäft", insbesondere aus dem Lohn- und Akzidenzdruck, angewiesen.

Trotz ihrer schlechteren Möglichkeiten brachten die Heimatzeitungen die eben sich verfestigende Presselandschaft ziemlich unsanft in Bewegung. Am 15. Mai 1949 noch betrug die Auflage der Lizenzzeitungen Bayerns insgesamt 2.290.000 Exemplare täglich; am 1. Januar 1951 zählte sie nur mehr 1.610.000 Exemplare; drei Lizenzblätter waren ganz ausgefallen.[11]

Da waren also durchaus Verschiebungen im Gange, die nicht eben ungefährlich für die bislang konkurrenzlos agierenden Lizenzzeitungen waren. Von den amerikanischen Lizenzgebern und von den deutschen Lizenzträgern waren solche Verschiebungen befürchtet worden. Und daher hatten beide Seiten versucht, die Schutzphase für die Lizenzpresse zu verlängern, vor dem Wiedererscheinen der alten Heimatzeitungen zu warnen. Auf dem Hintergrund dieser Befürchtungen waren schon Ende 1948 in der amerikanischen Presse, vornehmlich in der „Washington Post", Vermutungen verbreitet worden, daß die Rückgabe von Eigentum und Rechten an die Altverleger die Zukunft einer wahrhaft freien und demokratischen Presse in Deutschland bedrohen werde.[12] Damit war die Sensibilität geschärft, die nur drei Tage nach der Verkündung der Generallizenz zu einem sensationellen Hochspielen von Notizen und Mutmaßungen des amerikanischen Presseoffiziers Ernst Langendorf in fast allen großen Zeitungen der USA, Großbritanniens, Frankreichs, der Schweiz und vieler anderer Länder führte. Die fraglichen Langendorf-Aufzeichnungen, für den Hausgebrauch bestimmt, waren von nachgeordneten Dienststellen

---

10 Der Strukturvergleich in der TAB 1 beruht ausschließlich auf Daten, die Heinrich Wurstbauer 1952 für seine Münchener Dissertation über „Lizenzzeitungen und Heimatpresse in Bayern" zusammengetragen und dort ausgebreitet hat (S. 27 f., S. 40, S. 131 – 134). Alle Daten beziehen sich auf die Situation im Sommer 1951.

11 Vgl. Heinrich Wurstbauer, a. a. O., S. 135.

12 German Press Monopoly. In: „Washington Post" vom 18. XI. 1948. Zitiert nach Heinrich Wurstbauer, a. a. O., S. 58 f. Wurstbauer verweist an dieser Stelle ausdrücklich auf den Zusammenhang dieses Berichts mit einem Vortrag über die beabsichtigte Lizenzaufhebung, den der Lizenzträger Werner Friedmann vor den in Louisville zu einer Tagung versammelten amerikanischen Publizisten und Leitartiklern gehalten hatte.

TAB 1
Strukturvergleich Lizenzzeitungen – Heimatzeitungen (1951)

Strukturmerkmal	Lizenz-Zeitungen	Heimat-Zeitungen
Anzahl (1951)	20	119
Anteil an der Anzahl	14%	86%
Auflage	1,60 Mio.	0,55 Mio.
Anteil an der Auflage	75%	25%
Auflagengruppen nach Ausgaben:		
bis 3 000	13,4%	52,3%
3 001 bis 5 000	25,4%	17,4%
5 001 bis 10 000	37,3%	24,7%
10 001 bis 20 000	14,2%	3,9%
20 001 bis 50 000	6,0%	1,7%
50 001 bis 100 000	2,2%	–
mehr als 100 000	1,5%	–
Aufl.-Gr. nach Zeitungstiteln:		
bis 3 000	–	51,1%
3 001 bis 5 000	–	16,7%
5 000 bis 10 000	–	26,0%
10 001 bis 20 000	–	4,5%
20 001 bis 50 000	35,0%	1,7%
50 001 bis 100 000	35,0%	–
mehr als 100 000	30,0%	–
Anteil mit Vollredaktion	100%	21%
Agentur-Bezug:		
keine Agentur	–	5%
eine Agentur	15%	90%
zwei und mehr Agenturen	85%	5%
durchschnittlicher Seitenumfang pro Woche	∅ 46 S.	∅ 36 S.
Anteil der Anzeigen am Monatsumfang	23%	17,5%
Anteil der Anzeigenerlöse an den Gesamteinnahmen:	32%	39,0%
Anteil der Erlöse aus dem Nebendruckgeschäft	20%	47,0%
Unternehmensform:		
Einzelfirma	–	45,0%
GmbH	91,0%	20,0%
OHG	4,5%	25,0%
KG	4,5%	10,0%

in den OMGUS-Berichten Nr. 280 veröffentlicht worden. Sie besagten in etwa, in Bayern werde mit deutlich mehr als 100 neuen Zeitungen zu rechnen sein, von denen 80 Prozent den alten Namen wieder tragen würden, den sie schon unter der Nazi-Zeit geführt hatten; in den meisten Fällen würden dabei Herausgeber und Redakteure mit NS-Vergangenheit tätig werden. Es seien Anzeichen dafür vorhanden, daß die neuen Blätter „chauvinistisch, unruhestiftend, antidemokratisch, antisemitisch" und antiamerikanisch sein würden. Die Schlagzeilen der Weltpresse, von der „Neuen Zeitung" in München als Auslandsecho wieder importiert und weidlich ausgeschlachtet, schlugen höchsten Alarm: Vom Wiederaufleben des „alten deutschen Geistes" war da die Rede, von nazistischen Zeitungen, die „wie Pilze aus dem Boden schießen"; „Deutschland erhält wieder alte Nazizeitungen"; „Goebbels-Presse kehrt zurück". Die Münchener „Abendzeitung" stimmte ein in den Chor: „100 neue Zeitungen. Naziredakteure wieder aktiv."[13]

In einer Unterredung mit den Altverlegern am 7. September 1949 bedauerte Langendorf ausdrücklich den Gebrauch, der von seinen Mutmaßungen und Notizen in der Öffentlichkeit gemacht worden war. Er ließ eine Berichtigung publizieren, die den betonten Hinweis trug: „Zur sofortigen Bekanntgabe". „Es erfolgte jedoch keine Berichtigung in der Öffentlichkeit. Im Gegenteil. Noch drei Monate wurden die Informationen Langendorfs durch die Spalten der Weltpresse gejagt. Man setzte ihre Vermutung ins Perfekt und ein Drew Middleton hatte damit im Dezember 1949 schon wieder einen Korrespondenzbericht über die Presseentwicklung in Bayern."[14] Publizisten der freien Presse des freien Westens lieferten damit eine nicht gerade brillante Probe für ihren Umgang mit der Wahrheit, zu dessen handwerklich richtiger Umsetzung die Besatzungsmacht den deutschen Journalismus umzuerziehen sich vorgenommen hatte.

Die Episode ließe sich getrost vergessen, wäre von ihr nicht doch mehr als nur ein Rüchlein geblieben. Zu ihren harten und hartnäckigen Fortprägungen gehört jenes simpel zweigeteilte Vorstellungs-Schema, nach dem die guten, demokratischen Publizisten auf der Lizenzweide, die bösen gestrigen Geister erzkonservativer Autoritätshörigkeit indessen in Altverleger-Reservaten zu finden seien. Diese „Eindeutigkeit der Relationen" beschreibt Norbert Frei, ausgeweitet auf das journalistische Arbeitsfeld generell, mit dem Anspruch des Historikers wie folgt: „Einer kleinen, auf alliierte Weisung ‚mächtig' gewordenen Minderheit der Lizenzträger und Chefredakteure stand die faktische Macht der Mehrheit gegenüber. Den wenigen, die 1933 den Journalismus wegen Berufsverbots oder aus eigenem Entschluß verlassen hatten, zum Teil emigriert und nun als demokratische Gewährsleute zurückgekehrt waren, blieb im Grunde gar keine andere Wahl als zu akzeptieren, daß auch ein ‚neuer' Journalismus auf das Gros der ‚alten' Profis angewiesen sein würde."[15] So einfach und so pauschal jedoch sind die historischen Wahrheiten wohl nicht.

---

13 Zitiert nach Heinrich Wurstbauer, a. a. O., S. 60 ff.

14 Heinrich Wurstbauer, a. a. O., S. 63 f.

15 Norbert Frei: Starrer Blick nach vorn, a. a. O. Dem hier zitierten dichotomischen Gesamtbild entspricht dann durchaus die im gleichen Zusammenhang vorfindbare Beschreibung – Oder ist es schon ein Erklärversuch? – der auf die ‚alten' Profis und ihre Mentalität gestützten Regierungspropaganda Adenauers, bei der sich „bestätigt fühlen" konnte, „wer schon immer an die Notwendigkeit eines autoritären Regierungsstils geglaubt hatte", deren Mitarbeitern darüber hinaus unterstellt wird, sie hätten zwar manche Begabung besessen, nicht jedoch die „Sensibilität für die Erfordernisse demokratischer Öffentlichkeitsarbeit".

Gleichwohl stützten sich die Siegermächte auf derlei Vereinfachungen; sie wurden zur Maxime der Lizenzpolitik, die alle „während des Dritten Reiches tätig gewesenen Verleger generell zu ‚Nazis' stempelte und diese aus dem neuen Pressewesen für lange Jahre ausschloß": Als ein „tragisches Mißverständnis" charakterisierte Heinz Starkulla diese Maxime.[16] Tatsächlich war sie ebenso realitätsfremd wie ungeschichtlich. In vielen Fällen potenzierte sie das von den Nazis begangene Unrecht durch neues Unrecht.[17] Und diese Maxime entsprach letzten Endes einem ganz simplen Vorurteil; es verengte den Blick auf die Tatsachen.

Zu den mittelbaren Folgen dieses Vorurteils gehört zweifellos die Sinnestrübung, die in der gegenwärtigen Presse- oder Medienstruktur nur oder doch vorwiegend ein Ergebnis der Lizenzpolitik zu erfassen vermag, weil man, aus welchen Gründen immer, glaubt, man könne mit der „Lizenzpresse" mehr und besser „Staat machen", in des Wortes vielfacher Bedeutung. Aber für Bayern jedenfalls trifft es nicht zu, daß die Lizenzpresse gänzlich oder weitgehend unbeschadet und in ihren Figurationen unverändert aus der ersten Marktkonfrontation mit den älteren Heimatzeitungen hervorgegangen sei, wie es die eine Seite, nicht zuletzt die der amerikanischen Lizenzgeber, gerne sehen lassen wollte. Nur für Teilgebiete des Zeitungsraumes kann gelten, daß die Lizenzpresse der Konkurrenz der Heimatblätter durch die Einführung eigener lokaler Nebenausgaben Paroli bieten konnte. Lineare Zusammenhänge sind hier ohnehin schwierig zu konstruieren; es gab nämlich starke Auflagenrückgänge der Lizenzpresse, wo viele Neugründungen, ebenso aber auch dort, wo nur wenige Neugründungen von Heimatzeitungen zu verzeichnen waren; und es gab ebenso Fälle, in denen trotz starker Gründungstätigkeit von Altverlegern die Lizenzpresse sogar Auflagengewinne verbuchen konnte, ob sie selbst nun bereits ausreichend durch Nebenausgaben vorgesorgt hatte oder nicht.[18] Bei solchen Gewinn- und Verlustrechnungen spielt wohl ein ganzes komplexes Bündel von Einflußfaktoren eine Rolle, das nur schwer einzuschätzen ist, weil darin durchaus auch Irrationalitäten verwoben sind.

Unbestreitbar ist natürlich auch, daß insgesamt die starke Bastion der Lizenzpresse am Fundament nicht angreifbar war. Insoweit sind einzelne Gründe für die

---

16 Heinz Starkulla: Zur Geschichte der Presse in Bayern. In: Verband Bayerischer Zeitungsverleger e.V. (Hrsg.): 50 Jahre Verband Bayerischer Zeitungsverleger. München 1963, S. 43 f.

17 Heinrich Wurstbauer weist dies überzeugend an den Beispielen der Passauer „Donau Zeitung", des „Regensburger Anzeigers", des „Bamberger Volksblatts", des „Coburger Tageblatts", des „Hofer Anzeigers" sowie des „Reichenhaller Tagblatts" nach. Dieser 1952 noch mit relativ bescheidenem Quellenmaterial unternommene Versuch einer differenzierenden Sicht stieß bei den Schwarz-Weiß-Anstreichern offensichtlich nicht auf besondere Gegenliebe; Wurstbauer fühlte sich nämlich zum Dank an seinen Doktorvater Karl d'Ester u. a. auch deshalb verpflichtet, weil dieser „trotz aller ablehnenden Einflüsterungen aus Interessentenkreisen" die Anfertigung der Arbeit ermöglicht und gefördert hatte. (Heinrich Wurstbauer, a. a. O., S. II.) Die Verbiegungen, zu denen die Verbeugungen vor dem öffentlich so beliebten Zwiedenken im Schema ‚gute Demokraten' hier und ‚böse Nazis' dort führen, hätten Norbert Frei schon deshalb bewußt sein müssen, weil er selbst einen Teil der von Wurstbauer nur angerissenen Exempel genauer untersucht hat und dabei zu einem doch wesentlich ausgewogeneren Ergebnis gekommen ist, als er es einer breiten Öffentlichkeit nunmehr zumutet. (Vgl. dazu Norbert Frei: Nationalsozialistische Eroberung der Provinzpresse. Gleichschaltung, Selbstanpassung und Resistenz in Bayern. Stuttgart 1980.)

18 Vgl. hierzu die tabellarische Gewinn- und Verlustrechnung für Lizenz- und Heimatzeitungen bei Heinrich Wurstbauer, a. a. O., S. LII.

Schwäche und für das Scheitern von neugegründeten Heimatzeitungen hier und dort unbedingt zutreffend, wie sie in amerikanischen Analysen zusammengestellt wurden: Die Heimatzeitungen hätten es nicht vermocht, die nach Westdeutschland zugewanderten Heimatvertriebenen anzuziehen; die meisten Deutschen unter 35 Jahren seien ohne Erinnerung und ohne Bindung an die Heimatpresse gewesen; die Leser hätten sich an den viel höheren redaktionellen Standard der Lizenzzeitungen rasch gewöhnt; eine parteilich oder weltanschaulich orientierte Presse habe beim Publikum keinen Zuspruch mehr gefunden.[19]

Tatsächlich konnte ein erheblicher Teil der 1949 und in unmittelbarer Folge der Generallizenz wiedergegründeten Blätter die Hürden nicht mehr nehmen, die sich da zwischenzeitlich sowohl in den Vorgegebenheiten der Lizenzpresse, in den wirtschaftlichen und technischen Bedingungen der Zeitungsproduktion, vor allem aber im Bewußtsein der möglichen Leserschaften für den Erfolg einer Zeitung aufgebaut hatten. Bereits 14 Tage nach ihrem ersten Erscheinen, rechnet Heinz Starkulla nach, waren in Bayern 14 der wiederaufgelegten Zeitungen eingegangen; weitere 8 folgten in den wenigen Wochen bis zum Jahresende; mehr als 15 Prozent der neuen ‚alten' Blätter überlebten mithin die ersten, kritischen Monate nicht.[20] Und dabei ist auch zu bedenken, daß von den 1932 erfaßten 592 bayerischen Zeitungen und Zeitungsausgaben nur mehr ganze 149, also gerade ein Viertel, wiedergegründet wurden. So wurden etwa von den im Einzugsgebiet München 1932 erschienenen 62 Zeitungen nur 17, von den 53 im Absatzgebiet der „Mittelbayerischen Zeitung" (Regensburg) erschienenen nur mehr 6, von den allein in Nordschwaben vordem erschienenen 67 lediglich 7 wieder aufgelegt.[21]

Die Stärken der Lizenzzeitungen und die Schwächen der Heimatzeitungen lassen sich unschwer in quantifizierten Strukturdaten fassen. Der Blick auf sie allein klärt und erklärt allerdings nicht, warum sich die bayerische Zeitungslandschaft nach 1945 so entwickelt hat, wie sie sich heute dem Auge bietet. Dazu ist es notwendig, auch die Schwächen der Lizenzzeitungen und die Stärken der wiederbelebten Heimatzeitungen in den Blick zu nehmen. Aber es ist eigenartig: Diese strukturellen Gegenstücke, diese Gegenansichten an den nämlichen Erscheinungen, sind nur schwer oder gar nicht in Zahlen auszudrücken. Das mag mit ein Grund sein, warum sie häufig nicht die gebührende Aufmerksamkeit gefunden haben. Gibt man ihnen jedoch das ihnen zukommende Gewicht, so wird es fragwürdig, von einer „Stunde Null" der deutschen, bzw. hier in erster Linie der bayerischen Presse zu sprechen. Es gab eine Zäsur, gewiß; es gab eine Neuentwicklung, unbestritten; es gab eine – künstlich arrangierte – Schonfrist für diese Neuentwicklungen. Dann aber, nach einer ersten, kurzen Konfrontation, nach einem kurzzeitigen Nebeneinander, begannen sich die Neuentwicklungen aus der Periode des Lizenzsystems „mit den Traditionen des deutschen Pressewesens zu verquicken". Kurt Koszyk stützt dieses Gesamturteil auf die Analayse des in Frankfurt geborenen, in Frankreich lebenden und zu Ansehen gekommenen Politologen Alfred Grosser, der das, was dem deutschen Pressewesen aus jener Nachkriegszeit bis heute blieb, mit zwei Etiketten kennzeichnet: Entpolitisierung und Konzentration. Entpolitisierung „in dem doppelten Sinn einer großen Unabhängigkeit von den Parteien und des Vorrangs, der

---

[19] Vgl. Kurt Koszyk: Die deutsche Presse 1945–1949, a. a. O., S. 71.
[20] Heinz Starkulla: Zur Geschichte der Presse in Bayern, a. a. O., S. 46.
[21] Heinrich Wurstbauer, a. a. O., S. 137.

der allgemeinen Information eingeräumt wurde vor der Darstellung und Kommentierung politischer Ereignisse. Konzentration in dem doppelten Sinn einer Verminderung der Zeitungstitel und eines Verlustes der Unabhängigkeit vieler kleiner überlebender Zeitungen, die ihre Seiten mit von Agenturen geliefertem Stoff füllen, ohne daß der Leser sich dessen bewußt ist. Die Bundesrepublik hat indes eine gute Regionalpresse hervorgebracht, der es trotz der geringen Auflage gelingt, ihren Lesern seriöse Analysen zu bieten, häufig auf etwas glanzlose Weise, aber ohne Demagogie."[22]

Von diesen Bilanz-Stichworten kann man sich auch über das Zeitungsland Bayern führen lassen.

Zeitungs-Konzentration

Die Erscheinung eines Konzentrationsprozesses beim Neuaufbau (nicht nur) der bayerischen Presse ist so auffällig, daß es bislang kein Beobachter versäumt hat, darauf hinzuweisen. Allerdings war das Pressewesen nicht zum ersten Mal in seiner Geschichte, wohl aber erstmals in diesem Ausmaß einem Konzentrationszwang unterworfen. Daher ist es wohl richtig, daß die Konzentrationsbewegung auf dem deutschen bzw. bayerischen Zeitungsmarkt nur in ihrem gesamten zeitlichen Verlauf wirklich erfaßt und verstanden werden kann.[23] Die langfristige Darstellung der Zeitungsentwicklung in Deutschland und in Bayern (TAB 2) macht deutliche Wellenbewegungen, ein Auf und Ab der Zeitungszahlen, sichtbar. (Diese Grundtendenz tritt unabhängig von Erfassungslücken, ungenau definierten Zähleinheiten oder Zählfehlern bei der statistischen Auswertung[24] auf.) Diese Wellenbewegung der Zei-

---

22 Zitiert nach Kurt Koszyk: Die deutsche Presse 1945–1949, a. a. O., S. 74.

23 Vgl. Heinrich Wurstbauer, a. a. O., S. 5.

24 Die tabellarische Darstellung der Zeitungsentwicklung in Deutschland und in Bayern (TAB 2) basiert auf einer ganzen Reihe von statistischen Teil- und Einzeldarstellungen, die zumindest partiell ihrerseits auf sekundärstatistischem Material aufgebaut sind. Hauptsächlich wurden verwendet für die deutschen und bayerischen Daten im 19. Jahrhundert sowie bis in die 30er Jahre dieses Jahrhunderts: Franz Laschinger: Die Struktur der bayerischen Presse am 3. Juni 1934. München 1936. („Zeitung und Leben", Bd. XXI.) Hans Kapfinger: Die Struktur der deutschen Zeitungen; in: ZV 1926, Nr. 10; ders.: Statistisches über die deutschen Zeitungen in der Gegenwart; in: ZV 1927, Nr. 10. Für die Entwicklung zwischen 1937 und 1950/51 wurde hauptsächlich zurückgegriffen auf Heinrich Wurstbauer: Lizenzzeitungen und Heimatpresse in Bayern. (Phil. Diss.) München 1952. (Auf der Grundlage dieser Quellen arbeitet für den fraglichen Zeitraum im wesentlichen auch Norbert Frei: Nationalsozialistische Eroberung der Provinzpresse. Stuttgart 1980.) Die Angaben über die Gesamtzahl der Ausgaben im Deutschen Reich zwischen 1928 und 1937 sind den statistischen Rekonstruktionen entnommen, wie sie vorliegen von Walter J. Schütz: Zeitungsstatistik. In: Emil Dovifat (Hrsg.): Handbuch der Publizistik. Berlin 1969, Bd. 3, S. 348–369. Für die Daten der letzten drei Jahrzehnte wurden ebenfalls pressestatistische Arbeiten von Walter J. Schütz herangezogen, insbesondere in den folgenden zusammenfassenden Übersichten: Presse- und Informationsamt der Bundesregierung (Hrsg.): Medienbericht '85. Bonn 1986. Ferner Bundesverband Deutscher Zeitungsverleger e. V. (Hrsg.): Zeitungen '87. Bonn 1987. Ergänzend wurden folgende Quellen zu Rate gezogen: Karl d'Ester: Artikel „Bayern"; in: Walther Heide (Hrsg.): Handbuch der Zeitungswissenschaft. Leipzig 1940. Heinz Starkulla: Zur Geschichte der Presse in Bayern; in: Verband Bayerischer Zeitungsverleger e. V. (Hrsg.): 50 Jahre Verband Bayerischer Zeitungsverleger. München 1963. Lothar Kuppelmayer: Die Tageszeitungen in Bayern (1849–1972); in: Max Spindler (Hrsg.): Handbuch der bayerischen Geschichte. München 1975 (Bd. 4, Teilbd. 2). Auf folgende, für die Interpretation

TAB 2
Zeitungsentwicklung in Deutschland und in Bayern seit 1848

Jahr	Zeitungen					
	in Deutschland		in Bayern			
	Ausgaben (Verl. = Hg.)	[Pub. E.]	Ausgaben	Anteil an dt. Zeitungen in %	Haupt-ausgaben (Verl. = Hg.)	Neben-ausgaben
1848	1012		110	10,9		
1885	3069		438	14,3		
1897	3337		399	12,0		
1905	3807		448	11,8		
1906	4183		543	13,0		
1908	3887		443	11,4		
1909	3929		438	11,1		
1914	4221		515	12,2		
1917	2938		353	12,0		
1921	3448		472	13,7		
1925	3042		434	14,2	382	52
1927	3241		433	13,4		
1928	3122		481	15,4	412	69
1930	3332		518	15,5	429	89
1932	4275		544	12,7	453	91
1933	3400		479	14,1	383	96
1934	2988		433	14,5	359	74
1937	2421		337	13,9	295	42
1944	977		108	11,1		
1949	(137)	[137]		19,7	(27)	103
1949/50					(167)	131
1950/51					(134)	125
1954	(624)	[225]		23,7	(148)	169
1964	(573)	[183]		24,6	(141)	170
1967	(535)	[158]		23,7	(127)	177
1976	(403)	[121]		24,3	(98)	
1987	(375)	[121]		25,0	(94)	134

[Pub. E.] = „Publizistische Einheit“
Verl. = Hg. = „Verlage als Herausgeber“

tungsentwicklung verläuft in Bayern durchweg parallel zur Entwicklung im Deutschen Reich, was auch darin zum Ausdruck kommt, daß der Anteil der bayerischen Zeitungstitel bzw. -ausgaben an der Gesamtzahl der Zeitungen im Deutschen Reich bis 1937 ziemlich konstant zwischen 12 und 15 Prozent liegt. (Nach 1945 vergrößert sich dieser Anteil auf ein ebenfalls konstantes, rundes Viertel, nicht etwa weil die Zeitungszahl in Bayern größer geworden wäre, sondern weil die Bundesrepublik Deutschland und ihre Zeitungslandschaft nur mehr ein Teilgebiet einstiger Quantität als Meßlatte und neue Bezugsgröße anbietet.)

Daß hinter den statistisch dokumentierten Ausweitungen und Verminderungen der Zeitungszahlen nicht nur wirtschaftliche Faktoren allein Wirkung entfalten, hat schon Franz Laschinger unterstrichen: „Wäre die Zeitung nur ein wirtschaftliches Unternehmen, müßte sie in der steigenden Konjunktur unmittelbar vor dem [Ersten Welt-]Kriege ihre höchste Blüte, ihre weiteste Ausdehnung erreicht haben. Die nackten Zahlen decken andere Zusammenhänge auf, sie weisen vielmehr auf die enge Verbundenheit des Zeitungswesens hin mit allem, was im Kampf der Meinungen und Geister ausgetragen wird. Während des Jahres 1905, als eine Revolution in Rußland und der Streit um Marokko eine politische Hochspannung verursachten, fand das Zeitungsgewerbe den günstigsten Boden zu einer raschen und, wie sich bald herausstellte, für normale Zeitläufte viel zu starken Ausdehnung. Die folgenden Jahre zeigen im wesentlichen den Zustand der Ruhe und des Beharrens. Dieser scheinbare Stillstand wurde durch das furchtbare Wetterleuchten des [Ersten] Weltkrieges jäh unterbrochen. Von 419 stieg die Zeitungsziffer in Bayern unmittelbar auf 515, also um nahezu 100. Die Höhe von 1906 wird allerdings nicht mehr erreicht, denn der Krieg hatte Kapital, Unternehmungsgeist, technisches und redaktionelles Personal und auch die Leser weggenommen, die Neugründungen hätten gewinnbringend erscheinen lassen."

Als allgemeinere Erkenntnis seiner Beobachtungen hält Laschinger schließlich fest: „Der Streit der Meinungen, heftigste politische und weltanschauliche Gegensätze lassen die Zeitungsziffer stark emporschnellen, regelmäßige Zeitläufe halten sie auf dem Mittelmaß, wirtschaftliche Not und harter Existenzkampf vernichten schwache Betriebe, die Ziffer sinkt sofort um ein Erhebliches."[25]

---

nicht unerhebliche Eigenheiten der statistischen Darstellung muß hingewiesen werden: Bis zur Mitte der 20er Jahre werden sachlich und statistisch ungenau für das Deutsche Reich sowohl wie für Bayern ganz einfach „Ausgaben" erfaßt. Die Angaben schwanken in verschiedenen Quellen. Im vorliegenden Zusammenhang kommt es indessen nicht so sehr auf die absoluten Größen als vielmehr auf die zahlenmäßig ausgewiesenen Tendenzen an. Ab Mitte der 20er Jahre wird unterschieden zwischen „Haupt-" und „Nebenausgaben", über deren Definition eine lebhafte wissenschaftliche Debatte geführt wurde. (Siehe dazu die entsprechenden Jahrgänge der „Zeitungswissenschaft" sowie Walter J. Schütz: Zeitungsstatistik, a. a. O., S. 350 ff.) Die Zahl der Ausgaben ist in der Regel die Summe der Haupt- und Nebenausgaben (die in TAB 2 nur für Bayern eigens ausgewiesen sind). Bis 1944 werden die Anteile Bayerns an der deutschen Tagespresse als Relation der hier und dort gezählten „Ausgaben" errechnet. Ab 1949 werden zur Berechnung dieses Anteilwertes die Zahlen der Ausgaben herangezogen, die von „Verlagen als Herausgebern" stammen. Die Definition dieser Gruppierung deckt sich nicht mit der früheren „Hauptausgabe"; daher sind ab 1949 die entsprechenden Zahlenwerte in der fraglichen Tabellenspalte in Klammern gesetzt. (Zu den Definitionen siehe Walter J. Schütz, Zeitungsstatistik, a. a. O., S. 354 f.)

[25] Franz Laschinger, a. a. O., S. 16.

Durchaus auf der Linie dieser Beobachtung liegt der kurzzeitige Anstieg der Zeitungszahl nach dem Ersten Weltkrieg, sein jähes Ende und die Umkehrung zum gegenläufigen Prozeß einer Titelminderung in der Inflationszeit. Nach einer Meldung der „Münchener Neuesten Nachrichten" vom 16. Januar 1923 stellten von 1914 bis 1922 per Saldo 57 bayerische Zeitungen ihr Erscheinen ein; im Jahr 1922, dem schwärzesten für das bayerische Pressewesen bis dahin, verschwanden allein 21 Zeitungen. In den Jahren 1921 und 1922 hatten die Zeitungen etwa ein Drittel ihrer Abonnenten verloren; das Anzeigengeschäft war um rund die Hälfte zurückgegangen. Die Papierkosten waren innerhalb weniger Wochen auf das Vieltausendfache der Vorkriegspreise geklettert. Die astronomische Höhe der Papierpreise sowie der sonstigen Gestehungskosten mochte unmittelbarer Anstoß des Zeitungssterbens sein, der wirkliche Grund – hierin hat Laschinger zweifellos recht – war all dies nicht.[26] Dieser lag schon eher in einer ungesunden, aufgeblähten Gesamtstruktur, in einer immensen parteipolitischen Zersplitterung des Zeitungswesens. Aber es sind andererseits die erneuten, oft erbitterten Anstrengungen im politischen Meinungskampf der Weimarer Republik, die schließlich wieder zur Erholung der Zeitungszahlen und zu deren unaufhaltsamem Anstieg bis 1932 führen – ohne Rücksicht auf die dadurch nur verdeckten oder sogar verschlimmerten wirtschaftlichen Schwächen.

Es erweist sich mithin wohl als zutreffend, daß sämtliche als Reduktionen und Niedergänge erlebten Zeitungs-Konzentrationen vor 1933 im wesentlichen Folgen einer „kapitalistischen Rationalisierungstendenz und des technischen Fortschritts" gewesen sind.[27] Das änderte sich nun schlagartig: Die „Dienstverpflichtung der deutschen Presse durch den Nationalsozialismus" und die damit verbundene Titel-Verminderung traf den deutschen Zeitungsmarkt ganz besonders empfindlich. Die allgemeine Formel für jegliche „politisch bedingte Zeitungskonzentration" lautet: „Propagandistische Macht [gründet] auf wirtschaftlicher Festigkeit."[28] Heinrich Wurstbauer demonstriert an Quantitäten, daß diese Formel für die Konstruktion der nationalsozialistischen Zeitungsblöcke ebenso wie für den Aufbau des Systems der Lizenzpresse gültig war: „Man konnte in Bayern 1933 zur publizistischen Massenführung nicht die 592 Zeitungen des Jahres 1932 gebrauchen. Als man 1945 wiederum neues Gedankengut und veränderte Leitideen in das Volk hineintragen wollte und schließlich auch mußte, da schuf man dazu 22 große Lizenzzeitungen."[29]

Schon im Jahre 1937 wurden in Bayern 109 Zeitungen oder 41 Prozent der bayerischen Tagespresse von 6 NS-Zentralen gelenkt. Bis 1944 wurde in weiteren Kon-

---

[26] Franz Laschinger, a. a. O., S. 19 – 23.

[27] So Heinrich Wurstbauer, a. a. O., S. 5 mit Berufung auf Rolf Strüder: Der ökonomische Konzentrationsprozeß im deutschen Zeitungsgewerbe. Phil. Diss. Berlin 1933.

[28] Heinrich Wurstbauer, a. a. O., S. 12.

[29] Heinrich Wurstbauer, a. a. O., S. 6. Die Zahlenangaben differieren mit den sonst vorgefundenen. Da für 592 bayerische Zeitungen 1932 bei Wurstbauer eine Quelle nicht ausfindig zu machen ist, beruht die aus Gründen der Vorsicht in TAB 2 aufgeführte Angabe von 544 bayerischen Zeitungen für 1932 auf den Auszählungen des Ala-Katalogs durch Franz Laschinger (a. a. O., S. 24). Die Zahl von 22 amerikanischen Lizenzzeitungen in Bayern findet sich in den meisten Aufzählungen bis heute. Vgl. etwa Kurt Koszyk: Pressepolitik für Deutsche 1945 – 1949. Berlin 1986, S. 472 f.; dort werden, wie auch bei Heinz Starkulla (Zur Geschichte der Presse in Bayern, a. a. O., S. 45), die Lizenzblätter bis zur Nummer 22 durchgezählt; dann folgen jeweils noch Anfügungen. Tatsächlich wurden in Bayern aber 27 Zeitungen lizenziert.

zentrationsschritten die Zeitungszahl auf 108 gegenüber 544 (bzw. 592) im Jahre 1932 und immerhin noch mehr als 330 im Jahre 1937 abgesenkt. Nunmehr betrug der Anteil der NS-Presse mit 55 Zeitungen zwar nur rund 50% der noch bestehenden Titel; aber damit beherrschte sie fast 84 Prozent der Auflage in Bayern (womit sie noch über dem Durchschnitt im gesamten Reichsgebiet lag). Demgegenüber fiel den verbliebenen 53 Privatzeitungen in Bayern nur ein Auflagen-Rest von 16 Prozent zu. Eine NS-Zeitung hatte zu dieser Zeit in Bayern eine Durchschnittsauflage von mehr als 32.000 Exemplaren, während eine Privatzeitung im Durchschnitt nur knapp über 6.000 Stück kam.

Das Exempel einer Zahl und Auflage von Zeitungen ausschließlich unter politischen Vorgaben optimierenden Pressekonzentration lieferte schließlich die Lizenzpolitik der Besatzungsmächte. Die Zahl der Zeitungen in Bayern wurde auf den extremen Tiefstand von 22 bzw. 27 Hauptausgaben abgesenkt. Legt man die 22 durchnumerierten, bis August 1947 erteilten Lizenzen zugrunde, so führte jedes dieser Blätter eine Durchschnittsauflage von nicht weniger als 99.000 Exemplaren. (Rechnet man die fünf ergänzenden, kleineren Nachlizenzierungen hinzu, bleibt immerhin für jede Lizenzzeitung noch eine Durchschnittsauflage von 90.000 Exemplaren.) Für bayrische Presseverhältnisse sind das durchweg Auflagen-Riesen. Das änderte sich erst, nachdem sich der größere Teil der alten Heimatzeitungen wieder etablieren konnte. Ende 1951 brachte es durchschnittlich jede einzelne Ausgabe im Lizenzzeitungssystem (von denen es 134 gab) auf 12.000 Exemplare, jede Heimatzeitungs-Ausgabe dagegen durchschnittlich nur auf 3.500 Exemplare.

Mit der Aufhebung der Lizenzpflicht im August 1949 „endete die politische Konzentrationsbewegung. Die politische Zielsetzung beim Aufbau von Zeitungssystemen kam in Wegfall." Daher begann zunächst einmal die Zeitungszahl massiv zu steigen. Tatsächlich aber läßt sich die Situation im Jahre 1951 so fassen: Da arbeiteten in Bayern noch 20 Lizenzsysteme (die insgesamt 134 Ausgaben herausbrachten); dazu kamen 5 größere Redaktionszentralen (die teilweise gleich mehrere Dutzend Nebenausgaben oder kleine Heimatzeitungen bedienten). Diese 25 Zeitungs-Zentralen brachten nicht weniger als 86 Prozent der gesamten bayerischen Tageszeitungsauflage auf den Markt: „Das war dann die wirtschaftliche Zentralisationsbewegung, die von der ursächlichen politischen Konzentration in diesem Ausmaß und so schnell gefördert worden war." Dabei verdient als Detail Beachtung, daß 1951 auf den lokalen Zeitungsmärkten in Bayern Konkurrenz häufiger war als im Jahr 1932: Seinerzeit gab es an 61 Prozent der (allerdings oft sehr kleinen) Zeitungsorte nur eine einzige Zeitung, 1951 dagegen waren lediglich 54 Prozent der (nun meist auch erheblich größeren) Erscheinungsorte mit bloß einer Zeitung ausgestattet.[30]

Trotz aller Limitierung durch Wirtschaftsfaktoren dehnte sich das bayerische wie das deutsche Zeitungswesen während der ganzen 50er Jahre aus. Erst Anfang der 60er Jahre machte sich allmählich ein Umschwung bemerkbar. Eine vorerst letzte Konzentrationsbewegung setzte ein, zunächst gemächlich, dann gegen Ende der 60er und Anfang der 70er Jahre immer rasanter. Die Zahl der „Publizistischen Einheiten", der Verlage also mit Vollredaktionen für den (politischen) Mantel wie für den Lokalteil, sank in Bayern von 45 im Jahre 1954 über 34 zehn Jahre später auf 28 im Jahr 1969; bei einem Stand von knapp zwei Dutzend stabilisierte sich die Situa-

---

[30] Alle Angaben und Zitate nach dem Resümee von Heinrich Wurstbauer, a. a. O., S. 12 f. sowie nach den zugehörigen Tabellen und Tafeln.

tion. (Im Bundesgebiet betrugen die Werte der entsprechenden Zeitungs-Senkung 225 im Jahr 1954, 183 1964, 149 1969 und schließlich trat ab 121 1976 auch hier eine Beruhigung ein.) Demgegenüber fiel die Zahl der „Verlage als Herausgeber" (und damit gewissermaßen die Zahl der „Hauptausgaben") schon erheblich weniger, in Bayern vom Höchststand 148 im Jahre 1954 auf die dann nahezu feste Zahl von 97 derartigen Einheiten ab 1979. (Das entspricht 65 Prozent des Ausgangswertes). Die Reduktion der Ausgabenzahl lag in dem nämlichen Abstiegsbereich. Sie sank von rund 310 im Jahre 1954 auf etwa 230 in den vergangenen Jahren.

Alle Indizien sprechen dafür, daß diese Konzentrationsbewegung verursacht und vorangetrieben war von wirtschaftlichen Faktoren. Den an eine Tageszeitung zu stellenden Ansprüchen konnten nur mehr publizistisch und technisch bestgerüstete Verlage gerecht werden. Zahlreiche Einzeldarstellungen zur bayerischen Zeitungslandschaft in diesem Band zeigen, daß gegen Ende der 60er Jahre der Zwang zur technischen Modernisierung der Zeitungsbetriebe zunahm, daß von diesem Zeitpunkt an die kostspieligen Investitionsentscheidungen häufiger wurden – und daß exakt in diesen Jahren die Konzentrationsbewegung sich beschleunigte.

Alle Konzentrationsbewegungen auf dem Pressesektor, zumindest aber jene, die von wirtschaftlichen Ursachen ausgelöst und bestimmt werden, sind auch dadurch charakterisiert, daß die Auflagenzahlen dabei nicht schrumpfen. Im Gegenteil: Die zentrale Symptomatik einer solchen Pressekonzentration besteht gerade darin, daß eine wenigstens gleichbleibende, häufiger noch eine wachsende Auflage von einer kleineren Zahl von Verlagen und meist auch mit Hilfe einer geringeren Zahl von Ausgaben auf den Markt gebracht wird. Auch dieser Zusammenhang läßt sich recht eindrucksvoll an statistischen Streiflichtern aus mehreren Jahrzehnten bayerischer Pressegeschichte demonstrieren. Die Tabellen 3 und 4 geben zunächst einen Eindruck davon, wie häufig kleine, mittlere und große Auflagenklassen zu verschiedenen Zeiten in der bayerischen Presse vorkommen.[31]

Obwohl die Ordnung nach Auflagenklassen sehr unterschiedlich gehandhabt wird, kann man doch vergleichen. Setzt man die Grenze für kleine Auflagen zunächst bei 3.000 Exemplaren an, so zählen dazu 1897 immerhin noch mehr als 77 Prozent aller bayerischen Tageszeitungen. 1912 noch knapp zwei Drittel; aber – und das ist auf den ersten Blick recht eigenartig – 1934 steigt die Zeitungszahl mit solch kleinen Auflagen wieder auf 76 Prozent an und ist dann erst 1938 erneut auf einen Wert um 62 Prozent abgesunken. Für das Jahr 1937 kommt man zu ziemlich demselben Ergebnis, wenn man die Auflagen-Klassen anders wählt (vgl. TAB 4): Demnach fielen 1937 unter die 2.000-Marke rund 54 Prozent, unter die 5.000-Marke sogar 79 Prozent aller Zeitungsausgaben.

Zum einen deutet sich hier wohl an, daß stets in den Expansionsphasen, die den Talsohlen einer Konzentration folgen, die Neugründungen von Zeitungen überwie-

---

31 Als Quellen für die Berechnung der Auflagengrößen-Klassen dienten: Franz Laschinger, a. a. O.; Heinrich Wurstbauer, a. a. O.; Karl d'Ester: Artikel „Bayern", a. a. O. (mit ausdrücklichem Verweis auf die pressestatistischen Grundlagen von Hans Kapfinger und Franz Laschinger); Helmuth von Holstein: Tradition und Fortschritt: Einiges über die bayerischen Zeitungen; in: Presse in Bayern. Sonderausgabe der Zeitschrift „Bayerland", München 1960. Schließlich: Walter J. Schütz: Zur Struktur der Zeitungen in der Bundesrepublik Deutschland; in: Bundesverband Deutscher Zeitungsverleger e.V. (Hrsg.): Zeitungen '87. Bonn 1987, S. 36 f.

TAB 3
Zeitungs-Auflagen-Klassen in Bayern

Auflagen-Klassen	Zahl der Zeitungsausgaben im Jahr							
	1897		1912		1934		1938	
	abs.	in %	abs.	in %	abs.	in %	abs.	in %
bis 500	↓		↓		40	9,9	↓	
501 bis 1 000	↓		↓		79	19,6	↓	
1 001 bis 3 000	309	77,4	280	64,8	187	46,3	232	62,2
3 001 bis 7 000	53	13,3	86	19,8				
3 001 bis 20 000							124	33,2
3 001 bis 35 000					91	22,5		
mehr als 7 000	37	9,3	66	15,4				
mehr als 20 000							17	4,6
mehr als 35 000					7	1,7		
insgesamt	399	100	432	100	404*	100	373	100

* Insgesamt sind 1934 in Bayern 433 Ausgaben gezählt worden; jedoch haben 29 davon keine Auflage angegeben.

TAB 4
Zeitungs-Auflagen-Klassen in Bayern (2)

Auflagen-Klassen	Zahl der Zeitungsausgaben im Jahr							
	1937		1951		1959		1987	
	abs.	in %	abs.	in %	abs.	in %	abs.	in %
bis 500	26	7,8	3	1,2	↓		↓	
501 bis 1 000	61	18,1	10	3,9	↓		2	2,1
1 001 bis 2 000	95	28,3	25	9,8	↓		6	6,4
2 001 bis 5 000	84	24,9	97	37,3	32	36,0	10	10,6
5 001 bis 10 000	38	11,3	83	32,0	19	21,3	25	26,6
10 001 bis 20 000	15	4,5	25	9,8			24	25,5
20 001 bis 50 000	12	3,6	11	4,1	26	29,2		
20 001 bis 60 000							14	14,9
50 001 bis 100 000	5	1,3	3	1,1	8	9,0		
60 001 bis 100 000							4	4,3
mehr als 100 000	1	0,2	2	0,8	4	4,5	9	9,6
insgesamt	337	100	259	100	89*	100	94**	100

* Berücksichtigt sind hier nur mehr „Hauptausgaben". (Insgesamt erschienen 1959 in Bayern 262 Ausgaben, also auch noch 173 „Nebenausgaben".)
** Ausgaben, die auf „Verlage als Herausgeber" zurückgehen.

gend in den kleinen Auflagenklassen anzusiedeln sein werden. Der Anteil dieser kleinen Auflagenklassen wird daher nur langfristig abgebaut werden. Zum anderen könnten diese Zahlen auch Ausdruck dafür sein, daß Konzentrationsbewegungen, die primär von politischen Zielen geprägt sind, nicht notwendig auf die Wirtschaftlichkeit jeder einzelnen Zeitung oder jeder einzelnen Ausgabe tendieren müssen, sondern auf die publizistische Schlagkraft aller Blätter; diese ist zwar – wie oben gezeigt – mit einer geringeren Zeitungszahl leichter zu gewinnen oder zu erhalten. Aber es ist durchaus möglich, eine große Zahl von Zeitungen über wenige Redaktions-Zentralen zu lenken (so daß die Konzentration vornehmlich die Zahl der „Publizistischen Einheiten" betrifft). Zumindest dem äußeren Anschein nach bleibt dann eine relative Vielzahl von Blättern erhalten, die möglicherweise auch dann noch Vielfalt vortäuschen kann oder soll, wenn die publizistische Konzentration als Gleichschaltung längst durchgesetzt ist.

Sobald jedoch Konzentrationsprozesse mit der Tendenz zur Etablierung wirtschaftlich lebensfähiger Zeitungseinheiten in Gang kommen, ist viel eher zu erwarten, daß die Zahl der kleinen, nicht oder kaum lebensfähigen Zeitungen im niedrigsten Auflagenbereich abnimmt. Dies ist in der Tat 1951 so, wo nur mehr 36 Prozent aller Zeitungen unter einer Auflage von 5.000 Exemplaren liegen. Erst recht weisen die Zahlenwerte von 1987 auf zurückliegende Konzentrationsbewegungen hin: mit rund 19 Prozent Zeitungen in Auflagenklassen unter 5.000 Exemplaren ist deren Anteil in Bayern im letzten Vierteljahrhundert fast halbiert worden.

Dabei stoßen wir auf eine wirkliche Besonderheit der bayerischen Pressestruktur: In Bayern ist nämlich die Konzentration der Tagespresse nicht so weit fortgeschritten wie in anderen Bundesländern oder in der Bundesrepublik insgesamt. Dies läßt sich unschwer aus TAB 5[32] ablesen und ableiten. Demnach nämlich hat in der Bundesrepublik eine „Hauptausgabe" (= Verlag als Herausgeber) eine Durchschnittsauflage von etwas mehr als 55.000 Exemplaren, in Bayern dagegen nur eine solche von 31.000 Exemplaren. (Entsprechend entfällt im Bundesgebiet auf eine „Publizistische Einheit" eine Auflage von 171.000 Exemplaren, in Bayern dagegen nur eine solche von knapp 122.000 Exemplaren.) Man könnte den Befund auch so formulieren: In Bayern sind die wirtschaftlichen Konzentrationsmöglichkeiten im Zeitungssektor (immer im Vergleich zum gesamten Bundesgebiet) offenbar noch nicht ausgereizt. Dafür muß es Gründe geben. (Ihnen müßte unter dem Stichwort ‚Heimatzeitung' nachgegangen werden.) Aber andererseits kann dies auch heißen, daß wirtschaftliche Faktoren, auch solche etwa, die mit der Veränderung der Medienlandschaft zu tun haben, durchaus als Anstöße für neue und weitergehende Konzentrationsbewegungen fungieren können.

Die gebremste Konzentrationsbewegung in der bayerischen Presse läßt sich besonders signifikant an der Besetzung der höchsten Auflagenklassen ablesen. Trotz eines „pressegedeihlichen Klimas" in den bayerischen Städten und Großstädten, trotz der Bedeutung Münchens als einer traditionellen Zeitungsstadt sind die Zeitungen mit den wirklich großen Auflagen in Bayern immer eine Rarität gewesen. 7.000 Exemplare und mehr erreichte in Bayern 1897 nicht einmal jedes zehnte Blatt; 1912 waren es immerhin schon etwas mehr als 15 Prozent. Zu Auflagen-Spitzen mit mehr als 35.000 Exemplaren kletterten 1934 gerade sieben Zeitungen (oder 1,7 Pro-

---

32 Vgl. Walter J. Schütz, in: Bundesverband Deutscher Zeitungsverleger e.V. (Hrsg.): Zeitungen '87. Bonn 1987, S. 36 f.

TAB 5
Auflagen-Anteile nach Auflagen-Klassen in der Bundesrepublik und in Bayern (1987)

Auflagen-Klassen	Anteilsvergleiche 1987							
	Bayern				Bundesrepublik			
	Ausgaben		Verk. Aufl.		Ausgaben		Verk. Aufl.	
	in %	kum.	in %	kum.	in %	kum.	in %	kum.
bis 1 000	2,1	2	0,1	0,1	1,1	1	0,0	0,0
1 001 bis 2 000	6,4	8	0,3	0,4	3,5	4	0,1	0,1
2 001 bis 5 000	10,6	19	1,2	1,6	10,6	15	0,6	0,7
5 001 bis 10 000	26,6	46	6,6	8,2	21,9	37	2,9	3,6
10 001 bis 20 000	25,5	71	11,4	19,6	21,3	58	5,5	9,1
20 001 bis 40 000	10,6	82	10,0	29,6	15,5	74	7,8	16,9
40 001 bis 60 000	4,3	86	6,5	36,1	6,9	81	5,9	22,8
60 001 bis 100 000	4,3	91	10,4	46,5	5,1	86	7,0	29,8
100 001 bis 150 000	5,3	96	21,1	67,6	5,3	91	11,6	41,4
150 001 bis 200 000	2,1	98	11,2	78,8	4,8	96	15,2	56,6
200 001 bis 250 000	–	–	–	–	1,3	97	5,3	61,9
mehr als 250 000	2,1	100	21,2	100	2,6	100	38,1	100
Ausgaben-Basis*	**94**				**375**			
Auflagen-Basis i. Tsd.				**2 925,4**				**20 715,6**

* Als Ausgabe zählt in dieser Tabelle jede, die als von einem „Verlag als Herausgeber" stammend deklariert ist.

TAB 6
Zeitungsausgaben in bayerischen Regierungsbezirken

Regierungsbezirk	Zeitungsausgaben							
	1912		1934		1944		1987	
	abs.	in %	abs.	in %	abs.	in %	abs.	in %
Oberbayern	93	24,7	106	24,5	28	25,9	27	28,7
Niederbayern	41	10,9	63	14,5			6	6,4
Oberpfalz	38	10,1	52	12,0	32	29,6	4	4,2
Oberfranken	39	10,3	44	10,2			12	12,8
Mittelfranken	48	12,7	47	10,8	12	11,1	14	14,9
Unterfranken	48	12,7	51	11,8	14	13,0	16	17,0
Schwaben	70	18,6	70	16,2	22	20,4	15	16,0
Bayern	377	100	433	100	108	100	94	100

zent). In den Jahren 1937/38 lagen immerhin 18 bzw. 17 Blätter (oder jeweils rund 5 Prozent) über einer Auflage von 20.000 Exemplaren. An diese Verteilung schließt fast nahtlos die Nachkriegspresse wieder an mit 16 Blättern oder 6 Prozent, die 1951 über 20.000 Exemplare vertreiben konnten. Hier nun kommt es in einer Zeit der Titel- und Ausgabenexpansion zu einer deutlichen Aufstiegstendenz, weil es sich gleichzeitig auch um eine Zeit der Auflagen-Expansion handelt: 1959 nämlich haben sich in Bayern 38 Hauptausgaben (oder 43 Prozent) zu einer Auflagenhöhe von mehr als 20.000 Exemplaren hinaufgearbeitet. Diese Zahl hat sich dann während der folgenden Konzentrationsbewegung nicht etwa erhöht, sondern wieder leicht vermindert. Während im Zuge dieser Entwicklung ganz offenkundig die Mittelklasse, in der sich zwischen 5.000 und 20.000 Auflage heute mehr als 50 Prozent der bayerischen Presse vereinigen, wirtschaftlich außerordentlich gestärkt wurde, blieben über der 20.000-Marke nicht einmal mehr 30 Prozent bzw. 27 Ausgaben übrig. (Siehe dazu TAB 3 und TAB 4.) Darüber hinaus signalisiert den unterschiedlichen Konzentrationsgrad die aktuelle Tatsache, daß 4,2 Prozent der Hauptausgaben in Bayern über 150.000 Exemplare täglich auf den Markt bringen und damit knapp ein Drittel der bayerischen Gesamtauflage herausgeben; im gesamten Bundesgebiet aber ist der Anteil der Ausgaben über 150.000 Exemplare mit 8,7 Prozent gut doppelt so hoch, und diese Zeitungen produzieren dabei mehr als die Hälfte, nämlich 58 Prozent der Zeitungsgesamtauflage (vgl. TAB 5).

Wie aber sind alle diese Zeitungen und ihre Auflagen über das Land verteilt? Zunächst einmal erscheint die Annahme schlüssig, daß im Verlauf von Konzentrationsprozessen mit der Ausgaben- oder Titelzahl auch die Zahl der Erscheinungsorte zurückgeht; von diesem Rückgang werden naturgemäß die kleinen Zeitungsorte stärker betroffen sein als die großen. Tatsächlich reduzierte die politisch determinierte Pressekonzentration in der NS-Zeit die Zahl der Zeitungsorte von 342 im Jahr 1932 auf 250 im Jahr 1937 recht drastisch. Die Menge der kleinsten Standorte mit weniger als 2.000 Einwohnern schrumpfte dabei allerdings nur geringfügig von 20,5 Prozent 1932 auf 17,1 Prozent im Jahr 1937. Die ausgesprochen ländliche Gemeinde als Zeitungsplatz verschwindet in Bayern erst mit und nach der Lizenzperiode. 1951 zählte man nur mehr in 2,1 Prozent aller Erscheinungsorte weniger als 2.000 Einwohner. Das flache Land wird mit Zeitungen seitdem meist von den mittelgroßen Kreisstädten aus versorgt.

Auf diese Weise spielte sich im Laufe der Jahrzehnte eine ziemlich gleichmäßige Abdeckung Bayerns mit Zeitungen bzw. mit Zeitungsausgaben ein. Die Zeitungsverteilung auf die sieben bayerischen Regierungsbezirke kann darüber Auskunft geben (TAB 6).[33] Über Jahrzehnte hinweg (z. B. zwischen 1912 und 1934) blieben die auf einzelne Regierungsbezirke entfallenden Anteile an den Zeitungsausgaben bemerkenswert konstant. Jedenfalls fehlt in solcher Zeitungskartographie die überdimensioniert aufgeblähte Presse-Plantage ebenso wie das Wüstengebiet ausgesprochener Zeitungsarmut. Extreme also sucht man vergebens. Bezieht man die Zeitungszahl der verschiedenen Regierungsbezirke auf den zugehörigen Bevölkerungsanteil (für 1934 und 1987 in TAB 7 und TAB 8), so bildet die erstere die Ein-

[33] Die Darstellung der Verteilung von Zeitungsausgaben in den einzelnen Regierungsbezirken basiert auf folgenden Quellen: Für 1912 und 1934: Franz Laschinger, a. a. O.; für 1944: Heinrich Wurstbauer, a. a. O.; für 1987: eigene Berechnungen nach Bundesverband Deutscher Zeitungsverleger e.V. (Hrsg.): Zeitungen '87.

TAB 7
Auflagenverteilung und Auflagendichte nach Regierungsbezirken 1934:

Regierungsbezirk	Einwohner-Anteil		Auflagen-Anteil		Einw.
	absolut	in %	absolut	in %	pro Ztg.-St.
Oberbayern	1 684 766	26,2	585 529	36,3	2,9
Niederbayern	755 769	11,7	90 084	5,6	8,4
Oberpfalz	629 262	9,8	97 292	6,0	6,5
Oberfranken	757 515	11,8	159 237	9,9	4,8
Mittelfranken	998 386	15,5	338 513	20,9	2,9
Unterfranken	752 744	11,7	159 817	9,9	4,7
Schwaben	859 397	13,3	184 050	11,4	4,7
Bayern	6 437 839	100	1 714 522	100	4,0

TAB 8
Auflagenverteilung und Auflagendichte nach Regierungsbezirken 1987

Regierungsbezirk	Einwohner-Anteil		Auflagen-Anteil		Einw.
	absolut	in %	absolut i. Tsd.	in %	pro Ztg.-St.
Oberbayern	3 647 991	33,2	1 231,8	42,1	3,0
Niederbayern	1 031 863	9,4	250,2	8,6	4,1
Oberpfalz	972 237	8,8	203,1	6,9	4,8
Oberfranken	1 036 403	9,4	268,7	9,2	3,9
Mittelfranken	1 534 256	14,0	344,2	11,8	4,5
Unterfranken	1 210 615	11,0	301,9	10,3	4,0
Schwaben	1 556 224	14,2	325,5	11,1	4,8
Bayern	10 989 589	100	2 925,4	100	3,8
Special					
München/Obb.	1 206 394		837,2		1,4
Nürnberg/Mfr.	476 989		172,9		2,8
Augsburg/Schw.	245 563		150,2		1,6
Obb. ohne M	2 441 597		394,6		6,2
Mfr. ohne N	1 057 267		171,3		6,2
Schw. ohne A	1 310 661		175,3		7,5
Bayern ohne Großstädte	9 060 643		1 485,7		6,1

wohnerverhältnisse überraschend gut ab. Verschiebungen gibt es da erst in der Endphase des Zweiten Weltkrieges und in der Gegenwart.

Besonders wenig Zeitungen erscheinen (immer auf die relevanten Bevölkerungsgrößen bezogen) in Niederbayern und in der Oberpfalz. Das könnte auf eine überdurchschnittlich hohe Ausgabenkonzentration in diesen Gebieten schließen lassen. Etwas abgeschwächt gilt das auch noch für Oberbayern (wenn man die Ausnahmeverhältnisse des Zeitungswesens in der Landeshauptstadt München ausklammert). Umgekehrt liegt der Anteil an Zeitungsausgaben deutlich über dem entsprechenden Bevölkerungsanteil nur in Unterfranken: Hier gibt es verhältnismäßig viele, aber eben besonders viele kleine Zeitungen (und damit eine vermutlich sehr retardierte Konzentrationsbewegung).

Für die Klärung der Frage, wie angemessen das Zeitungsangebot in den einzelnen Regierungsbezirken und damit im ganzen Lande ist, bietet jedoch die Auflagendichte ein wesentlich genaueres Kriterium als die Zeitungsdichte. (Siehe dazu TAB 7 und TAB 8.[34]) Die Auflagendichte sagt, auf wie viele Einwohner in einem bestimmten Gebiet (ganz schematisch gerechnet) ein Zeitungsexemplar kommt. Drei Resultate springen da vor allen interessanten Details in die Augen:

Zuerst und sehr frappierend: Die Auflagendichte in ganz Bayern ist für 1934 und 1987 fast konstant; seinerzeit kam auf genau 4 Personen ein Zeitungsstück, heute entfällt ein Zeitungsexemplar auf (rechnerisch) 3,8 Personen. Absolut gesehen hat sich in diesem halben Jahrhundert sowohl die Bevölkerungszahl wie die Auflagenzahl gewaltig erhöht. Ebenso haben sich die Lebensbedingungen der Menschen, die Existenz- und Arbeitsbedingungen der Zeitungen verändert. Trotzdem hat sich die Kennzahl der Auflagendichte kaum bewegt. (Und diese geringe Verschiebung ist durch eine veränderte Alterspyramide sowie durch veränderte Haushaltsgrößen leicht zu erklären: Es gibt heutzutage mehr Klein- und Kleinsthaushalte als je zuvor; zu deren Versorgung mit aktuellen Informationen sind auf jeden Fall mehr Zeitungsexemplare nötig als für die Großhaushalte von ehedem.) Ob sich in dieser Auflagendichte ein gewisser Sättigungspunkt der Zeitungsverbreitung anzeigt? Womöglich handelt es sich gerade hier um einen spezifisch bayerischen Sättigungspunkt. Denn im gesamten Gebiet der Bundesrepublik Deutschland ergibt sich eine Auflagendichte von drei Personen pro Zeitungsexemplar.[35] Diese höhere Auflagendichte wird mit Sicherheit durch zwei Faktoren bedingt, die in Bayern weniger stark ausgeprägt sind: Zum einen durch den insgesamt viel höheren Verstädterungsgrad in der Bundesrepublik insgesamt sowie zum anderen durch einen deutlich größeren Auflagenanteil der Straßenverkaufszeitungen.

---

[34] Die Daten zur Auflagenverteilung und Auflagendichte in den Regierungsbezirken wurden für 1934 neu berechnet und dargestellt nach Franz Laschinger, a. a. O., S. 46 ff. Auflagenverteilung und Auflagendichte in den bayerischen Regierungsbezirken für das Jahr 1987 wurden vom Verfasser berechnet nach Angaben des Statistischen Landesamtes (Bevölkerungsstatistik vom Stichtag 30. 6. 1988) sowie nach den Auflagenstatistiken des Bundesverbandes Deutscher Zeitungsverleger e.V. (Zeitungen '87).

[35] Berechnet auf der Basis von 61.320.400 Einwohnern (Ende 1987). Legt man für die Berechnung der Auflagendichte (wie für Statistiken der Mediennutzung üblich) lediglich die Bevölkerung ab 14 Jahre zugrunde, so errechnet sich hieraus für die Bundesrepublik bei 52.813.908 Einwohnern im fraglichen Alter ab 14 (Ende 1986) eine Auflagendichte von 2,5 Personen pro Zeitungsstück, für Bayern eine solche von 3,2 Personen (bei 9.391.307 Einwohnern ab 14 Ende 1987).

Wie immer: Die Auflagendichte ist zwar annähernd gleich geblieben, aber sie kommt gegenwärtig keineswegs auf die gleiche Weise zustande wie vor mehr als 50 Jahren. Diese letztere Beobachtung ist ein zweites, wichtiges Resultat: 1934 noch schwankten die Auflagendichten in den verschiedenen Regierungsbezirken relativ weit. Auf etwa drei Einwohner kam ein Zeitungsstück in Oberbayern und in Mittelfranken. In beiden Regierungsbezirken ist also der produzierte und verbreitete Auflagenanteil bedeutend größer als der zugehörige Bevölkerungsanteil. Die Zeitungsstärke der Städte München und Nürnberg findet in diesen Zahlen unmißverständlichen Ausdruck. Gleichzeitig aber war Niederbayern als ein ausgesprochen zeitungsarmer Bezirk markiert, in dem ein Zeitungsexemplar für mehr als acht Personen herhalten mußte; in der diesbezüglich ebenfalls unterentwickelten Oberpfalz wurde ein Zeitungsstück für je sechs bis sieben Personen vertrieben. Aufs Ganze gesehen haben sich diese Ungleichverteilungen heute nivelliert; sie sind nicht ganz verschwunden – und sie haben sich verlagert. Besonders auflagenstark ist nur Oberbayern geblieben. Mittelfranken hat sich in die auflagenschwächere Hälfte der Regierungsbezirke eingereiht, zu der eindeutig auch Schwaben und – wie früher – die Oberpfalz zählen.

Schließlich läßt sich das außerordentliche Gewicht bestimmen, das die Großstadtzeitungen und ihre Auflagen für die gesamte Auflagendichte haben. Isoliert man die Großstädte, München, Nürnberg und Augsburg, so glänzen sie durch eine Auflagendichte von einem Zeitungsexemplar für ein bis zwei Einwohner (wobei allerdings die in der jeweiligen Großstadt produzierten Auflagen Berechnungsgrundlage sind, unabhängig davon, wo diese Auflagen tatsächlich verbreitet werden). Umgekehrt verschlechtert sich die Auflagendichte im flachen Land dann auf sechs Personen pro Zeitungsstück. Genau bei diesem Mittelwert liegen Oberbayern und Mittelfranken, und im bayerischen Schwaben liegt die Auflagendichte noch deutlich darunter. Unter diesen Vorzeichen stehen dann auch die scheinbar zeitungsschwachen Regierungsbezirke, nämlich Niederbayern, die Oberpfalz, Oberfranken und Unterfranken gar nicht mehr so schlecht da. Der großstädtische Verstärkungseffekt ist in diesen Gegenden eher gemildert, und die Auflagendichte auf dem Land kann nicht unbedingt als entwicklungsbedürftig angesehen werden.

Das ganze Land Bayern wird also ziemlich gleichmäßig intensiv mit Zeitungen versorgt. In den bayerischen Großstädten verdoppelt sich der Mittelwert der Auflagendichte.[36]

Zeitung im Verbund

Wer diese Konzentrationsbewegungen und ihre Erscheinungsformen beklagt, „übersieht, daß sie Bayern wirtschaftlich gesunde sowie publizistisch und in der Aufmachung moderne Zeitungen beschert" haben.[37]

---

36 Bei diesen Überlegungen und bei den zugrundeliegenden Berechnungen sind stets nur die in Bayern herausgegebenen und produzierten Zeitungen berücksichtigt. Nicht eingerechnet sind dabei die teilweise nicht unerheblichen Auflagen, welche die „Bildzeitung" in vielen Gegenden Bayerns gewinnen konnte; auch nicht die quantitativ weniger bedeutsamen Kleinauflagen der nach Bayern (und insbesondere wieder in die bayerischen Städte) importierten überregionalen Tageszeitungen jeglicher Herkunft.

37 Heinz Starkulla: Zur Geschichte der Presse in Bayern, a. a. O., S. 46.

Die politisch geleitete Pressekonzentration der Lizenzzeit beeinflußte – wie oben schon angedeutet – ganz massiv die wirtschaftlichen Standards des bayerischen Zeitungswesens, teils direkt mit den Auflagenhöhen, mit Anzeigenumfängen und Erlösstrukturen usw., teils aber auch indirekt, wenngleich nicht weniger nachhaltig über die geweckten und befriedigten Erwartungen, die seitdem an eine Tageszeitung gestellt werden. Eine Zeitung ist nur existenzfähig, wenn sie diesen Erwartungen nachkommt; und sie kann den Standards nur entsprechen, wenn sie wirtschaftlich potent ist. Umgekehrt kann aber auch die wirtschaftlich forcierte Konzentrationsbewegung der 60er und 70er Jahre nicht zureichend verstanden und in ihrer Bedeutung für das Zeitungswesen richtig eingeschätzt werden, wenn nicht deren Wechselbeziehung zur publizistischen Leistungskraft der Tagespresse in Rechnung gestellt wird.

Die These, die wirtschaftliche Konzentration im Zeitungswesen habe zu einer empfindlichen oder womöglich gar zu einer gefährlichen Reduktion der „Meinungsvielfalt" geführt, vereinfacht nicht nur unzulässig, sondern verkürzt zudem Tatsachen. Sie verkennt etwa die gewaltige Konzentration, die im Vorfeld der redaktionellen Zeitungsherstellung auf dem Gebiet der Zulieferung des welt- und nationalbezogenen, aktuellen Materials, also bei den Nachrichten-Quellen, längst stattgefunden hatte, bevor die Tageszeitungen in den Sog der Konzentration gerieten. Anders gesagt: Die (politischen) Mantelteile von mehr als 200 „Publizistischen Einheiten" wurden aus kaum einem halben Dutzend Agenturen gespeist. „Die Mehrzahl der deutschen Tageszeitungen" griff „somit bei ihrer Berichterstattung über die ‚große Politik' nicht auf eigenes oder gar exklusives Quellenmaterial zurück". Schon aus finanziellen Gründen nämlich konnten (und können) sich nur ganz wenige Zeitungen ein ausreichend verzweigtes, eigenes Korrespondentennetz leisten. Deshalb führte letztlich die Auswertung einer sehr „beschränkten Zahl" von Nachrichtendiensten dazu, „daß eine große Zahl von Tageszeitungen die gleichen, bereits ausgewählten Informationen erhält",[38] die in der Regel kaum noch überprüfbar sind. Diese Konzentration des gestaltbaren „Rohmaterials" verschärft sich indessen noch dadurch, daß 1967, also schon auf der ersten Welle der Konzentration, überhaupt nur 18 Prozent aller „Publizistischen Einheiten" mehr als zwei Agenturdienste abonniert hatten und benutzten, 51 Prozent dagegen mit zwei Agenturen auskamen und 31 Prozent sich überhaupt auf eine Agentur-Zulieferung beschränken mußten.[39] Ob und wie die vorhandenen Agenturangebote genutzt wurden, ist primär eine Frage der wirtschaftlichen Potenz der Zeitungsunternehmen. Das Abonnement des Agenturmaterials läuft ins Geld, und mit Minimalbesetzungen der Redaktionen lassen sich mehrere Dienste kaum effektiv und vergleichend auswerten. Es ist nicht anzunehmen, daß in Bayern die Verhältnisse seinerzeit anders gewesen sein könnten. Die exemplarischen Hinweise in den Momentaufnahmen der bayerischen Tagespresse der Gegenwart deuten an, daß die überwiegende Zahl der Vollredaktionen heute mit mehreren Agenturzulieferungen arbeiten kann, daß sodann daneben zumeist auch noch Spezialdienste und -korrespondenzen genutzt werden,

---

38 Peter Glotz/Wolfgang R. Langenbucher: Der mißachtete Leser. Zur Kritik der deutschen Presse. Köln/Berlin 1969, S. 48. Vgl. dazu auch Hans Wagner: Die unverstandene Pressekonzentration. In: „Stimmen der Zeit", 1970, Heft 7, S. 117.

39 Elisabeth Noelle-Neumann: Pressekonzentration und Meinungsbildung. In: Hubert Armbruster u.a. (Hrsg.): Pressefreiheit. Berlin/Neuwied 1970, S. 73.

daß häufig aus München und Bonn, seltener auch noch aus Berlin, Eigenberichte erwartet werden können, und daß sich eine ganze Reihe von „Publizistischen Einheiten“ mit Korrespondenten auch in wichtigen Hauptstädten der Welt zusammengetan hat, die zwar nicht exklusiv nur für das eine Blatt allein berichten, aber diesem doch als zusätzliche, ergänzende und attraktive Nachrichtenquelle zur Verfügung stehen.

Es war von Anfang an ein Problem der wiederaufgelegten Heimatzeitungen der Altverlage, wie sie zu einem inhaltlichen Gesamtangebot kommen sollten, das den gestiegenen Leseransprüchen genügen konnte. Angesichts der hochkonzentrierten Lizenzpresse boten sich den Altverlegern zur Sicherung einer publizistischen Funktionserfüllung „organisatorische Lösungen verschiedener Art an: Wo der Eigenverlag mit selbständiger oder auch nur Gemeinschaftsredaktion nicht möglich war, da blieb der Anschluß an einen Gemeinschaftsverlag offen; anderswo schien der Abschluß eines Beteiligungs- oder Druckvertrags mit einer ehemaligen Lizenzzeitung tunlich“.[40]

Zusammenschlüsse zwischen den Lizenzträgern und den Altbesitzern von Druckereien, die meist auch Inhaber tradierter Verlagsrechte waren, zur Gründung neuer Firmen und Gesellschaften gab es in einer ganzen Reihe von Fällen. Sie gereichten in der Regel den betroffenen Lizenzzeitungen im Zeitungswettbewerb zum Vorteil (z. B. dem „Münchner Merkur“ oder dem „Fränkischen Tag“ in Bamberg u.a.), sie retteten gelegentlich ein wirtschaftlich nicht konsolidiertes Lizenzblatt (etwa den „Donau Kurier“ in Ingolstadt), änderten aber nichts Wesentliches an der Pressestruktur.

Anders war dies schon bei den verschiedenen Varianten von Kooperationen zwischen Heimatzeitungen bzw. Altverlegern auf der einen und Lizenzzeitungen auf der anderen Seite. Hier kam es häufig zur Stärkung der politisch-publizistischen Konzentration bei gleichzeitiger wirtschaftlicher Dezentralisation; diese letztere war in aller Regel unumgänglich, um „die in den Kreisverlagen steckenden wirtschaftlichen und werbepolitischen Kräfte mobilisieren zu können“; eben diese optimale Mobilisierung sowie der durch eine Kooperationszentrale stets kontrollierte Einsatz von meist kreisbezogenen Neben- oder Kopfausgaben ließen Wucherungen nicht zu und beschnitten Unrentables. Dies alles läßt sich demonstrieren an der Entwicklung, am Ausbau und an den Wandlungen der Kopfblätter, Nebenausgaben und Heimatzeitungen der „Mittelbayerischen Zeitung“ in Regensburg. Dieser Auf- und Ausbau eines Lizenzsystems kam nicht zuletzt zustande und wurde gesichert durch Abkommen mit Altverlegern.[41] Diese pressewirtschaftliche Strukturpolitik hat in der Oberpfalz (ebenso wie vermutlich analoge Entwicklungen im niederbayerischen Verbreitungsgebiet der „Passauer Neuen Presse“) zu einer sehr starken Festigung der Position der ehemaligen Lizenzzeitung geführt.

---

40 Heinz Starkulla: Zur Geschichte der Presse in Bayern, a. a. O., S. 46. Vgl. dazu ausführlich Heinrich Wurstbauer, a. a. O., S. 140 f. sowie S. 174 – 189. Wurstbauer typisiert die offenen Kooperationsmöglichkeiten wie folgt: „Heimatzeitungen schlossen sich zusammen. Andere gingen in Lizenzzeitungen oder deren Nebenausgaben auf. Betriebsgemeinschaften zwischen Heimatzeitungen und Lizenzzeitungen. Heimatzeitungen schlossen sich um die Zentrale einer Lizenzzeitung zusammen. So und ähnlich verliefen die Bewegungen ...“ (a. a. O., S. 178).

41 Vgl. die ausführliche Darstellung bei Heinrich Wurstbauer, a. a. O., S. 181 ff.

Die ersten Ansätze zu einem Kooperationsmodell zwischen Lizenzzeitungen und Altverlegern sind womöglich im Allgäu zu finden. Dort hatte „Der Allgäuer" (Kempten) schon 1946 Altverleger sowohl in die Bemühungen beim Aufbau von Lokalredaktionen wie in die Druckherstellung der Lokalausgaben eingeschaltet. Als dann ab September 1948 jeder Landkreis im Verbreitungsgebiet des „Allgäuer" eine Lokalausgabe mit eigenem Kopf erhielt, wurden die erforderlichen Lokalredaktionen bewußt bei den ehemaligen Heimatverlagen eingerichtet. Für die Zusammenarbeit wurden gelegentlich Betriebsbeteiligungen vereinbart (wie etwa mit der Memminger Druckerei und Verlagsanstalt), zumindest aber Kooperationsverträge abgeschlossen, die den Kreisverlagen im wesentlichen die lokalen, den Trägern der Hauptzeitung die allgemeinen Aufgaben der Zeitungsproduktion und des -absatzes übertrugen. Das Vorgehen bei solcher Kooperation bezeichnet Heinrich Wurstbauer als „wirtschaftliche und technische Dezentralisation innerhalb der politischen Konzentration des Lizenzsystems". Die Strategie verfolgte und brachte seiner Meinung nach entsprechende Resultate: „Man förderte die Selbständigkeit der Kreisblätter; man stärkte die Position des Zentralverlages und man stärkte die politische Stellung der Zeitung nach innen und nach außen."[42]

Ein besonders bedeutender Zusammenschluß dieser Art vereinigte nach dem Untergang des Lizenzblattes „Hochland-Bote" (Garmisch-Partenkirchen) die überwiegende Zahl der Heimatverlage „zwischen Lech und Inn" unter dem Dach des „Münchner Merkur". Diese seinerzeit größte Blockbildung in Bayern basierte auf „Mitverleger-Verträgen", die man nicht ohne Berechtigung gelegentlich auch als „Generalagentur-Verträge" bezeichnete: Die Kreisverlage übernahmen dabei im wesentlichen eben Agentur-Funktionen im Bereich des Vertriebs- und Anzeigengeschäfts, an dessen Erlösen sie beteiligt waren; die Redaktionen aber, auch jene draußen auf dem Land, wurden vom Zentralverlag in der Großstadt, hier vom „Münchner Merkur", eingerichtet, angeleitet und unterhalten. Bei dieser Blockbildung „zwischen Lech und Inn handelte es sich völlig um eine wirtschaftliche Konzentration"; sie führte im wesentlichen das System fort, das „vor 1945 im Bayerischen Zeitungsblock und vor 1933 schon von der ‚Münchner Landzeitung'" aus bestanden hatte.[43]

Abgesehen von dem inzwischen reorganisierten und noch ausgeweiteten Block des „Münchner Merkur" sowie abgesehen auch von einigen kleineren Verbund-Gruppen, sind aus all diesen Ansätzen zur Zusammenarbeit, in die während der ersten Jahre einer freien Verlagsbetätigung in Bayern viele Lizenzzeitungen und viele Heimatzeitungen hineingebunden waren, zwei große Kooperationssysteme übriggeblieben, die Modellcharakter beanspruchen können, die neben frappierenden Ähnlichkeiten auch auffällige Unterschiede aufweisen: das Partnerschaftsmodell der „Augsburger Allgemeinen" einerseits und das Modell der Arbeits- und Interessengemeinschaft mit den „Nürnberger Nachrichten" auf der anderen Seite.[44] Um die Übereinstimmung zunächst hervorzukehren: In beiden Fällen deckt die Leit-Zeitung heute einen ganzen Regierungsbezirk ab. In beiden Fällen ist die ehemals zweite Lizenzzeitung des Regierungsbezirks Bezieherin des Zeitungs-Mantels der Leit-Zeitung; beide Male kam diese Kooperation zustande, nachdem die Leit-Zei-

---

42 Heinrich Wurstbauer, a. a. O., S. 183.
43 Heinrich Wurstbauer, a. a. O., S. 178 f.
44 Siehe dazu ausführlich die Porträts der beiden beteiligten Leit-Zeitungen im vorliegenden Band.

tung mit Konkurrenzausgaben in das Verbreitungsgebiet der Nachbar-Lizenzzeitung eingedrungen war. Doch während im einen Fall der Verlag der „Fränkischen Landeszeitung“ (Ansbach) selbständiger Kooperationspartner der „Nürnberger Nachrichten“ blieb, gab im anderen Falle „Der Allgäuer“ (Kempten) seine Verlagsselbständigkeit auf. Die „Augsburger Allgemeine“ erwarb und hält die Hälfte der Anteile eines neugegründeten Verlagsunternehmens, das seitdem die frühere Lizenzzeitung unter dem neuen Namen „Allgäuer Zeitung“ auf den Markt bringt.

Gemeinsam ist natürlich beiden Modellen, daß die Leit-Zeitung eine Vielzahl von Kooperationsverträgen mit Heimatverlagen abgeschlossen hat, die in Schwaben ebenso wie in Mittelfranken das Überleben der betroffenen Heimatzeitungen in wohl abgesteckten, zumeist mit den alten Landkreisgrenzen identischen Einzugsgebieten bis heute ermöglicht haben. Auch in der Zukunft wird in diesen Zeitungsräumen die Pressestruktur stabil bleiben, weil die Heimatzeitungen – von einigen Randzonen abgesehen – in ihren Verbreitungsgebieten durchgehend als Alleinanbieter auftreten. Der Unterschied der beiden Modelle besteht jedoch darin, daß die Augsburger Verträge den Heimatverlagen hauptsächlich verlegerisch-geschäftliche Teilfunktionen überlassen, während die redaktionelle Verantwortung auch für die Lokalteile de facto auf den Zentralverlag übergegangen ist, wobei allerdings das Prinzip gewahrt wird, daß die Lokalteile und -seiten vor Ort journalistisch erarbeitet und technisch gestaltet werden sollten. Hier also ist ganz entscheidend die wirtschaftliche Konzentration mit einer auch publizistischen Konzentration verknüpft; die Konzentrationen sollen durch organisatorische Dezentralisation optimiert werden. Im Modell der Arbeits- und Interessengemeinschaft mit den „Nürnberger Nachrichten“ dagegen liegt der springende Punkt bei der Etablierung eines einzigen, großen Anzeigenträgers, der über den gemeinsamen Zeitungsmantel sozusagen verbunden und zusammengehalten wird. Aber die Optimierung der Wirtschaftspotenz dieses Anzeigenträgers wird mit dem Ziel einer lückenlosen, intensiven Marktsättigung durch bewußt ins Werk gesetzte politisch-publizistische Dezentralisation angestrebt. Dies wird nicht nur darin evident, daß die Heimatverlage nach wie vor voll und ganz verantwortlich sind für ihre Lokalredaktionen und deren Leistungen; das wird zusätzlich dadurch unterstrichen, daß den Lesern im Einzugsgebiet der kooperierenden Heimatverlage eine freie Mantel-Wahl eingeräumt ist: Sie können sich entscheiden für den eher links-liberalen Mantel der „Nürnberger Nachrichten“, der Leit-Zeitung also, oder für den tendenziell konservativen Mantel der „Nürnberger Zeitung“. Das ist eine wohl einmalige Konstellation im deutschen, auf jeden Fall aber im bayerischen Zeitungswesen. Ermöglicht wird sie dadurch, daß den „Nürnberger Nachrichten“ fast die Hälfte der Anteile auch an der „Nürnberger Zeitung“ gehört; so wird gewissermaßen im eigenen Haus eine publizistische Dezentralisation aus Gründen der Chancen-Optimierung am Anzeigenmarkt, letztlich also aus Gründen der wirtschaftlichen Sicherung einer publizistischen Potenz, forciert.[45] Beide Modelle haben sich bislang als unbedingt erfolgreich erwiesen; welches davon auch unter veränderten Bedingungen der bayerischen Medienlandschaft anpassungsfähiger, flexibler und stabiler zugleich ist, wird erst die Zukunft weisen müssen.

---

45 Siehe dazu die Porträts der „Nürnberger Nachrichten“ sowie der „Nürnberger Zeitung“ in diesem Band. Ferner Karl Vogel: Das NN-Modell. Verlegerisches Handeln als kommunikationspolitisches Programm. Nürnberg 1981 (Nürnberger Forschungsberichte, Bd. 18).

Schließlich ist „Zeitungs-Selbständigkeit im Verbund“ samt allen Rationalisierungseffekten auch in der Kooperation zwischen den (meist kleinen) Heimatverlagen denkbar und formenreich verwirklicht. Solche Kooperation kann alle Stufen und Intensitäten annehmen. Sie reicht auf dem redaktionellen Sektor vom Austausch einzelner Maternseiten oder Materntеile zwischen wenigen Nachbarn (wie es etwa zwischen dem „Traunsteiner Wochenblatt“, dem „Berchtesgadener Anzeiger“ und dem „Reichenhaller Tagblatt“ der Fall ist) bis zur Einrichtung und zum Unterhalt von großen Gemeinschaftsredaktionen. Kombiniert damit oder unabhängig daneben können alle möglichen Formen gemeinsamer Anzeigenverwaltung oder technischer Produktionsgemeinschaften bis hin zu Zweckgemeinschaften für den verbilligten Bezug von Rohstoffen und Rohmaterialien bestehen. (Eine solche Zweckgemeinschaft war schon Anfang der 50er Jahre und dann lange Zeit realisiert in dem „Verlag altbayerischer Heimatzeitungen“, dessen Gründung ausschließlich den Zweck verfolgte, drei kleinen Heimatverlagen in der Gegend von Altötting den erschwinglichen Bezug der dpa-Nachrichtendienste zu ermöglichen.)

Zusammenschlüsse zur Einrichtung von Gemeinschaftsredaktionen wurden recht bald nach dem Wiedereintritt der Heimatverlage in den Zeitungsmarkt in allen Gegenden Bayerns vollzogen. Besonders raumgreifend waren diese Redaktionsgemeinschaften in allen fränkischen Regierungsbezirken. Dort erfaßte die Gesellschaft „Bayerische Heimatzeitungsverleger“ mit Sitz in Nürnberg schon 1951 nicht weniger als zwei Dutzend Heimatzeitungen als Mitglieder und belieferte mit ihrem Mantel weitere acht Heimatzeitungen zusätzlich. Nachdem ein ebenfalls schon früh gegründeter „Gemeinschafts-Verlag Heimatpresse“ mit Sitz in Freising Ende der 60er Jahre seine Arbeit eingestellt hatte, wuchs die Nürnberger Heimatzeitungsverleger-Gesellschaft zeitweise auf drei Dutzend Mitglieder an (von denen nun auch einige in Oberbayern angesiedelt waren). Im Zuge der Konzentrationsbewegungen der 70er Jahre, die auch anderweitige Kooperations-Orientierungen einzelner Verlage forcierten, sodann infolge von Einstellungen bröckelte diese einst größte bayerische Redaktionsgemeinschaft bis Anfang der 80er Jahre ab. Gleichzeitig gründeten einige ihrer ehemaligen Mitglieder, die neue redaktionelle und technische Zeitungsvorstellungen verwirklichen wollten, die „HZ-Heimatzeitungsgesellschaft“ mit Sitz in Kitzingen.[46] Die alte Genossenschaft bayerischer Heimatzeitungsverleger löste sich auf. Die am Ende noch verbliebenen Mitglieder gründeten eine neue „Gemeinschaftsredaktion Bayerischer Heimatzeitungen“ mit Sitz in Bad Kissingen. Viel weniger von Wechseln und Fluktuationen beeinflußt blieb der „Ring Nordbayerischer Tageszeitungen“ (ehemals „Zeitungsring Oberfranken“) mit Sitz in Bayreuth, in dem seit Anfang der 50er Jahre bis heute ein harter Gemeinschafts-Kern zusammenarbeitet, dem sich in den 70er und dann wieder Mitte der 80er Jahre ein paar weitere Mitglieder angeschlossen haben. Ebenfalls aus den ‚Gründerjahren‘ nach dem Zweiten Weltkrieg stammen die wichtigsten Tarifgemeinschaften zur Anzeigenbewirtschaftung, nämlich der „Ring Süd-Bayerischer Heimatzeitungen“ und der „Ring Nord-Bayerischer Heimatzeitungen“. Beide Ringe waren ursprünglich von der Anzeigenverwaltung Karl Gabler aufgebaut und betreut worden. Heute noch umfaßt der Zusammenschluß in beiden Ringen mehr als 30 Heimatzeitungen[47].

---

46 Siehe dazu das Kurzporträt der „Kitzinger Zeitung“ in diesem Band.

47 Auszählungen und Angaben nach W. Stamm: Leitfaden für Presse und Werbung, von der

Gleichgültig, zu welchem Ziel und in welchem Umfang Genossenschaften, Redaktionsgemeinschaften oder Gemeinschaftsverlage der skizzierten Art auch immer etabliert wurden, der Kernsatz aller derartigen Zusammenschlüsse lautete stets, daß durch die entsprechenden Vereinbarungen und Verträge „die Selbständigkeit der angeschlossenen Verlage in keiner Weise berührt" würde. Dies war schon der Grundgedanke, als solche Kooperationsmodelle während der Inflationszeit der 20er Jahre entwickelt und erprobt wurden. Sie waren damals als „Walchnersches System" bekannt geworden, weil sich erstmals im Frühjahr 1922 unter Führung des Verlagsdirektors Franz Walchner aus Wangen/Allgäu 20 Zentrumszeitungen von Ulm bis Sigmaringen im Verband oberschwäbischer Zeitungsverlage („Verbo") zu einer großen Redaktionsgemeinschaft sowie zur gemeinsamen technischen Zeitungsproduktion zusammengeschlossen hatten. Heinrich Wurstbauer moniert, daß die Erfahrungen dieser älteren Kooperation nicht schon beim Start der Heimatzeitungen nach dem Krieg leitend geworden seien. „Manche Verluste hätten 1949 vermieden werden können, wenn sofort diese Art der Zusammenarbeit durchgeführt worden wäre." Daß man den Gedanken erst nach erneuten bitteren Erfahrungen wieder aufnahm, erklärt Wurstbauer damit, daß „mancher traditionsverbundene Heimatzeitungsverleger" sich mit diesen Kooperations-Möglichkeiten nicht hatte befreunden wollen in der Befürchtung, „dadurch seine Selbständigkeit und damit das Erbe seiner Väter verkaufen zu müssen".[48]

Man kann diese Vorbehalte wohl noch härter fassen: Viele Altverleger witterten in derartigen Kooperationssystemen möglicherweise gar eine „Sozialisierung" auf kaltem Wege.[49] Tatsächlich handelt es sich natürlich auch bei solchen Kooperationen um Konzentrationsbewegungen vorgegeben dezentralisierter Zeitungseinheiten. Wirtschaftlich veranlaßt, schlagen sie – dies ist unbestreitbar – auf das publizistische Leistungsangebot durch. Was damit jedoch erreicht wird, ist stets und immer nur die vereinigte Stärke der Schwachen, die ihrerseits allerdings jede einzelne Zeitung lebensfähig macht. Dagegen sind bei Kooperationen kleiner Heimatzeitungen mit einem mächtigen Zentralverlag (etwa einem ehemaligen Lizenzsystem) die ersteren nicht nur in der wirtschaftlichen Stärke der ganzen Gemeinschaft, sondern zusätzlich in der Wirtschaftsmächtigkeit auch des Zentralverlages aufgehoben. Dazu kommt, daß die publizistische Leistung aller kooperierenden Blätter von eben dieser Stärke des Zentralverlages erheblich profitiert. Ein entsprechendes quantitatives und qualitatives Niveau kann im Zusammenschluß selbständiger, aber kleiner Heimatverlage nur mit äußerster Mühe erreicht werden.

---

10. Ausgabe (1957) bis zur 41. Ausgabe (1988); Angaben zu den frühen 50er Jahren sind entnommen Heinrich Wurstbauer, a. a. O., S. 186 ff.

48 Heinrich Wurstbauer, a. a. O., S. 185.

49 In einer Kritik des „Walchnerschen Systems" im Organ des Zeitungsverlegerverbandes „Zeitungs-Verlag" hieß es schon in den 20er Jahren: „Wenn das die erstrebte Selbsthilfe ist, dann sieht sie der gefürchteten Sozialisierung verzweifelt ähnlich. Denn sie bringt die Monopolisierung des Zeitungswesens an bestimmten Zentren. Die Zentralstelle muß im Laufe der Zeit die politische Ausgestaltung des Blattes vollkommen an sich bringen. Der selbständige Zeitungsverlag ist damit erledigt." Diese Einschätzung ist hier zitiert nach Otto Groth: Die Zeitung. Mannheim/Berlin/Leipzig 1928, Bd. 1, S. 232. Obwohl Groth diese Kritik für übertrieben hält, verbirgt auch er seine Skepsis gegenüber derartigen Kooperationen nicht, die er aus ähnlichen Gründen beschränkt sehen will auf Zeitungen, „die in einem politisch, kulturell und wirtschaftlich ziemlich einheitlichen Gebiet erscheinen und weitgehend gleiche Beschaffenheit im Inhalt, im Äußeren, in der Erscheinungsweise erhalten können; ein differenziertes Publikum würde eine solche Einheitszeitung ablehnen."

Damit sind die Gründe wenigstens angedeutet, warum (im übrigen nicht nur in Bayern) in den letzten Jahrzehnten die Redaktions- und auch die Tarifgemeinschaften der kleineren Heimatzeitungen geschrumpft sind, während sich alle Systeme des Verbunds zwischen einem starken Zentralverlag und Heimatzeitungen ausgeweitet und stabilisiert haben.

Wenn daher Alfred Grosser als bleibendes Merkmal der Nachkriegsentwicklung im Pressewesen Konzentration auch im Sinne des „Verlusts von Unabhängigkeit" für die einzelnen Blätter bzw. im Sinne einer Abhängigkeit in wirtschaftlichen oder technischen oder redaktionellen Verbundsystemen sieht, so ist dies den Fakten nach kaum zu bestreiten. Man wird indessen dem Ergebnis mit dem Bilanz-Wort „Verlust" wohl nicht gerecht. Was nämlich die Lebensfähigkeit einer Vielzahl von Lokalzeitungen, die nur im Verbund zu erhalten war, unter dem Strich tatsächlich wert ist, kann nur ermessen werden, wenn man zusätzlich Kriterien der Zeitungsfunktion in einer modernen Mediengesellschaft zu Rate zieht. Sicher ist, daß über die „Selbständigkeit im Verbund" die Heimatzeitungen der bayerischen Presselandschaft ihr Gepräge geben.

Zeitungsbetriebe

Es ist zwar als pauschale Bewertung der Nachkriegsentwicklung richtig, wenn sowohl Heinrich Wurstbauer wie – gut zehn Jahre später – Heinz Starkulla zu dem Ergebnis kommen, daß die unrentablen Zeitungsbetriebe in Bayern verschwunden seien. Dies kann aber nicht über das Bündel jener typischen Charakteristika hinwegtäuschen, das bei der bisherigen Beobachtung der bayerischen Presselandschaft aufgefallen ist: Viele Zeitungen in mittleren Auflagenklassen, deren Durchschnittsauflage deutlich niedriger liegt als die Durchschnittsauflage im ganzen Bundesgebiet; damit verbunden ein gegenüber den Verhältnissen in der Bundesrepublik Deutschland erheblich geringerer Konzentrationsgrad der Tageszeitungen; und schließlich als Folge eine außerordentlich vielgestaltige, bis heute die Konturen weiter Zeitungsreviere prägende Kooperation kleiner Heimatzeitungen untereinander sowie kleiner Heimatzeitungen mit großen, ehemaligen Lizenzzeitungen.

1951 produzierten nur 45 Verlage redaktionell rundum eigenständige Hauptausgaben, was 29 Prozent der bayerischen Zeitungen entsprach. Die restlichen 71 Prozent aller bayerischen Zeitungen entstammten damals Produktions- und Redaktionsgemeinschaften, Zeitungsblöcken und Nebenausgaben-Systemen. Gegenwärtig werden in Bayern durch die bestehenden 24 „Publizistischen Einheiten" demnach 25 Prozent redaktionell in allen Sparten eigenständige Hauptausgaben auf den Markt gebracht, während die restlichen 75 Prozent der Hauptausgaben in irgendeiner Form den Mantelsystemen zugehören. Auch hier – und ganz nebenbei – springt noch ein immer wieder bestätigtes Merkmal bayerischer Tagespresse ins Auge: Die Zeitungsstrukturen in diesem Land sind stabiler als anderswo.

Obwohl die für eine präzise Ordnung der Betriebsgrößen-Klassen relevanten Angaben über Jahresumsätze leider nicht vorliegen,[50] kann unter Berücksichtigung al-

---

[50] Wie wichtig die Kenntnis der fraglichen Eckdaten wäre, zeigt die betriebswirtschaftliche Untersuchung von Eberhard Witte über „Zeitungen im Medienmarkt der Zukunft" (Stutt-

ler verfügbaren Indikatoren davon ausgegangen werden, daß die Typologie der Größenklassen von Zeitungsbetrieben in Bayern nicht sehr stark abweichen wird von der Ordnung der Auflagenklassen. Dann wäre im bayerischen Zeitungsgewerbe die Zahl der Großbetriebe etwa mit maximal zehn Prozent, die Zahl der Mittelbetriebe zwischen 40 und 50 Prozent sowie die Zahl der Kleinbetriebe in der nämlichen Größenordnung anzusetzen. Zur Groborientierung mag dies ausreichen. Nähere Aufschlüsse können sodann auch die Mitarbeiterzahlen und -strukturen der bayerischen Zeitungsunternehmen bringen (TAB 9 und TAB 10). Obwohl auch zu den Angaben über die durchschnittlichen Mitarbeiterzahlen einige Vorbehalte zu machen wären,[51] lassen sich doch vorsichtige Folgerungen ziehen.

Die Differenz in den Redaktionsbesetzungen der Groß- und Mittelbetriebe einerseits und der meist nur für die Lokalteile zuständigen Kleinbetriebe andererseits war nicht nur 1951, sie ist de facto auch heute noch gewaltig.[52] Insgesamt aber hat sich die Durchschnittszahl der Redaktionsmitglieder (einschließlich der Volontäre) im vergangenen Vierteljahrhundert fast verdoppelt; das bedeutet konkret, daß die Zahl der Redakteure in der Mehrzahl aller Fälle gestiegen sein muß. Aber: Die durchschnittliche Redaktionsbesetzung bei bayerischen Tageszeitungen liegt unter dem Durchschnittswert in der Bundesrepublik (wobei zusätzlich bedacht werden sollte, daß sich die Durchschnittswerte im Bundesgebiet seit der zuletzt ausgewiesenen Zahl von 1983 sicher ebenfalls erhöht haben).

Noch deutlicher ist der bayerische „Rückstand" bei der durchschnittlichen Angestellten-Zahl im Zeitungsverlag gegenüber dem Bundes-Mittel (Werte, die besonders deutlich auf ein Übergewicht kleiner oder allenfalls mittlerer Tageszeitungsbetriebe in Bayern hinweisen). Oszillierend sind die Durchschnitts-Ausschläge für das technische Personal. Auf diesem Sektor sind die Mitarbeiterzahlen tendenziell seit den 50er Jahren zurückgegangen; jedenfalls lagen sie 1951 für einen mittleren bayerischen Zeitungsbetrieb höher als 1977 oder 1983 für den Durchschnitt der bundesdeutschen Zeitungsverlage (der eine hartnäckige Stagnation anzeigt). Insoweit signalisiert auch diese unvollständige Statistik Effekte der neuen Satz-, Druck- und Verarbeitungstechniken im modernen Verlagsbetrieb. Andererseits schlägt auch dieser Wert für Bayern in Richtung überwiegend mittlerer Betriebsgrößen aus.

---

gart 1984). Die von Witte benutzten Angaben zum Jahresumsatz stammen von 1983 und sind durchgehend für das gesamte Bundesgebiet aggregiert. Irgendwelche exakten Schlüsse auf die bayerische Situation lassen sich daher aus diesen Untersuchungen nicht ableiten.

[51] Die Angaben zu den bayerischen Zeitungsunternehmen für 1951, getrennt nach Mittel- und Kleinbetrieben, stammen von Heinrich Wurstbauer, a. a. O., S. 34. Die Berechnungen für Bayern 1987 erfolgten auf der Grundlage von Angaben aus 65 Zeitungsbetrieben, die dem Verband Bayerischer Zeitungsverleger angehören. (Bei diesen neuesten Angaben wird nicht zwischen Redaktions- und Verlagsangestellten unterschieden; daher sind die für 1951 und in den Bundesstatistiken eigens ausgewiesenen „sonstigen" Redaktionsangestellten bei den Bayern-Zahlen von 1987 in der Zahl der Angestellten mitenthalten.) Die Durchschnittsberechnungen für die Bundesrepublik Deutschland 1977 und 1983 basieren auf dem „Medienbericht '85" der Bundesregierung, herausgegeben vom Presse- und Informationsamt der Bundesregierung, Bonn 1986, S. 162. Bei der Interpretation ist zu beachten, daß die Streuung der Betriebsgrößen, deren Mitarbeiterzahlen in die Berechnung der Durchschnittswerte von 1977, 1983 und 1987 eingehen, relativ groß sein dürfte.

[52] Dafür finden sich recht typische Einzelbelege in den Zeitungsporträts dieses Bandes, die der Beachtung besonders empfohlen seien.

TAB 9
Durchschnittliche Mitarbeiterzahlen in Zeitungsunternehmen

Mitarbeiter-Gruppe	Bayern 1951		Bayern	Bundesrepublik	
	Mittelbetrieb	Kleinbetrieb	1987	1977	1983
Redaktion					
Redakteure	14	2	23	25	31
Volontäre	–	–	3–4	2–3	3–4
sonstige	15	2	–	9	10
Verlag					
Angestellte	66	10	72	98	109
Druckerei					
techn. Personal	107	22	45	83	83
Gesamt	202	36	143	219	237
Zusteller	ca. 600–700			166	184

TAB 10
Mitarbeiter in den Zeitungsverlagen

Mitarbeiter-Gruppe	1987 (Bayern)		1983 (Bundesrepublik)	
	absolut	in %	absolut	in %
Redakteure	1 475	15,9	9 532	13,0
Volontäre	216	2,3	1 079	1,5
sonst. Redaktionsangestellte			3 064	4,2
Verlags-Angestellte	4 500	48,4	33 737	46,1
techn. Personal/Arbeiter	2 886	31,0	25 822	35,2
Auszubildende	223	2,4		
insgesamt	9 300	100	73 234	100

In der statistischen Zusammenstellung der Mitarbeitergruppen im Zeitungsverlag fällt schließlich noch die Größenordnung der Zusteller-Heere auf. Sie liegt im Bundesgebiet während des letzten Jahrzehnts unter 200 Austrägern pro Zeitungsunternehmen. (Es könnte sein, daß dabei Zusteller-Kooperationen zu Buche schlagen.) Dagegen weist Wurstbauer für 1951 an einer Reihe von Exempeln Zusteller-Zahlen aus, die pro Zeitung zwischen 600 und 700, in nicht wenigen Fällen noch deutlich darüber liegen. An diesen Größenordnungen hat sich – von großstädtischen Verbreitungsgebieten abgesehen – zwischenzeitlich wohl kaum viel geändert. Man braucht nur die in den Einzeldarstellungen immer wieder referierten Zahlen für das Allgäu etwa, für die Landgebiete Schwabens, für Niederbayern, für die Oberpfalz usw. genauer zu prüfen, um herauszufinden, daß sich in solchen Zahlen ebenfalls bayerische Besonderheiten reflektieren: Das für die Zeitungsverbreitung schwierige, geographische Gelände und die gebietsweise äußerst dünne Besiedelungsdichte, die entsprechend hohe Aufwendungen auf dem Vertriebssektor verlangt.

Wirft man nach alledem einen Blick auf die Mitarbeiterstruktur bayerischer und bundesdeutscher Verlagsbetriebe[53] (TAB 10), so decken sich da nun ohne große Abweichungen die typischen Konturen eines Zeitungsunternehmens: In Bayern und im Bund sind etwa 3 von 10 Mitarbeitern in der Technik tätig; etwa 5 von 10 sind Verlags- oder Redaktionsangestellte; und jeder 5. Mitarbeiter ist Redakteur (bzw. will es werden), ist also mitverantwortlich für das journalistische Angebot der Tageszeitung. Diese Grundstruktur scheint aufs Ganze gesehen mittelfristig recht stabil zu sein.

Es ist hier nämlich schon ganz aufschlußreich, daß in den Statistiken zur Beschäftigten-Struktur der deutschen Zeitungsverlage von 1925 journalistische Mitarbeiter überhaupt noch nicht erwähnt sind; sie sind wohl unter dem Verwaltungs- und Büropersonal mitgezählt worden; und in den Büros saßen damals in Bayern rund 16 Prozent aller Mitarbeiter. Wieviele davon Redakteure waren, kann man nicht genau sagen. Einzeldarstellungen der Zeit lassen den Schluß zu, daß die Betriebsleiter, die Herausgeber oder Verleger auch damals nicht selten selbst zur Feder griffen, daß Zeitungen bei den aufwendigeren Lokalteilen auch damals noch von der Mitarbeit der Lehrer und anderer „Gebildeter" am Ort lebten; daß man jedenfalls alles in allem für's Abzählen des Redaktionspersonals bei einer bayerischen Heimatzeitung keineswegs alle Finger einer Hand brauchte.

Außerdem und ferner wurden seinerzeit 81 Prozent der Mitarbeiter in bayerischen Zeitungsbetrieben als technisches Personal ausgewiesen (4 Prozent technisches Betriebs- und Aufsichtspersonal, also wohl Fachkräfte, und 77 Prozent Gehilfen und Arbeiter in der Produktion); die fehlenden 3 Prozent waren belegt von den Betriebsleitern, Eigentümern und Pächtern sowie von den „mithelfenden Familienangehörigen". Diese in Bayern vorzufindende Struktur eines Verlagsunternehmens von 1925 deckte sich auch damals frappierend exakt mit der Struktur aller Verlagsunternehmen im Deutschen Reich. Wollte man diese Struktur mit Hilfe der statistischen Werte typisieren, müßte man diese Verlagsunternehmen etwa so skizzieren:

[53] Die Mitarbeiter-Daten für Bayern (1987) beruhen auf Auskünften des Verbandes Bayerischer Zeitungsverleger; die Daten für die Bundesrepublik (1983) sind entnommen dem „Medienbericht '85" der Bundesregierung. Die Daten sind wegen teilweise unterschiedlicher Gruppierung der Verlagsbeschäftigten sowie auch wegen der relativ großen Zeitdifferenz nur bedingt vergleichbar.

Der bayerische (und reichsdeutsche) Zeitungsverlag im Jahre 1925 war ein außerordentlich arbeitsintensives Druckereiunternehmen, das als Familienbetrieb geführt (und nicht selten von den Familienangehörigen in Gang gehalten) wurde und in das ein erforderliches Minimum von Verwaltungsrationalität und Redaktionsgeist investiert wurde.

Gemessen an den Beschäftigtenzahlen waren die allermeisten Zeitungsunternehmen damals den Mittelbetrieben mit etwa 50 bis 500 Mitarbeitern zuzurechnen. Im Durchschnitt waren in einem Tageszeitungsverlag mit Druckerei im Deutschen Reich 46 Mitarbeiter tätig; mit durchschnittlich 44 Beschäftigten lagen die bayerischen Zeitungsverlage damals ziemlich nah am Mittelwert. Nur Großstadtverlage in Bremen, Berlin, Hamburg oder Lübeck ragten über solche Mittelwerte mit durchschnittlich 120 bis 360 Mitarbeitern hoch hinaus. In Bayern sicherten 1925 die Zeitungsverlage mit Druckerei insgesamt 9.946 Arbeitsplätze, die getrennt erfaßten Zeitungsverlage ohne Druckereien noch einmal rund 1.900 Arbeitsstellen. 1987 konnten in den bayerischen Zeitungsverlagen, die gegenüber 1925 ihrer Zahl nach kräftig abgenommen hatten, rund 9.300 Arbeitsplätze festgestellt werden.[54]

Auch wenn wir also über die geistigen Energien, die 1925 in die Redaktionsarbeit gesteckt wurden, fast nichts Sicheres sagen können, auch wenn wir nur recht pauschale Quantitäts-Vorstellungen über die Energie der Arbeitskräfte in den damaligen Zeitungs- und Druckereibetrieben besitzen, fast auf die letzte Stelle genau wurde seinerzeit gezählt und überliefert, wieviele Pferdestärken (PS) aus „Wind-, Wasser- und Wärmekraftmaschinen", wieviele aus Elektromotoren und wieviele aus „Kraftfahrzeugen aller Art" im Zeitungsbetrieb eingesetzt wurden. Da jedenfalls marschierte Bayern (ein weiteres Mal von Berlin abgesehen) an der Spitze des Fortschritts: Hier verwendete man in den Zeitungsbetrieben noch 381 PS aus alternativen Energiequellen, vor allem aus Wasserkraftantrieben (die höchste Zahl überhaupt in der Länderaufstellung); dazu kamen aber „im Land der weißen Kohle" bereits 4450 PS aus Elektromotoren hinzu, durchschnittlich 39 PS pro Zeitungsunternehmen. Eine „planmäßige maschinelle Verbesserung unserer deutschen Zeitungsbetriebe" sieht Max Grünbeck in diesen Zahlen. Und er fügt an, man werde wohl sagen dürfen, „daß die Verwendung motorischer Arbeitskraft (..) viel stärker angestiegen ist, als die Verwendung menschlicher Arbeitskraft".[55] Lediglich beim Einsatz der Pferdestärken zur Fortbewegung, bei der Ausstattung mit Kraftfahrzeugen in den Zeitungsbetrieben, lag Bayern 1925 weit hinten. (Mit ganzen 11 PS pro Betrieb!) Über die Gründe kann man spekulieren. Wahrscheinlich ist, daß in Bayern auf jeden Fall die Heimatzeitung – auch damals schon – viel leichter zu Fuß zu vertreiben war.

Dem Fortschritt bei der „planmäßigen maschinellen Verbesserung" im Zeitungsbetrieb sind indessen die heutigen Verleger mindestens ebenso zugetan wie die Altvorderen vor 60 Jahren oder vor 100 Jahren. Betrachtet man eine Reihe von Einzelgeschichten der bayerischen Zeitungsverlage, so fällt auf, daß immer wieder voll Stolz berichtet wird, dieser oder jener Verlagsinhaber habe „als erster" da und dort eine Schnellpresse, einen Elektromotor, eine bessere Rotationsmaschine oder eine

54 Alle Angaben zur Mitarbeiterstruktur der Zeitungsverlage im Jahr 1925 stammen von Max Grünbeck: Das deutsche Zeitungswesen nach der gewerblichen Betriebszählung; in: Sonderausgabe des „Zeitungs-Verlags" zur PRESSA 1928, S. 144 – 148.

55 Max Grünbeck, a. a. O., S. 146.

Linotype angeschafft. Im Vergleich solcher Geschichten relativieren sich diese Ansprüche auf die Ersteinführung gelegentlich. Zum Ausdruck kommt in solcher Einschätzung aber, daß selbst die kleinen Zeitungsbetriebe in Bayern immer ihren Stolz darein gesetzt haben, technisch auf der Höhe der Zeit zu stehen. Dabei gab es offenbar immer wieder Modernisierungswellen. Eine um die Jahrhundertwende mit dem Einsatz neuer Schnellpressen, Satzmaschinen und – vor allem auf dem Land – mit der Einführung vieler Elektromotoren.[56] Ein Teil der bayerischen Presse stand vor dem Ersten Weltkrieg in einem weiteren Investitions-Schub, der durch Krieg und Inflation unterbrochen wurde und zum größten Teil erst in den späten 20er Jahren fortgesetzt und abgeschlossen werden konnte. Nicht zuletzt auf eine aus dieser Zeit überkommene, leistungsfähige Grundausstattung, oder wenigstens auf das, was davon übriggeblieben war, konnte sich der Anfang des bayerischen Zeitungswesens nach 1945 stützen. Aber diese technische Erstausstattung verlangte bald nach Ergänzungen, Renovierungen und nach Austausch. Zumeist in den 60er und 70er Jahren folgte dann allerdings schon ein zweiter Modernisierungsschub: Nunmehr gingen die innovativen Impulse hauptsächlich von der neuen Satztechnik aus; Fotosatz, sehr rasch rechnergestützt und -gesteuert, zwang indessen zur Überprüfung der gesamten Produktionstechnik und -organisation des Zeitungsbetriebs. Nach und nach – wie zahlreiche Verleger dokumentieren – in einem immer schnelleren Tempo wurden ganz erhebliche Investitionen erforderlich. Die Innovationsgeschwindigkeit beim Gerät für die Zeitungsherstellung sowie bei der Hard- und Software zu seiner Steuerung ist enorm. Die Veraltungs-Prozesse beschleunigen sich. Der Zwang zu fortdauernder Modernisierung bleibt. Man kann heute davon ausgehen, daß die meisten Zeitungsverlage, auch die kleinen Heimatverlage, im Bereich der Textverarbeitung einen hohen technischen Standard erreicht haben; für die Ausstattung im Druck- und Verarbeitungsbereich ist entscheidend, ob das Unternehmen primär auf Buch- und Akzidenzdruck hin orientiert ist und die Zeitungsherstellung nur im „Nebengeschäft" betreibt, oder ob letztere den Vorrang hat, oder ob beide Standbeine für den Betrieb gleichermaßen stark sind. Entsprechend solchen Betriebszwecken kann man durchgehend modernste Ausstattung erwarten.

Die technische Rationalisierung des Zeitungsbetriebes ist unverzichtbare Voraussetzung seiner Rentabilität. Die Kosten- und Erlösstrukturen der bayerischen Zeitungsbetriebe sind im Detail leider nicht offengelegt. Im Ergebnis und in ihrer Tendenz – dafür sprechen gelegentliche Pauschalangaben – weichen sie jedoch kaum von den Befunden für die mittleren Auflagen- und Betriebsgrößenklassen in der Bundesrepublik insgesamt ab. Noch Anfang der 80er Jahre sah die Kostenaufstellung etwa so aus: Ein knappes Drittel der Kosten verschlang die technische Her-

[56] Was die Einführung von Elektromotoren bedeutete, kann man nur ermessen, wenn man etwa liest, daß für die Herstellung weniger 100 Exemplare Zeitungen mit bescheidenem Format und ebenso bescheidenem Umfang die Druckereigehilfen oft mehr als 10 Stunden lang am Tag ununterbrochen das Handschwungrad der „Schnellpressen" drehen mußten. (Siehe z. B. Jubiläumsnummer des „Allgäuer Anzeigeblatts" vom 16. 10. 1935.) Da erfährt man dann auch, daß der Zeitungsdrucker Franz Egger in Burgau „in der Blüte seiner Jahre", nämlich im Alter von 28 Jahren, dahingerafft wurde, weil er beim Drucken der Zeitungsauflagen „durch Schwitzen und Erkälten den Grund gelegt zu einer späteren unheilbaren Krankheit"; denn „dieses Drucken war eine mühsame, schweißtreibende Arbeit". (Aus den Erinnerungen des alten Burgauer Buchdruckers Josef Dobler, in der Jubiläumsausgabe: 50 Jahre „Burgauer Anzeiger" vom 1. 4. 1933.)

stellung der Zeitung. Das Papier der Zeitung[57] kostete etwa ebensoviel wie die Redaktion (die dafür sorgt, daß auf diesem Papier schwarz auf weiß auch stets das Neueste zu lesen ist), nämlich je zwischen 13 und 14 Prozent. Der Vertrieb, die Abonnentenwerbung und die Anzeigenverwaltung schlugen zusammen ebenfalls mit einem runden Drittel der Kosten zu Buch. Bleibt die allgemeine kaufmännische Verwaltung des Verlags, die etwa 7 bis 8 Prozent Kosten machte. In dieses Kostenschema ist im letzten Jahrzehnt einige Bewegung gekommen. Vor allem: Die Kosten für die Herstellung der Zeitung sind allmählich, im bisherigen Effekt jedoch deutlich sichtbar, gesunken. Sie liegen nun knapp unter der 30-Prozent-Marke (mit den Papierkosten bei ca. 40 Prozent); dafür aber sind die Kosten für die Redaktion gestiegen; sie lagen 1986 bei durchschnittlich 17 Prozent. Beide Bewegungen sind zu einem Teil unabhängig voneinander; sie signalisieren insoweit Rationalisierung und straffes Kostenmanagement im gesamten Herstellungssektor sowie einen langsamen, personellen Ausbau der Redaktionen. Beide Kostenbewegungen stehen aber auch in einer direkten Verbindung miteinander insofern, als es sich um Kostenverlagerung handelt, die aus der Verlagerung etwa der Texterfassung von der bisherigen Kostenstelle „Technik" in die Kostenstelle „Redaktion" resultiert, nachdem fast überall die rechnergesteuerten Redaktionssysteme Einzug gehalten haben.

Alle Selbstkosten, wie immer sie im einzelnen zustande kommen, summieren sich seit vielen Jahren regelmäßig auf eine Höhe, die mehr als das Doppelte des Preises ausmacht, den ein Abonnent für seine Zeitung bezahlen muß.[58] In Bayern wie anderswo ist daher für die tatsächliche Gestaltung des Zeitungspreises wie für die Erlösstruktur des Zeitungsverlages das Verhältnis von Vertriebs- und Anzeigenerlösen maßgebend. Als grobe Beobachtungsbasis für deren Tendenz können die Angaben über Text- und Anzeigenvolumen sowie über die Veränderungen dieses Verhältnisses in den bayerischen Zeitungen herangezogen werden (TAB 11 und TAB 12).[59]

Eine Art Faustformel hat sich für die Bewertung einer gesunden Zeitungsbilanz seit vielen Jahren eingebürgert und durchgesetzt: Ein Drittel der Erlöse aus dem Vertrieb, zwei Drittel der Erlöse aus dem Anzeigengeschäft! Mit einem nur ganz geringen Schätzrisiko kann man sich daran halten, weil die tatsächlichen Erlöse nur geringfügig schwanken, abhängig vom gesamtwirtschaftlichen Jahresverlauf, ab-

---

57 Über die Papierpreise und ihre Entwicklung könnte ein eigenes Kapitel geschrieben werden. Nach Aufzeichnungen und Berechnungen, die freundlicherweise von Verleger Karl Heinz Esser („Mittelbayerische Zeitung", Regensburg) zur Verfügung gestellt wurden, verdoppelte sich der Dollarpreis pro Tonne Zeitungspapier innerhalb von vier Jahren zwischen 1948 und 1952; eine weitere Verdoppelung erfolgte nach einem gleitenden Anstieg bis etwa 1971; nicht zuletzt ausgelöst durch den Erdölpreis-Schock stellte sich die nächste Verdoppelung sprungartig innerhalb der nächsten fünf Jahre ein, und auch in den letzten zehn Jahren blieb der Anstieg der Preise weiterhin steil. Eine Tonne Zeitungspapier kostete 1987 etwa 560 $; 1945 lag der Preis dafür bei rund 65 $.

58 Für eine Abonnementzeitung waren etwa 1976 im Bundesgebiet Selbstkosten pro Monatsstück in Höhe von DM 25,89 anzusetzen, der Abonnementpreis betrug aber tatsächlich im Durchschnitt rund DM 12,-; 1978 lagen die Selbstkosten bei DM 29,80, die Abonnementpreise dagegen bei DM 13,50. Im übrigen wird zur Information über die hier angesprochenen Wirtschaftlichkeits-Daten auf die Bundesstatistiken verwiesen, die zuletzt dokumentiert sind im „Medienbericht '85" der Bundesregierung, insbesondere S. 182 – 188.

59 Alle Daten in den Tabellen 11 und 12 fußen auf Angaben aus den Umfangstatistiken, wie sie vom Verband Bayerischer Zeitungsverleger geführt und zur Verfügung gestellt wurden.

TAB 11
Umfangrelation Text – Anzeigen in bayerischen Tageszeitungen

Jahr	Textseiten		Anzeigenseiten	
	absolut i. Tsd.	Umfang-Index 1960 = 100	absolut i. Tsd.	Anzeigen-Anteil am Umfang
1960	122,3	100	42,6	25,8%
1972	158,8	130	109,7	40,9%
1973	161,5	132	113,0	41,2%
1974	153,3	125	99,6	39,4%
1975	151,7	124	96,8	39,0%
1986	194,0	159	138,3	41,6%
1987	197,0	161	140,7	41,6%
1988	200,2	164	144,5	41,9%

TAB 12
Entwicklung des Anzeigenvolumens in bayerischen Tageszeitungen

Jahr	Anzeigenseiten*	Diff. zum Vorjahr in %
1960	42 621	
1972	109 675	
1973	113 045	+ 3,07
1974	99 582	– 11,91
1975	96 796	– 2,79
1984	114 584	
1985	115 628	+ 0,91
1986	118 721	+ 2,67
1987	120 348	+ 1,37
1988	122 621	+ 1,89

* Ab 1984 bilden nur mehr die Netto-Anzeigenseiten (d. h. die bezahlten Anzeigenseiten) die Berechnungsgrundlage. Daher eingeschränkte Vergleichbarkeit!

TAB 13
Bezugsgeld (monatlich) für bayerische Tageszeitungen

Jahr	Bezugsgeld-Spanne in DM	∅ Bezugsgeld in DM	Erhöhung zum Vorjahr
1985	17,50 – 24,90	20,65	+ 6,0%
1986	17,40 – 26,40	21,10	+ 2,2%
1987	17,50 – 27,60	22,20	+ 5,4%
1988	18,60 – 29,40	22,90	+ 3,0%

hängig auch von Auflagenklassen. Um ein solches Betriebsergebnis zu erreichen, ist der Durchschnittsumfang einer bayerischen Tageszeitung zusammengefügt aus nahezu 42 Prozent Anzeigenseiten und rund 58 Prozent redaktionell gestalteten Seiten.[60] Auch das ist ein Wert, der die erfolgreiche Zeitung seit vielen Jahren schon kennzeichnet. Obwohl er also sehr beständig ist, verändern sich die absoluten Größen, die dahinterstehen. Die Anzeigenseiten wachsen an, nicht ganz gleichmäßig und nicht in großen Sprüngen, aber doch stetig, jedenfalls in Bayern, wo die entsprechenden Steigerungsraten in den letzten Jahren jeweils zwischen einem und zwei Prozent lagen (vgl. TAB 12), während in einigen Ländern und Zeitungsregionen der Bundesrepublik Stagnationen oder leichte Rückgänge zu buchen waren. Verantwortlich für diese uneinheitlichen Entwicklungen sind die unterschiedlichen Konjunkturverläufe in den einzelnen Bundesländern. Das Anzeigenaufkommen insgesamt und seine Relationen zum Zeitungsumfang sind nämlich recht feine Seismographen für die Wirtschaftslage. Sehr drastisch dokumentieren dies in den vorgelegten Tabellen 11 und 12 die Einbrüche und negativen Ausschläge von 1973 zu den Jahren 1974 und 1975. Ursache dieses in der Zeitungsstatistik ablesbaren Wirtschafts-Erdbebens war die Ölkrise Ende 1973, mit der die weltweite Rezession auch in der Bundesrepublik Einzug hielt und ihr für's erste einen Anstieg der Lebenshaltungskosten von 7 Prozent sowie eine halbe Million Arbeitslose bescherte.

Seit jenen Jahren sind die Zuwächse bescheidener geworden. Auch im Zeitungswesen, auch im Anzeigenwesen. Große Zuwachsraten sind jedenfalls nicht mehr im klassischen Inseraten-Markt zu verzeichnen, sondern im Beilagengeschäft, dem zweiten Segment auf einem seit Ende der 70er Jahre immer deutlicher geteilten Zeitungswerbemarkt. Die Erlöse aus dem Inseratengeschäft erreichten von 1979 bis 1986 lediglich ein Plus von 17 Prozent, die Erlöse aus dem Beilagenaufkommen jedoch ein Plus von 113 Prozent.[61] Auch diesbezüglich partizipieren die bayerischen Zeitungsverlage am allgemeinen Trend. Das bestätigen nicht nur die gelegentlich mitgeteilten Steigerungsraten für die Anzahl der jährlich verarbeiteten Beilagen; untrüglich sprechen dafür auch die hohen Investitionen für immer leistungsfähigere Anlege- und Einsteckmaschinen in zahlreichen bayerischen Zeitungsbetrieben.

Im klassischen Inseratengeschäft sieht es anders aus: Während schon wenige Zahlen die großen Sprünge zwischen 1960 und 1972 markieren, sind die Anzeigenseiten in den bayerischen Zeitungen seitdem nur mehr um insgesamt 31 Prozent und die redaktionellen Textseiten im beinahe synchronen Gleichschritt um 26 Prozent insgesamt gewachsen. Das macht in absoluten Zahlen bei diesen Zeitungen im Jahr 1987 etwa 41.000 Textseiten und rund 35.000 Anzeigenseiten mehr als 1972.

Für eine im Text- und im Anzeigenteil recht umfangreiche Zeitung (die an manchen Tagen auch noch mit Beilagen vollgepackt ist), mußte der bayerische Zeitungsbezieher 1988 durchschnittlich fast DM 23,- monatliches Bezugsgeld entrichten (siehe TAB 13). Im einzelnen schwankte die Höhe dieses Bezugsgeldes nach der

---

60 Siehe die entsprechenden, genaueren Werte für 1986, 1987 und 1988 in TAB 11. Dieser Wert von ca. 41 Prozent Umfanganteil für Anzeigen ist in den Bundesstatistiken ziemlich exakt als Mittelwert für die Zeitungen der mittleren Auflagenklassen zwischen 10.000 und 75.000 Exemplaren ausgewiesen. (Siehe die Mittelwerte für 1983 im „Medienbericht '85" der Bundesregierung, S. 186 f.).

61 Konrad H. Teckentrup: Zur wirtschaftlichen Lage der deutschen Tagespresse. In: Bundesverband Deutscher Zeitungsverleger e.V. (Hrsg.): Zeitung '87. Bonn 1987, S. 61 ff.

Art der Zustellung (Die Träger sind meist billiger als die Post!), nach Verbreitungsgebieten (Gelegentlich kostet die gleiche Zeitung nicht überall gleich viel!) und schließlich auch nach der Auflage: Der mittlere Bezugspreis pro Monat ebenso wie die Spanne der Abonnement-Gelder von DM 18,60 bis DM 29,40 indizieren zum wiederholten Mal die Zugehörigkeit der meisten bayerischen Zeitungen und Zeitungsbetriebe zur bundesdeutschen Mittelklasse.[62]

Die relativ hohen Preissteigerungen, die in den letzten Jahren für ein Abonnement vorgenommen wurden, sind bislang von den Beziehern geschluckt worden, ohne daß es zu Abbestellungs-Wellen gekommen wäre, wie man sie früher befürchtete. Wahrscheinlich spielt da auch der Preisvergleich mit, den der Zeitungsbezieher bezüglich anderer Medienkosten anstellt. (Wenn dies zutrifft, lassen sich allerdings Bezugspreis-Steigerungen nicht beliebig weitertreiben, also die Vertriebserlöse nicht gravierend erhöhen.) Diktiert werden die Abonnement-Preise und ihre Erhöhungen im wesentlichen von den Kosten. Und für eine Gesamtbilanz machen die Verleger folgende Rechnung auf: Von 1979 bis 1986 haben die Kosten für die Zeitungsproduktion im Bundesdurchschnitt um 40 Prozent zugenommen, die Erlöse dagegen lediglich um 32 Prozent. Obwohl also die Erlöse tatsächlich steigen, die Erlösstruktur, nämlich das Verhältnis von Vertriebs- und Anzeigenerlösen, gesund ist, hat sich die Kosten-Erlös-Schere auch in den letzten Jahren immer weiter geöffnet.[63] Das führt noch keineswegs zu Verlusten. Aber es gibt – wie Eberhard Witte vorgerechnet hat – einen Gefährdungspunkt des Zeitungsunternehmens, schon lange bevor rote Zahlen geschrieben werden.

Umsatzrückgänge und schon relativ geringe Rückgänge beim Werbeaufkommen können zu „einer Verengung der finanziellen Dispositionsmöglichkeiten des Zeitungsverlages führen", die ihrerseits Einschränkungen bei der technischen Rationalisierung und bei der publizistischen Leistung zur Folge haben kann. So kann eine „Spirale des Niedergangs" ausgelöst werden, die zwar nicht mit unaufhaltsamer Zwangsläufigkeit das Ende einer Zeitung determiniert, aber andererseits auch nur schwer wieder zu stoppen ist – insbesondere dann, wenn diese Spirale zusätzlich durch Konkurrenzmedien im lokalen Verbreitungsraum in Gang gesetzt wird. Es gibt Typen von Zeitungsbetrieben, die man vorwiegend als gefährdet ausmachen kann. Dazu zählen im wesentlichen solche Unternehmen, deren Blätter im Verbreitungsgebiet lediglich auf nachrangige Positionen kommen – unabhängig im übrigen von ihrer Auflagengröße! Und dazu zählen weiter Unternehmen, die nur Blätter mit kleinen Auflagen herausbringen.[64] Beide Typen sind im bayerischen Zeitungsgewerbe zu finden, wenngleich nicht überall und in recht unterschiedlichen Verhältnissen. Es sind also gerade auch die das Zeitungsland Bayern prägenden Charakteristika, der wesentlich geringere Konzentrationsgrad also und eine große Zahl kleiner Heimatzeitungen, die auch künftig möglichen Gefährdungen günstigere Voraussetzungen schaffen.

---

[62] Alle Angaben zum monatlichen Bezugsgeld für die bayerischen Tageszeitungen in TAB 13 sind vom Verband Bayerischer Zeitungsverleger mitgeteilt worden. Für 1987 entsprechen die Spannen und Durchschnittspreise bei den bayerischen Tageszeitungen erneut ziemlich genau den Spannen und durchschnittlichen Bezugsgeldern für die Auflagenklassen von 10.000 bis 75.000 Exemplaren in der Bundesstatistik. Vgl. dazu K. H. Teckentrup, a. a. O., S. 69.

[63] Vgl. Konrad H. Teckentrup, a. a. O., S. 65.

[64] Eberhard Witte (unter Mitarbeit von Joachim Senn): Zeitungen im Medienmarkt der Zukunft. Stuttgart 1984, S. 71–84.

Zeitungs-Freiheit

Nun kann allerdings der nämliche Zusammenhang, der eine „Spirale des Niedergangs" einleitet, auch eine „Spirale des Aufstiegs" in Bewegung bringen: Eine hervorragende journalistische Leistung, die der Zeitungsverlag sich allerdings leisten können muß, ermöglicht eine optimale Verbreitung; diese macht die Zeitung auf dem Werbemarkt attraktiv; die Steigerung der Anzeigenerlöse stärkt die wirtschaftliche Basis, diese ermöglicht bessere journalistische Leistung ... Bewußt und notwendigerweise sind für den Anlaufpunkt eine solcher Spiralbewegung zwei Bedingungen gesetzt, die auch einander selbst bedingen. Eine befriedigende ökonomische Basis, ohne die gar nichts läuft, eine stabile Erlösstruktur, von der soeben die Rede war. Sodann aber eine journalistische Leistung, die nicht umsonst zu haben ist; sie muß so beschaffen sein, daß sie die Zeitung für alle oder doch die meisten möglichen Leser buchstäblich „annehmbar" macht. Das ist der Fall, wenn die Zeitung die ganze Breite der Informations-Interessen ihrer möglichen Leserschaft berücksichtigt, wenn sie also über hohe Politik ebenso informiert wie über Kuriosa und Sensationen, über Kultur, Wirtschaft und Sport, kurz: über alle Sach- und Lebensbereiche, und dies – wenngleich mit unterschiedlichen Verdichtungen – von der Weltebene bis zur Dorfebene. Aber auf dem potentiellen Lesermarkt gibt es nicht nur Sachinteressen. „Annehmbar" wird die Zeitung für eine breite Leserschaft vollends erst, wenn jeder einzelne in dieser politisch und weltanschaulich pluralistischen Klein- oder Großgesellschaft auch Informationen von der und über die Gruppe, Partei oder Konfession erhält, der er sich selbst zugehörig fühlt, mit der er sich identifiziert. Kurzum: Das Informationsangebot der Zeitung muß die verschiedenen politischen Meinungen, die verschiedenen möglichen Standpunkte und Weltsichten, die unterschiedlichen Überzeugungen referierend und resümierend wiedergeben. Und weil sich sowohl die Sachinteressen wie die Standpunkte unaufhörlich in der gesellschaftlichen Kommunikation artikulieren, geht es hier zunächst und primär um die Positionierung der Zeitung auf dem Kommunikationsmarkt (der allzu oft vernachlässigt oder auf einen rudimentären Bedürfnis-Fundus beschnitten wird); von dieser Positionierung hängt es ab, wie sich die Zeitung auf dem Medienmarkt, also der Rezipientennachfrage gegenüber, behaupten kann; und davon endlich hängt ab, ob und wieweit die zugehörigen Anzeigenmärkte ausgeschöpft werden können. Diese Zusammenhänge sind in der Entwicklung und im Stand der modernen bayerischen Presse unschwer zu verfolgen.

Von einer Ausnahme abgesehen, der „Deutschen Tagespost" nämlich, sind nach dem Zweiten Weltkrieg in Bayern alle Versuche gescheitert, wieder eine Partei- oder Gesinnungspresse als Tagespresse zu etablieren. Sie scheiterten durchweg an der zwangsläufigen Marktverengung, die aus dem dargestellten Sachzusammenhang resultiert. Experimente dazu gab es sowohl im Rahmen der Lizenzzeitungen wie im Rahmen der Altverleger-Blätter. Entgegen den sonst streng gehandhabten Regeln amerikanischer Lizenzpolitik wurden im August 1948 die „Augsburger Tagespost" und noch im Juni 1949 das „Neue Volksblatt" (Bamberg) als ausgesprochen katholische Zeitungen zugelassen. Beide Blätter konnten sich gegen die Konkurrenz der „überparteilichen" Lizenzblätter am Ort nicht durchsetzen. Das „Neue Volksblatt", seit 1953 wieder unter altem Titel als „Bamberger Volksblatt" erscheinend, mußte nach mühevollen und schließlich kostspieligen Jahren aufgeben; der „Augsburger Tagespost" gelang es nach mehreren Ortswechseln und Wiederbelebungsversuchen, als „Deutsche Tagespost“ mit dem Konzept einer überregionalen katholischen Zeitung eine leidliche Wirtschaftsbasis zu finden.[65] Den entsprechenden Neugründungen nach der Aufhebung des Lizenzzwanges erging es nicht anders. Selbst eine große Tradition und eine untadelige Vergangenheit, wie sie etwa der „Regensburger Tages-Anzeiger“ beanspruchen konnte, verbesserten die Chancen nicht. Dieses und auch alle anderen Exempel belegen, daß eine derartige Richtungspresse nicht nur von vornherein auf einen tragfähig breiten Leser- und Anzeigenmarkt verzichten mußte, sondern daß sich ihr selbst jener Teilmarkt regelmäßig noch entzog, für den sie eigentlich angeboten wurde. „Die ‚Passauer Zeitung‘ klagte in ihrer Abschiedsnummer die liberalen Kreise, an die sich die Zeitung aus Traditionsverbundenheit heraus besonders gewandt hatte, an, daß sie eben gerade von ihnen im Stich gelassen worden sei. Auch die Geschäftswelt habe es an Anzeigenunterstützung fehlen lassen. Das ‚Rosenheimer Tagblatt‘ hatte geglaubt, eine Mission für die konfessionellen Kreise erfüllen zu müssen. Auch diese Zeitung mußte in ihrer Abschiedsnummer den Vorwurf mangelnder Unterstützung machen.“[66]

Man könnte durchaus auch festhalten: Die Priorität der Sicherung einer zureichenden ökonomischen Basis führte in der Nachkriegsentwicklung der bayerischen Tagespresse notwendig zum Ende der Gesinnungspresse. Eine gewisse Umkehrung des Satzes demonstriert die bayerische (und die reichsdeutsche) Presseentwicklung im 19. Jahrhundert ebenso wie in der Weimarer Republik: Die Priorität der publizistischen Gesinnungsarbeit durch die Tagespresse führte zu einer ungeheuer aufgeblähten Quantität von Blättern, die oft weder leben noch sterben konnten, insgesamt zu einem wirtschaftlich instabilen und in Teilen nicht zuletzt gerade deshalb von sachfremden Interessen abhängigen und verführbaren Zeitungswesen. Die gewaltige Zersplitterung der Tagespresse nach politischen Orientierungen sowie die Entwicklung innerhalb der politischen Tendenzlinien ist in den Tabellen 14, 15 und 16 über Jahrzehnte hin, auf der Grundlage unterschiedlicher Quellen und auf grobe Richtungsanzeigen reduziert[67], nachgestellt.

---

65 Siehe dazu die Einzeldarstellungen für die „Deutsche Tagespost“, die „Augsburger Allgemeine“ und für den „Fränkischen Tag“ (Bamberg) in diesem Band.

66 Heinrich Wurstbauer, a. a. O., S. 176.

67 Für die Darstellung der (partei-)politischen Orientierung der Tagespresse und deren Veränderungen im Laufe der Zeit sind – soweit es möglich war – zwei Vergleichsangebote hergestellt worden; zum einen die Gegenüberstellung der Verhältnisse bei der Tagespresse im Deutschen Reich (D) und der entsprechenden Verhältnisse in Bayern (B); zum anderen die Gegenüberstellung der Befunde aus unterschiedlichen Erhebungen (für die bayerischen Verhältnisse) zur gleichen Zeit. Die eine Reihe dieser Erhebungen stammt von Franz Laschinger, a. a. O.; die entsprechenden Rubriken (1914, 1925, 1928, 1931 und 1933, sämtlich für B) sind in der Tabelle mit „(La)“ gekennzeichnet; es wurden jeweils die Zahlenangaben für die „Hauptzeitungen“ zugrunde gelegt. Für 1914 übernimmt Laschinger selbst die Zahlen von Max Allaire, nämlich aus dessen Dissertation (Die periodische Presse in Bayern) von 1913 (sic!). Für die übrigen Jahre hat Laschinger, wie er (a. a. O., S. 15) generell angibt, eigene Zählungen anhand der Postpreislisten, des Ala-Katalogs sowie des Verzeichnisses der Pflichtexemplare an der Bayerischen Staatsbibliothek durchgeführt. (Von diesen Auszählungen übernimmt auch Norbert Frei, 1980, S. 25, die Reihe 1933 unverändert, datiert sie aber auf die Verhältnisse „Ende 1932“, wofür es Anhaltspunkte bei Laschinger nicht gibt.) Die andere Reihe (D 1898, D 1913, D 1925, D 1927, B 1927, D 1928, B 1928, D 1931, B 1931), in der Tabelle stets mit „(Ka)“ signiert, wurde den diversen pressestatistischen Untersuchungen von Hans Kapfinger entnommen (ZV, Nr. 10, 1926; ZV, Nr. 10, 1927; ZV, Sonderausgabe zur PRESSA 1928; ferner „Die Struktur der katholischen

TAB 14
Die politische Richtung der Tagespresse

Politische Richtungen	Anteil der Zeitungstitel				
	D 1898 (Ka) in %	D 1913 (Ka) in %	B 1914 (La) in %	D 1925 (Ka) in %	B 1925 (La) in %
Konserv./bürgerl.	} 24,9	} 22,6	4,4	} 23,6	8,2
Völkisch/national			0,3		9,5
Liberal/demokr.	17,1	14,4	18,2	5,5	3,0
Zentrum/BVP	9,8	11,6	25,5	12,5	30,9
Sozialdem./komm.	1,7	2,2	3,1	4,7	4,0
Parteilos/unabh.	46,4	49,2	43,4	53,7	42,1
„amtlich“	–	–	5,2	–	2,3
Gesamt	100	100	100	100	100
Basis	3237	4036	385	3042	304
sonst./ohne Ang.	–	–	47	–	109
Zeitungen gesamt	3237	4036	432	3042	413

TAB 15
Die politische Richtung der Tagespresse

Politische Richtungen	Anteil der Zeitungstitel				
	D 1927 (Ka) in %	B 1927 (Ka) in %	D 1928 (Ka) in %	B 1928 (Ka) in %	B 1928 (La) in %
Konserv./bürgerl.	7,1	6,7	6,1	6,1	7,4
Völkisch/national	16,0	7,4	13,6	7,2	6,7
Liberal/demokr.	4,7	2,8	4,4	2,2	1,0
Zentrum/BVP	12,8	24,7	11,4	23,9	31,8
Sozialdem./komm.	6,2	3,5	6,2	3,3	5,8
Parteilos/unabh.	46,2	53,1	54,0	56,2	46,3
„amtlich“	7,0	1,8	4,3	1,1	1,0
Gesamt	100	100	100	100	100
Basis	3232	433	3343	457	311
sonst./ohne Ang.	9	–	13	3	149
Zeitungen gesamt	3241	433	3356	460	460

TAB 16
Die politische Richtung der Tagespresse

Politische Richtungen	Anteil der Zeitungstitel			
	D 1931 (Ka) in %	B 1931 (Ka) in %	B 1931 (La) in %	B 1933 (La) in %
Konserv./bürgerl.	6,7	7,7	9,0	12,3
Völkisch/national	13,6	9,3	7,3	12,3
Liberal/demokr.	3,8	0,9	0,6	–
Zentrum/BVP	13,1	28,8	33,0	30,7
Sozialdem./komm.	6,5	3,3	4,5	3,9
Parteilos/unabh.	52,8	49,1	44,8	39,8
„amtlich"	3,5	0,9	0,8	1,0
Gesamt	100	100	100	100
Basis	3309	452	357	309
sonst./ohne Ang.	23	2	151	170
Zeitungen gesamt	3332	454	508	479

Wie in einem Zeitraffer wird sichtbar, wie die Blätter mit liberaler Tendenz langsam zurückgehen; wie die linksorientierten, hauptsächlich sozialdemokratischen Zeitungen leichte, aber stetige Gewinne verzeichnen; wie stark die rechtsorientierten, von konservativ-bürgerlichen bis zu völkisch-nationalen Richtungsanzeigen reichenden Zeitungen mit einem runden Viertel der Titelanteile im Deutschen Reich immer schon waren, während sie ihre spätere Stärke in Bayern erst gewinnen mußten; wie schwach umgekehrt im Deutschen Reich die konfessionelle (christliche oder katholische) Presse im Vergleich zur respektablen Kraft der Blät-

Presse", in: J. W. Naumann, Hrsg.: Die Presse und der Katholik. Augsburg 1932.). Im Vergleich der Fundorte bei Kapfinger konnte festgestellt werden, daß sich dort teils trendentstellende Rechenfehler eingeschlichen haben. Die Tabellen wurden daher durchgehend neu berechnet. Um die Vergleichbarkeit aller Erhebungen zu ermöglichen, wurden die nach Parteirichtungen detailliert ausgeführten Grundauswertungen reduziert. Dafür wurde das Verfahren im wesentlichen bei Kapfinger entlehnt, der angibt: „Nationale, deutschnationale, deutschvolksparteiliche, wirtschaftliche bzw. bürgerliche Zeitungen sind auf den konservativen Nenner gebracht, die Bayerische Volkspartei (BVP) wird zum Zentrum geschlagen, unter ‚liberal' sind die fortschrittlichen, freisinnigen und demokratischen Zeitungen einbegriffen." (1926) Auszählungen für das Deutsche Reich, die nur in solchen Reduktionen vorlagen (D 1898, D 1913 und D 1925), konnten auch nur so übernommen werden. Für die übrigen Jahres-Spalten, für die sowohl bei Laschinger wie bei Kapfinger detaillierte Grundauszählungen aufzufinden sind, wurden die Reduktionen etwas differenzierter (etwa Trennung von ‚konservativen' und ‚völkisch/nationalen' Richtungen) gehandhabt und vor allem die ‚amtlichen' Blätter eigens ausgewiesen. Die Prozentuierungen erfolgten für die Laschinger-Reihen generell unter Ausschluß der teilweise erheblichen Quoten jener Blätter, für die der Autor keine Richtungsangaben herausfinden konnte; im direkten Vergleich ist auffällig, daß diese Quoten bei Kapfinger vernachlässigenswert gering sind; in den Kapfinger-Reihen wurden die Blätter mit Zugehörigkeits-Angaben zu politischen Splittergruppen (‚sonstige') ebenfalls aus den Prozent-Berechnungen eliminiert, weil Kapfinger in seinen Reduktionen sie ebenfalls ausdrücklich nicht berücksichtigt hat.

ter der Bayerischen Volkspartei war, deren Anteil am bayerischen Pressewesen mit Werten zwischen einem Viertel und einem Drittel stets mehr als doppelt so hoch war wie im Deutschen Reich. Der Niedergang der als ‚amtlich' deklarierten Presse wird sichtbar. Und letzten Endes prägt diesen Zeitraffer durchgehend die stabile Größe der „parteilosen" oder „unabhängigen" Blätter. Sie konzentrierten in Bayern und im Reich ganz gleichmäßig rund die Hälfte aller Titel auf sich und – blickte man auch auf die Auflagen – vor allem einen wachsenden Leserkreis. Erst bei Berücksichtigung auch der Auflagen würde die prekäre Lage der meisten Gesinnungsblätter vollends evident.

So liegen in der empfindlichen Balance von Gesinnung und Markt, von Zeitungstendenz und Zeitungsökonomie auch schon die Angriffspunkte einer Wandlung, die sich in der besagten Zahl der „parteilosen" Blätter im Grundsatz abzuzeichnen beginnt, die aber nicht zum Fortgang und nicht zum Abschluß kommt, weil sie durch die zentralgelenkte, verordnete Parteilichkeit während der nationalsozialistischen Herrschaft gewaltsam abgeblockt wird. Heinz Starkulla hat diesen Ansatz so markiert: „Der Grund für das starke Anwachsen der parteilosen Presse lag vorab in der fortschreitenden Zersplitterung des politischen Lebens, das speziell in der Provinz vor die Notwendigkeit stellte, Partei- und Richtungszeitungen, um allen Lesern gerecht zu werden, in den Status der Überparteilichkeit überzuführen. In den Städten ließ sich klar das Ausweichen zur geistigen Selbständigkeit und Urteilsfähigkeit herangereifter Leserschichten vor der Bevormundungsabsicht parteipolitischer Führungsorgane feststellen. Nicht zuletzt konnten aber auch parteilose und liberale Zeitungen einen Großteil der Bezieher deshalb für sich buchen, weil ihr gutes Anzeigengeschäft sie instand setzte, die Abonnementpreise zwei- bis dreimal billiger zu gestalten als die anderen Blätter."[68]

Nicht an die Lehren und Erfahrungen dieser unverkennbar eingeleiteten Entwicklung knüpfte der durch Lizenzen gelenkte und kontrollierte Neuanfang der bayerischen Presse nach dem Kriege an; maßgebend für die amerikanische Lizenzpolitik war vielmehr die angloamerikanische Journalismus-Tradition, in der das Prinzip der Überparteilichkeit in – wie es schien – unumstößliche, praktikable Handwerksregeln gegossen war: Vorrang der Information, Heiligkeit der Fakten, strikte Trennung von Nachricht und Kommentar, präzises Referat der Aussagen Dritter, Kennzeichnungen der Quellen ... und vieles andere mehr. Die Besatzungsmächte versuchten die Applikation des angelsächsischen Journalismus, indem sie dessen Prinzip statuierten. Die Überparteilichkeit der Lizenzzeitungen sollte gewährleistet werden durch parteipolitisch bewußt gemischte, wenn man will „ausgewogene" Teams von Lizenzträgern. Die Idee dabei war wohl, daß sich die Lizenzträger unter dieser Konstellation gegenseitig selbst kontrollieren würden. Nach der goldenen Regel, daß die eigenen Interessen immer nur in dem Maße durchzusetzen sind, in dem auch die Interessen des anderen respektiert werden, sollten die Lizenzträger sozusagen aus Eigeninteresse dem Informationsinteresse aller dienen.

Nach diesem Konzept entwickelte sich in Bayern eine eigene Struktur der parteipolitischen Orientierung der Lizenzträger, die – konfrontiert mit den Wahlentscheidungen vom Dezember 1947 – einiger Brisanz nicht entbehrt: 45 Prozent der Lizenzträger (oder absolut: 21) gehörten der SPD an oder standen ihr nahe; der Anteil der SPD-Wähler betrug damals rund 28 Prozent. Der CSU gehörten an oder

[68] Heinz Starkulla: Zur Geschichte der Presse in Bayern, a. a. O., S. 34.

standen nahe 38 Prozent der Lizenzträger (oder absolut: 18); der Wähleranteil für diese Partei lag 1947 bei 52 Prozent. 6 Prozent der Lizenzträger (oder absolut: 3) firmierten als Liberale; die FDP konnte ebenfalls 6 Prozent der Wähler mobilisieren. Ein Lizenzträger (rund 2 Prozent) ließ sich der kommunistischen Partei zurechnen, die restlichen 4 waren allgemein „konservativ" oder „parteilos".[69]

Ohne einem Fehl- oder Vorurteil Vorschub zu leisten, muß man konstatieren, daß die ideale Ausgewogenheits-Idee der Lizenzgeber natürlich in der Praxis nicht aufging. Zwar trugen die Lizenznehmer formell allesamt die nämliche Herausgeber-Verantwortung; tatsächlich aber kümmerte sich im Alltag der eine um die Technik, der andere um die Verlagsgeschäfte und der Dritte eben um die Redaktion. Die meisten Chronisten dieser frühen Zeitungsjahre der Nachkriegszeit vermerken und demonstrieren denn auch, daß es sehr bald schon erkennbar publizistische, tendenziell linksgerichtete, schließlich die Adenauer-Opposition präferierende Schlagseiten gab. Und sie verzeichnen gleichzeitig eine beinahe paradoxe Zäsur: Allein der angekündigte Markteintritt der traditionellen Heimatzeitungen, von dem ja allenthalben ein Rückschritt zur Gesinnungspresse befürchtet worden war, und erst recht die alsbald real einsetzende Konkurrenz dieser Blätter zwang die Lizenzzeitungen zur Justierung ihres publizistischen Steuers in Richtung auf die geforderte, aber gelegentlich schon arg in Vergessenheit geratene Überparteilichkeit.[70]

Genau genommen brachte die Öffnung des Zeitungsmarktes 1949 einen Doppeleffekt. Weil sie ihre Markt-Chancen nicht verspielen wollten, korrigierten die Lizenzzeitungen (wo es notwendig schien) ihren Kurs in Richtung überparteilich-umfassender Informationsangebote. Weil sie sich Markt-Chancen erobern wollten, paßten die Altverleger ihre Heimatzeitungen dem erfolgreichen Prinzip der Überparteilichkeit an, gleichgültig, ob sie ihre Lektion nun aus den Bilanzen der Lizenzzeitungen oder aus der Erfahrung der Väter bzw. ihrer eigenen Lehrjahre lernten. Die konsequente Marktorientierung war und blieb auch nach dem Wegfall von unmittelbaren Konkurrenten bis heute die treibende Kraft für die Verwirklichung eines tendenziell journalistischen Zeitungskonzeptes – und eben nicht das journalistische Umerziehungsprogramm der amerikanischen Lizenzgeber. Ab 1949 – so unterstrichen Heinrich Wurstbauer und Heinz Starkulla gleichlautend und zutreffend – „lizenzierte nur mehr der Leser". Später sprach man von der Kaufentscheidung des Lesers als jenem „exakt meßbaren Steuerungsimpuls", der dann unmittelbar wirkt, wenn er über die Instanz des Verlegers voll auf die Unternehmensplanung durchzuschlagen vermag: nur unter dieser Bedingung nämlich vermitteln die ökonomischen Überlegungen tatsächlich das Wollen der Leser; und nur so lassen sich „Meinungen und Interessen der Leser auch gegen eine Redaktion durchsetzen, (..)

---

69 Alle Angaben nach Heinz Starkulla: Zur Geschichte der Presse in Bayern, a. a. O., S. 45. Siehe dazu auch die parteipolitischen Zuordnungen der einzelnen Lizenzträger bei Kurt Koszyk: Pressepolitik für Deutsche 1945–1949. Berlin 1986, S. 472 ff. Es wäre eine ebenso interessante wie allerdings nur sehr schwer zu beantwortende Frage, inwieweit die später durch Umfragen immer wieder bestätigte, im Verhältnis zu den repräsentativen Meinungsverteilungen in der Bevölkerung nach links tendierende Abweichung der Meinungsverteilung unter Publizisten auch in diesen Anfängen ihren Grund hat.

70 Vgl. hierzu vor allem: Heinrich Wurstbauer, a. a. O.; Harold Hurwitz: Die Stunde Null der deutschen Presse, Köln 1972; schließlich auch Joseph Dunner: Zu Protokoll gegeben, München 1971.

TAB 17
Richtungsangaben bayerischer Tageszeitungen 1987

Richtungsangaben	Hauptausgaben (Verl. = Hg.)		Nebenausgaben	
	absolut	in %	absolut	in %
Unabhängig (u)	22	23,4	51	28,7
Überparteilich (ü)	14	14,9	35	19,7
u + ü	20	21,3	10	5,6
Neutral	7	7,4	16	9,0
Liberal + ü	1	1,1	2	1,1
Konserv./bürgerl.	3	3,2	12	6,7
Christl. (dem.)	3	3,2	16	9,0
ohne Angabe	24	25,5	36	20,2
insgesamt	94	100	178	100

die die Meinungen ihrer Leser durchweg für verfehlt hält".[71] Hier steckt der beträchtliche demokratische Wert einer wirklich erfüllten Verlegerfunktion.

Diesen Hintergrund muß man im Auge behalten, wenn man anhand der Selbstauskünfte der bayerischen Tageszeitungen deren gegenwärtige Richtungsanzeigen untersucht (siehe TAB 17).[72] Es kann dann nämlich nicht überraschen, daß sich mit den Kennzeichen „unabhängig" und „überparteilich" oder mit beiden zugleich sowie mit dem Etikett „neutral" zwei Drittel aller Hauptausgaben und fast ebenso viele Nebenausgaben charakterisieren. Zu irgendeiner, wenn auch noch so allgemeinen Tendenz bekennen sich jedenfalls auf dem Titelkopf des Blattes nur 7,5 Prozent der Hauptausgaben und knapp 17 Prozent aller Nebenausgaben. Bei mehr als einem Viertel der Hauptausgaben und für jede 5. Nebenausgabe findet sich überhaupt keine entsprechende Angabe. (Bei den fraglichen Hauptausgaben handelt es sich überwiegend um Heimatzeitungen, die sich in Redaktionsgemeinschaften zusammengeschlossen haben.) War etwas anderes zu erwarten? Wohl kaum.

Dabei „weiß" man natürlich als Zeitungsleser, daß der tägliche Inhalt der Zeitung nicht unbedingt hält, was die Deklaration verspricht (was nicht auf die Kommentar-Seiten zielt, sondern auf das Nachrichten- und Informationsangebot). Neben ihren Kopfzeilen hängt den meisten Zeitungen ja noch ein „Image" an, eine Vorstel-

---

71 Vgl. Joseph H. Kaiser: Presseplanung. Frankfurt/M. 1972, S. 50.

72 Die Darstellung der Richtungsangaben bayerischer Tageszeitungen von 1987 wurde nach dem Presse- und Medienhandbuch „Stamm 1987" erarbeitet. Die dort angegebenen Richtungsanzeigen beruhen – wie den redaktionellen Bemerkungen des Handbuchs ausdrücklich zu entnehmen ist – durchgehend auf den Selbstauskünften der Verlage. Insoweit ist die Ausgangslage für entsprechende pressestatistische Ambitionen völlig identisch mit der in den ersten Jahrzehnten dieses Jahrhunderts. Da im übrigen der „Stamm" für die Aufnahme von Nebenausgaben weder pressestatistischen Kriterien noch den Merkmalen der für Anzeigenkunden interessanten Belegungseinheiten, sondern ebenfalls ganz unterschiedlich motivierten Selbstauskünften der Verlage folgt, deckt sich die Zahl der Nebenausgaben hier nicht mit der wesentlich geringeren Zahl von Nebenausgaben, wie sie etwa aus dem „Zimpel" (Die deutschen Vollredaktionen, Loseblattsammlung München, fortlaufend) zu ermitteln ist.

lung also, die sich über lange Zeit in den Köpfen ihrer Leser (und oft nachdrücklicher noch in den Köpfen ihrer Nicht-Leser!) auch über ihre „wahre Tendenz“ gebildet hat. Insoweit sind alle Richtungsanzeigen, die den Selbst-Auskünften der Zeitungen entstammen, immer nur im Brechungswinkel der Zeit und ihrer Mentalität zu interpretieren und haben einen „begrenzten Aussagewert“.[73] Es ist in der Gegenwart fast zur Selbstverständlichkeit geworden, daß ein Tagblatt sich als „unabhängig“ oder „überparteilich“ vorstellt, weil in solcher (Selbst-)Charakterisierung die vorherrschenden Arbeits- und Marktnormen des universellen Mediums zum Ausdruck kommen. Jede offen an den Tag gelegte Parteilichkeit widerspräche dieser Norm. Daher sind Deklarationen von Tendenzen und Gesinnungen inopportun – weil schlicht marktbeschränkend. Gerade in der Entdeckung dessen, was jeweils als solche Norm gelten soll oder gilt, liegt der Aussagewert aggregierter Selbstauskünfte – auch jener aus vergangenen Jahrzehnten. So enthüllen die Tabellen über die Richtungsanzeigen zwischen 1898 und 1933 eine starke Polarisation bezüglich des geltenden Zeitungskonzeptes, signalisieren einen Konflikt der vorherrschenden Zeitungs- und Journalismus-Normen.

Der Konflikt schwelte lange. Denn es gab ja auch eine völlig eigenständige, deutsche Zeitungs- und Journalismus-Tradition, die dem Prinzip der Überparteilichkeit verpflichtet war (gleichgültig, wie immer es durchgesetzt sein mochte). Diese Tradition reicht zurück zu den Nachrichtenblättern des 17. und des 18. Jahrhunderts, sie beherrscht weitgehend das Intelligenzblattwesen bis ins 19. Jahrhundert hinein; sie prägt – zahlreiche Zeitungs- und Verlagsgeschichten in Bayern sind voll davon – den Charakter der lokalen Amts-, Bezirks- und Anzeigeblätter des 19. Jahrhunderts, den Wurzelgrund der heutigen bayerischen Heimatzeitungen also. Schließlich war „Überparteilichkeit“ der leitende Grundsatz der Generalanzeiger ab der zweiten Hälfte des vergangenen Jahrhunderts. Aber nicht zuletzt leuchtet dieses Prinzip aus dem Programm der „Allgemeinen Zeitung“, wie es Johann Friedrich Cotta entwickelte. Dieses Blatt, das in ganz Europa höchstes Ansehen genoß, war von Cotta als „öffentliche Magistratur“ gedacht; die „Allgemeine Zeitung“ sollte „die Zeitgeschichte in Vollständigkeit mit Unparteilichkeit und Wahrheit in reiner Sprache mit etwas kritischer Freimütigkeit berichten“.[74]

In Cottas „Allgemeiner Zeitung“ blieb das Prinzip des unparteilichen Journalismus ungetadelt – obwohl es auch da immer nur näherungsweise verwirklicht war. In

[73] Wenn Norbert Frei (1980, S. 25) moniert, die frühen Pressestatistik-Autoren hätten es „unverständlicherweise“ unterlassen, „auf die begrenzte Aussagekraft ihrer an den Selbsteinschätzungen der Verleger orientierten Kategorien hinzuweisen“, so ist diese Marginalie ebenso unsachlich wie irrelevant. Denn diese „begrenzte Aussagekraft“ ist die conditio sine qua non jeder Erhebung dieser Art in Vergangenheit und Gegenwart, und sie wird es auch für alle Zukunft bleiben. Zu Aussagen über die politische Richtung der Tagespresse (und anderer Medien) führen nämlich nur zwei Wege: Entweder die Selbstauskünfte der Blätter, von wem immer sie kommen mögen, oder inhaltsanalytische Studien, die ihrerseits zwar eine andere, aber eine grundsätzlich ebenfalls „begrenzte Aussagekraft“ haben. Das alles sind indessen Binsenweisheiten für jene sowohl, die solche Standardmethoden einsetzen, wie für jene, die das Ergebnis solcher Erhebungen mit wissenschaftlichem Anspruch nutzen. Als wissenschaftstheoretischer Fundamentalsatz ist Freis Monitum also eine Selbstverständlichkeit; als spezifischer Vorwurf an die frühe Pressestatistik aber ist er ebenso überflüssig wie unsinnig (und noch nicht einmal durch möglichen Mißbrauch solcher Statistiken gerechtfertigt).

[74] Zit. nach Karl d'Ester, Artikel „Cotta“, in: Walther Heide (Hrsg.): Handbuch der Zeitungswissenschaft. Bd. I, Leipzig 1940, Sp. 759.

den geringeren Erscheinungsformen der deutschen Presse- und Journalismusgeschichte dagegen wurde es marginalisiert, mit Häme überzogen, zum Minderwert gestempelt. Der große Joseph Görres hatte schließlich in seinem „Rheinischen Merkur" die Abwertung der meisten gleichzeitigen und vorausgegangenen Zeitungen mit den häufig nachgebeteten Worten eröffnet, diese Blätter seien nicht mehr „als der magre geist- und kraftlose Index dessen was geschehen".[75] Und gegen Ende des Jahrhunderts verteufelte man die Generalanzeigerpresse, die keine Farbe bekennen wolle. In den 20er Jahren setzte Emil Dovifat die Schlagwort-Alternative „Geschäftspresse" versus „Gesinnungspresse" durch. Sie war nicht als Typologie angelegt, sondern als Wertskala. Und bis weit in die 60er Jahre hinein folgte dieser Bewertung eine Rangordnung journalistischer und publizistischer Funktionen, wie sie ebenfalls von Emil Dovifat und Walter Hagemann unentwegt gelehrt und verbreitet wurde: An höchster Spitze der publizistischen Hierarchie führt der Publizist als einsamer Kämpfer und Prophet die stumpfen Massen – und ganz unten werkelt ein Nachrichtenredakteur um schnöden Mammon.[76]

Die Kumulation solch jahrzehntelanger Verachtung schwingt immer noch mit und nach, wenn Alfred Grosser der deutschen und bayerischen Nachkriegspresse das schiefe Etikett der „Entpolitisierung" anhängt. „Entpolitisierung" hat den Beigeschmack eines Verlustes, des Weniger, des Minderen: „Entpolitisierung" im Sinne einer Unabhängigkeit von den Parteien, sagt Grosser – als ob es das Politische nur in Parteiengestalt gäbe; „Entpolitisierung" im Sinne des Vorrangs der „allgemeinen Information" vor der Darstellung „politischer Ereignisse" – als ob hier eine Wertordnung verkehrt worden wäre.

Es scheint so, als habe in den vergangenen 40 Jahren der Markt den Konflikt zwischen Görres und Cotta zugunsten des letzteren entschieden. Die gebündelten Selbstauskünfte zur Richtungsanzeige stehen auf diesem Grund. Mit den Begründungen, wie sie in Zeitungsstatuten, Verlagsgeschichten und Grundsatzartikeln hervortreten, ist es so einfach nicht. In ihnen verflechten sich heute ganz unterschiedliche Traditionen. Da spricht der Stolz, daß man Wort gehalten und den Auftrag der Lizenzgeber dem Buchstaben und dem Geist nach erfüllt habe.[77] Da gibt es sodann – unlösbar mit der Reklamation des Lizenzauftrags verbunden – die ausdrückliche Berufung auf die große deutsche oder bayerische Zeitungstradition, deren Grundsätzen man sich verpflichtet fühlt, auch wenn man eine direkte Nachfolge nicht beansprucht.[78] Und schließlich stößt man, wo die Sukzession der Titel, der Verlage oder der Herausgeber unbestreitbar einwandfrei ist, auch auf das reflektierte Bekenntnis zu den tragenden Werten der deutschen Journalismus-Tradition.[79]

---

[75] Joseph v. Görres: Die teutschen Zeitungen. „Rheinischer Merkur", 1814, Nr. 80 u. 81. Zit. nach Elger Blühm/Rolf Engelsing: Die Zeitung. Bremen 1967, S. 154.

[76] Siehe dazu exemplarisch u. a.: Emil Dovifat: Der amerikanische Journalismus. Stuttgart/Berlin 1927. Ders.: Handbuch der Publizistik. Band 1: Allgemeine Publizistik. Berlin 1968. Walter Hagemann: Grundzüge der Publizistik. Münster 1947.

[77] Typisches hierzu findet man in der Einzeldarstellung des „Fränkischen Tag" (Bamberg), aber auch in anderen Porträts ehemaliger Lizenzzeitungen.

[78] Das typische Beispiele hierfür liefert die Einzeldarstellung der „Augsburger Allgemeinen" in diesem Band.

[79] Die „Nürnberger Zeitung" kann als ein recht typischer Fall für diese Variante angesehen werden. Jedoch bricht dieses neue Traditionsverständnis auch bei zahlreichen anderen Lokal- und Heimatzeitungen durch, die eine lange Geschichte zu bewältigen haben.

Und so ist, was als Ethos der Unabhängigkeit und Überparteilichkeit die Gegenwart der bayerischen Presse bestimmt, keineswegs etwas, was es ohne die Lizenzpresse im Zeitungsland Bayern nicht gegeben hätte. Mehr auf indirekte Weise als auf direktem Weg hat die Lizenzpresse dem Prinzip freilich wieder zur Geltung verholfen. Die bayerische Presse ist heute so frei, daß sie der Kommunikationsfreiheit aller Bürger eine reelle Chance einzuräumen vermag. Das nämlich und nichts sonst heißt Zeitungs-Freiheit. Mit „Entpolitisierung" oder mit „Apolitizität" hat die „Überparteilichkeit" der Zeitung nicht das Geringste zu tun. Diese Selbstcharakterisierung bringt nur zum Ausdruck, daß die Zeitung sich grundsätzlich offenhält für demokratische Diskussion, „daß sie sich mithin als Forum begreift und nicht als Kanzel".[80]

Die Zeitungen in der Zeitung

Was sich bei der Berufung auf die ganz verschiedene Herkunft des leitenden Gestaltungsprinzips der modernen Tageszeitung in Bayern schon andeutet, durchsetzt die gesamte bayerische Pressestruktur: die unlösbare Verschränkung der Traditionen. Man braucht dazu nur einen Blick auf die Alterspyramide der bayerischen Tagespresse zu werfen (TAB 18).[81] Da bemerkt man erstaunt, daß zwischen dem Stand von 1934 und dem von 1965 die Verschiebungen bei den „älteren Jahrgängen" gar nicht so einschneidend sind, wie man es aufgrund der Schnitte und Brüche in der jüngeren Vergangenheit vielleicht erwartet hätte; ein Gründungsjahr vor 1914 konnten 1934 rund 72 Prozent aller bayerischen Zeitungen nachweisen; 1965 ordnen sich selbst immerhin noch rund 58 Prozent in die nämliche Altersstufe ein. Die Stürme, die seither über den Blätterwald fegten, und auch die Bemühungen um Aufforstungen hinterlassen ihre Spuren jeweils bei den Titeln der jüngsten Jahr-

TAB 18
Das Alter der bayerischen Tageszeitungen

Stand 1934			Stand 1965		
Gründungsjahr	Ausgaben		Gründungsjahr	Ausgaben	
	absolut	in %		absolut	in %
vor 1750	5	1,2	vor 1815	6	4,8
1750 – 1850	57	13,2	1815 – 1864	21	16,8
1851 – 1914	249	57,5	1865 – 1914	45	36,0
seit 1915	91	21,0	1915 – 1944	11	8,8
			seit 1945	35	28,0
ohne Angabe	31	7,1	ohne Angabe	7	5,6
insgesamt	433	100	insgesamt	125	100

80 Vgl. Heinz Starkulla: Presse, Fernsehen und Demokratie. In: Festschrift für Otto Groth. Bremen 1965, S. 386.

81 Die Altersstatistik basiert für den Stand von 1934 auf Franz Laschinger: Die Struktur der bayerischen Presse am 3. Juni 1934. München 1936, S. 112. Für den Stand von 1965 auf Hans Wagner: Portrait der bayerischen Tagespresse. In: ZV + ZV, 1965, Nr. 43/44, S. 1982.

gänge: 1934 zählte jede fünfte Zeitung zur „Jugendgeneration“, von der bis 1965 allerdings nur mehr relativ wenige Blätter übrigblieben. 1965 zählten immerhin 28 Prozent zu den Sprößlingen der vorausgegangenen 20 Jahre, die Lizenzzeitungen im wesentlichen. Würde man die Altersbestimmung heute vornehmen, so hätte man diesbezüglich ein anderes Bild: Neugründungen aus den letzten 20 Jahren wären da wohl kaum zu erfassen; in der Alterspyramide (nicht nur) der bayerischen Tageszeitungen wäre der „Konzentrationsknick“ nicht zu übersehen. Allerdings ist die Altersstatistik der Zeitungen nicht nur nach Titeln zu interpretieren, obwohl ja aufs Ganze gesehen die stark verminderten Grundgesamtheiten auch eine deutliche Sprache sprechen. Zieht man die Auflagen hinzu, so drängt sich die Assoziation einer kraftvollen „Zeitungs-Jugend“ auf: Die 28 Neugründungen seit 1945, die Lizenzzeitungen eben, brachten 73,5 Prozent der Auflage auf den Markt.

Mit dieser Feststellung eines ganz kennzeichnenden Strukturmerkmals waren wir einleitend schon konfrontiert. Es geht nicht um dessen bloße Wiederholung. Es geht auch nicht darum, die Analogie der Lebensalter zu den „schwachen Zeitungs-Greisen“ fortzuführen; sie wäre ohnehin irreführend. Im Zeitungswesen nämlich gibt es – im Gegensatz zur Menschengesellschaft – kaum einen Jugendkult, viel eher schon eine ausgesprochene Tendenz zur Pflege von Stammbäumen und Traditionen. Solche Nachweise werden oft gar nicht in den Jahrgangszählungen geführt. Es gibt auf den heutigen Titelköpfen oder im Impressum bayerischer Tageszeitungen, auch solcher, die ihr Dasein der Lizenzzeit verdanken, manch andere subtile Traditionsberufung: Da gibt es etwa mehrere Jahrgangszählungen nebeneinander; da werden in Untertiteln die markanten Pressetraditionen eines Ortes oder eines Landkreises mitgeführt, einzelne erworbene Titel- und Namensrechte dokumentiert und realisiert; da finden sich auch die Traditionsnamen der früheren Druckereien und Verlagshäuser; da wird nicht zuletzt in Jubiläumsausgaben und programmatischen Beiträgen der Anschluß an die lokale Pressegeschichte gesucht und herausgestellt, der Traditionsstrang der Ideen und Aufgaben neu geknüpft. Wozu geschieht dies? Welchen Sinn könnte das haben für Zeitungen, die dem Tag und der Gegenwart verpflichtet sind, nicht aber der Vergangenheit?

Es liegt bei den Zeitungen mit Tradition eine Stärke, die nicht in der Auflage oder in anderen Quantitäten faßbar ist: Die alten und nach der Lizenzaufhebung wiedergegründeten Zeitungen[82] waren durchweg „Heimatzeitungen“ und „Lokalzeitungen“; sie hatten allesamt starke Bindungen zu den Menschen am Ort, und diese zu „ihren“ Zeitungen. Die Nähe zum alltäglichen Lebensraum der Menschen zeichnete den Inhalt dieser Blätter aus. Sie manifestierten Bindungen und Beziehungen zwischen den Menschen und Gruppen am Ort, und sie schufen und stärkten solche Verbindungen zugleich. Sie ermöglichten, daß den Menschen ihres Verbreitungsgebietes ihre Umgebung, ihre Landschaft, ihr Arbeits- und Wirtschaftsraum, ihr Verwaltungsgebiet vertraut werden konnte, daß Menschen sich darin zurecht fanden. Wer das Lokalblatt, wer die Heimatzeitung hielt, war integriert in die Gemeinde, in die Gemeinschaft.[83]

---

[82] Heinrich Wurstbauer (a. a. O., S. 123) zeigt, daß die 1950 noch bestehenden, wiederaufgelegten Altverleger-Blätter zu 80 Prozent vor 1900 gegründet worden waren; im einzelnen: 20 Prozent waren vor 1850, 24 Prozent zwischen 1850 und 1875, 37 Prozent zwischen 1875 und 1900 sowie weitere 10 Prozent zwischen 1900 und 1925 gegründet worden.

[83] Siehe dazu grundsätzlich auch Heinrich Wurstbauer, a. a. O., S. 25, der zutreffend unterstreicht, daß die Funktionen der Heimatzeitungen zunächst und per se noch nichts mit

Es war umgekehrt nach 1945 die ausgesprochene Schwäche aller Lizenzzeitungen, daß sie all dies nicht nachweisen und nicht mobilisieren konnten. Die typische Lizenzzeitung war, wie Heinrich Wurstbauer sehr prägnant sagt, eine „Weltzeitung der Provinz“: Sie griff mit der Mannigfaltigkeit und mit der Breite ihres Inhalts auf die ganze Welt aus und versuchte gleichzeitig, die Berichterstattung über ihr großes Verbreitungsgebiet eines halben oder ganzen Regierungsbezirkes auszubauen.[84]

Und dies macht nun wohl wirklich das Typische der bayerischen Tagespresse bis heute aus, daß in Konzentrations- und Dezentralisationsbewegungen zugleich, daß über Kooperations- und Partnerschaftssysteme die Traditionen sich verbunden, die Inhalts- und Funktionstypen sich verschränkt, die verschiedenen Zeitungen sich vereinigt haben. Exemplarisch findet, was hier geschah, Ausdruck in einer Erklärung oberbayerischer Zeitungsverleger, die 1950 den „fruchtlosen Konkurrenzkampf“ zwischen Lizenzzeitungen und Heimatzeitungen beendet sehen wollten und sich zusammengeschlossen hatten, um „Heimatbewußtsein und Weltoffenheit“ zu verbinden: „Altverleger und Neuverleger wollen ihre publizistischen und wirtschaftlichen Kräfte vereinen, um eine Zeitung zu schaffen, in der allen (..) Interessen gedient wird, in der die Heimat ihre Stimme hat und zugleich die Welt.“ Man strebte gewissermaßen eine „föderalistische Zeitung“ (so Heinrich Wurstbauer) an. Eine Zeitung, die zwei selbständige Teile in einem Blatt zusammenfügen sollte; im Heimatteil „soll der Leser alles Wissenswerte aus Gegenwart und Geschichte seiner Heimat erfahren. Hier können wir die Heimat und ihre Interessen auch nach außen hin in einer großen Zeitung vertreten. Der andere, allgemeine Teil bringt dagegen die Fülle der Nachrichten, Beiträge und Bilder aus allen Lebensgebieten und aus aller Welt.“ Sowohl der Unterschied wie die Verbindung dieser beiden Zeitungsteile wurde in der Folgezeit auch vor der Leserschaft immer wieder klar herausgestellt.[85]

Den Prozeß der „starken Angleichung der ursprünglich stark divergierenden großstädtischen Lizenz- und provinziellen Heimatblatt-Typen“ und sein Ergebnis bringt Heinz Starkulla auf den Nenner: „Die Großstadtpresse ist nicht zuletzt dank ihrer Provinzausgaben heimatverbundener und die Lokalpresse dank ihrer Zentralisierung sehr viel weitläufiger geworden, als sie es je gewesen. Es entwickelte sich die Zeitung des modernen Menschen, der sich in seinem Heimatbewußtsein und seiner Weltoffenheit in ihnen wiederfindet. Die Typen des weltverlorenen ‚Käseblättchens‘ wie auch des farblosen ‚Generalanzeigers‘ gehören der Zeitungsgeschichte an.“[86]

Diese Synthese der Typen, die „föderalistische Zeitung“ eben, repräsentiert der allergrößte Teil der Tagblätter, die bayerische Leser heute zur Hand nehmen, unschwer sichtbar und greifbar: Zwei Teile, die zusammengefügt sind, unabhängig davon, welcher zuerst und welcher an zweiter Stelle kommt. (Da gibt es beide Varianten: Zeitungen, die mit dem Lokalteil aufmachen, und solche, die dem Lokalteil – wie gewohnt – das zweite ‚Zeitungsbuch‘ einräumen.) Das ist nicht mehr unbedingt eine Frage des Prinzips, sondern oft Folge der Lösung technischer Probleme. Wichtig ist nur, daß der Leser die beiden Teile sozusagen ‚blind‘ findet. Erkennbar um

---

dem Alter bzw. mit der Tradition einer Zeitung zu tun haben; allerdings sind praktisch Alter und Heimatzeitungsfunktion so stark miteinander assoziiert, daß man nicht selten das Alter fälschlicherweise zu einem Definitionselement für die Heimatzeitung erhoben hat.

84 Heinrich Wurstbauer, a. a. O., S. 30.

85 Zitiert nach Heinrich Wurstbauer, a. a. O., S. 179 f.

86 Heinz Starkulla: Zur Geschichte der Presse in Bayern, a. a. O., S. 47.

zwei Teile handelt es sich zumeist auch schon nach dem optischen Gesamteindruck, nach der Aufmachung, der Kombination einzelner Gestaltungselemente – trotz aller gelegentlich stärker, gelegentlich schwächer ausgeprägten Tendenzen zur Vereinheitlichung von Spalten, Layout, Schrifttypen und Auszeichnungen. Zwei Teile sind es in den meisten Fällen auch nach der redaktionellen Herkunft: Lokalredaktionen arbeiten in der Regel vor Ort. Ihnen ist häufig ein halbes Heer freier Mitarbeiter zugeordnet, die sich noch in die feinsten Kapillaren der täglichen Ereignisströme verteilen. Seit Computer On-line-Verbindung zu den Zentralredaktionen halten, ist diese Arbeit an den Außenstellen technisch kaum noch ein Problem.

Wie die Relationen der Teile in einer modernen „föderalistischen Zeitung" aussehen, kann man aus zwei Perspektiven betrachten. In den Augen des Lesers umfaßt die Tageszeitung im Durchschnitt zwei Drittel Weltnachrichten und ein Drittel Lokalberichte. Aus der Perspektive der in Verlagen und Redaktionen organisierten Produktion der Zeitung ergibt sich ein ganz anderes Bild. Die insgesamt recherchierten, verarbeiteten und produzierten Lokalseiten summieren sich zum Vielfachen des Weltmantels; vier- bis sechsfache Umfänge und Mengen sind keine Seltenheit. Unter diesem Aspekt beanspruchen die Lokalteile nun Vorrang; da sie nicht mit Agenturmaterial zu füllen sind, schlägt das auch auf die Haushaltsplanung durch: Lokalberichterstattung ist personalintensiv und kostspielig. (Aber das sollte keine unüberwindbare Barriere für notwendigen Ausbau und stets mögliche Verbesserung sein.)

Es wäre indessen zu wenig und würde eben der modernen bayerischen Tageszeitung nicht gerecht, bliebe man stehen bei der Addition von Zeitungsbüchern. Auch hier ist das Ganze mehr als die Summe zweier Zeitungsteile. Zusammengefügt zum Ganzen ergibt sich eben erst jene Zeitung, die dem Menschen Orientierung in seiner gesamten gegenwärtigen Welt ermöglicht. Es ist nicht nur die Heimat-Zeitung eine unlösbare Verbindung mit der Welt-Zeitung eingegangen; vielmehr kann angenommen und diagnostiziert werden, daß beide Zeitungsteile vom „Heimatprinzip" integriert werden. Das Heimatprinzip, schrieb Aswerus schon vor einem Vierteljahrhundert den Verlegern ins Stammbuch, müsse als die Verwirklichung der intellektuellen und emotionalen Annahme und Aufnahme des Informationsgutes erkannt werden. Dieses Prinzip gebe dem Praktiker der Zeitung ein Schema für Richtung und Aufbau der Themen an: Zunächst sehe jeder einzelne sich selbst; dann kommen die Nachbarn, die Heimat mit all ihren heimatlichen Aspekten und dann schließlich erst die „Tongoinseln" ... Das Heimatprinzip grenze also den Raum der zur Sprache kommenden Themen und Stoffe durchaus nicht ein; es fordere lediglich, daß alle Themen in das Alltagsgespräch der Bürger gestellt würden. „Machen Sie Ihr Blatt zur Darstellung des Alltagsgesprächs der Bürger." Das ist die Leitlinie zur praktischen Umsetzung des Heimatprinzips.[87]

Im übrigen merkt Aswerus an gleicher Stelle an, daß es verfehlt wäre, aus dem Heimatprinzip die Forderung abzuleiten, der Lokaljournalist (oder der Herausgeber oder der Verleger einer Heimatzeitung) müsse aus der Landschaft seiner Ge-

---

87 Bernd M. Aswerus: Die Verbandszeitschrift im Fachverband. Ein Kapitel angewandter Zeitungswissenschaft. In: „Die Zeitschrift" 1953, Nr. 9/10, S. 312. (Aswerus überträgt hier das Heimatprinzip auf die Gestaltung der Verbandszeitschrift, macht aber an vielen Stellen deutlich, daß es zunächst das Gestaltungsprinzip der Zeitung ist.)

sprächspartner stammen: „Es sind genügend Beispiele dafür vorhanden, daß gerade ‚Zugereiste' in besonderer Weise für den Geist einer Landschaft und ihrer Bevölkerung aufgeschlossen und einfühlig sein können." Die Beobachtung ist bedeutsam. Denn es ist nachgerade auffällig, wie oft in der bayerischen Pressegeschichte dokumentiert ist, daß die Heimat- und Lokalblätter insbesondere im 19. Jahrhundert von „Zugereisten" gegründet wurden, zumeist von wandernden Gesellen: Von Reichenhall bis Hof, von Wertingen bis Weiler finden sich da immer wieder Zeugnisse. Und auch von den 47 Lizenzträgern in Bayern waren lediglich 22 im Lande geboren.

Zeitungs-Optionen

Auch wenn in schöner Regelmäßigkeit die Geschäftsberichte des Verbandes Bayerischer Zeitungsverleger seit Jahren konstatieren, bezüglich der Zeitungsauflagen könne oder müsse „auch weiterhin von einer Stagnation" gesprochen werden, zeigt die mittelfristige Bilanz (wie sie in TAB 19 resümiert ist) etwas anders an.[88] Da summieren sich nämlich die kleinen Steigerungen doch zu einem respektablen Auflagengewinn, während ansonsten in der Bundesrepublik (und zum Teil durch die Rückgänge der Verkaufszeitungen verursacht) per Saldo die Zeitungsauflage ungebremst fällt. Schon vor Jahren hat ein berufener Chronist zusätzlich vermerkt,

TAB 19
Auflagenentwicklung der Tageszeitungen in Bayern und in der Bundesrepublik

Jahr	Bayern		Bundesgebiet	
	Verkaufte Auflage (in Mio.)	Veränderung zum Vorjahr in %	Verkaufte Auflage (in Mio.)	Veränderung zum Vorjahr in %
1977	2,67	+ 13,78	23,1	+ 2,67
1978	2,68	+ 0,62	23,3	+ 0,87
1979	2,73	+ 1,67	23,7	+ 1,72
1980	2,78	+ 1,94	24,1	+ 1,69
1981	2,79	+ 0,42	24,1	0
1982	2,80	+ 0,34	25,1	+ 4,15
1983	2,81	+ 0,51	25,0	– 0,40
1984	2,83	+ 0,60	24,9	– 0,40
1985	2,84	+ 0,31	24,7	– 0,80
1986	2,86	+ 0,54	24,4	– 1,20
1987	2,87	+ 0,46	24,8	+ 1,60
1988	2,89	+ 0,69	24,1	– 2,40

88 Die in Tabelle 19 dargestellte Auflagenentwicklung im Vergleich zwischen Bayern und der Bundesrepublik wurde bis einschließlich der Werte von 1986 entnommen „ZV + ZV", 1987, Nr. 15, S. 24. Die Werte für die letzten beiden Jahre wurden nach Angaben des Verbandes Bayerischer Zeitungsverleger ergänzt. Auch die für 1977 bis 1986 in „ZV + ZV" publizierten Auflagenreihen gehen auf die Angaben der Verlegerverbände zurück. Die gerundeten Auflagenziffern liegen dabei (zumindest für Bayern) etwas niedriger als die sonst (etwa über IVW) ermittelten, weil hier nur die verbandsrelevanten Auflagen berücksichtigt sind.

daß die bayerischen Zeitungen insgesamt noch niemals in der bundesdeutschen Nachkriegsgeschichte überhaupt Auflagenrückgänge zu verzeichnen gehabt hätten. Den bayerischen Zeitungsverlegern sei es, merkt er etwas dunkel noch an, „offenbar besser als ihren Kollegen im übrigen Bundesgebiet gelungen, gegen den demographischen Strom zu schwimmen, der die Auflagenzahl der Tageszeitungen allenthalben herunterreißt".[89] Da nicht bekannt ist, daß Zeitungsverleger über mehr Möglichkeiten des Eingriffs in die demographische Entwicklung hätten als gewöhnliche Sterbliche, muß die Fahndung nach dem Grund einer so positiven „Stagnation" wohl präzisiert werden.

Natürlich gibt es da das Bemühen, die Leserausfälle im Wechsel der Generationen nicht größer werden zu lassen als unvermeidlich. Langfristige Trendbeobachtungen ebenso wie neuere Untersuchungen kommen nämlich zu dem gleichen Ergebnis, daß die Zahl der Zeitungsleser in den Altersgruppen zwischen 14 und 29 Jahren ungewöhnlich und besorgniserregend niedrig bleibt, daß zur gleichen Zeit die für das Fernsehen aufgewendeten Stunden ganz generell, besonders aber in diesen Altersgruppen zunehmen. „Das Lesen, das Verstehen, das Behalten – alles fällt der jungen Generation, die mit dem Fernsehen aufgewachsen ist, schwerer", interpretiert Elisabeth Noelle-Neumann diesen Befund.[90]

Die Zeitung muß auf diese Befunde reagieren. Sie kann es etwa mit dem Versuch, junge Leute mit der Zeitung überhaupt erst in Kontakt zu bringen; sie nicht nur zum Lesen, sondern viel mehr noch zum Verständnis des Zeitungmachens und der Zeitungsfunktionen hinzuführen. Dies geschieht gerade in Bayern besonders nachdrücklich und mit registrierbaren Erfolgen im Rahmen der Aktion „Zeitung in der Schule". Sodann aber kann die Zeitung, das Blatt, sich auf die Fernseh-Herausforderung einstellen. Zwei grundsätzlich zu unterscheidende Möglichkeiten bieten sich hier an: Die Assimilierung der Zeitung an die Angebotsweisen des Fernsehens; oder aber das Komplementär-Konzept, das darauf hinausläuft, daß die Zeitung alles tut, was das Fernsehen nicht kann, daß also die Zeitung ihre Stärke ausspielt, wo das Fernsehen seine Schwächen hat.[91] In den bayerischen Zeitungen können beide Strategien verfolgt werden. Da werden etwa, in den Lokalteilen ganz besonders, in riesiger Zahl Bilder angeboten; Bilder von Menschen, von Menschen aus der Nachbarschaft, aus Vereinen oder Organisationen, bei Festen und Feiern, rangieren dabei uneinholbar vor Bildern von Sachen oder Ereignissen. Offenbar paßt sich gerade die Lokalzeitung den Wahrnehmungsgepflogenheiten des Fernsehzuschauers hier an, zeigt ihm, wie die Leute ausschauen, mit denen er zusammenlebt – was das Fernsehen wiederum vorerst nicht kann, weil es in die Niederungen der alltäglichen Lebensräume nur selten hineinleuchtet. Und da fällt auch auf, daß sich vielerorts die Gestaltung der Aufmacher-Seite (manchmal ganz allmählich) verändert hat. Politik beherrscht die Titelseite nicht mehr auf jeden Fall und unbedingt; vielmehr findet sich da eine Mischung aus weltweiten, regionalen und lokalen Anreißern; da werden die aktuellsten politischen Nachrichten neben Sensationen und Human-Interest-Meldungen gesetzt; da springen in vielen Fällen große Bildflächen

---

89 Siehe „ZV + ZV", 1987, Nr. 15, S. 24.

90 Elisabeth Noelle-Neumann: Der Leser von morgen und die Verantwortung der Zeitung. (Vortrag zur Generalversammlung des Schweizerischen Verbandes der Zeitungs- und Zeitschriftenverleger. Basel 1987. Mskr. S. 12.)

91 Elisabeth Noelle-Neumann, a. a. O., S. 11 f.

ins Auge; Überschriften fesseln: Die Aufmacher-Seiten haben häufig interessanten Magazin-Charakter angenommen, repräsentieren seriösen Boulevard-Stil.

So wichtig solche Bemühungen auch sind, den Gesamterfolg der bayerischen Presse erklären sie wohl nicht total; denn diese Rezepte werden natürlich bundesweit und auch darüber hinaus verabreicht und befolgt. Es ist wohl schon das ganz besondere Mischungsverhältnis von Weltblatt und Heimatzeitung, das Konzept der zwei Zeitungen in einer, welches die Zeitung in Bayern bis heute besonders beliebt und annehmbar gemacht hat.

Doch dabei muß es nicht bleiben. Die möglichen Gefährdungen ziehen mit der Möglichkeit herauf, lokalen Hörfunk und lokales Fernsehen auf privatwirtschaftlicher Grundlage einzurichten. Diese neuen elektronischen Programme müssen und werden nämlich über den lokalen Werbemarkt finanziert werden. Und genau an dieser Stelle liegt der erste Gefahrenpunkt für die Zeitung: Die Tageszeitung finanziert sich – wie oben dargestellt – bislang zu zwei Dritteln aus Anzeigen; und nicht weniger als 90 Prozent dieser Anzeigenerlöse stammen aus der lokalen Werbung. Es gibt indessen keine Sicherheit dafür, daß der Eintritt neuer elektronischer Medien auf dem lokalen Werbemarkt zu einer effektiven Vergrößerung der Werbeetats bei Firmen und Geschäften führen wird. Mehr Realitätsnähe hat zunächst jedenfalls die bündige Annahme: Der Kuchen bleibt gleich, aber die Stücke werden kleiner!

Das zweite Problem für die Zeitungen taucht auf, sobald die Verlage bei der Neuverteilung der „Kuchenstücke" berücksichtigt werden wollen, konkret: wenn sie selbst nach Zugang zum neuen Lokalradio oder zum lokalen Fernsehen suchen. Mit Verweis auf das Gebot zur Verhinderung einer sogenannten „multimedialen Meinungsmacht" hat nämlich die bayerische Kommunikationspolitik besonders restriktive und in ihren Wirkungen teilweise geradezu paradoxe Zugangsbedingungen für die Zeitungsverlage statuiert. Die gegenwärtige bayerische Regelung verbietet nämlich für den Regelfall, daß Zeitungen in örtlicher Alleinstellung an sogenannten „Einfrequenzplätzen" mehr als ein Drittel Sendezeitbeteiligung erhalten. Dies führt – von anderen Konsequenzen abgesehen – zu einer höchst eigenartigen Lage. Mehr als eine Hörfunkfrequenz wird es nämlich voraussichtlich nur in München, Augsburg, Nürnberg, Würzburg und Regensburg geben. Genau an diesen Plätzen könnten sich die örtlichen Zeitungsverlage mit höheren Anteilen am lokalen Hörfunk beteiligen. Anders gesagt: Den großen, starken Zeitungen bieten sich bessere Chancen; die gesetzlichen Einschränkungen der Drittel-Marke treffen in voller Härte die kleinen Zeitungen im Lande.

Das in politischen und auch juristischen Debatten vorgebrachte Argument gegen eine angemessene Beteiligung der Zeitungsverlage operiert mit den „publizistischen Monopolen" der Tageszeitungen. In diesem Begriff ist ein Vorurteil zum Schlagwort geworden, das in seiner sachlichen Berechtigung überhaupt nicht mehr überprüft wird. Weder wird berücksichtigt, daß – um es noch einmal simpel zu sagen – das heutige Veröffentlichungsmonopol der meisten Tageszeitungen in aller Regel durch die „Lizenz der Leser" entstanden ist; man setzt sich auch nicht damit auseinander, daß diese „Leser-Lizenz" vergeben und solange erhalten wird, weil und so lange die Zeitung sich zumindest anstrengt, die kommunikative Vielfalt des Redens und Meinens im örtlichen Lebensraum zu repräsentieren. Es gibt also zwar ein Veröffentlichungsmonopol, aber es gibt nicht das Rede-Monopol der Tageszeitung. Heinz Starkulla hat in anderem Zusammenhang vor fast einem Vierteljahrhundert schon prophezeit, daß die Verwechslung dieser Monopole – die nicht immer auf Gedankenlosigkeit allein beruht – „den Einstieg der Verleger in Rundfunk und Fernsehen aus demokratischer Vorsicht ausschlösse."[92] Dahin ist es gegenwärtig nun tatsächlich gekommen.

Vollends fremd scheint den pseudoökonomischen und pseudodemokratischen Argumentationsketten, die auf dem „publizistischen Monopol der Zeitungen" aufbauen, die Perspektive der Leser zu sein, die man vor einer gefährlichen „Meinungsmacht" zu bewahren vorgibt. Aus der Perspektive des Lesers nämlich ist eine Zeitungs- oder eine Medienvielfalt, die nur in ihrer Summe die gesellschaftliche Kommunikation und ihren „Meinungskampf" repräsentiert, nutzlos und wertlos, weil er, der Leser, im Normalfall nur eine Zeitung liest, sich im Regelfall, wie man weiß, nur aus einem Medium informiert. Vom Rezipienten aus gesehen „hat jedes einzelne Medium ein faktisches Veröffentlichungsmonopol, sei es auch ‚nur' lokaler oder regionaler Natur." Aus diesem Grund hat Starkulla bereits 1965 mit aller Deutlichkeit gewarnt, die Vielfalt der Blätter zum Fetisch zu machen, und gefordert, die „Vielfalt im Blatt" mit allen nur denkbaren Mitteln zu fördern.[93]

Bayerns Tageszeitungen haben sich im Laufe der Nachkriegsjahrzehnte zu Spezialisten der regionalen und lokalen Information entwickelt. Über ganz Bayern zieht sich ein dichtes Netz von Lokalredaktionen, von Korrespondenten, von freien Mitarbeitern. Anstatt diese Ressourcen, über die niemand sonst verfügt, für den Aufbau attraktiver lokaler Sendestationen zu nutzen, errichtet die Medienpolitik – immer bewaffnet mit dem Monopol-Einwand – jede nur mögliche Barriere, um den Aufbau aktueller, lokaler und regionaler Programme zu erschweren. Vorschläge etwa, die einzelnen, sich verzettelnden Lokalsender zu bestimmten Tageszeiten in einer Kette zusammenzuschließen, diese Ketten mit Programmangeboten aus einem Informations-Pool zu speisen, sind bislang auf wenig Gegenliebe der Medienpolitiker gestoßen. Stattdessen beobachtet man ziemlich tatenlos und zum Teil mit einem ausdrücklichen Sympathie-Bonus, wie sich die lokalen Hörfunkfrequenzen zu Disco-Sendern entwickeln mit gelegentlich eingestreutem „Infotainment", jener anspruchslosen Mischung, bei der die Information zur Unterhaltungsware eingedampft wird. Es liegen Informationen aus anderen Ländern vor, die diese Tendenz bestätigen. Wenn dies aber Ziel der Medienpolitik sein sollte, verliert die Warnung vor der „multimedialen Meinungsmacht" der Zeitungsverlage jeden Anschein einer Stichhaltigkeit. Ganz im Gegenteil: Zu den Musikfrequenzen müßte man den Zeitungen schon allein deshalb unbegrenzt Zugang gewähren, weil keine Medienpolitik es verantworten kann, daß die Rosinen des lokalen Werbekuchens der Finanzierung von Disco-Sendern dienen, während der Ausfall dieser Kuchenstücke das Risiko birgt, daß die heute noch gesunde Wirtschaftsstruktur kleiner Zeitungen kippt und so ein neuer, verschärfter Konzentrationsprozeß eingeleitet würde.

---

[92] Heinz Starkulla: Presse, Fernsehen und Demokratie. In: Festschrift für Otto Groth. Bremen 1965, S. 386.

[93] Heinz Starkulla, a. a. O. Viel später ist ihm in dieser Auffassung sogar Johannes Binkowski (ZV + ZV, 1973, Nr. 4, S. 106) gefolgt, wenn er festhält: „Bei den Monopolzeitungen ist gerade die Interessenvielfalt größer, weil sie alle Gruppen berücksichtigen müssen. Versteht man unter demokratischer Haltung die Bereitschaft, auch gegenteilige Meinungen zur Kenntnis zu nehmen, so ist die Zeitung mit breiter Interessenvielfalt dazu zweifellos am besten geeignet."

Wenn gegen solche Befürchtungen vorgebracht wird, bislang seien derartige Auswirkungen der lokalen Sender auf die Zeitungswirtschaft nicht feststellbar, so verfängt der Einwand ernsthaft kaum. Denn zum einen sind unsere Sonden viel zu wenig scharf, um damit nicht nur kleinste Veränderungen messen, sondern sie auch ihren wahren Ursachen zuordnen zu können. Auch kleine Veränderungen aber addieren sich irgendwann zu Effekten, die im Schadensfalle niemand für möglich gehalten haben will. Zum anderen aber treten bestimmte prognostizierte Folgen ganz einfach deshalb nicht ein, weil ja die betroffenen Zeitungsverlage nicht paralysiert auf die neuen Medien und ihre eigenen starren, nur um zu sehen, ob die bösen Prophezeiungen auch tatsächlich Wirklichkeit werden.

Noch ist die Medienlandschaft mitten im Umbruch. Die Medienpolitik steckt voller Widersprüche. Soviel indessen scheint sicher: Wer daran interessiert ist, daß Tageszeitungen auch in Zukunft ihren Beitrag zur informationellen Grundversorgung des Bürgers leisten, daß sie auch in den kommenden Jahrzehnten ihre Orientierungsfunktion als Weltblätter mit Heimatteilen erfüllen, der muß sich mit ihrer Geschichte, mit ihrer Lebensfähigkeit und ihren Arbeitsbedingungen ein wenig intensiver und vor allem weniger einseitig auseinandersetzen als dies derzeit weithin der Fall ist.

DIE ZEITUNGSSTADT MÜNCHEN

BAYERISCHE STAATSZEITUNG

SÜDDEUTSCHE ZEITUNG

MÜNCHNER MERKUR · tz

ABENDZEITUNG

Als „Kgl. bayerischer Staatsanzeiger“ wurde die „Bayerische Staatszeitung“ 1913 gegründet: die Zeitungsköpfe von damals und heute.

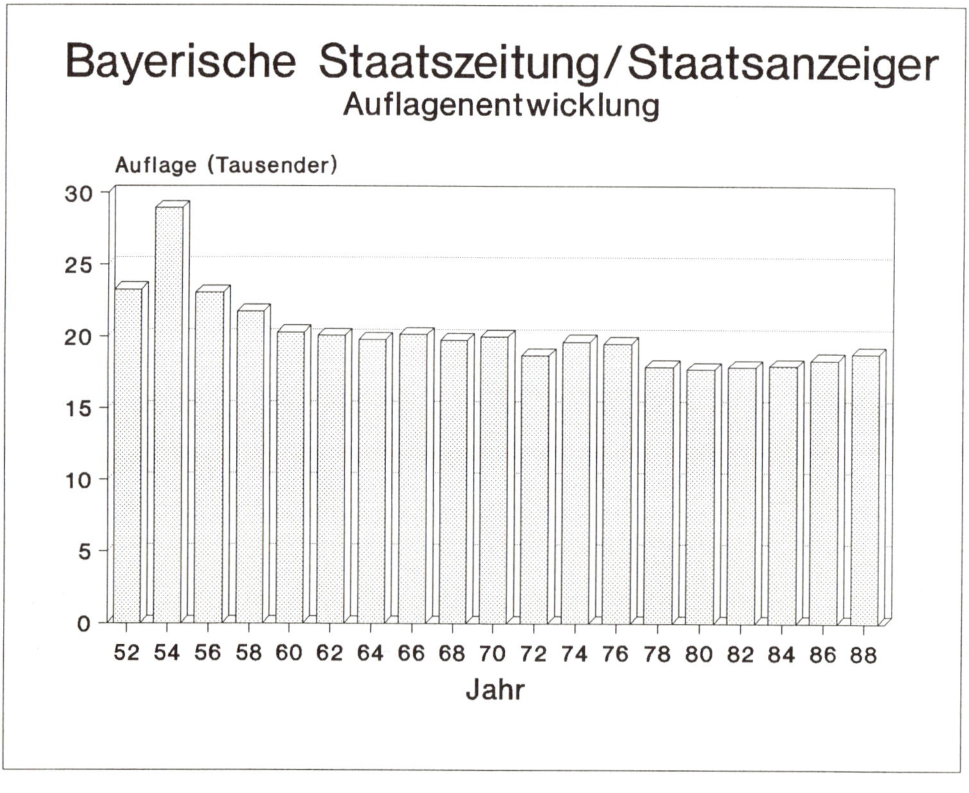

„Unverwechselbare Stimme“ Bayerns: Die „Bayerische Staatszeitung“

Im „Münchner Stadtanzeiger“ der „Süddeutschen Zeitung“ vom 5. Februar 1988 umriß der stellvertretende Chefredakteur der „Bayerischen Staatszeitung“, Peter J. Kock, die Entwicklungsgeschichte des Blattes: „Knapp drei Wochen vor seinem Tod genehmigte Prinzregent Luitpold die Herausgabe einer ‚Bayerischen Staatszeitung‘ zusammen mit einem ‚Kgl. Bayerischen Staatsanzeiger‘. Die erste Nummer erschien am 1. Januar 1913. Das Blatt, von einer unabhängigen Verlagsgesellschaft getragen, hatte keinen guten Start. Die ‚Münchner Neuesten Nachrichten‘ hielten ihm ‚einseitigsten Klerikalismus‘ vor, die sozialdemokratische ‚Münchner Post‘ polemisierte gegen die ‚alte Staatstante‘, die nur ‚Hofschwulst‘ verbreitete. Doch die neue Zeitung überstand den Ersten Weltkrieg ebenso unbeschadet wie die Revolutionswirren. Erst die Nationalsozialisten bliesen ihr 1934 das Lebenslicht aus. Sechzehn Jahre später wurde die ‚Bayerische Staatszeitung‘ wiederbegründet, diesmal als Wochenzeitung.“

Begleitung der Politik

„Bewußt wurde 1950 an die Tradition angeknüpft“, schrieb Kock 1988, „einer privaten Gesellschaft die Herausgabe des redaktionellen Teils zu übertragen, dem der ‚Staatsanzeiger‘ als amtlicher Teil beigefügt ist. Die neu gegründete ‚Bayerische Staatszeitung‘ hat die Aufgabe, das politische, kulturelle und wirtschaftliche Leben Bayerns wiederzuspiegeln. Für die politische Zielsetzung des Blattes – der Chefredakteur wird auf Vorschlag des Ministerpräsidenten berufen – ist der jeweilige Regierungschef zuständig. Doch Karlheinz Lange, der am 31. Oktober 1987 nach 30jähriger Tätigkeit als Chefredakteur an Carl Schmöller sein Amt abgab, konnte sich rückblickend an keine einzige Weisung eines Regierungschefs erinnern. Nur Hans Ehard beschwor ihn einmal: Halten Sie mir den Föderalismus hoch.

Der Leiter der Staatskanzlei, Staatsminister Edmund Stoiber, rühmte bei der Verabschiedung Langes die ‚Staatszeitung‘ als ‚unverwechselbare Stimme im bayerischen Medienchor‘ und bestätigte ihr, kein ‚regierungsfrommes‘ Verlautbarungs- und Propagandainstrument zu sein. Ihre Kennzeichen seien die ‚objektive und sachkundige Begleitung von Politik und Zeitgeschehen in großer geistiger und journalistischer Unabhängigkeit‘.

Mit der ‚Bayerischen Staatszeitung‘ verfügt der Freistaat über ein Wochenblatt, das auf seine Art einmalig in der Bundesrepublik Deutschland ist. Soweit in anderen Bundesländern dem ‚Staatsanzeiger‘ ein redaktioneller Teil angefügt ist, handelt es sich um amtliche Verlautbarungen, für die die Staatskanzleien die Verantwortung tragen.

Die erste ‚Staatszeitung‘ in Bayern gab es bereits 1780. Sie konnte sich ebensowenig halten wie Nachfolgeblätter im 19. Jahrhundert. Wenn sie nur Amtliches veröffentlichten, galten sie als fade und farblos und verkauften sich schlecht. Hinter nichtamtlichen Beiträgen wurde zumeist eine Einflüsterung der Regierung vermutet, was regelmäßig Dementis auslöste.

Im Jahr 1897 schlug der Münchner Verleger und Generalkonsul Oldenbourg die Gründung einer ,offiziellen Zeitung', eines ,Bayerischen Staatsanzeigers' vor. Der Ministerrat unter Freiherrn von Crailsheim hatte jedoch ,erhebliche Bedenken' gegen das Unternehmen, weil es auf Zwangsabonnements aufgebaut werden sollte. Erst im Jahre 1912, als der konservative Zentrumspolitiker Freiherr von Hertling Vorsitzender im Ministerrat wurde, kamen die Verleger Hans und Paul Oldenbourg zum Zuge. Der ,Verlag Bayerische Staatszeitung GmbH', an dem sie maßgeblich beteiligt waren, schloß mit der Regierung auf 30 Jahre einen Vertrag. Von Vorteil war dabei die Klausel, daß die amtlichen Bekanntmachungen der Redaktion schneller als den anderen Zeitungen übermittelt werden sollten. Außerdem verpflichtete sich die Regierung, für Behörden und Gemeinden ein Zwangsabonnement anzuordnen. Dieser Startvorteil mußte zwangsläufig bei anderen Zeitungen Protest auslösen. Der eigentliche Vorteil für den Verlag bestand jedoch, wie sich erst Jahre später herausstellen sollte, in der Gründung des ,Kgl. Bayerischen Staatsanzeigers' als Beilage zur ,Bayerischen Staatszeitung'.

Bei der Auswahl der Chefredakteure, die ,nur nach vorher eingeholter Genehmigung des Vorsitzenden im Ministerrate' angestellt werden durften, hatte Hertling keine glückliche Hand. Sein Wunschkandidat Oberwinder besaß, wie Nachforschungen bald ergaben, keine lupenreine Vergangenheit. Ärger auf liberaler Seite handelte sich Hertling mit der Ernennung des erzkatholischen Publizisten Philipp Frick ein. Der ,Fränkische Kurier' schrieb über ihn: ,Der Mann ist so tief durchdrungen von der Unfehlbarkeit des Ultramontanismus, daß er unmöglich mehr aus dieser schwarzen Haut heraus und etwa in eine christlich-konservative, mit der Freiherr von Hertling seit Antritt seines Ministeriums angeblich bekleidet ist, schlüpfen kann.' Gegen Fricks Nachfolger Max Scharre, der 1916 antrat, polemisierte wiederum die katholische Zentrumspresse, er sei Liberaler, Norddeutscher und Protestant ohne höhere Vorbildung.

Die ,Bayerische Staatszeitung' mit dem ,Kgl. Bayerischen Staatsanzeiger' erschien an allen Wochentagen. Der jährliche Bezugspreis betrug 12 Mark, das Einzelexemplar kostete fünf Pfennige. Neben Nachrichten aus München, Bayern, dem Deutschen Reich und dem Ausland enthielt das Blatt Theater- und Konzertberichte, Gerichtsmeldungen, einen Wirtschaftsteil mit Börsenkursen und einen Fortsetzungsroman. Im umfangreichen Anzeigenteil wurden ,Gala-Uniformen' ebenso angeboten wie ,Rentierfleisch', ,Löwenbräu-Flaschenbiere', Moselwein und ,gutes Brot'. Bereits beim Start gab es 15 000 Pflichtabonnenten. Zum Vergleich: Im Jahr 1912 erschienen in Bayern 463 Zeitungen mit einer täglichen Gesamtauflage von 1,5 Millionen Exemplaren, die ,Münchner Neuesten Nachrichten' kamen auf 65 000.

Doch nicht nur die neue Konkurrenz im bayerischen Blätterwald sorgte für Unmut. So weigerten sich die Gemeinden Starnberg und Pfaffenhofen beharrlich, das neue Regierungsblatt zu abonnieren. Ihre Beschwerden wurden vom Verwaltungsgerichtshof abgewiesen. Nicht besser erging es übrigens der protestantischen Kirchenstiftung Schopflohe.

Am Ende des Ersten Weltkriegs hatte sich die ,Staatszeitung' so fest etabliert, daß ihr auch der Sturz der Monarchie nichts anhaben konnte. Am Tag von Eisners Machtübernahme durfte sie zwar unter der den Redakteuren angedrohten ,Strafe des Erschießens' nicht erscheinen, doch bereits am 9. November 1918 hing sie wieder an den Kiosken, natürlich jetzt ohne das Wort ,Königlich' im Titel. Vergeblich versuchte Innenminister Auer, die sozialdemokratische ‚Münchner Post‘ zur Regierungszeitung zu machen. Unterstützung erhielt er auch vom ‚Schutzverband der Münchner Presse‘ und dem ‚Verein Bayerischer Zeitungsverleger‘, die endlich eine Chance witterten, das Monopol der ‚Staatszeitung‘ zu Fall zu bringen.

Erst die brutale Gewalt der Nationalsozialisten machte der ‚Staatszeitung‘ den Garaus. Max Amann, Reichsleiter für die nationalsozialistische Presse und Geschäftsführer des Eher-Verlages, der den ‚Völkischen Beobachter‘ herausgab, verlangte am 17. März 1934 von Ministerpräsident Siebert: ‚Seit dem Tag der nationalsozialistischen Revolution in Bayern warte ich darauf, daß die Bayerische Staatsregierung den ‚Völkischen‘ zum ausschließlichen Regierungsorgan erklärt‘. Justizminister Frank befürchtete aber, daß dann ‚die Gerichte einen für den bayerischen Staat ungünstigen Standpunkt einnehmen werden‘.

Amann, verstimmt über das Zaudern der Regierung, wurde nun deutlich: ‚Wenn ich diese Haltung der Bayerischen Staatsregierung, die kein Nationalsozialist erwartet hat, vorausgeahnt hätte, dann hätte ich persönlich als nationalsozialistischer Kämpfer in der Nacht vom 9. März die ‚Staatszeitung‘ genauso wie die ‚Münchner Post‘ mit der SA zusammengehauen.‘ Nachdem dieser Brief im Ministerrat verlesen worden war, fiel der Beschluß, vom Vertrag zurückzutreten. Nach dem 30. Juni 1934 durfte die ‚Staatszeitung‘ nicht mehr erscheinen, offizielles Regierungsorgan war nun der ‚Völkische Beobachter‘. Das Zusammentreffen mit dem Tag des ‚Röhmputsches‘ war zufällig.

Nach dem Zusammenbruch des Dritten Reiches dachte das bayerische Kabinett an ein Wiedererscheinen der ‚Staatszeitung‘, doch die Militärregierung erteilte lediglich eine Lizenz für die wöchentliche Herausgabe des ‚Bayerischen Staatsanzeigers‘. Hoegner schmeichelte ihm im Geleitwort: ‚Damit hat Bayern wieder eine Staatszeitung‘.

Erst mit der Erteilung der Generallizenz am 22. August 1949 konnte ernstlich an die Wiederbegründung gedacht werden. Die Staatsregierung übertrug die Herausgabe dem Münchner Verlag Richard Pflaum. Erster Chefredakteur wurde Josef H. Mauerer.“ Der Ministerpräsident durfte den Chefredakteur selbst vorschlagen – bei dem Vorläufer von 1913 konnte er nur die Anstellung genehmigen.

Aufklärung über die Regierung

Mit der Ausgabe vom 1. Juli 1950 lautete der Titel wieder: „Bayerische Staatszeitung und Bayerischer Staatsanzeiger“. Der dort erschienene Leitartikel „Wozu Staatszeitung?“ sollte den Lesern das Programm nahelegen: „Mit der vorliegenden Nummer präsentiert sich der bisherige ‚Bayerische Staatsanzeiger‘ unter neuem Namen, in anderer Form und mit erweitertem Inhalt. (...) Am ‚Staatsanzeiger‘ als amtliches Publikationsorgan ändert sich nichts. (...) Die Aufgabe dieses allgemeinen Teils der ‚Staatszeitung‘ ist an den Zweck gebunden, die Auffassung der Staatsregierung zu den politischen, wirtschaftlichen und kulturellen Tagesfragen zur Darstellung zu bringen und damit der sachlichen Aufklärung über die Arbeit der Regierung zu dienen. Außerdem will es sich die Staatszeitung angelegen sein lassen, (..) die Anteilnahme der Öffentlichkeit am parlamentarischen Leben zu fördern. Diese Aufgabe und Grenze sorgt dafür, daß die Staatszeitung den bestehenden Tageszeitungen nicht ins Gehege kommt. Allein schon deshalb, weil sie kein Nachrichtenorgan ist, kann sie eine Tageszeitung nicht ersetzen. Die wöchentliche Erscheinungsweise nimmt ihr sowieso den Charakter einer Tageszeitung. Diese ‚Staatszeitung' dient nicht einer Partei, sondern der jeweiligen Staatsregierung. Es ist daran gedacht, auch die Opposition zu Gehör zu bringen. Darüber hinaus möchten wir hoffen, daß in unserem Blatt auch Autoren das Wort ergreifen, die echte Anliegen am Herzen haben, die das geistige und kulturelle Leben unserer bayerischen Heimat betreffen."[1]

Auch die zweite Gründung der „Bayerischen Staatszeitung" war von kritischen, überwiegend ablehnenden Kommentaren begleitet. Neben einzelnen Blättern und Publizisten, die mit teils recht gedrechselten Argumenten die Staats- und Regierungsnähe einer Staatszeitung aufs Korn nahmen, fiel vor allem die Stimme des Verbandes Deutscher Zeitschriftenverleger auf, die sich kategorisch gegen eine staatliche oder halbstaatliche Gesellschaft als Zeitungsherausgeber wandte.[2]

Dennoch kann es angehen, wenn Peter Kock in der Rückschau meint, daß im Vergleich zum Jahre 1912 das negative Echo eher gering gewesen sei;[3] die gegnerschaftliche Front war nämlich keineswegs geschlossen oder einhellig; die Kritiker erhielten zum Teil selbst heftigen Widerspruch, zum anderen Teil wurden Meinungen durch Fakten widerlegt. Dem Vorwurf etwa, einer Staatszeitung entspreche ein auf gefährliche Weise abhängiger Journalismus, begegnete damals das „Oberbayerische Volksblatt" recht kühl: Bei Lichte besehen sei die Unabhängigkeit journalistischer Arbeit auch außerhalb von Staatszeitungen nur relativ gegeben; denn die Freiheit des Journalisten bestehe letztlich darin, „daß er es sich in der Regel aussuchen kann, von wem er abhängig sein will".[4] Der Insinuation, mit der „Bayerischen Staatszeitung" werde ein in einem Privatverlag erscheinendes Blatt mit Steuergeldern finanziert, stand die einfache Tatsache entgegen, daß seit ihrem Wiedererscheinen die „Bayerische Staatszeitung" auf der Grundlage vertraglicher Abmachungen Lizenzgebühren an den Staatshaushalt abführte.

Eine ganz andere Frage war die, ob es für eine Staatszeitung überhaupt ein Bedürfnis gab. Tatsache ist, daß, nach sehr respektablen Anfangserfolgen, die verkaufte Auflage zwischen 1950 und 1955 von rund 26 400 Exemplaren auf 21 600 Stück sank. Diese Entwicklung sowie die Landtagswahl 1954, die eine Viererkoalition (mit der SPD an der Spitze) an die Regierung brachte, wirkte sich auf die verlegerischen Rahmenbedingungen der „Bayerischen Staatszeitung" aus. Schon in den vorausgehenden Jahren hatte die SPD die fehlende parteipolitische Neutralität der Staatszeitung, nicht zuletzt mit Verweis auf die CSU-Mitgliedschaft des damaligen Chefredakteurs, moniert; kurz vor den Landtagswahlen hatte die Regierung außerdem eine Zusatzauflage der „Bayerischen Staatszeitung" von 100 000 Exemplaren an die Haushalte in Landkreisen mit schwacher Wahlbeteiligung verteilen lassen. Auch diese „verdeckte Wahlpropaganda" gab einen Anstoß, daß sich die neue Regierung mit der Situation der Staatszeitung befaßte. Als das Revirement vollzogen war, kritisierte im übrigen die CSU, die jetzt die Oppositionsbänke drückte, daß sie von der Staatszeitung benachteiligt werde. Doch nunmehr verwies der SPD-Ministerpräsi-

---

1 Siehe „Bayerische Staatszeitung" vom 1. 7. 1950.
2 Vgl. „Der deutsche Verleger", Nr. 1/2, 1951, S. 7.
3 Vgl. Peter J. Kock in „Bayerische Staatszeitung" vom 5. 2. 1988.
4 „Oberbayerisches Volksblatt" vom 1. 8. 1950, S. 1.

dent Dr. Hoegner auf die Eigenverantwortlichkeit der Redaktion der „Bayerischen Staatszeitung“ sowie auf den auch von ihm eingehaltenen Verzicht auf die Wahrnehmung eines Weisungsrechts.[5]

Die Neuorganisation der „Bayerischen Staatszeitung“, mit der sich im Sommer und Herbst 1955 eine ganze Serie von Ministerratssitzungen beschäftigte,[6] sah im Ergebnis wie folgt aus: Der Vertrag mit dem Verlag Richard Pflaum wurde gekündigt und zum 31. 12. 1955 aufgelöst; für die im Verlag Pflaum entwickelten Beilagen wurde eine Abfindung bezahlt. Für die weitere Herausgabe und den Fortbestand der Staatszeitung wurde der Verlag Bayerische Staatszeitung GmbH gegründet, an dem die Süddeutsche Verlags GmbH („Süddeutsche Zeitung“) und die Münchener Zeitungsverlags KG („Münchner Merkur“, „tz“) je zur Hälfte beteiligt waren und sind. Dieser Konstruktion wurde vom Ministerrat nicht zuletzt deshalb der Vorzug gegeben, weil erwartet wurde, daß eine Anbindung an die beiden größten Münchener Zeitungshäuser zu einer besseren Gestaltung der Wochenzeitung sowie zu einem effektiveren Vertrieb führen werde. Der „Vertrag über Verlag, Druck und Vertrieb der Bayerischen Staatszeitung“ vom 2./3. November 1955 wurde zunächst auf sechs Jahre abgeschlossen; er verlängerte und verlängert sich um jeweils drei weitere Jahre, wenn keine Kündigung erfolgt. Wesentliche Vertragsbestandteile sind Rechte und Pflichten des Verlags, Regelungen zur inneren und äußeren Ausgestaltung des Blattes, zur Erscheinungsweise, nicht zuletzt zu den Preisgestaltungen und zu den finanziellen Bedingungen. Zu letzteren gehört, daß der Verlag pro Abonnent und Jahr zunächst und für 1956 DM 1,50 sowie ab 1957 DM 1,80 als eine Art Lizenzgebühr „zur Abgeltung der ihm gewährten Vorteile“, insbesondere für die Erlaubnis zur Führung des Zeitungstitels „Bayerische Staatszeitung“, an die Staatsoberkasse abzuführen hat. Da diese Gebühr an den Zeitungspreis gekoppelt ist, betrugen die entsprechenden Leistungen zugunsten der Staatskasse im Jahr 1987 bereits mehr als DM 8,– pro Abonnent und Jahr.

Die Preisgestaltung des Blattes bedarf im übrigen der Zustimmung durch den bayerischen Ministerpräsidenten ebenso wie die Vertragsgestaltung mit dem Chefredakteur. Dieser kann nur auf Vorschlag des Ministerpräsidenten berufen und abberufen werden, während der Ministerpräsident über sonstige Veränderungen des Redaktionsstabes lediglich in Kenntnis zu setzen ist. Wesentlich ist, daß „die Mitglieder der Redaktion“ bezüglich der politischen Zielsetzung der Staatszeitung keinerlei Weisungen des Verlags unterliegen, sondern insoweit nur Weisungen des Ministerpräsidenten unterworfen sind“.[7]

Von diesem Weisungsrecht indessen hat bislang kein bayerischer Ministerpräsident je Gebrauch gemacht.

Zwischen dem beteiligten Süddeutschen Verlag und dem Münchener Zeitungsverlag war zunächst eine Arbeitsteilung dergestalt vereinbart worden, daß letzterer im

---

5 Siehe Protokoll des Bayerischen Landtags, Ausschuß für den Staatshaushalt; Sitzungsbericht vom 26. 4. 1955.

6 Detailschilderung auf der Grundlage der Protokolle der Ministerratssitzungen vom 21. 6. 1955, 2. 7. 1955, 1. 8. 1955, 30. 8. 1955, 27. 9. 1955 sowie vom 4. 10. 1955 siehe Kersten Bassow: Die „Bayerische Staatszeitung“ von 1950 – 1988. (Unveröffentl.) Mag.-Arb. München 1988, S. 37 ff.

7 § 5 des „Vertrags über Verlag, Druck und Vertrieb der Bayerischen Staatszeitung“; dokumentiert in K. Bassow, a. a. O., Anhang; vgl. auch: Siegfried H. Mohm: Die Geschichte der Bayerischen Staatszeitung. Diplomarbeit, Nürnberg 1959.

wesentlichen die Verlagsgeschäfte, nämlich Anzeigenabwicklung, Vertrieb und allgemeine Verwaltung besorgen, ersterer die technische Herstellung der Staatszeitung übernehmen sollte. Ab 1971 wurden diese Rollen jedoch getauscht, weil der Süddeutsche Verlag wegen des steigenden Umfangs der „Süddeutschen Zeitung" den Druck der Staatszeitung kaum noch bewältigen konnte. Für die „Bayerische Staatszeitung" waren damit einige Änderungen verbunden. Unter den Zeitungskopf erhielt sie „als belebendes Element, das zu Bayern paßt,"[8] einen blauen Abschlußstreifen. Die Anzeigenabteilung konzipierte mit der Redaktion neue Beilagen und Sonderseiten, um mit einem redaktionellen Leistungs-Plus das Blatt auch für Anzeigenkunden attraktiver zu machen.

Bayerns Spiegel

„Der redaktionelle Teil der Staatszeitung ist insbesondere für Abhandlungen und Berichte aus der Politik, der Wirtschaft, der Kultur und des Rechtslebens bestimmt, wobei die Darstellung der bayerischen Verhältnisse den Vorrang hat." So steht es im Verlagsvertrag von 1955.[9] Was die Aufzählung der Inhaltselemente betrifft, so hatte bereits der Verlagsvertrag von 1950 die nämlichen Vorgaben enthalten.

Josef Hermann Mauerer war der erste Chefredakteur der „Bayerischen Staatszeitung", der diese Aufgabenstellung zu konkretisieren hatte. 1910 in Inzell geboren, hatte er Philosophie, Germanistik und Geschichte studiert; er war bereits 1939 zum Kriegsdienst eingezogen worden. Nach Kriegsende gehörte er zum Gründerkreis der CSU und war deren erster Pressechef. 1949 hatte er sich jedoch aus der Parteiarbeit zurückgezogen. In einem Memorandum zum Programm der Staatszeitung unterstrich Mauerer, daß auch die „Bayerische Staatszeitung" nicht auf eine „gewisse Vielfalt des Inhalts und der Themenstellung" verzichten könne, daß aber vor allem die Artikel mit „journalistisch aufgelockerter Form" vermehrt werden müßten, um dem Leser geschmacklich entgegenzukommen. Um aktuelle Themen ausführlich behandeln und vor allem den Kulturteil ausbauen zu können, seien mindestens acht bis zehn Textseiten Voraussetzung. Auch sollten regelmäßig die Arbeitsleistungen der Regierungsstellen in einer eigenen Rubrik „Die Woche in den Ministerien" hervorgehoben werden.[10]Als Oppositionspartei hatte sich die SPD an dem CSU-Chefredakteur Mauerer immer wieder gerieben; in der Viererkoalition versuchte sie daher, sich von ihm zu lösen. Das gelang allerdings erst, als Mauerer 1957 in die Position eines stellvertretenden Chefredakteurs beim Bayerischen Rundfunk aufstieg. Wenige Wochen bevor im Oktober 1957 wieder die CSU den bayerischen Ministerpräsidenten stellte, hatte noch Dr. Wilhelm Hoegner den neuen Chefredakteur der „Bayerischen Staatszeitung" berufen: Dr. Karlheinz Hermann Lange, SPD-Mitglied. Dr. Lange, 1922 in Dresden geboren, war Pressereferent im Bayerischen Staatsministerium für Arbeit und Soziale Fürsorge gewesen. Er hatte, wegen einer schweren Kriegsverletzung vorzeitig aus dem Wehrdienst entlassen, in Leipzig und München Geschichte, Philosophie und Zeitungswissenschaft studiert; ab 1946 hatte er das Metier als Nachrichtenredakteur beim Funk, als Lokalredakteur in Straubing und als freier Journalist in München gelernt. Dreißig Jahre lang leitete Dr.

[8] K. Bassow, a. a. O., S. 45.
[9] Siehe K. Bassow, a. a. O., Anhang, Vertragsdokumentation § 3 (1).
[10] Memorandum von Josef H. Mauerer vom 5. 2. 1951; zit. nach K. Bassow, a. a. O., S. 33 f.

Lange die Chefredaktion der „Bayerischen Staatszeitung“ – ausschließlich unter CSU-Regierungen. Das demonstriert zum einen die Liberalität der bayerischen Regierungschefs; zum anderen aber dokumentiert diese Leistung auch das unausgesetzte Bemühen von Dr. Lange um eine unparteiliche Gestaltung der „Bayerischen Staatszeitung“, um eine loyale Darstellung der Regierungsarbeit ebenso wie um eine neutrale Berichterstattung. So näherte sich der redaktionelle Teil der Staatszeitung dem Sollwert an, wie er im Impressum des Blattes fixiert wird: „Die Bayerische Staatszeitung soll das politische, kulturelle und wirtschaftliche Leben in Bayern wiederspiegeln und die auf Bayern einwirkenden Kräfte würdigen.“[11]

In vielen kleinen Schritten hat Dr. Lange versucht, die „Bayerische Staatszeitung“ gewandelten, modernen Bedürfnissen anzupassen. Ein anschauliches Blatt sollte diese Zeitung sein; also wurde sie mit mehr Bildern ausgestattet. Die Landtagsberichterstattung „Aus dem Maximilianeum“, seit jeher ein Zentralstück dieser Wochenzeitung, wurde übersichtlicher gestaltet. Ende der 60er Jahre wurde das „Forum der Fraktionen“ eingeführt: In dieser Rubrik können die Parteien des Landtags, also auch Sprecher der jeweiligen Opposition, Stellung zu Fragen nehmen, die sie selbst für wichtig halten. Eine starke Betonung erfuhr die Behandlung aller kommunalen Angelegenheiten, nicht zuletzt deshalb, weil die Kommunen einen wichtigen Bezieherkreis repräsentieren. Die Kommentierungen auf der zweiten Seite wurden deutlich gepflegt und unterstrichen. Feste Bestandteile jeder Nummer sind außerdem Meldungen und Berichte aus der Wirtschaft und aus dem sozialen Bereich, aus der Rechtspflege und aus dem kulturellen Leben. Gelegentlich werden neue Bücher vorgestellt und Leserbriefe abgedruckt.

Ein breites thematisches Spektrum wird also von dem insgesamt sechsköpfigen Redaktionsteam abgedeckt. Bei der Zeitungsgestaltung kann dieser Stab außerdem auf eine Korrespondentin in Bonn sowie auf etwa 35 freie Mitarbeiter für diverse Fachgebiete zählen. Die wichtigsten, regelmäßig ausgewerteten Informationsquellen sind der dpa-Landesdienst sowie der Bayerische Landtagsdienst. An der Spitze der Redaktion steht seit 1987 Carl Schmöller, der lange Jahre Stellvertreter von Dr. Lange gewesen war. 1935 in Niederbayern geboren, volontierte er in Freising, war dann in der Pressearbeit der CSU und beim „Bayernkurier“ tätig, ging als politischer Redakteur zur „Schwäbischen Zeitung“ und arbeitete anschließend 10 Jahre als Münchner Korrespondenten der „Stuttgarter Zeitung“, bevor er 1978 zur „Bayerischen Staatszeitung“ wechselte.

Staatsbürger-Bildung

Diese Redaktion ist indessen nicht nur für die Gestaltung des Hauptblattes verantwortlich. Schon Anfang der 50er Jahre, als die Staatszeitung noch im Pflaum-Verlag herausgegeben wurde, hatte man zwei wichtige Beilagen konzipiert und realisiert, welche die Zeitung in größeren Kreisen lesenswert machen und den Auflagenrückgang stoppen sollten. „Unser Bayern“ und „Der Staatsbürger“ waren und sind die Titel dieser beiden Beilagen.

---

11 Impressum der „Bayerischen Staatszeitung“ vom 8. 1. 1988.

„Unser Bayern“ erscheint seit September 1952 monatlich mit einer vornehmlich kulturellen Zielsetzung. Die Beilage will „unsere Leser vertraut machen mit interessanten Epochen, Richtungen, Ereignissen, aber auch mit Publikationen aus der Bayerischen Geschichte, wobei wir unter Historie ebenso Quellenkunde verstehen, wie politische, staatsrechtliche, soziale Kunst- und Literaturgeschichte und wobei wir Geschichte nicht als Flucht in die Vergangenheit betrachten, sondern in ihrem lebendigen Bezug auf Fragen und Erfordernisse der Gegenwart“.[12] Weder in dieser Zielsetzung noch in der Gestaltung hat „Unser Bayern“ bis heute eine wesentliche Veränderung erfahren oder notwendig gehabt.

Anders „Der Staatsbürger“. Diese Beilage richtete sich von Anfang an an eine klar umrissene Zielgruppe: an die Schulen nämlich. Und sie hatte eine entsprechende Zielvorgabe, die in der ersten Ausgabe vom Januar 1953 unter dem durchaus beziehungsreichen Titel „Knigge für Staatsbürger“ so formuliert wurde: „Diese Blätter, die wir künftig alle vier Wochen der Bayerischen Staatszeitung mitgeben werden, wollen im Rahmen des Möglichen helfen, das politische Wissen zu erweitern, Urteilsfähigkeit und Verantwortungsbewußtsein in den politischen Angelegenheiten zu schärfen. Sie möchten insbesondere den Lehrern an die Hand gehen bei ihrer gewichtigen Aufgabe, die jungen Staatsbürger vertraut zu machen mit den politischen Rechten und Pflichten.“[13] Das Bayerische Staatsministerium für Unterricht und Kultus wies Ende Januar 1953 alle Schulen und Lehrer ausdrücklich auf die Beilage „Der Staatsbürger“ hin und empfahl deren Bezug als Ergänzung zu den Lehrbüchern für Staatsbürgerkunde.[14]

Im Laufe der Zeit erfuhr „Der Staatsbürger“ eine erhebliche Funktionserweiterung. Er wird heute überwiegend ganz allgemein als Mittel der politischen Bildung eingesetzt. Das wird deutlich sichtbar in einer Extraauflage von 23 000 bis 27 000 Exemplaren, die Monat für Monat für die Bayerische Landeszentrale für Politische Bildung hergestellt und von dieser kostenlos an Schulen und Bildungseinrichtungen aller Art verschickt und verteilt werden. Die entscheidende Weichenstellung für diesen Einsatz erfolgte 1972. Die Bayerische Landeszentrale für Politische Bildung (BLZ) garantierte damals für eine höhere Auflage des „Staatsbürgers“, wenn ihr zusätzlich zwei Seiten für eigene Informationsinteressen zur Verfügung gestellt würden. Unter der verantwortlichen Leitung von Walter Drexl, Redakteur bei der „Bayerischen Staatszeitung“, wurde der Bayerischen Landeszentrale für Politische Bildung dann schließlich sogar ein Kontingent von sechs Seiten im „Staatsbürger“ eingeräumt. Diese Seiten unter dem Titel „BLZ-Report“, die an die ebenfalls sechs Seiten „Der Staatsbürger“ angefügt sind, werden seit 1979 verantwortlich redigiert von Dr. Wolfgang Seidel, einem gelernten Journalisten, der in der Bayerischen Staatskanzlei tätig ist. Der „BLZ-Report“ enthält Berichte aus der politischen Bildungsarbeit sowie Termine einschlägiger Veranstaltungen; er stellt Bücher und andere politische Bildungsmaterialien vor. Zahlreiche Leserbriefe sind ein Indiz für die starke Resonanz, welche diese Kombination von „BLZ-Report“ und „Der Staatsbürger“ bei ihrer Zielgruppe findet.

Zu diesen Standardbeilagen kommt eine Reihe anderer, die ab Mitte der 60er Jahre entwickelt wurden. Der treibende Motor dabei war immer wieder der Versuch, die

---

12 „Unser Bayern“, Beilage der „Bayerischen Staatszeitung“, Nr. 1, September 1952, S. 1.
13 „Der Staatsbürger“, Beilage der „Bayerischen Staatszeitung“, Nr. 1, Januar 1953, S. 1.
14 „Bayerischer Staatsanzeiger“ vom 31. 1. 1953, S. 3.

„Bayerische Staatszeitung“ für Leser und für Anzeigenkunden attraktiv zu machen oder zu halten. Mitte der 60er Jahre erschien zunächst die Baubeilage „Neues Bauen in Bayern“; sie kommt inzwischen wöchentlich heraus. Zusammen mit „Stein auf Stein“ sollte sie die Aufmerksamkeit dem öffentlichen Baugeschehen zuwenden, zumal dieses Thema von der übrigen Presse kaum beachtet wurde. Große Resonanz fanden auch die Anfang der 70er Jahre eingeführten Reiseseiten mit derzeit etwa 20 Ausgaben im Jahr. 1972 folgte „Bayerns Industrie“, 1973 „Bürotechnik und Datenverarbeitung“, 1975 „Heilbäder und Kuren in Bayern“ sowie „Banken – Sparkassen – Versicherungen“ und schließlich 1976 „Das eigene Heim“. Als aktuelle Sonderpublikationen wären zu nennen: „Schulen für jedes Bildungsziel“ (viermal pro Jahr) sowie die Fachbeilage „Energie ’88“.

Mit ihrem redaktionellen Teil und mit ihren Beilagen leistet die „Bayerische Staatszeitung“ einen Beitrag zur Meinungsvielfalt, unterstreicht der ehemalige Chefredakteur Dr. Karlheinz Lange; und er fügt hinzu, damit „leiste“ der Freistaat Bayern sich ein finanziell unabhängiges Blatt, das von unabhängigen Journalisten gestaltet wird und Teil der publizistischen Repräsentation des öffentlichen Lebens in Bayern ist.[15]

Grundlage geordneter Staatsverwaltung

Würde man indessen nur den redaktionellen Teil betrachten, würde man dieses politische Wochenblatt entscheidend beschneiden: Schließlich führt es einen Doppeltitel und ist entsprechend ein „Doppelblatt“, „Bayerische Staatszeitung“ und „Bayerischer Staatsanzeiger“ zugleich. Demgemäß wird in allen Verlagsverträgen strikt unterschieden zwischen dem „redaktionellen Teil“ (nämlich der „Bayerischen Staatszeitung“) und dem „amtlichen Teil“ (nämlich dem „Bayerischen Staatsanzeiger“). Das ist insgesamt betrachtet kein Sonderfall. Denn schon Otto Groth beobachtet ganz allgemein, daß „häufig (..) die offizielle Zeitung, die ‚Staatszeitung‘, noch mit dem Staatsanzeiger verbunden ist, der zur Veröffentlichung der behördlichen Verordnungen, Bekanntmachungen und Anzeigen, also als Grundlage jeder geordneten Staatsverwaltung dient“.[16]

Was den Inhalt des „Bayerischen Staatsanzeigers“ betrifft, so hält der geltende Verlagsvertrag von 1955 dazu lapidar fest: Er „enthält amtliche Bekanntmachungen bayerischer Behörden nach Maßgabe einer staatlichen Verwaltungsordnung“. Tatsächlich aber gibt es im „amtlichen Teil“ auch „Nichtamtliche Veröffentlichungen“; diese bestehen etwa in öffentlichen Ausschreibungen und Wettbewerben, Stellenausschreibungen und ähnlichen Bekanntgaben. Die Funktion eines „Amtsblattes für den Bereich der Staatskanzlei und des Staatsministeriums für Bundesangelegenheiten“, die der „Bayerische Staatsanzeiger“ ebenfalls lange wahrgenommen hatte, wurde ab 1988 dem „Allgemeinen Ministerialblatt“ übertragen. Das wird für den „Bayerischen Staatsanzeiger“ jedoch kaum mit Veränderungen, schon gar nicht mit Einbußen irgendwelcher Art verbunden sein, weil eilige Vorschriften und Bekanntmachungen nach wie vor im Staatsanzeiger publiziert werden: Er wird nämlich rascher hergestellt und liegt daher auch schneller auf dem Tisch.

---

15 Zit. nach K. Bassow, a. a. O., S. 61 f.
16 Otto Groth: Die unerkannte Kulturmacht; Bd. 6. Berlin 1963, S. 447.

Der Sache nach richtig ist sodann bis heute geblieben, was im früheren Verlags-Vertrag (von 1950) kurz und bündig so festgeschrieben war: Der „Bayerische Staatsanzeiger" „wird vom Presse- und Informationsamt der Staatskanzlei verantwortlich bearbeitet, vom Verlag gedruckt und in die Staatszeitung eingelegt".[17] Das Entscheidende daran ist: Die Redaktionsarbeit für den Staatsanzeiger wird verantwortlich von einem Redakteur geleitet und geleistet, der ein Beamter der Bayerischen Staatskanzlei ist. Der gegenwärtig geltende Verlagsvertrag präzisiert hierzu noch, daß diesem Beamten gleichzeitig auch die Redaktion des Bayerischen Gesetz- und Verordnungsblattes obliege.[18] Alle bisherigen Redakteure des „Bayerischen Staatsanzeigers" nach dem Krieg waren rechtskundige Fachleute in der und für die Verwaltung: Albert König zunächst, dann von 1965 bis 1974 Rudolf Schleifer und schließlich Friedrich Eder.

Fundament des Zeitungsunternehmens

Dieser „Bayerische Staatsanzeiger", und nicht etwa – wie man vielleicht meinen könnte und wie man zuzeiten tatsächlich gedacht hat – die „Bayerische Staatszeitung", ist das Fundament des gesamten Unternehmens. Dies wird sofort deutlich, wenn man die Umfangstatistiken der letzten Jahrzehnte betrachtet und dabei berücksichtigt, welche Anteile die Anzeigen sowohl im redaktionellen wie im amtlichen Teil des Blattes beanspruchen.[19]

Umfangstatistik

	BSZ*		BSA**	
Jahr	Seiten insges.	davon Anzeigen	Seiten insges.	davon Anzeigen
1971	715	73	359	122
1974	758	102	552	215
1977	845	117	543	281
1980	775	93	571	326
1983	740	96	600	318
1986	741	115	727	409

* BSZ = „Bayerische Staatszeitung"
** BSA = „Bayerischer Staatsanzeiger"

Die Seitenumfänge beim BSA erhöhen sich in den Jahren 1980, 1983 und 1986 noch um jeweils rund ein Dutzend DIN-A4-Beilagen.

Entsprechend fallen auch die Erlösstrukturen der Zeitung aus. Noch 1950 wurden mehr als 66 Prozent der Erlöse aus Vertriebseinnahmen erzielt, lediglich 30 Prozent aus Inseraten, wozu noch etwas mehr als 3 Prozent sonstige Einnahmen zu addieren sind. Aber schon 1950 brachten von den Anzeigenerlösen die Inserate im

17 „Vertrag über den Ausbau des Staatsanzeigers zu einer Staatszeitung" mit dem Richard-Pflaum-Verlag vom 29. 4. 1950, § 2 (3). Dokumentiert in K. Bassow, a. a. O., Anhang.
18 Verlagsvertrag vom 2./3. November 1955, § 4 (3); dokumentiert bei K. Bassow, a. a. O.
19 Verlagsangaben vom 4. August 1987.

Staatsanzeiger 60 Prozent gegenüber 40 Prozent aus den Inseraten in der Staatszeitung.[20] Dieses Verhältnis hat sich bis 1987 markant weiter ausgeprägt: In diesem Jahr kamen 84 Prozent der Anzeigenerlöse aus dem Staatsanzeiger und nur mehr 16 Prozent aus der Staatszeitung. Insgesamt hat sich auch die Erlösstruktur als ganze gewandelt. Die Vertriebseinnahmen schlagen nur mehr mit rund 25 Prozent zu Buche, die Einnahmen aus Inseraten dagegen mit 70 Prozent; und fünf Prozent der Einnahmen resultieren aus der Sondervermarktung der Beilage „Der Staatsbürger".

Hinter diesen Strukturdaten verbergen sich natürlich auch die Fakten der Verbreitung, der Auflage und des Leserinteresses. Nachdem die Auflage der „Bayerischen Staatszeitung" nach der Einführung der Beilagen „Unser Bayern" und „Der Staatsbürger" Anfang der 50er Jahre kurzzeitig deutlich gesteigert werden konnte, fiel sie in den folgenden Jahren bis zur Auflösung des Verlagsvertrages wieder ab. Unter der neuen Verlagsführung konnte die Auflage sich zunächst erholen, pendelte sich dann aber bei rund 20 000 Exemplaren ein. Die Gebietsreform 1972 brachte einen sichtbaren Einbruch: Die Minderung der Zahl selbständiger Gemeinden sowie die Zusammenlegung von Gemeinden zu Verwaltungsgemeinschaften drückten sich in zahlreichen Abbestellungen aus. Nach 1972 zeigte die Auflagenentwicklung eine leicht ansteigende Tendenz. Warum aber ab 1978 wieder ein Abflauen zu verzeichnen war, sowie ab 1984 eine leichte Erholung, ist schwer zu deuten. Schwankungen in dieser Breite können auch mit der Preisgestaltung zu tun haben.

Soviel jedoch tritt aus dieser Skizze schon zutage: Das Publikum der „Bayerischen Staatszeitung" ist nicht ohne weiteres mit dem Publikum einer beliebigen politischen Tages- oder Wochenzeitung zu vergleichen. Die Auflagenentwicklung dieser Zeitung hängt entsprechend von Faktoren ab, die ansonsten einen „normalen Zeitungsbezug" wohl kaum beeinflussen können. Die Zusammensetzung der Bezieher der „Bayerischen Staatszeitung" hat folgende Struktur: 33 Prozent der Bezieher sind staatliche Dienststellen; 30 Prozent Industrie, Handel, Einzelfirmen und Einzelpersonen; 28 Prozent Gemeinde- und Stadtverwaltungen; sechs Prozent Banken, Sparkassen und Versicherungen; fünf Prozent Landratsämter und Behörden auf dieser Verwaltungsebene; vier Prozent schließlich Vereine, Gewerkschaften, Handels- und Handwerkskammern.[21] Diese Strukturdaten zeigen etwas Wichtiges: Die „Bayerische Staatszeitung" hält man sich offensichtlich primär aus dienstlichen Gründen, aus Gründen also, die mit einer geordneten staatlichen oder kommunalen Verwaltung zu tun haben, primär also wohl wegen all jener Funktionen, die der Staatsanzeiger erfüllt.

Kein Sirup

Es mag also durchaus sein, daß die „Bayerische Staatszeitung", wie ähnliche Unternehmen in anderen Ländern, Teilfunktionen aufgeben mußte. Aus historischer Sicht attestiert Otto Groth den Staatszeitungen, ihre Bedeutung habe trotz geringer Auflage gerade darin bestanden, daß ihre Publikationen von der übrigen Presse re-

---

20 Ergebnisrechnung des Pflaum-Verlags von 1950; Archiv der Bayerischen Staatskanzlei. Dargestellt bei K. Bassow, a. a. O., S. 32 ff.

21 Verlagsangaben vom 4. 8. 1987.

gistriert wurden und so an eine breite Öffentlichkeit gelangten.[22] Diese Funktion eines „Themenbringers" für andere Medien hat die Staatszeitung inzwischen möglicherweise verloren, meinen heute die Verlagsrepräsentanten. Doch liege der Sinn der Staatszeitung nach wie vor darin, die Auffassungen der Bayerischen Staatsregierung publizistisch zu vertreten und das staatliche Bewußtsein in Bayern wachzuhalten und zu fördern.[23]

Nicht zu leugnen ist auch, daß die Zusammensetzung des Bezieherkreises die Abonnenten und Leser durchweg als Multiplikatoren ausweist, die durch die „Bayerische Staatszeitung" besonders ausführlich und besonders zuverlässig über staatliches und politisches Handeln im Freistaat informiert werden.

Insgesamt hat wohl die Geschichte und die Leistung des Doppelblattes „Bayerische Staatszeitung" und „Bayerischer Staatsanzeiger" manch anfängliche Kritik als falsch entlarvt – auch die Abwertung, die etwa 1950 recht anschaulich so zu lesen war: „Wer bewußt oder unbewußt eine ‚Staatszeitung' haben möchte, der verwandelt damit eine Zeitung aus einem Lebewesen in einen Gebrauchsgegenstand (...) Er verlangt, daß sie ihm täglich, wie der Wasserhahn, das gleiche amtlich gechlorte Trinkwasser verabreicht, je nachdem mit Adenauer-, mit Schumacher- oder Baumgartner-Geschmack – amerikanischer oder antiamerikanischer Kohlensäurezusatz nach Tagesbedarf vorbehalten. Sicher lassen sich nach diesem Rezept äußerst ausgeglichene und damit auch qualitätvolle Blätter herstellen. Nur besteht die Gefahr, daß eine starre Generallinie oder Regierungsfrömmigkeit, Gutbürgerlichkeit oder Funktionärsgesinnung daraus wird und daß bei dem allzu einseitig unterrichteten Leser der politische Lebenssaft eindickt wie Sirup."[24]

Das schrieb W. E. Süskind in der „Süddeutschen Zeitung". Er hat sich offensichtlich geirrt.

(hw/kb)

[22] Otto Groth, a. a. O.
[23] Auskünfte der Verlagsgeschäftsführer, zit. nach K. Bassow, a. a. O., S. 59 f.
[24] W. E. Süskind in der „Süddeutschen Zeitung" vom 26. 5. 1950, S. 3.

Erstes Lizenzblatt: Die „Süddeutsche Zeitung“

„Wir beginnen auf schmaler Plattform mit geringen Mitteln und spiegeln damit die allgemeine Lage. Wir glauben, daß wir in nicht allzu ferner Zukunft auch den allmählichen Aufstieg spiegeln werden“, gaben sich die „Macher“ der „Süddeutschen Zeitung“ durchaus optimistisch,[1] was angesichts der Arbeitsbedingungen damals geradezu kühn anmuten mußte. Aus einem dünnen „Blättchen“, produziert in den Verlagsruinen der alten „Münchner Neuesten Nachrichten“, hat sich die größte überregionalc Tageszeitung der Bundesrepublik entwickelt. Und der Süddeutsche Verlag manifestiert eindrucksvoll den Aufschwung der bundesdeutschen Wirtschaft nach dem verlorenen Krieg.[2]

Mit der Kapitulation im Mai 1948 begann für die deutsche Presse die vielzitierte „Stunde Null“.[3] Alle von Deutschen herausgegebenen Zeitungen mußten ihr Erscheinen einstellen. Nachrichtenblätter der amerikanischen Armee, zehn über die gesamte US-Zone verteilte, regionale Zeitungen der „Psychological Warfare Division“, schließlich „Die neue Zeitung“ Hans Wallenbergs – die Versuche der Amerikaner, die demokratische „Reeducation“ der Deutschen voranzubringen, waren vielfältig. Bereits im Herbst 1945 wurden dann die ersten Lizenzen zur Herausgabe von Zeitungen an Deutsche übertragen, die politisch unbelastet sein sollten, Erfolge auf dem Feld der Demokratisierung des deutschen öffentlichen Lebens erwarten ließen und etwas vom Zeitungmachen verstanden.

Der Anfang wurde in der bayerischen Landeshauptstadt gemacht. Mit Edmund Goldschagg (verantwortlich für Politik und Wirtschaft), Dr. Franz Joseph Schöningh (verantwortlich für Kulturpolitik und Feuilleton) und August Schwingenstein als Verlagsleiter hatten die Amerikaner die ersten Lizenzträger gefunden, die die Anforderungen in politischer wie fachlicher Hinsicht erfüllten. Sie erhielten die Lizenz Nr. 1 unter der Maßgabe, eine unabhängige und überparteiliche Zeitung herauszubringen.

Vor Vertretern der bayerischen Regierung und der Behörden der Landeshauptstadt übergab Oberst BB McMahon, Chef der amerikanischen Nachrichtenkontrolle, feierlich am 6. 10. 1945 die Lizenz, dabei mahnend: „Es ist Ihre Aufgabe, dem deutschen Volke endlich die Wahrheit zu sagen; machen Sie ihm klar, daß die Deutschen den Krieg verloren haben, der von Anfang an unmoralisch war.“ Und er schloß mit den Worten: „Lehren Sie die Bürger dieses Landes, daß Menschenwürde ein kostbares Gut ist. Sagen Sie ihnen, daß die Freiheit (. .) nur durch anständiges Handeln und saubere Gesinnung erworben werden kann.“[4] Die wenigen Sätze mögen genügen, um das „Reeducation“-Programm der amerikanischen Militärs ein wenig spürbar zu machen.

---

1 „Süddeutsche Zeitung“ vom 6. 10. 1945, Geleitwort.

2 1986 lag der Außenumsatz des Verlages bei 600 Millionen DM (nach eigenen Angaben).

3 vgl. Harold Hurwitz: Die Stunde Null der deutschen Presse. Die amerikanische Pressepolitik in Deutschland 1945 – 1949. Köln 1972.

4 Zitiert nach Hans Kapfinger: Die neue bayerische Presse. München 1948, S. 12

MILITARY GOVERNMENT OF GERMANY

[MILITÄR-REGIERUNG DEUTSCHLAND]

INFORMATION CONTROL

[NACHRICHTENKONTROLLE]

EASTERN DISTRICT

License No. 1

[ZULASSUNG Nr.]

1. *Subject* to the conditions set forth in Paragraph 2, the following named person(s) hereinafter referred to as "licensee",

Edmund Goldschagg Munich-Obermenzing Betzenweg 52

Dr. Franz Josef Schoeningh Munich-Rossmann Pegnitz 10

August Schwingenstein Munich-Obermenzing Menzingerstrasse 14

is (are) authorized to engage in the following activities: Newspaper Publisher

2. *This* license is granted subject to the following conditions:
   A. That all laws, ordinances, regulations and instructions of Military Government are complied with.
   B. That this license be prominently displayed on the premises of the licensee at all times.
   C. That all newspapers, books, periodicals, pamphlets, posters, printed music or other publications, sound recordings or motion picture films published or produced and all programs of concert, theatrical, or other performances produced under this license shall bear in such manner as may be prescribed the legend: "Published (or produced) under Military Government Information Control License No. ______"
   D. That no person, not reported on the application for this license as having a financial interest in the business enterprise conducted under this license, shall be given nor shall receive any part of the profits of the business enterprise, nor shall any interest in the business enterprise be held for any such person, except with the express written permission of Military Government.
   E. Other conditions: None
3. *This* license is not granted for a stated term, is not a property right, is not transferable and is subject to revocation without notice or hearing.

1. *Gemäß* den im § 2 festgesetzten Bedingungen ist (sind) die folgende(n) Person(en), welche im Nachfolgenden als „Zulassungsinhaber" bezeichnet wird (werden),

Name — of (in) — City, Street, Number (Ort, Straße, Nummer)

authorisiert, folgende Tätigkeit auszuführen: Zeitungs Verleger

2. *Diese* Zulassung ist erteilt unter folgenden Bedingungen:
   A. Daß alle Gesetze, Verordnungen, Vorschriften und Anweisungen der Militärregierung befolgt werden.
   B. Daß diese Zulassung im Betrieb des Zulassungsinhabers jederzeit öffentlich angeschlagen ist.
   C. Daß sämtliche Zeitungen, Bücher, Zeitschriften, Broschüren, Plakate, Musikalien oder irgendwelche andere Veröffentlichungen, ebenso Schallplatten und sonstige Tonaufnahmen und Filme, die gemäß dieser Zulassung hergestellt oder veröffentlicht werden, sowie alle Programme von Konzert-, Theater- oder sonstigen Veranstaltungen, die gemäß dieser Zulassung zur Aufführung gelangen, folgende Aufschrift in vorgeschriebener Weise tragen: „Veröffentlicht (oder hergestellt) unter der Zulassung Nr. ______ der Nachrichtenkontrolle der Militärregierung".
   D. Daß keine Person, die nicht in diesem Gesuch als an diesem Geschäftsunternehmen finanziell interessiert eingetragen ist, irgendeinen Anteil an dem Nutzen aus dem Geschäftsunternehmen erhält; ferner daß kein finanzieller Anteil an dem Geschäftsunternehmen für eine im Gesuch nicht erwähnte Person ohne ausdrückliche schriftliche Erlaubnis der Militärregierung zurückbehalten wird.
   E. Sonstige Bedingungen: Keine
3. *Diese* Zulassung wird für keine bestimmte Zeitfrist erteilt und stellt kein Eigentumsrecht dar; sie ist nicht übertragbar und kann ohne Kündigungsfrist oder Untersuchung rückgängig gemacht werden.

SIGNED: [illegible] CITY: Munich DATE: 6 Oct. 1945

Designation of issuing authority: 6870 District Information Services Control Command

Da der Heizungskeller so ziemlich der einzig warme Raum in dem zerbombten Verlagsgebäude war, arbeitete auch die SZ-Redaktion zeitweise im Keller. Auf unserem Photo v. l. n. r.: Chefredakteur und Verleger Edmund Goldschagg, Lokalredakteur Werner Friedmann, Wirtschaftsredakteur Kreyssig, Außenpolitik Wilhelm Saekel, stehend Max von Brück, Außenpolitik, mit dem Rücken zur Kamera Heinz Tebbe, Chef vom Dienst.

Die Persönlichkeiten, die solches leisten sollten, waren mit Bedacht ausgewählt. Edmund Goldschagg, 1886 in Freiburg geboren, hatte in München, Heidelberg und Berlin unter anderem Volkswirtschaft und Geschichte studiert, als er sich seine ersten journalistischen Sporen als Volontär bei der „Chemnitzer Volksstimme", einer sozialdemokratisch orientierten Zeitung, zu verdienen begann. Nach der Kriegsgefangenschaft kam er zum „Sozialdemokratischen Pressedienst", bis er 1927 zur ebenfalls sozialdemokratisch gesinnten „Münchner Post" wechselte, was ihn nach Hitlers Wahlsieg 1933 die Freiheit kostete. Da er bis Kriegsende mit Berufsverbot belegt war, stand seine politische Integrität außer Zweifel. Bis 1951 war er erster Chefredakteur und (Mit-)Herausgeber der SZ.[5]

Franz Joseph Schöningh, Jahrgang 1902, hatte in Freiburg im Breisgau, Berlin und München Staatswissenschaft, Philologie und Geschichte studiert und war 1926 mit einer Arbeit über den österreichischen Staatsmann Karl Ludwig von Bruck promoviert worden. Für ihn stand zunächst das wissenschaftliche Arbeiten im Vordergrund: Bis 1932 war er als wissenschaftlicher Assistent am Münchener Institut für Wirtschaftsgeschichte tätig. Als man ihm schließlich bedeutete, daß seine Habilitationsbemühungen wenig Aussicht auf Erfolg hätten, trat er in die Redaktion der angesehenen Monatszeitschrift „Hochland" ein. Dem Blatt katholischer Bildungsbürger und Intellektueller wurden lange Zeit gewisse Freiheiten der Distanzierung gegenüber dem Regime gewährt, welche in der Tagespresse mittlerweile undenkbar waren.[6] Es war der Stolz der Zeitschrift, daß der Name Hitler in ihr nicht vorkam. Nach dreimaligen Teilverboten kam dann im Juni 1941 das endgültige „Aus" für die Zeitschrift. Während des Krieges war Schöningh stellvertretender Kreishauptmann in Tarnopol in Galizien, was dann später zu Bedenken der übergeordneten Lizenzierungskommission in Bad Homburg führte.[7] Diese konnten aus dem Weg geräumt werden, der Münchner Kardinal Faulhaber sprach sich für Schöningh aus, der zweite Lizenzträger war gekürt.[8]

Für die ersten Zeitungen bevorzugten die Amerikaner ein „Panel-System", bei dem jeweils eine Lizenz an Herausgebergremien mit mindestens drei Lizenziaten aus unterschiedlichen politischen Lagern vergeben wurde. Die Information Control Division traute einem einzelnen, politisch engagierten Lizenzträger im allgemeinen nicht zu, daß seine Zeitung die politische Unabhängigkeit bewahren würde. Die „Süddeutsche Zeitung" war die erste von drei Zeitungen in Bayern, bei denen solche Dreier-Gremien gegründet wurden. (Später setzten sich aus pragmatischen Gründen Zweier-Gremien durch.)

Der Dritte im Bunde fand sich in August Schwingenstein, der zu diesem Zeitpunkt bereits 64 Jahre alt war und Erfahrungen einbrachte, an denen die Presseoffiziere interessiert waren. Von 1918 an war er vier Jahre lang Chefredakteur und Herausgeber des „Iller-Roth und Günz-Boten" aus Illertissen, der, wie er, dem Bayerischen

---

5 Näheres zu Edmund Goldschagg bei Hans Dollinger: Edmund Goldschagg 1886–1971. München 1986.

6 vgl. Konrad Ackermann: Der Widerstand der Monatszeitschrift Hochland gegen den Nationalsozialismus. München 1965.

7 vgl. Dagmar Wiedenhorn: Gründung und Aufbau der „Süddeutschen Zeitung" von 1945 bis 1949. Magisterarbeit (unveröffentlicht), München 1982, S. 51: „Nach Joseph Dunner gaben die Presseoffiziere ‚Schöningh, was man auf englisch the benefit of doubt nennt'".

8 vgl. auch Beitrag von W. F.(Kürzel): Franz Joseph Schöningh zum 50. Geburtstag, SZ vom 25. 7. 1952.

Bauern- und Mittelstandsbund nahestand. Als Leiter von dessen neugegründeter Pressestelle kam er später nach München und gab von 1924 bis 1933 zusätzlich eine eigene Landtagskorrespondenz heraus. Seine Gegnerschaft zur NSDAP war zu diesem Zeitpunkt bereits mehr als bekannt, wozu nicht zuletzt ein Vorfall im Landtag beigetragen haben dürfte. 1931 war er dort von den späteren Gauleitern Wagner, Streicher und Nippold überfallen und mißhandelt worden. Er wehrte sich freilich so vehement, daß er bei der nachfolgenden gerichtlichen Verhandlung wegen Überschreitung der Notwehr verurteilt wurde.[9] Mit der Machtergreifung begannen für ihn harte Jahre. 1939 konnte er den Romanverlag aus der Verlagsanstalt Manz in München erwerben, den er bis 1945 betrieb. „1943 beteiligte er sich an der Widerstandsorganisation des Grafen Stauffenberg durch Vermittlung von Pater Delp S. J., der in München die Organisation des Widerstandes leitete."[10] Nach Kriegsende beauftragten ihn die Amerikaner mit der „organisatorischen Vorbereitung zur Gründung eines (..) Zeitungsverlages" und bestellten ihn zum Verlagsleiter und Mitherausgeber der SZ.[11]

Begehrte Mangelware im Nachkriegs-Bayern: die SZ

Am Tag der Lizenzvergabe wurde aus dem Bleisatz von Hitlers „Mein Kampf" Druckplatten für die erste Nummer der SZ gegossen.[12] Die damit aus der Taufe gehobene erste Nummer der „Süddeutschen Zeitung" erschien in einer Auflage von 357 000 Exemplaren, einer für deutsche Verhältnisse hohen Zahl, die sich bei den folgenden Nummern bis auf 410 000 Exemplare erhöhte. Infolge der Papierknappheit war zunächst nur zweimaliges Erscheinen in der Woche mit ursprünglich vier, dann sechs Seiten möglich. Die SZ war die erste in Bayern lizenzierte Zeitung und damit begehrte Mangelware bis in den letzten Winkel Bayerns. Mit der Lizenzierung weiterer Blätter[13] kristallisierte sich allmählich das eigentliche Verbreitungsgebiet heraus, „das mit der Stadt München als Kern die Landkreise München, Dachau, Freising, Erding, Fürstenfeldbruck, Ebersberg, Wolfratshausen, Landsberg und Starnberg umfaßt. Es ist, rein journalistisch gesehen, keine leichte Aufgabe für eine Zeitung, ein so großes und in sich unterschiedliches Verbreitungsgebiet zu betreuen, um so mehr, als die ‚Süddeutsche Zeitung' fast ein Jahr lang die einzige von deutschen Journalisten gestaltete Münchener Zeitung blieb. Vergleichsweise sei im folgenden kurz dargelegt, wieviele Zeitungen früher im gleichen Verbreitungsgebiet erschienen, wobei die Angaben dem Zeitungskatalog 1936 entnommen sind. Al-

---

[9] vgl. Hans Kapfinger, a. a. O., S. 15.

[10] ebd.

[11] vgl. Bernhard Pollacks Beitrag: Waidmannsheil zum Siebzigsten; in der SZ vom 9. 3. 1951.

[12] Näheres bei Hans-Günter Richardi: Die Feder der freien Presse entstand aus dem Blei der Diktatur. München o. J., S. 5.

[13] Noch während des Jahres 1945 wurden der „Hochland-Bote" in Garmisch-Partenkirchen, das „Oberbayerische Volksblatt" in Rosenheim und der „Donau-Kurier" in Ingolstadt lizenziert. Im Mai 1946 erhielt auch Bad Reichenhall mit dem „Südost-Kurier" eine eigene Zeitung. Da die SZ diese Regionen aber auch weiterhin, wenn auch teilweise nur mit geringer Auflage, belieferte, erließ McMahon im Mai 1946 eine schriftliche Anordnung zur Einschränkung des Verbreitungsgebiets. Die Städte Traunstein, Laufen, Berchtesgaden und Altötting, in denen die SZ bislang 25 000 Exemplare abgesetzt hatte, wurden nun dem „Südost-Kurier" zugewiesen. Die weitere Belieferung von Mühldorf und Rosenheim, Miesbach und Garmisch-Partenkirchen sowie Ingolstadt wurde untersagt.

lein im ländlichen Verbreitungsgebiet erschienen 14 Zeitungen, zwei, das ‚Dachauer Volksblatt' und der ‚Amper-Bote' in Dachau, ebenfalls zwei, der ‚Erdinger Anzeiger' und das ‚Erdinger Tagblatt' in Erding, in Fürstenfeldbruck das ‚Fürstenfeldbrucker Wochenblatt' und die ‚Fürstenfeldbrucker Zeitung', in Landsberg die ‚Landsberger Neuesten Nachrichten' und der ‚Oberbayerische Generalanzeiger', in Ebersberg der ‚Oberbayer', in Starnberg der ‚Land- und Seebote', in Wolfratshausen das ‚Wolfratshausener Tagblatt' und schließlich in Freising das ‚Freisinger Tagblatt', der ‚Neueste Freisinger Anzeiger' und die ‚Freisinger Nachrichten'. Daneben aber war München eine Stadt mit einer Vielfalt von Zeitungen. Neben den traditionellen Zeitungen, den ‚Münchner Neuesten Nachrichten'und der ‚Münchner Zeitung' gab es das ‚Abendblatt', die ‚Bayerische Zeitung', die ‚Neue Freie Volkszeitung', das ‚Neue Münchner Tagblatt' und schließlich als Vorstadtblätter die ‚Nymphenburger Zeitung' und den ‚Westend-Anzeiger'. Nicht zu vergessen den ‚Völkischen Beobachter' als Zentralorgan der NSDAP. 1934 hatten der ‚Bayerische Kurier', die ‚Bayerische Staatszeitung' und die bekannte ‚München-Augsburger Abendzeitung' ihr Erscheinen eingestellt."[14]

Im Juni 1946 erhält die SZ ihr Markenzeichen: das „Streiflicht". Seitdem findet der Leser den „Leuchtturm im Sturmgebraus der täglichen Hiobsbotschaften" (wie sein geistiger Vater Schöningh es einmal nannte) täglich auf der ersten Seite.

Das Impressum der SZ wies in jenen Tagen zwei weitere Namen aus: Georg Lorenz betreute den Münchener Lokalteil (bis April 1946), Werner Friedmann verantwortete die „Nachrichten aus Bayern" und ab April 1946 auch die Münchener Lokalnachrichten. Sein ungewöhnliches Engagement für die Zeitung „belohnte" die Information Control Division, indem sie ihn am 2. August 1946 zum vierten Lizenzträger der SZ ernannte. Friedmann, 1909 in München geboren, hatte zunächst Philosophie und Zeitungswissenschaft in München studiert. Der Fertigstellung der geplanten Dissertation bei Karl d'Ester („Der Tod Goethes in der deutschen Presse") stand ein Angebot des Chefredakteurs der „Süddeutschen Sonntagspost" entgegen, bei ihm als Reporter anzufangen. Was er dann auch tat.

Im März 1933 wurde er gemeinsam mit leitenden Redakteuren und Direktoren des Verlagshauses „Knorr und Hirth", welche die alten „Münchner Neuesten Nachrichten" herausgaben, unter der Anklage der Vorbereitung des Hochverrats verhaftet. Den Hintergrund seiner Verhaftung beschrieb Friedmann 25 Jahre später so: „Der ehrgeizige 24jährige Reporter der ‚Münchner Neuesten Nachrichten' und der ‚Süddeutschen Sonntagspost' hatte sich schon einige Jahre emsig bemüht, auf der Leiter des Journalismus empor zu klettern, und 1930 zum großen Ärger des ‚Völkischen Beobachter' als erster entdeckt, daß Herr Adolf Hitler aus Österreich sich die deutsche Staatsbürgerschaft durch Übernahme eines Wachtmeisterpostens bei der Gendarmerie in Hildburghausen (..) erschleichen wollte. Die Weltpresse lachte über die Schildbürgerei, Hitler tobte, weil der Plan (..) mißlang. Aber er wurde später braunschweigischer Regierungsrat und auf diese Weise Deutscher. Der vorwitzige Journalist aber, der politisch gar nicht sonderlich profiliert war und nur eine gesunde Abscheu gegenüber dem Braunhemd hatte, kam auf die Liste jener, mit denen am Tage der Machtübernahme abgerechnet werden sollte."[15] Friedmann ver-

---

14 Hans Kapfinger, a. a. O., S. 13 f. Näheres bei Herbert Kurt Schindler: Die Struktur des Münchener Pressewesens in der Zeit von 1945 – 1949. Diss. München 1950.

15 Friedmann in der SZ vom 11. 3. 1958, zitiert nach Dagmar Wiedenhorn, a. a. O., S. 100.

brachte den Rest des Jahres in der Haft, erhielt Berufsverbot, verdiente sich seinen Lebensunterhalt mit Übersetzungen, leistete Kriegsdienst und geriet 1945 in britische Gefangenschaft.

Die journalistischen Fähigkeiten, die u. a. zu seiner Verhaftung geführt hatten, ließen ihn schnell vom Lokalredakteur zum „kommenden Leiter der Zeitung" werden, schließlich löste er 1949 Goldschagg als Chefredakteur ab. Sein Nachfolger im Amt, Hermann Proebst, bescheinigte ihm „ein ganz ursprüngliches journalistisches Talent, einen untrüglichen Sinn für Aktualität, die Nase, wie man so sagt; ferner ein ungewöhnliches Geschick in der Bewältigung aller Regieprobleme, eine unbändige Freude am Zeitungmachen und eine stets wache Eifersucht im Hinblick auf die Geltung und das Ansehen der Zeitung selbst. Nimmt man die nicht leicht ermüdende Angriffslust und einen zuweilen kühnen Freimut des Wortes hinzu, so wird man schließlich zugeben müssen, daß in diesem Fach nur wenige über bessere Gaben verfügten."[16] Das „Verkehrsparlament der SZ" und der „Adventskalender für gute Werke" gehen auf seine Anregung zurück, ebenso die Münchner Boulevardzeitung „Abendzeitung",[17] für die er 1948 selbst die Lizenz erhielt. Er gründete das Werner-Friedmann-Institut, um die journalistische Ausbildung voranzubringen.

In der ersten Zeit mußte die SZ, wie andere Lizenzzeitungen auch, unter den schwierigsten Bedingungen hergestellt werden. Obgleich das Verlagshaus Knorr und Hirth schwere Bomben- und Brandschäden aufwies, und die technische Ausstattung eher dürftig war, wurde es schließlich ausgewählt, die neue Zeitung zu produzieren. Die günstige Geschäfts- und Verkehrslage in der Sendlinger Straße sowie das altgewohnte und in München bestens eingebürgerte Format der „Münchner Neuesten Nachrichten" gaben schließlich den Ausschlag. Seit Dezember 1951 knüpft der Untertitel „Münchner Neueste Nachrichten aus Politik – Kultur – Wirtschaft – Sport" an die Verlagstradition im Haus an der Sendlinger Straße an.

Eine direkte Verbindung zwischen dem zu gründenden Süddeutschen Verlag und dem in nationalsozialistischen Besitz überführten Verlag Knorr und Hirth sollte es jedoch nicht geben. Nach einigen Diskussionen wurde der neue Verlag als Offene Handelsgesellschaft eingetragen, an der die drei Lizenzträger gleichberechtigt beteiligt waren. Im Herbst 1947 erfolgte die Umwandlung in eine GmbH, an der die vier Lizenzträger gleiche Anteile zeichneten. Nach Ende der Lizenzierung machten die Lizenzträger vom Ankaufsrecht Gebrauch und erwarben rückwirkend (zum 6. 10. 1945) Gebäude und Maschinen des ehemaligen Knorr und Hirth Verlages vom Freistaat Bayern, der das NS-Vermögen übernommen hatte. Als fünfter Gesellschafter kam 1953 Hans Dürrmeier hinzu, der 1948 als Verlagsdirektor in das Unternehmen eingetreten war. Dürrmeier hatte das Verlagswesen von der Pike auf gelernt, war von 1927–1940 kaufmännischer Direktor bei Knorr und Hirth gewesen. Das Redaktionsstatut der SZ von 1971 geht auf seine Initiative zurück.

Einigermaßen schwierig erwies sich die Suche nach redaktionellen Mitarbeitern, die ebenfalls politisch unbelastet sein sollten. Da die Lizenziaten selbst journalistisch tätig wurden, stellte man anfangs nur 13 weitere Redakteure, Hilfsredakteure und Volontäre ein. Bis 1950 vergrößerte sich der Mitarbeiterstab um 30 weitere Redakteure.

---

16 Hermann Proebst in der SZ vom 2. 7. 1960, zitiert nach Dagmar Wiedenhorn, a. a. O., S. 97.
17 vgl. Porträt der „Abendzeitung" im selben Band.

Mittlerweile gehört der Süddeutsche Verlag zu je 22,5% der Erbengemeinschaft Friedmann, Rolf Goldschagg und Karen von Seidlein; 20% hält Dr. Alfred Schwingenstein und weitere 10% der Anteile hält die Erbengemeinschaft Dürrmeier.[18] In den mehr als 40 Jahren seines Bestehens hat sich der Verlag zu einem der wirtschaftlich stärksten in der Bundesrepublik Deutschland entwickelt. Die Beilagen der SZ zum 25jährigen und 40jährigen Jubiläum machen entscheidende Weichenstellungen deutlich.[19]

Der Süddeutsche Verlag: ein expansives Unternehmen

Im Jahr 1987[20] betrug der Umsatz der Süddeutschen Verlagsgruppe 634,9 Mio DM (3,6% mehr als im Vorjahr), wobei mehr als die Hälfte auf die SZ als größtem Verlagsobjekt entfielen. Der Konzerngewinn lag 1987 mit 19,4 Mio DM deutlich unter dem von 1986 mit 28,5 Mio DM. Die Verlagerung der Druckerei in den Neubau München-Steinhausen „erforderte zusätzliche personelle Aufwendungen, die neben den auf einen Spitzenwert von rund 40 Mio DM ansteigenden Abschreibungen und erhöhtem Materialeinsatz auch das Ergebnis 1988 stark beeinträchtigen werden", erläuterte Hanns-Jörg Dürrmeier als Vorsitzender der Gesellschafterversammlung die Bilanz 1987.[21]

Im Handelsregister des Amtsgerichtes München[22] ist als Gegenstand des Unternehmens „Süddeutscher Verlag GmbH"eingetragen: „Herausgabe, Verlag, Druck und Vertrieb von Presse- und sonstigen Verlagserzeugnissen, insbesondere der politisch unabhängigen und überparteilichen ‚Süddeutschen Zeitung', ferner Betrieb einer Druckerei, sowie Vornahme aller sonstigen Geschäfte auf dem Gebiet der Publizistik, des Verlagswesens, der Druckerei und des Buchhandels".

Beteiligt ist der Verlag im einzelnen an:[23]
- Verlag Bayerische Staatszeitung GmbH, München (50%)
- Europa-Fachpresse-Verlag GmbH, München (100%)
- Karl Wenschow GmbH, München (100%)
- Karl Wenschow Franzis-Druck GmbH, München

---

18 vgl. großes Impressum der SZ vom 2. 7. 1987.

19 Im begrenzten Rahmen eines solchen Porträts kann auf die Entwicklung von Verlag und Zeitung nicht detailliert eingegangen werden. Ersatzweise sei verwiesen auf: 25 Jahre Süddeutsche Zeitung, Jubiläumsbeilage der „Süddeutschen Zeitung" vom 6. 10. 1970; Zeitgeschichte – Zeitungsgeschichten, Beilage der „Süddeutschen Zeitung" vom 15. 11. 1985 anläßlich der Ausstellung „40 Jahre Zeitgeschichte – 40 Jahre SZ" in München sowie Die SZ auf dem Weg in die Zukunft, Beilage der „Süddeutschen Zeitung" vom 22. 11. 1988. Einen knappen Überblick vermittelt der „Insider" Alfred Dürr: Weltblatt und Heimatzeitung. Die „Süddeutsche Zeitung". In: Michael Wolf Thomas (Hg.): Porträts der deutschen Presse. Berlin 1980, S. 63 – 80. Ein Interview mit dem ehemaligen Chefredakteur Hermann Proebst ist nachzulesen bei: Roland H. Wiegenstein/Fritz J. Raddatz (Hg.): Interview mit der Presse – 12 internationale Zeitungen stellen sich. Hamburg 1964, S. 23 – 34. Die Entwicklung verschiedener Ressorts wurde wiederholt in Abschlußarbeiten (Magister/Diplom) des Instituts für Kommunikationswissenschaft (Zeitungswissenschaft) der Universität München nachgezeichnet.

20 vgl. Beitrag „Süddeutscher Verlag meistert Kraftakt" in der SZ vom 17./18. 12. 1988.

21 ebd.

22 Eintrag ins Handelsregister Blatt 7685, Amtsgericht München, Blatt 1.

23 vgl. Broschüre „Die Süddeutsche Zeitung und ihr Verlag" (ohne Verf.). München, o. J., S. 20.

Preisgekrönte Architektur des neuen Druckzentrums des Süddeutschen Verlages in München-Steinhausen.

- Donau-Kurier Beteiligungs GmbH, Ingolstadt (25%)
- Paul List Verlag GmbH & Co KG, München (100%)
- Südwest Verlag GmbH & Co KG, München (100%)
- TR-Verlagsunion GmbH, München (über List Verlag)
- Kommunalschriften-Verlag J. Jehle GmbH, München (100%)
- Münchner Wochenblatt Verlags- und Werbegesellschaft mbH, München (100%)
- IRO Kartographische Verlagsgesellschaft mbH, München (75,1%)
- SÜD-DATA, Verlagsrechenzentrum GmbH, München (100%)
- Süddeutscher Verlag GmbH & Co Zeitungsdruck München oHG (99%)
- Münchener Zeitungsverlag GmbH & Co (12,5%)
- Bayerische Zeitungs-Vertriebs GmbH & Co oHG, München (50%)
- Paul List Verlag & Schroedel Schulbuchverlag
- Die „Süddeutsche Zeitung" GmbH, München (49% über List Verlag)
- Frankenpost Verlag GmbH, Hof (70%)
- Druck- und Verlagsanstalt Neue Presse, Coburg (70%)
- märkte & medien verlagsgesellschaft mbH, Hamburg (100%) über Europa-Fachpresse Verlag, München
- Franz Rehm GmbH & Co. KG, München (100% über Kommunalschriften-Verlag J. Jehle GmbH)
- Ludwig-Verlag, Pfaffenhofen (100%) über Südwest-Verlag, München
- SV-Kommunalschriften Druckerei GmbH (100%).

Damit präsentiert sich der Verlag als Zeitungs-, Zeitschriften- und Buchverlag sowie als graphischer Großbetrieb.

„Sehr vorsichtig, aber gezielt", so der Vorsitzende der Gesellschafterversammlung, Hanns-Jörg Dürrmeier, engagiert sich der Süddeutsche Verlag[24] im Bereich der neuen Medien. Täglich bringt der Verlag aktuelle Nachrichten über Bildschirmtext. Aber aus dem Fernseh-Sender „tv weiß-blau" zog sich der Verlag wieder zurück, weil es, so Dr. Jörn Könke, der damalige Sprecher der Geschäftsführung, „keine vernünftige Perspektive für ein lokales Fernsehen in München gibt".[25] Der Hörfunk dagegen sei „schnell nutzbar, leichter finanzierbar und sehr flexibel in seiner Berichterstattung".[26] An der Mediengesellschaft der Bayerischen Tageszeitungen ist der Süddeutsche Verlag mit 21,57%, am Münchener Lokalsender Radio Gong 2000 mit 24,9% beteiligt. Da hier bereits 1987 positive Zahlen „gefunkt" wurden, bemüht sich die SV-Gruppe um weitere Frequenzen im Umland von München.

Was die Zukunft der Zeitung angeht, angesichts der Konkurrenz durch die elektronischen Medien, so sieht ihr der Verlag durchaus gelassen entgegen. Die Informationsvielfalt auf engstem Raum, die Unabhängigkeit von technischen Geräten sind Vorzüge, die die Zeitung „immer" unentbehrlich erscheinen lassen. In München-Steinhausen investierte der Verlag eine Viertel Milliarde DM in ein Druckzentrum, das von Design und Technik jeden Vergleich aushält. Die „schwere Technik" ist hier nun zuhause: Plattenherstellung, Druck, Weiterverarbeitung und Versand. Bereits seit 1984 wird hier im Rollenoffsetverfahren die „Abendzeitung" gedruckt, seit

---

24 Stammkapital des Verlages: 78,75 Mio DM; Mitarbeiter des Verlages: rund 3 200.

25 Dr. Jörn Könke, zitiert nach Beitrag „Medien – Irrt gewaltig" im Nachrichtenmagazin „Der Spiegel", Heft Nr. 22 vom 25. 5. 1987.

26 Dr. Jörn Könke in einem Referat am Institut für Kommunikationswissenschaft (Zeitungswissenschaft) der Universität München am 25. 2. 1987.

dem 5. 6. 1988 auch die „Süddeutsche Zeitung". Die neue Rotation ist so ausgelegt, daß vier 64seitige SZ-Exemplare gleichzeitig nebeneinander gedruckt werden können. Auf der fast 145 Meter langen Maschine kann auch im Vierfarbdruck gearbeitet werden. Die neue Rotation brachte auch eine Umstellung auf das, unwesentlich größere, „nordische" Format. Das Layout wurde zugleich insgesamt modernisiert.

Das neue Druckzentrum, nahe dem Flughafen München-Riem, mit Anbindung an das Autobahnnetz und mit eigenem Gleisanschluß, entlastet nicht nur die Innenstadt vom Lieferverkehr, sondern bringt auch für den Zeitungsvertrieb Zeitgewinn. Nacht für Nacht sind 80 – in der Nacht zum Samstag sogar 125 – Lieferfahrzeuge unterwegs, um die Zeitungen zu verteilen. Die unterschiedlichen Entfernungen bedingen vier zeitlich gestaffelte Ausgaben (F1, F2, M1, M2). Während die Fernausgabe F1 bereits um 18.15 Uhr zum Andruck kommt, können die übrigen Ausgaben noch aktualisiert werden. Die Ausgabe F2, die in fernere Teile Bayerns und nach Bonn geliefert wird, wird 19.30 Uhr angedruckt; die Ausgabe M1 für Südbayern ist um 22.10 Uhr dran, die Ausgabe für München und Umgebung muß bis spätestens 23.45 angedruckt werden. Die Andruckzeiten unterwerfen die Redaktion einem strengen Terminplan.

Bindeglied zwischen Verlag und Redaktion der „Süddeutschen Zeitung" ist der Chefredakteur Dieter Schröder. Nach Hermann Proebst hatte es zwischendrin auch einmal ein Chefredakteursgremium gegeben. Mittlerweile arbeiten in der Zentralredaktion in der Sendlinger Straße 114 festangestellte Redakteure. Von Hamburg über Bonn bis Augsburg gibt es Zweigredaktionen, in denen 20 weitere Mitarbeiter beschäftigt sind. 35 Redakteure arbeiten in Landkreisredaktionen. Seit 1965 ein eigenes Korrespondentennetz eingerichtet wurde, liest man das Signum „eigener Bericht" in der SZ immer häufiger.

„Die Entwicklung der SZ Mitte der 60er Jahre wird nicht nur durch eine starke Expansion nach außen, sondern auch durch den Wunsch der Journalisten nach mehr Unabhängigkeit vom Verlag charakterisiert", meint Alfred Dürr, heute Lokalredakteur der SZ, rückblickend.[27] Der ehemalige Vorsitzende des Redaktionsausschusses, Dr. Christian Schütze, damals zu den Aufgaben des SZ-Statuts: „Es sollte drei Aufgaben erfüllen. In einem allgemeinen Teil sollte es die Haltung und Arbeitsweise der Süddeutschen Zeitung beschreiben, damit die interessierte Öffentlichkeit davon Kenntnis nehmen könne und Verlag wie Redaktion eine Richtschnur hätten. Sodann sollte es die Zusammenarbeit von Verlag und Redaktion regeln in dem Sinne, daß die Zuständigkeitsbereiche abgegrenzt und für gemeinsam zu treffende Entscheidungen Verfahrensweisen festgelegt wurden. Schließlich sollte das Statut der inneren Ordnung der Redaktion dienen, die Kollegialität fördern und zur Lösung von Konflikten institutionalisierte Hilfe bieten."[28]

Nach zweijährigem Ringen zwischen Verlagsleitung und Redaktion wurde das Statut schließlich gebilligt. Zur Haltung der SZ heißt es in Art. 1: „Sie bemüht sich um unverfälschte und möglichst vollständige Informationen. (...) Sie verteidigt und erstrebt freiheitliche, demokratische Gesellschaftsformen nach liberalen und sozialen Grundsätzen."[29] Artikel 2 trifft Aussagen über die freie und unbeeinflußte Gestal-

---

27 Alfred Dürr, a. a. O., S. 70.
28 ebd.
29 Redaktionsstatut der SZ vom 4. 8. 1971, Art. 1.

tung des redaktionellen Teils der SZ unter der Verantwortung der Chefredaktion. „Der Meinungsbildung über die Gestaltung habe die Redaktionskonferenz zu dienen. In den weiteren Artikeln werden hauptsächlich Fragen zu Personalentscheidungen angesprochen. So werden die Mitglieder der Chefredaktion von der Gesellschafterversammlung, also den Inhabern des Verlages, bestimmt. Die Wahl wird den leitenden Redakteuren und dem Redaktionsausschuß begründet. Widersprechen wenigstens zwei Drittel der Redaktionsmitglieder, wird die Berufung oder Abberufung nicht vorgenommen. Sonstige personelle Veränderungen in der Redaktion hat die Chefredaktion im Einvernehmen mit der Verlagsleitung und mit dem zuständigen Ressortchef nach Unterrichtung des Redaktionsausschusses vorzunehmen. Betreffen die Veränderungen Ressortchefs und leitende Redakteure, so ist darüberhinaus die mehrheitliche Zustimmung aller anderen Ressortchefs, aller anderen leitenden Redakteure und des Redaktionsausschusses erforderlich. Der Redaktionsausschuß besteht aus fünf Mitgliedern und wird alle zwei Jahre von allen Redaktionsmitgliedern in geheimer Abstimmung gewählt."[30]

Die Vereinbarungen des Redaktionsstatuts wurden relativ breit dargestellt, weil die SZ hier sozusagen an vorderster Front der „Statutenbewegung" marschierte. Über die praktische Bedeutsamkeit des Statuts gehen die Meinungen naturgemäß auseinander. Was dem einen zuviel an Mitbestimmung ist, ist dem anderen zuwenig. In wirklich brisanten Fragen teilen sich die Geister bei der Auslegung des Statuts, obschon vor einigen Jahren der Münchener Hochschullehrer für Öffentliches Recht, Peter Lerche, daran gegangen ist, in einem Gutachten strittige Punkte des Statuts zu bereinigen. Desungeachtet trägt das Statut sicherlich dazu bei, die Diskussionsprozesse im Haus zu fördern.

Der derzeitige Chef vom Dienst, Malte Buschbeck, konkretisiert die redaktionelle Linie des Hauses: Die Informationen sollen verläßlich und vollständig sein, korrekt und sauber recherchiert, und auch Hintergründe mitliefern. Dem Leser soll durch das Layout klar werden, daß die SZ aus verschiedenen Ressorts besteht, in denen durchaus unterschiedliche Positionen zu gleichen Themen deutlich werden können. Zusätzlich markieren die Leitartikler und Kommentatoren der SZ ihren Standpunkt innerhalb öffentlicher Kontroversen. Das von den Amerikanern durchgesetzte Prinzip der deutlichen Trennung von Nachricht und Meinung hat noch immer Geltung.

Die Seite 3: Reportagen von Weltruf

Beiträge, die über das bloße Fakten-Vermitteln hinausgehen, weil sie Hintergründe oder auch die persönliche Einschätzung des Journalisten bringen, features also haben in der SZ ihren festen Platz auf Seite 3. Sie sind immer namentlich gekennzeichnet und damit als subjektive Reportagen für den Leser kenntlich gemacht. Das Prinzip dieser Seite ist seit Friedmanns Tagen von vielen anderen Blättern kopiert worden. Die Themen für diese Seite sind so vielfältig wie irgend denkbar: die neue Punk-Welle neben den Unruhen in Aserbeidschan, Miss-Wahl in Österreich neben der Bundespräsidenten-Kür. „Entscheidend prägte Chefkorrespondent Hans Ulrich Kempski den journalistischen Stil dieser Seite. Seine politischen Reportagen

[30] a. a. O., S. 71.

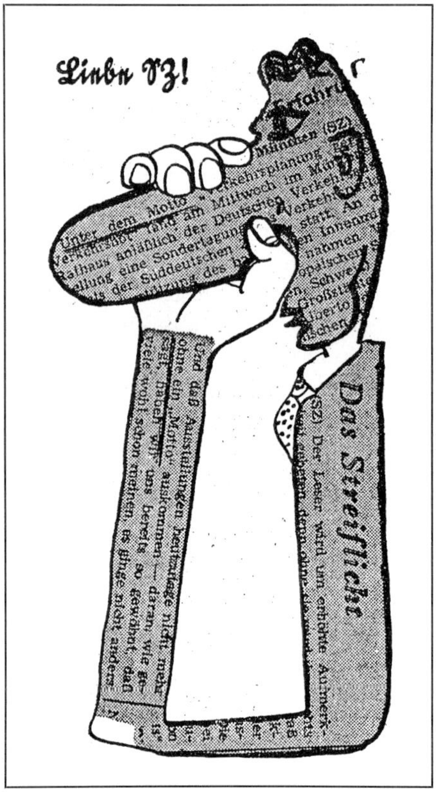

Die Redaktionsglosse „Das Streiflicht“ hat schon einer ihrer Erfinder, Dr. Franz Joseph Schöningh, 1946 als „Leuchtturm im Sturmgebraus der täglichen Hiobsbotschaften“ charakterisiert. Gelegentlich allerdings hat „Das Streiflicht“ seine Leser auch zu Naserümpfen veranlaßt, wie nebenstehende Collage aus einem Leserbrief belegt, den der spätere Präsident des Regierungsbezirks Oberbayern, Raimund Eberle, am 11. Juli 1953 mit folgendem Wunsch an die SZ richtete: „Nimm dich bitte (wenn es gar nicht anders geht, meinethalben unter dem Motto ‚Jeder kehre vor seiner Tür‘) selbst zuerst einmal bei deiner Nase!“

Die spitze Feder E. M. Langs, Hauskarikaturist der „Süddeutschen Zeitung“, schuf diese Zeichnung zum 25jährigen Bestehen des Blattes.

E. M. LANG

Das überregionale Blatt

„Nein, der Himmel ist auf Erden nicht . . .“

aus allen Teilen wollen Studien der handelnden Personen, der Szenerien und politische Analyse sein. (...) Weltweites Echo fanden Reportagen, die Kempski 1957 als erster westlicher Journalist über China schrieb. Sein Interview mit Ministerpräsident Tschou En-lai war der Anlaß dafür, daß die ‚SZ' von der gesamten Konkurrenz zitiert wurde. 1960 sprach Kempski mit dem französischen Fallschirmgeneral Jacques Massu. Dieses historische Gespräch hatte in seiner letzten Konsequenz wohl die vorzeitige Beendigung des Algerienkriegs zur Folge. Die Presse lebte wochenlang von diesem Interview und seinen Folgen", erinnert Alfred Dürr.[31]

Der ausdrücklichen Kommentierung politischer Sachverhalte dient die vierte Seite. Neben den in- und ausländischen Pressestimmen und der Karikatur (hier vor allem bekannt: E. M. Lang und Luis Murschetz) finden sich hier täglich der „große" Leitartikel und zwei, drei Kurzkommentare sowie die Rubrik „IM PROFIL", welche Personen des Zeitgesprächs mit Bild und Text vorstellt.

Zur Bekanntheit der SZ hat freilich wohl am stärksten „Das Streiflicht" beigetragen, das schon mehr als vierzig Jahre oben links auf der ersten Seite erscheint. „Wie damals gilt auch heute für das ‚Streiflicht', daß sein Autor wie mit einem Scheinwerfer in die Masse aller Nachrichten hineinleuchtet. Ein typischer Aspekt des politischen oder scheinbar unpolitischen Geschehens wird herausgestellt und in einer Form verarbeitet, die vom besonderen Ereignis zur allgemeinen Zeiterscheinung vorstößt. Ganz gleich ob Schleyer-Entführung, die politische Situation in Italien oder Schneemassen in Norddeutschland – für ein ‚Streiflicht' waren dies allemal Themen. Besonders unter Hermann Proebst – aber auch schon vorher – war viel vom ‚literarischen Ehrgeiz' der ‚Süddeutschen Zeitung' die Rede. Davon zeugt heute noch diese politische Leitglosse mit dem ihr eigenen Tiefgang. Allerdings nennt ausgerechnet diese persönlichste Rubrik der Zeitung keinen Autorennamen. Sie gibt damit zu erkennen, daß sie als Meinung der Gesamtredaktion angesehen werden soll. Inzwischen hat sich ein Stamm von fünf bis sechs Streiflicht-Autoren herausgebildet."[32]

Trotz Überregionalität süddeutsche Prägung

Die Politik- und Wirtschaftsberichterstattung der SZ machen ihren Anspruch deutlich, als überregional orientierte Zeitung zu gelten. Daneben gibt es freilich noch eine „bayerische" SZ, die lokal und regional berichtet. Ein Blick in die IVW-Kreiskartei macht deutlich, daß die SZ ihren Verbreitungsschwerpunkt eindeutig in der Stadt München[33] und in den umliegenden Landkreisen hat. In Frankfurt am Main beispielsweise hat die SZ wochentags 4 641 und samstags 5 327 Leser, „Die Welt" aus Hamburg kann dort dagegen über 7 000 Exemplare absetzen. In Hamburg wiederum kann die „Frankfurter Allgemeine Zeitung" etwa doppelt soviele Exemplare absetzen wie die SZ, die den „Nordlichtern" allem Anschein nach zu „süddeutsch" ist.

---

31 a. a. O., S. 73.

32 a. a. O., S. 72.

33 In der Stadt München setzt die SZ 42% der Auflage, im Landkreis München weitere 7% ab, vgl. IVW-Kreiskartei 1988.

Die SZ wurde einst als Regionalzeitung von den Amerikanern konzipiert. Daran hat sich, allem kosmopolitischen Anspruch zum Trotz, nicht viel geändert. Dem Lokalteil der SZ hat man viele Jahre das Dilemma angesehen, ein überregional beachtetes und lokal informierendes Blatt gleichermaßen zu sein. Der damals in München lehrende Kommunikationswissenschaftler Wolfgang R. Langenbucher formulierte seine Kritik einst so: „Das aber, was den Schwerpunkt einer derart großen Regionalzeitung ausmachen müßte – das Land, die Region, die Stadt und das Lokale bis hinab zum Sublokalen – bleibt umfänglich in Grenzen und journalistisch durchschnittlich, ja oft auch mittelmäßig und macht jedenfalls nicht den Eindruck, als ob darauf die eigentliche Intensität – oder auch nur die gleiche, wie für den vorderen Teil verwendet würde. (...) Der tägliche Lokal-, Regional- und Landesjournalismus dieser Zeitung bleibt im Durchschnitt harmlos, gewiß seriös, aber meist uninspiriert und läßt zu selten etwas von jener Dynamik, jenem Problemdruck und auch politischen Brisanz ahnen, die das Phänomen ‚Großstadt' in der Entwicklung hat, (..)."[34] Auch aus dem eigenen Haus wurde Kritik laut. Im Rahmen einer Diskussion bei den Hamburger Medientagen äußerte der Vorsitzende des Chefredakteurkollegiums, Dr. Hans Heigert, die Befürchtung, daß die Qualität der Lokalteile zurückgegangen sei. „Was da verbreitet wird, ist ein bissel dies und das, für jedermann, hat aber den Namen Lokalteil eigentlich nicht verdient."[35] 1977 zog die SZ aus der intern wie extern vorgebrachten Kritik die Konsequenz und richtete sieben Landkreisausgaben ein.[36] Die SZ-Leser, die sich in der Region niedergelassen hatten, erhielten nun täglich auf vier bis zwölf Seiten zusätzliche Informationen aus ihrem unmittelbaren Lebensraum. „Diese Anstrengungen der SZ haben die verkaufte Auflage der SZ in der Region München – das sind die Landkreise München, Bad Tölz/Wolfratshausen, Dachau, Ebersberg, Erding, Freising, Fürstenfeldbruck und Starnberg – sehr nahe an die Zahlen des Münchner Merkur herangebracht:

rund 86 000 Exemplare für die SZ
rund 96 000 Exemplare für den MM.

Nur in den mehr ländlich strukturierten Gebieten gibt es noch eine Dominanz des MM; im Landkreis München ist die Auflage der SZ mehr als doppelt so groß, im Landkreis Starnberg hat die SZ den MM deutlich, im Landkreis Fürstenfeldbruck knapp überholt, im Landkreis Ebersberg liegen die verkauften Auflagen nahe beieinander."[37]

Um den eigentlichen Lokalteil für die Stadt München aufzuwerten, was angesichts des wachsenden Konkurrenzdrucks durch sogenannte Alternativ- und Stadtteilzeitungen sowie Anzeigenblätter unvermeidbar war, wurde im Dezember 1986 ein optisch wie inhaltlich veränderter Lokalteil eingeführt. Chefredakteur Dieter Schrö-

---

34 Wolfgang R. Langenbucher, zitiert nach Alfred Dürr, a. a. O., S. 75 f.

35 Dr. Hans Heigert, zitiert nach Alfred Dürr, a. a. O., S. 76.

36 Diese Ausgaben sind im einzelnen: „Bad Tölz – Wolfratshauser Neueste Nachrichten" – „Ebersberger Neueste Nachrichten" – „Erdinger Neueste Nachrichten" – „Dachauer Neueste Nachrichten" – „Fürstenfeldbrucker Neueste Nachrichten" – „Starnberger Neueste Nachrichten" – „Freisinger Neueste Nachrichten" (Untertitel jeweils: Lokalteil der Süddeutschen Zeitung für den Landkreis).

37 vgl. Petra E. Dorsch/Otto B. Roegele: Zeitungswettbewerb in der Region München. Eine empirische Untersuchung. Gutachten im Auftrag des Presse- und Informationsamtes der Bundesregierung. München 1981.

der meint dazu: „Je umfangreicher eine Zeitung wird, desto übersichtlicher muß sie sein. Aus diesem Grunde ist das ‚Layout' gestrafft und vereinfacht worden. Je mehr sich die Bürger mit ‚ihrer' Stadt identifizieren, desto mehr wollen sie über diese wissen. (..) Mit täglichen Empfehlungen und Tips wollen wir einen Wegweiser durch diese Fülle bieten."[38]

Der „neue" Münchner Teil bringt täglich eine Lokalspitze und die Stadtumschau auf seiner ersten Seite, aktuelle Reportagen und Berichte aus dem Stadtleben, einen Kultur- und Veranstaltungskalender für den Tag und eine Rubrik „Kunst-, Musik-, Theatertips" jeweils für eine Woche. Hier stellen Redaktionsmitglieder, aber auch lokale Zelebritäten ihre Tips der Woche vor: Wenn ich Zeit habe, dann gehe ich am Montag in die neueste Ausstellung vom Stadtmuseum, am Dienstag in die Oper, am Mittwoch lese ich ein (gutes) Buch undsoweiter. Täglich wird außerdem ein Münchner oder eine Münchnerin mit Bild und Text vorgestellt, von der Multi-Media-Künstlerin Rabe Perplexum bis hin zum Obdachlosen-Betreuer reicht die Palette. Seit Oktober 1975 erscheint die „SZ-Kostprobe", eine Restaurant-Kritik.

Verändert hat sich auch der „Münchner Stadtanzeiger", seit er im September 1945 zunächst als Amts- und Mitteilungsblatt der Münchner Stadtverwaltung ins Leben gerufen wurde. „Der unermüdliche Tatendrang des damals jungen Inspektors im Presse- und Informationsamt der Landeshauptstadt, Erich Hartstein, ließ ihn schon bald einen Plan vorlegen, der auch rasch Wirklichkeit wurde: 1948 verwandelte sich der ‚Stadtanzeiger' in ein unabhängiges Wochenblatt. 1950 erschien das Blatt auch als kostenlose Freitagsbeilage der SZ in München-Stadt und -Land unter ausdrücklicher Wahrung seiner wirtschaftlichen und redaktionellen Unabhängigkeit. Durch die Beilage zur SZ wurden eine rasch steigende Auflage und ein regelmäßiger Vertrieb des ‚Stadtanzeigers' garantiert", schreibt Alfred Dürr.[39] 1960 nahm Hans Dürrmeier den „Stadtanzeiger" schließlich unter die verlegerische Obhut des SV. 1966 wurde aus dem „Heimatblatt für die Landeshauptstadt München", so der Untertitel, auch ein Heimatblatt für die umliegenden Landkreise mit entsprechenden Landkreisseiten. Mit der Umgestaltung des SZ-Lokalteils wurde die Aufgabenverteilung zwischen Hauptblatt und „Stadtanzeiger" nochmals deutlich gemacht: „Der Stadtanzeiger geht wie bisher auf den kommunalen Bereich ein und konzentriert sich noch stärker auf die Berichterstattung aus den Stadtvierteln und dem Landkreis München. Er ist mit dem Lokalteil der SZ sorgfältig abgestimmt und führt mittlerweile eine größere Schrift und ein neues Layout. Der Stadtanzeiger ist ‚lesbarer' geworden. Diesen Zielen dienen nicht nur eine größere Übersichtlichkeit, sondern auch mehr Informationen und mehr Service."[40] Verändert wurden auch Format und Erscheinungsweise. Mittlerweile erscheint der „Stadtanzeiger" nur noch freitags, jedoch im Format der SZ mit 14 bis 20 Seiten und einer Auflage von ca. 190 000 Exemplaren.[41]

Vom „Münchner Stadtanzeiger" gibt es wiederum vier Ausgaben (Norden, Westen, Süden, Osten). Allen gemeinsam ist unter anderem der Brief des „Filser Max, Schdadrat" an seinen „lieben Schbäzi", womit er „hoimlich grose Bolidig macht", etwa „Bedrefs: Grose Radhauskrise". Wenn ein Lokalteil das laute und leise Stadt-

---

[38] Dieter Schröder: Zum neuen Münchner Teil. In der SZ vom 5. 12. 1986.
[39] Alfred Dürr, a. a. O., S. 78.
[40] Dieter Schröder: Zum neuen Stadtanzeiger. Im „Münchner Stadtanzeiger" vom 5. 12. 1986.
[41] nach Angaben des Verlages.

Der Zeitungskopf mit dem unverwechselbaren Schriftzug.

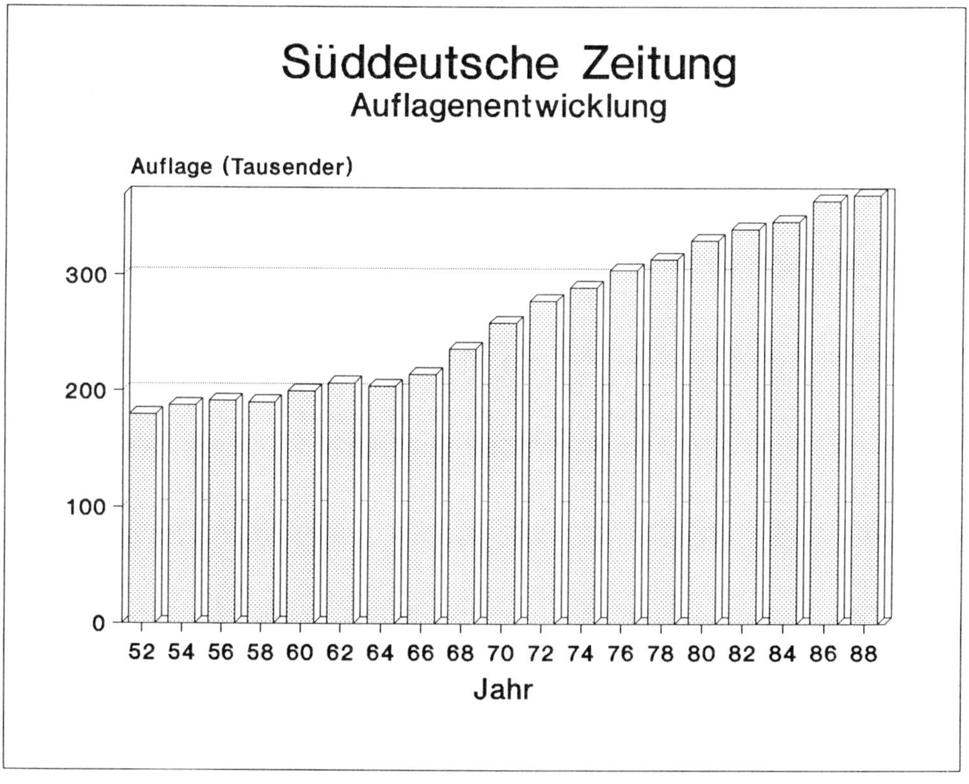

gerede abbildet, dann tut dies der „Stadtanzeiger" mit größerem Maßstab als die SZ. Dem speziellen Heimatgefühl der Münchner gibt der „Stadtanzeiger" mit dem mundartlichen Filserbrief und der Bleistiftzeichnung des Christkindlmarkts ebenso Nahrung wie mit den beiden Rubriken „Freude" und „Ärger der Woche" und den ausführlichen Berichten aus den Stadtteil-Parlamenten, den Bezirksausschüssen. Da kann dann der Bürger aus dem Hasenbergl nachlesen, wo und wie verkehrsberuhigt wird, wer welches Jubiläum im Stadtviertel feiert, wo der Problemmüll eingesammelt wird und wann das Hallenbad geöffnet ist. An die Anfänge als Amtsblatt erinnert die zweite Seite, die „Rathausseite", die nach wie vor in der Verantwortung des Presse- und Informationsamtes der Landeshauptstadt München erstellt wird. Natürlich fehlen Tips und Termine nicht, von der Bürgersprechstunde bis zur Gymnastik im Altenklub. Das Heimatblatt in der Zeitung kann hier viel stärker ins Detail gehen als das dem Lokalteil für ganz München und die Landkreise möglich ist. Ein Wandervorschlag und Kulturtips fürs Wochenende, ein Ereignis „aus der Chronik der Stadt", der Gottesdienstanzeiger (wöchentlich für die katholischen und evangelischen Gemeinden, monatlich für alle übrigen) und ein Veranstaltungskalender der Vereine und Gruppen, der Erwachsenenbildung und der Landsmannschaften sowie Heiraten und Geburten und die Notdienste der Ärzte und Apotheken komplettieren die Stadtviertelnachrichten. Um am Boom der kostengünstigen Anzeigenblätter teilzuhaben, bringt der „Stadtanzeiger" in jeder Ausgabe den sog. „Privatanzeiger". Hier können Privatleute Verkäufe jeder Art, Wünsche nach Hobby-Partnern und Vermischtes kundtun – zu einem gegenüber der SZ reduzierten Preis.

Mit 1,010 Millionen Lesern behauptet die „Süddeutsche Zeitung"[42] auch 1988 ihre Spitzenstellung unter den deutschen Tageszeitungen. Mehr als 90% der Leser sind, wie schon angedeutet, in Bayern und Baden-Württemberg beheimatet.[43] Bei den

---

42 Zum Vergleich: Die „Frankfurter Allgemeine Zeitung" hat hochgerechnet 980 000 Leser, „Die Welt" aus Hamburg hat 630 000 Leser.

43 Leserschaftsdaten im Überblick

Geschlecht		
	Männer	57%
	Frauen	43%
Alter	14–19 Jahre	5%
	20–29 Jahre	25%
	30–39 Jahre	21%
	40–49 Jahre	24%
	50–59 Jahre	12%
	60–69 Jahre	8%
	70 Jahre und älter	6%
Bildungsniveau		
	Volksschule ohne Lehre	8%
	Volksschule mit Lehre	16%
	weiterführende Schule ohne Abitur	38%
	Abitur, Hochschule, Universität	39%
Beruf des Haushaltsvorstandes		
	Inhaber, Leiter von Unternehmen, Freie Berufe	5%
	Kleine und mittlere Selbständige	12%
	Leitende Angestellte und Beamte	18%
	Sonstige Angestellte und Beamte	53%
	Facharbeiter	8%
	Sonstige Arbeiter	5%

beiden überregionalen Konkurrenten „Frankfurter Allgemeine Zeitung" und „Die Welt" verteilt sich die Leserschaft gleichmäßiger über das Bundesgebiet, wenngleich auch diese beiden ihren Verbreitungsschwerpunkt bei ihrem Erscheinungsort haben.[44] Was die regionale bzw. lokale Konkurrenz angeht, so führt die SZ in der Stadtregion München knapp vor der Boulevardzeitung „Abendzeitung".[45]

Einen Teil ihrer Popularität verdankt die „Süddeutsche Zeitung" möglicherweise auch ihren vielfältigen Leseraktionen. Der Anfang wurde 1949 mit dem Verkehrsparlament der Süddeutschen Zeitung e. V. gemacht, das sich der Verkehrsplanung in München widmet, nach dem Motto: „miteinander reden – miteinander planen – miteinander handeln". Seit über vierzig Jahren engagiert sich der Verlag in der Förderung des Jugendsports. „Im Interesse der Gesundheit der Bevölkerung und des Schutzes der Umwelt" bemüht sich das Gesundheitsforum der „Süddeutschen Zeitung", die Öffentlichkeit mit den „Problemen der Naturwissenschaft, insbesondere der Medizin (. .) vertraut zu machen".[46] Im Oktober 1985 rief der Verlag die Studienstiftung der „Süddeutschen Zeitung" ins Leben. „Die Stiftung fördert zur Stärkung des Ansehens der deutschen Tagespresse die Fortbildung begabter Journalisten und die Ausbildung begabter Studenten."[47]

Alles in allem haben Verlag und Redaktion durchaus Anlaß zur Zufriedenheit. Die Auflage hat sich in den vergangenen zehn Jahren um 20% steigern lassen.[48] Zwar ist im Stammgebiet der SZ eine gewisse Sättigung zu bemerken, aber im überregionalen Markt habe das Blatt seine Chancen noch nicht ausgeschöpft, schätzte Geschäftsführer Günther Viertler, als er die Bilanz 1987 des Süddeutschen Verlages der Öffentlichkeit vorstellte.[49] Noch werden Wege gesucht, um den Absatz in außerbayerischen Gefilden anzukurbeln.

---

monatliches Haushaltseinkommen (netto)	
unter 1500 DM	8%
1500 DM bis unter 2000 DM	8%
2000 DM bis unter 2500 DM	8%
2500 DM bis unter 3000 DM	15%
3000 DM bis unter 4000 DM	25%
4000 DM und mehr	33%
Wohnortgröße	
unter 5000 Einwohner	13%
5000 bis unter 20 000 Einwohner	10%
20 000 bis unter 100 000 Einw.	7%
100 000 bis unter 500 000 Einw.	10%
500 000 und mehr	60%

44 Werden die Reichweiten grob nach Norden (Bremen, Hamburg, Niedersachsen, Schleswig-Holstein und Berlin), Mitte (Hessen, Nordrhein-Westfalen, Rheinland-Pfalz und Saarland) und Süden (Baden-Württemberg und Bayern) differenziert, so ergibt sich folgende Verteilung

Reichweite in Tausend (Quelle MA 87):

	FAZ	SZ	Die Welt
Norden	190	50	250
Mitte	560	80	240
Süden	240	880	130

45 vgl. IVW-Liste 4/87.

46 nach Angaben des Verlages.

47 vgl. Merkblatt für Stipendienbewerber: Studienstiftung der Süddeutschen Zeitung, S. 8.

48 Die Auflage der „Süddeutschen Zeitung" lag 1976 bei 304 729 Exemplaren täglich. Inzwischen sind es bereits 376 000.

49 vgl. Beitrag „Süddeutscher Verlag meistert Kraftakt" in der SZ vom 17./18. 12. 1988.

Im bislang nicht befriedigenden Buchgeschäft der SV-Gruppe sind 1988 die ersten Früchte der Konsolidierungsbemühungen erkennbar. Zur Abrundung des Buchprogramms ist 1988 der Ludwig-Verlag aus Pfaffenhofen, ein Spezialist für Bavarica, neu zur SV-Familie gekommen. Auch bei den elektronischen Medien mischt die Verlagsgruppe erfolgreich mit, um von dem zum Teil rasant wachsenden Werbekuchen ebenfalls ein Stück abzubekommen. Die drucktechnische Umstellung schlug höher als erwartet ins Kontor, gleichzeitig haben aber auch die Erlöse um 3% zugenommen. Ein Indiz für die Gesundheit der SV-Gruppe ist sicher auch, daß für 1987 trotz des finanziellen Kraftaktes (mit dem neuen Druckzentrum) eine „solide Bilanz“[50] präsentiert wurde. Die „Süddeutsche Zeitung“ und ihr Verlag scheinen auf Erfolgskurs.

(kb/sf)

---

50 Hanns-Jörg Dürrmeier, Vorsitzender der Gesellschafterversammlung bei der Erläuterung der Bilanz 1987, zitiert nach Beitrag „Süddeutscher Verlag meistert Kraftakt“, a. a. O. Dort findet sich auch folgender Überblick:

SV-Konzern auf einen Blick (in Mill. DM)

	1987	1986	Änd. %
Umsatz	634,9	612,8	3,6
dav. Anzeigen	355,3	339,2	4,7
Vertrieb	116,6	114,0	
Druckerei/Fremderlöse	96,0	96,7	–0,7
Bücher/Zeitschr.	29,2	27,9	4,7
Sonstige	37,8	35,0	8,0
Mitarbeiter (Personen)	4768	4682	
Personalaufwand	247,4	227,1	8,9
Umsatz pro Mitarb. (in Tsd. DM)	190,2	188,2	1,1
Investitionen	72,6	56,6	28,3
Materialaufwand	205,9	193,2	6,6
Ergebnis der betriebl. Geschäftstätigkeit	46,2	68,8	–32,8
Abschreibungen	30,6	21,5	42,3
Ergebnis Finanzanl.	3,9	2,8	39,2
Steuern	25,4	40,0	–36,5
Cash flow	58,7	122,1	–51,9
Jahresüberschuß	19,4	28,5	–31,9

Verbreitungsgebiet Münchner Merkur und tz

Großraum München

ZEITUNGSGRUPPE MÜNCHNER MERKUR

Münchner Merkur | Münchner Merkur Heimatzeitungen | tz | Die Woche

Zwei ungleiche Sprößlinge: Der „Münchner Merkur“ und die „tz“

Mit straffem Kostenmanagement, starken Lokalteilen und erfolgreichen Kaufaktionen in Oberbayern brachte der westfälische Verleger Dr. Dirk Ippen die Münchner Zeitungsgruppe rund um den „Merkur“ auf Gewinnkurs. Als Ippen im Februar 1982 beim Münchener Zeitungsverlag einstieg, fand er ein schwer angeschlagenes Unternehmen vor. Schaut man sich an, wie sich die Marktposition vom „Merkur“ im Laufe der vergangenen Jahrzehnte verändert hat, werden Gründe für die zeitweilige „Malaise“ deutlich.

Lange Zeit kamen sich die beiden großen Münchner Blätter, der „Münchner Merkur“ (MM) und die „Süddeutsche Zeitung“ (SZ), nicht direkt ins Gehege, weil sie den Lesern nicht konkurrierende, sondern komplementäre inhaltliche Angebote machten. „Der MM entspricht dem Typ der nach dem Kriege in Deutschland heimisch gewordenen (..) großen Regionalzeitung mit entsprechender Auffächerung in Bezirksausgaben“, schrieben die Münchner Kommunikationswissenschaftler Petra E. Dorsch und Otto B. Roegele 1981 in ihrem Abschlußbericht „Zeitungswettbewerb in der Region München“[1]. „Dabei bildet der allgemeine Teil die gemeinsame Klammer der Summe dieser Bezirksausgaben und übertrifft deren meist von der Zentrale gestalteten Seiten an journalistischer Qualität (..).“[2] Die SZ dagegen sah und sieht sich selbst als „Überregionale Zeitung“ an, der man den großstädtisch-intellektuellen Anspruch anmerkt. Das Verbreitungsgebiet war ursprünglich für beide Blätter gleich[3], nämlich die Landeshauptstadt München und ihre angrenzenden Landkreise: München, Dachau, Freising, Erding, Fürstenfeldbruck, Ebersberg, Wolfratshausen, Landsberg und Starnberg. Erst nach dem Ende der Lizenzierungspflicht 1949 bildeten sich dann in beiden Zeitungen inhaltlich wie regional differenzierte Berichterstattungs-Schwerpunkte heraus. In der Stadt München konnte die SZ ihren Marktanteil von 69% (1956) auf 79% (1981) verbessern. Im gleichen Zeitraum fiel der Anteil des MM dort von 29% auf 21%. In den Kreisen der Region München wiederum kam die SZ niemals an den MM heran, weil ihre Lokalberichterstattung für die Landkreise im zweimal wöchentlich erscheinenden „Regional-Anzeiger“ eher dürftig war.

Diese Aufteilung des Marktes setzte die SZ 1977 außer Kraft, indem sie ihre „Regional-Anzeiger“ für das Umland von München in sieben werktäglich erscheinende Landkreisausgaben umwandelte. Damit brach die SZ das Quasi-Monopol des MM im Münchner Umland. Überraschenderweise konnten beide Blätter Leser im Umland dazugewinnen. Die neue Konkurrenz startete keinen Verdrängungswettbewerb, sondern trug zu einer Marktsättigung bei. Bezogen auf die Stadt München blieb alles beim alten: Der „Merkur“ verlor weiter Leser nach dem Gesetz der Anzeigen-Auflagen-Spirale eines Anbieters in nachrangiger Wettbewerbsposition.

---

1 Petra E. Dorsch/Otto B. Roegele: Zeitungswettbewerb in der Region München. Eine empirische Untersuchung. In: Presse und Informationsamt der Bundesregierung (Hg.): Kommunikationspolitische und kommunikationswissenschaftliche Forschungsprojekte der Bundesregierung (1978–1985). Teil 1. Bonn 1986, S. 151 ff, hier S. 165.

2 ebd.

3 Vgl. Hans Kapfinger (Hg.): Die neue bayerische Presse. München 1948, S. 69.

Bis zum April 1978 erschien der „Münchner Merkur“ mit der Vignette des geflügelten Mercurius, den einst die vermutlich 1627 erschienenen „Particular vn Ordinari Zeitungen, auß vnterschiedlichen Orten“ schon im Kopfe führten.

Das Ippen-Netz von Beteiligungen (Münchner Zeitungsverlag und Zeitungsverlag Oberbayern sind Parallelgesellschaften).

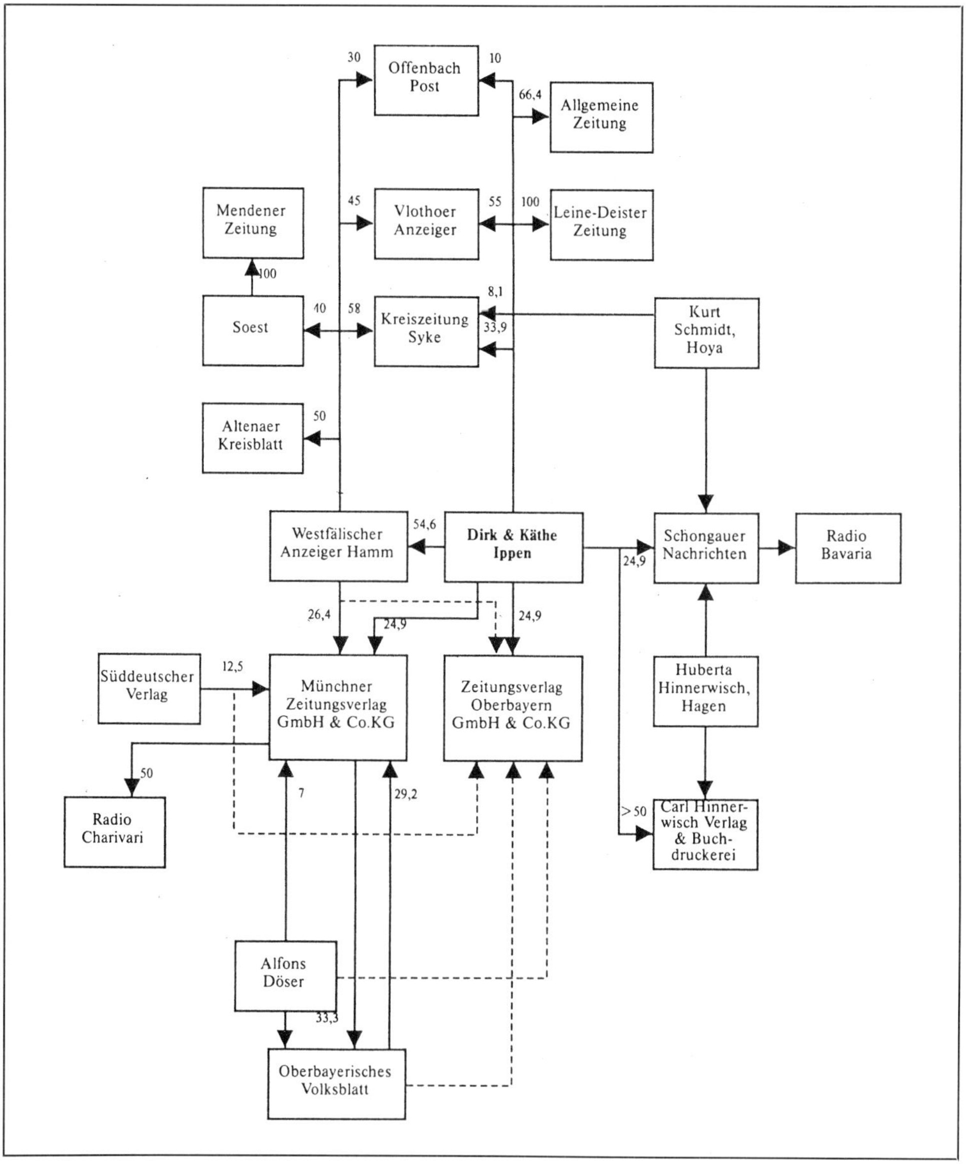

Unter dem Strich gerechnet, konnte der „Merkur“ seine Auflage in den Jahren 1977 bis 1987 gerade halten, während die SZ insgesamt ein Plus von knapp 20% verbuchen konnte.

„Merkur-Land“

Das ist, grob umrissen, die Situation, die Ippen in München vorfand. Angesichts auch der finanziellen Misere im Verlag, setzte Ippen eine Reihe einschneidender Veränderungen durch, die ihn und sein Haus immer wieder in die Schlagzeilen brachten. Er organisierte den Verlag um, führte eine neue Satztechnik im bis dato noch mit Bleisatz arbeitenden Pressehaus ein, baute die Mitarbeiterzahl ab, straffte die Ausgaben (etwa für Werbemaßnahmen), und der Erfolg blieb nicht aus. Seit einiger Zeit erwirtschaftet der Verlag wieder Gewinn, mit dem der noch immer große Verlustvortrag abgebaut werden kann. Im Wochendurchschnitt lag die verkaufte Auflage des MM im vierten Quartal 1988 knapp über 180 000 Exemplaren.[4] Damit hat der MM wieder die Rekordmarke von 1980 erreicht.

Was die zweite Tochter des Hauses angeht, die Boulevardzeitung „tz“, so hat sie ihre Rekordauflage von 1984 (182 509 verkaufte Exemplare) noch nicht ganz wieder erreicht. Im Wochendurchschnitt des vierten Quartals 1988 wurden von ihr 173 596 Stück verkauft. Samstags freilich klettert die Auflage auf über 200 000 verkaufte Exemplare, liegt aber immer noch deutlich hinter der „Abendzeitung“ zurück, von der im gleichen Zeitraum 251 983 Stück verkauft wurden.

Gegen den Süddeutschen Verlag konnte Dr. Ippen vor allem im Alpenvorland Boden gewinnen. Als 1986 August Motz, langjähriger Verleger der „Schongauer Nachrichten“, starb, drängte sein Bruder und Verlagsleiter Rudolf Motz zum Verkauf. Da bereits in den 50er Jahren vereinbart worden war, daß im Fall eines Besitzerwechsels der „Münchner Merkur“ das Vorkaufsrecht hat, griff Ippen zu. Mit Blick auf das Bundeskartellamt kaufte er selbst nur 24,9%, „der Rest ging an Kurt Schmidt aus Hoya und Huberta Hinnerwisch aus Hagen. Wobei Schmidt wiederum an der ‚Kreiszeitung‘ in Syke und die kauffreudige westfälische Dame an der Carl Hinnerwisch Verlag und Buchdruckerei beteiligt ist“[5]. An diesem Telefonbuchverlag hält Ippen wiederum mehr als die Hälfte der Anteile. Damit konnte Ippen sein „Merkur-Land“ weiter arrondieren und gleichzeitig eine Bastion an der Grenze zum Verbreitungsgebiet der „Augsburger Allgemeinen“ errichten.

Im Allgäu tritt Ippen weiterhin mit dem Anzeigenblatt „Kreisbote“ gegen das Monopol des Augsburger Verlagshauses an. „Nach dem Tod des Firmengründers Volkmar Mühlfellner, der seit 1963 ein Netz von Anzeigenblättern zwischen Kempten und Bad Tölz geknüpft hatte und eine Gesamtauflage von 321 000 Exemplaren erreichte, war der ‚Kreisbote‘ für schätzungsweise 20 Millionen Mark zu haben gewesen. Der Zeitungsverlag Oberbayern (ZVO), ein Unternehmen der ‚Merkur‘-Zeitungsgruppe, griff zu, nachdem das Kartellamt der ‚Süddeutschen Zeitung‘ die rote Flagge zeigte.“[6] Der Süddeutsche Verlag gründete daraufhin ein eigenes Anzeigenblatt, den „Wochenblatt-Expreß“.

---

[4] Lt. IVW-Liste 4/1988 kann der „Münchner Merkur“ (mit seinen Unterausgaben) werktags 176 403 Exemplare und samstags 202 015 Exemplare absetzen.
[5] Hans-Jürgen Jakobs: Eisern nach oben. In ZV+ZV 15/1987, S. 29 f.
[6] ebd.

Umstrukturierungen nach Kaufaktionen

Nach den Kaufaktionen ordnete Ippen die Verlagskonstruktion neu. Der oben erwähnte Zeitungsverlag Oberbayern, früher Tochter der Münchener Zeitungsverlag GmbH & Co KG, wurde der Ex-Mutter rechtlich gleichgestellt. (Der Zeitungsverlag Oberbayern gibt die Bezirksausgaben des MM heraus.) Die Anteile sind in beiden Gesellschaften gleich verteilt. Davon wird später noch zu reden sein. Gleichzeitig wurde die Chefredaktion des „Münchner Merkur" umbesetzt. Werner Giers und Bernd Kötting zeichnen nun für den Inhalt vom „Merkur" verantwortlich; bei der „tz" sind das Hans Riehl und Helmut Stegmann. Wie früher besteht der „Merkur" aus einem durchlaufenden Mantel und einem Lokalteil für München, der bei den 23 Bezirksausgaben durch spezielle Lokalseiten ersetzt wird. Verändert hat Ippen die Produktionsweise: Überall wurde auf Fotosatz umgestellt, und die Heimatzeitungsteile wurden nicht mehr zentral in München, sondern dezentral in Fürstenfeldbruck, Freising und Wolfratshausen gesetzt. Ein neuerbautes Druckgebäude in Wolfratshausen entlastet die zentrale Druckerei in der Bayerstraße, die „nur" noch die „tz", den Mantel sowie die Bezirksausgaben vom „Merkur" für Ebersberg, Erding, Freising, Dachau, Fürstenfeldbruck und den Münchner Lokalteil druckt. In Wolfratshausen druckt die neue 96-Seiten-Rotation der MAN die Ausgaben des „Südblocks" (Miesbach, Holzkirchen, Tegernsee, Tölz, Wolfratshausen, Weilheim, Penzberg, Garmisch-Partenkirchen und Starnberg). Die früher schwerfällige redaktionelle Arbeit am „Merkur" wurde dezentralisiert und beschleunigt. Die regionalen Redaktionen saßen früher in München, weitab von den Ereignissen, über die sie berichten sollten, und angewiesen auf die Briefe örtlich ansässiger Mitarbeiter. Den drei genannten Satzzentren (samt Umbruch und Belichtung) wurden jeweils drei bis vier Außenredaktionen zugeordnet, die über Postleitung mit den Satzzentren verbunden sind. Dieses Netz von zehn Außenredaktionen (mit vier „Unterredaktionen") liefert Lokalberichte für 18 Regionalausgaben des „Merkur", die den Mantel und Inseratenteil gemeinsam, aber verschiedene Lokalteile haben. Die alten Namen der Heimatzeitungen sind geblieben und gehören heute dem Münchener Zeitungsverlag, der damit verhindern konnte, daß sich die Konkurrenz mit ihren Bezirksausgaben an die alten Titel anhängt. (Die Bezirksausgaben der „Süddeutschen Zeitung" tragen einheitlich den Titel „Neueste Nachrichten", also z. B. „Starnberger Neueste Nachrichten", womit die indirekte Verbindung zu den „Münchner Neuesten Nachrichten" wieder hergestellt ist.[7])

Der Datenfluß[8] konnte durch die Umorganisation und technischen Neuerungen erheblich beschleunigt werden, was die Aktualität der Lokalteile erhöhte. Bei der Wahl des Fotosatzsystems, das den bisherigen Bleisatz ablöste, erhielt Linotype den Zuschlag. Die drei Zentren wurden mit je einem Linotype-Doppelsystem (24 MB-Festplatten) und neun bzw. zehn Terminals T1 und drei PCs ausgerüstet. Das Zentrum Wolfratshausen verfügt über das Linotype-Doppelsystem 4 E (80 MB-Fest-

---

[7] Vgl. Porträt der „Süddeutschen Zeitung" im gleichen Band.

[8] Die Unterredaktionen (soweit vorhanden) übermitteln Texte über Telekopierer und Postleitung an die Außenredaktion. Weitergereicht werden die Meldungen über Terminals und Postleitungen an das zuständige Zentrum, wo Belichtung, Umbruch der Regionalseiten und Entwicklung folgen. Die Seitenfilme werden durch Boten in die Plattenkopie des Münchner Pressehauses befördert. Nachgeschobene Meldungen aus Unter- oder Außenredaktionen werden mit Telekopierer direkt dem Pressehaus übermittelt. Die Technik dieses Übermittlungsnetzes spart drei bis vier Stunden an Aktualität gegenüber früher ein.

platten), 16 Terminals und drei PCs. In der vierten und zentralen Produktionsstätte des Münchener Zeitungsverlages, im Pressehaus München, arbeiten vier Linotype-Rechner, zwei zentrale Bedienereinheiten, 2 × 300 MB-Wechselplatten für Produktion, 2x80 MB-Festplatten für Redaktion, 37 Terminals für die Redaktion des „Merkur“, 30 Terminals für die Redaktion der „tz“, zwölf für die telephonische Anzeigenannahme, drei für den Anzeigenschalter, 16 für die Produktion, eine Magnetbandstation, zwei Agenturprozessoren für dpa, AP und SID, vier System-Matrixdrucker. Mit dem neuen Satz- und Redaktionssystem, seinerzeit eine der größten Installationen bei einem europäischen Zeitungsverlag, erreichte der Verlag eine 70%ige Produktionssteigerung trotz der Verringerung des Personals von 1300 auf knapp 900. Zusätzlich konnten 14 Anzeigenblätter geschaffen werden. Einschließlich einiger Lohnaufträge werden im Jahr etwa 100 000 Zeitungsseiten hergestellt und über 30 000 Tonnen Zeitungspapier verbraucht.

Die Bezirksausgaben des „Münchner Merkur“[9]

Titel (Untertitel)	Lokal-Redaktionen in:	Verk. Aufl. 4. Q. '88
Münchner Merkur (Stadtausgabe)	München	
Münchner Merkur (Zeitung für den Landkreis Nord)	Garching	
Münchner Merkur (Zeitung für den Landkreis Süd)	Unterhaching	
Münchner Merkur (Zeitung für das Würmtal)	Planegg	
Hauptausgabe		56 407
Münchner Merkur (Dachauer Nachrichten)	Dachau	10 784
Münchner Merkur (Ebersberger Zeitung)	Ebersberg	10 007
Münchner Merkur (Erdinger Anzeiger)	Erding	12 387
Münchner Merkur (Isar-Loisachbote)	Wolfratshausen	7 474
Münchner Merkur (Ausgabe Starnberg)	Starnberg	9 391
Freisinger Tagblatt	Freising	11 837
Fürstenfeldbrucker Tagblatt	Fürstenfeldbruck	14 565

[9] Auflagenzahlen nach Dieter Zimpel: Die deutschen Vollredaktionen. Teil 1: Zeitungen. Loseblattsammlung. München. Stand 12/88.

Garmisch-Partenkirchner Tagblatt	Garmisch-Partenk.	15 902
Miesbacher Merkur (Tegernseer Zeitung) (Holzkirchner Merkur)	Miesbach Tegernsee Holzkirchen	17 828
Penzberger Merkur (Weilheimer Tagblatt)	Penzberg Weilheim	11 382
Tölzer Kurier	Bad Tölz	9 399
Schongauer Nachrichten*	Schongau	8 326
Münchner Merkur	Gesamtauflage	195 690

* angeschlossene Zeitung

Zählt man noch das „Oberbayerische Volksblatt"[10] hinzu, das den Mantel vom „Merkur" übernimmt, so hat der „Merkur" im Wochendurchschnitt 255 664 Leser. Die Zahl der Titel macht deutlich, daß der „Merkur" in seiner Lokalberichterstattung ungewöhnlich stark differenziert. Zum Vergleich: Die „Süddeutsche Zeitung" hat für jeden der München umgebenden Landkreise nur eine Bezirksausgabe, insgesamt also sieben Bezirksausgaben. Das Ziel hat Ippen klar vor Augen: „Wir wollen vor allen Dingen, nachdem wir im oberbayerischen Land sehr stark sind, immer stärker an die Stadt München herankommen. Das schaffen wir durch immer neue Ausgaben und Lokalredaktionen."[11] Diese Strategie Ippens, das lokal-heimische Element im „Merkur" zu verstärken, hat mittlerweile dazu geführt, daß der „Merkur" über ein flächendeckendes Netz von Lokalredaktionen verfügt. Vor gut 40 Jahren, genauer am 1. 8. 1948, erschien der „Merkur" erstmals in neun Ausgaben, die sich lediglich durch zwei lokale Wechselseiten unterschieden. Insofern vervollkommnet Ippen nur, was im Keim bereits angelegt war. Ein kleiner Ausflug in die Geschichte des Blattes und seines Verlages soll das gewachsene Element verdeutlichen.

Vorläufer des „Münchner Merkur"

Der Keim der Zeitung wurde im Jahr 1892 in der Münchner Filserbräugasse, nahe am Dom, gepflanzt. Mitten im Herzen Münchens erschien am 26. September erstmals der „General-Anzeiger der Kgl. Haupt- und Residenzstadt", gedruckt und verlegt von der Verlagsanstalt Dr. Haas. Jener Dr. Haas, ein gebürtiger Stuttgarter, hatte an den Universitäten von Heidelberg, Erlangen und Leipzig Jura studiert, im elsässischen Staatsdienst und im deutschen Konsulatsdienst gearbeitet und war kurze Zeit Bürgermeister von Weinheim gewesen, bevor er sich dem Verlagswesen zuwandte. Zunächst gründete er den „Mannheimer General-Anzeiger", siedelte dann nach München um und begann, ermutigt durch den Erfolg seines Mannheimer Blattes und finanziell unterstützt durch den einschlägig erfahrenen Frankfurter Großindustriellen August Huck, mit dem Aufbau einer Zeitung im München.

[10] Vgl. Porträt des „Oberbayerischen Volksblattes" im gleichen Band.
[11] Dr. Dirk Ippen in einem Interview, nachzulesen in der Zeitschrift ZV+ZV 15/1987, S. 32.

„Der Hauptzweck, den das Blatt zu erfüllen haben wird, besteht jedoch darin, dem Publikum in Stadt und Land ein neues Insertionsorgan ersten Ranges und im großen Stil zu bieten."[12] Der Zeit entsprechend wurde der Standpunkt des Blattes als „entschieden monarchistisch" beschrieben. August Huck, von Hause aus Besitzer einer Schriftgießerei in Offenbach am Main, dann eines Druckereiausstattungsgeschäftes, hatte früh erkannt, welches Geschäft mit den Generalanzeigern zu machen war. Teils kaufte er verschuldete Generalanzeiger auf, teils gründete er neue oder gewann Mehrheitsbeteiligungen an schon bestehenden. Mit seinem Namen waren folgende Blätter verbunden: „Nürnberger General-Anzeiger", die spätere „Nürnberger Zeitung", der „Breslauer General-Anzeiger" (später „Breslauer Neueste Nachrichten"), „Stettiner Neueste Nachrichten", „Stettiner Abendpost", „Leipziger Abendzeitung" (später „Leipziger Zeitung"), „Württemberger Zeitung" in Stuttgart, „General-Anzeiger für Halle- und Saalekreis" (später „Hallische Nachrichten") und die „Kasseler Neuesten Nachrichten", so daß die Bezeichnung Huck-Konzern durchaus zutreffend erscheint.[13] Der zum „Zeitungszaren" gekürte Ippen mag heutzutage mächtige Attribute gar nicht gerne hören[14]. Die Zeitung als Erwerbsgeschäft, im deutschen Sprachraum ohnehin nie in hohem Ansehen, kam in den letzten 100 Jahren dank kräftiger Nachhilfe auch publizistikwissenschaftlicher Ideologien wohl endgültig in Verruf.

Nur „ein paar Leutchen waren dabei anfangs am Werk, zwei Rotationsmaschinen und ein Einspänner für die Expedition"[15]. Der „General-Anzeiger" erschien sechsmal die Woche, dreispaltig umbrochen. Das Titelblatt zeigte damals noch die Türme der nahegelegenen Frauenkirche. Inhaltlich folgte der Münchner Generalanzeiger dem üblichen Muster: „Zugkräftiger, aber für den Familientisch bestimmter Inhalt, starke Betonung der lokalen Nachrichten, zurücktretende, rein berichtende Behandlung der Politik (politische Überblicke in Chronikform), Ausbau des Unterhaltungsteils, Roman, lebhafte Fühlung mit der Leserschaft"[16].

Lesefutter für die „bürgerliche Familie" liefert auch Ippen. Über sein Konzept beim „Münchner Merkur" sagt er: „Die Leser, für die unsere Zeitung gemacht wird, das ist die bürgerliche Familie. Der ‚Münchner Merkur' will eine Familienzeitung sein, das ist die Kernleserschaft der Abonnementzeitung. (...) Bei Themen wie Abtreibung beispielsweise nimmt der ‚Merkur' eine familienfreundliche Stellung ein."[17] Und wenn der jüngste Strauß-Enkel getauft wird, bringt der „Merkur" den kirchlichen Akt auf der ersten Seite, während sich die „Süddeutsche Zeitung" über den Presserummel rund um die Taufe mokiert. Ippens Philosophie: „Der Leser ist der Diktator der Zeitung."[18] Um möglichst breite Leserkreise anzusprechen, läßt sich das Blatt von keiner Partei vereinnahmen: „Wir machen eine kritische Zeitung (..) und gehen bewußt zu allen Parteien auf Distanz"[19]. Den Vorwurf, daß der „Merkur"

---

12 G. M.: Ein Blick zurück. In der Verlagsbeilage „Grüß Gott, wir stellen uns vor!" vom 8. 4. 1987, S. 2.

13 Vgl. Uwe B. Weller: Wolfgang Huck. In: Heinz-Dietrich Fischer (Hg.): Deutsche Presseverleger des 18. bis 20. Jahrhunderts. Pullach bei München 1975, S. 349 f.

14 Vgl. Interview mit Dr. Dirk Ippen in ZV+ZV 15/1987, S. 28.

15 Dr. Rolf Flügel: Zeitungsgeschichte – Zeitgeschichte. Typoskript o. O., o. J., S. 1.

16 Emil Dovifat: Generalanzeiger. In: Walther Heide (Hg.): Handbuch der Zeitungswissenschaft. Band 1. Leipzig 1940, Sp.1223.

17 Dr. Dirk Ippen in einem Interview, nachzulesen in der Zeitschrift ZV+ZV 15/1987, S. 33.

18 ebd.

19 Dr. Ippen, a. a. O., S. 30.

zum CSU-Sprachrohr verkümmere, weist Ippen energisch zurück. Gerade Chefredakteur Giers habe immer wieder Kritik an der CSU geübt; und der bayerischen Regierungspartei passe die „Merkur"-Selbständigkeit überhaupt nicht[20]. Die einen werfen dem Blatt vor, Sprachrohr zu sein, die anderen kritisieren seine „populistische Konturenlosigkeit"[21]. Die Widersprüchlichkeit dieser Anwürfe gibt an sich schon Anlaß zu der Vermutung, daß Ippen so falsch nicht liegt mit seinem Konzept. Wer ihm freilich vorhält, sein Generalanzeiger-Konzept sei „eine Blamage für die bayerischen Zeitungsverleger"[22], der verkennt, daß der spätestens seit der Jahrhundertwende im Schwange befindliche, behauptete Widerspruch von Erwerbsgeschäft und öffentlicher Aufgabe noch immer der Beweisführung harrt. Soviel zu den nicht enden wollenden Polemiken um Ippens Verlagspolitik.

Noch in anderer Hinsicht hat sich Ippen als durchaus würdiger Nachfolger des ersten Verlegers profiliert. Wie auch andernorts üblich, ließ jener Haas, Chefredakteur und Verleger des „General-Anzeigers" in einer Person, das Blatt gratis verteilen, was dadurch ermöglicht wurde, daß knapp die Hälfte der Seiten den zahlenden Anzeigenkunden vorbehalten war. Sowohl die aufkommenden, ganzseitigen Warenhausanzeigen als auch die neu eingeführte, verbilligte Volksanzeige, die „Kleine Anzeige", sicherten dem Verlag die notwendigen Einnahmen. Ippen konnte den Anzeigenumfang seiner beiden Blätter verdoppeln, indem er mehr Anzeigenakquisiteure einstellte, indem er günstige Tarifkombinationen und differenzierte Belegungseinheiten entwickelte und zudem die technischen Möglichkeiten schuf, um die Anzeigenannahme und -verarbeitung zu vereinfachen und zu beschleunigen. Die Fließsatz-Anzeigen für den „Merkur", seine Regionalausgaben und die „tz" werden nun über Telephon vom Kunden entgegengenommen und sofort am Terminal bearbeitet. Mittlerweile nehmen die früher vernachlässigten Kleinanzeigen deutlich zu, was das Interesse gerade der Privatkunden an diesem Markt belegt.

Parallel zum deutlich spürbaren Aufstieg des jungen Verlags stellten sich die ersten Standortprobleme ein. Die Anwohner in der Filserbräugasse und vor allem die (Gottesdienst-)Besucher der nahen Frauenkirche fühlten sich durch den Lärm der Druckmaschinen gestört. Zwei Jahre nach der Gründung siedelte der Verlag in die Frauenstraße 7 um, wohl nicht zuletzt aus Platzgründen[23]. Das neue Domizil erlaubte nun (1896) auch die Herausgabe des „Illustrierten Münchener Extrablattes", mit dem in erster Linie die bäuerliche Bevölkerung des Münchner Umlandes angesprochen werden sollte. Binnen kürzester Zeit war die stattliche Auflage von 120 000 Stück erreicht.

Nochmals zwei Jahre später (1898) organisierte Huck die Verlagsanstalt Dr. Haas um.[24] Zunächst wandelte er die Verlagsanstalt in die Münchener Zeitungsverlag GmbH um, in deren Aufsichtsrat er den Vorsitz übernahm. Haas blieb bis zu seinem Tod 1902 Chefredakteur. Der „General-Anzeiger" selbst wurde in „Münchener Zeitung" umbenannt, führte den alten Titel freilich im Untertitel weiter. Erst nach

---

20 ebd.

21 Der Sprecher der bayerischen FDP, zitiert nach ZV+ZV, a. a. O., S. 30.

22 ebd.

23 Vgl. Beitrag „Ein Blick zurück" in der Sonderbeilage des Münchner Zeitungsverlages „Grüß Gott, wir stellen uns vor!" vom 8. 4. 1987.

24 Über die Hintergründe gibt das Archivmaterial nur unzureichende Auskünfte, vermerkt Angelika Brings-Spiesshoefer in ihrer Magisterarbeit „Der ‚Münchner Merkur' als Beispiel für eine Regionalzeitung" (unveröffentlicht), München 1984, S. 19, Anm. 1.

der Jahrhundertwende präsentierte sich das Blatt auch äußerlich verändert seinen Lesern: Es wurde nun vierspaltig umbrochen; ferner wurden feste Ressorts und Rubriken eingeführt, und der Nachrichtenteil erweitert. Von der Ausweitung der Redaktion profitierte dann auch das „Illustrierte Blatt“, das 1905, der bayernweiten Verbreitung wegen, in „Bayerische Zeitung“ umbenannt wurde.

Einer Beilage der „Münchener Zeitung“ gelang es, das Blatt weit über die weißblauen Grenzen hinaus bekannt zu machen: 1903 gründete der Rheinländer Eduard Engels[25] „Die Propyläen“. „Der Maler Franz von Stuck zeichnete das Titelbild, das zum Symbol wurde: durch das Tor am Königsplatz zogen vom September 1903 an unter der Redaktion von Engels viele gute Geister von Europa, die Dichter und Denker, die Kunstschöpfer jeder Art in das Münchner Herz ein, und zwar – und das war das Besondere – in einer Sprache, die auch der heute weithin unterschätzte ‚einfache Mann‘ verstand“, rühmte 1967 ein Redakteur der Zeitung Engels Fähigkeiten.[26] Daneben redigierte Engels noch eine weitere Beilage, die „Bayerische Heimat“.

Die expansive Politik des Hauses forderte technische und damit räumliche Verbesserungen. Als 1911 das ehemalige Domizil der „Allgemeinen Zeitung“, der Dülfersche Jugendstilbau in der Bayerstraße, zum Verkauf stand, griff der Verlag zu und kaufte noch weitere Grundstücke und Häuser in der um die Ecke liegenden Paul-Heyse-Straße. Im Herbst 1912 waren die Um- und Neubauten beendet, so daß die ersten Zeitungen im vergrößerten Format erscheinen konnten, gedruckt auf zwei neuen 64-Seiten-Rotationsmaschinen, die „ersten modernsten Maschinen ihrer Art, die die MAN in Süddeutschland aufstellen konnten“[27], wie die Verlagschronisten stolz vermerkten.

Der Gründer des Verlages, August Huck, starb 1911; sein Sohn Wolfgang, der Volkswirtschaft und Staatsrecht studiert hatte, übernahm die Leitung des Huckschen Konzerns und verlegte 1914 die Verlagszentrale nach Berlin. Bis 1933 befanden sich folgende Zeitungen in seinem Besitz: „Neue Wiesbadener Zeitung“, „Breslauer Neueste Nachrichten“, „Kasseler Neueste Nachrichten“, „Neue Mannheimer Zeitung“, „Stettiner Abendpost“, „Hallische Nachrichten“, „Dresdner Neueste Nachrichten“, die „Münchener Zeitung“ und die „Bayerische Zeitung“. Die beiden letztgenannten gehörten zu den insgesamt vier Blättern, die er durch geschickte Transaktionen auch nach den Amann-Verordnungen noch behalten konnte.

1932 lag die Auflage der „Münchener Zeitung“, nach eigener Angabe, bei 105 000 Stück. Damit war das Blatt, nach den „Münchner Neuesten Nachrichten“, das zweitgrößte in Bayern. Der Historiker Norbert Frei zählt die „Münchener Zeitung“ zu jenen Blättern aus großstädtischen Pressehäusern, die zwar von den Nationalsozialisten auch reglementiert wurden, aber doch nur soweit, daß ihr Wirtschaftswert, der in NS-Vermögen überführt werden sollte, nicht geschmälert wurde.[28] Die Verlagschronik gibt für diese Zeit keine weiteren Auskünfte, vermerkt lediglich das

---

[25] Nebenbei gründete und leitete Engels den „Schwabenspiegel“ im alemannischen Sprachraum und in Wiesbaden die Zeitschrift „Die Horen“.

[26] Josef Magnus Wehner: Drei große Namen von früher. In der Jubiläumsbeilage des „Münchner Merkur“ „75 Jahre Münchener Zeitungsverlag“ vom 23. 6. 1967.

[27] Brings-Spiesshoefer, a. a. O., S. 21.

[28] Vgl. Norbert Frei: Nationalsozialistische Eroberung der Provinzpresse. München 1980, S. 18.

Münchner
MITTAG
UNABHÄNGIGE TAGESZEITUNG

Professor Dr. Liesel Beckmann, der erste weibliche Professor der Betriebslehre

1. Jahrgang / Nummer 2 München, Freitag, den 15. November 1946 Preis 20 Pfennig

Rot-grüne Koalition will in Berlin mehr Schulden machen

Siehe Politik

Münchner Merkur

Unabhängige Tageszeitung für die Landeshauptstadt München und Bayern

Nr. 51/9 – Donnerstag, 2. März 1989 ★ Preis DM 1,10 / S 13,– / Lit. 1400,–

Postfach 20 06 26, 8000 München 2
Telefon 089/53 06-0

MÜNCHNER ZEITUNG

Zunächst unter dem Titel „Münchner Mittag“ erschien die zweite Münchner Lizenzzeitung, die dann im Januar 1948 mit Genehmigung der Militärregierung sich den Namen gab, unter dem sie bis heute bekannt ist: „Münchner Merkur“.

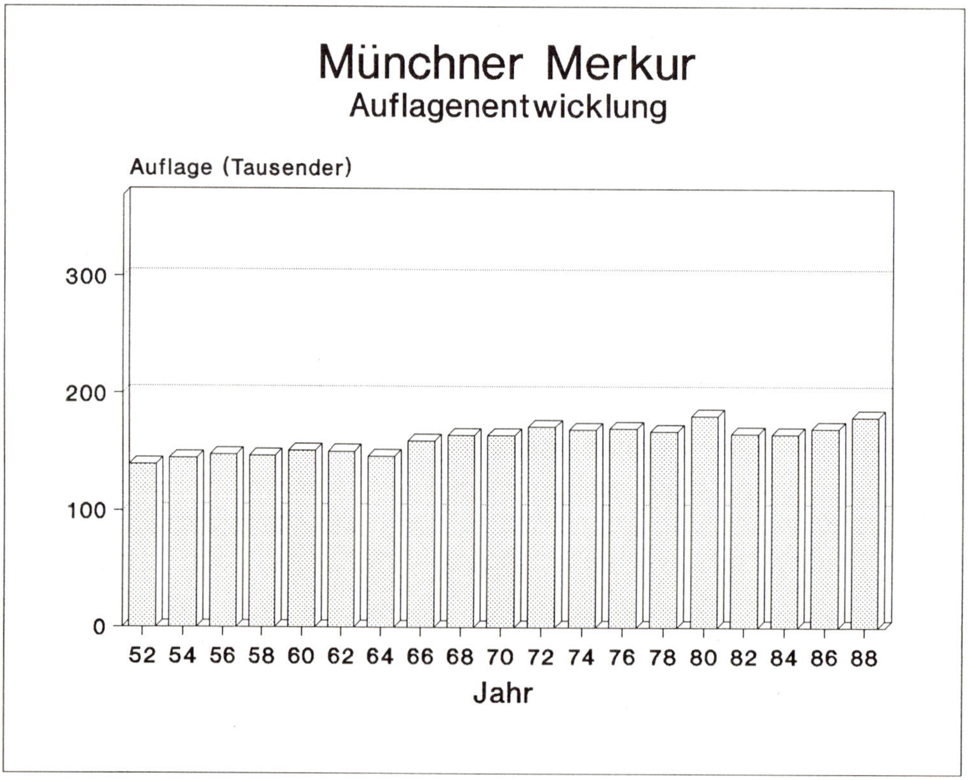

Ende der beiden Blätter im März 1943, nachdem die Reichspressekammer das Papierkontingent entzogen hatte.[29] Die Druckereieinrichtung wurde auch nicht, wie andernorts üblich, ausgelagert, sondern im Keller verstaut, weil die NSDAP den Betrieb als Ausweichdruckerei für ihr Parteiorgan, den „Völkischen Beobachter", vorgesehen hatte.

Wenige Wochen vor dem Einmarsch der Amerikaner in die bayerische Landeshauptstadt, genauer am 7. Januar 1945, wurden die Verlagsgebäude in der Bayer- und in der Paul-Heyse-Straße durch einen Bombenangriff schwer zerstört. Im Auftrag von Wolfgang Huck versammelte der Verlagsdirektor Hermann Vitalowitz alte Mitarbeiter, um mit „mühseligem, provisorischem Instandsetzen"[30] zu beginnen. Glücklicherweise lagerten die technischen Einrichtungen vollständig im Keller, so daß die Reparaturen bereits nach einigen Monaten beendet waren. Zunächst lizenzierte die amerikanische Militärregierung allerdings die „Süddeutsche Zeitung"[31]. Also wurden auf den alten Druckmaschinen vorerst allgemeine Drucksachen und das „Landwirtschaftliche Wochenblatt" gefertigt.

Der alte Titel „Münchener Zeitung" lebte noch kurze Zeit (vom 9. 6. bis 6. 10. 1945) weiter in einer Armeegruppen-Zeitung, die schließlich in der einzigen, ständig von der amerikanischen Militärregierung herausgebrachten Zeitung, der „Neuen Zeitung" aufging.[32]

Münchner Mittagszeitung

„Daß eine Großstadt wie München, Landeshauptstadt und Sitz der Regierung, auf die Dauer nicht nur eine Zeitung haben konnte, war für jedermann einzusehen", urteilte Hans Kapfinger rückblickend.[33] Harold Hurwitz machte für den Entschluß der Amerikaner, eine zweite Zeitung in München zu lizenzieren, den wachsenden Einfluß der SPD-Lizenzträger auf den Kurs der „Süddeutschen Zeitung" verantwortlich. „Da jedoch die der SPD angehörenden Lizenzträger der ‚Süddeutschen Zeitung' wachsenden Einfluß ausübten, sah sich die ICD veranlaßt, (. .) die zweite Zeitung, den ‚Münchner Merkur' mit zwei der CSU nahestehenden Lizenzträgern zu lancieren."[34]

Am 13. November 1946 wurde als zweite überparteiliche Tageszeitung der „Münchner Mittag" lizenziert. Lizenzträger waren Hans Heinrich als Verlagsdirektor und Peter A. Stern als Chefredakteur. Kurz nach der Lizenzierung erkrankte Stern schwer und verstarb im April 1947, sodaß zunächst Heinrich die Zeitung allein leiten mußte, bis Dr. Felix Buttersack am 18. September 1947 als Chefredakteur und Lizenzträger hinzukam.

Hans Heinrich, 1894 in München geboren, hatte an der Landwirtschaftlichen Hochschule in Hohenheim (Württemberg) und an der Technischen Hochschule in Mün-

---

29 Vgl. „Ein Blick zurück", a. a. O.
30 ebd.
31 Vgl. Porträt der „Süddeutschen Zeitung" im gleichen Band.
32 vgl. Harold Hurwitz: Die Stunde Null der deutschen Presse. Die amerikanische Pressepolitik in Deutschland 1945–1949. Köln 1972, S. 80 und 87.
33 Hans Kapfinger (Hg.): Die neue bayerische Presse. München 1948, S. 69.
34 Harold Hurwitz, a. a. O., S. 152.

chen studiert und mit Diplom abgeschlossen, als er 1926 die Zeitung „Der Rheinpfälzer“ in Landau übernahm. Weitere verlegerische Erfahrungen sammelte er in München, Regensburg und Dillingen als Vorstand der Verlagsanstalt Manz AG. Er stand der konservativen Bayerischen Volkspartei nahe, was allgemein bekannt war und schließlich zu seiner Verhaftung führte. Ausschluß aus allen Berufsverbänden, schließlich Berufsverbot – von 1939 bis Kriegsende war er schließlich Gesellschafter und Geschäftsführer der Moosburger Käsewerk GmbH im niederbayerischen Moosburg.[35]

Der Lizenzträger Stern, ein 1907 in Saarbrücken geborener Jude, hatte Soziologie und Theaterwissenschaft studiert und verschiedentlich journalistisch gearbeitet, als er 1933 als Chefredakteur des liberalen „Saarbrücker Abendblattes“ fristlos entlassen wurde. Bis zu seiner Emigration in die Vereinigten Staaten 1941 agitierte er von Frankreich aus gegen Hitler. Seine Gegnerschaft zum Nationalsozialismus war damit mehr als bewiesen, und er erschien den Amerikanern als Lizenzträger als geeignet.

Der dritte schließlich, Dr. Felix Buttersack, war wohl eher „schöngeistig“ orientiert, hatte Philosophie, Germanistik und Wirtschaftsgeschichte in Heidelberg und München studiert und hatte schon früh journalistisch zu arbeiten begonnen, u. a. für die „Münchner Neuesten Nachrichten“. Er war Feuilletonmitarbeiter der Verlage Ullstein und Velhagen & Klasing, Feuilleton- und Romanredakteur beim Berliner Scherlverlag bis 1943 gewesen, als er 1947 zum „Münchner Mittag“ kam.

Als die Lizenz endlich erteilt wurde, war die Druckerei des Münchener Zeitungsverlages wieder hergerichtet. Wolfgang Huck als Altverleger kam als Lizenzträger allerdings nicht in Betracht. Ludwig Vogl, der im Münchener Zeitungsverlag einst eine Lehre gemacht hatte und nun nach dem Krieg hier wieder arbeitete, vermittelte zwischen Huck und den Lizenzträgern, so daß ein Pachtvertrag für die Druckereianlagen und die Gebäude auf freiwilliger Basis zustande kam, der menschliche wie wirtschaftliche Härten vermeiden half. Nach Sterns Tod setzte sich Heinrich für Ludwig Vogl als zweiten Gesellschafter ein, was noch im September 1947 genehmigt wurde. Heinrich gründete die Neue Münchner Verlags GmbH, an der Vogl mit 10% beteiligt war. Als nun, nach dem Willen der Information Control Division, Dr. Felix Buttersack als Dritter zum „Münchner Mittag“ stieß, trat Heinrich die Hälfte seiner Gesellschafteranteile an ihn ab.

Ursprünglich hatten sich die amerikanische Militärbehörde und Stern dafür stark gemacht, daß der „Münchner Mittag“ eine mittags erscheinende Boulevardzeitung sein sollte. Papiermangel und die gegenlaufenden Pläne der anderen Lizenznehmer verhinderten die konkrete Umsetzung. Sterns Tod beendete die Diskussionen über eine boulevardmäßige Aufmachung. Die Verantwortlichen im Verlag waren sich freilich nur allzu klar darüber, daß die bevorstehende Währungsreform den Papiermangel beseitigen würde, was wiederum die Konkurrenz zur „Süddeutschen Zeitung“ verschärfen würde. Deren einjähriger Erscheinungsvorsprung, ihre doppelte Auflage und ihre allgemein anerkannte Qualität machten jede Hoffnung zunichte, daß der „Münchner Mittag“ Boden gewinnen könnte. Schließlich einigten sich die Herausgeber darauf, sich verstärkt den umliegenden Landkreisen zuzuwenden, um

---

35 Was die Lebensläufe der Lizenzträger angeht, so folgen die Angaben Hans Kapfinger, a. a. O., S. 70.

sie mit „Heimatblättern in der Großstadtzeitung“ zu versorgen. Es sollte ein Netz von Heimatredaktionen geschaffen werden, das den in München gestalteten Mantel mit wechselnden Lokalteilen ausstatten sollte. Dafür mußten allerdings Erscheinungsweise und Titel geändert werden, wofür die Erlaubnis der Militärregierung eingeholt wurde.

Am 2. Januar 1948 erschien die erste Ausgabe des „Münchner Merkur“, bis zum Sommer 1948 waren die Lokalredaktionen (in Dachau, Ebersberg, Erding, Freising, Fürstenfeldbruck, Wolfratshausen und Starnberg) soweit eingerichtet, daß neun Bezirksausgaben produziert werden konnten, die sich durch zwei lokale Wechselseiten unterschieden. Der neue Name weist auf eine der ältesten Münchner Zeitungen hin, die „Mercurii Relation“ von 1680.[36]

Angesichts der erwarteten Aufhebung der Lizenzpflicht, was Neu- bzw. Wiedergründungen von alten Heimatzeitungen und damit Konkurrenz bedeutete, boten die Herausgeber den Altverlegern „Mitverlegerschaften“ an. Die Verleger sollten auf Provisionsbasis die Anzeigenakquisition und den Vertrieb übernehmen; Redaktion und technische Herstellung sollten weiterhin der Neuen Münchner Verlags GmbH vorbehalten bleiben. Darüberhinaus „pachtete“ der Münchner Verlag die Titel der 1945 oder früher eingestellten Blätter, deren Traditionen teilweise bis ins 19. Jahrhundert zurückreichten.

Bis 1950 stiegen insgesamt zehn alte, oberbayerische Zeitungshäuser in diese skizzierten Kooperationsverhältnisse ein. Später folgten noch weitere Verlage.[37] Damit konnte der „Merkur“ sein Verbreitungsgebiet deutlich über die Grenzen hinaus ausdehnen, die die Amerikaner ihm einst gesteckt hatten. Auch die Fusion mit der Lizenzzeitung „Hochland-Bote“ am 1. 4. 1950, der ursprünglich eine Startauflage von knapp 45 000 Exemplaren gehabt hatte, brachte dem „Merkur“ neue Leser. Die Auflage des „Merkur“ kletterte zunächst von gut 100 000 Exemplaren[38] auf 178 000 Stück am Ende der Lizenzzeit, fiel dann freilich kräftig ab (1952: 140 000 Stück). Mit dem „Oberbayerischen Volksblatt“ in Rosenheim wurde vereinbart, daß es den Mantel des „Merkur“ übernahm, so daß dieses seine überregionale Redaktion auflösen konnte. Damit ging einher auch eine Schachtelbeteiligung der beiden Verlagshäuser[39]. Was den Druck anging, so einigten sich die Herausgeber nach dem Ende der Lizenzzeit zunächst mit Wolfgang Huck auf einen Lohndruckvertrag. Da Huck sich ausrechnen konnte, daß eine vierte Zeitung in dem bereits gesättigten Münchner Zeitungsmarkt wenig Chancen haben würde, fusionierten die beiden Unternehmen am 1. 1. 1953 zum Münchener Zeitungverlag, in den Huck Grundstücke, Druckerei und Inventar und die Neue Münchner Verlags GmbH die Zeitung einbrachten. Da der Lizenzträger Heinrich zu diesem Zeitpunkt wegen Krankheit bereits ausgeschieden und ausgezahlt worden war, hielten Wolfgang Huck und sein Sohn Andreas nun 50% der Anteile, Buttersack (37,5%) und Vogl (12,5%) teilten

---

36 Vgl. den Beitrag des Münchner Zeitungswissenschaftlers Karl d'Ester: Der Leser und seine Zeitung; im „Münchner Merkur“ vom 2. 1. 1948.

37 Es handelt sich um die Lokalzeitungen in Garmisch-Partenkirchen, Tegernsee, Holzkirchen, Miesbach, Bad Tölz, Ebersberg, Fürstenfeldbruck, Weilheim, Dachau, Freising und Erding.

38 Die Startauflagen sind dem Beitrag von Heinz Starkulla „Zur Geschichte der Presse in Bayern“ entnommen; in: Verband Bayerischer Zeitungsverleger e. V. (Hg.): 50 Jahre Verband Bayerischer Zeitungsverleger. München 1963, S. 45.

39 Vgl. Graphik über die Beteiligungsverhältnisse der Münchner Zeitungsgruppe.

☎ (089) Redaktion 53 06-0
Anzeigen 53 06-666

tz

70 Pf

München, Donnerstag, 2. März 1989
Nr. 51/9 21. Jahrg. ÖS 10,- * Lit. 1100,- * Din. 2600,-
Postfach 20 06 26, 8000 München 2

Pasing macht mobil gegen Riesen-Floh-markt! Seite 3

Bayern: Schlagen in München die Schotten mit 3:0

Boris sagte Turnier in Dallas ab / Sport Seiten 12 und 13

ANZEIGE

Quellensteuer – nein danke

Legen Sie ihr Geld besser in schone und trotzdem preiswerte Bauernmobel an. Denn das ist eine Geldanlage, an der Sie auch morgen noch Freude haben werden. Besonders, wenn wir Ihnen als Munchens erstem Bauernmobel-Discount solche Super-Angebote machen: **Tellerboard, Fichte gewachst, nur 49,-**, Garderoben-Spiegel mit Schnitzereien (ca. 75 H × 45 B) nur 98,-, Eckbanke inkl. Tisch und 2 Stuhle ab 1198,-, geschwungene Eckhangeschranke mit Glastur nur 298,-, Sprossensofa nur 1198,-. Und vieles mehr. Laufend neue Lieferungen.

Bauernmöbel-Alm,
Landsberger Str. 177, 8 München 2,
Tel. 0 89 / 57 73 76

Chefarzt von

Titelkopf der zweiten Münchner Boulevardzeitung „tz“, aus deren Redaktionsalltag, von den Gründertagen an, die Redaktionsbiene tezetchen plaudert.

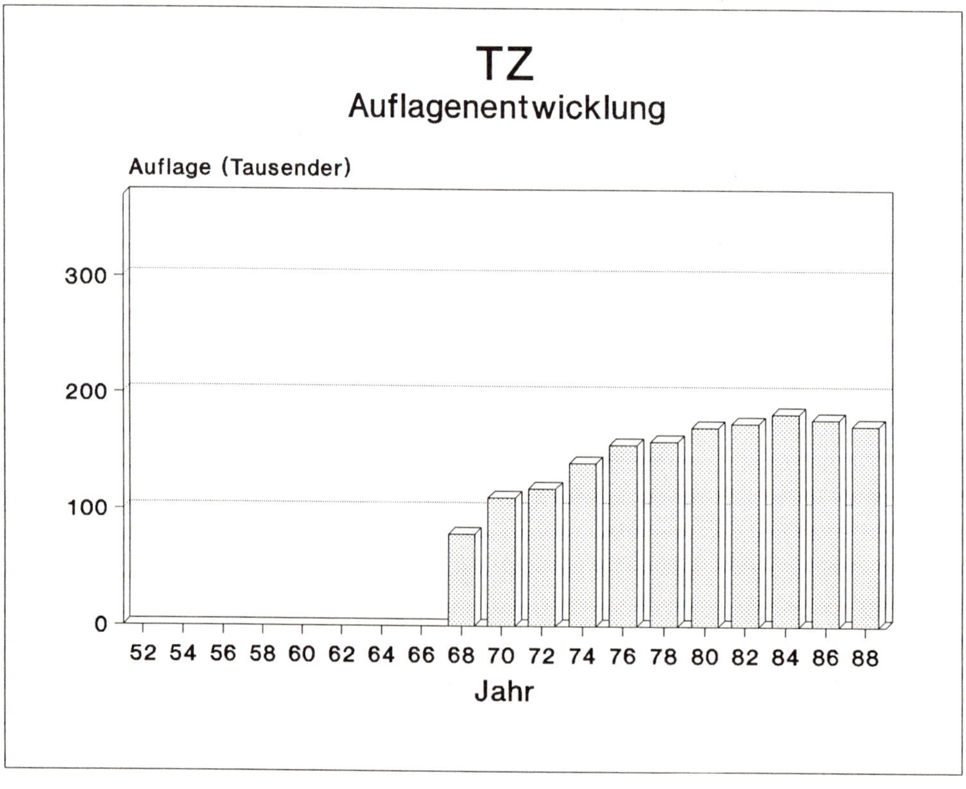

sich die restlichen Anteile. Die technischen Anlagen wurden in den folgenden Jahren modernisiert und ausgebaut. 1967 wurde eine MAN-Hochleistungs-Rotationsmaschine aufgestellt; 1975 folgte eine weitere von Koenig & Bauer.

Mit der „tz" auf die Straße

Im Sommer 1968 geriet der Münchner Zeitungsmarkt gehörig in Bewegung durch die Ankündigung des Springer-Verlages, eine Lokalausgabe der „Bild"-Zeitung für München herauszubringen. Schon wenige Monate nach dieser Ankündigung waren im Verlagshaus an der Bayerstraße die konzeptionellen Überlegungen für ein neues Blatt, das „tz" heißen sollte, abgeschlossen. Eine Marktanalyse des designierten „tz"-Chefredakteurs, Erich Helmensdorfer, positionierte die „tz" zwischen „Bild" und „Abendzeitung": „Die ‚Abendzeitung' war nach Inhalt und Preis zu einer Allein-Lesezeitung geworden und hatte damit die Niederungen des Boulevard verlassen, während die ‚Bild'-Zeitung aus ihrer Struktur heraus den bayerischen Ton nicht traf. ‚Sonnabend' stand auf der Samstagausgabe . . ."[40] Das „tz"-Konzept hieß darum „Kürzer als die AZ und bayerischer als Bild"[41]. Das bedeutete zugleich Beschränkung der Verbreitung auf den Raum südlich der Donau. Gleichzeitig wurde eine Tarifkombination im Anzeigenbereich zwischen „Merkur" und „tz" eingeführt, um den Werbekunden ein attraktives Angebot machen zu können.

Im Rückblick, beim 20. Geburtstag nämlich, erinnert sich Helmensdorfer an die „Viechsarbeit", die nötig war, um eine Redaktion aufzubauen und die technischen Voraussetzungen zu schaffen. Was die Redakteure anging, konnte mindestens zum Teil auf Mitarbeiter zurückgegriffen werden, die „jahrelang als ‚Säulen in der Schlacht' beim ‚Münchner Merkur' standen". Aber auch für die „Techniker" begann 1968 das „Abenteuer Boulevardzeitung", weil völlig neue Formen des Umbruchs und des Layouts nötig waren – und das alles ohne die moderne Fotosatztechik, die erst Ippen einführte.

Die erste Nummer der „tz" begrüßte die Münchener Leser mit dem vertrauten „Grüß Gott (. .)!" auf der Titelseite und skizzierte auch gleich inhaltliche Schwerpunkte: „Am Markt der echten Boulevardpresse aber, der Zweitlesezeitung, zeigen die Marktforscher Lücken, die eine überregionale Mammutzeitung aus dem kühlen Norden unvermeidlicherweise offen läßt. Die tz als urbayerisches Produkt wird mit Münchner Charme und Gelassenheit diese und andere Lücken füllen."[42] Das Redaktionskonzept erläuterte Helmensdorfer rückblickend so: Die für den Leser hautnahe lokale und regionale Berichterstattung war sehr umfangreich, die Nachrichten komprimiert und – nach klassischem Muster – streng getrennt von der Meinung, die in kurzen Glossen und Kommentaren klar verständlich ausgedrückt wurde."[43] Und weiter: „Neben den üblichen Zutaten einer Boulevardzeitung – wobei wir in jenen Jahren der sogenannten sexuellen Aufklärung und Befreiung uns selbst eine Grenze des Anstands zogen, ohne prüde zu sein – waren es journalisti-

---

40 Erich Helmensdorfer: Es war eine Viechsarbeit. In der Sonderbeilage „20 Jahre tz" der „tz" vom 16. 9. 1988, S. 3.

41 ebd.

42 Erich Helmensdorfer: Zum Tage. Toi, toi, toi. In der „tz" vom 18. 9. 1968, S. 2.

43 Erich Helmensdorfer: Es war eine Viechsarbeit; a. a. O.

sche Ideen am Rand, die Gesprächsstoff im Publikum lieferten. ‚tezetchen' berichtete aus der Werkstatt des Zeitungmachens. Zur besseren Orientierung der Leser führten wir große Ziffern auf den Zeitungsseiten ein."[44] Grundsätzlich wird die „tz" siebenspaltig umbrochen, was freilich aufgrund zahlreicher über zwei und mehr Spalten laufender Texte oder Bilder manchmal nur noch in groben Zügen erkennbar ist. Das Rathaus stand der „tz" immer näher als die große Weltpolitik, dazu gesellte sich der Sport, die Kultur, das Fernsehen, „der Klatsch, schöne Katzen und andere (große) Tiere"[45].

Eine glückliche Hand bewies die Redaktion der ersten Stunde bei der Wahl des Zeichners. Horst Haitzinger gehört heute zu den bekanntesten Karikaturisten Deutschlands. Viele seiner gezeichneten Kommentare zum Tagesgeschehen sind mittlerweile zu Klassikern geworden.

Gestartet wurde 1968 bei gut 78 000 Exemplaren, drei Jahre später wurden schon 121 000 Exemplare verkauft, mittlerweile hat die „tz" im Wochendurchschnitt eine Verkaufsauflage von 173 596 Exemplaren[46]. Sie wird herausgegeben vom Zeitungsverlag tz München GmbH & Co. KG. Gesellschafter sind die gleichen wie beim Münchener Zeitungsverlag.

Der Umbruch

Der eingangs grob skizzierte Umbruch, den Ippens Engagement in der Münchner Zeitungsgruppe auslöste, hat eine Vorgeschichte, die bis 1969 zurückreicht. Damals wurden erstmals Gerüchte laut, daß Gesellschafter Buttersack sich von seinen Anteilen trennen wollte, nachdem sein einziger Sohn tödlich verunglückt war. Tatsächlich trennte er sich jedoch erst 1976 von 24,9%, die der Springer-Verlag übernahm. Gleichzeitig erwarb er von Edith und Axel Huck deren 14%; und er gab dem Springer-Verlag eine Option auf seine restlichen Anteile, wodurch Springer – sofern vom Kartellamt genehmigt – in den Besitz der Anteilsmehrheit gelangt wäre.

Die erfolgten Auszahlungen an Gesellschafter hatten die Rücklagen überstiegen, die – nachdem sie nur buchmäßig vorhanden gewesen waren – nur durch Kredite in Millionenhöhe beschafft werden konnten. Nun standen die Eigentümer vor der Frage, „mit welchen Mitteln sie den gewaltigen Anforderungen gerecht werden könnten, welche durch die neuen Technologien im Zeitungswesen auf sie zukommen würden".[47] Die Liaison mit einem kapitalkräftigen Presseunternehmen war das Gebot der Stunde, um an die für eine Neuorganisation und Modernisierung des Verlages nötigen Finanzmittel zu kommen. Im Juli 1978 setzte das Bundeskartellamt dem Werben ein Ende. Dem Springer-Verlag wurde untersagt, die Anteilsmehrheit zu übernehmen, weil er damit eine überragende Marktstellung für Kaufzeitungen im Raum München erreichen würde. Damit war allerdings Axel Springers Bereitschaft geschwunden, in München zu investieren.

[44] Erich Helmensdorfer: Es war eine Viechsarbeit; a. a. O.
[45] Hans Riehl: Zum Tage. Eine Bilanz. In der Sonderbeilage „20 Jahre tz" vom 16. 9. 1988.
[46] Lt. IVW-Liste 4/1988.
[47] Zitiert nach Herbert Riehl-Heyse: Das Haus der vielen Anschläge. In der „Süddeutschen Zeitung" vom 3./4. 4. 1982.

Wieder auf der Suche nach potenten Mitstreitern stießen die Verleger schließlich auf die Ippen-Gruppe. „Der (..) Firmenchef sieht seine Rolle bescheidener. Zu einer Ippen-Gruppe könne man nur jene Tageszeitungen zählen, die ihm, bzw. seiner Mutter Käthe Ippen mit einer Kapitalmehrheit gehörten. Dies aber träfe ausschließlich auf den ‚Westfälischen Anzeiger' in Hamm, die ‚Allgemeine Zeitung der Lüneburger Heide' in Uelzen und die ‚Leine Deister Zeitung' in Gronau zu", erklärte er vor knapp zwei Jahren dem Interviewer der Fachzeitschrift ZV+ZV[48]. Diese Blätter bringen es zusammen auf eine verkaufte Auflage von knapp 80 000 Stück. Über die Beteiligung beim „Westfälischen Anzeiger" kommt freilich Presse-Power zusammen. Im Branchenblatt ZV+ZV hat man 1987 ausgerechnet, daß sich die Auflagenwerte aller Zeitungen, an denen Ippen beteiligt ist, auf knapp 700 000 Exemplare addieren lassen.[49]

In München verteilen sich die Anteile, nachdem sich die alten Gesellschafter vollständig zurückgezogen haben, nun wie folgt. Käthe Ippen erwarb vom Springer-Verlag dessen 24,9% der Anteile. Altverleger Buttersack veräußerte seine 26,4% an die Graphischen Betriebe Emil Griebsch KG in Hamm/Westfalen, die zu Ippens Verlagsgruppe gehören. Damit gehören knapp mehr als die Hälfte der Anteile direkt oder indirekt Dr. Dirk Ippen. Das größte Stück, für sich allein genommen, besitzt allerdings der Verlag des „Oberbayerischen Volksblattes" in Rosenheim, nämlich 29,2% der Anteile, die er Andreas Huck abgekauft hat. Ludwig Vogl, der gegen eine Mehrheits-Beteiligung von Ippen war, verkaufte seine Anteile an den alten Konkurrenten, den Süddeutschen Verlag. Die restlichen 7% hält der Herausgeber des „Oberbayerischen Volksblattes", Alfons Döser.[50]

In den folgenden Jahren werden, wie erwähnt, einschneidende Schritte getan: Dezentralisation der Satztechnik und des Verlages insgesamt, sowie die überfällige Umstellung von Bleisatz auf Fotosatz. Die Entscheidung für eine völlig neue Zeitungsversandtechnik des Schweizer Herstellers Müller Martini AG setzt einen weiteren Meilenstein für die Weiterentwicklung des Unternehmens, dessen Bedeutung dann vollends deutlich wird, wenn man sich klarmacht, daß zuvor die beinahe täglich anfallenden Beilagen in mühevoller Handarbeit beigelegt werden mußten.

„Charivari" ist ein Lebensgefühl

Am 1. April 1986 gegründet, hat sich der jüngste Hoffnungsträger des Hauses, Radio „Charivari", mittlerweile weit nach oben vorgeboxt. Zum Sendestart war die Situation weniger günstig: Drei private Hörfunksender tummelten sich bereits seit über einem Jahr auf den Münchner Lokalwellen. Dennoch machten sechs neue Anbieter (Münchener Zeitungsverlag, Neue Welle/Antenne München, tz-Verlag, Radio Intakt, Bayerischer Heimatfunk, Musik + Technik) gemeinsame Sache. Unter der Federführung von Verleger Alfons Döser hob das Sextett Radio „Charivari" aus der Taufe. Ein „durchhörbares" Programm, junge Moderatoren, denen man anhört, daß sie in der Weltstadt mit Herz zuhause sind, sieben Reporter, die täglich in München unterwegs sind, haben dem Sender zum Erfolg verholfen. Jeden Morgen spricht

---

48 Hans-Jürgen Jakobs: Eisern nach oben. In ZV + ZV, Heft 15/1987, S. 28.
49 Vgl. Hans-Jürgen Jacobs: Eisern nach Oben. ZV + ZV, Heft 15/1987, S. 28.
50 Vgl. Impressum des „Münchner Merkur" vom 2. 1. 1987.

Stadtrat Gerhard Bletschacher eine Kolumne über Interna und Hintergründe der Münchner Stadtpolitik. „Was es sonst noch gibt auf ‚Charivari'? Gartentips und den Morgenreporter, der mit dem Autotelefon unterwegs ist. ‚Charivari' hilft mit, wenn das Tierheim die Devise ‚Herrchen gesucht' ausgibt. Zum ADAC-Studio am Westpark ist eine Live-Leitung geschaltet. Der Sport wird groß geschrieben (. .)."[51] Und fürs Wetter hat der Sender zwar nicht Petrus persönlich, aber immerhin eine Dame vom Wetteramt verpflichtet, die täglich kurz nach neun Uhr vormittags eine ausführliche Prognose gibt und auch mal einen Blick zurückwirft, auf das Wetter vor 50 Jahren. Zu empfangen ist das Programm, das vom Münchner Olympiaturm aus gesendet wird, im S-Bahn-Bereich von München.

Und mit dem Kauf des Weilheimer „Kreisboten" erwarb sich Ippen auch die Antragsrechte auf lokale Frequenzen in Kempten und Kaufbeuren. Kleine Hörfunk-Stationen sollen Ippen einen Teil der lokalen Werbegelder sichern. Was das Privatfernsehen angeht, wehrt Dirk Ippen ab: „Wir sind kein Großverlag, sondern kleine Heimatblätter."

(cp/sf)

---

51 Hans-Dieter Hillmoth: „Charivari" ist ein Lebensgefühl. In der Verlagsbeilage vom 8. 4. 1987, S. 15.

Solides Boulevardblatt mit Pfeffer: Die „Abendzeitung“

Eigentlich sollte die „Abendzeitung“ nur gut 40 Tage lang herausgegeben werden, mittlerweile (1988) konnte sie ihr 40jähriges Jubiläum feiern. Die „Abendzeitung“ war von Anfang an in jeder Hinsicht exzeptionell: Bei der ersten Ausgabe waren nicht die Ereignisse, über die sie berichtete, die eigentliche Sensation, sondern die Tatsache, daß diese Zeitung überhaupt erscheinen konnte. Denn im April 1948 mangelte es zwar nicht an Informationen, um eine Zeitung zu füllen, dafür aber an allem anderen, was man zum Zeitungmachen brauchte: Papier, Druckerschwärze, Rotationsmaschinen, Redaktionsräume ...

Jene ersten 40 Tage hieß die „Abendzeitung“ schlicht „Tageszeitung“ und sie verdankte ihr Entstehen dem damaligen Chef der „Press Branch“ der amerikanischen Militärregierung, Ernst Langendorf. Er hatte die Idee einer internationalen Presse-Ausstellung in München, die einerseits demonstrieren sollte, daß die deutsche Presse zu einem demokratischen Neubeginn fähig war, andererseits sollte sie „nicht bloß zur Gesundung und zum Wiederaufbau etwas beitragen, sondern auch zur Verständigung unter den Völkern (..)“.[1] Doch man befürchtete, daß die Presse-Ausstellung, wenn sie „in der Hauptsache alte Zeitungen aus dem Jahre 1848 oder irgendwelche Kuriositäten aus der Pressegeschichte zeigte“[2], ohne eine Attraktion für die Ausstellungsbesucher zu langweilig wäre. Die Attraktion war bald gefunden: „(..) und da ist uns die Idee gekommen, teils von Friedmann, teils von meinem Büro, wir müssen mitten in dieser Halle am Eingang einen Zeitungsbetrieb aufbauen, wo der Besucher dieser Ausstellung sehen kann, wie eine Zeitung entsteht. Vom Einlaufen der ersten Nachrichten über Fernschreiber in die Redaktionsbüros, wo redigiert wird, (..) bis hinten die gedruckte Zeitung rauskam.“[3]

Werner Friedmann, Gründer der „Abendzeitung“

Einer der geistigen Väter der „Tageszeitung“ wurde dann auch ihr Chefredakteur: Werner Friedmann. Er war vierter Lizenzträger der „Süddeutschen Zeitung“[4] und leitete zunächst deren Lokal-Ressort, später die Chefredaktion. Nach 12jährigem Berufsverbot unter dem Hitlerregime war Werner Friedmann ein Journalist der ersten Stunde im demokratischen Deutschland. Die Idee einer ganz neuen Zeitung faszinierte ihn und den Stab von jungen Redakteuren, vorwiegend aus den Redaktionen der „Süddeutschen Zeitung“ (SZ) und des „Münchner Merkur“ (MM), die die „Tageszeitung“ auf dem Ausstellungsgelände herstellen sollten.

[1] J. W. Naumann: Deutsche Presse-Ausstellung in München. In: Führer durch die Deutsche Presse-Ausstellung, München 1948, S. 4.

[2] Ernst Langendorf im Gespräch vom 31. 7. 1985, zitiert nach Barbara Tremel: Die Münchner Abendzeitung. Unveröffentlichte Magisterarbeit, München 1985, S. 9.

[3] ebd.

[4] Werner Friedmann studierte vor dem Krieg Zeitungswissenschaft und war dann Redakteur der „Süddeutschen Sonntagspost“ in München.

Anneliese Friedmann, heute Herausgeberin der „Abendzeitung", schildert die Stimmung unter den jungen Redakteuren damals: „Das Team war begeistert. Nicht, weil wir – gleichfalls eine Sondervergütung – uns mittags in der amerikanischen Kantine sattessen durften, sondern weil wir endlich schreiben konnten, anschaulich und farbig mit der Aussicht, nicht auf zehn Zeilen gekürzt, vor allem aber täglich gedruckt zu werden. Nie wieder hat Schreiben an sich für Journalisten einen solchen Stellenwert erlangt wie damals für uns. Ich weiß das deshalb so gut, weil ich als stolzer SZ-Volontär und einziges Mädchen dabei war."[5]

Tatsächlich war die „Tageszeitung" die erste Zeitung im Nachkriegsdeutschland, die wirklich täglich hergestellt werden konnte. Aufgrund der Papierknappheit konnten die schon lizenzierten Zeitungen nur zwei- bis dreimal wöchentlich und nur mit einem Umfang von vier bis sechs Seiten erscheinen.[6] „Die amerikanische Pressekontrollbehörde mit Ernst Langendorf an der Spitze gab eine Sonderlizenz für die 40 Ausstellungstage. Und eine Sonderzuteilung an Rotationspapier: 60 Tonnen, für die ein Einkaufspreis von 24 000 Reichsmark einkalkuliert war. Heute werden für eine einzige Wochentagsausgabe der ‚Abendzeitung' an die 50 Tonnen gebraucht."[7] Welcher persönlicher Einsatz und Einfallsreichtum damals nötig waren, um die nötigen Rotationsmaschinen, die Setzmaschinen, die Prägepresse und die Setzkästen samt Bleilettern zu organisieren und den Transport nach München zu bewerkstelligen, kann man sich heute kaum mehr vorstellen. Schließlich aber war es soweit: Am 6. Mai 1948, dem Tag der Ausstellungseröffnung, drückte der damalige bayerische Ministerpräsident Dr. Ehard auf den Knopf der Rotationsmaschine, die erste Ausgabe der „Tageszeitung" ging in Druck.

Schon bei der ersten Vorbesprechung am 1. April 1948 mit dem Redaktionsteam legte Werner Friedmann die Richtlinien der Zeitung fest, die prinzipiell auch noch heute für die „Abendzeitung" gelten. Das Blatt sollte „flott aufgemacht werden, trotzdem seriös sein, die ‚klassischen' Ressorts einer Zeitung berücksichtigen (Politik, Wirtschaft, Kultur, Sport, Lokales) und dabei immer das Interesse des Durchschnittslesers im Auge behalten. Und aktuell, schnell sollte die Zeitung vor allem sein."[8]

Von ihrem heutigen Erscheinungsbild war die „Tageszeitung" und die spätere „Abendzeitung" allerdings noch weit entfernt; „eine Boulevardzeitung im heutigen Sinne war sie noch nicht, vielmehr in Aufmachung und Konzeption eher eine klarer und luftiger geordnete Abonnementzeitung".[9] Unterhaltender Lesestoff wurde zwar auch angeboten, politische Berichte aber, streng nach amerikanischem Vorbild in Meinung und Nachricht getrennt, überwogen eindeutig.[10] Die Lust am Experimentieren, der Mut, neue Wege zu beschreiten, manifestierte sich schon in diesen ersten Tagen der „Abendzeitung": „Sie, die ‚Tageszeitung' startete während ihres 40-Tage-Lebens zwei Aktionen, damals unerhört, heute selbstverständliche Routine einer

---

5 Anneliese Friedmann in der Jubiläumsausgabe „40 Jahre Abendzeitung" vom 16./17. Juni 1988, S. 2.

6 vgl. Barbara Tremel, a. a. O., S. 10.

7 Wilhelm Saekel: „Tageszeitung/Abendzeitung". Erinnerung an die Entstehung der Münchner Abendzeitung. Typoskript, undatiert. Privatarchiv Werner Meyer.

8 Wilhelm Saekel, a. a. O.

9 Anneliese Friedmann, a. a. O.

10 vgl. Peter Faist: Von der Behandlung der Nachricht in der amerikanischen Presse. Band 2, München 1950.

Boulevardzeitung zur Leser-Blatt-Bindung, nämlich eine Schönheitskonkurrenz ‚Die schönste Münchnerin' und ein Preisausschreiben ‚München in 100 Worten'. Beides wirkte auf die Bewohner des grauen Trümmerhaufens, der München damals war, wie exotische Leuchtzeichen aus einer Welt, an die wir noch nicht zu glauben wagten."[11]

Die „Tageszeitung" erschien während der Presseausstellung vom 6. Mai bis zum 15. Juni 1948 täglich mit einem Umfang von 4 bis 6 Seiten. Die Münchner waren begeistert, die 20.000 Exemplare, die für die Landeshauptstadt bestimmt waren, gingen für 20 Reichspfennige pro Ausgabe weg wie die warmen Semmeln. Die restlichen 50.000 Exemplare wurden in alle Besatzungszonen Deutschlands geliefert.

Die „Tageszeitung" wird zur „Abendzeitung"

Werner Friedmann warnte schon in der ersten Ausgabe der „Tageszeitung" die Leser davor, die Zeitung, jenen „allzu bunten und zu früh ausgeschlüpften Schmetterling", „um Sentimentalitäten zu vermeiden", nicht allzu lieb zu gewinnen.[12] Dann mochte er sich aber selbst auch nicht mit dem Gedanken anfreunden, die „Tageszeitung" mit dem Ende der Presse-Ausstellung sterben zu lassen. Schon in der Ausgabe des letzten Ausstellungstages wurde auf der Seite 1 bekanntgegeben, daß die „Tageszeitung" zunächst für weitere drei Monate täglich erscheinen sollte. Werner Friedmann aber wollte mehr, er wollte eine Lizenz für sein journalistisches Kind, es sozusagen „legitimieren" und als reguläre Zeitung auf dem Münchner Pressemarkt etablieren. Das war nicht so einfach zu verwirklichen, denn das Lizenzierungsprogramm war in Bayern bereits abgeschlossen. Friedmann aber wollte nicht nur das Fortbestehen der Zeitung sichern, sondern ihm lag auch an der Weiterentwicklung der deutschen Presse insgesamt. Langendorf erinnert sich: „Friedmann fügte hinzu, daß er sich verpflichten würde, diese Zeitung als gemeinnützige Einrichtung zu betrachten, und die Profite, die gemacht werden könnten, würden ausschließlich verwendet für die Ausbildung und das Training von jungen Journalisten. Das hat mir wahnsinnig imponiert und gefallen."[13]

Am 16. Juni 1948 erhielt Werner Friedmann schließlich die Lizenz Nr. 23 vom amerikanischen Pressebüro, am gleichen Tag erschien die Zeitung erstmals unter dem Namen „Abendzeitung", „weil das Blatt damals wirklich gegen Abend in den Straßenhandel kam".[14] Die Numerierung schloß sich allerdings an die der „Tageszeitung" an, so daß die erste Ausgabe als Nummer 42 erschien. Was waren die Themen der ersten „Abendzeitung"? „Es wurde über den Transport neuer Geldscheine durch München berichtet, über Fortschritte beim Zusammenschluß der westlichen Besatzungszonen, über Max Schmelings Entschluß, trotz einer Punktniederlage gegen Walter Neusel noch mal in den Ring zu steigen, und über das Wetter (..). Zwei Tage

---

[11] Aus einem Vortrag von Anneliese Friedmann am Münchener Institut für Kommunikationswissenschaft im Rahmen der Vorlesungsreihe „Bayerische Zeitungsverlage" am Mittwoch, 18. 2. 1987. Unveröffentlichtes Typoskript, S. 56.

[12] Werner Friedmann: Unsere Meinung – Vorspruch an den Leser. In: „Tageszeitung" Nr. 1 vom 6. Mai 1948, S. 3.

[13] Ernst Langendorf, a. a. O., S. 13.

[14] Wilhelm Saekel, a. a. O., S. 5.

Die Tageszeitung

Nummer 1
Donnerstag, 6. Mai 1948
Preis 20 Pfennig

DEUTSCHE PRESSE-AUSSTELLUNG MÜNCHEN 1948

Presse-Ausstellung eröffnet

Begrüßungsworte . . .

General Lucius D. Clay

. . . Der Gedanke, eine Tageszeitung in der Ausstellungshalle vor den Augen der in- und ausländischen Besucher herzustellen, ist . . . vortrefflich, . . . weil er Zeugnis ablegt von der Initiative und Findigkeit der deutschen Journalisten und Drucker, die ich zu diesem Unternehmen auf das herzlichste beglückwünsche.

Murray D. van Wagoner

Botschaft Gouverneur Murray D. Van Wagoners: „Mit dieser Ausgabe beginnt das Erscheinen einer der merkwürdigsten Tageszeitungen der Welt. Es ist dies ein

„Ein echtes Stück des Wiederaufbaus"

Unter starker Anteilnahme zahlreicher Ehrengäste aus dem Inland und dem Ausland wurde am Mittwoch vormittag in feierlicher Form in München die große „Deutsche Presseausstellung 1948" eröffnet. Der bayerische Ministerpräsident Dr. Hans Ehard, der amerikanische Militärgouverneur für Bayern, Murray D. van Wagoner, der Oberbürgermeister von München Dr. h. c. Scharnagl, Oberst Gordon E. Textor, der Chef der Nachrichtenkontrolle der amerikanischen Militärregierung für Deutschland, und Johann Wilhelm Naumann, Präsident der Arbeitsgemeinschaft der Zeitungsverlegerverbände in der US-Zone, hielten aus diesem Anlaß Begrüßungsansprachen an die Presse.

Der bayerische Ministerpräsident Dr. Hans Ehard sagte:

„Gemessen an dem Tiefpunkt zu dem vor drei Jahren im allgemeinen Zusammenbruch auch das Presse- der Presse betreffen, sei die wichtigste wohl die, ob sie ganz in die Rolle hineinwachsen werde, die ihr als ein wesentliches Element eines demokratischen Staatslebens zufalle.

leide. Ein Wesensmerkmal einer demokratischen Presse sei die Unabhängigkeit als Korrelat der demokratischen Freiheit. „Es ist nun schwer und letzthin unmöglich, in einem Lande, das in die Abhängigkeit eines besetzten Landes geraten ist, der Presse eine völlige Unabhängigkeit zu gewährleisten. Es ist gut, sich dieser Einschränkungen immer bewußt zu sein, damit keine falschen Anforderungen gestellt werden! Die Demokratie ist noch nicht die ganze Realität unseres politischen Daseins. Aber sie ist uns als Chance der Zukunft gegeben!

Gouverneur van Wagoner, Direktor der Militärregierung für Bayern, sagte in seiner Ansprache unter anderem:

„Noch niemals zuvor hat es in der Geschichte eine Zeit gegeben, in der der freie Austausch von zuverlässigen und unbeeinflußten Nachrichten über die Vorgänge in der

. . an ‚Die Tageszeitung'

Ministerpräsident Dr. Hans Ehard

Die Presse in ihren vielfältigen Erscheinungen, wie sie durch die Aufgabe der Unterrichtung, der Diskussion und der Meinungsbildung bedingt sind, ist aus dem Leben politisch mündiger Völker nicht hinwegzudenken. An ihrem Stand kann der Grad der Reife und Gesundheit des öffentlichen Lebens ermessen werden. Unser einst reiches und hochstehendes Pressewesen hat nicht erst der Zusammenbruch ver-

Sie lesen heute:

Hitlers letzte Tage, Tatsachenbericht von H. R. Trevor-Roper.
Seite 3

Als „Die Tageszeitung" erschienen 1948 die ersten Nummern der späteren „Abendzeitung". „Die Tageszeitung" war lediglich als Experiment zur Deutschen Presse-Ausstellung in München genehmigt, ihre Herausgabe zunächst auf 40 Tage befristet.

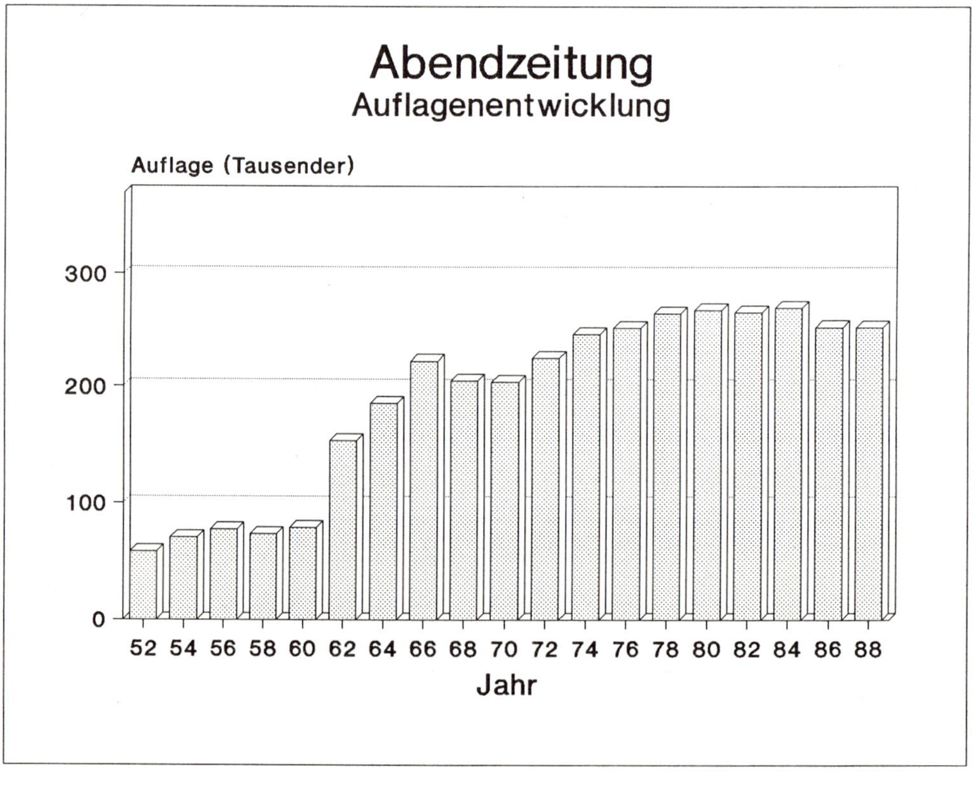

später, in der dritten Ausgabe der ‚Abendzeitung', war die Verkündung der Währungsreform die Schlagzeile."[15]

Gleichzeitig mit der Lizenzierung der „Abendzeitung" wurde auch der zweite Vorsatz Werner Friedmanns in die Tat umgesetzt. Das Werner-Friedmann-Institut wurde gegründet und im Juli 1949 von der bayerischen Staatsregierung als gemeinnützig anerkannt. Werner Friedmann über die Aufgabe des Instituts: „Bei der Förderung des journalistischen Nachwuchses ist nicht an eine wahllose Unterstützung junger Journalisten gedacht. Vielmehr schwebt mir die Einrichtung eines Presse-Instituts vor, in dem jeweils auf die Dauer von zwei Jahren etwa 20 außergewöhnlich begabte junge Journalisten nach eingehender Prüfung ihres Talents auf Vorschlag der bayerischen Zeitungsverleger bzw. des Journalistenverbandes aufgenommen werden. (...) Die ‚Abendzeitung', gedacht ein Blatt der jungen Journalisten zu sein, (..) soll gleichsam als Bestandteil des Instituts Gelegenheit zu praktischer Schulung und Ausbildung geben. Die 20 jungen Leute sollen nach Beendigung ihrer Ausbildung eine wahrhaft journalistische Elite darstellen, und jede Redaktion soll stolz darauf sein können, einen Schüler dieser Lehrgänge nach Beendigung der Ausbildung bei sich aufnehmen zu können. (...) Es gilt, unserem Beruf wieder jenes Ansehen in der Öffentlichkeit zu verschaffen, dessen er bedarf, um seine Aufgaben zu meistern."[16]

Das Werner-Friedmann-Institut erschien im Impressum der „Abendzeitung" bis zum Juli 1950 als Herausgeber. Vom Januar 1951 bis zum Oktober 1953 war im Impressum vermerkt: „Der Reingewinn der ‚Abendzeitung' dient der Ausbildung und Förderung des journalistischen Nachwuchses in Deutschland." Im Juli 1950 wurde der Verlag „Die Abendzeitung" GmbH gegründet, der fortan im Impressum auch als Herausgeber erscheint. Gesellschafter des Verlages waren Werner Friedmann mit 2/3 der Anteile und Hans Dürrmeier[17] mit 1/3 der Anteile[18]. Die ursprüngliche Form des „Non-Profit"-Unternehmens wurde aufgegeben; im Impressum erschien noch bis zum Januar 1954 der Hinweis, daß „ aus dem Ertrag der ‚AZ' (..) Mittel zur Ausbildung des journalistischen Nachwuchses zur Verfügung gestellt werden", dann fehlten Hinweise auf das Werner-Friedmann-Institut ganz. Dies wurde aber bis zu seiner Schließung 1959 weiterhin von der „Abendzeitung" finanziell unterstützt. Die 1957 gegründete ‚Deutsche Journalistenschule'[19] baute auf den Erfahrungen des Werner-Friedmann-Instituts auf.

---

[15] Wilhelm Saekel, a. a. O., S. 6.

[16] Werner Friedmann: Memorandum für die Abendzeitung. Typoskript, undatiert. Privatarchiv Werner Meyer.

[17] Hans Dürrmeier trat 1946 als Verlagsdirektor bei der „Süddeutschen Zeitung" ein, wurde 1951 ihr Geschäftsführer und 1953 Gesellschafter des Süddeutschen Verlags.

[18] Am 1. 1. 1958 wurde die Rechtsform des Unternehmens in eine Kommanditgesellschaft umgewandelt. Die Kommanditisten waren Werner Friedmann und Hans Dürrmeier.

[19] Gründungsmitglieder der Deutschen Journalistenschule waren der Verband der Zeitungsverleger und der Zeitschriftenverleger, die Arbeitsgemeinschaften der Rundfunk- und Fernsehanstalten sowie der Deutsche Journalistenverband. Vgl. Ulrich Frantz: Die Geschichte der Deutschen Journalistenschule in München unter Berücksichtigung der Journalistenausbildung in München von 1945–1975. Unveröffentlichte Magisterarbeit, München 1980.

Die „chemische Mischung“ der „Abendzeitung“

Wie das Konzept der „Abendzeitung“ vor 40 Jahren entstand, läßt sich heute nur noch schwer nachvollziehen. Anneliese Friedmann, die seit dem Tod Werner Friedmanns im Jahre 1969 die Zeitung herausgibt und von der ersten Ausgabe der „Tageszeitung“ an mit dabei war, beschrieb die Vorstellungen ihres Mannes über die „Abendzeitung“: „Mein Mann wollte zeigen, daß eine Zeitung viel anregender und munterer sein kann als die anderen Zeitungen. Deshalb hat er diese Tageszeitung konzipiert. Ich könnte mir vorstellen, daß die munteren Berliner Blätter Vorbilder waren.“[20]

Unter Konzeption darf man bei der „Abendzeitung“ auf gar keinen Fall eine starre, für die Ewigkeit geltende Ansammlung von Richtlinien für die Redaktion und die Aufmachung der Zeitung verstehen. „Eine moderne Straßenverkaufszeitung greift mitten ins Leben, sie bietet nicht nur die konventionellen Spalten wie Politik und Wirtschaft, Kunst und Wissenschaft, sie jagt dem ‚interessanten Fall‘ nach, berichtet über den Sensationsprozeß, deckt Skandale auf, prangert Mißstände an, stellt schöne Damen vor und sorgt für allerlei Klatsch. (...) Das alles zusammengenommen, eine Art von chemischer Mischung, kann in primitiver und billiger Form, aber auch mit Stil und Niveau dargeboten werden. Die ‚Abendzeitung‘ (..) möchte eine junge, lebendige, unkonventionelle Zeitung sein, die die Schlagzeile nicht scheut, aber bei allem Temperament solide, bei allem Pfeffer intelligent gemacht ist.“[21]

Die Seite 1, das „Gesicht“ einer Straßenverkaufszeitung muß schon den flüchtigen Betrachter zum Kauf animieren. Aktualität und Pfiff muß die Schlagzeile haben, die Formulierung soll eingängig und so abgefaßt sein, daß der Leser auf den ersten Blick weiß, worum es sich handelt. „Bonn stoppt Ausbau der S-Bahn“[22], „Wir rochen Benzin – dann flog alles in die Luft“[23], „So wurden 2 Polizisten zu Mördern“[24], „Aids-Infizierte als Ärzte und Krankenpfleger“[25], diese Schlagzeilen der „Abendzeitungs“-Ausgaben einer Woche machen das Themenspektrum deutlich: Politik, Katastrophen, Verbrechen und soziale Probleme, alles ist vertreten, die „chemische Mischung“ eben. Dabei gelten durchaus strenge Regeln, was die Themen und Worte der Schlagzeile betrifft: „Zwei Themengebiete sollte der Boulevard-Journalist bei aller Freiheit, in leichter Übertreibung stets bis an die Grenze des Erlaubten zu gehen, wie die Pest meiden: das Vulgäre und das Provinzielle. Sie sind der Tod seiner Zeitung!“[26] Erwünschte Wörter in der Schlagzeile sind „Mutter, Zärtlichkeit, Affäre, glücklich, D-Mark, Geliebte, sanft, Sonne, Mord (aber nicht Blut!), Tod (aber nicht Menschenleiber!)“, geradezu verboten sind dagegen Wörter wie „Strichjunge, Zuhälter“.[27]

---

[20] Anneliese Friedmann im Gespräch vom 25. 9. 1985, zitiert nach Barbara Tremel: Die Münchner Abendzeitung. Unveröffentlichte Magisterarbeit, München 1985, S. 18.

[21] Werner Friedmann: Jubiläumsschrift der „Abendzeitung“: „20 Jahre jung“. Undatiert, Privatarchiv Werner Meyer.

[22] Schlagzeile der „Abendzeitung“ am 6. 7. 1987.

[23] Schlagzeile der „Abendzeitung“ vom 9. 7. 1987.

[24] Schlagzeile der „Abendzeitung“ vom 10. 7. 1987.

[25] Schlagzeile der „Abendzeitung“ vom 11./12. 7. 1987.

[26] Werner Friedmann, Rundschreiben an alle Redaktionsmitglieder der AZ, 7. 9. 1962. Privatarchiv Werner Meyer.

[27] ebd.

Neben dem Aufmacher werden über dem Bruch möglichst noch ein bis drei weitere Themen angerissen, mit Verweisen auf die Berichte in den entsprechenden Ressorts. Unter dem Bruch findet sich „Lesestoff", kleine, abgeschlossene Berichte, wiederum aus allen Themenbereichen. Auch hier wird auf Kommentare oder ausführlichere Berichte im Inneren verwiesen.

Das große Seitenfoto, meistens ebenfalls unter dem Bruch, wird oft um kleine Personenportraits ergänzt. Die Umstellung auf Offset-Druck im Dezember 1984 hat die Qualität der Farbfotos so weit verbessert, daß sie jetzt teilweise auch auf Seite 1 verwendet werden. Auch bei der Drucktechnik zeigte die „Abendzeitung" wieder einmal ihre Innovationsfreudigkeit: Sie war die erste Münchner Zeitung, die in der neuen Technik hergestellt wurde. Cheflayouter Klaus Dörner gestaltet mit farbigen Unterlegungen, Graupositiven und verschiedenen Schriftgrößen das „Schaufenster" der „Abendzeitung".

Die Seite 2 ist seit 1961 ausschließlich für die Politik reserviert. Schwerpunkte sind Bundes-, Landes- und Sozialpolitik, Themen mit Bayern- oder Münchenbezug werden bevorzugt. Viel Raum bekommen auch Interviews mit Persönlichkeiten aus Politik und Wirtschaft. Natürlich kann mit ein oder zwei reinen Politikseiten kein Anspruch auf umfassende Berichterstattung erhoben werden. Gerade darin besteht die Besonderheit einer Straßenverkaufszeitung: „Die ehrbare Schwester Tageszeitung macht es sich beispielsweise zur Tradition, eine halbwegs vollständige Chronik der Tagesereignisse zu bieten – auch derjenigen, die im Grunde genommen nur für wenige lesenswert sind. Das Boulevardblatt aber, das die Schwester ergänzen will, muß interessant sein. Und so kann es auf vieles verzichten und darf sich auf das konzentrieren, was wichtig, notwendig und außergewöhnlich ist."[28]

Der Human-touch fehlt auf der Politikseite in der „Abendzeitung" nicht: Ein Schmunzeln ist erlaubt, wenn beispielsweise ein großes Foto Franz Josef Strauß und Hans-Dietrich Genscher als Gartenzwerg-Modelle zeigt[29], oder auch, wie Johannes Rau von Töchterchen Anna mit Buntstiften bemalt wird, damit „Farbe in die Politik kommt".[30]

Seit 1961 haben die Reportage und die zwei Leitartikel „Heute" ihren festen Platz auf der Seite 3. Bei sensationellen Ereignissen kann sich die Reportage aber auch auf die Seite 2 ausdehnen, so zum Beispiel anläßlich der Herborn-Katastrophe.[31] Chefreporter Werner Meyer, Meister seines Faches, macht zur Reportage, was hier und heute aktuell ist. Die große Reportage auf Seite 3 wird heute nur noch von wenigen Zeitungen gepflegt. „Bei der Abendzeitung finden junge Reportertalente eine Bühne. Nicht selten führt der Weg eines Redakteurs von der Seite 3 direkt zu den großen Wochenmagazinen."[32] Menschliche Geschichten, Schicksale, authentische Erlebnisse stehen im Vordergrund des Redaktionsprogramms; Geschichten, die die Menschen in München interessieren oder betreffen.

---

28 Werner Meyer: Boulevardblätter ... Noch ein Plädoyer. In: Deutsche Journalistenschule (Hrsg.): Praktischer Journalismus 11/12 '69, Festausgabe 10 Jahre Deutsche Journalistenschule.

29 „Abendzeitung" vom 7. 7. 1987, S. 2.

30 „Abendzeitung" vom 6. 7. 1987, S. 2.

31 „Abendzeitung" vom 9. 7. 1987, S. 2 und 3.

32 Dr. Uwe Zimmer, Chefredakteur „Abendzeitung", 1988 im Gespräch, S. 11.

Der erste Europacup-Gegner

FC Bayern: Bei Sredets Sofia wird's höllisch

Bericht Seite 9

Abendzeitung

60 Pfennig Nr. 155/28 Freitag, 10. Juli 1987 ÖS 10,– ★ Lit 1100 ★ Din 650,–

Postfach 20 01 04, 8 München 2

B 1017 A ★ ★ ★

Freude an besseren Fotos
SOLIGOR
4,5/80-200
SOLIGOR C/D
Das beliebte Tele-Zoom Baulänge 129 mm, Makro 1:4 574 g leicht.
Bei uns nur 249,–
FOTO · VIDEO · BRILLEN
PINI
Münchens großes Spezialhaus
AM STACHUS TELEFON 59 43 61
St.-Bonifatius-Str. 16 Sendlinger-Tor-Platz 7

„Kampftrinken" im Revier

Rollende Bomben

Rede von

Heutige Kopfgestaltung der „Abendzeitung".

Herr Hirnbeiß

Zeichnung: Fr. Bilek

„200 Polizist'n mehra für München - wo's bloß alle herkemma...?!"

Die Zeichnerin Franziska Bilek schuf mit „Herrn Hirnbeiß" den Typus des Münchner Grantlers, der im Lokalteil der AZ das Leben im Millionendorf mit schlitzohrigen Anmerkungen begleitet.

In der „Abendzeitung" führte erstmals (1952) in Deutschland Hannes Obermaier eine Klatschspalte nach amerikanischem Vorbild ein, die jahrelang unter dem Titel „Hunter notiert" lief.

HUNTER notiert

Teddy Stauffer, ehemaliger Bandleader und heute schwerreicher Hotelbesitzer in Acapulco, kam nach einem achttägigen Faschingsbesuch in München leicht angeschlagen auf seiner mexikanischen Besitzung an. „Mir ist noch schwindlig nach den vielen Adelins, Sabinas, Marisas, Hannelores und Bibis, die ich alle auf Deiner ‚Treibjagd' getroffen habe", schrieb mir Teddy. „Acapulco kommt mir jetzt direkt spanisch vor."

Romanze in meinem Leben. Da ich aber doch nicht so fest überzeugt war, daß er noch eine Erinnerung hatte, blieb ich anonym, denn ich wollte nicht, daß es wie ein Bettelbrief oder ähnlich aussieht. Ich kann mir denken, daß Menschen mit Geld solche erhalten. Ich möchte auch weiter für Ted eine kleine nette Erinnerung an seinem Weg bleiben, von der nur ein Vorname mit einem Du geblieben ist."

Ich kenne jetzt die Adresse von Monika und habe sie an Teddy weitergeleitet (wegen der Blumen).

*

Lill Babs, die gestern bei einer

Stadtbedie

Dr. Fisch

Th. München (E len unsere Gäste schon beim Betre hofes wissen, ob Fleisch in der fragte gestern St

Zum Ressort Reportagen gehört auch die Magazin-Seite, bei der die Themenbreite der Boulevardzeitung nochmals deutlich wird. „Harte", politische Themen wie Umweltschutz stehen neben Berichten über prominente Persönlichkeiten, soziale Mißstände werden genauso beschrieben wie Gesundheits- oder Eheprobleme.

Besonders stolz ist die „Abendzeitung" auf ihr Feuilleton, das weit über Münchens Grenzen hinaus geschätzt wird. Herausgeber Dr. Johannes Friedmann: „Die Bildungsaufgabe unseres Feuilletons besteht vor allem darin aufzuzeigen, wie sich gesellschaftliche und politische Veränderungen im Kulturbetrieb widerspiegeln."[33] Täglich zwei Seiten werden von der Feuilletonredaktion produziert, neben aktuellen Münchner Kulturberichten wird auch über wichtige Ereignisse im gesamten Bundesgebiet berichtet. Unregelmäßig erscheinen Buch- und Plattentips. Im Feuilleton-Kommentar „Fakten und Meinung" wird die kulturpolitische Entwicklung der Stadt kritisch unter die Lupe genommen.

Unvergessen ist Ursula Kardorffs Kolumne „Durch meine Brille", die im Feuilleton über „Heidegger und Hochseebäder, Hippies und Happenings, über Parties und Preise, Paris, Poesie, aber auch über Protestierer, denen ihre Zuneigung gehört", schrieb[34]. Maßstäbe für die Filmkritik setzte Ponkie mit ihren geschliffenen Verrissen.

Der Sportteil umfaßt regelmäßig drei Seiten, am Montag wird über die Ereignisse des Wochenendes auf sechs Seiten berichtet. Auch hier regiert das Boulevard-Prinzip, die Geschichten so oft wie möglich an Personen festzumachen.

Am umfangreichsten ist natürlich der München-Teil der „Abendzeitung". Auf täglich zwischen vier und acht Seiten manifestiert sich die „chemische Mischung" aus Politik, Sex and crime, Gerichtsreportagen, sozialkritischen Berichten, Lebenshilfe etc. Der Aufmacher auf der Aufschlagseite ist meistens ein kommunalpolitisches Thema, in der Lokalspitze „Lieber AZ-Leser" werden die Eigenheiten Münchens ironisch, aber mit deutlich spürbarem Lokalpatriotismus aufs Korn genommen.

Ebenfalls im Lokalteil findet sich die Kolumne „Leute". Werner Friedmann, allem Neuen gegenüber aufgeschlossen, folgte 1952 dem Vorschlag seines Redakteurs Hannes Obermaier, die erste institutionalisierte „Klatschspalte" in einer deutschen Zeitung einzuführen. „Friedmann hatte ein Auge darauf, daß dem ‚Menschlichen' genügend Raum gegeben wird. Das hatte auch einen durchaus demokratischen Aspekt. Dahinter stand die bewußte Absicht, die Menschen vom Sockel zu holen ..."[35] Hannes Obermaier wurde auf einer USA-Reise zur Idee der Klatschspalte angeregt, wo Gesellschaftsberichterstattung – hauptsächlich über Filmleute – schon lange eine ständige Rubrik der Gazetten war. Die Kolumne „Hunter notiert" erschien bis 1970, dann erfolgte die „Wachablösung am Schlüsselloch" (Überschrift in der „Abendzeitung" vom 29. April 1970), Hunter ging, Michael Graeter kam. Seit dessen Weggang von der „Abendzeitung" 1983 wird „Leute" von wechselnden Redakteuren geschrieben.

---

33 Dr. Johannes Friedmann: Gedanken zum Feuilleton. Typoskript 1988, unveröffentlicht, S. 11.

34 „Jubiläumsschrift der „Abendzeitung": „20 Jahre jung". Undatiert, Privatarchiv Werner Meyer.

35 Werner Meyer im Gespräch vom 24. 5. 1982, zitiert nach Susanne Mauck: Zur Problematik und Entwicklung des Klatschjournalismus – dargestellt am Beispiel der Münchener „Abendzeitung". Unveröffentlichte Magisterarbeit, München 1982, S. 62.

Mit der Seite „Modernes Leben“ werden die Interessen der jüngeren Leser befriedigt. Hintergrundberichte über Popstars, neue Modetrends und witzige Meldungen bieten unterhaltenden Lesestoff.

Die meistgekaufte Zeitung Münchens

Werner Friedmanns Konzept ging auf, die „Abendzeitung“ kam bei den Münchnern an. 1948 ging sie mit 50 000 Exemplaren auf den Markt. Die 100 000-Exemplare-Grenze wurde allerdings erst überschritten, als Werner Friedmann 1961 seine Tätigkeit bei der „Süddeutschen Zeitung“ aufgab und sich ausschließlich der „Abendzeitung“ widmete. Er setzte wieder mehr auf politische Themen, eine insgesamt seriösere Linie und leitete damit einen wahren Auflagenboom ein. Von 1961 bis 1965 steigerte sich die Auflage der „Abendzeitung“ von 85 000 auf 185 000 verkaufte Exemplare.[36]

Im selben Zeitraum begannen im Verlag verschiedene Expansionsbestrebungen. Im Dezember 1963 kaufte der Verlag das Nürnberger „8-Uhr-Blatt“. Die Nürnberger „Abendzeitung – 8-Uhr-Blatt“ bekam fortan den Mantel von der Ausgabe Süd, wie die Münchner „Abendzeitung“ genannt wird. Neben dem Lokalteil erstellte die Nürnberger Redaktion große Teile des Feuilletons und des Sportteils mit Lokalbezug selbst. Die Auflage liegt bei 37 544 verkauften Exemplaren.[37] Ein weiterer Versuch, in Stuttgart eine Nebenausgabe mit zwei Seiten Lokalteil zu etablieren, wurde im September 1968 unternommen, aber schon ein Jahr später als unrentabel von Anneliese Friedmann wieder eingestellt.

1968 geriet der Münchner Zeitungsmarkt in Bewegung, als der Springer-Konzern eine „Bild München“-Ausgabe ankündigte, der Verlag des „Münchner Merkur“ reagierte sofort, noch ein Jahr bevor dann „Bild München“ 1969 tatsächlich erschien, mit einer bayerischen Boulevardzeitung, der „tz“. Die „Abendzeitung“ sah sich plötzlich mit zwei Konkurrenten konfrontiert. Auch sie reagierte mit Erweiterung, im August 1968 kam die „AZ am Sonntag“ heraus. „Mein Mann hat sie sich als Gegengewicht zu ‚Bild am Sonntag‘ gewünscht. Aus politischen Gründen. Er sagte, man kann Springer den Sonntagsmarkt nicht alleine überlassen.“[38] Aber auch dieses Projekt scheiterte. Kurz nach Werner Friedmanns Tod am 23. April 1969 wurde die „AZ am Sonntag“ wieder eingestellt.

Für den Münchner Markt (Stadt München) hält die Erfolgskurve der „Abendzeitung“ bis heute an. Sie steht mit 29 Prozent Marktanteil[39] der in München verkauften Zeitungen an der Spitze. 217 281 verkaufte Exemplare beträgt die Auflage der Ausgabe Süd insgesamt, dazu kommen noch die 37 544 Exemplare der Ausgabe Nord.[40]

Daß die „Abendzeitung“ trotz des Konkurrenzdrucks die mit am liebsten gelesene Zeitung der Münchner geworden ist, liegt u. a. an der umsichtigen Verlagspolitik.

---

[36] vgl. Barbara Tremel, a. a. O., S. 38.

[37] Errechneter Jahresdurchschnitt IVW-Meldungen 1988.

[38] Anneliese Friedmann im Gespräch vom 25. 9. 1985, zitiert nach Barbara Tremel, a. a. O., S. 84.

[39] laut Eigenangabe des Verlags, 1984

[40] Errechneter Jahresdurchschnitt IVW-Meldungen 1988.

Die Herausgeber Anneliese Friedmann und Alfred Neven DuMont, der 1971 die Anteile von Hans Dürrmeier übernommen hatte, kämpften gemeinsam mit der Redaktion immer wieder aufs Neue um die Leser. Seit Anfang 1987 ist die „Abendzeitung" ganz in Familienbesitz, Johannes Friedmann gibt seit dem Ausscheiden von Alfred Neven DuMont die Zeitung gemeinsam mit seiner Mutter heraus. Johannes Friedmann betonte in seiner Antrittsrede: „Dieses Haus ist ein Familienbetrieb. Es ist kennzeichnend für die Konkurrenzfähigkeit eines solchen Betriebes, daß bei Verhandlungen zwischen Besitzern und Belegschaft die tatsächlichen Möglichkeiten, Zustände und Bedürfnisse des eigenen Hauses im Vordergrund stehen. Dementsprechend müssen die Stärken eines solchen Betriebes genutzt werden: kurze Entscheidungswege auf der einen und Loyalität und Vertrauen im Umgang miteinander auf der anderen Seite."[41]

Die Interessen der 94 Münchner und Nürnberger Redakteure sind durch ein Redaktionsstatut geschützt. Die „Abendzeitung" gehört zu den ersten deutschen Boulevardzeitungen, bei der ein solches Statut, in dem die grundsätzliche Haltung und der Charakter der „Abendzeitung" festgelegt wurden, am 19. August 1972 in Kraft trat. Trotz konzeptioneller Korrekturen, neuer Rubriken und Aktionen, blieb die Linie des Blattes immer erhalten.

Ein großer Teil des Erfolges der „Abendzeitung" resultiert sicherlich aus der engen Beziehung zum Leser, die in jeder Ausgabe gepflegt wird. Bei den häufigen Telefon-Aktionen haben die Leser Gelegenheit, Experten zu aktuellen Themen zu befragen. Dabei steht die praktische Verwertbarkeit im Vordergrund, beispielsweise wie sich die Gesundheitsreform konkret auf den Patienten auswirkt oder wie man mit Drogenproblemen umgeht, an wen man sich wenden kann etc. Die große Resonanz bei Serien und Foren wie „Wer kann sich München noch leisten?" zeigt, daß die „Abendzeitung" den richtigen „Riecher" für die Probleme ihrer Leser hat.

Dazu zählt auch die Freizeitgestaltung, für die die „Abendzeitung" täglich mit einer Fülle von Tips, Adressen und speziellen Service-Leistungen, wie dem AZ-Schneetelefon, aufwartet. Freitags erscheint für diesen Zweck „Extra: großer Wochenend-Service". Schließlich sei an dieser Stelle noch die große alljährliche „Abendzeitungs"-Galaveranstaltung im Circus Krone „Stars in der Manege" erwähnt, die die „Abendzeitung" seit 26 Jahren veranstaltet. Der Erlös dieser Gala, in der Stars aus der Showbranche unentgeltlich auftreten und die von der ARD als Eurovisions-Sendung übertragen wird, kommt alten Künstlern und Journalisten zugute.

Auf die neuen technischen Entwicklungen im Medienbereich reagiert der Verlag ohne Berührungsängste. So erschien von 1982 bis 1985 die „Abendzeitung" als erste Münchner Zeitung mit einer Bildschirmtext-Ausgabe. Da sich dieses Medium aber nicht allgemein durchsetzen konnte, wurde die Bildschirmtext-Abendzeitung wieder eingestellt. Von Anfang an als Experiment geplant war die tägliche Nachrichtensendung in der „Musikbox", die von Oktober 1984 bis zum Sommer 1985 über Kabelfernsehen zu empfangen war. Zwei Redakteure der Zeitung produzierten und moderierten aktuelle Kurznachrichten. Außerdem ist die „Abendzeitung" an dem Privatsender „Radio Gong 2000", München, und „Radio Gong Nürnberg" beteiligt.

---

[41] Johannes Friedmann in der Rede vom 11. 2. 1987 anläßlich der Betriebsversamlung im Vollmar-Haus.

Anneliese Friedmann sieht der Zukunft gelassen entgegen: „Wir sind überzeugt, daß auch im Zeitalter der elektronischen Medien Zeitungen überleben werden, die sich dem Leser unentbehrlich machen, die ihm das Gefühl geben, hier nimmt man sich meiner Nöte an, hier finde ich Leitplanken inmitten der Undurchschaubarkeit des Weltgeschehens, hier werden meine Interessen nicht nur befriedigt, sondern verteidigt. Hier stellt sich meine lokale, kleine Welt dar, von der aus betrachtet sich die große ertragen läßt. Hier bin ich daheim. Sollte das nach Hausschuhen und Provinz klingen, so hören Sie falsch. Die chemische Formel der ABENDZEITUNG wird immer Großstadtluft enthalten, möglichst einen Schuß Weltluft. Das gehört zu ihrer besonderen Art.“[42]

(kn)

---

[42] Aus einem Vortrag von Anneliese Friedmann am Institut für Kommunikationswissenschaft im Rahmen der Vorlesungsreihe „Bayerische Zeitungsverlage“ am Mittwoch, 18. 2. 1987, unveröffentlichtes Typoskript, S. 24.

REGIERUNGSBEZIRK OBERBAYERN

LAND- UND SEEBOTE

AMMERSEE-KURIER

OBERBAYERISCHES VOLKSBLATT

TROSTBERGER TAGBLATT · ALTBAYERISCHE HEIMATPOST

TRAUNSTEINER WOCHENBLATT

BERCHTESGADENER ANZEIGER

REICHENHALLER TAGBLATT

DONAU KURIER

Im Wandel der Zeit:
Der „Land- und Seebote“

Unter den in diesem Band porträtierten bayerischen Tageszeitungen finden sich sieben Blätter, die im Titel den Namen „Bote“ tragen. Schon die häufige Verwendung deutet darauf hin, daß da kein Zufall im Spiel ist. Bemüht man das Grimmsche Wörterbuch, so liest man: Bote ist „der entsendet wird, um zu entbieten, zu verständigen, zu laden, eigentlich um gebot, dann auch andere meldung und nachricht mündlich zu bringen oder zu holen, endlich um Briefe zu tragen (. .)“.[1] Schaut man näher hin, so ist der Bote „ein diener, dienstbote“.[2] Wem der Bote die genannten Dienste leistet, macht ein Blick in die Kommunikations- und Mediengeschichte deutlich. Das Zusammenleben an einem Ort erfordert von alters her kommunikativen Austausch. Die Menschen kommen zusammen, um sich zu beraten und zu planen, um sich zu unterhalten und Interessengegensätze abzugleichen, um Erinnerungen wach zu halten und religiösen Kult zu treiben. Dabei kommt naturgemäß auch das zur Sprache, was von außerhalb der Gemeinde auf die Menschen eindringt, sie betrifft. Weil sich die Menschen andererseits räumlich gegenwärtig sind, kann das sie Betreffende auch konkret am Ort per Versammlung beredet werden. Das Ortsgespräch schriftlich aufzuzeichnen, wäre früher niemandem eingefallen. Lokale Neuigkeiten wurden lokal besprochen. Allein „politische“ Nachrichten wurden schriftlich niedergelegt, um zwischen größeren Handelsplätzen und Residenzstädten durch Boten kundgetan zu werden. Der Landbote nun, vermerkt Grimm, ist ein „bote, der auf's Land geschickt wird“.[3] Er bringt die von auswärts einlaufenden Neuigkeiten unter die (Land-)Leute. Die gegensätzliche Zusammenstellung „Land“ und „See“ kennt schon Grimm; allerdings komme sie eher selten vor, notiert er.[4]

Als der aus dem Bayerischen Wald zugewanderte Franz Xaver Gegenfurtner 1875 drei Probenummern des „Land- und Seeboten“ „für Starnberg und Umgebung“ herausbrachte, zählte Starnberg knapp 1500 Einwohner.[5] „Vielfach schon“, so sprach Gegenfurtner in einem „Prospectus“ seine „verehrlichen Mitbürger“ an, „vielfach schon wurde der Wunsch ausgesprochen, daß für Starnberg und Umgebung ein Wochenblatt erscheine, welches sich zur Aufgabe machen möchte, den Anforderungen der Zeit möglichst zu entsprechen“.[6] Die angesprochenen Mitbürger waren vornehmlich in der Landwirtschaft tätig – bis die Fremden kamen. Gegenfurtner vergleicht sie mit Zugvögeln und schreibt dazu im „Land- und Seeboten“: „Die gefiederten Sänger des Waldes sind teilweise schon angekommen, bauen unter Sang ihre Nester und lockt die herrliche Witterung bereits die Städter aus den Mauern. Einer um den anderen kommt, sucht sich sein Quartier, und wo es ihm am besten dünkt, dort nimmt er seinen Aufenthalt. Starnberg, welches wegen seiner günstigen

1 Deutsches Wörterbuch von Jacob Grimm und Wilhelm Grimm. Leipzig 1854 ff., zweiter Band, Spalte 271.
2 ebd.
3 a. a. O., sechster Band, Spalte 99
4 a. a. O., neunter Band, Spalte 2812.
5 Sonderausgabe des „Land- und Seeboten“ zum 50jährigen Jubiläum der Stadt Starnberg im Mai 1962, S. 4.
6 Herbert J. G. Koenig: Mit der Heimat im Herzen die Weite der Welt erfassen. In der Sonderausgabe des „Land- und Seeboten“ zum 90jährigen Jubiläum, S. 1.

Land- und Seebote.

Wochenblatt für Starnberg und Umgebung.

Probe-No. 1. Sonntag, den 5. Dezember. 1875.

Der Land- und Seebote erscheint jeden Samstag Abends und kostet jährlich 3 Mark, halbjährig 1 Mark 50 Pf., vierteljährig 75 Pf. — Inserate werden die gespaltene Petitzeile zu 10 Pf. berechnet.

Einladung zum Abonnement.

Auf vielfachen Wunsch verschiedener hochgeachteter Herren und Mitbürger wurde ich veranlaßt ein Wochenblatt herauszugeben **„Land- und See-Bote für Starnberg und Umgegend“.** Der Inhalt desselben besteht in kurzen Mittheilungen politischer Ereignisse, Bekanntmachungen und Verordnungen der kgl. Behörden

B 4400 B

Land- und Seebote

112 Jahre Heimatzeitung des Landkreises Starnberg und des Fünf-Seen-Gebietes

Die aktuelle Heimatzeitung mit Herz und Tradition

Amtliche Bekanntmachungen aller Behörden des Kreises

Nummer 80 Donnerstag, 9. Juli 1987 Tel. (08151) 13051 Preis: DM –,50

„Einladung zum Abonnement“ ergeht heute wie damals.

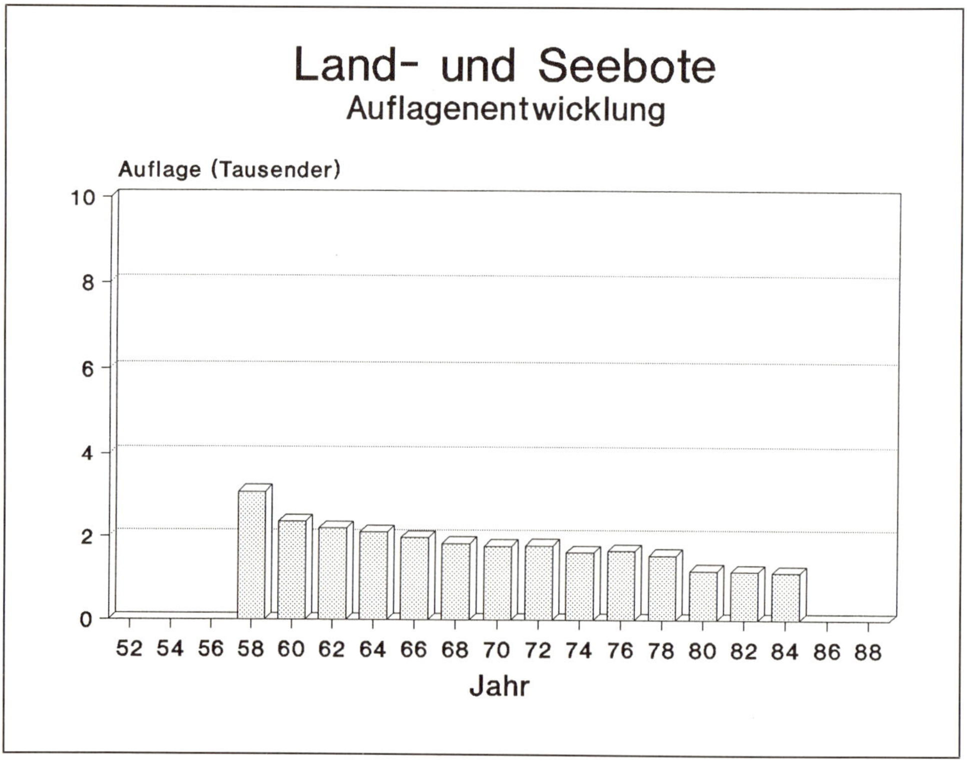

Naturlage stets sehr fleißig von Fremden aufgesucht und als Sommeraufenthalt benutzt wird, erhält häufig den Vorzug vor anderen Orten. Um aber einen Vorzug zu behaupten, dürfte nicht versäumt werden, die Straßen in jenen Zustand zu versetzen, welche die gute Laune des Verbleibens bei dem Fremden bewirkt. Vergessen wir nicht, daß Starnberg nicht uns allein gehört, sondern auch jenen Zugvögeln, welche wir bei uns so gerne verweilen sehen",[7] mahnt Gegenfurtner seine Mitbürger.

Dieses Zitat deutet bereits an, was den „Land- und Seeboten" in seinen Anfängen ausmacht. Da Lokales, wie erwähnt, noch vielfach an Ort und Stelle beredet werden kann (und wird), gehört gerade das „Auswärtige" zu dem, was man in der Zeitung zu finden hofft. Dieses Auswärtige wird von besagten Fremden und Reisenden und „durch schriftliche oder gedruckte Berichte in das lokale Gespräch eingespeist".[8] „Recht bescheiden war (..) der allgemeine politische Teil des ‚Land- und Seeboten'. Er bestand aus einem (..) Überblick über die Weltpolitik, der mangels genauer Informationen oft mit Vermutungen und Gerüchten aufgefüllt wurde. Dazu kam die Meldung, auf welchem ihrer Schlösser sich Kaiser und Könige gerade aufhielten. Was an Informationen fehlte, machte der ‚Land- und Seebote' mit Berichten über Kuriosa aus aller Welt wieder wett",[9] vermerkt der „Land- und Seebote" zu seinem 100. Geburtstag. „Ungewöhnliche Naturereignisse, Himmelszeichen, Mißgeburten (..), Hinrichtungen und Verbrechen, überhaupt die kleinen ‚Zufälligkeiten des täglichen Lebens'"[10] sind klassische Inhalte der entstehenden Zeitungen. In Starnberg war das nicht anders. Die Anekdote und die Klatschgeschichte trösteten die Müßiggänger, ergötzten die Neugierigen und verkürzten lange einsame Winterabende. Statt harter Nachrichten finden sich im ersten Jahrgang des „Land- und Seeboten" lehrreiche Ermahnungen Gegenfurtners oder blumig-poetische Betrachtungen, welche 100 Jahre später in einer Jubiläumsausgabe bezeichnenderweise unter der Überschrift: „Japanische Düngung und der Harem des Paschas" erscheinen.[11]

Das stetige Anwachsen Starnbergs, bis zur Jahrhundertwende hat sich die Einwohnerzahl bereits verdoppelt, schwächt die unmittelbare Beziehung der Menschen untereinander – und macht damit lokale Berichterstattung nötig. Dazu zählen nach wie vor die Fremdenlisten und die Nachrichten, was es bei „Königs" am See Neues gab. (Solange sich Ludwig II. in Berg am Starnberger See aufhielt, war an Klatsch vermutlich kein Mangel). Erste lokale Sportberichte und Vereinsnachrichten kommen „neu" hinzu.

Gegenfurtner baut in den folgenden Jahren die Berichterstattung konsequent aus. Eine Ausgabe pro Woche, bisher am Sonntagmorgen, reicht nun nicht mehr. Zum Druck durch die am Ortsgespräch Interessierten gesellt sich 1879 der Konkurrenzdruck durch den in Weilheim erscheinenden „Starnberger Seeboten". Also fügt Gegenfurtner seinem Blatt einen „Wohnungsanzeiger" und eine saisonale Beilage an, die „Fremdenzeitung", eröffnet eine eigene Druckerei mit Schnellpresse an der Schloßbergstraße[12], und sein Blatt erscheint nun dreimal in der Woche. Bereits 1880

[7] Jubiläumsausgabe des „Land- und Seeboten" zum 100. Geburtstag im Juli 1975, S. 49.
[8] Heinz Starkulla jr.: Gemeinde im Gespräch. München, Mülheim 1988, S. 49.
[9] Jubiläumsausgabe vom Juli 1975, S. 50.
[10] Starkulla, a. a. O., S. 48.
[11] Jubiläumsausgabe vom Juli 1975, S. 49.
[12] Zuvor war der „Bote" in München bei Josef Krämer hergestellt worden.

ist das Rennen gelaufen: Der Starnberger Zeitungsmann kauft die Weilheimer Konkurrenz auf. Die verstärkte Aktivität wird 1882 auch amtlicherseits belohnt. Der „Land- und Seebote" wird amtliches Organ des Amtsbezirks Starnberg und ist bereits weit über die Grenzen des Bezirks Starnberg verbreitet. Zur Jahrhundertwende wird dann das Format der Zeitung vergrößert.

1901 verkauft Gegenfurtner Druckerei und Zeitungsverlag aus Altersgründen an den aus dem bayerischen Mühldorf stammenden Ferdinand Geiger. In seine Ära fallen zwei für den „Boten" bestimmende Ereignisse. Zunächst wird 1902 das Bezirksamt München II aufgelöst, und ein neues Bezirksamt in Starnberg gegründet. Damit sind auch die Verwaltungsfunktionen für den gesamten Bezirk in Starnberg zentriert. Das wiederum stärkt die Position des „Boten". 1908 trennt Geiger Verlag und Redaktion, weil die Anforderungen für einen einzelnen zu viel werden, und holt den Starnberger Heimatdichter Georg Queri als Redakteur zum „Boten". Kaum hatte er sein Haus neugeordnet, verstarb Geiger im Alter von 45 Jahren.

Georg Queri – der Dichter als Lokalredakteur

„Wo Queri war, saß Altbayern am Tisch",[13] charakterisierte einst Ludwig Thoma seinen Freund, den Satiriker, Theaterstückeschreiber und Sprachwissenschaftler Georg Queri, der von 1908 bis 1914 beim „Land- und Seeboten" beschäftigt war. „Während und nach seiner Zeit als Lokalredakteur in Starnberg hat Georg Queri seine bekanntesten Werke geschrieben, so die ‚weltlichen Gesänge des Egidius Pfanzelter von Polykarpszell', ein satirischer Vorläufer der drei Jahre später erschienenen Filserbriefe, und die volks- und sprachkundlichen Werke ‚Bauernerotik und Bauernfehme in Oberbayern', ‚Kraftbayerisch' und der ‚Bayerische Kalender auf das Jahr 1913'".[14]

Starnbergs Stadtgespräch wurde anno 1908 durch das Vereinsleben, die Feste des Kirchenjahres, die Wiederkehr der Sommerfrischler und die erste Motorbootregatta geprägt. Erregte Debatten, die später seitenweise und monatelang die Spalten des „Land- und Seeboten" füllten, entzündeten sich an der Homosexuellen-Affäre des Fürsten Eulenburg und den schon ziemlich konkreten Plänen, eine Eisenbahn am Ostufer zu bauen. Über ersteres deckt man besser den Mantel des Schweigens, die hochfliegenden Pläne von der Ostufer-Bahn kamen vermutlich durch den Ausbruch des I. Weltkrieges nie zum Tragen.

„Queri (..) sah – anders als heute – die Aufgabe eines Lokalredakteurs auch als eine erziehliche an, forderte die Starnberger auf, ihre Bürgersteige in Ordnung zu halten, und die Bauern, wegen der Maul- und Klauenseuche, keine fremden Viehhändler in die Ställe zu lassen. Daneben spürt man auch deutlich das Engagement des Menschen Queri, wenn er glaubte, einem Mitmenschen sei in noch so kleinen Dingen Unrecht geschehen, und das Gespür des Dichters für das Skurrile, den Witz. Der kommt beispielsweise zum Tragen, wenn Queri das Jägerleben im Landkreis betrachtet. Bericht über eine Gemeindejagd in Wangen unter der Überschrift ‚Ein stolzes Jagderlebnis':

---

[13] Otto Walser: Georg Queri – der Dichter als Lokalredakteur. In der Jubiläumsausgabe vom Juli 1975, S. 9.

[14] ebd.

‚In der verpachteten hiesigen Gemeindejagd fand eine Treibjagd statt, an der mehrere Schützen und 71 Treiber, darunter eine Menge Schulkinder teilnahmen. Das Resultat entsprach nicht ganz den Bemühungen. Die Jäger kamen gar nicht zum Schuß, und die einzige Jagdbeute bestand in einem gefundenen toten Hasen, der vermutlich aus Schrecken über die vielen Treiber verendet war.‘

Mehr ‚Erfolg‘ hatte eine andere Treibjagd, über die der ‚Land- und Seebote‘ unter der Überschrift ‚Ein tüchtiger Schütze‘ berichtet:

‚Bei einer Treibjagd im Gemeindewald wurde von einem Schützen auf einen Schuß ein Jäger, ein Treiber, ein Jagdhund und ein Reh angeschossen. Der Treiber ist schwer verletzt. Waidmannsheil!‘

Queris (..) unruhiger Geist trieb ihn zu vielen Aufgaben: er leitete vorübergehend den bayerischen Teil der berühmten Zeitschrift ‚Jugend‘, war regelmäßiger Mitarbeiter des ‚Simplicissimus‘, gab mit Thoma das ‚Bayernbuch‘ heraus. 1914 rückte Queri als Kriegsberichterstatter an die Westfront und prägte hier – ohne Hurrapatriotismus – einen eigenen Stil“,[15] heißt es im „Land- und Seeboten“ viele Jahre später über Queri.

Unruhige Zeiten

Da die Witwe Geigers den Betrieb allein nicht weiterführen konnte, verkaufte sie 1910 Verlag und Druckerei an eine neugegründete GmbH. In dieser wirkten federführend: Josef Sigl (maßgeblich auch beteiligt am Bau der ersten deutschen Drahtseilbahn von Leoni zur Rottmannshöhe) und Josef Jägerhuber sen. (später langjähriger Bürgermeister von Starnberg). Anteile zeichneten weiter Anton Marx, Engelbert Schnell sowie Vinzenz Gresbeck, die sich freilich nicht an der Geschäftsführung beteiligten. Redakteur wurde Joseph Murr als Nachfolger von Queri, bis Josef Jägerhuber jr. (1919 aus der Kriegsgefangenschaft heimgekehrt) selbst die Redaktion des Blattes und 1922 den Verlag übernahm – überaus geschickt im übrigen. Trotz Nachkriegswirren und Inflation wurde die Lokalberichterstattung weiter ausgebaut. Ab 1911 erschien statt des „Wohnungsanzeigers“ das sonntägliche „Unterhaltungsblatt zum Land- und Seeboten“. Die Erscheinungshäufigkeit wechselte wegen Krieg und Inflation in den Jahren vor 1933.[16]

1927 entschloß sich der Verlag, eine Nebenausgabe des „Land- und Seeboten“ herauszubringen, das „Tutzinger Tagblatt – Anzeigenblatt für die Gemeinde Tutzing mit den Filialgemeinden Unter- und Oberzeismering, Diemendorf, Garatshausen und Monatshausen. Publikationsorgan für die sämtlichen gemeindlichen Bekanntmachungen“. Mittlerweile war ein weiterer Redakteur, Otto Michael Knab, eingestellt worden, um den Verleger zu entlasten.

---

15 ebd.

16 Einzelheiten, auch die Titeländerungen betreffend, siehe Anné Markgraf: Der „Land- und Seebote“ – Eine hundertjährige Heimatzeitung und ihre Zukunftsperspektive. Magisterarbeit (unveröff.), München 1983.

Nachdem die „Nationalsozialisten in der den ‚Land- und Seeboten' tragenden GmbH die Mehrheit"[17] übernommen hatten, geriet Otto Knab zunehmend unter Druck. Die Verwirrung der Zeit läßt sich an Knabs letztem Leitartikel ablesen, der 1934 freilich nicht mehr gedruckt werden durfte:[18] „Als der ‚Land- und Seebote' 1933 unter einem Druck, über dessen Ausmaß heute noch nicht gesprochen werden darf, zum NS-Organ umgestellt wurde, habe ich mich (..) unter schweren Kämpfen entschlossen, als Schriftleiter zu bleiben, wenn man mich beläßt (..), um zu verhindern, daß ein Radikalinski unser Heimatblatt zum Hetzblatt macht, sowie in der Hoffnung, das Gröbste verhindern oder manches verhüten und mildern zu können. (...) Als Adolf Hitlers Regierung Schritt um Schritt wirklich Zeichen der Gesundung auslöste, kam ich mit meinem guten Willen mehr und mehr der neuen politischen Idee nahe (..). Es war keine Umstellung von heute auf morgen, keine äußere Gleichschaltung. Und erst als ich im Winter dieses Jahres ein weiteres Stück näher gekommen war, warb ich in rund 70 Artikeln ehrlich um alle, die noch abseits standen, um guten Willen, um Mitarbeit. Immer von dem Motiv geleitet: es geht nicht um das Schicksal der NSDAP, sondern um Deutschland. Dann setzte im Frühling eindeutig die Bekämpfung des Christentums ein. (...) Nun begann auch in Starnberg der Druck gegen die Zeitung. Ich habe meine katholische Weltanschauung nie geleugnet", schrieb Otto Knab 1934 direkt vor seiner Emigration in die Schweiz, von wo aus er sich „auch unter dem Namen Otto Michael eine neue Laufbahn als Schriftsteller"[19] aufbaute.

Über Otto Knabs „Irrtümer" soll hier (schon aus Platzmangel) gar nicht gerichtet werden. (Im nachhinein ist mancher Fehler vermeidbar.) Anzumerken bleibt noch, daß sich das Blatt sicherlich nicht erst durch den katholisch geprägten Kurs des Chefredakteurs in die Schußlinie gebracht hatte. Vielmehr hatte sich Josef Jägerhuber sen., der frühere geschäftsführende Gesellschafter des „Boten", schon früh das Mißfallen der NSDAP-Ortsgruppe zugezogen, die 1925 gegründet worden war. Spätestens nachdem Jägerhuber 1918 eine Ortsgruppe der Bayerischen Volkspartei in Starnberg gegründet hatte, wußte jeder, wem seine politischen Sympathien galten. Nach 1925 hatte Jägerhuber seine Gegnerschaft zur NSDAP offen dargelegt. Insofern mußte es niemand verwundern, daß bereits zwei Tage nach dem Reichstagswahlsieg der NSDAP bewaffnete Starnberger SA-Truppen das Verlagsgebäude des „Land- und Seeboten" stürmten.[20] Sechs Wochen später wurde Jägerhuber in Haft genommen und erst gegen die Zusicherung wieder freigelassen, sich aus der Verlagsleitung zurückzuziehen.

Ab dem 2. Januar 1934 erscheint das Hakenkreuz im Zeitungskopf des „Land- und Seeboten", der sich nun „Land- und Seebote Amtsblatt sämtlicher Behörden und Ämter im Amtsbezirk Starnberg – Mitteilungsblatt der NSDAP. Ältestes und größtes Heimatblatt im Amtsbezirk Starnberg" nennt. Die Zeitung erscheint wie bisher

---

17 Beitrag „110 Jahre ‚Land- und Seebote' – Eine kleine Chronik" in der Sonderausgabe des „Land- und Seeboten" zum 110jährigen Bestehen im September 1986, S. 3.

18 Otto Knab: In Deutschland sind aufrechte Männer nicht geduldet. In der Sonderausgabe des „Land- und Seeboten" zum 90jährigen Jubiläum, S. 7.

19 Vgl. die Erinnerungen Otto Knabs (in der Jubiläumsausgabe vom Juli 1975, S. 37) unter dem Titel: Bedingung war Maschineschreiben und die Bayerische Volkspartei.

20 Vgl. Otto Michael Knab: Kleinstadt unterm Hakenkreuz. Luzern 1934, den Otto Walser zitiert: Kleinstadt unterm Hakenkreuz – Wie die Nationalsozialisten im Landkreis Starnberg die Macht übernahmen. Teil I. In: „Süddeutsche Zeitung" („Starnberger Neueste Nachrichten") vom 29./30. 1. 1983, S. 10.

sechsmal wöchentlich. Die bisherigen Zeitungsbeilagen sowie die Nebenausgabe „Tutzinger Tagblatt" sind bereits seit 31. Dezember 1933 eingestellt. Am 15. Mai 1937 wird der „Land- und Seebote" dem nationalsozialistischen Bayerischen Zeitungsblock,[21] d. h. dem Münchner Buchgewerbehaus Müller & Sohn, einem Zweigbetrieb des NS-Verlags Franz Eher Nachfolger, einverleibt. Dort ist er in der Gruppe IV mit dem „Amper-Boten" aus Dachau, der „Fürstenfeldbrucker Zeitung" und dem „Glonntal-Boten" aus Markt Indersdorf zusammengeschlossen. Die Zwangseinverleibung des „Land- und Seeboten" wird als Verlagszutritt dargestellt, und der Name Josef Jägerhuber als Alibi in der Verlagsbezeichnung weitergeführt.[22] Tatsächlich ist ihm allerdings jedwede Einflußmöglichkeit auf Führung und Gestaltung der Zeitung entzogen.[23] Die Verlagsleitung besteht nun offiziell aus Josef Jägerhuber und dem Münchner Buchgewerbehaus Müller & Sohn. Der Verlagszutritt wird den Lesern mit dem Wunsche Jägerhubers begründet, „für Stadt, Kreis und Bezirk Starnberg eine den Bedürfnissen der heutigen Zeit angepaßte Tageszeitung zu schaffen".[24] Die Zeitung wird mit dem Datum der „Vereinigung" bei Müller & Sohn redaktionell hergestellt, wobei die Lokalredaktion und ein lokales Anzeigenbüro in Starnberg verbleiben. Die gesamte technische Produktion erfolgt bei Müller & Sohn. Der „Land- und Seebote" hat zusammen mit den drei anderen Zeitungen der Gruppe IV einen gemeinsamen Hauptschriftleiter. Die Blätter unterscheiden sich lediglich im lokalen Bezug und Anzeigenteil. Der Titel „Land- und Seebote" bleibt auch nach der Einverleibung bestehen, jedoch wird der Untertitel in „Parteiblatt der NSDAP, Amtsblatt des Kreises Starnberg der NSDAP sowie sämtlicher Behörden im Bezirk Starnberg" umgewandelt. Das Blatt erscheint bis 27. April 1945.[25]

Nach Kriegsende (genauer: vom 9. 6. 1945 – 1. 2. 1946) fristete der „Bote" im Kleinstformat noch ein kümmerliches Dasein als Mitteilungsblatt der Alliierten Militärregierung in Starnberg. Das Blatt durfte zunächst seinen alten Titel weiterführen, was durchaus nicht üblich war,[26] erschien infolge der Papierknappheit nur einmal in der Woche mit einer Auflage von 11 000 Exemplaren und wurde wieder bei Jägerhuber gedruckt.

Experiment in Starnberg

1946 traf das Blatt der Bann der Militärregierung, weil auch andere als nur amtliche Mitteilungen veröffentlicht wurden. 1947 starb Josef Jägerhuber jun. und hinterließ seinem Sohn, wiederum Josef Jägerhuber, ein schweres Erbe. Gerade aus der Gefangenschaft zurückgekehrt – Parallelität der Ereignisse – mußte der jüngste Sproß der Jägerhuber-Dynastie sehen, was aus Druckerei und Zeitung wer-

---

21 Der „Bayerische Zeitungsblock" umfaßte mehr als 20 Zeitungen in einem Gebiet von 90 km Umkreis von München.

22 Vgl. „Land- und Seebote" vom 15. Mai 1937, S. 3.

23 Vgl. Jubiläumsnummer des „Land- und Seeboten" zum 75jährigen Bestehen im Oktober 1950, S. 1.

24 „Land- und Seebote" vom 15. Mai 1937, S. 3.

25 Zwischen 1937 und 1945 wird der Titel mehrfach verändert; Beilagen kommen und gehen. Näheres bei Anné Markgraf, a. a. O., S. 35.

26 Für Bayern ist nur eine weitere Zeitung bekannt, die ihren alten Titel behalten durfte, während sie als Mitteilungsblatt der Militärregierung fungierte. Das ist das „Reichenhaller Tagblatt".

den sollte. Da Jägerhuber von der amerikanischen Militärregierung automatisch als Altverleger eingestuft wurde, obgleich er zu diesem Zeitpunkt gerade 20 Jahre zählte, mußte er sich um einen politisch unbelasteten Lizenzträger bemühen. Dieser fand sich in dem Starnberger Filmverleger Dr. Kurt von Oerthel, der zum Jahresende 1948 eine Lizenz erhielt zur Herausgabe des „Neuen Seeboten". Am 2. Februar 1949 erschien die erste Nummer mit einer Auflage von 6000 Exemplaren. Den Druck besorgte wieder Josef Jägerhuber.

Diese Lizenz für den „Seeboten" stellte für die amerikanischen Militärbehörden insofern ein Experiment dar, als hier erstmals wieder eine ehemalige Heimatzeitung praktisch wieder zugelassen wurde. In Absetzung von der zersplitterten Zeitungslandschaft der Weimarer Republik sah die Lizenzierungspolitik der Amerikaner vor, nur noch wirtschaftlich leistungsfähige, mittlere bis große Provinz- oder Landes-Zeitungen zu genehmigen. (Von den zweiundzwanzig Lizenzzeitungen, die bis August 1947 neugegründet wurden, hatten daher nur vier Blätter eine Anfangsauflage unter 50 000 Exemplaren. Kein einziges Blatt lag unter 35 000 Exemplaren Auflage. Für den „Seeboten" war immerhin noch eine Startauflage von 15 000 Exemplaren vorgesehen, die dann nach unten korrigiert wurde.)

„Bereits Ende des Jahres 1947 stellte die bayerische Lizenzpresse eine konkurrenzlose wirtschaftliche und publizistische Macht dar, die sich in einer konstant bleibenden Gesamtauflage von etwa 2,1 Mio. Exemplaren und einem bis August 1949 auf 107 lokale Nebenausgaben anwachsenden Kopfblattsystem ausdrückte",[27] charakterisierte der Münchner Zeitungswissenschaftler Heinz Starkulla die Ergebnisse der Lizenzpolitik. Der im Vergleich dazu kleine „Seebote" geriet bald in wirtschaftliche Schwierigkeiten. Denn schon beim Wiedererscheinen mußte der „Bote" gegen eine Lokalausgabe des „Münchner Merkurs" ankämpfen. Unter diesen Gegebenheiten lehnte es Josef Jägerhuber ab, den Verlag zu übernehmen. Schließlich verkaufte von Oerthel am 15. August 1949 (also eine Woche vor der Generallizenz) den Zeitungsverlag an den Münchner Zeitschriftenverleger Wilhelm Zehetmair. Einen Tag nach der Generallizenz erschien die Zeitung wieder unter ihrem angestammten Titel „Land- und Seebote (Älteste Heimatzeitung für den Landkreis Starnberg und das Vierseengebiet. Unabhängige Zeitung für Politik und Wirtschaft, Kultur, Sport und Heimatnachrichten").

Neuorientierung tut not

Angesichts der lokalen und regionalen Konkurrenz durch die Lizenzpresse sah sich Zehetmair gezwungen, den Zeitungsbetrieb umzuorganisieren. Schon wenige Wochen nach der Übernahme gab der Verlag „Land- und Seebote" eine zweite Heimatzeitung heraus, den „Würmtal-Boten", nachdem dessen Verleger Otto Dischner sen. das Verlagsrecht gegen eine 15% Umsatzbeteiligung an Zehetmair verpachtet hatte. Die Redaktionen blieben getrennt (in Starnberg und Pasing), gedruckt wurden beide bei Josef Jägerhuber in Starnberg. Am 1. März 1950 gründete Zehetmair eine Heimatzeitung für Garmisch und das Werdenfelser Land („Der Werdenfelser"),

---

[27] Heinz Starkulla: Zur Geschichte der Presse in Bayern. In: Verband Bayerischer Zeitungsverleger e.V. (Hg.): 50 Jahre Verband Bayerischer Zeitungsverleger 1913–1963. München 1963, S. 46.

die viermal wöchentlich erschien und bald 3000 Abonnenten hatte. Da sich der Verlag mit der neuen Zeitung finanziell übernommen hatte, wurde das Blatt nach sechs Monaten wieder eingestellt.

Mit Wirkung vom 27. Mai 1950 schloß sich der Verlag des „Land- und Seeboten" dann einem Materndienst in München an („Verlag Heimatpresse München"). Zum 1. Juli 1951 wechselte der Verlag über zum „Ring bayerischer Heimatzeitungsverleger" in Nürnberg, von dem er mit Matern für den überregionalen Politik-, Wirtschafts-, Sport- und Bayernteil versorgt wurde. Gleichzeitig übernahm Margarete Zehetmair die Verlagsleitung und löste den Pachtvertrag mit Otto Dischner. (Der „Würmtal-Bote" wurde von Dischners Söhnen in eigener Regie weitergeführt.) Die Matern wurden weiterhin gemeinschaftlich bezogen, und Josef Jägerhuber behielt auch den Druck für beide Objekte.

Die finanzielle Konsolidierung des Verlages wurde 1966 erneut gefährdet, da die Münchner „Süddeutsche Zeitung" mit einem wöchentlichen „Regionalanzeiger" für Starnberg erschien, der schließlich 1977 in eine tägliche Landkreisausgabe umgewandelt wurde. Damit verlor der „Land- und Seebote" seinen Aktualitätsvorsprung (er erscheint nur dreimal in der Woche) und damit Leser. Die Auflage ging von 1949 (6000 Exemplare) bis heute (1000 Exemplare) kontinuierlich zurück. Die Lizenzpolitik der Alliierten und die geographische Nähe zur Zeitungsstadt München nahmen dem „Land- und Seeboten" die Luft weg. „Wenn aus einem Gebiet wie dem Landkreis Starnberg tagtäglich Tausende von Menschen als Pendler auf Straße oder Schiene zu ihrem Arbeitsplatz in die Großstadt fahren, dann gleichen sich die Lebenshaltungen und -vorstellungen in den städtischen und ländlichen Räumen an",[28] schrieb Chefredakteur Koenig zum 90. Geburtstag des Blattes. Das abgeschlossene Dorf gehörte der Vergangenheit an. Das Heimatblatt mußte den veränderten Lebens- und Gesprächsbedürfnissen in seiner redaktionellen Konzeption Rechnung tragen.

Doch zunächst wechselte mehrfach der Eigentümer.[29] Der Wechsel des Mantellieferanten im Januar 1983 brachte weitere Vorteile. Die Mitgliedschaft in der Redaktionsgemeinschaft „HZ-Heimatzeitungsgesellschaft mbH" in Kitzingen[30] ermöglichte nicht nur eine kostengünstigere, sondern auch eine schnellere Zeitungsproduktion. Gleichzeitig wurde das Erscheinungsbild des „Land- und Seeboten" verändert. Der Lokalteil wurde nach vorne, der überlokal-politische Teil nach hinten gerückt.

Der Aufwärtstrend sollte jedoch nicht lange anhalten. Im Herbst 1984 kam der „Münchner Merkur" mit einem eigenen Anzeigenblatt (der „Starnberger Woche") nach Starnberg. Als der Münchner Verlag wenig später auch das Anzeigenblatt

---

28 Herbert J. G. Koenig, a. a. O.

29 M. Zehetmair verkaufte den „Verlag Land- und Seebote" zum 1. 9. 1980 an den „Verlag Land- und Seebote GmbH Würmtal-Heimatzeitungs-Ring" mit Sitz in Starnberg. Seitdem haben sich die Besitzverhältnisse mehrfach verändert. Einzelheiten vgl. Silvia Lutz: Der „Würmtal-Bote" – Die Geschichte einer Münchner Heimatzeitung. Magisterarbeit (unveröff.) München 1984, S. 75 ff.

30 Zur Gemeinschaftsredaktion gehören die „Kitzinger Zeitung", die „Rhön- und Saalepost", die „Lohrer Zeitung", der „Bote vom Grabfeld" und der „Bote vom Haßgau" sowie der „Heimatbote". Näheres vgl. Porträts in diesem Band und Alfred Baur: Publizistische und ökonomische Kooperation in der Redaktionsgemeinschaft – Fallbeispiel: „HZ-Heimatzeitungsgesellschaft mbH". Magisterarbeit (unveröff.) München 1988.

„Weilheimer Kreisbote“ erwarb, der wichtige Anzeigenaufträge nach Starnberg vermittelt hatte, stand der „Land- und Seebote“ kurz vor dem Kollaps. Zumal zum „Land- und Seeboten“ keine Akzidenzdruckerei gehört, die finanzielle Entlastung bringen könnte. Die Tragweite dieser Entwicklung wird deutlich am Schicksal der Schwesterzeitung des „Land- und Seeboten“. Der „Würmtal-Bote, Heimatzeitung für Pasing, München-West und die Gemeinden des Würmtals“ stellte zum 31. März 1987 sein Erscheinen 107 Jahre nach der Gründung ein. In der letzten Ausgabe hieß es: „Vor allem die Konkurrenz der kostenlos verteilten Werbeblätter hat unserer Zeitung das Wasser abgegraben“.[31] Sollte dem „Land- und Seeboten“ das gleiche Schicksal ins Haus stehen?

Der „Land- und Seebote“ heute

Die Verlagsleitung liegt heute in den Händen von Werner Sawitzki. Er bemühte sich, die Auflage des „Boten“ mit gezielten Werbemaßnahmen zu steigern. Die Einnahmeseite der Verlagsbilanz sollte zusätzlich durch die „Starnberger Rundschau“ verbessert werden. Um das zum „Boten“ gehörende Anzeigenblatt für die Kunden attraktiver zu machen, wurde es in drei Ausgaben aufgesplittert (Starnberg, Gauting, Tutzing), die getrennt belegt werden können. Das Ende des „Würmtal-Boten“ traf den „Land- und Seeboten“ hart, weil die Maternkosten an ihm nun allein hängen blieben. Sawitzki hoffte, daß das Schicksal der Schwesterzeitung als „warnendes Beispiel“ dienen und Unterstützung – z. B. durch Anzeigenaufträge von kommunalpolitischer Seite – mobilisieren würde. Die Unterstützung jedoch blieb aus. Die einzige Reaktion waren „Krokodilstränen einiger Politiker“.[32] Die wirtschaftliche Situation des Verlages ist prekär. „Vom betriebswirtschaftlichen Standpunkt aus“, so beurteilt der Verlagsleiter heute die Lage, müsse man den Betrieb „lieber morgen als übermorgen einstellen“.[33] Als Tageszeitung mit nur drei Ausgaben pro Woche und einer überlasteten Redaktion kann der „Land- und Seebote“ auf Dauer nur dann mit den großstädtischen Blättern konkurrieren, wenn er die Nische findet, die diese lassen.

Schauen wir uns die Zeitung einmal näher an: Der „Land- und Seebote“ ist eine professionell gestaltete Lokalzeitung, die optisch wie inhaltlich allerlei Leseanreize bietet. Überschriften, fette Vorspänne und ein Themen-Kasten erlauben einen schnellen Überblick über die wichtigsten Ereignisse. Die Veranstaltungsankündigungen sind nach Termin und Ort (alphabetisch) geordnet. Das vierspaltige Layout trägt zu der Übersichtlichkeit bei, Bilder lockern die Textseiten auf. Die feuilletonistischen Beiträge werden kursiv gesetzt. (Nur die samstägliche Gottesdienstordnung ist ein rechtes Augenpulver.)

Was die Lokalberichterstattung angeht, kann der „Land- und Seebote“ durchaus mit der Konkurrenz aus München mithalten. Ein offener Brief, den Starnberger Bürger an den Bürgermeister gerichtet haben, wird ausführlich dokumentiert. Das Engagement des einzigen Lokalredakteurs läßt sich nicht zuletzt an der „Historischen Seite“ ablesen, die liebevoll Begebenheiten (in Form von Nachrichten, Bil-

[31] „Würmtal-Bote“ vom 31. 3. 1987, S. 1.
[32] ebd.
[33] ebd.

dern und Anzeigen) von vor 50, 75 und 100 Jahren versammelt. Manchem Leser wird so ein „Weißt Du noch?" entschlüpfen, und die Erinnerungen wachzuhalten gehört durchaus zu den Aufgaben eines Heimatblattes. Aber: Der in vielfältigen Bezügen stehende Starnberger kann seine sozialkommunikativen Bedürfnisse nicht mehr allein am Wohnort befriedigen. Starnbergs Bürger sind heute darauf angewiesen, auch von dem zu erfahren, was sich in München tut, in der Region, in Bayern, in der Welt. Mit diesen Vermittlungsdiensten ist freilich das kleine Heimatblatt überfordert. Je nach persönlichem Schwerpunkt halten sich die einen lieber die großstädtisch-anspruchsvolle „Süddeutsche Zeitung"[34] und die anderen die alteingesessen-konservative Regionalzeitung, also den „Münchner Merkur".[35] Für den „Land- und Seeboten" ist da kaum mehr eine Nische auszumachen, in der er sich entfalten könnte, den Anstrengungen des Lokalredakteurs zum Trotz.

(ab/sf)

34 Lt. IVW-Verbreitungsanalyse 1988 (Kreiskartei) beziehen in Starnberg 2139 (2371 samstags) Leser den „Münchner Merkur" und 2239 Leser die „Süddeutsche Zeitung" bzw. deren Bezirksausgaben.

35 Vgl. Petra Dorsch/Otto B. Roegele: Zeitungswettbewerb in der Region München. München 1981. Kurzfassung in: Presse- und Informationsamt der Bundesregierung (Hg.): Kommunikationspolitische und kommunikationswissenschaftliche Forschungsprojekte der Bundesregierung (1978–1985). Teil 1. Bonn 1986, S. 151 ff.

Diessener Nachrichten.

Anzeigeblatt für die k. Bezirksämter Landsberg, Weilheim, München II. und Bruck und für den Ammersee und die Ampergegend.

Amtliches Organ für den Markt-Magistrat Diessen.

Die „Diessener Nachrichten" mit ihren drei reich illustrirten Wochen-Beilagen erscheinen jeden Mittwoch und Samstag Mittags und kosten ganzjährig 3.20 Mark halbjährig 1.60 Mark, vierteljährl. 80 Pf., monatlich 30 Pf., durch die Träger bezogen vierteljährlich 90 Pf.
Inserate die einspaltige Petitzeile oder deren Raum 10 Pfg., bei Wiederholungen und größeren Aufträgen hohen Rabatt. — Nachrichten aus den Bezirken 2: werden stets dankbarst publizirt. — Einzelne Nummer 5 Pfg.

Nr. 11. **Diessen, Mittwoch, den 6. Februar 1895.** **5. Jahrgang.**

Kalendarisches.

Donnerstag: Romuald, Ordsst. Freitag: Johann v. Matha, O. Samstag: Apollonia, J. M. Sonntag: Wilh., Scholast.

Geschichtskalender:

7. Febr. 1801. D. Chodowiecki †. 1812. Charl. Dickens (Boz.) geb. 1878. Papst Pius IX. †. — 8. Febr. 1807. Schlacht bei Pr. Eylau. 1820. Jenny Lind, Sägerin geb. 1871. Moritz v. Schwind †. 1882. Berth. Auerbach †. — 9. Febr. 1789. Frz. Gabelsberger geb. 1801. Friede von Luneville zwischen Frankreich und Deutschland. 1884. Felix Dahn geb. — 10. Febr. 1795. Ary Scheffer. 1847. Edison, Erfinder des elektrischen Lichtes geb. 1803. E. Ostorwald, † in Kurzdorf (Thurgau). 1880. Cremieux † in Paris.

Bauer und Handwerker.

Bauer und Handwerker, den beiden geht's heute schlecht. Das ?t nun nachgerade Jeder an. Die Sozialdemokraten sagen: Ja, ??geht es euch freilich, aber besser wird es auch mit euch erst

Da die Dinge so liegen, sollte man billig meinen, daß die gesetzgebenden Gewalten längst an einen Ausgleich gedacht haben würden d. h., daß man Alles hätte thun sollen, um die Produktion der Industrie nicht ins Maßlose zu fördern, daß man dagegen die Produktion der Landwirthschaft hätte heben müssen, bis wir vom ausländischen Getreide möglichst unabhängig wären; denn wir sind unserer Mehrzahl nach ein Ackerbauvolk. Man hat das nicht gethan, und wir wollen darum mit der Vergangenheit nicht rechten. Sie brachte uns den ungeahnten Aufschwung in der Maschinentechnik, wies dadurch Handel und Industrie neue Wege und bot die Aussicht auf unermeßlichen Gewinn. Was Wunder, wenn da die Landwirthschaft vernachlässigt wurde, wenn man den kleinen Handwerker geringschätzig bei Seite schob, als einen abgethanen, ganz veralteten Gegenstand, der in dem neuen Haus, wo alles von Maschinen schnurrte und stampfte, keinen Platz mehr fand.

Wo willt ihr hinaus! rufen da die Liberalen — wollt ihr die Kultur zurückschrauben und zu den überwundeuen, alten Erwerbsformen zurückführen? Wollt ihr Deutschland vom Weltmarkt ver-

Amtsblatt der Marktgemeinde Diessen am Ammersee

Genehmigt vom Informations- und Presseamt der Bayerischen Staatsregierung

Erscheint wöchentlich einmal Verlagsort Diessen a. A. Preis pro Nummer 15 Pfennig

Nr. 1 24. Dezember 1948 2. Jahrgang

AMMERSEE Kurier

UNABHÄNGIGES HEIMATBLATT FÜR DAS AMMERSEEGEBIET

Publikations-Organ der Marktgemeinde Dießen, der Gemeinden Utting, Ober- und Unterschondorf und Rieden

Verlag Josef Reisinger Bezugspreis monatlich 80 Pfg. zuzüglich Bestellgeld Verlagsort Dießen a. A.

Nummer 1 **Dießen, den 27. August 1949** **Einzelpreis 20 Pfg.**

Entwicklung und Schicksal einer kleinen Heimatzeitung – ablesbar an ihren Titelköpfen.

Ein Familienbetrieb: Der „Ammersee-Kurier“

Spätestens seitdem die große „Süddeutsche Zeitung“ aus München etwas wohlwollend-herablassend ein Porträt des „Ammersee-Kuriers“ mit der Titelzeile „Bayerns kleinste Zeitung“ aufmachte[1], haftet dem Blatt der Geruch des Kurios-Niedlichen an. Die verwunderte Frage des SZ-Redaktionsmitgliedes Gert Sarring, ob und wie sich der „Kurier“ mit 2000 Exemplaren über Wasser halten kann (so auch die Unterzeile der Überschrift), beantwortet sich eigentlich selbst. Damals, und das ist zehn Jahre her, haben Anton und Hermine Fellner, der das Blatt gehört, geantwortet: „Sonst täten wir es ja nicht machen.“ Mittlerweile mutet die Frage insofern kurios an, als das Blättchen immer noch in „vollem Saft“ steht.

Vor fast 100 Jahren, nämlich im Jahre 1891, wurde die erste Nummer der „Dießener Nachrichten“, Vorläufer des heutigen „Ammersee-Kuriers“, in der graphischen Kunstanstalt Josef C. Huber in Dießen herausgegeben. Zunächst erschien das Blatt einmal wöchentlich, später dreimal, und ab 1901 versorgte es sogar täglich die Dießener Gemeinde mit örtlichen Neuigkeiten und Histörchen. Es war von Anfang an „Anzeigenblatt für die Kgl. Bezirksämter Landsberg, Weilheim, München II und Bruck und für den Ammersee und die Ampergegend“[2] im üblichen Quartformat. Zehn Jahre danach, 1911, übernahm die Ammersee-Post GmbH unter der Geschäftsführung des damaligen Dießener Bürgermeisters Jäger die „Dießener Nachrichten“. Mit dem Eigentümerwechsel ging auch eine Änderung des Titels einher. Die „Nachrichten“ wurden umbenannt und erschienen nun am 6. Februar 1912 erstmals als „Ammersee-Post“.

Zwischen 1913 und 1933 – das genaue Datum ist nicht bekannt – erwarb der katholische Preßverein des Münchner St.-Michaels-Bundes das Verlagsrecht und das Haus an der „Fischerei“, in dem sich zuvor ein Café befunden hatte und in dem das Blatt auch heute noch residiert. 1914 hatte der Preßverein schon den „Bayerischen Kurier“, Zentralorgan der Bayerischen Volkspartei, und 1915 das „Neue Münchener Tageblatt“ erworben. 1930 besaß der Verein bzw. seine Ortsgruppe München fünfzehn Zeitungen, fünf Kirchenblätter und eine Jugendzeitschrift.[3] „Die Wirtschaftskrise zerrüttete die Finanzkräfte. Unter nationalsozialistischem Druck geschah 1934 der Verkauf der Zeitungen und der Rückzug auf kulturell-religiöse Aufgaben unter gleichzeitiger Umbenennung in St.-Michaels-Bund zur Pflege des katholischen Schrifttums in Bayern.“[4] Kurz zuvor hatte der Verein noch die Buchdruckerei an den ehemaligen Redakteur Josef Reisinger verkauft. Obwohl Reisinger wegen seiner katholischen Prägung bei den Machthabern durchaus nicht wohlgelitten war, gelang es ihm, den Betrieb als Akzidenzdruckerei weiterzuführen. Die „Am-

1 „Süddeutsche Zeitung“ vom 5./6. 8. 1978.
2 Vgl. Titel-Unterzeile.
3 Zahlen aus Michael Schmolke: Die schlechte Presse. Münster 1971, S. 332.
4 ebd.

mersee-Post“ stellte zum 1. November 1933[5] ihr Erscheinen ein. Die Auflage hatte zuletzt bei 1000 Exemplaren gelegen.[6]

Dießen blieb freilich nicht ohne Zeitung. Interimsweise erschien in Dießen die „Oberbayerische Rundschau“, ein parteiamtliches Organ der NSDAP, unter der Federführung von Johann von Lospichl.[7] Ab 1936 gab die Kreisleitung Landsberg-Lech der NSDAP für das Ammerseegebiet eine neue Zeitung heraus, die „Ammersee-Nachrichten“. Deren Auflage bewegte sich knapp unter 1000 Exemplaren täglich.[8] Der überlokale Mantel wurde durch eine Zentralredaktion im NS-Zeitungsblock Oberbayern erstellt, dem 26 alteingesessene Provinzzeitungen angeschlossen waren. Deren Gesamtauflage betrug 1938 knapp 50 000 Exemplare täglich. Zur redaktionellen Kooperation kam die Gemeinschaft im Anzeigengeschäft. Der Inserent konnte „nicht in bloß einer dieser Zeitungen allein inserieren“, sondern nur in mindestens einer der sieben Untergruppen des Zeitungsblocks.[9] „An diesem oberbayerischen Zeitungsblock war das ‚Münchener Buchgewerbehaus M. Müller & Sohn K.G.‘, München beteiligt. Dort war auch der Sitz der Werbeleitung.“[10] Später druckten Müller & Sohn die meisten der angeschlossenen Blätter in München zentral. Die „Ammersee-Nachrichten“ wurden jedoch von Anfang an im Müllerschen Zweigbetrieb in Weilheim gedruckt (zusammen mit dem „Murnauer Tagblatt“, der „Peißenberger Zeitung“, dem „Penzberger Anzeiger“ und der „Weilheimer Zeitung“)[11].

Nach dem Krieg bemühte sich Reisinger um eine Lizenz zur Herausgabe einer Zeitung. Die für Bayern zuständige amerikanische Information Control Division wollte mittlere bis große Provinz- oder Landesblätter überparteilichen Gepräges nach amerikanischem Vorbild. Reisingers Vorstoß hatte daher zunächst nicht den gewünschten Erfolg. Aber er erhielt den Auftrag, für die Marktgemeinde Dießen, einem Flecken von etwa 5000 Einwohnern, ein Amtsblatt herzustellen. Mitte 1947 erschien die erste Nummer des „Amtsblattes der Marktgemeinde Diessen am Ammersee“. Stück um Stück baute Reisinger, zusammen mit Tochter Hermine und Schwiegersohn Toni, die Berichterstattung aus. In der Weihnachtsnummer 1947 hält Bürgermeister Stengl Rückschau auf die ersten Zeitungs-Nummern. „Als im vergangenen Jahr das ‚Diessener Amtsblatt‘ erstmals erschien, konnte nicht festgestellt werden, ob und inwieweit dieses Amtsblatt seine Bewährung bestehen wird. Damals waren doch die wirtschaftlichen Verhältnisse äußerst ungünstig. Die Papierbeschaffung und der Druck standen vor kaum zu überwältigenden Schwierigkeiten. Die übrigen Aufgaben waren sehr groß. Wenn das Amtsblatt der Marktgemeinde Diessen in keiner Weise eine örtliche Tageszeitung ersetzt, so hat sie doch für die Verwaltung und für die Bewohner große Vorteile gebracht. Der Militärregierung Landsberg und den deutschen übergeordneten Stellen, insbesondere auch dem Informations- und Presseamt der Bayerischen Staatsregierung ist es zu ver-

[5] Vgl. Institut für Publizistik an der Freien Universität Berlin (Hg.): Deutsche Presse 1954. Berlin 1954. Stichwort: Diessen.

[6] Lt. Sperlings Zeitschriften- und Zeitungs-Adreßbuch. Stuttgart 1861 ff. Ausgabe 1930.

[7] Lt. Sperlings Zeitschriften- und Zeitungs-Adreßbuch. Stuttgart 1861 ff. Ausgabe 1935.

[8] Lt. Handbuch der Deutschen Tagespresse. Leipzig 1937.

[9] Vgl. Anonym [Fritz Schmidt]: Presse in Fesseln. Berlin 1948, S. 80.

[10] a. a. O., S. 81.

[11] Vgl. Eintrag „NS-Zeitungsblock Oberbayern“ im Handbuch der Deutschen Tagespresse. Leipzig 1930.

danken, daß das ‚Diessener Amtsblatt' den Kirchenanzeiger, standesamtliche Nachrichten, Sportnachrichten, Hinweise über Termine und kulturelle Veranstaltungen sowie Vorführungen des Lichtspielhauses und gelegentliche Aufführungen von Operetten usw. sowie Veranstaltungen des gemeindlichen Reisebüros seinen Leserkreisen übermitteln kann. Damit wurde das ‚Diessener Amtsblatt' zum Übermittler nicht nur amtlicher Bekanntmachungen, sondern stellte eine Brücke zwischen Behörde, kirchlichen Dienststellen, öffentlichen Einrichtungen und der Bevölkerung dar. Man kann heute mit Recht behaupten, daß das Amtsblatt sich in allen wichtigen amtlichen und kommunalen Fragen aufklärend und vermittelnd an die Bevölkerung gewandt hat, wobei wir mit Freude feststellen, daß sich das immerhin sehr bescheidene und kleine Amtsblatt allgemeiner Beliebtheit unseres Ortes erfreut. Nach verschiedenen Zeugnissen genießt das Amtsblatt das Vertrauen der Leser, aber auch der deutschen Behörden und der Militärregierung. (...) Eine größere Anzahl besonderer Maßnahmen, die den Markt Diessen und dessen Bewohner interessieren, z. B. Bestimmungen über Durchführung der Gemeindewahl, Abwicklung der Währungsreform usw. konnten der Einwohnerschaft eingehend erläutert werden und sicherten eine zweckentsprechende und rasche Erledigung."

Doch gehen die Wünsche der Bevölkerung weiter, eine „richtige" Lokalzeitung ist freilich noch nicht in Sicht: „Im kommenden Geschäftsjahr erwachsen dem Amtsblatt zusätzlich weitere Aufgaben. Neben den üblichen Bekanntmachungen des Marktgemeinderates und der Diessener Behörden wird es über Finanzangelegenheiten der Marktgemeinde Diessen, über die beabsichtigten Vorhaben auch hinsichtlich des Fremdenverkehrs eine größere Bedeutung erreichen. Das Amtsblatt wird in seiner bisherigen Gestaltung weiter geführt, es sei denn, daß es durch eine entsprechende Lokalzeitung seine Ablösung findet. Ob dem Wunsche der Bevölkerung hinsichtlich der Erweiterung des Amtsblattes durch Anhang eines Anzeigenblattes entsprochen werden kann, steht heute noch nicht fest. Eine derartige Erweiterung würde für die Geschäftswelt und den Privatmann sichtlich Vorteile bringen. Das geschäftliche und private Leben könnte nach unserer Meinung eine Besserung erfahren. Bemerkt sei noch, daß das ‚Diessener Amtsblatt' auch künftig vom Marktgemeinderat herausgegeben wird und Einsendungen hierfür jeweils bis Mittwoch im Rathaus Zimmer Nr. 7 abzugeben sind. Druck und Vertrieb bleibt bei der Verlagsanstalt Josef Reisinger in Diessen (..).", legt Bürgermeister Stengl fest.

Die Bevölkerung hatte einen erheblichen Nachholbedarf an Informationen, und die Druckkapazität war da. Mit der Generallizenz im Sommer 1949 fiel der Startschuß für den Neubeginn. Am 27. August 1949 erschien die erste Nummer des „Ammersee-Kuriers", wie die Zeitung nun hieß. Das Dießener Amtsblatt ging in dem neuen Heimat-Wochenblatt auf, das samstäglich mit 1200 Exemplaren herauskam. „Ausführliche Berichte aus unserer engeren Heimat, Nachrichten aus Deutschland und aller Welt, einen guten Roman, Kurzgeschichten, Wissenswertes, Winke für den Landwirt und Kleingärtner, Sportnachrichten"[12] versprach „Verleger und Schriftleiter Josef Reisinger" den Lesern. Weiter wolle der „Ammersee-Kurier" den Heimatgedanken besonders pflegen und das „Sprachrohr für Sorgen und Wünsche der einheimischen Bevölkerung wie der Neubürger, der katholischen wie der evangelischen Leser sein".[13]

---

12 „Ammersee-Kurier" vom 27. 8. 1949.
13 ebd.

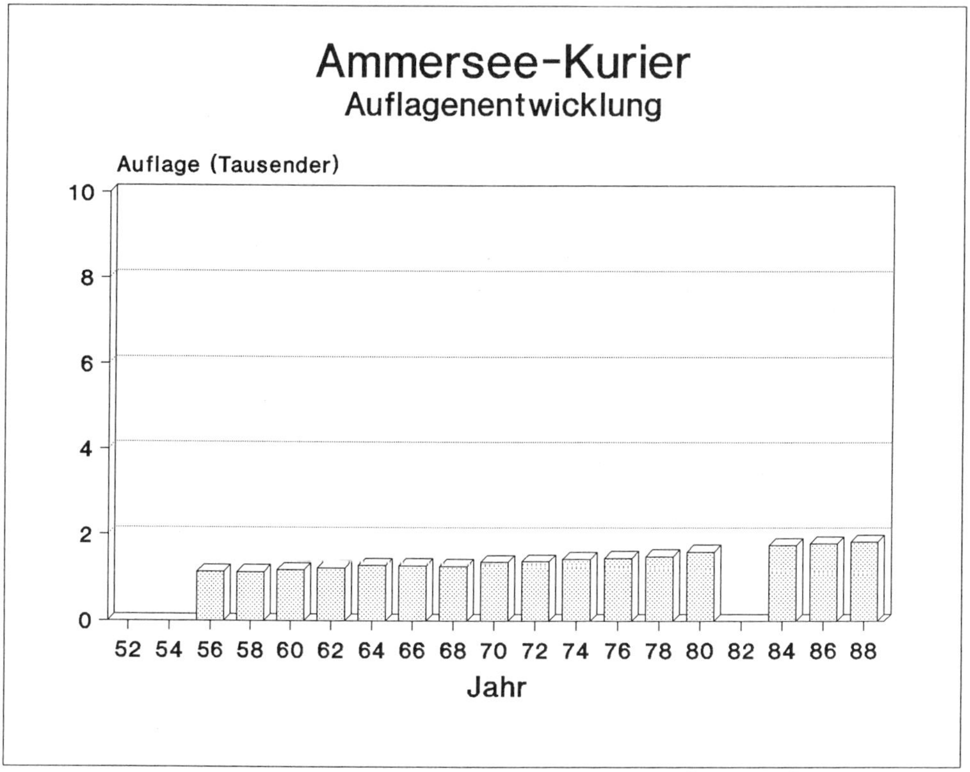

Ammersee-Kurier
Auflagenentwicklung
Auflage (Tausender)
10
8
6
4
2
0
52 54 56 58 60 62 64 66 68 70 72 74 76 78 80 82 84 86 88
Jahr

„Die ‚Dießner Gschichtn', kurze Beiträge historischen oder kuriosen Inhalts, die meist Hermi Fellner schrieb und in denen auch mal die Ortsprominenz auf die Schippe genommen wurde, seien bei den Lesern so gut angekommen, erinnert man sich heute, daß sie schon immer auf die nächste Ausgabe warteten."[14]

1951 war die Auflage auf 1360 Exemplare geklettert. Seit 1956 erschien der „Kurier" zweimal in der Woche, außer samstags auch noch mittwochs. Die Arbeitsteilung funktioniert wie ehedem. Früher kamen die „großen" Nachrichten von einem Heimatverleger-Materndienst in Nürnberg, heute beziehen Fellners sie von der Gemeinschaftsredaktion bayerischer Heimatzeitungen in Bad Kissingen bzw. Haßfurt.[15] Im Kreis der zwölf angeschlossenen Zeitungen liegt der „Ammersee-Kurier" hinsichtlich der Auflage im unteren Drittel. Die „kleine" Politik besorgt der „Fellner-Toni vom Kurier"[16] sowie Vertrieb, Werbung und Anzeigen. Seine Frau Hermi setzt den heimatkundlichen Akzent. Und Sohn Raimund managt als gelernter Schriftsetzer die „Technik" des Verlages und die lokale Sportberichterstattung. Im technischen Bereich des Verlages sind weitere sieben Mitarbeiter tätig: drei Setzer, zwei Buchdrucker und zwei Hilfskräfte. Hinzu kommen acht Schüler, die in Dießen und Umgebung zuverlässig für die Zustellung des Blattes sorgen. Manch einer, der das heimatliche Nest in Dießen verlassen hat, nahm ein Abonnement des „Kuriers" in die Fremde mit. Fellner liefert an die fünf Verkaufsstellen, die Austräger und zum Postversand nach Raisting selbst.

Das Haus Reisinger

Das Verlagshaus Josef Reisinger beherbergt unter einem Dach Zeitungsredaktion, Druckerei, Schreibwarenhandel und die Wohnräume der Familie. Das Haus an der „Fischerei" gehörte einst zum Herrschaftshaus des Grafen von Schaky, bis der Besitz geteilt wurde. Das heutige Verlagsgebäude war zwischenzeitlich ein Café, dann zog schließlich Josef Reisinger ein. Anton Fellner fügte 1986 einen Neubau an, in dem die Repro-Anstalt und Teile der Druckerei untergebracht sind. Das hauseigene Archiv umfaßt lückenlos alle Ausgaben des „Ammersee-Kuriers" und seiner Vorgänger seit 1908. Nach wie vor erscheint das Heimatblatt nur zweimal in der Woche.

Das Gerücht, der Marktgemeinderat von Dießen habe seine Sitzung deswegen auf den Montagabend gelegt, damit Toni Fellner sie noch in seinem Mittwochblatt besprechen kann, weist der Zeitungsmacher jedoch zurück: „Die haben ja schon am Montag getagt, noch bevor unsere Zeitung erschien".[17]

Gelesen wird der „Ammersee-Kurier" in Dießen, einer mittlerweile 7700-Seelengemeinde südwestlich von München sowie in Raisting, Riederau, Utting, Schondorf bis in den Landsberger Landkreis. Die alteingesessene Bevölkerung war traditionell in der Landwirtschaft tätig, mittlerweile hat das Kunsthandwerk an Boden ge-

---

14 „Süddeutsche Zeitung" vom 5./6. 8. 1988, im Beitrag von Gert Sarring: Der Setzer ist auch Redakteur.

15 Die „Saale-Zeitung" in Bad Kissingen und das „Haßfurter Tagblatt" beliefern eine Reihe hauptsächlich bayerischer Heimatzeitungen mit überlokalen Nachrichten. Die Gesamtauflage der angeschlossenen Zeitungen liegt derzeit bei 75000 Exemplaren täglich.

16 „Süddeutsche Zeitung", a. a. O.

17 ebd.

wonnen. Erzeugnisse aus Zinn, Keramik, Edelmetallen und Wachs finden bei den vielen Fremden Anklang, die der reizvolle Luftkurort nicht nur zum Segeln an den Ammersee lockt. Ein Teil der Bevölkerung pendelt werktäglich in die Industriebetriebe von Oberpfaffenhofen, Weilheim und München. Die Arbeitslosenquote liegt mit 4,6% unter dem Bundesdurchschnitt.

Das Engagement des katholischen Preßvereins für die „Ammersee-Post" kam nicht von ungefähr. Die Marktgemeinde Dießen hat eine weit zurückreichende katholische Tradition. Der Ort geht auf die Gründung des Frauenklosters St. Stephan im Jahre 1100 zurück. Seit 1122 ist hier am Südwestufer des Ammersees ein Augustiner-Chorherren-Stift beheimatet, das 1803 säkularisiert wurde. Seine Kirche, 1732-39 erbaut, überragt den Ort und zieht jährlich viele Besucher von nah und fern an. Auch heute ist die Bevölkerung überwiegend katholisch geprägt und wählt konservativ.[18]

Mit 1800 verkauften Exemplaren liegt der „Ammersee-Kurier" vergleichsweise hervorragend im Dießener Zeitungsrennen. Mitbewerber sind (mit abnehmender Bedeutung)[19]:

- „Landsberger Tagblatt" („Augsburger Allgemeine"): 566 Exemplare täglich
- „Bild", München: 428 bzw. 442 Exemplare täglich
- „Süddeutsche Zeitung" (Starnberger Ausgabe), München: 340 Exemplare bzw. 548 am Samstag
- „Abendzeitung", München: 100 Exemplare bzw. 176 am Samstag
- „tz", „Münchner Merkur", München: zusammen 90 Exemplare bzw. 153 am Samstag
- „Frankfurter Allgemeine Zeitung", Frankfurt: 53 Exemplare der Wochenendausgabe.

Ein Familienblatt

Die beiden ersten Seiten bezieht der „Ammersee-Kurier" von der Gemeinschaftsredaktion.[20] Auf der dritten Seite beginnt dann der eigentliche Lokalteil mit „Diessen und Umgebung – was man so sieht und hört". Ohne die eifrige Zuarbeit der Dießener könnte die kleine Redaktion kaum eine umfängliche Lokalberichterstattung leisten. Als „Korrespondenten" fungieren die Schriftführer der örtlichen Vereine, die Volkshochschule und der Pfarrer. Und so berichtet ein Mitglied des Dießener Chores über eine „erlebnisreiche Konzertreise nach Südtirol", ein ungenannter Sympathisant von Greenpeace macht sich in einem Vortragsreferat für die Ziele des Umweltschutzes stark. Der letzte Absatz des 50-Zeilers macht etwas vom „Stallgeruch" des Blattes deutlich: „Organisationen wie Greenpeace sollten in ihrem Einsatz für die Umwelt und Zukunft unsere moralische und wenn möglich auch finanzielle Unterstützung haben, denn sie begleichen ihre Kosten nur aus Spenden."[21] Im „Ammersee-Kurier" können die unterschiedlichsten Interessenvertreter und Gruppierungen in epischer Breite (und nicht ohne Pathos) ihre Anliegen der Öffentlich-

---

18 Ergebnis der Bundestagswahl vom 25. 1. 1987: CSU: 66%, SPD: 15%, Grüne: 8%.
19 Vgl. IVW-Verbreitungsanalyse (Kreiskartei). Bonn 1988.
20 Siehe auch Porträts der „Saale-Zeitung" und des „Haßfurter Tagblatts".
21 „Ammersee-Kurier" vom 4. Juli 1987.

keit bekannt machen. „Es ist, als ob hierher an das Südende des Ammersees die Kunde vom Zwang der Tagespresse zur Konzentration, zur Rationalisierung (..) noch nie gedrungen wäre", schrieb die Süddeutsche Zeitung vor zehn Jahren.[22] Daran hat sich nichts geändert. Vielleicht gehen die Uhren dort ein bißchen langsamer als im hektischen München.

Hermi Fellner pflegt die Familiennachrichten mit Hingabe. Wenn „eine bekannte und beliebte Persönlichkeit unserer Marktgemeinde" einen runden Geburtstag feiert, kann er einer längeren Würdigung seines Schaffens sicher sein. Wer verstorben ist oder geboren, wer „zur Eheschließung aufgeboten" ist, das kann jeder im Heimatblatt nicht nur tabellarisch nachlesen. Die Tagesordnung der Bauausschußsitzung verrät auf einen Blick, wer um-, aus- und neubaut. Die rege Mitarbeit des Ortsgeistlichen läßt sich an der Vielzahl kirchlicher Nachrichten ablesen, die andernorts im Pfarrblatt stehen. Die Kirche tritt freilich auf dem Land auch viel stärker als in der Stadt als Veranstalter, als Träger der Erwachsenenbildung, auch als Eigentümer gemeindlicher Grundstücke in Erscheinung. (In den Städten ist die Kirchengemeinde nur noch ein „Anbieter" unter vielen.)

Zwei Seiten mit Familien- und Geschäftsanzeigen runden den Lokalteil ab. Daran schließen sich vier weitere Seiten an, die z. T. von einer Agentur in Frankfurt fertig bezogen werden. So kommen samstags zwölf und mittwochs acht Seiten zusammen. Zu besonderen Anlässen werden Sonderseiten angefügt, etwa zum Schulbeginn oder im Frühjahr (Autoseite). Die Anzeigenverwaltung für überregionale Anzeigen besorgt der Ring Bayerischer Heimatzeitungen in München. Mit der Einführung des Fernsehens gingen die überregionalen Anzeigen (in erster Linie Waschmittel, Tabak und Zigaretten) immens zurück.[23] Im lokalen und regionalen Anzeigengeschäft mischen auch noch die kostenlosen Anzeigenblätter „Lech-Ammersee-Rundschau", „Kreisbote Weilheim" und der „Lechkurier" kräftig mit.

Das Verlagsunternehmen bleibt rentabel, weil sich die Einnahmen seit 1971 verdoppelt haben[24] und kostspielige technische Aufwendungen ebenso vermieden werden wie ausufernde Personalkosten. Also wurde keine teure Rotation angeschafft, sondern die alte Flachdruckmaschine aus den Zeiten des Preßvereins weiterverwendet. Ausgelastet wird die Technik durch den Druck des Amtsblattes des Landkreises Landsberg, der „Bayerischen Blätter für Stenographie", von Heimatheften und diversen Drucksachen. Das Ausfahren erledigt Toni Fellner selbst, das Photographieren auch, und Arbeitszeitverkürzung gibt's keine. Einzusparen wäre am Vierzehnstundentag der Fellners freilich eine Menge, aber „der Ammersee-Kurier" muß erscheinen.[25]

(ak/sf)

22 „Süddeutsche Zeitung", a. a. O.
23 Fellners schätzen den Anteil überregionaler Anzeigen auf 1/5 des gesamten Anzeigenteils.
24 Nach Angabe des Verlages.
25 Titel eines Fernsehfilms über den „Ammersee-Kurier", 43 Min., gesendet 1982 von ARD und Bayerischem Rundfunk.

Die früheren und die derzeitigen Titel des „Oberbayerischen Volksblattes“ und seiner Außenausgaben sowie das Verbreitungsgebiet und seine Gliederung.

Nicht nur für studierte Köpfe: Das „Oberbayerische Volksblatt“

„Zeitungen studiren, können nur studirte Köpfe – Zeitungen lesen, sollen alle strebsamen Leute. Soll denn aber der gemeine Mann gute Zeitungen lesen?“, räsonierte am 3. Januar 1864 der „Rosenheimer Anzeiger“, ein Vorläufer des heutigen „Oberbayerischen Volksblattes“ und kam dabei zu folgendem Ergebnis: „Gewiß – denn 1) hat er das Lesen gelernt und läßt es seinen Kindern lernen. Diese Kunst soll er aber nicht umsonst sich angeeignet haben. (...) 3) Jedes Mitglied eines Staates hilft dessen Zwecke auf vielfache Weise miterfüllen, theils durch Steuerentrichtung, theils auf anderen mannigfachen Wegen. (...) Wollen und müssen aber die Bauern mitverwalten, so müssen sie auch über öffentliche Dinge mitdenken.“[1]

Heute ist es eine Selbstverständlichkeit, daß der „gemeine Mann“ Zeitung liest und daß sich Zeitungen gerade an seinen Bedürfnissen orientieren. Gerade für sein tägliches Entscheiden und Handeln – als Arbeitnehmer wie als Haushaltsvorstand, als Eltern wie als Vereinssportler – ist jeder einzelne auf die Vermittlungsdienste seines Lokalblattes angewiesen. In der ersten Nummer nennt sich der „Rosenheimer Anzeiger“ einen „einfachen Landboten, der den Leuten obrigkeitliche Bekanntmachungen, Geschäfts- und andere Privatanzeigen, Schrannen- (i. e. Markt-) berichte, Todesanzeigen und derlei Nachrichten in's Haus bringt. (...) Nichtsdestoweniger wird sich der Anzeiger einer Besprechung öffentlicher Angelegenheiten nicht ganz ferne halten, sondern in einem bescheidenen Fache seiner Botentasche ein gemeinverständliches Wörtlein über öffentliche und politische Dinge führen“.[2] Ohne Scheu bekennt sich das Blatt zu seinen Botendiensten – zum Wohle der Leser. Pädagogische Ambitionen, publizistisches Eifertum liegen ihm fern.

Vom Wochenblatt zur Tageszeitung

Bereits in die erste Hälfte des vergangenen Jahrhunderts gehen die ersten Versuche zurück, die Bürger Rosenheims regelmäßig mit „amtlichen Bekanntmachungen (..), gemeinnützigen Abhandlungen, Schrannen-Berichten, Neuigkeiten aus aller Welt und sogar Privatanzeigen“[3] zu versorgen. Rosenheim war zu jener Zeit eine relativ kleine Gemeinde, ein Flecken von gerade 3000 Einwohnern, freilich ein Marktort. Mit den Händlern liefen auch die Nachrichten ein und aus, für den raschen Umschlag der Neuigkeiten war gesorgt.

Der erste Versuch aus dem Jahr 1833, das „Rosenheimer Wochenblatt“, fristete nur zwei Jahre lang ein sechsseitiges Dasein: Als der Verleger des „Wochenblattes“, der Landgerichtspraktikant Franz Holzner, an einen anderen Ort versetzt wurde, mußte das Periodikum eingestellt werden.[4]

---

1 „Rosenheimer Anzeiger“ vom 3. 1. 1864, S. 1.
2 ebd.
3 „Oberbayerisches Volksblatt“, Sonderbeilage „115 Jahre Rosenheim – 125 Jahre Heimatzeitung“ vom Herbst 1979, S. 118.
4 ebd.

1839 schlug ein weiterer Versuch fehl, eine Zeitung für Rosenheim herauszugeben. Das vom Wasserburger Tierarzt Dr. Keutzer herausgegebene „Wochenblatt für die Landgerichtsbezirke Wasserburg und Rosenheim" hatte nur ein kurzes Leben.[5]

1854, noch 10 Jahre vor der Stadterhebung Rosenheims, wurde eine Zeitung gegründet, die sich halten konnte: das „Rosenheimer Wochenblatt", das in Wasserburg verlegt und gedruckt wurde. Der Gründer dieses Neuversuchs eines „Wochenblatts" hieß Erasmus Huber. 1860 verlegte er den Redaktionssitz nach Rosenheim. 1863 benannte er sein Blatt in „Rosenheimer Anzeiger" um.

1868 und 1871 wechselte der „Anzeiger" zweimal den Besitzer und gelangte bei der zweiten Veräußerung in die Hand Michael Niedermayrs aus Hinterhör, des Großvaters eines der Gesellschafter des heutigen „Oberbayerischen Volksblatts" (OVB).

1870 bekam der „Rosenheimer Anzeiger", der als liberal galt und manchen zu liberal war, Konkurrenz im katholisch orientierten „Wendelstein", wobei beide Blätter auf ihre Stammleserschaft zählen konnten. Der Verlag des „Anzeigers" erweiterte sein Unternehmen 1912 um eine Papierverarbeitung und einen Buchverlag.[6]

1945 und die Auswirkungen

Das vorläufige „Aus" für beide Blätter kam 1945. Leonhard Lang und Ernst Haenisch, Sohn eines früheren preußischen Kultusministers, erhielten von der Besatzungsmacht die Lizenz Nummer 6 für das „Oberbayerische Volksblatt", das die damaligen Landkreise Rosenheim, Wasserburg, Bad Aibling und Mühldorf erfaßte. Die der Lizenz angeschlossenen Kreiszeitungen erhielten die Namen „Mangfall-Bote", „Wasserburger Zeitung" und „Mühldorfer Nachrichten".

Am 1. 1. 1949 erhielt der inzwischen aus der Kriegsgefangenschaft heimgekehrte Franz Niedermayr, der Enkel des Gründers des „Rosenheimer Anzeigers", den technischen Betrieb und das Verlagsrecht des „Anzeigers". Beides brachte er in die von den beiden Lizenznehmern Lang und Haenisch gegründete GmbH ein.

Am 10. Februar 1951 trat die Oberbayerische Druckerei GmbH, die früher den „Wendelstein" und nunmehr, seit 1949, das „Rosenheimer Tagblatt" herausgab, dem Verlag Oberbayerisches Volksblatt GmbH als Gesellschafterin bei. „Rosenheimer Tagblatt" und OVB verschmolzen zu einer einzigen Zeitung. Zugleich wurde eine neue Kopfausgabe des OVB, die „Chiemgau-Zeitung" gegründet.

Ab 1959 waren Franz Niedermayr und der Inhaber der Oberbayerischen Druckerei GmbH, Alfons Döser sen., die alleinigen Gesellschafter des Verlages Oberbayerisches Volksblatt GmbH, da die Inhaber der Lizenzen nacheinander ausschieden: 1951 hatte sich Ernst Haenisch sowohl als Gesellschafter als auch als Geschäftsführer zurückgezogen; 1959 ging Leonhard Lang in den Ruhestand.

---

5 ebd.
6 ebd.

Die Zeitung wächst

Im Verbreitungsgebiet des OVB schlossen sich zunehmend kleinere, eigenständige Lokalzeitungen dem Rosenheimer Verlagsunternehmen an: 1950 wurde das „Heimatblatt" in Wasserburg mit der „Wasserburger Zeitung" vereinigt. Zugleich erfolgte die Eingliederung des „Haager Boten" in dasselbe Blatt.

1969 schließlich wurde der „Mühldorfer Anzeiger" an das OVB verpachtet und in die bereits dem Verlag gehörenden „Mühldorfer Nachrichten" eingegliedert, wobei in diesem Fall der Name des „Anzeigers" als der gemeinsame Zeitungsname übernommen wurde. Zugleich gelangten die Kopfblätter des „Mühldorfer Anzeigers", die „Waldkraiburger Nachrichten" und der „Neumarkter Anzeiger" an das OVB.

Eine im bayerischen Blätterwald vielbeachtete Kooperation ging das OVB bereits 1967 mit dem „Münchner Zeitungsverlag" ein. Das OVB bezieht seitdem den Mantel des „Münchner Merkur" und erstellt selbst die lokalen Teile. Zusätzlich werden täglich ein bis zwei von den vier Münchner Lokalseiten des „Merkur" übernommen, sowie eine geringere Zahl von Seiten des Bayernteils. Das OVB macht gelegentlich davon Gebrauch, eigene Artikel in die überregionalen Teile einzusetzen.

1972 kamen durch die Kreisgebietsreform zum Landkreis Rosenheim der Kreis Bad Aibling und ein Teil des Wasserburger Kreises hinzu. Für die vier im Großlandkreis erscheinenden Zeitungen wurde deshalb ein zusätzlicher Regionalteil „Rosenheim – Bad Aibling – Prien – Wasserburg" eingerichtet, der als Ergänzung zu den jeweiligen Lokalteilen fungiert. Gedruckt wird das gesamte OVB in Rosenheim.[7]

Die aktuellen Beteiligungsverhältnisse der Oberbayerischen Volksblatt Druck- und Verlagsgesellschaft mbH stellen sich zur Zeit wie folgt dar:
33% Altverleger Franz Niedermayr
33% Münchner Zeitungsverlag – Zeitungs-Verlag Oberbayern GmbH & Co. Technik KG
33% Wendelstein Verlags GmbH

Zugleich ist das „Oberbayerische Volksblatt" am Münchner Zeitungsverlag beteiligt: Verleger Alfons Döser jun. hält 6,93% des Münchner Zeitungsverlags, das OVB als Verlags-GmbH weitere 29,16%, so daß eine Beteiligung von insgesamt 36,09% vorliegt.[8]

Die Oberbayerische Volksblatt Druck- und Verlagsgesellschaft mbH gehört dem Verband der Bayerischen Zeitungsverleger und dem Verband der Bayerischen Druckindustrie an.

Das „Oberbayerische Volksblatt", heute die führende Heimatzeitung des südostoberbayerischen Raumes, erfaßt mit seinen Regionalausgaben flächenmäßig die Landkreise Rosenheim und Mühldorf.[9] Es erstreckt sich von der Grenze zum Regierungsbezirk Niederbayern bis nach Kiefersfelden an der bayerisch-österreichischen Landesgrenze. Im Verbreitungsgebiet des OVB und seiner Kopfblätter wohnen rund 285 000 Menschen (Stand: 31. 12. 1985). Davon entfallen zwei Drittel auf

---

7 ebd.
8 Auskunft des Verlagsleiters Norbert Lauinger vom 4. 8. 1987.
9 Lt. Anzeigenpreisliste Nr. 38 (Stand 1. 10. 1986) des „Oberbayerischen Volksblattes".

In der Jubiläumsausgabe „125 Jahre Heimatzeitung" stellt das „Oberbayerische Volksblatt" seine Lokalredaktion in deftig-bayerischen Strichen vor.

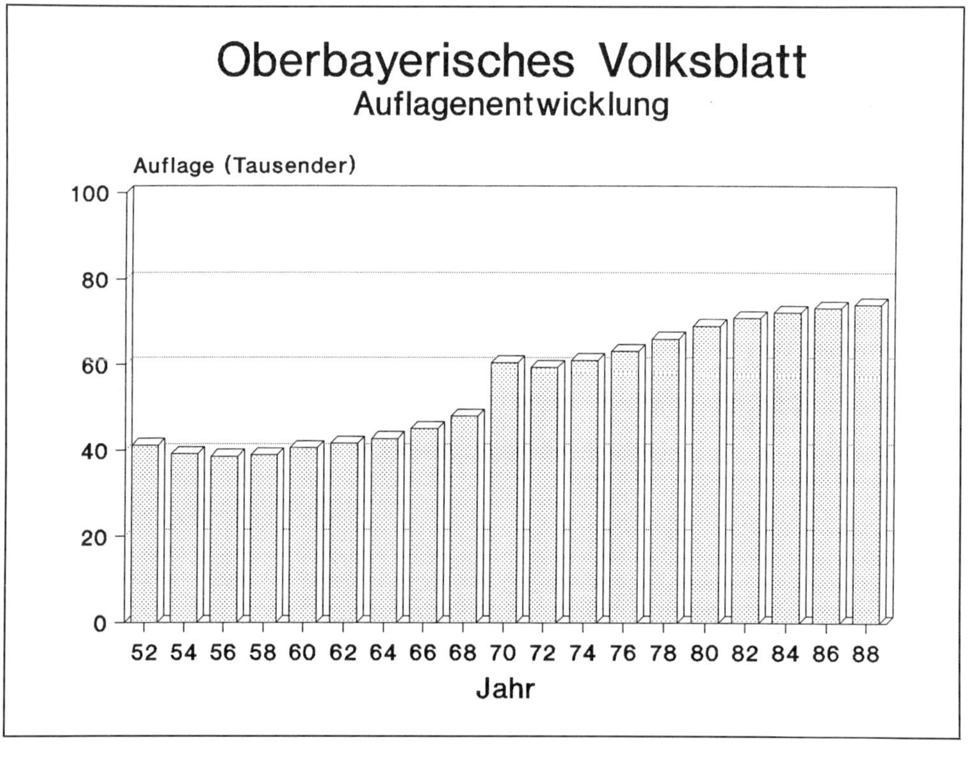

den Landkreis Rosenheim und rund ein Drittel auf den Landkreis Mühldorf.[10] Strukturell sind beide Kreise ziemlich verschieden: Im Landkreis Mühldorf liegen die Industriestadt Waldkraiburg sowie die Chemiewerke und Munitionsfabriken der Gemeinde Aschau a. Inn. Daneben gibt es zahlreiche Unternehmen der Brau-, Baustoff-, Elektro-, Maschinen-, Lebensmittel- und Textilindustrie, um nur einige herausragende Branchen zu nennen. Ansonsten ist die Mühldorfer Region hauptsächlich ein landwirtschaftliches Erwerbsgebiet.

Zum Landkreis Rosenheim gehören hingegen das touristisch attraktive Alpen- und Voralpenland sowie die Westhälfte des Chiemsees mit rund 3,5 Mio. Übernachtungen im Jahr (Stand 1986). Das OVB und seine Kopfblätter genießen in beiden Landkreisen Monopolstellung und sind Amtsblätter für alle Behörden und die Amtsgerichte.[11]

Auflagenstärkste Zeitung der Region

In den ersten Jahren seines Bestehens stagnierte die Druckauflage des OVB, wie die jeweils seit 1950 im letzten Quartal ermittelten IVW-Zahlen zeigen: Hatte die Druckauflage 1950 41 564 Exemplare betragen, war sie ein Jahr später auf 43 325 gestiegen, um bis 1956 wieder auf 40 318 abzufallen. Erst 1962 wurde wieder die Grenze von 43 000 Stück überschritten.

Seit diesem Zeitpunkt stieg die Auflagenzahl kontinuierlich an.[12] Im Durchschnitt vergrößert sich die Auflage jährlich um 1000 Stück. Die Zahl der tatsächlich verkauften Exemplare stellte sich zum Mai 1987 folgendermaßen dar:

„OVB, Rosenheim“	26 246 Stück
„Chiemgau-Zeitung“	5 606 Stück
„Mangfall-Bote“	10 654 Stück
„Mühldorfer Anzeiger“	9 448 Stück
„Neumarkter Anzeiger“	1 608 Stück
„Wasserburger Zeitung“	2 841 Stück
„Waldkraiburger Nachrichten“	9 932 Stück
	66 335 Stück[13]

Frei verkauft wurden im Mai 1987 zusätzlich 6658 Zeitungen, so daß sich die Zahl der insgesamt verkauften Exemplare auf 72 993 belief.[14]

Der Satzspiegel des OVB weist 474 mm Höhe auf sowie 320 mm Breite. Jede Seite des redaktionellen Teils besitzt sechs Spalten à 49 mm Breite. Der Anzeigenteil ist siebenspaltig umbrochen, wobei hier jede Spalte eine Breite von 44 mm aufweist. Eine ganzseitige schwarz-weiß-Anzeige im Anzeigenteil der Gesamtausgabe kostet montags bis freitags 10 949,40 DM, samstags 11 544,80 DM.

10 Landratsamt Rosenheim (Hg.): Der Landkreis Rosenheim. Rosenheim 1986.
11 Lt. Anzeigenpreisliste Nr. 38 (Stand 1. 10. 1986) des „Oberbayerischen Volksblattes“.
12 Verlagsinterne Auflistung der IVW-Zahlen.
13 Verlagsinterne Aufstellung über die verkaufte Auflage (Stand: Mai 1987).
14 ebd.

Das OVB und seine Kopfblätter umfaßten im ersten Halbjahr 1987 täglich durchschnittlich 51,5 Seiten, wobei hier alle Ausgaben zusammengezählt wurden. Hiervon entfielen 27,5 Seiten auf den Text, 24 Seiten auf die Anzeigen.[15] Hinzu kommt der Mantel des „Münchner Merkur" mit durchschnittlich 18 Seiten täglich.

Seit 1979 erfolgt der Satz des OVB mittels EDV-gesteuertem Fotosatzsystem. Da der dafür nötige Platz in der bisherigen Druckerei in der Prinzregentenstraße nicht mehr ausreichte, wurde ein zweiter Druckbetrieb in der Aisingerwies errichtet, der rund 4000 m^2 umfaßt. Zugleich wurde die Akzidenzdruckerei ausgeweitet.

Nach Angaben von Verlagsleiter Norbert Lauinger arbeiteten Anfang August 1987 insgesamt 212 Personen für das OVB. Davon entfielen die meisten auf den kaufmännischen und technischen Bereich. Die Zahl der Redakteure und Volontäre belief sich auf 28. Die Hälfte davon arbeitet in der Zentralredaktion in Rosenheim. Die zweitgrößte Redaktion befindet sich in Mühldorf, wo vier Redakteure und eine Volontärin die täglichen Lokalseiten gestalten. Bei der „Chiemgau-Zeitung", dem „Mangfall-Boten", der „Wasserburger Zeitung" und den „Waldkraiburger Nachrichten" befinden sich je zwei Redakteure im Einsatz. Die Redaktion in Kolbermoor besteht aus einem journalistischen Einzelkämpfer. Rund 330 gelegentliche freie Mitarbeiter unterstützen die Festangestellten durch das Sammeln von Informationen vor allem aus den Landgemeinden. Noch einmal so viele freie Träger verteilen die Zeitungsausgaben im Verbreitungsgebiet.[16]

Das war nicht immer so. Max Spötzl sen., der frühere Redaktionsleiter erinnert sich: „Das Redaktionspersonal bestand 1929 aus dem Chefredakteur, dem Lokalredakteur und dem Volontär." Diese drei gestalteten in einem 30-Quadratmeter-Raum täglich acht Seiten, am Wochenende 12 Seiten. „Die Auflage der Zeitung betrug kaum 8000 Stück bei einem monatlichen Abonnementpreis von 2,30 Mark. Der Preis für den Anzeigen-Millimeter belief sich auf ganze 25 Pfennig.

Für den politischen Teil der Zeitung wurde das Material von zwei Nachrichtenbureaus geliefert, der Telegraphen-Union und Wolffs Telegraphen-Bureau. Mit jeder Postzustellung lief deren Material schriftlich ein. Darüber hinaus sendeten diese Büros Aktuelles zusätzlich über den Funk an die Redaktionen. Es wurde in einem eigenen Aufnahmegerät empfangen und über einen Kopfhörer sofort in die Schreibmaschine diktiert. Diese Aufnahme der Nachrichten gehörte zum Arbeitsbereich des Volontärs. Da er außerdem im Lokalen mithelfen, den Sportteil bearbeiten, die Mitarbeiterabrechnung besorgen und allerlei sonstige Hilfsdienste leisten mußte, versäumte er dann und wann den Termin für die Nachrichtensendung. Ungehörtes mußte er dann durch eigene Phantasie ersetzen."[17]

Schwerpunkt Lokalteil

Heute gestalten die Redakteure des OVB nur noch den innersten Teil des Blattes selbst. Die Teile „Politik", „Wirtschaft", „Bayern", überregionaler „Sport" werden vom „Münchner Merkur" übernommen. Ebenso der Regionalteil „Rosenheim, Bad

---

[15] Verlagsinterner Produktionsvergleich erstes Halbjahr 1986 zu erstem Halbjahr 1987.
[16] Auskunft von Redakteur Franz Hilger am 4. 4. 1987.
[17] Sonderbeilage des OVB, a. a. O., S. 124.

Aibling, Prien, Wasserburg", der zum eigentlichen Lokalteil (4–6 Seiten) etwa für Prien oder Rosenheim oder Bad Aibling überleitet. Geschäftsstelle, Redaktion und Anzeigenannahme sind jeweils dezentral im Verbreitungsgebiet angesiedelt, so daß der Kontakt zum Leser enger nicht sein könnte. Vereinsberichte, Termine, gewerbliche und Privatanzeigen, lokale Sportberichte halten den Leser über sein nächstes Umfeld auf dem laufenden. Zum Wochenende wächst sich der Lokalteil mit Heimatfeuilleton und Anzeigenteil auf beachtliche 11 Seiten je Ausgabe aus.

Die Redakteure und Volontäre des OVB sind also vielseitig gefordert: Denn sie recherchieren vor Ort und redigieren hereingereichte Meldungen, sie fotografieren und entwickeln ihre Fotos selbst. Lediglich in der Stadt Rosenheim arbeitet ein Berufsfotograf als freier Mitarbeiter für das OVB.[18]

Das OVB versteht sich ausdrücklich als Heimatzeitung, als Verbindungsglied der Bürger untereinander und als Vermittler zwischen Bürgern und Institutionen.

Günter Oberst, seines Zeichens Redaktionsleiter und – wie manche seiner Kollegen betonen – von „altem Schrot und Korn", setzt sich trotz umfangreicher Aufgaben noch selbst gerne an die Schreibmaschine und kennt daher die Situation seines Blattes nicht nur aus der „Chefperspektive". „Die Struktur unseres großen Verbreitungsgebietes verlangt unterschiedliche Schwerpunkte: Der rein städtisch orientierte Rosenheimer tritt mit ganz anderen Erwartungen – und Herausforderungen – an die Zeitung als ein rein ländlich strukturierter Leserkreis", erläutert Günter Oberst die Situation des OVB. „Doch der Bergbauer hoch über dem Inntal will die Heimatzeitung ebenso als ‚sein Bladl' empfinden wie der Leser an der Grenze zu Niederbayern."[19]

Deshalb beschloß die Verlagsleitung des „Oberbayerischen Volksblattes", die „Marketing Plus Werbeagentur GmbH" zu beauftragen, in Zusammenarbeit mit der Fachhochschule Rosenheim eine Leser-Meinungsumfrage durchzuführen,[20] um die Bedürfnisse der Leserschaft systematisch zu erkunden. Die Schwerpunkte der Untersuchung sollten die klassischen Ressorts, der Lokal-, der Fernseh- und der Anzeigenteil sein. Außerdem sollte überprüft werden, welche anderen Medien wie intensiv von den OVB-Lesern genutzt werden. Bei der Beurteilung der einzelnen Zeitungsteile konnten die Leser Noten vergeben. 16% aller den Zeitungen beigelegten Fragebögen wurden zurückgeschickt. Die Auswertung ergab: Das „Oberbayerische Volksblatt" nebst Kopfblättern wird meist täglich gelesen. Die meisten Leser reichen das Blatt an Familienmitglieder oder Freunde weiter.[21] Von den befragten Personen lasen 61,2% nur das OVB. Die meisten derer, die noch eine zweite Zeitung lasen, nannten die „Süddeutsche Zeitung" und die „Frankfurter Allgemeine Zeitung".[22]

Nach Angabe der Leser ist für sie der Lokalteil besonders wichtig. Der Gesamtlektüre „ihrer" Zeitung widmeten sie täglich durchschnittlich zwischen einer halben und einer Stunde.[23] Die „Noten", die die Leser dem OVB hinsichtlich der Kriterien „Ausführlichkeit", „Sachlichkeit" und „Aktualität" gaben, lagen durchweg zwischen

---

18 Auskunft von Redakteur Franz Hilger am 4. 4. 1987.
19 Sonderbeilage des OVB, a. a. O., S. 121.
20 „Oberbayerisches Volksblatt", Leser-Meinungsumfrage. Rosenheim 1984. S. 4.
21 a. a. O., S. 19.
22 a. a. O., S. 21.
23 a. a. O., S. 25.

2,22 und 2,68.[24] Die Stammleser des OVB sind Hausfrauen (29,7%), Rentner und Pensionäre (18,3%), sowie mittlere Angestellte und Beamte (18%).[25] Etwas mehr als die Hälfte von ihnen sind Frauen.

Weitere Standbeine: Anzeigenblätter und Lokalradio

Die Oberbayerische Volksblatt Druck- und Verlagsgesellschaft mbH gibt neben ihren Tageszeitungen noch zwei Anzeigenblätter in den beiden zum Verbreitungsgebiet gehörenden Landkreisen einmal wöchentlich heraus. Im Landkreis Rosenheim ist dies der „Chiemsee-Spiegel", der in 20 000 Exemplaren an die Haushalte des östlichen Landkreises verteilt wird. In der Mühldorfer Region gibt es „Die Woche", die eine Druckauflage von 35 000 Stück aufweist. Bei beiden Blättern bietet der Verlag die Möglichkeit der kombinierten Insertion mit der jeweiligen Tageszeitung zu einem vergünstigten Preis.[26]

Das OVB ist außerdem beteiligt an low-power-Hörfunkstudios in Rosenheim, Traunstein, Mühldorf und Burgkirchen.[27]

(gr)

---

24 a. a. O., S. 26.
25 a. a. O., S. 51.
26 „Die Woche", Preisliste Nr. 2 und „Chiemsee-Spiegel", Preisliste Nr. 9.
27 Auskunft des Verlagsleiters Norbert Lauinger vom 20. 5. 1988.

Aus traditionsreichem Haus:
Das „Trostberger Tagblatt"

„Herzog Otto aus Bairn an der Alza und Traun da sie zsam kumen, einen Markt, nent ihn Trosperch"; diese Notiz schrieb der Humanist und Geschichtsschreiber Johannes Aventinus in seiner zu Beginn des 16. Jahrhunderts entstandenen „Baierischen Chronik" unter die Jahreszahl 1233.[1]

Dieser Markt ist im Laufe von sieben Jahrhunderten zu einer Kleinstadt mit etwa 10 000 Einwohnern[2] und zentralen Funktionen für ein weites Umland herangewachsen: Trostberg im Landkreis Traunstein gilt heute als Industriestadt, als Einkaufsstadt und als Schulstadt. Auch dem Gesundheitswesen kommt mit dem Kreiskrankenhaus am Ort eine zentrale Bedeutung zu. Zu den größten Firmen der Stadt zählt die Druck- und Verlagshaus Alois Erdl KG, die folgende Presseprodukte herausgibt: die Tageszeitung „Trostberger Tagblatt" mit der Kopfausgabe „Traunreuter Anzeiger" und der Nebenausgabe „Südostbayerische Rundschau" sowie das Wochenblatt „Altbayerische Heimatpost" mit der Bruderausgabe „Almfried". Die Entwicklung der Stadt Trostberg und der Umgebung hat auch die Entwicklung dieses Pressebetriebes entscheidend geprägt.

Die Gründung des Verlages geht auf die 50er Jahre des 19. Jahrhunderts zurück:[3] Der Lithograph und Rotgerber Sebastian Lermer läßt sich, nachdem er im Jahre 1845 seine Heimat an der Salzach verlassen hat, in der Marktgemeinde Trostberg nieder und erhält 1854 eine Konzession beim Landgericht Trostberg für lithographische Arbeiten. Nach mehreren Jahren erfolgreichen Geschäftsverlaufes bekommt Sebastian Lermer vom Landgericht im Jahre 1868 eine Konzession für die Herausgabe einer Zeitung zuerkannt. Mit Hilfe einer primitiven Druckmaschine hergestellt, verläßt das erste „Trostberger Wochenblatt" am 10. Oktober 1868 um drei Uhr nachmittags den Betrieb.

Zum allgemeinen Bedauern konnte diese erste Nummer trotz eifriger Suche nie mehr gefunden werden. Rudolf Anderl, Schriftsteller und langjähriger Redakteur im Verlag, schilderte anläßlich des 100jährigen Bestehens der Zeitung im Jahre 1968 in einem Gedicht die vergebliche Suche nach der Erstnummer: „(...) Es bergen wohl bauchige Schränke vielhundert Nummern, getreulich verwahrt durch die Jahre, aber die Erste, die Eine, die Kostbare, Unersetzliche fehlt. (...) Einem Schatzgräber gleichend, gingen wir forschend und fragend durch Dörfer und Ämter, setzten Gewinne wir aus für den, der die Nummer uns brächte. Aber umsonst! Verschwunden blieb die Entbehrte!"[4]

---

1 Zur Geschichte und Darstellung Trostbergs und Traunreuts vgl. „Chiemgau-Ausstellung '86 Trostberg" (Ausstellungskatalog), S. 57 – 63, sowie Jubiläumsausgabe „100 Jahre Trostberger Tagblatt" (Hrsg.: Druck- und Verlagshaus A. Erdl KG) vom 7. 10. 1968, hier vor allem: Franz Brabänder: Die Stadt an der Alz im Strom der Zeit.

2 Bayerisches Landesamt für Statistik und Datenverarbeitung (Hrsg.): Gemeindedaten. Zählung von 1979, Gebietsstand vom 1. 1. 1980.

3 Zur Geschichte des Verlages und der Zeitung vgl. Jubiläumsausgabe „Trostberger Tagblatt", a. a. O., hier v. a.: „100 Exemplare Anno 1868".

4 Jubiläumsausgabe „Trostberger Tagblatt", a. a. O., Auszug aus „Die entschwundene erste Nummer".

Traun-Alz-Bote.

Volksblatt für Jedermann.

Traunstein & Trostberg	Nr. 1.	den 6. Juli 1869.

Traun-Alz-Salzachbote.

Volksblatt für Jedermann.

Nr. 1.	Freitag den 3. Januar 1873.	1873.

Trostberger Wochenblatt.

Zugleich Amts-Blatt

Das Trostberger Wochenblatt erscheint jeden Mittwoch und Samstag und kostet mit der am Samstag beigelegten ill. Gratis-Beilage vierteljähr. 1 ℳ Mit illustrirten Unterhaltungsblatt durch die Redaktion 1 ℳ 70 ₰ durch die Post 1 ℳ 90 ₰

Inserate werden schnell aufgenommen und wird die 3spaltige Garmondzeile oder deren Raum mit 10 bl. berechnet. Aufsätze von lokalem Interesse oder gemeinnützigem Inhalte werden dankbarst angenommen Die einzelne Nummer kostet 10 Pfg. —

(XXV. Jahrgang.)

für den Bezirk des kgl. Amtsgerichtes und der Marktgemeindeverwaltung Trostberg.

Wochenblatt für Umgegend.

Nro. 1	Mittwoch den 6. Jänner	1892.

Trostberger Wochenblatt

Zugleich Lokalblatt für Obing und Umgebung

Erscheint Montag, Mittwoch, Freitag u Samstag u kostet monatl 1.30 Goldmark ohne Zustellgebühr — Preis der einzelnen Nummer 8 Goldpfennige. Telefon Nr. 60 — Postscheckkonto Nr. München

Bestes Insertionsorgan

Anzeigenberechnung nach Goldmark: Die einspaltige Nonpareille-Zeile 10 Goldpfennige die zweispaltige Reklame-Zeile oder deren Raum 30 Gold-Pfennige Redaktion und Verlag Alois Erbl, Trostberg

58. Jahrgang.	Freitag, den 2. Januar 1925.	Nummer 1.

Trostberger Wochenblatt

Trostberger Tagblatt

Zugleich Lokalblatt für Altenmarkt, Obing, Schnaitsee und Umgebung

Amtsblatt für Stadtrat, Amtsgericht u. übrige Behörden Trostbergs.

Mit den Beilagen „Leben im Bild", „Heitere Blätter", „Der Heimatspiegel", „Ratgeber für Feld u. Haus" - Bezugspreis monatl. 1.80 RM. ohne Zustellgebühr - Einzel-Nr. 10 Pfg. - 1-spalt. Nonp.-Zeile 10, im Reklameteil 30 Pfg. - Druck u. Verlag: M. Erbl. Verantw. Schriftleitung: Karl Erbl, Trostberg - Telefon 60 - Postscheck: München 9567

Ferner hauptsächlich gelesen in den Postbezirken Stein, Hörpolding, Rabing, Truchtlaching, Seeon, Seebruck, Pittenhart, Fridolfing, Waldhausen, Peterskirchen, Kienberg, Tacherting, Emertsham, Engelsberg, Garching, Wiesmühle a. Alz - Feichten, Wald a. Alz, Unterneukirchen, Kirchweidach, Palling, Tyrlaching-Oberbuch-Freutsmoos, Tengling, Taching

Größtes Verbreitungsgebiet · Seit Jahrzehnten das beliebte Heimatblatt für alle Stände · Erfolgreichstes Insertionsorgan

64 Jahrgang	Freitag, den 2. Januar 1931.	Nummer 1

Trostberger Tagblatt

Zugleich Lokalblatt für Altenmarkt, Obing, Schnaitsee und Umgebung

Amtsblatt für alle Behörden · Bis 1925 „Trostberger Wochenblatt"

Das „Trostberger Tagblatt" erscheint an jedem Werktag. - Beilagen: „Das Leben im Bild", „Der Heimatspiegel", landwirtschaftliche Beilage - Bezugspreis durch die Post RM. 1.60 (einschließl. 18 Pfg. Postzeitungsgebühr) zuzüglich 36 Pfg. Postzustellgebühr; bei Selbstabholung RM. 1.60, bei Trägerzustellung zuzüglich Trägerlohn. - Einzelpreis: 8 Pfennig.

Hauptschriftleiter und verantwortlich für den Gesamtinhalt Karl Erbl, Stellvertreter und verantwortlich für Anzeigen Oskar Erbl. Druck und Verlag M. Erbl, sämtliche in Trostberg. Fernruf 60 - Postscheckkonto München Nr. 9567 - Erfüllungsort Trostberg - Anzeigenberechnung nach Preisliste 4. - Anzeigenannahmeschluß ... D.-A. VII 37 4270

Großes Verbreitungsgebiet · Seit 1867 das Blatt der Heimat und ihrer Volksgemeinschaft · Das erfolgreiche Anzeigen-Organ

70. Jahrgang	Mittwoch, den 1. September 1937	Nummer 202

Von Lermer zu Erdl

Zurück ins 19. Jahrhundert. Die Ausgaben des „Trostberger Wochenblatts" finden in den ersten drei Monaten in und um Trostberg, das agrarwirtschaftlich orientiert ist und etwa 1 700 Einwohner zählt, 160 Abonnenten. Da der Leserzuwachs jedoch bald stockt, vereinigt Lermer knapp ein Jahr später das „Trostberger Wochenblatt" mit dem „Traunboten" zum „Traun-Alz-Boten". Aufgrund der baldigen Erweiterung des Verbreitungsgebietes bis in das angrenzende Bezirksamt Laufen und der Einrichtung einer eigenen Geschäftsstelle in Laufen wird der Titel geändert in „Traun-Alz-Salzach-Bote". Jetzt erscheint die Zeitung zweimal pro Woche, ab Januar 1890 dreimal. Doch schon zwei Jahre später muß die Erscheinungsweise wieder auf zweimal wöchentlich reduziert werden, da der Sohn von Sebastian Lermer, der den Betrieb übernommen hat, trotz des zusätzlichen Verkaufes von „Kramwaren" und Lebensmitteln geschäftlich weniger Erfolg hat als sein verstorbener Vater. Der alte Titel „Trostberger Wochenblatt" kehrt auf den Zeitungskopf zurück. Kurz darauf stirbt Sebastian Lermer jun. im Alter von erst 35 Jahren. Seine Witwe bittet einen Bekannten der Familie, Carl Borromäus Erdl aus Geiselhöring in Niederbayern, die Geschäftsführung zu übernehmen. Schon bald heiratet er die Witwe Lermer. Seit diesem Zeitpunkt, also seit Ende 1895, liegt der Verlag in den Händen der Familie Erdl.

Carl B. Erdl, tatkräftig und vom Unternehmergeist geprägt, fördert als Verleger und Redakteur die Entwicklung der Zeitung entscheidend: Das redaktionelle Niveau steigt, die Seitenzahl nimmt zu und das Verbreitungsgebiet wird durch die Einrichtung eigener Agenturen fixiert, so daß das „Trostberger Wochenblatt" erstmals eine ernsthafte Konkurrenz zu den Nachbarzeitungen darstellt. Die Druckauflage von 800 Stück macht den Ankauf neuer Maschinen und Geräte für die Druckerei um die Jahrhundertwende notwendig. 1901 beträgt die Auflage bereits 1 500 Stück. Für den Ausbau des Unternehmens holt Carl B. Erdl seinen jüngeren Bruder Alois Erdl 1896 zur gemeinsamen Verlags- und Geschäftsführung nach Trostberg.

Gleichzeitig gewinnt auch der Markt Trostberg an Bedeutung: Zunehmende Industrialisierung und steigende Einwohnerzahl, verursacht vor allem durch die Ansiedlung der Bayerischen Stickstoffwerke (die heute weltweit agierende SKW Trostberg AG), lassen auch die Bedeutung der ortsansässigen Zeitung und des Druckunternehmens wachsen. Nach der Stadterhebung Trostbergs am 11. 6. 1913 wird das „Wochenblatt" zum Amtsblatt der Stadtverwaltung erklärt. Alois Erdl, dessen Namen das Unternehmen heute noch trägt, wird Alleininhaber, nachdem sich Carl B. Erdl 1912 zur Ruhe gesetzt hatte. Ab 1914 steht im Hause Erdl die erste Schnellpresse zur Verfügung, die Auflage steigt auf 3 350 Stück. Der Erste Weltkrieg beeinträchtigt vorübergehend die Entwicklung: Die Zeitung erscheint zwar bis zum Ende des Krieges in gewohnter Weise, die Aufrechterhaltung der Produktion ist jedoch nur unter erschwerten Bedingungen möglich. Alois Erdl erhält in dieser Zeit das „König-Ludwig-Kreuz" für seine 380 000 Feldpostlieferungen der Zeitung.[5]

---

[5] Hierzu und zu folgendem: Wolfgang Meyke: Trostberger Tagblatt und Altbayerische Heimatpost. Zur Geschichte eines Heimatzeitungsverlages. Magisterarbeit (unveröffentlicht) München 1985.

Auch nach Kriegsende stellt sich die Ertragslage wegen der fortschreitenden Inflation schwierig dar, obwohl die Zeitung ab Juli 1919 viermal pro Woche mit einer Auflage von über 4 000 Stück das Haus verläßt. Beträgt der Bezugspreis im Januar 1923 noch 320 Mark, schnellt er bis November auf 30 000 000 000 Mark hinauf. In dieser Zeit wird die erste Typograph-Setzmaschine in Betrieb genommen. Erst ab 1924 stabilisiert sich die wirtschaftliche Lage, und in der Bevölkerung wächst das Bedürfnis nach Information. Ab September 1925 erscheint das „Trostberger Wochenblatt" schließlich täglich. In „Tagblatt" wird es jedoch erst knapp sechs Jahre später umbenannt.

Ständige Erneuerungen und Erweiterungen, der Neubau des Verlagshauses 1929 und die Einstellung neuer Mitarbeiter prägen die Entwicklung des Verlages bis zur Machtübernahme durch die Nationalsozialisten. 1930 hat das „Trostberger Wochenblatt" eine Auflage von 4 200 Exemplaren.

Mit Glück und Taktik

Anfang 1933 werden im Parteikreis Traunstein vier Zeitungen verbreitet:[6] Das „Traunsteiner Wochenblatt", bis Anfang der zwanziger Jahre das „Hauptorgan des bayerischen Waldbauernbundes" und, anders als der Name nahelegt, eine Tageszeitung, die der Bayerischen Volkspartei nahesteht, das „Traunsteiner Tagblatt" (mit Nebenausgaben für Laufen und Freilassing) aus der BVP-orientierten Oberbayerischen Genossenschaftsdruckerei und das ebenfalls BVP-nahe „Trostberger Tagblatt" sowie der „Chiemgau-Bote" der NSDAP. Nach drei Jahren gibt es jedoch nur noch das „Trostberger Tagblatt" und die parteieigene „Traunsteiner Zeitung", die durch die Verschmelzung der beiden Traunsteiner Zeitungen mit dem „Chiemgau-Boten" entstanden ist.

Das „Trostberger Tagblatt" bleibt vom Zugriff des Kreisleiters verschont, wohl unter anderem durch die äußerlich vollzogene Anpassung der Trostberger Verlagszeitung an die neuen politischen Verhältnisse. Eine große Rolle spielt dabei, daß der der BVP-Linie treue Alois Erdl in den Hintergrund tritt und seine vom Kreisleiter für NSDAP-treu gehaltenen Söhne Oskar und Karl ins Rampenlicht rückt. „Der 27jährige Karl Erdl, ebenso wie sein um sechs Jahre jüngerer Bruder 1933 in die SA eingetreten, wurde Hauptschriftleiter der elterlichen Zeitung. Karl wie Oskar erhielten nach der Einführung des Schriftleitergesetzes eine sogenannte A-Lizenz, die journalistische Arbeit für jede Zeitung gestattete. Im Mai 1937 waren die beiden Verlegersöhne und Journalisten auch Mitglieder der NSDAP geworden und vermutlich von diesem Zeitpunkt an betätigte sich immer einer der beiden (..) als Kreispressewart. Die Rolle als NS-Funktionäre spielten die beiden Trostberger Zeitungsleute vor allem wohl aus Gründen der ‚Optik'; kaum anzunehmen, daß Kreisleiter Endrös dem Hauptschriftleiter Werr der parteiamtlichen ‚Traunsteiner Zeitung' seine Weisungen über den im 20 Kilometer entfernten Trostberg lebenden Kreispressewart erteilte", urteilt der Historiker Norbert Frei.[7]

---

[6] Hierzu und zu folgendem: Meyke, a. a. O., S. 32 – 47.

[7] Norbert Frei: Die nationalsozialistische Eroberung der Provinzpresse. Stuttgart 1980, S. 230.

Auch die guten Beziehungen zum bayerischen Verlegerverband erweisen sich in dieser Zeit als vorteilhaft. So übernimmt zum Beispiel der Verlag im Januar 1939 entgegen den Richtlinien der nationalsozialistischen Pressepolitik („Wahrung der Unabhängigkeit des Zeitungswesens") zur besseren Auslastung der 1937 angeschafften Rotationsmaschine den „Tittmoninger Anzeiger", nachdem dessen Verleger und Schriftleiter Anton Pustet verstorben war und die Schließung gedroht hatte. Der Name des „Anzeigers" bleibt erhalten, abgesehen vom Lokalteil jedoch entspricht sein Inhalt künftig dem des „Tagblatts".

Im Frühjahr 1943 übernimmt Erdl im Zuge kriegsbedingter Zusammenlegungen noch die parteieigene „Salzach-Wacht" aus Laufen, die nach dem Zusammenschluß mit dem „Tittmoninger Anzeiger" in „Salzach-Zeitung" umbenannt wird.[8] Ebenfalls im Jahr 1943 stirbt Alois Erdl. Karl Erdl übernimmt die Verlegerrolle in Zusammenarbeit mit seinem Bruder Oskar. Insgesamt gesehen übersteht der Verlag in Trostberg die „Nazi-Zeit" relativ unbeschadet, und die Tageszeitung kann bis zum Kriegsende erscheinen. „Ein das Bezirkszentrum nicht tangierendes Verbreitungsgebiet, Geschick und Anpassungsbereitschaft gegenüber den neuen Machthabern und, für den Notfall, gute Kontakte zur Standesorganisation – diese Komponenten zusammen machten es möglich, daß sich ein privates Provinzblatt in der NS-Zeit nicht nur seine völlige Eigenständigkeit bewahren, sondern (..) seine wirtschaftliche Position sogar ausbauen konnte. Technisch beizeiten gut ausgerüstet, druckte das Trostberger Verlagshaus ab 1939 sechsmal in der Woche rund 6 000, ab 1943 gar 8 000 Zeitungsexemplare. (..) Noch die großen Schließungsaktionen wegen Papierknappheit überstand das ‚Tagblatt' und erschien bis Kriegsende."[9]

Alte Bindungen

Nach 1945 besteht für die „Altverleger", also auch für Karl und Oskar Erdl, zunächst keine Möglichkeit, die notwendige Lizenz für die Zeitungsherausgabe zu erhalten, um das „Trostberger Tagblatt" weiterhin erscheinen zu lassen. Aufgrund des Einmarsches der Amerikaner in Trostberg am 4. 5. 1945 bleibt die Ausgabe vom 3. 5. 1945 das vorerst letzte „Tagblatt" für mehrere Jahre.

Nachdem vorübergehend der Betrieb treuhänderisch verwaltet worden ist, sind die Gebrüder Erdl ab Ende 1947 wieder „Herr im eigenen Haus". Als einzige Betätigung kann jedoch nur die Akzidenz-Druckerei mit etwa 15 Beschäftigten aufrechterhalten werden. Die leistungsfähige Rotationsmaschine muß im Mai 1948 für eine Presseausstellung in München ausgeliehen werden. Darauf sind die Trostberger stolz: Die erste Ausgabe der Münchner „Abendzeitung"[10] läuft über diese Maschine.

In der Zwischenzeit bekommt der Sozialdemokrat Joseph Felder in Bad Reichenhall eine Lizenz für die Tageszeitung „Südost-Kurier", dessen Verbreitungsgebiet die Landkreise Berchtesgaden, Bad Reichenhall, Traunstein, Laufen und Altötting, also auch die vormaligen Verbreitungsgebiete des „Trostberger Tagblatts" und der „Salzach-Zeitung" abdeckt. Trotzdem planen die Gebrüder Erdl fest das Wiederer-

[8] Vgl. auch Kapitel „Parteikreis Traunstein: Ein Kreisleiter setzt sich durch". In: Norbert Frei, a. a. O., S. 223 ff.
[9] Norbert Frei, a. a. O., S. 230.
[10] Vgl. Porträt der „Abendzeitung" im gleichen Band.

scheinen „ihrer" Zeitung und suchen daher für die Überbrückung dieser „Durststrecke" nach anderen Wegen der verlegerischen und journalistischen Tätigkeit. Dieser „andere" Weg ist bald in der Herausgabe der „Altbayerischen Heimatpost" ab Ende 1948 gefunden, deren Entstehung und Entwicklung jedoch an anderer Stelle dargestellt werden soll.

Kurz nachdem mit der Generallizenz vom 22. 8. 1949 die Genehmigungspflicht aufgehoben ist, erscheint das „Trostberger Tagblatt" wieder (Wochenende 2./3. 9. 1949). Mit der Startauflage von 4 500 Exemplaren kann direkt an die Entwicklung von vor 1945 angeknüpft und die Konkurrenz mit dem „Südost-Kurier" aufgenommen werden. Daß fast alle Leser innerhalb kurzer Zeit zur „Trostberger" zurückkommen, beweist die starke Leser-Blatt-Bindung der „alten" Heimatzeitung. 1955 muß die Lizenzzeitung „Südost-Kurier" mit ihren Kopfblättern kapitulieren; Felder erhält von den Altverlegern eine Abfindung und gibt seinen Betrieb auf.[11]

Ab 1949 arbeitet der Verlag Erdl, wie schon vor 1945, wieder mit dem Verlag Pustet zusammen. Seither erscheint, anfangs in Laufen, heute in Tittmoning, die Nebenausgabe mit dem Namen „Südostbayerische Rundschau" (die frühere „Laufener Kreiszeitung"), für die in Tittmoning eine eigene Lokalredaktion und Anzeigenannahmestelle besteht. Am Verlag W. Pustet GmbH & Co. KG ist der Verlag Erdl mit 50% beteiligt.[12]

Neue Wege

Einen kräftigen Schub erhält die positive Auflagenentwicklung des „Trostberger Tagblatts" durch die Entstehung und das rasche Wachstum der benachbarten Stadt Traunreut. Vor allem die Gründung der Siemens-Niederlassung im Jahr 1949 läßt die Zahl der Einwohner von Traunreut, in erster Linie Heimatvertriebene aus den deutschen Ostgebieten, aus Schlesien und aus dem Sudetenland, sprunghaft steigen von Null (Traunreut gibt es erst seit 1950) auf heute fast 18 000 Menschen.[13] Nachdem zunächst eine Anzeigenannahmestelle und eine kleine Außenredaktion in dieser jungen Gemeinde eingerichtet worden sind, folgt 1960, als Traunreut zur Stadt erhoben wird, die Herausgabe des Kopfblattes „Traunreuter Anzeiger".

Das „Trostberger Tagblatt" hat heute eine verbreitete Auflage von 13 004 Exemplaren, einschließlich des „Traunreuter Anzeigers" (3 000 Stück Auflage), dessen Inhalt völlig identisch ist mit dem des „Tagblatts". Die Nebenausgabe „Südostbayerische Rundschau" bringt es auf 4 876 Exemplare. Die verbreitete Gesamtauflage des allen gemeinsamen Mantels sowie eines überregionalen Anzeigen- und Sportteils beträgt somit 17 850 Stück (Druckauflage: 18 837), davon sind 16 592 Abonnenten-Stücke.[14]

Die Ansiedlung von verschiedenen Industriebetrieben in und um Trostberg und Traunreut kam noch einem weiteren Betriebszweig zugute. Die leistungsfähigen und expandierenden Unternehmen forcierten den Ausbau der Druckerei zu einem

---

11 Vgl. Porträt „Traunsteiner Wochenblatt" im selben Band.

12 Gemäß Wulf Pustet, Interview vom August 1987.

13 Bayerisches Landesamt für Statistik und Datenverarbeitung (Hrsg.): Gemeindedaten. Zählung von 1979, Gebietsstand vom 1. 1. 1980.

14 IVW-Liste 4/1987.

der wenigen „maßgeblichen und modernsten graphischen Betriebe im südostbayerischen Raum außerhalb Münchens".[15] Die Akzidenzdruckerei einschließlich der industriellen Buchbinderei wurde damit im Laufe der Zeit zu einem wichtigen Standbein des Unternehmens.

Die technische Ausrüstung des gesamten Druck- und Verlagsunternehmens entspricht dem heutigen Standard: Mitte der 50er Jahre wurde der Vierfarb-Druck eingeführt und 1971 eine Offset-Abteilung angegliedert. Die vollständige Umstellung der Zeitungsherstellung auf modernsten Fotosatz fand ihren Abschluß in der letztmaligen Montage des Lokalteils „in Blei" im Oktober 1984. Ein dpa-Speicher-Prozessor beschleunigt den Weg Redaktion-Satz-Druck bei Meldungen, die von dpa weitgehend unverändert übernommen werden können. Für den Zeitungsdruck steht eine 32seitige Rotationsmaschine zur Verfügung.

In der Satz-Abteilung sind rund 80 Arbeitnehmer beschäftigt, im Druck knapp 60, im Versand rund 15 und in der Buchbinderei rund 30. Etwa 35 Angestellte sind in der Verwaltung und weitere fünf in der Redaktion. Insgesamt bietet der Betrieb etwa 230 Arbeitsplätze, durchschnittlich etwa 15 Ausbildungsplätze inbegriffen. Der Anteil der Frauen in der Belegschaft (vornehmlich im Versand, in der Buchbinderei und Verwaltung sowie zunehmend in der Setzerei tätig) liegt bei 45%.[16] Im traditionell zum Haus gehörenden Ladengeschäft, früher ein Gemischtwarenhandel, heute eine moderne Buchhandlung mit Schreibwarensortiment, arbeiten fünf Angestellte.

Das Verlagshaus denkt auch an die Zukunft: Es ist „voll und ganz in kommende medienpolitische Aufgaben eingestiegen und vorbereitet, örtliche Sendeaufgaben zu erfüllen".[17] Verleger Oskar Erdl initiierte die „Zeitungswelle Südost" als „notwendige Anbietergesellschaft für die Landkreise Traunstein und Berchtesgadener Land". Weitere Teilhaber der GmbH sind der Verlag A. Miller, Traunstein, der Verlag W. Pustet, Tittmoning, und der Verlag Wiedemann'sche Buchdruckerei in Bad Reichenhall.

Ein Fels

Alleiniger Geschäftsführer des Verlagshauses Erdl und persönlich haftender Gesellschafter der nach dem Krieg gegründeten Kommanditgesellschaft ist seit dem Tod von Karl Erdl im März 1970 Oskar Erdl senior. Seit einigen Jahren arbeitet sein Sohn Oskar Erdl jun. in der Geschäftsleitung mit. Kommanditisten der KG sind Georgine Erdl, Witwe von Karl Erdl, und der in München ansässige Rechtsanwalt Dr. Lois Erdl, ein Bruder von Oskar Erdl.

Nachdem zunächst Karl Erdl viele Jahre zweiter Vorsitzender des Verbandes Bayerischer Zeitungsverleger war, wurde 1977 einstimmig sein Bruder Oskar Erdl zum ersten Vorsitzenden gewählt. Dieses Amt bekleidete er bis 1983. Seitdem ist er – einstimmig gewählter – Ehrenvorsitzender auf Lebenszeit. Seit 1978 gehört Oskar Erdl dem Aufsichtsrat der Deutschen Presse-Agentur in Hamburg an. Er erhielt 1974 den bayerischen Verdienstorden, 1982 das Große Verdienstkreuz des Ver-

[15] Dieses und folgendes gemäß Oskar Erdl, Interview vom August 1987.
[16] Stand August 1987.
[17] Gemäß Interview Oskar Erdl, August 1987.

dienstordens der Bundesrepublik Deutschland und 1986 die Bayerische Verfassungsmedaille in Silber. Seine Heimatstadt Trostberg überreichte dem Verleger die Bürgermedaille in Gold. Weitere örtliche und regionale Vereine und Verbände zeichneten Oskar Erdl aus.

Öffnung des Lebensraumes

Die Zeitungen des Verlages Erdl sollen und wollen „allen politischen Richtungen offen sein“ und „mit christlicher Grundhaltung neutral und objektiv über lokale, nationale und internationale Angelegenheiten“ berichten, so der Herausgeber Oskar Erdl. „Dem heimatlichen Lebensraum die Welt zu öffnen“ und „den umhegten Bezirk des eigenen individuellen Lebens lebenswert und lebensfroh zu machen“, „Sprachrohr und Spiegel der Zeit“ und „niemand anderem verpflichtet zu sein als dem eigenen Gewissen, dem Gemeinwohl und der treu verbundenen Leserfamilie, ist ein Anliegen, das wir sehr ernst meinen“. Diese Aussagen, die vor genau zwanzig Jahren „Standort und Aufgabe“[18] der Zeitung umreißen sollten, treffen, so Oskar Erdl, unverändert auch heute noch zu.

Seit 1937, also seit die erste Rotationsmaschine zum Einsatz kam, erscheint das „Trostberger Tagblatt“ im Berliner Format. Das vierspaltige Layout mit der Spaltenbreite von 64 mm ist seit dem „Neuanfang“ unverändert geblieben. Als Grundschrift wird Petit verwendet.

Eine beachtliche Steigerung läßt sich in der Umfangentwicklung feststellen. Waren es am Anfang vier, am Wochenende höchstens einmal acht Seiten, muß der Leser heute werktags 20 bis 24 und am Wochenende sogar 36 bis 50 Seiten bewältigen. Diese Steigerung geht sowohl auf die intensiver gewordene Berichterstattung als auch auf ein gewachsenes Anzeigenvolumen zurück.

Das „Trostberger Tagblatt“ erscheint seit 1969 werktäglich. Da es sich bei dieser Zeitung um eine typische „Mittagszeitung“ handelt, ein Blatt also, das zur Mittagszeit die Rotation verläßt, werden die Ausgaben als „Montag/Dienstag-“, „Dienstag/Mittwoch-“, „Mittwoch/Donnerstag-Ausgabe“ usw. betitelt. Dies in erster Linie deshalb, um bei den Postbeziehern den Eindruck zu vermeiden, eine Zeitung von „gestern“ im Briefkasten vorzufinden. Die „Südostbayerische Rundschau“ erscheint aus drucktechnischen Gründen erst am frühen Abend.

Das „Trostberger Tagblatt“ ist der äußeren Gestalt wie auch den inhaltlichen Schwerpunkten nach eine typische Heimatzeitung. Da die Zeitung ganz überwiegend von Abonnenten gelesen wird, kann sie auf marktschreierische Schlagzeilen verzichten. Farbe taucht nur an einer einzigen Stelle auf, nämlich als Raster in Blau, mit dem täglich die erste Zeile unter dem Titel unterlegt ist. Hier soll der Appetit auf ein Thema im Inneren des Blattes geweckt werden. Im übrigen wird auf Ankündigungen oder ein Inhaltsverzeichnis verzichtet. Das Layout ist ruhig und übersichtlich, die Hauptüberschriften sind immer einzeilig, desgleichen die Unterzeilen. Das Thema, dem die Redaktion die größte Aufmerksamkeit sichern will, bekommt stets drei Spalten links oben auf der Titelseite, nicht selten zusätzlich ein

[18] Titel der Beitrages von Oskar Erdl in der Jubiläumsausgabe des „Trostberger Tagblatts“ von 1968.

Bild. Seit 1973 liefert dpa das Nachrichtenmaterial u. a. für die „Politik", ohne freilich im Blatt selbst genannt zu werden. Einen festen Platz haben sich auch die Wirtschaftsnachrichten mit Börsennotierungen erobert, nämlich die untere Hälfte der zweiten Seite. Je nach Nachrichtenlage laufen die Meldungen aus Deutschland auf der dritten Seite weiter oder es kommt eine Seite „Aus Bayern", die dpa komplett liefert. Mehr als drei Seiten täglich werden den Händeln in der Welt, in Deutschland und Bayern nicht zugestanden. Für eine erste, grobe Orientierung der Leser muß das ausreichen. Da bleibt freilich kein Raum für Kommentare, Glossen oder eine Umschau im übrigen Blätterwald.

Auf der vierten Seite beginnt regelmäßig der Lokalteil. In der Trostberger Ausgabe kommen die „Trostberger Stadtnachrichten" nach vorn und die „Traunreuter Stadtnachrichten" zwei Seiten weiter nach hinten, in der Traunreuter Ausgabe wechselt die Reihenfolge. Das Vertrauen der Leser und ihr Vertrautsein mit dem Blatt wird auch durch ein beständiges Layout erreicht. Verläßlich steht die Lokalspitze für die Trostberger links oben auf der vierten Seite, die Spalte mit den Nachrichten am rechten Seitenrand. Auf der Seite für Traunreut fehlt die Lokalspitze mit der gleichen Beharrlichkeit, mit der sie für die Trostberger erscheint. Dazwischen und danach erscheinen die Nachrichten aus den Gemeinden der Umgebung. Insgesamt umfaßt die lokale Berichterstattung täglich zwischen sechs und zehn Seiten. Der Akzent der Redaktion liegt eindeutig darin, die Leser mit dem örtlichen Geschehen vertraut zu halten. Zwei Lokalredakteure, etwa 40 feste freie und etwa 30 gelegentliche freie Mitarbeiter berichten aus den Gemeinden des Verbreitungsgebietes. Apropos freie Mitarbeiter: In den ersten Jahren nach der Gründung warb der Verlag auf originelle Weise um Lokalberichterstatter. An die Damen wurden parfümierte Postkarten verschickt, mit der Bitte, sie mit örtlichen Nachrichten zurückzusenden. Herren erhielten statt Duftprobe eine Zigarre.

Der Lokalteil der „Südostbayerischen Rundschau" umfaßt etwa vier bis 13 Seiten, die Lokalredaktion besteht aus drei Redakteuren und etwa 30 freien Mitarbeitern.

Regelmäßig am Wochenende berichten eine bis zwei Seiten im „Trostberger Tagblatt" „Aus dem Kulturleben". Der Sport hat in jeder Ausgabe seinen festen Platz. Die ausführliche Beschreibung der lokalen und überregionalen sportlichen Ereignisse auf fünf Seiten am Montag und zwei bis vier Seiten an den übrigen Tagen soll neben der Information auch der Förderung des Sports dienen. Ein angestellter Sportredakteur und etwa 20 freie Reporter sammeln das Material.

Ganzseitige Reportagen über fremde Städte, Länder oder Kontinente, die entweder die „Bayerischen Heimatzeitungsverleger" oder ein Frankfurter Pressedienst zur Verfügung stellen, sowie die monatlich vierseitige Beilage „Der Heimatspiegel", vom Chefredakteur der „Altbayerischen Heimatpost" zusammengestellt, sollen den Blick des Lesers sowohl auf die Welt als auch auf die nähere Umgebung lenken und zur Allgemeinbildung beitragen.

Ein ausführliches Rundfunk- und Fernsehprogramm, das vom Verlag A. Miller in Traunstein bezogen wird, liegt jede Woche der Zeitung bei. Die Freitagsausgabe beinhaltet außerdem den oft zwei Seiten umfassenden Kirchenanzeiger für die Gemeinden im Verbreitungsgebiet.[19]

---

[19] Alle Angaben über Inhalt gemäß Interview mit Erwin Huber, Anzeigenleiter, August 1987.

Zur Insertion empfohlen

„Das ‚Trostberger Wochenblatt' mit einer Auflage von nahezu 1 800 Exemplaren empfiehlt sich von selbst als erfolgreiches Insertionsorgan", war im „Wochenblatt" vom 17. 8. 1904 zu lesen. „Bei der heutigen, nahezu zehnfachen Gesamtauflage gilt diese Aussage natürlich immer noch und erst recht",[20] so der Anzeigenleiter des Verlages. In der Zeit bis 1945 schwankte das Anzeigenvolumen ständig, danach weitete es sich kontinuierlich aus. Nachdem in den 50er Jahren der Anzeigenteil etwa 15 bis 25% des Gesamtumfangs der Zeitung ausmachte, liegt der Wert heute bei etwa 33%. Bei einem Gesamtumfang von ungefähr 7 400 Seiten waren 1986 rund 2 300 Seiten Anzeigen, um nur ein Beispiel anzuführen. Pro Wochenendausgabe sind zur Zeit durchschnittlich 18 Seiten, pro Donnerstag/Freitag-Ausgabe acht und sonst drei Seiten mit Anzeigen gefüllt. Seit ein paar Jahren nimmt, so der Anzeigenleiter, der Anzeigenumfang allerdings wieder geringfügig ab, seit nämlich Anzeigenblätter kostenlos im Verbreitungsgebiet des „Trostberger Tagblatts" verteilt werden. Damit ist in erster Linie die Ausgabe „Traunstein" des „Blickpunkt Burghausen" angesprochen, die eine Auflage von 41 000 Stück hat.

Die Inserate im „Trostberger Tagblatt" stammen in erster Linie von ortsansässigen Firmen und Niederlassungen oder von Privatpersonen. Überregionale Anzeigenaufträge wickelt die Atlas Verlag und Werbung GmbH in München ab, weil das „Trostberger Tagblatt" dem Ring Bayerischer Heimatzeitungen angeschlossen ist. Extra für private Kleinanzeigen gibt es seit Anfang 1986 einmal im Monat das „Flohmarktstandl", eine Seite, auf der Privatleute zu verbilligtem Tarif gegenüber dem normalen Anzeigenpreis inserieren können. Von einigen Werbekunden wird das „Tagblatt" in zunehmendem Maße auch als Träger für Prospekte genutzt. Für Sonderseiten, die ein passendes redaktionelles Umfeld für Anzeigen schaffen sollen, werden von der „Standortpresse Bonn" redaktionelle Texte zu Themen wie Mode, Bauen und Wohnen oder Garten bezogen.[21]

Das Verbreitungsgebiet von „Trostberger Tagblatt" und „Traunreuter Anzeiger" wird durch die benachbarten Verbreitungsgebiete des „Traunsteiner Wochenblattes" im Süden, von Nebenausgaben des „Oberbayerischen Volksblattes" im Westen und von Nebenausgaben der „Passauer Neuen Presse" im Norden fixiert (östlich des Verbreitungsgebietes liegt das Verbreitungsgebiet der „eigenen" „Südostbayerischen Rundschau"). Das Verbreitungsgebiet „umfaßt den Nordteil des Landkreises Traunstein mit einer monopolartigen Auflagendichte. Es reicht noch in die Randgebiete der benachbarten Landkreise Altötting und Mühldorf und in den Raum Wasserburg-Rosenheim hinein".[22] Die Angabe der Orte, in denen die Zeitung gelesen wird, im Kopf der Ausgaben von 1929 beweist, daß sich das Verbreitungsgebiet seither nicht wesentlich geändert hat.

Geändert hat sich jedoch dessen Wirtschaftsstruktur. War dieses Gebiet etwa bis zur Jahrhundertwende ausschließlich agrarwirtschaftlich orientiert, entwickelte es sich ab etwa 1910 zu einem der „wirtschaftlich bestfundierten und krisenfestesten Gebiete Bayerns. (...) Insgesamt gibt es im Verbreitungsgebiet über 100 Industrie-

20 Dieses und folgendes gemäß Erwin Huber, Anzeigenleiter, Interview August 1987.
21 Gemäß Erwin Huber, Anzeigenleiter, Interview vom August 1987.
22 Dieses und die folgenden Zitate: Anzeigenpreisliste „Trostberger Tagblatt/Traunreuter Anzeiger", Nr. 24.

firmen mit zehn und mehr Beschäftigten. In den vier größten davon finden jeweils mehrere tausend Menschen Arbeit. (...) In den vergangenen Jahren entwickelte sich auch der Fremdenverkehr zu einem nicht zu unterschätzenden Wirtschaftssektor".

Ähnliches gilt für die „Südostbayerische Rundschau". Sie ist „die (..) Tageszeitung im historischen Rupertiwinkel im Südosten Bayerns, einem kulturreichen Gebiet entlang der österreichischen Grenze. (...) In ihm liegen die Städte Laufen, (..) Tittmoning (..) und Freilassing, die moderne, schnell wachsende Nachbarstadt von Salzburg. Der Rupertiwinkel hat sich nach dem Zweiten Weltkrieg von einem vorwiegend landwirtschaftlich genutzten Gebiet zu einem mit gesunden handwerklichen und industriellen Betrieben durchsetzten, wirtschaftlich interessanten Land entwickelt. Eine besondere Rolle spielt dabei der hohe Erholungs- und Freizeitwert (..), wodurch der Fremdenverkehr zu einem beachtlichen Faktor herangewachsen ist. Die ‚Südostbayerische Rundschau' wird innerhalb ihres engeren Streubereiches als einzige Tageszeitung dieses Gebietes in etwa 90% der Wohnungen gelesen."[23] Die „Südostbayerische Rundschau" ist im Landkreis Traunstein mit 2 556 Exemplaren und im Landkreis Berchtesgadener Land mit 1 585 Exemplaren (Gesamtauflage 4 654) „vertreten".[24]

Der Vertrieb der Zeitungen erfolgt größtenteils über ein eigenes Vertriebssystem. Beim „Trostberger Tagblatt/Traunreuter Anzeiger" werden nur ca. 15% als Posteinzelstücke vertrieben, während der Anteil bei der „Südostbayerischen Rundschau" bei ca. 72% liegt.[25] Der Grund für diesen Unterschied liegt darin, daß die „Südostbayerische" hauptsächlich in einem dünn besiedelten Gebiet ohne größere Städte verbreitet ist. Die restlichen Abonnentenstücke werden von über 100 Trägern, meist Hausfrauen, Schüler und Rentner, an die Haushalte geliefert.[26] Für einige Ortschaften liefern zwei verlagseigene Vertriebsfahrzeuge und teilweise auch der Schul- oder Linienbus die Zeitungspakete in ein zentrales Depot. Selbstabholung an einer zentralen Stelle oder Einzelversand per Post ist vor allem in jenen Gebieten die Regel, wo Weiler und Einödhöfe weit verstreut liegen.[27] Trotz der Entwicklung der Druckerei ist das „Trostberger Tagblatt" einschließlich seiner Kopf- und Nebenausgaben das Aushängeschild des Verlages Erdl in Trostberg geblieben.

Die „Heimatpost"

Die „Altbayerische Heimatpost", ein „Illustriertes Wochenblatt für die bayerische Familie" (so der Untertitel), verdankt ihre Entstehung den alliierten Pressebestimmungen, denen zufolge die Erdls keine Zeitung mit politischem Inhalt herausgeben durften.[28]

---

23 Anzeigenpreisliste „Südostbayerische Rundschau", Nr. 17.

24 Lt. IVW-Liste 4/1987.

25 Postversandliste 8/1987.

26 Der Träger erhält dafür 2,30 DM pro Monat und Zeitung.

27 Lt. Aussage der Vertriebsabteilung vom August 1987. Die Leser bezahlen monatlich DM 16,30 (DM 16,20 für die „Südostbayerische Rundschau") und am Kiosk für die einzelne Ausgabe werktags 75 Pfennig, am Wochenende zehn Pfennig mehr. Die „Südostbayerische Rundschau" kostet im Einzelverkauf 70 bzw. 80 Pfennig.

28 Dieses und folgendes gemäß Oskar Erdl, Interview vom August 1987.

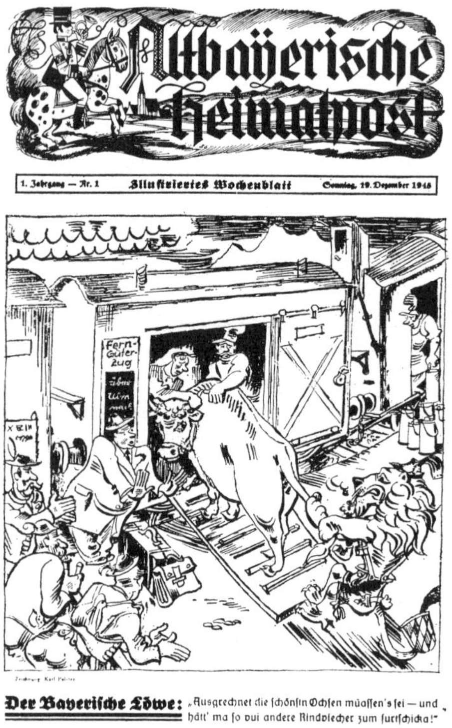

Altbayerische Heimatpost

1. Jahrgang — Nr. 1 Illustriertes Wochenblatt Sonntag, 19. Dezember 1948

Der Bayerische Löwe: „Ausgrechnet die schönstn Ochsen müassen's sei — und hätt' ma so vui andere Rindviecher zum furtschicka!“

Trostberger Tagblatt

SEIT 1868 DIE HEIMATZEITUNG FÜR DEN NÖRDLICHEN CHIEMGAU UND DIE ANGRENZENDEN GEBIETE

Kleines Fußballwunder in Bremen: Werder nach 6:2-Sieg über Moskau in der 3. Runde des UEFA-Cups

Bundesanwalt: Keine Morde eines Einzelgängers

Tödliche Schüsse auf Polizisten kamen aus entwendeter Polizeiwaffe – Tatverdächtiger festgenommen

Links: Die erste Nummer der „Altbayerischen Heimatpost“ von 1948. Der inzwischen verstorbene langjährige Titelblattzeichner, Karl Polster, drückte in seiner Zeichnung den Ärger der bayerischen Bevölkerung darüber aus, daß in der damals keineswegs rosigen Zeit das wertvollste Schlachtvieh nach Norddeutschland verschickt und dort verspeist wurde.
Rechts: Titelseite des „Trostberger Tagblatts“.

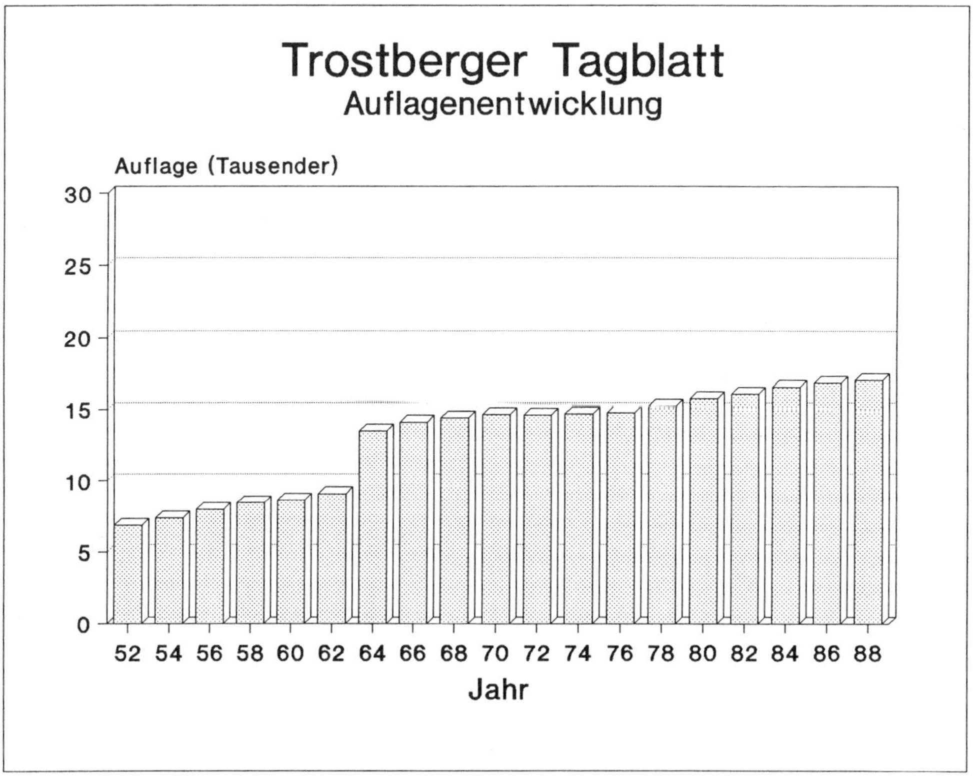

Da Karl und Oskar Erdl in den späten 40er Jahren glaubten, „einen eklatanten Bedarf einer breiten bayerischen Leserschicht an einer unpolitischen, am bayerischen Brauchtum orientierten Heimatzeitschrift erkannt zu haben", fertigten sie zusammen mit dem Romanautor und „Heimatkundigen" Rudolf Anderl die Nullnummer der „Heimatpost" an.

Trotz des unpolitischen Inhalts bekommen die Herausgeber zunächst keine Lizenz. Der Zufall kommt zu Hilfe: Oskar Erdl wird, kurz nachdem sein Antrag auf eine Lizenz abgewiesen worden ist, von einer jungen Frau an den Münchner Journalisten Ludwig Grünwald verwiesen, der sich für eine derartige Zeitschrift interessiert und eine Lizenz für die Herausgabe einer Zeitschrift in der Tasche hat. Diese stellt er der geplanten Neugründung zur Verfügung, so daß am 19. 12. 1948 die erste „Altbayerische Heimatpost", eine Wochenzeitschrift im Halbberliner Format, auf Zeitungspapier gedruckt mit der Grundschrift Nonpareille, erscheint. Ludwig Grünwald wird zu dieser Zeit zwar im Impressum als Lizenzträger, Verleger und Herausgeber ausgewiesen, fungiert jedoch nur als „Strohmann".

Nur wenige Wochen zuvor (am 6. November) war in Garmisch-Partenkirchen die erste Ausgabe des „Almfried" erschienen, der nach einem wechselvollen Schicksal schließlich 1954 ebenfalls im Druck- und Verlagshaus Alois Erdl KG in Trostberg seine Heimat findet und seitdem sozusagen als „Zwillingsbruder" der „Altbayerischen Heimatpost" erscheint.[29] Der „Almfried" ist seither eine Kopfausgabe der „Heimatpost", bei der als Titelblatt statt der Karikatur mit dem bayerischen Löwen ein Foto mit bayerischen Motiven verwendet wird.

„Wir wollen richtig bayerisch und auch gut deutsch schreiben, christliches Gedankengut pflegen und unserem Heimatland allezeit die Treue halten", versprachen die Herausgeber ihren Lesern in der ersten Nummer. „Rückschau auf die bayerische Vergangenheit und Auseinandersetzung mit der bayerischen Gegenwart, Unterhaltung, Belehrung und Besinnung und dazu auch eine gute Portion Humor", so wurde der Inhalt zum Jubiläum 1973 umrissen. Und weiter: „Was an der ‚Altbayerischen Heimatpost' in der Rückschau ganz besonders auffällt, das ist die klare redaktionelle Linie". Zwar wurde 1952 die Gestaltung der Titelseite geändert, der Umfang der Zeitschrift allmählich fast verdoppelt, und es erscheint im Gegensatz zu früher kein Text mehr in bayerischer Mundart. Doch die „tragenden Säulen blieben stets die gleichen".

Dazu zählen etwa die „Sonntagsgedanken", in denen ein aktuelles Thema auf einer ganzen Seite kritisch beleuchtet und unter moralischen Gesichtspunkten abgeklopft wird, weiter ernste und heitere Erzählungen aus Vergangenheit und Gegenwart, historische Berichte und aktuelle Reportagen aus Bayern sowie zahlreiche Gedichte bekannter und unbekannter Autoren, eine Kuriositätensammlung, Rätsel, „eine Seite guter Witze" und der regelmäßig abgedruckte fiktive Briefwechsel zweier Brüder. Die „Sprechstunde des Hausarztes", Kochrezepte, Comic-Episoden, „Das Leben der Heiligen", die „Glücksuhr", „Wir gratulieren", „Bildung aktuell", „Bayerisches Bücherbrett" und Fortsetzungsromane sind heute weitere feste Elemente des Inhalts. Zeitlich begrenzte Serien wie z. B. „Ansichtskarten von anno da-

---

29 Vgl. Jubiläumsausgabe „25 Jahre Altbayerische Heimatpost und Almfried" (Hrsg.: Druck- und Verlagshaus Alois Erdl KG) vom 25. 11. 1973. Ebenso die folgenden Zitate.

zumal“ oder Beschreibungen von alten Amtsgerichten runden das Angebot der Zeitschrift ab.[30]

Die Darstellung der „Altbayerischen Heimatpost“ kann nicht vollständig sein, erwähnt man nicht ihren „ideenreichen und unermüdlichen Hausvater“ Rudolf Anderl, der bis 1971 Chefredakteur war. „Er besorgte nicht nur die Zusammenstellung jeder Nummer, sondern prägte ihr auch als Schreiber den Stempel seiner vielseitigen Persönlichkeit auf. In diesen 23 Jahren steuerte er für ‚seine‘ Zeitschrift neben unzähligen Geschichten und Gedichten nicht weniger als 14 Romane bei, dazu zahlreiche historische Berichte und aktuelle Reportagen, besinnliche Betrachtungen und zeitkritische Anmerkungen.“ Nach seinem Tode konnte „mit dem Münchner Journalisten und Schriftsteller Alois J. Weichslgartner ein Nachfolger gefunden werden, der in allen bayerischen Belangen eine langjährige Erfahrung mit nach Trostberg brachte“.[31]

Der Chefredakteur wird von zwei Redaktionssekretärinnen unterstützt. Die Bild- und Textbeiträge liefern in erster Linie – neben Alois J. Weichslgartner selbst – die über 100 freien Mitarbeiter, von denen etwa fünf für jede Ausgabe etwas schreiben, rund 40 in regelmäßigem Abstand Beiträge bringen, und der Rest gelegentlich etwas beisteuert. Auch von Lesern werden ab und zu Berichte, Erzählungen oder Gedichte abgedruckt.

In den ersten Jahren umfaßte die Zeitschrift 16 Seiten, heute einschließlich der 14täglich erscheinenden Romanbeilage 36 Seiten. Anzeigen, die vom Atlas Verlag München vermittelt werden, nehmen höchstens einmal zwei Seiten ein und bringen somit weniger als 1% vom Verkaufserlös.[32] Die verbreitete Auflage ist bis 1963 konstant angestiegen auf 82 817 Exemplare, bis Mitte 1987 ging sie jedoch ebenso konstant zurück auf 32 293 Stück. „Zur Zeit ist die Tendenz jedoch leicht steigend“, so der Chefredakteur. Von der verbreiteten Auflage gehen 25 483 Stück an feste Abonnenten, die ihre Zeitschrift zu 90% per Post beziehen.[33] Die letzte Bezieher- und Verbreitungsanalyse liegt mehr als zwanzig Jahre zurück und ergab,[34] daß rund 60% der Leser in Oberbayern, 22% in Niederbayern und 12% in der Oberpfalz leben. Der Rest der Leser verteilte sich auf das übrige Bayern und auf das gesamte Bundesgebiet. An dieser Verteilung hat sich trotz der Verkleinerung des Leserkreises kaum etwas geändert: Eine aktuelle Analyse der Postversandliste ergibt, daß weitaus die meisten Leser im Postleitzahlenbereich 8 leben (etwa 90%), am wenigsten im Postleitzahlenbereich 1 (etwa 50 Leser). Vom Bereich „8“ bis zum Bereich „1“ fällt die Abonnentenzahl konstant ab. Daß knapp 300 Stück sogar ins Ausland (europäische und überseeische Länder) verschickt werden, beweist die starke Leser-Blatt-Bindung beim Wohnsitzwechsel.[35]

Die Analyse von 1966 ergab außerdem, daß 31% der Abonnenten zu dieser Zeit über 61 Jahre alt waren, die Zeitschrift also in großem Maße ältere Menschen anspricht. Dies ist auch der Grund dafür, daß die Auflage trotz des niedrigen Bezugspreises von einer Mark pro Heft bzw. DM 50,60 im Jahr zurückgegangen ist. Aus vielen

---

30 Gemäß Alois J. Weichslgartner, Interview vom August 1987.
31 Siehe Jubiläumsausgabe „Altbayerische Heimatpost“, a. a. O.
32 Gemäß Alois J. Weichslgartner, Interview vom August 1987.
33 Postversandliste 8/1987.
34 Zitiert nach W. Meyke, a. a. O., S. 119 f.
35 Postversandliste 8/1987.

Kündigungsschreiben geht hervor, daß in erster Linie das hohe Alter des Beziehers bzw. dessen Tod zur Abbestellung führt. Neue Abonnenten kommen jedoch im Verhältnis weniger hinzu. Die Zeitschrift hat zwar keine Konkurrenten, die ihr in Inhalt und Erscheinungsbild ähnlich wären, doch muß sie sich gegen die zahlreichen billigen Illustrierten und Fernsehzeitungen behaupten.

„Ein fester Stamm von Abonnenten wird heute von heimatkundlich und historisch interessierten Lesern verschiedener Altersgruppen gebildet." Diese Zielgruppe mit „Informationen zu versorgen und zugleich alle Altersstufen zu unterhalten, sowie zu einem Nachschlagewerk für kommende Generationen zu werden", darin sieht der Chefredakteur heute die zukünftige Aufgabe und Chance dieser bayerischen Zeitschrift mit Tradition.

(ih)

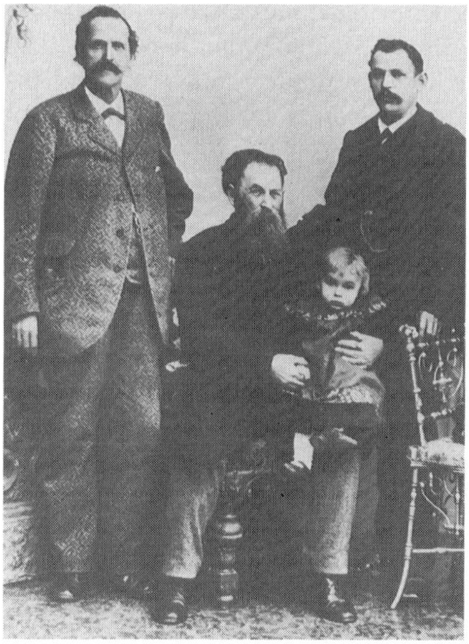

Die Verlegerdynastie Miller v. l. n. r.: Anton II, Anton I, Anton IV und Anton III.
Rechts: Das alte Verlagshaus (bis 1966) beherbergt heute ein Schreibwarengeschäft.
Unten: Kopf der Erstnummer.

Wochen-Blatt

für den Bezirk des königl. Landgerichts Traunstein.

Sonntag den **Nr. 1.** **1. Juli 1855.**

Das Wochenblatt erscheint Montag Mittags und kostet bis Neujahr 45 kr., vierteljährig 24 kr., einzelne Blätter 3 kr. Inserations-Gebühr für die Spaltzeile 3 kr. — Passende Beiträge werden mit Dank aufgenommen.

Da die Schrannen-Anzeigen der Münchner-, Rosenheimer- und Traunsteiner-Schranne am Samstag nicht vollständig angekündigt werden können, so erscheint das Traunsteiner-Wochenblatt künftig jeden Montag Mittags.

Ehemals Zeitung der Bauernbündler: Das „Traunsteiner Wochenblatt"

„Das ‚Traunsteiner Wochenblatt' ist nicht nur die älteste, sondern auch mit Abstand die am stärksten verbreitete, fünfmal wöchentlich erscheinende Heimatzeitung im Chiem- und Rupertigau. Im Stadtgebiet Traunstein wird unsere Zeitung praktisch in jedes Haus getragen; das ländliche Verbreitungsgebiet reicht vom Chiemsee bis nahe der Stadt Laufen an der Salzach, von Reit i. Winkl im Süden bis vor die Tore der Stadt Trostberg."[1] So stellt sich das „Traunsteiner Wochenblatt" in einer Broschüre den Werbetreibenden vor. Die IVW-Verbreitungsanalyse[2] macht diese Angaben „amtlich". Das Blatt setzt 98% seiner Auflage im Landkreis Traunstein ab, wovon wiederum 28% auf die „Große Kreisstadt" Traunstein[3] entfallen. In zwei Dritteln aller Traunsteiner Haushalte wird die ortsansässige Heimatzeitung gelesen. Die Vorrangstellung kann die Zeitung im gesamten Landkreis zwar behaupten, freilich nicht unangefochten. Konkurrenten sind hier das „Trostberger Tagblatt" und – weit abgeschlagen – die „Südostbayerische Rundschau" aus Tittmoning.[4] Im Landkreis sind die Landwirtschaft und der Fremdenverkehr Haupterwerbszweige,[5] was das Gesicht der Zeitung nachhaltig prägt.

Für Traunstein ist von alters her lebhafter Handel und Wandel bezeugt.[6] „Um 1310 ist im ‚Herzoglich niederbayerischen Salbuch' ein lebhafter Salzhandelsverkehr durch Traunstein nach dem Westen verzeichnet. 1346 läßt Kaiser Ludwig der Bayer die von Reichenhall über Teisendorf durch Salzburger Hoheitsgebiet verlaufende Salzstraße auf eine Trasse über den Jochberg ins obere Weißbachtal und weiter über Inzell-Siegsdorf nach Traunstein auf ausschließlich bayerischen Boden verlegen. 1547 wird das städtische ‚Wildbad Empfing' erstmalig erwähnt, welches bis 1914 jährlich viele Kurgäste anlockt. 1616 befiehlt Herzog Maximilian I. zur Nutzung einer neuen Solequelle in Reichenhall und der reichen Holzvorräte im Triftgebiet der Traun den Bau einer Soleleitung von Reichenhall nach Traunstein und die Errichtung eines Salzsudwerkes, eines Triftrechens über die Traun und großer Holzfelder in der Au. 1794 zählt Traunstein einschließlich der Salinengemeinde 2 208 Einwohner", und „1816 schafft die Verschiebung der nur fünf Kilometer ostwärts der Stadt verlaufenden Landesgrenze zu Österreich nach Osten an die Salzach die Voraussetzung dafür, daß sich Traunstein vom abgelegenen Grenzstädtchen zum Mittelpunkt des Gebietes zwischen Inn und Salzach entwickeln kann."

---

1 Vgl. Anzeigenpreisliste „Traunsteiner Wochenblatt" Nr. 19.

2 Vgl. IVW-Verbreitungsanalyse 1988 (Kreiskartei), Bonn 1988, für alle folgenden Auflagen und Verbreitungsangaben.

3 Vor der Gebietsreform von 1972 war Traunstein eine „kreisfreie" Stadt.

4 Auflagenzahlen für den Landkreis Traunstein im Vergleich (vgl. IVW-Verbreitungsanalyse 1988, a. a. O.): „Traunsteiner Wochenblatt" 15 197 Exemplare, „Trostberger Tagblatt" 11 331 Exemplare, „Südostbayerische Rundschau" 2 547 Exemplare.

5 Laut Auskunft des Bayerischen Landesamtes für Statistik und Datenverarbeitung in München gibt es im Landkreis Traunstein (Stand 1985) 4 586 landwirtschaftliche und 699 forstwirtschaftliche Betriebe. Für die 24 641 Gästebetten des Landkreises wurden 1985 2 891 437 Übernachtungen registriert.

6 Die Darstellung der Entwicklung Traunsteins folgt dem Beitrag „Zeittafel für die Geschichte Traunsteins" in der Jubiläumsausgabe „130 Jahre Traunsteiner Wochenblatt" vom 29. 6. 1985, S. 26 f.

Ein Jahr darauf „wird die Pfarrei Haslach (Traunstein) vom Erzbistum Salzburg getrennt und unter Anpassung der kirchlichen und politischen Grenzen dem neugebildeten Erzbistum München-Freising angegliedert. Dies hat auch eine kulturelle Umorientierung von Salzburg nach München zur Folge." Mitte des Jahrhunderts schließlich „eröffnet der Stadtapotheker und Bürgermeister Joseph Paner eine ‚Mineral- und Solebadeanstalt' am Klosterberg, das spätere ‚Kurhaus'".

1849 wird die erste bayerische Staatstelegraphenlinie fertiggestellt, eine für damalige Verhältnisse kühne Ingenieurleistung, die von München über Rosenheim, bei Seebruck nördlich am Chiemsee vorbei über Traunstein, Teisendorf und Freilassing nach Salzburg führt und bis 1863 allein staatlichen Aufgaben vorbehalten ist, später freilich auch privaten Interessenten, u. a. auch der Heimatzeitung, gute Dienste leistet.

Der Salzhandel und der Kurbetrieb machten einen regelmäßigen Informationsaustausch notwendig (und zugleich möglich). Die Gründung einer Zeitung lag um die Mitte des 19. Jahrhunderts quasi in der Luft. Bereits seit 20 Jahren hatte der Lithograph Anton Miller, ein gebürtiger Burghausener, in Traunstein Heiligenbilder hergestellt und verkauft und damit den Grundstein gelegt für die Buchdruckerei A. Miller & Sohn, in der das „Wochenblatt" bis heute gedruckt wird.[7] Im Dezember 1854 hatte sich zunächst das königliche Landgericht Traunstein mit der Eingabe von Anton Miller zu beschäftigen, die die Herausgabe eines Wochenblattes betraf. Das Landgericht wollte vor einer Entscheidung dazu auch eine Stellungnahme der Stadt Traunstein. „In einem Schreiben hierzu heißt es: ‚Der hiesige Lithograph beabsichtigt mittels Lithotypiedruckes die Herausgabe eines Wochenblattes zum Zwecke der amtlichen Bekanntmachungen an die Gemeinden Traunstein, Trostberg und Prien, sowohl für die drei Landgerichte als auch für die Rentämter, das Hauptzollamt, das Berg- und Hüttenamt und die salinarischen Forstämter. Der Stadtmagistrat erhält hiermit die Aufforderung, sich über das Bedürfnis und die Zweckmäßigkeit dieses Wochenblattes, soweit es die Stadt betrifft, zu äußern.' Von der Stadt Traunstein kamen keine Einwände, so daß der Herausgabe des Wochenblattes nichts mehr im Wege stand."[8]

Am 1. Juli 1855 kam die erste, vier Seiten umfassende Zeitung in Traunstein, das „Traunsteiner Wochenblatt", mit einer Auflage von 400 Stück auf den Markt.[9] Die Druckkapazität lag anfangs bei nur 300 Stück pro Tag, was jedoch nichts ausmachte, weil das „Wochenblatt" (im Gegensatz zu heute) wirklich nur einmal in der Woche herauskam. Ein Tag Verspätung fiel also aufgrund geringeren Aktualitätsdruckes kaum ins Gewicht. Traunstein hatte zu dieser Zeit etwa 3 500 Einwohner (dabei rund 600 Familien). Etwa 125 lasen das „Wochenblatt" in den ersten Jahren regelmäßig. 1860 erschien die Zeitung dann zweimal in der Woche, die Zahl der Abonnenten war auf rund 750 gestiegen. Weitere fünf Jahre später konnte Anton Miller 1 200 Exemplare seiner Zeitung absetzen und bald darauf erhöhte er die Erscheinungsweise auf dreimal wöchentlich.

---

[7] Bei einem verheerenden Stadtbrand in der Nacht vom 24. 4. 1851 verlor Anton Miller seinen ganzen Besitz. Mit Hilfe des Geldes, das König Max den bei diesem Brand Geschädigten schenkte, baute er jedoch seine Druckerei wieder auf und kaufte sich 1852 eine Steindruckpresse und wenig später eine Überdruckpresse.

[8] „Seit 130 Jahren im Dienste der Leser", Jubiläumsausgabe, S. 3.

[9] Zur Auflagenentwicklung beim „Wochenblatt" siehe Jubiläumsausgabe, S. 34.

Bei seiner Gründung war das „Wochenblatt“ auch Amtsblatt des Amtsgerichtes in Traunstein. Als 1879 das Traunsteiner Bezirksgericht zu einem Landgericht neuer Ordnung (als Träger der höheren Straf- und Zivilgerichtsbarkeit) erklärt wurde, erweiterte sich dessen Sprengel und damit auch das (potentielle) Verbreitungsgebiet der Zeitung. (Bereits 1862 hatte die Trennung von Justiz und Verwaltung zur Errichtung eines Bezirksamtes geführt, das fortan die Stadt Traunstein und 61 Landgemeinden der bisherigen Landgerichte Traunstein und Trostberg verwaltete.) Traunstein wuchs sich so Schritt für Schritt zum Mittelpunkt Südostbayerns aus, wodurch auch das „Traunsteiner Wochenblatt“ an Bedeutung (und Leser) gewann.

Häufigere Erscheinungsweise, höhere Auflage und gestiegene Aktualitätserwartungen verlangten schließlich nach technischen Neuerungen in der Druckerei. Nachdem Anton Miller 1858 vom Steindruck zum Buchdruck übergegangen war, wurden 1880 und 1884 zwei Augsburger Schnellpressen aufgestellt, eine mit drei, die andere mit fünf Walzen. An der Presse mit drei Walzen mußte eine Person, an der mit fünf Walzen mußten zwei Personen abwechselnd drehen. Ein damaliger Verlagsangestellter notierte über diese Arbeit: „An der Achse des Schwungrades befand sich eine Kurbel für den Handantrieb. Daneben stand eine Bank mit zwei Maßkrügen und zwei Schnupftabakdosen zur Auffrischung der ermüdeten Lebensgeister griffbereit. Wenn die zwei Männer eine Zeit lang umgedreht hatten und sich verschnaufen mußten, stärkten sie sich mit einem gehörigen Schluck Bier und stopften sich die Nase voll; dann ging's weiter.“[10] 1889 ersetzte ein Gasmotor den Handantrieb, 1904 erhielt jedes Gerät einen kleinen Elektromotor. 1902 mußte das Druckereigebäude das erste Mal erweitert werden. 1915 wurde die erste Typograph-Setzmaschine in Betrieb genommen. Damals waren in dem Betrieb etwa 16 Mitarbeiter beschäftigt.

Allmählich wurde der Aufschwung freilich durch eine zweite Tageszeitung, die 1882 gegründeten „Traunsteiner Nachrichten“, gebremst. Die „Nachrichten“ waren zu jener Zeit das offizielle Organ des klerikalen Zentrums, später der Bayerischen Volkspartei. Das ältere „Wochenblatt“ hingegen stand dem Oberbayerischen Bauernbund nahe, was teilweise auch im Untertitel angekündigt wurde. Im Bauernbund waren die Waldbauern aus dem bayerischen Oberland, die länger schon mit den Forstbehörden unzufrieden waren, und die Kleinbauern organisiert, die sich dem starken Einfluß der Geistlichkeit, des Adels und der Großagrarier in der Zentrumspartei widersetzten. Sachlich strittig war die „Abschaffung der Bodenzinse, eine allgemeine progressive Einkommensteuer, die Gründung einer bayerischen Landeshypothekenbank zur Ablösung der Hypotheken durch den Staat, Revision des Forst- und Jagdgesetzes, Verstaatlichung der Mobiliar- und Feuerversicherung usw.“,[11] erinnerte sich Traunsteins Landrat Leonhard Schmucker. Zwischen den beiden Gesinnungsblättern kam es natürlich zu vielen Gefechten, die mit spitzer Feder in den Lokalspalten ausgetragen wurden. „Die Auseinandersetzungen sind heute nicht nur erheiternd zu lesen, sondern zeigen mit welcher Vehemenz früher auch in der Provinz ‚große Politik‘ betrieben wurde. Die Artikel begannen meist: ‚Der Ton der Redaktion dieses [des gegnerischen] Blattes verbietet es, mit derselben in der an sich hinlänglich aufgebauschten Angelegenheit länger zu rechten.‘ Dann folgte trotzdem ein langer Aufsatz, mit Ironie und Polemik gespickt. (...) In

[10] Jubiläumsausgabe, S. 3.
[11] „Zeitung der Bauernbündler“, Jubiläumsausgabe, S. 11.

der Weimarer Zeit mischten sich noch einige weitere Parteiblätter in den Traunsteiner Reigen, eine Gewerkschaftszeitung, ein Kampfblatt der NSDAP, und auch die Traunsteiner Kommunisten traten mit einer von Hand abgezogenen ‚Roten Fahne‘ an die Öffentlichkeit.“[12]

Eine „ungewöhnlich bunte Presselandschaft“ bescheinigte auch der Historiker Norbert Frei dem Bezirk Traunstein. „Das politische Spektrum der Heimatpresse vor 1933 war nirgendwo sonst in Südost-Oberbayern breiter als in dessen bevölkerungsreichstem Bezirk Traunstein:“[13] Die BVP-orientierte Oberbayerische Genossenschaftsdruckerei, die seit 1928 dem Münchener Ortsverein des katholischen Preßvereins gehörte,[14] gab in Traunstein das „Traunsteiner Tagblatt“ sowie je eine Nebenausgabe für Laufen und Freilassing heraus. „In der zweitgrößten Bezirksgemeinde, Trostberg, druckte Alois Erdl das BVP-nahe ‚Trostberger Tagblatt‘. In Weimars stabilen Jahren hatte es auch noch eine sozial-demokratische Zeitung gegeben, sie war 1929 jedoch eingegangen – im selben Jahr, in dem die Nationalsozialisten einen anfangs höchst dürftigen ‚Chiemgau-Boten‘ herausbrachten.“[15]

Im Frühjahr 1933 gehörte das „Traunsteiner Wochenblatt“ zu den größten Zeitungen in Südost-Oberbayern. Unter dem verantwortlichen Redakteur Karl Perkthold hatte das Blatt eine Auflage von über 4 000 Exemplaren täglich erreicht,[16] was angesichts der geschilderten Konkurrenz und Traunsteins Einwohnerzahl[17] durchaus bemerkenswert ist.

Manöver im Titel

Im Sommer 1933 begannen die Nationalsozialisten, sich öffentlich mit dem „Wochenblatt“ anzulegen; „der mehrmals geänderte Zeitungskopf ist Indiz dafür. Kämpferisch aggressiv nannte Anton Miller sein Blatt bis Ende 1932 eine ‚Politische Tageszeitung für alle Stände mit ungekaufter Meinungsäußerung‘. (...) Ab 1. Juni 1933 firmierte das (ehemalige) Amtsblatt für Stadtmagistrat und Amtsgericht als ‚Zeitung für alle Stände mit nationaler Einstellung‘. Gleichzeitig trat Miller, den die Kreisleitung noch 1942 ‚mit besonderer Vorsicht‘ behandelte, journalistisch mehr in den Hintergrund, indem er einen Hauptschriftleiter berief.“[18] Daß die Nationalsozialisten ihren „Chiemgau-Boten“, der nach der Fusion mit dem „Traunsteiner Tagblatt“ mit reichlich 3 000 Exemplaren täglich herauskam, zum Amtsblatt ernannt hatten, versuchte Miller seinen Lesern zunächst zu verheimlichen. An die Stelle der Bezeichnung „Amtsblatt“ setzte er die Formel „mit den amtlichen Bekanntmachungen sämtlicher Behörden“. „Dem Durchschnittsleser dürfte der Unterschied kaum aufgefallen sein, im Klartext bedeutete die Änderung, daß Miller die Bekanntmachungen kostenlos weiter veröffentlichte, um konkurrenzfähig zu

12 Götz von Dobeneck: Die Zeitungssammlung im Stadtarchiv Traunstein. Jubiläumsausgabe, S. 24.
13 Norbert Frei: Nationalsozialistische Eroberung der Provinzpresse. Stuttgart 1980, S. 223 f.
14 ebd.
15 ebd.
16 a. a. O., S. 179.
17 Zum 800jährigen Bestehen der Stadt im Jahre 1926 sind erst knapp 10 000 Menschen in Traunstein ansässig.
18 Frei, a. a. O., S. 228.

bleiben", urteilt Norbert Frei rückblickend. „Als man Miller wenig später auch die im Titel erwähnte ‚nationale Einstellung' streitig machte, nannte er sein Blatt die ‚älteste und weitverbreitetste Tageszeitung des Bezirks'. Doch obwohl korrekt, durfte er mit diesen Prädikaten ebenfalls keine Werbung betreiben; die Parteigenossen erblickten darin eine indirekte ‚Herabsetzung' ihres ‚Chiemgau-Boten'. Schon nach einer Ausgabe war die inkriminierte Bezeichnung wieder verschwunden. Statt dessen stand zu lesen, das ‚Traunsteiner Wochenblatt' sei die ‚älteste täglich erscheinende Zeitung des Chiemgaues'.

Trotz dieser enervierenden Sticheleien in den ersten Monaten nach der Machtergreifung konnte sich Miller noch fast zwei Jahre den Expansionsgelüsten der Traunsteiner Parteigenossen und ihres Südbayerischen Zeitungsverlags widersetzen."[19] Die Auflage lag 1935 noch immer bei 3 719 Exemplaren täglich, was der Verlag heute als Beleg dafür wertet, „daß Anton Miller viele Gesinnungsgenossen hatte,"[20], die dem Druck trotzten.

„Dabei hatten die Nationalsozialisten Anfang 1935 ‚Verhandlungen' mit dem ‚Wochenblatt'-Verleger Nachdruck verliehen, indem sie ihn für vier Tage ins Gefängnis steckten: In bewährter Manier verhängten sie Schutzhaft, weil Millers im ‚Chiemgau-Boten' kritisierte ‚zweifelhafte Haltung' angeblich die Bevölkerung gegen ihn aufgebracht hatte. Als Miller im selben Jahr seine Druckerei mit Linotype-Setzmaschinen und einer achtseitigen Rotation modernisierte, stieg das Interesse der Nationalsozialisten an einer baldigen Übernahme des Verlages. Im Sommer 1935 bot sich eine günstige Gelegenheit: Kreisleiter Endrös versorgte die Reichspressekammer, die ihre Mitglieder überprüfte, mit negativen Beurteilungen über den früheren Bauernbündler, so daß ihm die Eignung zum Verlegerberuf abgesprochen wurde. Die unmittelbare Konsequenz daraus, wie sie der Berichterstatter im Regierungspräsidium sah: Miller sei nunmehr ‚gezwungen, seine Tageszeitung an einen anderen Verleger abzugeben'. Aber es dauerte noch bis Anfang 1936, ehe die Fusionsverhandlungen in ein konkretes Stadium traten. Ende Februar war es dann so weit: An Stelle der nationalsozialistischen Zeitungsgenossenschaft, in der eine ganze Reihe Traunsteiner Parteimitglieder saß – sie hatten den ‚Chiemgau-Boten' in seinen Anfängen finanziert –, wurde eine ‚Traunsteiner Zeitungsverlag KG' gegründet. Die Veränderungen wurden der Bevölkerung in der letzten Ausgabe des ‚Traunsteiner Wochenblattes' lapidar mitgeteilt: ‚Auf Grund höherer Anordnung erscheinen ab heute die beiden Traunsteiner Zeitungen nicht mehr. Als neue Zeitung, vereinigt aus ‚Traunsteiner Wochenblatt' und ‚Chiemgau-Bote', kommt ab Montag die ‚Traunsteiner Zeitung'. Besitzer dieser vereinigten Zeitung ist der Traunsteiner Zeitungsverlag, vertreten durch die Herren Dr. Endrös und Franz Werr als Komplementäre und Herrn Anton Miller als Kommanditisten.

Der Name der ehemaligen Preßvereins-Zeitung, ‚Traunsteiner Tagblatt', war im Kopf der neuen Zeitung völlig verschwunden. Anton Miller setzte aber durch, daß wenigstens seine traditionsreiche Zeitung im Titel des lokalen Monopolblattes erhalten blieb. Exakt nannte sich die ‚Traunsteiner Zeitung' ‚Nationalsozialistisches Heimatblatt – Vereinigte Zeitung aus Chiemgau-Bote und Traunsteiner Wochenblatt – Chiemgau-Bote gegr. 1929 – Traunsteiner Wochenblatt gegr. 1854'. Hauptschriftleiter und verantwortlicher politischer Redakteur der jetzt mit etwa 6 000

---

19 Frei, a. a. O., S. 229.
20 „Auflagenentwicklung beim Wochenblatt", Jubiläumsausgabe, S. 34.

Exemplaren täglich erscheinenden Zeitung wurde der bisherige Chef des ‚Chiemgau-Boten' und Verlagskomplementär Franz Werr. Miller wurde neuer Drucker, sein Hauptschriftleiter Andres Feldle zum Lokalredakteur degradiert."[21] Die „Traunsteiner Zeitung" erschien sechsmal in der Woche mit durchschnittlich acht Seiten und erreichte 1943 eine Auflage von 9 200 Exemplaren täglich.

Der Versuch mit dem „Südost-Kurier"

Nach dem Krieg sah die amerikanische Militärregierung zunächst Traunstein vor, um dort (für Südostbayern) eine leistungsfähige Regionalzeitung herauszubringen. Traunstein, die Kreisstadt im größten Landkreis Oberbayerns mit mehr als fünfzig Gemeinden, schien dafür nur allzu geeignet. „Die drucktechnischen Voraussetzungen lagen aber in Bad Reichenhall wesentlich günstiger. Man entschied sich für die Wiedemann'sche Buchdruckerei in Bad Reichenhall, die unter Treuhänderschaft stand und früher das ‚Reichenhaller Tagblatt' herausgab", umriß 1948 Hans Kapfinger, der Lizenzträger der „Passauer Neuen Presse", die Überlegungen der Amerikaner.[22]

Der neue „Südost-Kurier" (gegr. 1946) war in den Landkreisen Berchtesgaden-Bad Reichenhall, Traunstein, Laufen und Altötting verbreitet. Die Auflage bewegte sich bis 1949 um 55 000 Exemplare, brach mit dem Ende der Lizenzierungspflicht freilich jäh ab,[23] so daß die Zeitung Ende 1954 ihr Erscheinen wieder einstellte. Die Altverleger zogen nach 1949 mit ihren Heimatblättern sofort Leser vom Lizenzblatt ab, das „durch eine zu einseitige Ablehnung der Vergangenheit manche Bitterkeit" ausgelöst hatte, wie Traunsteins Oberbürgermeister Kößl rückblickend in der letzten Ausgabe des „Südost-Kurier" feststellte.[24]

In Traunstein war ab 2. 9. 1949 wieder das „Traunsteiner Wochenblatt" erschienen. 5 800 Leser bestellten ihre „alte" Heimatzeitung, die jetzt dreimal (ab 1951 viermal) pro Woche erschien, innerhalb kürzester Zeit wieder. Wie in den Vorkriegsjahren zeigte die Auflagenkurve beständig nach oben. Als 1954 der „Südost-Kurier" aus wirtschaftlichen Gründen kapitulieren mußte (Josef Felder, der Herausgeber der Zeitung, erhielt von den Altverlegern, die ihm seine Leser „abgenommen" hatten, eine Entschädigung), stieg die Auflage mit einem Schlag von fast 7 900 auf 9 700 Exemplare an. Die 10 000er-Grenze der verkauften Auflage wurde 1957 überschritten. Die zweite Zeitung in Traunstein, die „Traunsteiner Nachrichten", stellte 1967 (im 85. Jahr) ihr Erscheinen ein. Das Verlagsrecht wurde vom Verlag A. Miller aufgekauft. Seit 1969 kommt das „Wochenblatt" am Dienstag (Druck am Montagmittag), Mittwoch, Donnerstag, Freitag und Samstag (Druck jeweils am Vorabend) heraus. Ab 1. Oktober 1989 erscheint das „Wochenblatt" auch mit einer Montag-Morgenausgabe, also sechsmal pro Woche.

---

21 Frei, a. a. O., S. 229.

22 Hans Kapfinger (Hg.): Die neue bayerische Presse. München 1948, S. 62.

23 1953 lag die Auflage des „Südost-Kurier" bei 17 400 Exemplaren.

24 Zitiert nach Rainer Sütfeld: Die Entwicklung der 27 in Bayern lizenzierten Tageszeitungen seit 1949. Magisterarbeit (unveröff.) München 1983, S. 154.

Die verkaufte Auflage liegt heute bei rund 15 700 Exemplaren, davon sind etwa 13 680 Abonnentenstücke.[25] Durchschnittlich ist die Zeitung seit den 60er Jahren an Wochentagen ungefähr 20 Seiten dick, an Samstagen verdoppelt sich der Umfang. Alle Ausgaben des „Traunsteiner Wochenblattes" sind im Stadtarchiv Traunstein sowie im Verlag des „Wochenblattes" gesammelt; den gesamten ersten Jahrgang hat der Verlag außerdem nachgedruckt und gebunden.

Einzug der neuen Technik

Seit Kriegsende wurde die Technik in der Buchdruckerei A. Miller & Sohn ständig erneuert. Den Anfang machten Maschinen zur Weiterverarbeitung von Drucksachen – in den ersten Nachkriegsjahren mußte der Akzidenzdruck dem Familienbetrieb die Einnahmen sichern –, eine automatische Schneidemaschine, eine Falzmaschine, eine Heftmaschine. In den vergangenen vierzig Jahren, in denen das „Traunsteiner Wochenblatt" wieder auf dem Markt ist, wurde auch der Zeitungsdruck Schritt um Schritt auf den neuesten Stand gebracht. Die größten Veränderungen brachten die Umstellung von Blei- auf Fotosatz und die Installation eines dpa-Speicher-Prozessors, der den Redaktionsschluß in den Abend hinein verschiebt, weil Meldungen nun in Minutenschnelle bearbeitet werden können. Mittlerweile gehören Verlag und Druckerei 80 Mitarbeiter an, wovon etwa drei Viertel im weitesten Sinne mit der Zeitungsherstellung befaßt sind.

Ein liberales Blatt

„Ein liberales Blatt zu sein, überparteilich und mit ‚ungekaufter Meinung', wie in früheren Tagen gleich unter dem Zeitungskopf des ‚Traunsteiner Wochenblattes' zu lesen war",[26] diesem Anspruch fühlen sich Herausgeber und Redaktion noch immer verpflichtet, auch wenn die Zeile mittlerweile einer grafischen Modernisierung zum Opfer gefallen ist. „Liberal – das heißt Freiheit von Zwängen, Unabhängigkeit auch von Parteientscheidungen", führte 1985 ein verantwortlicher Redakteur aus.[27] Zwar bejaht die Redaktion des „Traunsteiner Wochenblattes" grundsätzlich das Recht von Funktionären, Vertretern verschiedener Interessengruppen, Behörden und Organisationen, „für eine möglichst positive Selbstdarstellung zu sorgen".[28] Doch der Lokalredakteur, der „die 1 000 Vereine im Einzugsbereich regelmäßig so zu Wort kommen lassen" soll, „daß sich keiner benachteiligt fühlt",[29] aber nie genügend Platz hat, muß sich täglich in der Kunst des Neinsagens üben und mit allerlei Anwürfen und Gekränktheiten rechnen. Klaus Oberkandler, der im „Wochenblatt" für die Traunsteiner Kommunalpolitik zuständige Redakteur, weiß davon ein Lied zu singen. Zwar gibt er sich alle Mühe, „aus der Fülle von Nachrichten ein ‚objektives' Bild des Lebens im heimischen Bereich zu zeichnen. Deckungsgleich mit dem

---

25 Lt. IVW-Liste 4/87.
26 Gunter Kaspar: Ein liberales Blatt. Jubiläumsausgabe, S. 28.
27 ebd.
28 a. a. O., S. 20.
29 ebd.

Traunsteiner Wochenblatt

DIE GROSSE TAGESZEITUNG IM SÜDOSTBAYERISCHEN RAUM · DRUCK UND VERLAG A. MILLER TRAUNSTEIN

Amtsblatt der Stadt Traunstein, des Amtsgerichts und des Landgerichts Traunstein, des Marktes Waging und der Gemeinde Petting

A. Miller Zeitungsverlag GmbH · Postfach 1560 · 8220 Traunstein

Erscheint Dienstag, Mittwoch, Donnerstag, Freitag, Samstag · Mit Wochenendbeilage »Chiemgaublätter« · ☎ (0861) 64061 · Bezugspreis inkl. 7% MWSt 13,80 DM, mit Zustellgebühr 16,20 DM

B 6720 B

Mittwoch, den 4. November 1987

Nr. 212 – 133. Jahrgang – Stückpreis 75 Pf

Zwei Polizeibeamte bei Krawallen an der Startbahn West ermordet

Frankfurt (dpa) - **Der Mord an zwei Polizisten im Verlauf einer Demonstration am Frankfurter Flughafen hat am Dienstag fieberhafte Fahndungsmaßnahmen der Polizei im gesamten Rhein-Main-Gebiet ausgelöst. Dabei wurden zahlreiche Wohnungen durchsucht und mehrere Verdächtige vorübergehend festgenommen. Bei einem der Festgenommenen, einem Frankfurter, fanden die Beamten eine Pistole vom selben Kaliber, mit dem auch die beiden Polizisten in der Nacht zuvor am Gelände der Flughafen-Startbahn West erschossen wurden.**

Die Bundesanwaltschaft meldete die Festnahme eines Frankfurters, gegen den schon im Zusammenhang mit Anschlägen auf Strommasten ermittelt wurde. In seiner Wohnung wurde eine Pistole vom Kaliber neun Millimeter gefunden, die im November 1986 bei Krawallen in Hanau einem Polizeibeamten geraubt worden war. Zu dieser Pistole passende, leere Magazine wurden ebenso beschlagnahmt wie Leuchtspurmunition und ein zum Abschießen dieser Munition geeignetes Gerät. Ob die Pistole als Tatwaffe in Frage kommt, sollen kriminaltechnische Untersuchungen klären.

Opfer der Gewalttaten, die sich aus einer Demonstration zum sechsten Jahrestag der Hüt-

Nummern 069 - 75 55 39 29 und 06121 - 89 061 zur Verfügung.

Und so spielten sich nach Berichten von Zeugen und Polizei die Geschehisse in der Tatnacht ab: Am Montag abend versammelten sich etwa 200 Startbahngegner zu einem friedlichen Fackelzug in Mörfelden-Walldorf, um an die Hüttenräumung auf dem Startbahngelände vor sechs Jahren zu erinnern. Als sich einige von ihnen auf dem Weg zur Startbahn Masken und Helme aufsetzten, wollte ein Behördensprecher per Lautsprecher die Demonstration auflösen. Danach kam es zu Handgreiflichkeiten, in deren Verlauf mit Molotow-Cocktails und Steinen geworfen sowie mit

Im Schutz der Dunkelheit und unter dem Lärm vom Knallkörpern und Leuchtraketen wurde aus einer Gruppe vermummter Gestalten in die Menge der Polizisten geschossen. Die Ordnungskräfte sollen nach Darstellung der Landesregierung zu diesem Zeitpunkt bereits den Rückzug angetreten haben. Auf einem Videofilm der Polizei, den die Landesregierung am Dienstag nachmittag der Presse vorführte, ist zu sehen, wie etwa 20 bis 30 vermummte Personen Molotow-Cocktails präparieren und die Brandsätze über die Startbahnmauer werfen.

Die Bundesanwaltschaft ergänzte, daß die vorrückenden Polizisten aus einer Gruppe auf dem an die Startbahn angrenzenden Waldgelände heraus über Megaphon aufgefordert worden seien, nicht näher zu kommen. Unmittelbar danach sei ein Kommando »Scharfschützen Feuer!« zu hören gewesen. Daraufhin hätten vermummte Gewalttäter mit Leuchtspurmunition und scharfer Munition geschossen.

Unterdessen begann unter Politikern die Diskussion, ob die Gesetze und besonders die geltenden Vorschriften für ein Vermum-

Zankapfel »18 West«

Von Günther Voss

dpa - *Der Frankfurter Rhein-Main-Flughafen kommt nicht zur Ruhe. Vom dem derzeitigen Boom im Weltluftverkehr regelrecht überrollt, platzt das größte Luftverkehrsdrehkreuz auf dem europäischen Kontinent regelrecht aus den Nähten. Ausbau- und Erweiterungspläne für insgesamt fünf Milliarden Mark sollen Rhein-Main bis zur Jahrtausendwende dem kontinuierlich steigenden Bedarf anpassen. Dabei war der Flughafen bereits in den vergangenen 15 Jahren immer größer geworden - gegen den zum Teil erbitterten Widerstand einer ganzen Region; einer Region, die von diesem Flughafen mit seinen zuletzt 41000 Arbeitsplätzen freilich in beträchtlichem Maße abhängt.*

Die Geschichte des 1986 genau 50 Jahre alt gewordenen Airports ist die Geschichte einer fast ununterbrochenen Expansion. Günstig im Schnittpunkt wichtiger Verkehrsströme zu Lande, zu Wasser und in der Luft gelegen, konnte die Frankfurter Flughafen AG (FAG) mit wenigen Ausnahmen in den vergangenen 20 Jahren immer neue Rekordergebnisse vorlegen. Einige wenige Zahlen machen das fast explosionsartige Wachstum und den daraus abgeleiteten Erweiterungsbedarf auf Rhein-Main deutlich: 1956 lag die Zahl der Flugbewegungen bei 48000 und die der Fluggäste bei knapp einer Million. Im vergangenen Jahr starteten

Aktuelle Titelseite vom „Traunsteiner Wochenblatt".

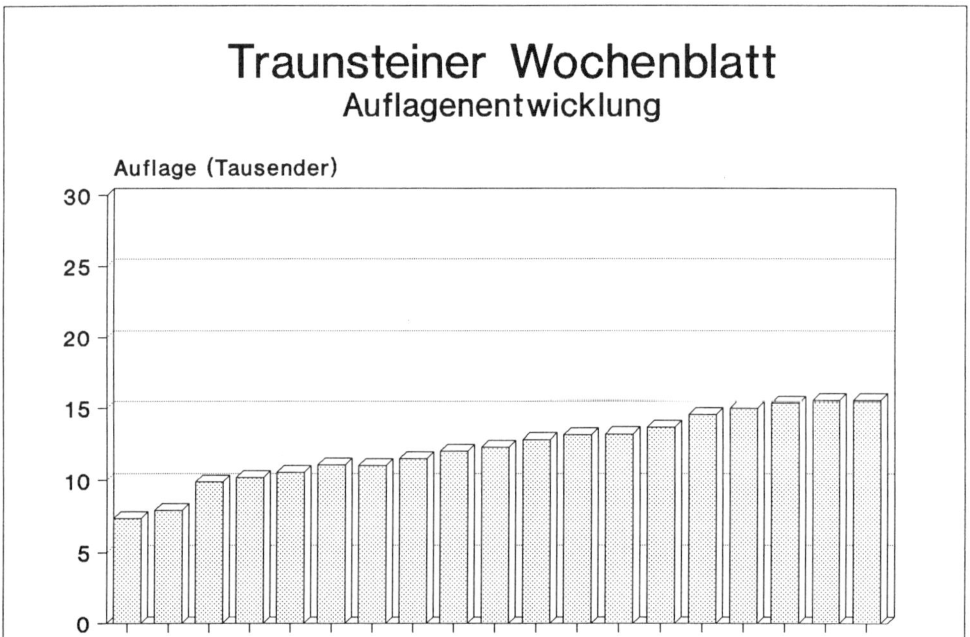

tatsächlichen Geschehen kann der Lokalteil der Heimatzeitung aber niemals sein. Er ist immer nur ein Extrakt, der bestenfalls andeuten kann, was wo los ist."[30]

Wer vieles bringt, wird manchem etwas bringen

In die schwierige Aufgabe, täglich ein maßstabgerechtes Konzentrat des Lokalgeschehens und des Stadtgesprächs herzustellen, teilen sich sechs Redakteure, ab 1. Oktober 1989 acht Redakteure. Das „Wochenblatt" läßt sich seine Unabhängigkeit etwas kosten und leistet sich eine Vollredaktion, die alle Produkte selbständig erstellt – also außer dem Lokalen auch die Kultur, den Sport, die Wirtschaft und die „große" Politik. „Zum letztgenannten Bereich herrschen bei unseren Lesern zwiespältige Ansichten", bekennt der verantwortliche Redakteur offen.[31] Das Weltgeschehen eines Tages auf zwei Seiten unterzubringen, was heißt, extrem herunterzuverkleinern, ohne allzu sehr zu vergröbern, das erfordert täglich Fingerspitzengefühl und Kompromisse. Zwar ist „in aller Regel das Informationsangebot bei größeren Blättern umfangreicher, aber besser?"[32]

Das „Traunsteiner Wochenblatt" versteht sich als Heimatzeitung, deren Redaktionskriterien sich an den Interessen der Einheimischen orientieren. Die Bedeutsamkeit einer Meldung für Traunstein und Umgebung ist die Meßlatte, die immer wieder neu angelegt wird und dann eben auch unterschiedliche Verkleinerungsmaßstäbe hervorbringt. Konsequent gehören deshalb der Welt- und Bundespolitik zwei Seiten täglich und der Kommunalpolitik durchschnittlich drei bis fünf Seiten. Die Redakteure haben ganz überwiegend ihr Handwerk beim „Wochenblatt" gelernt, sind vertraut mit Land und Leuten und ihren Informationsbedürfnissen.

Auf die „große" Politik folgen die Bayern-Seite und die Wirtschaftsmeldungen, die „die wechselnden Abhängigkeiten zwischen Politik und Wirtschaft im stärkeren Maße erhellen als dies oft genug bei großen Zeitungen erfolgt".[33] Daran schließt sich der umfangreiche Lokalteil an, zunächst mit den Meldungen aus der Kreisstadt, dann mit den Nachrichten aus den kleineren Gemeinden des Verbreitungsgebiets. Zu Wort kommen dort in erster Linie Repräsentanten des organisierten Lebens im Landkreis, also Vertreter und Sprecher von Vereinen, Verbänden, Unternehmen und Kommunen (schließlich ist das „Traunsteiner Wochenblatt" auch wieder „Amtsblatt der Stadt Traunstein, des Amtsgerichts und des Landgerichts Traunstein, des Marktes Waging und der Gemeinde Petting"). Doch finden auch ad-hoc-Gruppierungen, Interessengemeinschaften zu lokalen Themen und Bürgerinitiativen die Aufmerksamkeit der Redaktion. Oberstes Gebot sind Sachlichkeit und Fairness, nicht die reißerische Enthüllungsgeschichte mit entsprechender Schlagzeile, verlautet aus der Redaktion. Die streitenden Parteien miteinander ins Gespräch zu bringen, Klärung der Positionen zu erreichen, sieht Klaus Oberkandler, Redakteur beim „Traunsteiner Wochenblatt" als vorrangige Aufgabe an.[34]

---

30 ebd.
31 Gunter Kaspar: Wechselnde Abhängigkeiten. Jubiläumsausgabe, S. 41.
32 ebd.
33 ebd.
34 Vgl. Klaus Oberkandler: Ist die Lokalzeitung zu unkritisch? Jubiläumsausgabe, S. 20.

Wer erfahren möchte, wer in welche Liga auf- oder abgestiegen ist und warum, wird im „Wochenblatt" immer fündig. In jeder Ausgabe sind drei bis fünf Seiten dem Sport vorbehalten.[35] Aber auch die Kultur kommt nicht zu kurz. Vorrangig werden lokale und regionale Kulturveranstaltungen angekündigt und rezensiert, wobei der Kulturbegriff durchaus weit gefaßt wird. In jeder Gemeinschaft sind Erinnerungen wachzuhalten und religiöser Kult zu treiben. Beides pflegt das „Traunsteiner Wochenblatt" auf seinen Kulturseiten, wenn sie auch nicht ausdrücklich als solche gekennzeichnet sind. Jubiläen, Ehrungen, Geburts- und Gedenktage nehmen im Heimatblatt naturgemäß einigen Raum ein. Der religiöse Kult erschöpft sich in Traunstein und Umgebung (wie anderswo auch) durchaus nicht in Gottesdiensten, die vom „Wochenblatt" freilich in aller Ausführlichkeit und Breite auf eineinhalb Seiten angekündigt werden, sondern wird spürbar auch in allerlei Festen, Fahrten und Veranstaltungen der Pfarrgemeinden, woran mittels „Wochenblatt" auch die Fernerstehenden einen gewissen Anteil haben.

Das Bedürfnis nach einem „Daheim" spiegelt auch eine Unterhaltungsbeilage zum „Traunsteiner Wochenblatt" wider, die im Halb-Berliner-Format erscheinenden „Chiemgau-Blätter". Der rührige Kreisheimatpfleger des Landkreises Traunstein, Dr. Christian Soika, sieht diese Beilage in der „Heimatkunstbewegung" des ausgehenden 19. Jahrhunderts verwurzelt.[36] Damals wie heute versucht die Beilage, für die Traunsteiner die Wurzeln herauszupräparieren, die ihn mit der Gegend verbinden, in der er lebt. Dazu gehören: ein heimatkundlicher Beitrag mit Bild, ein Auszug aus dem „Wochenblatt" von vor 100 Jahren, Familiennachrichten, ebenfalls bebildert und unter der Überschrift „Wir gratulieren" und „Unseren Toten zum Gedenken", und schließlich belletristische Beiträge, die in Thema und/oder Ort der Handlung und/oder Tonfall Verbindung zum Chiemgau haben. Heimat ist der Ort, „wo man die Mitmenschen kennt", „woran man Kindheitserinnerungen hat" und „wo man verstanden wird", meint Soika. Das „Traunsteiner Wochenblatt" tut das Seine dazu, damit man sich im Chiemgau zuhause fühlen kann.

(ih/sf)

---

[35] Drei Seiten mit Nachrichten von den überregionalen Sportereignissen des Wochenendes werden für die Dienstagausgabe druckfertig bezogen. Ab 1. Oktober 1989 werden im Zuge der Umstellung auf ein sechsmaliges Erscheinen auch die Seiten mit dem überregionalen Sportgeschehen des Wochenendes selbst erstellt.

[36] Dr. Christian Soika: Das Wochenblatt, eine „Heimatzeitung". Jubiläumsausgabe, S. 25.

Zeitung für ein Land, „beynahe so hoch als lang“: Der „Berchtesgadener Anzeiger“

Im Berchtesgadener Land war man immer bairisch von Stammes wegen, aber man war eben auch etwas Besonderes, ein selbständiges, reichsunmittelbares, ein reichsfreies Augustinerchorherrenstift nämlich mit einem fürstlichen Propst als Landesherrn. Und das über Hunderte von Jahren.

„Sicher, das Land war klein“, schrieb Oberbayerns Bezirksheimatpfleger Paul Ernst Rattelmüller 1985[1], „es war so klein, daß ein Lorenz Hübner im Jahre 1792 spötteln konnte, ‚Berchtesgaden sey beynahe so hoch als lang‘[2], aber man war hier selbstbewußt, und man fühlte sich stolz als Berchtesgadener. Und Berchtesgadener zu sein, war nicht nur dem ‚Markterer‘, dem Bewohner des Markts Berchtesgaden vorbehalten; als Berchtesgadener fühlte sich jeder Bewohner dieses Landes. Noch heute ist dieses Bewußtsein lebendig. Man weist hierzulande mit Recht und entrüstet zurück, ein Rupertiwinkler zu sein. (...) Noch heute endet dieses ausgeprägte Landesbewußtsein an den ehemaligen Grenzen des reichsfreien Fürstentums, genauso wie sich die Berchtesgadener Tracht bei aller Weiterentwicklung auch später an diese Grenzen gehalten hat, zum Teil auch noch hält: herüben der breitrandige Berchtesgadener Frauenhut, drüben der Chiemgauer Zylinder.“[3]

An diesem ausgeprägten Selbstbewußtsein hat auch die Kreisreform nichts verändert, die 1972 einen Großlandkreis Berchtesgadener Land schuf, in dem der alte Landkreis Laufen aufging. Dieses Selbstbewußtsein wird an dieser Stelle auch deshalb so herausgehoben, weil es sich wie ein roter Faden über all die Jahrhunderte Berchtesgadener Landesgeschichte verfolgen läßt und weil es Ursache für die vielfältige Zeitungsstruktur dieses Landstrichs ist.

Dieses historische Gewachsensein macht der „Berchtesgadener Anzeiger“ bereits im Zeitungskopf deutlich. Die Bezeichnung „Anzeiger“ für eine Zeitung ist alt, ebenso die Frakturschrift, in der der Titel noch immer gesetzt wird, schließlich das Wappen, das den Zeitungskopf schon lange schmückt. Die Bourbonenlilien im blauen Feld, die Fürstpropst Julius Heinrich von Rehlingen eingeführt hatte, als Zeichen kirchlicher Würde und Macht die gekreuzten Schlüssel Petri, als Symbol politischer Zugehörigkeit die bayerischen Rauten: So repräsentiert sich der Markt Berchtesgaden. Die Farben Rot-Blau sind aus der fürstpröpstlichen Zeit übernommen. Im Zeitungskopf sind die Farben nicht erkennbar, aber doch die Symbole Berchtesgadener Geschichte.

Als Eberwein, der erste Propst von Berchtesgaden, um das Jahr 1102 einen Platz für das zu erbauende Stift suchte, wählte er diejenige Stelle, die über dem Zusammenfluß der Achen gelegen ist. Er fand damit nicht nur eine vor Hochwasser und Berg-

---

1 Paul Ernst Rattelmüller: Zum Bayernland so treu wie Bayern den deutschen Bundesbrüdern. Festvortrag beim Jubiläumsabend. In der Sonderbeilage „Berchtesgaden 175 Jahre bayerisch“ des „Berchtesgadener Anzeigers“ vom 28. 9. 1985.

2 Die topographischen Gegebenheiten machen dem Verlag insofern heute noch zu schaffen als sich der übliche Vertriebsweg durch Austräger nicht rechnet. Deshalb wird der „Anzeiger“ von jeher über Postversand und Selbstabhol-Abonnements vertrieben.

3 Paul Ernst Rattelmüller, a. a. O.

sturz sichere Stelle, er entdeckte damit auch den zentralen Punkt. Denn hier münden die Täler ein, hier gehen die Wege auseinander, hier entstanden die Kirchen, die Einkehren und Krämereien und später wurde das fortgesetzt mit Gasthöfen und Geschäften. Marktplatz und Nonntal wuchsen mit dem Schloßplatz so eng zusammen, daß sie bald ein untrennbares Ganzes bildeten, höfisch, residenzhaft, alpines Rokoko, jedoch nicht urban.

Berchtesgaden war zunächst, wie Salzburg auch, im Zuge der Säkularisation toskanisch geworden; und 1810 endlich bayrisch. König Max I. Joseph ist bald nicht nur wohlgelitten, sondern ausgesprochen beliebt. Unter seiner Regierung ist bereits – von Georg von Reichenbach erdacht und geplant – in den Jahren 1808/9 die Soleleitung von Berchtesgaden nach Rosenheim gebaut worden, jene erste Pipeline der Welt. Damals kommt der König nach Berchtesgaden, mit ihm kommen gekrönte Häupter, Fürsten und Adel, doch auch der Bürger reist hierher. Naturwissenschaftler kommen und Maler; die Zahl der Sommergäste nimmt von Jahr zu Jahr zu; sie nimmt so zu, daß die Sommmerfrische mehr und mehr ein wirtschaftlicher Faktor wird.

Berchtesgaden ist gewachsen im Gefolge des Stifts, entwickelte sich zum Kurort, und ist heute ein stattlicher, ansehnlicher Markt, zu dem auch noch die Gemeinden Au, Maria Gern und Salzberg gehören. Alles in allem hat der Markt rund 8300 Einwohner, zu denen sommers wie winters täglich einige tausend Tagesgäste kommen, um auf dem Königssee Schiff zu fahren, wofür bereits der letzte Propst die Voraussetzungen schuf, um sich das Salzbergwerk anzusehen oder die Kehlsteinlinie zu besuchen. Die Hanglage zählt als Pluspunkt für die vielen Urlauber[4]. Die Region lebt weitgehend vom Tourismus, gefolgt von der feinmechanischen Industrie. Mit der Landkreisreform verlor der Markt Berchtesgaden den Verwaltungssitz des neuen Landkreises an Bad Reichenhall. Aus der Residenz Berchtesgaden war mit einem Mal eine schlichte Marktgemeinde geworden.

Pikantes, Belehrendes und Erheiterndes

Die Heimatzeitung spiegelt diese Entwicklung wieder. Die erste Ausgabe kam am 6. 12. 1882 auf den Markt, mit dem Versprechen „nicht nur alle amtlichen Berichte des Bezirkes, sondern auch alle wichtigeren Lokal-Nachrichten, mitunter auch die neuesten politischen Ereignisse“ zu bringen.[5] Initiator war der damals 43jährige Berchtesgadener Ludwig Vonderthann, von Beruf Dekorationsmaler, Buchhändler und (später) Druckereibesitzer. Das vierseitige Blatt im üblichen Quartformat trug den Titel „Berchtesgadner Anzeiger“ (noch ohne „e“ im Ortsnamen), erschien zweimal die Woche, mittwochs und sonntags. Angekündigt wurde in der Erstnummer auch Unterhaltliches „durch pikante, belehrende und erheiternde“ Erzählungen. Die Haltung des Blattes wurde zu diesem Zeitpunkt als „farblos“ kenntlich gemacht, im übrigen werde sich das Blatt jeden Parteiengezänkes enthalten. Die erste

[4] Der Markt Berchtesgaden ist das größte geschlossene Fremdenverkehrsgebiet der Bundesrepublik mit 2475 Berherbergungsbetrieben und mehr als 2,6 Mio. Übernachtungen jährlich; Angabe des Verlages in der Anzeigenpreisliste Nr. 25 von 1986.

[5] Faksimile-Druck der ersten Ausgabe in der Sonderbeilage „100 Jahre Berchtesgadener Anzeiger“, S. 6.

Ausgabe brachte sieben „Politische Nachrichten", deren Quelle im Dunkel blieben. Da ein Blatt dieser Größenordnung es sich nicht leisten konnte und wollte, etwa Wolffs Telegraphenbureau zu abonnieren, wurden vermutlich verschiedene Großstadtblätter „ausgeschrieben". Bei noch geringer ausgeprägten Aktualitätserwartungen, anderenfalls hätte ja auch die Erscheinungshäufigkeit nicht ausgereicht, fiel dieser Umstand freilich nicht weiter störend auf, zumal die Verzögerung mangels Datum auf den ersten Blick gar nicht offenbar wurde.

Danach folgte die Rubrik „Vermischtes", die für sich genommen schon den oben genannten Anforderungen an ein Feuilleton durchaus genügt hätte. Als erstes kam ein „Vorschlag für alle Raucher in Berchtesgaden" zum Abdruck, in dem ein ungenannt Bleibender seine Mitmenschen auffordert, Zigarrenspitzchen zu sammeln, sie an Tabakfabrikanten zu verkaufen, um vom Erlös „arme Waisenkinder in München zur ersten hl. Kommunion" einzukleiden. Daran schloß sich der Hinweis an, daß Rekruten vergünstigte Posttarife bekommen. Den Schluß bildete eine belehrende Abhandlung über den „Kohlenreichthum der Erde", die, dem erwarteten Leserinteresse gemäß, kompreß gesetzt war. Die dritte Seite beschlossen amtliche Nachrichten aus dem Gerichtssaal und dem Standesamt. Die vierte Seite brachte Anzeigen von ortsansässigen Geschäftsleuten und dem Verschönerungsverein Berchtesgaden. Treibende Kraft hinter den Kulissen war wohl Vonderthanns Ehefrau Anna, eine Reichenhallerin.[6] Den Druck besorgte M. Zugschwerdt in Reichenhall. Verbreitet war die Zeitung im gesamten Berchtesgadener Land, zu dem, wie oben ausgeführt, der gesamte südöstlichste Zipfel Bayerns gehörte.

Zehn Jahre später, 1892, trat der „Berchtesgadener Anzeiger" (nun mit „e" im Ortsnamen) äußerlich vervollkommnet vor seine Leser. (Im übrigen: Allein die Wandlung der Titelschrift über ein Jahrhundert hinweg verdiente eine eigene, ausführliche Würdigung, weil die verwendeten Typen und Schmuckvignetten den Zeitgeschmack so deutlich nachzeichnen.) Die Titelzeile wurde durch eine Unterzeile ergänzt, die Verbreitungsgebiet und Anspruch deutlich markierte, nämlich „Amtsblatt für das kgl. Amts-Gericht Berchtesgaden"; das dürfte den Absatz nicht unerheblich angekurbelt haben.[7] Das Blatt kam nun zusätzlich dienstags heraus und konnte durch die Post oder per Selbstabholung bezogen werden.

Die Jubiläumsausgabe vom 6. 12. 1892 machte mit einer Leserzuschrift aus Berlin auf, die von den „Münchner Neuesten Nachrichten" übernommen wurde. In dieser führte ein Leser beredte Klage über den Umstand, daß man in Berlin Banknoten der Bayerischen Notenbank zurückgewiesen hätte. Es schlossen sich Meldungen aus Deutschland, genauer aus München und Berlin, und solche aus dem Ausland an, die nach heutigem Verständnis eher unterhaltlichen Charakters waren: Ausflüge und Unternehmungen des Prinzregenten, Vermählung im Haus Württemberg, Skandal in Rußland. Unter dem Strich (übersetzt: Feuilleton) der ersten beiden Seiten fand der auf Unterhaltung bedachte Leser den Fortsetzungsroman, in diesem Falle eine Kriminal-Novelle. Diese Tradition war bereits wenige Wochen nach dem ersten Erscheinen mit dem humoristischen Beitrag „Wer's Glück hat, führt die Braut heim" begründet worden.

6 Diese Vermutung äußerte der heutige Verleger Erich Melcher in der Sonderbeilage zum 100. Geburtstag, S. 2; freilich fehlt ein Beleg dafür.

7 Über die Auflage konnte nichts Genaues in Erfahrung gebracht werden. In den gängigen Anzeigenkatalogen fehlt die Angabe der Auflage regelmäßig. Vermutlich lag die Auflage unter 1000 Stück.

Berchtesgadner

Anzeiger.

Berchtesgadner Anzeiger.

Nr. 54. Mittwoch den 11. Juli. 1883.

Berchtesgadener Anzeiger.

Amtsblatt für das kgl. Amts-Gericht Berchtesgaden.

Nr. 9. Donnerstag, 21. Januar 1892. 10. Jahrgang.

Berchtesgadener Anzeiger.

Amtsblatt für das K. Amtsgericht und den Marktmagistrat Berchtesgaden.

Mit Bestellung mit dem Amtsblatt des K. Bezirksamtes Berchtesgaden.

Nr. 54. Donnerstag, den 9. Mai 1912. 30. Jahrgang.

Berchtesgadener Anzeiger.

Amtsblatt für das Amtsgericht und d. Gemeinderat Berchtesgaden.

Mit der Beilage: „Bergheimat“

Berchtesgadener Anzeiger

Amtsblatt für das Amtsgericht u. den Gemeinderat Berchtesgaden

Der Zeitgeschmack im Spiegel der Zeitungsköpfe.

Die Nachrichten aus Berchtesgaden und Umgebung nahmen den gleichen Raum ein wie die aus Deutschland und dem Ausland zusammen genommen, nämlich jeweils eine Spalte im zweispaltig umbrochenen Blatt. Auffälligerweise wurden die Lokalnachrichten alle mit Quellenkürzeln (Buchstabe bzw. Sternchen) versehen sowie mit Datum, wohl um die Güte der Nachricht zu belegen. Dazu muß man sich die Arbeitsweise eines Lokalredakteurs damals vor Augen halten. Zu einer Zeit, da das deutsche Vereinswesen bereits zur Blüte gelangt, die Institution des „Pressewarts" im Verein aber noch gänzlich unbekannt war, sah sich der Lokalredakteur auf „Einsendungen" von Lesern angewiesen, um die im Blatt auch immer wieder ausdrücklich gebeten wurde. Diese Lieferanten wurden dann mit allerlei Kürzeln eindeutig gekennzeichnet; wenn auch die Kürzel für den Nichteingeweihten schwerlich zu knacken waren, so gaben sie doch eine gewisse Gewähr für die Richtigkeit der Meldung.

Den Rest der Seite füllten vermischte Meldungen, die zum Teil schon einige Tage alt waren, Marktnotizen aus der Schranne von Traunstein, Gerichtsnachrichten und ein Hinweis auf eine Beilage der Wörther Kirchenbaulotterie. Die vierte Seite war, wie bereits in der Erstnummer, den Inserenten vorbehalten.

Mittlerweile war ein Redakteur eingestellt worden, Max Miller. Vonderthann kümmerte sich nur mehr um Verlag und Druck. Die Redaktionsleitung hatte 1889 zunächst Wilhelm Müller übernommen, der 1891 von Theodor Schäffler abgelöst wurde. Der erwähnte Max Miller war dann lange Zeit, nämlich von 1892 bis 1920, für die inhaltliche Gestaltung verantwortlich. Jener Maximilian Miller, ein gebürtiger Traunsteiner[8], führte das Druckerei- und Verlagsgeschäft auch weiter, nachdem beide Vonderthanns gestorben waren. Der Verlag blieb dennoch in Familienbesitz, weil Miller die 1873 geborene Tochter von Ludwig und Anna Vonderthann, Viktoria Ernestine, ehelichte. Aus ihrer Ehe gingen vier Kinder hervor, von denen Victoria, später verheiratete Mahlo, den Betrieb bis 1937 leitete. Doch damit haben wir zu weit vorgegriffen.

Die „Markterer" und ihr Blatt

Zum 20jährigen Jubiläum knapp nach der Jahrhundertwende präsentiert sich das Blatt im doppelten Format; der efeuumrankte Titel verrät den herrschenden Jugendstil. Mittlerweile trägt das Blatt die Unterzeile „Amts-Blatt für das k. Amtsgericht und den Marktmagistrat Berchtesgaden / Mit dem Amtsblatt des k. Bezirksamtes Berchtesgaden". Ansonsten erscheint das Blatt nur erweitert, aber nicht grundsätzlich verändert. Die Lesebedürfnisse der einheimischen Bevölkerung, die handwerklich-mittelständisch geprägt ist, werden durch das Blatt hinreichend befriedigt, auch wenn die „große Politik" nur am Rande vorkommt. Die schon zahlreichen Sommerfrischler, die mehr von der Welt Händel erfahren wollen, werden sich einem großstädtisch geprägten Blatt zugewandt haben, etwa den „Münchner Neuesten Nachrichten". In der Jubiläumsnummer vom 6. 12. 1902 findet sich auf der letzten, der vierten Seite ein „Verzeichnis der Gemeindebürger des Marktes Berchtes-

---

8 Inwieweit Maximilian Miller mit der Traunsteiner Zeitungsdynastie Anton Miller verwandt war, welche das „Traunsteiner Wochenblatt" herausbrachte, darüber geben die spärlichen Quellen keine Auskunft.

gaden", das eine Ahnung von der Sozialstruktur des Ortes um die Jahrhundertwende vermittelt. Von den 119 mit Namen und Beruf genannten Bürgern leben 14 unmittelbar vom Salzbergwerk (als Salinenschmied, Salinenzimmermann, Steiger, Knappe), etwa halb soviele ernähren ihre Familien vom Fremdenverkehr. Die übrigen Gemeindebürger haben ausnahmslos handwerkliche Berufe, was sich naturgemäß auf den Zeitungsstoff auswirkt. Lokalnachrichten und unterhaltliche Stoffe nehmen deshalb den breitesten Raum ein. Von der Umfangerweiterung profitieren deshalb nicht die ausländischen Nachrichten, sondern die Berichterstattung aus der nächsten Umgebung.

Von den 119 Familien in Berchtesgaden hätte die Zeitung niemals existieren können. Gelesen wurde das Blatt jedoch im gesamten Bezirk Berchtesgaden. Das Rentamt in Berchtesgaden zählte zum Stichtag 1. 12. 1910 23 290 Einwohner im Bezirk Berchtesgaden.[9] Nimmt man das Steuersoll als Indikator für die Wirtschaftskraft des Bezirks, die wiederum auf das Zeitungsunternehmen via Abonnements und Anzeigenaufkommen zurückwirkt, so stand der Bezirk Berchtesgaden durchaus gut da. Sein Steueraufkommen konnte sich mit dem von Ingolstadt oder Miesbach messen, obgleich letztere erheblich mehr Einwohner zählten. Der Einwohnerzahl nach vergleichbare Bezirke wie Schrobenhausen und Schongau brachten nur ein Drittel bzw. die Hälfte dessen auf, was Berchtesgaden an Steuern abführte. Einzig das etwa gleichgroße Starnberg konnte sich noch vor Berchtesgaden schieben.[10] Keine schlechte Ausgangslage für einen Zeitungsbetrieb, der zu dieser Zeit noch ohne Konkurrenz am Ort war.

Die Erscheinungsweise des Blattes blieb lange Zeit unverändert. Im Dezember 1920 wurde der Erscheinungs-Rhythmus umgestellt; statt Dienstag, Donnerstag und Samstag kam das Blatt nun Montag, Mittwoch, Freitag und Samstag heraus. Von 1922 bis 1925 wurde die Freitagausgabe wieder eingestellt, ein Tribut an die galoppierende Inflation. Seit 3. 1. 1927 erschien die Zeitung werktäglich, was bis heute nicht mehr erreicht wurde.

Zum nächsten runden Geburtstag konnte der „Berchtesgadener Anzeiger" seine Leser bereits mit Bildern informieren. Erstmals am 20. April 1912 rückte die Redaktion eine Zeichnung ins Blatt, „um unseren Lesern ein ungefähres Bild der furchtbaren Katastrophe zu geben". Gemeint war der Untergang des damals größten Ozeandampfers der Welt, der „Titanic". Das Bild zeigte nicht nur das untergehende Schiff, sondern auch eine Reihe bekannter Persönlichkeiten, die sich zur Zeit der Katastrophe an Bord befanden. Bereits im gleichen Jahr, am 24. Oktober 1912, erschien im Anzeigenteil das erste bebilderte Inserat. Der im Bild vorgestellte Regisseur und Schauspieler Goar Sillé erlaubte sich, „Euer Hochwohlgeboren zu seiner Freitag, den 25. Oktober 1912 im Theatersaale des Hotels ‚Vier Jahreszeiten' stattfindenden Benefizvorstellung ganz ergebenst einzuladen und bittet um Ihren werten Besuch". Das erste Lokalbild veröffentlichte der „Anzeiger" freilich erst sechzehn Jahre später. Es stammte vom Berchtesgadener Photographen Josef Schmid und zeigte den Empfang des neuen Pfarrherrn von Berchtesgaden, Joseph Linhard, am 27. Juli 1928 an der Stiftskirche.

---

[9] vgl. Tabelle „Steuersoll für 1912 in Oberbayern" in der Beilage „100 Jahre Berchtesgadener Anzeiger" vom 6. 11. 1982, S. 4.

[10] ebd.

Zum vierzigjährigen Jubiläum 1922 erscheint der „Berchtesgadener Anzeiger" in schlichterem Kleide. Die Ranken im Zeitungskopf haben einer größeren Unterzeile Platz gemacht, die den Amtscharakter des Blattes unterstreicht. Das Wappen, das die Heimatbindung symbolisiert, ist wieder in den Mittelpunkt gerückt, zusätzlich mit einer Beilagenankündigung versehen. Neben dem „Illustrierten Sonntagsblatt" bekommt der Berchtesgadener auch noch die „Bergheimat" mit dem „Anzeiger" frei Haus geliefert. Die Auflage des im Flachdruck produzierten Blattes liegt mittlerweile vermutlich bei knapp 2000 Stück.[11] In einem Handbuch von 1917 gibt der Verlag den Jahresumfang seines Blattes mit 616 Seiten an, was – bei dreimaligem Erscheinen pro Woche – einen durchschnittlichen Seitenumfang pro Ausgabe von vier Seiten bedeutet. Der redaktionell gestaltete Teil wird weiterhin dreispaltig, der Inseratenteil sechsspaltig umbrochen. Die Jubiläumsausgabe vom 6. 12. 1922 macht mit einem halbseitigen Leitartikel über „Die Wurzeln unserer Not" auf, der von einem Berliner Kommentator übernommen wird. Unterm Strich, fast kontrapunktisch zur allgemeinen Not, erscheint der Fortsetzungsroman, dieses Mal „Am andern Ufer" von Hedwig Courths-Mahler.

Die Not geht auch am „Anzeiger" nicht spurlos vorüber. Der Bezugspreis klettert und klettert und kann doch mit der allgemeinen Geldentwertung bald nicht mehr Schritt halten. Ende 1922 muß der Abonnent für die Hauszustellung und die Postzustellung gleichermaßen 60 Mk monatlich berappen. Ein knappes Jahr später, am 17. November 1923, kostet der Monatsbezug 650 Millionen Mk, während zwei Tage später dafür nur noch 0,50 Goldmark zu bezahlen sind.[12]

Konkurrenz belebt

1928 war die Auflage auf 2200 Stück gestiegen. Leonhard Henninger besorgte die Redaktion und weitete die Berichterstattung erheblich aus. Mit einem Mal brachte der „Anzeiger" auch Kirchennachrichten aus den Pfarreien Berchtesgaden, Ramsau und Schellenberg sowie ausführliche Sportberichte und kulturelle Nachrichten, etwa Filmankündigungen für das Kursaaltheater.

Daß die redaktionellen Anstrengungen verstärkt wurden, hatte nicht zuletzt damit zu tun, daß das Mitglied der Deutschnationalen Volkspartei, August Franz, in der Marktgemeinde ein Konkurrenzblatt gegründet hatte, „um dem Anzeiger, ‚diesem reinen bayerischen Volkspartei-Organ', einen Riegel vorzuschieben"[13]. An dieser Stelle ist nachzutragen, daß sich 1925 bereits ein Wochenblatt in Rosenheim etabliert hatte, der „Alpenbote", der auch in Berchtesgaden Leser fand, wenn auch nur in geringer Zahl. August Franz nun vereinbarte mit diesem Rosenheimer Verlag eine Kooperation, die vorsah, daß der „Alpenbote" den allgemeinen Mantel erstellen und den Druck besorgen sollte. Franz selbst wollte für das neue „Berchtesgadener Tagblatt" nur den Lokalteil in eigener Regie erstellen.

---

[11] lt. Handbuch deutscher Zeitungen (bearbeitet im Kriegspresseamt von Rittmeister a. D. Oskar Michel), Berlin 1917, lag die Auflage 1916 bei 1600 Stück. Da die Auflage 1928 mit 2200 Stück angegeben wird, kann die Auflage für 1922 nur geschätzt werden.

[12] vgl. Beitrag „Ein Blick zurück" in der Beilage „100 Jahre Berchtesgadener Anzeiger", S. 4.

[13] August Franz, zitiert nach Norbert Frei: Nationalsozialistische Eroberung der Provinzpresse. Stuttgart 1980, S. 211.

„Die Chancen freilich standen schlecht, denn das Gesamt-Abonnentenpotential des Gebietes war nicht zu erweitern, blieb doch die geographisch einzige Ausdehnungsmöglichkeit, nach Norden, durch das ‚Reichenhaller Tagblatt' versperrt", urteilte der Historiker Norbert Frei im Rückblick[14]. Und er führte weiter aus: „Die Abonnenten mußten also dem ‚Berchtesgadener Anzeiger' abgeworben werden. Hätte die Zeitung unter den gleichen Konditionen erscheinen können, die für das Traditionsblatt galten, wäre dies vielleicht sogar realisierbar gewesen. Wegen des Druckorts Rosenheim hinkte sie aber – mindestens in der Lokalberichterstattung – zwangsläufig hinter dem ‚Anzeiger' her.

Ob des geringen Erfolges unzufrieden kündigte Franz 1931 sein Abkommen mit dem Rosenheimer Verleger. Doch auch der nachfolgende Geschäftspartner, das Münchener Buchgewerbehaus, enttäuschte ihn.[15] Die Gründe für sein Scheitern lagen freilich nicht bei seinen Partnern, wie Franz meinte, sondern in der besonderen Wertschätzung und Unterstützung, die Klerus und BVP-Establishment dem „Anzeiger" angedeihen ließen. Oder andersherum formuliert: Der Kreis derjenigen, die Interesse an einer Alternative zum „Anzeiger" hatten, war zu klein, um ein Blatt zu finanzieren. Das Buchgewerbehaus stellte deshalb das „Berchtesgadener Tagblatt" zum 28. 2. 1933 ein.

Ruhe in Hitlers „Wahlheimat"

Als der 28jährige Junglehrer und Alt-Parteigenosse Max Kammerer im Frühjahr 1933 daranging, im Partei-Doppelkreis Berchtesgaden-Laufen den Herrschaftsanspruch der NSDAP durchzusetzen, erwartete ihn keine leichte Aufgabe.[16] „Zwar war es für Kammerer und die örtlichen Parteigenossen ausgemachte Sache, daß ‚Berchtesgadener Anzeiger' und ‚Reichenhaller Tagblatt' ihren Veröffentlichungs-‚Wünschen' nachzukommen hatten; darüber hinaus auch den ökonomischen Status der beiden Zeitungen anzutasten, stand fürs erste jedoch nicht zur Debatte. Dabei mag die Überlegung eine Rolle gespielt haben, die Chancen eines parteinahen oder -eigenen Blattes in Laufen zu testen und Erfahrungen zu sammeln, zumal Kammerer sich dort 1933 als neuer Bürgermeister profilieren wollte. Würde sich die Entwicklung als positiv erweisen, könnte man das Parteiblatt dann auch auf die – im Vergleich zum unbedeutenden Laufen – schon weltläufige Kurstadt Bad Reichenhall und des ‚Führers' Wahlheimat Berchtesgaden ausdehnen."[17]

Die Zurückhaltung Kammerers und die flexible Haltung Millers ermöglichten es dem Blatt, nach der Machtergreifung mindestens geduldet zu werden. „Anders als etwa der Kollege in Bad Reichenhall, waren Ludwig Peter Miller und seine Frau, die den Verlag nach Kriegsbeginn alleine führte, keine herausragenden örtlichen Exponenten der BVP, auch wenn sie in der Weimarer Zeit der ‚Staatspartei' nahegestanden hatten."[18] Da Verleger Miller und Hauptschriftleiter Henninger der NSDAP beitraten, votierte der Ortsgruppenleiter für die Anerkennung der Zeitung

[14] ebd.
[15] ebd.
[16] vgl. Kapitel „Parteikreis Laufen: Der Dauerkampf für ein NS-Blatt scheitert" bei Norbert Frei, a. a. O., S. 180 ff.
[17] Norbert Frei, a. a. O., S. 212.
[18] Norbert Frei, a. a. O., S. 220.

als Veröffentlichungsorgan der Partei und die „Beibehaltung des Schriftleiters". Auch an der Aufmachung der Zeitung hatten die Berchtesgadener Parteiführer nichts auszusetzen. Miller war klug genug gewesen, frühzeitig jene Inhalte auszugliedern, die den Machthabern ein Dorn im Auge waren. Um die katholischen Leser nicht zu verärgern, die ein Gutteil der Abonnenten ausmachten, und um sie weiterhin mit kirchlichen Meldungen versorgen zu können, gründeten Millers ein selbständig erscheinendes „Kolpingsblatt", noch bevor die Nationalsozialisten die Trennung von kirchlichen und politischen Blättern anordneten. Die Verlegerfamilie war fest entschlossen, ihrer Zeitung die Eigenständigkeit zu bewahren. Millers lehnten es deshalb auch ab, auf ein Angebot des Münchener Zeitungsblocks einzugehen, der ihnen das Verlagsrecht für drei Mark pro Abonnent abkaufen wollte.

Millers vorsichtiges Taktieren zahlte sich aus. Der „Anzeiger" konnte stetig leichte Zugewinne verzeichnen. Im Krieg schließlich erfreute sich die Zeitung des als Flieger hochdekorierten Verlegers der aktiven Unterstützung der lokalen Parteiführer und konnte unter Charlotte Millers Ägide bis Kriegsende erscheinen.

Bereits 1937 war der Betrieb zweigeteilt worden. Victoria Mahlo behielt die Buchhandlung, die im übrigen noch immer existiert, aber seit ihrem Tod 1979 von ihrem Sohn Viktor Mahlo geleitet wird. Verlag und Druckerei behielt Ludwig P. Miller, dem damit die Verlagsverantwortung bis zur Gründung einer Kommanditgesellschaft im Jahre 1972 allein oblag.

Wir wenden uns an das Herz aller

Als Altverleger erhielten Millers zunächst keine Lizenz von der amerikanischen Militärregierung, sondern mußten mit der Herausgabe bis zur Generallizenz 1949 warten. Der erste Leitartikel der wiedererstandenen Zeitung am 2. September 1949 stellte die Berichterstattung unter das Motto: „kurz und gut, taktvoll und sauber". Dabei verwahrte sich das Blatt gegen ein „eigentliches Programm im spießbürgerlichen Sinne": „Wir wenden uns an das Herz aller. Wir werden alles besprechen und illustrieren, was interessant ist, was die Geister bewegt, alles, was schön, gut, charakteristisch und echt ist. Kein Gebiet des öffentlichen Lebens soll ausgeschlossen, aber auch keines in den Vordergrund gedrängt werden und alles, wie es die Situation und der Stoff gerade erheischen".

Zunächst erschien der „Berchtesgadener Anzeiger" wieder montags, mittwochs und samstags. Am 3. Januar 1955 kam schließlich der Donnerstag als Erscheinungstag hinzu, am 1. 10. 1969 zusätzlich der Freitag. Bei seinem Neuanfang fand der „Anzeiger" allerdings einen Konkurrenten vor, der mächtigen Vorsprung hatte. Die Rede ist von der „Zeitung für den Ruperti-, Chiem- und Salzachgau", so die Unterzeile der 1946 gegründeten Lizenzzeitung „Südost-Kurier". Das ehemalige Verbreitungsgebiet des „Anzeigers" und das von einem halben Dutzend anderer Heimatzeitungen war dem „Südost-Kurier[19]" zugewiesen worden. Die Aufhebung des Lizenzzwangs erschütterte die vorher geschützte Position des „Südost-Kuriers" so nach-

19 Näheres zum „Südost-Kurier" siehe Porträt des „Reichenhaller Tagblatts" im gleichen Band; weiter Hans Kapfinger (Hg.): Die neue bayerische Presse. München 1948, S. 62; sowie Rainer Sütfeld: Die Entwicklung der 27 in Bayern lizenzierten Tageszeitungen seit 1949. Magisterarbeit (unveröffentlicht) München 1983, S. 151 ff.

haltig, daß er 1954, als sein Zwangspachtvertrag endgültig auslief, sein Erscheinen einstellte, nachdem es ihm weder gelungen war, die Auflage wenigstens zu halten, noch eine eigene Betriebsstätte aufzubauen.

Zu diesem Zeitpunkt hatte der „Berchtesgadener Anzeiger" bereits erheblich Terrain gutgemacht und eine Auflage von 4300 Stück[20] erreicht, also seinen Vorkriegsstand schon übertroffen. Die Millers waren beide wieder im Verlag aktiv und trafen zukunftsweisende Entscheidungen. Sie hatten sich dem Ring Südbayerischer Heimatzeitungen angeschlossen, der ihnen den Mantel fertig lieferte, und die erste, eine achtseitige Rotation angeschafft. Beide Entscheidungen trugen dazu bei, daß die Berichterstattung entscheidend ausgeweitet werden konnte. Nunmehr wurden regelmäßig nicht mehr vier, sondern zwischen acht und zwölf Seiten im Berliner Format gedruckt. Dazu kamen wieder Beilagen: „Heimat im Bild" und „Bergheimat". Wie früher war der „Anzeiger" wieder Amtsblatt für den Landkreis Berchtesgaden und den Landkreis Bad Reichenhall.

Bereits 1962 wurde die Rotation gegen eine größere, eine zwölfseitige, ausgetauscht. 1978 hielt der Fotosatz Einzug beim Verlag, und seit 1986 arbeitet die Redaktion mit PCs für die Texterfassung direkt am Bildschirm. Für die EDV-Anlagen war endgültig mehr Raum nötig, als das traditionsreiche Haus in der Griesstätterstr. 1 in Berchtesgadens Innenstadt bot. Deshalb wurde 1982 der technische Betriebszweig nach Bischofswiesen verlagert, wo nun sämtliche Druckmaschinen ihren Platz fanden, so auch die große 32-Seiten-Rotation, welche bereits 1980 von der „Innsbrucker Zeitung" übernommen worden war.

Zusammen stärker

Die alte Verbindung zum benachbarten Traunstein, die noch aus Max Millers Zeit herrührt, ist bis heute keineswegs abgerissen. Vom „Traunsteiner Wochenblatt" übernimmt der „Anzeiger" regelmäßig zwei Seiten Politik. Eine Vollredaktion, die ansonsten alle Produkte selbst erstellt, und das bei einer Auflage von etwa 6300 Exemplaren, die keine großen Sprünge erlaubt, ist eine Ausnahmeerscheinung in der deutschen Zeitungslandschaft. Der „Anzeiger" erscheint nach wie vor nur fünfmal in der Woche und bringt es auf 3590 Seiten[21] im Jahr, von denen 67% redaktionell gestaltet werden. Den restlichen Raum nehmen Anzeigen ein. Wie erwähnt ist die Vonderthann'sche Buch- und Offsetdruckerei und Verlag E. Melcher mittlerweile eine Kommanditgesellschaft, an der die Komplementäre Erich Melcher mit 52% und Wolfgang Krawehl[22] mit 33%, sowie Ulrike Krawehl mit 15% beteiligt sind. Erich Melcher trat 1980 die Nachfolge von L. P. Miller an, der das Verlagshaus stattliche 43 Jahre geleitet hatte.

---

[20] vgl. Institut für Publizistik an der Freien Universität Berlin (Hg.): Die Deutsche Presse 1954. Berlin 1954.

[21] Statistisches Bundesamt: Pressestatistik 1986.

[22] Wolfgang Krawehl stammt aus einer traditionsreichen Zeitungsverlegerfamilie und ist heute Komplementär des Bumke-Verlages in Dortmund. Sein Ururgroßvater gründete 1828 das „Dortmunder Wochenblatt", und sein Urgroßvater war vor 100 Jahren Herausgeber des „Dortmunder Anzeigers".

Der Verlag beschäftigt heute insgesamt 55 Mitarbeiter, wovon zwei in der Geschäftsführung, drei in Verwaltung und Vertrieb, 28 in der Druckerei, 17 in der Setzerei und fünf in der Redaktion beschäftigt sind. Zusätzlich arbeiten drei feste Freie und 25 gelegentliche Freie für die Redaktion, deren Honorare sich zwischen 20 und 100 Pfennig pro Zeile bewegen.

Das Selbstbewußtsein der Berchtesgadener, von dem eingangs die Rede war, ihre Bestrebung, sich nicht als Rupertiwinkler vereinnahmen zu lassen, prägt auch ihre Zeitung, den „Berchtesgadener Anzeiger". Freilich wird dieses Bemühen um ein eigenständiges Profil vom Nachbarkreis Traunstein geteilt. In den beiden südöstlichsten Landkreisen des bayerischen Freistaats erscheinen insgesamt sieben Heimatzeitungen, die jeweils nur am Erscheinungsort und seinem Einzugsgebiet verbreitet sind und nur fünfmal die Woche erscheinen: In Traunstein erscheint das „Traunsteiner Wochenblatt", mit dem der „Berchtesgadener Anzeiger" kooperiert; in Trostberg kommt das „Trostberger Tagblatt" (mit einem Kopfblatt für Traunreut) heraus; in Tittmoning die „Südostbayerische Rundschau", eine Nebenausgabe des „Trostberger Tagblatts", und in Reichenhall das „Reichenhaller Tagblatt" (mit einer Nebenausgabe für Freilassing).

Heimatzeitung heute

Im Vergleich zu alten Ausgaben des „Berchtesgadener Anzeigers" hat sich manches verändert. Die Zeitung erscheint heute im Berliner Format, vierspaltig umbrochen, in zwei Lagen. „Das Heimatblatt für das Berchtesgadener Land" ist „Amtsblatt für das Amtsgericht Laufen", so die Titelunterzeile. Die Zeitung beginnt mit Nachrichten aus Deutschland und dem Ausland, die regelmäßig zwei Seiten ausmachen und fertig gesetzt übernommen werden. Daran schließt sich die Seite mit „Bayerischen Notizen" an; Ausgangsmaterial liefert die Deutsche Presseagentur bzw. deren bayerischer Landesdienst.

Erst mit der vierten Seite beginnt der Lokalteil für das „Berchtesgadener Land", sofort kenntlich am Berchtesgadener Wappen, das hier nochmals auftaucht. Einen beschaulichen Anfang macht stets „Das Wort zum Tage". Alle Beiträge, die über reine Terminankündigungen von Vereinen und Verbänden, Notdienste der Ärzte und Apotheken und ähnliche tabellarische Darstellungen hinausgehen, werden in der Regel mit Quellenkürzel versehen. Wenn der Landesbund für Vogelschutz in Bayern (LBV) Tips zur Naturbeobachtung im Juli gibt, so wird sein Beitrag mit Kürzel (LBV) versehen. Dies ist eine saubere journalistische Vermittlungspraxis, dem Leser eine schnelle Orientierung darüber zu erlauben, aus welcher Quelle eine Nachricht, ein Rat, ein Vereinsbericht stammt. Wobei Quelle hier verschiedene Sachverhalte meint: Zum Teil nennt das Kürzel die gesellschaftliche (Interessen-)Gruppe, die etwas verlautbart, wie im oben angeführten Beispiel den LBV, zum Teil vertritt das Kürzel aber auch denjenigen, aus dessen Blickwinkel ein Vorgang geschildert wird, weil er selbst Augen- und Ohrenzeuge war, der aber nicht zur Redaktion der Zeitung gehört, etwa ein Teilnehmer beim Treffen der katholischen Pfarrgemeinderäte mit dem evangelischen Kirchenvorstand der Berchtesgadener Gemeinden. Zum dritten gibt das Kürzel auch an, welche „Transportanstalt" der Redaktion die Ware Nachricht angeliefert hat, also beispielsweise dpa und s-press.

Berchtesgadener Anzeiger

B 1656 B

Das Heimatblatt für das Berchtesgadener Land. — Seit 1882
Herausgeber: Berchtesgadener Anzeiger, Vonderthann'sche Buch-Offsetdruckerei-Verlag E. MELCHER KG. Verantwortlicher Redakteur: H. ESMARCH. Anzeigen: W. KRAWEHL. Geschäftsstelle und Redaktion: Berchtesgaden, Griesstätterstraße 1, Tel. 61018.

AMTSBLATT FÜR DAS AMTSGERICHT LAUFEN
Erscheint 5-mal in der Woche, Bezugspreis mtl. DM 12.90, Agenturen 13.10, durch Post 14.90, Einzelpreis DM -.80 (MwSt. 7 %). Postscheck München 36480-808 Verlag ist Mitglied der DPA und IVW — Für unverlangt eingesandte Manuskripte keine Gewähr.

Nummer 127 | Mittwoch, 8. Juli 1987 | Jahrgang 102

Weizsäcker und Gorbatschow trafen Vereinbarung:

Sowjet-Außenminister kommt nach Bonn
Vier Verträge wurden in Kraft gesetzt

Moskau (dpa) - Der sowjetische Außenminister Schewardnadse wird Bonn besuchen. Diese Vereinbarung trafen am Dienstag in Moskau der sowjetische Parteichef Gorbatschow und Bundespräsident Weizsäcker. Damit sollen die Kontakte auf hoher Ebene zwischen beiden Ländern fortgesetzt werden. Diplomatische Kreise Bonns rechnen seit längerer Zeit mit einem solchen Besuch, wahrscheinlich im Herbst.

Am Ende des rund zweieinhalbstündigen Gesprächs im Katharinensaal des Kreml ließ Gorbatschow »herzliche Grüße« an Kanzler Kohl ausrichten, berichtete der Bundespräsident anschließend. Treffen auf so hoher Ebene sind aber noch nicht in Sicht. »Auf die eine oder andere Weise«, so von Weizsäcker, solle jedoch eine Begegnung stattfinden.

Eine gute Stunde länger als vorgesehen erörterten Gorbatschow und von Weizsäcker eingehend die gesamte Nachkriegsentwicklung der deutsch-sowjetischen Beziehungen. Weizsäcker bezeichnete die Atmosphäre des Gesprächs, in dem auch die Ost-West-Beziehungen sollte. Dabei begrüßte er die Politik der »Perestroika« (Umgestaltung) und forderte die jungen Leute auf, nicht das Trennende in der Ost-West-Aufteilung der Welt in den Vordergrund zu stellen, sondern die gemeinsamen Aufgaben. Besonderen Beifall erhielt sein Wunsch, nicht nur Gruppen- sondern auch Einzelreisen zwischen beiden Ländern zu ermöglichen.

Außenminister Genscher äußerte bei seiner Begegnung mit Schewardnadse »Erstaunen« über die Zensur der Parteizeitung »Prawda« an der Weizsäcker-Rede vom Vorabend. In der gekürzten Wiedergabe der Rede fehlten unter deutschstämmige Sowjetbürger und die deutsche Teilung. Genscher unterstrich die Bedeutung, die diesen Problemen von der Bundesregierung zugemessen werde. Nach Angaben aus Delegationskreisen blieb die diplomatische Beschwerde zunächst ohne Reaktion.

Ein weiteres Hindernis auf dem Weg zu verbesserten deutsch-sowjetischen Beziehungen waren offenbar die 72 Pershing-Ia-Raketen in der Obhut der Bundeswehr. Die Sowjetunion fordert nachdrücklich die Einbeziehung der unter Kontrolle der USA stehenden Sprengköpfe dieser »deutschen« Raketen in die Null-Lösung, während die Bundesregierung diese Forderung übereinstimmend mit den anderen NATO-Partnern ablehnt. Eine Lösung des Problems wurde am Dienstag nicht sichtbar. Sprecher bestätigten, daß hierzu beide Seiten lediglich ihre unveränderten Positionen ausgetauscht hätten.

Genscher und Schewardnadse waren sich aber ausdrücklich einig, daß in den Beziehun-

Widerstand gegen die »Richtermacher«

Von Christian Bommarius

dpa - So leicht haben es die Volksvertreter gewiß nicht alle Tage - wenn Bundestag und Bundesrat voraussichtlich Mitte August fünf neue Bundesverfassungsrichter wählen, dann stehen diese bereits fest, noch ehe eine Hand zur Wahl sich hebt. Die Wahl ist Formsache, denn die neuen Mitglieder des höchsten Gerichts werden an anderer Stelle bestimmt. Damit die Verfassung auch künftig im Proporz gehütet werde, haben CDU und SPD nichts dem Zufall überlassen: Gerhard Schäuble (CDU) und Gerhard Jahn (SPD) wurden beauftragt, in enger Fühlungnahme Kandidaten auszuwählen.

Gesucht und gefunden wurde streng geheim, erst wenige Wochen vor der Wahl erfuhr die Öffentlichkeit, wer in Zukunft nach Wunsch und Willen der Parteien im Namen des Volkes höchstes Recht verkünden wird: der Senatsvorsitzende am Bundesarbeitsgericht, Thomas Dieterich, der Richter am Bundesverwaltungsgericht, Everhardt Franßen (beide SPD), der Gießener Arbeits- und Sozialrechtler Alfred Söllner (CDU), der Leiter der Rechtsabteilung in der Bayerischen Staatskanzlei, Konrad Kruis (CSU), und der der CDU nahestehende Heidelberger Professor für öffentliches Recht, Paul Kirchhof.

Aktuelle Titelseite vom „Berchtesgadener Anzeiger“.

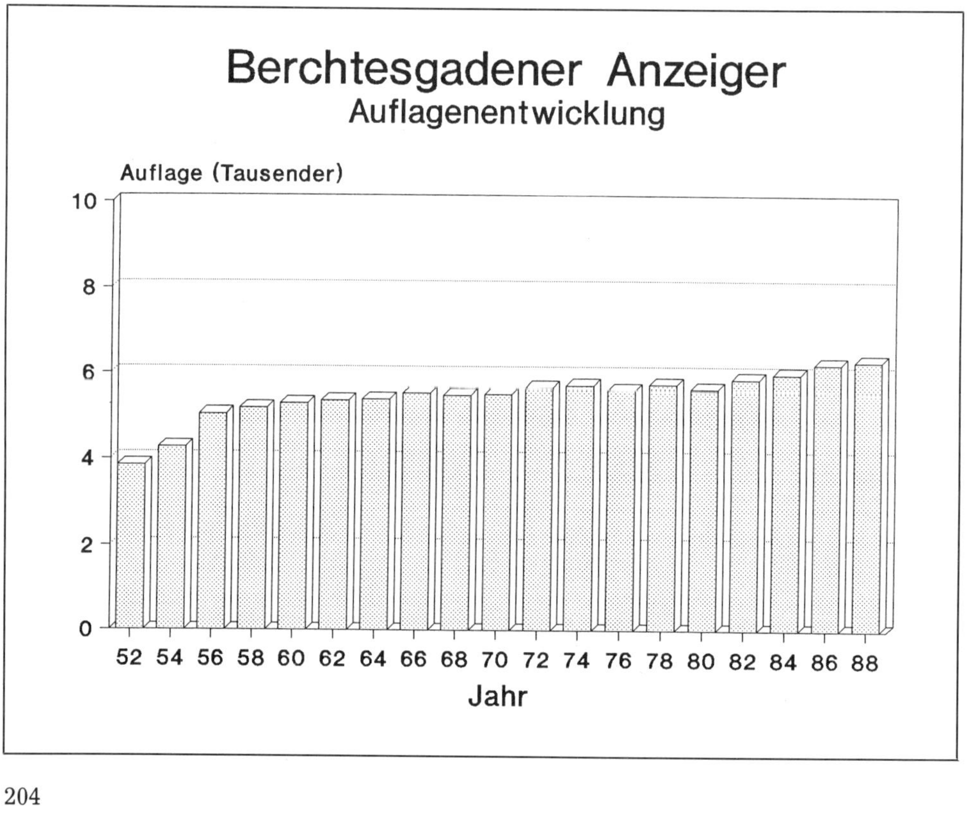

Der Landkreis Berchtesgadener Land bildet einen Zipfel, der praktisch nur von österreichischem Territorium umgeben ist. Einziger bundesdeutscher Nachbar ist der Landkreis Traunstein. Infolgedessen konzentriert sich die Berichterstattung auf das ehemalige Landkreisgebiet um den Markt Berchtesgaden. Was sich woanders ereignet, zwar noch im Großlandkreis, aber nicht mehr in der Nähe Berchtesgadens, sondern im (aufgesogenen) Laufener Gebiet, wird nur noch knapp unter der Rubrik „Nördlicher Landkreis" versammelt. Für den Blick ins benachbarte Österreich gibt's auch eine extra Spalte.

Den zahlreichen Kurgästen, Tagesurlaubern und Fremden leistet der „Berchtesgadener Anzeiger" einen besonderen Service: „Informationen für den Kurgast" werden einmal wöchentlich, nach Orten und Interessengebieten unterteilt, gegeben.

Nach dem Lokalteil, der durchschnittlich vier Seiten umfaßt (von insgesamt 12, samstags bis zu 28 Seiten), folgen ausführliche Sportnachrichten, aus der Bundesrepublik allgemein, aus Bayern und schließlich aus dem Kreis. Die Orientierung wird hier durch Piktogramme für einzelne Disziplinen erleichtert. Natürlich fehlen weder Lokalanzeigen, noch der alteingeführte Fortsetzungsroman. Dazwischen füllen fertige Seiten schon mal den freien Raum.

Die Kulturnachrichten, die die Rubrik „Aus dem Kulturleben" versammelt, stammen überwiegend von dpa bzw. seinem bayerischen Landesdienst, weisen also keinen Lokalbezug auf. Lokale Kulturereignisse, etwa Ausstellungen, Musikveranstaltungen und ähnliches werden im Lokalteil abgehandelt.

Auch eine Beilage hat der „Berchtesgadener Anzeiger" immer noch. Heimatkundliche Texte, Leseproben aus in heimischen Gefilden spielenden Büchern, Anekdoten über Berchtesgadener und Bilder von früher vermitteln ein heimeliges „Mir-san-Mir-Gefühl" und schaffen so ein günstiges Umfeld für die Promotion der ortsansässigen Geschäftsleute: „Der Marktbote", der „Wegweiser für guten Einkauf in den Berchtesgadener Fachgeschäften", wie er sich im Untertitel nennt, ist eine Kreuzung von Heimatbeilage und Anzeigenblatt und erscheint jeweils mittwochs vor jedem verkaufsoffenen Samstag. Der Anzeigenanteil am Gesamtumfang der Zeitung bewegt sich seit fünf Jahren konstant um 30%, was, im Feld der bayerischen Zeitungen, einen schlechten „Mittelplatz" bedeutet. Glücklicherweise wird das stagnierende Anzeigenaufkommen in der Zeitung durch das florierende Beilagengeschäft ausgeglichen. Die Akquisition und Verwaltung überregionaler Werbekunden besorgt die Atlas Verlag und Werbung GmbH in München.

Was die Zukunft des Verlages betrifft, so profitiert er von seiner Alleinanbieterstellung in seinem Verbreitungsgebiet, das allerdings kaum mehr erweiterungsfähig ist, weil Landesgrenze und Verbreitungsgrenzen benachbarter Verlage wohl unübersteigbare Hürden bilden. Insofern kann der Verlag auf dem Zeitungsmarkt nicht weiter expandieren; die Haushaltsabdeckung des „Berchtesgadener Anzeigers" im Markt Berchtesgaden liegt heute schon bei 70%. Ob der private Rundfunk eines Tages ein zweites Standbein abgeben könnte, ist noch völlig ungewiß.

(sf)

Wochen-Blatt

GERECHT UND BEHARRLICH

für das

Königl. Landgericht Reichenhall.

Samstag — Nro. 1. — 2. Januar 1841.

Dieses Blatt erscheint jeden Samstag. Der Pränumerationspreis ist jährlich 1 fl. 36 kr., halbjährlich 48 kr., vierteljährlich 24 kr. Inserate kosten die gewöhnliche Spaltzeile 3 kr. Passende Beiträge werden mit Dank angenommen.

Reichenhaller Grenzbote

Tagblatt von Bad Reichenhall

Gegründet 1840

Oben: Kopf der Erstnummer.

Mitte: Noch heute zeigt der Kopf des „Reichenhaller Tagblatts“ das Signet mit dem Telegraphenmasten.

Unten: Früher bildete der Kopf des Heimatblattes typischerweise eben diese Heimat auch ab. Dieser Brauch hat sich bis heute nur noch in wenigen Ausnahmen erhalten.

Freitag, 12. Februar. — Nro 7. — Reichenhall 1847.

Dieses Blatt erscheint jeden Freitag und kostet halbjährig dahier 1 fl.; auswärts: 1 fl. 6 kr.; Inserate à Spaltzeile 3 kr.

Durch die Post bezogen kostet der Gebirgsbote halbjährig im I. Rayon 1 fl. 26 kr.; im II. Rayon 1 fl. 33 kr.; im III. Rayon 1 fl. 37 kr.

Der Bayerische Gebirgsbote.

(Wochen- & Unterhaltungs-Blatt.)

„Gerecht und beharrlich“: Das „Reichenhaller Tagblatt“

In zwei Jahren (1991) kann das „Reichenhaller Tagblatt“ seinen 150jährigen Geburtstag feiern. Das Reichenhall der Gründungszeit dieser Heimatzeitung ist mit dem heutigen kaum mehr zu vergleichen. Es trug noch nicht den Namen „Bad“, hatte nur knapp über 3 000 Einwohner und zum Teil noch immer unter den Folgen des verheerenden Stadtbrandes von 1834 zu leiden, auch wenn 110 Häuser schon wieder aufgebaut worden waren. 3 077 Katholiken wohnten zu jener Zeit in der Stadt. Ihnen standen nur ganze 36 Protestanten gegenüber. Drei Lehrer unterrichteten an der Volksschule 321 Kinder in sechs Klassen! Fast 1 100 Einwohner verdienten ihr Brot als unselbständige Arbeiter, darunter 437 Frauen. Zahlenmäßig an der Spitze all der vielen Handwerker und Gewerbetreibenden, derer das Stadtleben bedurfte, standen sieben Wirte, sechs Brauereien, acht Bäcker, sieben Metzger, sieben Schuhmacher und fünf Schneider – und auch noch zwei „fahrende Boten“. Seit 1823 gab es einen Kurbetrieb, aber vor den Toren der Stadt im Gemeindegebiet Karlstein.[1]

Der zugezogene Drucker

Dies waren nur einige Eckdaten einer oberbayerischen Stadtgemeinde im Jahre 1840, als in sie der Buchdrucker Max Zugschwerdt mit Frau und Kind, mit reichem Gepäck und vielen Handwerksmaterialien zuzog. Zugschwerdt hatte in Augsburg erfahren, daß die nahe Salzburg gelegene Kleinstadt Reichenhall sich nach einer Brandkatastrophe von 1834 wieder im Aufschwung befand. Zugschwerdt war 1807 in Ottobeuren geboren und hatte in der Fuggerstadt das Buchdruckerhandwerk erlernt. Nun ließ er sich in Reichenhall nieder und eröffnete einen Buchdruckerbetrieb am Markt, im Haus des Färbers Brunninger, neben dessen Färberei und einer Metzgerei. Heute steht an dem Platz das Rathaus.

Bald nach seiner Ansiedlung erhielt Zugschwerdt die Lizenz für die Herausgabe einer Zeitung. Noch im Jahre 1840 erschien die erste Probenummer; die Auflage soll 50 Stück betragen haben. Am 2. Januar 1842 war es dann soweit: Das „Wochenblatt für das Königl. Landgericht Reichenhall“ erschien zum ersten Mal. Im Titel-Wappen war damals das Motto zu lesen: „Gerecht und beharrlich“. Einmal in der Woche, jeweils am Samstag, informierte das Blatt die Bevölkerung über alles Neue. Der Inhalt sollte, so kündigte es die erste Nummer an, bestehen in „Amtlichen Artikeln“, „Privaten Bekanntmachungen“, einschließlich aller möglichen Privatanzeigen und schließlich in allgemein interessierenden Stoffen. „Passende Beiträge werden mit Dank entgegengenommen“, erfährt man schon in der Kopfzeile.[2]

1 Siehe Fritz Hofmann: 140 Jahre „Reichenhaller Tagblatt“. Jubiläumsbeilage vom 7. 2. 1981, S. 3. (Kurzbeleg: JB 1981.) Die folgende historische Darstellung hält sich an diese Vorlage, sofern nicht ausdrücklich andere Quellen angegeben sind.

2 Faksimilierte Wiedergabe eines Titelblatt-Ausschnitts der Erstnummer in: JB 1981, S. 10.

1845 nennt sich die neue Zeitung „Bayerischer Gebirgsbote“ und dazu im Untertitel „Wochen- und Unterhaltungsblatt“. Noch im gleichen Jahr wird der „Gebirgsbote“ zum „Amtsblatt für die Landgerichte Reichenhall und Berchtesgaden“. Ab 27. Juli 1845 erstreckt sich der Amtsblattcharakter auch auf das Landgericht Laufen. Ab dem Sommer 1846 erscheint zudem regelmäßig ein Verzeichnis mit den neu angekommenen Kurgästen.

Im Jahre 1850 erfolgte eine zweite Umbenennung der Zeitung. Sie führte nun den Namen „Der Grenzbote“. 1854 erschien die erste richtige Kurliste für „Natursolebad und Molkenkuranstalt Achselmannstein“. Im Jahre 1857 kam im Verlag Max Zugschwerdt die erste „Amtliche Fremdenliste“ heraus. Inzwischen hatte die Stadt Reichenhall das Haus des Färbers Brunninger erworben, um dort das neue Rathaus zu errichten. Bis 1848 „duldete“ man die Buchdruckerei noch im Haus; dann bot man dem Verlag an, in das 1841 errichtete „Zolleinnehmer- und Wachthaus“ Nr. 246, heute Kaiserplatz/Ludwigstraße, umzusiedeln. Der Kauf kam zustande, und so zog Zugschwerdt mit seinem Betrieb in das neue Gebäude. Dort wurden künftig nicht nur Zeitungen produziert. Auch eine Reihe hervorragend schöner Bücher kam aus dieser Werkstatt und ihrer „Gutenberg-Handpresse“, die erst 1872 durch eine Schnellpresse ersetzt wurde.

Im Jahre 1859 starb Max Zugschwerdt der Ältere „nach einem erfüllten Leben und nachdem er den Seinen eine gesicherte Existenz geschaffen hatte“,[3] wie es in der Chronik des Verlagshauses heißt. Sein einziger Sohn, Max Zugschwerdt der Jüngere, führte die Buchdruckerei und den Verlag weiter.

Familienbetrieb Wiedemann und Söhne

Aus gesundheitlichen Gründen verkaufte Zugschwerdt seinen Betrieb 1896 an seine beiden Gesellen Rupert Kamml und Johann Wiedemann. Kamml hatte von 1887 bis 1891 bei Zugschwerdt sein Handwerk gelernt und stammte aus einer alten Reichenhaller Familie. Johann Wiedemann, ebenfalls Buchdrucker, trat am 28. April 1887 als Gehilfe in die Dienste von Max Zugschwerdt dem Jüngeren. Sehr bald schon beteiligte er sich auch an der redaktionellen Arbeit am „Reichenhaller Grenzboten“, wie man das Blatt schon nannte, als es noch den Namen „Gebirgsbote“ trug. Nach dem Erwerb des Geschäftes übernahm er dann die Gesamtredaktion, die er bis ins Jahr 1920 leitete. Auch waren die beiden jungen Verleger nach dem Kauf der Zeitung sofort dazu übergegangen, das Blatt dreimal wöchentlich zu drucken. Das war eine erhebliche Leistung; denn erst im Jahre 1909 nahm man die erste Setzmaschine in Betrieb.

1914 schied Rupert Kamml wegen schwerer Krankheit aus dem gemeinsamen Betrieb aus. In den Jahren des Ersten Weltkriegs war Wiedemann also ganz auf sich allein gestellt; auch seine drei Söhne waren zum Kriegsdienst eingerückt. Nach dem Krieg führte er sein Unternehmen dann zusammen mit den Söhnen Hans, Max und Fritz weiter. 1919 konnte das ehemalige Hotel Ludwigsbad erworben werden. Nach längerem Umbau zog der Verlag am 1. Januar 1921 dort ein. Gleichzeitig wurde die technische Ausrüstung durch zwei neue „Zeilen-Setz- und Gießmaschi-

[3] So Fritz Hofmann, a. a. O., S. 3.

nen“ modernisiert (von denen eine im Depot des Reichenhaller Heimatmuseums auf das Staunen der Nachwelt wartet). Bis heute sind in dem damals erworbenen Gebäude die Redaktion und der technische Betrieb des „Reichenhaller Tagblatts“ untergebracht.

Seit dem 1. Dezember 1926 heißt die von Johann Wiedemann herausgegebene Zeitung „Reichenhaller Tagblatt“. Die „Amtliche Kurliste“ wurde nun in den Monaten der Hauptsaison mehrmals in der Woche aufgelegt. Nach dem Tod des Vaters im April 1932 setzten die drei Wiedemann-Söhne das Druck- und Verlagswerk gemeinsam fort.

Hans Wiedemann, der älteste der Brüder, kümmerte sich vor allem um den technischen Betrieb. Max Wiedemann, der eine umfassende Berufsausbildung in Leipzig und bei verschiedenen Redaktionen im norddeutschen Raum erhielt, hatte die Redaktion aus den Händen seines Vaters bereits im Jahre 1920 übernommen. Sein Einfluß auf die Entwicklung der Zeitung ist bis zum heutigen Tag spürbar. Max Wiedemann war es auch, der die erste Beilage, nämlich die „Heimatblätter“ schuf. Im Geleitwort schrieb er: „Die Heimatblätter haben nur ein Ziel: das Beste zu wollen und der Gesamtheit zu dienen.“ Die Kriegs- und Nachkriegsjahre zwischen 1941 und 1954 führten zum Ausfall dieser Beilage. Aber die deklarierte Zielsetzung entsprach auch dem allgemeinen Redaktionsprogramm des Max Wiedemann bis zu seinem tragischen Tod im Jahre 1945. Der jüngste Sohn Fritz erlernte ebenfalls den Beruf seines Vaters. Er widmete sich hauptsächlich dem Verlag und der Betriebsleitung, die er 1920 in die Hand nahm. Fritz Wiedemann heiratete Viktoria Zugschwerdt, die Tochter von Max Zugschwerdt dem Jüngeren. Auf diesem privaten Nebenschauplatz wenigstens waren somit die Gründer- und Verlegerfamilien wieder vereint.

Der „Brunnenvergifter“

Zu dritt bauten die Brüder das übernommene Zeitungs-Erbe aus. Das „Reichenhaller Tagblatt“ sicherte sich ein klar abgegrenztes Verbreitungsgebiet, das faktisch exklusiv versorgt wurde. Redaktionell orientierte sich Max Wiedemann an der konservativen Bayerischen Volkspartei, wie es im übrigen etwa auch das Nachbarblatt, der „Berchtesgadener Anzeiger“, tat. Diesem Volkspartei-Einfluß versuchten seit 1928 die Nationalsozialisten zunächst über ihren Koalitionsfreund August Franz, der Mitglied der Deutschnationalen Volkspartei war, einen Riegel vorzuschieben. Von Rosenheim aus lieferte Franz seit 1928 ein Kopfblatt mit dem Namen „Reichenhaller Morgenpost“ als Konkurrenz. Max Wiedemann wehrte sich für sein „Tagblatt“ mannhaft. Zu Silvester 1931 griff er die „Warenhäuser der öffentlichen Meinung“ an, „die auch in diese Region ihre Kopfblätter schicken“.[4]

Dies alles war nur der Anfang einer Auseinandersetzung, die fortdauerte und von beiden Seiten mit Winkelzügen und vielen taktischen Finessen geführt wurde. Bis

[4] Zit. nach Norbert Frei: Nationalsozialistische Eroberung der Provinzpresse. Stuttgart 1980, S. 211. Der gesamte Abschnitt zur Situation des „Reichenhaller Tagblatts“ in der Zeit des Nationalsozialismus folgt der außerordentlich detaillierten und exakt belegten Darstellung von Frei über die Zeitungssituation in „Hitlers Wahlheimat“, dem Parteikreis Berchtesgaden (a. a. O., S. 210 – 223).

zur Machtübernahme, schreibt Norbert Frei, bediente sich Max Wiedemann „jener Methode, die typisch war für Journalisten, deren weltanschauliche Heimat der politische Katholizismus bildete. Wo Wiedemann, etwa im Kontext der Wahlberichterstattung, die Erwähnung der NSDAP nicht vermeiden konnte, fügte er stets eine kritisch-ablehnende Bemerkung an". Bei der Betrachtung innen- oder außenpolitischer Geschehnisse kommentierte Wiedemann „konsequent aus der Sicht der Bayerischen Volkspartei. Den Lokalteil führte er betont konservativ und honoratiorenhaft-bürgerlich, was in der Dominanz von Berichten über Unfälle und Kriminalsachen, Fest-Ereignisse und Todesfälle zum Ausdruck kam".

Nach der Machtübernahme suchte Max Wiedemann aus taktischen Gründen und im Interesse seines Betriebs zunächst auch das Arrangement mit den neuen Machthabern. Er stellte den Pressewart der NSDAP-Ortsgruppe im Verlag an; sein Bruder Fritz trat in die Partei ein; er selbst bewarb sich um eine SA-Anwärterschaft. Vergeblich. Denn die Ortsgrößen der Partei versuchten, die „Integration" des „Tagblatt"-Schriftleiters zu verhindern und seine Demontage zu erreichen. Diese und manch andere Vorgänge lassen Norbert Frei eine Strategie bei den „Tagblatt"-Besitzern vermuten, zumal der Gegenspieler, der Ortsgruppenleiter und Bürgermeister Randelshofer, den Max Wiedemann zur gleichen Zeit als „Brunnenvergifter der Öffentlichkeit" brandmarkte, ihn mit einer Flut von Berichterstattungs-Beanstandungen überzog, ihn und das Blatt bei Parteistellen und bei der Reichspressekammer systematisch anschwärzte. In einem seiner Dossiers heißt es, die vorliegenden Tatsachen ließen erkennen, „daß Wiedemann die für die Ausübung seiner Tätigkeit erforderliche politische und moralische Zuverlässigkeit nicht besitzt. (...) In der Zeit nach der Machtergreifung bis zur endgültigen Auflösung der früheren Parteien nahm der Schriftleiter Max Wiedemann eine für den Nationalsozialismus untragbare Stellung ein. Ja sogar ständig, bis zum heutigen Tage, bringt Max Wiedemann eigene Notizen oder sonstige Ausschnitte, die seinen wahren Geist zeigen. (...) Es kann meines Erachtens nicht mehr länger verantwortet und befürwortet werden, daß Max Wiedemann als Schriftleiter im Rahmen des Neuaufbaus der deutschen Presse seine Tätigkeit im NS-Staat weiterhin ausübt. Ich übernehme keine Gewähr, daß nicht eines Tags die Empörung der Partei und Volksgenossen so groß ist, daß für seine Geschäftsräume und seine Person ein Schaden entstehen könnte".[5]

Es war ein mühsames Stück Arbeit, bis sich die Gegner die Hände reiben konnten: Erst am 8. Dezember 1936 entzog die Reichspressekammer Max Wiedemann die Schriftleiterlizenz. Verantwortlicher Schriftleiter des „Reichenhaller Tagblatts" wurde der Nationalsozialist Freyberger, der schon einige Zeit vorher in die Redaktion eingeschleust worden war. Zwar konnte Max Wiedemann auch nach dem Lizenzentzug im „Reichenhaller Tagblatt" aus dem Hintergrund mitwirken und immer wieder auch kleine Nachrichten ins Blatt bringen, die das Mißfallen der Nazis erregten, wofür nicht selten dann Freyberger die Schuld auf sich nahm, um das Eingeständnis zu umgehen, daß er selbst überrumpelt worden war. Am 8. Mai 1945 wurde der mutige Journalist Max Wiedemann „von einem SS-Mann unter nie aufgeklärten Umständen erschossen", „wohl weil er viele Aktivisten hätte belasten können".[6]

---

[5] Zit. nach Norbert Frei, a. a. O., S. 216.

[6] So in Würdigung aller Umstände der Zeithistoriker Norbert Frei, a. a. O., S. 219.

OFFICIAL GAZETTE

No. 6 for the Landkreis Berchtesgaden-Reichenhall July 14th 1945

Reichenhaller Tagblatt

Druck und Verlag: Wiedemannsche Buchdruckerei, Bad Reichenhall
Ludwigstr. 15, Gegr. 1840, Fernruf 30 31
Postscheckkonto: München 89 00

Der Grenzbote

Inserate können in dieses Blatt eingeschaltet werden
Annahme von 8—12 und 2—6 Uhr.
Für Erscheinen an bestimmten Tagen keine Gewähr.
Erscheinungsweise: Vorläufig jeden Samstag.

Amtsblatt für den Landkreis Berchtesgaden-Reichenhall / Heimatblatt für Bad Reichenhall und den Grenzbezirk

Nr. 6 Samstag, 14. Juli 1945 105. Jahrg.

By order of Military Government the Landrat announces:

Re:
Assignment to Farm Work

Music: 06.00—6.30, 6.45—7.00, 7.30—8:00, 13.00—13.15, 20.15—20.30, 22.00—23.00.
Radio Munich arranges regular divine ser-

Auf Befehl der Militärregierung gibt der Landrat bekannt:

Betreff:
Arbeitseinsatz in der

bis 8.30, 12.15—12.30, 17.45—18.00, 19.45 bis 20.00 Uhr.
Nachrichten: 6.30—6.45, 12.00—12.15, 13.15

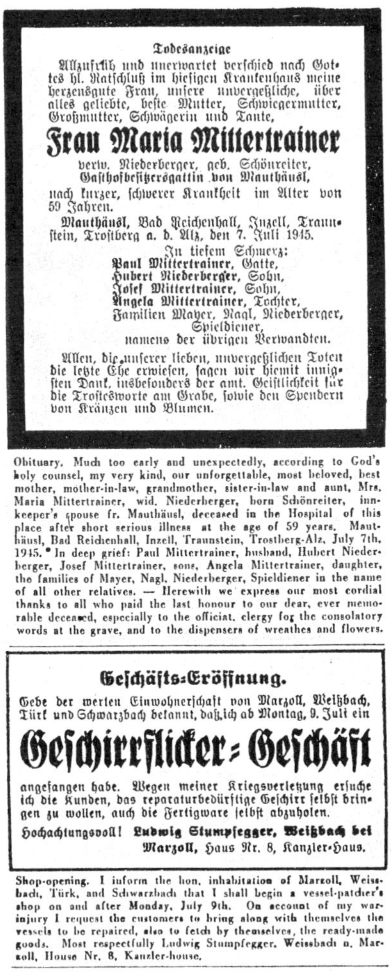

Todesanzeige

Allzufrüh und unerwartet verschied nach Gottes hl. Ratschluß im hiesigen Krankenhaus meine herzensgute Frau, unsere unvergeßliche, über alles geliebte, beste Mutter, Schwiegermutter, Großmutter, Schwägerin und Tante,

Frau Maria Mittertrainer

verw. Niederberger, geb. Schönreiter,
Gasthofbesitzersgattin von Mauthäusl,
nach kurzer, schwerer Krankheit im Alter von 59 Jahren.

Mauthäusl, Bad Reichenhall, Inzell, Traunstein, Trostberg a. d. Alz, den 7. Juli 1945.

In tiefem Schmerz:
Paul Mittertrainer, Gatte,
Hubert Niederberger, Sohn,
Josef Mittertrainer, Sohn,
Angela Mittertrainer, Tochter,
Familien Mayer, Nagl, Niederberger, Spieldiener,
namens der übrigen Verwandten.

Allen, die unserer lieben, unvergeßlichen Toten die letzte Ehe erwiesen, sagen wir hiemit innigsten Dank, insbesonders der amt. Geistlichkeit für die Trostesworte am Grabe, sowie den Spendern von Kränzen und Blumen.

Obituary. Much too early and unexpectedly, according to God's holy counsel, my very kind, our unforgettable, most beloved, best mother, mother-in-law, grandmother, sister-in-law and aunt, Mrs. Maria Mittertrainer, wid. Niederberger, born Schönreiter, innkeeper's spouse fr. Mauthäusl, deceased in the Hospital of this place after short serious illness at the age of 59 years. Mauthäusl, Bad Reichenhall, Inzell, Traunstein, Trostberg-Alz, July 7th, 1945. In deep grief: Paul Mittertrainer, husband, Hubert Niederberger, Josef Mittertrainer, sons, Angela Mittertrainer, daughter, the families of Mayer, Nagl, Niederberger, Spieldiener in the name of all other relatives. — Herewith we express our most cordial thanks to all who paid the last honour to our dear, ever memorable deceased, especially to the officiat. clergy for the consolatory words at the grave, and to the dispensers of wreathes and flowers.

Geschäfts-Eröffnung.

Gebe der werten Einwohnerschaft von Marzoll, Weißbach, Türk und Schwarzbach bekannt, daß ich ab Montag, 9. Juli ein

Geschirrflicker-Geschäft

angefangen habe. Wegen meiner Kriegsverletzung ersuche ich die Kunden, das reparaturbedürftige Geschirr selbst bringen zu wollen, auch die Fertigware selbst abzuholen.

Hochachtungsvoll! **Ludwig Stumpfegger, Weißbach bei Marzoll**, Haus Nr. 8, Kanzler-Haus.

Shop-opening. I inform the hon. inhabitation of Marzoll, Weissbach, Türk, and Schwarzbach that I shall begin a vessel-patcher's shop on and after Monday, July 9th. On account of my war-injury I request the customers to bring along with themselves the vessels to be repaired, also to fetch by themselves, the ready-made goods. Most respectfully Ludwig Stumpfegger. Weissbach n. Marzoll, House Nr. 8, Kanzler-house.

Ein Kuriosum in der bayerischen Pressegeschichte der Nachkriegszeit: Das „Reichenhaller Tagblatt“ konnte eine Zeitlang unter altem Titel mit englischem Zusatz (siehe Bild oben) erscheinen. Jedoch mußte der gesamte Inhalt, Anzeigen eingeschlossen, auch in englischer Übersetzung publiziert werden – der Kontrolle wegen.

Ein „Kurier" verschwindet

Unter diesen Umständen ist es verwunderlich, daß die Altverleger-Familie Wiedemann von den Lizenzstrategien der amerikanischen Besatzungsmacht nach dem Zweiten Weltkrieg außerordentlich hart und ungerecht getroffen wurde. Zunächst begann die Nachkriegsgeschichte der Reichenhaller Presse zwar mit einem Kuriosum: Während in den übrigen Landesteilen noch vor einer Lizenzpresse lediglich Amtsblätter der zivilen und militärischen Behörden zu kursieren begannen, „durfte die ab 16. Juni 1945 erscheinende ‚Official Gazette for the Landkreis Berchtesgaden-Reichenhall' ihren alten Kopf ‚Reichenhaller Tagblatt' beibehalten. Auf Vorstellungen der Redaktion hin, das Blatt könne sich ohne finanzielle Unterstützung durch Anzeigen nicht halten, genehmigte der amerikanische Zensuroffizier die Beibehaltung des Anzeigenteils – unter der Bedingung, daß sämtliche Anzeigen auch in englischer Sprache abgefaßt würden. Dank des vorhandenen Papiervorrats erreichte der Umfang der Zeitung zehn bis zwölf Seiten. Erst als unter Bezug auf diese einzig dastehenden Freiheiten auch in anderen Gegenden Verleger um erweiterte Lizenzen nachsuchten, wurde am 11. August der Anzeigenteil verboten, am 15. September auch der Verlag von der Militärregierung beschlagnahmt und unter Treuhandverwaltung gestellt. Nun erst erhielt die ‚Official Gazette' den ordnungsgemäßen Untertitel ‚Amtsblatt für den Landkreis Berchtesgaden-Reichenhall im Auftrag der Militärregierung'".[7]

Das Verbreitungsgebiet des „Reichenhaller Tagblatts" – und das von einem halben Dutzend weiterer Heimatzeitungen in den damaligen Landkreisen Berchtesgaden, Traunstein, Laufen und Altötting – wurde dem „Südost-Kurier" zugewiesen, der am 10. Mai 1946 mit der Lizenznummer 18 erstmals erschien. Lizenzträger waren der aus Augsburg stammende, wegen seiner kämpferisch sozialdemokratischen Haltung von den Nationalsozialisten verfolgte und bedrohte Joseph Felder sowie – wenngleich erst ab 15. September 1946 – der Badenser Heinrich Haug, von Haus aus Journalist, 1945 wegen seiner Teilnahme an der „Altöttinger Freiheitsaktion" von der SS noch zum Tode verurteilt und nach dem Krieg Mitbegründer der CSU in Altötting.[8]

Der „Südost-Kurier" wurde in den Räumen und auf den Maschinen des „Reichenhaller Tagblatts" produziert und gedruckt, die ihm über einen Zwangspachtvertrag zur Verfügung gestellt worden waren. Trotz dieser günstigen Startposition war der „Südost-Kurier" die einzige Lizenzzeitung, die nach Ablauf dieses Pachtvertrags 1954 eingestellt wurde, ohne eine Spur zu hinterlassen.[9] Schon die Aufhebung des Lizenzzwangs zerstörte ihre geschützte Position unaufhaltsam. Von den 1949 noch gezählten 54 000 Exemplaren blieb 1953 eine Auflage von nur mehr 17 400 Exemplaren übrig. Wohl auch deswegen schied 1949 auf eigenen Wunsch Heinrich Haug aus dem Unternehmen aus, der diesen Schritt zudem damit begründete, daß „das Blatt

---

[7] Heinz Starkulla: Zur Geschichte der Presse in Bayern. In: 50 Jahre Verband Bayerischer Zeitungsverleger. München 1963, S. 44. (Vgl. a. a. O. auch S. 78 f.)

[8] Vgl. zu den Personen der Lizenzträger: Hans Kapfinger (Hrsg.): Die neue bayerische Presse. München 1948, S. 62 ff.

[9] Siehe dazu Rainer Sütfeld: Die Entwicklung der 27 in Bayern lizenzierten Tageszeitungen seit 1949. (Unveröffentl.) Mag.-Arb. München 1983. Drei weitere Lizenzzeitungen haben ihre ursprüngliche Erscheinungsform im Rahmen von Fusionen verloren. Siehe Heinz Starkulla: Zur Geschichte der Presse in Bayern, a. a. O., S. 45.

nicht christlich genug geführt" wurde.[10] Die Einnahmenverluste in dem obendrein noch anzeigenschwachen Gebiet führten am Ende dazu, daß selbst die Kosten für Agentur-Material zu hoch waren. Erst recht sahen sich die Lizenzträger nicht in der Lage, einen eigenen technischen Betrieb aufzubauen. Als daher der Zwangspachtvertrag am 31. 12. 1954 endgültig ablief, lag der „Südost-Kurier" buchstäblich auf der Straße. Und Joseph Felder begründete den Abgang in der letzten Ausgabe wie folgt: „Der ‚Südost-Kurier' stellt sein Erscheinen nicht aus wirtschaftlichen Gründen ein, sondern aus dem künftigen Mangel an einer geeigneten Betriebsstätte."[11]

Die neue alte Heimatzeitung

Ab 1955 erschien das „Reichenhaller Tagblatt" wieder, verlegt, produziert und herausgegeben von der Familie Wiedemann, in deren Besitz das Blatt bis heute geblieben ist. Die Gesellschafter des Verlags sind Leo Wiedemann, Dorothea Thoma und Walpurgis Straniak, die beiden letzteren Wiedemann-Töchter. Der ererbte Familienbesitz aber ließ sich nur halten durch Investitionen, durch Modernisierungen, durch Expansion.

1958 wurde das Verlagshaus in der Ludwigstraße völlig renoviert; 1972 wurde für Verwaltungsbüros und für die Schalterhalle die Errichtung eines neuen Gebäudes an der Schachtstraße beschlossen; zwei Jahre später erfolgte der Teilumzug in das neue Domizil. Dadurch wurde im alten Verlagsgebäude mehr Platz für neue Technik geschaffen. Der alte Bleisatz hat längst ausgedient; mittlerweile stehen in den Redaktionsräumen hier wie anderswo die Terminals eines rechnergestützten Satzsystems. Moderne Reprotechnik und Hochleistungs-Offset-Druckmaschinen bringen die erforderliche Leistung und Qualität nicht nur bei der Zeitungsherstellung. In den Jahren 1982–1985 entschlossen sich die beiden geschäftsführenden Gesellschafter, Dorothea Thoma und Leo Wiedemann, zu weiteren Baumaßnahmen. So wurde aus dem Flachbau in der Ludwigstr. 15 ein dreistöckiges, modernes Wohn- und Geschäftshaus. Außerdem entstand ein neues Maschinengebäude. In dem Keller desselben wurde eine neue, leistungsfähigere Zeitungsrotation untergebracht. Der steigenden Druckauftragslage wurde durch die Anschaffung einer neuen Zweifarben-Offsetmaschine Rechnung getragen.

Gerade ein kleineres Unternehmen der Branche kann nur durch bestmögliche Nutzung moderner Technik konkurrenzfähig bleiben und sich wirtschaftlich über Wasser halten, obwohl, wie Leo Wiedemann Anfang der 80er Jahre schon bemerkte, diese neue Technik auch störanfälliger ist und zu hohen Materialkosten führt. Die Schwierigkeiten des kleineren Unternehmers schilderte er ebenfalls recht handfest: „Die Investitionen, welche für Maschinen und Geräte erbracht werden mußten, liegen nahezu bei 700 000 DM. Außerdem konnte die teilweise sehr gut erhaltene bestehende Einrichtung nicht mehr verkauft werden, da für die Bleiherstellung keinerlei Nachfrage gegeben ist. Verschrottung ist hier die einzige Möglichkeit."[12]

---

[10] So Haug lt. Schreiben von Felder an Rainer Sütfeld; vgl. ders., a. a. O., S. 155.
[11] Joseph Felder: Ein letztes Wort. In: „Südost-Kurier" vom 31. 12. 1954.
[12] Der neue Weg. Gespräch mit Leo Wiedemann. In: JB 1981, S. 2.

B 5829 B

Reichenhaller Tagblatt

1840 DER GRENZBOTE 1989

Die bodenständige Heimatzeitung für die Kreisstadt Bad Reichenhall und den südostbayerischen Grenzbezirk

Druck und Verlag: Wiedemannsche Buchdruckerei oHG, Bad Reichenhall, Schachtstraße 4, Telefon-Sammelnr. 4051, Postgirokonto 8900802 München. Politische Redaktion: Redakteur G. Kasper, Traunstein. Lokalredaktion: Verantwortlich J. Egg. Anzeigenteil: Hans Straniak, sämtliche Bad Reichenhall, Schachtstraße 4. Nachrichten dpa. Erscheinungsweise wöchentlich 5 mal: Montag nachmittags, Mittwoch, Donnerstag, Freitag, Samstag früh (Ausnahme bei Wochen mit Feiertagen). Monatlicher Bezugspreis DM 14.70, mit Zustellung DM 16.40 — Einzel-Nr. DM -.85 — Wochenend-Ausgabe DM 1.10 — Anzeigenpreise nach Tarif Nr. 16 v. 1. 10. 1987. — Anzeigenschluß: 2 Tage vor Erscheinen 17.00 Uhr, für die Wochenend-Ausgabe: Mittwoch 16.30 Uhr, für die Montag-Ausgabe 8.30 Uhr. — Mitglied der IVW. — Bei Nichtbelieferung ohne Verschulden des Verlages, bei höherer Gewalt, Arbeitskampfmaßnahmen (Streik, Aussperrung usw.) besteht kein Entschädigungsanspruch sowie Rückzahlungsanspruch des Bezugsgeldes.

Nummer 24 | Montag/Dienstag, 6./7. Februar 1989 | Jahrgang

Seit dem Abzug der letzten Sowjetsoldaten liegt Kabul unter schwerem Beschuß

Neu Delhi/Kabul (dpa) - **Nach dem Abzug der letzten sowjetischen Truppen aus Kabul haben Einheiten der Widerstandsbewegung Mudschahedin am frühen Montag morgen damit begonnen, die Stadt mit Raketen zu beschießen. Aus Meldungen des Widerstandes, die in Neu Delhi abgehört wurden, richtete der Raketenbeschuß vor allem in der Nähe des Kabuler Flughafens große Zerstörung an. Der sowjetische Außenminister Schewardnadse hat am Montag morgen Pakistan wieder verlassen, ohne daß es zu Gesprächen mit afghanischen Rebellenführern gekommen ist. Dies meldete die britische Rundfunk- und Fernsehanstalt BBC.**

In der Nacht waren aus der praktisch eingeschlossenen afghanischen Hauptstadt die letzten etwa tausend sowjetischen Soldaten ausgeflogen worden. Kabul steht nach sowjetischen Angaben seitdem unter Kriegsrecht. Der afghanische Präsident Nadschibullah hatte am Sonntag bei einem militärischen Massenaufmarsch die Bevölkerung aufgerufen, den Rebellen Widerstand zu leisten und das Land zu verteidigen. In Erwartung massiver Angriffe der Rebellen auf die Hauptstadt wurden an Tausende von Parteimitgliedern Waffen verteilt.

Gleichzeitig verhandelten Vertreter der sieben in Pakistan residierenden sunnitischen Widerstandsgruppen und der acht in Iran ansässigen schiitischen Gruppen über eine künftige afghanische Regierung. Sie einigten sich darauf, am kommenden Freitag im pakistanischen Rawalpindi zu einer Beratenden Versammlung zusammenzutreffen. Diese Versammlung von etwa 500 Delegierten soll sich auf eine Regierung einigen, die nach dem Abzug der Sowjets in Afghanistan eingesetzt

Unklar war am Wochenende, wie hoch der Anteil der schiitischen Delegierten aus dem im Iran angesiedelten Widerstand sein soll und wie die in Afghanistan kämpfenden Rebellenführer zu einer solchen Regierung stehen.

Wie TASS meldete, befindet sich Kabul jetzt unter Kriegsrecht. Radio Kabul, das in der pakistanischen Hauptstadt Islamabad abgehört wurde, berichtete darüber jedoch nichts. Versuche, von Islamabad aus Telex-Verbindungen nach Kabul aufzunehmen, wurden in Kabul jedoch abgebrochen.

Auf der Massenveranstaltung äußerte Nadschibullah erneut seine Überzeugung, daß seine Regierung sich auch nach dem Rückzug der sowjetischen Truppen halten könne. Flankiert von den Mitgliedern seines Kabinetts betonte er, die Armee sei in der Lage, das Land gegen die Mudschahedins zu verteidigen.

In einem TASS-Gespräch erklärte Daud Rasmyar, Erster Sekretär des Kabuler Stadtkomitees der Partei: »20000 Parteimitglieder sind zu uns gekommen und haben ihre Bereitschaft erklärt, die revolutionären Errungenschaften der letzten Jahre und die Stadt vor den Angriffen des Feindes zu verteidigen. Wir haben Waffen an Parteiorganisationen in Kabul verteilt, so daß jeder von uns die Sache verteidigen kann, für die das afghanische Volk

Hinrichtungswelle in Iran mit mehreren tausend Toten

Genf (dpa) - **Mehr als 1000 Menschen sind nach Informationen der Vereinten Nationen von Juli bis Dezember 1988 in Iran hingerichtet worden. Höchstwahrscheinlich habe die Hinrichtungswelle »mehrere tausend Opfer« gefordert.**

Laurel für Rückkehr des schwerkranken Marcos

Manila (dpa) - Der philippinische Vizepräsident Laurel hat am Montag Präsidentin Aquino erneut zu einem Gespräch über seinen in Manila umstrittenen Krankenbesuch beim Exstaatschef Marcos auf Hawaii gedrängt. Oppositionsführer Laurel sagte in einem Radiointerview, es sei ihm unverständlich, weshalb ihn Frau Aquino bisher nicht empfangen habe.

Laurel setzte sich am Samstag nach der Rückkehr aus Honolulu für die Rückkehr des kranken Marcos in die Heimat ein. Der vor drei Jahren gestürzte Ex-Präsident habe nur eine zehnprozentige Chance, dieses Jahr zu überleben, sagte Laurel.

G-7 erneuern Dollar-Absprache

Washington (dpa/vwd) - Die sieben wichtigsten westlichen Industriestaaten (G-7) haben vor dem Hintergrund des starken Dollar bei ihrer Washingtoner Sondersitzung ihre Absprache erneuert, für Stabilität bei den Wechselkursen eng zusammenzuarbeiten und den US-Dollar innerhalb bestimmter Bandbreiten zu halten.

Als anderes wichtiges Ergebnis der Beratungen der Finanzminister und Notenbankchefs aus den USA, Japan, der Bundesrepublik, Frankreich, Großbritannien, Italien und Kanada am Donnerstag und Freitag wurde der Auftrag gewertet, nach Möglichkeit bis zur

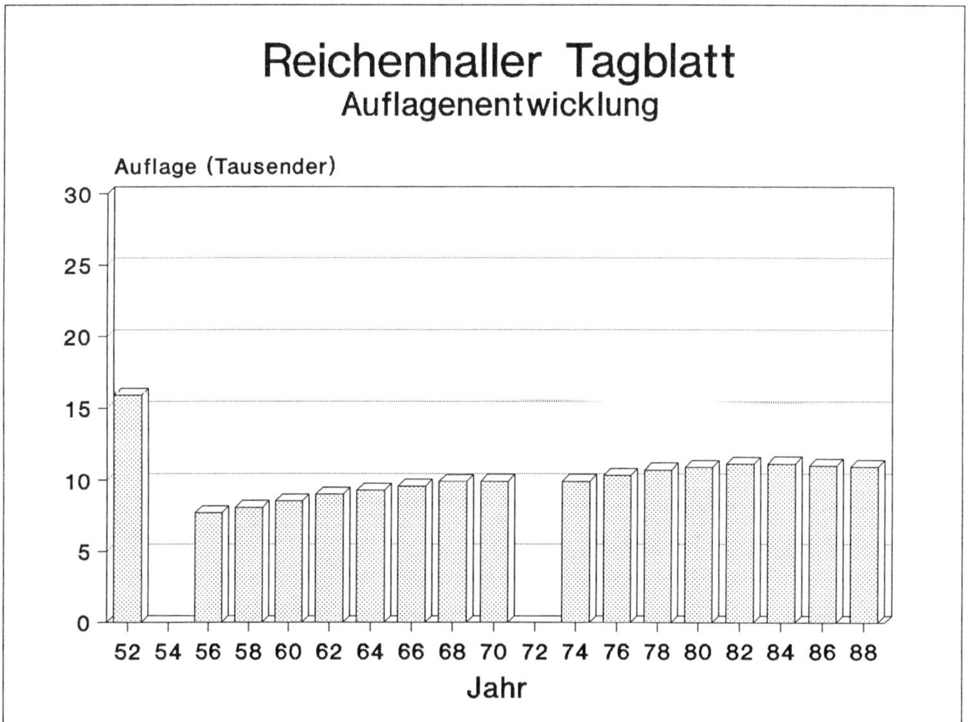

Das „Reichenhaller Tagblatt“ erscheint – das ist eine gewisse Besonderheit – fünfmal wöchentlich, am Montagnachmittag sowie am Mittwoch, Donnerstag, Freitag und Samstag jeweils frühmorgens. 1963 schon wurde dem „Reichenhaller Tagblatt“ der „Freilassinger Anzeiger“ angegliedert. Und diese Kombination erreicht eine verkaufte Auflage von derzeit rund 11 000 Exemplaren pro Erscheinungstag.[13] Damit hält das Blatt seit vielen Jahren konstant und stabil seine Marktposition. Die Zeitung wird im Berliner Format gedruckt. Das Erscheinungsbild des Blattes ist durch fünfspaltigen Umbruch im redaktionellen und durch ein sechsspaltiges Layout im Anzeigenteil geprägt. Den Zeitungsmantel, täglich zwei Seiten Politik, Bayern, Wirtschaft und Sport, bezieht das „Reichenhaller Tagblatt“ vom „Traunsteiner Wochenblatt“,[14] eine Kooperation, die sich schon wegen der nachbarlichen Nähe anbietet. Die Lokalberichterstattung für die Städte und Gemeinden des Einzugsgebiets wird von einer eigenen Lokalredaktion besorgt. Die Lokalseiten, die vom Umfang her das Gewicht der Zeitung bestimmen, sind nach Orten gegliedert, für den Leser durch die gezeichneten Vignetten mit markanten Ansichten oder Gemeindewappen übersichtlich geordnet und orientierungsfreundlich angeboten. Eine Rubrik „Blick über die Grenze“ hinein ins Österreichische macht immer noch der alten Absicht und dem ehrwürdigen Namen „Grenzbote“, der im Untertitel weiterlebt, alle Ehre.

Das Verbreitungsgebiet, als Fremdenverkehrsgegend weithin bekannt, nimmt als Wirtschafts- und Anzeigenraum keine Spitzenstellung ein. Demgemäß pendelt der langfristige Mittelwert des Anzeigen-Anteils am Gesamtumfang um 33 Prozent herum.[15] Seit einigen Jahren wird aber im Verlag Wiedemann auch ein Anzeigenblatt herausgebracht, nämlich die „BGL-Anzeigenpost“. Sie deckt das gesamte Gebiet von der Stadt Laufen im Norden über Freilassing und Bad Reichenhall bis zum Königssee ab. Mit einer Gesamtauflage von 38 000 Exemplaren wird jeder Haushalt in diesem Gebiet kostenlos beliefert. Dieses Anzeigenblatt wurde zu einem zweiten Standbein des Heimatverlags.

Darüber hinaus gibt es natürlich auch immer noch die „Amtliche Kurliste“, die hier nicht vergessen werden soll. Sie ist das offizielle Organ des Bayerischen Staatsbades Reichenhall und enthält alle mit dem Kurbereich zusammenhängenden Informationen über Veranstaltungen, über das Kulturleben sowie alle Bekanntmachungen der Staatlichen Kurverwaltung. In ihr sind auch alle Kurgäste namentlich verzeichnet.

Auf diese Weise, anknüpfend an alte Bestände und ebenso orientiert an aktuellen Bedürfnissen, versucht das „Reichenhaller Tagblatt“, sich unter neuen Bedingungen auf dem künftigen Medienmarkt als Heimatzeitung zu halten. Dafür, so schrieb der Leiter der Lokalredaktion Anfang der 80er Jahre, gibt es in Bad Reichenhall „ein gutes Klima – auch journalistisch gesehen. Das mag daraus resultieren, daß man an einem Strang zieht, nämlich zur Stärkung der Wirtschaftskraft beiträgt. Davon lebt die Stadt, davon lebt die Heimatzeitung“. Und weiter: „Eine Heimatzeitung wie das ‚Reichenhaller Tagblatt‘ unterrichtet den Leser natürlich anders als etwa die Boulevardpresse. Es kommt weniger auf das sensationell Aufgemachte an,

---

13 IVW-Angabe für das 4. Quartal 1988: 10 958 Exemplare pro Erscheinungstag.
14 Angaben nach Zimpel, 1/89.
15 Siehe: Jahresumfangstatistik 1986 der Zeitungen des Verbandes Bayerischer Zeitungsverleger. In: ZV + ZV, Nr. 15 vom 6. 4. 1987.

als vielmehr auf das Bedürfnis des Lesers, über seinen Verein, kommunales Geschehen, Lokalsport usw. unterrichtet zu werden. Das ist sein Lebenskreis. Leser und Zeitung sollten im gewissen Sinn gute Nachbarn sein. Die Konfrontation ist nicht das erklärte Ziel, womit aber nicht gesagt ist, daß Mißstände verschwiegen werden."[16]

(cp/hw)

[16] e[gg jose]f: Heimatzeitung mit Zukunft. In: JB 1981, S. 12.

Courage aus einem Energiezentrum: Der „Donau Kurier“

„Es wäre das Todesurteil für eine Zeitung, könnte man von ihr sagen, sie errege keinerlei Anstoß. Solche Art Friedhofsruhe vermag nur die Indifferenz zu produzieren. Wo sie aber herrscht, hätte es der Leser nur mit bedrucktem Papier zu tun – nicht mit einer Zeitung.“[1]

Der Verleger des „Donau Kurier“ aus Ingolstadt, Dr. Wilhelm Reissmüller, schrieb diese Sätze zum 100jährigen Zeitungsjubiläum 1972. In einem recht amüsanten Kontrast dazu stand fast genau 99 Jahre zuvor, am 18. 12. 1873, im „Ingolstädter Tagblatt“ zu lesen: „Fortgesetzte Zänkereien bilden den Hauptinhalt des Blattes, Lieblosigkeit gegen anders Denkende füllt fast jede Spalte desselben. Und was wurde hiermit erreicht? Kaum weiteres, als daß sich die Kluft zwischen nicht ganz Gleichgesinnten, wenn eine solche wirklich bestand, erweiterte, anstatt sie durch Versöhnung zu beseitigen. Die einzige Errungenschaft ist wohl die, daß fast jeder Gewerbetreibende, ist ihm an der Prosperität seines Geschäfts gelegen, statt einer Veröffentlichung in dem Blatte, deren zwei zu bezahlen hat, und daß mancher Geschäftsmann, will er nicht anstoßen, statt eines Blattes, deren zwei zu halten hat. Und diese Errungenschaft verdankt man Niemanden anderem als dem hiesigen Klerus und einem Häuflein Mitbürger, welche dem Unternehmen ihren Säckel zur Verfügung gestellt haben, aber auch den Letzteren werden noch die Augen aufgehen, wenn sie statt der vorgespiegelten und gehofften Dividende sich zu stets neuen Opfern verurtheilt sehen.“[2]

Die Rede ist hier von zweierlei: von der offensichtlich auch vor mehr als 100 Jahren schon nicht besonders genehmen Konkurrenz auf dem lokalen Zeitungsmarkt; zum anderen und konkret von der „Neuen Ingolstädter Zeitung“, die als konservativ-katholisches, aber „durchaus patriotisches“ Blatt dem liberalen deutschnationalen „Tagblatt“ ab 1. Juni 1872 das Revier streitig machte. Die wirtschaftliche Konkurrenz war es nicht allein, die das Klima kühler und die Köpfe hitziger werden ließ; die damalige Kulturkampf-Atmosphäre tat ein übriges. Das „Ingolstädter Tagblatt“ hatte zwar bereits in den Kopfzeilen seiner Erstnummer vom 1. Juli 1859 angekündigt: „Das ‚Ingolstädter Tagblatt‘ ist christlich und hält die Sonntagsfeier hoch. Darum erscheint am Sonntag keine Zeitung, sondern ein Erheiterungsblatt, in Ernst und Scherz getheilt, welches am Samstag gedruckt und Sonntags Früh ausgegeben wird.“[3] Aber ein solches Versprechen konnte natürlich den Informations- und Orientierungsansprüchen der großen katholischen Bevölkerungsmehrheit in Ingolstadt und Umgebung nicht gerecht werden. Diese Mehrheit bekam in der

---

1 Wilhelm Reissmüller: Von der Funktion einer (Lokal-)Zeitung. In: 100 Jahre „Ingolstädter Zeitung“. Sonderbeilage des „Donau Kurier“ vom 14. 11. 1972, S. 5. (Kurzbeleg: SBDK 1972).

2 „Ingolstädter Tagblatt“ vom 18. 12. 1873; faksimilierte Wiedergabe des Ausschnitts in: SBDK 1972, S. 3.

3 „Ingolstädter Tagblatt“, Erstnummer vom 1. Juli 1859. Faksimilierte Wiedergabe in: „Ingolstädter Tagblatt“, Jubiläumsausgabe 70. Jahrgang vom 1. 11. 1929, S. 3.

Ingolstädter Tagblatt.

Das Blatt erscheint täglich, kostet vierteljährlich 36 kr. und kann durch alle Postämter bezogen werden.

Einzelne Nummern kosten 1 kr. Inserate werden schnell aufgenommen, die Spaltzeile zu 2 kr. berechnet.

Mit Gott für's Vaterland!

Das Ingolstädter Tagblatt ist christlich und hält die Sonntagsfeier hoch. Darum erscheint am Sonntag keine Zeitung, sondern ein Erheiterungsblatt, in Ernst und Scherz getheilt, welches am Samstag gedruckt und Sonntags Früh ausgegeben wird.

Artikel in das Tagblatt werden mit Dank angenommen, jedoch im Voraus bemerkt, daß anonyme Zuschriften gänzlich unberücksichtigt bleiben, sowie Alles, was der guten Sache, welcher das Blatt dient, entgegen ist.

Freitag, den 1. Juli 1859. № 1. Theobald.

Wie steht's!

△ In Deutschland, gut. Die Völker sind, ein Häuflein Gothaer ausgenommen, für die Sache des Rechts der willkührlichen Anmaßung gegenüber. Die Strömung geht aber von unten nach oben, wollte Gott, daß man das klare Wasser nicht für trübes ansehe. Viele glauben noch nicht an den Ernst Preußens; wer oft getäuscht, dem wird schwerer getraut. Doch ist unsre Zeit eine solche, die wie ein Pulverfaß neben einer brennenden Lunte nicht lange sich besinnen läßt. Napoleon errichtete eine Observarmee gegen Deutschland — man stutzte; die Franzosen rückten in Mailand ein, man ward nachdenkend; die Alliirten verjagten die Herrscher von Toskana, Modena und Parma man dachte ans eigene Haus; der Fürst Gortschakoff sendete im Namen Rußlands eine infam grobe Note gegen Deutschland, man beschloß zu mobilisiren; die Oesterreicher zogen sich nach der Schlacht bei Montebello, Magenta und Cavriana zurück — man mobilisirte wirklich. — ...

Neue Ingolstädter Zeitung.

Nr. 1. Samstag, 1. Juni: Nicodemus. 1872.

Deutschland.

Ausland.

Nachrichten aus Ingolstadt und Umgebung.

Ingolstädter Anzeiger

10 Pfennig.

Ingolstädter Volksblatt / Freie Presse

500 RM. 1000 RM.

Die Sozialdemokratie kampfbereit!

Rede Dr. Breitscheids.

7. Jahrgang. Einzelnummer 10 Pfg.

Der Donaubote

Organ für nationale und soziale Politik im Kampf um die Wahrheit.

Nr. 77 ... 1933

Zeitungskonkurrenzen in Ingolstadt: Unter dem Beifall ihrer Leser nimmt die katholische „Neue Ingolstädter Zeitung“ 1872 den Kampf mit dem liberalen „Ingolstädter Tagblatt“ auf. Der sozialdemokratische „Ingolstädter Anzeiger“ ist ab 1918 kampfbereit. Ab 1927 bekämpft der nationalsozialistische „Donaubote“ alle bis dahin bestehenden Blätter auf einmal.

„Neuen Ingolstädter Zeitung" ihr erstes eigenes Organ. „Die Bürger der Stadt aber hatten das Schauspiel zweier sich schärfstens bekämpfender Tageszeitungen."[4]

Dieser etwas spektakuläre und nun schon weit mehr als ein Jahrhundert zurückliegende Markteintritt ist hier von sachlicher Bedeutung: Der heutige „Donau Kurier" weiß und präsentiert sich als Träger der Tradition der „Ingolstädter Zeitung" und er zählt seine Jahrgänge und Jubiläen nach deren Gründungsjahr 1872.

„Jahresringe"

> „Eine Zeitung, die Tag für Tag Geschehenes berichtet, die über lange Zeitläufe und manche Generationen hinweg die Arbeit des Aufzeichnens verrichtet hat, die an ihrem Ort nach Maßgabe ihres Einflusses auch Geschichte mitbestimmt, hat Anlaß, über hundert lückenlose Jahresringe nicht nur sich selber, sondern auch dem Leser Rechenschaft abzulegen. Schließlich kann eine Zeitung die öffentliche Funktion, die ihr zugewachsen ist, nicht nach Laune ihrer jeweiligen Herausgeber und Redakteure von Mal zu Mal ändern, es sei denn, sie wird durch den Akt der Diktatur dazu gezwungen."[5]

Die zählbaren Jahresringe der Ingolstädter Presse im allgemeinen beginnen 1802: In diesem Jahr erschien unter Aufsicht und Leitung des Kurfürstlichen Rats und Stadtsyndikus Ignaz Hübner in der Buchdruckerei des Alois Attenkover erstmals das „Ingolstädter Wochenblatt". Später trug es für einige Zeit den Titel „Intelligenzblatt", blieb aber bis 1888 auf der Stufe eines lokalen Bekanntmachungsorgans stehen. Der Versuch einer Zeitungsgründung im Jahre 1844 scheiterte nach kurzer Zeit; der „Bote von der Donau" erwies sich als noch nicht lebensfähig.[6] Im Herbst 1858 kaufte der Drucker Georg Schröder die Attenkover'schen Besitztümer und Rechte; schon im Jahr darauf gründete er neben dem übernommenen „Wochenblatt" das „Ingolstädter Tagblatt"; es blieb im Besitz der Verlegerfamilie Schröder, bis es 1904 von dem Drucker Ludwig Stadlmeier erworben wurde. Das Blatt konnte bis 1940 erscheinen; dann wurden die Verlagsrechte vom „Donauboten" übernommen. Das „Tagblatt" hatte sich schon wenige Jahre nach seiner Gründung, 1865, erfolgreich gegen die Konkurrenz des „Süddeutschen Anzeigers" gewehrt, indem es diesen kurzerhand aufkaufte. Als daher 1872 Johann Ev. Wittmann die „Neue Ingolstädter Zeitung" auf den Markt brachte, gab das „Tagblatt" – wie eingangs schon zitiert – in der öffentlichen Polemik auch seiner neuen Konkurrenz keine besonders guten Marktchancen. Aber das war eine Täuschung. Schon zwei Monate nach der Gründung verzeichnete die „Neue Ingolstädter Zeitung" 700 Abonnenten.[7] 1873 kaufte dann der aus Landshut zugewanderte Alois Ganghofer, der im gleichen Jahr eine Buchhandlung eröffnet hatte, die „Ingolstädter Zeitung" (wobei im Titeldruck wie im Volksmund der Namenszusatz „Neue" bald entfallen war). Sie blieb im Besitz der Ganghofer'schen Druck- und Verlagsanstalt, deren Inhaber von 1901 bis 1935 August Baumer war.

---

4 Siegfried Hofmann/Gerhard Wilczek: Lokal- und Zeitgeschichte aus der „Ingolstädter Zeitung". In: SBDK 1972, S. VI.
5 Wilhelm Reissmüller: Von der Funktion . . .; in: SBDK 1972, S. 3.
6 Siehe „Ingolstädter Tagblatt", Jubiläumsausgabe 1929, S. 3.
7 Siegfried Hofmann/Gerhard Wilczek, a. a. O., S. III f.

Im Jahr der Machtergreifung Hitlers, 1933 also, herrschte in Ingolstadt eine bemerkenswerte Pressevielfalt. Neben dem immer auch liberalen „Tagblatt“ und der immer noch katholisch-konservativen „Ingolstädter Zeitung“ erschien da noch der „Ingolstädter Anzeiger“; dies war das Blatt der Sozialdemokratischen Partei, das 1920 als „Ingolstädter Volksblatt“ gegründet worden war und sich zwischenzeitlich – von 1921 bis 1923 – „Freie Presse“ nannte. Das Blatt wurde bereits am 10. März 1933 das erste Opfer der neuen Ära. Schließlich trat als erbitterter Gegner des „roten“ sowohl wie des „schwarzen“ Blattes seit 1927 der „Donaubote“ in Erscheinung, der das Sprachrohr der NSDAP war. Als 1935 die „Ingolstädter Zeitung“ zum Verkauf stand, wurde sie dem „Donauboten“ einverleibt und mit diesem gleichgeschaltet. Seit der „Fusion“ am 1. Januar 1936 führte der „Donaubote“ den Untertitel „Ingolstädter Zeitung“. Und in der ersten Nummer der so vereinigten Blätter hieß es: „Es ballten sich die Kräfte, die vordem auseinander gingen oder sich gegenseitig aufhoben, zu einer Gesamtwirkung. Wir haben beide Hände gereicht und gehen gemeinsam an die Arbeit.“[8] „Alle Zeitungen im deutschsprachigen Raum (nur mit Ausnahme der deutschen Schweiz) mußten sich während des Hitlerregimes der Hybris einer Macht beugen, die entweder das Auslöschen oder ein Mundtotmachen ihrer Informationsaufgabe zur Folge hatte. Auch der ‚Ingolstädter Zeitung‘ blieb dieses Schicksal nicht erspart.“[9] Es dauerte an, bis am 14. April 1945 die letzte Nummer des „Donauboten“ erschien.

Am 11. Dezember 1945 kam mit der Lizenznummer 10 die erste Ausgabe einer neuen Zeitung mit dem Namen „Donau Kurier“ heraus. Die Redaktion stellte sich und das Blatt wie folgt vor: „Von den irreführenden und verlogenen Propagandablättern des Nazi-Reiches unterscheidet sich unser Blatt grundsätzlich in allen Dingen. Als völlig freie und unabhängige Zeitung, ohne Kontrolle und Zensur, wird der ‚Donau Kurier‘ von deutschen Journalisten geschrieben und bearbeitet, die ihre Befehle oder Richtlinien weder von den Besatzungsbehörden erhalten – wie es unter dem Nazi-Terror ausnahmslos der Fall war – noch von einer Staatsregierung oder sonst von einer übergeordneten Stelle.“[10] Bei der Erfüllung seiner Aufgabe aber hatte der neue „Donau Kurier“ nicht nur zeitübliche Probleme. Er hatte vielmehr auch besondere Schwierigkeiten, bis er seinen Verleger fand.

---

[8] Zit. nach: Siegfried Hofmann/Gerhard Wilczek, a. a. O., S. XXIV. Der knappe historische Abriß folgt im übrigen ebenfalls den Bemerkungen der genannten Autoren (insbesondere a. a. O., S. XXII), stützt sich aber darüber hinaus auf: Jubiläumsausgabe „Ingolstädter Tagblatt“, 1929, S. 3 f.; Verlagsprospekt „Donau Kurier“, o. N., o. O., o. J., [ca. September 1963] sowie auf Heidie Guilino: Damals und heute; in: SBDK 1972, S. 46 ff. Schließlich: Clemens Bauer, Geschäftsführer in der Verlagsgesellschaft, Skizzen zu einem Referat über den „Donau Kurier“ am Institut für Kommunikationswissenschaft (Zeitungswissenschaft) der Universität München im Wintersemester 1986/87. Im übrigen folgt die Darstellung der Entwicklung und der Gegenwartssituation des „Donau Kurier“, sofern andere Quellen für Daten nicht ausdrücklich angegeben sind, dieser Vortragsskizze.

[9] Wilhelm Reissmüller: Von der Funktion ...; in: SBDK 1972, S. 3 f.

[10] Zit. nach Hofmann/Wilczek, a. a. O., S. XXVII.

Am Steuer des Zeitungsbetriebs

> „In keinem Produktionsbetrieb läßt sich ein Teil vom anderen lösen oder gar abtrennen, und was in einer Automobilfabrik die Konstruktions- und Planungsabteilung ausmacht, ist in einem Zeitungsbetrieb die verlegerische Steuerung.“[11]

Zunächst gab es nur einen Lizenzträger für das neue Blatt, nämlich Joseph Lackas. Dieser war 1902 in Merzig an der Saar geboren, war Kaufmann und u.a. auch Korrespondent verschiedener rheinischer Tageszeitungen. 1932 übersiedelte er nach Bayern, wo er bis 1935 Hauptschriftleiter und Verlagsleiter beim „Aichacher Kurier“ und bei der „Schrobenhausener Zeitung“ war. Zweimal wurde er in dieser Zeit in Schutzhaft genommen und mußte nach 1935 jede journalistische Tätigkeit aufgeben. Nach der Kapitulation wurde er zunächst als stellvertretender Landrat und als erster Bürgermeister von Aichach eingesetzt, bevor ihn die Information Control Division (ICD) zum „Donau Kurier“ holte.

Erst im März 1947 trat der zweite Lizenzträger, Ludwig E. Hansen, in das Unternehmen ein. 1895 in Köln geboren, arbeitete er, nach einer kaufmännischen Ausbildung, bei verschiedenen Wirtschaftsunternehmen, leitete von 1925 bis 1929 ein selbständiges Zeitschriften-Reklameunternehmen, war ab 1930 beim Herder-Verlag in Freiburg und schließlich beim nämlichen Unternehmen Verlagsleiter in München, bis er 1942 zum Kriegsdienst eingezogen wurde.[12]

Mit dem zweiten Lizenzträger kam Unruhe in das Unternehmen. Lackas, der seit 1946 auch die Leitung der Redaktion übernommen hatte, verstand sich nicht mit Hansen. Da schließlich ein Einvernehmen kaum noch möglich erschien, gab Hansen bereits 1948 seine Lizenz wieder zurück. Lackas war erneut allein verantwortlich für den „Donau Kurier“.

Dieser nahm zunächst eine recht gedeihliche Entwicklung; er hatte in den ersten Jahren seines Bestehens die Auflage von rund 40 000 Exemplaren auf weit über 60 000 steigern können. Aber gegen Ende 1949 sah es für die Zeitung nicht mehr so rosig aus. Die finanzielle Lage schien sogar „gefährlich“ für die Existenz des Blattes.[13] Die Schwierigkeiten rührten nicht zuletzt auch daher, daß der „Donau Kurier“ im Haus und mit der technischen Einrichtung des ehemaligen „Donauboten“ bzw. der früheren „Ingolstädter Zeitung“ produziert wurde. Haus und Technik waren fremdes Eigentum. Ihr Besitzer, Dr. Wilhelm Reissmüller, trat am 1. Januar 1949 mit Erlaubnis der zuständigen amerikanischen Militärbehörden in das Unternehmen des „Donau Kurier“ ein und übernahm zunächst 30 Prozent der Gesellschaftsanteile.[14] Reissmüller hatte sich schon 1947 gegen die unterschiedslose Ausschaltung aller früheren Verleger bzw. der Verlagseigentümer zur Wehr gesetzt und in einem Schreiben an die Bayerische Staatskanzlei gefordert, in allen gesetzlich zu-

---

11 Wilhelm Reissmüller: Von der Funktion . . .; in: SBDK 1972, S. 3.

12 Hans Kapfinger (Hrsg.): Die neue bayerische Presse. München 1948, S. 41 f. Siehe auch: Kurt Koszyk: Pressepolitik für Deutsche 1945 – 1949. Berlin 1986, S. 473.

13 Omgus: Monthly Report (1. – 30. 11. 1949). Zit. nach Rainer Sütfeld: Die Entwicklung der 27 in Bayern lizenzierten Tageszeitungen seit 1949. Unveröffentlichte Mag.-Arb. München 1983, S. 82.

14 Lt. Eintrag im Handelsregister Ingolstadt.

lässigen Fällen wenigstens die Vermögenskontrolle für die Akzidenz-Betriebe aufzuheben.[15]

Reissmüller, geboren 1911, stammt aus Süßen in Baden-Württemberg. Nach einer Ausbildung in einer Bronzegießerei in Süßen sowie an der Akademie der bildenden Künste Stuttgart arbeitete er mehrere Jahre als Grafiker beim Herder-Verlag und machte gleichzeitig das Abitur nach. Er begann 1932 mit dem Studium der Zeitungswissenschaft und Psychologie, der Philosophie, der Kunstgeschichte in München und Freiburg. Er promovierte 1937 bei Karl d'Ester mit einer Arbeit über „Das Plakat". Ab 1937 war er zunächst Betriebsleiter und später Verlagsleiter beim „Donauboten" in Ingolstadt, der seinem Schwiegervater und dessen Tochter gehörte. 1939 wurde er zur Wehrmacht eingezogen. Reissmüller hielt in diesen Jahren Verbindung zum Widerstandskreis des „20. Juli" 1944 um Oberst Graf Stauffenberg.

Nach seinem Einstieg in den Verlag des „Donau Kurier" war Reissmüller zunächst verantwortlich für die technischen Belange. Seit Ende 1949 wurde er im Impressum als Mitherausgeber und Mitgesellschafter geführt.[16] Am 1. Mai 1951 schied Joseph Lackas aus dem Unternehmen aus. Von da an ist das Ehepaar Elin und Dr. Wilhelm Reissmüller zu je gleichen Teilen Besitzer des „Donau Kurier"; letzterer zeichnet seitdem auch verantwortlich als alleiniger Herausgeber und übernimmt später dazu noch die Position des Chefredakteurs.[17]

Das Wirtschaftsunternehmen

> „Der Konsument denkt kaum darüber nach, daß ‚seine' Zeitung das Produkt eines wirtschaftlichen Unternehmens ist, dessen wirtschaftliche Basis ausreichend gesichert sein muß, um auch hohen Risikobelastungen gewachsen zu sein. Für ihn ist die Zeitung einfach eine öffentliche Institution."[18]

Als Wilhelm Reissmüller den „Donau Kurier" übernahm, war dieser bereits auf einer rasanten Auflagen-Talfahrt. Die Talsohle war 1950 erreicht, als nur mehr 34 000 Exemplare von vordem rund 60 000 übrig geblieben waren. Schon nach kurzer Zeit erreichte die Zeitung unter Reissmüllers Führung das Plateau der Gründungs-Auflage von rund 40 000 Exemplaren wieder. Es dauerte indessen 20 Jahre, bis die Auflage des „Donau Kurier" zu der 1948 schon einmal erreichten Marke von 60 000 Exemplaren gestiegen war. Die steigende Tendenz hielt auch nach 1970 weiter an;

---

15 So in einem Schreiben vom 12. 9. 1947. Zit. nach Kurt Koszyk: Pressepolitik für Deutsche 1945–1949. Berlin 1986, S. 103 f.

16 Impressum-Angaben seit 13. 12. 1949.

17 Vgl. Impressum-Angaben ab 1. 5. 1951. Aufsehen erregte es, als 1974 24,5 Prozent Anteile am „Donau Kurier" an den Süddeutschen Verlag in München verkauft wurden. Siehe dazu ZV + ZV, Nr. 42 vom 18. 10. 1974, S. 1306. („Donau-Kurier KG nahm die Süddeutsche Verlags GmbH als Teilhaber auf.") Ferner u. a. auch „Die Welt" vom 20. 12. 1974 („Süddeutsche beteiligt sich am Donau-Kurier"). 1983 jedoch untersagte das Bundeskartellamt der „Süddeutschen Zeitung" die Übernahme der fraglichen Anteile aus Wettbewerbsgründen. (Siehe dazu „Frankfurter Rundschau" vom 4. 11. 1983.) Eine endgültige Entscheidung ist nach den vorliegenden Unterlagen noch nicht gefallen, so daß auch die Transaktion nicht rechtskräftig ist. (Vgl. dazu die Angaben zu den Beteiligungsverhältnissen des Süddeutschen Verlags im Porträt der „Süddeutschen Zeitung".)

18 Wilhelm Reissmüller: Von der Funktion ...; in: SBDK 1972, S. 3.

in kleinen Schritten zwar, aber kontinuierlich kletterte die Auflagen-Kurve. Ende 1988 betrug die verkaufte Auflage der Gesamtausgabe des „Donau Kurier" 80 269 Exemplare.[19]

Parallel dazu entwickelte Reissmüller auch die anderen Teile des übernommenen Erbes. Die Akzidenz-Druckerei wurde zu einem modernen, leistungsfähigen, auch ausgefallenen Anforderungen entsprechenden „Courier Druckhaus" ausgebaut. Alle Techniken und Arbeitsstationen, die zur Abwicklung selbst größter Druckaufträge erforderlich sind, befinden sich hier unter einem Dach: Fotografie, Lithographie und Chemigraphie, Satz, Montage, Druck und Buchbinderei. Die Produktion von Telefonbüchern und Branchenverzeichnissen macht etwa 20 Prozent, der Druck von meist vierfarbigen Katalogen und Prospekten rund 50 Prozent, der Druck von Büchern und Zeitschriften mehr als 10 Prozent der Aufträge aus; der Rest entfällt auf allerlei Kleindrucksachen.[20] Das Druckhaus ist damit neben der Zeitung zum zweiten Stützpfeiler im wirtschaftlichen Fundament des Unternehmens Donau Kurier Verlagsgesellschaft mbH & Co. KG geworden.

Der Buchhandel, der seit den Gründerzeiten des Alois Ganghofer mit dem Unternehmen der „Ingolstädter Zeitung" verbunden war und blieb, wurde auf drei Ladengeschäfte erweitert. Dem Verlag wurde sodann schon in den 60er Jahren ein Anzeigenblatt-Verlag angegliedert sowie in den letzten Jahren erst die Rundfunk- und Fernsehanbietergesellschaft „Radio IN" als hundertprozentige Tochter; letztere allerdings zehrt vorerst noch von der wirtschaftlichen Stärke des Gesamtunternehmens.

Ablesbar wird die Entwicklung des Unternehmens Donau Kurier Verlagsgesellschaft auch am Wachstum der Mitarbeiterzahlen.

Dem Unternehmen gehörten an
(jeweils nach dem Stand am Jahresende):

1960	216 Beschäftigte
1970	397 Beschäftigte
1980	507 Beschäftigte
1987	565 Beschäftigte
1988	602 Beschäftigte

Die meisten dieser Mitarbeiter, nämlich rund 390, sind in der Technik, also im „Courier Druckhaus", beschäftigt. Der Personalstand im Bereich der Tageszeitung, konkret in den Arbeitsbereichen Redaktion, Anzeigen und Vertrieb, beläuft sich auf etwa 110 Mitarbeiter, von denen über 70 Prozent (etwa 80 Personen) in der Redaktion, einschließlich aller neun über das Verbreitungsgebiet verteilten Lokalredaktionen, tätig sind. Knapp über 20 Mitarbeiter werden im Buchhandelsgeschäft benötigt, und die restlichen Mitglieder der Belegschaft sorgen für das Gedeihen der Tochtergesellschaften im Anzeigenblattwesen und im Lokalfunk-Sektor.[21]

---

19 Auflagen-Angaben und Entwicklungen nach den IVW-Listen.
20 Siehe Heidie Giulino: Damals und heute. In: SBDK 1972, S. 48.
21 Nach Verlagsangaben von 1986 (siehe Clemens Bauer, Anm. 8) und von 1987.

Der Anzeigen-Raum

> Die lokale und regionale Zeitung „genießt kaum den Vorzug der Bewunderung, wie das große Blatt, wenn sie, ohne nachbarliche Rücksichtnahme, auch auf kommerziellen Erfolg verzichtet und ausschließlich das Ihre zur Fortentwicklung der Gemeinschaft leistet. Sie nimmt auch nicht im entferntesten an der Verteilung des Werbekuchens, von dem alle Zeitungen vorwiegend leben, teil; ihr Aufwand im redaktionellen und technischen Bereich steht dazu in einem umgekehrt proportionalen Verhältnis."[22]

Der Erfolg des Unternehmens drückt sich aus in der Marktstellung der Zeitung. In den Kerngebieten des Verbreitungsraumes nimmt der „Donau Kurier" eine beherrschende Marktposition ein: Abgesehen einmal von prozentual kaum ins Gewicht fallenden Kleinauflagen überregionaler Tageszeitungen (die im übrigen von der Trägerorganisation des „Donau Kurier" vertrieben werden) sowie von unterschiedlich starken Einzelverkäufen der „Bild"-Zeitung, gehört dem „Donau Kurier" der Zeitungsmarkt annähernd hundertprozentig in den Städten und Landkreisen Ingolstadt, Eichstätt und Pfaffenhofen; in den Landkreisen Aichach-Friedberg und Neuburg-Schrobenhausen gibt es Marktüberschneidungen mit der „Augsburger Allgemeinen", die jeweils Marktführer ist; aber in den Städten Aichach und Schrobenhausen selbst ist der „Donau Kurier" die erste und überwiegend die einzige Zeitung am Platz. In den Landkreisen Roth und Kelheim hat der „Donau Kurier" lediglich in lokal begrenzten Teilgebieten hohe und höchste Marktanteile; aufs jeweilige Landkreisgebiet bezogen sind die Wettbewerber, die „Nürnberger Nachrichten" vor allem, überlegen. Die starke Marktposition führt zu einer außerordentlich hohen Haushaltsabdeckung durch den „Donau Kurier" und seine Lokalausgaben. Sie beträgt in Ingolstadt deutlich mehr als 60 Prozent und steigt in einigen Orten des Verbreitungsgebietes auf 80 bis 90 Prozent.

Damit sind alle Voraussetzungen für eine entsprechend starke Position des „Donau Kurier" im lokalen und regionalen Werbemarkt gegeben. Tatsächlich hat sich das Anzeigengeschäft ebenso wie die Auflage der Zeitung insgesamt mit kleinen, aber durchgehend feststellbaren Zuwächsen positiv entwickelt. Ein besonders großes Volumen am Anzeigenaufkommen insgesamt haben die Fließsatz-Anzeigen (Rubriken- oder Kleinanzeigen ohne besondere Gestaltungsvorschriften) mit rund 60 Prozent Anteil erreicht. Dies demonstriert die besondere Bedeutung der Zeitung auch für die privaten Inserenten. Sie nutzen die Verbreitungs- und Kontaktqualität des „Donau Kurier", um vom Auto über die Wohnung bis hin zum Hausrat, vom Familienstands-Wechsel bis zu Veränderungen in der Haustierwelt alles anzuzeigen, was angeboten oder gesucht, der Allgemeinheit insgesamt oder nur wenigen interessierten Zielgruppen bekanntgemacht werden soll. „Die rationelle Abwicklung dieses Anzeigengeschäftes für den Inserenten per Telefon (Abwicklung technisch und kaufmännisch per Terminal und elektronischer Datenverarbeitung) sind sicher ein weiterer Grund, warum die Fließsatz-Anzeige so stark genutzt wird. Übersichtliche Rubrizierung und logischer Aufbau von Anzeigenmärkten vereinfachen für den Leser das Herausfinden geeigneter Angebote. Die Rubrizierung umfaßt insgesamt 103 reguläre Selektionsmerkmale."[23]

---

22 Wilhelm Reissmüller: Von der Funktion . . .; in: SBDK 1972, S. 4.
23 Verlagsangaben von 1987.

Das durchschnittliche Verhältnis von rund 62 Prozent redaktionellen Textseiten und etwa 38 Prozent Anzeigenseiten blieb in den letzten Jahren ziemlich konstant. Zwar konnten Zahl und Umfang der Anzeigen durchweg leicht gesteigert werden; aber entsprechend wurde auch der redaktionelle Umfang erhöht. Mit dieser Relation liegt der „Donau Kurier" in der anzeigenschwächeren Mittelgruppe der bayerischen Tagespresse. Überregionale Blätter oder große Regionalzeitungen stehen mit 45 bis 55 Prozent Anzeigenseiten über der mittleren Marke des „Donau Kurier".[24]

Der Anzeigenraum, den der „Donau Kurier" übers Jahr auszuweisen vermag, spiegelt die Wirtschaftskraft seines Verbreitungsgebietes. Stadt und Region Ingolstadt zeichnen sich aus durch eine hohe Wirtschaftspotenz; nach Kaufkraft, Umsatz und Bruttoinlandsprodukt je Einwohner liegt die Planungsregion Ingolstadt in Bayern zusammen mit der Industrieregion Mittelfranken unmittelbar nach dem Ballungsraum München an der Spitze.[25] Mit Ingolstadt als Zentrum hat sich hier in der Mitte Bayerns nach 1945 „eine dynamische Wirtschaftsentwicklung vollzogen". Zwischen und unabhängig von den Verdichtungsräumen Nürnberg und München ist hier „ein eigenes, selbständiges Wirtschaftszentrum entstanden. Aus der alten Festung Ingolstadt wurde einer der wichtigsten und aktivsten Entwicklungsräume Bayerns. Auch wenn über der Wirtschaft des Raumes Ingolstadt keineswegs ein immer blauer Strukturhimmel stand, (..) so weist der Trend doch insgesamt in eine positive Richtung".[26] Allerdings sind in den letzten Jahren die Zuwachsraten der Produktivität auch in diesem Raum kleiner geworden. Das hängt nicht zuletzt mit der Eigenart der Wirtschaftsstruktur zusammen. Immerhin ist gut die Hälfte aller Arbeitsplätze in Ingolstadt und Umgebung unlösbar mit dem Gedeihen der Audi AG verknüpft, deren Modelle „eine vorzügliche Position auf dem internationalen Automobilmarkt erlangt" haben; sodann exportiert von hier aus Schubert & Salzer, der größte Textilmaschinenhersteller in der Bundesrepublik, „seine Erzeugnisse in alle Welt". „Und schließlich ist der Raum um Ingolstadt mit seinen fünf Erdölraffinerien und zwei Großkraftwerken zum ‚reviernahen' Energielieferanten für ganz Bayern geworden."[27] Das Klima und die Böden machten das weithin landwirtschaftlich genutzte Umland um das bayerische Energiezentrum als Hopfen- und Spargelgegend berühmt. Die landschaftlichen Schönheiten im Donaumoos und im Altmühltal geben auch dem Fremdenverkehr eine, wenngleich bescheidene, Grundlage.

In diesem Wirtschaftsraum schöpft selbstverständlich nicht nur der „Donau Kurier" den Anzeigenmarkt ab. Da wird derzeit auch noch eine Auflage von insgesamt rund 230 000 Exemplaren kostenloser Anzeigenblätter gestreut; diese Anzeigenblätter sind überwiegend von regionaler Bedeutung, stammen aus unterschiedlichen Häusern und sind zumeist noch jüngeren Alters. Demgegenüber besitzt das Anzeigenblatt aus der Donau Kurier Verlagsgesellschaft, die „iZ" mit ihren Regional- und Lokalausgaben, bereits eine traditionelle Akzeptanz im Leserkreis der Region, die

---

24 Angaben nach: Jahresumfangstatistik 1986 der Zeitungen des Verbandes Bayerischer Zeitungsverleger. In: ZV + ZV 15/1987, S. 25; ferner Verlagsangaben von 1987.

25 Siehe: Bayern 1983/84: 8. Raumordnungsbericht der Bayerischen Staatsregierung. München 1984.

26 Anton Jaumann (Bayerischer Staatsminister für Wirtschaft und Verkehr): Wirtschaftsentwicklung im mittelbayerischen Raum. In: „Donau Kurier" vom 17. November 1979. (Beilage „Zur neuen Technologie im ‚Donau Kurier'", S. 3).

27 Peter Schnell (Oberbürgermeister von Ingolstadt): Die Stadt und ihre Zeitung. In: „Donau Kurier" vom 17. November 1979, a. a. O., S. 6.

Dienstag, 7. Juli 1987
Nummer 152, Einzelpreis 1,20 DM

INGOLSTÄDTER ZEITUNG

Verlag Donau Kurier
8070 Ingolstadt, Postfach 340

DONAU KURIER

UNABHÄNGIGE ZEITUNG FÜR POLITIK KULTUR WIRTSCHAFT HEIMATNACHRICHTEN SPORT

„Wir müssen Denken in Blöcken überwinden“

Weizsäcker setzt sich für eine Verbesserung der deutsch-sowjetischen Beziehungen ein

Moskau (dpa/Reuter) Bundespräsident Richard von Weizsäcker und das sowjetische Staatsoberhaupt Andrej Gromyko haben sich gestern in Moskau entschieden für eine Verbesserung der deutsch-sowjetischen Beziehungen ausgesprochen. Bei einem Abendessen im Kreml zu Ehren des Bundespräsidenten sagte Gromyko: „Wir glauben, daß die UdSSR und die Bundesrepublik Deutschland trotz der politischen und ideologischen Unterschiede gute Partner sein können. Hier ist ein neues, breit angelegtes Herangehen im Geiste der Zeit nötig sowie konkretes Handeln, Kontakte und Verbindungen.“

Partnerschaft im Geist der Zeit gefordert

Weizsäcker betonte, der „planmäßige scher begleitet wird, fuhr anschließend

IN DIESER AUSGABE

Strafe für „Metzgermord“

Zu je achteinhalb Jahren Jugendstrafe hat die Jugendkammer des Landgerichts Bamberg gestern zwei 23 und 21 Jahre alte ledige Metzger aus dem Landkreis Bamberg verurteilt. Sie hatten gestanden, eine 88jährige Rentnerin in deren Wohnung in Bamberg überfallen und buchstäblich „abgeschlachtet“ (Richter) zu haben (Bayern).

Implosion im Kraftwerk

Sachschaden für rund eine Million Mark hat die Implosion eines Ausgleichsbehälters an einem Münchner Fernwärme-Heizkraftwerk nach Schätzung der Stadtwerke München

---

Montag, 6. Juli 1987
Nummer 151, Einzelpreis 1 DM

DIE ALTBAYERISCHE HEIMATZEITUNG

1 B 1058 A

Aichacher Zeitung

DIE HEIMATZEITUNG ZWISCHEN LECH UND ILM — ALTOMÜNSTERER UND PÖTTMESER LANDBOTE

Montag, 6. Juli 1987
Nummer 151, Einzelpreis 1,20 DM

UNABHÄNGIGE HEIMATZEITUNG

Verlag Donau Kurier
8070 Ingolstadt, Postfach 340

EICHSTÄTTER KURIER

FÜR POLITIK KULTUR WIRTSCHAFT HEIMATNACHRICHTEN SPORT

Montag, 6. Juli 1987
Nummer 151, Einzelpreis 1,20 DM

Verlag Donau Kurier
8070 Ingolstadt, Postfach 340

Hilpoltsteiner Kurier

UNABHÄNGIGE HEIMATZEITUNG IM LANDKREIS ROTH

Montag, 6. Juli 1987
Nummer 151, Einzelpreis 1,20 DM

Vertriebsanschrift:
Verlag Donau Kurier
8070 Ingolstadt, Postfach 340

PFAFFENHOFENER KURIER

WOLNZACHER ANZEIGER — GEISENFELDER ZEITUNG

UNABHÄNGIGE ZEITUNG IM LANDKREIS PFAFFENHOFEN FÜR POLITIK KULTUR WIRTSCHAFT HEIMATNACHRICHTEN SPORT

Montag, 6. Juli 1987
Nummer 151, Einzelpreis 1,20 DM

139 JAHRE HEIMATZEITUNG

Verlag Donau Kurier
8070 Ingolstadt, Postfach 340

Schrobenhausener Zeitung

UNABHÄNGIGE ZEITUNG IM LANDKREIS NEUBURG-SCHROBENHAUSEN

Der „Donau Kurier“ und seine Heimatzeitungen: Auch der Zeitungs-Fortschritt hat seine Tradition.

durch eine wöchentliche Auflage von rund 100 000 Exemplaren voll abgedeckt wird. Die „iZ“ erscheint seit nunmehr 25 Jahren.

„Das Auge im Wirbelsturm“

> „Das Lokalblatt, als Chronik örtlichen Geschehens und seiner Heimatgeschichte begründet, ist längst über einen intimen Flurbezirk hinausgewachsen. Es ist auch heute (in seinem eigentlichen Auftrag) weder durch die großen Zeitungen noch durch Rundfunk und Fernsehen zu ersetzen. Das Lokale ist die Insel oder das Auge in einem Wirbelsturm: der ruhende Pol.“[28]

Als eine Regionalzeitung ist der „Donau Kurier“ schon vom Tag der Lizenzvergabe an konzipiert. Als Verbreitungsgebiet wurden ihm seinerzeit der Stadt und Landkreis Ingolstadt sowie die Kreise Aichach, Eichstätt, Pfaffenhofen/Ilm, Riedenburg und Schrobenhausen zugewiesen. Aber diesen Raum mußte sich die Zeitung nicht nur durch verlegerische, sondern auch durch publizistische Anstrengungen erst einmal erobern und sichern. Dies ist im Laufe der Jahre gelungen. Hier und dort wurden die vorläufigen Grenzziehungen ausgeweitet, die Vertriebsräume gelegentlich auch durch Absprachen fixiert. Im Nordosten und im Südwesten des Verbreitungsgebietes decken sich seit der Gebietsreform die Grenzen der Verbreitungsräume nicht mehr mit den Grenzen der Landkreise. Hier markieren nun lediglich die lokalen Lebensräume zentraler Orte das tradierte Zeitungsgebiet. Insgesamt gibt folgende Übersicht über die Ausgaben des „Donau Kurier“ auch eine Vorstellung vom Verbreitungsgebiet, wobei die Untertitel sowohl wie die Plätze, an denen Lokalredaktionen angesiedelt sind, für die Wettbewerbsgebiete zumeist auch die lokalen Zentren mit hohen Marktanteilen für den „Donau Kurier“ andeuten können.

Der „Donau Kurier“ und seine Heimatausgaben:

Titel (Untertitel)	Lokal-Redaktionen in:	Verk. Aufl. 4. Q. ’88
Donau Kurier (Ingolstädter Zeitung)	Ingolstadt	33 255
Donau Kurier (Ausg. B) (in den Landkreisen Kelheim, Neumarkt, Eichstätt)	Beilngries Riedenburg	5 024
Aichacher Zeitung* (Altomünsterer und Pöttmeser Landbote)	Aichach	8 178
Eichstätter Kurier*	Eichstätt	9 955
Hilpoltsteiner Kurier	Hilpoltstein	3 072

28 Wilhelm Reissmüller: Von der Funktion ...; in: SBDK 1972, S. 5.

Pfaffenhofener Kurier* (Wolnzacher Anzeiger) (Geisenfelder Zeitung)	Pfaffenhofen Wolnzach Geisenfeld	12 889
Schrobenhausener Zeitung*	Schrobenhausen	6 896
Donau Kurier	Gesamtauflage:	79 269

* Herausgegeben „in Pressegemeinschaft" mit Lokalverlagen

Das Verbreitungsgebiet hat eine Nord-Süd-Erstreckung von ungefähr 120 km. Es täglich zu versorgen, ist hauptsächlich die Aufgabe des eigenen Vertriebssystems, über das 90 Prozent der Auflage an die Bezieher kommt. Über 960 Zusteller sind damit beschäftigt; aber es wird immer schwieriger, hierfür zuverlässige Mitarbeiter zu finden. Die Fluktuation liegt bei derzeit 10 Prozent jährlich; dieses Vertriebsproblem Nummer eins ist nur schwer lösbar.[29]

Noch vor 1933 war die Presselandschaft dieses Verbreitungsgebietes außerordentlich zergliedert und zersplittert. Nicht nur in Ingolstadt, sondern auch im Landkreis Schrobenhausen konkurrierten vier Heimatblätter miteinander, in den Landkreisen Aichach, Eichstätt und Pfaffenhofen je zwei.[30] Die Heimatausgaben des „Donau Kurier" machen noch Grobkonturen dieser alten Presselandschaft sichtbar. Von der Traditionsverknüpfung der Ingolstädter Hauptausgabe des „Donau Kurier" abgesehen, führen wenigstens noch vier weitere Ausgaben ihre Entstehung auf die zweite Hälfte des 19. Jahrhunderts zurück und machen dies dem Leser im Kopf der Ausgabe bzw. des Lokalteils auch deutlich: Die älteste, die „Schrobenhausener Zeitung", datiert aus dem Revolutionsjahr 1848, die „Aichacher Zeitung" von 1864 und die „Geisenfelder Zeitung", die im Lokalteil des „Pfaffenhofener Kurier" überlebt, von 1874.[31] Gelegentlich ragt ein Fundstück solch früher Pressegeschichte in das aktuelle Geschehen hinein, etwa wenn Vereine Jubiläen feiern und ihre Ursprünge mit alten Zeitungsblättern dokumentieren, aus denen dann ablesbar wird, daß der „Eichstätter Kurier" als Wochenblatt schon 1863 auftaucht.[32]

Wie in vielen anderen bayerischen Zeitungsregionen auch, vermochte die Lizenzpolitik der amerikanischen Besatzungsmacht die viel stärkere Tradition der Heimatpresse im Verbreitungsgebiet des „Donau Kurier" nicht zu verdrängen. Im Gegenteil. Seinen Aufstieg und seinen Erfolg verdankt der „Donau Kurier" nicht zuletzt einer partnerschaftlichen Kooperation mit Heimatverlegern. Dabei waren und sind die Formen der Zusammenarbeit nicht schematisiert. Das Impressum der „Schrobenhausener Zeitung" dokumentiert eine Herausgeber-Partnerschaft. In förmlichen „Pressegemeinschaften" mit lokalen Verlagen kommen drei wichtige Ausgaben heraus, nämlich der „Eichstätter Kurier", die „Aichacher Zeitung" und der

29 Verlags-Angaben von 1987.

30 Vgl. Hans Kapfinger (Hrsg.): Die neue bayerische Presse. München 1948, S. 40f.

31 Gründungsjahre berechnet nach den Jahrgangs-Angaben in Kopfzeilen.

32 Siehe Titelblatt des „Eichstätter Kurier" vom 26. Juni 1866 (3. Jahrgang), faksimiliert in „Eichstätter Kurier", Nr. 155 vom 10. Juli 1987 aus Anlaß des 100jährigen Bestehens der Ortsgruppe des Roten Kreuzes, die sich aus einem schon seit 1866 bestehenden Frauenhilfsverein entwickelt hat. Über dessen Aktivitäten zugunsten des bayerischen Heeres im Krieg gegen Österreich wird in der historischen Nummer des „Eichstätter Kurier" berichtet.

„Pfaffenhofener Kurier", wobei im letzteren Falle gleich drei lokale Verlage in die Kooperation eingebunden sind. Bei der „Aichacher Zeitung" erstreckt sich die Zusammenarbeit auch auf die technische Herstellung.[33] Die für die Aichacher und die Pfaffenhofener Ausgabe zuständigen Lokalredaktionen sind teils den örtlichen Partnerverlagen und teils – wie alle übrigen redaktionellen Außenstellen – der Zentralredaktion in Ingolstadt unterstellt.

Variantenreich, farbig und vielgestaltig sind unter diesen Bedingungen die Lokalseiten. Es gibt keine Hinweise darauf, daß irgendwelche Themen von einiger lokaler Bedeutung hier ausgeklammert würden. Die Berichterstattung läßt häufig die Vielstimmigkeit der Standpunkte, der Meinungsäußerungen und auch der Kritik am Ort selbst in Erscheinung treten. Überhaupt genießt in diesen Lokalteilen die Stimme der Bürger und ihrer Organisationen auf jeden Fall Vorrang vor der Stimme der Redakteure. Durch ihre Lebendigkeit und durch viele Leseanreize stechen – für den außenstehenden Beobachter jedenfalls – die Lokalteile der „Aichacher Zeitung" und der „Schrobenhausener Zeitung" hervor; letztere durch originelle Rubriken, gelegentlich auch im Dialekt, wie etwa der wöchentliche „Grantlhuber"; ersterer durch lokale Karikaturen und die mit Liebe gepflegten Heimat-Histörchen. Auffällig auch das Bemühen aller Lokalteile, den Leser ins Bild zu setzen. Ganze Fotoseiten und ansonsten ein überdurchschnittlich hoher Anteil an Illustrationen sind kennzeichnend – vielleicht auch ein Tribut an die Wahrnehmungsgewohnheiten der Fernsehgenerationen. Manche Seite schließlich, die in der einen Ausgabe der Lokalberichterstattung dient, findet sich in Nachbarausgaben in originärer oder speziell gestalteter Aufmachung als regionale Wechselseite wieder. Dies hat sicher auch den Effekt, einen allzu engen Kirchturm-Horizont aufzubrechen.

Inhalt und Gestaltung der Lokalteile weisen den „Donau Kurier" als Spezialisten der Lokalberichterstattung aus. Auch diesbezüglich legitimiert er seinen Traditionsanspruch. Denn es war die „Neue Ingolstädter Zeitung" von 1872, die eine konsequente und umfassende Information über das lokale Geschehen erst eingeführt hat. Sie verwirklichte, was sie in einer Probenummer vom 26. Mai 1872 ankündigte: „Das neue Blatt wird bemüht sein, den gerechten Anforderungen eines Lokal-Blattes bestmöglich zu entsprechen durch Mittheilung der neuesten Nachrichten auf dem Gebiete der Kirche und des Staates, durch Aufnahme von Notizen der Stadt und Umgebung, von Inseraten aus allen Geschäftskreisen, Börsen- und Schrannenberichten sowie durch Kundgabe der Trauungs-, Geburts-, Todesfälle und der wöchentlichen gottesdienstlichen Verrichtungen."[34]

Die Darstellung der Demokratie

> „Demokratie und erst recht die demokratische Presse sind ohne Courage nicht existenzfähig und nicht existenzberechtigt. Zu dieser Courage der Unabhängigkeit – und sie muß zwangsläufig bei den Lokalzeitungen höher angesetzt werden – bedarf die Zeitung des kritischen Verständnisses ihrer Leser. Denn diese Leser haben durch ihre aktive Resonanz an der

[33] Vgl. die Angaben im Impressum der jeweils genannten Zeitungsausgabe.
[34] Faksimilierte Wiedergabe in SBDK 1972, S. 2.

Erfüllung der staatspolitischen Funktion der Zeitung teil. Erst ein derart integrierter Dualismus vermag ein Höchstmaß an legitimer Kontrolle der Zeitung zu bewirken, deren Kriterium nur aus der gemeinsamen Verantwortung und dem gemeinsamen Interesse von Leser und Redakteur erwachsen kann." Denn: „Journalist und Leser bewirken gemeinsam die Darstellung der Demokratie durch eine unabhängige und kritische Presse."[35]

Deutlich mehr als die doppelte Seitenzahl des Mantelteils produzieren – alle Heimatausgaben zusammengenommen – die Lokalredaktionen.[36] Im langfristigen Durchschnitt enthält der redaktionelle Teil jeder einzelnen Ausgabe des „Donau Kurier" etwa 70 Prozent Mantel- und 30 Prozent Lokalseiten; bei durchschnittlich 13 bis 15 Mantelseiten sind das etwa zwischen fünf und sechs Lokalseiten täglich pro Ausgabe, wobei die Ingolstädter Hauptausgabe an der oberen Grenze rangiert und die „Aichacher Zeitung" sie mit deutlich über sechs Seiten Lokalberichterstattung noch übertrifft.[37]

Hinter solchen Zahlen verbirgt sich viel redaktioneller Fleiß, der vor allem aufgewendet werden muß, um die tägliche Stoffschwemme möglichst ohne gravierende Informationsverluste für den Leser zu reduzieren. Außerdem ist hierbei zu bedenken, daß der „Donau Kurier" mit den kleineren Seiten des Berliner Formats arbeitet, die fünfspaltig umbrochen sind. Trotz oder gerade wegen solcher Beschränkung des Druckraumes postuliert der Herausgeber und Chefredakteur, Dr. Wilhelm Reissmüller: „Dem Bürger alle Probleme, die in der Öffentlichkeit diskutiert werden, so darzustellen, daß er sie versteht und sie ihn zu einer eigenen Meinungsbildung befähigen, ist das Abc unserer Weichenstellerfunktion. Das heißt: Mitunter eine komplizierte Sache vereinfachen, aber nicht simplifizieren oder gar verfälschen. Auch kann die Vereinfachung durch Schlagworte nicht Ersatz für eine Sachinformation sein, wenn dem Leser dadurch die Differenzierung einer Aussage vorenthalten bleibt."[38]

Der „Donau Kurier" will dem Leser also Orientierung vermitteln. Diesem Ziel dient zunächst der übersichtliche, dem Leser in vielen Jahren vertraute Aufbau des Mantels. Das Zugriffsrecht auf die Aufmacherseite hat in der Regel die politische Redaktion, die hierfür allerdings die Top-Themen auch aus den anderen Ressorts heranziehen kann. Neuigkeitswert, Betroffenheit der Leser, regionale Akzente sind Auswahlkriterien; Innenpolitik hat Vorrang vor Außenpolitik; auf Abwechslung der Themen in der Aufeinanderfolge der Ausgaben wird geachtet. „Die Dritte Seite" gibt Hintergrundinformationen zumeist in Form von Korrespondenten-Berichten. Weit vorgezogen schließen dann die Bayern-Seiten an. Die Kreis- und Lokalredaktionen müssen Beiträge aus ihrem Beobachtungsraum, die überregionale Bedeutung haben können, für diese Seiten auf jeden Fall dem Ressort „Landespolitik" anbieten. Die Münchner Redaktion erklärt am Wochenende in der „Bayern-Revue" die landespolitischen Hintergründe. Der „Weltspiegel" lockt die Leselust mit ver-

---

35 Wilhelm Reissmüller: Von der Funktion . . .; in: SBDK 1972, S. 5 und S. 4.

36 In der Beobachtungswoche vom 6. bis 11. Juli 1987 standen etwas mehr als 90 redaktionellen Mantelseiten über 210 Lokalseiten in allen Ausgaben gegenüber.

37 Die langfristigen Mittelwerte der Umfangstatistik stellte der Verlag zur Verfügung; die Einzelberechnungen basieren auf Zählungen in der Beobachtungswoche vom 6. bis 11. Juli 1987.

38 Wilhelm Reissmüller: Von der Funktion . . . ; in: SBDK 1972, S. 4.

mischten und kuriosen Alltags-Gesprächsthemen, die durchaus auch die „guten Nachrichten" umfassen. Unter der Marke „Kommentare und Politik" folgt dann die Seite mit den „Donau Kurier"-Kommentaren, mit Karikaturen und aktuellen Pressestimmen; gelegentlich werden hier auch ausgewählte Leserbriefe placiert sowie Lage-Analysen von Korrespondenten angeboten. Die Wirtschaftsseite bemüht sich, Wirtschaft für jedermann verständlich zu machen; Lebenshilfe in Finanzfragen, Verbraucherberatung und Verbraucherschutz stehen im Vordergrund ebenso wie alle Themen, die „für die weiblichen ‚Finanz-Vorstände' in den Familien" von Interesse sein könnten. Kultur, die Hörfunk- und Fernsehseite sowie, nach Bedarf mit wechselndem Umfang, der Sportteil schließen sich an.

Neben den Standard-Seiten der klassischen Ressorts enthält der Mantel eine Vielzahl von Füll- und Wechselseiten; ein rundes Dutzend davon wurde in einer einzigen Testwoche gezählt. Diese Füllseiten wenden sich an Spezialinteressen der Leser („Ernährung und Haushalt", „Freizeit und Hobby", „Reise und Erholung"), vertiefen allgemein interessierende Themen („Produkte / Märkte / Unternehmen", „Soziales / Arbeit / Recht") oder wenden sich an bestimmte Schichten und Altersgruppen („Im Spätsommer", „KLARTEXT"). Nicht zu vergessen schließlich ein Wochenend-Magazin, das neben der heiteren letzten Seite auch schwierigen Lesestoff zur Auseinandersetzung und zum Nachdenken offeriert.

In diesem wohlgeordneten Rahmen gibt es recht auffallende Besonderheiten. Da sind etwa die wandernden Leserbrief-Spalten: Die Stimmen und Reaktionen aus dem Leserkreis werden nicht in das Reservat isolierter Leserbriefseiten verbannt, sondern jeweils auf den Seiten und in den Themenkontexten placiert, zu denen die Zuschriften Stellung beziehen. In diesen Fällen und auch dann, wenn die Leserbriefe auf der redaktions-offiziellen Kommentarseite angesiedelt werden, demonstriert der „Donau Kurier" Respekt vor der kritischen Mitsprache aus dem Publikum, die offensichtlich nirgends ausgeschlossen ist. In ähnliche Richtung weisen auch Experimente. Zum ersten Mal im Juli 1987 erschien unter dem Rubriken-Titel „KLARTEXT" der „Jugend Kurier", eine ungewöhnlich flott aufgemachte Seite. Sie wurde von jungen Leuten geplant, geschrieben und umbrochen, die sich auf einen Aufruf des „Donau Kurier" hin gemeldet hatten, um selbst an der Gestaltung der Zeitung mitzuwirken. Die Jugendlichen hatten sich über Wochen hin mit einem Redakteur des „Donau Kurier" getroffen, der ihnen mit Insider-Tips half, sie aber bei der Themenwahl nicht einschränkte. Im ersten „Klartext" wird über die Krise eines Jugendcafés, über eine Band sowie über Träume und Wirklichkeit nach Lehre und Ausbildung berichtet; die jugendlichen Mitarbeiter werden in Bild und Text vorgestellt. Die Einladung zum Mitmachen und zur Mitsprache an alle Interessenten wird ausdrücklich wiederholt und unterstrichen.[39]

Möglicherweise gewinnt der eine oder andere junge Amateur-Mitarbeiter Spaß am Zeitung-Machen. Er könnte sich dann einreihen in die große Zahl der über 2000 freien Mitarbeiter, die in der Honorar-Buchhaltung des „Donau Kurier" erfaßt sind (von denen allerdings viele nur ganz gelegentlich etwas schreiben). Er könnte, falls er sich bewirbt und einen Test besteht, einen der rund zehn Volontärplätze ausfüllen, die der „Donau Kurier" auch künftig für die Ausbildung zur Verfügung stellt. Zusätzlich wird den Journalistik-Studenten der Katholischen Universität Eichstätt seit dem Sommer 1985 ein nicht unerhebliches Kontingent an Praktikanten-Plät-

---

39 Erste „KLARTEXT"-Seite in „Donau Kurier", Nr. 151 vom 6. 7. 1987.

DONAU-KURIER

Neue Zeitung für Stadt und Kreis Ingolstadt

1. Jahrgang / Nummer 1 — Lizenz Nr. 10 der Nachrichtenkontrolle der Militärregierung Ost — Dienstag, 11. Dezember 1945

Wir dienen einer freien Presse

Feierlicher Akt zum ersten Erscheinen des „Donau-Kuriers"

Als am vergangenen Dienstag, dem 11. Dezember 1945, in der Druckerei des „Donau-Kuriers" die Rotationsmaschine anlief, um die erste Nummer der neuen Zeitung für Stadt und Kreis Ingolstadt zu drucken, da war nach den qualvollen Jahren der geistigen Unterdrückung endlich auch für die Bewohner Ingolstadts die Stunde gekommen, zu der sie zum erstenmal wieder eine unbeeinflußte, freie Lokalpresse zur Hand nehmen konnten. Der Wichtigkeit dieses Ereignisses entsprechend fand im kleinen Rathaussaal eine würdige Feier statt, zu der eine Reihe von Persönlichkeiten der Militärregierung sowie von Vertretern der staatlichen und städtischen Behörden, der bayerischen Presse, der Parteien und der Bevölkerung erschienen war.

Ein Quintett des Städtischen Symphonieorchesters leitete die Feier mit dem Andante aus dem Streichquartett Nr. 8 von Mozart ein. Keiner wird wohl gewesen sein, der, während die Töne den Raum füllten, nicht tief ergriffen wurde, ergriffen von dem Ernst und der Bedeutung der Stunde, ergriffen aber auch von einer reinen Freude darüber, daß nun auch für Ingolstadt der Weg zur freien deutschen Presse sich auftat.

Der „Donau-Kurier" stellt sich als die neue demokratische Presse Ingolstadts vor.

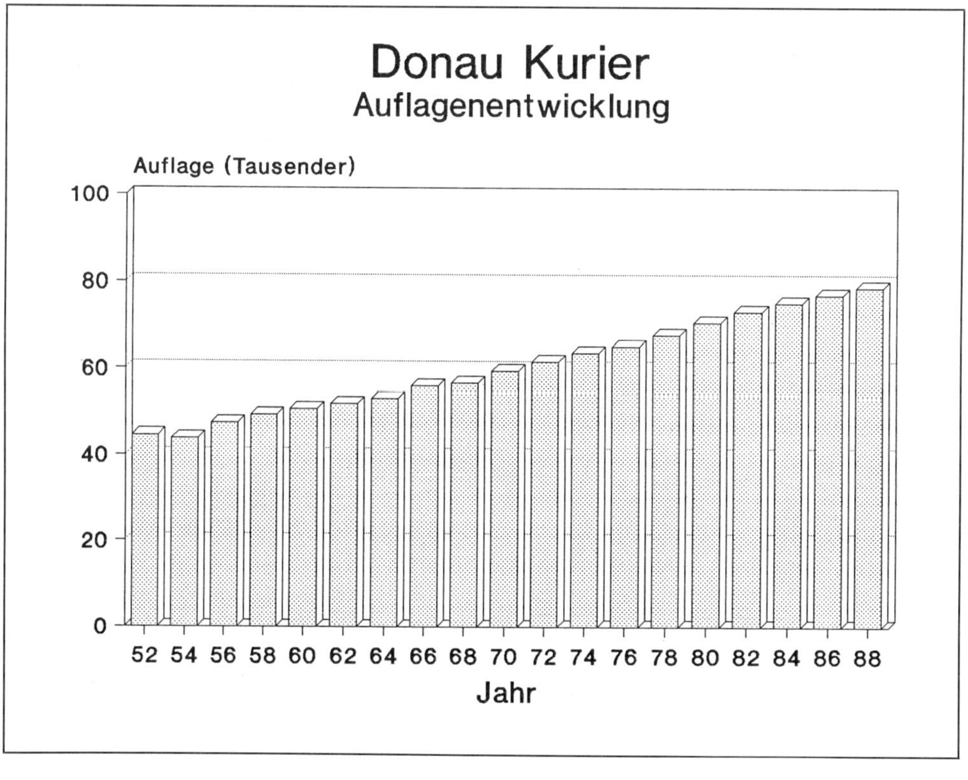

zen freigehalten. Von den 20 Redakteuren, die in den letzten zehn Jahren u. a. zur Aufstockung der Lokalredaktionen neu eingestellt wurden, hat die Hälfte im eigenen Haus volontiert.

Insgesamt waren 1988 50 Redakteure und 14 Volontäre für die Zeitung tätig (die Lokalredaktionen der „Aichacher Zeitung" und des „Pfaffenhofener Kurier" nicht mitgerechnet), außerdem vier Redakteure und drei Volontäre für das von der Tochtergesellschaft „Radio IN" angebotene Hörfunkprogramm. Ein festes Redaktionsbüro unterhält der „Donau Kurier" in München, Korrespondenten hat er in Bonn, in Berlin, in Paris und in Washington. Ansonsten bezieht das Blatt den überregionalen und internationalen Nachrichtenstoff von den Agenturen dpa, Reuter, KNA, epd und sid.

Grenzpfähle der Freiheit

> „Die Pressefreiheit ist der Prägestempel einer Demokratie. Es gibt keine Demokratie ohne Pressefreiheit, sie ist ein integraler Bestandteil der Demokratie, selbst wenn man unterstellt, daß mit der Pressefreiheit im Arm auch Schindluder getrieben werden kann. Jede Art Freiheit in unserem Gesellschaftssystem ist naturgemäß in sich beschränkt; sie muß ihre eigenen sittlich-moralischen Grenzpfähle sichtbar aufstellen, um sich nicht der Gefahr des Unterwanderns durch fremde, falsche Rangordnungen auszusetzen."[40]

Vom Dezember 1968 stammen die Leitsätze und Richtlinien der redaktionellen Arbeit, die Herausgeber und Redaktion gemeinsam beschlossen haben. Sie sind bis heute unverändert gültig. Da wird zuvörderst die Unabhängigkeit des publizistisch-journalistischen Schaffens von allen fremden Einflüssen statuiert. In den Leitsätzen für diese Arbeit wird sodann positiv festgelegt: „Die Redaktion bekennt sich zu den christlichen Prinzipien. Sie fördert alle fortschrittlichen Kräfte. Sie setzt sich für den Frieden in aller Welt ein. Sie ist der Entwicklung einer parlamentarisch-demokratischen Ordnung und den Forderungen der Menschenrechtskonvention verpflichtet. Die Redaktion tritt für den weiteren Ausbau des sozialen Rechtsstaates, für die Würde des Menschen und für den Schutz der Schwachen ein. Die Redaktion ist nicht an die Auffassungen einer Partei, einer politischen, wirtschaftlichen oder konfessionellen Gruppierung gebunden."[41]

Diesen Prinzipien entspricht es, wenn Reissmüller ein paar Jahre später, zum hundertjährigen Jubiläum, bemerkt, die Zeitung dürfe nicht nur Forum, sie müsse auch Kompaß sein.[42] Insoweit sie aber Forum ist, erlegen die Herausgeber-Richtlinien den Redakteuren des „Donau Kurier" ausdrücklich auf, sich in der täglichen Arbeit bewußt zu sein, daß der Leserkreis der Zeitung „alle Schichten der Bevölkerung umfaßt", daß die Redaktion zwar „dem Leser verständlich zu machen (hat), was sie will", gleichzeitig aber „auch andere Auffassungen sachlich darzustellen (hat), selbst wenn sie mit ihnen nicht übereinstimmt". Das heißt jedoch jeweils konkret,

---

40 Wilhelm Reissmüller: Elektronik anstelle Mechanik. Zur neuen Technologie im „Donau Kurier". In: Sonderbeilage des „Donau Kurier" vom 17. 11. 1979, S. 2.

41 Zit. aus den Leitsätzen des „Donau Kurier" vom Dezember 1968, Ziff. 1 (Sonderdruck).

42 Vgl. Wilhelm Reissmüller: Von der Zukunft . . . ; in: SBDK 1972, S. 4.

daß „Nachrichten nicht verzerrt und verfälscht werden“ dürfen, daß der Leser „über alle Bereiche des öffentlichen Lebens möglichst vollständig zu informieren“ ist.[43] Wenngleich also eine „meinungs- und aussagenfreudige“ Redaktion gewünscht wird, so ist doch im Interesse der Information und der Unterrichtung der Leser auch „Abstinenz von der eigenen Meinung“, „Selbstdisziplinierung“ und Absehen von der „lokalen Kirchturmperspektive“ verlangt.[44]

Die Konsequenz solcher Richtlinien zielt darauf, daß Zeitung Demokratie nicht darstellen kann, wenn die demokratische Diskussion in ihrem Innenbereich nicht möglich ist. Oder: „Was eine Zeitung nach außen sein soll, muß sie zuerst in sich selber praktizieren: Es kann keine Rede von Befehlen sein, auch nicht von Überreden. Es muß überzeugt werden, und das kostet oft viel Zeit (..).“ Und: „Wem Unabhängigkeit und Freiheit ein unteilbares Element unseres Lebens sind, muß sich engagieren. Um dieses Engagement geht es uns. Unabhängig sein heißt nicht, von Verantwortung frei sein. Wir helfen uns wenig, wenn unser publizistisches ‚tägliches Plebiszit‘ ohne praktisches Engagement in der Öffentlichkeit bleibt.“[45]

Praktisches Engagement kann viele Formen annehmen. Der „Normalfall“ im lokalen Journalismus ist natürlich der Einsatz dafür, daß jeder Bürger aktiv und passiv „an dem Prozeß der Meinungsbildung teilnehmen“ kann, wozu die Zeitung buchstäblich als Medium, nämlich als Mittelstück, gebraucht wird. Denn hier, auf diesem ureigenen Feld hat „die Tagespresse“ – und gerade sie – „die verschiedenen Meinungen in der Bürgerschaft zu hören, zu erforschen und über sie zu berichten, ob sie nun von einzelnen kommen oder ob sie von irgendwelchen Interessentengruppen vertreten werden“.[46]

Wo dies geschieht, hebt dann das zusätzliche, kulturelle oder soziale Engagement eines Verlagshauses oder eines Verlegers, wie es sich in Ingolstadt „seit Jahrzehnten entfaltet“[47], das Ansehen und die Kompetenz einer Zeitung. Seit 1951 organisiert der „Donau Kurier“ die Aktion „Vorweihnacht der guten Herzen“, deren Erlös hauptsächlich der Behindertenhilfe im Verbreitungsgebiet der Zeitung zugute kommt.[48] 1972, zum hundertjährigen Bestehen der „Ingolstädter Zeitung“, errichteten die Besitzer des „Donau Kurier“, Elin und Dr. Wilhelm Reissmüller, eine Stiftung, mit deren Erträgen ab 1974 die Infrastruktur für den Dienst „Essen auf Rädern“ aufgebaut und seitdem erhalten wurde. Dieser Mahlzeitendienst, der älteren, behinderten und bedürftigen Ingolstädter Bürgern das Leben in den eigenen vier Wänden ermöglicht, begann 1974 mit fünf Personen; schon zehn Jahre später waren bereits über 350 Dauergäste angeschlossen, die mit nahezu 50 000 Mahlzeiten bedient wurden.[49]

Einen völlig anderen Zweck verfolgt eine Stiftung, die ebenfalls von Dr. Reissmüller im Rahmen der seit 1962 bestehenden Städtepartnerschaft zwischen Ingolstadt und Carrara 1983 gegründet wurde: Sie dient der künstlerischen Zusammenarbeit zwi-

---

[43] Zit. nach den „Grundlagen der redaktionellen Arbeit (Richtlinien)“ vom Dezember 1968, Sonderdruck.

[44] Wilhelm Reissmüller: Von der Zukunft . . . ; in: SBDK 1972, S. 4.

[45] Wilhelm Reissmüller, a. a. O., S. 4 und S. 5.

[46] Peter Schnell (Oberbürgermeister von Ingolstadt): Die Stadt und ihre Zeitung. In: „Donau Kurier“ vom 17. November 1979. (Sonderbeilage „Zur neuen Technologie“, S. 4.).

[47] Oberbürgermeister Peter Schnell laut Bericht im „Donau Kurier“ vom 3./4. August 1985.

[48] Siehe Rückblick und Überblick in: „Donau Kurier“ vom 29./30. November 1986.

[49] Siehe „Donau Kurier“ vom 17./18. November 1984.

schen der Accademia di Belle Arti Carrara und der Akademie der Bildenden Künste in München. Die Stiftung fördert in erster Linie den Austausch von Studierenden, vornehmlich der Bildhauerklasse, durch Vergabe von Stipendien. Eine Ausstellung von Werken deutscher und italienischer Bildhauer-Stipendiaten der Stiftung fand 1987 in Ingolstadt und München statt. In dieser Stiftung schließt Dr. Reissmüller an seine eigenen künstlerischen Ambitionen an, die nicht nur seine Lehrjahre geprägt haben. Die künstlerische Nebentätigkeit hat auch der Verleger nie aufgegeben. Vor dem Eingang des Ingolstädter Klinikums steht eine Skulptur von Wilhelm Reissmüller. Sie heißt „Gesundbrunnen". Der Marmor stammt aus Carrara.[50]

Elektronik anstelle Mechanik

> „Überall, wo die Voraussetzungen gegeben sind, wo unternehmerische Initiative die Grundlage geschaffen hat, wird die Presse (hier ganz im Sinne des ursprünglichen Druckbegriffes gebraucht) nach neuesten technischen Errungenschaften modernisiert. Das dauert Jahre und erfordert hohe Investitionen. Aber die Zeiten Gutenbergs sind dahin. Lichtsatz und Offsetdruck bestimmen ein neues Zeitalter im Druckereiwesen."[51]

Viel nachdrücklicher allerdings als eine Marmorskulptur prägt das Bild der Stadt der Komplex des neuen Verlagshauses mit dem Courier Druckhaus, der in vier Bauabschnitten an der Münchener Straße entstanden ist. In der Nähe der historischen Festungsbauten des Leo von Klenze errichtet, bilden die stark vertikal gegliederten, architektonisch anspruchsvollen Verlagsgebäude sowohl stadteinwärts wie stadtauswärts „eine Art ‚Brückenkopf' und im gewissen Sinn ein modernes Pendant zur gebauten Geschichte".[52]

Angefangen hatte der „Donau Kurier" nach dem Krieg, wo die „Ingolstädter Zeitung" und dann auch der „Donaubote" aufgehört hatten: auf einer Betriebsfläche von 800 qm „Am Stein" und auf einer MAN-Rotation von 1925. Da dort alle Entwicklungsmöglichkeiten abgeschnitten waren, zog der Betrieb 1954 in einen Neubau an der Donaustraße. Der Neubau bot viermal mehr Platz; die technische Ausstattung wurde auf den neuesten Stand gebracht. Die Setzerei wurde mit den eben erst eingeführten, lochbandgesteuerten Teletypesettern ausgerüstet, die Druckerei mit einer großen, leistungsfähigen Rotation. Nach noch nicht einmal 20 Jahren war diese Technik überholt.

In drei Bauetappen zunächst, entstand daher zwischen 1963 und 1979 das Courier Druckhaus an der Münchener Straße.[53] 1975 wurde dort die erste Lichtsatz-Anlage für den „Donau Kurier" installiert; drei Jahre später wurde sie von Grund auf modernisiert und 1982 mit einem ATEX-Redaktions- und Satzsystem ergänzt. Dieses international erprobte System ist gleichermaßen für die Bearbeitung von Redak-

---

50 Siehe hierzu „Donau Kurier" vom 17./18. Dezember 1983, vom 3./4. August 1985 sowie vom 9. Juli 1987.

51 Wilhelm Reissmüller: Von der Zukunft . . . ; in: SBDK 1972, S. 4.

52 Helmut Stich / Reinhard Kolb (Architekten): „Donau Kurier" Ingolstadt – Neubau einer Rotationshalle. In: Courier Druckhaus. Sonderdruck des „Donau Kurier" 1981, S. 4.

53 Vgl. Heidie Guilino: Damals und heute. In: SBDK 1972, S. 46ff.

tions- und Anzeigentexten ausgelegt. Das Redigieren von Texten ist am Bildschirm möglich, mit dem inzwischen beinahe jeder Redakteur ausgestattet ist. Die Verwaltung der Textdateien, das Setzen, das Speichern und Weiterleiten von Daten, vor allem solcher, die von Nachrichtenagenturen oder Außenbüros kommen, die rasche Ausgabe über leistungsfähige Setzgeräte, all dies ermöglicht die Anpassung der Zeitungsproduktion an den Aktualitätsstandard von heute und morgen. Inzwischen ist damit auch der elektronische Ganzseitenumbruch am Bildschirm nach den Vorgaben der Redaktion möglich.

Außer dieser grundlegenden Umstellung auf Elektronik und der Modernisierung fast aller Verarbeitungstechniken wurde im neuen Druckhaus auch eine neue Offsetrotationsmaschine in Betrieb genommen. „Als wir", so schreibt der Verleger, „am Samstag, dem 24. März 1979, diese Zeitung zum letzten Mal im Bleisatz herstellten und auf einer Buchdruckrotationsmaschine druckten und am darauffolgenden Montag, dem 26. März 1979, den ‚Donau Kurier' mittels Lichtsatz und im Offsetrotationsverfahren produzierten, merkte kaum einer von den paar Hunderttausend Lesern, daß mit ihrer Zeitung etwas Umwälzendes in der technischen Herstellung passiert war."[54]

Aber zum nämlichen Zeitpunkt, als beim „Donau Kurier" die Mechanik endgültig durch die Elektronik abgelöst wurde, war der nächste Schritt schon geplant. Zwischen 1979 und 1981 wurde in einem vierten und vorerst letzten Bauabschnitt ein Büro- und Verwaltungskomplex, vor allem aber eine völlig neue Rotationshalle errichtet. 1981 lief dort schließlich die bisher mächtigste Rollenoffsetrotation im Courier Druckhaus an: eine Compacta-S von Koenig & Bauer mit vier Doppeldruckwerken, mit der pro Stunde 25 000 Exemplare einer Zeitung mit 32 Seiten im Vierfarbendruck hergestellt werden können. Man weiß dort, damit den Anforderungen vielleicht bis zur Jahrhundertwende nicht gerecht werden zu können.

Damit und in der raschen Aufeinanderfolge der technischen Investitionen ist das Kernproblem bereits angedeutet: „Ein Unternehmen, das Druckerzeugnisse herstellt, muß sich notgedrungen technisch vollkommen umrüsten, will es im wirtschaftlichen Wettbewerb überhaupt Aussicht auf Erfolg haben. (...) Die Aufstellung modernster Druckmaschinen nach dem Offset-Prinzip stellt die Unternehmen trotz allem vor große Schwierigkeiten, weil die Überschaubarkeit technischer Entwicklungen in diesem Sektor höchstens einen Zeitraum von knapp zehn Jahren umfaßt. Die Kurzlebigkeit dieser technischen Ausrüstungsgüter läßt deshalb ein Unternehmen der graphischen Branche nur noch mittelfristig planen."[55] Zu alledem kommt hinzu, daß vermutlich nur technisch bestgerüstete Verlagsunternehmen den Umwälzungen auf dem Medienmarkt der Zukunft gewachsen sind.

---

[54] Dr. Wilhelm Reissmüller: Elektronik anstelle Mechanik. „Donau Kurier" vom 17. 11. 1979. (Sonderbeilage „Zur neuen Technologie im ‚Donau Kurier'", S. 1.).

[55] Dr. Wilhelm Reissmüller: Leitartikel zum Sonderdruck „Courier Druckhaus" 1981.

Die Chancen der Zeitung

> „Die Lokalpresse wird sich ihren Rang in der Zukunft in einem differenzierten Kommunikationssystem erstreiten müssen, sie wird alle Anstrengungen unternehmen, um ein kritisches, attraktives und flexibles Medium zu bleiben.“[56]

Ingolstadt ist eine der bayerischen Städte mit dem höchsten Verkabelungsgrad, bezogen auf die Zahl der anschließbaren Haushalte. Bislang gibt es nur kleine Privatanbieter, die am lokalen Kabelfernsehen interessiert sind. Wegen der fragwürdigen wirtschaftlichen Basis und außerordentlich hoher finanzieller Vorleistungen hat sich der Verlag des „Donau Kurier“ entschieden, sich vorerst nicht am Lokal-Fernsehen zu beteiligen. Anders steht es beim Hörfunk. Mit der Gründung der Anbietergesellschaft „Radio IN“ ist eine positive Entscheidung zugunsten der Teilnahme an einem lokalen Hörfunkprogramm gefallen. Nach einer Testphase hat „Radio IN“ inzwischen den Sendebetrieb aufgenommen. Das Ziel dieser Hörfunkaktivitäten ist es, kein „Zeitungsradio“ zu produzieren.

Die Beteiligung an einem privaten Rundfunkprogramm ist nach Auffassung des „Donau Kurier“-Verlegers aus grundsätzlichen ebenso wie aus pragmatischen Gründen unverzichtbar. Schon vor zehn Jahren schrieb Dr. Wilhelm Reissmüller: „Es wäre grundfalsch, die Gefahren, welche mit dem Vordringen elektronischer Medien im lokalen und regionalen Raum gerade für die lokale Tageszeitung entstehen, zu verniedlichen oder gar zu verschweigen. Informationsgewohnheiten des Lesers lassen sich verändern. Wenn aber die Presse auch im lokalen Bereich in Konkurrenz mit den elektronischen Medien Rundfunk und Fernsehen treten müßte, ist ihre Haushaltsabdeckung gefährdet, sie triebe langsam, aber sicher einer Verelendung zu.“[57]

Aber natürlich ist in einer Stadt, die 1472 bis 1800 die älteste bayerische Universität beherbergte, in deren Mauern Gelehrte und Humanisten von Weltruf dozierten und lebten, ein Aventin etwa oder ein Eck, Apian, Canisius und viele andere, auch der Kulturoptimismus nicht so leicht zu brechen. Über die Zukunft der Zeitung, zu den Chancen des gedruckten Wortes meint Wilhelm Reissmüller:

> „Der Leser speichert mehr Wissen in seinem Kopf als der Fernseher. Wer viel gespeichert hat, kann denken. Wir gehen davon aus, daß unsere Leser denken. Auf sie bauen wir. Das ist unsere Chance.“[58]

(hw)

---

[56] Dr. Wilhelm Reissmüller: Elektronik anstelle Mechanik. In: „Donau Kurier“ vom 17. 11. 1979. (Sonderbeilage: „Zur neuen Technologie . . .“, S. 2.).

[57] Dr. Wilhelm Reissmüller: Elektronik anstelle Mechanik, a. a. O., S. 2.

[58] Dr. Wilhelm Reissmüller: Leitartikel zum Sonderdruck „Courier Druckhaus“ 1981.

REGIERUNGSBEZIRK NIEDERBAYERN

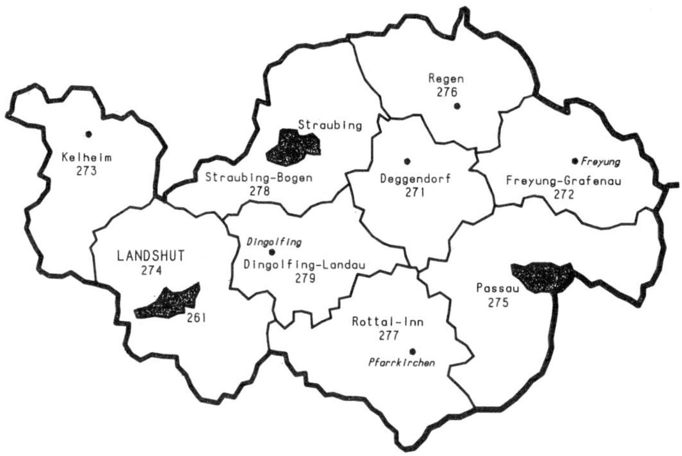

STRAUBINGER TAGBLATT

HALLERTAUER ZEITUNG

PASSAUER NEUE PRESSE

„Heimisches und Hiesiges“: Das „Straubinger Tagblatt“

Bei dem Alter und der historischen Bedeutung Straubings ist es verwunderlich, „daß (..) die Anfänge des Straubinger Pressewesens erst verhältnismäßig spät zu finden sind“, schreibt Alois Fink in seiner Münchner Dissertation (von 1953) „Straubinger Zeitungsgeschichte“.[1] Reiche Funde schon aus der frühen Bronzezeit belegen das ehrwürdige Alter Straubings. Bereits die Römer nutzten die günstige Lage an der Kreuzung der Donaulinie und des alten, durch das Kinsachtal nach Böhmen führenden Handelsweges, um ein Kastell zu bauen. Daneben entstand eine größere Zivilsiedlung. Zwar wurde sie beim Alemanneneinfall 233 zerstört, doch siedelten sich dort bald wieder Menschen an. Den Markt Straubing (seit 1110) erhoben die Wittelsbacher Herzöge von Bayern bereits 1218 zur Stadt. Um diese Zeit war die Petersdult, der Hauptjahrmarkt von Straubing, bereits Tradition. In den folgenden Jahrhunderten war Straubing häufig Residenzstadt. Bis zum 18. Jahrhundert beruhte die Wirtschaft Straubings auf seiner Stellung als Hauptort der niederbayerischen Landwirtschaft, als Umschlagplatz für Agrarprodukte und auf dem Donauhandel. Im 19. Jahrhundert verlor Straubing den Regierungssitz an Regensburg. „Auch wurde (..) eine dem wichtigsten Verkehrsweg über Straubing nach Böhmen entsprechende Bahnlinie nicht ausgeführt.“[2] Doch konnte die Stadt ihre wirtschaftliche Kraft behaupten. Die Nähe Regensburgs hat wohl lange Zeit die Gründung einer eigenen Zeitung verhindert. „Regensburg hatte sehr viel wichtigere Verkehrsverbindungen und war als Sitz des Kaiserlichen Reichspostamtes Quelle und Sammelpunkt von Nachrichten. (...) Als Gesandtensitz der Reichstage und bedeutende Bücherstadt“[3] lief Regensburg Straubing den Rang ab.

„Unmittelbare Vorläufer der politischen Tageszeitung von Straubing sind einige Anzeigenblätter gewesen, die amtliche Bekanntmachungen, Privatanzeigen aller Art, Lokalnachrichten aus der Stadt und Umgebung, literarische und Kunstanzeigen, Bevölkerungs- und Fremdenlisten sowie Getreide- und Viktualienpreise gebracht haben. In erster Linie hat diese Aufgabe der ‚Königlich Bayerische Anzeiger von Straubing‘ erfüllt, der 1805 bis 1808 wöchentlich einmal herauskam. Einen ähnlichen Zweck erfüllte das ‚Straubinger Wochenblatt‘, das ‚Intelligenzblatt‘ und der ‚Königliche Polizeianzeiger von Straubing‘. Das Intelligenzblattwesen hat auch hier, wie in den übrigen deutschen Städten, der politischen Tageszeitung vorgearbeitet. Es hat auch dem Publikum zum erstenmal den wirtschaftlichen Wert des Warenaustausches im Inseratenwesen bewiesen. Allerdings die Aufgabe einer Zeitung konnte es nicht erfüllen, da sein Stoffkreis begrenzt und der Inhalt ein zu gelehrter war. Zur Gründung einer Tageszeitung mußten noch andere Gründe kommen.“[4]

Erst 1860 wagt ein geborener Landshuter, Clemens Attenkofer, der Zweitgeborene seines Vaters, der in Landshut die Thomannsche Druckerei führte, den Versuch, für

---

[1] Alois Fink: Straubinger Zeitungsgeschichte. Dissertation München 1953 (unveröffentlicht), S. 9.

[2] a. a. O., S. 7.

[3] Hans Kapfinger: Die Entwicklung des „Straubinger Tagblatts“. In der Sondernummer des „Straubinger Tagblatts“: „Im neuen Heim“ von 1929. S. 11.

[4] ebd.

Straubing eine Zeitung zu machen. Der gerade Zwanzigjährige wollte und sollte in Straubing sein Glück machen. In der ersten Nummer des „Straubinger Tagblatts" vom Montag, den 1. Oktober 1860 schreibt er u. a.:

„Das ‚Straubinger Tagblatt' soll dem Bedürfnisse der Stadt und nähern und ferneren Umgebung Genüge leisten; ohne sich in Partheidifferenzen einzulassen, ohne das religiöse Gefühl zu verletzen, ohne irgendwie Anstoß zu erregen, wird es treu dem Könige und Vaterland einfach und wahrheitsliebend, kurz und gut die politischen Ereignisse berichten, Oertliches, Bayerisches und vermischte Nachrichten geben, das Nützliche mit dem Angenehmen zu verbinden, die Mittelstraße zu wandeln suchen. Bei unserm gesteigerten Verkehrsleben wird es auch das Praktische gehörig ins Auge fassen, es wird vor allem die Schrannen-Anzeigen von Straubing, Landshut, München, Regensburg, Geiselhöring und Deggendorf bringen, den Abgang und die Ankunft der Eisenbahnzüge und Dampfschiffe mitteilen, desgleichen die Straubinger Viktualienanzeige, die notwendigsten Kursberichte, schließlich auch die Bevölkerungsnachrichten der Stadt Straubing, sowie an der Spitze des Blattes ein tägliches Kalendarium. Erscheinen wird das ‚Straubinger Tagblatt' täglich mit Ausnahme der Sonn- und Feiertage; für die Sonntage kommt, als Ersatz und zur Kurzweil der Leser, am Samstage ein unterhaltendes Beiblatt mit Erzählungen u. dgl. Anzeigen aller Art werden aufgenommen und billig berechnet, die Zeile zu 2 Kr. Das Blatt selbst kostet vierteljährlich 45 Kr. und kann in Straubing bei der Expedition Cl. Attenkofer'sche vormals Lerno'sche Buchdruckerei und auswärts bei allen Postexpeditionen darauf Bestellung gemacht werden."[5]

„Wenn man sich die ersten Jahrgänge der neugegründeten Zeitung ansieht", urteilt der spätere Chefredakteur Kapfinger, so muß zugestanden werden, „daß Verlag und Redaktion des ‚Straubinger Tagblatt' dieses ihr Versprechen getreulich gehalten haben. Das Wesentliche an dem neuen Blatte war, daß es in aller Kürze berichtete. Die Einteilung des täglich erscheinenden, anfangs meist 4seitig starken Blattes im Quartformat war folgende: Die ersten Seiten enthielten die Nachrichten, meist politischer Natur, über Deutschland. Es folgte das Ausland, dann eine sogenannte nichtpolitische Zeitung. Die Rubrik Straubing stand stets an der Spitze der Provinznachrichten. Eine weitere Rubrik ‚Neuestes' hatte sehr viel Aehnlichkeit mit unseren ‚Letzten Telegrammen'. Die Magistratssitzungen, die Polizeisenatssitzungen, die Dienstesnachrichten wurden mit der gleichen Regelmäßigkeit gebracht, wie es noch heute der Fall ist. Unter der Redaktion des M. J. Lautenschlager, der seines Zeichens einst Skribent war, entwickelte sich sogar ein politischer Leitartikel. Dieser zeichnete sich durch seine sehr offene Sprache auch gegenüber den Behörden aus. Wenn man das Blatt charakterisieren will, so ist es in dieser Periode ein reines Nachrichtenblatt mit gelegentlichem Räsonnement seines leitenden Redakteurs. Die Tendenz war liberal, der damaligen Zeitrichtung entsprechend. Das Blatt ist jedoch nachweisbar von seinen Anfängen an stets für die Sache der Religion und der katholischen Kirche eingetreten. Die Nummer vom 15. Februar 1862 z. B. enthält an der Spitze einen Aufruf zur Gründung einer St.-Michaels-Bruderschaft. Wiederholt nahm das Blatt Stellung gegen Verunglimpfung der Religion und Geistlichkeit. Der Landshuter Schrannenbericht wurde dem Blatte ständig telegraphisch übermittelt. Allwöchentlich brachte es eine statistische Zusammenstellung der Mittelpreise der bayerischen Schrannen. Ferner war mitgeteilt Abgang und An-

[5] ebd.

kunft der Eisenbahnzüge in Straubing, der Abgang der Dampfschiffe und andere wichtige Verkehrsnachrichten. Dadurch ist das Blatt auch eine wichtige Quelle für die Wirtschaftsgeschichte geworden. (...) Schon bald stand im ‚Straubinger Tagblatt' der Inseratenteil in einem angemessenen Verhältnis zum Umfang des Textes. Er zeigt zugleich die stetig sich entwickelnde wirtschaftliche Linie der gewerbefleißigen Straubinger, die bald erkannten, daß eines der wichtigsten Mittel der Förderung ihres Unternehmens die Zeitungsanzeige ist. (...) Bald hatten auch die Vereine ihre Vereinsanzeigen ins Blatt gegeben, am ersten die ‚Schildlergesellschaft'. Die Familienanzeigen waren von den ersten Nummern an im Blatt zu Hause, ebenfalls die Kleinanzeigen, für den Fachmann wohl der beste Beweis, daß das ‚Straubinger Tagblatt' schon früh ein Familienblatt im besten Sinne des Wortes gewesen ist. Allerdings finden wir manchmal Anzeigen, die wir heute in unserem Tagblatt vergebens suchen würden. So heißt es einmal in einem Inserat: ‚Vergangene Woche ereignete sich das Unglück, daß an einer gefährlichen Stelle des Eises dasselbe einbrach, ein junger Mann hineinfiel und sogleich ertrank. Das Gerücht geht, die Tat sei absichtlich geschehen. Der junge Mann war nämlich, trotzend einer Reihe von Jahren, die einer engeren Verbindung noch im Wege standen, mit einem Mädchen verlobt, die das gewisse Schicksal dem ungewissen vorziehend ihre Hand einem reiferen Bewerber reichte.'(...)

Eine entscheidende Wendung in der Geschichte des Tagblatts trat im Jahre 1867 ein. Ein Geistlicher, H. H. Georg Aichinger, Beichtvater im Kloster Azlburg bei Straubing, übernahm die Redaktion und gab damit dem Blatte in ununterbrochener Tätigkeit bis zum Jahre 1895 eine entschieden katholische Richtung. (...) In einem Rundschreiben und im Blatte selbst hat Aichinger die Grundsätze dargelegt, die ihn bei der Führung seiner Redaktionsgeschäfte leiteten. Er wollte sein Blatt (..) in den noch immer gar kleinen Kreis entschieden katholischer Blätter einreihen. Er schreibt: ‚Dasselbe soll ein Volksblatt im vollen und ganzen Sinne dieses Wortes werden: Es soll zur wirklichen Aufklärung unserer Bürger und Bauern über alle wichtigen Fragen der Zeit sein redlich Teil beitragen und den noch vorhandenen Grundstock echt katholischer, ernst sittlicher Anschauungen und Gewohnheiten in unserem altbayerischen Kernvolke pflegen.'"[6] Aichinger war es auch, der verstärkt im Blatt für die Belange Niederbayerns und speziell seiner Bauern eintrat – in einer Zeit, in der sich das liberale Regime in Bayern feindlich gegen den Bauern stellte. Das Jahr 1870 brachte eine stärkere Benützung des Telegrammdienstes sowie eine Vergrößerung des Formats (nochmals 1889). Aichingers Nachfolger in der Redaktionsleitung, Alfons Planer (1895 – 1900), Johann Baptist Regner (1900 – 1906), Rudolf Pronold (1906 – 1923), nochmals Regner (1914 – 1928), ab 1927/28 Ludwig König (bis 1931) und Hans Kapfinger (bis 1933) gemeinsam, führten seine Linie weiter.

Treue zur alten Linie

Am 15. 9. 1935 übernahm der Verleger Georg Huber den Gesamtbetrieb. Die eindeutig katholische Linie der Redaktion war bei den Verlegern des „Straubinger Tagblatts" durchaus nicht immer unumstritten, konnte aber lange Zeit durchgesetzt werden. Seit dem frühen Tod Attenkofers 1867 und der Verheiratung der Witwe mit

[6] ebd.

dem Buchhändler Huber aus Neuburg a. d. Donau tragen die Inhaber des Verlags diesen Namen (Huber), wenn auch die Druckerei weiterhin als Attenkofer'sche Buchdruckerei firmiert. Das „Straubinger Tagblatt" fand zu jener Zeit Verbreitung in einem Gebiet, das von Regensburg, Kelheim, Abensberg, Rottenburg, Landshut, Deggendorf, Viechtach, Eisenstein, Eschlkam, Furth und Cham begrenzt wurde.

Das Blatt und seine Töchter („Allgemeine Laber-Zeitung", „Donau-Post", „Kötztinger Zeitung" und „Vilstaler Zeitung") verfolgten auch in den dreißiger Jahren noch eine konsequent katholisch-heimatliche Linie und verfochten die Ziele der Bayerischen Volkspartei. Der damalige Chefredakteur des „Tagblatts", Hans Kapfinger, hatte sich bereits in seiner Münchner Dissertation als Verfechter des politischen Katholizismus profiliert. Er konnte in seiner Zeitung „noch die Nachricht unterbringen, daß die Nationalsozialisten den Reichstag angezündet hätten, und er forderte, daß die Mitglieder des neuen Reichskabinetts unter Hitler auf ihren Geisteszustand untersucht würden, bevor ihnen das Wohl des deutschen Volkes anvertraut werden könne".[7] Zunächst wurde Kapfinger in Schutzhaft genommen, dann mußte Huber die Verlagsgeschäfte seinem gerade zwanzigjährigen Sohn übergeben. Schließlich wurde beiden wegen politischer Unzuverlässigkeit die Ausübung des Verlegerberufes untersagt.

Da auf dem Betrieb noch finanzielle Verpflichtungen lasteten, die vom wenige Jahre zuvor erfolgten Neubau des Verlagshauses herrührten, wurde der Verlag bald darauf durch Zwangsbeteiligung die Beute der scheinbar neutralen Holding- und Finanzierungsgesellschaft Phönix und damit teilweise dem NS-Pressetrust eingegliedert. Die völlige Enteignung konnte Huber verhindern, indem sein Schweizer Schwiegervater in Berlin intervenierte. Das Blatt existierte noch bis 1945.

Obwohl gerade die Hubers keine Nazis gewesen waren, galt auch für sie das von den Alliierten verhängte Verbot für Altverleger, Periodika herauszugeben. Nach einigem Tauziehen „einigten" sich die Lizenziaten der neuen Zeitung, der „Niederbayerischen Nachrichten", 1947 mit den Hubers auf einen Lohndruckvertrag für die nächsten 15 Jahre. Daneben wurde der Akzidenzdruck weitergeführt. Erst mit der Generallizenz konnte das „Straubinger Tagblatt" wieder erscheinen. Der heutige Verleger, Dr. Hermann Balle, resümiert die Situation der Stunde Null: „Die Alliierten hatten sogenannte Lizenzträger zur Herausgabe von Zeitungen fast überall dort eingesetzt, wo dies den Altverlegern verboten war. Die Lizenzpresse hatte somit im Jahre 1949 einen Konkurrenzvorsprung von vier Jahren, als die Altverleger ihre angestammten und traditionsreichen Zeitungen wieder herausgeben durften, ein Vorsprung, der von vielen Altverlegern nicht mehr wettgemacht werden konnte und wodurch deren Bemühungen von vornherein zum Scheitern verurteilt waren."[8] In Straubing hingegen wurde der Spieß umgedreht: Die Bevölkerung kaufte das „Tagblatt" in „Scharen", wie Dr. Balle es formulierte.[9] Die Lizenzzeitung „Niederbayerische Nachrichten" verschwand von der Bildfläche.

---

[7] Die neue bayerische Presse. Hrsg. im Auftrag des Vereins Bayerischer Zeitungsverleger anläßlich der Deutschen Presse-Ausstellung von Hans Kapfinger. München 1948, S. 58.

[8] So Dr. Hermann Balle; in: „Die ‚Hallertauer Zeitung' kehrt in ihr Geburtshaus zurück". Sonderbeilage der „Hallertauer Zeitung" vom 16. 4. 1987, S. 2.

[9] Gespräch mit Dr. Hermann Balle, gleichzeitig Verleger der „Landshuter Zeitung", am 19. 8. 1987.

Im Aufwind

Mittlerweile hat das „Straubinger Tagblatt“ eine Reihe von Kopfausgaben (Auflage jeweils in Klammern):[10]

- den „Dingolfinger Anzeiger“ (10 222),
- die „Bogener Zeitung“,
- die „Kötztinger Zeitung“ (8 361),
- die „Chamer Zeitung“ (7 519),
- die „Donau-Post“ (4 006),
- den „Plattlinger Anzeiger“ (1 465),
- die „Landauer Zeitung“ (7 870),
- die „Allgemeine Laber-Zeitung“ (7 303),
- die „Landshuter Zeitung“ (25 073),
- die „Vilsbiburger Zeitung“ (9 008),
- die „Moosburger Zeitung“ (14 750) und
- die „Hallertauer Zeitung“ (5 742).

Mit der „Hallertauer Zeitung“, die der Verlegerfamilie Pinsker gehört, und dem „Dingolfinger Anzeiger“ (Verleger: Heinrich Wälischmiller) pflegt das „Straubinger Tagblatt“ eine enge Kooperation: Die Lokalteile werden bei beiden Objekten eigenverantwortlich gestaltet, den Mantelteil liefert das „Tagblatt“. Die Gesamtauflage des „Tagblatts“ (mit Unterausgaben) konnte von 85 000 Exemplaren im Jahr 1963 auf heute 130 000 gesteigert werden, wovon täglich 127 000 verkauft werden.[11]

Der Satzspiegel weist für alle Objekte der Attenkofer'schen Druckerei eine Höhe von 415 mm aus und eine Breite von 279 mm. Der Textteil besteht aus vier Spalten à 60 mm Breite, der Anzeigenteil aus sechs Spalten, die jeweils 46 mm breit sind. Die Grundschrift des Textteils ist 8 Punkt, die des Anzeigenteils 7 Punkt.

Der Druck des „Straubinger Tagblatts“ erfolgt über Nyloprint-Hochdruck. In Straubing selbst werden folgende Ausgaben technisch hergestellt: „Straubinger Tagblatt“, „Kötztinger Zeitung“, „Chamer Zeitung“, „Donau-Post“, „Plattlinger Anzeiger“, „Landauer Zeitung“, „Allgemeine Laber-Zeitung“, „Bogener Zeitung“ und der „Dingolfinger Anzeiger“. In Landshut hingegen werden folgende Ausgaben gedruckt: die „Landshuter Zeitung“, die „Vilsbiburger Zeitung“, die „Moosburger Zeitung“ und die „Hallertauer Zeitung“. Die Zeitung erscheint täglich mit Ausnahme der Sonn- und Feiertage. Eine Einzelausgabe kostet eine Mark, das Monatsabonnement 17,40 DM, wenn die Zustellung durch Träger erfolgt, und 18,50 DM, wenn die Zeitung auf dem Postweg verschickt wird.

Das „Straubinger Tagblatt“ ist in den Landkreisen Kelheim, Landshut, Dingolfing-Landau, Deggendorf, Straubing und Cham verbreitet sowie im nördlichen Landkreis Freising.[12] Das Verbreitungsgebiet ist sehr unterschiedlich strukturiert: Das Land um Cham ist aufgrund der Witterung und geophysikalischen Umstände land-

---

[10] Laut IVW-Liste 4/1987: „Straubinger Tagblatt“ und „Landshuter Zeitung“ gesamt: 129 819 verbreitete Auflage, 127 457 verkaufte Auflage. Das „Straubinger Tagblatt“ allein hat eine Auflage von 28 500. Für die „Bogener Zeitung“ fehlt die Angabe der Auflage.

[11] Laut IVW-Liste 4/1987.

[12] Vgl. Preisliste Nr. 39 des „Straubinger Tagblatts“ und der „Landshuter Zeitung“ vom 1. 10. 1986.

R 6527 A

Straubinger Tagblatt

STRAUBINGER ZEITUNG / STRAUBINGER ANZEIGER · GEGR. 1860

Bezugspreis monatl. (incl. 7 % MwSt.) durch die Post DM 18.50 (einschl. Postvertriebsgebühren), durch Agentur (Träger) DM 17.40 incl. Zustellgeld. — Bestellungen bei allen Agenturen (Trägern) und bei jedem Postamt. — Anzeigenschluß Mo.-Mi. 15 Uhr, Do. und Fr. 12 Uhr tags vorher. Verlag und Druck: Cl. Attenkofer'sche Buch- und Kunstdruckerei, 844 Straubing, Ludwigsplatz 30, Postfach 354 und 355, Fernsprech-Sammel-Nr. 100 51, Telex 065 552 tagbla-d.

Verantwortlich für Politik und Wirtschaft: Dr. Hans Götzl; Bayerische Chronik: Fridolin M. Rüb; Niederbayern, Oberpfalz und engere Heimat: Fritz Röhn; Stadtteil: Niko Schuller; Sport: Bernhard Stuhlfelner; Chef v. Dienst: Bernhard Stuhlfelner, sämtliche Straubing; Feuilleton und Unterhaltung: Hannelore Meier, Landshut; Anzeigenteil: Hubert Lauer, Straubing. — Bei Störungen durch höhere Gewalt keine Ersatzansprüche

Nummer 151 — Maria Goretti, Maria Ther. Led. – Montag, 6. Juli 1987 – Johannes Hus 1415 — Einzelnummer 1.– DM

R 1094 A
Allgemeine Laber-Zeitung

R 8391 A
Chamer Zeitung
FURTHER CHRONIK / WALDMÜNCHNER NACHRICHTEN

R 2458 A
Donau-Post
Die Heimatzeitung mit der höchsten Abonnentenzahl
WÖRTHER-FALKENSTEINER VOLKS-ZEITUNG

R 4428 A
Landshuter Zeitung
NIEDERBAYERISCHES HEIMATBLATT FÜR STADT UND LAND · GEGRÜNDET 1849

R 4256 A
Kötztinger Zeitung
Die Heimatzeitung mit der höchsten Abonnentenzahl
KÖTZTINGER NACHRICHTEN

R 3386 A
Hallertauer Zeitung
MAINBURGER ZEITUNG — HOLLERDAUER NACHRICHTEN

R 4403 A
Landauer Zeitung
Die Heimatzeitung mit der höchsten Abonnentenzahl im Raum Landau
LANDAUER VOLKSBLATT

R 6964 A
Vilsbiburger Zeitung
VILSBIBURGER NACHRICHTEN · VILSBIBURGER ANZEIGER · VELDENER ZEITUNG

R 2438 A
Dingolfinger Anzeiger
DINGOLFINGER NACHRICHTEN — DINGOLFINGER ZEITUNG

R 4964 A
Moosburger Zeitung
Zeitung für Moosburg und den Landkreis Erding

R 7621 A
Plattlinger Anzeiger

R 1837 A
Bogener Zeitung
HEIMATAUSGABE DES STRAUBINGER TAGBLATT

Das „Straubinger Tagblatt“ und seine Heimatausgaben.

wirtschaftlich wenig ertragreich, zudem wegen der Zonenrandlage mit einer vergleichsweise schlechten Infrastruktur ausgerüstet, so daß sich nur wenige Industriebetriebe in der Region ansiedelten. Eine Dauerarbeitslosenrate von über 20 Prozent gehört deshalb zu den Problemen, mit denen die Chamer kämpfen müssen. Zu Straubing und seinem Umland gehören die fruchtbaren Donauniederungen, die eine prosperierende Landwirtschaft ermöglichen. Außerdem nutzten zahlreiche Betriebe die Autobahnanbindung und siedelten sich bei Straubing an. In Dingolfing befindet sich eine BMW-Niederlassung, die für das gesamte Umland der wichtigste Arbeitgeber ist. Der südliche Kelheimer Kreis, in dem die „Hallertauer Zeitung" erscheint, gehört zu den bekanntesten Hopfenanbaugebieten Europas. Infolgedessen ist die Region ebenfalls überwiegend ländlich strukturiert, wenngleich sich die Nähe zur Raffineriestadt Ingolstadt bereits auswirkt: Zahlreiche Holledauer finden in der Erdölindustrie ihren Arbeitsplatz. Landshut ist Sitz der niederbayerischen Regierung mit zahlreichen Verwaltungsinstitutionen.

In seinem Kernverbreitungsgebiet ist das „Straubinger Tagblatt" Alleinanbieter in Sachen Tageszeitung. An den Randzonen allerdings gibt es noch Auseinandersetzungen um Marktanteile, auch wenn sich nach den Worten von Verleger Dr. Balle die „Grenzen geglättet haben". Im Landkreis Cham konkurriert die „Chamer Zeitung" mit dem „Bayerwaldecho", das derzeit eine vergleichbare Auflage hat. Der „Plattlinger Anzeiger" und die „Landauer Zeitung" haben jeweils ihre Rivalen von der „Passauer Neuen Presse", und das Verbreitungsgebiet der „Moosburger Zeitung" überschneidet sich bereits mit dem der (in Freising ansässigen) Lokalausgabe der „Süddeutschen Zeitung".[13]

Die Attenkofer'sche Buch- und Kunstdruckerei hat die rechtliche Form einer Kommanditgesellschaft. An ihr ist der Schwiegervater Dr. Balles, Dr. Georg Huber, zu 20 Prozent beteiligt sowie zwei Töchter zu je 40 Prozent. Die Attenkofer'sche Druckerei ist an der Mediengesellschaft bayerischer Tageszeitungen beteiligt, ebenso am „Aktuellen Presse-Fernsehen" (APF) im Programm SAT 1 sowie zu 20 Prozent an „Radio Donauspatz" in Regensburg, das mehrheitlich von „Radio Gong" gehalten wird.

Ein „Schuß Liberalismus"

Das „Straubinger Tagblatt" beschäftigt zur Zeit rund 360 Mitarbeiter in den Redaktionen sowie im kaufmännischen und technischen Bereich. Über 1 200 gelegentliche freie Mitarbeiter beschaffen Informationen für die diversen Kopfblätter; zusammen mit 1100 Zustellern komplettieren sie den Personalstand der Attenkofer'schen Druckerei. Die meisten der 60 Redakteure haben nach dem Abitur ein Volontariat absolviert. Einige weisen auch ein abgeschlossenes Hochschulstudium vor, einige andere sind Studienabbrecher, die nach dem Volontariat im Journalismus blieben. „Die Tendenz geht aber ganz eindeutig zum Redakteur, der vorher studiert hat", erläutert Verleger Dr. Balle. Pro Jahr stellt das „Tagblatt" fünf bis sechs Volontäre ein, die nach Möglichkeit als Redakteure übernommen werden. Auch Praktikantenplätze werden, vor allem an Studenten der Kommunikationswissenschaft, zur Ver-

13 Informationen aus einem Gespräch mit Dr. Hermann Balle am 19. 8. 1987.

Mit diesem Signet – im Original allerdings nur halb so groß und dafür bunt – wirbt das Lokalradio im Haus des „Straubinger Tagblatts“ um Hörer und Kunden, für die eine Erkennungsmelodie von etwa fünf Sekunden Länge komponiert und produziert wird. Die Hörer werden u. a. durch attraktive Gewinnspiele via Telefon an den Sender gebunden.

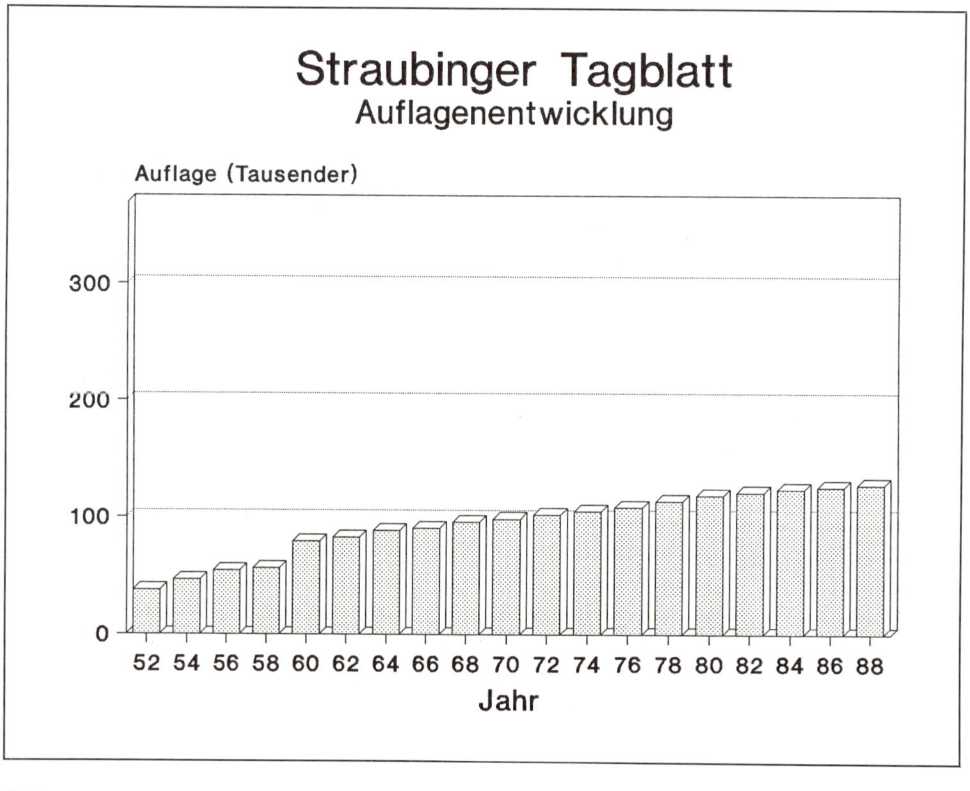

fügung gestellt, wenn eine Lücke vorhanden ist. „Es einfach auf gut Glück probieren“, heißt hier nach den Worten des Verlegers die Devise.[14]

Das „Straubinger Tagblatt“ bekennt sich in Wahrung der Tradition zu seiner Linie. Bis 1935 verstand sich die Zeitung als bewußt katholisches Blatt. Heute fühlt sich das Periodikum den „sittlich-ethischen Werten des Christentums verpflichtet“, wie der Verleger erklärt. Politisch beheimatet ist es im bürgerlichen Konservativismus, der mit einem „Schuß Liberalismus“ versehen sei.[15] Nach Angaben Dr. Balles wird bei jeder Einstellung auf diese Linie hingewiesen. Trotzdem schließt die Grundhaltung des „Tagblatts“ nicht aus, daß unter den Redakteuren auch ein eingeschriebenes SPD-Mitglied ist.

Bei näherem Hinsehen wird deutlich, daß sich das „Straubinger Tagblatt“ vor allem als Regional- und Lokalzeitung versteht. Vier Seiten gelten der „großen“ Politik. Bereits auf der vierten Seite beginnt die „Bayerische Chronik“. Der Regionalteil „Niederbayern – Oberpfalz“ (für die in Landshut hergestellten Kopfblätter: „Niederbayern und Nachbarregionen“) umfaßt in der Regel zwei Seiten, der sich anschließende Lokalteil erstreckt sich über mindestens acht Seiten. Auch die personelle Besetzung der einzelnen Redaktionen spiegelt den Schwerpunkt Lokalberichterstattung wider: Politik, Wirtschaft und Bayernteil werden von vier Redakteuren und einem Volontär gestaltet, in der Regionalredaktion sind sieben Mitarbeiter beschäftigt, die allerdings zugleich den Landkreis Straubing betreuen. Mehr als 40 Redakteure arbeiten für die verschiedenen Lokalteile. Hin und wieder fließen lokale Nachrichten auch in die überregionalen Teile ein. Da beispielsweise die Aktivitäten der BMW AG in Dingolfing sehr viele Leser im Verbreitungsgebiet interessieren, kommen die entsprechenden Meldungen nicht nur in den Dingolfinger Lokalteil, sondern auch in den überregionalen Wirtschaftsteil.

Die Berichterstattung im politischen Teil folgt überparteilichen und überkonfessionellen Grundsätzen. Die Linie des Blattes wird am deutlichsten im Tageskommentar auf der ersten Seite spürbar: Einen Kommentar zugunsten einer Liberalisierung des § 218 werde es in seinem Blatt nicht geben, macht Verleger Dr. Balle die „Grenzen“ deutlich.[16] Das schließt umgekehrt eine umfassende und unparteiliche Information über den gesamten Fragenkomplex nicht aus.

An die „katholische Vergangenheit“ erinnert auf der ersten Seite des Blattes ein Detail: Direkt neben dem Datum erscheinen täglich Namens- und Gedenktage katholischer Heiliger. Der wenn nicht mehr katholische, so doch christliche Akzent im Blatt wird heute am ehesten im Lokalteil sichtbar. Da das gemeinschaftliche Leben in den Gemeinden des Verbreitungsgebietes deutlich durch kirchlich-gemeindliche Strukturen geprägt ist, spiegelt auch die Lokalberichterstattung das religiös-kirchliche Leben intensiver wider als das in einer Großstadtzeitung der Fall sein könnte.

Bereits ein flüchtiger Blick in eine einzige Ausgabe der „Moosburger Zeitung“[17] enthüllt, daß die kirchliche Berichterstattung über die übliche Gottesdienstanzeige hinausgeht. Der Weggang einer Kindergartenschwester ist der Redaktion zehn Zei-

14 ebd.

15 ebd.

16 Äußerung von Dr. Balle anläßlich eines Vortrags am Institut für Kommunikationswissenschaft (Zeitungswissenschaft) der Universität München im Wintersemester 1986/87.

17 „Moosburger Zeitung“ vom 11. 7. 1987, S. 8 ff.

len wert. Die nächste „Patrizierrunde der Legion Mariens“ wird nicht nur angekündigt, sondern auch der Zweck des Treffens erläutert. Die „Notizen aus dem Pfarrbrief“ geben eine eigene Rubrik ab. Der Bericht über die „Zeltmission der freikirchlichen Gemeinde“ geht immerhin über zwei Spalten. Etwa ein Viertel der Veranstaltungshinweise betreffen das kirchengemeindliche Leben in seinen vielfältigen Ausprägungen. Auch die „Todesfälle im Heimatbereich“ werden nicht nur – wie üblich – knapp angezeigt, sondern gleich mit Ort, Tag und Stunde der Seelenmesse und Beerdigung versehen.

Jedem seine Sendung

Am 12. September 1987 begann für den Verlag des „Straubinger Tagblatts“ ein neues Zeitalter. An diesem Tag nahmen in Straubing und Landshut die beiden Rundfunksender der verlagseigenen „Aktuellen Welle Niederbayern“ ihren Sendebetrieb auf. Insgesamt sieben festangestellte Redakteure gestalten das Programm. Dazu kommen in jedem Studio zehn feste freie Mitarbeiter, die verschiedene Aufgaben übernehmen, von der Reportertätigkeit über die Moderation von Sendungen bis hin zur technischen Betreuung der Sendeanlagen. Gesendet wird auf der Frequenz UKW 87,9, die sich die AWN allerdings mit einem weiteren Anbieter teilen muß. Die Attenkofer'sche Druckerei geht täglich auf Sendung. Von 6 bis 9 Uhr morgens mit einem Muntermacher-Programm für Jung und Alt, von 9 bis 12 Uhr mit besonderen Sendungen für Hausfrauen und in den frühen Abendstunden (18–21 Uhr) mit Jugendsendungen.

Eine Werbesekunde in der AWN kostet derzeit zwischen 3,50 und 9,40 DM je nach potentiell erreichbarer Zuhörerschaft. Zu werblichen Zwecken bietet die AWN zusätzlich die Möglichkeit an, ausgewählte Sendungen zu sponsern (Zeitansage, Wetterbericht, Verkehrsdurchsage, Spielaktion, Hitparade, Kochrezept und Tageshoroskop). Dabei wird für den Auftraggeber eine Erkennungsmelodie komponiert, der Werbespot getextet und ein Band produziert, welches vor oder in der Sendung eingespielt wird. Ob das Anzeigenvolumen, das nun dem Hörfunk zufließt, dem „Straubinger Tagblatt“ fehlen wird, ist noch ungewiß.

(gr/sf)

Die Kooperation, die unabhängig macht: Die „Hallertauer Zeitung“

„Eines der bedeutendsten Daten in der Zeitungsgeschichte Mainburgs ist der 10. Dezember 1958“, urteilt Verleger Pinsker.[1] „An diesem Tag unterzeichneten Verleger Dr. Georg Huber für die ‚Landshuter Zeitung‘ und Joseph Pinsker sen. gemeinsam mit Sepp Pinsker den Vertrag für die zukünftige Zusammenarbeit der beiden Zeitungshäuser. Anders als bei anderen Kooperationsverträgen zwischen großen und kleinen Zeitungseinheiten in dieser Zeit blieb die Selbständigkeit der ‚Hallertauer Zeitung‘ (HZ) völlig erhalten. Ein guter Vertrag für beide Seiten; denn seit fast 30 Jahren ist diese Vereinbarung ohne Ergänzung, Anpassung oder Erweiterung in Kraft. Neben der weitblickenden Vertragsgestaltung verband die Vertragsväter ein vertrauensvolles, partnerschaftliches Verhältnis. Diese harmonische Zusammenarbeit hat sich auf die Rechtsnachfolger beider Häuser fortgesetzt. Die enge Abstimmung untereinander im Verwaltungsrat der Ersten Kabelgesellschaft in Niederbayern bei der Vergabe der Sendezeiten für den lokalen Hörfunk ist ein jüngstes Beispiel und Basis für eine erweiterte Zusammenarbeit über das Printmedium hinaus.

Gleichzeitig gibt der ‚große Bruder‘ der kleinen Zeitungseinheit ‚Hallertauer Zeitung‘ durch den Verbund Sicherheit und Standfestigkeit gegenüber anderen Wettbewerbern. Als Einzelkämpfer hätte die HZ keine Chance zum Überleben. Die Zusammenarbeit mit der ‚Landshuter Zeitung‘, die mit ihren elf Regionalausgaben täglich 130 000 Tageszeitungen verbreitet, ermöglicht freie Entfaltungsmöglichkeiten im angestammten Verbreitungsgebiet. Wettbewerbsfähige Stückkosten in der Produktion sind nur bei entsprechender Größenordnung möglich. Geringere Herstellungskosten wiederum erhöhen den finanziellen Spielraum für journalistische Aktivitäten und damit für eine attraktive Berichterstattung sowie eingehende Beratung im Anzeigenbereich.

Und so sieht die Aufgabenteilung seit dem 1. Januar 1959 aus: Die ‚Landshuter Zeitung‘ liefert den ‘Mantel‘, d. h. Welt- und Deutschlandnachrichten, Vermischtes, Bayern- und Niederbayern-Teil, Wirtschaft, Sport, Feuilleton, und ergänzt den von der ‚Hallertauer Zeitung‘ erstellten Lokalteil (Mainburg, Landkreis Kelheim, Au/Hallertau, Nandlstadt etc. sowie Heimatanzeigen) mit Lokalnachrichten angrenzender Verbreitungsgebiete und Landkreise (Moosburg, Freising, Landshut, Rottenburg) und überregionalen Anzeigen. Gleichzeitig wird die ‚Hallertauer Zeitung‘ im Lohndruck auf der Zeitungs-Rollenrotationsmaschine in Landshut gedruckt.“

Wenn man die Umfänge der heutigen „Hallertauer Zeitung“ mit jenen vor 20 und 30 oder gar 50 Jahren vergleicht, bekommt man eigentlich erst so recht einen Begriff davon, welche Leistung eine Heimatzeitung mit einer Auflage von knapp 6000 Exemplaren ihren Lesern täglich bietet. Werfen wir also einen Blick zurück.[2]

---

1 Horst Pinsker: Hallertauer Zeitung – Landshuter Zeitung. In der Sonderbeilage der „Hallertauer Zeitung“ am 16. 4. 1987 (Die Hallertauer Zeitung kehrt in ihr Geburtshaus zurück), S. 2.

2 Vgl. chronologische Darstellung in der Sonderbeilage, S. 4.

2. Jahrgang — Einzelnummer 10 Pfennig

Mainburger Tagblatt

Tagblatt für Markt und Bezirk Mainburg und Umgebung

Nummer 166 — Sonntag/Montag, 19./20. Juli 1925

Wir Bayern

Lärmszenen im Reichstag

Eine Denkschrift der deutschen Südtiroler in Wien

Die Londoner Botschafterbesprechung über China

Ein russisch-französischer Industrieabkommen?

Neue englische Noten in Peking

Neue Franzosenschlappe in Marokko

Der Hopfenbauer

Lokal-Anzeiger für das gesamte Hallertauer Hopfenbaugebiet

Interessen-Organ für Landwirtschaft und Mittelstand

Nummer 41 — Samstag, 6. April 1929 — 3. Jahrgang

Aus dem Reichstag.

Demission des Kabinetts Seipel.

Die Staatsvereinfachung.

Der Achtstundentag.

Der Herr Abgeordnete auf dem Schub.

England und Italien.

Ausgabe Mainburg

Bayerische Ostmark

Der Hopfenbauer — Hollerdauer Berichterstatter

Amtliches Organ der NSDAP., sämtlicher Staats- und Gemeindebehörden des Gaues Bayerische Ostmark

Nr. 227 — Jahrgang 1940 — Erscheinungsort Mainburg — Freitag, 27. September 1940

Bombenangriffe gegen alle Teile Englands

Ganze Bezirke in London ohne Gas, Wasser und Licht / Dem Erdboden gleichgemacht

„Diktator" für Londons Obdachlose

Gewaltige Erfolge unserer U-Boote

Großadmiral Raeder zum Ehrentag der U-Bootwaffe

Spanien blickt nach Gibraltar

Wozu brauchten die Franzosen Kolonien?

HALLERTAUER POST

Mainburger Zeitung

Der Hopfenbauer

Heimatblatt für das gesamte Hopfenbaugebiet Hallertau

Lokalanzeiger für Mainburg Au/Hallertau und Umgebung

Postverlagsort Mainburg

Nr. 212 — Konrad — Mittwoch, den 26. November 1958 — Konrad — Einzelpreis 20 Pfennig

De Gaulle kommt diesmal als Partner

Das Treffen von Kreuznach

Atomverhandlungen in Genf kommen in Fluß

„Bei uns gibt es keine Besatzungsrechte mehr"

R 3386 A

Hallertauer Zeitung

MAINBURGER ZEITUNG — HOLLERDAUER NACHRICHTEN

MAINBURG — NANDLSTADT — AU

Pinsker-Zeitungsverlag GmbH, Gabelsbergerstr. 13, 8302 Mainburg, Tel. 1466, Jos. Thomann'sche Buchdruckerei Landshut, Tel. 27031. — Verantwortl. f. Politik u. Wirtschaft: Dr. Hans Götzl; Sport: Bernhard Stuhlfelner. Chef v. Dienst u. Redaktionsleitung Landshut: Helmut Schönstein. Provinz: Falk Bottke u. Volker Wauschkuhn; Feuilleton u. Unterhaltung: Hannelore Meier; Sport Landshut: Elmar Franz; Anzeigenteil: Amalie Mooser, Landshut; Heimatteil: Hans Kistler, Mainburg; heimatl. Anzeigen: Jos. Kroiß. Im Falle höherer Gewalt kein Ersatzanspruch — Bezugspreis monatl. (inkl. 7 % MwSt.) d. Post 18.50 (einschl. Postvertriebsgeb.), d. Träger ins Haus 17.40 inkl. Zustellgeld. - Unverl. einges. Manuskr. werden nicht zurückgeschickt - Amtsblatt f. die Stadt u. das Amtsgericht Mainburg.

Nummer 154 — Veronika, Agilolf, Johannes — Donnerstag, 9. Juli 1987 — Georg Neumark 1681 — Einzelnummer 1.– DM

Titel und Layout der Zeitungen aus der Holledau im Wandel der Zeit.

In der Chronik geblättert

In Verbindung mit einem Münchner Zeitungsverlag gibt Joseph Pinsker 1924 in Mainburg eine Zeitung heraus. Das „Mainburger Tagblatt" ist jedoch noch nicht lebensfähig und muß wieder eingestellt werden. 1927 wird die Wochenzeitung „Der Hopfenbauer" als Sprachrohr für den damaligen Bauern- und Mittelstand gegründet. Ab 1. Juli 1936 übernimmt die NSDAP die Kontrolle über die Schriftleitung des Blattes. Untertitel: „Bayerische Ostmark – Gauamtliche nationalsozialistische Tageszeitung". Die erste Typograph-Setzmaschine erleichtert 1938 die Herstellung des Zeitungssatzes und löst den Handsatz ab.

Als „Amtliche Tageszeitung des Gaues Bayreuth der NSDAP" erscheint ab 1. Januar 1943 der „Landshuter Kurier" mit seiner Teilausgabe Mainburg. Erst 1949 erhält der Verlag von der Militärregierung die Genehmigung zur Herausgabe der Heimatzeitung, die jetzt „Mainburger Zeitung" genannt wird und dreimal wöchentlich erscheint. Am 1. März 1952 beginnt Anton Pankofer als Redakteur und prägt das Gesicht der HZ beinahe zwei Jahrzehnte.

1954 beginnt die Zusammenarbeit mit der „Isar-Post", Landshut. Ab 1959 kooperiert die „alte" „Mainburger Zeitung" mit der „Landshuter Zeitung", erscheint sechsmal wöchentlich mit dem Titel „Hallertauer Zeitung". 1964 übernehmen Sepp und Käthe Pinsker den Verlag der HZ. 1967 wird mit dem Bau des neuen Verlagsgebäudes in der Marzellerstraße, jetzt Pinskerstraße, begonnen. 1969 wird der Zeitungssatz auf Linotype- bzw. Neotype-Setzmaschinen umgestellt.

1972 stirbt Anton Pankofer, nachdem er 1969 in den Ruhestand gegangen ist. 1979: Das geplante Jubiläumsjahr anläßlich des 100jährigen Bestehens der Firma wird zum Trauerjahr. Am 25. Februar stirbt Seniorchefin Anna Pinsker im Alter von 75 Jahren, am 10. September Joseph Pinsker sen., im Alter von 81 Jahren und am 30. Oktober 1979 Firmenchef Sepp Pinsker im Alter von 53 Jahren.

1981 wird das erweiterte Verlagsgebäude in der Pinskerstraße eingeweiht, Redaktion und Anzeigenannahme residieren nun in neuen Räumlichkeiten. 1983 entschließt sich der Verlag zur organisatorischen und rechtlichen Trennung von Druckkerei und Zeitungsbetrieb, zur Umstellung von Blei- auf Fotosatz sowie zur Beteiligung am Kabelpilotprojekt München und (1984) am Nachrichtenprogramm APF-Blick innerhalb des Fernsehprogramms SAT 1. 1985 wird der Laser-Belichter „Linotronic 300" für den Zeitungssatz installiert. Hans Kistler übernimmt die Redaktionsleitung. Seit 1986 ist der Verlag an der Ersten Kabelgesellschaft in Niederbayern mit Sitz im Verwaltungsrat beteiligt. 1987 ziehen Redaktion, Anzeigenannahme, Vertrieb und Fotosatz für die „Hallertauer Zeitung" ins Stammhaus in der Innenstadt um.

„Sich selbst in der Zeitung wiederfinden"

Die „Hallertauer Zeitung" hat sich den gewandelten Kommunikationsbedürfnissen ihrer Leser angepaßt. Während Zeitungen in den ersten zweieinhalb Jahrhunderten ihres Bestehens ihre Aufgabe vornehmlich darin sahen, dem Leser die große, weite Welt nahezubringen, erleben heute die Heimatteile eine Blütezeit. Dem Gesprächsbedürfnis, das früher durch die Begegnung auf dem Marktplatz befriedigt wurde, kommt heute die Lokalzeitung nach. Den Leser, der die große Politik mindestens zum Teil aus den Abendnachrichten der Fernsehanstalten kennt, „interessiert es nun einmal, wer gestorben ist, wo ein neues Geschäft aufgemacht wird, wo eine neue Straße gebaut wird, wer Geburtstag hat oder befördert wurde, was im Stadtrat oder Gemeinderat beschlossen wurde, was die Vereine und Verbände planen". Redaktionsleiter Hans Kistler weiß, was seine Mainburger von ihm erwarten.[3] „Die Mehrheit der Leser will sich selbst, seine eigenen Erlebnisse und Erfahrungen, seine Beobachtungen und Beanstandungen, seinen eigenen Namen, sich selbst mit seinen Freuden und Problemen in der Zeitung wiederfinden.

Die ‚Hallertauer Zeitung' hat in den letzten Jahren die lokale Berichterstattung erweitert. Die Zeitung in einer Kleinstadt wie Mainburg mit dem dazugehörigen Umland hat hier einen großen Vorteil. Ihr stehen mindestens ebensoviele lokale Seiten zur Verfügung wie der Zeitung in einer Millionenstadt, sie kann also das immer gefragtere lokale Leben eingehend würdigen. Dabei weiß der treue Leser der HZ genau, wo im Heimatteil er was findet. Neben den ein oder zwei Mainburger Seiten, gibt es die Seite für die Stadtteile der Hopfenmetropole, dann die Landkreisseite für Kelheim und schließlich die Seite für den Landkreis Freising. Vor allen Dingen in den Gebieten rund um Mainburg sollen die Informationen für den Leser noch besser und aktueller werden, wobei die Redaktion hier nach wie vor auf die Mithilfe ortskundiger ‚Schreiberlinge' angewiesen ist."

Mit einer Besetzung der Redaktion, wie sie in früheren Zeiten üblich war, könnte sicherlich nicht mehr gearbeitet werden; denn die Zahl der Veranstaltungen hat sich ebenso erhöht wie der Umfang der Lokalseiten. Das Archiv seit dem Jahre 1924 gibt auch hierüber aufschlußreiche Erkenntnisse. Wirft man einen Blick in den Terminkalender einer Woche, so ist da eine Vielfalt von Terminen zu lesen: „Montag abend Generalversammlung der Heimatlergemeinde beim Christbräu; Dienstag vormittag Verabschiedung einer verdienten Mitarbeiterin in der Volksbank, am Abend Stadtratssitzung; Mittwoch abend Veranstaltung im Pfarrheim über ein Asylantenschicksal, gleichzeitig im Feuerwehrhaus Mitgliederversammlung der Gebietsverkehrswacht; Donnerstag abend Modenschau in Großgundertshausen, Jahreshauptversammlung der Postgewerkschaft beim Seidlbräu; Freitag abend Bürgerversammlung beim Seidlbräu; Samstag abend Ehrung der Schützenstadtmeister in Unterwangenbach und Sonntag nachmittag Trophäenschau der Jäger in Wambach."[4]

Heute bilden drei einheimische Redakteure und zwei Volontäre die Stamm-Mannschaft der HZ. In den Semesterferien ergänzen zwei Studenten das Team. Zwölf freie Mitarbeiter, acht Angestellte in der Anzeigenabteilung, im Vertrieb und im Fotosatz sowie 26 Zeitungsträger vervollständigen die Belegschaft.

Die hausinterne Statistik weist aus, daß 1986 jeden Tag 7,84 Lokalseiten gefüllt wurden.[5] Darauf ist die HZ ein wenig stolz, denn dieser Umfang kann sich mit dem jeder Großstadtzeitung messen.

---

3 a. a. O., S. 3.
4 a. a. O., S. 6.
5 a. a. O., S. 3.

„Aktuelle, umfassende und lesenswerte lokale Berichterstattung ist die Basis für eine erfolgreiche Zeitungsarbeit."[6] Horst Pinsker, Verleger der „Hallertauer Zeitung" kann zufrieden sein. Obschon sich die Bevölkerung nicht weiter vergrößert hat, konnte er die Auflage der HZ in den letzten Jahren weiter steigern. Das Verbreitungsgebiet der HZ – das ist die historisch gewachsene Holledau, das Hopfenanbaugebiet im heutigen südlichen Landkreis Kelheim. Rund 85% aller Haushalte im Altlandkreis Mainburg beziehen heute die „Hallertauer Zeitung". Horst Pinsker führt das, neben einer relativ späten Umbruchzeit, die eine aktuelle Berichterstattung auch für den lokalen Teil ermöglicht, auf seine Redaktionsmannschaft zurück: „Redakteure, die unsere Sprache sprechen, die heimatverbunden sind, die die Hallertauer Mentalität kennen, mit Leib und Seele Lokaljournalisten sind und sich für den Bürger einsetzen."[7] Die Position seiner Zeitung sei „christlich, nicht links, nicht rechts, sondern in der Mitte; kritisch, aber nicht revolutionär; so-zial, aber nicht sozialistisch; meinungsfreudig, aber nach Grundsätzen und vor allem unabhängig von Einwirkungen einzelner Gesellschaftsgruppen, Parteien, Regierung und Institutionen."[8]

Daß das nicht nur wohlklingende Worte sind, zeigt ein Beispiel aus dem Jahr 1979: Sieben Jahre nach der Landkreisreform sollte das Amtsgericht in Mainburg aufgelöst werden. Die Bewohner der Hopfenmetropole hätten dann auch wegen geringster Anlässe den Weg in die neue Kreisstadt Kelheim auf sich nehmen müssen. Das „Aus" für das Amtsgericht schien bereits klar, als sich die HZ mit einer Artikelserie einschaltete, die die Entscheidung des Bayerischen Kabinetts torpedieren sollte. Im März berichtete die HZ schließlich über eine Unterschriftenaktion gegen den Abzug des Amtsgerichts, und die Mainburger Bürger folgten dem Aufruf, ihren Willen zu Papier zu bringen. Mit Erfolg. Vier Monate später konnte die HZ die Meldung bringen, daß in puncto Amtsgericht zumindest ein Kompromiß vom Kabinett beschlossen worden war. Zwei Rechtspfleger, zwei Beamte des mittleren Dienstes und eine Angestellte blieben der Mainburger Gerichtsbarkeit erhalten.[9] Bemerkenswert bei der Offensive der HZ ist, daß auch ein kräftiges Wort nicht gescheut wurde: „Das vielgeplagte Wort ‚Bürgernähe' wird von den Bürokraten nur dort praktisch angewendet, wo es ihnen in den Kram paßt. Ist das Amtsgericht Mainburg aufgelöst, geht es gleich mit (...) der Demontage des Mainburger Krankenhauses weiter. Und das alles, obwohl im Landesentwicklungsplan so schön steht: Unterzentrum Mainburg mit Teilfunktion eines Mittelzentrums. Solche Pharisäer!", schrieb damals der Vater des heutigen Verlegers, Sepp Pinsker.[10]

Fortschritte der Technik

Bis 1938 wurde die Zeitung mit der Hand gesetzt, d. h. jeder Bleibuchstabe, jeder Wortzwischenraum mußte mühevoll einzeln zusammengesteckt werden. Zeile für Zeile, Artikel für Artikel. Von diesem Handsatz wurde dann die Zeitung gedruckt. Danach mußten die Buchstaben wieder abgelegt werden, d. h. in das entsprechende

---

[6] a. a. O., S. 2.
[7] ebd.
[8] ebd.
[9] vgl. a. a. O., S. 7.
[10] ebd.

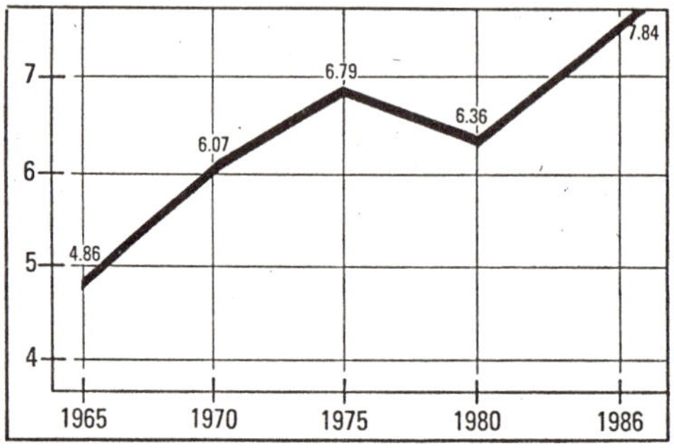

Entwicklung der Anzahl an Lokalseiten.

„Zeitungskunst" im Kulturtreffpunkt der „Hallertauer Zeitung".

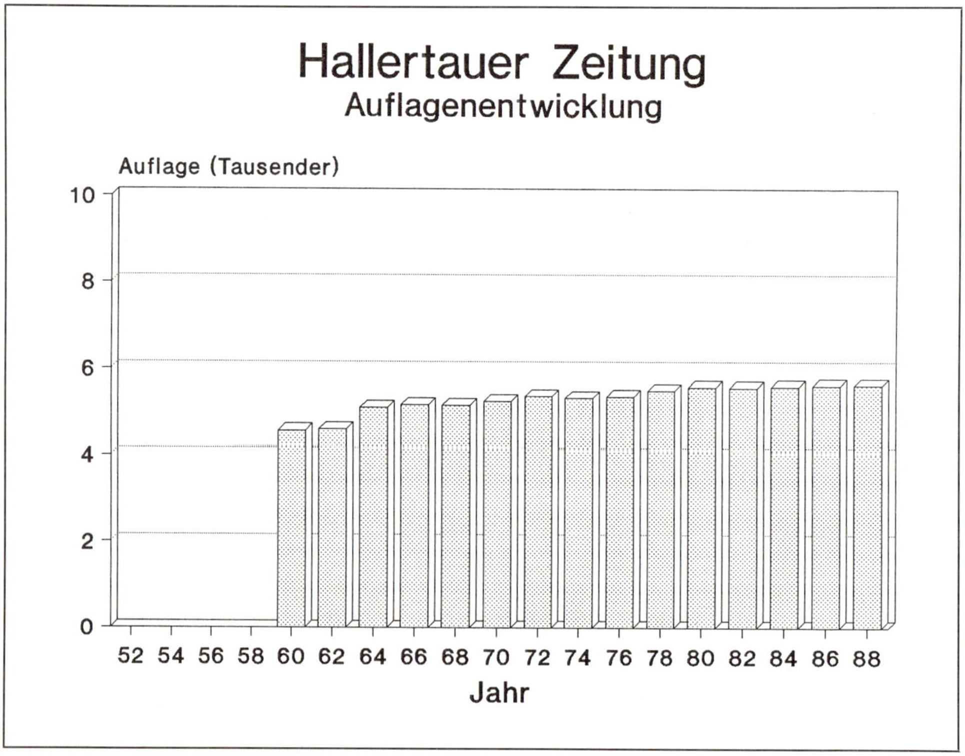

Für 1952 bis 1958 lagen keine IVW-Angaben für die alte „Mainburger Zeitung" vor; seit 1959 erscheint die „Hallertauer Zeitung" im Mantel der „Landshuter Zeitung".

Fach des Setzkastens zurückgelegt werden, um für die nächste Ausgabe wieder greifbar zu sein (Stunden-Leistung ca. 1000 Buchstaben).

Mit der Setzmaschine – „Typograph“ genannt – ging es schon wesentlich einfacher (1938-1957). Auf Tastendruck fielen die einzelnen Matrizen an einem Gestänge entlang herunter und sammelten sich zu einer Zeile. Von diesen aneinandergereihten Matrizen wurde schließlich eine Bleizeile gegossen. Die Matrizen wurden wieder durch Kippen des Korbes in das entsprechende Gestänge gehängt und zurückgekippt und waren für die nächste Zeile bereit (Stunden-Leistung ca. 3500 Buchstaben).

Komfortabel wurde es mit den Linotype- und Neotype-Bleisetzmaschinen (1958 – 1982). Die Matrizen liefen im Kreislauf und wurden automatisch wieder abgelegt. Der Maschinensetzer konnte laufend setzen und gießen. Zeile für Zeile. Die gebrauchten Bleizeilen wurden wieder eingeschmolzen (Stunden-Leistung ca. 10 000 Buchstaben).

Seit 1983 wird der Text für die HZ im Fotosatz hergestellt. Die verschiedenen Schriften sind elektronisch gespeichert. Die Texte werden auf einem Bildschirm erfaßt, auf Normalpapier ausgedruckt, korrekturgelesen, am Bildschirm korrigiert, im Fotosatzsystem gerechnet und auf einem Laser-Belichter auf Fotopapier ausgegeben (Stunden-Leistung ca. 500 000 Zeichen). Heute hat die HZ 60 Schriftarten im direkten Zugriff. Diese verschiedenen Schriften können von 0,25 bis 65 Millimeter in Stufen von 0,01 Millimeter gesetzt werden. Darüber hinaus lassen sich die verschiedenen Schriften in den verschiedenen Größen „modifizieren“, d. h. elektronisch enger oder breiter und/oder kursiv (= schräg) stellen. Gleichzeitig kann man positiv (schwarz auf weiß) oder negativ (weiß auf schwarz) setzen. 60 Schriften x 1860 Größen x 540 Modifikationsmöglichkeiten x 90 verschiedene Schrägstellungen x 2 (positiv und negativ) = 9 039 600 000 Schriftvariationen, hat ein fleißiger Rechner bei der HZ ausgerechnet.[11]

Der Pinsker-Zeitungsverlag besitzt die rechtliche Form einer GmbH, die von den Gesellschaftern Katharina Pinsker, Horst Pinsker und Renate Pinsker getragen wird. Diese drei sind auch als Geschäftsführer beim Amtsgericht Regensburg eingetragen. Der Pinsker-Zeitungsverlag ist zu 15% an der Aktuellen Welle Westliches Niederbayern (AWN) in Landshut beteiligt sowie geringfügig an der mbt, am Aktuellen Pressefernsehen des Programms SAT 1 und an der Ersten Kabelgesellschaft in Niederbayern.[12]

Eigeninitiative in Sachen Radio wird allen Beteiligungen zum Trotz nicht ergriffen, da für Mainburg keine Frequenz vorgesehen ist, was jedoch auch seine guten Seiten hat: Der Verlag muß kein Hörfunkstudio einrichten „und deshalb“, so Verleger Horst Pinsker, „beneiden uns schon jetzt alle“.[13]

(gr)

---

[11] a. a. O., S. 9.
[12] Nach Angabe des Verlages.
[13] Telefonat mit Horst Pinsker am 5. 8. 1987.

Passauer Presse einst und heute.

Donau-Zeitung.

Preis im Zeitungs-Compt. Nr. 235 vierteljährig 1 fl.; Preis bei den königl. Posten in ganz Bayern vierteljährig ebenfalls nur 1 fl. bei ganz portofreier Lieferung.

Vereinigte Blätter

des

Kourier an der Donau und der Passavia.

Insertionsgebühr für den Raum einer gespaltenen Zeile 2 kr. Eintreten kann man täglich, austreten aber nur nach vorhergegangener einvierteljähriger Aufkündigung.

Passau, Dienstag — Nro. 1. — den 1. Jäner 1850.

Zum neuen Jahre 1850.

Aeonen schwinden, Zeiten gehen
In wechselvollem Lauf dahin,
So viel der Stürme uns umwehen,
Bleibt immer doch die Hoffnung grün:
Es wird noch besser, als es war,
D'rum Glück und Heil zum neuen Jahr!

Seht hin auf unsers Thrones Stufen,
Wie **Max** sich seinem Volke weiht,
Wie er sich müh't, hervorzurufen
Für Bayern eine goldne Zeit,
Gewiß wird's besser, als es war,
D'rum Glück und Heil zum neuen Jahr!

Fürchtet niemanden: Die „Passauer Neue Presse“

„Recte faciendo neminem timebis“ – dieses Motto des Verlegers, Gründers und Herausgebers der „Passauer Neuen Presse“, Dr. Hans Kapfinger, steht über dem Eingang zum Verlagsgebäude in der bisherigen Neuburger Straße 28 und ab 17. 3. 1989 umbenannten Dr.-Hans-Kapfinger-Straße 30. „Wenn Du recht tust, brauchst Du niemanden zu fürchten“ – ob man der Zeitung die Unerschrockenheit ihres Gründers ansieht? Die „Passauer Neue Presse“ ist wie kaum eine andere Tageszeitung in der Bundesrepublik Deutschland das Werk eines Mannes. Bevor nun die größte Tageszeitung Ostbayerns näher vorgestellt wird, soll ihr Urheber und Wegbereiter knapp charakterisiert werden.

Geboren wurde Dr. Johannes Evangelist Kapfinger am 27. Dezember 1902 in Adldorf bei Landau an der Isar. Nach der Volksschule wurde er zunächst an das Benediktinerkloster Schweiklberg, später in das Humanistische Gymnasium von Passau geschickt, wo er 1922 das Abitur ablegte. Beide Schulen, die religiöse Anstalt ebenso wie die humanistische Erziehung, blieben für das gesamte Leben Kapfingers prägend. Noch im gleichen Jahr, 1922, begann er in München Philosophie, Volkswirtschaft, Rechtswissenschaft und Zeitungswissenschaft zu studieren. Da er seinen Vater, einen Postschaffner, schon mit acht Jahren verloren hatte, mußte er sein Studium mit Arbeit auf dem Bau finanzieren und von dem Erlös auch noch seine Mutter unterstützen. Schon 1927 wurde Kapfinger promoviert. Sein Thema war der politische Katholizismus in Bayern.

Gleich darauf bekam er eine Anstellung als Lokalredakteur beim „Straubinger Tagblatt“. Für das „Tagblatt“ war diese Anstellung ein Glücksfall: Innerhalb von fünf Jahren gelang es Dr. Kapfinger, die Auflage der Zeitung von 7 000 auf 14 000 Exemplare zu steigern. Außerdem organisierte er Bezirksausgaben. Seine Erfolge brachten ihm bald die Chefredakteursstelle ein; seine mehrfach geäußerte Ablehnung des Nationalsozialismus allerdings kurz darauf, am 4. Mai 1933, die Verhaftung. Vorher hatte Kapfinger in einem Leitartikel gefordert, die Mitglieder des neuen Reichskabinetts unter Adolf Hitler auf ihren Geisteszustand hin untersuchen zu lassen.[1] Dank einflußreicher Freunde kam er aber recht schnell aus dem Gefängnis frei. Allerdings wurde ihm von seiner Zeitung fristlos gekündigt.

„Nach seiner Freilassung aus der Schutzhaft war Dr. Kapfinger in kaufmännischen Abteilungen von Verlagen tätig; als Vertriebsleiter in Coburg und in der Anzeigenabteilung des St.-Otto-Verlages in Bamberg. Hier schrieb Dr. Kapfinger ein Buch über ‚Thomas More und John Fisher – Märtyrer der Wahrheit‘, das sich unverhüllt gegen die nationalkirchlichen Bestrebungen der Nationalsozialisten und gegen die Gewissensknechtung richtete. Nach Verhören durch die Gestapo und nachdem es gelungen war, daß ein Verfahren von der Staatsanwaltschaft Bamberg wegen eines Artikels im ‚St. Heinrichs-Blatt‘ gegen den Militarismus eingestellt wurde, fand Dr. Kapfinger im Storch-Verlag in Reutlingen eine Stelle. Raimund Köhler, der international angesehene Präsident des Leipziger Meßamtes holte Dr. Kapfinger dann

[1] Vgl. Dr. Hans Kapfinger (Hg.): Die neue bayerische Presse. München 1948, S. 58.

ans Leipziger Meßamt. Nach dreivierteljähriger Tätigkeit wurde aber, nach der Entfernung Köhlers und nach Übernahme der leitenden Posten durch Nationalsozialisten, Dr. Kapfinger wegen antinationalsozialistischer Gesinnung und wegen Konspiration mit ausländischen Journalisten fristlos entlassen. Dr. Kapfinger kam nach Berlin zum Rudolf-Lorentz-Verlag. Unter Alfons Greeven arbeitete Dr. Kapfinger in Berlin an einer Widerstandsgruppe mit, die unter der Bezeichnung ‚Aktion Riemenschneider' einen ehrenvollen Platz in der Geschichte der Berliner Widerstandsbewegung beanspruchen darf."[2] Im November 1945 aber riefen ihn die Amerikaner nach Bayern zurück. In Straubing hatten sie nämlich von seiner Gegnerschaft zum Nationalsozialismus und seiner Tüchtigkeit gehört. Dr. Kapfinger schien ihnen der rechte Mann, um Lizenzträger einer neuen Zeitung zu werden. Die erste Ausgabe der „Passauer Neuen Presse" konnte am 6. Februar 1946 erscheinen. Damit knüpfte sie an eine seit 1785 währende Zeitungsgeschichte in Passau an.[3]

Passau erhielt seine erste Zeitung durch den aufgeklärten Fürstbischof Joseph Franz Graf von Auersberg, der 1785 das „Passauer Intelligenzblatt" ins Leben rief, das neben den üblichen Bekanntmachungen auch politische Informationen bot. Schon ein Jahr später änderte der Herausgeber, der Schullehrer Ellixhauser, den Zeitungstitel in „Passauer Wochenblatt". Einige Jahre danach lebte das „Wochenblatt" in der „Passauer Zeitung" fort. 1791 wurde daraus schließlich der „Kurier an der Donau". Durch den Verzicht auf die Nennung Passaus im Titel strebten die Herausgeber wahrscheinlich eine Verbreitung über die Grenzen der Stadt hinaus an. Der „Kurier" erschien über 50 Jahre in Passau. 1847 aber ging er, hauptsächlich wegen der Konkurrenz durch die modernere und aktuellere Zeitung „Passavia" in Konkurs. Der Herausgeber der „Passavia", Dr. Breßl, kaufte das Verlagsrecht auf und ließ beide Zeitungen in einer neuen, der „Donau-Zeitung" aufgehen.

Bereits am 1. Oktober 1847 erwuchs der „Donau-Zeitung" Konkurrenz in der „Passauer Zeitung", die im Revolutionsjahr 1848 zunehmend liberale und antiklerikale Standpunkte vertrat. Der Herausgeber der „Passauer Zeitung", Carl Pleuger, konnte sich jedoch mit seiner Zeitung nicht behaupten. Im Oktober 1849 verkaufte er sein Blatt an den Regensburger Verleger Friedrich Pustet. Dieser änderte zwar den Titel in „Neue Passauer Zeitung", nicht jedoch die linksliberale Tendenz. Beide Passauer Zeitungen bekamen Schwierigkeiten mit der Zensur, konnten sich jedoch gegen das 1870 neugegründete katholische „Passauer Tagblatt" durchsetzen.

1887 gab es in Passau bereits drei Zeitungen, von denen zwei sogar zweimal täglich erschienen, als auch noch eine vierte hinzukam, die betont katholische, der Zentrumspartei nahestehende „Niederbayerische Volks-Zeitung". Sie wurde 1890 von der „Donau-Zeitung" aufgekauft.

Um die Jahrhundertwende betrug die Auflage der „Donau-Zeitung" 9000 Exemplare bei wöchentlichem Erscheinen. Bis 1919 konnte sie sich auf 15 000 Exemplare steigern und kam nun zweimal in der Woche heraus. Das BVP-nahe Blatt wurde 1935

---

2 ebd.

3 Näheres siehe auch Thomas Heller: Untersuchungen zur Passauer Pressegeschichte. Das Passauer Zeitungswesen von 1785–1890. Magisterarbeit München 1985. Veröffentlicht 1986 im Verlag des Vereins für Ostbairische Heimatforschung in Passau. Josef Oswald: Geschichte des Passauer Zeitungswesens. In: Verein für Ostbairische Heimatforschung (Hg.): Ostbairische Grenzmarken. Passau 1971.

unter Druck an die nationalsozialistische Holding Phönix GmbH[4] in Berlin verkauft und erschien noch bis zum 29. 4. 1945.[5] „Der Konkurrenzkampf zwischen der ‚Donau-Zeitung' und der ‚Passauer Zeitung' beschäftigte bis zu Beginn des ‚Dritten Reiches' Leser wie Gerichte. Im Februar 1935 wurde die ‚Passauer Zeitung' dem nationalsozialistischen Gauverlag ‚Bayerische Ostmark' einverleibt und am 1. Januar 1938 mit ihrer früheren Konkurrentin, der ‚Donau-Zeitung', fusioniert."[6]

Neuanfang

Nach dem Krieg schien Dr. Kapfinger der amerikanischen Militärregierung prädestiniert als Lizenzträger. Er stammte aus Niederbayern und spiegelte mit seiner konservativ-katholischen Haltung, wie sie sich in der politischen Kommentierung jener Zeit ausdrückte, durchaus die Ansichten der Leserschaft wieder.

„Umfragen aus dem Jahre 1946 ergaben, daß die ‚Passauer Neue Presse' die populärste aller bisher in der amerikanischen Besatzungszone lizenzierten Zeitungen war."[7] Andererseits zielte die amerikanische Militärregierung eine politisch ausgeglichene, „überparteiliche" Presse an, was sie teilweise dadurch zu erreichen suchte, daß sie Lizenzträger verschiedener weltanschaulicher Färbung in einem Lizenzträgergremium zusammenspannte. Im Fall der „Passauer Neuen Presse" sollte der Emigrant K. Goldschmidt ein Gegengewicht zu Kapfinger bilden. Kapfinger lehnte den Mitlizenzträger „jedoch nach einiger Zeit als ungeeignet" ab.[8] In der Folgezeit wurde das Blatt von der Information Control Division der amerikanischen Militärregierung besonders aufmerksam beobachtet, zumal es ihr „geschickt und subtil nationalistisch" erschien.[9]

Die „Passauer Neue Presse" deckte mit einer Startauflage von knapp über 100 000 Exemplaren und vier Bezirksausgaben den Stadt- und Landkreis Passau („Passauer Nachrichten"), die ehemaligen Bayerwaldkreise Wegscheid, Wolfstein und Grafenau („Bayerwaldbote"), die Rottaler Landkreise Griesbach, Pfarrkirchen und Eggenfelden („Rottaler Rundschau") und den Landkreis Vilshofen („Vilshofener Nachrichten") ab.

Mit der Generallizenz 1949 erschienen im Verbreitungsgebiet der „Passauer Neuen Presse" über ein Dutzend Konkurrenzzeitungen. Jeder der früheren Heimatverleger wollte wieder sein eigenes Blatt herausgeben. Doch die „Passauer Neue Presse" setzte sich durch – die Leser hielten ihr die Treue. Mit vielen der früheren Heimatverleger arrangierte sich Dr. Kapfinger. Noch heute arbeitet sein Verlag in vielen Städten mit ihnen zusammen. Die vier Tageszeitungen, die allein in Passau nach der Generallizenz herausgegeben wurden, konnten sich alle nicht gegen die „Passauer Neue Presse" behaupten und mußten ihr Erscheinen einstellen.

---

4 Näheres siehe Anonym [Fritz Schmidt]: Presse in Fesseln. Berlin 1947.
5 Vgl. Annette Ramelsberger: Kommunikationsraum Passau – Die Passauer Neue Presse und die Gegenöffentlichkeit. Diplomarbeit (unveröffentlicht) München 1984, S. 68.
6 ebd.
7 Harold Hurwitz: Die Stunde Null der deutschen Presse. Köln 1972, S. 151.
8 Brief Kapfingers an Ernst Langendorf vom 19. 6. 1946, zitiert nach Hurwitz, a. a. O., S. 151.
9 ebd.

Dr. Hans Kapfinger, der sich schon Ende der 20er Jahre einen Namen als Zeitungswissenschaftler und Zeitungsstatistiker gemacht hatte und vom Posten des Chefredakteurs beim „Straubinger Tagblatt" durch die Nationalsozialisten enthoben wurde, erhielt die Lizenz für die „Passauer Neue Presse".

Die erste Ausgabe

Passauer Neue Presse

1. Jahrgang / Nummer 1 — Lizenz Nr. 16 der Nachrichtenkontrolle der Bayerischen Militärregierung — Dienstag, 5. Februar 1946

Londoner Konferenz: England lehnt russische Beschwerde ab

Der Norweger Tryove Generalsekretär der Vereinten Nationen

London, 4. Februar (Dana)

Der Sicherheitsrat nahm die Behandlung der russischen Beschwerde über die **Anwesenheit britischer Truppen in Griechenland auf.** Bevin wandte sich nachdrücklich gegen die russische Beschwerde.

Der russische Vertreter Wischinsky erklärte, „Rußland besteht auf der schleunigen und bedingungslosen Zurückziehung der britischen Truppen aus Griechenland. Die griechische Regierung begeht einen Fehler, indem sie die Wirkung der Anwesenheit fremder Truppen im Lande nicht beachtet. Die Anwesenheit britischer Truppen wurde wiederholt von reaktionären Gruppen ausgenutzt. Dies stellt eine Gefahr für Frieden und Sicherheit dar und ist der Grund, aus dem die Sowjetunion die Frage dem Sicherheitsrat vorlegt." Wischinsky wies darauf hin, daß die Sowjetregierung diese Frage bereits auf der Potsdamer Konferenz aufgerollt habe.

Behandlung der russischen Beschwerde

Der britische Außenminister Bevin erwiderte: „Die britischen Truppen werden zurückgezogen werden, wenn England alle Verpflichtungen erfüllt hat, die ihm in Griechenland obliegen." Wischinskys Hinweis auf die Unruhen in Griechenland erlaubt nicht den Schluß, daß die britischen Truppen aus Griechenland zurückgezogen werden müssen. **Dieser Zustand führt im Gegenteil zu der zwingenden Notwendigkeit, noch weitere britische Truppen nach Griechenland zu schicken.** In diesem Zusammenhang wies Bevin auf die Gefahren für den Weltfrieden hin, die aus der kommunistischen Agitation gegen Großbritannien in allen Ländern entstehen könnten.

130 Millionen von Hungersnot bedroht

Die Abendsitzung vom 2. Februar nahm die bereits mehrfach erwähnte Resolution

In der Abendsitzung des 1. Februar wurde der norwegische Außenminister Tryove Lie in geheimer Abstimmung mit 46 gegen drei Stimmen zum Generalsekretär der Vereinten Nationen gewählt.

Der Militärausschuß

Der Militärausschuß der Vereinten Nationen, der die Funktionen eines Generalstabs der Weltorganisation hat, trat am Montag zu seiner ersten Sitzung zusammen. Die Charta stellt diesem Ausschuß folgende fünf Aufgaben:

1. Beratung und Unterstützung des Sicherheitsrates in allen militärischen Fragen.

2. Verfügung und Oberbefehl über alle Streitkräfte, die dem Sicherheitsrat unterstehen.

3. Studium der Möglichkeiten der Abrüstung.

4. Strategische Leitung der Streitkräfte des Sicherheitsrates.

5. Ausarbeitung der Vereinbarungen mit den Mitgliedsstaaten über ihre Teilnahme an den Streitkräften der Weltorganisation, einschließlich der Fragen des Durchmarschrechtes.

Organisationsfragen, Sitz der Organisation

Der Ausschuß zur Auffindung eines Sitzes für die Weltorganisation ist aus Amerika in England eingetroffen. Der Vorsitzende Gawrilowitsch gab amtlich bekannt, daß der Bericht den Bezirk Stamford-Greewich als den geeignetsten Sitz für die Weltorganisation bezeichnet. Dieser Bezirk liegt an der Küste, knapp nördlich New York innerhalb des New Yorker Vorortverkehrs.

Gawrilowitsch fügte jedoch hinzu, das Publikum sollte aus dieser Empfehlung keine zu schnellen Schlüsse ziehen, bevor der ganze Ausschußbericht veröffentlicht sei, was in wenigen Tagen der Fall sein wird. Die Frage wird noch in dieser Woche

General Mc Narney, der Oberkommandierende in der USA-Besatzungszone

* * *

McNarney lobt die Zivilverwaltung

Die Verbesserung der allgemeinen Situation innerhalb der amerikanischen Zone Deutschlands, die Übertragung größerer Verantwortung auf die deutschen Zivilbehörden und die engere Zusammenarbeit zwischen den vier Besatzungsmächten werden von General Mc Narney in seinem Monatsbericht für Dezember besonders hervorgehoben.

In Anerkennung der Tätigkeit des Länderrates in Stuttgart heißt es: „Es hat sich erwiesen, daß die Idee der Schaffung eines solchen Länderrates sehr gesund war, daß eine solche Organisation durchaus notwendig ist und daß der Länderrat zur vollsten Zufriedenheit gearbeitet hat."

In dem Bericht wird weiter gesagt, der Hauptzweck der Schaffung des Länderrates sei gewesen, die deutsche Verantwortung und Selbstverwaltung wiederherzu-

Programm der Zeitung

Das deutsche Volk hat den Zweiten Weltkrieg politisch, wirtschaftlich und militärisch verloren, den der Führer ins Chaos, Adolf Hitler, mit seiner Partei vorbereitet und entfesselt hat. Wir büßen nun für Torheit und Krieg. Überall in Deutschland begegnen wir dem Flüchtlingselend. Unsere schönsten und größten Städte sind zu Ruinen geworden. Wir haben unersetzliche Verluste an Menschenleben zu beklagen. Fast in alle Familien ist bitteres Leid eingekehrt. Väter, Brüder, Söhne sind nicht mehr wiedergekommen. Um die eigene Macht noch einige Monate länger halten zu können, haben die Nazis bedenkenlos die Existenz des gesamten Volkes aufs Spiel gesetzt. Wenn wir nicht ganz in Not und Elend verkommen sind, verdanken wir dies der Hilfe der Sieger.

Was soll nun werden?

Wir müssen einige Grundtatsachen begreifen, ehe wir anfangen können, von vorne zu beginnen.

1. Wir müssen nicht nur mit den natürlichen Folgen eines verlorenen Krieges fertig werden, sondern haben für die freche Herausforderung der ganzen Welt und für die Verletzung der Gesetze der Menschlichkeit einzustehen.

2. Wir haben nicht bloß den Krieg, sondern auch unsere Ehre verloren. Was in den deutschen Konzentrationslagern und in den von den Nazis besetzten Gebieten geschehen ist, hat uns die Verachtung der gesamten gesitteten Welt eingetragen.

3. Unser Verhängnis war, daß wir nach dem ersten Weltkrieg 1914/18 die Pforte unseres nationalen Unglücks nicht durchschritten haben. So kam die Dolchstoßlegende auf und die Meinung, Deutschland hätte den ersten Weltkrieg nicht verloren. So konnten von den Nazis die Ursachen unserer Not in der Nachkriegszeit verfälscht und zweckpolitisch umgedeutet werden. Mit der Lüge über das Ende des ersten Weltkrieges wurde der zweite vorbereitet.

4. Die historische Schuld des Nazismus, seiner Anhänger und Förderer gegenüber der Welt und dem deutschen Volke ist unermeßlich. Mitschuldig sind nicht bloß die Kriegsverbrecher und aktiven Nazis. Die Masse der Passiven, die mit ihrem Namen machen ließ, was man wollte, kann durch positive Mitarbeit sühnen, was für alle Fälle wertvoller ist, als in Resignation zu verharren.

5. Wenn wir gesunden wollen, müssen wir uns geistig und wirtschaftlich von den Trägern

6. Wir müssen uns, so gut es geht, selber helfen und mit der Not im Lande fertig werden. Dies bedeutet für jeden Deutschen, bereitwillig Opfer und Entbehrungen auf sich zu nehmen.

7. Der Garant unserer Zukunft sind die Kinder, die jetzt in die Volksschule gehen. Von der Gestaltung ihrer Erziehung im Geiste echter Humanität und Toleranz hängt es ab, ob auf unseren Schulen gute Menschen heranwachsen, die das Vertrauen der Nachbarvölker sich erwerben, oder SS-Sturmbannführer, die der Schrecken ihrer Umgebung werden.

8. Die Erfahrung der Geschichte hat gezeigt, daß die Macht im Staate, wenn sie einem Manne anvertraut wird, allzu leicht mißbraucht werden kann. Wir müssen uns zu Bürgern eines demokratischen Staates erziehen, in dem alle sich verantwortlich fühlen, in dem die Freiheit einen Ort behält und das Recht, vor dem alle gleich sind, ohne Unterschied der Rasse, Nationalität oder Religion.

Die Erfüllung der Forderungen, die oben aufgestellt wurden, gibt uns eine Chance für die Zukunft. Sie ist schwer genug. Wir müssen uns über den Ernst unserer Lage vollkommen klar sein. Aber wir brauchen nicht ohne Hoffnung sein. Der Anfang ist gemacht. Man beginnt, uns Vertrauen zu schenken. Ein Beweis dieses Vertrauens ist auch die Herausgabe dieser Zeitung, die, fußend auf überparteilicher Grundlage, geschrieben von Deutschen für Deutsche, die politischen und sozialen Prinzipien der Demokratie vertritt.

Unsere Zeitung, die den Namen *„Passauer Neue Presse"* erhalten hat, sieht es als eine ihrer Hauptaufgaben an, die Wirtschaft ihres Verbreitungsgebietes zu fördern. Die neue deutsche Demokratie kann sich nicht entwickeln, wenn die Menschen hungern und Sorge vor der Zukunft und Existenznöte die Herzen niederdrücken. Die heimische Wirtschaft ankurbeln zu helfen, damit möglichst alle wieder Arbeit und Brot finden, ist unsere vornehmlichste Sorge, ebenso die Förderung der Landwirtschaft, von der wir alle abhängig sind.

Aufbauen ist schwerer und langwieriger als Zerstören. Wir alle dürfen und wollen aber vor der Schwere der Aufgabe nicht zurückschrecken. Für die bayerische Heimat in der größten Notzeit unseres Volkes mit restlosem Einsatz zu arbeiten, ist dem Herausgeber dieser

1952 zog die „Passauer Neue Presse" aus dem Druckgebäude der ehemaligen „Passavia" in die (heutige) Dr.-Hans-Kapfinger-Straße 30 um.Die Zeitung wuchs an Umfang und erschien schließlich tatsächlich jeden Tag, was bisher durch den Papiermangel nicht möglich war. Dr. Kapfinger schloß Kooperationsverträge ab und kaufte andere Blätter auf, so daß die „Passauer Neue Presse" bald das größte Publikationsorgan Ostbayerns war. Heute erreicht sie täglich eine verkaufte Auflage von 155 108 Exemplaren. 1961 lag die Auflage noch bei 102 297 Exemplaren, dagegen kostete die Zeitung damals im Abonnement DM 4,50, heute DM 19,50. Von der heutigen Auflage werden 147 446 Zeitungen im Abonnement bezogen. 7662 Exemplare gelangen in den Einzelverkauf. Damit ist die „Passauer Neue Presse" die größte Abonnement-Zeitung Bayerns, außerhalb der Großstädte München, Nürnberg und Augsburg.

Ein solcher Erfolg gelang Dr. Kapfinger natürlich nicht ohne Anfeindungen. Seine dezidiert konservative und katholische Haltung brachte ihm manche Gegner.[10] Die „Frankfurter Allgemeine Zeitung" umriß Kapfingers Anliegen in einem Porträt der Zeitung vor genau 20 Jahren: „Die Nähe Österreichs und der Tschechoslowakei, an deren Grenze ihr Verbreitungsgebiet abrupt endet, hat ebenso wie das Bewußtsein der weiten Entfernung zur Landeshauptstadt München, ganz zu schweigen zur Bundeshauptstadt Bonn, ihre Haltung und ihren Stil geprägt. Ob man ihren Verleger, den streitbaren, weitbekannten Dr. Kapfinger danach fragt, oder ihren Chefredakteur Janik oder auch den jüngsten ihrer 48 Redakteure, was die Zeitung wolle und erstrebe, so bricht jedesmal sogleich das Grenzland-Bewußtsein durch: es geht in erster, zweiter und dritter Linie um die wirtschaftliche Förderung eines Gebietes, das sich als vergessenes Armenhaus der Bundesrepublik fühlt und dafür auch einige Kriterien vorzuweisen hat. (...) Da Niederbayern zudem die letzte deutsche Landschaft ist, in der die ehrwürdige Kunst der Beschimpfung noch heimisch ist, gilt hartes Schlägeausteilen hier als normal und geboten. (...) Massive Gegendarstellungen veröffentlicht sie [i. e. die Zeitung] sofort und ohne mit der Wimper zu zucken (..)."[11] Soweit die „Frankfurter Allgemeine Zeitung" über die „Passauer Neue Presse". Die „Förderung der ostbayerischen Lebensinteressen in kultureller, wirtschaftlicher und politischer Hinsicht" und die „christliche" Grundhaltung sind in der Satzung der Neuen Presse Verlags GmbH festgeschrieben. In den Anstellungsverträgen für Redaktionsvolontäre und Redakteure wird die Grundhaltung mittlerweile so formuliert: „Die Zeitungen der ‚Neuen Presse Verlags GmbH' sind unabhängige, demokratische, über den Parteien stehende Organe. Sie sind von keiner Interessensgruppe abhängig und dienen keiner solchen. Die Zeitungen stehen auf christlichem Boden".

Diesen Zielen wissen sich auch die Erben Dr. Kapfingers verpflichtet, der im Alter von 83 Jahren am 29. 7. 1985 hochdekoriert starb. Er erhielt das Große Bundesverdienstkreuz mit Stern, den Bayerischen Verdienstorden und war Ehrenbürger von Passau und Freyung. Seit seinem Tod gehören 35% der Neuen Presse Verlags GmbH, die die „Passauer Neue Presse" mit allen Bezirksausgaben herausgibt, der Dr.-Hans-Kapfinger-Stiftung, 32,5% hält Frau Edith Kapfinger, seine Witwe, 30% sein Sohn Heinz, und dem Beirat verbleiben 2,5%. Die Verleger üben keinen unmit-

---

10 Der Band „Dr. Hans Kapfinger und seine Zeit" (Passau 1984) verzeichnet neben biographischen Details Leitartikel Kapfingers in der „Passauer Neuen Presse" von 1946 bis 1982 und vermittelt so einen Eindruck von seiner politischen Kommentierung im Blatt.

11 „Frankfurter Allgemeine Zeitung" vom 8. 6. 1968, S. 72.

telbaren Einfluß auf die Redaktion aus. Redaktionsdirektor und Chefredakteur Ulrich Zimmermann trat sein Amt am 1. 8. 1986 mit dem Versprechen an, die Grundhaltung der Zeitung zu wahren und sie im Sinne von Dr. Kapfinger weiterzuführen. In Kapfingers Sinne ist es, daß das Blatt sich parteipolitisch neutral verhält (jedenfalls in der Nachrichtengebung) und dabei das katholisch-konservative Element in der Leserschaft besonders im Auge behält.[12] Chefredakteur Ulrich Zimmermann setzt hier auf Kontinuität: „Bei den letzten Landtagswahlen hat die Bevölkerung des Verbreitungsgebietes – regional unterschiedlich – überwiegend mit mehr als 60% CSU gewählt. In einem solchen Umfeld die Leser ständig gegen den Strich bürsten zu wollen, wäre töricht und entspräche auch nicht der Entwicklung dieser Zeitung. Sie ist mit dieser und durch diese Leserschaft gewachsen, wird in ihrer politischen Grundhaltung von der Mehrheit der Bevölkerung so akzeptiert – jeder politische Richtungswechsel wäre widersinnig. Das heißt, daß die ‚Passauer Neue Presse‘ weder atheistischen noch kommunistischen oder anderen der christlich-abendländischen Kultur zuwiderlaufenden Tendenzen Vorschub leistet oder solche Tendenzen unterstützt. Ich glaube, das bedarf keiner weiteren ausführlichen Erläuterung."[13]

Das Umfeld der Zeitung

Die „Passauer Neue Presse" wird heute in acht Landkreisen gelesen, die teils zum Regierungsbezirk Niederbayern und teils zum Bezirk Oberbayern zählen. Im Dreieck zwischen österreichischer und tschechischer Grenze leben rund 730 000 Menschen, davon 330.000 im Zonenrandgebiet.[14] Das Verbreitungsgebiet umfaßt rund 220 000 Haushalte, d. h. die „Passauer Neue Presse" oder eine ihrer Regionalausgaben ist in zwei von drei Haushalten anzutreffen.

Konkurrenz erwächst der „Passauer Neuen Presse" nur in den Grenzgebieten ihres Verbreitungsraums. Um Viechtach grenzt sie an die Oberpfalz an -- dort ist die „Mittelbayerische Zeitung" aus Regensburg, vor allem aber das „Straubinger Tagblatt" vertreten. Das „Tagblatt" und seine Regionalausgaben („Landauer Anzeiger", „Dingolfinger Anzeiger", „Landshuter Zeitung") sind an der gesamten „Westgrenze" des Verbreitungsgebietes der „Passauer Neuen Presse" präsent. Und zu Oberbayern hin grenzt die „Passauer Neue Presse" an die Einflußbereiche des „Traunsteiner Wochenblattes", des „Trostberger Tagblatts", des „Oberbayerischen Volksblattes" und des „Mühldorfer Anzeigers". Innerhalb des eigentlichen Verbreitungsgebietes besteht jedoch keine nennenswerte Konkurrenz, von einigen kleinen, ausschließlich wöchentlich erscheinenden Anzeigenblättern abgesehen.

Die Grundhaltung der Zeitung spiegelt die der Bevölkerungsmehrheit durchaus wieder: 90% der Ostbayern sind katholischen Bekenntnisses. Das Bekenntnis zur CSU fiel bei der letzten Landtagswahl (1986) weniger deutlich aus, aber immer noch überzeugend genug. In der Stadt Passau erhielten die Christlich-Sozialen 54,9% der

12 vgl. Wolfgang Ettlich: Wahlkampfberichterstattung in einer Allein-Anbieter-Zeitung. Magisterarbeit (unveröffentlicht) München 1978.

13 In: Manuskript eines Vortrags von Ulrich Zimmermann über die „Passauer Neue Presse" im Lions-Club Passau, September 1986.

14 Die Strukturdaten zum Verbreitungsgebiet entstammen den Media-Daten der NP-Verlags GmbH.

Zweitstimmen, die Sozialdemokraten 26,7%, die Grünen 7,6% und die FDP 5,4% der Zweitstimmen. Im ländlichen Verbreitungsgebiet der „Passauer Neuen Presse" liegen die Gewinne der „Schwarzen" häufig deutlich darüber. In Altötting konnte die CSU 1986 mehr als 60% der Stimmen, in manchen Wahlkreisen gar 70% der Stimmen für sich gewinnen.

Was den Arbeitsmarkt betrifft, so dominieren in der Stadt Passau die mittelständischen Betriebe: Ihr Anteil an der Gesamtzahl der Betriebe macht 99,4% aus. 69,8% der sozialversicherungspflichtig Beschäftigten sind dort tätig. Der mit Abstand größte Betrieb, die Passauer Zahnradfabrik, beschäftigt 4000 Menschen. Auch auf den gesamten Landkreis Passau bezogen, bieten die metallverarbeitenden Betriebe relativ den meisten Menschen Arbeit und Brot (1986: 5219 Beschäftigte). In der Beschäftigungsstatistik folgen:

- das Baugewerbe (1986: 3293 Beschäftigte)
- die Bekleidungsindustrie (1986: 2839 Beschäftigte)
- die elektrotechnischen Betriebe (1986: 2586 Beschäftigte).

In der Forst- und Landwirtschaft arbeiten heute nur noch knapp 20% der erwerbstätigen Bevölkerung. (Zum Vergleich: 1933 waren es noch 63%.)

Hier haben die ostbayerischen Regionalpolitiker und ihr Sprachrohr, die „Passauer Neue Presse", eine Menge unternommen, um die „typischen Erscheinungsformen einer zurückgebliebenen Landwirtschaft im armseligen Ackerbaugebiet des hinteren Bayerischen Waldes" zu beseitigen oder doch zu mildern, „wo jedes Jahr die letzten Kartoffeln von den ‚Waldlern' mit den Händen aus dem Schnee gekratzt werden", wie die FAZ noch 1968 schrieb.[15]

Auch die Arbeitslosenstatistik nimmt sich nicht mehr ganz so düster aus wie noch vor 20 Jahren, als sich im Winter regelmäßig 45% der männlichen Erwerbstätigen arbeitslos meldeten – in den Landkreisen Wolfstein und Wegscheid jedenfalls.[16] Im Dezember 1986 meldeten sich in Passau 15,6% der Sozialversicherungspflichtigen als arbeitslos, in Deggendorf 16,2%, im Landkreis Freyung-Grafenau 21,6%. Damit haben die Arbeitsämter in dieser Region mit die meisten Arbeitslosen in der Bundesrepublik; das hängt natürlich mit ihrer Lage im Zonenrandgebiet zusammen. Anlaß zur Zufriedenheit und Zuversicht bietet hingegen der Fremdenverkehr. Von den 11 292 274 Übernachtungen im Jahr 1986 im Bezirk der Industrie- und Handelskammer für Niederbayern (ohne Landkreis Kelheim) lagen 83% in den Landkreisen Passau, Freyung-Grafenau und Regen. Die meisten Gäste kommen aus dem Inland, und zwar vielfach aus dem Freistaat. Der Trend, in Ostbayern die Ferien zu verbringen, scheint ungebrochen – sicher auch ein Verdienst der vielen Heil- und Thermalbäder in dieser Region.[17]

Verlagspolitisch betrachtet, zählt das Verbreitungsgebiet der „Passauer Neuen Presse" zu jenen „ländlichen Gebieten der Bundesrepublik Deutschland, die dem Einfluß großstädtisch-regionaler Tageszeitungen der Hauptzentren der Verdich-

---

15 „Frankfurter Allgemeine Zeitung", vom 8. 6. 1988, S. 72.
16 ebd.
17 Zum Vergleich: 1986 übernachteten in Bayern 3,5% mehr Menschen als im Jahr davor. In Ostbayern allein aber 8,4%; während weniger Ausländer in Bayern insgesamt übernachteten (5,6%), konnte Ostbayern auch hier ein Plus verbuchen (6,4%).

Die Heimatausgaben der „Passauer Neuen Presse" und ihre Auflage.

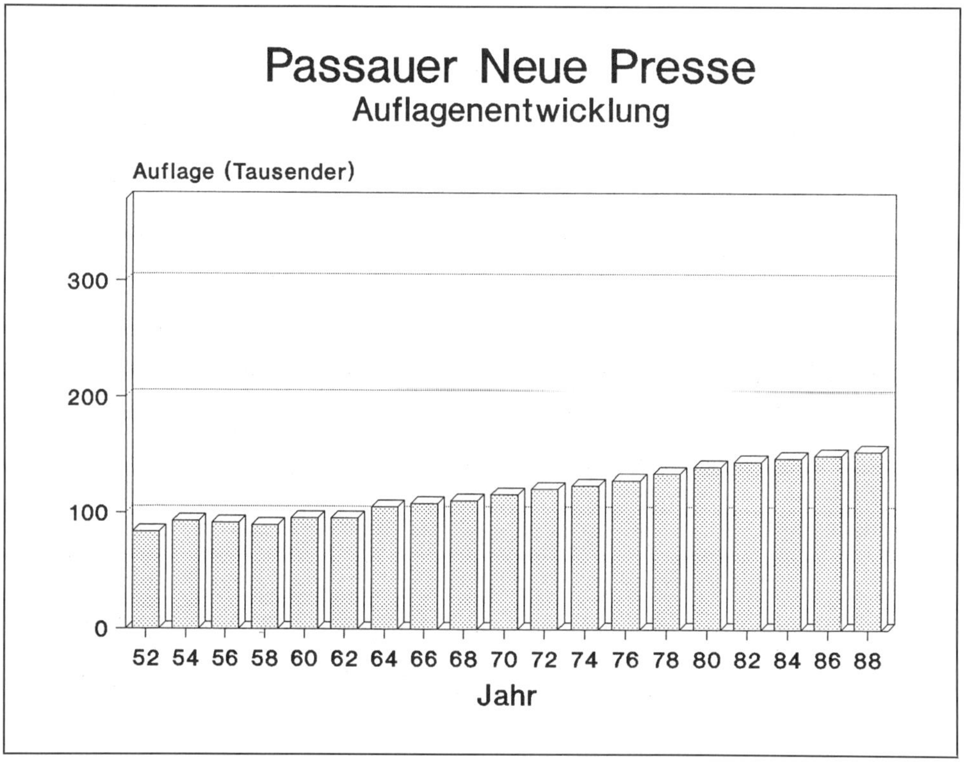

tungsräume entzogen sind".[18] Heinz-Werner Stuiber führt dies in seiner pressestatistischen und raumstrukturellen Analyse[19] für Passau aus: „Die ‚Passauer Neue Presse' dehnt ihren Verbreitungsraum weit über den Oberbereich Passau hinaus aus, bis in die oberbayerischen Mittelzentren Altötting und Burghausen und im Norden bis Viechtach. Die Ausgaben sind jeweils auf die Mittelzentren" im Verbreitungsgebiet bezogen. Konkret heißt das: Die „Passauer Neue Presse" erscheint täglich in 15 Ausgaben, davon sind vier mit unterschiedlichen Köpfen versehen, bieten aber den gleichen Inhalt. Elf Regionalausgaben haben unterschiedliche Lokal- und Anzeigenteile, aber den gleichen Mantel.

Die Titel sind im einzelnen:

1. „Passauer Neue Presse"
   a) für Stadt und Landkreis Passau
   b) für Pfarrkirchen/Simbach
   c) für Freyung
   d) für Griesbach
2. „Alt-/Neuöttinger Anzeiger"
3. „Der Bayerwald Bote" (Regen/Zwiesel)
4. „Burghauser Anzeiger"
5. „Deggendorfer Zeitung"
6. „Grafenauer Anzeiger"
7. „Landauer Neue Presse"
8. „Osterhofener Zeitung"
9. „Plattlinger Zeitung"
10. „Rottaler Anzeiger"
11. „Viechtacher Bayerwald-Bote"
12. „Vilshofener Anzeiger"

Alle diese Ausgaben werden in Passau gedruckt und von dort aus vertrieben.

Etwa 755 Mitarbeiter hat die Neue Presse Verlags GmbH insgesamt, davon sind 320 Arbeiter und 435 Angestellte, darunter wiederum waren am 31. 12. 1988: 100 Redakteure und 30 Volontäre.[20] Neben den zwei Lokalredaktionen in Passau gibt es noch 18 außerhalb des Hauptsitzes und zwei Redaktionen außerhalb des Verbreitungsgebietes (in München und Landshut). Insgesamt unterhält der Verlag also 22 regionale Redaktionen und natürlich die Mantelredaktion in Passau. Insbesondere für die lokale Berichterstattung arbeiten freie Mitarbeiter auf der Basis von Zeilenhonorar. Derzeit verfügt die „Passauer Neue Presse" über etwa 3000 freie Mitarbeiter, praktisch in jeder größeren Ortschaft. Von ihnen sind ca. 1500 regelmäßig tätig.

---

18 Heinz-Werner Stuiber: Kommunikationsräume der lokal informierenden Tagespresse. Nürnberg 1975, S. 273.

19 a. a. O., S. 276.

20 Neben dem Volontariat gibt es in Passau noch eine Ausbildungsmöglichkeit: Studenten der Universität Passau haben die Chance, über die Dr.-Hans-Kapfinger-Stiftung ein Stipendium zu erhalten. Dieses Fach-Stipendium ermöglicht es ihnen, neben dem frei gewählten Fachstudium zusätzlich studienbegleitende Symposien zu besuchen und während der Semesterferien ein Volontariat zu leisten, das finanziell unterstützt wird. Derzeit machen 11 Studenten der Universität Passau von diesem Angebot Gebrauch.

Gute Noten für das Blatt

Daß Verlag und Blattmacher mit ihrem Angebot goldrichtig liegen, belegen zunächst die Auflagenzahlen. In den vergangenen zehn Jahren konnte der Absatz des Blattes um 17% gesteigert werden, was durchaus über dem bayerischen Durchschnitt (Auflagensteigerung hier: 15,7%) liegt.[21] Nun mag manch einer einwenden, daß die Zahl gar nichts besage, angesichts der Tatsache, daß der potentielle Interessent keine Wahl hat zwischen verschiedenen Blättern mit Heimatbezug. Dieser Einwand wird durch die positiven Leserreaktionen am Telefon, im Brief und nicht zuletzt im persönlichen Gespräch vor Ort tagtäglich entkräftet. Helmut Schmalen vom Lehrstuhl für Betriebswirtschaftslehre der Universität Passau ging 1986 daran, „die Akzeptanz der Tageszeitung ‚Passauer Neue Presse' im Verbreitungsgebiet systematisch durch Befragungen zu ermitteln.[22] Die telefonisch Befragten wurden aufgefordert, die einzelnen Themenbereiche der Zeitung mit Schulnoten zwischen 1 (sehr gut) und 5 (mangelhaft) zu bewerten. „Am besten schnitt mit durchschnittlich 2,0 der Sportteil ab, es folgen Bayern (2,2), Lokal-/Sonderteil (2,3), Kultur und Wirtschaft (je 2,5) sowie Politik (2,6). Die Beamten benoteten relativ kritisch, die Rentner großzügig; die strengste Altersgruppe ist die zwischen 25 und 30 Jahren", fand Schmalen heraus. Und: „Die Notenvergabe unterscheidet sich nicht wesentlich nach Beruf, Geschlecht und Religion."[23] Knapp ein Viertel der Befragten konkretisierte ihre Bewertung: „Als besonders gut lobten 21% die Berichterstattung (sachlich und/oder ausführlich), 11% den Lokalteil und 9% die Übersichtlichkeit. Kritisiert wurde, daß die Zeitung zu rechts (34%), der Lokalteil zu lang bzw. zu kurz (14%) und der Sportteil nicht aktuell (8%) seien; außerdem wurde die viele Werbung (7%) angesprochen."[24]

Was letztere angeht, so unterscheidet sich die Anzeigen-Text-Relation in den verschiedenen Bezirksausgaben. Die meiste Werbung bekamen im Juni 1987 beispielsweise die Passauer und Deggendorfer in ihrer Ausgabe zu lesen. (32,4% bzw. 34,1% des Raumes nahmen Anzeigen ein.) In der Ausgabe für Osterhofen dagegen machte der Inseratenteil im selben Zeitraum nur ein Fünftel aus.

Veränderte Aufmachung

Das Gesicht der Zeitung war den Lesern seit rund vierzig Jahren vertraut, als 1986 Redaktionsdirektor Ulrich Zimmermann die Aufmachung der „Passauer Neuen Presse" veränderten Lesegewohnheiten anpaßte. Ursprünglich war die Zeitung ganz überwiegend vom Wort geprägt, nun wurde auch dem Bild ein angemessener Platz eingeräumt. Viele kurze Informationen, locker aufgemacht, durch Linien voneinander abgehoben, durch Umrahmungen ins Blickfeld gerückt, prägen heute das Gesicht der Zeitung. Eine klare Gliederung erlaubt es dem Leser, auf Anhieb den von ihm gewünschten Teil der Zeitung zu finden: Politik und ungewöhnliche Ereig-

---

21 Lt. ZV+ZV, Heft 15/1987, S. 37.

22 Helmut Schmalen: Die Akzeptanz der Tageszeitung „Passauer Neue Presse" im Verbreitungsgebiet. Manuskriptdruck, Lehrstuhl für Betriebswirtschaftslehre der Universität Passau, o. J. [um 1986].

23 a. a. O., S. 12.

24 a. a. O., S. 13f.

nisse aus Deutschland und der Welt auf den Seiten 1 und 2, dazu Leitartikel und Kommentare zum Tage. Die Seite 3 ist als „Report“ ausgewiesen – Wissenswertes und Unterhaltsames aus der ganzen Welt mit und ohne politischen Hintergrund. Die Seiten 4 und 5 sowie die Niederbayern-Seite 6 sind dem Bayernressort zugeordnet. Die Seite 7 „Aus aller Welt“, die vermischte Seite, wartet meist mit bunten Meldungen auf. Die Seiten 8 und 9 stehen wahlweise für Politik oder Sonderthemen zur Verfügung. Es folgen der Wirtschaftsteil, der Sport und das Feuilleton, die Unterhaltung sowie in unregelmäßiger Folge die Sonderseiten für Wissenschaft, Technik, Frauen, Reisen. Als besonderer Service für die jungen Leser erscheint jeden Samstag eine „Junge Seite“, die ausschließlich von jungen Redakteuren in eigener Verantwortung gestaltet wird. Das zweite Produkt der Zeitung ist im Regelfall den Lokalteilen und den Anzeigen vorbehalten.[25]

Vom Zeitungshaus zum Medienunternehmen

Im Verbreitungsgebiet der „Passauer Neuen Presse“ gibt es drei Kabelgesellschaften, und zwar für die Region Donau-Wald mit Sitz in Passau, für den Bereich Straubing-Landshut und Rottal-Inn mit Sitz in Landshut und für Oberbayern mit Sitz in Rosenheim. Um sich an den Projekten dieser Gesellschaften beteiligen zu können, sind die „Passauer Neuen Medien“ gegründet worden, eine eigene GmbH und hundertprozentige Tochter der Neue Presse Verlags GmbH. In der Kabelgesellschaft Donau-Wald sind die Sender in Passau, Freyung, Deggendorf und Regen bereits aktiv. Am 15. 7. 1987 hat „Radio Passau“ seinen Betrieb aufgenommen, dem „Radio Regen“ und „Radio Freyung“ folgten. Ferner sind die Radio-Stationen in Deggendorf, Pfarrkirchen, Burgkirchen und Mühldorf auf Sendung gegangen. Außerdem wurde in Passau innerhalb nur weniger Monate das modernste Fernsehstudio Ostbayerns im Betacam-SP-Format aus dem Boden gestampft. Die Fernsehmannschaft ist hier Vertragspartner für den nationalen Satellitenprogramm-Anbieter SAT 1 für ganz Ostbayern, für Oberösterreich und die angrenzenden Ostblockgebiete. Erfolgreich ist das Team auch auf dem Sektor der Video- und Industriefilm-Produktion.

Das alles sind bereits mehr als kleine Schritte in eine neue Ära: Das Zeitungshaus der „Passauer Neuen Presse“ wandelt sich zum Medienunternehmen. Diese Wandlung ist Voraussetzung für einen erfolgreichen Sprung in das Jahr 2000. Dahin jedenfalls geht das Konzept von Franz Xaver Hirtreiter, der im September 1988 zum Geschäftsführer der Neuen Presse Verlags-GmbH bestellt wurde. Hirtreiter kam vom Nachbarverlag des „Straubinger Tagblatts“ und war – so „text intern“ – mit 32 Jahren der jüngste Verlagsdirektor mit vergleichbarer Position in der Bundesrepublik Deutschland.

Nach der redaktionellen Umgestaltung der „Passauer Neuen Presse“ zu einer modernen Regionalzeitung soll das gesamte Verlagshaus auf moderne Markterforder-

[25] Eine Analyse zum Prozeß der Aussagenentstehung am Beispiel der „Passauer Neuen Presse“ bietet die (unveröffentlichte) Magisterarbeit von Anita Stocker: Die Lokalredaktion. München 1986. Die „Passauer Neue Presse“ und die Gegenöffentlichkeit untersucht die (unveröffentlichte) Diplomarbeit von Annette Ramelsberger: Kommunikationsraum Passau. München 1984.

nisse eingestellt werden. Der Weg zum Medien-Konzern wurde konsequent beschritten. Neben der schon bestehenden Tochtergesellschaft Passauer Neue Medien wurden die Tochterunternehmen „Neue Presse Immobilien- und Service-Dienste" (NPI) sowie der „Neue Presse Fachverlag" (NPF) gegründet. Die Geschäftsbereiche Akzidenz-Druckerei und Buchverlag wurden als eigene Profitcenters entwickelt, ein verlagseigenes Kreativ-Studio wurde aufgebaut.

Die Immobilien-Tochter NPI hat ein umfangreiches Geschäftsstellen-Bauprogramm für die Muttergesellschaft entworfen: Der Verlag will in Kürze an sämtlichen 20 Verlagsstandorten mit eigenen Immobilien in zentraler Lage Lokalredaktionen und Geschäftsstellen optimal ausrüsten. – Die neue Fachzeitschriften-Tochter NPF konzipiert special-interest-Objekte; ein entsprechender Kooperations-Verbund mit dem „Gong"-Verlag ist bereits angelaufen; gemeinsam wird die astrologische Wochenzeitung „Astro-Woche" bundesweit herausgegeben, wobei Redaktion und Druck von den Passauer Partnern abgewickelt werden; Marketing und Vertrieb liegen beim „Gong"-Verlag. – Das Kreativ-Studio entwickelt Anzeigenstrecken für die Tageszeitungskunden, ist aber auch als Werbeagentur auf dem freien Markt tätig. – Stark investiert wurde in den Bogenoffset-Bereich der Akzidenzdruckerei. Sie soll zu einem leistungsfähigen Druckzentrum in Ostbayern ausgebaut werden. – 200 Editionen binnen zwei Jahren hat sich schließlich der Buchverlag als Nahziel gesetzt; hauptsächlich wird es sich dabei um Bavarica, um Sachbücher, aber auch um Belletristik handeln. Mit dem Strauß-Buch „Unvergessen" von PNP-Chefredakteur Ulrich Zimmermann ist dem Buchverlag ein großer Wurf gelungen: Weihnachten 1989 waren von diesem Titel 90 000 Exemplare verkauft!

Nach all diesen Strukturveränderungen gilt das Hauptaugenmerk des Geschäftsführers Franz Hirtreiter jetzt dem Bau eines neuen Druckzentrums auf der „grünen Wiese". Im Frühjahr 1990 soll mit dem Bau begonnen werden, 1992 soll der Betrieb anlaufen.

Die Zukunft sieht man in Passau insgesamt sehr optimistisch. Gesellschafter und Geschäftsführer ziehen an einem Strang. Das Produkt „Zeitung" stimmt und wird ständig weiter verbessert. Den neuen Herausforderungen stellt man sich mit Großinvestitionen und dynamischen Ideen. Und für Hirtreiter ist nicht zuletzt der Aufbruch im Ostblock Garantie für eine chancenreiche Zukunft: „Passau war über Jahrzehnte Randlage, vorher über Jahrhunderte eine Stadt mit zentraler Bedeutung. Nach den Jahrzehnten der Randlage haben wir gute Chancen, wieder ein Ort mit zentraler Bedeutung in Europa zu werden – und daran wollen wir als Verlag mitarbeiten."

(cs/sf)

REGIERUNGSBEZIRK OBERPFALZ

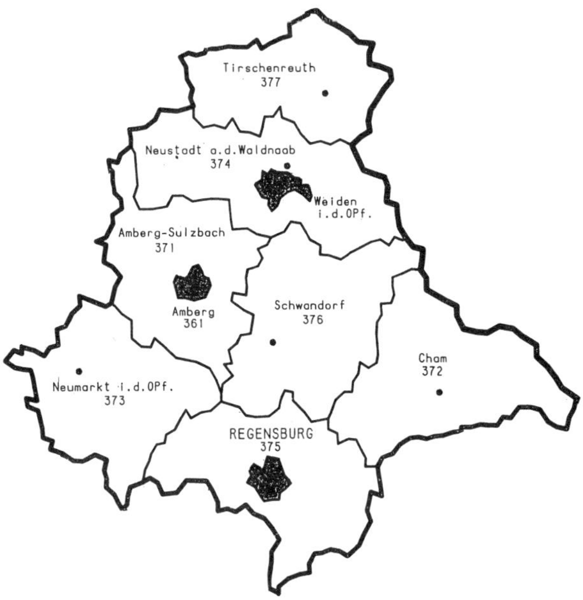

MITTELBAYERISCHE ZEITUNG · DIE WOCHE

DER NEUE TAG

OBERPFÄLZER NACHRICHTEN

Bild 1 ▲

▲ Bild 5

Bild 2 und Bild 3 ▲

▼ Bild 4

Licensing und Marketing:
Die „Mittelbayerische Zeitung" und „Die Woche"

Ihr zweijähriges Bestehen feierte die „Mittelbayerische Zeitung" in zeitgemäß schlichter Form: Das Regensburger Blatt brachte in seiner Ausgabe vom 24. Oktober 1947 unter roten Lettern „Zwei Jahre MZ" eine Federzeichnung – oder, genauer gesagt, eine Leiste ineinandergeschobener Vignetten – aus der Hand eines Werkstudenten.[1] Die Bilder zeigen Stationen im Entstehen einer Nummer der Zeitung und versinnbildlichen darüber hinaus in wenigen Strichen, wie geistig-organisatorisch-technische Dienstleistungen zusammenwirken, um das „Kulturwerk Zeitung" (Otto Groth) zu realisieren und den Lesern darzubieten:

Links im Bild erscheint das Verlagsgebäude der „Mittelbayerischen Zeitung" in der Kumpfmühler Straße in Regensburg: Eine niedrige Häuserfront mit abwechslungsreich gestalteten Giebeln und Erkern, alles andere als ein moderner Büropalast. Kein einziges Auto auf der Straße davor, nur einige Fußgänger, alle mit der Aktentasche unter dem Arm; vielleicht sind die Männer Angestellte, die zum Dienstbeginn ins Zeitungshaus eilen.

Das nächste Bild versetzt uns von der Straße in dieses Haus, an einen von lauter Männern umgebenen Besprechungstisch, vielleicht in eine Redaktionskonferenz. Deutlich zu erkennen sind der Lizenzträger und Verleger Karl Friedrich Esser (der kahlköpfige, bebrillte Herr mit dem Rücken zum Betrachter) und der schnauzbärtige, pfeiferauchende Chefredakteur Dr. Karl Debus.

Dann ein einzelner Mann. Unternehmungslustig reißt er die Tür zur Redaktionsstube auf, die linke Hand lässig in der Jackettasche. Vielleicht kommt er mit einer brandheißen Neuigkeit herein. Oder will er einen Leitartikel diktieren? Vor ihm sitzt, an der Schreibmaschine, ein Bürofräulein – das erste und einzige weibliche Wesen in der ganzen Bildfolge! – inmitten von Stößen beschriebenen Papiers.

Lampen erhellen den Maschinensaal der Setzerei. Männer hämmern Texte in ihre Zeilensetzmaschinen. Daneben läuft die Rotation, vor der Zeitungsdruckpapier in großen Rollen bereitgelegt ist. Der Maschinenmeister prüft ein druckfrisches Exemplar der „Mittelbayerischen Zeitung", die in unabsehbarer Reihe hervorquillt, indes ein vorsintflutlicher Lieferwagen wartet.

Und schließlich: Männer lesen Zeitung. Im Sessel unter der Stehlampe, im Café, wartend auf der Straße. Das Produkt aus Papier und Druckerschwärze ist beim Leser angekommen, und mit ihm Neuigkeiten von nah und fern.

Fünf Bilder, die als Stationen dienen können, die „Mittelbayerische Zeitung" zu schildern: Das Bild des Verlagsgebäudes lenkt den Blick auf die Zeitungsstadt Regensburg; die Männer um Karl Friedrich Esser reizen zur Frage nach der Entstehungs- und Entwicklungsgeschichte der „Mittelbayerischen Zeitung". Die Szene in

---

[1] Vgl. in diesem Band S. 272. Die Zeichnung ist signiert, der Namenszug allerdings unleserlich. Nach der Erinnerung von Verleger Karl Heinz Esser war der Name des Künstlers Chlodwig; er hat im übrigen auch Entwürfe für den Kopf der „Mittelbayerischen Zeitung" angefertigt.

der Redaktionsstube gibt Gelegenheit, Selbstverständnis und Aktivitäten der „Mittelbayerischen Zeitung“ sowie die gewachsene Struktur ihrer Ausgaben vorzustellen. Zur Beschäftigung mit der Zeitungstechnik, für die die „MZ“ stets eine respektable Vorreiterrolle gespielt hat, lädt das Panorama der Setz- und Druckmaschinen. Und schließlich geben die aufmerksamen Leser Veranlassung, sich mit den redaktionellen Inhalten der Zeitung zu befassen, aber auch das Anzeigenwesen zu streifen, deren unverzichtbarer Mittler sie für ihre Leser ist, und schließlich auch auf das an den Bedürfnissen und Wünschen des Publikums orientierte Marketing des Verlages einzugehen, dessen sichtbare Frucht seit zwanzig Jahren auch eine Wochenzeitung für Regensburg ist.

Erstes Bild: Verlagsgebäude Kumpfmühler Straße oder: Zeitungsstadt Regensburg

Dies Haus ist nicht für die „Mittelbayerische Zeitung“ gebaut worden. Es hat vor ihr einen ganz anderen Zeitungsbetrieb beherbergt: Die „MZ“ folgte nach dem Willen der amerikanischen Besatzungsmacht dem nationalsozialistischen Gauverlag Bayerische Ostmark, der hier eine Dependance errichtet hatte; der Gauverlag seinerseits hatte sich zu Beginn des Dritten Reiches den sozialdemokratischen Zeitungsverlag Regensburgs einverleibt.[2]

Und damit sind wir schon mitten in der verwirrend vielschichtigen und farbigen Pressegeschichte Regensburgs. Sie reicht so weit in die Vergangenheit zurück und verbindet sich mit so vielen berühmten Namen und altehrwürdigen Institutionen, daß man dem lokalpatriotischen Überschwang ruhig widersprechen darf, der den Beginn dieser Geschichte auf eine angebliche Wochenzeitung des Jahres 1608 vordatieren will.[3] Das wäre sensationell, weil ein Jahr früher, als die bislang gesicherten ältesten deutschen Wochenzeitungen, nämlich der Wolfenbütteler „Aviso“ und die Straßburger „Relation“, im Druck erschienen sind. In Wirklichkeit sind aber die „Regensburger wöchentliche Nachrichten für Linz“ von 1608 mit Sicherheit lediglich einer der handgeschriebenen periodischen Zeitungsbriefe von der Art, wie sie in Deutschland seit dem ausgehenden 16. Jahrhundert üblich wurden.[4] Kein Anlaß, darauf nicht stolz zu sein; im Gegenteil, solche Regensburger „Zeitungen“ (im Sinne von Nachrichten, von Meldungen aus Regensburg eben) waren seit je gesucht und gerühmt.

Es ist hier nicht der Ort, eine umfassende Regensburger Zeitungsgeschichte zu geben. Soviel aber kann und soll zur Charakterisierung der Ausgangslage wohl gesagt werden, daß Regensburg, „geschichtlich und wirtschaftlich vom hohen Mittelalter

---

[2] Zu letzterem Vorgang siehe Norbert Frei: Nationalsozialistische Eroberung der Provinzpresse: Gleichschaltung, Selbstanpassung und Resistenz in Bayern. Stuttgart 1980, S. 121 f. (Studien zur Zeitgeschichte; 17)

[3] Dies geschieht in einer ansonsten mit viel Liebe und Sachverstand gearbeiteten Verlagsfestschrift: Vgl. 375 Jahre Regensburger Wochenzeitung – 15 Jahre die WOCHE. Regensburg 1983, S. [6] u. [7]. Hier Widerspruch anzumelden, ist leider auch deshalb notwendig, weil solche Falschdarstellungen gerne aufgegriffen und vornehmlich in Schülerarbeiten immer wieder weiterverbreitet werden; vgl. z. B. Cornelius Görres: Die Regensburger Neuesten Nachrichten. Magisterarbeit München 1985, S. 16.

[4] Vgl. Heinz Starkulla: Zur Geschichte der Presse in Bayern. München 1963, S. 10.

an bis zum Ende des ‚immerwährenden Reichstags' (1663–1806) über den Rahmen Deutschlands hinaus von entscheidender Bedeutung, ... schon früh einen bevorzugten Mittelpunkt für den Austausch von geschriebenen und gedruckten Nachrichten, Korrespondenzen von Kaufleuten, kirchlichen und politischen Stellen" bildete.[5] Auf nichts anderes als dies gesamte Nachrichtenwesen bezieht sich das bekannte und gelegentlich stolz zitierte Lob, das Kaspar von Stieler den Regensburger „Zeitungen" zollt: „Man merket bald / wo die Zeitungen hergeschrieben werden / ob es ein guter Teutscher oder Kurtisan ist. Ob er bey der Sache bleibet / oder sich mit prächtigen Reden / so allhier nichts nütze sind / ausbreitet? Von Regenspurg / wo teutsche Räthe und Gesante versamlet seyn / kommen wol die beste ..."[6]

Solange sich die Räte und Gesandten dort versammelten, war für Nachrichtenstoff wohl gesorgt; zeitgleich mit dem „Immerwährenden Reichstag" etablierte sich eine periodische gedruckte Zeitung.[7] Mit dem durch das Ende des Reiches (und den damit einhergehenden politischen und kriegerischen Entwicklungen) bedingten Niedergang Regensburgs „auf einen seit dem Dreißigjährigen Krieg nicht mehr gekannten Tiefstand" vollzog sich jedoch nach 1806 ein Niedergang der Presse, der in der ersten Hälfte des 19. Jahrhunderts nur mühsam wieder aufgefangen wird.[8] Aus der Zahl der neu sich etablierenden Blätter seien nur zwei Antagonisten herausgegriffen, nämlich das seit 1838 erscheinende liberale und antikirchliche „Regensburger Tagblatt" und das 1849 dagegen gegründete katholische „Bayerische Volksblatt". Von ihnen ist gesagt worden: „Der Kampf zwischen den beiden Blättern und hinter ihnen der katholischen und der liberalen Bürgergruppen kennzeichnet sowohl geistesgeschichtlich als auch politisch die nächsten 50 Jahre Regensburger Pressegeschichte."[9]

Das kämpferische „Regensburger Tagblatt" prosperierte besonders in der Stadt Regensburg. Das „Volksblatt" hatte seine Domäne zunächst in der Provinz.[10] Bei Pustet verlegt, erschien es ab 1861 als „Regensburger Morgenblatt" und alsbald mit Beilage „Regensburger Anzeiger"; binnen kurzem war die liberal-antikirchliche Konkurrenzzeitung eingeholt und überflügelt. 1883 gingen die Titel an den Verleger Josef Habbel über, der den verselbständigten „Regensburger Anzeiger", mit dem „Morgenblatt" fusioniert, „als Wirtschaftszeitung zum größten Blatt der Oberpfalz und Niederbayerns ... machte". Als Chefredakteur wirkte ab 1899 der nachmalige bayerische Ministerpräsident Dr. Heinrich Held.[11] „Weitaus größte, verbreitetste

5 Norbert Mayer: [Bayern/]Regensburg, in: Handbuch der Zeitungswissenschaft, hrsg. von Walther Heide. Bd. 1. Leipzig 1940, Sp. 419–422 (hier: 419). – Die Rolle Regensburgs „als politische Nachrichtenzentrale" hat eingehend Hans Gstettner beschrieben: Regensburger Reichstags-Korrespondenzen: ein Stück Pressepolitik des Hl. Röm. Reiches Deutscher Nation. München 1936 (Zeitung und Leben; 23 – Vollst. zugl. München, Univ., Diss. [1931])

6 Kaspar von Stieler: Zeitungs Lust und Nutz [1695]. Neudruck Bremen 1969, hrsg. von Gert Hagelweide, S. 37. („Kurtisan" hier im Sinne von „Höfling und Liebhaber gegenüber allem Fremden", vgl. a. a. O., S. 294, Anm. 114.)

7 Vgl. 375 Jahre Regensburger Wochenzeitung, a. a. O., S. [2], [17 ff.]

8 Vgl. Norbert Mayer, a. a. O., Sp. 420.

9 Ebenda.

10 Norbert Mayer, a. a. O., Sp. 421.

11 Ebenda. Vgl. auch die ausführliche Darstellung dieser Entwicklung in der Verlagsfestschrift 375 Jahre Wochenzeitung, a. a. O., S. [7], [19]. Bemerkt sei, daß die Jahresdaten der insoweit eine Rolle spielenden Zeitungsgründungen, -übernahmen und -fusionen hier wie auch in den einschlägigen Zeitungshandbüchern bisweilen erheblich voneinander abweichen. Das ist für die vorliegende Arbeit, der es lediglich um die Skizzierung einer groben

und reichhaltigste Zeitung des über 20 000 Quadratkilometer großen Gebietes Oberpfalz und Niederbayern. Besonders von besserbemittelten Ständen gelesen. Amtsblatt für 7 Gerichtsbezirke. Hervorragend gut wirkendes Anzeigenblatt." So lautet die (Selbst-)Charakteristik des „Regensburger Anzeigers" in einem Zeitungshandbuch Ende der „goldenen" zwanziger Jahre, wo wir auch erfahren, daß die Zeitung mit sechs kostenlosen Beilagen sowie einer verkürzten billigeren Landausgabe „Bayerischer Anzeiger" erscheint.[12]

All diese Prosperität darf jedoch über ein folgenschweres Saldo der Regensburger Zeitungsentwicklung nicht hinwegtäuschen: War das alte Regensburg offenkundig noch ein gesuchter Marktplatz umfassenden, wohlorganisierten Meinungsaustausches, so dominieren nach der Zäsur, die das Ende des Reiches setzt, weltanschaulich ausgerichtete und darum intentional lediglich je und je Teil-Öffentlichkeit herstellende Massenmedien. In Regensburg wird in nuce beobachtbar, was für ganz Deutschland in der Kommunikationsgeschichte als „papierene Invasionsarmee der Privatinteressen" beschrieben worden ist: Parteiische Presse zerschneidet das Geflecht gesamtgesellschaftlichen Diskurses in einsinnige Monologe, und das führt zu sozialer Desorientierung und damit schließlich zur Auflösung der bestehenden Gesellschaft. Es ist ganz typisch, daß (wie auch in Regensburg) antikirchliche Presse dabei den Anfang macht; die abwehrende Antwort der katholischen Presse fällt dann letztlich aber genauso parteiisch und mithin ebenso abträglich für umfassende Öffentlichkeit aus.[13]

Auflösung der bestehenden Gesellschaft durch Kommunikationsdefizite: Das ist nicht leicht dahingesagt oder übertrieben. Es ist der nächste Akt auch in der Regensburger Geschichte: „Der Diktator wird im allgemeinen Kommunikations-, und daraus folgend: Gesellschaftschaos als allein potente Ordnungsmacht begriffen";[14] das Dritte Reich krempelt Deutschland um. Die nationalsozialistische Presse, schwach und bedeutungslos zunächst noch,[15] geht daran, sich zu etablieren und auf ihre Weise für totalpublizistische Indoktrination des Volkes zu sorgen. Der „Regensburger Anzeiger", kurz zuvor noch in der Blüte seiner Existenz, wird 1933 von SA gestürmt und in der Folge mehrfach verboten.[16] Ab 1934 erscheint er, den verän-

---

Linie geht, kein Manko, müßte aber für eine ausführliche Regensburger Kommunikationsgeschichte in Autopsie nachgeprüft werden.

[12] Vgl. Sperlings Zeitschriften- und Zeitungsadreßbuch. 54. Aufl. Leipzig 1928, S. 412.

[13] Vgl. eingehend Hans Wagner: Das Ende der katholischen Presse. 3 Bände. Aschaffenburg 1974. Hier besonders Bd. 1: Ein notwendiges Übel, S. 30 ff.

[14] Heinz Starkulla: Publizistik und Kommunikation. In: Festschrift für Hanns Braun, Bremen 1963, S. 103.

[15] Norbert Frei (a. a. O., S. 115, Anm. 162) irrt fundamental, wenn er die zeitungswissenschaftliche Theorie dafür kritisiert, daß sie von den Massenmedien umfassend sozialrepräsentative Berichterstattung verlangt. Nach seiner Argumentation muß schon das Zuwenig an Berichterstattung über den Nationalsozialismus ein Zuviel gewesen sein; nur „im Zustand relativer politischer Stabilität" könne adäquat berichtet werden, nicht aber „in weniger gefestigten Demokratien". Aber wie soll, im Klartext gesprochen, durch Totschweigen oder auch durch Lächerlichmachen und durch Falschmeldungen aus noch so gut gemeintem „volkspädagogischen" Eros und dergleichen „probate" publizistische Rezepte zuwege gebracht werden, daß ein gefährlicher Mann und seine Bewegung richtig eingeschätzt werden? Nicht weil zuviel über ihn berichtet wurde, sondern weil so viele Menschen über ihn desorientiert wurden, gelangte er an die Macht: „über die nicht von ihm gewonnene, sondern gerade von seinen heftigsten Gegnern publizistisch verschuldete ‚demokratische' Mehrheit". (Heinz Starkulla, a. a. O.)

[16] Vgl. Heinz Starkulla: Zur Geschichte der Presse in Bayern. München 1963, S. 41.

derten Verhältnissen unterworfen, als „Bayerischer Anzeiger" weiter,[17] bis er Ende Februar 1943 im Rahmen der totalen Kriegsanstrengung eingestellt wird.[18]

Damit hat er die Masse der nicht nationalsozialistischen Presse in der Bayerischen Ostmark (also dem Gau aus den Bezirken Oberfranken, Oberpfalz und Niederbayern) noch bei weitem überlebt. Norbert Frei verdanken wir die eindrucksvolle Darstellung, wie hier die Nationalsozialisten 1933 auf ein im ganzen ausgesprochen strukturschwaches Pressewesen aus knapp 200 vornehmlich kleinen Blättern gestoßen waren; hier erschienen auf zwei Fünftel der Fläche Bayerns auch zwei Fünftel der bayerischen Zeitungstitel, brachten aber nur ein Fünftel der bayerischen Gesamtauflage zusammen.[19] Der Gauverlag der Brüder Schemm ist hieran nur mit einem verschwindenden Bruchteil beteiligt. Doch durch Verbote, Einstellungen, Gleichschaltung und – nicht zuletzt – aggressiven Verdrängungswettbewerb schaut es gegen Ende des Dritten Reiches so aus, daß in der Region noch 32 Zeitungen übriggeblieben sind, und daß fast 90% der Gesamtauflage aus dem Gauverlag stammen.[20]

In Regensburg hatte sich die Gauzeitung „Bayerische Ostmark / Bayerische Ostwacht" (die hiesige Ausgabe war seit 1. August 1942 „Regensburger Kurier" betitelt) als „amtliche Tageszeitung des Gaues Bayreuth der NSDAP. für Regensburg und Straubing" niedergelassen.[21] „Ab Juni 33 in der ehemaligen SPD-Druckerei Regensburg, Spatzengasse 1, ab Anfang 34 in der Kumpfmühler Straße 11" beheimatet, „letzte Nummern im April 1945 wegen der auf Regensburg vorrückenden US-Truppen in Landshut mit Durchhalte-Parolen gedruckt"[22] – diese dürren Daten umschließen das zwölfjährige Zwischenspiel des nationalsozialistischen Zeitungswesens in Regensburg.

Mit der vernichtenden Niederlage des Reiches hat auch für Regensburg die vielzitierte „Stunde Null" des deutschen Pressewesens geschlagen. Doch die Uhr läuft weiter. Unter der Verantwortung Hans Habes erscheint ab dem 29. Juni 1945 für die deutsche Zivilbevölkerung die Heeresgruppenzeitung „Regensburger Post". Redakteur vor Ort ist Sergeant Joseph Eaton,[23] ein gebürtiger Nürnberger und nachmaliger Soziologieprofessor.[24] Das vierseitige Wochenblatt erschien in drei verschiedenen Ausgaben und einer Auflage von weit über 300 000. Gedruckt wurde es in Straubing, „da in Regensburg" – nach Auskunft von Habes einstigem Druckereiexperten Max Klieber – „keine betriebsfertige Druckerei zur Verfügung stand". Insgesamt siebzehnmal, bis zum 16. Oktober 1945, ist dieses Blatt erschienen.[25] Dann brach für Regensburg die Stunde der Lizenzpresse an.

---

17 Vgl. Norbert Mayer, a. a. O., Sp. 421.

18 Vgl. Handbuch der deutschen Tagespresse. 7. Aufl. Leipzig 1944, S. 18.

19 Vgl. Norbert Frei, a. a. O., S. 113 f.

20 Vgl. a. a. O., S. 115.

21 Vgl. Handbuch der deutschen Tagespresse, a. a. O., S. 18 f.

22 Vgl. Verlagsfestschrift 375 Jahre Wochenzeitung, a. a. O., S. [9].

23 Heinz Starkulla, Zur Geschichte der Presse in Bayern, a. a. O., S. 44.

24 Habe schildert Eaton als hochintelligent, unsoldatisch und begabt mit einer „erstaunlichen Fähigkeit, in die schwierigsten Situationen zu gelangen". Vgl. Hans Habe: Im Jahre Null: ein Beitr. z. Geschichte der dt. Presse. München 1966, S. 21 ff., sowie – mit kleinen Modifikationen – ders.: Ich stelle mich. München [u. a.] 1954, S. 462 ff.

25 Vgl. Elisabeth Matz: Die Zeitungen der US-Armee für die deutsche Bevölkerung (1944–1946). Münster 1969, S. 160. – Gegen Kliebers 1967 E. Matz mitgeteilte Begründung steht jedoch (ungeklärt) die Erinnerung Ernst Langendorfs, einstigen Chefs der Pressekontrolle in Bayern, wonach in Regensburg die Held/Habbelsche Druckerei intakt gewesen sei. (Pers. Mitt. Ernst Langendorfs an den Verf. vom 19. April 1989.)

Zweites Bild: Besprechung bei Karl Friedrich Esser oder: Zur Entwicklungsgeschichte der „MZ“

Die Amerikaner wollten überparteiliche Lizenzzeitungen. Darin lag einerseits gewiß die Absicht, heimische Verhältnisse in ihre Besatzungszone zu importieren.[26] Andererseits läßt sich das Vorhaben durchaus interpretieren als Versuch, die längst vor dem Dritten Reich verbreitete Fehlentwicklung der deutschen Zeitung vom „Forum“ allseitigen Neuigkeitenaustausches zur „Kanzel“ einer Weltanschauung umzukehren, was – wie wir gesehen haben – auch in Regensburg Not tat. An deren Stelle sollte wieder die allseitig nachrichtenorientierte und eben dadurch ihren Nutzer zuverlässig orientierende Zeitung treten.[27]

Zur Einlösung dieses Konzepts bedurfte es zuverlässiger, unbelasteter Leute. Für Regensburg wählten die Presseverantwortlichen der Militärregierung „aus einer Gruppe von 93 Bewerbern“ Karl Friedrich Esser als Lizenzträger aus.[28] Esser, geboren am 25. Februar 1880 in Landau in der Pfalz, wurde mit dem Zeitungmachen konfrontiert in einem Alter, in dem sich andere Leute zur Ruhe setzen: Der Fünfundsechzigjährige war alles andere als Verleger oder Journalist gewesen. Nach dem Studium in München und nach Tätigkeiten als bayerischer Finanzbeamter hatte er seit 1910 die Gräflich von Dörnbergsche Waisenfonds-Stiftung in Regensburg verwaltet. Im ersten Weltkrieg verwundet, verdiente sich Esser als Frontoffizier das EK I. Als Fraktionsvorsitzender der Sozialdemokraten im Regensburger Stadtrat und Gauführer im Reichsbanner Schwarz-Rot-Gold, sodann führendes Mitglied der Eisernen Front und nicht zuletzt als langjähriger Angehöriger der Deutschen Friedensgesellschaft 1933 von seinem Administratoren-Posten entfernt, wurde Esser mehrfach in Schutzhaft genommen und ins Konzentrationslager Dachau eingeliefert, gleich 1933 und dann wieder nach dem 20. Juli 1944. Dazwischen brachte er sich und seine Familie unter großen Entbehrungen in München durch.[29]

Der amerikanischen Besatzungsmacht galt er als „ein Mensch . . ., der fortschrittliche Ansichten vertritt, sowie über hervorragende Verwaltungskenntnisse verfügt und zugleich ein guter Geschäftsmann“ ist. So formulierte es Generalleutnant Lucien K. Truscott, Oberbefehlshaber der 3. amerikanischen Armee, als er Esser am 23. Oktober 1945 im Reichssaal des Alten Rathauses in Regensburg die Presselizenz Nr. 5 der US-Zone übergab.[30] Solche Eigenschaften hatte der neue Lizenzträger auch bitter nötig gehabt, damit – am gleichen Tag – die Erstnummer der „Mittelbayerischen Zeitung“ erscheinen konnte. Gewiß: Die Militärregierung hatte den Betrieb des NS-Gauverlags am Standort Regensburg zur Verfügung gestellt, der

[26] Vgl. bündig Kurt Koszyk: Die deutsche Presse 1945–1949, in: Idee und Wirklichkeit des Journalismus: Festschrift für Heinz Starkulla, hrsg. von Hans Wagner. München 1988, S. 68.

[27] Vgl. Ernst Langendorf: Für eine neue Presse – für einen neuen Journalismus, in: Idee und Wirklichkeit des Journalismus, a. a. O., bes. S. 60.

[28] Mittelbayerische Zeitung / Regensburger Umschau, in: Die neue bayerische Presse, hrsg. von Hans Kapfinger. München 1948, S. 25.

[29] Angaben zu Karl Friedrich Esser nach: Die neue bayerische Presse, a. a. O., ergänzt durch Verlags-Informationen. Zu einer Würdigung der Persönlichkeit Essers vgl. ferner: Zeitungsverleger Karl Friedrich Esser, Regensburg, 80 Jahre alt, in: ZV + ZV 6/1960, S. 263, sowie Jos. Ludw. Hämmerle: Karl Friedrich Esser gestorben, in: Mittelbayerische Zeitung, Regensburg, 22. August 1961.

[30] Vgl. Jos. Ludw. Hämmerle, a. a. O.

„während des Krieges beträchtliche Schäden erlitten" hatte. Doch „der Lizenzträger sah sich vor mannigfachen und großen Schwierigkeiten materieller, vor allem baulicher Art, die nur durch die stets hilfsbereite Initiative und Förderung der amerikanischen Dienststellen gemeistert werden konnten".[31] Dieser nicht viel Aufhebens machende, nüchtern resümierende Hinweis aus der unmittelbaren Nachkriegszeit läßt heute kaum noch ahnen, was für eine Hindernisbahn der Weg zur Herausgabe der „MZ" gewesen sein muß.

Da war etwa die „Suche nach Personal – altersmäßig noch arbeitsfähig, politisch unbelastet und wenn möglich fachkundig".[32] In der erwünschten Kombination lag die Schwierigkeit; man tut gut daran, sich vor Augen zu halten, daß damals Millionen erwerbsfähiger Männer in Gefangenschaft saßen, daß in der Heimat ältere Leute ihre Kräfte verausgabt hatten, den letzten Rest nichtkriegerischer Tätigkeiten aufrechtzuerhalten, daß von den uk-Gestellten manche eben politisch belastet waren. Esser konnte sich immerhin „für die Wiederinstandsetzung des graphischen Betriebs ... die aufopferungsvolle und uneigennützige Mitarbeit einer Anzahl von Arbeitern und Angestellten der früheren sozialdemokratischen ‚Volkswacht' ... sichern".[33]

Oder da war die Frage, ganz und gar keine Nebensache, wo man das Zeitungsdruckpapier hernehmen sollte: Gegen Ende des Krieges waren Vorratsbestände, wo immer möglich, abtransportiert oder unbrauchbar gemacht worden, um dem vordringenden Feind eine Möglichkeit abzuschneiden, die deutsche Bevölkerung mit Propagandaschriften zu erreichen. Durch Befragen von Bürgern konnten die amerikanischen Presseoffiziere damals in Regensburg ermitteln, daß Rotationsrollen in Sicherheit gebracht worden waren, und zwar in ein kleines Dorf irgendwo in der Umgebung. In einer Höhle versteckt, die eigentlich als Bierkeller diente, fand man das Papier, 30 Tonnen, unter den damaligen Verhältnissen ein Vorrat, von dem vielleicht zwei Monate lang Zeitungen gedruckt werden konnten! Zwei Ochsengespanne wurden requiriert, um die Beute zur nächsten Bahnstation zu karren; in Regensburg übernahmen dann Pioniere der US-Army den Transport zur Druckerei.[34]

Doch genug der Anfangsschwierigkeiten. Sie wurden gemeistert, so daß das zunächst für ein riesiges Verbreitungsgebiet, nämlich die Regierungsbezirke Oberpfalz und Niederbayern bestimmte Blatt (von daher auch der Titel „Mittelbayerische Zeitung") sein Erscheinen aufnehmen konnte. Das Produkt trägt deutlich genug den Prägestempel dieser Schwierigkeiten: Die Grenze des Möglichen bildete zunächst eine vierseitige Ausgabe, die einmal in der Woche erschien.[35] Die Startauflage – „im infolge der Papierknappheit viel zu gering bemessenen Verhältnis 1:5 von Auflage zur Bevölkerung" – betrug 200 000.[36] Das Gesicht der Zeitung war schon damals von einer vierspaltigen (in folgenden Jahren dann zwischendurch fünfspaltigen) Aufmachung geprägt; für die Brotschrift fanden die Schriftgrade Kolonel und gar Nonpareille Verwendung – vom verwöhnten Leser von heute betrachtet, ein wahres „Augenpulver". Aber schließlich mußten die Nachrichten aus

---

31 Die neue bayerische Presse, a. a. O., S. 25.
32 Aus den Verlagsangaben für diese Festschrift.
33 Die neue bayerische Presse, a. a. O.
34 Die Anekdote vom Papier verdankt der Verf. Ernst Langendorf, Grünwald (pers. Mitt. vom 19. April 1989).
35 Verlagsangaben.
36 Heinz Starkulla: Zur Geschichte der Presse in Bayern, a. a. O., S. 45.

Mittelbayerische ZEITUNG
Regensburger Umschau

Erscheinungstage: Dienstag und Freitag. – Bezugspreis monatlich RM. 1.70 einschließlich Trägerlohn. Postabonnement RM. 1.80 pro Monat, Zustellgebühr 15 Pfg. – Die Behinderung der Lieferung rechtfertigt keinen Anspruch auf Rückzahlung des Bezugspreises. – Anzeigenpreise nach Preisliste. – Anzeigenannahme nur Maxstraße 1. – Fernsprechanschluß für Verlag u. Redaktion Regensburg [illegible]. Verlagsort: Regensburg, Kumpfmühler Straße 11.

Einzelpreis 20 Pfennig

1. Jahrgang / Nummer 1 — Lizenz Nr. 5 der Nachrichtenkontrolle der Militärregierung Ost — Dienstag, 23. Oktober 1945

Deutschlands Vernichter unter Anklage

Die Anklageschrift gegen die führenden Nazi: Verbrechen gegen Frieden, Kriegsrecht und Humanität

Verbrechen gegen den Frieden, gegen das Kriegsrecht und gegen die Humanität in Deutschland und den besetzten Gebieten, das sind, wie Dana meldet, die Hauptpunkte, die die jetzt veröffentlichte Anklageschrift des internationalen Gerichtshofes in Nürnberg den Angeklagten zur Last legt.

Die Anklageschrift ist ein 85 Seiten starkes Dokument, das in der nüchternen Sprache der Juristen, an Hand eines umfassenden Tatsachen- und Zahlenmaterials, einen Rückblick auf die Jahre des Krieges und die vorhergehende Periode der Kriegsvorbereitungen gibt.

In dem Schriftstück, das zum erstenmal alle Untaten, die den Kriegsverbrechern zur Last gelegt werden, zusammenfaßt und vor allem auch die einheitliche Linie aufzeigt, auf der der Nazismus von seiner Entstehung bis zu seinem Zusammenbruch von Verbrechen zu Verbrechen schritt, erheben „die Vereinigten Staaten von Amerika, die französische Republik, das vereinigte Königreich von Großbritannien und Nord-Irland und die Union der sozialistischen Sowjet-Republiken"

formelle Anklage gegen Hermann Wilhelm Göring, Rudolf Heß, Joachim von Ribbentrop, Robert Ley, Wilhelm Keitel, Ernst von Kaltenbrunner, Alfred Rosenberg, Hans Frank, Wilhelm Frick, Julius Streicher, Walter Funk, Hjalmar Schacht, Gustav Krupp von Bohlen und Halbach, Karl Dönitz, Erich Raeder, Baldur von Schirach, Fritz Sauckel, Alfred Jodl, Martin Bormann, Franz von Papen, Artur Seyß-Inquart, Albert Speer, Konstantin von Neurath und Hans Fritzsche.

Sie sind angeklagt, sowohl als Einzelpersonen als auch als Mitglieder der Reichsregierung, des Korps der politischen Leiter der Nationalsozialistischen Deutschen Arbeiterpartei, der Schutz-Staffel der NSDAP. (SS) einschließlich des Sicherheitsdienstes (SD), der geheimen Staatspolizei (Gestapo), der Sturmabteilungen der NSDAP. (SA) und des Generalstabes und des Oberkommandos der deutschen Wehrmacht.

Die Anklageschrift gliedert sich in vier Anklagepunkte und drei Anhängen. Der erste Anklagepunkt legt dar, daß alle Angeklagten innerhalb eines Zeitraumes von vielen Jahren „als Führer, Organisatoren, Anstifter und Mittäter" an der Ausarbeitung oder Ausführung gemeinsamer Pläne teilnahmen, die zu den ihnen zur Last gelegten Verbrechen führten.

Sie begingen Verbrechen gegen den Frieden, indem sie „Angriffskriege planten, vorbereiteten, entfesselten und führten, die gleichzeitig Kriege unter Verletzung internationaler Verträge, Ver- [...] rend sie gleichzeitig die Welt durch wiederholte Versicherungen, Deutschland respektiere die territorialen Grenzen und den Locarno-Vertrag, in Sicherheit wiegten.

Gemäß dem Plan der Nazi-Verschwörer war Oesterreich das erste Opfer. durch zwei Ultimaten wurde der österreichische Bundeskanzler Schuschnigg zum Rücktritt gezwungen und der Angeklagte Seyß-Inquart ersuchte Hitler, deutsche Truppen nach Oesterreich zu entsenden.

Es folgte der Schlag gegen die Tschechoslowakei und der nächste Schritt gegen Polen wurde vorbereitet, „wobei sich die Verschwörer dessen voll bewußt waren, daß damit ein Weltkrieg unvermeidlich werde.

Der dritte Anklagepunkt ist den Kriegsverbrechen gewidmet. Die Nazi-Verschwörer hatten einen „totalen Krieg" vorgesehen, dessen Kampf- und militärische Zukunftsmethoden in direktem Widerspruch zu Kriegsrecht und [...]

Folterungen unter Anwendung verschiedenster Methoden, wie Erstickung, Benutzung von Folterwerkzeugen und von elektrischem Strom. Von 228 000 Franzosen, die in Konzentrationslager gebracht worden waren, blieben nur 28 000 am Leben. Die Anklageschrift führt auch die Morde und Folterungen in Dänemark, Belgien, Holland, Luxemburg und Finnland an. In den östlichen Ländern wurden im Konzentrationslager Maidanek 1 500 000 Personen und in Auschwitz 4 000 000 Personen ermordet. In Lemberg und Umgebung wurden ungefähr 700 000 Sowjetbürger ausgerottet. In dem jüdischen Getto wurden mehr als 133 000 Personen gefoltert und erschossen. In der Krim wurden friedliche Bürger auf Lastkähne getrieben, auf das Meer hinausgefahren und ertränkt. So kamen 144 000 Personen ums Leben. In Kiew wurden 195 000 Personen ermordet. In der Tschechoslowakei wurden über 20 000 Personen in Gestapogefängnissen in Brünn und anderen Orten gefoltert und [...]

Zum Geleit!

Zum ersten Mal seit mehr als zwölf Jahren erscheint in der Mittelbayerischen Zeitung in Regensburg wieder eine unabhängige, von Deutschen für Deutsche geschriebene Zeitung. Sie ist keiner Partei dienstbar, unterliegt nicht der Zensur der Besatzungsmacht und hat allein die große und verantwortungsvolle Aufgabe, auf dem Boden der Demokratie zu ihrem Teil mitzuarbeiten am Wiederaufbau des Geistes- und Wirtschaftslebens Deutschlands und insbesondere ihres Verbreitungsgebietes Niederbayern-Oberpfalz.

Verantwortlich unserem Gewissen und der Bevölkerung, versprechen wie, dafür unsere ganze Kraft einzusetzen und erbitten die Unterstützung und Mitarbeit aller, die guten Willens sind.

Verlag und Schriftleitung

Letzte Dana-Nachrichten

Budapest, 23. Oktober (Dana). Die Wahlen zum ungarischen Parlament, die für den 4. November angesetzt sind, werden auf Grund einer Einheitsliste von Kandidaten aller fünf Parteien vor sich gehen. Die fünf Parteien Ungarns haben sich auf diese Methode geeinigt, um Zusammenstöße zwischen Anhängern der Rechten und der Linken zu vermeiden. Die Hälfte der Kandidaten der Einheitsliste gehört den rechten Parteien an.

Wien, 23. Oktober (Dana). Dr. Karl Renners provisorische Regierung Oesterreichs wurde gestern von den vier Mächten des alliierten Rates für Oesterreich, Amerika, Rußland, England und Frankreich offiziell anerkannt. Die Regierung übt jetzt die effektive Regierungsgewalt über ganz Oesterreich aus.

Berlin, 23. Oktober (Dana). Berlin hat wieder mehr als drei Millionen Einwohner. Dies ergibt sich aus der Zahl der zur Verteilung gelangten Lebensmittelkarten. Nach einer Meldung der Zeitung „Der Berliner" entfielen in runden Zahlen auf Gruppe 1 (Schwerarbeiter) 113 000, auf Gruppe 2 (Arbeiter) 742 000, auf Gruppe 3 (Angestellte) 421 000, auf Gruppe 4 (Kinder) 519 000, auf Gruppe 5 (Hausfrauen usw.) 1 220 000.

Unser Anfang

Wir fühlen in dieser Stunde, daß die zweite entscheidende Niederlage der Militärkaste, deren rabiatester Exponent Hitler letzten Endes war, eine endgültige ist. Die letzten Monate des Chaos, welche die geistige und materielle Zerstörung Deutschlands durch Hitler in ihrer ganzen Größe offenbar werden ließen, führten zu einer ersten tieferen Besinnung im bayerischen Volke. Die Niederlage von 1918 hatte nur zur Folge gehabt, alle Kräfte zur Rache neu zu sammeln. Die grundsätzlich pazifistischen Stimmen in allen Lagern blieben damals von Anfang an verdächtig. Heute meint man, sie hätten vielleicht doch recht gehabt.

Unsere Aufgabe ist, dies Gefühl zu vertiefen, die alten Gesetzestafeln

wieder zur Geltung zu bringen, die modernen Ergebnisse der Psychoanalyse und Individualpsychologie, die das Zerstörerische des Geltungsstrebens aufdecken, allgemein nutzbar zu machen. Die Umwertung der Werte, die das Dritte, das tausendjährige Reich begründen sollte, stellte sich als Größenwahnsinn heraus. Als Massenwahn, wie er schon oft in der Geschichte aufgetreten ist, als Cäsarenwahn im alten Rom, in den Stürmen des Islam und noch in den achtziger und neunziger Jahren des vorigen Jahrhunderts im Madhismus. Nur in Deutschland, das schon einmal aus religiösem Fieber heraus einen Dreißigjährigen Krieg durchfocht, war dieser zweite Dreißigjährige Krieg gegen die Vernunft und gegen die Gemeinschaft möglich. Die Nazis, die sich selbst [...]

Mittelbayerische
ZEITUNG
Tages-Anzeiger

Nummer 292 / Mittwoch, 7. Dezember 1988 / L
Kath.: Ambrosius, Gerald (Gerhard) v. Regensburg — Ev.: Blutzeugen d. Thorner Blutgerichts
Mittelbayerische Druckerei und Verlags GmbH,
8400 Regensburg, Postfach, ☎ (09 41) 20 70
1,20 DM

Die „Mittelbayerische Zeitung" mit ihrer Erstausgabe von 1945 und ihrem heutigen Kopf.

aller Welt und aus der näheren Heimat auf dreieinhalb Seiten Platz finden. Unter dem Bruch der letzten Seite drängten sich, achtgespalten, Kleinanzeigen zusammen; das war genau der von den Amerikanern „auf lediglich ein Achtel des Gesamtumfangs festgelegte Anzeigenraum".[37]

Verlag und Redaktion versprachen in ihrem Geleitwort „zum ersten Mal seit mehr als zwölf Jahren ... wieder eine unabhängige, von Deutschen für Deutsche geschriebene Zeitung. Sie ist keiner Partei dienstbar, unterliegt nicht der Zensur der Besatzungsmacht und hat allein die große und verantwortungsvolle Aufgabe, auf dem Boden der Demokratie zu ihrem Teil mitzuarbeiten am Wiederaufbau des Geistes- und Wirtschaftslebens und insbesondere ihres Verbreitungsgebietes Niederbayern – Oberpfalz." Für dies anspruchsvolle Programm erbat man abschließend „die Unterstützung und Mitarbeit aller, die guten Willens sind".[38]

Ende 1945 wurde die „MZ" durch die amerikanische Informationskontrolle als intelligente Zeitung mit stärkerer lokaler Orientierung beurteilt. Besonders hervorgehoben wurden ihre gesunde Einstellung zu Versorgungsproblemen, die der Winter mit sich brachte, sowie ihre ständige Sparte gegen Gerüchte.[39] Das Lob von dieser Seite hielt sich: Anfang 1947 galt die „Mittelbayerische Zeitung" der Information Control Division (ICD) „für eine der besten in der amerikanischen Zone, ‚für einen Wachhund der demokratischen Presse'".[40] Freilich sahen das nicht „alle, die guten Willens sind", genauso. Wie Ernst Langendorf in einem Memorandum „The Future of the German Press" (15. Oktober 1947) überliefert, weigerte sich die Sekretärin Ludwig Erhards – damals bayerischer Wirtschaftsminister – „im August 1946, einer Korrespondentin der ‚Mittelbayerischen Zeitung' ein Interview mit Erhard zu vermitteln. Sie informierte die Journalistin, Erhard würde sich nur von Zeitungen interviewen lassen, die später das Richtige schreiben".[41]

Das Mißtrauen, das hier aufscheint (und das damals, angesichts vieler aus der nämlichen politischen Richtung kommender Lizenzträger in Bayern allgemein weit verbreitet war[42]), reflektiert gewiß Karl Friedrich Essers SPD-Zugehörigkeit: Das mußte in Deutschland – nicht abwegig angesichts des einstigen Übergewichts an Partei- und Richtungspresse – einer erst beweisen, daß er ein Parteibuch in der Tasche haben und dennoch eine überparteiliche Zeitung machen konnte! Und das sah man auch in Regensburg und fürchtete nicht grundlos, in die falsche Ecke ge-

---

37 Ebenda.

38 „MZ", Erstnummer/23. 10. 45, S. 1, Kasten.

39 Vgl. Kurt Koszyk: Pressepolitik für Deutsche 1945 – 1949. Berlin 1986, S. 65. (Geschichte der deutschen Presse; 4)

40 Harold Hurwitz: Die Stunde Null der deutschen Presse: die amerik. Pressepolitik in Deutschl. 1945-1949. Köln 1972, S. 167.

41 Ebenda.

42 Nach Umfrageergebnissen von OMGUS (Office of the Military Government for Germany United States), Report No. 21 vom 25. 9. 1946 „Attitudes toward licensed newspapers in some American occupied areas" sprachen sich 80% der Bayern gegen Parteizeitungen aus; als Interpretation ist angefügt, „these data may have reflected the overrepresentation of SPD editors [richtig zweifellos: publishers] in Bavaria, considering the relative strength of this party in the Land". Vgl. Public opinion in occupied Germany: The OMGUS surveys, 1945 – 1949, hrsg. von Anna J. Merritt und Richard L. Merritt. Urbana [u. a.] 1970, S. 103. – In Bayern gab es 21 Lizenzträger, die der SPD angehörten oder nahestanden; das entspricht einem Prozentanteil von 46,5. Demgegenüber umfaßten die SPD-Wähler in Bayern am 1. Dezember 1947 28,2% der wahlberechtigten Bevölkerung. Vgl. Heinz Starkulla, Zur Geschichte der Presse in Bayern, a. a. O., S. 45.)

stellt zu werden. Nicht umsonst sorgte eine im Grunde harmlose Fehleinschätzung dort für Aufregung, als nämlich die damalige Nachrichtenagentur DANA, gemäß einer Beschwerde des Regensburger Presseoffiziers Pillsbury vom 31. Oktober 1945, Esser „fälschlich als ... sozialdemokratischen Freidenker“ bezeichnete, „‚thus stressing the inherent differences we have been trying to subordinate‘. Esser und seine Redakteure hätten das als einen Versuch direkter Sabotage (in einer katholischen Gemeinde) empfunden, obwohl es wahrscheinlich Gedankenlosigkeit gewesen sei.“[43] Daß – allerdings erst 1948 – Dr. Karl Debus zum Chefredakteur aufrückte und zum zweiten Lizenzträger gemacht wurde, hat die Situation bezüglich der antizipierten Linkslastigkeit der „MZ“ bestimmt entschärfen helfen: Debus, am 10. Januar 1891 in Leistadt/Rheinpfalz geboren, war ein ausgesprochen katholisch-konservativer Journalist. Unter anderem hatte er an Joseph Eberles Zeitschriften „Das neue Reich“ und „Schönere Zukunft“ mitgearbeitet, bevor er ab 1928 beim „Regensburger Anzeiger“ als leitender politischer Redakteur tätig wurde und – nach journalistischer Zwangspause im Dritten Reich, er brachte sich als Angestellter eines Finanzamts durch – zu den Männern der ersten Stunde bei der „Mittelbayerischen Zeitung“ zählte.[44]

Ein weiterer Vorwurf, den manche der „MZ“ machten und den ICD Anfang 1947 registrierte, war, „zu sehr auf seiten der Besatzungsmacht zu stehen“.[45] Wer heute in den alten Zeitungsnummern blättert und etwa den Tonfall der Rubrik „Die politische Säuberung“ mit ihren Spruchkammerurteilen auf sich wirken läßt, oder wer registriert, wie im Text vorkommende Amerikaner, die keinen militärischen Rang oder sonstigen Titel führen, beständig als „Mr.“ apostrophiert werden (das wirkt nicht für sich, sondern erzeugt erst im Kontrast zur ansonsten natürlich durchgängig angewandten deutschen Zeitungssprache, die schon aus Platzgründen keinen „Herrn“ kennt, die Anmutung einer gewissen Unterwürfigkeit), der kann vielleicht ein wenig von dem nachschmecken, was sich mit dem Vorwurf verband. Indessen geht es wohl nicht an, daraus der „Mittelbayerischen Zeitung“ speziell einen Strick zu drehen; man sehe sich nur andere Zeitungen aus der Zeit an. Und im übrigen ist dies alles nur eine Facette der bitteren Wirklichkeit, in der sich die Deutschen mit Niederlage und „Re-education“ allgemein fanden, und manche mehr als andere. Da wir gerade von Re-education sprechen: Um den Vorwurf kontextieren und gerecht einordnen zu können, ist in diesem Zusammenhang sicherlich hilfreich, sich vor Augen zu stellen, wie die Modalpersönlichkeit des bayerischen Zeitungslesers der unmittelbaren Nachkriegszeit beschaffen war: von guter Schulbildung, der Mittel- oder Oberschicht angehörend, männlich und ... früheres NSDAP-Mitglied.[46] Schließlich darf hervorgehoben werden, daß in der Rubrik „Der Leser hat das Wort“ in jenen Jahren immer wieder lobende und zustimmende Äußerungen über die „MZ“ fallen, die sicherlich keinen geringen Repräsentanzcharakter haben und von

---

43 Kurt Koszyk, a. a. O., S. 51.

44 Vgl. Die neue bayerische Presse, a. a. O., S. 25 und 27.

45 Harold Hurwitz, a. a. O., S. 211.

46 Unter anderem ermöglicht der OMGUS-Report No. 78 (6. November 1947) „Bavarian attitudes toward newspapers“, auf der Grundlage einer Befragung von 1613 repräsentativ ausgewählten Erwachsenen in Bayern im August 1947, folgendes Resümee: „Not unexpectedly, regular readers tended to be the well-educated, from the upper social classes, men, and former NSDAP members. Among former NSDAP members, 76 per cent claimed regular readership, in contrast to 50 per cent of the nonaffiliates.“ (Public opinion in occupied Germany, a. a. O., S. 182.)

der Zeitung aus gewiß nicht ganz uneigennützigen Gründen gern veröffentlicht worden sind. Doch auch andere Anfechtungen gab es zu bestehen, solche, mit denen eine Monopolzeitung, wie sie die „MZ" für ihr Verbreitungsgebiet damals war, naturgemäß erheblich leichter fertigwerden konnte. An sie erinnere, der Kuriosität halber, die folgende Meldung:

> Pressefreiheit, wie sie sie verstehen
> Regensburg. Die „Mittelbayerische Zeitung" in Regensburg hatte nach der Währungsreform zwei Aufsätze veröffentlicht, die sich mit der Zurückhaltung von Waren und der Preisbildung sowie mit dem Problem „Hortungsgewinne und Lastenausgleich" beschäftigten. Diese Artikel, insbesondere der Satz, „daß der Umfang der Hortung viel größer war, als auch der kühnste Optimist angenommen hatte", hatten das heftige Mißfallen des Einzelhandels hervorgerufen. Der Landesvorsitzende des Einzelhandelsverbandes, Hafner, versuchte einen Druck auf die „Mittelbayerische Zeitung" mit dem Hinweis, daß die 1000 Einzelhändler doch „Kunden" der „MZ" wären und entschlossen wären, sich eine eigene Zeitung zu schaffen. Bei einer Versammlung des Einzelhandels wurden die Mitglieder aufgefordert, der „Mittelbayerischen Zeitung" keine Inserate zu geben. Das Regensburger Blatt weist diese Einschüchterungsversuche durch den Einzelhandel energisch zurück und erklärt, daß keine Drohung und kein Boykottierungsversuch sie davon abbringen werde, ihre Unabhängigkeit in der freien Meinungsäußerung zu wahren.[47]

Sehen wir ab von der „schrecklichen" Drohung, sich eine eigene Zeitung zu schaffen, mit der sich – von allem anderen ganz abgesehen – die Einzelhändler schon bei der Lizenzbehörde blutige Nasen geholt hätten, so bleibt doch der Boykottaufruf, der in der nun anhebenden Wirtschaftswunderzeit vielleicht nicht ganz unerheblich war. Gefruchtet hat er jedenfalls nicht. Ganz davon abgesehen, war um die Zeit der Währungsreform die „Mittelbayerische Zeitung" immer noch Mangelware. Am 22. Juni 1948 veröffentlichte sie einen Aufruf an ihre langjährigen Leser, die Erneuerung des Juli-Abonnements nicht zu versäumen. Begründung: „Bei Unterbrechung des Abonnements im Juli kann der betreffende Abonnent im August nicht mit einer Belieferung der ‚MZ' rechnen, weil die freiwerdenden Exemplare sonst anderweitig an Interessenten vergeben werden müssen, die schon seit Jahren vorgemerkt sind."

Doch die „Mittelbayerische Zeitung", im März 1948 in eine GmbH übergeführt,[48] steht wirtschaftlich nicht so gut und unangreifbar da, wie diese Aufforderung vielleicht vermuten läßt. Zwar hat sie ihre Erscheinungshäufigkeit steigern können: Ab 1946 kommt sie zweimal, ab 1948 dreimal wöchentlich heraus.[49] Auch hat sie inzwischen acht verschiedene Ausgaben etabliert.[50] Doch die „MZ" kommt buchstäblich

---

47 „Der Allgäuer", Kempten, 4. 8. 48, gezeichnet „ham."

48 Verlagsangaben.

49 Verlagsangaben. – Wie lange es dauerte und wie zäh gerungen werden mußte, aus der Talsohle der Nachkriegszeit wieder zu normalen Verhältnissen zurückzufinden, davon legt vielleicht am beredtesten die Entwicklung der „MZ"-Erscheinungshäufigkeit Zeugnis ab: 1949 konnten die Hauptausgabe viermal, die Kreisausgaben dreimal wöchentlich erscheinen; ab 1952 die Hauptausgabe sechsmal, die Kreisausgaben dreimal; ab 1954 die Kreisausgaben viermal; erst ab 1958 alle Ausgaben sechsmal.

50 Nämlich die Ausgaben
A Regensburger Stadt-Umschau

in die Zange zwischen weitere Lizenzzeitungen, die in ihrem ursprünglichen Verbreitungsgebiet – Niederbayern und Oberpfalz – nach und nach gegründet werden. Im Süden sind das die „Isar-Post“ in Landshut,[51] die „Passauer Neue Presse“[52] sowie die „Niederbayerischen Nachrichten“ (Straubing).[53] Im Norden entsteht „Der neue Tag“ (Weiden).[54] Zählt man die Startauflagen dieser vier Titel zusammen, so kommt man auf rund das Anderthalbfache der einstigen Startauflage der „MZ“, das nun für den nämlichen Raum mit zur Verfügung steht. Es ist klar, daß dies nicht ohne Einfluß auf die „Mittelbayerische Zeitung“ bleiben kann. Ihr Verbreitungsgebiet – gerade beim Zeitungmachen gilt der alte Erfahrungssatz „All business is local“ – verkleinert sich auf etwa die Hälfte, und die Auflage fällt erheblich. Um 160 000 tendiert sie im Jahr 1947,[55] und gegen Ende 1948 steht sie bei 108 500, hat sich also annähernd ebenso verringert wie das Verbreitungsgebiet, nämlich halbiert.[56]

Mit Erteilung der Generallizenz im August 1949 mußten sich die Verhältnisse für die „Mittelbayerische Zeitung“ noch einmal bedrohlich verschärfen, denn nun wurden die Altverleger aktiv. Acht Zeitungen traten 1949 im verbliebenen Verbreitungsgebiet neu gegen die „MZ“ an, allen voran in Regensburg der „Tages-Anzeiger“ als Fortsetzung des Heldschen „Regensburger Anzeigers“.[57] Und auch in den folgenden Jahren kommt es zu Neugründungen; beispielsweise bringt der Verlag des „Tages-Anzeigers“ im Frühjahr 1952 die „Schwandorfer Zeitung“ heraus. Wenn man eine charakteristische Passage aus den hierzu ergangenen Grußworten zitiert, dann werden Spitzen fühlbar, die sich gegen den Konkurrenten „Mittelbayerische Zeitung“ richten, ohne ihn beim Namen zu nennen: „Ein schlechter Zug unserer Zeit ist die Verwaschenheit des Nichtfarbebekennenwollens. In manchen Fällen verbirgt sich hinter der angeblichen Überparteilichkeit und Neutralität auch eine geheime Gegnerschaft. Umsomehr ist es zu begrüßen, daß die neue ‚Schwandorfer Zeitung‘ sich die Einhaltung und Vertretung einer weltanschaulich klar christlichen Linie zur Aufgabe macht. Solche Blätter brauchen wir. Sie verdienen Unterstützung

---

B Bayerwald-Umschau (Landkreise Cham, Waldmünchen)
C Nabtal-Umschau (Burglengenfeld, Neunburg v. W.)
D Kelheimer Umschau (Kelheim, Riedenburg)
E Volksblatt für die Landkreise Neumarkt/Opf., Parsberg und Beilngries (früher Jura-Umschau)
F Regensburger Land-Umschau (Nord)
G Regensburger Land-Umschau (Süd)
H Kötztinger Umschau
(Vgl. Bestellschein, MZ 3. 11. 48.)

[51] Lizenz Nr. 14, Erscheinungsbeginn 15. Januar 1946, Startauflage 70 000. (Angaben hier und im folgenden nach Heinz Starkulla, a. a. O., S. 45.)

[52] Lizenz Nr. 16, Erscheinungsbeginn 15. Februar 1946, Startauflage 105 000.

[53] Lizenz Nr. 22, Erscheinungsbeginn 20. August 1947, Startauflage 38 000.

[54] Lizenz Nr. 19, Erscheinungsbeginn 31. Mai 1946, Startauflage 78 000.

[55] Vgl. Handbuch der Lizenzen deutscher Verlage: Zeitungen, Zeitschriften, Buchverlage, bearb. von Wilhelm Seidel. Berlin 1947, S. 19.

[56] Kurt Koszyk, a. a. O., S. 472. – Bei alledem ist noch nicht einmal in Rechnung gestellt, daß es selbstredend auch Überschneidungsräume zwischen „MZ“ und weiteren Zeitungen außerhalb des ursprünglichen Verbreitungsgebiets gibt. So macht Heinz-Werner Stuiber darauf aufmerksam, daß in der Nordwest-Ecke des „MZ“-Gebiets die „Nürnberger Nachrichten“ als Konkurrenz auftreten. (Vgl. Kommunikationsräume der lokal informierenden Tagespresse. Nürnberg 1975, S. 276 f.)

[57] Vgl. Rainer Sütfeld: Die Entwicklung der 27 in Bayern lizenzierten Tageszeitungen seit 1949. Magisterarbeit München 1983, S. 147.

und Förderung." (Landtagspräsident Dr. Alois Hundhammer)[58] Die verborgenen Spitzen wären leicht zu ertragen gewesen, auch offen – etwa im „Tages-Anzeiger – ausgetragene Pressefehden.[59] Was hingegen schmerzte, war die ökonomische Seite der Konkurrenzsituation. Die Auflage der „Mittelbayerischen Zeitung" fiel und fiel, bis sie Ende 1955 bei 57 460 Exemplaren, also nur noch einem guten Viertel der Startauflage, ihren Tiefpunkt erreicht hatte.[60] Gar nicht abwegig ist die Formulierung, daß die „MZ" 1955 zum zehnjährigen Bestehen „ihr Überleben" feierte;[61] dies jedoch tat man fröhlich und stilvoll: mit Zirkuselefanten, einer Belegschaftsfeier und buntem Abend.[62]

Gewiß ist es neben dem Management auch dem engen Zusammenhalt der Betriebsangehörigen zu verdanken, daß es „durch Übernahme kleinerer Heimatzeitungen"[63] stetig wieder aufwärts ging. Karl Heinz Esser, nach dem Tode seines Vaters 1961 Verleger der „Mittelbayerischen Zeitung", bilanziert diese schwierige Periode folgendermaßen: „Der große Mangel der für eine große Region neugegründeten Zeitung, die fehlende Vertrautheit und Verbundenheit mit örtlichen persönlichen, politischen und wirtschaftlichen Strukturen, konnte weitgehend durch die bald folgenden Vertragsschlüsse mit den früheren Verlegern der Lokalzeitungen, in der Regel Besitzer der örtlichen Druckereien, behoben werden. Zugleich wurde mit Erfolg die Ausdehnungsmöglichkeit für den nicht nur lokal in Regensburg startenden Wettbewerber reduziert. Der Preis war allerdings eine damit verbundene dezentrale Satz-Herstellung zu hohen Kosten, zum Teil sogar der Druck vor Ort und vor allem – soweit Gewinne in diesen Gesellschaften erwirtschaftet wurden – der Nachteil der ‚Gewinn-Entfremdung' durch die Gewinn-Entnahmen der örtlichen Partner – Beträge, die nicht zur Reinvestition im Regensburger Unternehmen zur Verfügung standen. Es bedurfte erheblicher Anstrengungen, langer Zeit und zum Teil hoher Abfindungsbeträge, um zwischen 1961 und 1972 diese Beziehungen ohne Auswirkungen auf die jeweiligen Zeitungsauflagen zu beenden und damit die Wirtschaftlichkeit der Lokalausgaben und des Gesamtverlags wiederherzustellen."[64]

Als dann 1973 der „Tages-Anzeiger" sein Erscheinen einstellte, war die Talsohle für die „Mittelbayerische Zeitung" endgültig durchschritten. Sie übernahm die Geschäftsanteile des Verlages und die Abonnementauflage der Zeitung, mit der sie in den letzten Jahren – bei völliger publizistischer Unabhängigkeit der Beteiligten – bereits auf dem Anzeigen- und Vertriebssektor kooperiert hatte (die „MZ" führt seither den Traditionstitel „Tages-Anzeiger" als Untertitel im Kopf ihrer Hauptausgabe). Den Konkurs der Druckerei Gebr. Held GmbH aufzufangen, war jedoch außerhalb der Möglichkeiten der Mittelbayerischen Druckerei und Verlags-Gesell-

---

[58] Die „Schwandorfer Zeitung" – ein neues, christliches Heimatblatt, in: Passauer Neue Presse, 3. 3. 1952.

[59] Vgl. z. B. „Das letzte Jahr der Herrlichkeit": gegen Herabsetzung und Verhöhnung der Bundesregierung und der Volksvertretung, von Bundestagsabg. Dr. Max Solleder. In: Tages-Anzeiger, Regensburg, 10. 9. 1952; sowie: Meinungsfreiheit darf nicht zur Zersetzung führen! Gegen unberechtigte Presse-Angriffe auf Wähler und Gewählte! Von Landtagsabg. Dr. Karl Fischer. In: Tages-Anzeiger, Regensburg, 13. 9. 1952.

[60] Verlagsangaben.

[61] So Rainer Sütfeld, a. a. O.

[62] Vgl. „Gewichtiger Besuch" und „Karl Esser und seine ‚Mitesser' waren in frohem Kreis vereint", in: MZ 24. 10. 1955, S. 7.

[63] Rainer Sütfeld, a. a. O.

[64] Verlagsangaben.

schaft mbH.[65] Es war hier wie allerorten in der Bundesrepublik so, daß sich die Konzeption der Tageszeitung als Richtungszeitung hoffnungslos überlebt hatte und auf dem Markt nicht mehr zu halten war: Die Leser wollen und brauchen umfassende Information zur Meinungsbildung, und das drückt sich in ihrem Kaufverhalten auf dem Zeitungsmarkt aus.

Drittes Bild: In der Redaktion oder: Zeitungmachen heute

Mit dem Ende des „Tages-Anzeigers" war freilich der Wettbewerb für die „Mittelbayerische Zeitung" nicht ausgestanden. Noch in den sechziger Jahren entstanden neue Wettbewerbsfelder durch Zeitungsgründungen in den Räumen Cham und Neumarkt; seit Mitte der siebziger Jahre traten Anzeigenblätter ins Leben, die sich angesichts der wirtschaftlichen Konjunktur, anders als Vorgänger in den fünfziger und sechziger Jahren, als haltbar erwiesen; seit 1987 „versuchen sich aus dem lokalen Werbeaufkommen zusätzlich zwei Lokalradios (an einem ist der MZ-Verlag über eine Tochtergesellschaft beteiligt) zu finanzieren."[66]

Herausforderungen brachte auch die Kreisreform der siebziger Jahre mit sich. Die strukturelle Gliederung der „Mittelbayerischen Zeitung" orientiert sich – wie die eines jeden Regionalblattes[67] – in etwa an den Landkreisen; die Veränderungen, die die Reform mit sich brachte, waren insofern nachzuvollziehen. Dies durfte freilich nicht dazu führen, gewachsene Kommunikationsbeziehungen in den lokalen Räumen zu zerstören. Die Aufgabe wurde so gelöst, daß die ursprünglich 16 verschiedenen Ausgaben der „MZ" zu elf Ausgaben mit höherer Auflage zusammengelegt wurden, ohne daß sich damit eine Reduzierung der Lokalteile verband. Im Gegenteil: In den ehemaligen Kreisstädten blieben die Redaktionen bestehen; ein Verbund von acht stärker besetzten Lokalredaktionen und siebzehn kleineren Redaktionsbüros sorgt heute für flächendeckende Vermittlung des lokalen Stoffes.[68] Die Struktur der Ausgaben aber schaut heute wie folgt aus:

Die Ausgaben der „Mittelbayerischen Zeitung"

Titel der Ausgabe (Untertitel)	Erscheinungsort/ Verlagsort	Verk. Aufl. IV/88
Mittelbayerische Zeitung (Tages-Anzeiger)	Regensburg [Stadtausgabe]	*
Mittelbayerische Zeitung (Tages-Anzeiger)	Regensburg L[andausgabe]	*
Mittelbayerische Zeitung (Tages-Anzeiger)	Regensburg N[ittenau]	*

65 Verlagsangaben.
66 Ebenda.
67 Vgl. Otto Groth: Die unerkannte Kulturmacht: Grundlegung der Zeitungswissenschaft (Periodik). Bd. 1. Berlin 1960, S. 234 ff.
68 Verlagsangaben.

Mittelbayerische Zeitung (Hemauer Wochenblatt)	Hemau	*
Wörther Anzeiger (Mittelbayerische Zeitung) (Tages-Anzeiger)	Wörth	*
Hauptausgabe zusammen		52 800
Mittelbayerische Zeitung (Altmühlbote) (Kelheimer Zeitung) (Abensberger Tagblatt) (Neustädter Zeitung)	Abensberg	13 799
Bayerwald-Echo (Bayerwald-Anzeiger) (Bayerwald-Zeitung) (Mittelbayerische Zeitung)	Cham	15 536
Kötztinger Umschau (Mittelbayerische Zeitung)	Kötzting	**
Mittelbayerische Zeitung (Schwandorfer Tagblatt) (Burglengenfelder Zeitung) (Neunburger Anzeiger)	Schwandorf	19 067
Mittelbayerische Zeitung (Amberger Volksblatt)	Amberg	***
Neumarkter Tagblatt (Mittelbayerische Zeitung für Neumarkt, den Landkreis und die Städte Parsberg, Velburg, Freystadt, Beilngries, Berching und Dietfurt)	Neumarkt	17 208
Bezirksausgaben zusammen		65 610
Gesamtauflage		118 410

Insgesamt 86 Redakteure, 16 Volontäre und an die 1700 freie Mitarbeiter wirken zusammen, um die „Mittelbayerische Zeitung" zu gestalten. Die alte, leidige Streitfrage Forums- oder Gesinnungszeitung ist, wie ihre Arbeit dokumentiert, längst vom Tisch (was nicht heißt, daß nicht gelegentlich von Laien-Seite mehr Gesinnung gefordert und das „freie Spiel allzu konträrer Meinungen" als unübersichtlich und

* Auflage nicht gesondert ausgewiesen, in der Hauptausgabe enthalten

** Auflage nicht gesondert ausgewiesen, in der Ausgabe „Bayerwald-Echo" (Cham) enthalten.

*** Auflage nicht gesondert ausgewiesen, in der Ausgabe „Mittelbayerische Zeitung" (Schwandorf) enthalten.

schlecht für klare Meinungsbildung gebrandmarkt wird[69]). Ein noch unveröffent lichter Entwurf für die Präsentation des Redaktionskonzepts in der Öffentlichkeit liest sich mit seinen Vorstellungen vom aktuellen Gespräch in der Region, der Betonung pluralistischer Meinungsvielfalt und dem anschaulichen Bild von der „Übersetzer-Funktion" des Journalisten wie ein Kapitel angewandter Zeitungswissenschaft.[70] Journalistische Praktiker sind oft geneigt, „reine Theorien" mit leichter Hand abzutun. Daß aber Forums-Theorie und Forums-Praxis gut miteinander gehen, erweist die Realität der „Mittelbayerischen Zeitung"; Karl Heinz Esser hat den hiermit verbundenen Anspruch in eine Form gefügt, die Theoretiker wie Praktiker unterschreiben können: „In der Region kann die Mittelbayerische Zeitung von jedem Leser direkt an ihrem eigenen Anspruch gemessen werden, überparteilich und unabhängig zu sein. Das ist Verpflichtung und Voraussetzung dafür, daß die fortlaufende Zustandsbeschreibung einer Region alle Facetten im Blick hat, unterschiedlichste, auch gegensätzlichste Positionen sieht und darstellt und immer auch den ‚anderen', den Betroffenen hört. Gelingt dies, schafft es Vertrauen beim Leser. Hat er dieses Vertrauen in ‚seine Zeitung', billigt er dann auch den Nachrichten aus der ‚großen weiten Welt' Glaubwürdigkeit zu, die ihm die Zeitung vermittelt."[71]

Diese journalistische Grundhaltung zeichnet sich im übrigen auch in den zahlreichen Sonderveröffentlichungen im Rahmen der Zeitung durch, auf die bei der „MZ" hoher Wert gelegt wird. Besonders erwähnenswert ist auch das in Regensburg mit großer Motivation und erheblichem personellem Einsatz betriebene Modell „Zeitung in der Schule", mit dessen Hilfe Jugendliche an das Erwachsenen-Medium Tageszeitung herangeführt werden sollen. Daß schließlich im Verlag auch Bücher und Buchreihen mit durchgehend lokalem und regionalem Bezug herausgebracht werden, sei nur noch am Rande erwähnt.[72] Die Mittelbayerische Druckerei und Verlags-Gesellschaft mbH verfügt heute über ein Stammkapital von über 12,5 Millionen DM; die Gesellschafter sind sämtlich Angehörige der Familie Esser. Das Unternehmen mit seinen etwa 500 Mitarbeitern erwirtschaftet einen Jahresumsatz (konsolidiert) um 90 Millionen DM.[73] Damit gehört es schon zu den größeren Brocken der Branche. Nur zum Vergleich: Der durchschnittliche Abonnementtageszeitungsverlag mit eigener Druckerei setzte 1983 etwas unter 30 Millionen DM um.[74] Vier hundertprozentige Tochtergesellschaften in der Rechtsform einer GmbH deuten die Spannweite der Unternehmung an: Anzeigengesellschaft Raum Regensburg, Zeitungs-Zustellung Regensburg, Verlag Tages-Anzeiger und Verlagsdruckerei Regensburg. An Stiftungen bestehen der Karl-Esser-Sozialfonds (begründet 1967) sowie die Stiftung Medienforschung (1985).[75]

In Regensburg fühlt man sich dem Stil des Gründers verpflichtet. Karl Heinz Esser: „Sein persönliches soziales und öffentliches Engagement bleibt prägend. Diese Ein-

---

69 Vgl. etwa Hermann König: Die Regensburger Zeitungen: Versuch einer kritischen Analyse, in: Der Grenzwald, Regensburg, 3/1970, S. 8 – 10.

70 Mit Verlagsangaben vorgelegt.

71 Karl Heinz Esser: Beitrag zur Tabula Gratulatoria, in: Festschrift für Gustl Lang, Weiden 1989, S. 668.

72 Verlagsangaben.

73 Verlagsangaben.

74 Vgl. Bericht der Bundesregierung über die Lage der Medien in der Bundesrepublik Deutschland 1985: Drucks. 10/5663 des Dt. Bundestages, hrsg. vom Presse- und Inf.-Amt der Bundesreg. Bonn 1986, S. 185, Tab. 31. Genaue Vergleichszahl: 28,56 Millionen DM.

75 Verlagsangaben.

stellungen tragen sowohl im Alltag des Betriebs wie im Umfeld lokaler und regionaler Zusammenarbeit Früchte. Die grundsätzliche Pflege der Kollegialität und der Wunsch, Kooperationsbereitschaft zu zeigen und zu wecken, werden als geeignet angesehen, die Beziehungen auch zu den meisten direkten Wettbewerbern positiv zu bestimmen. Marketing-Denken in jedem Bereich des Unternehmens und der Ausbau des dazugehörigen Instrumentariums sollen durch bestmögliche Ausschöpfung des Marktes den Verzicht auf Ausdehnung der Verbreitungsgebietsgrenzen ermöglichen."[76]

Viertes Bild: Setzerei und Rotation oder: Die „MZ" als Pionier der Zeitungstechnik

Längst sind die Zeiten vorbei, da man in Regensburg mit 300 000 DM WIGO-Darlehen den vom Kriege ramponierten Maschinenpark, der mit dem Anwesen Kumpfmühler Straße der „Mittelbayerischen Zeitung" zur Verfügung gestellt worden war, modernisieren konnte.[77] Der Bleisatz und überhaupt die gesamte überkommene Zeitungsproduktion ist von modernster Elektronik abgelöst worden; und gerade der Regensburger Verlag hat sich mit Innovationen im technischen Bereich stets vorgewagt und dabei sogar auch eine wichtige Vorreiter-Rolle gespielt. Schon Ende der fünfziger Jahre ging man daran, TTS-Satz einzusetzen: Teletypesetter funktionierten so, daß der Satz an „Perforatoren" erfaßt wurde,[78] die Lochstreifen ausgaben; mit den Lochstreifen wurden dann wiederum Zeilengießmaschinen gesteuert, die auf diese Weise erheblich schneller als bei Handbedienung arbeiteten. Die TTS-Technik hat man mit Recht „die Vorstufe zur Einführung der elektronischen Datenverarbeitung in den Zeitungsverlagen" genannt.[79]

Und genau dies war in Regensburg der nächste Schritt. 1965 entstand hier – und dies war ein absolutes Novum im deutschsprachigen Raum – eine Computersatz-Anlage mit IBM-Rechnern. Wirtschaftlich erreichbar wurde das durch gleichzeitige Nutzung der Systemkapazitäten für das Rechnungswesen des Verlages; technische Vorbedingung war gewesen, daß die Rechner deutschsprachige Silbentrennungsprogramme und TTS-Maschinensteuerung bewältigen konnten.[80] Die Anlage war als Doppelprozessor ausgelegt, und auch wesentliche Peripherie-Geräte waren zweifach vorhanden, so daß bei einem Ausfall die schlechterdings von der Aktualität lebende Zeitungsproduktion keinen Schaden nehmen mußte. Im Rückblick konzedierte das Unternehmen die „Strapazen eines Systemwechsels", zeigte sich jedoch durch „Leistungsfähigkeit und Wirtschaftlichkeit" von der Richtigkeit der einstigen Entscheidung zum Computereinsatz überzeugt.[81]

---

76 Ebenda.

77 Vgl. Kurt Koszyk, a. a. O., S. 115. – WIGO: Wirtschaftliche Genossenschaft der Presse, 1948 von ICD eingerichtet.

78 Am Perforator entstanden nach Verlagsangaben übrigens in jener Zeit des Facharbeitermangels bei gleichzeitigem Wirtschaftswachstum vornehmlich neue Arbeitsplätze für Frauen.

79 Emil Dovifat, Jürgen Wilke: Zeitungslehre, Bd. 2. 6. Aufl. Berlin [u. a.] 1976, S. 158.

80 Verlagsangaben.

81 Vgl. Karl Heinz Esser: Fünf Jahre Erfahrung mit Computersatz, in: ZV + ZV 16-17/1970, S. 724 f.

MITTELBAYERISCHE ZEITUNG

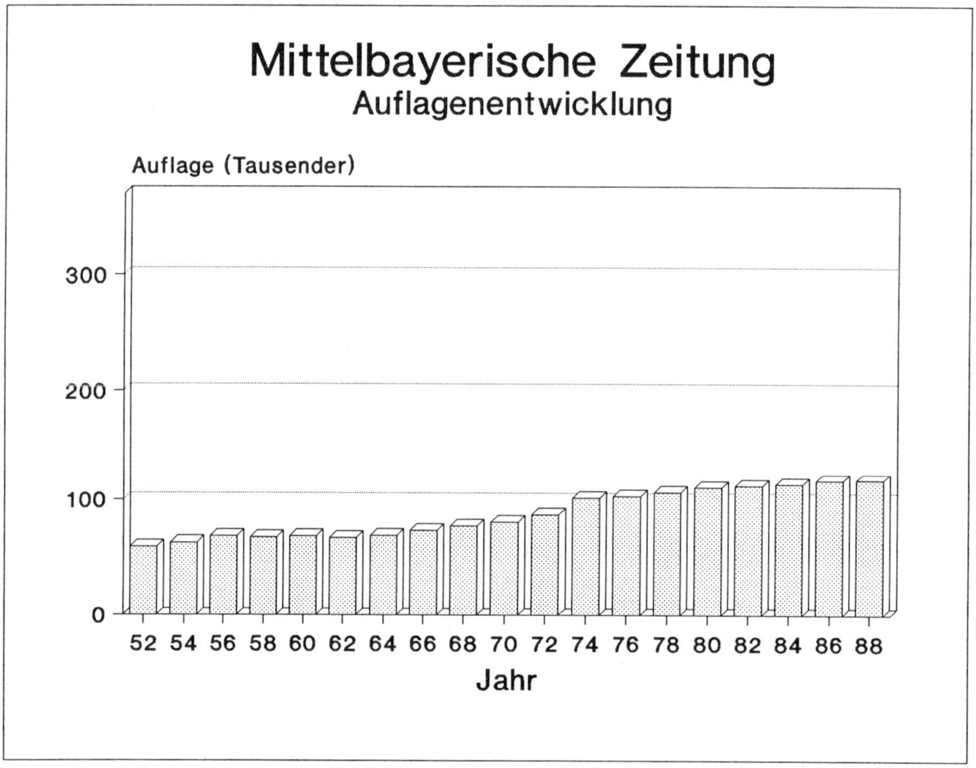
Mittelbayerische Zeitung
Auflagenentwicklung
Auflage (Tausender)
300
200
100
0
52 54 56 58 60 62 64 66 68 70 72 74 76 78 80 82 84 86 88
Jahr

Schon richtete sich der Blick des Unternehmens auch auf den Lichtsatz. Wie noch in den sechziger Jahren projektiert, wurden in der ersten Hälfte der siebziger Jahre Licht- und Bleisatz nebeneinander erstellt, ab 1976 schließlich mit dem Einsatz von Kathodenstrahl-Setzmaschinen begonnen, die das Setzen ganzer Zeitungsseiten erlaubten.[82] All dies hat selbstverständlich nicht nur wirtschaftlich-technische Dimensionen; es hat, auch wenn es dem Nicht-Techniker ein Buch mit sieben Siegeln bleibt, direkte Rückwirkungen auf das Produkt, das am Ende schwarz auf weiß aus der Rotation kommt[83] – und zwar bis hin in die lokalen Räume: Unmittelbar mit Einführung des Lichtsatzes wurde es der „Mittelbayerischen Zeitung", auch dank erhöhter Herstellungsgeschwindigkeit und dadurch veränderten Redaktionsschlusses, möglich, ihre Lokalteile differenzierter und übersichtlicher zu präsentieren.[84]

In den achtziger Jahren schließlich wurde die Elektronik zu einem Verbund aus Produktions-, Agentur- und Redaktionssystemen ausgebaut; Anzeigen und Bildbearbeitungssysteme sollen noch dazutreten.[85] Bemerkenswert ist, daß das Regensburger „Unternehmen Wert auf die frühestmögliche Nutzung neuer Technologien" legt, auch „um den Preis großen personellen und finanziellen Aufwands, weil sich dadurch Teile der Entwicklungsarbeit und -kosten vom Hersteller in den Betrieb des Anwenders verlagern"; kompensiert soll dies werden durch „Gewinnung von Expertenwissen und Mitarbeiter-Qualifikation ebenso wie die normalen Rationalisierungsvorteile im Frühstadium technischer Entwicklungen".[86]

Fünftes Bild: Die Leser oder: Zeitungsmarkt Regensburg

Mit insgesamt 387 000 Lesern täglich rechnet die „Mittelbayerische Zeitung".[87] Und man hat im Verlagshaus ein klares Bewußtsein vom Leser, seinen Bedürfnissen und seinem kommunikativen Handeln. Das belegen nicht nur Vorstellungen der unterschiedlichen Rezeptions-Modi von Presse und Hörfunk,[88] sondern das konkretisiert sich auch in handfesten Maßnahmen des Zeitungsmarketing. Dieses kann hier nicht systematisch beschrieben werden, aber einige wenige Splitter, soweit sie die „Mittelbayerische Zeitung" betreffen, seien doch eingestreut. Die 387 000 sind ja

---

[82] Verlagsangaben für diese Festschrift. Für technische Details siehe z. B.: Digiset 400 T 30 setzt ganze Zeitungsseiten: „Mittelbayerische Zeitung" investiert in die Zukunft, in: Druckwelt 3/1970, S. 70 f. Ferner: „Mittelbayerische Zeitung" erhält zwei „Digiset 400 T 30", in: Deutscher Drucker 3/1976.

[83] Bei der „MZ" übrigens eine sechsundneunzigseitige Vierfarb-Offsetrotation von KOENIG + BAUER mit elektronischer Steuerung (Verlagsangabe).

[84] Vgl. z. B.: Die Zukunft hat schon begonnen: Lokalteil der „Mittelbayerischen Zeitung / Amberger Volksblatt" im Lichtsatz-Verfahren hergestellt, sowie: In eigener Sache, in: MZ / Amberger Volksblatt 7. 2. 78.

[85] „Wie die Mittelbayerische Zeitung entsteht" unter diesen Bedingungen, kann der technische Laie einer so betitelten, reich bebilderten achtseitigen Broschüre der „MZ" (o. J.) entnehmen. Eher für Fachleute dagegen: Formatgesteuerter und interaktiver Umbruch bilden eine Synthese: Druckspiegel-Reportage zur Satzherstellung bei der Mittelbayerischen Druckerei- und Verlags-Gesellschaft mbH in Regensburg, in: Der Druckspiegel 10/1986, S. 1160–1166.

[86] Verlagsangaben.

[87] Gemäß Leser-Analyse 85/86, zit. nach Eigenanzeige der „MZ", undatiert (wohl 1989).

[88] Vgl. Peter Esser: Als Basis noch immer die Nummer eins, in: w & v 45/1988, S. 82 f.

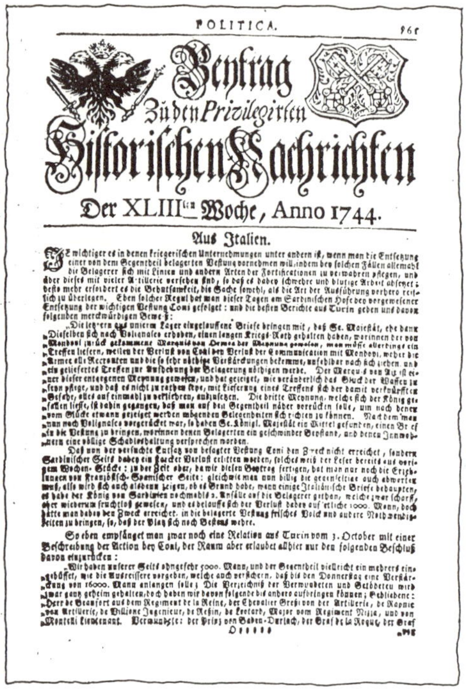

POLITICA. 961

Beytrag zu den Privilegirten Historischen Nachrichten

Der XLIII.ten Woche, Anno 1744.

Aus Italien.

Je wichtiger es in denen kriegerischen Unternehmungen unter andern ist, wenn man die Entsetzung einer von dem Gegentheil belagerten Vestung vornehmen will, indem bey solchen Fällen allemahl die Belagerer sich mit Linien und andern Arten der Fortificationen zu verwahren pflegen, und über dieses mit vieler Artillerie versehen sind, so daß es dabey schwehre und blutige Arbeit absetzet; desto mehr erfordert es die Behutsamkeit, die Sache sowohl, als die Art der Ausführung vorhero reiflich zu überlegen. Eben solcher Regul hat man dieser Tagen am Sardinischen Hofe bey vorgewesener Entsetzung der wichtigen Vestung Coni gefolget: und die besten Berichte aus Turin geben uns davon folgenden merckwürdigen Beweiß:

„Die letztern aus unserm Lager eingelauffene Briefe bringen mit, daß Se. Majestät, ehe dann „Dieselben sich nach Volignasco erhoben, einen langen Kriegs-Rath gehalten haben, worinnen der von „Mondovi zurück gekommene Marquis von Ormea der Meynung gewesen, man müsse allerdings ein „Treffen liefern, weilen der Verlust von Coni den Verlust der Communication mit Mondovi, woher die „Armee alle Recrouten und die so sehr nöthige Verstärckungen bekemme, unfehlbar nach sich ziehen, und „ein gelieffertes Treffen zur Aufhebung der Belagerung nöthigen werde. Der Marquis von Ast ist ei- „ner dieser entgegenen Meynung gewesen, und hat gezeiget, wie veränderlich das Glück der Waffen zu „seyn pflege, und daß es nicht zu rathen seye, mit Lieferung eines Treffens sich der damit verknüpfften „Gefahr, alles auf einmahl zu verlieren, auszusetzen. Die dritte Meynung, welche sich der König ge- „fallen liesse, ist dahin gegangen, daß man auf den Gegentheil näher verrücken solle, um nach denen „vom Glücke etwann gezeiget werden mögenden Gelegenheiten sich richten zu können. Nachdem man „nun nach Volignasco vorgerücket war, so haben Se. Königl. Majestät ein Mittel gefunden, einen Brief „in die Vestung zu bringen, worinnen denen Belagerten ein geschwinder Beystand, und denen Innwoh- „nern eine völlige Schadloshaltung versprochen worden.

Daß nun der versuchte Entsatz von besagter Vestung Coni den Zweck nicht erreichet, sondern Sardinischer Seits dabey ein starcker Verlust erlitten worden, solches weiß der Leser bereits aus vorigem Wochen-Stücke: zu der Zeit aber, da wir diesen Beytrag fertigen, hat man nur noch die Erzehlungen von Frantzösisch-Spanischer Seite: gleichwie man nun billig die gegenseitige auch abwarten muß, also wird sich auch alsdenn zeigen, ob es Grund habe, wann einige Italiänische Briefe behaupten, es habe der König von Sardinien nochmahls 2. Anfälle auf die Belagerer gethan, welche zwar scharff, aber wiederum fruchtloß gewesen, und es belauffe sich der Verlust dabey auf etliche 1000. Mann, doch hätte man dabey den Zweck erreichet, in die belagerte Vestung frisches Volck und andere Nothwendigkeiten zu bringen, so, daß der Platz sich noch Bestens wehre.

So eben empfänget man zwar noch eine Relation aus Turin vom 3. October mit einer Beschreibung der Action bey Coni, der Raum aber erlaubet allhier nur den folgenden Beschluß davon einzurücken:

„Wir haben unserer Seits ohngefehr 5000. Mann, und der Gegentheil vielleicht ein mehrers ein- „gebüßet, wie die Ausreissere vorgeben, welche auch versichern, daß bis den Donnerstag eine Verstär- „ckung von 16000. Mann anlangen solle; Die Verzeichniß der Verwundeten und Getödteten wird „zwar gantz geheim gehalten, doch haben wir davon folgende bis anhero aufbringen können; Gebliebene: „Herr de Beaufort aus dem Regiment de la Reine, der Chevalier Grest von der Artillerie, de Napnic „von Artillerie, de Villione Ingenieur, de Nessin, de Leotard, Major vom Regiment Nizza, und von „Montelli Lieutenant. Verwundete: der Prinz von Baden-Durlach, der Graf de la Roque, der Graf

Dddddd

„von

Mit der Welt ändern sich die Zeitungen: Regensburger Wochenzeitungen aus zweieinhalb Jahrhunderten.

22. Jahrgang / Nr. 14 Donnerstag, 6. April 1989 Einzelpreis 1,50 DM R 5822 C

die Woche

Regensburger Wochenzeitung – unabhängig – kritisch – mutig

Sie lesen:

Bernhardswald:
Haushälterin im Wahn erstochen Seite 3

Regensburg:
Glaubensjagd im Stiftungswald Seite 9

Regensburg:
Leere Häuser und Wohnungsnot Seite 9

Regensburg:
Vereinsvorsitzender muß ins Gefängnis Seite 32

EXTRA

rtv

In Ihrer Woche: Die komplette Fernseh-Illustrierte ist immer dabei.

Hausmeister erschoß Nachbarn beim Umzug
Unglück erschüttert Mietergemeinschaft

Cowboy-Fan traf Freund ins Herz

Für seine Freunde tat er alles. Der Regensburger Hausmeister Manfred F. (42) tapezierte und schreinerte, war der gute Geist im Haus, wenn ein Allround-Handwerker gefragt war. Vor einigen Tagen kündigte er nach 17 Jahren seine Wohnung in der Freiherr-vom-Stein-Straße, verzichtete auf seinen Job bei der Neuen Heimat. Grund: Im Wohnblock sei- gen treten." Seine alte Wohnung (Miete: 800 Mark) hat er gekündigt, in die neue wagt er sich nicht. Im dritten Stock wohnt sein Sohn Edwin, ein Berufssoldat, mit seiner Verlobten. Er bangt jetzt vor dem Zusammentreffen mit der Witwe. Ingeborg Kerscher, die Frau des kein festgefügter Block, sondern nach vielfachen Bezügen fraktioniert und gruppiert; und wenn man sie erreichen will, so muß man sich ganz verschiedenen Verhältnissen anpassen.

Das enthüllt schon ein Blick in die Umfangsstatistik von 1988 für die „MZ".[89] Da mag zunächst frappieren, daß übers Jahr ausgerechnet die Stadtausgabe die wenigsten Textseiten von allen zusammenbringt, nämlich 7821 verglichen mit 9299 etwa der Landausgabe oder gar 9594 des „Bayerwald-Echo". Des Rätsels Lösung ist, daß auf dem Land mehr räumlich in die Breite gehende Lokalberichterstattung betrieben werden muß, wenn man seine auf eine Vielzahl von Gemeinden verstreuten Leser zufriedenstellen will. Dafür braucht es dann eben mehr Platz, vielleicht drei bis sechs Seiten pro täglicher Ausgabe, je nach Erscheinungsgebiet. Der Vorgang mag illustrieren, wie ungemein schwierig es ist, bei der Vermittlung von Lokalkommunikation adäquate Verdichtungsmaßstäbe in Relation zur Kommunikationsvermittlung aus aller Welt zu finden; kein Massenmedium kann ja soziale Kommunikation unverkürzt vermitteln, sondern nur in Form eines journalistisch aufbereiteten Konzentrates.[90] Der Verleger, der sein Medium durch hohe Auflage als potenten Werbeträger erhalten will, muß aber genau dies im Auge haben, daß seine Leser journalistisch zufriedengestellt werden; und genau dies geschieht bei der „MZ".

Die Festlegung des monatlichen Bezugspreises (1988) ist ein weiteres Beispiel dafür, wie flexibel der Verlag auf dem Zeitungsmarkt agiert. Verlangt man für die „MZ" in Regensburg DM 23,25 und im größten übrigen Teil des Verbreitungsgebiets DM 22,50, so fallen bei drei Ausgaben die Preise ganz erheblich darunter: Der „Wörther Anzeiger" (also ein Bestandteil der Hauptausgabe!), das „Bayerwald-Echo" (Cham) und die „Kötztinger Umschau" stellen sich im Abonnement monatlich nur auf DM 15,45. Dahinter steht, daß die lokale Konkurrenz (nämlich entsprechende Ausgaben des „Straubinger Tagblatts") um einiges billiger ist, nämlich nur DM 13,90 pro Monat berechnet, und daß man den Abstand dazu nicht übergebührlich groß werden lassen will.

Statt weiterer solcher Einzelaufweise, die die „Mittelbayerische Zeitung" betreffen, sei aber zum Abschluß noch kurz eine weitere Regensburger Zeitung vorgestellt, deren Zuschnitt durch und durch Marketing, verstanden als Orientierung an vorhandenen Kommunikationsbedürfnissen, erkennen läßt. Es handelt sich um „Die Woche", die bis Ende 1983 zur Mittelbayerischen Druckerei- und Verlagsgesellschaft gehörte und seither in der Verlagsdruckerei Regensburg, einer hundertprozentigen MDV-Tochter, herauskommt.[91] Sie setzt einen „in Regensburg gewohnten und bewährten" Wochenzeitungstyp fort, der auf Josef Kollmeiers Blätter „Regensburger Volksfreund" (1908/09) und „Regensburger Echo" (1919–1936) zurückgeht, ferner auf Josef Rothammers „Regensburger Woche", die von 1949 bis 1968 erschien; es waren dies eher linksliberale Blätter mit lokalpolitischem Schwerpunkt.[92]

Die neue „Woche", die seit Juli 1968 erscheint, ist nach Auffassung des Verlages ein „Typ von Kaufzeitung, wie er in der Bundesrepublik einmalig sein dürfte. Als regionale Wochenzeitung ist sie lesernah konzipiert, nicht nur in der Form, sondern auch

---

89 Verlagsangabe.

90 Vgl. Heinz Starkulla jr.: Gemeinde im Gespräch: Aspekte lokaler Kommunikation. München [u. a.] 1988, S. 54. (ZWV-Paper; 4)

91 Verlagsangaben.

92 Vgl. Verlagsfestschrift 375 Jahre Wochenzeitung . . ., a. a. O., S. [7] und [21].

vom Inhalt her. War es zunächst der ‚Enthüllungsjournalismus', der in der Aufbauphase überwog, so wurde sie bald vom ‚anwaltschaftlichen Journalismus' getragen. Der Boulevardcharakter dient mehr als Transportmittel, als daß er auf den ersten Blick Rückschlüsse auf den gesamten Inhalt zuläßt."[93] Dieser Inhalt ist, aufs Ganze gesehen, komplementär zur Tageszeitung konzipiert. Die dreizehn Redakteure der „Woche" praktizieren kritischen Regionaljournalismus in der Form, daß sie ihre Berichte vollständig autark erarbeiten, ohne sich auf Zulieferer wie Agenturen zu stützen; sie sprechen von einer quasi „handgeschriebenen" Zeitung.

Die Gebiete, denen sie sich besonders widmen, sind in erster Linie Kommunal- und Regionalpolitik, regionale Kultur und Kulturpolitik sowie Sportpolitik und dazu natürlich Polizei- und Gerichtsberichterstattung. Als Verpackung und Anreiz dient in der Regel eine Kriminalgeschichte, mit der boulevardmäßig aufgemacht und so das Leserinteresse angezogen wird. Die große Nähe der Regionalzeitung zu den Leuten, über die sie – nicht ohne Reibungsflächen – berichtet, verlangt genaueste Beachtung der journalistischen Sorgfaltspflicht.

Was auf diese Weise entsteht, hat mittlerweile über 100 000 Leser gefunden und steht als Werbeträger solide da.[94] „Die Woche" vertieft auf unterhaltsame Weise im regionalen Gebiet, was die seriöse Tageszeitung als nur eine Sparte ihres universellen Spektrums mitführt. In der zielgerichteten Befriedigung am Ort bestehender Kommunikationsbedürfnisse: daheim und in der Welt Bescheid zu wissen, ergänzen sich die beiden Medientypen sinnvoll.

(hs)

[93] Verlagsangaben.

[94] 1988 kam die „Woche" bei 2600 Textseiten auf 936 Seiten Anzeigen.

Bei dünner Struktur eine starke Stellung:
„Der neue Tag“

Zwischen Marktredwitz und Schwandorf, der deutsch-tschechoslowakischen Grenze und Sulzbach-Rosenberg erscheint „Der neue Tag“ mit 13 Lokalausgaben. Der Kernbereich des Verbreitungsgebiets liegt somit in der mittleren und nördlichen Oberpfalz. Auch Geographie kann schicksalhaft sein. „1945 wurde die Oberpfalz, einst ein Kernland Europas, als Folge des verlorenen Krieges zum Grenzland“[1], skizzierte der Präsident der Industrie- und Handelskammer Regensburg, Willy Lersch, eine Bestimmungsgröße des Verlagshauses. „Damals stand die Wirtschaft der heutigen Region Oberpfalz Nord vor fast unlösbaren Problemen. Die ehemals regen Wirtschaftsbeziehungen mit dem Hinterland im Osten waren abgebrochen.“[2] Am notwendigen Umorientierungs- und Anpassungsprozeß war die Heimatzeitung „Der neue Tag“ nicht unwesentlich beteiligt.

„Die Zahl der Industriebetriebe stieg seit dem Ende des Zweiten Weltkrieges bis etwa Ende der 70er Jahre auf über 500 an, nahm danach aber wieder ab. Die Entwicklung bei den Beschäftigten in der Industrie war ähnlich, nur trat hier der Wendepunkt früher ein. Ein Hauptgrund für diesen Rückgang war sicher die industrielle Monokultur in der Region. Die beherrschenden Industriezweige sind nach wie vor die Branchen Eisen-, Stahl- und Metallwarenproduktion sowie die Glas- und Porzellanherstellung, obwohl deren Anteil an den gesamten Industriebeschäftigten gegenüber 1950 von etwa 60 auf jetzt gut 50 Prozent zurückgegangen ist. Außerdem befanden sich Anfang der 80er Jahre 80 Prozent der industriellen Arbeitsplätze in Industriezweigen, in denen ein sinkendes Arbeitsplatzangebot zu erwarten war.“[3]

Den aus arbeitsmarktpolitischer Sicht ungünstigen Entwicklungen in Industrie und Handel steht der relative Aufwärtstrend des Dienstleistungssektors gegenüber, der in der Oberpfalz freilich langsamer verläuft als in Gesamtbayern und im Bundesgebiet. Dafür gibt es mehrere Gründe: Das Dienstleistungsangebot hängt u. a. ab von der Bevölkerungszahl, der Besiedlungsdichte und der Kaufkraft einer Region. „Diese Indikatoren sind aber in der nördlichen Oberpfalz nur unterdurchschnittlich ausgeprägt. Ebenso kann sich das Dienstleistungsgewerbe um so besser entwikkeln, je größer das Zentrum einer Region ist. Weiden und Amberg sind aber bisher im Landesentwicklungsprogramm nur als sogenannte ‚mögliche Oberzentren‘ aufgeführt.“[4] Weil sich junge und hochqualifizierte Oberpfälzer bessere Arbeits- und Aufstiegschancen in anderen Gebieten erhoffen, ist die Region längerfristig (wie alle Zonenrandgebiete) von Überalterung der Bevölkerung und sozialer Erosion bedroht. Es muß also der Prozeß des Strukturwandels sowohl in den traditionellen als auch in den neuen Industriebranchen und im Dienstleistungsbereich unterstützt werden, um noch mehr qualifizierte Arbeitsplätze zu schaffen.

---

1 Willy Lersch: Branchenstruktur auflockern und verbreitern. Beitrag in der Jubiläumsausgabe des „Neuen Tag“ vom 31. 5. 1986.

2 ebd.

3 ebd.

4 ebd.

Für eine Heimatzeitung, und als solche versteht sich „Der neue Tag“, stellt sich in dieser schwierigen wirtschaftlichen Situation im verstärkten Maße die Aufgabe der Integration. Sie muß Öffentlichkeit für die Oberpfalz, ihre Menschen und Anliegen herstellen und dabei das Gesamtinteresse der Region im Auge behalten. „Der neue Tag“ widmet sich dieser Aufgabe intensiv und extensiv.

„Der neue Tag“, mit 81 557 verkauften Exemplaren[5] die größte Zeitung Nordostbayerns, erscheint in den fünf Landkreisen seines Verbreitungsgebiets – Wunsiedel, Tirschenreuth, Neustadt a. d. Waldnaab, Amberg-Sulzbach und Schwandorf – und in den beiden kreisfreien Städten Weiden und Amberg (in den Verlagsstätten dieser zwei Orte wird die Zeitung gedruckt) mit 13 Lokalausgaben.

Die Redaktion für den Mantel des „Neuen Tag“ hat ihren Sitz in Weiden, dort wird der Mantel auch gedruckt: „Ihr [der Zeitung, d. V.] einheitliches, und damit in sich geschlossenes Bild vermittelt der ‚Mantel‘. Einheitlich für alle Leser und selbst produziert, legt er sich über die unterschiedlichen Lokalausgaben in der Vermittlung des Welt-, Bayern- und Oberpfalzgeschehens durch ‚Politik‘ und ‚Buntes‘, ‚Oberpfalz‘ und ‚Sport‘, ‚Fernsehen‘ und ‚Wochenendbeilage‘. ‚Heiße Drähte‘ glühen in dieser Schaltzentrale, modernste Übermittlungstechniken lassen darin alles Geschehen zusammenfließen – Libyen und Stiftland, Wackersdorf und Washington auf engstem Raum – ausgewählt nach dem Bedeutungsvollsten und reflektiert für alle 90 000 Abonnenten“[6], schrieb Chefredakteur Homberg anläßlich eines Jubiläums. Die Mantelseiten stellen quasi den Versammlungsraum dar, wo die Oberpfälzer erfahren können, was „draußen“ vor sich geht, und wo „die in München und Bonn“ lesen können, was den Oberpfälzern auf den Nägeln brennt. Ein (Markt-)Platz also, um die einlaufenden und auslaufenden Nachrichten, wie das früher hieß, zu erfahren.

Die zwölf Außenredaktionen in Marktredwitz, Wunsiedel, Kemnath, Waldsassen, Mitterteich, Tirschenreuth, Oberviechtach, Nabburg, Schwandorf, Bruck, Sulzbach-Rosenberg und Auerbach, die von zahlreichen freien Mitarbeitern unterstützt werden, greifen das auf, was speziell in ihrem Verbreitungsgebiet für die Leser wichtig ist. Chefredakteur Horst Homberg: „So macht die jeweilige Lokalredaktion vor Ort auch eine Zeitung für diesen Raum und seinen Ort. Und da hat manches in X-Dorf eine andere Gewichtung als in Y-Dorf, vom Sport bis hin zur Politik.“[7]

Heimat – keine ländliche Idylle

Heimatzeitung, bei diesem Begriff denken manche an Schützenverein, Lokalpatriotismus und Hofberichterstattung. Der eine oder andere Lokalredakteur des „Neuen Tag“ wünscht sich wohl schon einmal, daß dieses Klischee zutreffen möge, wenn die 40-Stunden-Woche schon seit langer Zeit nur noch ein Traum ist, wenn er sich mit seinen Berichten zwischen alle Fronten begibt. Denn die Strukturschwäche, und die damit verbundene Arbeitslosigkeit, ist keineswegs das einzige Problem im Verbreitungsgebiet der Zeitung.

---

5 Lt. IVW-Liste 2/1988.

6 Chefredakteur Horst Homberg: Warum machen wir keine „gute“ Zeitung? Beitrag in der Jubiläumsausgabe des „Neuen Tag“ vom 31. 5. 1986.

7 ebd.

Die Redakteure und freien Mitarbeiter berichten über „das Leben und Geschehen auf dem Lande, im Dorf und in der Stadt. Und da beginnt schon die Schwierigkeit. Worüber sie berichten, ist nicht mehr die ländliche Idylle, die heile Welt der Richter-Bilder und Spitzweg-Romantik. Ihre Berichte, ob aus Waidhaus oder Etsdorf, aus Waldsassen oder Wackersdorf, sind ein Report dieser Zeit. Zu ihr gehören Waldsterben und Umweltverschmutzung, WAA und Waldsterben und Umweltverschmutzung, WAA und Unwetterkatastrophen, der tägliche Tod auf den Straßen ebenso wie Feuer, Raub und Mord,"[8] antwortet Homberg auf die Frage „Warum (..) keine ‚gute' Zeitung?". Seit dem 4. Februar 1985, an dem die Entscheidung für Wackersdorf als Standort der WAA fiel, ist hier nichts mehr, wie es einmal war. Ein Blick in eine einzige Ausgabe des „Neuen Tag", der Bezirksausgabe für den Landkreis Schwandorf, macht den Stellenwert der WAA-Problematik deutlich: Gleich dreimal wird die WAA thematisiert. Während ein Bericht über Ausschreitungen von WAA-Gegnern am Bauzaun und Festnahmen informiert, berichten zwei weitere Artikel ausführlich über Aktionen und Veranstaltungen der örtlichen Bürgerinitiativen gegen die WAA.[9] Daß in dieser Ausgabe nur WAA-Gegner und keine Befürworter zu Wort kommen, belegt – für sich genommen – keineswegs, daß die Redaktion parteilich arbeitet. Vielmehr könnte hier der Zufall am Werke sein, und auch die Tatsache eine Rolle spielen, daß die Kernkraft-Befürworter generell schlechter organisiert sind als die Gegner, was ihre Chance mindert, im Massenmedium Zeitung vermittelt zu werden. Genaueres könnte freilich nur eine Inhaltsanalyse zutage fördern. Jedenfalls ist das Thema WAA emotional sehr aufgeladen, und zwar bei allen Parteien, was der Redaktion ihre tägliche Arbeit nicht eben erleichtert.

Extremsituation für eine Außenredaktion

Redakteur Erich Lobenhofer beschreibt die Veränderungen, die die WAA für ihn persönlich und für die Schwandorfer Außenredaktion des „Neuen Tag" gebracht hat: „7. Januar 1986, 3 Uhr morgens. Du kriechst verschlafen aus den Federn. Deine Frau feiert heute Geburtstag, und du bist wieder auf dem Sprung in das Waldgebiet, das dir nur deshalb keine schlaflosen Nächte bereitet, weil du erschlagen ins Bett fällst, wenn du deine Beiträge vom zurückliegenden Tag zu Papier gebracht hast. Heute also wieder in den Taxöldener Forst, dort, wo du Weihnachten und Neujahr zugebracht hast. Immer zwischen den Fronten. Das geht nun schon seit Wochen so. (...) Du denkst an die unzähligen Gespräche in der Redaktionsrunde. Jeder aus dem Fünf-Mann-Team hatte bis dahin schon Meinungen und Argumente miteingebracht. Häufig im Vordergrund stand die Frage nach der Zahl der Arbeitsplätze, doch heute ist das nur einer von so vielen Teilaspekten. Zu komplex stellt sich das Thema ‚Wiederaufbereitungsanlage', als daß man es auf einen Nenner reduzieren könnte.

In diesem Augenblick [nach der Entscheidung über den Standort Wackersdorf am 4. Februar 1985, d. V.] ist noch unklar, welches Bündel an neuen und zusätzlichen Aufgaben auf die Redaktion zukommen werden. Wie auch immer, sie kamen, und es

---

8 ebd.
9 Vgl. „Der neue Tag – Grenzwarte" vom 9. 6. 1987, Ausgabe für den Landkreis Schwandorf.

galt, sie zu bewältigen, bei unveränderter personeller Besetzung, bei Wahrnehmung der ohnehin schon vorhandenen Alltagsarbeit. Jeder aus der Mannschaft muß eingebunden werden in die WAA-Problematik, anders käme man auch nicht über die Runden. (...)

Mit ‚Wackersdorf' wird auch die Schwandorfer Lokalredaktion des ‚Neuen Tag' Anlaufstelle für eine Unzahl von Journalisten aus der gesamten Bundesrepublik. Informationen sind gefragt, Hintergrundwissen, Bildmaterial von Demonstrationen. Die zunehmende Bedeutung des Themas ‚WAA' erfährt ihren Niederschlag aber insbesondere durch ein bisher nie gekanntes Ausmaß an Resonanzen von allen Seiten. Eine wahre Flut von Leserbriefen schwappt Tag für Tag herein. Und der Inhalt spiegelt wider, daß die geplante Anlage, schon vor dem Ausheben der ersten Baugrube, für einen Riß quer durch alle Bevölkerungsschichten sorgt.

Anfeindungen und Zustimmung, davon bleibt naturgemäß die Redaktion nicht verschont: ‚So ein Thema hat in der Heimatzeitung nichts verloren' oder ‚Es muß endlich mal wieder mehr über die Abgeordneten berichtet werden' oder ‚Hier wird nur für die Befürworterseite geschrieben, ich bestelle ab' oder ‚Wo war denn die Zeitung, als die Polizei Tränengas einsetzte?' (...) Du stehst ständig zwischen den Polen, zwischen Weltanschauungen, in Extremsituationen. Ein schmaler Grat, auf dem man sich bewegt und dennoch nicht ohne Reiz – auch wenn der Überstundenberg nicht kleiner wird. Und das wird noch lange so bleiben. Auch wenn nichts mehr ist, wie's mal war – oder vielleicht gerade deshalb ..."[10]

Noch ein weiteres nationales Problem tritt in der Oberpfalz besonders deutlich hervor: das Waldsterben. Die Oberpfalz ist mit 41 Prozent Waldanteil an der Gesamtfläche das waldreichste Gebiet Bayerns. Für die Region stellt der Wald eine wichtige Einnahmequelle dar: Der Holzverkauf erbringt jährlich rund 100 Millionen Mark, das Fremdenverkehrsgewerbe wirbt mit dem Waldreichtum der Gegend. Doch ohne drastische Hilfsmaßnahmen gehen die dunklen Nadelwälder, charakteristisches Merkmal der Landschaft, durch den sauren Regen immer mehr zugrunde: „Die Luftverschmutzung durch Schwefeldioxid, Stickoxyde und Schwermetalle hat ein solches Ausmaß angenommen, daß man heute sagen muß: In der Oberpfalz ist die Tanne in ihrer Existenz bedroht; Fichte, Kiefer und Buche sind vom Baumsterben betroffen."[11]

Den Redakteuren des „Neuen Tag" genügt angesichts solcher Probleme die Rolle des neutralen Berichterstatters nicht, sondern sie wollen durch journalistisches Engagement auch zu spürbaren Verbesserungen beitragen. Redaktionsleiter Gustav Kaiser stellt deshalb deutlich die anwaltliche Funktion seiner Zeitung heraus: „Die regionale Zeitung steht immer in vorderster Front, wenn es gilt, Gefahren zu bannen. Sei es bei der drohenden Auflösung des Bundesbahn-Ausbesserungswerkes in Weiden oder in Umweltfragen, wenn Glasfabriken die Luft verpesten. Bei den zwei erwähnten Beispielen war starker publizistischer Aufwand gerechtfertigt: Einsatz mit vereinten Kräften führte zum Erfolg. Die Werkstätten der Bahn bleiben nicht

---

[10] Erich Lobenhofer: Tag für Tag zwischen den Fronten. Beitrag in der Jubiläumsausgabe des „Neuen Tag" vom 31. 5. 1986.

[11] Walther Zeitler: Unser Wald ist nach wie vor gefährdet. Beitrag in der Jubiläumsausgabe des „Neuen Tag" vom 31. 5. 1986.

nur erhalten, sondern sie werden weiter ausgebaut. Und die Glasfabriken haben längst Filter eingebaut."[12]

Natürlich finden sich in den 13 Ausgaben des „Neuen Tag" auch jene Elemente, die typisch für eine Heimatzeitung sind. Die Vereinsberichterstattung nimmt breiten Raum ein, auch der vielen Photos wegen. Ebenso finden Dorf-Festivitäten, Jubiläen und Traditionspflege viel Beachtung. Wer darüber lächelt, der hat nicht verstanden, daß das, was zwischen den Individuen im Sozialverband spielt, was das Zusammenleben an einem Ort ausmacht, selbstverständlich Gegenstand der Lokalberichterstattung sein muß. Die Zeitung ermöglicht damit auch den Fernerstehenden und Nichtbeteiligten, eine Ahnung dessen zu erhalten, was sich so tut in der Gemeinde und ihren Gruppen. Was nun der einzelne hören will, wenn er neugierig fragt, „Wie war's denn gestern da und da?", ist naturgemäß abhängig von vielen individuellen Faktoren, unter anderem auch vom Alter. Speziell für die jüngeren Leser, denen die „ollen Gruppenbilder von jedem Kreiz- und Kramplverein"[13] manchmal zuviel werden, weil ihre Interessen eben anders gelagert sind, ist die Musikseite am Donnerstag gedacht, die Platten- und Konzertkritiken, Termine und Klatsch aus der Musikszene bietet.

Auffallend ist die ausführliche Sportberichterstattung in jeder Ausgabe. Zwei bis vier Seiten umfaßt die überregionale Sportberichterstattung im Mantelteil, dazu kommen noch die lokalen Sportereignisse auf zwei bis drei Seiten. Auch hier wird dem regen Vereinsleben Rechnung getragen.

Der Zeitungstitel: Symbol für einen neuen und helleren Tag

Als die Zeitung am 31. Mai 1946 erstmals erschien, hatten die beiden Lizenzträger bereits eine Reihe von Schwierigkeiten aus der Welt geräumt. Wie überall erwiesen sich die Materialbeschaffung und die Rekrutierung geeigneter Mitarbeiter als nicht einfach. Sudetendeutsche Flüchtlinge füllten die Lücken, die der Krieg gerissen hatte. Immerhin fanden Verleger Victor von Gostomski und Chefredakteur Anton Döhler eine voll ausgestattete Druckerei vor. Deren Besitzer Dr. Hans Nickl hatte bis 1937 den angesehenen „Oberpfälzischen Kurier" herausgebracht, wurde 1946 aber als Lizenzträger nicht berücksichtigt und trat erst 1951 wieder als Verleger in das Unternehmen ein. Ernst Langendorf, damals Leiter des Press Branch Büros, schreibt über die Lizenzträger: „In dem christlich-konservativ eingestellten Kandidaten Victor von Gostomski und dem Mitlizenzträger Anton Döhler, der seine politische Heimat in der Sozialdemokratie der Weimarer Zeit hatte, fanden wir das ideale Gespann. Beide waren Verfolgte des Naziregimes und hatten im Dritten Reich die Gefängnisse von innen kennengelernt."[14]

---

12 Gustav Kaiser: Zeitung im Grenzland – Chancen und Auftrag. Vortrag im Institut für Kommunikationswissenschaft (Zeitungswissenschaft) der Universität München im Oktober 1986.

13 Vgl. Beitrag „Zeitung für Ältere?" in der Jubiläumsausgabe des „Neuen Tag" vom 31. 5. 1986.

14 Ernst Langendorf: Als die Rotationen wieder liefen. In der Jubiläumsausgabe des „Neuen Tag" vom 31. 5. 1986.

Einzelpreis 20 Pfg.

Der neue Tag

EINE OBERPFÄLZISCHE ZEITUNG FÜR POLITIK, KULTUR, WIRTSCHAFT UND SPORT

1. Jahrgang / Nummer 1 — Lizenz Nr. 19 der Militärregierung Bayern — Freitag, 31. Mai 1946

Die Völker der Welt dürfen neue Hoffnung schöpfen

erklärt der Direktor des Ernährungs- und Landwirtschaftsausschusses der UN

Washington, 30. Mai. Auf der Schlußsitzung der internationalen Ernährungskonferenz am Montag erklärte der Direktor des Ernährungs- und Landwirtschaftsausschusses der Vereinten Nationen, Sir John Boyd Orr, daß die Völker der Welt neue Hoffnung schöpfen könnten. Von der kommenden Ernte an werde die Welt sich durch energische Maßnahmen aus der Ernährungskrise herausarbeiten.

Im einzelnen wurden folgende Punkte als Auswertung der Vorschläge Herbert Hoovers, des UNRRA-Leiters La Guardia, des amerikanischen Landwirtschaftsministers Clinton P. Anderson, des Vorsitzenden der Konferenz, und der Delegierten von 23 Nationen gefaßt:

1. Ein Nachrichtendienst für die Ernährungslage in allen Teilen der Welt wird durch seine Informationen die Aufstellung für die ganze Welt bindender Richtlinien im Ernährungswesen ermöglichen.

2. Ein besonderes Abkommen macht allen Staaten besondere Einschränkungsmaßnahmen, die höchstmögliche Ausnutzung ihrer Landwirtschaften und die wirtschaftlichste Verwertung der Erträge zur Pflicht.

3. Ein „Internationaler Ernährungsrat für Notzeiten" soll eingerichtet werden, der, ohne daß eine Unterbrechung in den Hilfslieferungen entstünde, die Arbeit des internationalen Ernährungsamtes übernehmen und hierbei eng mit der UNRRA zusammenarbeiten wird.

4. Die ganze Welt umfassende Bewirtschaftungsmaßnahmen für alle Nahrungsmittel wurden als notwendig erkannt und sollen im einzelnen und für eine größere Zeitspanne auf der im September zu haltenden nächsten Ernährungskonferenz in Kopenhagen ausgearbeitet werden.

Die Ernteaussichten.

Washington, 30. Mai. (AP). Der Ernährungs- und Landwirtschaftsausschuß der Vereinten Nationen und das amerikanische Landwirtschaftsministerium gaben eine Zusammenstellung der Ertragsaussichten für das kommende Jahr bekannt, nach der mit einer Steigerung der Erzeugung an Getreide und Korn zu rechnen sein wird, während Fleisch, Milchprodukte und Fette knapper werden dürften.

Die Gesamterzeugung der Welt an Brotgetreide soll nach dem Bericht 5,2 Milliarden Bushel betragen — — —, während die Ernte 1944 5,63 Milliarden und der Vorkriegsdurchschnitt 6 Milliarden ausgemacht hatte.

Die Fleischerzeugung, die man in diesem Jahr auf 23,2 Tonnen schätzt, wird damit wenig hinter dem Durchschnitt der abgelaufenen Jahre liegen. Dieser betrug etwa 24,5 Millionen Tonnen. Die Produktion von Milcherzeugnissen wird um rund 30 Millionen Tonnen auf 146 Millionen zurückgehen und auch die Erzeugung von Oel und Fetten einschließlich Butter wird zwar mit rund 9,8 Millionen Tonnen einiges höher liegen als die des Vorjahres, bleibt aber ganze 3 Millionen Tonnen hinter den Erträgen der Vorkriegszeit zurück.

Anschluß an die nächste Ernte

Stuttgart, 29. Mai (Dana). Der Sonderbeauftragte für Ernährung und Landwirtschaft beim Länderrat, Reichsminister Dr. Dietrich erklärte, daß der gegenwärtige Stand der Ernährungslage noch zu ungeklärt sei, um bestimmte Angaben machen zu können. Nur soviel könnte gesagt werden, daß der Anschluß an die nächste Ernte gesichert sei. Auch hoffe er, daß weitere Kürzungen der gegenwärtigen Lebensmittelrationen vermieden werden können.

naten dieses Jahres in die Hungergebiete hauptsächlich für Frauen und Kinder versandt.

Zur Linderung der größten Not werden in den nächsten 12 Monaten, wie das amerikanische Rote Kreuz bekannt gibt, unter anderem 50 000 Tonnen Käse, mehr als 300 000 Tonnen kondensierte und 135 000 Tonnen Trockenmilch benötigt. Darin ist die Milchration für die 650 000 unterernährter Kinder in Frankreich, Belgien, den Niederlanden, der Tschechoslowakei, Finnland und Norwegen mit eingeschlossen.

Ueber 2 Millionen überschüssige amerikanische Kriegsgefangenen-Nahrungsmittelpakete wurden an verschleppte Personen und Krankenhäuser verteilt. Im amerikanischen Sektor der Stadt Wien wurden mehr als 1½ Millionen Mahlzeiten an unterernährte Kinder, Kranke sowie an werdende und stillende Mütter ausgegeben.

Warnung vor neuen Geheimwaffen

Washington, 30. Mai. (AP). Der Vorsitzende der amerikanischen Vereinigung von Atomwissenschaftlern, Higinbotham, erklärte am Sonntag auf einer Sitzung des amerikanischen Nationalkomitees für Atomfragen, daß mindestens zwei Geheimwaffen existieren würden, die nach Ansicht der Wissenschaftler in ihrer Wirkung ebenso verheerend für die Menschheit seien wie die Atombombe.

In seinen Ausführungen nannte Higinbotham, ohne auf Einzelheiten einzugehen, die Kriegsführung mit Hilfe der Biologie und die Verwendung von radioaktiven Stoffen, die auch als Atomgiftgas bezeichnet werden.

Higinbotham warnte das Komitee vor einer Kriegsführung mit Bakterien, die zur Abdrosselung der Lebensmittelversorgung dienen sollen, sowie vor einer kriegsmäßigen Verwendung von radioaktiven Stoffen, die Menschen in Luftschutzräumen und Kellern vernichten könnten.

Bei 1000 Kalorien

Berlin, 30. Mai. (Dana). Ein Sachverständiger für Ernährungsfragen in der britisch besetzten Zone gab einige Erklärungen über die Auswirkungen der Kürzung der Lebensmittelrationen in der britischen Zone seit März dieses Jahres.

Der britische Sprecher führte aus, die deutsche Bevölkerung in der britischen Zone sei zwar nicht am verhungern, aber Anzeichen einer wesentlichen Verschlechterung des Gesundheitszustandes seien unabweisbar vorhanden. Alle deutschen Bewohner der englischen Zone nähmen an Gewicht ab und das Fernbleiben von der Arbeitsstelle würde zunehmen.

Seit März dieses Jahres habe sich die Anwesenheitsstärke der Arbeiter in den Industriebetrieben um 25 %, in einigen Fällen sogar um 50 %, verschlechtert. Zum Teil sei die zunehmende Abwesenheit darauf zurückzuführen, daß die Arbeiter sich Nahrungsmittel vom Land herbeizuschaffen suchen. Ueberstunden würden von den Arbeitern abgelehnt und Facharbeiter, insbesondere Lehrkräfte, ermüdeten stark gegen Ende des Tages und namentlich gegen das Wochenende. Auch die Ausfälle infolge Krankheit und Unfälle seien im Ansteigen.

Der Sprecher fügte hinzu, daß die Nahrungsmittelreserven, die bei Einführung der 1000-Kalorien-Ration im März dieses Jahres noch vorhanden waren und zum größten Teil aus Kartoffelvorräten bestanden, inzwischen nahezu aufgebraucht seien. Leider seien auch erhebliche Mengen von Saatkartoffeln zu Speisezwecken verwandt worden.

Die britischen Ernährungsbehörden richten ihre vereinten Anstrengungen darauf, die 1000-Kalorien-Ration bis zum Ende der laufenden Verteilungsperiode am 23. Juni aufrecht zu erhalten. Darüber hinaus lasse sich im Augenblick keine Voraussage machen.

Der Name ist glückverheißend

Der bayerische Ministerpräsident Dr. Högner

übermittelt uns folgenden Glückwunsch:

Der Name der neuen Zeitung ist glückverheißend. Die bayerische Oberpfalz hat schon in früheren Jahrhunderten schwer gelitten. Auch diesmal wartet ihre Bevölkerung mit Schmerzen darauf, daß nach Schreckensherrschaft, Krieg und Zerstörung endlich ein neuer, ein schönerer Tag anbricht. Er soll im Zeichen des Wiederaufbaues der gegenseitigen Hilfe und des Friedens auf Erden stehen. Möge ihm „Der neue Tag" in der Oberpfalz ein guter Bote und Künder sein.

München, 30. Mai 1946.

Dr. Wilhelm Högner,
Bayerischer Ministerpräsident.

Diener und Lehrer der Leser

Ein Geleitwort der Militärregierung Weiden

With the printing of this, the first free newspaper in this area in many years, there comes another step on the road to a new Germany. We sincerely hope and believe that „Der neue Tag" will perform the function that a newspaper should, to inform the people and at the same time be both the servant and the teacher of those who read it. Until 1933 the German press bore an outstanding reputation throughout the world for its fairness and objectiveness and, in spite of the many difficulties under which it at present labors it is once again beginning to be respected in other countries. „Der neue Tag" should and will be your paper and it is for you, the people to decide its future policies. It will become a mirror that will reflect your opinions and attitudes, not only to you yourself but to all others. Let us hope that the very name of the newspaper „Der neue Tag" will be symbolical of what this paper is trying to help to bring to Germany, a newer and brighter day.

George J. Ganer, Major Cav.
Director of Military Govt. Weiden.

Die Uebersetzung des Geleitwortes:

Mit dem Druck dieser ersten freien Zeitung in diesem Bereich seit vielen Jahren ist ein weiterer Schritt auf dem Weg zu einem neuen Deutschland getan. Wir hoffen aufrichtig und glauben, daß „Der neue Tag" die Funktion erfüllt, die eine Zeitung erfüllen sollte, nämlich das Volk zu informieren und gleichzeitig

Diener und Lehrer der Leser zu sein.

Bis 1933 hatte die deutsche Presse in der ganzen Welt einen hervorragenden Ruf wegen ihrer Sauberkeit und Objektivität, und, trotz der vielen Schwierigkeiten, unter denen sie gegenwärtig arbeitet, beginnt sie wiederum, in anderen Ländern geachtet zu werden.

„Wir wollen hoffen, daß der Name ‚Der neue Tag' symbolisch wird für das, was diese Zeitung versucht: zu helfen, Deutschland einen neuen und helleren Tag zu bringen." Mit diesem Wunsch schließt das Geleitwort der Militärregierung Weiden in der Erstnummer.

Victor von Gostomski, 1908 in Pommern geboren, hatte seine journalistische Laufbahn bei der Berliner Zeitung „Der Tag" im Scherl Verlag begonnen. 1934 wurde er von der Gestapo verhaftet, zwei Jahre später wieder entlassen. Ab 1937 führte er die Geschäfte des Scherl Verlages in Chemnitz, bis er 1940 mit sieben anderen Familienmitgliedern wegen Vorbereitung zum Hochverrat und fahrlässigem Landesverrat erneut verhaftet und zu fünf Jahren Gefängnis verurteilt wurde, die er überwiegend im Gefängnis Berlin-Plötzensee verbrachte. Als Kirchenkalfaktor des Anstaltspfarrers Peter Buchholz lernte von Gostomski auch einige der zum Tode verurteilten Verschwörer des 20. Juli 1944 kennen. Ihm gelang es, einige Abschiedsbriefe für die Hinterbliebenen zu retten, indem er sie im Garten des Anstaltspfarrers vergrub.[15]

Im April 1945 kam Gostomski nach Augsburg, gründete dort einen Zeitungsvertrieb und wurde zunächst Treuhänder der Druckerei Haas & Co.[16] Schließlich bot ihm die amerikanische Militärregierung die Herausgabe einer Zeitung in Bayern an. Er entschied sich für die Stadt Weiden als Verlagsort: „Es standen damals drei Städte zur Debatte – Schweinfurt, Aschaffenburg und Weiden. Daß Weiden für mich nur in Frage käme, schien mir ziemlich klar. Und weshalb? In Augsburg, wo ich damals mit meiner Frau wohnte, hat man mir die Oberpfälzer als konservatives, christliches Volk geschildert. Andere meinten, ich sollte auf keinen Fall in die sogenannte ‚Stoapfalz'[17] gehen, die Gegend sei unwirsch und die Menschen schwer umgänglich. Bei meiner Entscheidung kam meine christliche Erziehung zum Durchbruch, so daß ich mich entschloß, nach Weiden zu gehen."[18]

Sein Partner und Mitlizenzträger war Anton Döhler. Die beiden kannten sich vor der Gründung des „Neuen Tag" kaum. Anton Döhler, 1891 in Hof geboren, war früh schriftstellerisch hervorgetreten[19] und wurde nach dem Ersten Weltkrieg Lokalredakteur der sozialdemokratischen „Oberfränkischen Volkszeitung" in Hof. „Weltkrieg, Revolutionswirren und die Spaltung der Sozialdemokraten hielten das Blatt, das bis zu deren Auflösung bzw. Wiedervereinigung mit den Mehrheitssozialisten 1922 die Politik der USPD vertrat, (..) lange Zeit nieder. Der Aufschwung setzte Mitte der zwanziger Jahre ein, nachdem die SPD-Publizistik durch die Gründung der ‚Konzentration AG' vor allem organisatorisch und wirtschaftsrechtlich, aber auch redaktionell eine Modernisierung erfahren hatte. Als das Unternehmen am 10. März 1933 auf Funkspruch des bayerischen Innenministeriums beschlagnahmt wurde, war es mit Maschinen und Mobiliar im Wert von rund 260 000 Reichsmark ausgestattet."[20] Döhler wurde an jenem Märztag verhaftet und in Schutzhaft genommen. Von 1935 bis 1946 leitete er dann zwei große Unternehmen der Schuhbranche.

---

15 Vgl. Gustav Kaiser, a. a. O., S. 3.

16 Vgl. Dr. Hans Kapfinger (im Auftrag des Vereins Bayerischer Zeitungsverleger anläßlich der Deutschen Presse-Ausstellung in München im Mai 1948): Die neue bayerische Presse. München 1948, S. 66.

17 Dialektausdruck für: Steinpfalz.

18 Victor von Gostomski: Dem Christentum verpflichtet. Beitrag in der Jubiläumsausgabe des „Neuen Tag" vom 7. 5. 1981.

19 Mit 15 Jahren veröffentlichte er in einer Gewerkschaftszeitung seine erste Erzählung. Drei Romane folgten.

20 Norbert Frei: Nationalsozialistische Eroberung der Provinzpresse. Gleichschaltung, Selbstanpassung und Resistenz in Bayern. Stuttgart 1980, S. 119 f.

Nach Kriegsende stöberte ihn Ernst Langendorf in Konstanz auf und bot ihm die Mitherausgabe einer Zeitung an. Anton Döhler: „Es wurden mir fünf Zeitungen genannt, darunter auch Weiden. Ich erklärte mich sofort bereit, nach Weiden zu gehen, jedoch eröffneten mir die Offiziere von der amerikanischen Pressekontrollkommission, daß für Weiden schon zwei Herren bestimmt seien, und zwar ein Herr von Gostomski und ein Herr Dr. Färber. Ich erhob mich daraufhin zum Gehen und sagte: ‚Wenn ich nicht nach Weiden kommen kann, auf die vier anderen Angebote verzichte ich.' Ein amerikanischer Offizier drückte mich jedoch auf meinen Stuhl zurück. Nach kurzer Beratung luden sie mich für den nächsten Tag zu einer neuen Besprechung ein. Dabei wurde mir dann gesagt, daß man Dr. Färber anderweitig unterbringen würde. Gleich darauf stellte man mir Herrn von Gostomski vor, den man aus Augsburg herbeigerufen hatte. Damit waren die Weichen für meine Tätigkeit in Weiden gestellt."[21]

Nach der feierlichen Lizenzübergabe am 31. Mai 1946 erschien am selben Tag die erste Ausgabe, mit einer Startauflage von 60 000 Stück. Major George J. Ganer von der Militärregierung sagte in seinem Geleitwort: „Wir wollen hoffen, daß der Name ‚Der neue Tag' symbolisch wird für das, was diese Zeitung versucht: zu helfen, Deutschland einen neuen und helleren Tag zu bringen."[22] Das Verbreitungsgebiet umfaßte außer der Stadt Weiden die Landkreise Amberg, Eschenbach, Kemnath, Nabburg, Neustadt, Oberviechtach, Sulzbach-Rosenberg, Tirschenreuth und Vohenstrauß. Besondere Ausgaben für die Stadt Amberg und für die Provinz erleichterten die lokale Betreuung dieses so ausgedehnten Verbreitungsgebiets, in dem es früher eine Unzahl kleiner Blätter gab.[23] Lange Zeit reichte das Papier nur für maximal acht Seiten pro Ausgabe bei zweimaligem Erscheinen pro Woche. (Erst 1960 erschien der „Neue Tag" werktäglich.)

Am 1. Januar 1951 trat als dritter Herausgeber Dr. Hans Nickl in den Verlag ein. In der Druckerei Nickl war „Der neue Tag", wie erwähnt, von Anfang an gedruckt worden. Die Verleger des „Neuen Tag", die einen Zwangspachtvertrag mit der Druckerei Nickl eingegangen waren, hatten bereits damit begonnen, am Stadtrand von Weiden ein eigenes Verlagshaus zu errichten, um für den Tag der Vertragskündigung gerüstet zu sein, als sich Dr. Nickl am Unternehmen beteiligte. Weiden war, was den Zwangspachtvertrag betraf, durchaus kein Einzelfall. Langendorf rückblikkend: „Ab 1946 sah sich unsere Abteilung heftiger Kritik der früheren Verleger ausgesetzt, die sich zur Organisation der ‚Altverleger' zusammengeschlossen hatten. Ihre Einwände gingen in erster Linie gegen die Lizenzierungspolitik im allgemeinen und gegen die Zwangspachtverträge im besonderen. In einzelnen Städten erga-

---

21 Anton Döhler: Rückschau und Ausblick. Beitrag in der Jubiläumsausgabe des „Neuen Tag" vom 7. 5. 1981.

22 George J. Ganer: Diener und Lehrer der Leser. Ein Geleitwort der Militärregierung Weiden. In: „Der neue Tag" Nr. 1 vom 31. 5. 1946.

23 In Weiden erschienen allein drei Zeitungen, der „Oberpfälzische Kurier", der „Weidener Anzeiger" und das „Weidener Volksblatt". In Amberg erschien die „Amberger Volkszeitung", in Nabburg die „Nabburger Volkszeitung", in Sulzbach-Rosenberg die „Sulzbach-Rosenberger Zeitung", in Mitterteich die „Stiftländer Neuesten Nachrichten", in Tirschenreuth der „Tirschenreuther Volksbote", in Waldsassen die „Grenzzeitung" und der „Stiftländer Volksbote", in Marktredwitz der „Fichtelgebirgs-Kurier", in Oberviechtach die „Grenzwarte Oberviechtach", in Schwandorf der „Naabtalbote", in Kemnath das „Kemnather Tageblatt", und schließlich gab es noch Blättchen in Windisch-Eschenbach, in Erbendorf, Eschenbach und Vohenstrauß.

ben sich später Lösungen wie im Fall des ‚Neuen Tag'. Dieser wurde ursprünglich in der Druckerei der Gebrüder Nickl hergestellt. 1951 wurde dann Dr. Hans Nickl Mitgesellschafter des Verlags und brachte seine Druckerei in das Unternehmen ein."[24] Der Verlag blieb also im alten Haus, der schon begonnene Rohbau wurde zu einer katholischen Pfarrkirche. Mit dem Eintritt Hans Nickls wurde auch der Untertitel der Zeitung, der zuvor „Eine oberpfälzische Zeitung für Politik, Kultur, Wirtschaft und Sport" gelautet hatte, in „Oberpfälzischer Kurier" geändert.

In Ambergs Regierungsstraße 1, in der bis 1936 Rolf Boës die „Amberger Volkszeitung" herausgebracht hatte, erschien ab Oktober 1948 die „Amberger Zeitung" mit den beiden Kopfblättern „Sulzbach-Rosenberger Zeitung" sowie „Naabtal-Kurier". Lizenznehmer waren wieder Döhler und von Gostomski. 1954 erwarben sie von der Familie Boës auch den alten Titel „Amberger Volkszeitung", der seitdem im Untertitel der „Amberger Zeitung" erscheint.

Die Mantelredaktion für den „Neuen Tag" arbeitet im Verlagshaus in Weiden, wo der Mantel samt überregionalen Sportseiten auch gedruckt wird. In Amberg wird dann das „Buch" mit den lokalen Nachrichten aus Stadt und Land, mit Lokalsport und Lokalanzeigen produziert und beigelegt.

Expansive Verlagspolitik

German Vogelsang, Nachfolger des 1980 verstorbenen Dr. Hans Nickl und einer von drei Geschäftsführern der Druck- und Verlagshaus GmbH[25], faßt die Entwicklung des Verlaghauses zusammen: „Die drei wichtigsten verlagspolitischen Entscheidungen, die an der Verlagsspitze getroffen wurden, waren der Kauf des Verlagshauses Boës in Amberg und damit die Herausgabe der ‚Amberger Zeitung', der im Jahre 1966 anschließende Neubau in der Amberger Mühlgasse und in den siebziger Jahren der Neubau in den Weidener Naabwiesen (Technik 1972, Verlagshaus 1977), der zunächst fast wie ein Abenteuer erschien und der sich doch als goldrichtige Entscheidung herausgestellt hat."[26] Mittlerweile hat auch die Redaktion in Sulzbach-Rosenberg ein anderes Domizil in einem sanierten historischen Gebäude bezogen.

Die EDV hat auch im Verlag des „Neuen Tag" Schere und Kleber ersetzt. Seit Anfang 1980 wird „Der neue Tag", seit 1983 auch die „Amberger Zeitung" im Fotosatz produziert. Terminals haben die Schreibmaschinen in der Redaktion verdrängt. Von den insgesamt 45 Terminals, die der Verlag für die Satzerfassung in Weiden und Amberg angeschafft hat, stehen sechs den Redakteuren in den Ressorts (Mantel, Bayern/Oberpfalz, Weiden, Tirschenreuth und Nabburg) zur Verfügung, damit sie ihre eigenen Texte gleich am Bildschirm eingeben können. Nächster Schritt

[24] Ernst Langendorf: Als die Rotationen wieder liefen. Beitrag in der Jubiläumsausgabe des „Neuen Tag" vom 31. 5. 1986.

[25] Lt. großem Impressum vom 1. 7. 1988 hat die Druck- und Verlagshaus GmbH mit ihrer Zweigniederlassung Amberg folgende Gesellschafter: Viktor und Marieluise von Gostomski (jeweils 17,44%), Anna-Claudia Nickl (18%) und German Vogelsang (12,24%), Anton Döhler*(24%) und Barbara Döhler (10,88%). Stille Teilhaber gibt es nicht.
* Anton Döhler starb am 19. 2. 1988. Nachfolge: Dr. Barbara Shanahan (24%).

[26] German Vogelsang: Rückblick mit Genugtuung – Vorausschau mit Zuversicht. Beitrag in der Jubiläumsausgabe des „Neuen Tag" vom 31. 5. 1986.

Zeitunglesende Familie:
Skulptur am Verlagshaus in Weiden.

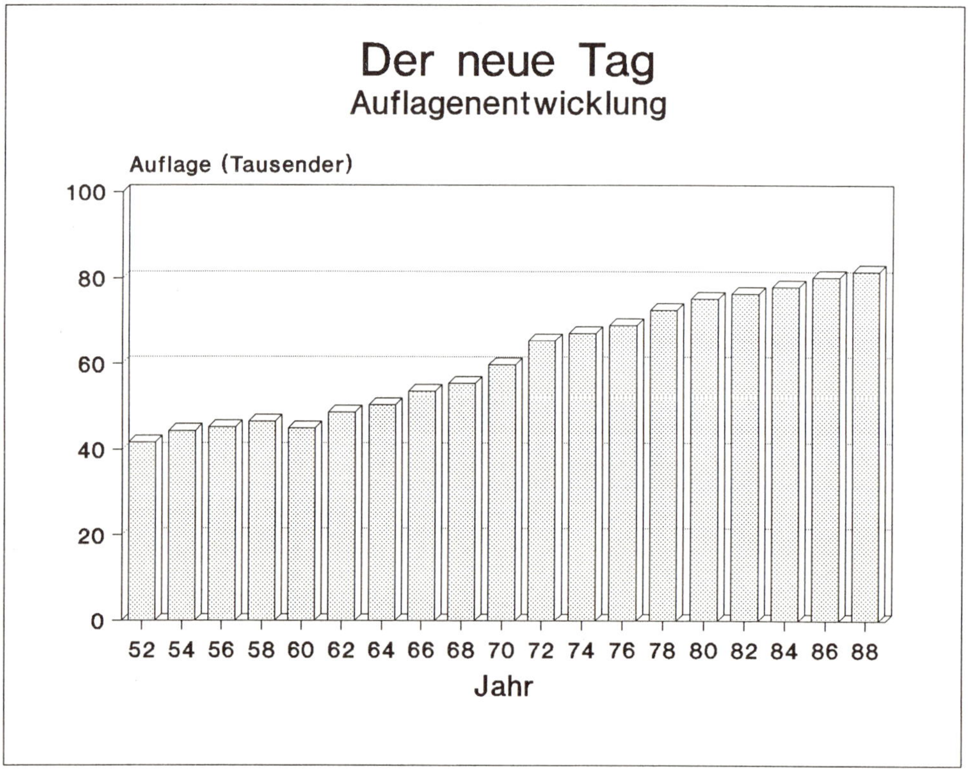

wird der Ganzseiten-Umbruch über den Computer sein. Die durch die technischen Neuerungen bedingten Personaleinsparungen wurden durch den Ausbau der Akzidenz-Druckerei wieder ausgeglichen. Im Frühjahr 1986 ging eine hochmoderne Vierfarben-Offset-Maschine in Betrieb. Ein paar Monate später wurde die Hochdruck-Rotation um ein 16seitiges Druckwerk und damit um ein Drittel erweitert. Außerdem gibt der Verlag seit einigen Jahren heimatkundliche Bücher heraus. Dank umsichtiger Politik ist der Verlag zu einem wichtigen Arbeitgeber in der Region geworden: Neben mehr als 600 Vollbeschäftigten arbeiten noch fast zweieinhalbtausend Menschen als freie Mitarbeiter für die Redaktionen und den Vertrieb.

Auch in Zukunft der Region verpflichtet

Die Auflagenentwicklung gibt dem Konzept der Betonung des Lokalen recht: Seit 1952 wurde die verkaufte Auflage verdoppelt[27], sie beträgt heute 81 557 Stück[28]. Die Auflagensteigerung der letzten zehn Jahre liegt immer noch einen halben Prozentpunkt über dem bayerischen Durchschnitt,[29] obgleich der „Neue Tag" keineswegs eine sichere Monopolstellung hat. In Weiden erscheinen die „Oberpfälzer Nachrichten"[30], und in den Randgebieten machen ihm die Lokalausgaben benachbarter Zeitungsverlage Konkurrenz. Auf dem Anzeigenmarkt der nördlichen Oberpfalz tummeln sich außerdem sieben Anzeigenblätter mit einer Gesamtauflage von 140 000 Stück.[31] Das erklärte Ziel der Verlagspolitik ist nun die Sicherung des Erreichten: „Der Tageszeitungsmarkt ist ziemlich gesättigt. In unserem relativ dünn besiedelten Gebiet wird sich die Auflagenzahl kaum spürbar erhöhen lassen. Eher besteht die Gefahr der Abschwächung. Dies ist auch von der wirtschaftlichen Entwicklung und von den Abwanderungstendenzen in Ballungsräume abhängig."[32]

Diese soziale Erosion zu bremsen muß dem Verlag schon deshalb am Herzen liegen, weil mit den Abwanderern die Leser verschwinden. Nur wenn sich der Oberpfälzer seiner Einbettung in die Region bewußt ist und diese auch akzeptiert, kann die Abwanderung verlangsamt werden. Die Rückbesinnung der Bürger auf die Qualitäten der näheren Umgebung unterstützt der Verlag im wohlverstandenen eigenen als auch im regionalpolitischen Interesse. Diese Grundhaltung manifestiert sich u. a. in der Ausbildung des journalistischen Nachwuchses: „Bewußt ‚rekrutieren' wir deshalb, wo immer möglich, unsere Volontäre und Redakteure aus jenen Gebieten, über die sie berichten. Wer selbst Weidner oder Amberger, Marktredwitzer oder Sulzbach-Rosenberger ist, wer immer aus unserer Heimat stammt oder in ihr seit Jahrzehnten seßhaft geworden ist und Wurzeln geschlagen hat, ist mit der Mentalität ebenso verhaftet wie mit dem örtlichen Geschehen und der Landschaft, die den Menschen darin prägt. Wer darüber schreibt, schreibt und berichtet mit Kenntnis, wer sich dafür engagiert, tut es mit Herz. Engagement für die Heimat ge-

---

27 Die verkaufte Auflage betrug 1952 41 667 Exemplare, lt. IVW-Liste 4/1952.
28 Vgl. IVW-Liste 2/1988; die Zahl bezieht sich auf die Ausgaben von Montag bis Freitag.
29 Vgl. Übersicht „Verkaufte Auflage der Tageszeitungen" in der Zeitschrift ZV+ZV 15/1987, S. 26.
30 Vgl. Porträt der „Oberpfälzer Nachrichten" in diesem Band.
31 Vgl. Gustav Kaiser, a. a. O., S. 14.
32 Gustav Kaiser, a. a. O., S. 18.

hört deshalb ebenso zu unserer Zeitung, wie die Nachricht aus und über diese Heimat."[33]

Gerade in der Lokalberichterstattung will der „Neue Tag" in Zukunft verstärkt auf die Bedürfnisse seiner Leser eingehen. Rathaus und Landratsamt stellen Quellen dar, „für Geschichten, die möglichst viele bewegen sollen"[34]. Die Zeitung möchte informieren, aber auch unterhalten – Themen mit human-touch sind deshalb gefragt. Redaktionsleiter Gustav Kaiser brachte die Redaktionsstrategie einst auf den Punkt. Der Leser soll im „Neuen Tag" finden,

> „wie das Leben so spielt,
> was gespielt wird,
> wer wem mitspielt,
> wer nicht mitspielt,
> was sich abspielt,
> wer sich aufspielt,
> wer ausgespielt hat"[35].

Trotz aller Anstrengungen holt das Abwanderungsproblem den Verlag noch auf anderer Ebene wieder ein. Wenn die Volontäre, die im Verlag zwei Jahre ausgebildet wurden, die Oberpfalz verlassen, um ein Studium zu beginnen, kehren sie in der Regel nicht in die „Provinz" zurück. Vielleicht sollte man ihnen ins Stammbuch schreiben, was Walter Höllerer 1986 bei einer Jubiläumsfeier sagte: „Provinz ist nicht gut, Provinz ist nicht schlecht. Provinz ist eine Möglichkeit. Provinz ist, was du daraus machst."[36]

(kn)

---

[33] Horst Homberg, a. a. O.
[34] vgl. Gustav Kaiser, a. a. O., S. 20.
[35] Gustav Kaiser, a. a. O., S. 20.
[36] Walter Höllerer, zitiert nach Gustav Kaiser, a. a. O., S. 21.

Ein Wagnis, das sich lohnt: Die „Oberpfälzer Nachrichten“

„Adenauer gegen Wiederaufrüstung“ tickerte dpa aus Bonn über die Fernschreiber. Und so lautete auch am Nikolaustag des Jahres 1949 der Aufmacher der ersten Ausgabe der „Oberpfälzer Nachrichten“, die damals als kostenlose Probenummer in Weiden verteilt wurde. Am darauffolgenden Samstag, dem 10. 12. 1949, begann die reguläre Herausgabe dieser neuen Zeitung in Weiden.

Ermöglicht wurde die Entstehung einer zweiten Zeitung in Weiden durch die im Herbst 1949 erfolgte Aufhebung des Lizenzierungszwanges. Der bereits seit 1946 herausgegebene „Neue Tag“, ein Kind dieses Lizenzierungsprogrammes, wurde mit einer Startauflage von 78 000 herausgegeben.[1] Die Entscheidung Emil Spintlers, Verleger der „Oberpfälzer Nachrichten“, angesichts dieser Situation eine weitere Zeitung mit einer Auflage von ca. 5000 Exemplaren herauszugeben, konnte man damals nur als überraschend und mutig bewerten. Seine Beweggründe erklärte Emil Spintler auf der Seite 1 der Probenummer:

„Wenn wir heute die erste Nummer unserer ‚Oberpfälzer Nachrichten‘ der Öffentlichkeit vorlegen, dann tun wir dies in voller Kenntnis der Weite und des Umfangs dieses Entschlusses. Wir wissen (..), daß vielfach die Ansicht vertreten wird, die sogenannte ‚Heimatpresse‘ habe keine Chance, weil ihre Unkosten im Vergleich zur zugestandenen Auflagenhöhe eine Rentabilität fraglich erscheinen ließen.

Es gäbe noch mancherlei Gründe, die im Augenblick gegen die Verwirklichung des Projektes einer Zeitungsneugründung sprechen. Es gibt aber andererseits auch einige vertretbare und berechtigte Momente, die ein Gelingen dieses – wie man uns sagte – ‚mutigen‘ Planes nicht von vornherein ausschliessen, und die uns in unserer Zuversicht, den rechten Weg eingeschlagen zu haben, nur bestärken.

Eines dieser Momente – und in unserem Fall vielleicht das maßgebendste – ist die Tatsache, daß die Bevölkerung Weidens und seiner umliegenden Landkreise in den letzten Jahren stark angewachsen ist, und daß diese Bevölkerung bisher kaum die Möglichkeit besaß, in lokaler Hinsicht Vergleiche zu ziehen, zwischen verschieden redigierten oder unterschiedlich ausgestatteten heimatgebundenen Zeitungen. Man wird uns gewiß darin zustimmen, wenn wir feststellen, daß im Publikum der Wunsch nach einem zweiten Weidener Blatt immer wieder laut geworden ist – keineswegs aus hintergründigen Konkurrenz-Erwägungen heraus, sondern aus dem natürlichen und verständlichen Verlangen, das Tagesgeschehen einmal so und einmal anders beleuchtet zu sehen. Deshalb erblicken wir unsere Aufgabe nicht darin, nun einen Feldzug der Gegensätzlichkeiten zu eröffnen. Wir wollen vielmehr in gegenseitiger kollegialer Achtung jene journalistische Tradition weiterführen, die ihren sichtbaren Ausdruck in dem Bestreben findet, Diener an der Öffentlichkeit zu sein und als Mittler und Anwalt für diese Öffentlichkeit zu wirken. (...)

[1] Vgl. Heinz Starkulla: Zur Geschichte der Presse in Bayern. In: Verband Bayerischer Zeitungsverleger e.V. (Hg.): 50 Jahre Verband Bayerischer Zeitungsverleger. München 1963.

Wir erscheinen als neue, überparteiliche, von keiner Interessengruppe abhängige Zeitung, die nur und ausschließlich die Belange aller Bevölkerungskreise unserer engeren und weiteren Heimat vertreten will."[2]

Diese völlig neue Zeitung konnte auch nicht, wie viele andere nach Aufhebung des Lizenzierungszwanges erscheinenden Zeitungen, unmittelbar auf der Tradition eines „Vorläufers" aus der Zeit vor oder während des Nazi-Regimes aufbauen. Somit war es in den ersten Jahren kein leichtes Unterfangen, einen festen Leserkreis zu gewinnen.

Ein Familienunternehmen

Die „Oberpfälzer Nachrichten" knüpften aber an zwei allgemeine Traditionen des Zeitungsgewerbes an. Zum einen durch ihre Zielsetzung und durch den abgesteckten Verbreitungsraum an die Tradition der Heimatpresse im Vorkriegsdeutschland. Denn zahlenmäßig am häufigsten waren auch in Bayern Kleinstadtzeitungen mit einer Auflage von ca. 5000 Exemplaren.[3]

Zum anderen schlägt die Entstehung der „Oberpfälzer Nachrichten" einen Bogen zu der 130jährigen Druckgeschichte der Stadt Weiden: Das „Weidener Wochen- und Amtsblatt", die erste Zeitung in Weiden, wurde ab 1856 von dem Buchdrucker Philipp Madler herausgegeben, der ein halbes Jahr zuvor „die Erlaubnis zur Errichtung und Betrieb einer Buchdruckerei und lithographischen Anstalt" vom Weidener Stadtrat erhalten hatte.[4]

Auch Emil Spintler stammte aus einer Buchdrucker-Familie. Sein Vater, der Weidener Rechtskonsulent Otto Spintler, gründete 1919 die „Buchdruckerei mit eigener Kuvertfabrikation Otto Spintler".[5] Bei ihm erlernte Emil Spintler das Buchdruckerhandwerk und übernahm 1933, erst 21jährig, nach Ablegung seiner Meisterprüfung die Buchdruckerei.[6] Mühsam baute er nach 1945 das Unternehmen neu auf. Seit dem Tod von Emil Spintler im Jahre 1975 leiten seine Tochter Dr. Renate Freuding-Spintler und ihr Ehemann, Dr. Ernst Freuding, das Unternehmen. „Otto Spintler Druck und Verlag GmbH", in dem die „Oberpfälzer Nachrichten" erscheinen, ist also ein reiner Familienbetrieb.

Wie bei allen Zeitungen, die in der „Trümmerzeit" herausgegeben wurden, war das größte Problem die Beschaffung der notwendigen Materialien für die Zeitungsherstellung. Auch die „Oberpfälzer Nachrichten" konnten zwischen 1949 und 1952 wegen Papiermangels nur dreimal in der Woche, nämlich am Dienstag, Donnerstag und Samstag, erscheinen. Im Dezember 1952 wurde dann der Montag als zusätzlicher Erscheinungstag eingeführt. Die Auflage war bis zu diesem Zeitpunkt stetig gestiegen und betrug 7545 verkaufte Exemplare.[7] Erst seit 1960 erscheinen die

2 Emil Spintler: Ein Beginn. Geleitwort in den „Oberpfälzer Nachrichten" Nr. 1 vom 6. 12. 1949.
3 Vgl. Hans Kapfinger (Hg.): Die neue bayerische Presse. Passau 1948, S. 7.
4 Vgl. Walter Sir: Die Presse der Stadt Weiden (Oberpfalz) von ihren Anfängen bis zur Gegenwart (1525 – 1954). Unveröffentlichte Dissertation, München 1955, S. 17.
5 Vgl.: Ein Unternehmen macht seinen Weg. Beitrag in der Verlagsbeilage der „Oberpfälzer Nachrichten" von 1982: Im Blickpunkt. Ein Druck- und Verlagshaus stellt sich vor.
6 Vgl. Walter Sir, a. a. O., S. 45.
7 Lt. IVW-Liste 4/1952.

„Oberpfälzer Nachrichten“ täglich. Dieser Zeitpunkt markierte aber auch ein Absinken der Auflage, die 1972 den Tiefpunkt erreichte[8]. Seither konnten die „Oberpfälzer Nachrichten“ wieder kontinuierlich neue Leser gewinnen, die Auflage liegt heute bei 6741 verkauften Exemplaren.[9] Dieser stetige Aufwärtstrend der Auflagenentwicklung bestätigt auch heute noch die Auffassung Emil Spintlers, der 1949 einen Bedarf für eine zweite Heimatzeitung in Weiden und Umgebung feststellte.

In den ersten Monaten ihres Erscheinens wurden die „Oberpfälzer Nachrichten“ von Emil Spintler und zwei weiteren Redakteuren von der ersten bis zur letzten Seite selbst gestaltet und hergestellt. „Aber schon kurze Zeit später trat Spintler einer aus 23 verschiedenen Verlagen bestehenden Genossenschaft in Nürnberg bei (Bayerische Heimatzeitungsverleger e.G.), die von dort aus ihre Mitglieder mit Matern für den politischen, feuilletonistischen, unterhaltenden und Wirtschaftsteil beliefert. Damit reihten sich die ‚Oberpfälzer Nachrichten‘ in jenen Typus von ‚Heimatzeitungen‘ ein, der nur noch den Lokal-, Sport- und Anzeigenteil selbständig prägt.“[10]

Emil Spintler war allerdings auch in dem Redaktionsausschuß dieser Verlegervereinigung vertreten, so daß ihm eine gewisse Einflußnahme auch auf den Mantelteil möglich war.

Heute wird der Mantelteil der „Oberpfälzer Nachrichten“ von der Gemeinschaftsredaktion Bayerischer Heimatzeitungen in Bad Kissingen beim Verlag Schachenmayer erstellt, wo die „Saale-Zeitung“ produziert wird. Vom Deutschen Supplementverlag beziehen die „Oberpfälzer Nachrichten“ die Fernseh- und Rundfunkbeilage „rtv“, die samstags beigelegt wird.

Spiegel gemeindlichen Lebens

Zwölf Redakteure gestalten zusammen mit Chefredakteur Dr. Ernst Freuding täglich den Lokalteil, der von Montag bis Donnerstag zirka 15 Seiten, am Freitag und Samstag bis zu 36 Seiten umfaßt.

Zum Verbreitungsgebiet der „Oberpfälzer Nachrichten“ gehören neben Weiden und näherer Umgebung auch die beiden Landkreise Neustadt und Tirschenreuth. Berichte der Außenredaktionen in Neustadt und in Windischeschenbach erscheinen unter der Rubrik „Aus dem Landkreis“.

Der Verlag „Oberpfälzer Nachrichten“ gibt inzwischen auch den im 78. Jahrgang erscheinenden „Waldnaabtalanzeiger“ heraus. Das frühere „Amtsblatt für die Großgemeinde Windischeschenbach – Veröffentlichungsorgan der Umgebung“, wie es im Untertitel noch heißt, erscheint mittwochs und freitags. Es wird als unabhängige Tageszeitung in Windischeschenbach verkauft. Neben eigenen Beiträgen werden auch Artikel der „Oberpfälzer Nachrichten“ neu montiert verwendet. Seit dem 1. 2. 1989 ist dem Verlag der „Oberpfälzer Nachrichten“ die Heimatzeitung „Steinwaldkurier“ eingegliedert, die jeweils freitags erscheint.[11]

---

[8] Lt. IVW-Liste 4/1972: 4983 verkaufte Exemplare.
[9] Lt. IVW-Liste 2/88.
[10] Walter Sir, a. a. O., S. 45.
[11] Auflage 1241 lt. IVW-Liste.

Bundesbahn stellt Gütertransport auf Nebenstrecke Neustadt/WN – Eslarn ein (Seite 7)

OBERPFÄLZER NACHRICHTEN

Unabhängige Tageszeitung für die nördliche Oberpfalz

NUMMER 155 JAHRGANG 1987 WEIDEN, FREITAG, 10. JULI 1987 70 PF., SAMSTAG 90 PF. R 5424 A

Steinwald KURIER

radio + television Das Fernseh- und Rundfunk-Programm Ihrer Zeitung

rtv

HEIMATZEITUNG DER NÖRDLICHEN OBERPFALZ

Nr. 5 JAHRGANG 1989 FREITAG, 3. FEBRUAR 1989 EINZELVERKAUFSPREIS 1,– DM R 7601 C

Die „Oberpfälzer Nachrichten“ und ihre jüngste Heimatausgabe, der „Steinwald Kurier“.

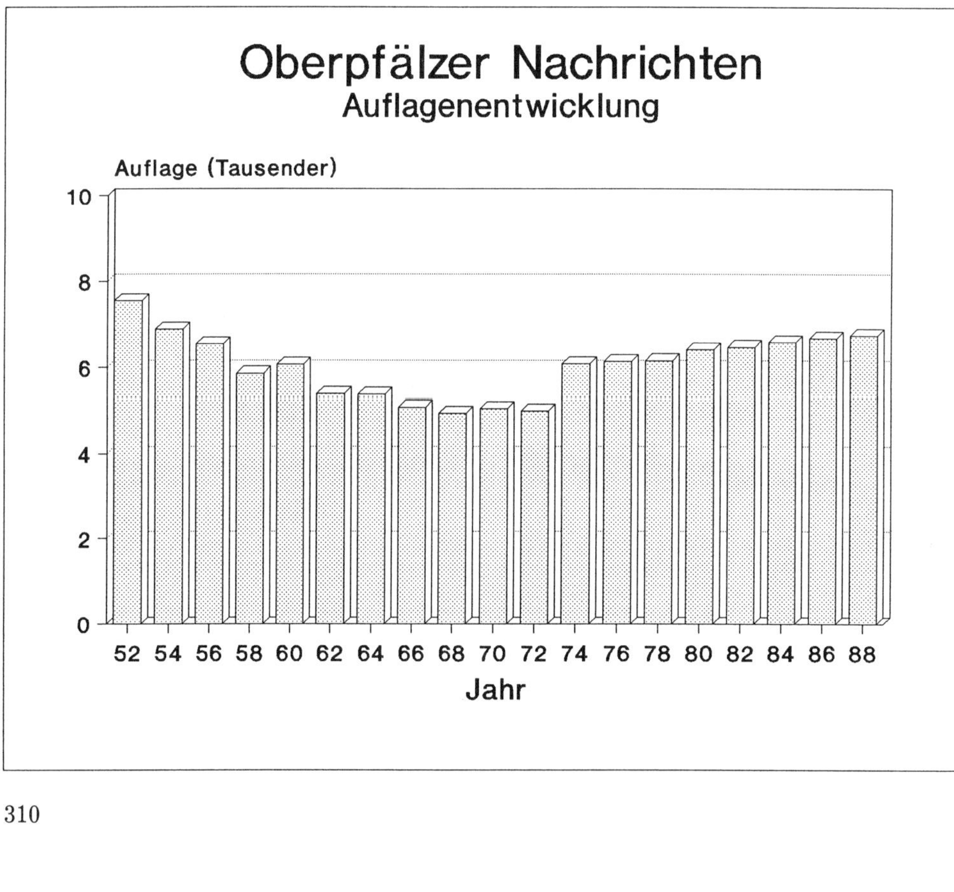

Drei gesellschaftliche Bereiche prägen die Lokalberichterstattung der „Oberpfälzer Nachrichten“: Kommunalpolitik, Vereine und Kirche. Die kommunalpolitische Entscheidungsfindung kann der regelmäßige Leser der Zeitung in allen Phasen nachvollziehen, wird doch nahezu über jede Sitzung der jeweils zuständigen Gremien berichtet. Ausführlich wurden beispielsweise die Argumente der Kreistagsfraktionen für oder wider ein umstrittenes Raumordnungsverfahren dargestellt. Die Festsetzung geplanter Naturschutzzonen und die damit verbundenen Maßnahmen für die Gemeinden und Grundbesitzer wurden detailliert erklärt, über Änderungswünsche verschiedener Interessengruppen berichtet. Aber auch eine kleine Begebenheit, die sich am Rande dieser Diskussion abspielte, fand Platz in der Heimatzeitung: Die Genossen der SPD-Kreistagsfraktion hatten ihre Sitzung zum Thema Raumordnungsverfahren mit einem Ausflug nach München verbunden und dort in einer Gastwirtschaft einen prominenten Schauspieler entdeckt. Das Erinnerungsfoto, das den Schauspieler im Kreis der Genossen zeigt, wurde mit einem kurzen Artikel neben dem Bericht über das Ergebnis der Sitzung veröffentlicht.[12]

Die großen wirtschaftlichen und politischen Probleme des Zonenrandgebietes, wie Maxhütte, WAA oder Waldsterben finden im Lokalteil wenig Beachtung, über sie wird auf den Seiten „Bayern“ oder „Oberpfalz“ im Mantelteil berichtet.[13] Die „Oberpfalz“-Seite wird sorgfältig und mit viel Gespür für die regionalen Belange im eigenen Haus produziert.

Aktivitäten und Veranstaltungen der Kirche, wichtiger Faktor im gesellschaftlichen Leben von Weiden und Umgebung, sind Themen zahlreicher Artikel im Lokalteil. Und wenn die Gemeinde St. Michael einen neuen Pfarrer bekommt, ist dies auch einen Hinweis im roten Balken auf der Titelseite der „Oberpfälzer Nachrichten“ wert.[14]

Jubilare, Hochzeiten, Vereinsfeiern und natürlich die Sommerfeste sämtlicher Organisationen und Institutionen nehmen, reich bebildert, den breitesten Raum in der Lokalberichterstattung ein. Der Weidener oder Neustädter hat gute Chancen, auch mal „in der Zeitung“ zu sein. Von einem Heimatblatt erwartet man nicht zuletzt, sich oder Freunde, Nachbarn und Vereinskollegen, sei es auf einem Gruppenfoto oder namentlich genannt, darin wiederzufinden.

„Farbe“ ins Blatt bringen Reportagen, Geschichten mit „Human touch“, die einen Bezug zur Region und den dort lebenden Menschen haben. Dies kann die Schilderung dramatischer Urlaubserlebnisse einer Weidener Familie sein, deren Campingbus in Italien bei einer Flutkatastrophe weggerissen wurde[15], oder eine Reportage über den Besuch der Neustädter Frauen-Union im Frauengefängnis Aichach[16].

Umfassender Leserservice ist für die Heimatzeitung selbstverständlich. Täglich werden in einem Kasten mit dem jeweiligen Wappen der Stadt aktuelle Termine und Öffnungszeiten veröffentlicht. In der ebenfalls täglichen Rubrik „Was, Wann, Wo“ erfährt der Leser von den Aktivitäten und Veranstaltungen der Vereine.

---

12 Vgl. „Eine Entscheidung, die Unmut erregt“; in den „Oberpfälzer Nachrichten“ vom 6. 7. 1987, S. 15 und „Kreisausschuß streicht Kahlhiebsbegrenzung“ in den „Oberpfälzer Nachrichten“ vom 7. 7. 1987, S. 16.

13 Vgl. „Ein ‚schwarzer‘ Tag für die Maxhütte-Belegschaft“ in den „Oberpfälzer Nachrichten“ vom 8. 7. 1987, Ressort „Bayern“, S. 5.

14 Vgl. „Oberpfälzer Nachrichten“ vom 6. 7. 1987, S. 1.

15 Vgl. „Oberpfälzer Nachrichten“ vom 11. 7. 1987, S. 25.

16 Vgl. „Oberpfälzer Nachrichten“ vom 6. 7. 1987, S. 16.

Außerdem erstellt die Redaktion die Beilage „Was uns die Heimat erzählt“ mit Beiträgen zur oberpfälzischen Geschichte. Sie erscheint jeden ersten Samstag im Monat.

Wirtschaftliches Standbein

Die „Spintler Druck und Verlag GmbH – Oberpfälzer Nachrichten“ verfügt sowohl für die Herstellung der Zeitung als auch für den Akzidenzdruck über die modernsten technischen Anlagen. Im Herbst 1979 erfolgte die Umstellung von Blei- auf Fotosatz. Seit der Anschaffung einer hochmodernen Compugraphic-Fotosatzanlage wird die Zeitung über das Computer-Satzsystem erstellt. Gleichzeitig erwarb das Unternehmen eine neue Zeitungsrotationsmaschine. Damit waren die bestehenden Räumlichkeiten zu eng geworden, nicht zum ersten Mal in der Firmengeschichte. Nach zwei Umzügen wegen Raummangels „entstand in den Jahren 1969/70 das neue Haus an der Hochstraße, das – von der Großzügigkeit der Anlage her – für eine ferne Zukunft konzipiert schien. Nun war es auch möglich, mehrere neue Maschinen zu installieren, die die Firma Spintler in die Lage versetzte, das Formularbedarfsprogramm fast vollständig abzudecken. Beschäftigtenanzahl und Umsatz stiegen sprunghaft an, man arbeitete unter optimalen Bedingungen rund um die Uhr. Doch Fortschritt, Technik und der Zwang zur Expansion ließen nur eine kurze Verschnaufpause zu.“[17] Deshalb wurde 1981 ein Erweiterungsbau mit 4000 Quadratmetern Arbeits- und Lagerfläche geschaffen.

Neben dem Zeitungsrotationsdruck – das Verlagshaus druckt außer den „Oberpfälzer Nachrichten“ auch Wochenzeitungen, Anzeigenblätter und andere zeitungsähnliche Produkte im Auftrag – hat sich das Haus Spintler auf Industriedrucke und Spezialformulare für die Daten- und Textverarbeitung spezialisiert. Durch die umfangreichen Investitionen ist das Unternehmen in der Lage, einen kompletten Service, angefangen bei der graphischen Gestaltung über den Druck bis hin zum Schneiden, Klebebinden oder Heften der Druckerzeugnisse, zu bieten.

Die Unternehmensleitung ist stolz darauf, daß die Fluktuation unter den 160 Mitarbeitern sehr gering ist, und führt dies auch darauf zurück, daß der Nachwuchs im eigenen Hause ausgebildet wird.[18]

Die „Spintler Druck und Verlag GmbH – Oberpfälzer Nachrichten“ bietet seit drei Generationen seinen Mitarbeitern einen sicheren Arbeitsplatz und gibt eine Heimatzeitung heraus, „die ihren festen Platz im Leben der einheimischen Bevölkerung hat und die aus dem täglichen Informationsbereich nicht mehr wegzudenken ist.“[19]

(kn)

---

[17] Ein Unternehmen macht seinen Weg. Verlagsbeilage der „Oberpfälzer Nachrichten“ von 1982: Im Blickpunkt. Ein Druck- und Verlagshaus stellt sich vor.

[18] Ebd.

[19] Ebd.

REGIERUNGSBEZIRK OBERFRANKEN

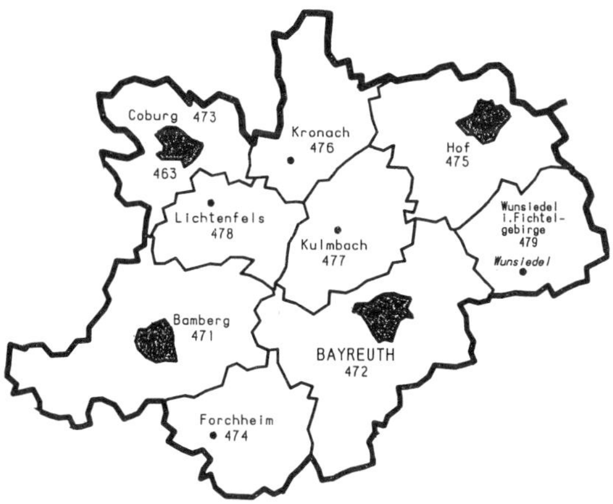

NORDBAYERISCHER KURIER

Ring Nordbayerischer Tageszeitungen (RNT)

SECHSÄMTER NEUESTE NACHRICHTEN

BAYERISCHE RUNDSCHAU

OBERMAIN-TAGBLATT

COBURGER TAGEBLATT

NEUE PRESSE

FRÄNKISCHER TAG

FRANKENPOST

HOFER ANZEIGER

SELBER TAGBLATT

SECHSÄMTERBOTE

Im Herzen Oberfrankens:
Der „Nordbayerische Kurier"

Bayreuth ist eine „schöne Einöde, fern von Qualm und Industriepesthauch unserer großstädtischen Civilisation". Von keinem geringeren als dem Opernkomponisten Richard Wagner stammt diese Beschreibung der damaligen Beamten-, Garnisons- und Pensionistenstadt. Gut 100 Jahre später blickt Hans Raum von der IHK Oberfranken auf diese Zeit zurück und bezeichnet Bayreuth als „ein[en] Habenichts in jeder Beziehung – das war, kaum übertrieben, die Stadt um die Mitte des 19. Jahrhunderts".[1] Die Industrialisierung leiteten erst die Textilfabriken ein. Vor den Bombenangriffen 1945 drehten sich hier 330 000 Baumwollspindeln.

Nach dem II. Weltkrieg wurde ein Industriegebiet geschaffen, auf dem mittlerweile über 100 Firmen Platz gefunden haben. Von herausragender wirtschaftlicher Bedeutung für die Stadt Bayreuth sind die Zigarettenfabrik B.A.T., ein Zweigwerk der Grundig AG für elektronisches Gerät, die Bademodenfirma Adolf Riedl, unweit davon die Steiner-Optik, die Europas größter Hersteller für Ferngläser wurde, und die Schott-Ruhrglas GmbH, die mit ihrer Verwaltung und Verkaufsabteilung nach Bayreuth übersiedelte. Dennoch – Klein- und Mittelbetriebe dominieren die Wirtschaft. Nur gut 60 Firmen haben 20 oder mehr Beschäftigte. Die Grenzlage und die schlechte Verkehrsanbindung bestimmen die wirtschaftliche Situation Bayreuths. Nichts geändert hat sich an der Stellung der Stadt als Verwaltungsmetropole: Mehr als 60 zentrale Behörden kennzeichnen Bayreuth als Sitz der Regierung von Oberfranken. Noch immer ist Bayreuth auch Garnisonsstadt, die Bundeswehr, Bundesgrenzschutz und Einheiten der US-Streitkräfte beherbergt.

Im Stadtrat hat keine der beiden großen Parteien die Mehrheit. Die neuntgrößte Stadt in Bayern mit ihren über 70 000 Einwohnern ist zu zwei Dritteln evangelisch. Von Ende Juli bis Ende August wird Bayreuth „Weltstadt auf Zeit". Da ziehen die Richard-Wagner-Festspiele mit rund 30 Aufführungen jeweils rund 1900 Besucher von nah und fern an.

Der „Nordbayerische Kurier" ist im Kreise der bayerischen Tageszeitungen ein Newcomer. Zwanzig Jahre hat er gerade mal auf dem Buckel. Am 1. 1. 1968 fusionierten nämlich die beiden Bayreuther Zeitungen, das (alte) „Bayreuther Tagblatt" (gegr. 1856) und die (jüngere) Lizenzzeitung „Fränkische Presse" (gegr. 1945). „Und werden fortan sein ein Papier und heißen Nordbayerischer Kurier", heißt es launig in der letzten Ausgabe des „Bayreuther Tagblatts".

Das „Tagblatt" kam erstmals am 1. Oktober 1856 heraus, „hatte das Format eines Oktav-Briefblattes (..), war 4–6 Seiten stark, zunächst reines Nachrichtenblatt, und erschien unter der Verantwortlichkeit der Verlagshandlung Carl Gießel. An der Spitze standen damals die lokalen Berichte unter der Rubrik ‚Hiesiges', dann erst folgten die übrigen Nachrichten aus der Umgebung und aus aller Welt."[2]

---

1 Hans Raum: Der lange Marsch zum Wohlstand. In: 750 Jahre Stadt Bayreuth, Beilage des „Nordbayerischen Kuriers" vom 2. 7. 1981, S. 13.

2 Georg Spitzer: Nach 80 Jahren! In der Jubiläumsausgabe des „Bayreuther Tagblatts" vom 1. 10. 1936.

Fünf Jahre später stellte das Konkurrenzblatt, die erste „Baireuther Zeitung", die bereits 1743 gegründet worden war, ihr Erscheinen ein. Ihr Nachfolger, die „Neue Bayreuther Zeitung" wurde 1862 vom „Tagblatt" geschluckt. 1868 erschien neuerlich ein Konkurrenzblatt, der „Bayreuther Anzeiger" (später umbenannt in „Oberfränkische Zeitung – Bayreuther Anzeiger"), das siebzig Jahre später, also 1938, das „Tagblatt" endgültig schlucken wird. Durch die Übernahme gelangte das „Tagblatt" in den Besitz der Familie Ellwanger, die ihrerseits seit 1884 Bücher und eine Zeitung (seit 1896) druckte und verlegte. Am 30. 6. 1942 stellte das „Tagblatt" sein Erscheinen ein.[3]

Nach dem Krieg wurde für Bayreuth die „Fränkische Presse" lizenziert, und damit waren acht zeitungslose Monate beendet. Den Kriegszerstörungen waren auch die für eine Zeitungsherstellung nötigen Maschinen zum größten Teil zum Opfer gefallen. Der NS-Kulturverlag Bayreuth lag in Schutt und Asche. In Julius Steeger, einem geborenen Bayreuther, fand die Nachrichtenkontrolle der Militärregierung einen integeren, durch die NS-Zeit nicht belasteten Mann, der als gelernter Buchdrucker für Technik und Verlag verantwortlich tätig werden konnte. Er hatte dreizehn Jahre für die SPD im bayerischen Landtag gesessen und 25 Jahre als Geschäftsführer die Geschicke der SPD-Parteizeitung „Fränkische Volkstribüne" geleitet, bis er 1933 verhaftet wurde. (Zweiter Lizenznehmer und Chefredakteur der „Fränkischen Presse" wurde später Walter Fischer.) Steeger erinnert sich an die erste Zeit: „Was es bedeutet, eine Zeitung ohne Druckerei herauszugeben, ohne Telefon und ohne Fahrzeuge, kann nur ermessen, der das mitgemacht hat".[4] Die Zeitung wurde zunächst in provisorischen Räumen redigiert und im Lohndruck bei der Hofer „Frankenpost" produziert. Erst ab April 1946 konnte wieder in Bayreuth gedruckt werden. Die Auflage lag anfangs bei gut 70 000 Exemplaren.[5] Trotz der anfänglichen Monopolstellung (1945–49) sank die Auflage der Lizenzzeitung kontinuierlich ab (1953 bereits unter 40 000 Exemplare[6]), während das „Bayreuther Tagblatt", das 1949 mit 11 000 Exemplaren begonnen hatte, stetig Leser gewann.

Weil der Bayreuther Wirtschaftsraum sich für die Existenz von zwei Zeitungen als nicht stark genug erwies, gingen die Verleger schließlich zusammen an die Herausgabe einer neuen Zeitung, die „Nordbayerischer Kurier" heißen sollte. „Die Altverlegerfamilie Ellwanger übernahm 37,5% der Anteile an der neuen Zeitung, 62,5% erhielt die Fränkische Presse Verlagsgesellschaft Julius Steeger & Co. GmbH, an der allerdings seit 1964 kein Steeger-Erbe mehr beteiligt war. Willi Kurtz und Walter Fischer teilten sich die Anteile".[7]

Von einer klugen verlagspolitischen Entscheidung des „Tagblattes" profitierte nun auch der „Nordbayerische Kurier". Das „Bayreuther Tagblatt" hatte seine Rentabi-

---

[3] Die Veränderungen in Format, Gliederung, Redaktion können in diesem Zusammenhang nicht ausführlich geschildert werden. Sie sind nachzulesen in der Jubiläumsausgabe vom 1. 10. 1936.

[4] In: Wegbegleiter – Wegbereiter. 40 Jahre Nachkriegspresse in Bayreuth. Ein Sonderdruck des „Nordbayerischen Kuriers" vom 18. 12. 1985.

[5] Rainer Sütfeld: Die Entwicklung der 27 in Bayern lizenzierten Tageszeitungen seit 1949. Magisterarbeit. München 1983 (unveröff.), S. 54.

[6] ebd.

[7] a. a. O., S. 55. Die Angaben gehen zurück auf einen Brief von Josef Wolter, einem der Geschäftsführer des „Nordbayerischen Kuriers" an Sütfeld vom 3. 1. 1983; vgl. weiterhin Anm. 10.

lität bereits in den 50er Jahren wesentlich verbessern können, indem der Verlag den „Zeitungsring Oberfranken" (ZRO) gründete. „Diese Mantelredaktion wurde im Hause Ellwanger untergebracht und stellte die politischen und überörtlichen Seiten für die Zeitungen ‚Hofer Anzeiger', ‚Selber Tagblatt', ‚Bayerische Rundschau' (Kulmbach) und die ‚Münchberg/Helmbrechtser Zeitung' her."[8]

Nach der Fusion organisierten sich die bisher im „Zeitungsring Oberfranken" zusammengeschlossenen Zeitungen neu im „Ring Nordbayerischer Tageszeitungen" (RNT). Die Mitglieder („Bayerische Rundschau", „Coburger Tageblatt", „Obermain-Tagblatt", „Sechsämter Neueste Nachrichten" und „Nordbayerischer Kurier") beziehen auch heute noch aus der Zentralredaktion in Bayreuth fertige Seiten für Politik, Wirtschaft, Sport, Bayern, Kultur, Reportagen, Unterhaltung, Welt der Frau und Wochenendbeilagen. Insgesamt erreicht der RNT auf diese Weise 95 000 Leser.[9] Der RNT ist eine von drei bayerischen und 14 deutschen Redaktionsgemeinschaften.

Die Politik des Hauses

Die Verleger des „Kuriers",[10] Wolfgang Ellwanger und Dr. Laurent Fischer, navigieren das Verlagsschiff mit Weitsicht. Hundertelf Mitarbeiter standen 1987 auf der Gehaltsliste, dazu beschäftigte der Verlag 720 freie Mitarbeiter für die redaktionelle Arbeit.[11] Die steigenden Sach- und Personalkosten[12] können, wie bei fast allen Tageszeitungen, nur zum kleineren Teil durch die Abonnementgebühren[13] hereingeholt werden. Trotz stagnierender Bevölkerungszahl im Verbreitungsgebiet konnte die Auflage ohne Zukäufe von knapp 35 000 im Gründungsjahr auf heute knapp 42 000[14] gesteigert werden. Die nötigen Erlöse kommen in erster Linie durch das Anzeigengeschäft ins Haus.[15]

---

8 Wegbegleiter – Wegbereiter, a. a. O., S. 5.

9 Die Angaben stammen aus dem „Presse- und Medienhandbuch STAMM", Essen 1988, das noch den „Sechsämterboten" nennt, der seit 1. 3. 1988 mit der „Frankenpost" in Hof kooperiert.

10 Genauer: Nordbayerischer Kurier GmbH & Co. Zeitungsverlag KG. Gesellschafter sind: 1. Druckhaus Bayreuth, Verlagsgesellschaft mbH (Fränkische Presse) mit einem Anteil von 62,5%. Hier sind je zur Hälfte Gesellschafter Dr. Laurent Fischer und Lydia Lisett Allerdt-Kurtz. 2. Bayreuther Tagblatt, Lorenz Ellwanger, Druckerei- und Verlagsgesellschaft KG mit einem Anteil von 37,5%. Persönlich haftende Gesellschafter: die Druckereibesitzer und Verleger Wolfgang Ellwanger, Bayreuth, und Karl Ellwanger, Hof; Kommanditisten: Marianne Ellwanger und Veronika Klautke, beide Bayreuth. Kommanditisten des Nordbayerischen Kurier GmbH & Co. KG: die beiden vorgenannten Gesellschafter; lt. Impressum.

11 Nach Verlagsangaben. Von den 720 freien Mitarbeitern sind 450 sog. feste Freie, der Rest arbeitet nur saisonbedingt.

12 Entwicklung des Personalstandes nach Verlagsangaben (Stichtag jeweils der 30. 6.): 1980: 101 Mitarbeiter (davon 28 i. d. Redaktion); 1987: 111 Mitarbeiter (davon 32 i. d. Redaktion).

13 Monatsabonnementpreis am 1. 1. 1968: 5,80 DM; am 1. 11. 1979: 15,60 DM seit 1985: 20,50 DM.

14 Laut IVW-Liste 1/1968: Verkaufte Auflage 34 262 Exemplare, laut IVW-Liste 4/1987: verkaufte Auflage 41 157 Exemplare täglich.

15 Die Anzeigenabteilung wurde in den letzten Jahren personell aufgestockt (1980: 23 Mitarbeiter, 1987: 36 Mitarbeiter). Der Verlag kooperiert auf dem Anzeigensektor mit der „Bayerischen Rundschau" dem „Coburger Tageblatt" und dem „Obermain-Tagblatt" in Lichtenfels im „Zeitungsring Oberfranken" (ZRO). Im „Nordbayerischen Kurier" gehört den Anzeigen durchschnittlich 41,9 des Umfangs. Vgl. ZV + ZV, Heft 15/1987, S. 25.

FRÄNKISCHE PRESSE

1. Jahrgang — Nummer 1

Dienstag, 18. Dezember 1945 — Lizenz Nr. 12 der Nachrichtenkontrolle der Militärregierung — Einzelpreis 20 Pfg.

Hinweg der Krieg,
Hinweg das Werk der Waffen,
Es hat der Weise nichts
Mit seinem Wahn zu schaffen!

Li-Tai-Pe
[illegible] n. Chr.

Das Befinden des General Patton

Außenministerkonferenz in Moskau

MOSKAU, 15. Dezember (Dana). Heute begann hier die Konferenz der Außenminister Englands, Rußlands und der Vereinigten Staaten. Die Außenminister Byrnes und Bevin trafen am Vormittag mit ihren Stäben in Moskau ein. Der amerikanische und der britische Botschafter in Teheran sind gleichfalls anwesend.

Vierte Verhandlungswoche in Nürnberg

NÜRNBERG, 14. Dezember. (Dana-Sonderberichterstatter Walter Fritze.)

bezeichnenden Rede Himmlers hervorgeht.

Am schwersten wurden die Ange-

Der Beginn der Woche war zunächst der weiteren Verlesung von Dokumenten gewidmet, die die Vor-

Die Gegenwartsaufgaben der deutschen Presse

Von Gerd Tolzien

Knapp sechs Monate nach dem Zusammenbruch ist die freie deutsche Presse eine Tatsache. Zwar wir konnten sie uns nicht aus eigener Kraft schaffen; wir nehmen sie aus den Händen unserer Herren, nicht als ein Recht, sondern als ein Geschenk. Aber doch auch als einen Beweis in uns ge-

Bayreuther Tagblatt

OBERFRÄNKISCHE ZEITUNG

Preis 40 Pf — 3981 3982 3983 — J 1631 A

Das Wetter: Wechselnd bewölkt, Regen- oder Schneeschauer.

106. Jahrgang / Nr. 302 — Sa./So., 30./31. Dez. 1967

Heute: Rundfunk- und Fernsehprogramm für die kommende Woche

Bayreuth aktuell: Klinikum bekommt Linearbeschleuniger zur dynamischen Bestrahlung

NORDBAYERISCHER KURIER

Bayreuther Tagblatt — OBERFRÄNKISCHE ZEITUNG — FRÄNKISCHE Presse

Unabhängige und überparteiliche Tageszeitung für Oberfranken und die nördliche Oberpfalz

Ausgabe 4 5 3 2

Nr. 154 - 20. Jahrgang 1987 — Bayreuth, Donnerstag, 9. Juli 1987 — Einzelpreis 1,- DM

„Fränkische Presse“ (Erstnummer) und „Bayreuther Tagblatt“ (letzte Ausgabe) „werden fortan sein ein Papier und heißen ‚Nordbayerischer Kurier‘“ – so wurde die Fusion im „Bayreuther Tagblatt“ angekündigt.

Nachdem nunmehr auch die elektronischen Medien in den lokalen Bereich einzudringen begonnen haben und dort vor allem die Werbeeinnahmen als Finanzbasis der Zeitung bedrohen, setzten die Verleger auf die neuen Medien und beteiligten sich am Aktuell Presse-Fernsehen (APF), an der Mediengesellschaft der Bayerischen Tageszeitungen, Radio 2000 KG, an der Kabelgesellschaft Bayreuth-Kulmbach GmbH, Aktuelle Welle Programm- und Werbegesellschaft mbH und Radio 93,3 Bayreuth GmbH Mainwelle KG.

Der „Nordbayerische Kurier" beackert ein in vieler Hinsicht schwieriges Gebiet. Da ist zum einen die Strukturschwäche der Grenzgebiete, die hinlänglich bekannt sein dürfte. Und zum anderen: Um die kommunikativen Bedürfnisse der Leser optimal zu befriedigen, muß sich das Verbreitungsgebiet einer Zeitung am sozialen Beziehungsnetz der Leser orientieren, das sich nicht notwendig an Verwaltungsgrenzen ausrichtet. Der „Nordbayerische Kurier" bietet seine Vermittlungsdienste keinem politisch-sozial geschlossenen Raum an, sondern einem Gebiet, das einigermaßen zerrissen ist. Seinen Mittelpunkt hat der „Kurier" zweifellos in der Stadt Bayreuth, wo er immerhin in 82% der Haushalte gelesen wird, was einerseits den Vertrieb erleichtert und andererseits die Attraktivität für die Werbetreibenden erhöht, insgesamt die Rentabilität steigert.

Weiterhin wird der Landkreis Bayreuth vom „Kurier" versorgt (Marktanteil 78%), sowie Teile der Landkreise Kronach, Kulmbach, Amberg-Sulzbach, Neustadt a.d. Waldnaab und Tirschenreuth. Um die kommunikativen Bedürfnisse in den Randgebieten besser befriedigen zu können, wurden in letzter Zeit verstärkt Außenstellen eingerichtet, so in Pegnitz, Auerbach und Bischofsgrün.

Die Zusammenarbeit der oberfränkischen Heimatzeitungsverleger rechnet sich für die angeschlossenen Zeitungshäuser nach wie vor. Da ist zum einen die erwähnte Zentralredaktion RNT auf genossenschaftlicher Basis, welche die Redaktionskosten für die einzelnen Zeitungen mindert. Da zum anderen die Auflagen der verschiedenen Blätter Oberfrankens im Vergleich zu den großen Zeitungen (und Illustrierten) verschwindend gering sind, und so kaum die Möglichkeit bestand, einigermaßen „attraktive" Anzeigen zu bekommen (etwa Markenartikelwerbung), man aber andererseits auf Anzeigen angewiesen ist, arbeiten „Kurier", „Bayerische Rundschau", „Coburger Tageblatt" und das „Obermain-Tagblatt" in Lichtenfels nach wie vor im „Zeitungsring Oberfranken" zusammen, der von Bayreuth aus zentral verwaltet wird, hohe Marktanteile erreicht und den Anzeigenkunden eine um 10% verbilligte Ring-Belegung anbieten kann.[16]

Die Vertriebsprobleme im ländlichen Raum (mit vielen kleinen Höfen, Weilern und abgelegenen Häusern) sind überwunden, seit die Fahrer von Schulbussen und Milchsammelfahrzeugen Zeitungen von bestimmten Ablagepunkten aus weiterverteilen. Eine Vertriebsgemeinschaft mit anderen Zeitungen ist der „Kurier" auch an den Grenzen des Verbreitungsgebietes nicht eingegangen.[17] 600 verlagseigene Zusteller sorgen jeden Morgen für den reibungslosen Absatz der Auflage.[18]

---

16 Der „Zeitungsring Oberfranken" hat laut IVW-Liste 4/87 eine verkaufte Auflage von 77 616 Exemplaren.

17 Vgl. Vertriebsgemeinschaft von „Nürnberger Nachrichten" und „Nürnberger Zeitung".

18 87% der Auflage wird über Träger abgesetzt, 7,3% im Einzelverkauf und 5,7% über die Post laut Angabe des Verlages.

Was die Leser wollen

Um zu erfahren, wie zufrieden die Leser mit dem „Kurier“ sind, wurde 1985 eine Repräsentativerhebung im Stadt- und Landkreis Bayreuth in Auftrag gegeben.[19] Für die Leser ist der Lokalteil (51%) und die traditionelle Bindung[20] ausschlaggebend dafür, daß sie den „Kurier“ anderen regionalen Abonnement-Zeitungen vorziehen. Bemängelt wird in Einzelfällen der Vertrieb (6%). Erwartungsgemäß favorisieren die Bayreuther Informationen aus ihrem nächsten Lebensbereich, also Berichte über Stadt und Landkreis Bayreuth und natürlich über Unglücksfälle, Skandale und Verbrechen in der näheren Umgebung.[21] Je näher der Ort des Geschehens zum Wohnort des Lesers liegt, um so stärker interessiert der Leser sich dafür.[22] Was die politische Linie des Blattes angeht, so laufen hier die Einschätzungen der Leser auseinander. Fast die Hälfte hält das Blatt für politisch neutral, jeder Dritte sieht es näher bei der SPD, jeder Sechste näher bei der CDU/CSU.[23]

Wie die Redaktion arbeitet

Ihr Arbeitsvertrag verpflichtet die Redakteure des „Nordbayerischen Kuriers“ ausdrücklich zur „Beachtung der demokratischen und sozialen Ordnung des Grundgesetzes. Die Zeitung ist unparteilich zu gestalten“.[24] Die „publizistischen Grundsätze (Pressekodex) des Deutschen Presserats“ sollen eingehalten werden. Nach Selbsteinschätzung des Verlages sind die Selektionskriterien der Redaktion „von Aktualität und Inhalt bestimmt, ohne Ansehen der Personen oder Parteien. Die Redaktion bestimmt weitgehend frei, welche Nachrichten sie nimmt, welche Themen sie aufgreift und welche Recherchen sie vornimmt. Für Wahlkampfzeiten gibt es keine besonderen Regeln, Schwerpunkt der Berichterstattung ist die Sachauseinandersetzung (..)“.[25]

„Auf einen Blick“ ist das tägliche Inhaltsverzeichnis mit den „Highlights“ des Tages überschrieben. Der Schwerpunkt „lokale und regionale Berichterstattung“[26] wird bereits auf der Titelseite deutlich. An einem Tag, an dem etwa die „Süddeutsche Zeitung“ groß mit dem Einlenken des Iran im Golfkrieg aufmacht, stellt der „Kurier“ das Raumordnungsverfahren für die ICE-Schnellbahnstrecke zwischen Nürnberg und München groß heraus.[27] Zwei weitere Berichte haben Regionalbezug zu Nordostbayern. Insgesamt vier Seiten sind den nationalen und internationalen Nachrichten gewidmet, Börsenkurse und Kommentarspalte finden hier auch Platz. Mit je einer Seite für „Oberfranken und Bayern“, „Wirtschaft und Verbraucher“, für's Hörfunkprogramm und lokale Anzeigen ist die erste Lage komplett. Diese und

---

19 Die Erhebung wurde von der Gesellschaft für Zeitungsmarketing und dem Census-Institut (beide Frankfurt) durchgeführt. Der vorliegende Bericht vom März 1986 enthält nur die Grundauszählungen in tabellarischer Form.

20 a. a. O., Tabelle 50: „Liest man hier“: 26% ; „Lesen wir schon immer“: 15%.

21 a. a. O., Tabelle 53a.

22 a. a. O., Tabelle 54.

23 a. a. O., Tabelle 57.

24 „Richtlinien für die grundsätzliche Haltung der Zeitung.“

25 ebd.

26 ebd.

27 Vgl. „Süddeutsche Zeitung“ vom 20. 7. 1988.

die letzte Lage (überregionaler Sport, Kultur und nochmals Lokalanzeigen) ergeben den Mantel des Blattes, den dann auch die anderen Mitglieder des RNT übernehmen.

Der eigentliche Lokalteil, „Bayreuth aktuell“ überschrieben, beginnt täglich mit der Spalte „von Tag zu Tag“, die entweder eine Glosse oder einen Kommentar bringt. Lokalpolitik, kulturelle Termine, Lokalsport, Polizeiberichte, Uni-Nachrichten, der Comic-Streifen „Hägar, der Schreckliche“ füllen sechs bis acht Seiten. In einer Kolumne können Repräsentanten politischer Parteien ihre Meinung äußern. An diesen Bayreuther Lokalteil schließen sich Seiten für das Fichtelgebirge und für das Bayreuther Umland an. Insgesamt ist der „Kurier“ zwischen 24 und 46 Seiten (am Wochenende) stark.

Die Samstagsausgabe bringt regelmäßig einen kommunalpolitischen Leitartikel, das „Notizbuch der Woche“ (seit 1946), und eine regionalbezogene satirisch-literarische Kolumne (seit 30 Jahren), das „Bayreuther Kunterbunt“, sowie eine Reportage und eine Leserumfrage zu lokalen Themen.

Das besondere Augenmerk der Lokalredaktion gilt den Kindern und Jugendlichen im Verbreitungsgebiet. Der „Kurier“ bringt regelmäßig Kinder- und Jugendseiten, mit Photos und Textbeiträgen zu Kinder-/Jugendveranstaltungen, mit Terminen und Witzen. Die „Jugendseite on Tour“ organisiert auch Fahrten zu Pop- und Rockkonzerten. Und wenn der Redakteur bei den Bildunterschriften Roger Chapman mit Phil Collins verwechselt, dann wird er „auf der Straße, (..) in Kneipen, bei Konzerten, in der ‚Etage‘ und anderswo“[28] auf den Fehler aufmerksam gemacht. Und entschuldigt sich in der nächsten Ausgabe locker-flockig: „Asche über unser Haupt!“[29] Auf der Kinderseite kündigt samstags „Eure Petra“ Termine für Kinder an, nennt jeweils Ansprechpartner mit Telefonnummer, was den Kontakt erleichtert. Aber auch im regulären Lokalteil tauchen Beiträge auf, die jugendliche Leser interessieren. Da wird über eine Fete im Jugendkeller berichtet, es werden neue Spiel getestet und Leserbriefe von Schülern abgedruckt. Das zeigt, daß der Verlag seine künftigen Leser ernst nimmt. Er initiierte und unterstützte auch das Projekt „Zeitung in der Schule“, in dessen Verlauf Schulklassen eine eigene Seite gestalten können. All dies sind Ansätze zur oft geforderten Medienpädagogik.

Die Leser im südlichen Teil des Verbreitungsgebietes sind im Alltag traditionell weniger nach Bayreuth als nach Pegnitz orientiert. Vor der Landkreisreform war das 1119 erstmals erwähnte Städtchen auch Verwaltungsmittelpunkt für den Landkreis Pegnitz, der 1972 im Landkreis Bayreuth aufgegangen ist. Weil sich die Menschen dort nach wie vor nach Pegnitz orientieren, dort zum Einkaufen gehen oder sich vergnügen wollen, richtete der Verlag dort vor fünf Jahren eine Außenredaktion ein, die einen eigenen Lokalteil[30] auch für die nördliche Oberpfalz gestaltet. Eine Handvoll Mitarbeiter engagiert sich für die Bevölkerung, startet Aktionen und Umfragen (etwa um Stillegungen zu verhindern), schreibt Reportagen und Glossen, richtet ein „Leser-Forum“ ein. Für diese Aktivitäten erhielt sie u. a. 1985 den 1. Preis der Konrad-Adenauer-Stiftung für Lokalberichterstattung.[31]

---

28 „Nordbayerischer Kurier“ vom 15. 7. 1987.

29 ebd.

30 Ausgaben Pegnitz/Fränkische Schweiz und Auerbach/Kirchenthumbach.

31 Für die „redaktionelle Gesamtleistung“ erhielt die Pegnitzer Lokalredaktion 1985 den Lokaljournalistenpreis der Konrad-Adenauer-Stiftung.

Auch Lokalklatsch fördert die Auflage
(Vignette zu einer ständigen Lokalglosse).

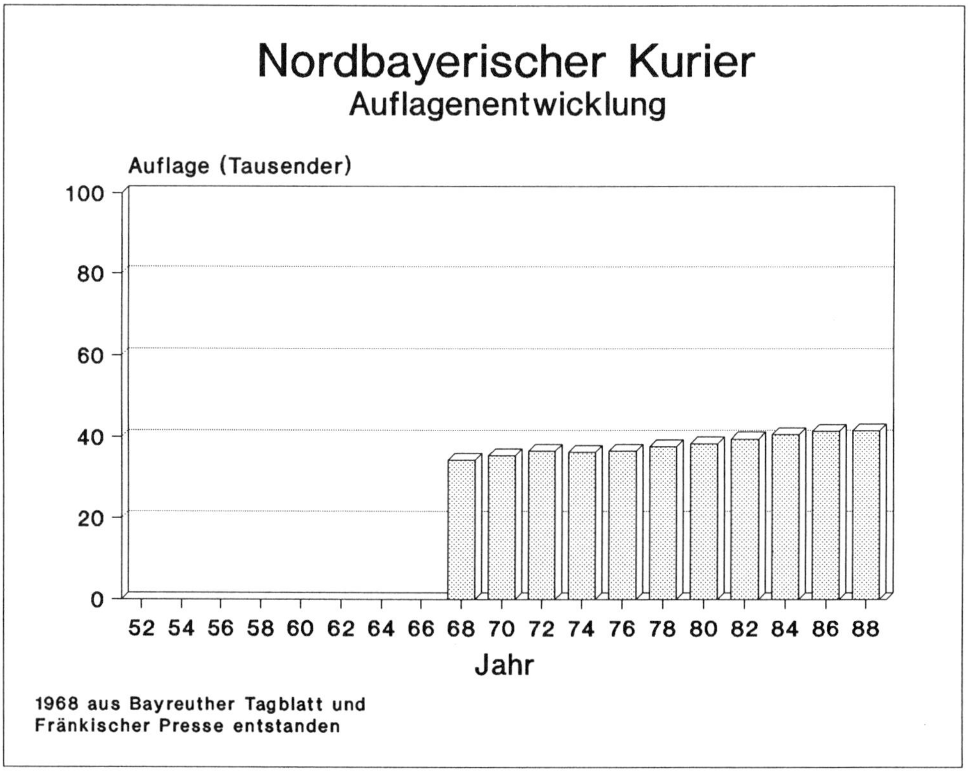

Die Lokalgeschichte wird vom Verlag gepflegt. Sie reicht von „Bayreuths Weg in die Diktatur“[32] hin zur Gegenwart – zu redaktionellen Beilagen über das „Klinikum Bayreuth“, über „10 Jahre Universität Bayreuth“ oder das Jubiläum „750 Jahre Stadt Bayreuth“.

Zukunft sichern

Der Firmentradition verpflichtet, richten die Verleger den Blick nach vorn. Durch großzügige Investitionen in den letzten Jahren ist die Drucktechnik im „Druckhaus Bayreuth“ und bei der Lorenz Ellwanger KG auf den neuesten Stand gebracht worden. Nach der Fusion der beiden Bayreuther Zeitungen, „Bayreuther Tagblatt“ und „Fränkische Presse“, wurde die technische Herstellung von den beiden Stammhäusern (im Beteiligungsverhältnis) für den „Nordbayerischen Kurier“ als Lohnauftrag ausgeführt. Die Aufgabenteilung sah wie folgt aus: Das „Druckhaus Bayreuth“ übernahm die satztechnische Herstellung der überregional-redaktionellen Seiten, der lokalen Sportseiten und der Anzeigenseiten sowie den Druck der Landausgabe auf einer 16seitigen Hochdruckrotation. Die Druckerei Ellwanger erledigte die satztechnische Herstellung der lokalen Seiten und der Anzeigen für die Nebenausgabe Pegnitz-Auerbach sowie Klischeeherstellung und Druck der Stadtausgabe auf einer 16seitigen Hochdruckrotation.

Im Jahre 1982 richtete der „Nordbayerische Kurier“ eine eigene Technik für Plattenherstellung und Rollenoffsetdruck sowie Versand ein. Es wurde eine 32seitige Rollenoffsetmaschine des Typs Albert Frankenthal A 500 mit automatischen Rollenwechslern und einem Falzapparat in Betrieb genommen. Die Plattenherstellung erfolgte zum damaligen Zeitpunkt in konventioneller Weise mit Negativplatten. Im Versandbereich wurde ein programmierbarer Kreuzleger des Fabrikats WAMAG zur Paketbildung installiert. Beilagen und Vorprodukte mußten von Hand eingelegt werden. Der Druck erfolgt im Berliner Format (31,5 × 47 cm) auf maschinenglattem Standard Zeitungsdruckpapier mit 48,8 g/qm. Die maximale Produktionsgeschwindigkeit der Rollenoffsetmaschine beträgt 25 000 Zylinderumdrehungen.

Ein Jahr nach Inbetriebnahme der Rollenoffsetanlage wurde die Plattenherstellung von Negativplatten auf Elfasolplatten (filmlose Plattenherstellung) umgestellt.

Im Jahre 1985 wurde eine hochmoderne Zeitungsversand- und Einsteckanlage des Fabrikats FERAG angeschafft. Die Anlage arbeitet mit fünf Beilagestationen und einem Hauptblattanleger und ist direkt mit der Rollenoffsetmaschine verbunden.

Satz- und Bildherstellung werden nach wie vor von den beiden Stammhäusern im Beteiligungsverhältnis erledigt. Es stehen in beiden Häusern HARRIS-Satzsysteme zur Verfügung, die von Technik, Redaktion und Anzeigenabteilung genützt werden. Durch die Satzsysteme sind auch die Nachrichtenredaktion der Deutschen Presseagentur sowie die Außenredaktion in Pegnitz direkt erreichbar. Kleinanzeigen werden teils direkt von der Anzeigenabteilung in das System eingegeben, teils von der Technik verarbeitet. Der Verlag erhält zur Abrechnung dieser Kleinanzeigen von der Satztechnik fakturierfähig aufbereitete Daten zum verlagseigenen EDV-System übertragen.

---

32 Sonderdruck des „Nordbayerischen Kuriers“, erschienen 1984.

Im Lohnauftrag wird (neben Akzidenzarbeiten) dreimal wöchentlich die Heimatzeitung „Sechsämter Neueste Nachrichten“ gedruckt, die dem RNT angeschlossen ist.

Technisch gesehen, hat der Verlag für die Zukunft vorgesorgt. Das Gedeihen des Verlags wie der Zeitung hängt freilich wesentlich von Faktoren ab, auf die der Verlag kaum Einfluß nehmen kann (Sozial- und Wirtschafts- sowie politische Struktur des Verbreitungsgebiets). Der Verlag tut das ihm Mögliche, um die „Austrocknung“ (durch Stillegung von Betrieben und Verkehrsverbindungen, durch die Abwanderung junger Leute) seines Einzugsgebietes zu verhindern und die Folgen des Vordringens anderer Medien (Anzeigenblätter, lokaler Hörfunk) auszugleichen. Dazu gehört auch die „Aktion Ausbildungsplatz“ der letzten Jahre, bei der jeweils im Frühsommer „all diejenigen jungen Leute, die noch keinen Ausbildungsplatz gefunden haben, wieder die Möglichkeit haben, eine kostenlose Stellenanzeige im ‚Kurier‘ zu veröffentlichen (wenn es sich später als notwendig erweisen sollte, auch zwei)“,[33] sowie eine Fülle weiterer Aktionen zur Leser-Blatt-Bindung. Sie sind nicht nur Ausdruck der „selbst auferlegten Verpflichtung zu helfen“,[34] sondern auch der verständlichen Sorge des Verlages um die Leser von morgen.

(sf)

---

33 „Nordbayerischer Kurier“ vom 10. 6. 1985.
34 ebd.

Ring Nordbayerischer Tageszeitungen (RNT)

Verlags- oder Erscheinungsort	Titel der Zeitung	Verk. Aufl. 4. Q. 1988
Coburg	Coburger Tageblatt	17 596
Bayreuth	Nordbayerischer Kurier	41 418
Kulmbach	Bayerische Rundschau	16 683
Lichtenfels	Obermain-Tagblatt	12 598
Arzberg	Sechsämter Neueste Nachrichten	2 033
Redaktionsgemeinschaft insgesamt:		90 328

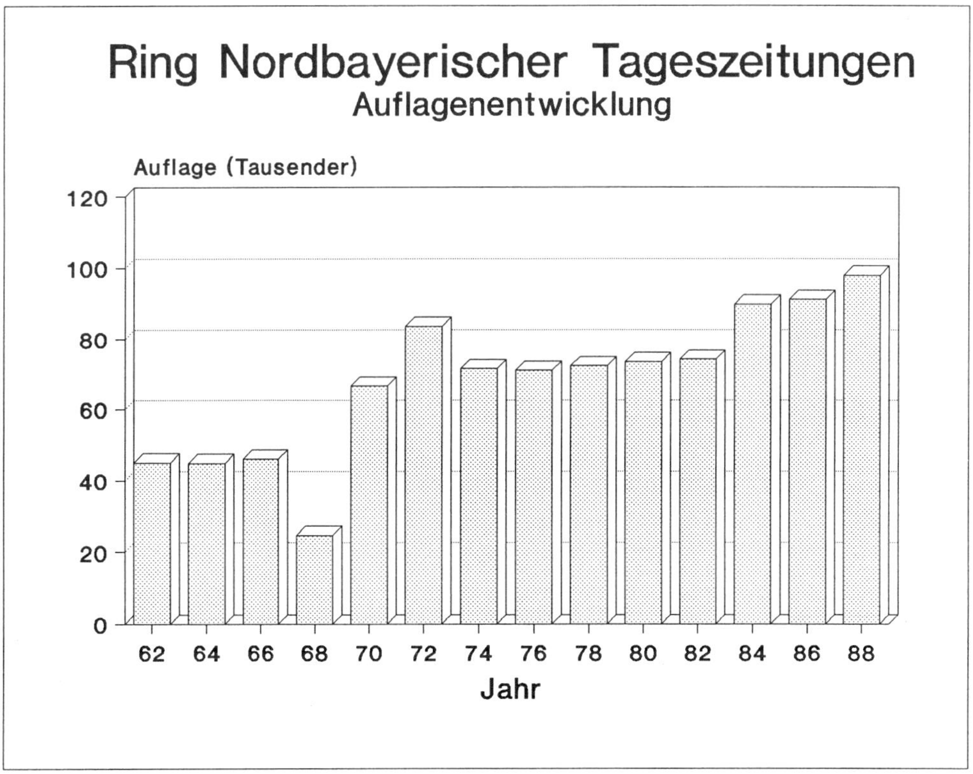

Arzberger Zeitung.

Amtsblatt des Stadtmagistrats Arzberg.

Anzeigeblatt für die Stadt Arzberg und die Gemeinden des kgl. Amtsgerichts Thiersheim.

[illegible]

Nr. 113 Mittwoch den 16. September 1903. 2. Jahrg.

Wie Arzberg seinen Pfarrherrn ehrte.

[illegible]

1933 *.* **Arzberg,** 18. März. In unsicheren Zeiten sind doppelte Vorsorge und Schutzmaßnahmen vonnöten. So sind auch jetzt nach den Tagen der nationalen Revolution, die sich über unser ganzes deutsches Vaterland legte und auch in den entlegensten Ortschaften sich in irgendeiner Art, sei es durch die Beflaggung öffentlicher Gebäude oder durch die Verhaftung von Führern und Funktionären, bemerkbar machte, Maßnahmen zur Aufrechterhaltung von Ruhe und Ordnung sehr wichtig und erforderlich. Nicht nur Handlungen, sondern auch schon durch Redensarten, deren Inhalt gehäßig, aufreizend oder rachsüchtig erscheinen, können zur Verhaftung und Bestrafung Anlaß geben. Ein Fall hat dies ja schon hier bewiesen. Ein von der Hilfspolizei Inhaftierter, der in Haid ansässig ist und sich zu einigen Aussprüchen hinreißen ließ, wurde zwar nach einem Verhör sogleich wieder entlassen, doch dürfte dies eine Warnung und Lehre für Manchen sein. Darum — hütet die Zunge!

Von der „Arzberger Zeitung“, dem Amtsblatt (oben), zum „Sechsämter Land“, der Heimatbeilage (unten): Heimatgeschichte und Heimatgeschichten (Mitte).

Unsere Heimat in Vergangenheit und Gegenwart — Beilage der „Sechsämter Neuesten Nachrichten“, Arzberg Oberfranken

11. Jahrgang Samstag, den 16. Januar 1960 Nummer 1

Zeugin der Geschichte einer Stadt:
Die „Sechsämter Neuesten Nachrichten“

Das Jahrhundert der Information war kaum angebrochen, als in Arzberg eine neue Zeitung gegründet wurde. Am 1. 10. 1904 verließ die erste Nummer der „Arzberger Zeitung – Thiersheimer Bezirksblatt“, wie die Zeitung „Sechsämter Neueste Nachrichten“ (SNN) in den ersten Jahren noch hieß, die Handelsdruckerei Arzberg.

Der Herausgeber der „Arzberger Zeitung“, Hans Weber, wurde 1872 in Hof geboren und erlernte dort das Buchdruckerhandwerk. Seine Lehr- und Wanderjahre führten ihn nach München und in die Schweiz, wo er in Buchdruckereien mit und ohne Zeitungsbetrieb seine Gesellenzeit verbrachte. Mit dem Ziel, sich eine eigene Existenz aufzubauen, kehrte Hans Weber in die Heimat zurück. Der kleine Grenzort Schirnding, in dem er eine Druckerei übernommen hatte, bot jedoch keine Entwicklungsmöglichkeiten, so daß sich Hans Weber nach einem anderen Betriebsstandort umsehen mußte. Seine Wahl fiel auf Arzberg, wo sich allerdings schon ein Konkurrenzbetrieb befand. Michael Specht hatte dort seine Buchdruckerei den Pächtern Hösel und Maischberger überlassen, die seit 1902 die „Arzberger Zeitung“ herausgaben. Auf einen Konkurrenzkampf wollten sich Hösel und Maischberger wohl nicht einlassen, sie verließen kurz nach der Gründung der Handelsdruckerei Arzberg die Stadt.[1]

Auf die Herausgabe einer neuen Lokalzeitung mußte die Bevölkerung allerdings noch einige Monate warten: Da die zum Zeitungsdruck benötigte Frankenthaler Schnellpresse in den Räumen der Handelsdruckerei Arzberg nicht aufgestellt werden konnte, mußte der Betrieb erst umziehen, bevor die neue Zeitung mit dem gleichen Titel wie ihre Vorgängerin erscheinen konnte. Das Städtchen Arzberg stand zu dem Zeitpunkt der Zeitungsneugründung an der Schwelle zur Industrialisierung. Den wirtschaftlichen Aufschwung durch die schon damals in dieser Region ansässige Porzellanindustrie konnten die rund 3000 Einwohner nur ahnen. Autos kannte man nur vom Hörensagen, die ersten Ausgaben der „Arzberger Zeitung“ wurden noch von einer mit Muskelkraft betriebenen Schnellpresse gedruckt und die Räume der Druckerei von Petroleumlampen beleuchtet. Doch noch vor Ende des Jahres 1904 wurde das Elektrizitätswerk in Arzberg in Betrieb genommen, und in der Handelsdruckerei Arzberg konnte der erste Motor installiert werden.

„In dieser Zeit des Umbruchs wagte der von Haus aus nicht mit irdischen Gütern gesegnete, aber vorausschauende Jünger Gutenbergs die Herausgabe einer Lokalzeitung. Es war ein schwieriges Beginnen, wurde doch ein Pfennig vor dem Ausgeben zweimal umgedreht, und für viele war die Zeitung noch ein Luxus. Werbeanzeigen gab es kaum, und die damaligen Geschäftsleute scheuten sich, ihre Waren anzubieten, manche glaubten sogar, dies sei eine Schande. Der junge Verleger mußte durch persönlichen Einsatz von früh bis spät tätig sein, um die Herausgabe der Zeitung zu ermöglichen. Dennoch erkannten weitsichtige Kreise die Bedeutung eines

---

1 Vgl. Hans Weber: Arbeit und Erfolg eines halben Jahrhunderts. Beitrag in der Jubiläumsausgabe der „Sechsämter Neuesten Nachrichten“ vom 23./24. 10. 1954.

eigenen lokalgebundenen Publikationsorgans, das die verschiedensten Interessen mutig vertrat."[2]

Mit seiner Zeitung, die 1908 in SNN umbenannt wurde, der Name „Arzberger Zeitung" blieb im Untertitel erhalten, wollte Hans Weber ein „Publikumsorgan für die Bewohner, Behörden und Wirtschaft Arzbergs und der weiteren Umgebung"[3] schaffen. Die Zeitung erschien zunächst dreimal wöchentlich, doch 1911 ging Hans Weber dazu über, täglich eine Nummer zu produzieren. Dazu bediente er sich der neuesten Technik: 1913 wurden eine zweite Schnellpresse mit Falzapparat und eine Linotype-Setzmaschine aufgestellt. „Die Anschaffung einer der ersten in Oberfranken zur Aufstellung gelangten Setzmaschinen, eines Wunderwerkes der Technik, erregte damals in Buchdruckerkreisen geradezu Aufsehen und man bewunderte die Initiative dieses ‚Provinzlers', der gleichzeitig unmittelbar die Dienste des Wolff'schen Telegraphenbüros in Anspruch nahm. Dadurch war einerseits möglich geworden, den Lokalteil weiter auszubauen, und andererseits das Weltgeschehen dem Leser rasch zu übermitteln. Dies war in einer Zeit, die noch keinen Rundfunk kannte, von besonderer Bedeutung, und Extrablätter kündeten von größeren Ereignissen."[4]

Die Heimatzeitung im Ersten Weltkrieg

So stellten die SNN damals nicht nur eine Heimatzeitung dar, deren Aufgabe nach heutigem Verständnis der Lokalpresse, vornehmlich darin besteht, die gesellschaftlichen Prozesse innerhalb der Gemeinde widerzuspiegeln und damit die Orientierung des einzelnen im lokalen Geschehen zu ermöglichen. Besonders während des Ersten Weltkrieges waren die SNN und die zahlreichen Extrablätter mit den neuesten Meldungen von den Kriegsereignissen, die reißenden Absatz fanden, für die Arzberger Bevölkerung die wichtigste aktuelle Quelle, die über das Weltgeschehen informierte.

Natürlich waren die SNN Berichterstatter über die Arzberger „Revolution" 1918/1919, und der Arbeiter-, Soldaten- und Bauern-Rat bediente sich ihrer für seine Bekanntmachungen: „Am 10. Nov. hat sich wie allerorts in Bayern nach Ausrufung der Republik auch in Arzberg ein Arbeiter-, Soldaten- und Bauern-Rat gebildet, in dessen Händen nun die militärische und polizeiliche Gewalt übergegangen ist."[5] Zu besonderen Ereignissen kam es in Arzberg bis zur Auflösung des Arbeiter-, Soldaten- und Bauern-Rats im Juli 1919 nicht.

In der Nachkriegszeit mit Inflation, Lebensmittelknappheit und Verlust des Ersparten mußte Hans Weber wieder alle seine Kräfte aufwenden, um die Handelsdruckerei Arzberg zu erhalten. Die Krise wurde überwunden und schon im November 1927 konnte ein neuerbautes Druckereigebäude am Hammerweg bezogen werden. Damit war auch neuer Raum vorhanden, um die dritte Schnellpresse mit Anle-

---

2 Ein Rückblick auf 60 Jahre Zeitungsarbeit. Beitrag in der Jubiläumsausgabe der „Sechsämter Neuesten Nachrichten" vom 17. 12. 1964.

3 Hans Weber, zitiert nach: Ein Rückblick auf 60 Jahre Zeitungsarbeit, a. a. O.

4 Ein Rückblick auf 60 Jahre Zeitungsarbeit, a. a. O.

5 „Sechsämter Neueste Nachrichten" vom 11. 11. 1918. In: Arzberger Bilderbuch, Faksimiledruck, S. 363.

geapparat anzuschaffen, die Entwicklung der Zeitung hielt Schritt mit der Entwicklung der Stadt Arzberg.[6]

Wahrung der Unabhängigkeit nach 1933

Vor den Landtags- und Reichstagswahlen 1924 tauchte zum ersten Mal das Hakenkreuz in den „Sechsämter Neuesten Nachrichten" auf. Die „Völkischen" hatten ein Inserat aufgegeben, in dem sie zu einer Zusammenkunft in Arzberg luden. Nachdem 1926 eine Ortsgruppe der NSDAP gegründet worden war, wurde der Einfluß der Partei auch im traditionell sozialdemokratischen Arzberg immer größer. Dies bekamen die SNN, wie sich ihr Verleger erinnert, bald zu spüren: „Bald aber wurden die regimegebundenen Zeitungen immer einflußreicher, besonders die in Hof und Bayreuth erscheinenden Tageszeitungen ‚Fränkisches Volk' und ‚Bayrische Ostwacht'. Sie erschwerten das Überleben eines unabhängigen Lokalblatts ungemein."[7]

Das „Fränkische Volk", publizistischer Traum des oberfränkischen Gauleiters Hans Schemm, kam am 1. 10. 1932 erstmals in Bayreuth heraus. Mit zahlreichen Sonderrubriken wie „Der braune Soldat", „Volksgesundheit", „Die deutsche Frau", „Der fränkische Bauer" u.a. wollte die Zeitung vor allem parteifremde Leser an sich binden. Kleine unabhängige Heimatzeitungen wie die „Sechsämter Neuesten Nachrichten" hatten dieser publizistischen „Breitseite" schon aus Personal- und Platzgründen wenig entgegenzusetzen.[8]

Im August 1933 setzte ein regelrechter „Zeitungsterror" von seiten des Gauverlages ein: Sämtliche Zeitungen Bayerns entsandten Werbetrupps. Die Werber, häufig in SA-Uniform, sollten die Leser unabhängiger Zeitungen zu einem Abonnement einer Zeitung bewegen.[9]

Auf die Gründung der Gauzeitung „Fränkisches Volk" folgte die Fusionspolitik der Nazis auf dem Pressemarkt: „Gegründet zum Zweck, die bereits erworbene persönliche und parteipolitische Macht zu sichern und die Herrschaftsübernahme zu befördern, wurden Funktionen und Anspruch der Gauzeitung nach dem 9. März 1933 modifiziert; so kühn dies im Frühjahr 1933 noch erschienen sein mag – in den Köpfen der führenden Funktionäre war nun die Vorstellung geboren, mit der Gauzeitung ein Pressemonopol zu errichten. Tendenziell war dies andernorts ähnlich, aber in der Bayerischen Ostmark waren die Voraussetzungen, diesen Anspruch einzulösen, in bestimmter Weise exzeptionell: Die noch weit unter dem schlechten Durchschnitt liegende wirtschaftlich-strukturelle Gesamtsituation der dortigen Presse setzte die Mehrheit der privaten Verleger dem Druck der NSDAP aus, die aus ihrer schon ‚traditionellen' Bastion Oberfranken mit Souveränität auch in die katholischen Regionen Oberpfalz und Niederbayern hineinzuwirken sich erlaubte."[10]

---

[6] Vgl. Hans Weber, a. a. O.
[7] Arzberger Bilderbuch, S. 377.
[8] Vgl. Norbert Frei: Nationalsozialistische Eroberung der Provinzpresse. Stuttgart 1980, S. 106.
[9] Vgl. Norbert Frei, a. a. O., S. 127 ff.
[10] Norbert Frei, a. a. O., S. 164.

Diese Fusionspolitik führte im Nordosten Bayerns, wo 1933 fast 200 Zeitungen existierten, dazu, daß es 1944 nur noch sieben unabhängige Zeitungen gab. Deren Gesamtauflage betrug aber nur 4% aller verkauften Zeitungen dieser Region.[11] Daß die SNN ihre Unabhängigkeit aufrechterhalten konnten, hing wohl mit den von den lokalen Machthabern vorgegebenen Modalitäten zusammen, ferne Berliner Instanzen übten wenig Einfluß aus.[12] An Versuchen, Hans Weber zu einer Fusion mit dem Gauverlag zu bewegen, fehlte es trotzdem nicht: „Für den Verleger hätte es an sich ein gutes Geschäft bedeutet, da man mit der Ablösesumme alles andere als kleinlich war. Daß der Gründer dennoch bei seinem ‚Nein' blieb, muß man rückwirkend als eine mutige Tat bezeichnen."[13]

Ironische Untertöne in den Lokalspitzen

Die „Machtergreifung" wurde am 17. 2. 1933 auf dem Arzberger Marktplatz mit einem Fackelzug und einer Kundgebung gefeiert. Zahlreiche Verhaftungen folgten der politischen Veränderung. Die SNN berichteten 1933: „Thiersheim, 17. März. (Abtransportiert.) Montag vormittags dieser Woche sind die am Freitag ins hiesige Gefängnis eingelieferten politischen Häftlinge mittelst Lastkraftwagen zunächst ins Amtsgerichtsgefängnis nach Wunsiedel befördert worden zwecks Vernehmung. Von hier aus erfolgte mit einem Sammeltransport die Einlieferung in ein Konzentrationslager."[14]

Kurze Zeit darauf wurde die Berichterstattung über politische Verhaftungen verboten. Da offene Kritik möglicherweise den Verlust der Unabhängigkeit zur Folge gehabt hätte, kommentierte Hans Weber die Ereignisse mit feiner Ironie und gab damit gleichzeitig warnende Hinweise: „Arzberg, 18. März. In unsicheren Zeiten sind doppelte Vorsorge und Schutzmaßnahmen vonnöten. So sind auch jetzt nach den Tagen der nationalen Revolution, die sich über unser ganzes deutsches Vaterland legte und auch in den entlegensten Ortschaften sich in irgendeiner Art, sei es durch die Beflaggung öffentlicher Gebäude oder durch die Verhaftung von Führern und Funktionären, bemerkbar machte, Maßnahmen zur Aufrechterhaltung von Ruhe und Ordnung sehr wichtig und erforderlich. Nicht nur Handlungen, sondern auch schon Redensarten, deren Inhalt gehässig, aufreizend oder rachsüchtig erscheint, können zur Verhaftung und Bestrafung Anlaß geben. Ein Fall hat dies ja schon hier bewiesen. Ein von der Hilfspolizei Inhaftierter, der in Haid ansässig ist und sich zu einigen Aussprüchen hinreißen ließ, wurde zwar nach einem Verhör sogleich wieder entlassen, doch dürfte dies eine Warnung und Lehre für Manche sein. Darum – hütet die Zunge!"[15]

Aber selbst die gelegentlichen Lokalspitzen mit solchen Anspielungen mußten ab 1934 unterbleiben, um nicht den Unwillen der Machthaber zu erregen.[16]

---

11 Vgl. Norbert Frei, a. a. O., S. 29 und S. 115.
12 Vgl. Norbert Frei, a. a. O., S. 29.
13 Ein Rückblick auf 60 Jahre Zeitungsarbeit, a. a. O.
14 „Sechsämter Neueste Nachrichten" vom 17. 2. 1933. In: Arzberger Bilderbuch, S. 378.
15 „Sechsämter Neueste Nachrichten" vom 18. 3. 1933. In: Arzberger Bilderbuch, S. 378.
16 Vgl. Arzberger Bilderbuch, S. 380.

Die SNN gehörten zu den wenigen unabhängigen Zeitungen, die bis zum Kriegsende erscheinen konnten. Die meisten Zeitungen der Privatverleger, die den Fusionswellen des NS-Verlages bis zu Kriegsbeginn widerstanden hatten, mußten dann doch ihr Erscheinen einstellen: „Im Mai 1941 erhielten 24 kleine und kleinste Ostmark-Zeitungen mit einer Auflage von zusammen rund 27 000 Exemplaren von der Reichspressekammer den mit Papiermangel begründeten Stillegungsbescheid."[17]

„Die letzte Nummer der SNN, unmittelbar vor dem folgenschweren Zusammenbruch, erschien am 19. April 1945. Die Trägerinnen befanden sich noch bei der Zustellung, als in den Mittagsstunden die Bombardierung des Kraftwerks und hiernach der Industrieanlagen sowie der Beschuß durch Bordwaffen erfolgte."[18]

Neuanfang nach vier Jahren

Mit dem Einzug der amerikanischen Besatzungstruppen war auch das Schicksal der „Sechsämter Neuesten Nachrichten" vorerst besiegelt. Das Erscheinen aller deutschen Zeitungen wurde verboten, der Wiederaufbau der deutschen Presse erfolgte durch das Lizenzierungsprogramm. Die Lizenzen, die zur Herausgabe von Zeitungen berechtigten, erhielten einige wenige Neuverleger. Dies rief bei den Altverlegern Verbitterung hervor, so auch beim Verleger der SNN: „Was wußten denn auch die Amerikaner als Besatzungsmacht von den wirklichen Verhältnissen, Gewissensnöten und inneren Kämpfen gegenüber einer Diktatur. Da verbot man einfach die Zeitungen und gab Leuten eine Lizenz, die in Einzelfällen mit echtem deutschen Volkstum kaum in Berührung gekommen waren."[19]

Nach Aufhebung der Lizenzpflicht 1949 wagte Hans Weber einen Neuanfang. Die Voraussetzungen waren alles andere als günstig. In den vier Jahren des Nicht-Erscheinens hatten sich die Lizenz-Zeitungen gut etabliert und einen festen Leserstamm gewinnen können. Auch in wirtschaftlicher Hinsicht war eine Neuorientierung notwendig geworden: „Die wirtschaftlichen und betrieblichen Zeitungsverhältnisse hatten sich seitdem wesentlich geändert und erforderten Mehrkosten, die von den Verlegern nur durch Zusammenschluß zu einer Organisation sowie durch weitere zeitgemäße Ausrüstung auch der kleineren Betriebe mit leistungsfähigen technischen Einrichtungen, gemeistert werden konnten."[20]

Die SNN wurden jetzt nicht mehr in vollem Umfang von der Handelsdruckerei Arzberg journalistisch gestaltet, sondern bezogen den Mantelteil vom Verband Bayerischer Heimatzeitungsverleger, der in Nürnberg seinen Sitz hatte. Seit 1982 sind die SNN dem „Ring Nordbayerischer Tageszeitungen" (RNT) angeschlossen. Ab diesem Zeitpunkt erfolgte auch die Gesamtherstellung der SNN nicht mehr in der Handelsdruckerei Arzberg KG; lediglich die Satzherstellung und die Montage werden noch in Arzberg getätigt. Gedruckt wird die Zeitung im Druckhaus Bayreuth.[21]

---

17 Norbert Frei, a. a. O., S. 163.
18 Ein Rückblick auf 60 Jahre Zeitungsarbeit, a. a. O.
19 Ein Rückblick auf 60 Jahre Zeitungsarbeit, a. a. O.
20 Hans Weber, a. a. O.
21 Vgl. Porträt des „Nordbayerischen Kuriers" im gleichen Band.

J 6261 B

Sechsämter Neueste Nachrichten

ARZBERGER ZEITUNG

Verlag Handelsdruckerei KG Arzberg/Oberfr. — Geschäftsstelle u. Schriftleitung: 8594 Arzberg, Benedikt-Beutner-Str. 6, Tel. 1533

Thiersheimer Bezirksblatt

Amtsblatt der Stadt Arzberg

Die „Sechsämter Neuesten Nachrichten" erscheinen am Dienstag, Donnerstag, Samstag. Monatl. Bezugspreis incl. MWST 7% 9,90 DM. Bei Nichterscheinen infolge höherer Gewalt, bei Streiks, Aussperrungen usw. besteht kein Anspruch auf Entschädigung.

Nummer 80 – 78. Jahrgang — Dienstag, 7. Juli 1987 — Einzelpreis –,75 DM

SPD: Kahlschlag bei Güterverkehr in Oberfranken

BAYREUTH (RNT/eng). Die Bundesbahn will rund 70 oberfränkische Bahnstationen für den Gütertransport schließen. In Nordbayern sind von dem Schritt allein 245 Bahnhöfe betroffen, bundesweit sind es 1266. Die Pläne der Bundesbahnzentrale Frankfurt sind in einem Bericht enthalten, der auf einer Klausurtagung entstanden ist. Der Vorstand der Bundesbahn argumentiert, ein flächendeckender Schienenverkehr überfordere die Bahn.

Der mittelfränkische SPD-Landtagsabgeordnete Heiko Schultz hat in Protestbriefen an Ministerpräsident Strauß und die Bahn die Befürchtung geäußert, die Pläne ließen im Nahverkehr erhebliche „Kahlschläge" befürchten.

Die Ortsverwaltung der Gewerkschaft der Eisenbahner Deutschlands (GdED) Nordostoberfranken mit Sitz in Hof nannte auf Anfrage unserer Zeitung folgende Stillegungspläne der Bahn von Güterbahnhöfen in Oberfranken und der nördlichen Oberpfalz:

Landkreis und Stadt Bayreuth: Bayreuth-Altstadt und Bayreuth-Kreuzstein, Creußen, Schnabel-

Weizsäcker: Radikal abrüsten

Im Kreml auch deutsche Teilung angesprochen – Heute Treffen mit Gorbatschow

MOSKAU. Bundespräsident von Weizsäcker hat in Moskau zum Auftakt seines Staatsbesuches das Thema Abrüstung, den Ausbau der deutsch-sowjetischen Beziehungen und die Frage der deutschen Teilung in den Mittelpunkt eines Friedensappells gestellt. In einer Tischrede anläßlich eines Staatsbanketts im Kreml sagte von Weizsäcker, daß die Deutschen „nicht aufhören werden, sich als eine Nation zu fühlen".

Damit wollten sie sich jedoch gegen niemanden wenden und sich in diesem Sinne auch „zwischen den beiden deutschen Staaten" vorrangig für die Entspannung einsetzen. Gerade die Menschen im geteilten Deutschland sind „in ganz besonderem Maße des Friedens bedürftig".

Der Bundespräsident wurde zu Beginn seines sechstägigen Staatsbesuchs in der Sowjetunion von seinem Gastgeber, Staatsoberhaupt Gromyko, und UdSSR-Außenminister Schewardnadse mit militärischen Ehren auf dem Prominenten-Flughafen „Wnukowo 2" empfangen. Anschließend traf der Bundespräsident zu einem rund zweieinhalbstündigen Gespräch mit Gromyko im Präsidium des Obersten Sowjets zusammen.

Von Weizsäcker legte am Nachmittag einen Kranz am Grabmal des Unbekannten Soldaten an der Kremlmauer nieder. Nach der Kranzniederlegung marschierte eine Ehrenformation im Stechschritt an dem deutschen Staatsoberhaupt vorbei.

In seiner Tischrede im Kreml rief von Weizsäcker zu radikalen und

Hier geht's lang: Nach der Begrüßung auf dem Moskauer Flughafen faßte der sowjetische Staatschef Andrej Gromyko (r.) Bundespräsident Richard von Weizsäcker am Arm, um ihm den weiteren (protokollarischen) Weg zu zeigen. Foto: dpa/Sanden

Schweinefleisch tonnenweise verbrannt

EICHSTÄTT. Ein mit zehn Tonnen Schweinefleisch beladener Lastwagen ist auf der Autobahn Nürnberg – München in Höhe des Kindinger Bergs (Landkreis Eichstätt) in Brand geraten. Nach Angaben der Polizei kam der Fahrer aus Schöppingen (Nordrhein-Westfalen) und war unterwegs nach München. Als Ursache für den Brand gelte ein technischer Defekt an dem Fahrzeug.

Nachdem der Fahrer den Brand an der Zugmaschine seines Lkws bemerkt hatte, hielt er auf der Standspur und koppelte den Anhänger ab. Das Feuer hatte jedoch bereits auf die Ladung übergegriffen.

„Die Schweinehälften waren danach ungenießbar", so ein Polizeisprecher. Die Autobahn war vorübergehend total gesperrt.

Bundestagsumbau gleich zum Auftakt gestoppt

BONN. Der geplante Beginn der Umbauarbeiten für den Deutschen Bundestag ist kurzfristig gestoppt worden. Ohne daß die erforderliche Genehmigung für den im Juni beschlossenen Abriß des alten Plenarsaals vorliegt, sollte gestern im Bonner Regierungsviertel auf Weisung der Bundesbaudirektion mit den vorbereitenden Maßnahmen begonnen

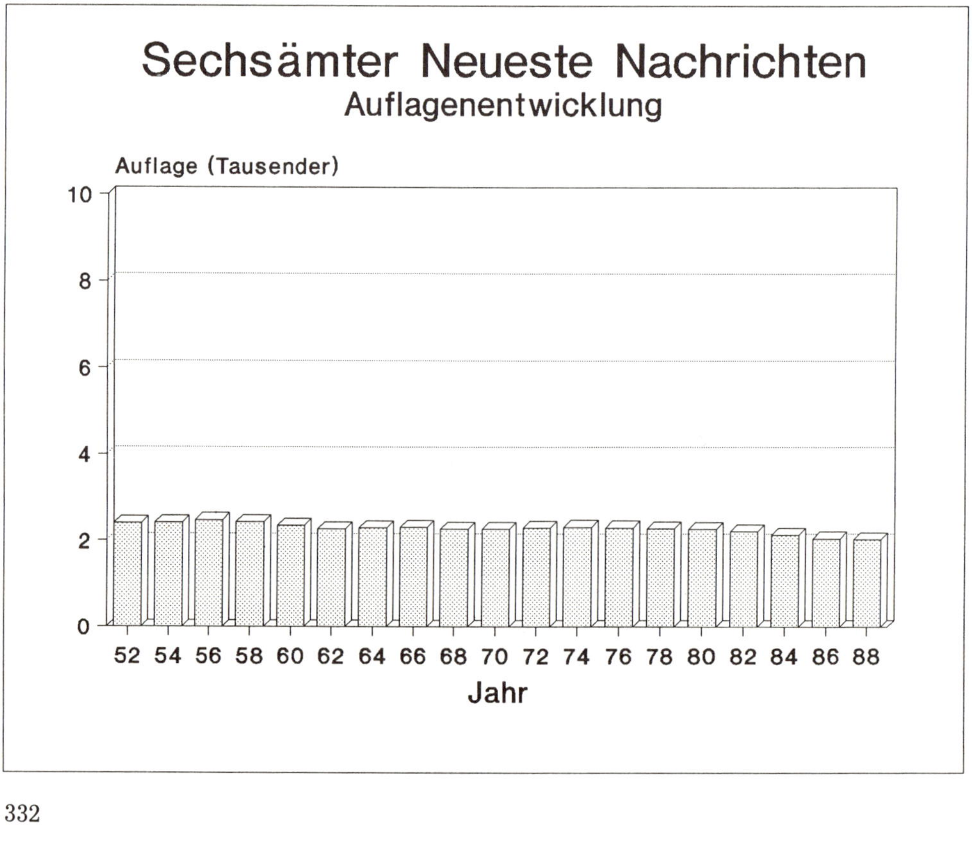

Aber auch das redaktionelle Selbstverständnis mußte der neuen Zeit angepaßt werden, galt es doch, „eine Zeitung zu gestalten, die dem Gemeinwesen zu dienen bereit war; sie mußte sich ihrer Aufgabe bewußt sein, dem Leser die Arbeit der Kommunen nahezubringen, die Verbundenheit mit der heimischen Industrie und Geschäftswelt erneut zu bekunden, die Kirchen und Kultureinrichtungen zu fördern, Sprachrohr der politischen Parteien zu sein, die Vereine in ihren Bestrebungen zu unterstützen, kurz, ein Spiegelbild des täglichen Lebens, ein echtes Familienblatt zu werden."[22]

Um dem Anspruch einer „Zeitung für alle" gerecht zu werden, mußten sich die SNN auf eine veränderte Leserschaft einstellen. In Arzberg und Umgebung hatten sich nach Ende des Zweiten Weltkrieges viele Flüchtlinge aus Schlesien und dem Sudetenland niedergelassen. Die Aufgabe der Integration dieser neuen Mitbürger sahen die SNN in ihrem Selbstverständnis als Heimatzeitung auch ganz wesentlich als die ihre an: „Für eine Zeitung, die um das Glück und den Segen der Heimat weiß, ist es eine selbstverständliche Aufgabe, den so beraubten Menschen zur Seite zu stehen. Aus diesem Grunde wird der Berichterstattung über Veranstaltungen der Heimatvertriebenenorganisationen ein möglichst breiter Raum gewährt."[23]

Zusammengehörigkeitsgefühl zu wecken – diese Funktion erfüllt die Heimatzeitung nicht nur im redaktionellen Teil. Auch die Familienanzeigen – wichtige und vielgelesene Seiten der Heimatzeitung – tragen zur Information über das gemeindliche Leben bei. Diese Aufgabe übernahm die Zeitung von der Kirche. Bis Mitte des 18. Jahrhunderts wurden private Familiennachrichten nach der Predigt von der Kanzel herab verkündet. Die ersten Familienanzeigen in der Zeitung waren die Todesanzeigen; bald schon bürgerten sich auch die Vermählungs- und Geburtsanzeigen ein. „So stellt die Heimatzeitung das beste Bindungsglied dar zwischen den einzelnen Bürgern und Familien."[24]

Die SNN haben bis heute ihren festen Platz im gesellschaftlichen Leben der Arzberger. Sie erscheinen dreimal wöchentlich, am Dienstag, Donnerstag und Samstag. Die Auflage liegt seit Anfang der 50er Jahre konstant bei etwas über 2000 verkauften Exemplaren. Nach dem Tod von Hans Weber im Jahre 1963 übernahm seine Tochter Ilse Döbereiner die Leitung des Verlagshauses; zusammen mit einer Redakteurin gestaltet sie die drei bis vier Seiten des Lokalteils. Kommunalpolitische Themen, Vereinsnachrichten, Jubiläen bilden den Schwerpunkt der Berichterstattung über das Verbreitungsgebiet, das neben der Stadt Arzberg den südöstlichen Teil des Fichtelgebirges umfaßt.

Ein besonderes Anliegen war dem Gründer der SNN immer die Pflege des heimatkundlichen Schrifttums. Unregelmäßig wurden im unterhaltenden Teil der Zeitung heimatkundliche Aufsätze veröffentlicht. „Dann kam im April 1950 erstmals die Heimatbeilage ‚Sechsämterland' heraus, die gesammelt und auf besserem Papier gedruckt auch in die Zeitschriftenabteilung größerer Bibliotheken eingewiesen wurde. ‚Sechsämterland' hatte sich zum Grundsatz gemacht, ‚ein Spiegel unserer Eigenart und unserer geschichtlichen Vergangenheit zu sein'. Das Beiblatt der Zeitung sollte eine Quellensammlung werden, für alles, was auf dem Gebiete des Hei-

---

22 Ein Rückblick auf 60 Jahre Zeitungsarbeit, a. a. O.
23 Heimatblatt – die Zeitung für alle! Beitrag in der Jubiläumsausgabe vom 23./24. 10. 1954.
24 Die Heimatzeitung als Familienbote. Beitrag in der Jubiläumsgabe vom 23./24. 10. 1954.

matgedankens, in Geschichte und Volkskunde innerhalb des östlichen Fichtelgebirgsraums erforscht (..) werden konnte."[25]

Jeden Samstag erscheint die Heimatbeilage, die hauptsächlich von dem „heimatbesessenen" Arzt Dr. Singer mit wissenschaftlicher Genauigkeit gestaltet wird. Besonders wertvolle Beiträge des „Sechsämterlandes" werden als Sonderdrucke unter dem Titel „Arzberger Hefte" herausgegeben. Mit wirtschaftlichen Interessen ist dieses Engagement für die Kulturgeschichte der Heimat nicht zu erklären: „Man nehme den nicht gerade kommerziell denkenden Verleger einer Heimatzeitung, gebe ein paar unverwüstliche Idealisten hinzu und lasse sie im Saft ihres eigenen Geldbeutels schwitzen, bis sie sich zu einer Art von ‚Heften' der gewünschten örtlichen Prägung sublimieren, über die dann nur hartgesottene Kritiker die Nase rümpfen können."[26] Bisher erschienen 20 dieser Hefte.

Die SNN sind seit über 80 Jahren Zeugnisse der Zeitgeschichte der Stadt Arzberg. Über alle wichtigen Ereignisse dieser Jahre berichtete die Zeitung. Durch Zufall wurden in einem Keller in Wunsiedel verloren geglaubte Archivbände aufgefunden. Sie bilden zusammen mit dem, was sich im Verlag hatte bewahren lassen, ein fast vollständiges Archiv nordostoberfränkischen Zeitgeschehens und sind eine unersetzbare Quelle für die Erforschung der Kulturgeschichte dieser Region. Die SNN berichten nicht nur über die Heimat, sie stellen selbst schon ein Stück Heimat dar.

(kn)

[25] Arzberger Bilderbuch, S. 382.

[26] Karl Reiß, zitiert nach dem Arzberger Bilderbuch, S. 383.

Tradition verpflichtet – Fortschritt entscheidet: Die „Bayerische Rundschau"

Am 1. Januar 1903, also vor mehr als 85 Jahren, erschien die offizielle Nummer Eins der „Bayerischen Rundschau" für rund 500 Abonnenten zu einem monatlichen Bezugspreis von 40 Pfennig. Nach einer wechselvollen Geschichte ist die damals von Ekkefried Caspar Baumann gegründete Zeitung heute fest als das führende Blatt in der Stadt und im Landkreis Kulmbach etabliert, hat sich den unverwechselbaren und eigenständigen Charakter einer Heimatzeitung bewahrt und ist zudem der Kern, aus dem ein hochmodernes und leistungsfähiges Verlagshaus mit fast 500 Beschäftigten und einem Jahresumsatz von über 70 Millionen Mark entstanden ist.[1]

Die eigentliche Geburtsstunde der „Bayerischen Rundschau" schlug bereits im Dezember 1902, als Ekkefried Caspar Baumann nach Kulmbach kam, um hier eine Zeitung zu gründen. Der damals 28jährige, zwölfter und jüngster Sproß der unterfränkischen Mühlenbauer-Familie Baumann, hatte sich seine Sporen als Schriftsetzer und Lokalredakteur bei der „Fränkischen Landeszeitung" in Würzburg verdient, war national und völkisch eingestellt und politisch im Bund der Landwirte aktiv. Seine „Bayerische Rundschau" sollte – als Gegengewicht zur sogenannten bürgerlichen Presse und zu der aus Bayreuth kommenden sozialdemokratischen Zeitung „Volkstribüne" – ein Blatt der Mittelstandsbewegung werden; eine – wie es im Untertitel hieß – „Tageszeitung für die Interessen der schaffenden Stände in Stadt und Land".

Bereits 1904 konnte der junge Verleger seinen Betrieb durch den Umzug in ein zweistöckiges Haus erweitern; 1907 wurde eine Koenig & Bauer Doppelschnellpresse aufgestellt und mit einer Mergenthaler-Linotype eine der ersten Setzmaschinen Oberfrankens in Betrieb genommen. 1914 bestimmte der Stadtmagistrat von Kulmbach die „Bayerische Rundschau" zum offiziellen Amtsblatt. Weitere Investitionen, wie die Aufstellung einer achtseitigen Vomag-Rotation im Jahr 1921 und ihr Ersatz durch eine Sechzehn-Seiten-Maschine vier Jahr später, waren vor dem Hintergrund von Weltkrieg und Inflation sowie durch den Wegfall des Druckauftrages durch den Bauernbund, der 1921 im „Reichslandbund" aufgegangen war, durchaus ungewöhnlich. Das mag als Illustration für die Energie E. C. Baumanns dienen. Erschwerend kam noch hinzu, daß das national gesinnte Blatt im ortsansässigen „Kulmbacher Tagblatt, Bote vom Obermain" eine Konkurrenz hatte.

Das „Tagblatt", alteingesessen seit 1806, erschien werktäglich abends in der Buchdruckerei Friedrich Dacherts. Die Zeitung, die der Fortschrittlichen Volkspartei nahe stand, erreichte aber nicht einmal ein Drittel der Auflage der „Bayerischen Rundschau".[2]

1928 wurde der Verlag der „Rundschau" in eine Familien-KG umgewandelt und ein Fachzeitschriften-Verlag angegliedert. (Eine der damals begründeten Zeitschriften,

1 Nach Verlagsangaben.

2 Angaben nach dem „Handbuch deutscher Zeitungen" (bearb. im Kriegspresseamt von Rittmeister a. D. Oskar Michel). Berlin 1917. Hier wird die Auflage der „Bayerischen Rundschau" mit 4500 bis 6000 Exemplaren täglich angegeben, die des „Kulmbacher Tagblatts" mit 1300 Exemplaren täglich.

Probe-Nummer.

Bayerische Rundschau

IN TREUE FEST

Abonnementspreis:
Die „Bayerische Rundschau“ erscheint täglich mit Ausnahme der Sonn- und Feiertage und kostet sammt allen Beilagen pro Vierteljahr 1.30 Mk., mit Postzustellgebühr 1.72 Mk. — Bestellungen nehmen alle Postanstalten sowie Postboten entgegen.

Inseratenpreis:
Die 6gespaltene Petitzeile oder deren Raum 10 Pfg. — Amtliche und Finanzinserate doppelt. — Anzeigen im Reklameteil die 3gespaltene Petitzeile 60 Pfg. Beilagen nach Übereinkunft. — Inseraten-Annahme durch die Expedition und sämmtliche Annoncenexpeditionen. — Erfüllungsort: Kulmbach.

Tageszeitung für die Interessen der schaffenden Stände in Stadt und Land.

Nr. 1. | Donnerstag, den 18. Dezember 1902. | I. Jahrgang.

Grüß Gott!

Allüberall wo Deutsche wohnen, wo deutsche Eigenart und Sitte eine Heimstätte gefunden, begegnen wir diesem trauten Gruße. Mögen auch Generationen vergehen, mögen Weltereignisse eine vollständige Umwälzung auf manchem Gebiete des öffentlichen Lebens hervorrufen, dieser Gruß ist und bleibt untrennbar vom deutschen Volkstum als ein Wahrzeichen echter Treue und unerschütterlichen Gottvertrauens. Wir konnten es uns deshalb nicht versagen, diesen herrlichen, von Alters her gebräuchlichen germanischen Gruß der ersten Nummer der „Bayerischen Rundschau“ als Geleite mitzugeben, auf daß er Wiederhall finde in den Herzen aller Derjenigen, die den ernsten und guten Willen haben, unsere Bestrebungen thatkräftig zu fördern. Und fürwahr, die Ziele, die wir uns gesteckt, die Aufgaben, die wir zu erfüllen uns vorgenommen haben, sind dieses Grußes wert und würdig!

Nicht das bekannte Gründungsfieber, dem manche Preßerzeugnisse ihr oft zweifelhaftes Dasein verdanken, war es, das die „Bayerische Rundschau“ ins Leben gerufen, sondern die Notwendigkeit hat sie entstehen lassen, den Bürgern und Bauern ein eigenes täglich erscheinendes Organ zu schaffen, welches allen ihren Klagen und Wünschen Gehör schenkt und in energischer Weise die Rechte der mittelständischen Volksgenossen vertritt.

In erster Linie wird die „Bayerische Rundschau“ für den Schutz der nationalen Arbeit, mit besonderer Berücksichtigung der um ihre Erhaltung kämpfenden Landwirtschaft und des von schwindelhaften Ausverkäufen, Ramschbazaren u. dgl. schwer bedrohten Handwerks, kräftig einzutreten wissen. Wir sind der Ueberzeugung, daß weder internationales Spekulantentum, noch großkapitalistische Herrschsucht unseres Vaterlandes Glück begründen, sondern daß vielmehr nur ein starker Mittelstand die Gewähr zu bieten vermag, die Verarmung und Verelendung des schaffenden Volkes hintanzuhalten.

Keiner politischen Partei, sondern nur den Volksinteressen dienend, wird die „Bayerische Rundschau“ alles dasjenige befürworten und unterstützen, was geeignet erscheint, eine Gesundung der gegenwärtigen traurigen wirtschaftlichen Verhältnisse herbeizuführen.

Venezuela.

O. „Die Geschichte Venezuelas ist, seitdem das Land entdeckt worden ist, eine fortgesetzte Reihe von Grausamkeiten, Metzeleien, Kriegen und Revolutionen mit kurzen Pausen des Friedens und Gedeihens. Es ist die aufrührerischste aller lateinisch-amerikanischen Republiken, und obgleich es der Schauplatz der ersten Zivilisation auf dem amerikanischen Festlande war und sich als erstes Land für die bürgerliche Freiheit erklärte, hat seine Bevölkerung sehr wenig von beiden genießen dürfen.“ In diesem Urteil faßt W. Curtis die Geschichte des Landes zusammen. Wenn nun an die Spitze dieser „aufrührerischsten“ Republik ein so ausgeprägter Typus eines revolutionären Abenteurers kommt, wie es der ehemalige Indianerhirte und jetzige Präsident Castro ist, so kann es nicht wundernehmen, wenn die Venezuela-Affäre völlig aus dem Rahmen völkerrechtlicher Gewohnheit hinausgedrängt wird und der dortige „Kriegsschauplatz“ zum Tummelplatz wildester und blutigster Orgien einer gefesselten Volksleidenschaft umgewandelt wird. Von einem Castro ist alles zu befürchten; gegen ihn aber auch alles anzuwenden, was der bewaffneten Macht der beiden beleidigenden Großmächte möglich ist. Diese Erkenntnis ist auch bei den beteiligten Regierungen durchgedrungen. „Für Deutschland“, so heißt es in einer offiziösen Note, „steht heute die unbedingte Verpflichtung fest, Venezuela zur Achtung des Völkerrechtes zu zwingen und unsere Forderungen durchzusetzen. Nach dem Verhalten des Präsidenten Castro gibt es kein Zurückweichen mehr und keinen Kompromiß. Gegenüber gegenteiligen Meldungen sei ausdrücklich festgestellt, daß wir uns bei den Operationen gegen Venezuela der moralischen Unterstützung Amerikas erfreuen; mehr kann man nicht verlangen. England und Deutschland aber werden die gemeinsam unternommenen Operationen auch gemeinsam durchführen, selbst wenn Castro die Forderungen des einen Staates bewilligt, die des anderen aber ablehnt.“

Daß wir derartige Abmachungen England gegenüber ehrlich halten werden, ist unzweifelhaft. Ob England aber im umgekehrten Falle ebenso loyal handeln werde, erscheint nach den Erfahrungen, die wir mit Großbritannien gemacht haben, recht zweifelhaft. Die Gefahr der gegenwärtigen Lage besteht unseres Erachtens eben gerade darin, daß wir eines schönen Tages durch ein Sonderabkommen Englands und der kleinen Union überrascht werden könnten und dann allein uns den Schwierigkeiten der verworrenen Lage gegenübersehen. Uns vor dieser Ueberraschung zu schützen, wird die ganze erprobte Wachsamkeit unserer leitenden Staatsmänner nötig sein. Unsere Erfahrungen von Manila und Samoa sollten uns zur Vorsicht mahnen.

Die Venezuela-Affäre drängt eine historische Reminiscenz auf. Die heutige Republik Venezuela hat sich nämlich vor bald vierhundert Jahren unter deutscher

Stellungnahme desselben zur jetzigen Lage der Tarifreform und hob dabei hervor, daß die jetzt vom Reichstage gefaßten Beschlüsse zwar nicht allen Wünschen der Landwirtschaft entsprächen, immerhin aber gegenüber den den derzeit geltenden Zolltarifbestimmungen für die Landwirtschaft nicht unwesentliche Verbesserungen bedeuteten. Die Mitglieder des Landwirtschaftsrates mit Ausnahme des Landtagsabgeordneten Beckh erklärten sich mit dieser Stellungnahme zur Zolltariffrage einverstanden. — Frhr. v. Soden war auch der Vorsitzende des denkwürdigen bayerischen Bauerntages in Regensburg, auf welchem bekanntlich von Seite des Zentrums mit Emphase der 6 Mark-Getreide-Zoll als das Mindestzulässige gefordert und von den Abgeordneten zu vertreten versprochen wurde. Wie es gekommen ist, wissen unsere Leser bereits. Man ist umgefallen oder wie der zentrümliche Ausdruck lautet: Man hat das „Erreichbare“ genommen. Nun hat auch der Präsident der Regensburger Bauernversammlung sein Wort — eingelöst. Das ist der Schlußakt der Regensburger Komödie.

Die Handwerkskammer von Mittelfranken nahm mit überwiegender Majorität eine Resolution an, in der das Bedauern ausgesprochen wurde, daß der Zolltarif im Reichstag zur Annahme gelangte und somit dem Handwerk und Arbeiterstande große Lasten aufgebürdet werden. Die Handwerkskammer bittet daher die k. Staatsregierung, im Bundesrats dahin zu wirken, daß dieser seine Genehmigung dem Zolltarif versage.

Deutsches Reich.

Der Bundesrat wird voraussichtlich schon am kommenden Donnerstag dem Zolltarif die verfassungsmäßige Zustimmung geben. Dem Kaiser wird ein umfangreicher Immediatbericht über den Zolltarif vorgelegt werden, wie dies bei allen wichtigen Vorlagen zu geschehen pflegt.

Reichstagswahl in Liegnitz. Im Wahlkreise Liegnitz-Goldberg-Haynau erhielten bei der Reichstagsersatzwahl: Justizrath Pohl-Gleiwitz (freisinnige Volkspartei 7576, Stadtverordneter Bruhns-Breslau (Sozialdemokrat) 6483, Röricht (Conservativ) 6290 Stimmen. Somit ist Stichwahl zwischen Pöhl und Bruhns erforderlich. Die Sozialdemokratie hatte im ersten Wahlgang auf den Sieg gehofft. Es ist aber im Gegenteil ein starker Rückgang der Stimmen zu verzeichnen. Die Stichwahl findet am Freitag statt.

Der Verleumdungsprozeß gegen den „Vorwärts“ eingestellt! Der „Berl. Lokalanz.“ schreibt: „Dem Vernehmen nach hat die Familie Krupp an die Staatsanwaltschaft das Ersuchen gerichtet, das Verfahren gegen den „Vorwärts“ wegen Beleidigung des verstorbenen Chefs der Familie einzustellen. Für diesen Schritt ist in erster Linie der Umstand maßgebend gewesen, daß Frau Krupp schwer leidend ist und den Aufregungen des Prozesses, dessen Dauer durch die umständlichen Vernehmungen in Italien gar nicht abzusehen sein wird,

Staatlicher Geldsegen für Großbetriebe: Gefahr für Schlachthof Kulmbach? (Seite 2)

Bayerische Rundschau

unabhängig · überparteilich · heimatverbunden — mit Amtsblatt des Landkreises Kulmbach
Amtliches Organ der Städte Kulmbach, Kupferberg, Stadtsteinach und der Gemeinde Mainleus

801-0 | Vorwahl 09221 | Nr. 156 - 85. Jahrgang | Samstag/Sonntag, 11./12. Juli 1987 | J 1598 A | Preis 1,20 DM

Die „Bayerische Rundschau“ einst und heute.

das Offertenblatt „Anstaltsbedarf", besteht noch heute.) In der Redaktion der Zeitung hatte mittlerweile Dr. Ulsamer E. C. Baumann abgelöst.[3] Ein Presse-Handbuch von 1928[4] führt für das oberfränkische Kulmbach, damals ein Ort von knapp 12 000 Einwohnern, noch eine dritte Tageszeitung auf, die „Kulmbacher Volkszeitung", die jedoch sehr bald ihr Erscheinen wieder einstellte.[5]

1930 trat zur Unterstützung des Verlegers mit Josef van Gelder eine Persönlichkeit in die Geschäftsführung ein, die das Unternehmen noch bis lange nach dem Zweiten Weltkrieg mitprägen sollte. Er trug maßgeblich dazu bei, die „Bayerische Rundschau" über die schwarzen Jahre der deutschen Presse sowie die Zeit der Lizenzierung nach dem Krieg zu bringen.[6]

Die Auflage stieg kontinuierlich[7], bis die „Bayerische Rundschau" 1936 ihre Unabhängigkeit einbüßte und nur mehr als Kopfblatt der Bayreuther Gauzeitung „Bayerische Ostmark" weiterexistierte. Schriftleiter war der Bayreuther Hans Horn, die Auflage stand 1937 bei 5230 Exemplaren täglich.[8] Heimatkundliche, landwirtschaftliche und unterhaltende Beilagen sollten Leser bei der Stange halten. Mit dem 1. 6. 1941 war dann mit dem Erscheinen der „Kulmbacher Rundschau" ein Höchstmaß an Monopolisierung in Kulmbach erreicht: in ihr waren alle früheren Zeitungen des Ortes aufgegangen.[9]

Nach dem Zusammenbruch im Jahre 1945 mußten E. C. Baumann und Josef van Gelder im Zuge der Entnazifizierung die Geschäftsführung niederlegen. Mit Otto Mohrmann wurde ein Treuhänder bestellt, der sich als kluger und umsichtiger Sachverwalter des Hauses bewährte. Aber auch er konnte nicht verhindern, daß auf Geheiß der Besatzungsmacht die Zeitungsrotation mit Zusatzeinrichtungen der Lizenzzeitung „Fränkische Presse" in Bayreuth übergeben werden mußte. Die Setzerei-Matrizensätze gingen an die „Frankenpost" in Hof.

Als 1948 die Treuhänderschaft endete, übernahm Josef van Gelder als Prokurist die Geschäftsführung. Hilde Uhlemann, die jüngste Tochter des Firmengründers, wurde Komplementärin der Kommanditgesellschaft. E. C. Baumann trat mit 74 Jahren in den verdienten Ruhestand.

Mit der Erteilung der Generallizenz konnte die „Bayerische Rundschau" am 1. September 1949 nach fast 13jähriger Unterbrechung wieder erscheinen. Bald hatte die Zeitung, die anfangs in Coburg gedruckt wurde, wieder 3000 Abonnenten gewonnen. 1952, zum 50jährigen Jubiläum des Hauses, kehrten die beschlagnahmten Maschinen wieder in das 1911 bezogene eigene Druckerei- und Verlagsgebäude am Kressenstein zurück, das Juniorchef Horst Uhlemann mit einem für damalige Verhältnisse großzügigen An- und Umbau erweiterte.

---

3 Vgl. Sperlings Zeitschriften- und Zeitungs-Adreßbuch. Stuttgart 1861 ff. Ausgabe von 1928.
4 ebd.
5 Im „Jahrbuch der Tagespresse", Berlin 1930 (3. Jg.), ist die „Volkszeitung" schon nicht mehr verzeichnet.
6 Nach dem Krieg hatte er noch 20 Jahre, von 1948 bis 1968, die Geschäftsleitung inne.
7 Vgl. Jahrbuch der Tagespresse, Berlin 1930 (3. Jg.); Auflage der „Bayerischen Rundschau" wird für 1930 mit 7200 Exemplaren angegeben.
8 Lt. Sperlings Zeitschriften- und Zeitungs-Adreßbuch. Stuttgart 1861 ff. Ausgabe von 1937.
9 Vgl. „Handbuch der Deutschen Tagespresse" (hrsg. vom Institut für Zeitungswissenschaft an der Universität Berlin). Leipzig 1944.

Neueste Drucktechniken

1955 starb Ekkefried Caspar Baumann im Alter von 81 Jahren. Sein Enkel Horst Uhlemann machte sich nach seiner Ausbildungszeit von 1948-1956 und einem abschließenden Studienaufenthalt in den Vereinigten Staaten daran, der ständigen Raumnot mit einem Neubau außerhalb des Stadtkerns abzuhelfen. Parallel zu diesem großen Vorhaben, das 1959 mit dem Erwerb eines Grundstücks an der heutigen E.-C.-Baumann-Straße begann und das 1972 endgültig alle Abteilungen des Hauses unter einem neuen Dach vereinte, vollzog sich ein rascher technischer Wandel. Ein Meilenstein hierbei war 1967 die Aufstellung der MGD-Offsetrotationsmaschine SUBURBAN 24 S, die die E. C. Baumann KG zum ersten Druckereibetrieb in Bayern machte, der seine Tageszeitung im Rollenoffset-Verfahren herstellte.

Verleger Horst Uhlemann hat nicht nur mit dieser Entscheidung konsequent auf Spitzentechnik gesetzt. Ein weiteres Beispiel ist die 1981 eingeweihte Rotationsmaschinenanlage KOEBAU COMPACTA S 60 der Würzburger Firma Koenig & Bauer. Diese Rollenoffset-Anlage, bestehend aus zwei Maschinen in U-Form und eingerichtet für den Druck von 128 Magazinseiten in Zwei- und Vierfarben, war bei ihrer Fertigstellung nicht nur das größte in Deutschland gebaute und in Europa installierte System, sondern sie stellte durch ihre Ausstattung mit neuesten elektronischen Steuertechniken auch eine Weltpremiere dar. Insgesamt hat Horst Uhlemann die Modernisierung der Druckerei mit einem Investitionsvolumen von über 100 Millionen DM vorangetrieben. 1987 erfolgte die Aufstellung der siebten Offsetrotation, der sogenannten Superakzidenzmaschine von Typ KOEBAU-ALBERT COMPACTA S 80.

Natürlich dienten diese Anstrengungen nicht nur der Herstellung der „Bayerischen Rundschau“. Der hohe technische Standard kommt verschiedenen eigenen Verlagsobjekten zugute. So wurde 1971 mit dem „Coburger Tageblatt“ (samt Druckerei und Verlag) eine weitere traditionsreiche Heimatzeitung erworben, die nun ebenfalls in Kulmbach gedruckt wird. Im Zeitschriftenverlag der E. C. Baumann KG erscheinen außerdem „heim und anstalt“, eine Fachzeitschrift für die Heimleitungen im sozialen Bereich, die das Organ der einschlägigen Berufsverbände ist, die „Krankenhaus-Umschau“ und die „Blaue Datei“, ein jährlich erscheinendes Lieferantenverzeichnis für Krankenhäuser, Heime und behördliche Einrichtungen. Mittlerweile beschäftigt das Unternehmen in Kulmbach 142 Angestellte, 302 Arbeiter sowie 33 Auszubildende, von denen 24 zu Setzern, Druckern und Druckformenherstellern ausgebildet werden und neun zu Industrie- bzw. Verlagskaufleuten.[10]

Die Geschäftsführung des Verlages übertrug Hilde Uhlemann 1968 ihrem Sohn Horst.[11] Gleichzeitig ging nach 40jähriger Verlagstreue Prokurist Josef van Gelder in den Ruhestand.

---

10 Dazu kommen 494 Träger in Coburg und Kulmbach, 200 freie Mitarbeiter im Bereich didaktische Medien, sowie 265 freie Mitarbeiter für die Kulmbacher und 200 freie Mitarbeiter für die Coburger Zeitungsredaktion.

11 Horst Uhlemann ist heute mit einem Anteil von 80% Komplementär der Gesellschaft, seine Tante Hermine Wannes ist mit 20% Beteiligung einzige Kommanditistin.

Das Kulmbacher Zeitungsgebiet

Kulmbach liegt genau wie Coburg, der Heimat des „Coburger Tageblattes", im äußersten Nordosten Bayerns, hat also mit der Zonengrenze zu kämpfen, die sowohl nördlich als auch östlich das Hinterland abrupt abschneidet. Diese Randlage wirkt sich unmittelbar auf den Verlags- und Druckbetrieb aus, dessen Speditionswege durch die einseitige Ausrichtung nach Süden und Westen länger werden, spielt jedoch für die „Bayerische Rundschau" kaum eine Rolle, da deren Leserschaft ohnehin auf den Landkreis Kulmbach konzentriert ist.

Dessen Einwohnerzahl stieg nach dem Ende des Zweiten Weltkriegs sprunghaft auf heute knapp 80 000 Menschen,[12] was vor allem durch die Zuwanderung von Vertriebenen aus den Ostgebieten zu erklären ist. Genauso wichtig wie die Einwohnerzahl (und also potentielle Leserschaft) eines Zeitungsgebietes ist seine Gewerbestruktur: Zum einen zieht Wirtschaftskraft natürlich Einwohner an, zum anderen sind Gewerbebetriebe als Anzeigenkunden eine unverzichtbare Finanzierungsgröße für Tageszeitungen. Die industrielle Erschließung des Kulmbacher Raumes begann Mitte des vorigen Jahrhunderts, als die „Nordgrenzbahn" von Bamberg durch das Tal des weißen Maines den Anschluß an das thüringische Eisenbahnnetz schaffte. In der Folge entstanden aus einfachen Kommunbrauereien Großbrauereien, für die Kulmbach noch heute weit über seine Grenzen hinaus bekannt ist. Einen gewaltigen Aufschwung erlebte zu dieser Zeit auch der Verkauf von Leinwand- und Baumwollwaren. Aus den Brauereien entwickelten sich außerdem eigenständige Mälzereien, die seit 1884 schnell an Bedeutung gewannen und bereits zur Jahrhundertwende ihr Malz in alle Welt exportierten. Ein letzter entscheidender Schritt zur wirtschaftlichen Blüte war der Bau der Eisenbahnstrecke Kulmbach – Thurnau im Jahre 1908 und Bayreuth – Thurnau im Jahre 1909.

Heute sind nicht mehr die Brauereien, sondern bei weitem die Textil-, Bekleidungs- und Nahrungsmittelindustrie in ihrer wirtschaftlichen Bedeutung für Kulmbach führend. Die Bedeutung der Nahrungsmittelindustrie wird auch durch das deutsche Lebensmittelzentrum Kulmbach mit dem Sitz der Bundesanstalt für Fleischforschung und einer Reihe einschlägiger Fachschulen unterstrichen. Weitere für den Großlandkreis wichtige Industrien sind im Maschinenbau-, Druckerei- und im chemischen Bereich angesiedelt. Dabei hebt sich Kulmbach freilich deutlich vom Umkreis ab: Sind es im Landkreis 15,5% der Einwohner, die industriell beschäftigt sind, so hat Kulmbach mit 32,1% industriell Beschäftigten ziemlich genau den doppelten Anteil aufzuweisen. Obwohl das Verbreitungsgebiet der „Bayerischen Rundschau" noch längst nicht als hochindustrialisiert gelten kann, läßt sich doch in unserem Jahrhundert ein deutlicher Wandel von der bäuerlichen Struktur hin zur Klein- und Mittelindustrie feststellen. (Mehr als die Hälfte der 3300 landwirtschaftlichen Betriebe im Landkreis Kulmbach sind Nebenerwerbshöfe.)

Die Zeitungskonzeption des Gründungsvaters E. C. Baumann hat sich den veränderten Verhältnissen anpassen müssen.

---

12 Lt. IVW-Verbreitungsanalyse (Kreiskartei). Bonn 1988.

Bayerische Rundschau
E.C. BAUMANN KG
Welle Plassenburg

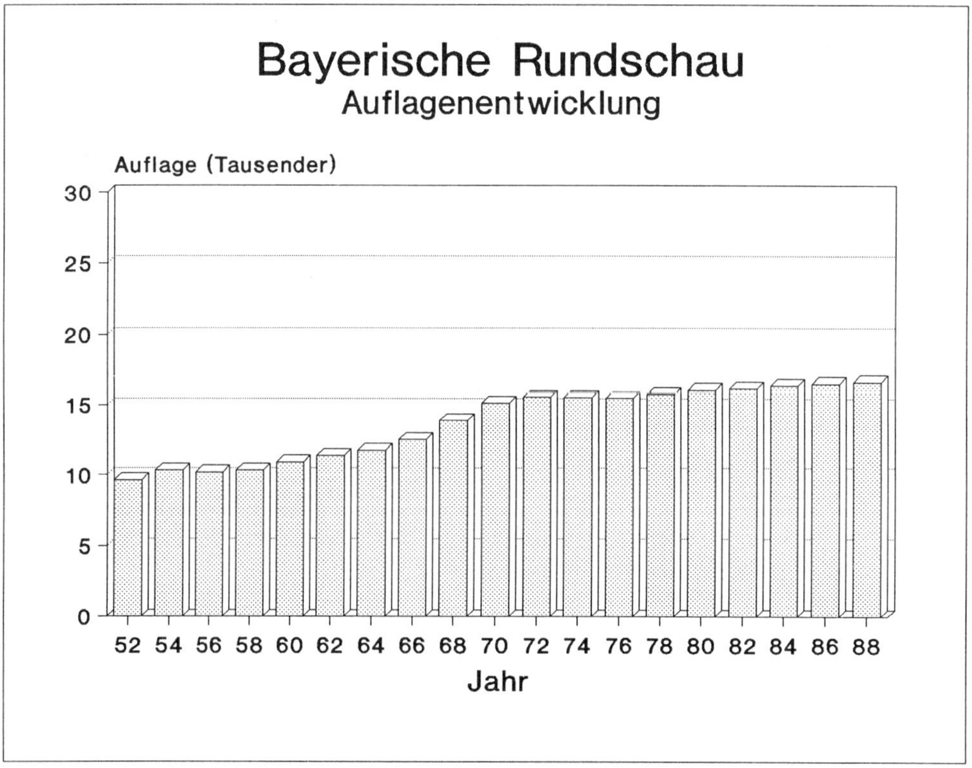
Bayerische Rundschau
Auflagenentwicklung
Auflage (Tausender)
30
25
20
15
10
5
0
52 54 56 58 60 62 64 66 68 70 72 74 76 78 80 82 84 86 88
Jahr

Kein Bauernblatt mehr

Die „Bayerische Rundschau" ist zwar nicht die einzige Tageszeitung im Landkreis Kulmbach, wohl aber die einzige Zeitung, die konsequent und ausschließlich für den Landkreis gemacht wird. Die knappe Hälfte der Auflage[13], nämlich 46% bleiben in der Stadt Kulmbach, der Rest geht in den Landkreis Kulmbach (48%)[14] und in den Landkreis Lichtenfels. Konkurrenten sind am Ort die Ausgabe Kulmbach/ Stadtsteinach der „Frankenpost" in Hof (1635 Exemplare)[15] und die Ausgabe Frankenwald des „Nordbayerischen Kuriers" (1260 Exemplare) aus Bayreuth[16] sowie die großen überregionalen Tageszeitungen. Die konsequente Umsetzung eines vor allem auf die lokalen Informationsbedürfnisse abgestimmten Zeitungskonzepts hat sich bestens bewährt.

Der „Bayerischen Rundschau", die nach dem Krieg mit 3000 Beziehern begann und die heute über 16 000 Abonnenten hat, gelingt es noch immer, die Zahl ihrer Leser ständig leicht zu erhöhen. Dies ist aus zwei Gründen besonders bemerkenswert: Zum einen ist bereits eine Haushaltsabdeckung von über 80% erreicht, und zum anderen nimmt die absolute Zahl der potentiellen Leser eher ab als zu. Dies ist nicht allein auf die allgemein rückläufige Bevölkerungsentwicklung in der Bundesrepublik Deutschland zurückzuführen, sondern auch auf die Lage des Landkreises Kulmbach im oberfränkischen Grenzland; hier wandern verstärkt junge Menschen in die Ballungsräume ab. Aufgrund einer vergleichsweise ausgewogenen und gesunden Wirtschaftsstruktur ist der Kulmbacher Raum von dieser Entwicklung allerdings weniger betroffen als andere oberfränkische Landkreise. Dies ist auch jenen Kräften zu verdanken, die mit hohem Einsatz um die Attraktivität einer Region bemüht sind, die einst in der Mitte Deutschlands lag. Die „Bayerische Rundschau" hat sich dieses Anliegen bewußt zu eigen gemacht und versteht sich als Sprachrohr der Menschen dieses Grenzlandes und als Anwalt der Heimat.

Wegen ihres Schwerpunktes auf dem lokalen Geschehen verfügt die „Bayerische Rundschau" über keine eigene Redaktion für die überregionalen Nachrichten. Angesichts der Auflage wäre dafür auch der finanzielle Aufwand zu hoch. Weil dieses Problem aber nicht nur für die Kulmbacher Zeitung, sondern für alle Heimatzeitungen besteht und bestand, schlossen sich oberfränkische Verleger 1952 zur „Zentralredaktion Oberfranken" zusammen, aus der der heutige RNT („Ring Nordbayerischer Tageszeitungen") in Bayreuth entstanden ist.[17] Somit sind die angeschlossenen Zeitungen, also auch die „Bayerische Rundschau", wenigstens der Sorge um Außen- und Innenpolitik, überregionalen Sport sowie die allgemeinen Unterhaltungsseiten enthoben. Die Seiten für diese Ressorts werden vom RNT komplett geliefert – und nur noch übernommen.

---

13 Lt. IVW-Auflagenliste 4/1987 beträgt die gesamte verkaufte Auflage der „Bayerischen Rundschau" 16 675 Exemplare werktäglich.

14 Lt. IVW-Verbreitungsanalyse (Kreiskartei). Bonn 1988.

15 Lt. IVW-Auflagenliste 4/1987.

16 ebd.

17 Dem RNT sind angeschlossen: „Nordbayerischer Kurier", „Coburger Tageblatt", „Bayerische Rundschau", „Obermain-Tagblatt", „Sechsämterbote" und „Sechsämter Neueste Nachrichten", die im 4. Quartal 1987 insgesamt (lt. IVW-Liste) eine Auflage von 77 616 verkauften Exemplaren erreichten.

Trotzdem bleibt genug redaktionelle Arbeit übrig, um das lokale Geschehen aufzuarbeiten. Die zwölf Redakteure in Kulmbach werden von 265 freien Mitarbeitern unterstützt. Dabei wird das gesamte kommunale Geschehen aus Politik, Sport, Wirtschaft und Kultur abgedeckt und zu einem völlig eigenständigen Lokal- und Kommunalteil, der den Hauptteil der Zeitung ausmacht, verarbeitet.

Die Betonung des lokalen Bereichs, wie sie im Grunde für jede Heimatzeitung typisch ist, wird bei der „Bayerischen Rundschau" besonders augenfällig. Der Lokalteil, auf den auf der Titelseite mit einer Dachzeile und einer kurzen Übersicht hingewiesen wird, beginnt bereits auf der Seite 2. Dabei wird dem Leser die Orientierung leicht gemacht. Auf die Seiten „Rund um die Plassenburg" mit Nachrichten aus der Großen Kreisstadt Kulmbach folgen ähnlich umfangreich: der „Blick in die Heimat" für das Gebiet des ursprünglichen Landkreises Kulmbach und die „Nachrichten aus Stadtsteinach". Ergänzt wird dieses Angebot durch die Seiten „Burgkunstadt" für den oberen Landkreis Lichtenfels mit den Schwerpunkten Burgkunstadt, Altenkunstadt und Weismain. Somit findet sich grundsätzlich in der ersten Lage der „Bayerischen Rundschau", die als zweilagiges Produkt hergestellt wird, die klar gegliederte lokale Berichterstattung. Die zweite Lage bleibt der regionalen und überregionalen Berichterstattung vorbehalten, die sich wiederum in die Themenbereiche Politik, Wirtschaft und Kultur gliedert. Die lokale Sportberichterstattung, die aufgrund ihrer Aktualität und Vollständigkeit eine der Stärken der „Bayerischen Rundschau" ist, findet sich auf den letzten redaktionellen Seiten.

Je nach Wochentag umfaßt die „Bayerische Rundschau" zwischen 24 und 48 Seiten, davon sind zwischen 15 und 30 Seiten redaktioneller Text. Der eigentliche Lokalteil besteht dabei je nach „Nachrichtenlage" aus 8 bis 20 Seiten.

Schon längst verschwunden ist der Bayerische Löwe, der die Zeitungsköpfe der ersten Jahre zierte und mit „In Treue fest" unterschrieben war. Auch steht nicht mehr im Kopf zu lesen: „Tageszeitung für die Interessen der schaffenden Stände in Stadt und Land". Stattdessen erschien nach dem Ende des Zweiten Weltkrieges die Angabe: „Kulmbacher Nachrichten für Stadt und Land". Heute heißt es: „unabhängig – überparteilich – heimatverbunden – mit Amtsblatt des Landkreises Kulmbach. Amtliches Organ der Städte Kulmbach, Stadtsteinach, Kupferberg und der Gemeinde Mainleus". Der direkte Bezug auf die Heimat ist durch die Jahre gleich geblieben.

Das Bemühen um die einheimische Bevölkerung wird auch im übersichtlichen Layout und der eingängigen Sprache spürbar, leichte Lesbarkeit wird angestrebt. Viele Bilder lockern die Seiten auf. Sind schon mal längere Riemen notwendig, weil das Thema komplex ist, etwa wenn im Stadtrat über den Haushaltsentwurf debattiert wird, so tut die Redaktion das ihr Mögliche, um die Aufmerksamkeit des eiligen Lesers auf das Wesentliche zu lenken, indem sie prägnante Überschriften (mit Ober- und Unterzeilen) formuliert, zentrale Aussagen fettet und Zwischenüberschriften einzieht. Weiterhin werden Themen auf ihre Bedeutsamkeit für die Gemeinde bzw. den einzelnen Bürger abgeklopft. Ein Beispiel: Die dpa-Nachricht, daß die Bundesbahndirektion oberfränkische Bahnstationen für den Gütertransport schließen will, wird lokal aufbereitet, indem die Redaktion nachrecherchiert, welche Ortschaften davon konkret betroffen sein könnten. Diese werden tabellarisch aufgelistet.[18] Auf

[18] „Bayerische Rundschau" vom 7. Juli 1987.

diese Weise werden selbst „schwerverdauliche“ Themen für Otto Normalverbraucher genießbar.

Die „Bayerische Rundschau“ will allen Bürgern in ihrem Verbreitungsgebiet ein aufgeschlossener Ansprechpartner sein und über das reine Informationsangebot hinaus einen hilfreichen Beitrag zum täglichen Leben leisten.[19] Dies dokumentiert sie nicht nur mit gesonderten und lebhaft angenommenen Seiten für Kinder und junge Leute, mit vielfältigen Leseraktionen, sondern auch durch Aktivitäten, die auf das Gemeinwohl gerichtet sind – zum Beispiel durch die örtliche Trägerschaft für die Arbeitsgemeinschaft „Kavalier der Straße“.

Angenommen hat die E. C. Baumann KG die Herausforderung, die die Neuen Medien für die Zeitungsverlage darstellen. Hier war es Horst Uhlemann, der in seiner Eigenschaft als Vorsitzender des Medien-Beirates des Verbandes Bayerischer Zeitungsverleger auf das Recht der Zeitungsverlage pochte, als Anbieter am privaten Hörfunk teilzunehmen. Die Forderung wurde von der E. C. Baumann KG in die Tat umgesetzt: sie gründete die Anbieter-Gesellschaften Welle Plassenburg und Welle Veste Coburg – für ihre Tageszeitungs-Verlagsorte Kulmbach und Coburg – und errichtete moderne Studios.

So arbeitet die „Bayerische Rundschau“ in der und für die Heimat – nicht im Sinne einer engstirnigen Kirchturmpolitik, wohl aber mit jenem gesunden Schuß Lokalpatriotismus, der den berechtigten Stolz der Bürger des Landkreises Kulmbach auf ihre Heimat widerspiegelt.

(gb)

[19] Selbsteinschätzung des Verlags.

Lichtenfelser Tagblatt

100 Jahre

Michelau-Burgkunstadt-Weismainer Anzeiger / Maintal-, Rodach- und Jura-Bote

Die führende Zeitung am Obermain

Nummer 109 | Samstag, 11. Mai | Jahrgang 1957

Strauß: Wir haben keine Kernenergie-Waffen verlangt

Bundestag debattiert die Atomgefahr

SPD fordert Parlament auf, bei den Großmächten auf Einstellung der H-Bombenversuche zu dringen

Bonn. Der Bundestag debattierte am Freitag, ausgehend von einer Anfrage der SPD, die aus einer möglichen atomaren Ausrüstung der Bundeswehr entstehenden Probleme. Der Abgeordnete Erler, der die Anfrage begründete, forderte einen Appell des Parlaments an die drei Großmächte, Vorschläge für ein Abkommen zur Kontrolle, Begrenzung und schließlichen Einstellung der Versuchsexplosionen zu machen. Bis dahin soll Massenvernichtungsmitteln verzichtet. Den Vereinigten Staaten könne die Bundesrepublik aber bis zum Erfolg der Abrüstungsbemühungen im Interesse der Sicherheit die Bereitstellung solcher Waffen nicht verwei-

Vor einer Note an Moskau

Neue Phase im Verhältnis zum Kreml

Bonn. Der sowjetische Botschafter in der Bundesrepublik, Smirnow, will — wie in Bonner diplomatischen Kreisen verlautet — das nach dem scharfen Noten- und Briefwechsel zwischen Bonn und Moskau entstandene „schlechte Verhältnis" verbessern und das Gespräch wieder in Fluß bringen.

Wie es scheint, ist auch der Bundeskanzler nicht uninteressiert daran, den diplomatischen Kontakt im Interesse vieler Faktoren der deutschen Wünsche an die sowjetische Adresse weiterzuentwickeln.

Staffelsteiner Tagblatt

Maintal- Itz-Bote

Über 75 Jahre bodenständige Heimatzeitung des Landkreises Staffelstein

Obermain-Tagblatt

Lichtenfelser Tagblatt — FRÄNKISCHE ALLGEMEINE — Staffelsteiner Tagblatt

Michelau - Burgkunstadt - Weismainer Anzeiger / Rodach-, Itz- und Jura-Bote

Die führende Zeitung am Obermain

J 4518 A

1677 ☎ Vorwahl 09571 | Einzelpreis 1.- DM | MITTWOCH, 8. Juli 1987 | 130. Jahrgang — Nr. 153

Suche nach 78jährigem vermißten Mann: Tauchaktion im Main bei Altenkunstadt (Seite 3)

Maxhütte soll 3500 Arbeitsplätze abbauen

SPD: Ein schwarzer Tag für die Oberpfalz

MÜNCHEN. Von den derzeit knapp 4500 Arbeitsplätzen der Maxhütte in Sulzbach-Rosenberg sollen nach den Vorstellungen der bayerischen Landesregierung nur 1000 übriggbleiben.

Um die Schrumpfung des Unternehmens und die Schaffung von Ersatzarbeitsplätzen bis 1991 zu finanzieren, werde der bayerische Doppelhaushalt 1987/88 „in einem ersten Schritt" um 100 Millionen DM aufgestockt, sagte Wirtschaftsminister Jaumann in München. Bayern werde sich „angemessen" an den Sozialplankosten beteiligen. München erwarte vom Bund eine Zweidrittelbeteiligung, eine „deutliche Aufstockung" der Mittel für die Gemeinschaftsaufgabe regionale Wirtschaftsstruktur und eine wesentliche Beteiligung der Kreditanstalt für Wiederaufbau an den Investitionen in die neue Maxhütte.

Man stehe „sehr unter Zeitdruck", sagte Jaumann. Er kündigte bis zum 20. Juli einen vorläufigen Maßnahmenkatalog durch den Arbeitsstab „Mittlere Oberpfalz" der Landesregierung an.

„Zwischen Resignation, Enttäuschung und maßloser Wut" lag die Reaktion der Belegschaft der Maxhütte auf den drastischen Personal-Reduzierungsplan der Staatsregierung.

Das Arbeitsamt Schwandorf befürchtet, die Arbeitslosenquote in der Region Sulzbach-Rosenberg könne sich von 13,5 auf knapp 30 Prozent mehr als verdoppeln. Bei der Stadt sieht man „ohne Ersatzarbeitsplätze die Region veröden".

Der ostbayerische SPD-Vorsitzende Gerhard Schmid sprach von einem „schwarzen Tag für die Oberpfalz". Das Konzept zeige das „glatte Versagen" von Wirtschaftsminister Jaumann. **(Siehe Bayern-Seite)**

Großfeuer: Millionenschaden

Neustadt am Kulm (Oberpfalz) ist in der Nacht zum Dienstag von einer Brandkatastrophe heimgesucht worden. Die landwirtschaftlichen Gebäude – hauptsächlich Scheunen und Ställe – von insgesamt neun Anwesen wurden vom Feuer zerstört. In den Flammen verbrannten 38 Kühe und Kälber sowie drei Schweine. Der Sachschaden beläuft sich auf mehrere Millionen Mark. Die Brandursache ist noch unklar. Insgesamt 600 Feuerwehrmänner aus drei Landkreisen bekämpften das Großfeuer. Die Ortsdurchfahrt der 1350 Einwohner zählenden Kommune mußte für vier Stunden gesperrt werden.

Bundeswehr klagt über Geldmangel

BONN. Die Bundeswehr kann angesichts knapper gewordener Finanzmittel im Verteidigungshaushalt ihre konventionelle Kampfkraft nicht steigern, sondern lediglich halten. Diese Einschätzung, die von den Militärs als zentrales Risiko angesehen wird, wurde bei einer Bestandsaufnahme auf der Bonner Hardthöhe Verteidigungsminister Wörner vorgetragen.

Wie bekannt wurde, wird die Bundeswehr die für 1995 angestrebten 456 000 Mann nach Einschätzung der Militärs erreichen können. Die zusätzlichen Kosten dafür werden auf rund 500 Millionen Mark im Jahr geschätzt, u. a. durch eine stärkere Heranziehung von Reservisten. Da die Hardthöhe 1988 mit 51,6 Milliarden Mark weniger bekommt als erwartet, wird mit Abstrichen bei den Waffenentwicklungen gerechnet.

Iran und USA lassen „ihre Muskeln spielen"

WASHINGTON/DAMASKUS. Iran und die USA haben mit der kurzfristigen Stationierung einer Silkworm-Rakete und einer Luftübung über der Straße von Hormus nach Meinung von Beobachtern in Washington kurz „ihre Muskeln spielen lassen".

„Lichtenfelser Tagblatt" und „Staffelsteiner Tagblatt" fusionierten 1972 zum „Obermain-Tagblatt".

Neuer Name und alte Tradition:
Das „Obermain-Tagblatt“

Gleichzeitig mit der Zusammenlegung der beiden Landkreise Lichtenfels und Staffelstein im Jahre 1972 mußten sich die Bewohner des Obermain-Gebietes auch an einen neuen Zeitungsnamen gewöhnen: Das „Obermain-Tagblatt“ war fortan die Heimatzeitung für diese Region Oberfrankens mit seinen Zentren Staffelstein, Lichtenfels, Burgkunstadt und Weismain. Bei der Zeitung handelte es sich freilich nicht um einen Newcomer: Die Gebietsreform war nur der Anlaß dafür, die zwei traditionsreichen, seit mehr als 100 Jahren mit der Region verbundenen Heimatzeitungen „Lichtenfelser Tagblatt“ und „Staffelsteiner Tagblatt“ zusammenzulegen und so umzustrukturieren, daß die neue Zeitung den wirtschaftlichen und geographischen Gegebenheiten entsprach.

Bei einem Rückblick auf die Entstehungsgeschichte des „Lichtenfelser Tagblatts“ wird deutlich, daß die „gute alte Zeit“ genauso die Tücken der Bürokratie kannte, wie wir heute. Johann Schier jedenfalls bekam dies bei der Gründung seines „Lichtenfelser Tagblatts“ zu spüren. Er wurde 1815 in Lichtenfels geboren und verbrachte dort sein ganzes Leben. Als 23jähriger wandte er sich an den Stadtmagistrat, mit der Bitte um die „Ansässigkeits-Bewilligung als Lithograph“.[1] Da es in der weiteren Umgebung keinen Konkurrenzbetrieb gab, und Johann Schier sowohl über die erforderlichen Werkzeuge als auch über ein eigenes Haus verfügte, zudem seine zukünftige Frau 1345 Gulden mit in die Ehe einbringen wollte, erhob der Magistrat keine Einwände. Er genehmigte im Juli 1838 das Gewerbe-Eröffnungsgesuch. Damit aber hatte der Magistrat, wie sich kurze Zeit später herausstellte, seine Zuständigkeit überschritten. Nur die Regierung in Bayreuth konnte die Zulassung zum Lithographenhandwerk aussprechen. Schier stellte sich daraufhin im März 1841 dem Prüfungsdistrikt in Nürnberg und wurde dort „zum Betrieb einer lithographischen Anstalt in Städten dritter Klasse für vollkommen befähigt befunden“. Die Regierung in Bayreuth bestritt aber weiterhin die Rechtmäßigkeit der Gewerbeausübung und erteilte dem Stadtmagistrat eine offizielle Rüge. Schließlich wurde, nach fünfjährigem Ringen, Schier die Konzessionsurkunde als Lithograph verliehen.

Die erste Nummer der Zeitung: kein Aprilscherz

Endlich konnten sich die Energien Johann Schiers frei entfalten. Er bezog ein geräumigeres Haus in der Hirtenstraße, das über 130 Jahre bis heute Sitz des Verlages blieb. Am 1. April 1857 war es soweit: Die erste Nummer des „Lichtenfelser Wochenblatts“ kam als „Amtliches Lokalblatt der Kgl. Gerichtsbezirke Lichtenfels, Scheßlitz, Hollfeld, Seßlach, Burgebrach und Weismain“ heraus. Die Funktion als Amtsblatt stellte für die junge Wochenzeitung eine solide finanzielle Basis dar.

[1] Die Darstellung folgt dem Beitrag „Sie haben des Tagblatts Geschichte gemacht“ in der Jubiläumsnummer zum 100jährigen Bestehen des „Lichtenfelser Tagblatts“ vom 11. 5. 1957.

Von Juli 1859 an erschien das „Wochenblatt“ dreimal in der Woche. Außerdem wurde die Zeitung das amtliche Organ der neuerrichteten Bezirksämter Lichtenfels und Staffelstein. Das Blatt wurde bis dahin in der Humman'schen Buchdruckerei zu Bamberg gedruckt. Dies war aber durch das dreimal wöchentliche Erscheinen zu umständlich geworden. Im März 1863 bat Johann Schier deshalb die Regierung um die Erlaubnis zur Eröffnung einer Buchdruckerei, die aber zunächst abgelehnt wurde, mit der Begründung, daß Johann Schier mit der Befähigung zum Lithographen noch lange nicht die Befähigung zum Buchdrucker habe. Folglich blieb ihm nichts anderes übrig, als sich im Alter von 48 Jahren der Gewerbe-Prüfungskommission in Nürnberg zu stellen. Erst nach erfolgreich abgelegter Prüfung wurde die Buchdruckerei im Oktober 1863 eröffnet.

Der Zeitungsverleger als Bürgermeister

Neben seinem beruflichen Engagement war Johann Schier auch im Gemeindewesen treibende Kraft. 1857 wurde er Bürgermeister von Lichtenfels und gab als solcher der Stadt entscheidende Impulse für den Fortschritt. Seine wichtigsten Erfolge werden in der Jubiläumsausgabe zum 100jährigen Bestehen des „Lichtenfelser Tagblatts“ genannt: „Er setzte sich für den Bau der Werrabahn ein, die am 22. Januar 1859 eröffnet wurde. Er förderte die Eröffnung eines Postamtes (1859) und war einer der eifrigsten Werber für die Errichtung des Gaswerkes (1864). In dem Willen, die Güte des hiesigen Biers zu heben, trat er 1859 aus dem Verband des leistungsschwachen Kommun-Brauhauses aus und errichtete mit einigen gleichgesinnten Männern die Genossenschaftsbrauerei.“ Das Brauereiwesen war damals – und ist es bis heute – eine wichtige, jahrhundertealte Gewerbeform der Region. So heißt es in der Verlagsbeilage „Schaffen am Obermain“ des „Lichtenfelser Tagblatts“: „Schon in früher Zeit gewährte, dann zäh umkämpfte und verbissen gehütete Braurechte nehmen in mancher Ortschronik einen breiten Raum ein. Bier ist in Bayern, auch bei uns, stets mehr als ein Wirtschaftselement gewesen. Es war ein ‚Lebenselement‘, das als typisches Erzeugnis unserer Landschaft seinen weitreichenden guten Ruf behauptet hat.“[2]

Vom 1. Januar 1865 an erschien die Heimatzeitung dann täglich, dementsprechend wurde der Titel in „Lichtenfelser Tagblatt“ umgewandelt. Das kleine Oktavformat wurde 1879 durch das Folioformat ersetzt. Am 28. Juli 1866 legte Johann Schier aufgrund gesundheitlicher Beschwerden die Geschäftsleitung nieder, ein Jahr später gab er auch das Bürgermeisteramt auf. Im August 1887 starb Johann Schier. Sein Sohn Georg, der die Zeitung geleitet hatte, überlebte ihn nur um sieben Jahre. Nach seinem Tod 1894 führte seine Witwe zusammen mit einem Redakteur noch zwei Jahre die Geschäfte weiter und gab die Zeitung heraus. Damit aber war das 36jährige Wirken der Familie Schier in der Geschichte der Lichtenfelser Heimatpresse zu Ende.

Am 1. Juli 1896 erwarb der 29jährige Karl Gottlob Meister die Zeitung samt Buch- und Steindruckerei. Dem aus dem württembergischen Backnang stammenden Buchdrucker gelang es, die Tradition des Heimatblatts zu wahren und die Leser-

[2] Freie Bahn dem Tüchtigen auch bei uns. Beitrag in der Wirtschaftsbeilage zur Jubiläumsnummer des „Lichtenfelser Tagblatt“ vom 11. 5. 1957.

schaft stetig zu vergrößern. Dabei war er bestrebt, wie es in dem geschichtlichen Rückblick anläßlich des 100jährigen Jubiläums heißt, eine Heimatzeitung herauszugeben, „die den Geist des Maintales, der Rodachgemeinden und des Juras unverfälscht wiedergeben sollte".

Gottlob Meister wurde im Mai 1934 wegen „politischer Unzuverlässigkeit" von den Machthabern des Dritten Reiches aus der Reichsschrifttumskammer ausgeschlossen. Um den Betrieb zu retten, übertrug er am 1. Oktober 1934 den Verlag an seinen, damals noch in Ausbildung stehenden, eben volljährig gewordenen Enkel Kurt Roßbach. Formell zwar nicht mehr Herausgeber der Zeitung, setzte Gottlob Meister nach wie vor seine Kräfte für den Betrieb ein und arbeitete während des Zweiten Weltkrieges, da die jungen Mitarbeiter an der Front waren, bis zu seinem Tod im Oktober 1943 für die Zeitung. Die letzte Nummer des „Lichtenfelser Tagblatts" vor Kriegsende kam am 10. April 1945 heraus.

Nach der Erteilung der Generallizenz 1949 erschien die Heimatzeitung in Lichtenfels wieder. Das einzige Bindeglied zwischen der alten Leserschaft und dem Verlagshaus war in der viereinhalbjährigen Pause das „Amtsblatt des Kreises Lichtenfels" gewesen, mit dessen Herstellung das Verlagshaus beauftragt war. Die alte Leserschaft, die noch durch die zahlreichen Flüchtlinge aus den Ostgebieten vergrößert wurde, begrüßte das Wiedererscheinen ihrer Heimatzeitung.

Das „Staffelsteiner Tagblatt"

Das südwestlich von Lichtenfels gelegene Städtchen Staffelstein entwickelte sich in der zweiten Hälfte des 19. Jahrhunderts zum wirtschaftlichen Mittelpunkt des gesamten Umkreises. Im Jahre 1862 erhielt Staffelstein ein neues Landgericht und ein königliches Bezirksamt. Dies bewirkte einen stetigen Anstieg der Bevölkerung, das kulturelle und gesellschaftliche Leben der Stadt erlebte eine Blütezeit. Viele Handwerker und Gewerbetreibenden ließen sich in Staffelstein nieder, so auch der aus dem Allgäu stammende Buchdrucker Maximilian Stefan Steinweg. Sein Plan war es, in Staffelstein eine Zeitung herauszugeben. Während des Jahres 1884 begann er mit der Verbreitung von Einführungs- und Probenummern im ganzen Amtsbezirk. Diese wurden wohl von der Bevölkerung positiv aufgenommen, denn 1885 ging Steinweg dazu über, das „Tageblatt für Staffelstein, Seßlach und Umgegend" täglich herauszugeben.[3] Kurze Zeit darauf wurde der Titel von „Tageblatt" in „Tagblatt" umgeändert. Neben der Zeitungsherausgabe betrieb Steinweg mit seiner Familie in seinem gut ausgerüsteten Betrieb auch Akzidenzdruck. Trotz der erfolgreichen Einführung seiner neuen Zeitung hielt es Steinweg nur zwei Jahre in Staffelstein. 1886 ging die Druckerei samt dem „Tagblatt"-Verlag an den 27jährigen Hermann Huber über. Der gebürtige Heidelberger gab das Blatt zusammen mit seiner 22jährigen Ehefrau heraus; es hieß nun im Untertitel „Anzeigeblatt für Staffelstein, Seßlach und Umgegend, zugleich Amtsblatt des kgl. Amtsgerichts Staffelstein", und ihm wurde auch das „Bezirks-Amtsblatt" beigefügt. Trotz der soliden finanziellen Grundlage, die die Ernennung zum Amtsblatt bedeutete, verkaufte Hermann Huber die Buchdruckerei und alle Rechte für das „Staffelsteiner Tagblatt"

[3] Die Darstellung der Geschichte des „Staffelsteiner Tagblatts" folgt der Jubiläumsbeilage „75 Jahre Staffelsteiner Tagblatt 1884–1959".

und das „Bezirksamtsblatt“ an den 27jährigen, aus Schlesien stammenden Drucker Gotthard Felgenauer. Der Kaufvertrag, der einen Preis von 20 000 Mark für den gesamten Betrieb und die Rechte festlegte, enthielt auch eine Klausel, nach der sich der Käufer verpflichtete, „das Blatt nach wie vor tendenzlos zu halten“. Weiterhin stand im Kaufvertrag: „Sollte das in der Buchdruckerei erscheinende Bezirksamtsblatt ohne Verschulden entzogen werden und zwar in den ersten drei Jahren, so verpflichtet sich der Verkäufer, Hermann Huber, von der Kaufsumme 5000 MK (..) nachzulassen.“[4] Das Recht zur Herausgabe des Bezirksamtsblattes war also ein Viertel der gesamten Kaufsumme wert. Mit dem Erwerb des Betriebes durch Gotthard Felgenauer hatte der rasche Besitzerwechsel ein Ende. Über viereinhalb Jahrzehnte sollte der neue Inhaber Inhalt und Gestalt der Heimatzeitung bestimmen. Die Anfänge waren für den jungen Buchdrucker und seine Frau schwierig, mußte er doch die für damalige Verhältnisse recht hohe Summe für die Druckerei abbezahlen und zehn Jahre später weitere 9800 Mark für den Kauf des Verlagshauses in der Bahnhofstraße aufbringen. Freizeit war im Leben des Buchdruckers und Zeitungsherausgebers ein Fremdwort; für die Herstellung des „Staffelsteiner Tagblatts“, das in dem üblichen kleinen Oktavformat erschien, mußten täglich 30 000 bis 40 000 Buchstaben von Hand gesetzt und wieder in die Kästen abgelegt werden. Zwar gab es Gehilfen und „Stifte“, aber der Meister und seine Frau, die ebenfalls die Buchdruckerkunst beherrschte, mußten bei allen Arbeiten Hand anlegen.

Das Programm der Zeitung wurde dem Leser in einer der ersten Ausgaben von 1885 wie folgt vorgestellt: „Das ‚Staffelstein-Seßlacher Tageblatt‘ wird stets die wichtigsten Tagesereignisse in objektiv gehaltenen Leitartikeln besprechen. Durch die Verbindung mit telegraphischen Bureaus ist das ‚Staffelstein-Seßlacher Tageblatt‘ in der Lage, politische Nachrichten von Bedeutung stets in kürzester Frist zur Kenntnis seiner Leser zu bringen. Die Verhandlungen des bayer. Landtags, des Reichstags und des oberfränkischen Landraths werden ausführlich reproducirt. (...) Über wissenswerte Vorgänge im Kreise Oberfranken erhalten uns verschiedene Correspondenten auf dem Laufenden. Für die Schwurgerichtsverhandlungen hält das ‚Staffelstein-Seßlacher Tageblatt‘ einen ständigen Berichterstatter. Originalberichte für Handel, Gewerbe und Landwirtschaft von allen wichtigen Hauptplätzen.“

Anerkennung für seine Buchdruckerkunst bekam Gotthard Felgenauer auch von höchster Stelle: 1908 wurde ihm von Herzog Carl in Bayern der Titel eines „Herzoglich bayerischen Hoflieferanten“ verliehen. Die Errichtung eines Elektrizitätswerkes in Staffelstein bedeutete für Felgenauer eine gewaltige Arbeitserleichterung. Der den modernen Errungenschaften gegenüber aufgeschlossene Verleger installierte 1909 eine moderne Schnellpresse mit Motor, kurz darauf auch einen automatischen Falzapparat. Gleichzeitig wurde das Format der Zeitung vergrößert, aus dem „Blättla“ wurde ein „Blatt“.

Das Verantwortungsgefühl, das Gotthard Felgenauer für seine Heimatzeitung, aber auch für seine Leser empfand, wird deutlich durch den Rückblick, den Sebast Hofmann auf die Zeit des Ersten Weltkrieges hielt. Hofmann, 1909 als Lehrling in den Betrieb eingetreten, gehörte ihm über 50 Jahre als Schrift- und Betriebsleiter an.

---

[4] Sebast Hofmann: Die Gründer und Gestalter der Heimatzeitung während eines dreiviertel Jahrhunderts. In der Jubiläumsbeilage zum 75jährigen Bestehen des „Staffelsteiner Tagblatts“.

„Der erste Weltkrieg 1914/18 bereitete auch den Zeitungen manche Sorgen. U. a. war es der allgemeine Papiermangel, der sich hier des öfteren auswirkte. Der Verbrauch an diesem wichtigen Rohprodukt erhöhte sich durch die Feldpostsendungen bedeutend – das ‚Staffelsteiner Tagblatt' stellte mit durchschnittlich 400 bis 450 täglich an die Front oder in Lazarette zu sendenden Zeitungen vielfach die einzige Verbindung zwischen Heimat und Front her – und ich selbst konnte meinen Augen nicht trauen, als ich weit oben in Flandern fast eine Woche lang eine blaue, grüne, rote, gelbe oder sonstige farbige Zeitung erhielt. Es war eine Panne im Zeitungspapierbezug eingetreten und der findige Verleger Gotthard Felgenauer opferte seinen Vorrat an Schreib-, Prospekt- oder Plakatpapieren, um das Erscheinen des Heimatblattes aufrecht zu erhalten! Und auch nicht an einem einzigen Tag fiel die Zeitung aus!"[5]

1920 trat der Schwiegersohn Felgenauers, der gebürtige Dresdner Arthur Schuster, in den Verlag ein und betrieb den Ausbau der Druckerei. Das Ehepaar Felgenauer starb Ende 1933, Arthur Schuster übernahm die Verlagsleitung.

Das „Staffelsteiner Tagblatt" war eine der wenigen Heimatzeitungen, die ihre Unabhängigkeit bis zum Kriegsende bewahren konnten. Anlaß für Verwarnungen gab es allerdings genügend, „z. B. wenn ein noch so kleines Berichtchen über kirchliche Veranstaltungen darinnen stand oder im Zweiten Weltkrieg eine Todesanzeige nicht vorschriftsmäßig abgefaßt war, d. h. wenn statt des ‚geliebten Führers' etwa ‚Gott' zu lesen war und dergleichen mehr."[6]

Im Spätsommer 1949 ist das „Staffelsteiner Tagblatt", gleichzeitig mit vielen anderen Heimatzeitungen, wieder erschienen. Sich gegenüber den etablierten Lizenzzeitungen durchzusetzen, stellte den Verleger vor große wirtschaftliche Probleme: „Um gegenüber der Konkurrenz der Großstadtpresse bestehen und den immer größer werdenden Anforderungen an die Zeitungen Rechnung tragen zu können, schlossen sich im Jahre 1950 eine große Zahl der nordbayerischen Heimatzeitungsverleger zu einer Genossenschaft mit dem Sitz in Nürnberg zusammen, wo sie eine eigene bestens eingerichtete Buchdruckerwerkstätte sowie eine mit allen modernen Nachrichtenmitteln ausgestattete zentrale Redaktion unterhalten. Um deren Gründung und Vervollkommnung hat sich Zeitungsverleger Arthur Schuster von Staffelstein besondere, unauslöschliche Verdienste erworben. Von hier aus werden die meisten bodenständigen Heimatzeitungen Nordbayerns mit den politischen, wirtschaftlichen und sonstigen Nachrichten aus Deutschland und der ganzen Welt beliefert, so daß sich die Heimatzeitungen in bezug auf Aktualität und Vielseitigkeit ruhig an die Seite aller anderen Zeitungen stellen können."[7]

Vereinigung zum „Obermain-Tagblatt"

Nach dem Tod Arthur Schusters 1954 taten sich die Verlage des „Lichtenfelser Tagblatts" und des „Staffelsteiner Tagblatts", die bis dahin freundschaftlich nebeneinander gelebt und gearbeitet hatten, zusammen. Im Zuge der Gebietsreform wurde dann aus den zwei Zeitungen, wie schon eingangs erwähnt, das „Obermain-Tagblatt".

---

[5] Sebast Hofmann, ebd.
[6] Sebast Hofmann, ebd.
[7] Sebast Hofmann, ebd.

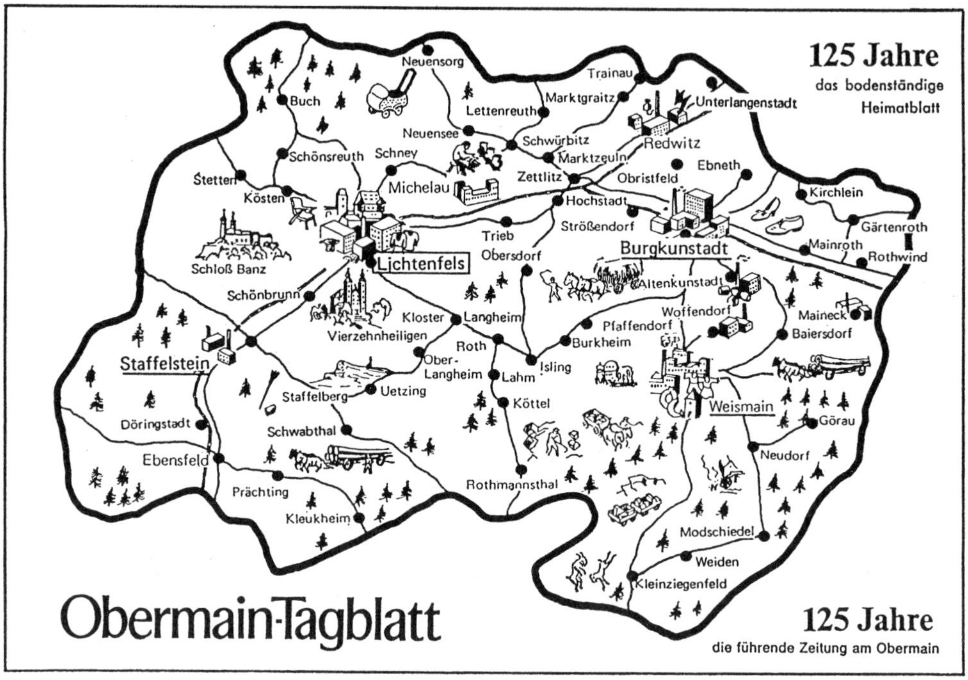

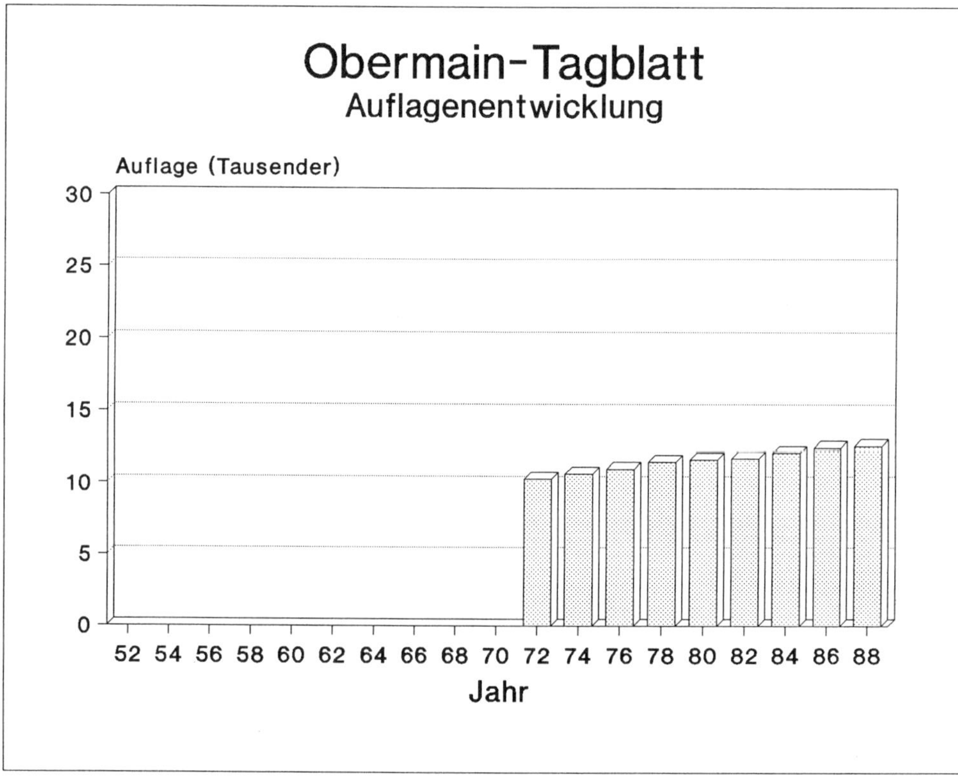

Die Auflagen-Grafik beginnt erst nach der Vereinigung der beiden Vorläuferblätter 1972.

Das Verbreitungsgebiet umfaßt den Landkreis Lichtenfels mit dem „aufgesogenen" ehemaligen Landkreis Staffelstein. Die wirtschaftliche Regsamkeit dieses Gebiets mit seinen rund 70 000 Einwohnern manifestiert sich in der Tatsache, daß der Landkreis der an Steuerkraft stärkste in Oberfranken und sechststärkste in ganz Bayern ist.[8] Bedeutende Industrien sind die Schuh-, Leder- und Bekleidungsindustrie, weiterhin stellt die Porzellan- und Kunststoff-Fabrikation einen großen Teil der Arbeitsplätze. Lichtenfels ist im Obermaingebiet der wichtigste Verkehrsknotenpunkt. Schon in der Mitte des 19. Jahrhunderts begründete Lichtenfels seinen Ruf als „deutsche Korbstadt"; die Korbflechterei ist auch heute noch ein wirtschaftlicher Faktor – in Lichtenfels befindet sich die einzige Staatliche Fachschule für Korbflechterei – und fremdenverkehrswirksam. Alljährlich findet im September der große Lichtenfelser Korbmarkt in der historischen Altstadt statt, und im benachbarten Michelau gibt es das einzige deutsche Korbmuseum. Aus dem alten Handwerk der Korbflechterei entwickelte sich auch die in der Region ansässige Polstermöbelindustrie.

Konkurrenz-Tageszeitungen im Verbreitungsgebiet sind der „Fränkische Tag", Bamberg, die „Neue Presse", Coburg, und die „Bayerische Rundschau", Kulmbach. Das „Obermain-Tagblatt" ist aber bei weitem die führende Tageszeitung im Landkreis Lichtenfels, die Auflagenentwicklung ist positiv. Die Zahl der Abonnenten stieg von 10 491 im Jahre 1975 auf 12 464 Abonnenten Ende 1988.[9] Anzeigenblätter oder Wochenzeitungen existieren derzeit nicht im Verbreitungsgebiet. Auch der Privathörfunk stellt im Gegensatz zu den meisten anderen bayerischen Zeitungsstädten keine Konkurrenz für die Lokalberichterstattung der Zeitung dar, da die Frequenz von der DDR bislang nicht freigegeben wurde.

Den Mantelteil erhält das „Obermain-Tagblatt" vom Ring Nordbayerischer Tageszeitungen, dem auch die „Bayerische Rundschau", der „Nordbayerische Kurier", das „Coburger Tageblatt" und die „Sechsämter Neuesten Nachrichten" angeschlossen sind. Die Lokalberichterstattung einschließlich des lokalen Sports wird von den Lichtenfelser und Staffelsteiner Redaktionen des „Obermain-Tagblatts" selbst erstellt. Gedruckt wird die gesamte Zeitung im Verlagshaus des „Obermain-Tagblatts", in dessen Produktion und Verwaltung 53 Mitarbeiter vollbeschäftigt sind, dazu kommen noch 188 Zeitungszusteller.

Mantelteil und Lokalteil sind im „Obermain-Tagblatt" eng miteinander verbunden. Die Titelseite bringt politische Nachrichten und Berichte aus Deutschland – wichtige Themen aus Oberfranken oder Bayern werden offensichtlich bevorzugt –, außerdem weist unter dem Zeitungskopf eine grün unterlegte Schlagzeile auf den lokalen „Aufmacher" im Inneren der Zeitung hin. Die Seite 2 ist den Nachrichten und Kommentaren vorbehalten, mit der dritten Seite beginnt schon die Lokalberichterstattung.

Täglich findet der Leser auf der Seite 3 unter dem „Wort zum Tagesbeginn" eine kleine Kolumne, die über kleine menschliche Begebenheiten sinniert. Vignetten mit Strichzeichnungen, die die Silhouetten der Städte darstellen, zeigen links oben auf den Seiten an, daß diese der Berichterstattung aus der „Kreisstadt Lichtenfels und Umgebung" oder „Staffelstein und Umgebung" vorbehalten sind. Das Geschehen

[8] lt. Anzeigen-Preisliste Nr. 3 des „Obermain-Tagblatts".
[9] lt. IVW-Auflagenliste 1/1975 und 4/1988.

aus diesen beiden Städten nimmt natürlich den breitesten Raum ein, d.h. zwischen zwei und drei Seiten für Lichtenfels und zwei Seiten für Staffelstein. Die Vignetten mit den Titeln „Rund um Burgkunstadt" und „Weismain und Jura" markieren jeweils ungefähr eine Seite Lokalberichterstattung für diese Unterzentren. Drei weitere Vignetten mit den Titeln „Michelau – Wiege der Korbstadt", „Wo die Rodach fließt" und „Heimat am Obermain" weisen graphisch auf die Meldungen aus diesen Gebieten hin.

Die Lokalredaktion des „Obermain-Tagblatts", die aus insgesamt sechs Redakteuren und Volontären besteht, zeichnet sich durch die Neigung zu selbstrecherchierten Reportagen und detaillierten Hintergrundberichten aus. Die Vermißtenmeldung eines alten Rentners und die darauffolgende Suchaktion wird zu einer farbigen Reportage; in dem Bericht über den Vortrag über schädliche Schwermetalle in Nahrungsmitteln werden die Folgen für den Verbraucher verständlich und ausführlich geschildert.[10] Die jungen Leser werden in einem Artikel vor den Gefahren des Trampens gewarnt. Natürlich darf in der Heimatzeitung nicht die breite Berichterstattung über die verschiedenen Sport-, Trachten-, Kegel- und Kirchenvereine fehlen, großzügig illustriert mit Gruppenfotos. Das Schützenfest in Lichtenfels ist sogar für eine 12 Seiten starke Sonderbeilage gut, die, neben den Fotos vom Schützenfest, den Berichten und dem Programm, auch noch reichlich Platz für die Anzeigen der Lichtenfelser Geschäftsleute bietet.[11] Sonderbeilagen zwischen 2 und 12 Seiten werden von der Lokalredaktion das ganze Jahr über zu den verschiedensten Anlässen – vom Fasching, Kommunion/Konfirmation, Reisen/Urlaub bis hin zur Bier-Sonderbeilage – erstellt.

Der langjährige Verleger des „Obermain-Tagblatts", Kurt Roßbach, ist nach einem erfolgreichen Wirken am 13. Mai 1988 im 75. Lebensjahr verstorben. Die Firma wird als Familienunternehmen weitergeführt.

Aus den beiden „alten Damen" „Lichtenfelser Tagblatt" und „Staffelsteiner Tagblatt" ist eine Heimatzeitung geworden, die den Fortschritt mit ihrer langen Tradition verbindet.

(kn)

---

10 „Obermain-Tagblatt" vom 8. 7. 1987, S. 3 und S. 5.

11 Sonderbeilage „Lichtenfelser Schützen und Volksfest" des „Obermain-Tagblatts" vom 10. 7. 1987.

In liberaler Tradition: Das „Coburger Tageblatt“

Als das „Coburger Tageblatt“ am 23. Juni 1986 sein 100jähriges Bestehen feierte, war es eigentlich schon 138 Jahre alt.[1] Jedenfalls erschien bereits im Jahre 1848 unter der Redaktion des Kaufmanns Carl Neubert, ab Oktober unter der Redaktion Feodor Streits eine Tageszeitung dieses Namens, die es allerdings unter der damaligen preußischen Regierung nicht leicht hatte: Ihre Gesinnung ist zu demokratisch-liberal.

Parallel zum „Tageblatt“ gab Streit von Januar 1849 bis Juli 1851 die „Neue Deutsche Dorfzeitung“ heraus. Aus der Ankündigung in den letzten beiden Dezember-Nummern (1848) im „Tageblatt“ geht hervor, daß sich die beiden Blätter ergänzen sollten: Die „Dorfzeitung“ sollte sich auf „Politisches“ und „allgemein Vaterländisches“ konzentrieren, das „Tageblatt“ hingegen sollte vorrangig heimatliche Interessen pflegen. Das „Tageblatt“ erschien wöchentlich sechsmal, vier Seiten stark, in Oktav, zum Abonnementpreis von 30 Kreuzer, später 40 Kreuzer je Vierteljahr. Es war zugleich Anzeigeblatt für private und amtliche Bekanntmachungen aller Art. (Die „Neue Deutsche Dorfzeitung“ erschien zunächst viermal in der Woche, später täglich, in Großquartformat, zweispaltig umbrochen.)

Beide Blätter wurden zunächst von der Hofbuchdruckerei C. F. Dietz in Coburg gedruckt. Im Januar 1849 gründeten Streit und Neubert eine eigene Druckerei, die vom Magistrat wegen des bestehenden Privilegiums der Dietzschen Hofbuchdrukkerei unter Verhängung stattlicher Geldstrafen untersagt und nach 18 Monaten trotz Befürwortung im Landtag aus recht fadenscheinigen Gründen geschlossen wurde. Streit war gezwungen, seine Blätter auswärts in Nürnberg bei der Tümmelschen Offizin drucken zu lassen, zumal Dietz auf Veranlassung der herzoglichen Staatsregierung im Juni 1851 einen Weiterdruck ablehnte. Nachdem das strengere 1851er Preßgesetz im Coburger Landtag angenommen worden war, nahte das Ende des „Coburger Tageblatts“, dem am 25. 7. 1851 der Postdebit (Zeitungsvertrieb durch die Post) im Herzogtum Meiningen und später auch in Bayern entzogen worden war. Das gleiche Schicksal ereilte auch die „Dorfzeitung“. Damit war Streits Kampf gegen die Regierung und gegen Coburgs Bürgermeister Leopold Oberländer vorläufig beendet.

Streits zweitem Anlauf im Jahre 1864 war nicht viel mehr Glück beschieden. Die erste Nummer trug in Fortsetzung des vierten Jahrgangs von 1851 die Nummer 241. Das Blatt erschien wieder täglich außer sonntags, in Oktav zu 1/4 Bogen und kostete vierteljährlich 30 Kreuzer bei Abholung, und 36 Kreuzer ins Haus gebracht. Vom 1. Januar 1865 an erschien das Blatt mit dem Untertitel „Volkszeitung für Thüringen“, ab April 1866 auch für „Franken“, in Hochquart bzw. Folioformat, in Stärke eines halben Bogens. Unter der besonderen Rubrik „Öffentliche Nachrichten“ brachte das „Tagblatt“ auch alle wichtigen Bekanntmachungen des Regierungsblattes an demselben Tag, an dem letzteres erschien, so daß dadurch den Abonnen-

[1] Vgl. Zeittafel „Ein Stück Zeitungsgeschichte“ in der Sonderbeilage des „Coburger Tageblatts“ vom 6. 4. 1984.

Für Kaiser und Reich mit Treu' — Für Wahrheit und Recht ohn' Scheu.

Coburger Tageblatt

General-Anzeiger für Stadt und Land.

Organ für Politik, Lokalgeschichte, Handels- und Geschäftsverkehr.

Probeblatt. Nr. 1. Mittwoch den 23. Juni 1886.

Abonnements-Einladung.

Hiermit erlauben wir uns zum Abonnement auf das vom 1. Juli ab in unserm Verlage erscheinende

„Coburger Tageblatt",

ergebenst einzuladen.

Das Bestreben der Redaktion wird stets darauf gerichtet sein, durch rasche objective Berichterstattung aus dem Gebiete der Politik, des wirthschaftlichen und sozialen Lebens, den Anforderungen ihrer geehrten Leser gerecht zu werden und allen Fragen des öffentlichen Lebens ihr Augenmerk zuzuwenden, sowie für Humanität, Volksbildung und Aufklärung nach Kräften einzutreten.

Den Inhalt bilden somit: Politische Nachrichten und solche vermischten Inhalts; lokale Mittheilungen und insbesondere solche des Herzogthums Coburg-Gotha, Thüringens und Frankens; Reichstags-, Landtags-, Schwurgerichts- und sonstige Gerichts-Verhandlungen, Berichte aus Magistraten und Gemeinde-Collegien; Theater- und Concertberichte; Dienstesnachrichten; die Course von Geld- und Werthpapieren, deren Verfall, Verloosungen; Markt-, Handels- und Ernteberichte 2c. überhaupt Alles, was für Handel, Landwirthschaft und Industrie von Interesse sein kann.

Das Feuilleton wird hauptsächlich interessante und spannende Romane, Novellen und kurze Aufsätze aus dem Gebiete der Literatur, Länder- und Völkerkunde 2c. bringen.

Bestellungen bitten wir recht bald bei der nächstgelegenen Poststation oder Postboten machen zu wollen, damit vollständige Exemplare geliefert werden können.

Der Abonnementspreis beträgt vierteljährlich 1 Mark 25 Pfennig (monatlich 50 Pf.), die Zustellgebühr in's Haus 40 Pfg. für ein Vierteljahr. Da das Coburger Regierungsblatt laut Bekanntmachung besonders abgegeben wird, so sind wir gern bereit, für die Abonnenten des „Coburger Tageblattes" auf das „Coburger Regierungsblatt" zu abonniren und dasselbe mit unserem Blatt in die Hände unserer geehrten Abonnenten gelangen zu lassen. Abonnements auf das „Coburger Tageblatt" mit „Coburger Regierungsblatt" können nur halbjährlich angenommen werden und kosten pro Halbjahr 4 M.

Redaction u. Expedition des „Coburger Tageblatt"
Steingasse Nr. 16, im Hintergebäude.

Deutschland.

Berlin, 21. Juni. Der Kaiser wird nach Beendigung der Kur in Ems sich wie im vorigen Jahre zum Besuch der großherzoglich badischen Herrschaften nach der Insel Mainau begeben und von dort zu einer dreiwöchentlichen Kur nach Gastein gehen. Bis zur Reise zu den Manövern in den Reichslanden, welche auch die Kaiserin zum ersten Male besuchen würde, bleibt dann der Kaiser in Schloß Babelsberg. Anordnungen für den Gasteiner Aufenthalt des Monarchen sind bereits ergangen. Von einer Absicht des Fürsten Bismarck, im August nach Gastein zu kommen ist hier vorläufig noch nichts bekannt.

— In unterrichteten Kreisen zweifelt man, daß der Reichskanzler sich an den Verhandlungen des Reichstags über die Branntweinsteuer betheiligen wird. Zunächst will der Kanzler sich nach Varzin begeben, wo an dem Wiederaufbau der niedergebrannten Papierfabrik gearbeitet wird, sodann nach Schönhausen. Der „Reichsanzeiger" verkündigt heute den Vertrag Deutschlands mit der Schweiz und den Niederlanden, betreffend die Regelung der Lachsfischerei im Stromgebiete des Rheins.

— Der „Reichsanzeiger" berichtet, daß der Wirkliche Geh. Legationsrath Reichardt zum Director des Auswärtigen Amtes ernannt ist.

— Die Reichsbank hat den Discont für den Ankauf von Wechseln am offenen Markte auf 2½% erhöht.

— 22. Juni. Die morgige Plenarsitzung des Bundesraths wird sich beschäftigen mit den Vorlagen betr. die Industrie-Ausstellung in Berlin, das Relictengesetz für Angehörige der Armee und Marine, die Ausdehnung des Unfallgesetzes, den Antrag Sachsens wegen Verlängerung des kleinen Belagerungszustandes für Leipzig und Umgebung; die Mittheilung über Revision des Handelsvertrags mit der Schweiz; endlich auch mit kleineren Angelegenheiten. (F. J.)

— Die Anberaumung der ersten Reichstagssitzung nach der Pause bereits auf den 25. d. hat auf allen Seiten überrascht, besonders da in den nächstfolgenden Tagen ohnehin wegen katholischer Festtage und anderer Anlässe die Sitzungen nicht fortlaufend stattfinden können. Es liegt die Vermuthung nahe, daß die Regierung die auch auf die Tagesordnung der ersten Sitzung gestellten Entwürfe, betreffend die Literarconvention mit England und die Errichtung des Seminars für orientalische Sprachen in Berlin, alsbald zum Abschluß bringen möchte.

Ein frommer Wunsch.

Wenn westwärts dort, auf Coburgs alter Beste,
Dort wo Kanonen stehn auf der Bastei,
Das Haupt umfächeln linde des Maies Weste;
Da fühlt man so erhoben sich, so frei!

Wenn sich der Sonnenball mit Glut umgeben,
Hinabsenkt hinter ferner Berge Höh'n,
Wenn Schwalben jubelnd um die Thürme schweben,
Da ist's auf uns'rer Beste herrlich — schön!

Und wär' das Herz auch noch so sehr bekümmert
Von Sorgen, die das Leben täglich schafft,
Ein Blick von hier, wenn Alles grün und schimmert,
Giebt neues Leben ihm, giebt neue Kraft! —

Hier wo vor Zeiten die Geschütze krachten —
Man meint, sie ständen noch zum Kampf bereit
Und gleich Juwelen sind sie za betrachten —
Steht auch ein Stück aus Dr. Martins Zeit.

Auf seinem Rohr gar kunstreich ciselirt,
Ein Flacianer*) mit dem Teufel rauft;
Gar fein und säuberlich ist's ausgeführet,
Ein alter Spruch**) den Sinn des Bildes tauft.

Ein Vöglein in der Näh' sitzt auf der Mauer,
Gar ängstlich schaut es auf die Menschen da;
Was hat es nur, es sitzt wie auf der Lauer,
Ein Würmlein in dem Schnabel trägt es ja.

Eh' ich's versah, verschwand es in dem Schlunde
Wo Pfaff' und Teufel liegen sich im Haar,
Wie hör' ich schon, ein Nestlein klein und runde
Im Rohr, dem alten, von 300 Jahr. —

Vier junge Vöglein barg des Rohres Seele, —
Mich überkam's, ich kann nicht sagen wie —
Familienglück an Krieges rauher Stelle! —
O wenn der Himmel einst zu schau'n verlieh:
Daß die Kanonen Vogelhäuser wären,
Daß Krieg gehörte zu des Volkes Mythen,
Nur Lieb' und Treu die Menschen würd' verklären,
Und über unserm Erdball herrschte Frieden! v. K.

*) M. Flacius behauptete, daß die Erbsünde zur Substanz der menschlichen Natur gehöre.
**) „Die Flacianer und Zeloten — Sind des Teufels Vorboten."

Fränkische Bilder aus dem 16. Jahrhundert.

Von Gustav Adolf von Heeringen*).

Erstes Kapitel.

Möge wie der Tag erscheinen,
Wo des Krieges rauhe Horden
Dieses stille Thal durchzogen,
Wo der Himmel, den des Abends
Sanfte Röthe lieblich malet,
Von der Dörfer, von der Städte
Wildem Brande schrecklich strahlet!
(Schuberts Glocke.)

Wer in südöstlicher Richtung die Berge des Thüringer Waldes nach Franken zu hinabsteigt, wird in ein Thal gelangen, das nach dem Flüßchen, welches durch dasselbe hinströmt, der Itzgrund genannt wird. Unter den vielen Thälern, die vom Gebirge nach der fränkischen Ebene hinunter führen, ist dieses eines der reichsten und lieblichsten; üppige Wiesen bedecken seinen Boden in seiner ganzen ansehnlichen Länge; die mäßig hohen, abgerundeten Berge, die es einfassen, tragen entweder noch den Stempel des Gebirges, dessen fortlaufende Arme sie sind, oder sie prangen im Laubschmuck unzählbarer Obstbäume, die wiederum mit dem Weinstock abwechseln, je mehr das Thal sich erweitert und dem Main sich nähert, in welchem die Itz mündet. — Es scheint hier bereits eine mildere Luft zu wehen und eine wärmere Sonne zu leuchten, als jenseits der Berge; Alles deutet an, daß man sich im Frankenlande befinde und der Gegend nicht fern sei, wo die edle Traube des Stein- und Leistenweins an ihrem Felsenabhange reift. — Sprache, Sitten und Gebräuche, die Namen der Städte und Dörfer, die äußeren Formen der Natur, ja das Säuseln der Luft sagen dem Wanderer, daß er den Norden hinter sich und den Boden des südlichen Deutschlands betreten habe.

Es läßt sich erwarten, daß, wo die Natur ihren Segen in so reicher Fülle ausgestreut hat, der Mensch mit freudigem Herzen desselben genieße. Eine dichte Bevölkerung zeugt davon, und in den geringsten Zwischenräumen winkt eine freundliche Thurmspitze der andern zu. Dörfer ohne Zahl zu beiden Seiten des Thales verstreut, Schlösser auf den Bergen, eine ansehnliche Stadt, diese bilden noch gegenwärtig die heitere Belebtheit des schönen Itz-Grundes. Seine obere Hälfte macht einen Theil des Herzogthums von Sachsen-Coburg aus, dessen Hauptstadt, mit ihrer alterthümlichen hohen Veste, an der Krümmung des Thales liegt, wo dieses sich südlich wendet; die andere gehört zum ehemaligen, heut zu Tage dem Königreich Baiern einverleibten, Hochstifte Bamberg.

Etwas mehr als drei Jahrhunderte sind verflossen, als am Auslauf eines bedeutenden Höhenzuges zwischen der Itz und dem Main, auf einer mit Wald bewachsenen weit über die Thäler hinwegragenden Bergkuppe die Zinnen und Thurmspitzen eines Gebäudes sich erhoben, welches der Wandrer geneigt war, für das Residenzschloß irgend eines mächtigen Geschlechtes zu halten, wie deren so viele in dieser Gegend zu finden. Es war die Benediktiner-Abtei Banz, vor langen Jahren von einem frommen Ritter gegründet, der ihr seinen Geschlechtsnamen hinterließ, und im Laufe der Jahrhunderte zu einem reichen und bedeutenden Stifte gediehen. Ein großer Theil der Ortschaften, Dörfer, Schlösser und Höfe, welche man von ihrem hohen Standpunkte aus übersieht, waren ihr unterthan oder lehenspflichtig und zinsbar, und obgleich die Abtei im Wechsel der Zeitverhältnisse auch manches Mißgeschick erfuhr, so behauptete sie doch stets bald ein

*) Gustav Adolf von Heeringen, geb. 1800 zu Groß-Mehlra b. Mühlhausen in Thüringen, sachsen-coburgischer Kammerherr und Regierungsrath, Verfasser zahlreicher Romane und Novellen, gest. zu Coburg 1851. Er begleitete 1836 den Prinzen Ferdinand von Coburg nach Portugal.

Überraschung bei Wohnbau Coburg: Stadtrat Willibald Fehn neuer Geschäftsführer (Seite 7)

Coburger Tageblatt

HEUTE Seite 9 „Pseudo-Rambo" im Kampf mit Coburger Polizeibeamten

Neustadter Tageblatt — überparteilich unabhängig heimatverbunden — Rödentaler Tageblatt

7412-0 Vorwahl 09561 | Nr. 152 - 102. Jahrgang | Dienstag, 7. Juli 1987 | J 2079 A | 1,– DM wochentags

Das „Coburger Tageblatt" einst und heute.

ten des „Tagblatts“ erspart wurde, das Regierungsblatt zu halten. Bereits nach einem Vierteljahr wurde das Format vergrößert, und das Blatt um eine „Politische Umschau“ und „Korrespondenzen“ aus allen Teilen Thüringens erweitert. Zudem wurde von 1865 an ein „Sprechsaal“ eingerichtet, welcher für Leseranfragen aller Art, Stellungnahmen zu städtischen Angelegenheiten, Kritik an öffentlichen Verhältnissen offenstand. Die letzte Nummer des „Tagblatts“ erschien am 27.4.1867. Nicht weniger als sechs Zeitungen und Wochenschriften, davon fünf politischer Zielrichtung, wurden 1864/65 gleichzeitig von Streit redigiert bzw. herausgegeben und zeugen von seiner Arbeitskraft.

Erst mit dem liberalen Wahlsieg[2] im Jahre 1884 ist die Zeit wirklich reif: Verlegt von der Riemannschen Hofbuchhandlung,[3] unter der Redaktion von Theodor Herrmann Wechsung, startet das „Coburger Tageblatt“ seinen dritten Anlauf. Die erste Probenummer vom 23. Juni 1886 ist denn auch die eigentliche Geburtsstunde der Zeitung. Sie führt schon den Mohrenkopf mit Mauerkrone im Wappen und verspricht ihren Lesern im Titelkopf: „Für Kaiser und Reich mit Treu – für Wahrheit und Recht ohn' Scheu“.

In der Abonnementseinladung dieser ersten Probenummer, der zwei weitere mit einer Auflage von 5000 bzw. 6000 Exemplaren folgen, bringt die Redaktion ihr Bestreben zum Ausdruck, durch „rasche objektive Berichterstattung auf dem Gebiete der Politik, des wirtschaftlichen und sozialen Lebens den Anforderungen ihrer Leser gerecht zu werden, sowie für Humanität, Volksbildung und Aufklärung nach Kräften einzutreten“. Grundsätze, die nach über 100 Jahren immer noch die Richtlinien der Redaktionsarbeit beim „Coburger Tageblatt“ bilden. Die Abonnentenzahl der neuen Coburger Heimatzeitung beträgt vom Start weg 1000, hat sich bis zur Nummer 4 jedoch bereits vervierfacht. Das Blatt erscheint wieder täglich, mit Ausnahme der Sonn- und Feiertage, im Format 42 auf 30 Zentimeter, für 1,25 Mark vierteljährlich.

Im Jahre 1888, nach dem Umzug in ein größeres Haus,[4] übernimmt Chefredakteur Wechsung das Blatt auch als Verleger. Sein Verlagsleiter Otto Kirchhoff wird dann 1897 Besitzer und verkauft die Zeitung 1908 wiederum an seinen 1901 eingetretenen Verlagsleiter Friedrich Colbatzky. (Damit beginnt beim „Coburger Tageblatt“ die Ära der Colbatzkys, die erst 1971 mit dem Verkauf des Blattes an die Kulmbacher E. C. Baumann KG enden sollte.)

Friedrich Colbatzky stammt schon in der dritten Generation aus einer „Zeitungsfamilie“ und hat vor seinem Eintritt ins „Coburger Tageblatt“ reichlich Erfahrungen bei anderen Zeitungen gesammelt. So erlebt das „Tageblatt“ unter seiner Führung einen rasanten Aufschwung und feiert im Jahre 1911 sein 25jähriges Bestehen bereits mit 7000 Abonnenten, als führende Zeitung im Coburger Raum.[5] (Wohl um der

---

2 Liberaler Sieg mit 53% der abgegebenen Stimmen im Coburger Land bei den Reichstagswahlen 1884.

3 Im Hintergebäude des Hauses Steingasse 16.

4 Umsiedlung in das Haus Gemüsemarkt Nr. 1.

5 Das „Handbuch deutscher Zeitungen“, bearbeitet im Kriegspresseamt von Rittmeister a. D. Oskar Michel, Berlin 1917, verzeichnet im 22 000 Einwohner zählenden Coburg drei Zeitungen: das freisinnige „Coburger Tageblatt“ (Auflage 11 500 Exemplare), die nationalliberale „Coburger Zeitung“ der Dornheimschen Hofbuchdruckerei und das „Volksblatt“ der Kirschner Comp. GmbH, ein nachmittags erscheinendes Blatt, das sich vornehmlich an Arbeiter richtete (Auflage 2150 Exemplare) und der Sozialdemokratie nahestand.

Konkurrenz des „Generalanzeigers für Thüringen und Franken" zu begegnen, gab der Verlag sein „Tageblatt" von 1900 bis 1922 zweimal täglich heraus.) Während des Ersten Weltkriegs erhöht sich die Auflage sogar auf 13 000 Exemplare. Ein großzügiger Neubau wird 1926 bezogen.[6]

Als sich die Reihen der Deutsch-Demokratischen Partei nach dem großen Auftrieb des Jahres 1919 stark gelichtet haben, und sich die Leser polarisieren, stellen Verlag und Redaktion des „Tageblatts" laut Anzeige vom 6. 11. 1924 die Konzeption der Zeitung um. Das Blatt betrachtet sich nicht länger als Parteiorgan, das es von seiner Gründung an in entschieden liberalem und demokratischem Sinne gewesen ist, sondern bezeichnet sich fortan als „Unparteiisches Organ", um so Leser aus allen Kreisen der Bevölkerung zu gewinnen.

Der fortschrittliche, freiheitliche und unabhängige Weg des „Coburger Tageblatts" wird schon zu Beginn der 30er Jahre vom Kampf der Nationalsozialistischen Partei gebremst. Die Gleichschaltungspolitik Hitlers macht auch vor Colbatzkys Presseorgan nicht halt. Zuerst erwächst dem „Tageblatt" 1930 in der „Coburger National-Zeitung"[7] eine Konkurrenz, die durch den starken Druck der hinter ihr stehenden NSDAP dem „Tageblatt" das Leben schwermachte.

Norbert Frei schildert in seiner Dissertation „Nationalsozialistische Eroberung der Provinzpresse" auch detailliert und präzis die Gauverlagspolitik in der Bayerischen Ostmark und speziell in Coburg: „Die als früheste NSDAP-Stadträte zu Ruhm und Diäten gekommenen Nationalsozialisten Coburgs gründeten die erste der auf den ‚Endkampf' gegen die Republik zugeschnittenen Tageszeitungen. Nach der erfolgreichen Septemberwahl 1930 beschloß der zwei Wochen zuvor zum dritten Oberbürgermeister gekürte Ortsgruppenleiter Franz Schwede mit Hitlers ausdrücklicher Billigung, das Wochenblatt ‚Weckruf' zur täglich erscheinenden ‚Coburger Nationalzeitung' auszubauen. Schon ein Jahr nach der Gründung war die Startauflage von täglich 1200 Stück mehr als verdoppelt. Auch im nationalsozialistischen Krisenjahr 1932 wuchs sie weiter auf 4000 Exemplare und erreichte im Jahr der Fusion des Blattes mit der ‚Bayerischen Ostmark' (1934) 9300 Stück.

Der Erfolg kam nicht von ungefähr: Die ‚Nationalzeitung' wurde unter der Regie des professionellen Schriftleiters und Alt-Pg. Dr. Erich Kühn – den man pikanterweise der ‚Coburger Zeitung' abwerben konnte – in der Tat zu jenem ‚völligen Ersatz für die lokal gebundenen Tageszeitungen', den Hitler im Gespräch mit Schwede gefordert hatte. Denn im Gegensatz zu den bisherigen Kampfblättern, die sich in allgemein-politischer, regional unspezifischer Agitation ergingen, akzeptierte die ‚Nationalzeitung' die Lebenswirklichkeit der oberfränkischen Bevölkerung als Ausgangsbasis. Damit wurde sie ernstzunehmende Konkurrentin der sozialdemokratischen und bürgerlichen Presse in der Region: Wenn andernorts sogar

---

6 3. Juli 1926: Bezug des Neubaus in der Mohren/Ecke Hindenburgstraße und gleichzeitig Feier zum 40jährigen Bestehen der Zeitung. Das „Coburger Tageblatt" ist inzwischen zum größten graphischen Betrieb der Stadt geworden.

7 Nach Gert Hagelweide, Deutsche Zeitungsbestände in Bibliotheken und Archiven, Düsseldorf 1974, ist die erwähnte „National-Zeitung" aus einem 1926 gegründeten Nachrichtenblatt hervorgegangen, das in Neustadt bei Coburg erschien. Ab 1. 7. 1926 trug das Blatt den Titel „Der Weckruf", ab 1. 10. 1930 wurde es umbenannt in „Coburger National-Zeitung", vom 1. 10. 1934 bis 10. 6. 1940 erschien es als Nebenausgabe der 1932 in Bayreuth gegründeten Parteizeitung „Bayerische Ostmark" und danach bis 10. 4. 1945 wieder als „Coburger National-Zeitung".

Nationalsozialisten neben der Parteiinformation die ‚Systemzeitung' lasen, weil sie über das Alltagsgeschehen unterrichtet sein wollten, so sahen sich die Coburger Parteigänger seit 1. Oktober 1930 dieser Mühe ledig. Mit Korrespondentenberichten aus der Umgebung und dem Nachrichtendienst der Telegraphen-Union war die ‚Nationalzeitung' darüberhinaus in gewissem Maße selbst für Leser interessant, die der NSDAP nicht angehörten."[8]

Trotz wirtschaftlicher und politischer Pression feiert das Traditionsblatt 1936 mit einem Leserstamm von 8000 das 50jährige Bestehen. Doch noch im selben Jahr ziehen die Nationalsozialisten in das Verlagsgebäude ein. Die Druckerei an der Mohrenstraße produziert jetzt auch die Parteizeitung, mit der das „Coburger Tageblatt" schließlich 1940 zusammengelegt wird. 1942 wird der Titel „Coburger Tageblatt" gelöscht. Friedrich Colbatzky stirbt am 4. September desselben Jahres. (Die „Coburger National-Zeitung" erschien zuletzt zweiseitig am 10. April 1945, die amerikanischen Truppen standen bereits vor den Toren Coburgs.)

Neubeginn nach dem Krieg

Cobatzkys Witwe Paula, die 1945 sofort nach Kriegsende den Namen „Coburger Tageblatt" wieder eintragen läßt, muß noch vier Jahre warten, bis am 22. August 1949 die Generallizenz einen Neuanfang möglich macht. Unter chaotischen Bedingungen beginnt der Redaktionsbetrieb in Nebenräumen der Coburger Hofbräu-Gaststätte.

1951 wird das „Neustadter Tageblatt" angegliedert, 1954 ist mit dem Ende der Zwangsverpachtung endlich wieder der Einzug in das 1926 erbaute Stammhaus möglich. Durch den Anschluß des „Neustadter Tageblatts" ist die Auflage 1956 schon auf dem neuen Höchststand von 20 000 Exemplaren angelangt.

Die dritte und vierte Colbatzky-Generation übernimmt 1963, nach dem Tode von Paula Colbatzky, die Führung des Unternehmens. Friedrich-Florian, der Verleger der vierten Generation geht allerdings nach Konstanz, so daß Dr. Friedrich-Herbert Colbatzky sich 1971 aus Altersgründen entscheidet, den Verlag zu verkaufen.

Als Käufer bietet sich Horst Uhlemann, mit dessen Familie die Colbatzkys seit Generationen befreundet sind, geradezu an, und so übernimmt die E. C. Baumann KG in Kulmbach, die die „Bayerische Rundschau" verlegt, auch das „Coburger Tageblatt".

Mit dem innovationsfreudigen Horst Uhlemann zieht auch die technische Neuzeit in das „Tageblatt" ein, das aber ansonsten seine journalistische Unabhängigkeit völlig behält und in der alten Tradition weitermacht. Seitenmettage und Druck werden nach Kulmbach verlagert, Redaktion, Satz-Abteilung und kaufmännische Abteilungen beziehen 1983 einen Neubau im Zentrum Coburgs, ganze 20 Meter vom Standort des alten Verlagshauses[9] entfernt, das 1972 abgerissen worden war.

---

8 Norbert Frei: Nationalsozialistische Eroberung der Provinzpresse. Stuttgart 1980, S. 96 f. Hier wird die nationalsozialistische Gauverlagspolitik in der Bayerischen Ostmark ausführlich geschildert.

9 Gemeint ist das alte „Tageblatt"-Haus Hindenburg/Ecke Mohrenstraße.

Unter Uhlemanns Regie erfährt das „Coburger Tageblatt“ eine für Lokalzeitungen ungewöhnlich steile technische Entwicklung. Im Jubiläumsjahr des 100jährigen Bestehens wird im Hause „Coburger Tageblatt“ der Ganzseitenumbruch realisiert. Bei der Umsetzung dieses für alle Printmedien auf kurz oder lang anstehenden technischen Problems sind die Fachkräfte der E. C. Baumann KG einen eigenen Weg gegangen, der den Ganzseitenumbruch den Bedürfnissen des „Coburger Tageblatts“ angleicht und ihn mit einem Minimum an technischem Aufwand durchführbar macht. Manuskripte werden noch in der Coburger Satz-Abteilung in millimetergenaue Umbruchblöcke umgearbeitet. Anhand der Rechnerangaben wird das Layout festgelegt. Den erfaßten Texten werden dann Seiten und Seiten-Koordinaten zugeordnet. Im Online-Verfahren werden von Coburg aus die Seiten nach Kulmbach übertragen und belichtet. Sie verlassen die Entwicklungsmaschine als fertige Seiten, die noch durch die gerasterten Bilder aus dem Laser-Scanner ergänzt werden und damit für die Verarbeitung zur Druckplatte komplett sind.

Nutznießer dieser Neuentwicklung ist in erster Linie die Redaktion, deren Redaktionsschluß durch die weitgehende Einsparung der zeitaufwendigen Umbrucharbeit in der Mettage bis auf 23.00 Uhr (Andruck 0.00 Uhr) verlängert werden konnte. Im Verein mit einer großzügigen Ausstattung der Redaktion durch Satzcomputer-Terminals ist das ein Vorteil, den die Zeitungsmacher beim „Coburger Tageblatt“ stetig im Bemühen um eine brandaktuelle Tagesausgabe zugunsten der Leser auszureizen suchen.

Die Redaktion als Talentschmiede

Obwohl seit 1970, mit dem Anschluß an den RNT (Ring Nordbayerischer Tageszeitungen)[10], die überregionalen Seiten übernommen werden, bleibt in der Redaktion genug zu tun. Um das Geschehen in der Stadt Coburg und den Landkreisen Coburg, Kronach, Lichtenfels und Haßberge aufzuarbeiten, sind 15 Redakteure fest beschäftigt. Dazu kommen zwei Fotografen, eine Labor-Assistentin, der Archivar und natürlich Volontäre, von denen ständig vier bis sechs ihr Handwerk beim „Coburger Tageblatt“ erlernen. Zudem wird die Redaktion von etwa 200 freien Mitarbeitern mit Informationen, Bildmaterial und Berichten versorgt. Zwei Redakteure haben ihren Schreibtisch in der Neustadter Geschäftsstelle stehen und werden bei ihrer Berichterstattung über ihren Bereich von bis zu vier freien Mitarbeitern – je nach Arbeitsanfall – unterstützt.

Auch wenn die Aufgaben in einer Lokal-Regional-Redaktion nicht so klar getrennt sind, wie das in einer überregionalen Redaktion der Fall sein muß, ist die Arbeit doch in die Ressorts Feuilleton, Wirtschaft, Sport, Stadt und Kreis geteilt. Für die drei letzten Ressorts gibt es dabei jeweils Leiter, die als Ansprechpartner für die meist relativ jungen Mitglieder des Redaktionsteams dienen.

Aus der Not vieler kleinerer Zeitungen, die mit dem Umstand kämpfen müssen, daß viele Nachwuchskräfte ihre Redaktion nur als Sprungbrett verstehen und nach dem Volontariat studieren oder zu größeren Zeitungen abwandern, hat sich die Re-

[10] Der RNT ist eine genossenschaftlich organisierte Zentralredaktion, die für den „Nordbayerischen Kurier“, das „Coburger Tageblatt“, die „Bayerische Rundschau“, das „Obermain-Tagblatt“ und die „Sechsämter Neuesten Nachrichten“ die überlokalen Seiten gestaltet.

daktion des „Coburger Tageblatts“, insbesondere in den letzten Jahren, bemüht, eine Tugend zu machen. Das Team versteht sich als Talentförderer für journalistischen Nachwuchs vor allem aus dem Verbreitungsgebiet. Nicht selten werden junge Leute schon während der Schulzeit als freie Mitarbeiter eingesetzt. Während des Volontariats werden Nachwuchskräfte zielstrebig an verantwortungsvolle Aufgaben herangeführt. Die Übersichtlichkeit einer kleinen Zeitung wird hier zum Ausbildungsvorteil: Rasch blicken Nachwuchsjournalisten hinter die Kulissen der vielfältigen Bereiche, die zur Entstehung einer Zeitung beitragen. Selbständigkeit, Engagement und Fleiß werden gezielt gefördert. Junggebliebene Routiniers sorgen dabei in verantwortlicher Position dafür, daß der Betrieb in glücklichen Bahnen läuft.

Der berufliche Erfolg früherer Volontäre und Jungredakteure wird im „Tageblatt“-Team nicht ohne Stolz registriert und als Ergebnis der vielseitigen Ausbildung gewertet. Die ständige Erneuerung der Redaktion wird in Coburg nicht als Nachteil gesehen; das „Coburger Tageblatt“ schätzt umgekehrt den Vorteil, jungen Leuten immer wieder heimatnah die Chance einer qualifizierten journalistischen Ausbildung bieten zu können.

Die große redaktionelle Linie hat sich in Coburg kaum verändert. Zwei entscheidende Traditionen sind hervorzuheben: Geblieben ist zum einen das Selbstverständnis als liberale Zeitung, gerade was die Kommentierung betrifft, und zum anderen das Selbstverständnis als Heimatzeitung, die vor allen Dingen die Leser Coburgs und aus dem Umland bedienen will. Die Leser danken es mit vielfach schon generationenlanger Treue.

Der Förderung der Leser-Blatt-Bindung gilt ein großes Augenmerk der Redaktion. Dies wird durch einen engen Dialog zwischen Heimatzeitung und Lesern erreicht, der sich beispielsweise in Leserforen oder Podiumsdiskussionen zu aktuellen lokalen Problemen („Sterben unsere Kinder an der schlechten Luft“, „Waldsterben – Panikmache oder Katastrophe“, „Müllnotstand in Coburg?! – Der Stadtrat streitet und der Bürger zahlt“), aber auch in Telefonaktionen („Katalysator“, „Bausparen“, „Klima“, „Tourismus“) dokumentiert. Seit nunmehr acht Jahren mobilisiert das „Tageblatt“ Gruppen, Vereine, Organisationen für die Deutsche Behindertenhilfe „Aktion Sorgenkind“. Die jährlichen Benefiz-Galas der Heimatzeitung werden von einer breiten Welle der Unterstützung in der jeweiligen Gastgebergemeinde oder -stadt und von weiten Teilen der heimischen und bundesdeutschen Wirtschaft getragen. 444 848 DM konnten bislang schon an die „Aktion Sorgenkind“ überwiesen werden. Round-table-Gespräche zu aktuellen Vorgängen in Kommunen, Organisationen oder der Wirtschaft im Verlagshaus an der Hindenburgstraße runden das Engagement der Zeitung für die Belange der Bürger ab.

Besonderer Wert wird dabei auf „die Leser von morgen“ gelegt. Wöchentlich einmal (freitags) werden die Jüngsten mit einer Kinderseite angesprochen, die Spaß machen soll. Jeweils samstags erscheint nunmehr seit über zehn Jahren die „Info-Ecke“ als Jugendseite für Teens und Twens in und um Coburg. In der Sprache der Jugend wird lokalorientiert über Musik und zeitgenössische Jugendthemen informiert.

Trotz des eher ungewöhnlichen Sachverhaltes, daß in einer 45 000-Einwohner-Stadt ein zweites Lokalblatt herauskommt, hält sich die Auflage mit leicht steigender Tendenz. Bei einer Druckauflage von 19 731 Stück beträgt die verbreitete Auf-

Coburger Tageblatt

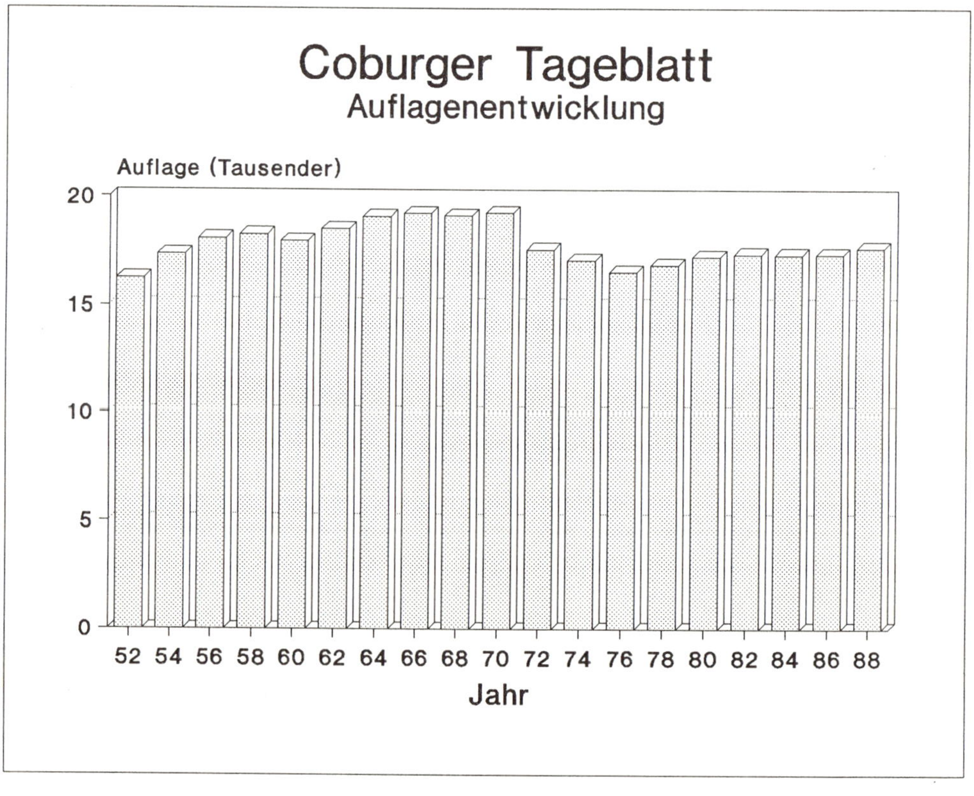
Coburger Tageblatt
Auflagenentwicklung
Auflage (Tausender)
20
15
10
5
0
52 54 56 58 60 62 64 66 68 70 72 74 76 78 80 82 84 86 88
Jahr

lage 19 286 Exemplare, von denen 17 020 im Abonnement vertrieben werden.[11] Damit ist das „Tageblatt“ mit knappem Vorsprung erstrangiger Anbieter, also auch der bedeutendste Werbeträger im Coburger Raum.[12]

Blick ins Blatt

Am Zeitungskopf sind wesentliche Merkmale der Zeitung ablesbar. Der Zeitungsname „Coburger Tageblatt“ wird noch immer in der schönen alten Fraktur gesetzt. Zugeständnis an die moderne Zeit ist freilich die blaue Farbe, die täglich auf der ersten Seite läuft. An das „aufgesogene“ Heimatblättchen erinnert nur noch die Unterzeile: „Neustadter Tageblatt“. Die Ergänzung „Rödentaler Tageblatt“ ist eine Reverenz an die dynamisch aufstrebende 12 000-Einwohner-Kommune Rödental, die 1988 zur Stadt erhoben wurde. Geblieben sind neben dem Namen die Redaktionskriterien „überparteilich – unabhängig – heimatverbunden“, welche die Konzeption des Blattes wenigstens grob umreißen und auch im Kopf genannt werden. Unverändert ist auch der alte mauergekrönte Mohrenkopf im Titel. Den veränderten Informationsbedürfnissen der Leserschaft, die nach schneller Orientierung auf einen Blick verlangt, trägt die Redaktion Rechnung, indem sie wichtige Lokalthemen zum Teil im Kopf (Dachzeile bzw. Kasten) ankündigt, und zum Teil in einer Spalte am rechten Blattrand kurz abhandelt. Der Lokalteil enthält Nachrichten aus Stadt und Landkreis Coburg, seinen Gemeinden sowie die Mitteilungen aus den anliegenden Landkreisen Kronach, Lichtenfels und Haßberge. Je nach Wochentag kommen dabei zwischen 9 und 20 Seiten (ohne Sport und Anzeigen) zusammen, bei einem Gesamtumfang zwischen 20 und 48 Seiten.

Feste Bestandteile im Aufbau des „Tageblatts“ sind zunächst die RNT-Seiten für überregionale Nachrichten (S. 1), „Nachrichten und Kommentar“ (S. 2) und „Im Brennpunkt“ (S. 3), worunter die vermischten Nachrichten fallen. „Oberfranken und Bayern“ sowie das Fernsehprogramm folgen auf den Seiten vier und fünf.

Für eine Heimatzeitung eher ungewöhnlich, leistet sich das „Coburger Tageblatt“ ein regelmäßiges Feuilleton, das immer den Abschluß des überregionalen oder den Beginn des lokalen Teiles darstellt, ganz wie man will. Der Bedarf oder die Entstehung dieses Feuilletons erklärt sich, wie vieles in Coburg, aus der Sonderstellung der ehemaligen Herzogstadt im Freistaat Bayern. Seit dem Volksentscheid von 1920 gehört Coburg zu Bayern (und nicht zu Thüringen, was auch zur Wahl stand). Noch heute genießt die Stadt die Vorteile aus dem Zusammenschluß. Der Freistaat finanziert den Coburgern ein eigenes Staatstheater (das dritte bayerische) und die Bewahrung aller bedeutenden Kunstschätze in der Stadt. Das Engagement des Freistaates ermöglicht so Coburg ein überaus reges kulturelles Leben und dem „Tageblatt“ (mittelbar) ein ausführliches Feuilleton.

Die Einrichtung einer eigenen Industrie- und Handelskammer, einer Handwerkskammer und eines eigenen Landgerichts sind nur einige Beispiele für die Sonderstellung des möglichen Oberzentrums Coburg, die vom „Tageblatt“ auch als journalistische Herausforderung verstanden wird.

---

11 Lt. IVW-Liste 4/1988.

12 Vgl. Porträt der Coburger „Neuen Presse“.

Apropos Herausforderung: Die harte Auswirkung der deutsch-deutschen Grenzziehung – Coburg wurde vom Herzen zum Grenzgebiet Deutschlands – ist Ursache für vielschichtige Probleme der Region. Sie mit Fingerspitzengefühl und zeitkritisch zu bearbeiten, ist eine Aufgabe, der sich die „Tageblatt"-Redaktion mit Engagement widmet.

Die breit gefächerte Industrie- und Gewerbelandschaft im Nordwesten Oberfrankens liefert genügend Nachrichten und Themen für Reportagen und Features, die den Rahmen der wöchentlichen Wirtschaftsseite (Samstag) häufig sprengen. Das „Tageblatt" hat es sich dabei zur Aufgabe gemacht, überregionale Wirtschaftsvorgänge unter die lokale „Lupe" zu nehmen. Zahlreiche marktbestimmende, mittelständische Unternehmen in der Zulieferindustrie für den Automobilbau, der Kunststofftechnik, der Porzellan- und Keramikbranche, im Versicherungswesen, dem Kompressoren- und Werkzeugmaschinenbau, aber vor allem in der Polstermöbelindustrie sowie der High-Tech-Elektronik aus dem Coburger Raum liefern Nachrichten aus dem Wirtschaftsleben und sind wiederum an solchen interessiert. Sport- und Anzeigenteil bilden – gleichfalls mit sehr unterschiedlichen Umfängen – den Abschluß des „Tageblatts".

Zusätzlich zu den täglich feststehenden Seiten gibt es die Samstagsseiten „Für junge Leute", „Lachen und Raten", „Zum Wochenende" und „Reise und Erholung", die Freitagsseiten „Auto und Verkehr" und „Kinderseite" und die Donnerstagsseite „Welt der Frau". Firmenportraits, Gartentips, Reisetips und ähnliches finden sich auf unregelmäßig erscheinenden, zusätzlichen Sonderseiten.

Mit dem Anschluß an den RNT mußte das „Tageblatt" zwar einen Teil seiner redaktionellen Souveränität aufgeben, die große redaktionelle Linie ist aber unverändert mit liberal/heimatverbunden zu beschreiben. Heimatverbunden bedeutet beim „Coburger Tageblatt" mehr als Lokalberichterstattung. Wie schon beim Thema Leseraktionen angeklungen, sieht die Redaktion ihre Aufgabe auch darin, auf die Gestaltung des Coburger Raumes Einfluß zu nehmen, d. h. auch von sich aus „heiße Eisen" anzupacken, um so (Bewußtseins-)Veränderungsprozesse in Gang zu bringen.

Mit dem Anschluß an die E. C. Baumann K. G. ist das dringendste Zukunftsproblem des „Coburger Tageblatts", nämlich die technische Nachrüstung, bereits 1971 gelöst worden. Seit dem Umzug in den Neubau im Jahr 1983, seit der begonnenen und konsequent fortgesetzten Realisation des Ganzseitenumbruchs bleibt in dieser Hinsicht kein Wunsch mehr offen. Bei Sonderveröffentlichungen haben schon vierfarbige Bilder in der Zeitung Einzug gehalten. Der nächste Fortschritt deutet sich an ...

Im Bereich der Neuen Medien werden die beiden Coburger Zeitungshäuser sogar gemeinsam vorwärtsschreiten. In einer gemeinsamen Gesellschaft werden sie (entsprechend dem Mediengesetz) eine neue Aufgabe im lokalen Rundfunk übernehmen. Die Technik für das neue Projekt im „Tageblatt"-Haus II (Molitoris-Klinik) ist bereits eingerichtet ...

Nach schwierigen Verhandlungen mit der Landesmedienzentrale soll „Studio I", der Coburger Lokalfunksender, im Herbst auf Sendung gehen.

Aus der Konkurrenz mit der Lizenzzeitung „Neue Presse" sollten auch in Zukunft keine Probleme erwachsen. Die Vergangenheit hat ja bereits bewiesen, daß ein Markt auch für zwei Lokalzeitungen in Coburg besteht – und wie die jüngste Entwicklung zeigt, liegt im Wettbewerb mit einem zweiten Blatt nicht nur eine Gefahr, sondern auch eine Chance: der Ehrgeiz, täglich eine aktuellere und ansprechendere Zeitung zu bieten, liegt letztlich auch im Interesse der Leser.[13]

(gb)

---

[13] Wer sich für Coburger Zeitungsgeschichte interessiert, dem sei das gleichnamige, 200 Seiten starke Buch von Alfred Sauerteig empfohlen (Coburg 1949). Darin findet sich eine „erste systematische Zusammenstellung aller in und um Coburg seit 1700 erschienenen Zeitungen und Zeitschriften" (aus dem Vorwort). Die Arbeit ist chronologisch geordnet und gibt zu den einzelnen Titeln an: Ziel und Aufgabe, Lebensdauer und Verbreitung, Herausgeber und Drucker sowie Standort. „Damit will die Arbeit auf die kulturelle Bedeutung der in der Mitte Deutschlands gelegenen Stadt und des Landes Coburg hinweisen, die im beginnenden und ausgehenden 18. Jahrhundert größer war als es die Kleinheit des Coburger Fürstenhauses vermuten läßt; dies gilt zumal für Coburg als Verlags- und Druckort von Büchern und Presseorganen: dank der Leistungsfähigkeit der Coburger Buchdrucker und besonders der Lehrkräfte des (bis zum Jahre 1803/4 Hochschulcharakter besitzenden) Akademischen Gymnasiums Casimirianum Coburg" (aus dem Vorwort).

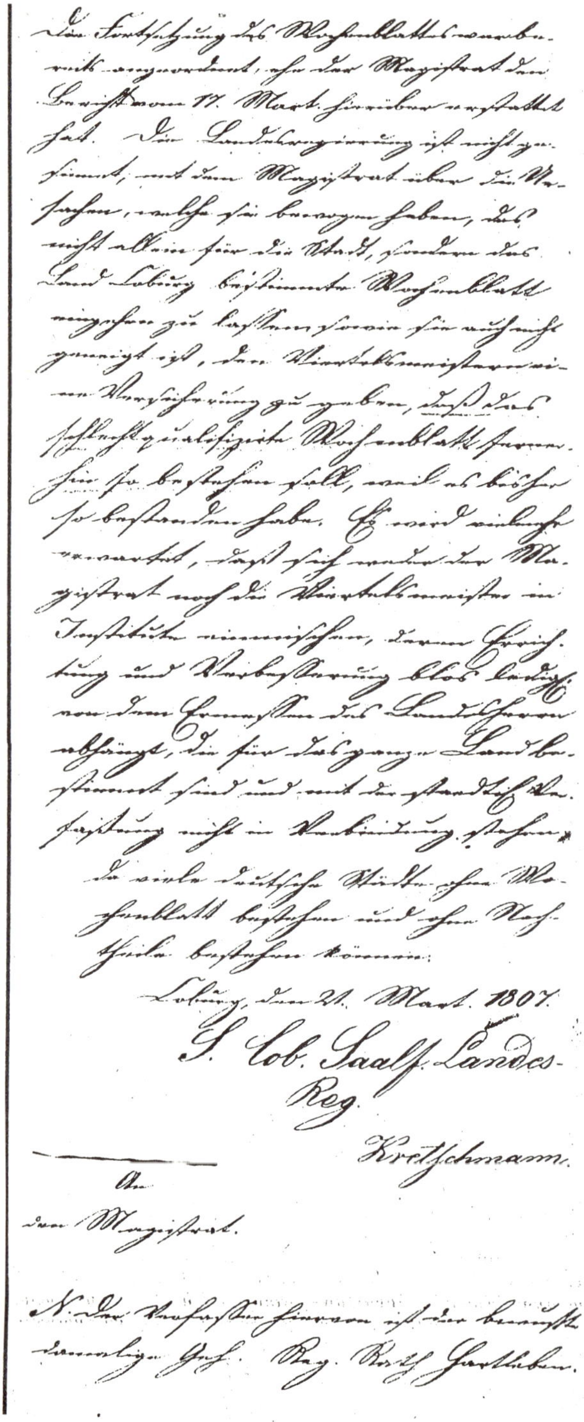

„*Die Fortsetzung des Wochenblattes war bereits angeordnet, ehe der Magistrat den Bericht vom 17. März hierüber erstattet hat. Die Landesregierung ist nicht gesinnet, mit dem Magistrat über die Ursachen, welche sie bewogen haben, das nicht allein für die Stadt, sondern das Land Coburg bestimmte Wochenblatt eingehen zu lassen, sich in Erörterung einzulassen, sowie sie auch nicht geneigt ist, den Viertelsmeistern eine Versicherung zu geben, daß das bisher schlecht qualifizierte Wochenblatt fernerhin so bestehen solle, weil es bisher bestanden habe. Es wird vielmehr erwartet, daß sich weder der Magistrat noch die Viertelsmeister in Institute einmischen, deren Errichtung und Verbesserung lediglich von dem Ermessen des Landesherrn abhängt, die für das ganze Land bestimmt sind und mit der städtischen Verfassung nicht in Verbindung stehen, da viele deutsche Städte ohne Wochenblatt bestehen und ohne Nachteil bestehen können.*“

Coburg, den 21. Mart. 1807

S. Cob. Saalf. Landesregierung

gez. Kretschmann

Als zum 31. Dezember 1806 das „Coburger Wochenblatt“ sein Erscheinen einstellt, wandte sich der Magistrat an die Regierung mit der Bitte um Zulassung einer neuen Zeitung. Die oben stehende Antwort des Staatsministers Kretschmann vom 21. März 1807 ist ein hervorragendes Dokument des absolutistischen Geistes der damaligen Zeit.

Hier regiert modernste Elektronik:

Die „Neue Presse“

Die gelernten Schriftsetzer und Drucker, die vor 40 Jahren in der Coburger Mohrenstraße die ersten Ausgaben der „Neuen Presse“ (NP) produzierten, würden heute wohl nur hilflos mit den Schultern zucken, sollten sie an den modernen Linotype-Terminals sach- und fachgerecht einen Text setzen oder die Uniman-Rollenoffset in Betrieb nehmen.[1] Das hat den ganz einfachen Grund, daß in der „Neuen Presse“ das Bleizeitalter bereits vor Jahren zu Ende ging und durch den schnelleren und rationelleren Fotosatz und Offsetdruck abgelöst wurde.

In den ersten sieben Jahren ihres Bestehens wurde die Zeitung mit der Lizenz-Nummer 15 in angemieteten Räumen in der Mohrenstraße hergestellt: mit sechs manuell zu bedienenden Linotype-Setzmaschinen im Zwei-Schichten-Betrieb. Überschriften wurden ebenso wie die Untertitel im Handsatz hergestellt. Matern wurden auf einem Kalander geprägt, der nach dem Prinzip einer Wäscherolle arbeitete: Das Fundament mit der zu prägenden Seite lief unter einem Zylinder hindurch. Die Druckplatten wurden noch von Hand gegossen; zu diesem Zweck mußte das flüssige Blei aus dem Schmelzkegel in die Form geschöpft werden. Gedruckt wurde die NP auf einer 16seitigen Rotationsmaschine ohne Farbeindruckwerke.

Bei eisiger Kälte und ohne Kranwagen, unter tatkräftiger Mithilfe der Mitarbeiter, erfolgte Dezember 1953/Januar 1954 der Umzug des Betriebes in die Uferstraße, wo dann 16 Maschinensetzer in drei Schichten an zwei fabrikneuen und fünf gebraucht gekauften Linotype-Setzmaschinen arbeiteten. Die Matern wurden auf einer MAN-Hydraulikpresse geprägt. Gedruckt wurde zunächst noch in der Mohrenstraße, bis im Dezember 1954 die eigene Rotationsmaschine in Betrieb genommen werden konnte. Die Maschine, Baujahr 1928, war in Kiel demontiert und in der Uferstraße wieder aufgebaut worden. Sie hatte zwei Druckwerke für je acht Seiten ohne Farbeindruckwerk. Ein Kuriosum am Rande: Da es für diesen „Methusalem“ keine „aktiven“ Monteure mehr gab, mußte ein schon seit Jahren das Rentnerleben Genießender „reaktiviert“ werden.

1957 kamen zu den sieben manuellen Setzmaschinen zwei lochbandgesteuerte TTS-Maschinen. Mit diesen Tele-Type-Settern war es möglich, von irgendwoher ein Lochband zu empfangen, um es am Ort durch die Maschinen laufen zu lassen und derart Bleisatz zu produzieren. Zu den Maschinen wurden Perforatoren mitgeliefert, die in der Regel von fachfremden Kräften (Tipperinnen) bedient wurden. Während die tarifliche Mindestleistung an einer manuell zu bedienenden Setzmaschine bei 6000 Buchstaben korrigiertem Satz lag, brachte es eine lochbandgesteuerte TTS-Maschine immerhin auf 20 000 Buchstaben pro Stunde.

Als 1965 der Umzug in die neuen Betriebsräume in der Friedrich-Rückert-Straße in Coburg-Neuses erfolgte, wurde eine gebrauchte Koebau-Rotationsmaschine (Baujahr 1930) mit 32 Seiten gekauft. Mit der – langsamen und allmählichen – Umstellung auf Fotosatz wurde bei der „Neuen Presse“ im Jahr 1966 begonnen. Der Druck

1 Die Darstellung der Technik im Verlagshaus ist der Jubiläums-Beilage der „Neuen Presse“ vom 24. 1. 1986 entnommen.

erfolgte zunächst weiter im Hochdruckverfahren, bis 1979 mit der Einweihung der neuen Rotationsmaschine das Offsetverfahren vollends Einzug hielt.

Heute wird die „Neue Presse" von der ersten bis zu letzten Seite, Text und Anzeigen, komplett im Fotosatz hergestellt. In der Texterfassung stehen 13 Terminals – da sind natürlich die in den Redaktionsräumen nicht mitgezählt. Die von der Redaktion beziehungsweise der Anzeigenabteilung in Satz gegebenen Manuskripte werden in der Arbeitsvorbereitung „ausgezeichnet", d. h. mit den nötigen Kommandos versehen, die zum Beispiel Schriftgröße oder Satzbreite bestimmen. Diese Kommandos werden von den Texterfassern mit dem Text in die Terminals eingegeben. Die Daten werden über vier identische Satzrechner, die parallel laufen, berechnet und gelagert. Letztendlich hergestellt, d. h. belichtet wird der Satz auf zwei Linotypes 202, die eine Kapazität von je 1,2 Millionen (!) Buchstaben pro Stunde haben. Die zur Veröffentlichung vorgesehenen Fotos (von Agenturen versandte Funkbilder oder von Fotografen gelieferte Schwarzweißabzüge) werden von einem Schwarz-Weiß-Scanner, dem „Repromaster 3100", nach Bedarf vergrößert oder verkleinert und in Rasterpunkte zerlegt. Dieses Aufrastern ist für den späteren Druck nötig; ohne diese Bearbeitung würden die Bilder – ähnlich wie auf schlechten Fotokopien – „zuschmieren", nur noch Schwarz- und Weißfelder zeigen, keine Grauwerte, keine Nuancierungen. Der fertige Satz und die Rasterabzüge wandern anschließend in die Seitenmontage, das ist die Abteilung – der Name sagt es –, in der die einzelnen Zeitungsseiten zusammengebaut werden. Dafür stehen zwölf Montageplätze zur Verfügung, an jedem Platz können zwei Seiten bearbeitet werden. Die fertigen Seitenmontagen schließlich gelangen zur Weiterverarbeitung in die Plattenherstellung. In dieser Kalle-Elfasol-Anlage wird maschinell und vollautomatisch von jeder Seite eine Aufnahme gemacht, die auf die Druckplatte projiziert wird. Wenn's optimal läuft, verläßt alle zwei Minuten eine fertig belichtete Druckplatte die Anlage und wird schließlich auf den Rotationszylinder gespannt. Die seit 1979 in der „Neuen Presse" laufende Rotationsmaschine Uniman-Rollenoffset von MAN ist mit fünf Druckwerken ausgestattet und ermöglicht somit vierfarbigen Zeitungsdruck. Wenn die Uniman auf vollen Touren läuft, spuckt sie pro Stunde 22 000 Zeitungsexemplare aus, die am Auslauf der Maschine über ein Förderband durch einen Zähler laufen und anschließend gleich fertig gestapelt werden. Abschließend fahren sie durch eine Packmaschine, die sie als abgezählte, fertige, adressierte Bündel verlassen. Die Auslieferung mit den Fahrzeugen des NP-Fuhrparks an die Abholstellen und Träger kann beginnen.

Redaktion in Aktion

Wenn die dreißigtausend[2] Leser am Frühstückstisch die ihnen unentbehrlich gewordene „Neue Presse" aufschlagen, ahnen sie nicht, wieviel Mühe und Arbeit von Redaktion, Anzeigenabteilung und technischem Betrieb aufgewendet werden muß, damit eine Zeitung von hoher Qualität entsteht.[3]

---

[2] Lt. IVW-Liste 4/1987 liegt die verkaufte Auflage der „Neuen Presse" bei 30 874 Exemplaren täglich, wovon 29 666 im Abonnement bezogen werden.

[3] Der folgende Blick in den redaktionellen Alltag folgt dem Beitrag „Redaktion in Aktion" in der Jubiläumsbeilage der „Neuen Presse" vom 24. 1. 1986.

9 Uhr

Dies ist der Zeitpunkt, zu dem in der Nachrichtenredaktion noch die meiste Ruhe herrscht. Die Redakteure lesen die von ihnen erstellte Zeitung vom Vortag und vergleichen sie mit den Konkurrenzblättern. Dabei werden auch Lob und Kritik laut. Da wird dann einem Kollegen „der Kopf gewaschen", wenn eine Überschrift oder ein Bericht nicht hinhaute.

An diesem Vormittag jedenfalls hat Chefredakteur Lutz Hegenberg an der geleisteten Arbeit nichts auszusetzen und meint, daß man sich mit dieser NP sehen lassen könne. Auch das Foto von einem schweren Verkehrsunfall, der sich am Abend zuvor im Kreis Kronach ereignete, konnte noch auf der Seite 1 unter „Lokal aktuell" plaziert werden. Aber auf diesen Lorbeeren kann sich die Redaktion nicht lange ausruhen. Es drohen bereits einschneidende Maßnahmen...

10.30 Uhr

Chef vom Dienst Walter Tölle sieht sich genötigt, durch den sich für diese Wochenendausgabe ausweitenden Anzeigenumfang den redaktionellen Teil der morgigen „Neuen Presse" zu verringern. Ja, mit der Anzeigenabteilung liegt die Redaktion ständig im Clinch! Aber trotz der in allen Zeitungsverlagen beheimateten boshaften Behauptung – „Die Redaktion wirft das Geld zum Fenster hinaus, das die Anzeigenabteilung verdient hat" – sieht das Redaktionskollegium natürlich ein, daß sich ohne ordentliche Finanzen auch keine gute Zeitung machen läßt. Daß Anzeigen Vorrang haben, wird die Redaktion jedoch immer wieder ergrimmen, denn in ihrem Bedürfnis nach umfassender Unterrichtung der Leser braucht sie natürlich Platz. Um diesen Platz wird jetzt gefeilscht. Obwohl die morgige Wochenendausgabe laut Spiegel (Fachjargon für den der Redaktion zur Verfügung stehenden Platz nach Abzug der Anzeigen) 60 Seiten umfaßt, fühlt sich die Redaktion durch die Anzeigenfülle um ihren Platz betrogen. Der Chef vom Dienst versucht nun mit viel Geschick, zwischen den Ressortleitern zu vermitteln, die mit grimmigen Blicken vor seinem Schreibtisch auftauchen und versichern, daß es unmöglich sei, ihr aktuelles Material auf dem verbliebenen Stückwerk unterzubringen. Da könne er ja gleich nach Hause gehen, murrt Heinz Kiesewetter, Ressortchef von Coburg-Land, und wird darin von seinem Kollegen Karl Griebel unterstützt. Auch die Sportredakteure Rainer Hofmann und Werner Fürst gehören in puncto Platzansprüche zu den Unersättlichen. Natürlich hat jedes Ressort recht, wenn es seine Berichterstattung für besonders wichtig und mit Vorrang zu behandeln als Selbstverständlichkeit ansieht. Wer will abstreiten, daß eine Regierungserklärung in Bonn nicht von Bedeutung ist, aber auch der Stadtratsbeschluß in Coburg ist wichtig. Und die Theaterpremiere hat für das Feuilleton den gleichen Stellenwert wie für den Sport die Aufstiegsrunde zur Bundesliga.

Inzwischen ist es elf Uhr geworden und politischer Redakteur Martin Fleischmann kommt mit einem dicken Bündel von Fernschreibmanuskripten unter dem Arm in die Nachrichtenredaktion, um sie dort säuberlich und nach Themen geordnet auf einem großen Tisch abzulegen, nicht ohne vorher die Spreu vom Weizen getrennt zu haben. Im Laufe des Tages nehmen die Fernschreibmanuskripte in der Nachrichtenzentrale beängstigende Ausmaße an. Die Telefonistinnen haben sie, fein säuberlich nach Ressorts unterschieden, an die Wandhaken gehängt, wo sie von den Redakteuren ständig abgeholt werden. So erhält die „Neue Presse" ihre Meldungen unter anderem von der Deutschen Presse-Agentur (dpa) in Hamburg. Laufend werden die Nachrichten und Berichte direkt aus Hamburg in den Zentralcomputer der Zeitung eingespeist. Von dort rufen sie die Redakteure auf ein Bildschirmgerät auf ihrem Schreibtisch ab. Dieses Gerät ist eine Art Fernseh-Schreibmaschine, auf der die Meldungen elektronisch bearbeitet werden können.

Redakteur Fleischmann und sein Kollege Volker Friedrich sprechen nun miteinander ab, ob das Fernschreiber-Material ein geeignetes Feature oder sonstige interessante Beiträge enthält, die für „Die Dritte Seite" geeignet sind. Man entscheidet sich für den Beitrag „Die Riege der Schwergewichte", in dem geschildert wird, was Regierungsmitglieder für Probleme mit ihrer Figur haben. Dazu benötigt man einige Bilder aus dem Archiv, die Hans Baier heraussucht. In der Rubrik „Lexikothek" wird das aktuelle Stichwort Bhagwan erklärt. Für den Nachmittag erwartet man noch einen Bericht von NP-Redakteur Willi Gretzke, der für das Ressort Unterhaltung und Reportagen zuständig ist, über die Erfindermesse in Nürnberg. Dann wäre diese Seite, auf der heute eine Anzeige steht, soweit unter Dach und Fach.

11.30 Uhr

Aus der Nachrichtenzentrale kommen nun bündelweise Manuskripte von den Außenredaktionen Kronach, Lichtenfels, Neustadt und Ebern, die die dort tätigen Redakteure mit dem Fernkopierer per Telefonleitung in die Zentrale nach Coburg „faxen", wie es im Redakteursjargon heißt. Zu dieser Manuskriptflut gesellen sich noch Berge von Bildern, die von der Deutschen Presse-Agentur über Funk gesendet werden. Ein Bildempfangsgerät, das neben dem Foto-Labor steht, „spuckt" laufend fertige Fotos aus.

Seit dem frühen Morgen bis jetzt waren und sind noch im großen Verbreitungsgebiet der „Neuen Presse" von Kronach bis Ebern 40 Redakteure, vier Volontäre und viele freie Mitarbeiter den Ereignissen auf der Spur, nehmen Termin um Termin wahr. Da ist ein Gerichtstermin, eine Demonstration auf einem Marktplatz, da lädt der Kreisjugendring zu einem Gespräch ein, tagen die Bienenzüchter, wird ein neues Feuerwehrgerätehaus, eine neue Straße eingeweiht, treten Sportler zu einer Versammlung zusammen, ereignet sich ein Verkehrsunfall, gibt der Bürgermeister ein Interview anläßlich der Einweihung eines neuen Kindergartens oder ein Jubelpaar wartet auf einen Fotografen, damit ein Bild von der goldenen Hochzeit gemacht wird.

Kurz vor zwölf Uhr läutet das Telephon noch einmal (vielleicht zum dreißigsten Male an diesem Vormittag) und Karl-Heinz Oswald, Lokalchef in der Redaktion Kronach, kündigt ein „Lokal aktuell" an von der Tagung der Richter und Staatsanwälte in Lauenstein. „Lokal aktuell" ist die zweispaltige Rubrik auf der Titelseite überschrieben, in der täglich wichtige Regionalnachrichten erscheinen. Redakteurin Astrid Günther, die gerade an einer Kinderseite bastelt, nimmt den Anruf entgegen und hinterläßt dem die Seite 1 bearbeitenden Kollegen eine Notiz. Nun geht es auf Mittag zu, und es wird stiller in der Redaktion, die Stille vor dem Sturm ...

14 Uhr

In der Nachrichtenredaktion herrscht jetzt Hochbetrieb. Chef vom Dienst Walter Tölle stopft seine Pfeife, ehe er mit Anzeigenleiter Theo Plantenberg den Spiegel für die nächste NP-Ausgabe bespricht. Es ist wieder ein einziges Jonglieren zwischen Text und Anzeigen, aber schließlich einigt man sich doch. Für NP-Reiseredakteur Wilhelm Kleemann ist es erfreulich zu erfahren, daß diesmal Platz genug ist, um seine längst produzierte Reiseseite erscheinen zu lassen. Auch für die Gartenbeilage „Die Scholle“ bestehen gute Aussichten. Inzwischen hat sich Redakteur Martin Fleischmann bei den Außenredaktionen Kronach, Lichtenfels, Neustadt und Ebern nach „Knüllern“ erkundigt, die im NP-Verbreitungsgebiet auf allgemeines Interesse stoßen könnten. Zum Glück ist an allen Orten etwas los, denn es ist ein besonderes Anliegen der Redaktion, die gerne gelesene Rubrik „Lokal aktuell“ zu pflegen. Die Meldungen werden mit dem Telekopierer nach Coburg „gefaxt“ und hier auf die entsprechende Zeilenlänge gebracht.

Chefredakteur Lutz Hegenberg bespricht jetzt mit seinen politischen Redakteuren die Nachrichtenlage. Man einigt sich während einer Stehkonferenz darauf, als Aufmacher den Artikel „Bangemann: Zeiten für Ladenschluß lockern“ zu wählen. „Shultz drei Stunden bei Gorbatschow“ wird unter den Aufmacher plaziert und „Auch Feuerwehrleute künftig zum Bund?“ steht als zweispaltiger Kasten links unten am Fuß der Seite. Die rechten drei Spalten sind für „Lokal aktuell“ reserviert. Alle übrigen politischen Geschehnisse werden auf der Seite 2 erscheinen. Eine Papierflut strömt jetzt auf die Nachrichtenredaktion ein. Damit wirklich das Wichtigste in der Zeitung steht und es keine Dubletten (doppelte Meldungen) gibt, ist es nötig, daß sich die Redakteure ständig gegenseitig verständigen. Hat die Redaktion die Nachrichten des Tages gesichtet und bearbeitet, werden die Manuskripte an Bildschirmgeräten redigiert, mit Satzbefehlen versehen und per Tastendruck über Kabel zum Satzcomputer geschickt, der die ankommenden Textmengen bearbeitet und auf Magnetplatten speichert.

15 Uhr

Jetzt wird es auch für die Vermischte Seite ernst. NP-Redakteur Wilhelm Kleemann sichert einen Berg von Fernschreibmanuskripten aus aller Welt. Heute ist wieder ein richtiger Katastrophentag. Ein Flugzeugunglück mit 60 Toten, ein Großbrand in einer Ölraffinerie, schwere Stürme an der Nordsee, Eisenbahnunglück in Spanien, brutaler Raubüberfall in Belgien. Zu zwei Ereignissen gibt es tolle Photos. Auch eine Glosse liegt vor, so daß diese Seite wirklich eine bunte Mischung ergibt.

Bayern-Chef Walter Tölle macht seine Seite mit einem vierspaltigen Bericht über die Arbeitslosenzahl im Arbeitsamtsbezirk Coburg auf, der ihm von dem Lichtenfelser Lokalredakteur Helmut Wuka geliefert wird, der an einer Pressekonferenz im Arbeitsamt teilgenommen hat. Nun wartet er noch auf zwei Berichte von Fred Rauer, dem Lokalchef von Coburg-Stadt, die die Bauring-Affäre zum Inhalt haben. Immer wieder wird der Chef vom Dienst durch Telefonate unterbrochen, bei denen es um die Besetzung von Terminen geht, oder er wird von der Anzeigenabteilung oder von Setzereileiter Falk Kücker verlangt, der danach fragt, ob jetzt alle Manuskripte des für übermorgen geplanten Anzeigenkollektivs anläßlich der Einweihung eines neuen Geschäftshauses in Satz gegangen sind.

Feuilleton-Chefin Heidi Höhn versucht im allgemeinen Redaktionstumult ihre Kritik über die jüngste Schauspiel-Premiere über die Bühne zu bringen. Während sie noch in höheren Sphären schwebt, hilft ihr Redakteurin Heidi Höhn bei der Tagesarbeit. Da geht es um Berichte aus Theater und Film, um Kunstausstellungen und Buchrezensionen, um Fernsehen, Musik und Konzert. Flankiert sind beide Kolleginnen von Modejournalen, Kurzgeschichten-Manuskripten, Pressediensten von Film, Funk und Fernsehen und Stapeln von Büchern. Auch Reime „verhinderter

Dichter“ befinden sich unter dem pfundschweren Material, das gewissenhaft zu sichten kostbare Zeit in Anspruch nimmt.

15.30 Uhr

Jetzt laufen die Telefone auf Hochtouren. Fred Rauer, Chef der Coburger Lokalredaktion, kündigt noch eine 30-Zeilenmeldung für die Seite 1 von der Coburger Stadtratssitzung an, von der er gerade zurückkommt. Sein Kollege Norbert Klüglein befindet sich zu diesem Zeitpunkt auf einer Pressekonferenz der Coburger Narrhalla, während Redakteur Ingolf Hofmann von einem Gerichtstermin in die Redaktion hetzt. Dort halten Redakteurin Gisela Bechmann und Dieter Ungelenk die Stellung und redigieren Berge von Lokalmanuskripten freier Mitarbeiter. Redakteur Gerd Fleischmann aus Kronach meldet sich plötzlich in der Zentralredaktion und kündigt ein Bild von einem Großfeuer im Landkreis an. Den Text schickt er per Telekopierer, das Foto kommt mit dem Abendkurier. Das zwingt Redakteur Martin Fleischmann dazu, die Seite 1 umzubauen. Aber es sollte noch nicht zum letzten Mal sein, denn Redakteur Karl Schamburek in Lichtenfels gibt kurz darauf eine 20-Zeilen-Meldung über einen schweren Verkehrsunfall in Schney durch, der ebenfalls in die Rubrik „Lokal aktuell“ auf Seite 1 gerückt werden soll. Kollege Fleischmann hofft, daß es für diesen Nachmittag sein letzter „chirurgischer Eingriff“ auf der ersten Seite war. Denkste! Redakteur Jürgen Engel aus Neustadt teilt mit, daß die Stadt Neustadt bei Coburg in das Städtebau-Förderungsprogramm 1986 aufgenommen wurde.

16.00 Uhr

Chefredakteur Lutz Hegenberg drischt auf seine Schreibmaschine ein, daß es nur so kracht. Heute morgen schon wollte er seinen Leitartikel beginnen, aber ständig läutete das Telefon oder klopfte jemand an der Tür. Nun gibt es keinen Aufschub mehr, in spätestens eineinhalb Stunden muß er fertig sein, sonst gibt es Ärger mit der Technik.

In der Nachrichtenredaktion wird jetzt fleißig redigiert. Aus langen Artikeln werden kürzere gemacht, kürzere Berichte werden durch eigene Recherchen ergänzt. Immer gilt es, die vorgegebene Zeilenzahl einzuhalten und gute Schlagzeilen zu finden. Da zieht so mancher Redakteur seine Stirn in Falten, weil der von ihm formulierte Titel zu breit läuft. Kollege Friedrich hat zu einem politischen Artikel ein zweispaltiges, hohes Bild eingeplant, aber das Bildempfangsgerät spuckt nur dreispaltig breite Fotos aus. Also muß er sein Layout ändern. Diese Aufgabe überträgt er dem Redaktionsvolontär. Auch in der Sportredaktion herrscht jetzt Hochspannung, und man läßt die Kollegen Rainer Hofmann, Werner Fürst und Michael Hager besser in Ruhe, da für sie jetzt nur noch Tabellen, Bundesliga und Boris Becker existieren. Volker Friedrich, der soeben die Wirtschaftsseite abgeschlossen hat, befaßt sich nun mit der in Kürze erscheinenden Verlagsbeilage „Das moderne Büro“.

17.00 Uhr

Nachtfaktor Rainer Köhler betritt jetzt die Nachrichtenredaktion und bespricht mit dem Chef vom Dienst Walter Tölle den Spiegel für die morgige Ausgabe. Dabei erkundigt er sich nach dem Anzeigenumfang und nach den Platzwünschen der einzelnen Lokalredaktionen. Die vier Seiten, die Kollege Klaus Yersin aus Ebern angemeldet hat, sind infolge der Anzeigenlage nicht zu machen. Er wird sich mit zweieinhalb Seiten begnügen müssen.

In sämtlichen technischen Abteilungen der „Neuen Presse“ herrscht jetzt Hochbetrieb. Mehrere Lokalseiten sind bereits umbrochen. Der Umbruchredakteur hat seinen Dienst begonnen und wandert ständig zwischen Setzerei, Fernschreiber und Redaktionsbüro hin und her, um die Nachrichtenlage im Auge zu behalten und gleichzeitig die Wünsche der Setzer und Metteure zu erfüllen. Da muß ein Bericht gekürzt, ein anderer verlängert werden. Da ist eine Bildunterschrift verlorengegangen und muß neu gemacht werden. Auch gilt es zu entscheiden, ob ein Beitrag erst am übernächsten Tag erscheinen wird, da er aus Platzgründen nicht mehr untergebracht werden kann. Da ist ein Sportergebnis in Satz zu geben, ein politischer Bericht zu aktualisieren, ein Polizeibericht aufzunehmen. Oder es ist eine zu lange Überschrift neu zu formulieren. Ständig gibt es irgend etwas zu tun. Und die Metteure kleben oder „montieren“ Seite um Seite, d. h. sie nehmen Überschriften, Bilder und Texte und stellen sie in der Montage zu ganzen Seiten zusammen. Die Papierfahnen und Papierbilder werden auf der Rückseite mit Wachs beschichtet und auf eine vorgedruckte Seiteneinteilung in Größe der Zeitungsseite aufgeklebt. Korrektoren und Redakteure prüfen die fertigen Seiten und erklären sie für druckreif. Ständig schaut der Redakteur auf die Uhr...

21.00 Uhr
Endlich ist die Aufmachung für die Seite 1 gelaufen und kann am Bildschirm bearbeitet werden. Und nun ist auch die Sporttabelle gesetzt. Damit ist sichergestellt, daß die durchlaufenden Seiten (Mantelseiten) Politik, Wirtschaft, Vermischtes, Bayern, Sport, Feuilleton bei gleichbleibendem Satzfluß rechtzeitig bis 22.15 Uhr umbrochen sind, und der Andruck (22.45 Uhr) nicht gefährdet ist.

Da läutet das Telefon: Unfall auf der Schorkendorfer Höhe. Also wird telefonisch ein Fotograf beauftragt. Der saust hin und entwickelt anschließend gleich seinen Film. Auch dieser Vorfall kommt noch in die Zeitung. Schnell wieder ein Blick auf den Fernschreiber. Es laufen noch interessante Meldungen, aber die Zeitung hat keine Gummiseiten. 500 Hühner verbrannt, Schiff im Ärmelkanal in Seenot, ein neuer AIDS-Fall. Möbelfabrik bis auf die Grundmauern niedergebrannt. Doppelmord in St. Pauli. Der Umbruchredakteur kämpft mit seinem Gewissen: Nein! Einmal muß Schluß sein, und der Andruck darf unter keinen Umständen verzögert werden.

22.00 Uhr
Gegen 22.00 Uhr hat Metteur Dieter Hofmann die Seite 1 fast fertig umbrochen. Bei „Lokal aktuell“ müssen noch zwei Meldungen auf die gleiche Zeilenzahl gebracht werden. Auf der Sportseite fehlt nur noch ein Fußballergebnis. Jetzt wird noch festgelegt, was auf Seite 1 farbig sein soll. Dann werden die geklebten Seiten in die Druckplattenherstellung gegeben. Nachtfaktor Rainer Köhler und seine Metteure Peter Kniesa, Werner Volk und Sven Schorr machen zufriedene Gesichter. Die erste Schlacht des Abends ist gesichert. In wenigen Minuten wird die gewaltige Rotationsmaschine „abfahren“. Dann geht es in der Setzerei an den Umbruch der Lokalteile Lichtenfels, Ebern, Coburg, Neustadt.

23.00 Uhr
Die Rotation hat sich in Bewegung gesetzt. Außer für die Drucker beginnt nun auch für die Packerinnen die Arbeit. Draußen im Hof warten NP-Fahrzeuge, um die Zeitungen ins NP-Verbreitungsgebiet zu bringen. Im stillen hofft der diensthabende Umbruchredakteur, daß an diesem späten Freitagabend draußen nichts mehr pas-

siert. Bis nach Mitternacht wird er noch auf dem Posten sein. In der Redaktion ist es jetzt ruhig geworden. In der Setzerei ist das hektische Treiben einem gleichmäßigen Arbeitsrhythmus gewichen. Von der Ferne hört man das monotone Geräusch der Rotationsmaschine.

Coburgs Pressegeschichte

Um hochfahrende Erwartungen gleich am Anfang zu dämpfen, sei darauf hingewiesen, daß an dieser Stelle nicht all die zig Zeitungen und Zeitschriften auch nur aufgezählt werden können, die in Coburg erschienen sind – ganz zu schweigen von genaueren Angaben wie Herausgeber, Verlag, Redakteur, Auflage, Druckerei, Umfang, Größe, Preis, etc. Wer sich dafür interessiert, dem sei das 200 Seiten starke Buch „Coburger Zeitungsgeschichte" von Alfred Sauerteig empfohlen.[4] Die Arbeit ist „eine erste systematische Zusammenfassung aller in und um Coburg seit 1700 erschienenen Zeitungen und Zeitschriften. Sie ist chronologisch geordnet (..) und will auf die kulturelle Bedeutung der in der Mitte Deutschlands gelegenen Stadt und des Landes Coburg hinweisen, die im beginnenden und ausgehenden 18. Jahrhundert größer war als es die Kleinheit des Coburger Fürstentums vermuten läßt; dies gilt zumal für Coburg als Verlags- und Druckort von Büchern und Presseorganen – : dank der Leistungsfähigkeit der Coburger Buchdrucker und besonders der Lehrkräfte des (bis zum Jahre 1803/4 Hochschulcharakter besitzenden) Akademischen Gymnasiums Casimirianum Coburg".[5]

Dieser Rückblick beginnt also nicht mit der ersten Coburger Zeitung von 1715 („Coburgischer Zeitungs-Extract"), sondern erst mit den Bekanntmachungsanschlägen nach der Kapitulation 1945. (Die Zeitumstände werden etwas ausführlicher geschildert, weil Coburg hier durchaus für andere Städte stehen kann, in denen die amerikanische Militärregierung Lizenzzeitungen initiierte.)

Ein Augenzeuge von damals berichtet[6]: „Die Anschläge mit den Anordnungen der Militärregierung erfolgten am Rathaus und Polizeigebäude, an allen Anschlagsäulen und Anschlagtafeln, sowie an sonst geeigneten Stellen der ganzen Stadt in einer Zahl von je 3–400 Stück. Auch wurde die Bevölkerung von Polizeibeamten in Zivil mit weißen Armbinden, die den Aufdruck: M.G. (Military-Government) trugen, durch Ansagen aller möglichen polizeilichen Anordnungen verständigt. (...) Alle Privaten aber hefteten, da kein Bekanntmachungsblatt vorhanden war, ihrerseits überall, besonders in der Innenstadt, an Tore, Mauer- und Häuserflächen, Bretterverschläge zertrümmerter Schaufenster und Fenster in buntem Gemisch Zettel und Blätter über Angebote, Käufe und Verkäufe, Zimmergesuche und besonders Suchanzeigen von Angehörigen – zur Verschandlung des Straßen- und Stadtbildes an. Um diesem Übel und Notstand abzuhelfen, brachte Dr. Herbert Colbatzky, Coburg, Mohrenstr. 17,[7] mit besonderer Genehmigung der Militärregierung ab Ende Juli

---

[4] Alfred Sauerteig: Coburger Zeitungsgeschichte. Coburg 1949. Alfred Sauerteig war Stadtamtmann und kommissarischer Oberbürgermeister der Stadt in Coburgs schweren Tagen beim Beschuß der Stadt und Einzug der Amerikaner im April 1945.

[5] ebd., aus dem Vorwort, S. 5.

[6] a. a. O., S. 161.

[7] Die Familie Colbatzky war über Generationen verlegerisch tätig, auch in Coburg, wo sie zwischen 1901 und 1971 (mit Unterbrechung) das „Coburger Tageblatt" verlegte. Vgl. auch Porträt des „Coburger Tageblatts" im selben Band.

1945 gedruckte (Plakat-) Anzeigen allwöchentlich heraus, die seit Juni 1946 unter besonderer Kopfleiste als ‚Coburger Anzeigen-Aushang', 1–2 Seiten stark, im Zeitungsformat 42 × 30 cm jeweils freitags erschienen. Derselbe war aufgeteilt in: ‚Geschäfts- und Privatanzeiger', ‚Amtliche Bekanntmachungen' sowie ‚Theater- und Vergnügungsanzeiger'. Der Aushang erfolgte in Coburg in 5 Kästen und an 26 Anschlagsäulen und -Tafeln, sowie in sämtlichen 129 Landgemeinden des Coburger Kreises mit deren amtlichen Anzeigen. Gedruckt wurde er ab Oktober 1946 in der Neuen Presse GmbH, Coburg, vorher besorgte den Druck die Coburger Druck- und Verlags-GmbH, Coburg."

Das Bedürfnis nach einem Bekanntmachungsorgan war also ein allgemeines. Eine Zeitung mußte her, und in der fast unbeschädigten Stadt stand auch ein mittelgroßer, technisch gut ausgestatteter Zeitungsbetrieb, die ehemalige Coburger Druck- und Verlagsanstalt bereit. Doch den Amerikanern war das ehemalige Tageblatthaus eher mißliebig, weil hier seit 4. Juli 1936 die „Coburger National-Zeitung", die amtliche Tageszeitung des Gaues Bayreuth der NSDAP gedruckt worden war.[8] Also kamen die Colbatzkys vom alten „Coburger Tageblatt" nicht zum Zuge, sondern die amerikanische Militärregierung setzte auf einen vollkommenen Neuanfang, mit einem neuen Druckhaus, „neuen" Verlegern und Journalisten, denen kein „brauner" Geruch anhaftete.

Für Coburg eine demokratische Zeitung zu schaffen schien den Amerikanern umso notwendiger, als „Coburg eine ausgesprochene Hochburg des Dritten Reiches war. Zum ersten Male eroberte die NSDAP hier die absolute Mehrheit und zog in ein deutsches Rathaus ein. In Coburg gab es die meisten Träger des Goldenen Parteiabzeichens", umriß Dr. Hans Kapfinger[9], ehemals als Vertriebsleiter in einem „Coburger Verlag" tätig und später Lizenzträger der „Passauer Neuen Presse", die Situation, die die Amerikaner vorfanden.

Der Titel des neuen Blattes, nämlich „Neue Presse", macht etwas deutlich vom Anspruch der Militärregierung (im Zusammenhang der Re-Education-Bestrebungen), etwas Neues zu machen, was bedeuten sollte: etwas Besseres. „Etwas über neun Monate hatte Coburg keine Tageszeitung.[10] Am 25. Januar 1946 erschien hier mit ihrer ersten Nummer die von der Nachrichtenkontrolle der amerikanischen Militärregierung-Ost lizenzierte ‚Neue Presse'. Als alleiniger Lizenzträger bekam Redakteur Peter Maslowski[11] bei der Eröffnungsfeier von dem Oberstleutnant Dilliard,

8 Alfred Sauerteig, a. a. O., S. 148 f.

9 Hans Kapfinger: Die neue bayerische Presse (hrsg. im Auftrag des Vereins Bayerischer Zeitungsverleger anläßlich der Deutschen Presse-Ausstellung in München im Mai 1948). Passau 1948, S. 53.

10 Zwischenzeitlich erschienen der erwähnte Anzeigen-Aushang, das „Amtsblatt des Land- und Stadtkreises Coburg" und der in Bamberg gedruckte „Bayerische Tag" (hrsg. von der 12. Am. Heeresgruppe f. d. Deutsche Zivilbevölkerung).

11 Hans Kapfinger, a. a. O., S. 54 f: „Lizenzträger Peter Maslowski ist am 25. April 1893 in Berlin geboren. Er besuchte das Gymnasium, studierte Geschichte und Philosophie an der Berliner Universität, wurde sofort 1914 Soldat, bei Langemark schwer verwundet. Das Kriegserlebnis, besonders die erste Anwendung von Giftgas, machte ihn zum entschiedensten Kriegsgegner und zum Anhänger von Karl Liebknecht und Rosa Luxemburg. Während der Weimarer Republik war Maslowski dann Hauptschriftleiter verschiedener Tageszeitungen, so der ‚Schlesischen Arbeiterzeitung' in Breslau, des ‚Ruhr-Echo' Essen, der ‚Sozialistischen Republik' Köln, der ‚Süddeutschen Arbeiterzeitung' Stuttgart, und des ‚Klassenkampf' Halle. Daneben Reichstagsabgeordneter, seit 1928 Mitglied des Schutzver-

Preis 20 Pfennig

Neue PRESSE

FÜR COBURG / LICHTENFELS-STAFFELSTEIN UND KRONACH-TEUSCHNITZ

POLITIK / KULTUR / WIRTSCHAFT / KUNST / WISSENSCHAFT / SPORT

1. Jahrgang Nr. 1 — Lizenz Nr. 15 der Nachrichtenkontrolle der Militärregierung - Ost — 25. Januar 1946

Belegschaft der Maxhütte geht gegen Pläne der bayerischen Staatsregierung auf die Straße (S. 6)

Heute Szene Seite 11

Neue PRESSE Coburg

UNABHÄNGIGE HEIMATZEITUNG FÜR POLITIK · WIRTSCHAFT · KULTUR · SPORT

42. Jahrgang · Nr. 154
Einzelpreis 1 DM

Donnerstag, 9. Juli 1987

8630 Coburg, Friedrich-Rückert-Straße 73
Telefon 09561/647-0

J 5172 A

Moskau und Bonn ziehen Bilanz:

Positiver Blick in die Zukunft

Vier Tote bei Katastrophe in Herborn

HERBORN. – Die Tanklastzug-Katastrophe im hessischen Herborn hat ein viertes Todesopfer gefordert.

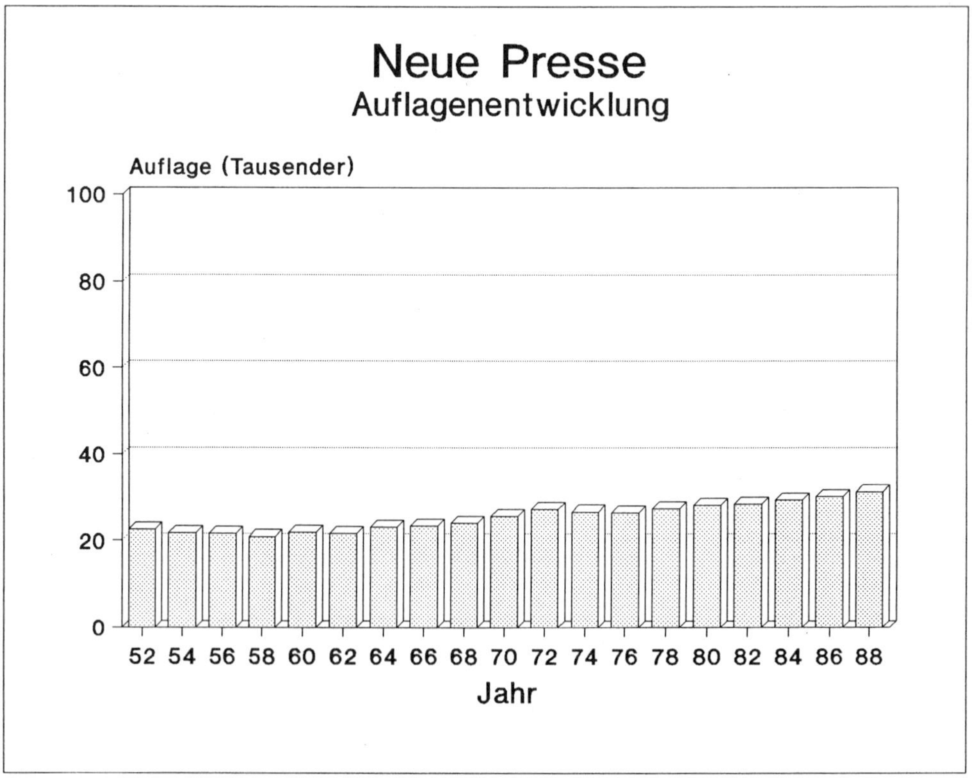

Befehlshaber des Nachrichtenkontrollwesens der Militärregierung Bayern die Zeitungsverleger-Lizenz Nr. 15 ausgehändigt (..). (...)

In ihrem Geleitwort an alle: ‚Wir sind nicht Organ einer Partei, aber wir ergreifen Partei – und wie!‘ führten die Redaktion und der Verlag aus, daß sie es als ihre erste Verpflichtung betrachteten, das Vertrauen zu einer anständigen und ehrlichen Presse wieder zu erobern und als ihre zweite, über den Parteien zu stehen. Jeder der lizenzierten Parteien wolle sie ihre Spalten zur sachlichen Auseinandersetzung öffnen.“[12]

Trotz zahlloser technischer Probleme sowie der Papierrationierung gelang es Maslowski und seinen Mitarbeitern, zunächst zwei- später dreimal pro Woche eine kleine Zeitung mit einer Auflage von 50 000 Exemplaren zu drucken. Die Nachfrage nach dieser ersten freien Zeitung seit einem Jahrzehnt war dennoch nicht zu befriedigen. Es gab zwar einige Auflagen für die „Neue Presse“, wie sie überall mit einer Lizenz verbunden waren: Nachrichten und Kommentare waren streng zu trennen, und Kritik an den Siegermächten war nicht erlaubt. In einer internen Studie von 1947 erteilte die Militärregierung der NP sogar als einzigem Blatt in der amerikanischen Zone, neben der Münchener „Süddeutschen Zeitung“, das Prädikat „hervorragend“.

Maslowski war gleichzeitig Chefredakteur und Gesellschafter der „Neuen Presse“. Doch schon sehr bald fand er in August Neumann einen kommerziellen Gesellschafter, mit dem er die Druck- und Verlagsanstalt – Neue Presse GmbH, Coburg errichtete, wo fortan die „Neue Presse“ und ab Oktober 1946 auch der erwähnte „Coburger Anzeigen-Aushang“ gedruckt wurden. Bei einem Treffen der Zeitungsverleger der amerikanischen Zone im September 1947, an dem zum ersten Male nach dem Krieg auch ausländische Journalisten teilnahmen, wurde dem bisherigen Lizenznehmer Maslowski ein zweiter Lizenzträger zur Seite gestellt, der 34jährige Johannes Langer.[13] Das Verbreitungsgebiet der „Neuen Presse“ umfaßte den Stadt-

---

bandes deutscher Schriftsteller und Mitarbeiter der Zeitschriften ‚Internationale‘, ‚Linkskurve‘ und ‚Weltbühne‘. Als Hitler zur Macht kam, war Maslowski Redakteur des ‚Berliner Morgen‘. Als er in der Nacht des Reichstagsbrandes verhaftet werden sollte, entkam er ins Ausland, aber seine Wohnung wurde zerstört, Bücher und Manuskripte verbrannt. Schon im August 1933 wurde Maslowski ausgebürgert. Als Emigrant arbeitete er in Frankreich an Veröffentlichungen des Carrefour-Verlages und an der Organisierung der moralischen und materiellen Hilfe für die Opfer des Faschismus. Er verfaßte Schriften gegen Hitler und gegen die Nazi-Justiz. Nach einigen Monaten Internierung entlud er als Waffenarbeiter Munition in Bordeaux, war nach der Besetzung Frankreichs unterirdisch tätig, als Land-, Berg- und Kanalarbeiter im Süden Frankreichs getarnt und Mitglied der französischen Widerstandsbewegung.“

12 Alfred Sauerteig, a. a. O., S. 165. Anläßlich ihres einjährigen, festlich begangenen Bestehens wurde eine 12 Seiten umfassende Jubiläums-Ausgabe in Zweifarbendruck am 25. Januar 1947 (Nr. 7/47) herausgegeben.

13 Hans Kapfinger, Die neue bayerische Presse, a. a. O., S. 55: „Langer erhielt 1930 bis 1936 in Verlag und Redaktion der ‚Ostdeutschen Morgenpost‘ in Beuthen eine gründliche Berufsausbildung. Als der Verlag durch den NS-Gauverlag übernommen wurde, wurde Langer entlassen, weil er sich weigerte, der NSDAP beizutreten. Langer war dann von 1937 an bis zum Ausbruch des Krieges im Zeitschriftenwesen tätig, kam im Krieg als Kriegsgefangener nach den Vereinigten Staaten, wo er Herausgeber und Redakteur einer Kriegsgefangenenzeitung wurde. Am 31. März 1946 wurde er aus der Kriegsgefangenschaft entlassen, war zunächst in Deutschland dann Geschäftsführer des ‚Mannheimer Morgen‘, bis ihn ICD [information control division] im September 1947 nach Coburg berief. Langer ist der jüngste Lizenzträger in Bayern.“

und Landkreis Coburg und die Kreise Lichtenfels und Kronach/Teuschnitz. Die Zeitung hatte von Anfang an vier verschiedene Ausgaben für ihre Leserbezirke[14], jeweils mit entsprechender Lokalseite.

Mit der Generallizenz im Sommer 1949 veränderte sich die Situation für die „Neue Presse". Zunächst trat Willi Kurtz als Verlagsleiter bei der Druck- und Verlagsanstalt Neue Presse GmbH ein und übernahm die Anteile des ausscheidenden Langer.[15] Die NP hatte sich nun gegen vier Konkurrenzblätter zu behaupten;[16] das „Coburger Tageblatt" der Altverlegerfamilie Colbatzky stellte sich bald als ernster Testfall für die „Neue Presse" heraus. Der NP-Geschäftsführer Franz Stoß meint heute dazu, daß Maslowskis Umerziehungsprogramm manchen Coburger vergrätzt habe. Maslowski habe nämlich den Lesern ihre „braune Geschichte via NP ständig um die Ohren gehauen".[17] Die Auflage der „Neuen Presse" brach sofort ein (1950: 32 000 Exemplare; 1955: 24 000 Exemplare)[18], Zuwachsraten schrieb dafür das „Coburger Tageblatt". 1959 übernahm Dr. Herbert Allerdt die Anteile von Willi Kurtz, zehn Jahre später die restlichen 50% von Maslowski. Der Hamburger Verleger fungierte dabei jedoch nur als Treuhänder für die SPD, genauer: für die „Konzentration GmbH", eine Holding in Bonn, die „von der SPD beherrscht" wird.[19]

Maslowski folgten Dr. Paul Weppler und Edmund Scheler in der Geschäftsführung. Seit 1983 hat Franz Stoß die Leitung des Unternehmens. Ihm lag daran, die „Neue Presse" wieder in größere Distanz zur SPD zu bringen und eine „wirklich neutrale, keine sterile, eine objektive, allen Problemen des Lebens aufgeschlossene Zeitung" zu machen. Dieses Konzept scheint sich bewährt zu haben, denn heute liegt die verkaufte Auflage wieder bei 32 000 Exemplaren.

Ein neues Kapitel in der Geschichte der NP begann am 1. 1. 1986, als das Bundeskartellamt eine Beteiligung des Süddeutschen Verlages am Verlag der „Neuen Presse" genehmigte. Seitdem gehören dem Münchener Zeitungs- und Zeitschriftenhaus 70% der NP. Die restlichen 30% besitzt die Deutsche Druck- und Verlagsgesellschaft mbH.[20] Mittlerweile macht die „Neue Presse" keine schlechte Figur auf dem umkämpften Print-Medienmarkt im nordfränkischen Raum.[21]

Stolz verweist der Verlag darauf, daß trotz des kontinuierlichen Bevölkerungsrückgangs von jährlich bis zu einem halben Prozent, die NP ihre Auflage habe steigern können. Den Grund sieht auch er in der absoluten Betonung des Lokalen. Zwar wurde in den letzten Jahren der regionale Zusammenhalt durch verwaltungspolitische Maßnahmen gestärkt (mit dem Oberzentrum Coburg), dennoch ist die „Neue

---

14 Hauptausgabe A war für Coburg, und mit entsprechendem Aufdruck, die Ausgabe B für Kronach, Ausgabe C für Lichtenfels-Staffelstein und Ebern, und Ausgabe D für Neustadt.

15 Vgl. Brief von H. J. Kortüm, Geschäftsführer der „Neuen Presse" an Rainer Sütfeld, zit. nach Rainer Sütfeld: Die Entwicklung der 27 in Bayern lizenzierten Tageszeitungen nach 1949. Magisterarbeit 1983 (unveröffentlicht), S. 67.

16 Vgl. Sütfeld, a. a. O., S. 62.

17 Äußerung von Franz Stoß anläßlich eines Vortrags im Institut für Kommunikationswissenschaft (Zeitungswissenschaft) der Universität München am 30. Juli 1987.

18 Sütfeld, a. a. O., S. 63.

19 Dr. Allerdt ist außerdem alleiniger Gesellschafter der „Frankenpost" aus Hof.

20 Lt. großem Impressum vom 1. 7. 1987. Gesellschafter der Firma KG Deutsche Druck- und Verlags GmbH Co. sind zu je 50% Hans Matthöfer, Bonn und die Beteiligungsgesellschaft für Gemeinwirtschaft AG in Frankfurt.

21 Konkurrenten im Verbreitungsgebiet sind das „Coburger Tageblatt", der „Fränkische Tag", das „Obermain-Tagblatt", der „Bote vom Haßgau".

Presse“ dem verlegerischen Konzept nach keine Regionalzeitung, sondern bedient mit fünf Lokalausgaben[22] das lokal-kleinräumliche Informationsbedürfnis der Leser. Weil sich der Leser vorrangig für seine nächste Umgebung interessiert, so Franz Stoß', Überzeugung, „ein Zirkelschlag von ca. 20 km ist für unser Verbreitungsgebiet realistisch“,[23] sind der inhaltlichen Regionalisierung der Zeitung Grenzen gesetzt. Deshalb wäre eine für die Region „völlig identische Zeitung wirtschaftlich nicht absetzbar“.[24] Aufgrund dieser Konzeption umfaßt der Lokalteil täglich etwa 28 Seiten, die gesamte NP hat im Durchschnitt 32 Seiten (selten 20, in der Spitze 56 – 64 Seiten), wovon etwa ein Drittel auf Anzeigen (überregionale und lokale zusammen genommen) entfällt.[25]

Wenn die Rahmenbedingungen stimmen, wenn die Kaufkraft der breiten Bevölkerung erhalten bleibt und die Grenzlandpolitik verstärkt die Region stabilisiert, gibt sich Franz Stoß optimistisch, hat „die Lokalzeitung eine große Zukunft“,[26] weil sie „unterhalb der No-Print-Medien eine große Chance“[27] findet, das Naheliegende, den Umkreis dem Leser darzustellen.

(sf)

---

22 Lokalausgaben für Coburg (13,9% der verk. Auflage), Neustadt (2,8%), Kronach (10,1%), Lichtenfels (1,1%), Haßberge (2,2%); nach Angabe des Verlags.

23 Franz Stoß, a. a. O.

24 ebd.

25 Mit dem „Fränkischen Tag“ (Bamberg) und der „Frankenpost“ (Hof) hat sich die NP zu einer Anzeigen-Tarifgemeinschaft „Oberfranken-Presse“ zusammengeschlossen, deren Gesamtauflage bei 180 000 verk. Exemplaren täglich liegt.

26 Franz Stoß, a. a. O.

27 ebd.

Wort gehalten:
Der „Fränkische Tag“

Gerühmt als fränkisches Rom, weil gleich diesem auf sieben Hügeln erbaut. Hochstift, Bistum und Stadt waren im Spätmittelalter von mächtiger politischer und einflußreicher geistiger Bedeutung. Aber mit dem Beginn der Neuzeit geriet die Stadt an der Regnitz – auch zum eigenen Vorteil vielleicht – an den Rand des Weltgeschehens. Abseits von den Entscheidungszentren des Reiches, von den Wirren der Kriege und den Unruhen der Zeit wurde Bamberg „ein seltsam einig und geschlossen liegendes Gebiet“. Die großen Handels- und Nachrichtenstraßen führten fast sämtlich an Bamberg vorbei, nahe genug zwar, um sie bei Bedarf noch zu nutzen, etwa jene, die mit Nürnberg als Zentralpunkt nach Frankfurt oder Leipzig ausgingen oder von Süden herkamen; gleichzeitig aber auch weit genug weg, um von der Welt Händel nicht mehr als nötig beschwert zu werden. Man war in Bamberg mit den Nachrichten und Zeitungen zufrieden, die aus fremden Städten ins Hochstift kamen.

Im Druckereiwesen war Bamberg noch an der Spitze des Fortschritts gegangen. Der Bamberger Albrecht Pfister, der möglicherweise bei Gutenberg selbst in Mainz gelernt hatte, begann wohl um 1458 in seiner Heimatstadt ein Druckzentrum einzurichten, in dem nachweislich Gutenbergs Druckzeug und Typen verwendet wurden; von Bamberg aus wurde die Verbreitung der revolutionierten Druckkunst in andere Länder und Städte maßgeblich beeinflußt. Pfisters Neuerungsgeist zeigte sich in der Anwendung der Druckkunst: Er druckte die ersten deutschsprachigen Bücher und er illustrierte sie als erster reich mit Holzschnittschmuck. Schon der Mäzen Pfisters, der damalige Fürstbischof Georg von Schaumburg, sah wohl in der Druckkunst das Mittel, den Ausdruck des Geistes in bleibender Schönheit zu fassen. Und wenn Bamberg schließlich den Anschluß ans Zeitalter der Zeitungen für lange Zeit verlor, so auch deshalb, weil seinen Herren der Sinn nach anderem stand. Die Fürstbischöfe dieser Zeit, allen voran jene aus dem Hause Schönborn, die von 1693 an mehr als ein halbes Jahrhundert regierten, waren keine politischen Herrscher, sondern Förderer der Kunst. Die großen Kirchenbauten von Balthasar Neumann im Land um Bamberg und Würzburg herum rühmen auch die Mäzene; „man wandert nicht eine Stunde im Fränkischen, ohne zu einem Dorf zu kommen, dessen Kirche nicht Lothar Franz oder Friedrich Karl von Schönborn als Erbauer oder Erneuerer in Erinnerung brächte“.

Deren Nachfolger erst, Bischof Franz Konrad, Reichsgraf von Stadion und Dannhausen, erlaubte 1754 die Gründung der ersten periodischen Bamberger Zeitung, verärgert wohl über die von auswärts eindringenden Blätter und in der Absicht, das Geld im Lande zu halten. Das Privileg erhielt Johann Georg Christoph Gertner, gewesener Leutnant, nunmehr Auditor und auch Betreiber der Hofbuchdruckerei. Das Blatt trug den umständlichen Namen „Neue, Doch Gemein-nutzliche Hochfürstlich-Bambergische Wochentliche Frag- und Anzeige-Nachrichten“; dessen letzter Teil ist eine recht zutreffende deutsche Version für den sonst üblichen Titel „Intelligenzblatt“, den diese erste Zeitung später tatsächlich annahm. Die Zeitung hatte offenbar großen Erfolg. Aus einem Schreiben des Gründer-Sohnes, Michael

Mittwoch, den 9. Januarii, 1754.

Num.  2.

Hochfürstlich-Bambergische

Wochentliche Frag- und Anzeige-Nachrichten.

Daß es verschiedene Gattungen deren Armen gebe, hievon werden wir in folgenden Classen klares Zeugniß haben.

Dann

1mò. Giebt es eigennützige, verstellte, in der That aber nicht bedürfftige Arme, diese werden denen Gabaoniteren verglichen, von welchen Josue am 9. cap. 5. v. gelesen wird:

Sie thäten sehr alte Schuhe an, welche zum Zeichen des Alterthums mit ledernen Stücklein geflicket waren, und legten alte Kleider an.

Probeblatt.

1834.  No. 1.

Täglicher Anzeiger.

Tagsblatt der Stadt Bamberg.

Donnerstag den 30. Oktober.

Historischer Tagskalender.

Schlacht bei Hanau am 30. Oktober 1813, in welcher der Feldmarschall der tapfern Bayern, Wrede, an der Spitze der stürmenden Truppen, von einer Flintenkugel gefährlich in den Leib verwundet wurde. Der Verlust der Franzosen in und bei Hanau betrug 15,000 Todte und Verwundete, und 10,000 Gefangene, unter welchen 200 Offiziere waren.

Hiesiges.

Hr. geistl. Rath Linder, welcher wegen der bereits überlebten 50jährigen Jubelzeit seines Gelübdes für den Benediktiner-Orden in Banz, im Sept. 1784, nächstens von der kgl. Staats-Regierung wird ausgezeichnet werden, wurde zur Feier seines Na-

Bamberger Intelligenzblätter aus zwei Jahrhunderten.

Gertner, wissen wir, daß wohl noch vor 1790 16 Gesellen und drei Lehrbuben im Betrieb beschäftigt waren (der allerdings die Buchdruckerei einschloß).[1]

Oberfrankens größte Zeitung

Nahezu 200 Jahre lagen zwischen der Gründung dieser ersten Bamberger Zeitung und der Gründung der vorerst letzten mit dem Namen „Fränkischer Tag". Und es ist, wie zu zeigen sein wird, nicht nur der Erfolg, der die Blätter verknüpft. Auch der „Fränkische Tag" konnte nur mit ausdrücklicher Erlaubnis erscheinen. Seine erste Ausgabe lief am 8. Januar 1946 durch die Rotationsmaschinen, die Oberstleutnant Irving Dilliard, kommandierender Offizier bei der Nachrichtenkontrolle der amerikanischen Militärregierung, feierlich in Gang gesetzt hatte.

Zunächst erschien der „Fränkische Tag" zweimal pro Woche, am Mittwoch mit vier, am Samstag mit sechs Seiten. „Nur ein Achtel des Umfangs durfte für Anzeigen verwendet werden, diese möglichst klein und unauffällig, Werbeanzeigen waren ausgeschlossen, Suchanzeigen wurden bevorzugt aufgenommen, später auch Tauschanzeigen und selbstverständlich die Meldungen vom Tod irgendeines lieben Menschen."[2]

Die vorgesehene Startauflage betrug 60 000 Exemplare. Sie war für ein großes Verbreitungsgebiet bestimmt, das außer der Stadt und dem Landkreis Bamberg auch die Altlandkreise Forchheim, Höchstadt-Aisch, Ebermannstadt, Staffelstein, Scheinfeld-Nord sowie Haßfurt und Ebern umfaßte. Das Kerngebiet lag also im westlichen Oberfranken; jedoch waren die östlichen Teile von Unterfranken und eine Ecke von Mittelfranken dazugeschlagen worden. Bis in die Gegenwart hinein ist dieses Gebiet an einigen Stellen zwar „begradigt" worden, andererseits aber auch ausgeweitet im Westen auf das Gebiet um Hofheim sowie vor allem nach Norden hin auf die Altlandkreise Lichtenfels und Kronach. Hier stößt das Verbreitungsgebiet unmittelbar an die Grenze zur DDR. Der Untertitel des Blattes umreißt Funktion und Zeitungsraum: „Unabhängige Heimatzeitung an Regnitz, Main und Frankenwald". Der „Fränkische Tag" ist die größte Zeitung Oberfrankens; sie ist im genannten Gebiet gegenwärtig mit einer Verkaufsauflage von 76 706 Exemplaren verbreitet, die sich auf insgesamt 6 Lokal- bzw. Heimatausgaben wie folgt verteilen:[3]

---

[1] Historischer Abriß nach Elisabeth Papp: Die Anfänge der Presse in Bamberg (bis zur Säkularisation). Würzburg 1940. Reihe „Zeitung und Leben", Bd. 85. Dies.: Artikel „Bamberg" (im Beitrag „Bayern"); in: Walther Heide (Hrsg.): Handbuch der Zeitungswissenschaft, Bd. I. Leipzig 1940, Sp. 403–407. Franz Simeth: Die Bamberger Presse von 1802–1848. Phil. Diss. München 1941. Wilhelm Raimund Beyer: Zwischen Phänomenologie und Logik. Hegel als Redakteur der Bamberger Zeitung. Köln 1974, S. 2540. Norbert Frei: Nationalsozialistische Eroberung der Provinzpresse. Stuttgart 1980, S. 260 f. Albert Kapr: Johannes Gutenberg. Persönlichkeit und Leistung. München 1987, Leipzig 1986, S. 220 ff. In den aufgeführten Arbeiten finden sich im übrigen alle gängigen, bislang immer noch widersprüchlichen Auffassungen über die angeblichen Aufenthalte Gutenbergs in Bamberg bzw. über dessen Mitwirkung an den Pfisterschen Drucken. Die Klärung der Frage ist für den vorliegenden Zweck allerdings irrelevant.

[2] Hans Brey: Gewachsen – gefestigt – vertraut. Der Entwicklungsweg des „Fränkischen Tags". In: Sonderbeilage „25 Jahre ‚Fränkischer Tag'" vom 8. 1. 1971. (Kurzbeleg: SBFT 1971).

[3] Angaben zu den Titeln bzw. zur Verbreitung der Lokalausgaben sowie zu den Lokal- und Außenredaktionen: Kopfangaben und Impressa des „Fränkischen Tags"; Auflagenzahlen nach IVW-Angaben, 4. Quartal 1988.

Fränkischer Tag

DEMOKRATISCHE WARTE FÜR DAS REGNITZ-MAIN-GEBIET

Bamberg 8 Januar 1946 — Nr 1 | Lizenz Nr. 13 der Nachrichtenkontrolle der Militärregierung | Einzelpreis 20 Pfg

Für Freiheit und Recht

Nach zwölfjähriger Mundtot- Schaden zufügen Deshalb ist es ren Das würde nicht nur die

DANA funkt

Sammel-Nr.: 1 88 – 0
Vorwählnummer: 09 51

fränkischer Tag

Ausgabe A
J 2927 A

UNABHÄNGIGE HEIMATZEITUNG — REGNITZ MAIN U. FRANKENWALD

Ausgaben: A Bamberg (Stadt und Landkreis), B Forchheim und Ebermannstadt, C Höchstadt mit Herzogenaurach, D Obermaingebiete (Lichtenfels und Staffelstein), E (Haßfurt, Hofheim und Ebern), K Kronach · Bezug durch Träger oder Post Bei Behinderung der Lieferung kein Anspruch auf Lieferung oder Rückzahlung

ft

Druck und Verlag: Fränkischer Tag GmbH & Co. KG, 8600 Bamberg, Gutenbergstraße 1 Die Zeitung erscheint in der Woche sechsmal, und zwar an jedem Werktag Angeschlossen der IVW · Anzeigenpreis nur nach Tarif · Anzeigenannahme am Tage vor Erscheinen bis 10 Uhr, für die Samstagausgabe am Donnerstag bis 17 Uhr

Nr. 155 / 154. Jahrg. Freitag, 10. Juli 1987 | Volksblatt | Einzelpreis DM 1,– / Samstag DM 1,20

Rebmann rechnet mit

Hanselmann an Spitze

Die Zeitungsköpfe „Fränkischer Tag“ in der Erstausgabe und heute.

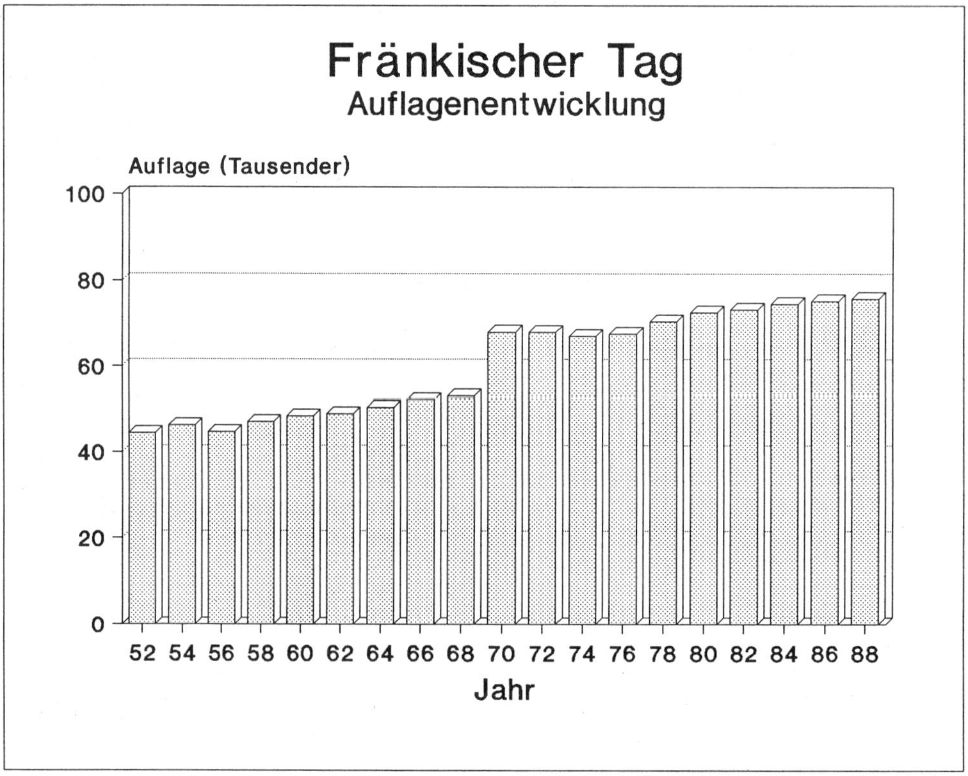

„Fränkischer Tag" und seine Heimatausgaben

Titel bzw. Ausgaben	Lokalredaktion/ Außenredaktion	Verk. Aufl. 4. Q. '88
Fränkischer Tag – Volksblatt – Ausgabe A: Bamberg	Bamberg	44 333
Ausgabe B: Zeitung für Forchheim und Fränkische Schweiz	Forchheim	11 911
Ausgabe C: Aischtal-Bote Herzogenauracher Nachrichten	Höchstadt Herzogenaurach	4 397
Ausgabe D: Obermain-Bote	Lichtenfels Staffelstein	3 910
Ausgabe E: Haßfurt, Ebern Hofheim	Ebern Zeil	6 141
Ausgabe K: Kronach und Frankenwald	Kronach	6 014
Gesamtauflage:		76 706

Natürlich ist die Verbreitungsdichte in diesem Gebiet höchst unterschiedlich. In der Stadt und im Landkreis Bamberg ist der „Fränkische Tag" mit seiner Hauptausgabe Alleinanbieter; und so erreicht er in der Stadt eine Haushaltsabdeckung von rund 65 Prozent, im Landkreis sogar eine Haushaltsabdeckung von mehr als 80 Prozent. Bei den Lokalausgaben sind entsprechende Pauschalangaben kaum möglich. Es gibt hier begrenzte Teilgebiete, in denen der „Fränkische Tag" ebenfalls eine Alleinanbieter- oder zumindest eine starke Erstanbieter-Position hat; in anderen Gebieten gibt es Marktüberschneidungen, so daß die Marktanteile oft schon von Ortsteil zu Ortsteil sich verändern. Schon vor 1933 nämlich erschienen im heutigen Verbreitungsgebiet des „Fränkischen Tags" mehr als ein halbes Dutzend kleinerer Provinzblätter;[4] nicht wenige von diesen Blättern kamen nach der Generallizenz von 1949 wieder auf den Markt; einige davon bestehen bis heute als Heimatzeitungen in Kooperation mit anderen, gleichartigen Zeitungen, weil sie einen anhänglichen und zufriedenen Leserstamm gewinnen konnten.

Ein enger Markt

Von selbst fiel dem „Fränkischen Tag" sein Zeitungsraum in Bamberg und Forchheim – und seine Position in ihm – nicht zu. Er mußte schon darum kämpfen und er muß bis heute einiges dazu tun, um ihn zu sichern. Den neuesten Herausforde-

[4] Vgl. Hans Kapfinger (Hrsg.): Die neue bayerische Presse. München 1948, S. 48.

rungen durch den privaten Lokalfunk begegnete der Verlag des „Fränkischen Tags" mit der Gründung einer Tochtergesellschaft „Radio für Bamberg GmbH", die als Anbieter auftritt. Optionen auf eine Beteiligung an lokalen Hörfunkangeboten sind auch für den Sender in Forchheim und in Lichtenfels geltend gemacht worden. Im Fernseh-Produktionsbereich ist der Verlag als Gesellschafter eingestiegen bei APF, einem Zusammenschluß von 160 Zeitungen zur Mitnutzung der Europäischen Kommunikationssatelliten und bei mbt, der Mediengesellschaft der Bayerischen Tageszeitungen.

Diese Entscheidungen, die um technische und personelle Vorkehrungen ergänzt wurden, sind nach Ansicht des Verlags unerläßlich, weil an harten Daten bereits ablesbar wird, daß „wir eben im Zeitalter der neuen Medien" leben. Seit 1980 hat sich das Anzeigengeschäft im Einzugsbereich der Zeitung auf hohem Niveau stabilisiert, mit weiterhin ansteigender Tendenz. Während im Jahrzehnt zuvor der Umfang der jährlichen Netto-Anzeigenseiten in eindrucksvollen Schritten von rund 200 Seiten im Jahr auf gut 4000 Seiten stetig angewachsen war, trat bis 1986 mit 4161 Netto-Anzeigenseiten eine Beruhigung ein, hinter der sich allerdings Sprünge verbergen. Von 1980 bis 1982 gab es zunächst Einbußen, so daß der Stand von 1980 erst wieder 1983 erreicht war; dann folgte wieder ein Jahr mit leichtem Zuwachs, während für die folgenden Jahre bis 1986 Rückgänge zu verbuchen waren.[5] Nach Zuwächsen in 1987 konnte in 1988 mit 4332 Netto-Anzeigenseiten ein neuer Höchststand erreicht werden. Legt man die Hauptausgabe zugrunde, so entsprach das Volumen der Netto-Anzeigenseiten 1988 ca. 40 Prozent des Gesamtumfanges, während es 1980 ca. 42 Prozent betrug. Der jeweils zugehörige Umfanganteil des Textteils ist in dieser Zeit nicht nur relativ, sondern auch absolut größer geworden. Das heißt, die Zeitung bietet inzwischen mehr Information bei leicht steigenden Anzeigenseiten.[6] Das sind auch im allgemeinen und im bayerischen Vergleich noch recht gesunde Relationen.

Allerdings kann im Verbreitungsgebiet ein viel größerer Werbekuchen derzeit kaum gebacken werden. Um seine Rosinen bemüht sich heute und in Zukunft eine größere lokale Medienkonkurrenz. Das ist nicht unerheblich in einem, von Haus aus, mittelständisch strukturierten Gebiet[7], dessen Wirtschaftskraft heute, ausgedrückt in Anteilen und Relationen an der Entwicklung des Bruttoinlandprodukts, deutlich angestiegen ist und in Oberfranken eine führende Position einnimmt.[8] Industrie und Gewerbe in dieser Region produzieren hauptsächlich Textilien, Schuhe, Maschinen, Papier, Porzellan, Korbwaren, chemische Produkte, Elektrogeräte, Süßwaren, Autoreifen und Bier. Besonders zukunftsstarke Wirtschaftszweige sind nicht nur vereinzelt zu erkennen. In einigen Gegenden entwickelt sich der Fremdenverkehr. Gut drei Viertel des Anzeigenumsatzes resultieren aus dem Lokalgeschäft, gestützt vor allem auf den Einzelhandel und auf die Möbelbranche. Über 60 Prozent der Leser-Haushalte liegen mit ihrer Kaufkraft im oberen Bereich der Einkommensschichten. Dies eröffnet einer Zeitung Perspektiven.

---

[5] Angaben des Verlags vom 18. 9. 1987 und 29. 3. 1988.

[6] Verlagsangaben sowie Jahresumfangsstatistik 1986 der Zeitungen des Verbandes Bayerischer Zeitungsverleger. In: ZV + ZV, Nr. 15 vom 6. 4. 1987, S. 25.

[7] Siehe Hinweise und Belege bei Norbert Frei: Nationalsozialistische Eroberung der Provinzpresse. Stuttgart 1980, S. 261.

[8] Vgl. Werte der Planungsregion 4 „Oberfranken-West", in: Bayern 1983/84. 8. Raumordnungsbericht der Bayerischen Staatsregierung. München 1985.

Gegenwärtige Vergangenheiten

Der „Fränkische Tag" festigte seine Marktposition, als er gegen die Konkurrenz eines „Wochenblatts" und eines Stadtmagazins das verlagseigene Anzeigenblatt „Bamberger Anzeiger" begründete. Er schuf die Voraussetzung für seine Marktstellung, als der Verlag 1965 aus dem Traditionshaus am Heinrichsdamm auszog, weil es an allen Ecken und Enden zu klein geworden war. Nur ein Neubau – damals auf der grünen Wiese – bot die Chance, Büro- und Verwaltungsräume, aber auch die Betriebsflächen für die Technik im erforderlichen Maß auszuweiten. Damals schon wurde eine noch fast neue Rotationsmaschine um 50 Prozent ihrer Kapazität aufgestockt, um für die weitere Entwicklung gerüstet zu sein. Und diese Entwicklung hatte der Verlag wieder im Auge, als er 1981 den Anschluß an die moderne Zeitungstechnik mit rechnergestütztem Satzsystem und Modernisierungen auch in den Sektoren der Druck- und Verarbeitungstechnik gewann.

Neben dem Verlag und der Redaktion der Zeitung wurde der Akzidenz- und Buchdruck zu einem wichtigen Unternehmenszweig ausgebaut. Der Erfolg des Gesamtunternehmens „Fränkischer Tag" drückt sich auch in den Personaldaten aus. 1988 waren in den verschiedenen Abteilungen insgesamt rund 520 Mitarbeiter beschäftigt. Das alles sind äußere Merkmale, die – zusammen genommen – einen Eindruck davon vermitteln, was sich hinter dem Attribut „größte Zeitung Oberfrankens" verbirgt.

Für sich allein betrachtet aber erklärt das Bündel dieser Daten noch keineswegs, was der „Fränkische Tag" heute ist und wie er dazu geworden ist. Dazu genügt in diesem Falle auch nicht der Hinweis, es handele sich beim „Fränkischen Tag" letztlich um eine Lizenzzeitung, deren Marktchancen durch mehrjährigen Konkurrenzschutz schließlich ganz besonders günstig gewesen seien. Der „Fränkische Tag" der Gegenwart ist ohne Rückblick auf die ältere und auf die neuere Pressegeschichte Bambergs nicht zu verstehen. Die Spuren findet schon, wer die Zeitung aufmerksam zur Hand nimmt. Da steht im Zeitungskopf unter dem Haupttitel der Namensrest „Volksblatt". Oder da wird ein paarmal im Jahr im Impressum der etwas schwerfällige Verlagsname Fränkischer Tag GmbH & Co. KG insoweit entschlüsselt, als man erfährt, daß die Kommanditistin der Verlagsgesellschaft eine Firma J. M. Reindl OHG ist – ein traditionsreicher Name in Bambergs Druck- und Pressegeschichte. Und schließlich entdeckt man ebenfalls im Zeitungskopf aller Ausgaben eine überraschende Jahrgangszählung; sie führt nicht – wie man vielleicht erwartet hätte – auf das Geburtsjahr der Lizenzzeitung 1946 zurück, sondern auf das in ferner Vergangenheit liegende Jahr 1834.

Das alles sind gegenwärtige Vergangenheiten. Was diese Verknüpfungen mit recht unterschiedlichen Traditionssträngen bedeuten, sei der Reihe nach wenigstens skizziert.

Nachricht von allem Guten

Am 28. Oktober 1834 wurde in der Stadt Bamberg ein Flugblatt verteilt, mit dem zur Subskription für eine neue Tageszeitung aufgerufen wurde. Sie sollte zum 1. November des gleichen Jahres erscheinen und den Namen führen „Täglicher Anzeiger. Tagsblatt der Stadt Bamberg". Auf Anregung des Bibliothekars und Stadthistorikers Jäck hatte Johann Michael Reindl den Entschluß zur Herausgabe dieser Tageszeitung gefaßt.

Der junge Verleger war der Sohn des letzten fürstbischöflichen Hofbuchdruckers Johann Baptist Reindl, der 1790 die Witwe des Johann Michael Gertner geheiratet hatte[9] und damit in die Rechte der Hofbuchdruckerei eingetreten war – samt dem Privileg für das „Frag- und Anzeige-Blatt", das als „Bamberger Intelligenzblatt" bekannt wurde, ab 1890 endgültig den Namen „Amtsblatt" annahm und auch den Ersten Weltkrieg noch überlebte. In der Hofbuchdruckerei Reindl wurde vor allem 1807 die „Phänomenologie des Geistes" von Georg Wilhelm Friedrich Hegel gedruckt. Das war kurz bevor der Philosoph sein 21monatiges Gastspiel als Redakteur bei der „Bamberger Zeitung" beendigte.[10] Diese Zeitung, gewissermaßen die lokale Konkurrenz zum „Intelligenzblatt" aus der Hofbuchdruckerei, war das Blatt für die Intellektuellen, redaktionell geprägt von Professoren und Dichtern. Die „Bamberger Zeitung" war 1795 von dem französischen Emigranten Gérard Gley, Priester und Gelehrter, gegründet worden, der es aber bereits 1801 an einen Günstling des Fürstbischofs, den Hofkutscher Konrad Schneiderbanger verkaufte. Gley übernahm in der Reihe der Professoren-Redakteure 1804 selbst noch einmal für kurze Zeit die Schriftleitung. Seine größte Blüte erreichte das Blatt unter der Redaktion des Dichters Friedrich Gottlob Wetzel, der dem Blatt ab 1810 auch den neuen Namen „Fränkischer Merkur" gab. Nach dem Tod des der „Bamberger Romantik" zugerechneten Dichters (1819) sank die von ihm erreichte Spitzenauflage von 2000 Exemplaren unaufhaltsam ab, obwohl die späteren Besitzer den „Fränkischen Merkur" technisch besser ausstatteten, sein Korrespondentennetz vergrößerten und Hunderttausende von Gulden hineinsteckten. Es blieb das Blatt der Intellektuellen bis zu seinem Ende im Jahre 1849. „In Bamberg selbst konnte der ‚Fränkische Merkur' niemals festen Fuß fassen, da dessen Schriftleiter nicht bodenständig wurden und vor lauter Politik den Ereignissen in Stadt und Land nicht genügend Rechnung trugen."[11]

In der Schwäche des „Fränkischen Merkur" sah der Drucker, Verleger, Herausgeber und Redakteur Johann Michael Reindl die Chance für das eigene Blatt. Es sollte lokalorientiert sein. Der Zweck der neuen Zeitung, so hieß es schon in der Vorankündigung, werde die „Veröffentlichung des Guten" sein, „was in der Stadt geschieht, wenn es auch einer Erörterung in Zeitungen nicht würdig sein sollte".[12]

Die Zeitung traf den richtigen Ton; denn schon bald nach dem Ersterscheinen am 30. Oktober 1834 war das „Blättla", wie es der Volksmund kurz nannte, zum unentbehrlichen Gast in vielen Bamberger Familien geworden. Auch der offizielle Titel gewann durch Kürze. Die Beifügung „Täglicher Anzeiger" fiel bereits im Januar 1835 weg; einen Monat später wurde aus dem „Tagsblatt" das „Tagblatt". Ende 1865 erhielt es dann den Namen, unter dem es jahrzehntelang firmierte: „Bamberger

---

9 Dieser Hinweis findet sich nur bei K. B.: Das „Bamberger Tagblatt". Seine Gründung und Entwicklung. In: Sondernummer „Neunzig Jahre ‚Bamberger Tagblatt'" vom 31. 10. 1924. (Kurzbeleg: BT 1924.). Elisabeth Papp, auf deren Arbeiten (siehe Anm. 1) der vorliegende kurze Abriß ansonsten zurückgeht, erwähnt diese Verbindung eigenartigerweise nicht.

10 Zu den Details siehe Wilhelm Raimund Beyer: Zwischen Phänomenologie und Logik. Hegel als Redakteur der „Bamberger Zeitung". Köln 1974.

11 K. B.: Das „Bamberger Tagblatt". In: BT 1924, S. 2.

12 Ebd.

Tagblatt". Der Bamberger Stadtritter blieb mit Schild und Fahne von der ersten Nummer an unverändert im Titelkopf stehen.

Fast 40 Jahre lang führte auch Johann Michael Reindl selbst die Redaktion, unterstützt während der ganzen langen Zeit von Christian Adam Kießling. Nach dem Tod des Vaters 1885 zeichnete der Sohn J. B. Reindl verantwortlich, übertrug dann aber 1888 die Schriftleitung an Anton Schuster. Das Blatt blieb in der Familie Reindl, bis die Witwe des Gründers 1902 hochbetagt starb. Kurz danach kaufte Dr. Richard Freiherr von Michel-Raulino das „Bamberger Tagbatt". Freiherr von Michel-Raulino war Mitinhaber, später alleiniger Geschäftsführer der 1746 gegründeten und vor dem Ersten Weltkrieg auch größten Tabakfabrik in Bayern. Nach dem Kauf des Zeitungsbetriebs ließ von Michel-Raulino das Zeitungsunternehmen unter dem Firmennamen „J. M. Reindl" ins Handelsregister eintragen.

Anknüpfungen

Der neue Besitzer modernisierte Verlag und Zeitung von Grund auf. 1903 wurde ein neues Verlagsgebäude errichtet. Neue Setz- und Druckmaschinen wurden angeschafft. Am 7. Juli 1905 stellte das Blatt, das immer noch im vertrauten Oktav-Format erschien, auf das Berliner Format um. 1915 wurde die vorhandene Rotation um eine weitere 32seitige Rotationsmaschine „modernster Bauart", mit einer Druckleistung von damals schon 24 000 Exemplaren pro Stunde, ergänzt. In den nämlichen Jahren wurde die Redaktion erheblich vergrößert. „Mit der Erweiterung der Schriftleitung ging Hand in Hand der planmäßige Ausbau des Zeitungsinhalts zu einer modernen Tageszeitung". Nach den Wirren des Weltkrieges und einer kurzen bayerischen Revolution von 1918 liefen die Investitionen weiter: Anfang der 20er Jahre wurden die Betriebsgebäude wieder vergrößert, die „bisher stiefmütterlich behandelte" Akzidenzabteilung mit modernsten Schriften und Maschinen ausgestattet. Im Jahre 1924 schrieb das Blatt über sich und den Stand seines Fortschritts: „31 Trägerinnen in der Stadt und 417 Vertreter auf dem Land sorgen für die regelmäßige und rasche Zustellung der Zeitung an die Leser. An Angestellten und Arbeitern beschäftigt das ‚Bamberger Tagblatt' 113 Personen, gegen 47 im Jahre 1920".[13]

Dies waren auch die Jahre, in denen das nunmehr kapitalstarke „Bamberger Tagblatt" nach verlagseigenen Angaben seine höchste Auflage mit rund 30 000 Exemplaren erreichte. Schon 1913 war es mit angeblich 21 000 Exemplaren die meistgelesene Zeitung.[14] Und wenn es auch in der Folgezeit massiv bergab ging, „das ‚Bamberger Tagblatt' war und blieb die Zeitung der städtischen und regionalen Geschäftswelt", auch als die täglich im Zeitungstitel abgedruckte Behauptung, das

---

13 Alle Angaben und Zitate dieses Abschnitts siehe K. B.: Das „Bamberger Tagblatt". In: BT 1924, S. 2.

14 Zu den nicht unbedingt glaubwürdigen Auflagenzahlen siehe Norbert Frei: Nationalsozialistische Eroberung der Provinzpresse. Stuttgart 1980, S. 261 f. Frei kommt hier zu folgendem Ergebnis: „Die tatsächliche Bamberger Gesamtauflage wird also, etwas mehr noch als die kleinerer Orte, unter der behaupteten gelegen haben; hier schummelten vier Pressefürsten einander hoch. Wollte man versuchen, den größten Schummler herauszufinden – man müßte spekulieren." (S. 262) Bei den vier „Pressefürsten" handelt es sich um die Verleger des „Bamberger Tagblatts", der „Bamberger Neuesten Nachrichten" (nationalliberal), des „Bamberger Volksblatts" (katholisch-konservativ) und des „Fränkischen Volksfreundes" (sozialdemokratisch).

„Tagblatt" besitze „die weitaus höchste Auflage sämtlicher oberfränkischer Zeitungen", längst nicht mehr korrekt war.[15]

Selbstredend hatte zu diesem Effekt eines hochgeachteten lokalen Insertionsblattes auch das Image der Parteilosigkeit bzw. der Neutralität des Blattes beigetragen, das in Eigenwerbung und Eigenaussagen hochgehalten wurde.[16] Im Jubel-Artikel zum 90jährigen Bestehen hatte das Blatt seine Position so fixiert: „Keiner Partei dienstbar und darum oft befehdet von Rechts und Links, unerschüttert von bösen Angriffen, unbekümmert um giftige Verleumdungen geht das ‚Tagblatt' auch heute den von ihm als richtig und notwendig erkannten Weg, die Vaterlandsliebenden zum Zusammenhalt ermahnend, ausgleichbare Gegensätze glättend, die Übelgesinnten schonungslos bloßstellend, vor nahendem Unheil warnend, im übrigen alle kulturellen Bestrebungen fördernd, zivilisatorische Auswüchse bekämpfend. So steht es fest, mitten im Lebensdrang, ein dringlicher Mahner zum Frieden, doch auch, wenn es sein muß, ein starker Rufer im gerechten Streit."[17]

Doch man kannte im katholischen Bamberg natürlich den „Tagblatt"-Besitzer, Freiherrn von Michel-Raulino, als „engagierten Deutschnationalen mit Sinn für Soldatisches"; man las aus der Zeitung auch die Zwischentöne, die den Konservativen „aus Bismarcks Kulturkampf ganz ähnlich noch gut in den Ohren klangen"; und aus den Leitartikeln des Johann Baptist Dietrich, der „zwischen 1926 und 1928 das primitive Wochenblatt der Bamberger Nationalsozialisten, ‚Die Flamme', heimlich mit Artikeln versorgte", destillierte man unschwer die Sympathien für Hitler.[18] Es ist daher kaum verwunderlich, daß es bereits am 29. Juli 1933 zu einer Fusion zwischen dem „Bamberger Tagblatt" und dem von Gauleiter Hans Schemm im Gauverlag Bayreuth herausgegebenen „Fränkischen Volk" kam.[19]

Nach dem Untergang des Dritten Reichs wiesen die Besatzungsmächte die Räume und die technischen Einrichtungen des ehemaligen „Bamberger Tagblatts" der Lizenzzeitung „Fränkischer Tag" zur Nutzung zu. Diese Nutzung war im Rahmen eines Pachtvertrags geregelt. Zwar gelang es dem „Fränkischen Tag" während der Lizenzjahre in seinem Gebiet „Wurzeln zu schlagen" und ein organisches Wachstum einzuleiten. Aber im Gegenwind der Konkurrenz nach der Generallizenz, als im Verbreitungsgebiet zeitweise acht Heimatzeitungen um Leser kämpften, und auch im Wettstreit mit der noch lizenzierten Konkurrenzzeitung „Neues Volksblatt", mußte der „Fränkische Tag" Anfang der 50er Jahre teils empfindliche Auflageneinbußen hinnehmen. „Es war deshalb wohl unvermeidlich und bestimmt das Klügste, daß zwischen den Besitzern der alten Zeitung ‚Bamberger Tagblatt', der Familie Raulino, und dem ‚Fränkischen Tag' (..) Besprechungen begannen, die zu einem freundschaftlichen Zusammengehen auf der gesunden Basis von 50 : 50 führten. Es muß hier gesagt werden, daß die bald erreichte freundschaftliche Zusam-

---

15 Siehe Norbert Frei, a. a. O., S. 269.

16 In den Ala-Katalogen von 1913 bis 1933 firmiert das „Bamberger Tagblatt" bis 1931 als „parteilos", danach als „neutral"; nach Norbert Frei, a. a. O., S. 263.

17 J. B. D. Johann Baptist Dietrich: Leitartikel „Neunzig Jahre ‚Bamberger Tagblatt'". In: BT 1924, S. 1. (Zu Dietrich siehe auch Norbert Frei, a. a. O., S. 266 f.).

18 Norbert Frei, a. a. O., S. 263 und S. 267.

19 Wohl aus wirtschaftlichen Gründen hatte sich die Verlegerfamilie Michel-Raulino lange gegen die Fusion gesträubt, aber schließlich ihr Verlagsrecht doch für 70 000 Reichsmark abgetreten. Siehe dazu Heinrich Wurstbauer: Lizenzzeitungen und Heimatpresse in Bayern. Phil. Diss. München 1952, S. 116.

menarbeit ganz wesentlich zur weiteren günstigen Entwicklung des ‚Fränkischen Tags' beitrug."[20] Das heißt konkret, daß 1953 eine neue Verlagsgesellschaft gegründet wurde, an der die Fränkischer Tag GmbH und die J. M. Reindl OHG je zur Hälfte beteiligt waren. Bis heute hat sich an diesen Besitzverhältnissen nichts Grundsätzliches mehr geändert. Seit dieser Verknüpfung mit dem alten Verlag zählt der „Fränkische Tag" seine Jahrgänge in der Tradition des „Bamberger Tagblatts".

Alte Rivalitäten

In der Bamberger Lizenzpressezeit stecken zwei Besonderheiten, die miteinander zusammenhängen. Da ist zum einen der Auftritt einer zweiten Lizenzzeitung; zum anderen der verhältnismäßig lange verzögerte Start der ersten Lizenzzeitung. Dies war schon den ersten Chronisten der bayerischen Lizenzpresse aufgefallen. Denn kaum irgendwo „waren die technischen Voraussetzungen so günstig" wie in Bamberg. „Die schöne alte Bischofsstadt hatte durch den Krieg fast nicht gelitten. Eine große Zeitungsdruckerei mit sechs Linotype-Maschinen und einer 32seitigen Rotationsmaschine stand zur Verfügung. Diese Druckerei war nicht nur vollkommen intakt geblieben, sondern druckte auch von Mai 1945 bis Oktober 1945 den ‚Bayerischen Tag', die Zeitung der amerikanischen Armee für die deutsche Bevölkerung." Andernorts mußte man all dies wertvolle technische Gerät aus Trümmern und Schrott zusammenbauen. Und doch liefen ebenda die Druckmaschinen für deutsche Zeitungen wesentlich früher an als in Bamberg. Den Grund für diese Verzögerung sieht Hans Kapfinger in der alten „Rivalität innerhalb der Bamberger Bürgerschaft zwischen den Anhängern der früheren BVP-Zeitung und der früheren ‚neutralen' Presse".[21] Da mußten tiefe Wunden geschlagen worden sein, wenn sie so bald und so heftig wieder aufbrachen, da mußten mächtige Ideale Antrieb sein, wenn der Kampf um sie das ganze Lizenzprogramm der Besatzungsmächte durcheinanderbrachte.

Die BVP-Zeitung, von der hier die Rede ist, war das „Bamberger Volksblatt", das als Folge des Kulturkampfes 1874 gegründet worden war.[22] Es war bewußt kirchennah gestaltet. Der Erfolg des Blattes bis zum Ersten Weltkrieg war mäßig; es soll 1913 eine Auflage von rund 8000 Exemplaren erreicht haben.

Im Kampf gegen das stärkere „Bamberger Tagblatt" gründete dann 1922 der Katholische Preßverein in Bamberg den St. Otto-Verlag. Nicht mehr nur die ideelle,

---

20 Hans Brey: Gewachsen – gefestigt – vertraut. In: SBFT 1971.

21 So Hans Kapfinger in: ders. (Hrsg.): Die neue bayerische Presse. München 1948, S. 47. (BVP = Bayerische Volkspartei).

22 Das Gründungsjahr ist nicht eindeutig. Elisabeth Papp (Bamberg-Artikel im „Handbuch der Zeitungswissenschaft") behauptet als Gründungsjahr 1872. Norbert Frei (a. a. O., S. 260) merkt ausdrücklich an, daß sich auf das Gründungsjahr 1874 die Jahrgangs-Datierung des neuen „Bamberger Volksblatts" beziehe. Der Titel „Bamberger Volksblatt" taucht in der Pressegeschichte der oberfränkischen Kaiserstadt schon früher auf. 1849 für das Blatt eines gewissen Heinkelmann, eines eingesessenen Mediziners, der es so scharfzüngig antiklerikal und radikalliberal führte, das es nach kurzer Zeit zugrunde ging. (Norbert Frei, a. a. O. und Elisabeth Papp, a. a. O.). Elisabeth Papp führt darüber hinaus eine zweite, offenbar konservative Gründung dieses Titels von 1852 an, die allerdings 1856 ebenfalls einging. (Elisabeth Papp, a. a. O., Sp. 407).

Bamberger Volksblatt

Anzeigenpreis: Die 1-spaltige Millimeter-Zeile 5 Rpf, im Textteil 30 Rpf, für Stellengesuche 3 Rpf, für Familien-, Unterrichts-, Vereins-, Vergnügungs-, Gaststätten-Anzeigen und für einspaltige Kleine Anzeigen nur 4 Rpf; einspaltige Kleinanzeigen auch nach Wortberechnung je Wort 5 Rpf. Nachlaß für Mengenabschlüsse nach Staffel B. Zurzeit ist Anzeigen-Preisliste Nr. 8 gültig. Bei fernmündlich aufgegebenen Anzeigen keine Gewähr für richtige Wiedergabe. Gerichtsstand Bamberg. Erscheint werktags. Verlag: B.V.-Zeitungsverlag G. m. b. H. Nürnberg/Bamberg; Druck: St. Otto-Verlag in Bamberg. Rufnummern: 1504, 1502, 1505. Postscheckkonto: Nürnberg Nr. 1850.

Bezugspreis: In Bamberg monatlich RM 1.70, halbmonatlich 85 Rpf einschließlich Trägerlohn; am Schalter monatlich RM 1.55, wöchentlich 35 Rpf; auswärts durch Vertreter monatlich RM 1.70 einschließl. 30 Rpf Versandgebühr und einschließl. 30 Rpf Zustellgebühr; durch die Post monatlich RM 1.70 einschließlich 30 Rpf Postgebühr und zuzüglich 36 Rpf Postzustellgeld bei freier Zustellung ins Haus. Einzelpreis 10 Rpf. — Der Bezug gilt für den nächstfolgenden Monat als verlängert, wenn nicht spätestens am 25. des laufenden Monats vorher rechtzeitig abbestellt wird. Für unverlangte Einsendungen an unsere Schriftleitung wird keine Gewähr übernommen.

Beilagen: Bamberger Blätter mit Alt-Franken, Unter den Domtürmen, Bauer und Siedler

Mit den amtlichen Bekanntmachungen der Reichs-, Landes- und Gemeindebehörden des Verbreitungsgebiets

63. Jahrgang | Mittwoch, den 18. November 1936 | Nummer 268

Frankreichs Flottenbauprogramm 1937

4 Panzerkreuzer im Bau — 26 kleine Fahrzeuge und wichtige Ersatzbauten

Paris, 17. November. Am 30. November tritt der Oberste Marinerat zusammen, um das Flottenbauprogramm für 1937 festzulegen.

Der Marineminister hat hierzu einem Vertreter des „Intransigeant" erklärt, daß sich gegenwärtig vier Panzerkreuzer im Bau befänden, zwei zu je 26 500 Tonnen, der „Dunkerque", der jetzt seine Probefahrten beendet und demnächst in Dienst gestellt wird, und die „Straßbourg", die im Dezember vom Stapel laufen wird. Dazu kommen zwei 35 000-Tonnen-Panzerkreuzer, wird. Einige andere Kreuzer seien überholt und vervollständigt worden, so daß sie noch lange als ernsthafte Gegner gelten könnten.

Das Bauprogramm 1937 sehe nicht etwa nur Neubauten vor, sondern in erster Linie den Ersatz für Schiffe, die inzwischen die Altersgrenze erreicht hätten, darunter ein 8000-Tonnen-Kreuzer, einige Torpedoboote von 1500 Tonnen und vor allem zahlreiche U-Boote. Außerdem soll das Parlament die notwendigen Mittel für den Bau von 26 Kleinfahrzeugen bewilligen, die für den Kolonial- und Küstendienst in Frage kommen. Weiter ist auch

Wichtige Neuigkeiten

Frankreichs Flottenprogramm sieht für 1937 u. a. den Bau von 4 Panzerkreuzer vor.

Der Reichsarbeitsminister hat den Ländern einen Betrag von 200 000 RM. für die Durchführung von Winterheilkuren für arme Kinder zur Verfügung gestellt.

Der Führer und Reichskanzler hat dem Geheimen Regierungsrat Dr. Erich Marcks den Adlerschild des Deutschen Reiches verliehen.

Der österreichische Staatssekretär des Aeußeren Dr. Schmidt trifft zu einem zweitägigen Besuch der Reichsregierung in Berlin ein.

Die Zahl der Todesopfer von St. Chamas hat bereits die Ziffer von 60 überschritten.

Die Tradition der katholischen Heimatpresse in Bamberg; obwohl das „Neue Volksblatt" nach langem Kampf als zweite Zeitung in Bamberg noch lizenziert wurde, konnte es sich auf Dauer nicht halten. Sein Name lebt als Untertitel im „Fränkischen Tag" weiter.

Franken lant hat eren vil Hugo v. Trimberg.

Alt-Franken

Zeitschrift für volkstümliche Heimatpflege
Herausgeber: Christian Pfau und Eduard Diener

BEILAGE ZUM BAMBERGER VOLKSBLATT

4. Jahrgang | Juli 1928 | Nr. 14

Das Freischießen in Lichtenfels vor 100 Jahren

Von Bibliothekar Joachim Heinr. Jäck.
(Taschenbuch von Bamberg und dessen Umgebungen, 1813.)

(Schluß.)

Der Abend naht unterdessen heran; das Zusammenströmen der festlich gekleideten Stadtbewohner nach dem Rathause bringt uns auf die Vermutung, daß nach dem öffentlichen Anschlagzettel soeben Thaliens Tempel daselbst geöffnet wird. Wir drängen uns dahin mit gleicher Neugierde nach den prächtigen Dekorationen und reichen Kostümen sowohl als nach der Gewandtheit des Personals dieses seit einigen Jahren bestehenden Gesellschaftstheaters. Zum heutigen Sujet ist der Fridolin von Holbein ausgewählt worden; die Zahl der Zuschauer wird außerordentlich groß .....

Neues Volksblatt

Gegründet 1849 | Unabhängige Heimatzeitung für das Frankenland | Ausgabe: A J

4. Jahrgang / Nr. 149 / Einzelpreis 20 Pfg. | Dienstag, 2. Dezember 1952 | Di: Bibiana; Mi: Franz Xaver

Adenauer: Keine Anerkennung der Saarwahlen

Zum Tagesgeschehen

Der Pyrrhus-Sieg ei — Für viele von uns

sondern die handfest materielle Unterstützung der katholischen Presse war angesagt, um das „Volksblatt" auf die Höhe der Zeit und auf die Höhe der rivalisierenden gegnerischen Presse zu bringen. Die Richtung, vom Leiter des „Bamberger Volksblatts" anläßlich der Verlagsgründung markiert, lautete: „Der schlimmste Feind der katholischen Sache ist nicht die gegnerische Presse, der schlimmste Feind ist jene Presse, die im Pharisäerkleid stets dem Feind das freundliche, liebedienerische Antlitz, dem katholischen Volk aber stets den Rücken kehrt."[23]

Das Unternehmen gelang. Es ging aufwärts mit dem „Bamberger Volksblatt". Mit zahlreichen Heimatausgaben im oberfränkischen Einzugsgebiet konkurrierte es nun mit dem „Bamberger Tagblatt" und schlug dieses an der empfindlichsten Stelle. Allein zwischen 1926 und 1928 konnte das „Volksblatt" dem „Bamberger Tagblatt" 7000 Abonnenten abnehmen. Der St. Otto-Verlag expandierte bis zum Ende der 20er Jahre zu einem graphischen Großbetrieb mit rund 130 Beschäftigten. Anfang 1933 war die Auflage des „Tagblatts" auf rund 20 000 Exemplare gesunken, während das „Bamberger Volksblatt" mit all seinen Heimatausgaben rund 27 000 Exemplare erreichen konnte. Dann aber wurde nach der Machtergreifung mit harten Bandagen gegen das „Volksblatt" Front gemacht. Es wurde mit zahlreichen Verboten belegt, mit Schikanen überzogen. Strategien der Abwerbung und der Einschüchterung taten ein übriges. Allein im ersten Jahr der Naziherrschaft verlor das „Volksblatt" mehr als 7000 Bezieher. Der Abwärtstrend war nicht zu stoppen. Schließlich wurde der St. Otto-Verlag im Juni 1937 zugunsten des Landes Bayern eingezogen (weil bei ihm, wie an elf anderen Orten, die päpstliche Enzyklika „Mit brennender Sorge" gedruckt worden war). Das „Bamberger Volksblatt" rettete sich noch bis zu Silvester 1938 und wurde dann mit einer Restauflage von nur mehr 9000 Exemplaren eingestellt.[24]

Neue Konkurrenz

Diese Vergangenheit war nicht bewältigt, als die amerikanische Besatzungsmacht an den Neuaufbau eines demokratischen Pressewesens ging. Sie machte sich in Bamberg die Vergabe der Lizenznummer 13 nicht leicht. Drei Lizenzträger wurden ausgewählt. Zwei von ihnen waren vor dem Krieg Mitarbeiter des St. Otto-Verlags gewesen, nämlich Walter Meiß und Georg Wirth.

Walter Meiß, 1888 in Solingen geboren, war Buchdruckermeister und für die neue Zeitung als technischer Direktor vorgesehen. Er arbeitete in seinem Beruf in vielen Städten, betätigte sich für die Sozialdemokratische Partei und wurde 1920 bei einem Bombenattentat verletzt. Seit 1926 war er dann Betriebsleiter im St. Otto-Verlag. Bei den Amerikanern galt er als parteilos. Nachdem die amerikanischen Behörden den ehemaligen Reindl-Betrieb nach dem Krieg beschlagnahmt hatten, wurde Meiß dort zum Betriebsleiter bestellt.

Georg Wirth, für den neuen „Fränkischen Tag" als Verlagsleiter bestimmt, war 1898 in Oberfranken geboren, gelernter Buchdrucker, im Ersten Weltkrieg schwer ver-

23 Zit. nach Norbert Frei, a. a. O., S. 264.

24 Die Nazi-Strategien im Kampf gegen das „Bamberger Volksblatt" und seine Paralyse durch innerkirchliches Taktieren selbst hat exemplarisch und im Detail Norbert Frei dargestellt und belegt; a. a. O., S. 251–321.

wundet. Von 1923 bis 1937 war Wirth Verlagsangestellter ebenfalls im St. Otto-Verlag gewesen. Nach der Zwangsauflösung des Verlags machte er sich als Papierhändler selbständig. Er war im Team der Lizenzträger das der CSU angehörende Mitglied.

Anderer Herkunft, aber ebenfalls bereits Bamberger Bürger, war der dritte Lizenzträger, August Hans Brey. Jahrgang 1898, war er gelernter Schriftsetzer. Er begann jedoch schon Anfang der 20er Jahre für verschiedene Zeitungen zu schreiben und wurde 1930 Redakteur der SPD-Zeitung „Volkswille" in Hannover. 1933 wurde er aus seiner Stellung entlassen, schriftleitende Tätigkeit war ihm fortan verboten; er stand unter Gestapo-Kontrolle. Nach dem Zusammenbruch wurde ihm die Leitung des Arbeitsamtes Bamberg übertragen, bis er 1946 als SPD-Repräsentant auf den Posten des Chefredakteurs im „Fränkischen Tag" rückte.[25]

Obwohl also unter den Lizenzträgern erfahrene Männer aus der ehemals katholischen Presse waren, hatte der „Fränkische Tag" „eine Reihe von Anfeindungen zu überwinden. So mußte es das Ziel der Zeitung sein, von Anfang an Gegensätze auszugleichen und der Bevölkerung den Beweis zu erbringen, daß die lizenzierte Presse auch als überparteiliches Organ den Wünschen der Bevölkerung entsprechen kann".[26] Aber dies gelang nicht sofort.

Die von den Nationalsozialisten geschädigten Interessenten des katholischen „Bamberger Volksblattes" pochten auf das Recht einer eigenen Zeitung. Tatsächlich lizenzierten die amerikanischen Behörden schließlich wenige Monate vor der Generallizenz am 1. 5. 1949 als Wiedergutmachung eine katholische Richtungszeitung mit dem Namen „Neues Volksblatt".[27]

Der als Geschäftsführer des Verlags vorgesehene Lizenzträger war Josef Rost, Jahrgang 1903, im Dritten Reich wegen Hochverrat angeklagt und verurteilt. Er war Mitglied der CSU. Der zweite Lizenzträger war eine Symbolfigur des politischen Katholizismus in Bayern und des publizistischen Widerstands gegen den Nationalsozialismus: Prälat Georg Meixner. Er war für die Redaktionsleitung ausersehen. Meixner war 1923 schon Mitbegründer des St. Otto-Verlags und anschließend Chefredakteur des „Bamberger Volksblattes" gewesen, war mehrmals verhaftet worden und mußte schließlich aus dem Impressum verschwinden. 1932 noch ging er für die Bayerische Volkspartei in den Landtag. Nach dem Krieg war er Mitbegründer der CSU und für diese in den Jahren 1950 bis 1957 im Landtag, zeitweise als Vorsitzender der CSU-Fraktion – auch das eine Ausnahmeerscheinung im Nachkriegsdeutschland.

Für das „Neue Volksblatt" mußte der „Fränkische Tag" kurzfristig die eigene Auflage um 20 000 Exemplare senken und ging daher schon mit einer geschwächten Auflagenzahl in den freien Markt, nachdem der Lizenzzwang aufgehoben war. Das „Neue Volksblatt" andererseits trat den Wettbewerb mit 25 000 Exemplaren an. Es

[25] Vgl. Hans Kapfinger (Hrsg.): Die neue bayerische Presse. München 1948, S. 48 f.

[26] Hans Kapfinger, a. a. O., S. 47 f.

[27] Vgl. Harold Hurwitz: Die Stunde Null der deutschen Presse. Köln 1972, S. 159. Kurt Koszyk (Pressepolitik für Deutsche 1945–1949) erwähnt diese letzte Lizenzierung einer bayerischen Zeitung eigenartigerweise überhaupt nicht. Neben der „Augsburger Tagespost" (siehe Porträt „Deutsche Tagespost") war das „Neue Volksblatt" in Bamberg die zweite Ausnahme von den Lizenzierungs-Regeln, nur unparteiliche Zeitungen zuzulassen und an Altverleger keine Lizenz auszugeben.

konnte diese Auflage noch steigern und erreichte 1955 mehr als 28 000 Exemplare. Umgekehrt erlitt in diesen Jahren der „Fränkische Tag“ starke Einbußen und mußte 1956 einen Auflagen-Tiefstand von nur mehr rund 45 000 Exemplaren in Kauf nehmen.

1953 hatte das lizenzierte „Volksblatt“ seinen Traditionsnamen „Bamberger Volksblatt“ wieder angenommen, zählte seine Jahrgänge wieder nach dem Gründungsjahr 1874 und gab demgemäß 1959 eine Jubiläumsausgabe zum 85jährigen Bestehen heraus, mit der nicht eine Lizenzzeitung, sondern das Wiedererscheinen einer mit „Frankens Land und Volk verbundenen“ Traditionszeitung[28] gefeiert wurde.

Aber 1960, dem Todesjahr von Prälat Meixner, begann die Auflage, langsam und stetig zu sinken. 1968 schied Josef Rost aus dem Verlag aus. Bis Ende 1969 war die Auflage auf 18 000 Exemplare gefallen. Eine zeitweise verwirklichte Redaktionsgemeinschaft mit dem „Fränkischen Volksblatt“ in Würzburg hatte keine Stütze bringen können. Am 31. 12. 1969 erschien das „Bamberger Volksblatt“ zum letzten Mal. Es wurde an den Konkurrenten, den „Fränkischen Tag“, verkauft, der seitdem im Untertitel auch den Namen „Volksblatt“ führt. Mit einer durch den Ankauf gesteigerten Auflage von rund 71 000 Exemplaren ging der „Fränkische Tag“ gestärkt in das Jahr 1970.

Spiegelung der Welt

Natürlich löste auch das Ende des neuen „Bamberger Volksblattes“ hier und dort Bitterkeit aus.[29] Aber die bessere Einsicht setzte sich wohl durch, die realistische Einschätzung der verbliebenen Möglichkeiten. Schon ein Jahr später, zum 25jährigen Bestehen der Lizenzzeitung „Fränkischer Tag“ klangen die Stellungnahmen versöhnlich. Dem „Fränkischen Tag“ sei zu danken für die vielfältige, lebendige und abgewogene Berichterstattung aus dem kirchlichen Leben des vergangenen Vierteljahrhunderts, schrieb der evangelische Kirchenrat. Und der katholische Domdekan bestätigte, der „Fränkische Tag“ habe sich „in all den Jahren seines Erscheinens um eine freie Berichterstattung des kirchlichen Lebens und um eine freimütige Kritik an ihm bemüht“. Allerdings setzte er auch hinzu: „Wir glauben, daß der Wunsch nach öffentlicher Mitsprache der Kirche größer ist, als diejenigen gern annehmen, die die Kirche aus dem öffentlichen Leben lieber heute als morgen ausschalten möchten.“

Der Regierungspräsident von Unterfranken hebt die objektive Unterrichtung durch den „Fränkischen Tag“ hervor; sein Kollege aus Oberfranken unterstreicht, daß der „Fränkische Tag“ „lebhaft und – wo es erforderlich war – kritisch Anteil genommen“ habe an der wirtschaftlichen Entwicklung des Landes; der „Fränkische Tag“ sei „ein Spiegelbild dieser anfangs für unüberwindbar gehaltenen Schwierigkeiten“

---

28 Sonderbeilage des „Bamberger Volksblattes“ vom 1. 5. 1959, S. 2.

29 So erinnerten mit Trotz die Redakteure des „Bamberger Volksblattes“ auf einer Sonderseite an die wechselvolle Geschichte ihres Blattes und zogen zornig Parallelen: „Die Liberalen haben 1856 die Aufgabe des Volksblattes bejubelt und in Wirtshäusern begossen.“ Und sie fügten resigniert hinzu: Das „Volksblatt“ sei „überall anerkannt, aber es fehlte ihm die wirtschaftliche Kraft“. (Sonderseite zur Einstellung im „Bamberger Volksblatt“ vom 31. 12. 1969).

gewesen und habe „die Belange des Grenzlandes“ stets mit Einfühlungsvermögen und Nachdruck vertreten.[30]

Keine schlechten Zeugnisse also für eine „Provinzzeitung“. Schon als Hegel in Bamberg Redakteur wurde, wollte er die Spiegelungskraft der Provinzzeitung stärken, um so der Weltorientierung des Lesers auf die Sprünge zu helfen. „Das Zeitunglesen des Morgens früh ist eine Art von religiösem Morgensegen. Man orientiert seine Haltung gegen die Welt an Gott oder an dem, was die Welt ist. Jenes gibt dieselbe Sicherheit wie hier, daß man wisse, wie man daran sei.“[31]

Das „kleine Welttheater“

Wie man dran ist, erfährt man täglich, wenn man den „Fränkischen Tag“ zur Hand nimmt. Denn zunächst einmal erleichtert es die Zeitung ihren Lesern, sich im Blatt auszukennen. Das erste Zeitungs-„Buch“ umfaßt die Mantelseiten, das zweite die Lokal- und Regionalberichterstattung; Reportagen und Sonderthemen ergänzen das Angebot. Am Samstag kommt neben dem höheren Umfang eine Wochenend-Beilage hinzu; unter ihrem Titel „Fränkischer Sonntag“ vereinigt sie besinnliche Texte, Sonderseiten für Zielgruppen, für Kinder etwa oder für Frauen, und natürlich kurzweilige Unterhaltungsstoffe.

Der Mantelteil der Zeitung ist Ausgabe für Ausgabe nach dem gleichen Muster aufgebaut; dabei ändert sich mit einzelnen Wochentags-Schwerpunkten allenfalls der Umfang, der den einzelnen Ressorts verfügbar ist. Die beiden ersten Seiten bringen die wichtigsten außen- und innenpolitischen Neuigkeiten, enthalten aber auch Spitzenmeldungen aus Bayern sowie vereinzelt kleinere Beiträge mit Sensationscharakter. Schon beim Anlesen wird auf diese Weise deutlich, daß die Redaktion um eine lockere Mischung bemüht ist; der Leser soll auch Vergnügen haben, wenn er sich in sein Blatt vertieft. Die zweite Seite enthält am Vorzugsplatz oben links den täglichen Kommentar. Mit „Vermischtem“ aus aller Welt ist die dritte Seite gefüllt. Dann folgt, betont nach vorne gezogen, der Sport mit unterschiedlicher Seitenzahl und die Wirtschaft mit einer Seite. Die nächstfolgende Seite gehört wieder dem „Vermischten“. Meist in Anzeigen eingebettet findet man eine halbe Seite Roman, bevor eine außerordentlich ansprechende, ruhig gestaltete Feuilleton-Seite vorzugsweise über Ereignisse des bayerischen und fränkischen Kulturlebens unterrichtet. Abgeschlossen wird das Mantel-„Buch“ der Zeitung wieder mit „Vermischtem“. Es wird also rasch deutlich, daß dieser Mantel nicht nur auf den einzelnen Seiten, sondern auch in der Kombination der Seiten, sich dem Magazinstil anschließt, wie er in Funkprogrammen längst üblich geworden ist, wenn man darunter versteht, daß Informationen in Unterhaltung eingebettet werden.

Langeweile will die Redaktion beim Leser nicht aufkommen lassen. Vielleicht ist also mit allen modernen Varianten schon doch noch ein bißchen das Rezept gültig, das ein Redakteur des „Bamberger Tagblatts“ 1924 für das „Gesicht der Zeitung“ angibt: Kurz sollen sie sein, die ausgewählten Meldungen, „doch allgemein verständlich, und oft werden aus einer langen Nachricht drei kleinere oder aus sechs

---

[30] Alle Stellungnahmen in: SBFT 1971.

[31] Zit. nach Wilhelm Raimund Beyer: Zwischen Phänomenologie und Logik. Hegel als Redakteur der Bamberger Zeitung. Köln 1974, S. 77.

kleineren eine größere zusammenfassende gemacht. Meldungen, die zu lang sind, müssen gekürzt, das Unwesentliche fortgelassen, das Wesentliche durch redaktionelle Zusätze oder wenigstens durch Unterstreichen hervorgehoben werden. (...) Wichtige Meldungen müssen entsprechend ‚aufgemacht' werden. Wenige, aber den Inhalt kennzeichnende Worte sollen groß als Überschrift gedruckt, dem Leser ins Gesicht schreien: ‚Achtung, das und das ist los!'"[32]

Was los ist in den Städten und Dörfern, am Ort und in der Region erfährt der Leser im Lokal-„Buch" des Blattes. Die Lokalberichterstattung ist außerordentlich breit angelegt. Zwischen sechs und zehn Seiten täglich erwarten da den Leser in jeder Ausgabe. Diese verschiedenen Regional- und Lokalseiten sind ebenfalls nach festem Schema angeordnet; als Wegweiser dienen Rubriken und Vignetten, meist in Schreibschriften gehalten und mit kleinen Graphiken oder mit den Gemeindewappen versehen. Die einzelnen Seiten sind sehr lebhaft, wirken durch ihre vielen Hervorhebungen im Fettdruck manchmal fast unruhig, lenken aber natürlich den Blick des Lesers auf das, was der Redaktion wichtig erscheint. Es gibt fast täglich Glossen, und auch die anfallenden Leserbriefe auf den Lokalseiten – durch Kästen hervorgehoben – wirken wie Kommentare. Die verschiedenen Ausgaben setzen natürlich jeweils andere Akzente. Da ist etwa eine Spalte über „Volksmedizin und Aberglauben", eine Mundart-Ecke, ein Blick in alte Zeitungen oder Ortschroniken, da wird eine kleine Klatschspalte mit Staffelsteiner Badgeflüster gefüllt oder der Spaziergänger Pankraz wöchentlich bei seinen Ortswanderungen begleitet. Der Stolz über das wiedergewonnene Renommee einer Gelehrten-Stadt spricht aus der Rubrik „Universitäts-Nachrichten" in der Bamberger Hauptausgabe.

Ansonsten aber füllen sich die Lokalteile wie überall mit den ausführlich und lebhaft referierten kommunalpolitischen Debatten, mit Berichten aus Vereinen und Organisationen und – besonders auffällig – aus den Kirchengemeinden. Insgesamt gilt immer noch, was die Jubiläumsausgabe von 1971 über das „kleine Welttheater" aus der Provinzredaktion plaudert: „Der Provinzteil erfüllt vor allem (..) eine wichtige Mittlerrolle zwischen Kommunalpolitikern und Bürgern. Er bietet den Lesern immer wieder ‚Innenpolitik' in Form der kommunalen Selbstverwaltung mit allen ihren Kulissengeheimnissen. (...) Die Provinzseiten spiegeln neben der lokalen Aktivität politischer Gremien auch die Aktivität der zahlreichen Vereine und Organisationen wieder, die heute in weitem Maße das Tagesgeschehen in den Städtchen und Dörfern bestimmen. Aus den Reihen dieser Vereine kommen auch unsere aktivsten Mitarbeiter. Sie sind es, die nicht des – übrigens bescheidenen – klingenden Honorars wegen zur Feder greifen, sondern die aus Idealismus und Engagement der Öffentlichkeit kundtun wollen, daß z. B. der Gesangverein mit einem Ständchen im Altersheim einsamen Menschen Freude bereitete, daß sich die Sportvereine bemühen, das Einrosten der Glieder von alt und jung zu verhindern und die Feuerwehr Tag und Nacht bereit ist, dem Nächsten hilfreich zur Seite zu stehen."[33]

Und fleißig sind all diese Mitarbeiter. Wöchentlich produziert die Zentralredaktion etwa 60 Mantelseiten des „Fränkischen Tags". Die verschiedenen Außen- und Lokalredaktionen aller sechs Ausgaben können in der gleichen Zeit auf gut 250 Seiten „Ausstoß" verweisen. Gegenüber 1971 ist das schon eine erhebliche Steigerung; da-

32 BT 1924, S. 2.
33 Gerhard Urban: Wir bieten das „kleine Welttheater". In: SBFT 1971.

mals zählte das Blatt 110 „Provinzseiten" in einer Woche. Und noch etwas war damals auffällig und ist es bis heute geblieben: Viele Lokalteile und Lokalseiten präsentieren sich als das Fotoalbum des Ortes. 400 Bilder auf 110 Seiten zählte man 1971. In der Testwoche von 1987[34] waren es beinahe 800 Bilder auf 250 Seiten. Fast 80 Prozent dieser Bilder zeigen Menschen, einzelne und Gruppen, bei Festen und bei Umzügen, mit Urkunden und Blumensträußen, meist frohe Leute. Ein relativ ausgewogenes Verhältnis von Sachbildern und Personenbildern weist nur die Bamberger Hauptausgabe auf, wo immmerhin auch noch zwei Personenbilder auf ein Sachbild kommen. Es sind und es werden eben immer die Menschen bleiben, mit denen man in der alltäglichen Welt zusammenlebt, die das meiste Interesse auf sich ziehen, weil sie die interessantesten Rollen im „kleinen Welttheater" spielen.

Kein Schlummerlied

Als am 8. Januar 1946 die erste Ausgabe mit dem Titel „Fränkischer Tag" erschien, lautete der Untertitel der Zeitung noch: „Demokratische Warte für das Regnitz-Main-Gebiet". Mit einem Schuß von zeitbedingtem Pathos erläuterte seinerzeit der erste Leitartikel: „Bambergs Presse heißt ‚Fränkischer Tag'. Sie soll mithelfen, Frankens Volk herauszuführen aus der dunklen Nacht nazistischer Irrlehren in den hellen Tag einer neuen Zeit. Der Titel ist also ein Programm, eine Verpflichtung. (...) Die Männer unserer Zeitung und ihre Mitarbeiter sollen Frankens Warte für Demokratie und Freiheit für eine bessere Zukunft sein. Sie werden in ihrer Berufsarbeit nur dieses große Ziel kennen. Deshalb braucht durchaus kein politischer Pichelsteiner-Eintopf gekocht zu werden. Wie vieles gibt es gerade heute, was uns politisch eint, gar wenig trennt uns. Wir kämpfen um das, was eint. Von Zeit zu Zeit werden wir trotzdem die Fragen behandeln, die uns trennen. Es mag mancher glauben, daß nicht gekämpft zu werden brauche um das, was eint. Er irrt. Wir müssen wecken, wachrufen all jene, die teilnahmslos den politischen Dingen gegenüberstehen. (...) Die Demokratie steht am festesten, die ihr Volk politisierte. Das Volk wird seinen Weg am sichersten gehen, das politisch denken kann. Hier ist uns die Aufgabe gestellt, an der guten Politisierung Frankens zu arbeiten. Wir werden diese Arbeit mit Freuden leisten, weil sie so ganz und gar unserer inneren Überzeugung entspricht. Jeder Mithelfer am Werk sei uns willkommen. Er wird eine offene Tür bei uns finden, gleichgültig, welchem demokratischen Lager er entstammt, gleichgültig, welchen religiösen Bekenntnisses er ist, und gleichgültig – selbstverständlich –, welcher Rasse er angehört. Wer dagegen das politische Schlummerlied summen möchte, der bleibe fern, er kann nie unser Freund sein."[35]

25 Jahre später konnte der erste Chefredakteur des Blattes, Hans Brey, mit Recht bemerken, daß der „Fränkische Tag" Wort gehalten habe.

(hw/nh)

---

[34] Erfaßt wurden alle Ausgaben des „Fränkischen Tags" in der Woche vom 6. bis 11. Juli 1987.

[35] Faksimile-Wiedergabe und Abdruck aus der Erstausgabe in: SBFT 1971.

Prototyp einer Regionalzeitung: Die „Frankenpost“

In „Bayern ganz oben“, im Norden die Zonengrenze und im Osten die tschechoslowakische Grenze, also in Hof an der Saale, haben wache Verleger und Journalisten den Prototyp einer Regionalzeitung entwickelt, die Lokales und Regionales auf Seite 1 serviert. Die „Frankenpost“ mit ihren zehn Einzelausgaben wird im Gebiet des Frankenwaldes, des Fichtelgebirges und der nördlichen Oberpfalz gelesen.[1] Die Grenzen des Verbreitungsgebietes waren nicht durch politisch-administrative Tradition vorgeprägt, sondern sind als „Nebenprodukt“ des Zweiten Weltkriegs neu entstanden.

Die Männer der ersten Stunde, Verleger Hans Seidel und Chefredakteur/Herausgeber Tibor Yost wußten die Chance des Anfangs zu nutzen. Die amerikanische Militärregierung hatte bei der Wahl der Lizenziaten (Lizenz Nr. 4) Gespür bewiesen. Seidel, 1880 in Schwarzenbach a. d. Saale geboren und zuzeiten Lokalberichterstatter[2] und Geschäftsführer der „Oberfränkischen Zeitung“ in Hof, die 1933 von den Nazis verboten wurde, war mit Land und Leuten durchaus vertraut. Der vormalige SPD-Reichstagsabgeordnete war für seine Gegnerschaft zu Hitler und dessen Gefolgsleuten bekannt und dafür auch zweimal eingesperrt. Er wußte genau, daß die Zeit der Partei- und Gesinnungsblätter unwiderruflich vorbei war.

Sein Partner Tibor Yost, ein journalistisch sehr erfahrener österreichischer Ungar, setzte sich mit Vehemenz dafür ein, daß vom Blattmachen her ein Neubeginn versucht wurde. Weg vom Generalanzeigertyp,[3] war seine Losung. Keine Gesellschaftsgruppe sollte bevorzugt oder benachteiligt werden, Nachrichten und Kommentare sollten streng voneinander getrennt werden.[4] „Namen sind Nachrichten, was geschah, ist geschehen: Der einfache Mensch, der durch Erhängen seinem Leben ein Ende setzte, während der andere und weniger einfache bedauerlicherweise (..) in eine Schlinge fiel – diese Zeiten waren vorbei.“[5] Yost „machte nicht Boulevard, sondern Journal. Und diese Wiener Schule, Seriöses leicht zu servieren, in der Schreibe wie in der Seitengestaltung – diese Weichenstellung gilt auch heute noch“,[6] resümiert der jetzige Herausgeber und Geschäftsführer der „Frankenpost“, Heinrich Giegold. Die ehrwürdige „Frankfurter Allgemeine Zeitung“ anerkennt das Bemü-

---

1 Die „Frankenpost“ erscheint in den oberfränkischen Landkreisen Hof, Wunsiedel, Kulmbach, Kronach und Bayreuth, einschließlich der oberfränkischen Städte Hof und Bayreuth, sowie im oberpfälzischen Landkreis Tirschenreuth. In den zum Verbreitungsgebiet gehörenden Landkreisen wohnen etwa 650 000 Menschen.

2 Vgl. Hans Kapfinger (Hrsg.): Die neue bayerische Presse. München 1948, S. 24.

3 Bestandteil im Titel deutscher Zeitungen (seit 1845), zugleich deutscher Zeitungstyp, der sich v. a. über Anzeigeneinnahmen finanzierte und zunächst Unterhaltliches/Belehrendes gegenüber der Politik bevorzugte. Gegen Ende der Weimarer Republik hatte sich ein Teil der Blätter zu richtungsgebundenen (bzw. parteiabhängigen) Volkszeitungen entwickelt. Vgl. Artikel „Generalanzeiger“ im Handbuch der Zeitungswissenschaft, hrsg. von W. Heide. Leipzig 1940, Bd. I, S. 1217.

4 Heinrich Giegold: Den Freunden und Gegnern eine Blume! In der Verlagsbeilage „40 Jahre Frankenpost“ vom 12. 10. 1985.

5 ebd.

6 ebd.

Frankenpost

Hof, den 12. Oktober 1945 — Nr. 1 | Lizenz Nr. 4 der Nachrichtenkontrolle der Militärregierung Ost | Einzelpreis 20 Pfg.

Deutsche Selbstverwaltung in der amerikanischen Zone

Ausführungsbestimmungen zur Säuberung der Wirtschaft

Nach einer Meldung des Senders Frankfurt wird in der amerikanisch besetzten Zone Deutschlands ab 15. November die Verwaltung der Gemeinden, Städte und Kreise wieder in deutsche Hände gelegt werden, da — wie dies in der Begründung dieser zweifellos von oberster amerikanischer Stelle geäußerten Absicht zum Ausdruck kommt — die Säuberung der öffentlichen Verwaltung von Nazielementen in diesem deutschen Gebiet nunmehr soweit fortgeschritten sei, daß eine Gewähr für die Selbstverwaltung auf demokratischer Grundlage bestehe. Die näheren Durchführungsbestimmungen zu dieser bedeutsamen Maßnahme würden zeitgerecht verlautbart werden.

Die Militärregierungen der Land- und Stadtkreise in der amerikanisch besetzten Zone Deutschlands werden ab 15. November zurückgezogen und alle bisher von den Militärregierungen inne gehabten Funktionen der Zivilverwaltung an deutsche Beamte übertragen. Die Überführung dieser Verwaltungsfunktionen wird bis 15. Dezember beendet sein. Die amerikanischen Besatzungsbehörden behalten sich das Recht der Kontrolle über die Polizei vor und werden bestimmte Truppenkontingente für die Gewährleistung einer ordnungsmäßigen Durchführung der kommenden Kreis- und Gemeindewahlen in den Land- und Stadtkreisen aufrechterhalten. Beamte der Militärregierung werden nur dort verbleiben, wo ihre derzeitigen Funktionen sich mit jenen der künftig einzusetzenden deutschen Verwaltungsbeamten nicht decken.

In den Regierungsbezirken wird die Leitung der Verwaltung den zu ernennenden Regierungspräsidenten übertragen.

Wer wird ausgeschaltet?

General Eisenhower hat die Ausführungsverordnung zum Gesetz über die Entfernung aktiver Nazis aus führenden Stellungen des Industrie- und Wirtschaftslebens in der amerikanischen Zone Deutschlands veröffentlichen lassen.

Danach ist die Beschäftigung eines ehemaligen Parteimitgliedes oder eines Angehörigen der der Partei angeschlossenen Organisationen in Hinkunft nur in der Stellung eines gewöhnlichen Arbeiters statthaft. Die Arbeitgeber bezw. die an Stelle der ausgeschalteten Naziunternehmer eingesetzten deutschen Treuhänder sind für die Einhaltung der gesetzlichen Bestimmungen persönlich und zur Gänze verantwortlich.

Für die Auslegung des Gesetzes gelten u. a. folgende Begriffsbestimmungen:

Der Ausdruck „angeschlossene Organisationen" umfaßt: Die SS, SA, NSKK, den NS-Dozentenbund, den NS-Studentenbund, die NS-Frauenschaft, die HJ und den BDM. Der Ausdruck „Mitglied der NSDAP" bezeichnet jede Person, die zu irgendeiner Zeit der Partei oder einer der aufgezählten Organisationen als Mitglied angehört hat. Vom Gesetz ausgenommen sind Personen, die nach deutschem Recht gezwungen waren, der HJ oder dem BDM beizutreten, nicht ausgenommen aber, wenn sie Ämter in diesen Organisationen bekleidet haben. Ausgenommen sind ferner die Angehörigen der Waffen-SS, die nach dem 1. März 1944 in diesen Verband einberufen wurden und nicht zum Unteroffizier oder Offizier befördert worden sind.

Der Ausdruck „gewöhnlicher Arbeiter" bezeichnet gelernte, ungelernte und büromäßige Arbeiten und Dienste in einer untergeordneten Stellung, in der der Arbeitnehmer keine aufsichtführende, leitende oder organisatorische Tätigkeit ausübt.

Neues Gesetz des Kontrollrates

Der Oberste Kontrollrat für Deutschland hat in seiner letzten Sitzung unter dem Vorsitz des Vertreters Frankreichs, General König, und in Anwesenheit der Generäle Eisenhower, Sokolowski und Robertson für die Vereinigten Staaten, Sowjetrußland und Großbritannien ein Gesetz über die Vernichtung und Liquidierung der nazistischen Organisationen gutgeheißen. Das Gesetz, das die Gesamtheit der bisher getroffenen Maßnahmen auf diesem Gebiet wiedergibt, wird am 12. Oktober veröffentlicht werden.

„Die militärische Stärke der USA sichert den dauerhaften Frieden"

General Marshal berichtet über den Beitrag Amerikas zum Siege

Washington, 11. Oktober.

Der Generalstabschef der amerikanischen Armee, General Marshal, unterbreitete dem amerikanischen Volke einen ausführ[illegible] der Vereinigten Staaten zum siegreichen Verlauf und Ende des sechsjährigen Weltkrieges.

General Marshal schildert eingangs die militärische Lage auf dem europäischen Kriegsschauplatz, wie sie sich 1941 vor dem Kriegseintritt der Vereinigten Staaten darstellte, um zur Feststellung zu gelangen, daß die Achsenmächte in diesem Jahre nahe daran gewesen seien, den Sieg über die Alliierten davonzutragen.

„Nur der Standhaftigkeit der britischen Streitkräfte und der unerschütterlichen Haltung des britischen Volkes, das im ersten Teil des Krieges praktisch allein die Hauptlasten der Kriegführung zu tragen hatte, sowie dem heldenhaften und opferreichen Kampf der Sowjetunion sei es zu danken, daß die Welt vom Unglück eines Sieges der Achsenmächte verschont geblieben [illegible] Denn das, was aus Amerika und [illegible] Kultur und Zivilisation geworden wäre, wenn Großbritannien und Sowjetrußland sich dem Ansturm der Achse hätten beugen müssen, könne man heute", wie General Marshal weiter ausführte, „nur erraten. Diese Gefahren, vor denen die Vereinigten Staaten 1942 standen, müßten der Lehre dienen, daß die Rettung der Geschicke Amerikas niemals wieder in der Geschichte bei anderen Nationen liegen dürfte."

Als die wesentliche Voraussetzung für die Wende des Kriegsgeschehens nach dem Eintritt Amerikas in den Krieg bezeichnete sodann General Marshal die Tatsache, daß das Fehlen einer koordinierten Strategie der Achse der Grund für das schließliche Versagen ihrer großen, zu Anfang des Konflikts sogar gewaltigen Kriegsmaschine gewesen sei.

Keiner der Achsenpartner habe dem anderen getraut und das Bündnis der Achse [illegible] sei eigentlich nur auf dem Papier gestanden,

General Marshal gab im weiteren Verlauf seines Berichts eine Übersicht über den zahlenmäßigen Kräfteeinsatz der in den Krieg verwickelten Großmächte, worin er mitteilt, daß

Sowjetrußland rund 20 Millionen, Deutschland 14, Großbritannien 12 und China 6 Millionen Menschen mobilisiert hatten.

Das in diesem Kräfteverhältnis an sich entscheidende Übergewicht und überwältigende Material der Vereinigten Staaten sei angesichts der Erkenntnis, daß der Krieg anderenfalls ein schnelleres Ende gefunden hätte, wohl zu spät erst in den Kampf geworfen worden. Es habe aber in der Folge eine so planvolle strategische Zusammenarbeit zwischen den großen Verbündeten gegeben, wie dies in der Weltgeschichte zuvor niemals zu verzeichnen gewesen sei.

Ebenso dürfe es aber auch in der Weltgeschichte — so führte General Marshal in seinem Ausblick in die Zukunft des politischen Weltgeschehens aus — niemals wieder zu einem dritten Weltkrieg kommen, der angesichts der neuen Waffen, die schon bestehen, und derjenigen, an denen noch gearbeitet werde, für die Menschheit von katastrophalen Auswirkungen sein müßte. General Marshal zitierte in diesem Zusammenhang einen Bericht amerikanischer Militärstellen, der

von neuartigen Flugzeugen spricht, die imstande seien, eine Fünfzig-Tonnen-Bombenlast ohne weiteres durch die Stratosphäre in weiteste Entfernungen zu tragen,

und der Raketengeschosse von 22 Tonnen Schwere erwähnt, die weltweite Entfernungen überspannen.

Die Welt brauche nach den abschließenden Feststellungen des amerikanischen Generalstabschefs den Frieden mehr denn je, doch müsse dieser Frieden auch militärisch gesichert werden. Die amerikanische Regierung wünsche kein stehendes Riesenheer, aber eine Waffenausbildung der wehrfähigen Männer Amerikas, um im Kriegsfall in wenigen Monaten das kleinere Standheer zu einer Millionenarmee anwachsen zu lassen. Allein auch das stehende Heer müsse von einer mächtigen Luftwaffe gestützt werden. Dieses Machtinstrument der militärischen Überlegenheit müsse den Vereinten Nationen in die Hände gelegt werden, in der Erkenntnis, daß nicht die militärische Stärke [illegible]

Deutschenaussiedlung aus Polen vorläufig eingestellt

London, 11. Oktober.

Der britische Außenminister Bevin teilte mit, der polnische Botschafter in London habe ihm die Versicherung gegeben, daß die polnische Regierung im Sinne der Potsdamer Beschlüsse die weitere Zwangsausweisung von Deutschen aus den neuangeschlossenen polnischen Gebieten vorläufig eingestellt habe.

Auf eine diesbezügliche Anfrage im Unterhaus gab der Außenminister schon vorher bekannt, daß die tschechoslowakische und die ungarische Regierung die Zwangsaussied[illegible]

Erste gemeinsame Tagung der S.P.D. in Hannover

Aus Hannover wird gemeldet: In einem kleinen Dorf bei Hannover traten die führenden Vertreter der Sozialdemokratischen Partei Deutschlands zur ersten gemeinsamen Konferenz zusammen. Zu den Beratungen waren Delegierte aus allen Teilen Deutschlands erschienen, ferner auch drei Vertreter der in England lebenden deutschen Sozialdemokraten.

Im Mittelpunkt der zahlreichen Reden auf dieser Konferenz standen die programmatischen Ausführungen des ehemaligen Reichstagsabgeordneten Dr. Kurt Schuhmacher, der die Aufgaben der Sozialdemokratischen Partei in Deutschland in umfassender Weise umriß. Er wies einleitend darauf hin, daß der Feind im Innern zwar geschlagen sei, doch müsse man wachsam sein, da der noch bestehende nationalsozialistische Anhang, wenn auch geschwächt, im Verborgenen weiter wirke. Die Aufgaben der Sozialdemokraten seien mit dem Wiederaufbau eines demokratischen Deutschlands um ein Vielfaches gewachsen, doch habe er das volle Vertrauen, daß diese Partei sich allmählich zu einer der stärksten politischen Kräfte Deutschlands entwickeln würde.

Auf dem Gebiete der Wirtschaft formulierte der Redner die Ansicht der Partei, daß neben einer starken Landwirtschaft auch eine Industrie notwendig sei, da Landwirtschaft ohne Industrie nicht leben könne, andererseits aber Deutschlands Bedarf an ausländischen Rohstoffen nur durch einen entsprechenden Export industrieller Erzeugnisse sichergestellt werden könne.

Als einen weiteren Programmpunkt der Partei bezeichnete Dr. Schuhmacher den Wil-

Generalleutnant Lucian K. Truscott jr.

General Truscott jetzt Bayerns Befehlshaber

Bad Tölz, 11. Oktober.

General George S. Patton Jr., der Kommandeur des östlichen Abschnitts der amerikanischen Besatzungszone, übergab am Sonntag den Oberbefehl über die 3. amerikanische Armee an General Lucian K. Truscott.

Diese Übergabe, die auf die plötzlich erlassene Anordnung des Oberkommandierenden, General Eisenhower, erfolgte, ging in einer kurzen formellen Zeremonie vor sich. Damit endete der Oberbefehl General Pattons über eine der bestbekannten amerikanischen Armeen, den er seit dem 1. August 1944 inne gehabt hatte. General Patton [illegible] den Oberbefehl über die 15. amerikanische Armee, deren Hauptquartier in Bad Nauheim ist.

Bei dieser Übergabe erklärte General Patton in einer kurzen Ansprache: „Alle guten Dinge müssen einmal ein Ende finden. Das Beste, was mir das Schicksal bisher beschert hat, ist die Ehre und das Privileg, die 3. Armee kommandiert zu haben." General Patton drückte dann seinen Dank an alle Truppenteile aus, deren Vertreter bei der Zeremonie zugegen waren, und sagte, daß er ihre Treue und Tapferkeit nie vergessen würde. Im Hinblick auf seinen Nachfolger führte er dann weiter aus: „Wenn ich sagte, daß alle guten Dinge ein Ende finden müssen, so bezog ich das auf mich selbst, denn die 3. Armee wird in General Truscott alle Charakterzüge finden, die in ihr den Ehrgeiz der Treue und Pflichterfüllung erwecken werden, welche mir so reich zuteil geworden sind. Ein Mann mit General Truscotts Eigenschaften braucht keine Empfehlungen. Seine Taten sprechen für sich selbst."

General Patton schloß seine Rede mit den Worten: „Gott segne euch!"

Dr. Högner besetzt die neue Regierung

München, 11. Oktober.

Der neue bayerische Ministerpräsident Dr. Wilhelm Högner hat die Zusammensetzung seines Kabinetts bekanntgegeben. Das Kabinett besteht aus acht Mitgliedern, und zwar: 4 Sozialdemokraten, 1 Vertreter der Christlich-demokratischen Union, 1 Vertreter der Liberal-demokratischen Partei, 1 Vertreter der Kommunistischen Partei, 1 Parteilosen, der das Finanzministerium übernimmt. Von den Staatssekretären sind drei Angehörige der Kommunistischen Partei, darunter ein Staatssekretär des Innenministeriums. Das Justizministerium hat der Ministerpräsident selbst übernommen. Die Namen der Kabinettsmitglieder können erst nach Bestätigung durch die amerikanischen Militärbehörden bekanntgegeben werden.

Kein Wahlrecht für Nazis

Wien, 11. Oktober.

Die Sozialdemokratische und die Kommunistische Partei Österreichs forderten die Ausschließung der Nazis von den bevorstehenden Wahlen. Die Katholische Volkspartei hat zu diesem Beschluß eine gesonderte Haltung eingenommen.

Nunmehr verkündete Staatssekretär Ernst Fischer, daß die Nazis an den Wahlen nicht teilnehmen dürfen. Er t[illegible] ferner mit, daß die „Montan A.-G." und die „Hermann-Göring-Werke" verstaatlicht werden und sprach die Hoffnung aus, daß eine enge Zu-

Erste Ausgabe der „Frankenpost" vom 12. Oktober 1945.

hen der Hofer um Leichtigkeit, ja hält mit Lob nicht hinterm Berg: „In allen Sparten hält volkstümlicher, bildhafter Ausdruck, der Fremdwörter unbedingt meidet, aber sonst alle Sprachmöglichkeiten ausschöpft, die Leser beim Thema fest; auch das wohlüberlegte typographische Bild einer jeden Seite dient diesem Ziel. Im Ergebnis entsteht eine lebhafte Zeitung, wie sie die einfachen, weniger geschulten Leser gern lesen, die aber dennoch das Kunststück fertigbringt, nicht unseriös zu werden."[7] Statt eigener auswärtiger Korrespondenten leistete sich die „Frankenpost" einen guten, ja unvergessenen Karikaturisten, Josef Nyary.

Die „Frankenpost" war von Anfang an als Komplettzeitung konzipiert, d. h. mit einheitlichem Mantel und unterschiedlichen Lokalteilen. Bereits 1946 hatte die Zeitung ihr gesamtes Außenredaktionsnetz aufgebaut. 1949 erschien erstmals ein Konkurrent, die von den Nazis 1933 verbotene „Oberfränkische Volkszeitung", in Hof. Mit der Generallizenz kam 1949 auch der alte „Hofer Anzeiger", eine Heimatzeitung mit langer Tradition, wieder auf den Markt. Auch in der Region verschärfte sich die Konkurrenz mit den ortsansässigen Heimatzeitungen. Bereits 1955 wurde ein Kooperationsvertrag mit dem „Marktredwitzer Tagblatt" abgeschlossen. Andere folgten: 1968 der „Hofer Anzeiger", 1973 die „Münchberg-Helmbrechtser Zeitung", 1974 das „Selber Tagblatt", 1988 der „Sechsämterbote" in Wunsiedel. Die gesamte Auflage liegt heute bei 75 000 Stück täglich.[8] Um die Auflagenhöhe für Anzeigenkunden noch attraktiver zu gestalten, schlossen sich „Frankenpost", „Fränkischer Tag" (Bamberg) und „Neue Presse" (Coburg) zu einer Anzeigentarifgemeinschaft zusammen, deren Tagesauflage bei 180 000 verkauften Exemplaren liegt.[9]

1969 verkauften die Inhaber Strobel (Familie Seidel) und Yost die „Frankenpost" an die „Konzentration", Verlagsunternehmen der SPD. Die streng unabhängige Linie der Redaktion wurde durch die Transaktion nach Auskunft des Herausgebers und früheren Chefredakteurs Heinrich Giegold nicht beinflußt.[10] Daß die Zeitung in der Kommentierung die Mitte hielt, war nicht zuletzt das Verdienst des Chefredakteurs (von 1951 bis 1974) Fritz Poppenberger, der über lange Jahre die Leitartikel schrieb. „Unabhängigkeit der Berichterstattung" wurde der „Frankenpost" 1980 auch wissenschaftlich bestätigt.[11] Seit Jahresbeginn 1986 ist der Süddeutsche Verlag, München, mit 70% Mehrheitsgesellschafter des Frankenpost-Verlages, die restlichen 30% gehören der Kommanditgesellschaft Deutsche Druck- und Verlags GmbH & Co. Poppenbergers Nachfolger in der Chefredaktion wurde 1974 Heinrich Giegold, bis dieser 1984 Geschäftsführer und Herausgeber wurde; der Herausgeber schließt die Kompetenz des Chefredakteurs ein. Redaktionsleiter ist seit 1984 Werner Mergner.

---

7 FAZ vom 22. 6. 1968.
8 Lt. Verlagsangaben.
9 Lt. Verlagsangaben.
10 Zitiert nach Ulla Meister/Manuela Reith/Karl Vogel: Probleme publizistischer Einseitigkeit. Nürnberg 1980, S. 9.
11 a. a. O., S. 254 und passim.

Die „Frankenpost", ihre Heimatausgaben und ihre Auflagenentwicklung.

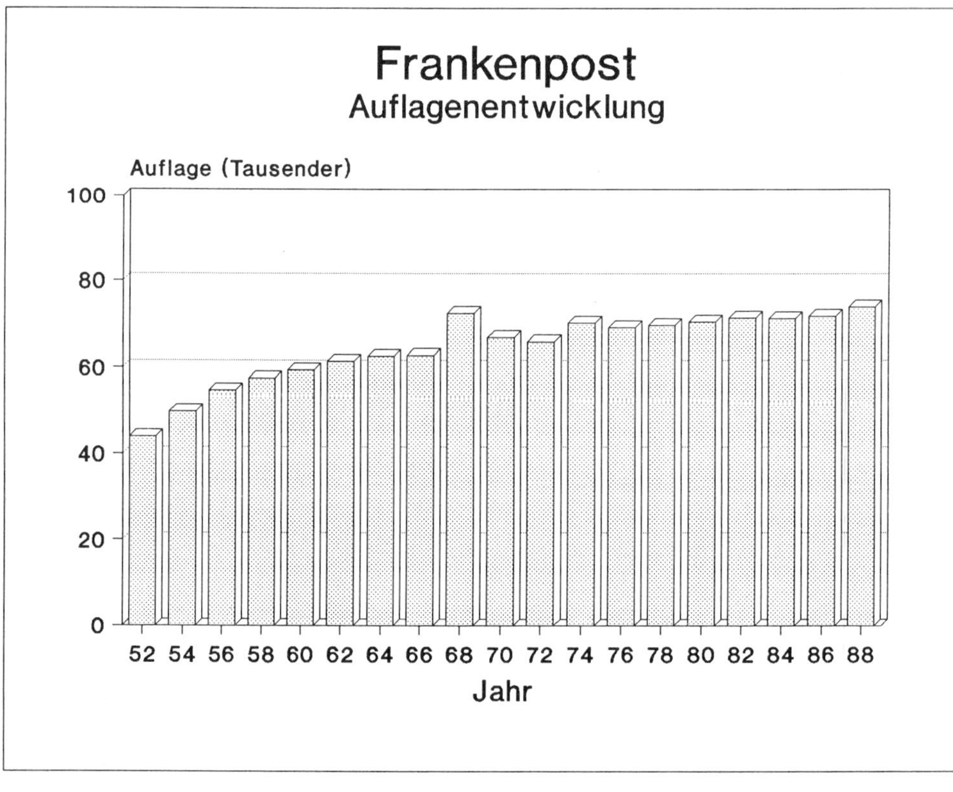

Integrator des Grenzlandes

Die „Frankenpost" erscheint in einem Gebiet, das durch die Grenzziehungen nach dem Zweiten Weltkrieg sozial, kulturell und wirtschaftlich zerschnitten worden war. Gewachsene Strukturen und Beziehungen mußten neu aufgebaut werden. Die wirtschaftliche und soziale Neuorientierung und Integration des Raumes in einen regionalen Zusammenhang wurde von der Redaktion von Beginn an verfolgt. Einmütig verlangen Bevölkerung und Experten, daß die Region „mit einer Stimme" sprechen solle, um ihren Forderungen Nachdruck zu verleihen, und daß die Vorzüge der Region besser ins Licht gerückt werden müßten. Weg vom „Negativ-Image" heißt deshalb die zweite Parole in der Redaktion.

Das inhaltliche Konzept Regionalzeitung wurde von Chefredakteur Giegold konsequent verwirklicht. Die „Frankenpost" hat ihr Netz der Nebenausgaben der regionalen Gliederung angepaßt, d. h. alle Mittel- und auch einige Unterzentren werden mit spezifisch lokalbezogener Berichterstattung versorgt.

Die Frankenpost und ihre Heimatausgaben:

Titel (Untertitel)	Lokalredaktion in	Verk. Aufl. 4. Qu. 88
Hofer Anzeiger/Frankenpost	Hof	23 129
Rehauer Tagblatt/Frankenpost	Rehau	3 286
Münchberg-Helmbrechtser Zeitung/ Frankenpost	Münchberg	9 403
Selber Tagblatt/Frankenpost	Selb	7 390
Marktredwitzer Tagblatt/Frankenpost	Marktredwitz	6 864
Oberpfalzpost/Frankenpost	Tirschenreuth	4 385
Frankenpost/Sechsämterbote	Wunsiedel	7 621
Frankenpost Ausgabe A	Arzberg	2 331
Frankenpost Ausgabe KSB	Kulmbach, Bayreuth	2 069
Frankenpost Ausgabe N	Naila	7 960

Eine Heimatredaktionszentrale in Hof koordiniert die Lokalteile und stellt eigene Regionalseiten „Oberfranken", „Oberpfalz", „Fichtelgebirge" und „Frankenwald" zusammen. Eine noch stärkere Regionalisierung scheitert z. T. an den Kooperationsverträgen, die untersagen, Altzeitungen in einer Ausgabe aufgehen zu lassen. Die Kooperationspartner stellen die Manuskripte für den Lokalteil in eigener Verantwortung her und liefern die fertigen Texte nach Hof.

Die „Frankenpost" ist nicht nur eine berichtende, sondern auch sehr stark eine recherchierende und kommentierende Zeitung. Sie trug dazu bei, daß Arbeitsplätze im öffentlichen Bereich gesichert wurden, der Straßenbau vorangetrieben wurde, der Verkehrslandeplatz Hof-Pirk gegen erheblichen Widerstand durchgesetzt wurde, daß die lange Untätigkeit in Sachen Luftverschmutzung ein Ende fand und die Beamtenfachhochschule (Innere Verwaltung des Freistaates Bayern) nach Hof kam. Das tägliche Engagement für die Belange der Region hat die Leser-Blatt-Bindung gestärkt, was sich auch in einem regen Leserbriefteil ausdrückt.

Ein Tag in der Redaktion

Redaktionsleiter Werner Mergner schildert einen typischen Tagesablauf in der Redaktion:

„Es ist 10.30 Uhr, vormittags. Im Konferenzzimmer der ‚Frankenpost' in der Hofer Poststraße haben sich Herausgeber, Redaktionsleitung und die Ressortleiter zur täglichen Redaktionskonferenz versammelt. Wie immer stehen zwei Tagesordnungspunkte auf dem Programm: Manöverkritik und Vorbereitung der morgigen Ausgabe.

Trotz der frühen Stunde ist schon viel geschehen. In jeder Abteilung, ob Sport, Lokales, Wirtschaft, Kultur oder Politik, existiert bereits ein Denk-Gerüst dafür, wie die morgigen Seiten aussehen sollen, was geschrieben, kommentiert oder bearbeitet werden soll. Auf der Redaktionskonferenz werden diese Vorstellungen geordnet, wird in Absprache mit der Anzeigenleitung der Umfang des Produktes festgelegt, wird die Zeitung komponiert. Aber jeder Konferenz-Teilnehmer weiß auch, daß die Wirklichkeit den Plan jeden Tag überholt. Das heißt, die Entscheidungen der Redaktionskonferenz müssen immer wieder angeglichen werden, weil aktuelle Ereignisse – bis in die späten Abendstunden hinein – Änderungen im Konzept verlangen.

Zur gleichen Zeit irgendwo im riesigen Verbreitungsgebiet der ‚Frankenpost'. Die Maschinerie der Heimatredaktion, wie die einzelnen Lokalredaktionen der ‚Frankenpost' mit ihren Kooperationspartnern heißen, läuft auf vollen Touren. In Hof und Naila, Rehau, Selb, Münchberg, Wunsiedel, Arzberg, Marktredwitz, Kemnath, Tirschenreuth, Mitterteich, Waldsassen, Bayreuth, Stadtsteinach und Kulmbach sind Redakteure und Volontäre, Fotografen und freie Mitarbeiter den zahllosen Ereignissen, ob alltäglich oder außergewöhnlich, auf der Spur. Da ist das Gespräch mit dem Bürgermeister über die geplante neue Kanalisation, dort der Fototermin bei der Eisernen Hochzeit. Da schreibt der eine die letzten Zeilen eines Berichtes über die Generalversammlung des Sportvereins, die gestern abend erst kurz vor Mitternacht zu Ende ging, während ein anderer den schweren Unfall beschreibt, der sich vor einer halben Stunde am Marktplatz ereignet hat.

Termine und Veranstaltungen, Erklärungen von Politikern, Anrufe von Vereinen, Gespräche mit der Polizei, das Wissen um die bevorstehende Stadtratssitzung nachmittags um 16 Uhr, die trotz oder wegen ihres brisanten Inhalts am morgigen Tag in der ‚Frankenpost' stehen muß – eine Flut von Informationen, die weitergegeben werden sollen, bricht über die Redakteure herein. Und doch muß noch Zeit bleiben für die Reportage, mit dem alten Mann beispielsweise, der ein so außergewöhnliches Hobby hat, Zeit aber auch, um im kurzen kommunalpolitischen Kommentar mit feinem Gespür zu loben und zu kritisieren.

Szenenwechsel: Es ist längst Nachmittag. In der Hofer Zentralredaktion kämpfen sich einige Kollegen durch Berge von Agenturmaterial und Korrespondentenberichten. Die Fernschreiber haben ununterbrochen Hunderte von Meldungen ausgespuckt, die Postboten Dutzende von Briefen und Pressemitteilungen gebracht. Auf den Schreibtischen türmen sich Zeitungen, die Konkurrenzblätter aus Nordbayern genauso wie die großen überörtlichen Zeitungen. Alles muß gesichtet und verarbeitet werden. Es gilt, ein Konzept zu finden, auszuwählen, zu bewerten, zu redigieren, gute Titel zu finden und faszinierende Bilder, selbst zu recherchieren, zu kommentieren und die wichtige erklärende Reportage zu schreiben, die man Stunden vorher in langen Telefongesprächen vorbereitet hat. Auch das Telefon-Interview muß in ‚Satz gehen' und die Konzertkritik.

Am späten Nachmittag beginnt sich die scheinbare Verwirrung zu lösen. Jetzt steht (vorläufig) fest, was auf Seite 1, 2 oder 3 ‚aufgemacht' wird, mit welchen Themen Wirtschaft und Kultur die Leser überraschen, was der Sport für morgen bieten kann.

Jetzt, nach ausführlichen Erörterungen, ist sich die Redaktion auch einig über das Thema des aktuellen Leitartikels, der noch geschrieben werden muß. Alles scheint klar – bis der Anruf des Reporters kommt. ‚Mord in X', heißt der Satz, der alles über den Haufen wirft. Aus großen Artikeln werden kleinere gemacht, aus kleineren kurze Nachrichten; es gilt, Platz zu schaffen für die aktuelle Reportage.

Zwei Stunden später ist auch diese Hürde genommen. Blitzschnell hat das eingespielte Reporterteam der ‚Frankenpost' reagiert. Fotos vom Tatort und minutiöse Berichterstattung werden morgen früh den Leser über all das informieren, was bekannt geworden ist (..).

Am Abend beginnt der Umbruch, das heißt, die von der Redaktion genau geplanten Seiten werden zusammengestellt. Und auch dann ist die Redaktionsarbeit längst nicht zu Ende. Noch fehlt ein Stadtratsbericht, der soeben in einer Außenredaktion geschrieben, dann per Telekopierer übermittelt und schließlich gesetzt wird. Und auch der schwere Unfall auf der Autobahn und die Sturmschäden müssen noch im Blatt untergebracht werden, genauso wie die Ergebnisse und Spielberichte der Fußball-Europacupspiele und auf Seite 1 die Meldung über eine neue Spendenaffäre in Bonn.

Es ist Mitternacht. In der Bezirksredaktion irgendwo im Verbreitungsgebiet der ‚Frankenpost' löscht ein Redakteur das Licht und geht heim. In Hof verlassen die Nachtredakteure das Haus. Die Zeitung für morgen ‚steht'; jetzt sind andere am Zug, die Drucker und schließlich die Austräger.

Vorbei sind die Zeiten, in denen Leimtopf und Schere die wichtigsten Utensilien eines Redakteurs waren. Bei der ‚Frankenpost' in Hof wie draußen vor Ort ist mittlerweile das Terminal, der Bildschirm also, zum Handwerkszeug Nummer eins geworden. Da werden mit beinahe zauberhafter Sicherheit Sätze gelöscht, Worte umgestellt und Überschriften berechnet. Die enorme Geschwindigkeit des Textverarbeitungssystems, an das die Bildschirme angeschlossen sind, bringt aber nicht nur der Redaktion Vorteile; auch der Leser profitiert von der neuen Technik: Die ‚Frankenpost' ist dadurch noch aktueller geworden!"[12]

---

12 Werner Mergner: Die Redaktion – Eine Flut wird kanalisiert. In der Verlagsbeilage „40 Jahre ‚Frankenpost'" vom 12. 10. 1985.

Die Konzeption als Regionalzeitung wird bereits auf der ersten Seite deutlich, die neben nationalen und internationalen Aufmachern stets auch Regionalnachrichten und regionale Kommentare bringt. Der Leitartikel zum Thema des Tages, die Karikatur und der Wetterbericht haben ihren Stammplatz auf der zweiten Seite. Die folgenden Seiten tragen den Titel „Zeitspiegel" und sind wieder nach thematischen, aktuellen Schwerpunkten geordnet. Auch die Wirtschaftsseite und die „Kultur" leben von regionalen Themen.

Das zweite Paket, der Lokalteil, hat bei der „Frankenpost" eine gleich große Bedeutung wie der Mantel. Die Heimatredaktion, die die verschiedenen Lokalausgaben koordiniert und redigiert, beschäftigte 1987 28 Vollzeit- und zwei Teilzeit-Mitarbeiter.[13] Das Material für die unterschiedlichen Lokalteile stammt fast ausschließlich von Bezirksredakteuren[14] oder freien Mitarbeitern, mit Ausnahme der drei kooperierenden Verlage in Selb, Münchberg und Hof.

Äußeres Zeichen der Selbständigkeit der Kooperationspartner sind die traditionellen Zeitungstitel (z. B. „Hofer Anzeiger"), in denen der Name der „Frankenpost" als Eindruck erscheint. Diese Zeitungen werden jeweils gemeinsam von der „Frankenpost" und ihren Partnern herausgegeben.

In den Wochenendausgaben wird durch die Beilage „Heile Welt" den Lesern noch mehr Lesestoff geboten. Die Beiträge haben überwiegend regionalen Bezug.

Angesichts der sinkenden Geburtenrate und der Abwanderung junger Leute im Grenzgebiet ist eine Auflagensteigerung im Verbreitungsgebiet der „Frankenpost" schwieriger als in Ballungszentren. Das Projekt „Zeitung in der Schule", Fußballjugendturniere in Gebieten mit Mitbewerbern,[15] Fußballherrenturniere und Schafkopfturniere im Stiftland, die Aktionen „Kavalier der Straße" und „Wie bewerbe ich mich richtig" und das fp-Geburtstags-Bingospiel haben in den letzten Jahren mit dazu beigetragen, daß die Auflage nicht nur gehalten, sondern sogar um 3,7%[16] gesteigert werden konnte. Für ihr Engagement in Sachen Umweltschutz erhielt die „Frankenpost" die Umweltmedaille des Bundes Naturschutz.

Das selbstbewußte Eintreten für die Interessen des Grenzlandes, das gefällige typographische Bild jeder Seite, die leicht faßliche Darbietung der Nachrichten verraten eine Menge kaufmännisches[17] wie journalistisches Gespür.

(fp)

---

[13] Lt. Verlagsangabe. Die gesamte Zentralredaktion in Hof beschäftigte 1987 54 Vollzeit- und 14 Teilzeit-Mitarbeiter.

[14] Bezirksredakteure heißen bei der „Frankenpost" die Redakteure in den Außenstellen (Arzberg, Naila, Kulmbach, Bayreuth, Wunsiedel, Waldsassen, Rehau, und Tirschenreuth).

[15] In den Verbreitungsgebieten von Hof, Rehau, Münchberg, Helmbrechts, Naila und Selb mit insgesamt 50 327 Exemplaren (nach Angabe des Verlags) bestehen zur „Frankenpost" keine direkten lokalen Mitbewerber. Die Ausgabe Kulmbach/Stadtsteinach/Bayreuth ist gegenüber der Konkurrenz („Nordbayerischer Kurier", Bayreuth, und „Bayerische Rundschau", Kulmbach) weit zurückliegend. In Wunsiedel, Marktredwitz und im Stiftland liegt die „Frankenpost" mit ihrer Auflage vor der örtlichen Konkurrenz, in Arzberg ist das Verhältnis ausgeglichen.

[16] Vgl. ZV + ZV 15/1987, S. 26 f.

[17] Zum Verlag gehört eine Akzidenzdruckerei. Insgesamt beschäftigt der Verlag 211 Mitarbeiter (Stand Ende 1987). Er ist beteiligt an: Verlag für Behörden und Wirtschaft (100%), dpa (1,5%), Kabelgesellschaft Hof (5%), Allmedia KG (7,69%), Allmedia GmbH (2,0%), MBT (1,89%), MBT Radio 2000 (1,63%), Grenzlandfunk GmbH (20%), Grenzlandfunk KG (20%).

Ehrwürdiger Baum im deutschen Blätterwald:
Der „Hofer Anzeiger"

Das Haus Mintzel-Druck / Hoermann Verlag, das den „Hofer Anzeiger" herausbringt, besteht seit 1625 mit dem gleichen Namen und im Besitz der gleichen Familie und gehört zu den ältesten Druckereien Deutschlands.

Noch mitten in den Wirren und Nöten des Dreißigjährigen Krieges dachte der Hauptmann Hofs, Otto von Bodenhausen, daran, wieder eine Buchdruckerei in Hof einzurichten, nachdem schon ab etwa 1557 bis 1633 die Druckerei des Matthäus Pfeilschmid am Ort gearbeitet hatte. Von drei Bewerbern wählte er 1642 Johann Albrecht Mintzel, der bereits seit 1625 in Leipzig unter eigenem Namen gedruckt hatte und zeitweise den Vorsitz in der Leibziger Innung der Buchdruckr innegehabt hatte. Mintzel legte einundzwanzigerlei verschiedene Schrifttypen vor, von der „Missal-Antiqua" bis zur „Jungfer-Fraktürl" als auch die griechische und hebräische Schrift. Privilegien und Freiheiten, die Markgraf Christian von Brandenburg-Kulmbach und Stadtverwaltung Mintzel einräumten, belegen, wie hoch Regierung und Gemeinde es anschlugen, wieder eine Druckerei am Ort zu haben.[1] Mintzel konnte sich gegen seinen Mitbewerber für die Hofer Druckstelle, Timotheus Ritzsch aus Leipzig,[2] deshalb durchsetzen, weil er eine „Eygene Druckerey" mitbrachte. Außerdem war er „willens, darnebst einen Buchladen allhier einzurichten".[3]

Am ersten Sonntag nach Pfingsten 1642 trifft Mintzel mit seiner Familie und der Druckereieinrichtung in Hof ein. Die Familie bezog das Haus Nummer 78 in der Ersten Gasse, heute Ludwigstraße 85. Das Haus unweit des Oberen Tores blieb bis zum Ausgang des 18. Jahrhunderts Stammhaus der Familie und der Druckerei. Wie in der Zeit üblich, betätigte sich Mintzel gleichzeitig als Buchdrucker, Buchhändler und Verleger; er fand in Hof die erhoffte wirtschaftliche Sicherheit und bescheidenen Wohlstand. Zusätzlich übernahm er das Amt des Gegenschreibers. Der Gegenschreiber war ein städtischer Beamter, den Bürgermeister und Rat der Stadt Hof im Namen des Markgrafen bestellten und besoldeten. Er wird aus Mitteln des Hofer Hospitals bezahlt, für dessen „Ökonomie" er mitverantwortlich zeichnete.[4]

---

1 Vgl. Dr. Rolf Hoermann: Der „Hofer Anzeiger" in anderthalb Jahrhunderten. In: 150 Jahre „Hofer Anzeiger"/Jubiläumsausgabe 1951. S. 2. Die Darstellung folgt der Dissertation von Dr. Rolf Hoermann: Der Hofer Anzeiger. Das Werden und Wirken einer Heimat-Zeitung in der bayerischen Ostmark. Hof 1938. Wertvolle Hinweise und die noch fehlenden amtlichen Dokumente, besonders aus der Gründerzeit von 1625 bis 1642, lieferte außerdem Prof. Dr. Alf Mintzel: Die Stadt Hof in der Pressegeschichte des 16., 17. und 18. Jahrhunderts. Hof 1979.

2 Über Timotheus Ritzsch schreibt Prof. Dr. Alf Mintzel: „Timotheus Ritzsch, der, wie gesagt, im Jahr 1641 mit seiner Bewerbung in Hof dort sein Glück zu machen versucht hatte, ist später als Drucker und Herausgeber der ersten deutschen Tageszeitung in die Geschichte des Pressewesens eingegangen". In: Die Geschichte der Firma Mintzel-Druck/Hoermann Verlag/Hofer Anzeiger. Auszüge aus dem Buch „Die Stadt Hof in der Pressegeschichte des 16., 17. und 18. Jahrhunderts" von Prof. Dr. Alf Mintzel. Hof, o. J., S. 22.

3 ebd.

4 a. a. O., S. 41.

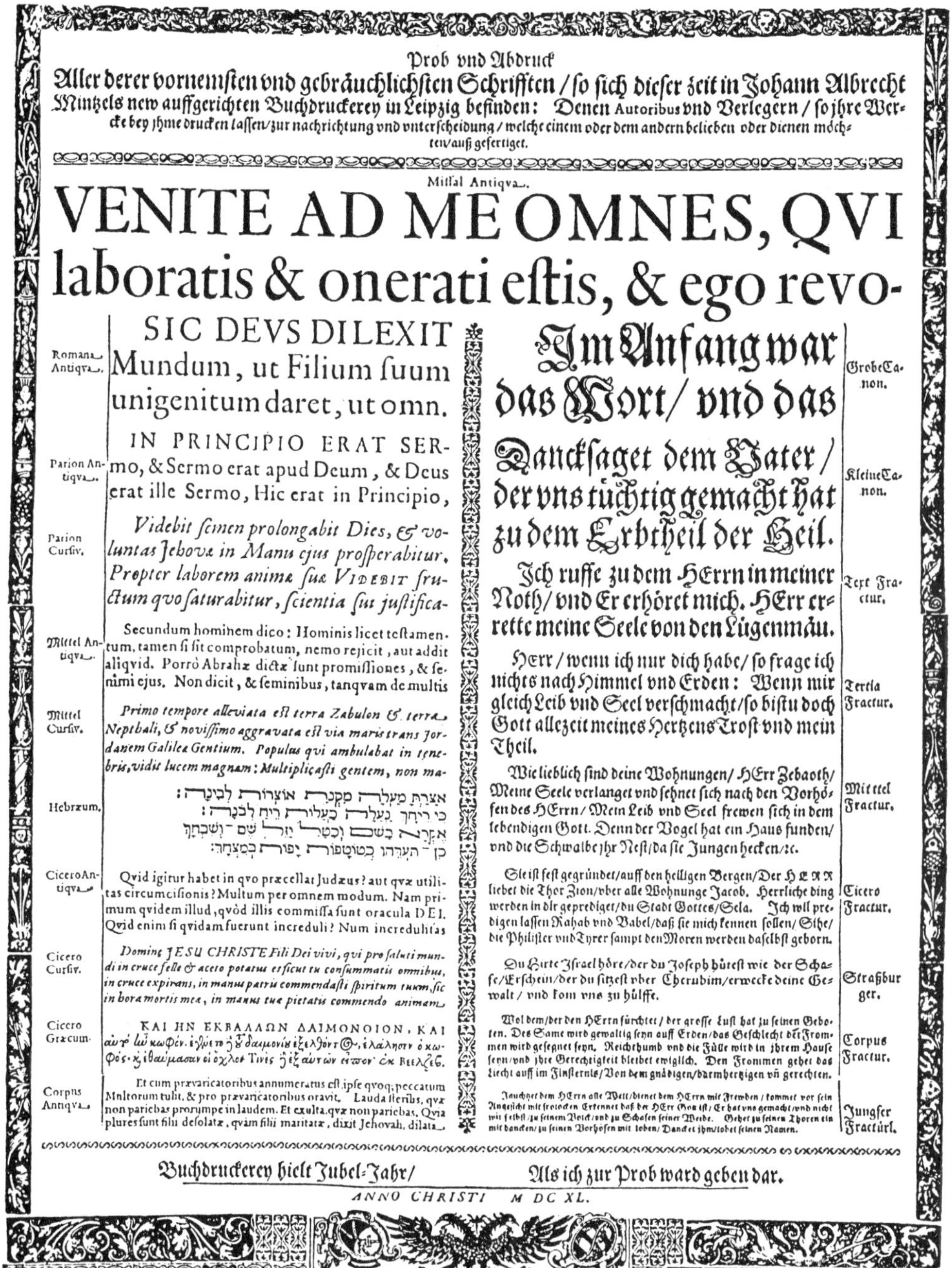

Prob vnd Abdruck
Aller derer vornemsten vnd gebräuchlichsten Schrifften / so sich dieser zeit in Johann Albrecht Mintzels new auffgerichten Buchdruckerey in Leipzig befinden: Denen Autoribus vnd Verlegern / so jhre Wercke bey jhme drucken lassen/zur nachrichtung vnd vnterscheidung / welche einem oder dem andern belieben oder dienen möchten/auff gefertiget.

Missal Antiqva.

VENITE AD ME OMNES, QVI laboratis & onerati estis, & ego revo-

Romana Antiqva. SIC DEVS DILEXIT Mundum, ut Filium suum unigenitum daret, ut omn.

Parion Antiqva. IN PRINCIPIO ERAT SERMO, & Sermo erat apud Deum, & Deus erat ille Sermo, Hic erat in Principio,

Parion Cursiv. *Videbit semen prolongabit Dies, & voluntas Jehovæ in Manu ejus prosperabitur. Propter laborem animæ suæ VIDEBIT fructum qvo saturabitur, scientia sui justifica-*

Mittel Antiqva. Secundum hominem dico: Hominis licet testamentum, tamen si sit comprobatum, nemo rejicit, aut addit aliqvid. Porrò Abrahæ dictæ sunt promissiones, & semini ejus. Non dicit, & seminibus, tanqvam de multis

Mittel Cursiv. *Primo tempore alleviata est terra Zabulon & terra Nepthali, & novissimo aggravata est via maris trans Jordanem Galileæ Gentium. Populus qvi ambulabat in tenebris, vidit lucem magnam: Multiplicasti gentem, non ma-*

Hebræum.
אֲצֶרֶת מַעְלָה מִקְנַת אוֹצְרוֹת לְבִינָה:
כִּי רֵיחֵךְ נַעֲלָה כַּעֲלוֹת רֵיחַ לְבוֹנָה:
אֶקְרָא בְּשֵׁם וְכֶתֶר יָזַל שֶׁם־וְשִׁבְחֵךְ
כֵּן־תְּעָדְהוּ כְּטוֹטָפוֹת יְפוֹרַת בַּמִּצְחָה:

CiceroAntiqva. Qvid igitur habet in qvo præcellat Judæus? aut qvæ utilitas circumcisionis? Multum per omnem modum. Nam primum qvidem illud, qvòd illis commissa sunt oracula DEI. Qvid enim si qvidam fuerunt increduli? Num incredulitas

Cicero Cursiv. *Domine JESU CHRISTE Fili Dei vivi, qui pro saluti mundi in cruce felle & aceto potatus es sicut tu consummatis omnibus, in cruce expirans, in manus patris commendasti spiritum tuum, sic in hora mortis meæ, in manus tuæ pietatis commendo animam.*

Cicero Græcum. ΚΑΙ ΗΝ ΕΚΒΑΛΛΩΝ ΔΑΙΜΟΝΙΟΝ, ΚΑΙ αὐτὸ ἦν κωφόν. ἐγένετο δὲ τοῦ δαιμονίου ἐξελθόντος, ἐλάλησεν ὁ κωφός. καὶ ἐθαύμασαν οἱ ὄχλοι. Τινὲς δὲ ἐξ αὐτῶν εἶπον· ἐν Βεελζεβ.

Corpus Antiqva. Et cum prævaricatoribus annumeratus est, ipse qvoq; peccatum Multorum tulit, & pro prævaricatoribus oravit. Lauda sterilis, qvæ non pariebas prorumpe in laudem. Et exulta, qvæ non pariebas. Qvia plures sunt filii desolatæ, qvàm filii maritatæ, dixit Jehovah, dilata.

Grobe Canon. Im Anfang war das Wort/ vnd das

Kleine Canon. Dancksaget dem Vater/ der vns tüchtig gemacht hat zu dem Erbtheil der Heil.

Text Fractur. Ich ruffe zu dem HErrn in meiner Noth/ vnd Er erhöret mich. HErr errette meine Seele von den Lügenmäu.

Tertia Fractur. HErr/ wenn ich nur dich habe/ so frage ich nichts nach Himmel vnd Erden: Wenn mir gleich Leib vnd Seel verschmacht/ so bistu doch Gott allezeit meines Hertzens Trost vnd mein Theil.

Mittel Fractur. Wie lieblich sind deine Wohnungen/ HErr Zebaoth/ Meine Seele verlanget vnd sehnet sich nach den Vorhöfen des HErrn/ Mein Leib vnd Seel frewen sich in dem lebendigen Gott. Denn der Vogel hat ein Haus funden/ vnd die Schwalbe jhr Nest/ da sie Jungen hecken/ etc.

Cicero Fractur. Sie ist fest gegründet/ auff den heiligen Bergen/ Der HERR liebet die Thor Zion/ vber alle Wohnunge Jacob. Herrliche ding werden in dir geprediget/ du Stadt Gottes/ Sela. Ich will predigen lassen Rahab vnd Babel/ daß sie mich kennen sollen/ Sihe/ die Philister vnd Tyrer sampt den Moren werden daselbst geborn.

Straßburger. Du Hirte Israel höre/ der du Joseph hütest wie der Schafe/ Erschein/ der du sitzest vber Cherubim/ erwecke deine Gewalt/ vnd kom vns zu hülffe.

Corpus Fractur. Wol dem/ der den HErrn fürchtet/ der grosse Lust hat zu seinen Geboten. Des Same wird gewaltig seyn auff Erden/ das Geschlecht der Frommen wird gesegnet seyn. Reichthumb vnd die Fülle wird in jhrem Hause seyn/ vnd jhre Gerechtigkeit bleibet ewiglich. Den Frommen gehet das Liecht auff im Finsternis/ Von dem gnädigen/ barmhertzigen vñ gerechten.

Jungfer Fractürl. Jauchzet dem HErrn alle Welt/ dienet dem HErrn mit Frewden/ kommet vor sein Angesicht mit frolocken. Erkennet daß der HErr Gott ist/ Er hat vns gemacht/ vnd nicht wir selbst/ zu seinem Volck/ vnd zu Schafen seiner Weide. Gehet zu seinen Thoren ein mit dancken/ zu seinen Vorhöfen mit loben/ Dancket jhm/ lobet seinen Namen.

Buchdruckerey hielt Jubel-Jahr/ Als ich zur Prob ward geben dar.

ANNO CHRISTI M DC XL.

Die Schriftproben des Buchdruckers Mintzel für die Bewerbung in Hof aus dem Jahr 1640.

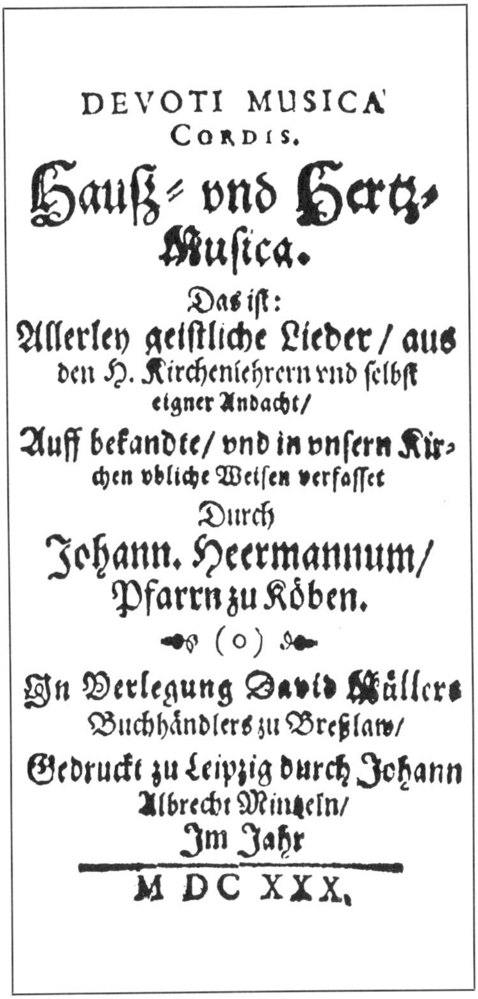

DEVOTI MUSICA CORDIS.

Hauß- vnd Hertz-Musica.

Das ist:

Allerley geistliche Lieder / aus den H. Kirchenlehrern vnd selbst eigner Andacht/

Auff bekandte / vnd in vnsern Kirchen vbliche Weisen verfasset

Durch

Johann. Heermannum/ Pfarrn zu Köben.

(o)

In Verlegung David Müllers Buchhändlers zu Breßlaw/

Gedruckt zu Leipzig durch Johann Albrecht Mintzeln/

Im Jahr

M DC XXX.

In verlegung David Müllers Buchhändlers in Breßlaw.

Leipzig

Gedruckt durch Johan Albrecht Mintzeln/ Im Jahr 1630.

Titelblatt von Mintzel-Drucken sowie Mintzels Druckerzeichen aus der Leipziger Zeit (beides 1630).

Freilich lag Hof im Schatten der großen Zentren des Buchdrucks und -handels: Leipzig, Nürnberg und Frankfurt. Bis zum Ausgang des 18. Jahrhunderts bildeten eine kleine Zahl gebildeter Bürger und kulturbeflissener Adeliger, der Rat der Stadt Hof, markgräfliche Beamte, in der Mehrzahl Geistliche, und das Hofer Gymnasium die Kundschaft. Leichenpredigten und andere Predigten wurden in großer Zahl gedruckt.[5] Die Druckerei war zunächst der einzige fürstlich privilegierte Drukkereibetrieb im Markgrafentum Kulmbach-Bayreuth. Doch die folgenden Inhaber der Mintzelschen Druckerei, Gottfried Mintzel (1662–1713), Johann Christoph Mintzel (1713-1733), Johann Andreas Hetschel (1734–1785) und Christian Gottlieb Schönert als Pächter (1785–1801) bekamen zunehmend Konkurrenz zu spüren. Am Sitz der markgräflichen Regierung in Bayreuth wurde bereits 1660 eine privilegierte Druckerei gegründet, die eine Konkurrenz für Hof darstellte. In Hof selbst eröffnete der Pfarrerssohn Johann Nikolaus Martius 1692 eine zweite Druckerei. 1696 sah sich Gottfried Mintzel deshalb gezwungen, mit einem Bittbrief an die markgräfliche Regierung auf die Privilegien hinzuweisen, die seinem Vater einstmals verbrieft worden waren. Im vorindustriellen Hof galt das „eherne Gesetz“,[6] daß sich nur eine Druckerei auf Dauer behaupten kann. Etwa 1703 gab Martius auf.

Vom Intelligenzblatt zum Tagblatt

Im Jahre 1799 übersiedelte Johann Heinrich Mintzel, ein Enkel des 1733 verstorbenen Druckers Johann Christoph Mintzel, von Bayreuth nach Hof. Er kaufte 1801 vom Hofer Gymnasium die alte Familiendruckerei zurück[7] und übernahm mit Beginn des Jahres 1802 auch den Verlag und den Druck des „Neuen Höfer Intelligenzblattes“. Johann Heinrich Mintzel hatte die „Buchdruckerkunst“ in allen ihren „Theilen“ in Hof noch in der alten Mintzel'schen Druckerei gelernt, war dann auf Wanderschaft gegangen und hatte von 1786 bis 1799 in Bayreuth als Hofbuchdrukker gearbeitet.

Der im Jahre 1633 von Renaudot geschaffene Typ des Intelligenzblattes stand auch Pate bei dem ersten Presseerzeugnis in Hof. Mit der Übernahme des ersten Hofer Zeitungsverlags führte Mintzel das 1770 von einem Privatmann[8] gegründete „Höfer Intelligenzblatt“ fort.

Die Zeitung kam einmal wöchentlich, nämlich donnerstags, im Quartformat heraus. Neben den Bekanntmachungen der Behörden brachte es Bücheranzeigen und sogenannte „Nützliche Nachrichten“, die der Belehrung und Unterhaltung dienen sollten; weiter fand man die Rubriken „Landwirtschaft“, „Gewerbe“, „Preise“ und „Statistik“ und die Verzeichnisse der Getauften, Verstorbenen und „Copulirten“, sowie die Namen der Fremden, die das Obere und Untere Tor passiert hatten. 1783 hatte schließlich die Vierlingsche Buchhandlung die Herausgabe des Blattes übernommen.

---

5 „Allein in der Herzog-August-Bibliothek in Wolfenbüttel sind etwa 150 Hofer Leichenpredigten aus dem 17. und 18. Jahrhundert zu finden“, teilt Verleger Karlheinz Hoermann in einem Manuskript über den Verlag mit.

6 a. a. O., S. 41.

7 Die Besitzverhältnisse in der zweiten Hälfte des 18. Jahrhunderts sind unklar, weil Brände wichtige Quellen vernichtet haben.

8 Vgl. Dr. Rolf Hoermann: Der „Hofer Anzeiger“ in anderthalb Jahrhunderten. In: 150 Jahre „Hofer Anzeiger“, Jubiläumsausgabe 1951, S. 2.

Mintzel veränderte das Blatt kaum. Nur das Zeitungsbild wurde übersichtlicher gestaltet. Während früher eine scharfe Trennung zwischen redaktionellem und Anzeigenteil weder in Stil noch Aufmachung üblich war, unternahm man jetzt, da die Anzeigen sich häuften, die ersten tastenden Schritte, ihre Werbewirksamkeit zu erhöhen, indem man sie besonders hervorhob, etwa durch die gespaltene Seite, einen anderen Schriftgrad, eine Sammelüberschrift oder Vignetten. Öfter zu finden waren nun Inserate von Privatleuten, Veranstaltungshinweise, Fund- und Verlustanzeigen, sowie Lotterieanzeigen, die sich, teils von Behörden veranstaltet, teils von ihnen beschützt, stark vermehrten.

Im Laufe der Zeit drängte Mintzel, selbst von einer „politischen" Zeitung kommend, den Unterhaltungsteil immer weiter zurück und legte vermehrten Wert auf das eigentliche „Intelligenzwesen". Die Bevölkerung brauchte eine Zeitung, aus der sie das für den Alltag Wissenswerte entnehmen konnte: die landesherrlichen Verfügungen und städtischen Erlasse, die Preise für die täglichen Güter, die Liste der Geborenen, Verheirateten und Verstorbenen, private Anzeigen und die Neuigkeit vom Tage. Immer stärker machte sich das Bedürfnis geltend, das Wochenblatt künftig öfter erscheinen zu lassen. Ab 1854 kam die Zeitung als „Anzeiger für Hof und Umgebung, vormals Höfer Wochenblatt" zweimal, während der Jahrmarktzeiten täglich und ab 1857 dreimal wöchentlich heraus. Die täglichen Marktausgaben wurden beibehalten. Die amtlichen Bekanntmachungen hatten ihren Platz am Anfang, die Anzeigen in der Mitte, und auf die letzte Seite setzte man die „Rundschau", ein Sammelsurium der wichtigsten Ereignisse aus dem In- und Ausland. 1860 wagte der Verleger die regelmäßig werktägliche Erscheinungsweise. Am 1. Juli 1860, „dem hohen Festtage der Feier der 50jährigen Einverleibung der Stadt Hof in das Königreich Bayern" wurde der bisherige Titel in „Hofer Tagblatt" umgewandelt.

Mit der Übernahme des Intelligenzblattes 1802 begann die Hofer Druckerfamilie Mintzel zum zweiten Male, eine (wenngleich bescheidene) Rolle in der Entwicklungsgeschichte des oberfränkischen Zeitungswesens zu spielen. Die Mintzels hatten in fünf aufeinanderfolgenden Generationen von 1625 bis 1844 als Drucker gewirkt: 1625–1642 in Leipzig, 1642–1733 in Hof, zwischen 1750 und 1754 in Jüterbog in der Mark Brandenburg, 1754–1763 in Bayreuth und zuletzt wieder in Hof von 1801 bis 1844.

Als Johann Heinrich Mintzel 1840 starb, blieb seine 30jährige Frau mit zwei minderjährigen Kindern zurück. Zunächst stand Christoph Carl Johann Hoermann der jungen Witwe in der Führung der Mintzelschen Buchdruckerei tatkräftig bei. Er war 1829 als Lehrbub in den Betrieb eingetreten und hatte nun die Stelle eines sogenannten Faktors inne. Nach der Heirat der Witwe Mintzel mit Hoermann firmierte der Betrieb ab 1844 als „Druck und Verlag der Mintzelschen Buchdruckerei (C. Hoermann)" und gelangte zu beachtlicher regionaler Bedeutung. Das zweite Stammhaus am Maxplatz 20 mußte durch Nebengebäude erweitert werden.

Wochen-Blatt der Stadt Hof.

№. 3. Den 16. Januar 1836.

Wochen-Blatt der Stadt Hof.

№ 8. Mittwoch, den 24. Januar. 1849.

Hofer Anzeiger.

Tagblatt für Hof und Umgegend.

(Amtliches Organ des Stadtmagistrats Hof, sowie der sämmtlichen hiesigen Königl. Aemter, des Königl. Landgerichts Rehau und der Königl. Notare des Bezirksgerichtssprengels Hof.)

Der Abonnementspreis ist vierteljährig 40 kr., halbjährig 1 fl. 20 kr. und ganzjährig 2 fl. 40 kr.

Dienstag. Nr. 31. 4. Februar 1868.

Hofer Anzeiger.

Tagblatt für Hof und Umgegend.

Neunzigster Jahrgang.
Redaction und Expedition: Marplatz 31.
Telephonruf Nr. 94.

Inseratenannahme: Größere bis Mittag 12 Uhr, kleinere bis spätestens 4 Uhr Nachmittag. Sonntags bis 10 Uhr Vormittags.

№ 9. Sonnabend 10. Januar 1891.

Zeitungsköpfe des „Hofer Anzeigers“ im Wandel der Zeit.

„Hofer Spaziergänge“

Unter Heinrich Hoermann, dem Sohn C. Hoermanns, blühte das Unternehmen weiter auf. Seit 1869 zeichnete er für die Zeitung allein verantwortlich, 1873 übernahm er auch das Druckhaus in eigener Regie.

Als sich 1886 die Belegschaft auf 14 Personen vergrößerte, wurden die Gebäude am Maxplatz endgültig zu eng. 1892 konnten der „Hofer Anzeiger“ und die „Mintzelsche Buchdruckerei“ in das neue, große Verlagshaus mit anschließendem Druckereigebäude am Oberen Torplatz umzuziehen.

Die tägliche Erscheinungsweise der Zeitung machte bald eine personelle Trennung von Verlag und Redaktion dringend erforderlich. Zudem erschien ab 1877 eine Unterhaltungsbeilage „Der Erzähler an der Saale“, die betreut werden sollte. In Franz Büchl fand sich ein Mann, der über wechselvolle Jahre bis nach dem Ersten Weltkrieg das Gesicht der Zeitung nachhaltig prägte.

Ab 1921 war Karl Roeder Chefredakteur des „Hofer Anzeigers“. Seine Tätigkeit wurde mit der zwangsweisen Einstellung des Blattes gegen Ende des Dritten Reiches unterbrochen. Roeder übernahm die Aufgabe als Chefredakteur wieder ab 1949 bis zu seinem Ausscheiden aus Altersgründen. Er hatte sich einen besonderen Namen gemacht und war bei der Bevölkerung sehr angesehen. Wöchentlich schrieb er vier bis fünf Leitartikel, die stets auf der ersten Seite veröffentlicht wurden. Von ihm stammt auch die berühmte Serie „Hofer Spaziergänge“. Seit 1921 beschrieb er lokale Persönlichkeiten oder Ereignisse in der Wochenendausgabe auf humorvolle Weise. Diese Spalte war jahrzehntelang einmalig in der bayerischen Verlegergeschichte. Die Serie „Hofer Spaziergänge“ wird bis heute von Gert Böhm weitergeführt.

Heinrich Hoermann überließ 1903 nach schwerer Krankheit das Geschäft seinen beiden Söhnen Karl und Heinrich. Unter ihrer Ägide gewann das Unternehmen neuerlich an Leistungsfähigkeit. Anstelle der 1859 und 1869 erworbenen Schnellpressen traten surrende Rotationsmaschinen, der Handsetzer wurde vom Maschinensetzer abgelöst.

Die beiden Weltkriege, die Weltwirtschaftskrise, die Auseinandersetzungen mit den nationalsozialistischen Machthabern setzten dem wirtschaftlichen Erfolg freilich immer wieder Grenzen. Die Söhne der beiden Firmenchefs mußten im II. Weltkrieg einrücken. Dr. Rolf Hoermann, der Sohn Karl Hoermanns, hatte 1938 noch die Geschichte des „Hofer Anzeigers“ sowie der Mintzelschen Druckerei ausgearbeitet und promovierte mit dieser Arbeit in München. Er kehrte aus Rußland nicht mehr zurück.

Die wirtschaftlich-publizistische Konkurrenz war mit den Jahren immer stärker geworden. 1873 erschienen die „Hofer Neuesten Nachrichten“, die 1878 wieder eingestellt wurden. Der Schriftsetzer Carl Lienig gründete 1873 eine „Hofer Zeitung“, die nur ein Jahr bestand. Danach tauchten die „Hofer Post“ (1879), das „Hofer Tagblatt“ (1882), der „Hofer Stadtanzeiger“ (1893–97), „Der Streiter für völkische Politik und soziale Gerechtigkeit“ (1923–24), die „Völkische Presse“ (1924–25), die „Deutsche Wacht“ und „Der Freie Franke“ auf. Eine Zeitungsgründung der Hofer Bürger im Jahr 1925, die „Bürgerzeitung“, in Nürnberg gedruckt, bestand gleichfalls nur ein Jahr. Allen diesen Neuerscheinungen hielt der „Hofer Anzeiger“ stand. Die

Einzelverkaufspreis 0.80 DM

150 Jahre

Hofer Anzeiger

UNABHÄNGIGE HEIMATZEITUNG FÜR NORDOSTBAYERN

Dem Jubilar zum Gruß!

Schon bei den Griechen und Römern genoß Verehrung das Alter.
Saßen im Areopag und Senat doch die weisesten Greise,
Führten zum Ruhm ihre Staaten und gaben der Jugend ein Vorbild.

Verlagshaus mit gepflegter Tradition.

„Nationale Volkszeitung" und die NS-Zeitung „Fränkisches Volk" leiteten dann in das offizielle Organ der NSDAP „Bayerische Ostmark" über. Am 1. März 1943 wurde der „Hofer Anzeiger", wie die meisten bayerischen Heimatzeitungen, zwangsweise eingestellt.

Neuordnungen

Nach dem Ende des Zweiten Weltkrieges beschlagnahmte die amerikanische Militärregierung die Druckerei und ließ auf den Maschinen die von ihr lizenzierte „Frankenpost" herstellen. Nach der Generallizenz von 1949 konnte der „Hofer Anzeiger" – wieder als Heimatzeitung – zunächst aber nur als Gast im eigenen Haus herausgebracht werden; er erschien mittags, da die Rotationsmaschine erst ab 6 Uhr morgens zur Verfügung stand. Vorher wurde die „Frankenpost" gedruckt, die morgens erschien. Erst 1953 gaben die Amerikaner nach einem Verwaltungsgerichtsverfahren den Druckereibetrieb an die Inhaber zurück.

Mit veralteten und verbrauchten Maschinen, ohne finanzielle Mittel und ohne festen Leser- und Kundenstamm wurde ein neuer Anfang gesucht. Der nachrükkende Karlheinz Hoermann baute wieder eine moderne Druckerei mit Zeitungs- und Buchverlag auf. In den Jahren 1956 und 1957 starben die beiden Seniorchefs kurz hintereinander. Bereits 1953 war anstelle des gefallenen Rolf Hoermann Schwiegersohn Erich Paetzold in die Firma aufgenommen worden. 1975 schied er aus Altersgründen aus. Seitdem ist Karlheinz Hoermann der allein verantwortliche geschäftsführende Gesellschafter der Firma Mintzel-Druck/Hoermann-Verlag/Hofer Anzeiger. Verleger Karlheinz Hoermann hatte inzwischen die beiden Kommanditistinnen, Erbinnen des Onkels von Karlheinz Hoermann, ausbezahlt und war damit alleiniger Inhaber der Firma. Freilich traten beide Söhne in die Fußstapfen des Vaters. Stephan Hoermann absolvierte eine Buchdruckerlehre. Nach dem Abitur studierte er an der Fachhochschule/Universität in Stuttgart zum Ing. grad. Er erweiterte seine Ausbildung auch an verschiedenen großen Zeitungshäusern in Deutschland. Seit 1977 ist er im Familienbetrieb tätig und wurde inzwischen zum Geschäftsführer ernannt. Auch der zweite Sohn, Matthias, staatlich geprüfter Drucktechniker, arbeitet seit 1984 im väterlichen Betrieb. Beiden Söhnen wurden bereits Firmenanteile übertragen.

„Randlagen"

Die Entwicklung des Hauses Mintzel/Hoermann kann nur gewürdigt werden, wenn man die Bedingungen beleuchtet, unter denen dies geschah. Hof stand lange Zeit sehr im Schatten Leipzigs, das schon Anfang des 17. Jahrhunderts zum Zentrum des deutschen Druckerei-, Verlags- und Buchhandelsgewerbes aufgestiegen war. Die Sozialstruktur und ständische Hierarchie einer großen Messestadt wie Leipzig oder einer freien Reichsstadt und Handelsmetropole wie Nürnberg unterschieden sich erheblich von den Verhältnissen in den „kleinen" markgräflichen Hauptstädten Hof, Kulmbach oder Bayreuth mit nur rund 3000 bis 4000 Einwohnern. Eine Differenzierung der Branchen und eine soziale Abstufung der im Verlags-, Druckerei- und Buchhandelsgewerbe Tätigen (Briefdrucker und -maler, Kartendrucker und

Formschneider) war in Hof nur ansatzweise und mit zeitlicher Verzögerung anzutreffen. In Hof vollzog sich die berufsspezifische Trennung zwischen Drucker und Buchhändler erst im 18. Jahrhundert. Die Hofer Drucker, die Pfeilschmids und Mintzels, waren bis etwa 1734/35 Drucker, Verleger und Buchhändler in einer Person. Erst gegen 1735 etablierte Johann Gottlieb Vierling seine Verlagsbuchhandlung.

Damals war die Lage Hofs nicht mit den in nächster Nähe gelegenen Großstädten Leipzig oder Nürnberg zu vergleichen. Nachdem aber 1848 die Bahnlinie nach Leipzig gebaut worden war, entwickelte sich Hof zur Industriestadt.

Lange blieb der ganze nordostfränkische Raum eng verflochten mit den im Norden angrenzenden Gebieten Mitteldeutschlands. So z. B. bezogen die einheimischen Baumwollspinnereien ihr Rohmaterial aus den deutschen Nordseehäfen über Thüringen und Sachsen. Traditionell waren Spinnereien und Zwirnereien in Oberfranken angesiedelt, und die Veredelungsbetriebe und Textilmaschinenhersteller hatten sich in Sachsen niedergelassen. Die Hofer Großbrauereien lieferten ihre Erzeugnisse ebenfalls hauptsächlich nach Mitteldeutschland.

Ein Blick auf die aktuelle politisch-wirtschaftliche Struktur des Hofer Raumes macht deutlich, daß sich die Standortnachteile Hofs unmittelbar nach dem Zweiten Weltkrieg eher noch verschärft haben. Der „Eiserne Vorhang“ schneidet das seit jeher zusammenhängende oberfränkische-sächsische Industriegebiet entzwei. Die Grenzziehung nach dem Potsdamer Abkommen zwang die Wirtschaft zur Neuorientierung nach dem Westen der Bundesrepublik. Mit Ausdauer und Einsatz, bei dem die gesamte Bevölkerung zusammenstand, wurde auch dieses Tief überwunden. In Hof sind Firmen ansässig, die Weltgeltung erlangt haben, beispielsweise die „Textilgruppe, Hof“ und die „Viessmann AG“. Die günstigen Verkehrswege nach dem Süden und Westen Deutschlands wurden erweitert und verbessert. Hinzu kam in Jahr 1972 die Flugverbindung Hof – Frankfurt a. M. Diese Route wird heute viermal täglich geflogen.

Im überwiegend katholischen Bayern fällt auch die „konfessionelle Randlage“ ins Auge. Vor dem II. Weltkrieg war der nordostbayerische Raum fast ausschließlich protestantisch. Die Bayerische Gemeinde- und Kreisstatistik wies für 1939 im Landkreis Hof etwa 94% Protestanten, für die Stadt Hof ca. 84% Protestanten aus. Heute kommen im Kreis Hof auf einen Katholiken fünf Bürger protestantischen Bekenntnisses.[9] Vor allem der Flüchtlingsstrom aus den ehemaligen deutschen Ostgebieten stärkte ein wenig das katholische Element im Hofer Raum. Bezogen auf die Gesamtbevölkerung des heutigen Stadt- und Landkreises Hof dürfte der Anteil derjenigen, die aus dem Osten kommend hier eine neue Heimat gefunden haben, einschließlich der Nachkommen schätzungsweise ein Viertel betragen.[10] Vielfältige Bindungen bestehen nach wie vor zu Sachsen, Thüringen und dem Ascher Gebiet.

Das geistig-kulturelle Leben in Hof ist freilich erheblich reger als ehedem. Ein reich gegliedertes Schulwesen, zusätzlich eine Fachakademie für Sozialpädagogik und die Musikschule der Hofer Symphoniker haben Hof den Titel „Schulstadt“ eingebracht. Von überregionaler Bedeutung ist die für ganz Bayern zuständige Beamtenfachhochschule, Fachbereich Allgemeine Innere Verwaltung, wo jährlich 900 an-

---

9 Schreiben des Landratsamtes Hof vom 3. 9. 1987.
10 ebd.

gehende Verwaltungsbeamte des gehobenen Dienstes ausgebildet werden. Das Städtebundtheater, die Hofer Symphoniker, die Internationalen Hofer Filmtage und die Großveranstaltungen für ganz Nordostbayern in der Freiheitshalle mit ihren fast 5000 Sitzplätzen zeugen vom kulturellen Interesse und Engagement der Hofer.

Blick ins Blatt

Die Hofer Presse ist sich ihrer Verantwortung wohl bewußt. Die Hofer miteinander ins Gespräch zu bringen, ihre Interessen nach außen zu vertreten und Nachrichten von außen nach Hof zu bringen, den Austausch und die kulturelle wie wirtschaftlich-politische Integration voranzubringen – das macht nicht nur Mühe, sondern kostet Geld. Bis 1968 konkurrierten der „Hofer Anzeiger" und die „Frankenpost" um Leser und Anzeigenkunden. Bereits seit 1952 kooperierte der „Hofer Anzeiger" mit anderen Heimatzeitungen („Münchberg-Helmbrechtser Zeitung", „Selber Tagblatt", „Bayerische Rundschau", „Bayreuther Tagblatt") im Zeitungsring Oberfranken, dessen Sitz sich im Hause des „Hofer Anzeigers" befand. Die erste gemeinsame Ausgabe „Hofer Anzeiger/Frankenpost" erschien dann am 2. Januar 1968. In Hof sitzt nun die selbständige Lokalredaktion für die Stadt Hof, den Landkreis Hof sowie für die Stadt Rehau. Der andere Teil wird bei der „Frankenpost" hergestellt. Die gemeinsame Zeitungsherstellung hilft Kosten sparen und ermöglicht höhere Auflagen.

Das Haus Hoermann bringt, nimmt man es genau, zwei Blätter heraus, den „Hofer Anzeiger" und das „Rehauer Tagblatt". In beiden Fällen gestaltet der Verlag jedoch nur die innere Lage, den Lokalteil, eigenständig. Der Mantel kommt von der „Frankenpost", die auch Druck und Vertrieb besorgt. Das „Rehauer Tagblatt" gleicht dem „Hofer Anzeiger" bis auf die Lokalseiten. Acht Redakteure und drei Volontäre in Hof und Rehau gestalten täglich zwischen fünf und acht Seiten.

Täglich erscheinen die umfangreichen Stadtnachrichten und Veranstaltungshinweise. Regelmäßig werden die Rubrik „vor 75 und 100 Jahren im Hofer Anzeiger" mit allerlei Kuriositäten sowie die Kolumne „Hofer Spaziergänge", die ein Refugium für die Mundart darstellt und seit 1921 bis heute gern gelesen wird, veröffentlicht. Unregelmäßig tauchen auf: „Porträts bedeutender Hofer" und „Zu Besuch beim Hofer Anzeiger". Der Kontakt zur Leserschaft scheint gut zu sein, davon zeugt jedenfalls die umfangreiche Leserbriefspalte. Im übrigen versäumt es die Redaktion nicht, die schwierigen wirtschaftlichen Gegebenheiten der Stadt Hof und der Region zu berücksichtigen, indem sie eine relativ ausführliche lokale Berichterstattung pflegt. Produktinformationen, Personalien, Jubiläen und Jahresabschlüsse der ortsansässigen Betriebe tauchen in beiden Blättern häufig auf.

Der „Hofer Anzeiger" wird heute in erster Linie in der Stadt Hof und im ehemaligen Landkreis Hof gelesen; das „Rehauer Tagblatt" in der Stadt Rehau und im Umland. Die Auflage hält sich seit der Kooperation 1968 (26 524 tatsächlich verbreitete Auflage) annähernd konstant (niedrigster Stand 1974: 24 418; höchster Stand 1982: 27 461),[11] was bemerkenswert deshalb ist, weil sich die Bevölkerung in der Stadt und

[11] Laut IVW-Listen.

Dramatisches Ende einer Ballonfahrt über den Atlantik (Seite 3)

Hofer Anzeiger

Frankenpost

181. Jg. / 151 Montag, 6. Juli 1987 — Tageszeitung für Oberfranken — J 2939 A — Einzelpreis DM 1,–

Sie lesen heute

Seite 2: Wird die Mehrwertsteuer in der EG vereinheitlicht?

Seite 3: 15 Tonnen Benzin in den Rhein

Seite 4: Helsa-Werke in Gefrees feiern 40jähriges Bestehen / Nürnberger Theaterspektakel des Hofers Michael Birken

Sport: Tour de France: Thurau verliert grünes Trikot, ist im Gesamtklassement aber Siebenter / Schwimmen: Groß mußte aufgeben / Formel 1: Mansell gewinnt in Le Castellet / Golf: Langer Turniersieger

Oberfranken/Oberpfalz: Oberfränkisches Trachtenfest in Schönwald / Fitzgerald Kusz in Trebgast: „Unkraut"

Rundfunk- und Fernsehprogramm auf Seite 10

Rubel konvertierbar?

HAMBURG. – Die Sowjetunion wird nach den Worten des Moskauer Wirtschaftswissenschaftlers Leonid Iwanowitsch Abalkin langfristig den Rubel zur frei konvertierbaren Währung entwickeln. Als zeitlichen Rahmen nannte er etwa 15 Jahre.

Es brodelt bei den Bergleuten

Gewerkschaft: Unruhe wird dramatisch

ESSEN. – Die Unruhe auf den Schachtanlagen im Revier hat nach Ansicht des Vorsitzenden der IG Bergbau, Heinz-Werner Meyer (Bild), Ausmaße angenommen, die kaum noch zu kanalisieren sind. In einem Interview der *Westdeutschen Allgemeinen Zeitung* sagte Meyer, Betriebsräte und Funktionäre stünden unter großem Druck der Belegschaften. „Die Leute fordern den Marsch auf Bonn. Sie sagen: Macht endlich Randale, nehmt euch ein Beispiel an den Metallern. Die Bergleute haben gemerkt, daß der Bergbau wankt", beschrieb Meyer die Lage vor Ort.

Verantwortlich für die Unruhe seien die Ruhrkohle AG und der Steinkohlenverband. Vor einigen Wochen habe der Vorsitzende der Ruhrkohle AG, Heinz Horn, angekündigt, 15000 Arbeitsplätze seien in Gefahr. Drei Tage darauf habe er nach einem Gespräch mit Bundeswirtschaftsminister Martin Bangemann beschwichtigend erklärt, die Bergleute könnten wieder beruhigt an die Arbeit gehen. „Und in dieser Woche hat er gesagt, 20000 Arbeitsplätze seien gefährdet", sagte Meyer.

Die Bergleute hätten zu Recht den Eindruck, daß ihnen die Ruhrkohle AG nicht die Wahrheit über das Ausmaß der Bedrohung ihrer Arbeitsplätze mitgeteilt habe, meinte der Vorsitzende der IG Bergbau. „Diese Unsicherheit und Zweifel, die das Unternehmen geschaffen hat, werden die Unruhe in den nächsten Wochen zwangsläufig weiter anheizen." Die Unruhe in den Belegschaften sei ein Signal an das Unternehmen, die Karten auf den Tisch zu legen.

Claudia Kohde-Kilsch gewinnt Doppel

Riesenjubel bei den Siegern von Wimbledon. Claudia Kohde-Kilsch (Bild Mitte, rechts) aus Saarbrücken sorgte durch ihren Doppel-Erfolg an der Seite von Helena Sukova (ČSSR) dafür, daß nach den Triumphen von Boris Becker 1985 und 1986 auch in diesem Jahr ein Siegerpokal in die Bundesrepublik Deutschland ging. Martina Navratilova (rechts) bezwang in einem hochklassigen Damen-Endspiel die Brühlerin Steffi Graf mit 7:5 und 6:3. Der Australier Pat Cash (links) gewann bei den Herren gegen den Weltranglisten-Ersten Ivan Lendl, der zum zweiten Mal in einem Wimbledon-Finale scheiterte.

Opfer mit Barbie-Urteil zufrieden

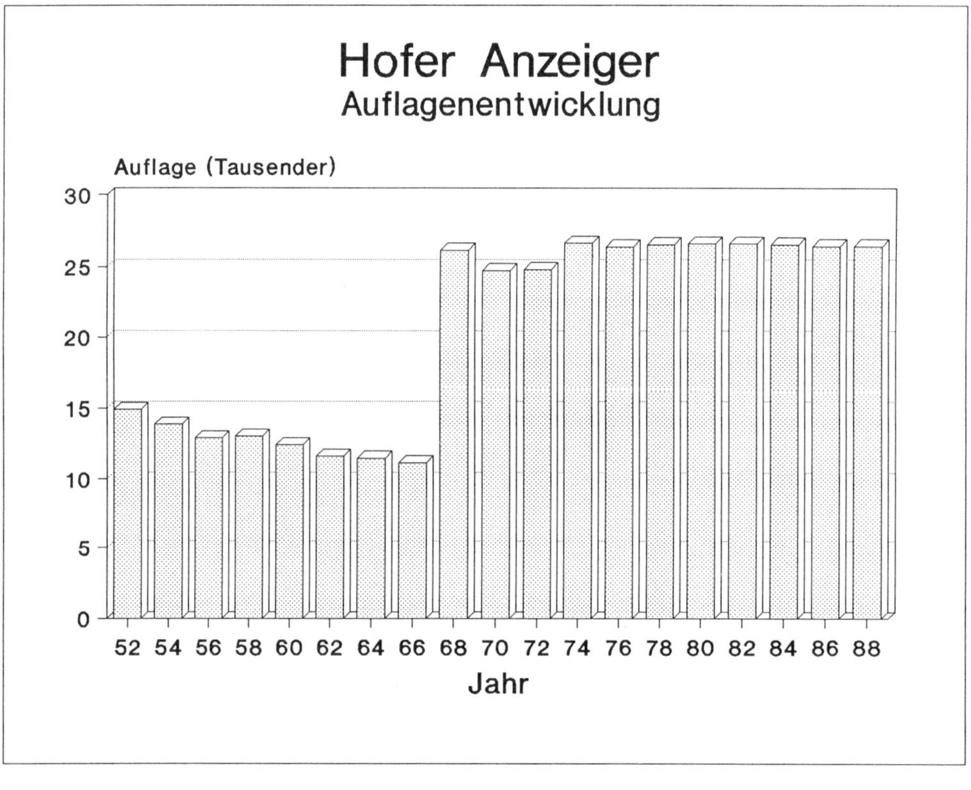

im Landkreis Hof von 1970 bis 1986 um 12,5% vermindert hat.[12] Die relative Überalterung der Hofer Bevölkerung stellt auch den „Hofer Anzeiger“ vor Probleme. Bislang hält sich das Haus Mintzel-Druck/Hoermann-Verlag/Hofer Anzeiger allerdings gut. Es beschäftigt heute über 50 Mitarbeiter im Druckbereich, acht Redakteure und drei Volontäre in den beiden Lokalredaktionen (Hof und Rehau) und zusätzlich 25 freie Mitarbeiter. Wenn sich die Stadt Hof „unaufhörlich und organisch vom ‚geplanten‘ Oberzentrum zum Oberzentrum“ weiterentwickelt, wie die Regionalpolitiker meinen, dann stehen auch dem „Hofer Anzeiger“ rosigere Zeiten bevor.

(sf)

---

[12] Bayerisches Landesamt für Statistik und Datenverarbeitung: Bevölkerungsveränderung für die Stadt Hof (1970 – 1986: 10,9%, 1985 – 1986: 8,8%); für den Landkreis Hof (1970 – 1986: 12,5%, 1985 – 1986: 610,9%).

Selber Tagblatt.

Amtsblatt für das königl. Bezirksamt Rehau.

Nro. 113.	Erscheint täglich mit Ausnahme der Sonn- und Festtage. Inserate 4 kr. per dreisp. Zeile.	Dienstag, 18. Mai.	Abonnements-Preis viertelj. 45 kr. Bestellungen nehmen alle k. Post-Expeditionen u. Landpostboten an.	1875.

Selber Tagblatt

Das „Selber Tagblatt" erscheint wöchentlich viermal: Montag, Mittwoch, Freitag, Samstag. Bezugspreis 1,80 DM einschließlich Trägerlohn. Anzeigenpreis nach Preisliste 2

Amtsblatt der Stadt Selb und der übrigen Behörden

Druck und Verlag: Buchdruckerei F. & A. Münch, Selb, Marienstraße 11, Fernsprecher 226. Unsere Geschäftsstelle ist geöffnet: wochentags 7–12 und 13.30–17 Uhr

Heimatzeitung für die Porzellanstadt Selb und Umgebung / Hohenberger Zeitung / Selb- und Egertalbote

Nummer 139 | Selb | Freitag, 8. September 1950

Selber Tagblatt

Tageszeitung und Amtsblatt der Stadt Selb

Nummer 121 | Samstag, 26. Mai 1973 | J 6272 A

Schlafende Ehefrau erwürgt – Mordprozeß gegen Nordhalbener Zeitsoldaten (Seite 3)

Amtsblatt der Großen Kreisstadt Selb | Unabhängig und heimatverbunden

Selber Tagblatt Frankenpost

113. Jg. / 152 Dienstag, 7. Juli 1987 | SCHÖNWALDER ANZEIGER | J 6272 A | Einzelpreis DM 1,–

Weizsäcker in Moskau: Radikale Abrüstung das Gebot der Stunde

Beide Länder können gute Partner sein, sagt Gromyko / Heute bei Gorbatschow

MOSKAU. – Eine radikale und ausgewogene Verminderung der Rüstung in Ost und West auch „bis tief in den konventionellen Bereich hinein" ist nach Worten von Bundespräsident Richard von Weizsäcker „das Gebot der Stunde". Zum Auftakt seines sechstägigen Staatsbesuches in der Sowjetunion sagte von Weizsäcker am Montag abend im großen Bankettsaal des Kreml, im Zeitalter der heutigen Waffensysteme sei „militärische Überlegenheit sinnlos" geworden. „Die gesicherte Fähigkeit zur gegenseitigen Zerstörung schließt es aus, daß Kriege noch gewonnen werden können", betonte er.

Unter Hinweis auf die „schmerzliche Erinnerung an den unheilvollen letzten Krieg" und auch seine eigene Erfahrung als Soldat im Krieg meinte von Weizsäcker an seinen Gastgeber, das sowjetische Staatsoberhaupt Andrej Gromyko, gewandt: „Unsere Pflicht ist es, alles, wirklich alles zu tun, was in unseren Kräften steht und was die Vernunft gebietet, um Gewalt und Krieg für die Zukunft auszuschließen und einen dauerhaften Frieden in Europa zu schaffen." Der Bundespräsident sprach von einer „Phase von historischem Gewicht zwischen Ost und West". Weitreichende Vereinbarungen seien in greifbare Nähe gerückt.

Gast und Gastgeber sprachen sich bei dem festlichen Abendessen, das Gromyko zu Ehren Weizsäckers gab, entschieden für eine Verbesserung der deutsch-sowjetischen Beziehungen aus. Weizsäcker betonte, der „planmäßige und tatkräftige Ausbau" der deutsch-sowjetischen Beziehungen stehe im „Zentrum unserer Politik". Gleichzeitig sprach er die Folge der deutschen Teilung an. Die Deutschen würden „nicht aufhören, sich als eine Nation zu fühlen". Damit wollten sie sich jedoch gegen niemanden wenden und sich in diesem Sinne auch „zwischen den beiden deutschen Staaten"

stungsverhandlungen hänge auch in vielem von der Position der westeuropäischen Länder ab, nicht zuletzt der Bundesrepublik Deutschland.

Der Bundespräsident war von Gromyko und UdSSR-Außenminister Eduard Schewardnadse mit militärischen Ehren auf dem Prominenten-Flughafen Wnukowo 2 empfangen worden. Von Weizsäcker,

Ruf nach bundesweiter

Sie lesen heute

Seite 2: Leitartikel: DDR in der Klemme

Seite 3: Im Kreis Kulmbach: Rentner unter Heuhaufen erstickt / Schwerer Schlag gegen Kokain-Syndikat

ZU EINEM STAATSBESUCH traf Bundespräsident Richard von Weizsäcker am Montag in der Sowjetunion ein. Auf dem Moskauer Flughafen Wnukowo 2 wurde er vom sowjetischen Staatsoberhaupt Andrej Gromyko (links) mit militärischen Ehren empfangen.

Bonn rügt DDR-Maßnahme

Wilms hat kein Verständnis für Kürzung des Umtauschsatzes

Mit der Zeit kommen auch neue Köpfe.

Anstelle der Gemeindeglocke:
Das „Selber Tagblatt"

Die Stadt Selb, heute im Landkreis Wunsiedel und hart an der Grenze gelegen, war einst ein Ort mit viereinhalbtausend Einwohnern[1] in der Mitte Deutschlands. Einst, das heißt 1874, das Jahr, in dem das erste Reichspressegesetz erlassen wurde und Selb seine erste ortsansässige Zeitung bekam. Die Stadt war seit 1859 Sitz eines Amtsgerichtes, seit 1862 Sitz eines Forstamtes und Rentamtes und erhielt 1872 eine eigene Telegrafenstation.[2] 1865 war bereits die Bahnlinie Hof-Eger in Betrieb genommen worden, und in Selb-Plößberg eine Postexpedition eröffnet, und gleichzeitig ein Poststall eingerichtet worden. „Der Selber Poststall hatte die Verbindungsfahrten von Selb nach Selb-Plößberg auszuführen und auch die neue Omnibusverbindung (Pferdepost) Selb-Hohenberg-Schirnding-Arzberg zu befahren. Ferner wurde eine vom Wunsiedler Poststall auszuführende Omnibuslinie Wunsiedel-Selb neu eingerichtet."[3] Bereits seit 1849 bestand die Bahnlinie Nürnberg-Hof-Leipzig, von der auch die Selber profitierten, weil mit dieser Bahn die erste Postexpedition nach Selb gekommen war.

Das nahe Hof bot freilich, sowohl von der Verkehrsanbindung wie auch von der Sozialstruktur her gesehen, ungleich bessere Bedingungen für das Gedeihen einer Zeitung.[4] Die „kleine" markgräfliche Hauptstadt Hof besaß immmerhin schon lange ein Gymnasium und eine gewisse geistig-geistliche Schicht, die das kulturelle Leben der Stadt prägte. Selb dagegen war zwar seit 1426 Stadt, bekam aber erst zum Schuljahr 1928/29 eine höhere Schule.

Vermutlich hätten die Selber noch länger auf eine eigene Zeitung warten müssen, wenn nicht ein gewisser Lorenz Hutschenreuther 1857 in der Ludwigsmühle mit der Porzellanherstellung begonnen hätte, nachdem man in der Gegend kleine, um 1900 bereits erschöpfte Kaolinvorkommen entdeckt hatte. Zunächst jedoch zog Selb weitere Porzellanhersteller an und damit Industriearbeiter, die die Stadt stetig anwachsen ließen.[5]

Ende des vorigen Jahrhunderts hatte Selb bereits 7 200 Einwohner, ganz überwiegend evangelischen Bekenntnisses, weil Selb zum Fürstentum Ansbach-Bayreuth gehörte, wo nach der Reformation 1524 – 1529 durch obrigkeitliche Verordnung die Lehre Martin Luthers eingeführt worden war. Erst der Zuzug von Arbeitern aus Böhmen und der Oberpfalz stärkte das katholische Element in der Bevölkerung.

Mitten in der Industrialisierungs-Euphorie beschloß der Hofer Buchdruckereibesitzer Rudolf Günther 1869 die Herausgabe einer Zeitung mit dem Namen „Anzeiger für Selb und Umgebung". Im Mai 1869 entschieden der Magistrat und die Gemeindebevollmächtigten der Stadt Selb, „sodann in diesem Blatte alle Bekanntmachun-

---

1 Paul Meyer: Entwicklung der Stadt Selb im Spiegel eines Jahrhunderts. In der Sonderausgabe „100 Jahre Selber Tagblatt" von 1974.

2 Vgl. Willi Groth: 125 Jahre Postamt Selb/Früher Boten zu Pferd. In der Sonderausgabe „100 Jahre Selber Tagblatt" von 1974.

3 ebd.

4 Vgl. Porträt „Hofer Anzeiger".

5 Vgl. Hermann Bohrer: Selb, eine Kirchen- und Heimatkunde. Selb 1930.

gen, welche bisher durch die Glocke hierorts veröffentlicht werden mußten, (..) alles, was dem Publikum unbedingt zu wissen notwendig ist, inserieren zu lassen".[6]

Im Laufe des Jahres 1872 waren die Leser und die städtischen Behörden mit dieser Zeitung nicht mehr recht zufrieden. Besonders Druck und Papier erregten ihren Unmut. Schon vorher, 1870, hatte sich das Pfarramt geweigert, kirchliche Bekanntmachungen (Taufen, Trauungen und Todesfälle) im „Anzeiger" zu veröffentlichen, weil ihm die feindliche Einstellung des Blattes gegenüber Kirche und Geistlichen aufgefallen war. Darum sah sich der Stadtmagistrat Ende 1872 in Hof und Wunsiedel nach einem anderen Herausgeber und Drucker um – jedoch ohne Erfolg.

Günthers Position geriet in Gefahr, als am 29. März 1874 der Buchdrucker Karl Kirsch aus Lichtenfels dem Stadtmagistrat seinen Umzug nach Selb mitteilte. In seiner neuen Heimatstadt wollte er seine Buchdruckerei weiterführen und die Idee eines täglich erscheinenden Blattes in die Tat umsetzen. Am 8. April begrüßte der Bürgermeister den Zuzug des Druckereibesitzers und unterstützte auch Kirschs Plan einer zweiten Zeitung. Schon im Juli 1874 konnte Kirsch dem Magistrat eine vom 1. August an täglich erscheinende Zeitung mit dem Titel „Fränkische Presse" ankündigen.

Nachdem die neue Zeitung eine bescheidene Leserschaft gefunden hatte, sah sich Günther wegen der drohenden Konkurrenz gezwungen, dem Magistrat entgegenzukommen. Er machte das Angebot, den „Anzeiger für Selb und Umgebung" das Jahr 1875 über an alle Einwohner von Selb kostenlos zu verteilen – gegen den geringen Betrag von 200 Gulden für das Jahr 1875. Dafür sollte seine Zeitung auch 1875 als Amtsblatt beibehalten werden. Auf diesen Vorschlag ging der Stadtmagistrat aber nicht ein. Die Entwicklung der „Fränkischen Presse" war für die Stadtväter Grund genug, dem „Anzeiger für Selb und Umgebung" am 15. bzw. 28. 12. 1874 die wirtschaftliche Grundlage zu entziehen. Nun gingen alle magistratlichen Inserate und damit die Honorierung von 175 Gulden aus Gemeindemitteln an Karl Kirsch. Seine Zeitung trug dann vom 1. Januar 1875 an den bis heute erhaltenen Namen „Selber Tagblatt" und wurde zugleich Amtsblatt des Kgl. Bezirksamtes Rehau.

Bald darauf lud Kirsch „jedermann höflichst ein, Mitarbeiter des Blattes zu werden, denn jeder Abonnent hat das Recht, in öffentlichen Angelegenheiten in unserer Zeitung kostenlos das Wort zu ergreifen, solange seine Einsendungen sachlich und im Rahmen eines gewöhnlichen Zeitungsartikels gehalten sind".[7] Um diesen Aufruf zu verstehen, muß man sich die Arbeitsbedingungen damals in einem kleinen Lokalblatt vor Augen führen. Verlag und Redaktion liegen in einer Hand. „Der wertvollste Stoff sind die amtlichen Bekanntmachungen, dann müssen einige größere Blätter der Provinz oder des Landes und die benachbarten Lokalblätter Material liefern, und dazu kommt vielleicht die geschätzte gelegentliche Mitarbeit eines Lehrers, eines Geistlichen oder eines Beamten am Erscheinungsort oder aus der Umgebung. Korrespondenzen, soweit sie nicht kostenlos oder auf behördlichen Einfluß bezogen werden, oder gar Telegramme existieren für diese Blätter nicht."[8] Für die Vorgänge im Verbreitungsgebiet ist der Redakteur also regelmäßig auf die Zu-

---

[6] Paul Meyer: Eine Zeitung im Wandel der Jahrzehnte. In der Sonderausgabe „100 Jahre Selber Tagblatt" von 1974.
[7] ebd.
[8] Otto Groth: Die Zeitung. 4 Bde. Mannheim/Berlin/Leipzig 1928. 1. Bd., S. 383.

lieferarbeit von „Korrespondenten" angewiesen. Deshalb forderte Kirsch seine Abonnenten zu „Einsendungen" auf.

Kirsch konnte bis zu seinem Tod am 1. Juli 1895 die Weiterentwicklung seiner Zeitung vorantreiben. Dann leitete seine Frau für kurze Zeit die Druckerei und das „Selber Tagblatt", bis am 15. September Friedrich Münch das Unternehmen übernahm. Bereits im Dezember kündigte Münch eine Reihe von Neuerungen an, auch ein vergrößertes Format. „Es wird dadurch ermöglicht werden, den parlamentarischen Vorgängen wie sonstigen politischen Weltbegebenheiten mehr Berücksichtigung zuzuwenden, anders aber auch für allgemeine Tagesneuigkeiten, gemeinnützige und wissenswerte Mitteilungen und für das Feuilleton, in welchem im neuen Jahre eine Reihe gediegener, fesselnder Romane und Erzählungen zum Abdruck geplant, mehr Raum zu gewinnen. Infolge einer in den Vormittag fallenden Ausgabezeit ist das ‚Selber Tagblatt' in den Stand gesetzt, immer das Neueste von allen anderen Zeitungen zur Kenntnis seiner Leser zu bringen. Wichtige Ereignisse werden durch Telegramme mitgeteilt."[9]

Die Zeitung überstand zwar den Ersten Weltkrieg und die schwere Zeit der Inflation, freilich liefen die Bezugspreise[10] davon; sie betrugen:

1. 11. 1923	–	3,5 Milliarden Mark
5. 11. 1923	–	14 Milliarden Mark
12. 11. 1923	–	54 Milliarden Mark
19. 11. 1923	–	300 Milliarden Mark
26. 11. 1923	–	500 Milliarden Mark.

Durch die Machtübernahme der Nationalsozialisten wurde die Situation auch für das „Selber Tagblatt" zunehmend schwieriger. Zwangsweise wurde 1935 das bisher selbständige „Selber Tagblatt" mit dem Gauorgan der NSDAP zusammengelegt. Darum teilte die Zeitung am 31. Oktober 1935 mit: „Die heutige Nummer ist die letzte Ausgabe des ‚Selber Tagblattes' in seiner bisherigen Form. Vom morgigen Tage an wird bekanntlich unsere Zeitung mit dem gauamtlichen Organ ‚Bayerische Ostmark' vereinigt und dadurch der Bereich auf das gesamte Kreisgebiet ausgedehnt. Die Zeitung führt den Namen ‚Bayerische Ostmark – Selber Tagblatt'."[11]

Der Name „Selber Tagblatt" verschwand am 1. August 1942 völlig. Hitler hatte den Gau Bayerische Ostmark umtaufen lassen, und die Zeitung für dieses Gebiet erhielt nun den Titel „Fichtelgebirgswarte, Amtliche Tageszeitung des Gaues Bayreuth der NSDAP für den Kreis Selb". Damit nicht genug, die Veränderungen gingen weiter: Am 1. September 1943 wurde der Druckerei Münch auch noch die Produktion der Zeitung entzogen. Der Druck erfolgte jetzt in der Mintzelschen Druckerei in Hof. Schon seit März 1943 hatte Karl Röder vom „Hofer Anzeiger" für die Zeitung verantwortlich gezeichnet. Die letzte Ausgabe vor der Kapitulation erschien am 12. April 1945.

Nach dem Krieg war zunächst nicht an die sofortige Herausgabe des „Selber Tagblatts" zu denken. Die amerikanische Militärregierung vergab an Altverleger keine Lizenzen. Am 1. Februar 1946 trat Richard Hechtel als Teilhaber in die Druckerei Münch und den Verlag des „Selber Tagblatts" ein. Er übernahm die Geschäftsfüh-

[9] Zitiert nach Paul Meyer: Eine Zeitung im Wandel der Jahrzehnte, a. a. O.
[10] ebd.
[11] ebd.

2. Nacherhebung von Zeitungsbezugsgeld
für Monat November
(Verfügung des Reichspostministeriums im Nachrichtenblatt Nr. 119)

Für das von Ihnen bei der Post bestellte Stück der Zeitung
Selber Tagblatt
ist eine Nachzahlung von
800 Milliarden Mark
zu leisten.

An Herrn — Frau

(Wohnung)
— Deutliche Schrift, von der Absatz-Postanstalt mit Tinte auszufüllen —

Betrag erhalten — Annahme verweigert — Frist verlangt

Unterschrift des Beamten.

Tagesstempel

Bei vergeblicher Vorzeigung

Zeitungssache
nach

Eine Zeitung, die nichts kostet, ist nichts wert — es müssen ja nicht Milliarden sein wie 1923.

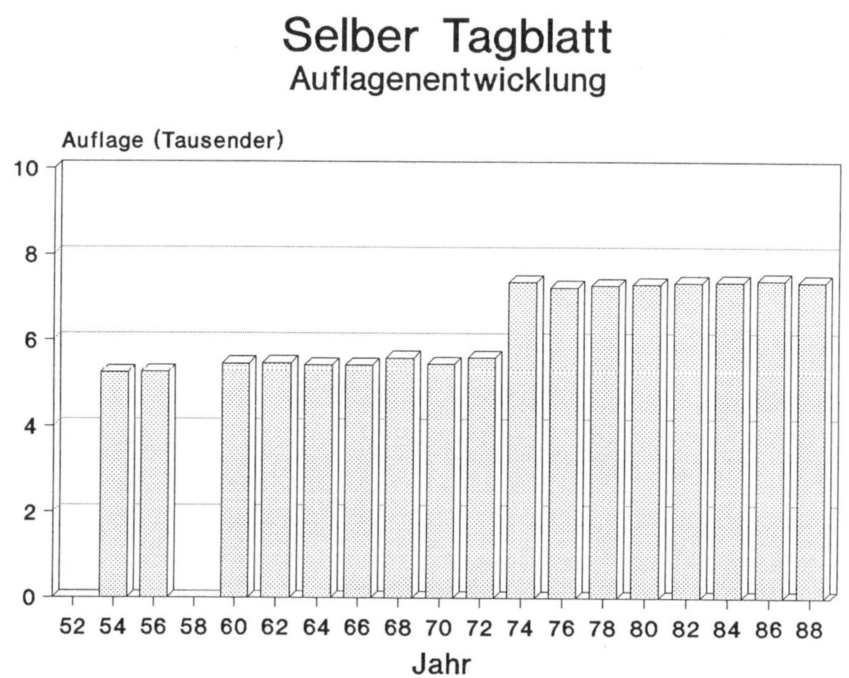

rung. In kleinen Schritten verwirklichte die Druckerei Münch nun ihr Ziel: die Herausgabe des „Selber Tagblatts". Ende März 1946 lockerte die Militärregierung ihre Bestimmungen und ermöglichte der Druckerei den Neubeginn mit dem „Anzeigenblatt für Selb, Rehau, Schönwald, Hohenberg und sämtliche Gemeinden des Landkreises Rehau". Das Blatt enthielt keine Nachrichten, sondern nur Bekanntmachungen und Anzeigen. Vom 2. November an hieß es „Selber Anzeigenblatt". Dieses Blatt wurde allerdings nicht ausgetragen, sondern nur an Plakattafeln angeschlagen. Nachdem die Stadt Selb wieder kreisfrei geworden war, schrieb der Oberbürgermeister am 16. November 1946: „Zum ersten Male erscheint heute ein amtliches Mitteilungsblatt für den neu gebildeten Stadtkreis Selb. (...) Wir wünschen uns zwar alle wieder unsere lokale Zeitung. Aber bis es soweit ist, wird noch einige Zeit vergehen."[12]

Noch einmal drei Jahre mußten die Bürger der Stadt warten, dann war es endlich soweit. Am 19. August 1949 verkündete das „Selber Anzeigenblatt": „Das ‚Selber Tagblatt' erscheint ab Freitag, dem 26. August, regelmäßig dreimal wöchentlich. Wie durch den Rundfunk bekanntgegeben wurde, wird die Generallizenz Nr. 3 der Militärregierung am Montag, 22. August, verkündet. Damit tritt das Bayerische Pressegesetz und somit die Pressefreiheit für ganz Bayern in Kraft. Unsere beliebte Heimatzeitung wird ab 16. August wieder wie einst regelmäßig in die Hände der Leser gelangen. Das ‚Selber Anzeigenblatt' und das ‚Amtsblatt' des Stadtrates Selb erscheinen heute zum letzten Male. Die amtlichen Bekanntmachungen der Stadt sowie die Anzeigen finden zukünftig wieder ihren Platz im ‚Selber Tagblatt'."[13]

Ab 1. November 1949 kam die Zeitung dann viermal wöchentlich und vom 22. November 1954 an wieder täglich (außer Sonntag) heraus. Mit der Übernahme des „Schönwalder Anzeigers" (1949) vergrößerte sich das Verbreitungsgebiet des „Selber Tagblatts". Im Lauf der Zeit wurden beide Zeitungen zusammengelegt, doch blieb der Name „Schönwalder Anzeiger" erhalten.

Bis zum 31. Dezember 1973 konkurrierten zwei Tageszeitungen in Selb – das „Selber Tagblatt" und die Lizenzzeitung „Frankenpost" (Hof). Der bisher bezogene Mantelteil vom Ring Nordbayerischer Tageszeitungen war sehr stark von der Region Bayreuth/Kulmbach geprägt, so daß sich das „Selber Tagblatt" entschloß, zum 1. 1. 1974 einen Kooperationsvertrag mit der „Frankenpost" in Hof zu schließen, und damit zum Alleinanbieter wurde. Die Grenzen des Verbreitungsgebietes liegen im Norden bei Neuhausen; im Westen bei Spielberg, Heidelheim; im Süden bei Thierstein und im Osten bei Mühlbach, Buchwald oder Silberbach. Zwei monatlich erscheinende Anzeigenblätter, deren Verbreitungsgebiete weit über das des „Selber Tagblatts" hinausgehen, können kaum als Konkurrenz bezeichnet werden.

Selb ist nach dem Landesentwicklungsplan ein Mittelzentrum. Noch immer arbeiten 56,2% der Bevölkerung im gewerblichen Bereich. Die Landwirtschaft spielt so wenig eine Rolle wie eh und je. Die strenge Witterung und die kargen Böden erlauben keine weitere Intensivierung der landwirtschaftlichen Nutzung. Durch die Grenzziehung nach dem Zweiten Weltkrieg wurde Selb vom Hinterland, den einstigen Versorgungsgebieten Sachsen und Böhmen abgeschnitten. Zwölf Kilometer Stadtgrenze bilden seitdem gleichzeitig die Staatsgrenze zur CSSR. Diese Grenzsi-

---

[12] ebd.
[13] ebd.

tuation hat natürlich Auswirkungen auf den lokalen Anzeigenumsatz der Zeitung. In Selb sind wenig große Geschäfte ansässig, die für Inserate einen Werbeplan entwerfen. Durch die Ansiedlung von Kaufhäusern und Lebensmittelketten konnte der lokale Anzeigenumfang erweitert werden. Auch hat seit einigen Jahren der Beilagenumsatz stark zugenommen. Im Kooperationsvertrag mit der „Frankenpost" wurde festgelegt, daß der lokale Anzeigenumsatz dem „Selber Tagblatt" zusteht und daß es am überregionalen Anzeigengeschäft partizipiert. Trotz der starken Abwanderung der Bevölkerung aus dem Grenzland (allein von 1984 bis 1986 kehrten 2,8% der Bevölkerung Selb den Rücken), konnte die Auflage gehalten werden.

Selb – Schönwald – Hohenberg

Mit dieser Zeile wird der Beginn des Lokalteils für Selb angezeigt. Die Lokalnachrichten sind in den regionalen Nachrichtenteil eingebettet, der von der Zentralredaktion in Hof gestaltet wird. Die vier Selber Redakteure (drei Lokalredakteure und ein Sportredakteur) schreiben die Meldungen aus Selb und Umgebung direkt in den Bildschirm. Beim „Selber Tagblatt" werden die Lokal- und Anzeigenseiten umbrochen, und dieser Klebeumbruch wird dann zur „Frankenpost" nach Hof gegeben, die die Platten erstellt, die komplette Zeitung druckt, verpackt und frühmorgens nach Selb liefert. Auf diese Weise bindet die Regionalredaktion der „Frankenpost" mehrere lokale Ausgaben zu einer großen Regionalzeitung zusammen, die einerseits alle Mittelzentren und einige Unterzentren mit spezifisch lokalbezogener Berichterstattung versorgt und die andererseits die regionale Integration im Verbreitungsraum fördert.[14]

Die Notwendigkeit der Integration des oberfränkischen Raumes faßt der frühere Präsident der Industrie- und Handelskammer Oberfrankens, Franz Meußdoerffer, in seiner Abschiedsrede so zusammen: „Eines meiner vornehmsten Anliegen war die Stärkung des Bewußtseins der Gemeinschaft Oberfrankens. Jede oberfränkische Institution, beim Regierungspräsident und den Kammern angefangen, tut sich schwer mit der Tatsache, daß Oberfranken – und das ist auch sein Reiz – ein Flächengebiet von großer Vielfalt ist; daß Eigenständigkeit und eigene Interessen der Teilgebiete oft Vorrang vor gemeinsamen Anliegen haben. (...) Aber wenn Oberfranken als Ganzes überleben will, dann ist eine Stärkung des Gemeinschaftsbewußtseins und ein Überwinden der Teilinteressen da, wo es gemeinsame Interessen zu verteidigen gibt, eine dringende weitere Notwendigkeit."[15]

Sieht man sich die historisch-kulturell (auch konfessionell) gewachsenen Grenzen an, so wird deutlich, daß das Gebiet um Selb, Hof und Wunsiedel traditionell zusammenhing, weil zur ehemaligen Markgrafschaft Kulmbach-Bayreuth gehörend. Es war gleichzeitig ein früh industriell geprägtes Gebiet. Unterschiedlich sind nur die Haupterwerbszweige. Hof und Wunsiedel haben traditionell Textilindustrie angezogen, Selb, Arzberg und Marktredwitz sind klassische Zentren der feinkeramischen Industrie.

---

14 Vgl. Ulla Meister: Integration eines Kommunikationsraumes. Nürnberg 1984.

15 F. Meußdoerffer: Abschiedsrede. Zit. nach G. Krauss: Die oberfränkische Geschichte. Hof 1981, S. 388 f., zit. nach Ulla Meister, a. a. O., S. 163.

Das Konzept der Regionalredaktion trägt diesen Gegebenheiten durchaus Rechnung. Der wirtschaftlich, sozio-kulturell und politisch einigermaßen homogene nordöstliche Teil der Planungsregion Oberfranken-Ost, in der Selb liegt, wird durch die Lokal/Regionalberichterstattung im „Selber Tagblatt“ präzis abgedeckt. Drei Seiten Selb und Umgebung und fünf Seiten Meldungen aus Nord-Oberfranken spiegeln die Konzeption der Herausgeber wider. Der Lokalteil umfaßt durchschnittlich dreieinhalb Seiten redaktionellen Text und zwei Seiten mit lokalen Anzeigen, das ergibt einschließlich des Mantels rund 30 Seiten Information pro Ausgabe.

Die Strukturmerkmale des Verbreitungsgebietes lassen sich recht deutlich an der Lokalberichterstattung des „Selber Tagblatts“ ablesen. Der Lokalsport nimmt relativ viel Raum ein, die Orientierung wird dem Leser durch Piktogramme sehr erleichtert. Laut Grenzlandbericht[16] bietet die Region überdurchschnittlich viele Möglichkeiten an, aktiv Sport zu treiben. Das kulturelle Leben in der Stadt wird insbesondere durch das im Oktober 1982 eröffnete Rosenthal-Theater geprägt. International erfolgreiche Solisten, Theater- und Konzertensembles, aber auch einheimische Musik- und Theatergruppen sorgen für einen ausgewogenen Spielplan. Im „Selber Tagblatt“ werden jedoch nicht nur die Aufführungen im Rosenthal-Theater ausführlich gewürdigt, auch die seit mehr als zehn Jahren stattfindenden Grenzland-Filmtage und die Rosenthal-Feierabende werden in Wort und Bild dargestellt. Die Freizeit-Aktivitäten der Selber werden zum Teil direkt durch die ortsansässigen Industrie-Unternehmen gesponsert. So liest man im „Selber Tagblatt“ z. B. von den Hutschenreuther Sporttagen, der Hutschenreuther Laufgruppe und eben von den Rosenthal-Feierabenden.

Einerseits sieht man dem „Selber Tagblatt“ deutlich die Regionalisierung an, andererseits sind Selb und die Nachbarorte so sehr überschaubare Gemeinden (Selb hat heute etwa 20 000 Einwohner), daß auch noch persönlich-individuelle Ereignisse Nachrichtenwert für die Lokalredaktion haben. Geburtstage, Dienstjubiläen, Verabschiedungen werden in der Zeitung durchaus gewürdigt, weil in einer Kleinstadt die Kindergartenleiterin oder der Sparkassenchef Personen allgemeinen Interesses sind. Es gibt im Blatt immer wieder Hinweise, daß der Selber Kommunikationsraum intakt ist, wozu die Zeitung unerläßliche Vermittlungsdienste leistet.[17]

---

16 Vgl. Grenzlandbericht 1979. Zit. nach Ulla Meister, a. a. O., S. 209.

17 Auch eine zufällig aufgefundene Lokalanzeige belegt die relative Geschlossenheit des Selber Kommunikationsraumes. Im „Tagblatt“ vom 7. Juli 1987 heißt es: „Meine Äußerung über Frau Erna Höfer nehme ich mit Bedauern zurück. Es war eine Personenverwechslung.“ Der/die Auftraggeber/in bleibt anonym, und dennoch steht zu vermuten, daß sowohl die direkt Angeredete als auch andere Mitbürger wissen, wer sich da in aller Öffentlichkeit entschuldigen möchte. (Und diese „Öffentlichkeit“ wird durchaus gesucht, ob von beiden Kontrahenten sei dahingestellt. Anderenfalls hätte ein schlichter Entschuldigungsbrief an Frau Höfer ausgereicht.) Hier wird noch etwas deutlich vom Gerede der Leute, von der Gerüchteküche in einem Ort, wo jeder beinahe jeden kennt.

Sorgenkinder

Ein Merkmal der Sozialstruktur im Landkreis Wunsiedel macht dem Verlag Sorgen, nämlich die relative Überalterung der Bevölkerung. Sie wird verursacht durch absinkende Geburtenzahlen und Wegzug der jüngeren Leute. Seit 1950 hat der Landkreis 17,4% seiner Bevölkerung verloren, weil „zuwenig qualifizierte Arbeitsplätze und Aufstiegschancen geboten" werden, weil „bestimmte Berufszweige in der Region überhaupt nicht vertreten seien".[18] Da andererseits die Leute sehr alt werden, und außerdem viele Rentner wegen der landschaftlich schönen Mittelgebirgslage in die Region zuziehen, verdickt sich die Spitze der Alterspyramide überdurchschnittlich stark. Trotz der großen Bevölkerungsverluste konnte seit der Kooperation mit der „Frankenpost" die Auflage gehalten werden. Seit dem 5. Juni 1988 ist auch im Verbreitungsgebiet des „Selber Tagblatts" der lokale Rundfunk zu empfangen. Der Verlag ist beteiligt an:

- der Kabelgesellschaft Nordostbayern,
- der Grenzlandwelle Mediengesellschaft mbH & Co.
- der Anbietergemeinschaft „Radio Euroherz".

Die Grenzlandwelle unterhält eigene Studioräume in Hof und nahm Ende 1987 den Sendebetrieb auf.

Die Sorge des Verlages wie der Regionalpolitiker gilt den Heranwachsenden. Mit dem Ausbau der Universität Bayreuth und einer verstärkten Förderung des tertiären Sektors ist die Abwanderung deutlich verlangsamt worden. Das „Tagblatt" versucht seinerseits, eine Bindung auch zu den Jugendlichen im Verbreitungsgebiet herzustellen, indem deren Leben mit in die Berichterstattung einbezogen wird. Gau-Kinderturnfest, Besuche von französischen Schülern in Selb, Sportwettkämpfe von Schülermannschaften, Konzerte von/für Jugendliche finden im „Tagblatt" Niederschlag. Und so verwundert es kaum, wenn Vereine, Schulen und Verbände von ihren Reisen der Zeitung Grußpostkarten aus dem In- und Ausland schicken.

(sf)

[18] Ulla Meister, a. a. O., S. 246.

In gefährlicher Randlage: Der „Sechsämterbote“

Der alte „Sechsämterbote“ berichtete lokal aus dem westlichen Teil des Landkreises Wunsiedel im Fichtelgebirge, einem Teil der ehemaligen sechs Ämter (Amtsgerichtsbezirke) Hohenberg, Kirchenlamitz, Selb, Thierstein, Weißenstadt und Wunsiedel, die von alters her „Sechsämterland“ heißen. Die Region wird im Westen vom Fichtelgebirge und im Nordosten vom „Eisernen Vorhang“ begrenzt. Seit der Teilung Deutschlands ist der Landstrich von seinem ehemaligen „Versorgungsgebiet“ Mitteldeutschland abgeschnitten. Die Investitionszulage der Bundesregierung für die Zonenrandgebiete konnte deren Strukturschwäche nicht ausgleichen. Die jüngeren Leute sehen hier keine Erwerbschancen mehr und wandern in andere Regionen ab. Daran haben bislang auch Versuche nichts geändert, die das Fichtelgebirge touristisch aufwerten sollen.

Am 10. 7. 1987 mußte der „Sechsämterbote“ auf der Titelseite melden: „Hof hält traurigen Rekord. Fast doppelt so viele Sterbefälle wie Geburten in der Stadt.“ Der Landkreis Wunsiedel verlor von 1970 bis 1983 14,3% seiner Bevölkerung. Durch die Bevölkerungsabnahme, die noch deutlich über dem Bundestrend[1] liegt, trudelte die Auflage des „Sechsämterboten“ ständig nach unten. Sie lag Ende 1987[2] bei 2 200 Exemplaren. In anderen Regionen wird der Sterbeüberschuß etwas dadurch gemildert, daß die Ausländer noch immer gebärfreudiger sind als die einheimische Bevölkerung, bzw. nachkommende Familienangehörige die „Lücken“ auffüllen. Oberfranken liegt auch hier am Rand. Hier ist der Anteil der Ausländer an der Gesamtbevölkerung mit drei Prozent wesentlich niedriger als im bayerischen (6,3%) und im Bundesdurchschnitt (7,4%).[3] Im Verlag des „Sechsämterboten“ „hat man sich die Entscheidung nicht leichtgemacht und immer wieder gefragt: Ist die Kooperation mit einem Mitbewerber wirklich die einzige dauerhafte Lösung?“ Die Antwort lautet ganz nüchtern: ja, schrieb der Verlagsjunior Hannes Keltsch ein wenig resigniert,[4] als er die Leser Ende Februar 1988 von der Veränderung (nämlich der Kooperation mit der „Frankenpost“ in Hof) in Kenntnis setzte.

Auch die Zukunft sieht für den Wirtschaftsraum Nordost-Franken nicht rosig aus. „Die mit der Vollendung des europäischen Binnenmarktes einhergehende Fliehkraft wird die Standortnachteile der Unternehmen im Grenzland noch erhöhen“,[5] urteilt der Präsident der Industrie- und Handelskammer für Oberfranken. Sollte die regionale Investitionszulage tatsächlich zum 31. 12. 1990 gestrichen werden, so würden sich die Chancen für das Grenzland weiter verschlechtern.

---

1 Anders als in der gesamten Bundesrepublik, wo die verkauften Auflagen seit 1983 zurückgehen, zeigen die Auflagenzahlen der bayerischen Tageszeitungen mit jährlichen Wachstumsraten von zwischen 0,5% und 1% seit Jahren eine leichte Aufwärtstendenz. Vgl. dazu ZV + ZV 15/1987, S. 24. Die jährliche Reproduktionsrate liegt mittlerweile im Bundesdurchschnitt unter 0,60.

2 IVW-Liste 4/87: Verkaufte Auflage Mo. – Sa.: 2 211.

3 „Sechsämterbote“ vom 27./28. 2. 1988; Strukturdaten stammen aus dem Zahlenspiegel 1987 der Regierung von Oberfranken. Bayreuth 1988.

4 Hannes Keltsch: Nur noch eine Zeitung. Im „Sechsämterboten“ vom 27. 2. 1988.

5 Äußerung von Christian Heinrich Sandler gegenüber der „Frankenpost“. Nachzulesen in der „Frankenpost/Sechsämterbote“ vom 7. 7. 1988.

Angesichts dieser schlechten Großwetterlage nimmt die Entscheidung der Verlegerfamilie Keltsch nicht wunder (Gerhard Keltsch leitet den Verlag, Ehefrau Lilo betreut das Anzeigengeschäft, Sohn Hannes verantwortete zeitweise die Lokalredaktion). Zumal im Kampf um den eh schon knappen Anzeigenkuchen noch zwei potente Mitstreiter am Tisch saßen: „Der neue Tag“ aus Weiden und die „Frankenpost“ aus Hof.[6] Der Entschluß, mit der „Frankenpost“ redaktionell und drucktechnisch zusammenzuarbeiten bedeutet, einen großen Teil der fast hundertneunzig Jahre behaupteten Selbständigkeit aufzugeben. Der Zeitungskopf vermerkte stolz: Eine der 15 ältesten Zeitungen Deutschlands,[7] was freilich nur mit Einschränkungen gültig ist.[8] Die Zeitumstände verhinderten in der Regel eine kontinuierliche Zeitungsherausgabe, so daß die ältesten Zeitungen nicht bis in die heutige Zeit überlebt haben. In Wunsiedel war das nicht anders.[9]

In den neunziger Jahren des 18. Jahrhunderts erschienen zahlreiche Wochenblättchen neu, „so in Amberg, Landshut, Dinkelsbühl, Landsberg am Lech und Sulzbach, die sich nur z. T. zu heute noch erscheinenden politischen Zeitungen herausmauserten“.[10] Vorübergehend wehte dann ein freierer Wind durch das Zeitungswesen, weil „ein Preßmandat vom 6. September 1799 die Zensur auf die Erörterung auswärtiger Angelegenheiten“ beschränkte und den Journalisten anheim gestellt wurde, „die Tatsachen möglichst einfach, ohne Hinzufügung eigenen Urteils und unter genauer Quellenangabe zu berichten“.[11] Solcherart war die erste Wunsiedler Zeitung (von 1799 bis 1810), das „Wunsiedler Wochenblatt“. Es wurde von den Brüdern Carl Heinrich und Franz Florentin Müller gedruckt. Bereits Anfang 1806 „verschärfte sich die Zensur für politische Zeitungen erheblich. Es blieb nur mehr Raum für halbamtliche Blätter.“[12] Ende 1810 wurde dann auch das „Wunsiedler Wochenblatt“ durch das „Königlich-bayerische General-Commissariat“ in Bamberg verboten. Die konkrete Begründung für diese Maßnahme ist nicht mehr festzustellen.

„Die 1818 in Bayern erlassene Verfassung, überall als liberal gepriesen, proklamierte zwar den Grundsatz der Pressefreiheit, nahm aber ausdrücklich alle politischen Zeitungen und periodischen Schriften politischen (..) Inhalts“[13] davon aus. Das waren die Rahmenbedingungen, unter denen der Wunsiedler Buchdrucker Ernst Friedrich Christoph Beer zum 1. Januar 1819 einen neuen Versuch machte, Wunsiedel ein Lokalblatt zu geben. Das Anzeigenblatt erschien wie sein Vorgänger einmal wöchentlich im damals üblichen Quartformat. Politische Berichterstattung fand praktisch nicht statt, was angesichts der im Laufe des Jahres 1819 nochmals

---

[6] Laut IVW-Liste 4/87 beträgt die (verkaufte) Gesamtauflage des „Neuen Tag“ 81 260 Exemplare, die der „Frankenpost“ 72 370 Exemplare.

[7] Hierzu verweist der Verlag auf das „Medienkundliche Handbuch: Die Zeitung“, hrsg. von Peter Brand und Volker Schulze. Braunschweig 1982, S. 20. Hier wird jedoch von einem falschen Gründungsjahr ausgegangen (1796).

[8] Vgl. Heinz Starkulla: Zur Geschichte der Presse in Bayern. In: Verband der Bayerischen Zeitungsverleger e. V. (Hg.): 50 Jahre Verband Bayerischer Zeitungsverleger. München 1963, S. 7 ff. Starkulla nennt schon für Bayern mehr als 15 ältere Zeitungen.

[9] Die historische Darstellung folgt in groben Zügen einem Manuskript von Hannes Keltsch für die vorliegende Festschrift.

[10] Heinz Starkulla, a. a. O., S. 16.

[11] ebd.

[12] ebd.

[13] ebd.

verschärften Pressebestimmungen[14] nicht verwundert. Ernst Beer besorgte Redaktion, Druck und Vertrieb selbst. Er begründete die bis heute ununterbrochene Druckerei- und Verlagstradition der Familie Beer. Nach seinem frühen Tod 1832 führte die Witwe Wilhelmina Beer das Geschäft weiter, bis 1840 der mittlerweile 21jährige Sohn Friedrich das Verlagsruder übernahm.

Als 1848 Zensur und Konzessionsschranken fielen, erweiterte Beer das „Wunsiedler Wochenblatt" zu einem „Anzeigenblatt für die Landgerichte Wunsiedel, Kirchenlamitz und Selb", das von nun an zweimal wöchentlich erschien und auch die politische Berichterstattung pflegte. Das 1850 erlassene „Gesetz zum Schutz gegen Mißbräuche der Presse" bekam auch Beer zu spüren. Ende 1850 wurde ihm aus noch ungeklärten Gründen der Prozeß gemacht. Er mußte vorübergehend die redaktionelle Arbeit an einen Lehrer und einen Pfarrer übertragen. Außerdem wurde ihm für fünf Jahre die Erlaubnis zur Veröffentlichung staatlicher Bekanntmachungen entzogen. Hinzu kam, daß sich auch die Konkurrenz für den Wunsiedler Zeitungsmarkt zu interessieren begann.

Seit 1844 gab es in der Nachbarschaft das „Wochenblatt für den Markt Redwitz und Umgebung". 1847 wurde es zunächst in „Anzeigenblatt" umbenannt und 1850 schließlich in den „Boten aus den sechs Ämtern". Im Dezember 1850 warb diese ursprünglich aus Marktredwitz stammende Zeitung mit einem Probeblatt auf dem Wunsiedler Markt um Abonnenten. Der Titel wurde der neuen Region entsprechend umgewandelt und lautete nun vollständig: „Bote aus den sechs Ämtern Wunsiedel, Kirchenlamitz, Weißenstadt, Selb, Hohenberg und Thierstein (Arzberg, Thiersheim, Marktleuthen)."

Von 1851–58 mußte sich das „Anzeigenblatt" der Beers gegen diese Konkurrenz behaupten. Mitte Februar 1858 übernahm jedoch Friedrich Beer den „Boten" und gab dafür seine alte Zeitung auf. Zunächst blieb noch ein Wunsiedler Gewerbelehrer Redakteur. Ab Juli 1859 übernahm aber Friedrich Beer wieder die Leitung der Redaktion.

Noch einmal, 1863, versuchte sich im Sechsämterland eine zweite Zeitung zu etablieren. Diesmal kam die Konkurrenz aus Bayreuth und nannte sich „Amtsblatt des königlichen Bezirksamts Wunsiedel (Bote aus dem Fichtelgebirg)". Drei Jahre später konnte Beer die beiden Zeitungen zusammen erscheinen lassen. Ein Jahr lang wurden sie unter dem Titel „Amtsblatt für das königliche Bezirksamt Wunsiedel (Bote aus den sechs Ämtern)" dreimal wöchentlich veröffentlicht. 1867 wurde der Titel umgestellt, und die Zeitung hieß nun wieder „Bote aus den sechs Ämtern".

Als im Mai 1870 Friedrich Beer starb, kam sein Sohn Adolph an die Spitze von Druckerei und Zeitung. Schon ein Jahr später begann er, den „Boten" sechsmal in der Woche herauszubringen. Da im Fichtelgebirge zu dieser Zeit wieder einige neue Lokalzeitungen erschienen, verstärkte Adolph Beer die Berichterstattung aus dem Lokalbereich. Als Adolph Beer 1886 noch sehr jung starb, übernahm für zwei Jahre der Wunsiedler Kaufmann Christoph Pertsch die Zeitungsredaktion. Er brachte den „Boten" auch auf das übliche Tageszeitungsformat. 1888 nahm die Witwe Adolph Beers, Margaretha, die Redaktion vorübergehend in die eigenen Hände, bis am 1. August 1891 ihr Sohn Heinrich an ihre Stelle trat. Noch heute gilt Heinrich Beer als

---

14 Die Pressebestimmungen der Karlsbader Beschlüsse vom 20. September 1819 führten die Vorzensur für alle Tageszeitungen und Zeitschriften ein.

die bedeutendste Persönlichkeit in der langen Reihe der Verleger aus der Familie Beer. Er prägte die Geschichte des „Boten" über ein halbes Jahrhundert. Bis 1945 war er Herausgeber und Verleger, ab 1949 Mitverleger.

Am Ende des Ersten Weltkriegs war der „Sechsämterbote" eine Art Regionalzeitung für einen Teil des heutigen Landkreises Wunsiedel, dann machte ihm eine Reihe benachbarter Konkurrenten schwer zu schaffen. Mit Beginn des Dritten Reiches stieg die Nachfrage nach dem „Sechsämterboten", deren Erfüllung aber durch eine gezielte Papierkontingentierung behindert wurde. Ein Grund dafür war u. a., daß sich die liberal-konservativ gesinnte Verlegerschaft (Heinrich Beer und Schwiegersohn Egidius Keltsch) weigerte, sich gemäß dem Beispiel fast aller umliegenden Zeitungen in die NS-Parteizeitung „Bayerische Ostmark" (Bayreuth) integrieren zu lassen. Eine der Folgen war, daß Heinrich Beer 1935 wegen einer Lappalie auf Betreiben der örtlichen Parteiorganisation mehrere Wochen in „Schutzhaft" genommen wurde und anschließend ein Jahr Berufsverbot erhielt.[15] Seinem Schwiegersohn wurde untersagt, als stellvertretender Herausgeber und Redakteur tätig zu sein. Für diese Zeit mußte der Verlag einen fremden Redakteur anstellen.

Der „Sechsämterbote" behielt bis zum Kriegsende zwar seine verlegerische Selbständigkeit, eine eigenständige überregionale Berichterstattung war jedoch nicht mehr möglich, weil die Redaktion an die „Anweisungen" und „Tagesparolen" aus dem Reichsministerium für Volksaufklärung und Propaganda in Berlin gebunden war. Was den Lokalteil anging, so lavierte Beer sich durch, indem er sich mit persönlich-politischen Äußerungen zurückhielt. Dennoch dauerten die Repressionen der örtlichen Parteiorganisation bis zum Kriegsende an. So wurde Egidius Keltsch, obgleich 43 Jahre alt, bei der Mobilmachung 1939 als einer der ersten Männer Wunsiedels eingezogen. Mitte 1940 wurde er auf Betreiben des Bayerischen Verlegerverbandes wegen der angespannten Personalsituation des Betriebes (seine Frau Gusti Keltsch hatte allein den Betrieb zu leiten) entlassen. Um den Verlag einigermaßen ungeschoren über die Runden zu bringen, trat Egidius Keltsch 1943 in die NSDAP ein. Eine Mitgliedschaft von Heinrich Beer wurde abgelehnt. Noch eine kleine Episode am Rande: Im März 1945 wurde Egidius Keltsch verhaftet, weil er sich weigerte, der Einberufung zum „Volkssturm" Folge zu leisten. Nur durch seine direkte Bekanntschaft mit dem örtlichen Polizeikommandanten konnte die Angelegenheit noch glimpflich bereinigt werden.

Da die Allierten die während des Dritten Reiches tätig gewesenen Verleger generell zu „Nazis" stempelten, mußte der „Sechsämterbote" (wie viele andere Heimatzeitungen) bis zur Generallizenz 1949 sein Erscheinen einstellen.

Mächtige Konkurrenz

Mit der „Frankenpost" in Hof, erstmals erschienen am 12. 10. 1945 als vierte Lizenzzeitung in Bayern, erwuchs dem „Sechsämterboten" eine ernstzunehmende Konkurrenz. Ihre Auflage lag zum Jahreswechsel 1945/46 bereits bei 110 000 Exempla-

---

[15] Am 1. November 1933 bereits war die 1. Durchführungsverordnung zum Reichskulturkammer-Gesetz ergangen, deren § 10 die willkürliche Eliminierung aller jener Verleger gestattete, die aufgrund ihres Verhaltens in der „Kampfzeit" keine Gewähr für „die erforderliche Zuverlässigkeit und Eignung" boten.

ren. Als der „Sechsämterbote“ 1949 wieder herauskam, war die „Frankenpost“ bei Lesern und Anzeigenkunden bereits fest etabliert. Der „Sechsämterbote“ konnte 1950 seine Vorkriegsauflage zwar steigern,[16] verlor aber seitdem kontinuierlich Leser.

Zwanzig Jahre lang wurde der Mantel des „Sechsämterboten“ von der Bayerischen Heimatzeitungsverleger GmbH (BHZ) in Nürnberg erstellt. Zu diesem Verband hatten sich ca. 30 Verleger zusammengeschlossen. Die daran beteiligten Zeitungen erschienen zunächst dreimal wöchentlich. Später brachte es die wachsende Bedeutung des Sports mit sich, daß auch montags eine Zeitung gedruckt werden mußte. Der große Verbreitungsraum der BHZ erwies sich im Laufe der Zeit als Nachteil, da der Bedarf der Leser nach regionalen Nachrichten nicht mehr ausreichend gedeckt werden konnte. Deshalb wechselte der „Sechsämterbote“ unter Gerhard Keltsch 1970 zum „Ring Nordbayerischer Tageszeitungen“ (RNT, Bayreuth). Die Gemeinschaftsredaktion versorgt ausschließlich oberfränkische Zeitungen mit überregionalen und regionalen Nachrichten. Erst seit 1981 erschien die Zeitung wieder an jedem Werktag.

Bis in die Mitte der siebziger Jahre wurde die Zeitung in der verlagseigenen Druckerei gefertigt. Aus technisch-wirtschaftlichen Gründen mußte der Druck außer Haus gegeben werden. Als die Kosten für Bogenpapier in die Höhe schnellten, lag es nahe, auf Rollenoffsetdruck umzusteigen. Die für den Lokalteil zuständige Mannschaft des „Sechsämterboten“ setzte ihre Nachrichten zwar noch in Wunsiedel, gedruckt wurden diese aber im Druckhaus Bayreuth. Nachdem dort die Lokalnachrichten mit dem Mantel des RNT umgeben worden waren, mußten die fertigen Zeitungen wieder nach Wunsiedel transportiert werden. Durch den Druck in Bayreuth ergaben sich für den Verlag eine Reihe von technischen und organisatorischen Problemen. Da eine direkte Datenübermittlungsmöglichkeit zwischen Verlag und Druckhaus fehlte, mußten die Zeitungsunterlagen täglich per Bahn oder Auto nach Bayreuth gebracht werden. Dieser Umstand schlug sich natürlich auch auf die redaktionelle Arbeit nieder, da der Satz bereits am späten Nachmittag abgeschlossen sein mußte. Dementsprechend früh war Redaktionsschluß. Die Anzeigen für den kommenden Tag mußten bis 11 Uhr vormittags eingegangen sein.

Seitdem der „Bote“ mit der „Frankenpost“ kooperiert, existiert im Landkreis Wunsiedel nur noch eine einzige selbständige Heimatzeitung, die dem Werben der „Frankenpost“ bislang widerstehen konnte: die „Sechsämter Neuesten Nachrichten“ aus Arzberg, deren Auflage[17] allerdings auch nicht existenzsichernd ist.

Der Verlag Beer (Inhaber Gerhard Keltsch) ist beteiligt an „Radio Euroherz“ für das Gebiet Hof – Wunsiedel – nördliche Oberpfalz und an der Mediengesellschaft Bayerischer Tageszeitungen (mbt). Zum Verlag zählt außer dem „Sechsämterboten“ eine moderne Offsetdruckerei. Insgesamt beschäftigt er 26 Arbeitnehmer. Der Verlag ist Mitglied beim Bayerischen Zeitungsverlegerverband und beim Verband der bayerischen Druckindustrie.

---

16 „Sperlings Zeitschriften- und Zeitungs-Adreßbuch“ (Stuttgart 1861 ff.) nennt für den „Boten aus den Sechsämtern“ für 1935 eine Auflage von 1 750 Stück. Das „Handbuch der Deutschen Tagespresse“ (hrsg. vom Institut für Zeitungswissenschaft an der Universität Berlin. Frankfurt, Leipzig 1937) gibt die Auflage für 1937 mit 2 022 Exemplaren an. Der Verlag gibt als Auflage für 1950 3 300 Exemplare an.

17 Laut IVW-Liste 4/87: verkaufte Auflage: 2 039 Exemplare.

Sechsämterbote

Wunsiedler Zeitung · Fichtelgebirgsbote · Eine der 15 ältesten Zeitungen Deutschlands

Erscheint wöchentlich sechsmal. Monatl. Bezugspreis durch Zeitungsträger oder Post 18.25 DM (einschl. 7% MwSt. 2.80 DM Trägerlohn oder Postgebühr). Einzelpreis 80 Pf. samstags 90 Pf. Herausgeber: Gerhard Keltsch. Zeitungsverleger. 8592 Wunsiedel. Verlag: Buchdruckerei und Zeitungsverlag Heinrich Beer. 8592 Wunsiedel. Inh. Gerhard Keltsch. Telefon 09232/4055. Postfach 210. Mitglied des RNT. Mitglied des Anzeigenringes ZRO. Zeitungsring Oberfranken, z. Zt. gültige Preisliste Nr. 6 (ZRO). 29 A. 29 L. Druck: Beer. 8592 Wunsiedel. Nordbayer. Kurier. Bayreuth. Chefredakteur: Werner vom Busch. Chef vom Dienst und Politik: Bernd Meier-Lutz. stellv. Chefredakteur: Politik: E. Schatz. R. Töpfer. Bayern: M. Anger. Kultur: G. v. Billerbeck. Vermischtes: H.-J. Schott. Sport (allgem.): J. W. Bösl. R. Schreck (alle Bayreuth). Lokales: Norbert Heimbeck. Dieter Weigel. Anzeigen: L. Keltsch. Gezeichnete Beiträge vertreten nicht unbedingt die Meinung der Redaktion. Bei Nichterscheinen infolge höherer Gewalt, bei Streiks. Aussperrung usw. besteht kein Anspruch auf Entschädigung. Anzeigenschluß 11 Uhr am Tage vor dem Erscheinen. Abbestellungen nur schriftlich beim Verlag bis zum 5. des vorangehenden Monats. Verlagspostamt 8500 Nürnberg

Amtsblatt der Stadt Wunsiedel

Nr. 166 – 168. Jahrgang 1987 Donnerstag, 23. Juli 1987 J 1856 A

Unwetter wütete in Bärnau – „Knapp an Katastrophe vorbei" (Seite 3)

Frankenpost

Sechsämterbote

169. Jg. / 154 Donnerstag, 7. Juli 1988 J 2946 A Einzelpreis DM 1,–

Bestürzung an den Universitäten Bayreuth, Bamberg, Regensburg

Die Kronzeugen

Von Heinrich Giegold

1

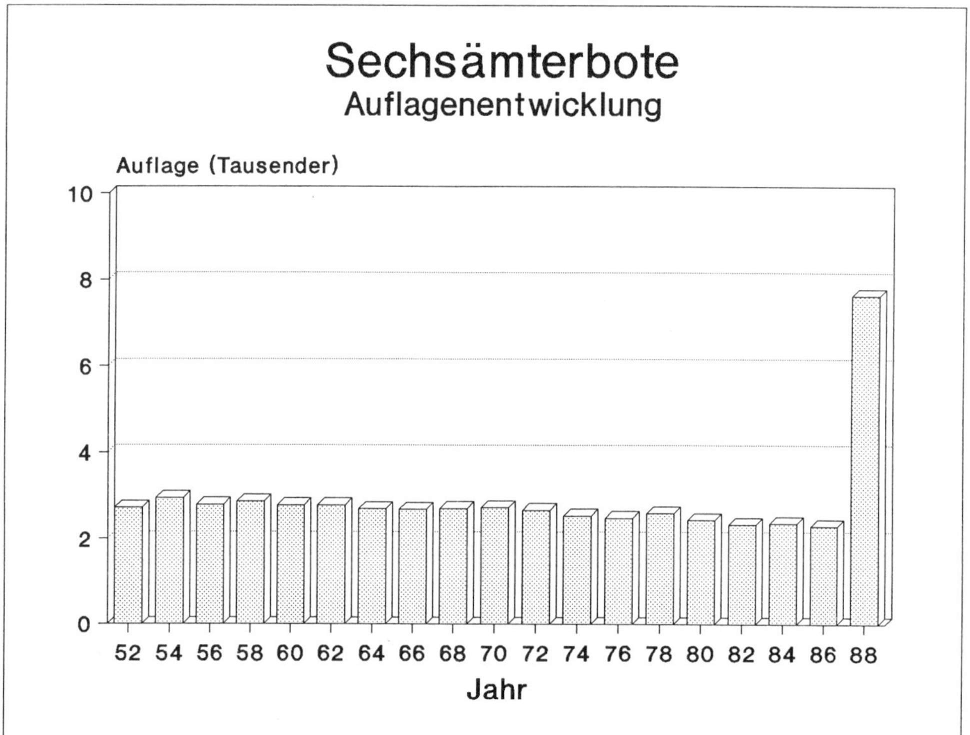

Seit der Kooperation mit der „Frankenpost" wird der traditionsreiche Name „Sechsämterbote" (oben) nur noch im Untertitel (Mitte) geführt. Die Auflage hat sich seitdem spürbar erhöht (unten).

Wandlung einer Heimatzeitung

Als der „Sechsämterbote“ noch mit der Mantelredaktion des RNT in Bayreuth kooperierte, hatte der „Bote“ zwischen zwölf und achtzehn Seiten Umfang, davon waren drei bis sechs Seiten dem Geschehen im Sechsämterland gewidmet.

Täglich informierte eine Rubrik mit dem Titel „Wohin gehen wir?“ über aktuelle Veranstaltungen. Donnerstags ließen sich die Wünsche und Sorgen der Wunsiedler an der Rubrik „Gesucht und Gefunden“ ablesen. Die Donnerstagsausgabe brachte auch die Photos der Hochzeitspaare vom vergangenen Wochenende. Ein für eine Heimatzeitung recht ungewöhnlicher Service war der samstäglich erscheinende „Lufthygienische Wochenbericht“, in dem aktuelle Meßwerte der Woche aus Bayern verglichen werden konnten. Einmal im Monat fand der Leser des „Sechsämterboten“ als Beilage den traditionsreichen „Erzähler vom Gabelmannsplatz“ in seiner Zeitung, der heimatkundliche und -geschichtliche Informationen unterhaltsam aufbereitete und im Rahmen der nunmehrigen Kooperation weitergeführt wird.

Die Kooperation mit dem ehemaligen Konkurrenten „Frankenpost“ hat das Gesicht des „Boten“ verändert. Der alte Titel erscheint nur mehr in der Unterzeile und über der Lokalseite. Das Format wurde dem der „Frankenpost“ angeglichen, Farbe hielt Einzug,[18] der regionale und überregionale Teil wurden ausgebaut (10 Seiten).

Der eigentliche Lokalteil für Wunsiedel und Umgebung beginnt erst mit der zweiten Lage des Blattes. Auf einer Seite tummeln sich nun Polizeibericht, Sport-Turnier, Bauausschuß und die Fahrt des evangelischen Frauenrings, die ehemals mehrseitige Lokalberichterstattung, die der „Bote“ pflegte, ist auf eine Seite zusammengeschrumpft. Die folgenden Seiten, überschrieben „Wunsiedel und Umgebung“, „Fichtelgebirge“, „Arzberg und Umgebung“ und „Oberfranken“, bringen zwar ebenfalls Lokalnachrichten, erscheinen jedoch unverändert auch in den anderen Nebenausgaben der „Frankenpost“.

Die „Frankenpost“ hat ihr Netz der Nebenausgaben der regionalen Gliederung angepaßt. Wunsiedel steht nun also in einer Reihe mit anderen Mittelzentren wie Kronach, Kulmbach, Bayreuth, Selb, Rehau, Marktredwitz, Münchberg-Helmbrechts und Tirschenreuth (mit eigenem Lokalteil für Kemnath). In einer Region (wie dem Landkreis Wunsiedel), in der der Bevölkerungsschwund ein Kardinalproblem darstellt, müssen einerseits die positiven Seiten der Region (Freizeit-, Schul-, Gesundheits- und Versorgungswesen) stärker als anderswo ins Bewußtsein der Bevölkerung gehoben werden. Außerdem muß der strukturschwache Raum geschlossen („mit einer Stimme“) gegenüber München und Bonn, d. h. gegenüber den zuständigen Regierungsstellen auftreten, um notwendige wirtschaftliche Verbesserungen (z. B. Lohnniveau, Arbeitsplatzangebot) durchzusetzen. Gemeinsames Engagement in und Identifikation mit der Region sind die Voraussetzung, um der wirtschaftlichen wie sozialen Randlage trotzen zu können. Anderenfalls blutet die Region langsam aber sicher aus.

Insofern folgt die Kooperation mit einer Regionalzeitung wie der „Frankenpost“ den Erfordernissen der Zeit, so sehr sauer den Verlag die Entscheidung auch angekommen sein mag. Daß die traditionell kleinräumliche Perspektive der lokalen Be-

---

18 Näheres vgl. Porträt der „Frankenpost“.

richterstattung im „Sechsämterboten“ stärker regional eingebettet wurde, ja gegenüber der regionalen Berichterstattung an Umfang einbüßte, haben mittelbar Leser und Anzeigenkunden entschieden. Verlegersohn Hannes Keltsch beschreibt dies im Abschiedswort ganz deutlich: „Was eine Zeitung braucht, sind konstante Leserzahlen und genügend Anzeigen. Wenn ihr die Aufgabe gestellt wird, vornehmlich lokale Belange wahrzunehmen, dann braucht sie – bräuchte sie – natürlich auch die bevorzugte Unterstützung aus diesem Bereich.“[19] Diese Unterstützung ist dem „Boten“ nach dem Krieg kontinuierlich entzogen worden. Damit war der Funktionsverlust als gemeindlich-lokales Blatt nicht mehr aufzuhalten.

Bleibt zu hoffen, daß die verstärkte Hinwendung zur Region die Bevölkerungsabwanderung gerade junger Leute aufhalten kann. Dann hätte das persönliche „Opfer“ der Verleger einen Sinn.

(cs/sf)

---

[19] Zur „Integration eines Kommunikationsraumes“ vgl. Ulla Meisters gleichnamige Untersuchung, die die Chancen und Grenzen einer Regionalzeitung, nämlich der „Frankenpost“, für die Gestaltung eines gemeinsamen Bewußtseins untersucht (Nürnberg 1984).

REGIERUNGSBEZIRK MITTELFRANKEN

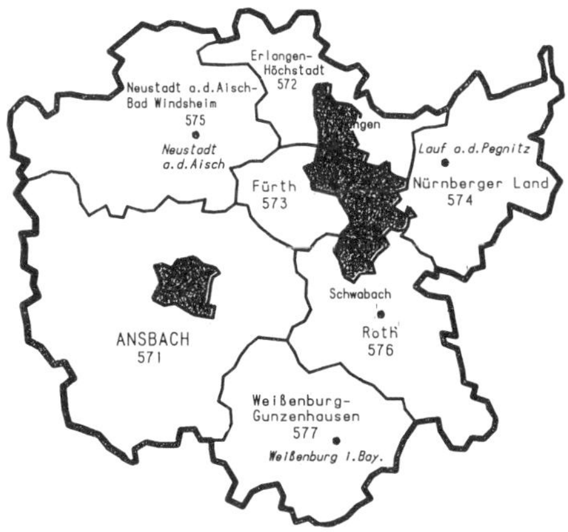

FRÄNKISCHE LANDESZEITUNG

NÜRNBERGER ZEITUNG

NÜRNBERGER NACHRICHTEN

DER BOTE FÜR NÜRNBERG-LAND

PEGNITZ-ZEITUNG

HERSBRUCKER ZEITUNG

ERLANGER NACHRICHTEN

SCHWABACHER TAGBLATT

ROTH-HILPOLTSTEINER VOLKSZEITUNG

WEISSENBURGER TAGBLATT

TREUCHTLINGER KURIER

WINDSHEIMER ZEITUNG

ALTMÜHL-BOTE

Gedruckt zu Onoltzbach/
durch Paulum Böhem /
ANNO
M. D C X.

Das 3. Buch
EVCLIDIS.

Die Beschreibungen.
Definitiones.

1.

DJe jenige Circkel seyn einander gleich/die gleiche Diameter haben/oder welcher Linien auß dem *Centro* zur *Circumferentz*, oder Umbkreiß gezogen / einander gleich seyn.

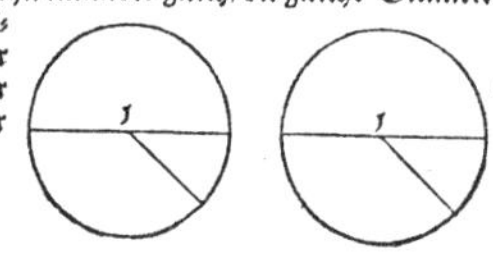

Für die Intelligenz druckte Paul Böheim 1610 in Ansbach Euklids Lehrbuch der Geometrie; das Intelligenzblatt rief 1802 im Auftrag der Königl. Preußischen Krieges- und Domainen-Kammer Strategien zur Maikäfer-Bekämpfung ins Gedächtnis, die fünf Jahre zuvor schon einmal angeordnet worden waren.

Ansbacher Intelligenz-Zeitung

Nro. 13.

Mittwoch, den 31sten März 1802.

Beförderung.

Der Justizamts-Kopist, Benz, zu Uffenheim wurde als Sportel- und Depositat-Rendant bei dem dasigen Justizamte angestellt.

Publicanda.

1. Die Verwüstungen, welche die Maykäfer schon seit einigen Jahren in ihrem Zustande als Larven oder Engerlinge bei dem Wiesbau und als Käfer bei den Obstbäumen und Wäldern angerichtet haben, wovon die Erfahrungen des vorigen Jahres dem Publiko noch in frischem Andenken ruhen werden, veranlassen die Königl. Krieges- und Domainen-Kammer die schon unter dem 12ten May 1797 durch diese Intelligenz-Zeitung erlassene und im Jahre 1798 erneuerte Aufforderung an sämtliche Gemeinden, Garten- Wald- Besizer und Obstpflanzer, hierdurch aufs dringendste und nachdrüklichste zu wiederholen: daß sie nemlich mit gemeinschaftlichen Kräften sich zu bemühen haben, durch Vertilgung der Engerlinge beim Umgraben und Umpflügen der Gärten und Aekker, und durch Abschütteln und Abklopfen der Maykäfer selbst, wenn sie sich des Morgens oder Mittags an die Bäume anhängen, durch deren Zusammenkehren mit stumpfen Beesen und demnächstige Vertilgung derselben, entweder durch Vergraben in den Dungstätten, oder durch Zertreten oder durch deren Tödung mit heissem Wasser, und vorsichtiges Verbrennen auf den Feldern, diese der Landes-Kultur gemeinschädliche Insekten-Art, soviel es in menschlichen Kräften steht, zu vermindern. Die Kreis-Direktorien, Magistrate, Aemter und übrige Polizeibehörden, werden angewiesen, es an Erinnerungen hiezu nicht fehlen zu lassen, und, wenn gleich eines jeden Unterthanen eigenes Interesse ihn zur thätigen Mitwürkung bei dieser höchstwichtigen Landesangelegenheit schon von selbst auffordert; so haben die gedachten Behörden dennoch dergleichen Korporationen und Eingesessenen, welche sich hiebei durch Eifer auszeichnen werden, die allerhöchste Zufriedenheits-Bezeugung im Voraus zuzusichern, und sie der Königl. Krieges- und Domainen-Kammer seiner Zeit namentlich anzuzeigen. Auch werden die wegen Vertilgung der Raupennester und sonstiger schädlicher Insekten schon vorliegende frühere Befehle bei dieser Gelegenheit dem Publiko wieder ins Gedächtnis gebracht und eingeschärft. Ansbach, den 15ten März 1802.

David gegen Goliath:
Die „Fränkische Landeszeitung"

Als 1970 der Verlag der „Fränkischen Landeszeitung" in die Arbeits- und Interessengemeinschaft mit den „Nürnberger Nachrichten" eintrat, erregte dies einiges öffentliche Aufsehen. Hier nämlich hatte die Verlagspolitik einer Lizenzzeitung eine andere Lizenzzeitung nach fast 25jährigem Bestehen anscheinend am Lebensnerv getroffen. So jedenfalls wurde es in einer durch Pressekonzentrationsdebatten sensibilisierten Öffentlichkeit kolportiert. Die spezielle und exemplarische Bedeutung dieses Falles wird näher zu beleuchten sein. Die noch heute manchmal zu spürende Angst der Ansbacher, der mächtige Nachbar Nürnberg setze alles daran, um ihnen den Rang streitig zu machen, wurzelt in der jahrhundertelangen Konkurrenz der Markgrafenstadt mit der freien Reichsstadt Nürnberg, die in diesem Ringen in vielerlei Hinsicht die besseren Karten hatte. Ein Blick zurück wird die Aufgeregtheit, die der Kooperation vorausging, besser verständlich machen.

Ansbach, früher Onoltzbach, entwickelte sich aus einem am Mündungswinkel von Onoldsbach und Fränkischer Rezat im 8. Jahrhundert entstandenen Benediktinerkloster, das (mit weiteren Privilegien durch Karl den Großen versehen) an das Bistum Würzburg kam und im 11. Jahrhundert in ein Chorherrenstift umgewandelt wurde. Das Ringen zwischen den ungleichen Nachbarn Ansbach und Nürnberg begann spätestens 1331, als Ansbach, das seit 1221 Stadtrechte besaß, an die fränkischen Hohenzollern verkauft wurde, die seit 1192 Burggrafen von Nürnberg waren. Fünfzig Jahre später machten diese Ansbach zu ihrer Residenz und verlegten im 15. Jahrhundert auch das kaiserliche Landgericht, das u. a. für das Nürnberger Territorium zuständig war, nach Ansbach. Die Herrschaft über das Doppelfürstentum Ansbach-Bayreuth wurde 1398 in das Land „ob dem Gebirg" (mit Verwaltungssitz in Kulmbach, seit in 1662 Bayreuth) und „unter dem Gebirg" (Verwaltungssitz in Ansbach) aufgeteilt. Diese Teilung blieb auch erhalten, als Burggraf Friedrich VI. 1411/15 die Mark Brandenburg an sein Haus brachte, wobei auch der Titel der Markgrafschaft Brandenburg an die fränkischen Territorien überging.

Was nun konkret das Druckerhandwerk anging, so hatte Nürnberg bereits im 15. Jahrhundert Drucker angezogen, die sich in der Reichsstadt größere Geistesfreiheit versprachen und von dort aus die umliegenden weltlichen und kirchlichen Fürstentümer mit Druckwerken versorgen wollten.[1] „Nürnberg besaß vor allem den ersten Druckerei-Großbetrieb. Der dort 1473–1513 tätige Johann Anton Koberger wurde als ‚König der Buchdrucker' bezeichnet, da er mit über 100 Leuten und 24 Druckpressen arbeitete. Da mußte bald der Gedanke aufkommen, daß auch die beiden angrenzenden Markgrafenschaften eigene Druckereien erhalten könnten. Dem Nebenbuhler im reichsstädtischen Gebiet gönnte man auf die Dauer nicht das gute Einkommen, die markgräfliche Regierung sah nicht gerne, wie das Geld ihrer Un-

[1] Zur Entwicklung des Druckhandwerks und des Zeitungswesens in Nürnberg gibt es eine Reihe von Einzeldarstellungen; einen knappen Überblick mit Literaturhinweisen ermöglicht Hans Ludwig Zankl: Nürnberg. In: Walther Heide (Hg.): Handbuch der Zeitungswissenschaft. Bd. 1, Leipzig 1940, Sp. 408 ff.

tertanen für Bücher aus dem eigenen Lande in die Reichsstadt floß“, heißt es in einer Chronik.[2]

Die ersten drei gedruckten Verordnungen Markgraf Kasimirs (aus den Jahren 1525–28) trugen zwar den Vermerk „gegeben zu Onoltzbach“, was frühere Autoren vermuten ließ, sie seien auch in Ansbach gedruckt worden. Dieser Vermerk bedeutet freilich nur, daß das Aktenstück in Ansbach ausgefertigt wurde. Über den Drukker lassen sich nur Vermutungen anstellen. Die Typen der Kapitelüberschriften deuten auf den Nürnberger Drucker Höltzel, aber auch ein Wanderdrucker mit der gleichen Auszeichnungsschrift käme in Frage.

Die erste Druckerei im evangelischen Rom

Mit Sicherheit läßt sich heute aus den Akten nur feststellen, daß 1530 die Notwendigkeit einer eigenen Druckerei für Ansbach offiziell diskutiert wurde. Äußerer Anlaß war der Tod Markgraf Kasimirs, dessen Nachfolge nun Markgraf Georg der Fromme, ein überzeugter Anhänger der Reformation, antrat. Diesem schien eine eigene Buchdruckerei in Ansbach um so notwendiger, als an der Ansbacher Stiftsschule und dem neuen Gymnasium nun dringend evangelische Lehrbücher gebraucht wurden. Der Rat der Stadt Ansbach verschloß sich dieser Argumentation nicht, war jedoch nicht bereit, die nötigen Kosten für die Druckereieinrichtung zu tragen, weil der Betrieb der städtischen Besteuerung entzogen sein sollte. Also wurden die Schriften und Erlasse der Ansbacher Gelehrten und Behörden weiterhin auswärts gedruckt, oftmals in Nürnberg, aber auch in Kulmbach und Hof, wo seit 1552 bzw. 1559 gedruckt werden konnte. Als nach dem Tod des kinderlosen Georg Friedrich von Ansbach-Bayreuth die Söhne des Kurfürsten Johann Georg von Brandenburg an die Regierung kamen, wurde das Land „unter dem Gebirg“ dem einen, und das Gebiet „ob dem Gebirg“ dem anderen Sohn zugeteilt.

Die Trennung der beiden Fürstentümer ließ es nun unumgänglich erscheinen, in Ansbach eine eigene Druckerei zu errichten. Die Chance nutzte Paul Böhem, in anderer Schreibung: Böheim, der Teilhaber der alten Hofer Druckerei,[3] und zog in das Fürstentum Ansbach, jedoch zunächst nicht in die Residenzstadt Ansbach, sondern nach Schwabach.[4] 1604 ließ er sich in Ansbach nieder, wo er vom Markgrafen Joachim Ernst ein „sonderbares“, das heißt besonderes Privileg erhielt. Auf Grund dieses Privilegs, das am 13. 3. 1612 erneuert wurde, war Böhem als einziger Buchdrukker im Fürstentum Ansbach bestallt: Sämtliche Regierungserlasse, Schulbücher, Katechismen, Leichenpredigten usw. mußten bei ihm gedruckt werden; die Buchhändler mußten die Bücher von ihm beziehen. Zuwiderhandlungen wurden stets geahndet. Werkstatt und Wohnung waren im angemieteten Anwesen in der Schaitbergerstr. 16, hinter der Pfarrkirche.

Das Privileg, das Böhem besaß, konnte die jahrzehntelange Fehde nicht verhindern, die er mit dem Buchbinder Andreas Kolb und dem Buchbinder und -händler

---

2 Adolf Bayer/Rudolf Merkel: Ansbacher Buchdruck in 350 Jahren. Festschrift zum 90jährigen Jubiläum der Firma C. Brügel Sohn. Ansbach 1952, S. 8.

3 Siehe Porträt des „Hofer Anzeigers“ in diesem Band; die Hofer Offizin bestand bereits seit 1559 in enger Anbindung an das dortige Gymnasium.

4 Vgl. Porträt des „Schwabacher Tagblatts“ in diesem Band.

Nikolaus Prediger führte. Böhem warf den beiden Buchbindern Pfuscherei vor und ließ seine Bücher z. T. in Nürnberg binden, da er dort einen günstigeren Tarif bekam; außerdem stellte er einen extra Buchbindergesellen ein, so daß Prediger und Kolb sich nach einem anderen Broterwerb umsehen mußten. Diesen fanden sie im Verkauf Nürnberger Drucke; diese hätten, behaupteten sie, deutlicheren Druck und würden auch wegen ihrer Figuren lieber gekauft. Böhem trumpfte damit auf, daß die Nürnberger Drucke „wohl 100 nicht geringe Errata“[5] hätten und darin Wörter, ja ganze Zeilen fehlten. Darüberhinaus hatte sich Böhem gegen Nürnberger Raubdrucker zu wehren; aktenkundig wurden u. a. Fuhrmann, Sartorius und Halbmayer. Von Böhems Ansbacher Drucken sind noch einige Dutzend in der Ansbacher Regierungsbibliothek und im Germanischen Nationalmuseum, Nürnberg erhalten.[6] Vierzig Jahre hatte Böhem als markgräflicher Hofbuchdrucker und Meister seines Fachs gewirkt, als er ohne männliche Erben, 80 Jahre alt, am 10. März 1641 starb. Schon vorher war die Druckerei wegen des Krieges beinahe zum Erliegen gekommen. Viele der alten Bleischriften dürften als Kriegsmetall geendet haben. Böhems dritte Frau Margarethe überlebte ihn um 17 Jahre und konnte noch beobachten, wie die beiden Nachfolger ihres Mannes, Christoph Lauer (1641 – 1646) und Johann Lenz (1646-1664) versuchten, den Druckereibetrieb langsam wieder aufzubauen.

In der Markgrafschaft Ansbach hatte das flache Land böse gelitten, die Residenzstadt war unversehrt, aber verarmt durch die vielen Truppendurchzüge und Kriegskontributionen. Als Johann Hornung 1664 den Betrieb übernahm, war noch nicht abzusehen, daß ihm nur eine 11jährige Schaffensperiode vergönnt war, weil er früh verstarb. Erst gegen Ende des Jahrhunderts, ein Menschenalter nach Beendigung des Krieges, hatte sich die Hofbuchdruckerei vom Tiefstand der Kriegs- und Nachkriegszeit einigermaßen erholt. Markgraf Johann Friedrich hatte einen kleinen Künstlerkreis an seinen Ansbacher Hof gezogen, darunter die Barockbaumeister Leonhard Dientzenhofer und Gabriel de Gabrieli. Neben französischer Poesie und Literatur wurde am Hofe italienische Musik gepflegt. „Ganz allmählich, langsamer als an anderen deutschen Höfen, kam auch die freiere Geistesrichtung der Philosophie in Ansbach neben der hier stark überwachten Theologie zur Geltung.“[7] Beides, Textbücher für die Musiken und philosophische Traktate, setzte und druckte Hornung.

Die Drucker der galanten Markgrafenzeit

Nach Hornungs frühem Tod, 1675, kam die Rettung für die Druckerei aus Nürnberg. Angesichts der immer noch schwierigen Wirtschaftslage fand die noch junge Witwe Hornungs keinen zahlungsfähigen oder zumindest kreditwürdigen Käufer für die Druckerei. Schließlich trat der 29jährige Nürnberger Buchdrucker, Jeremias Kretschmann, die Geschäftsnachfolge im Wege der Einheirat an. Die Druckaufträge kamen zum Teil vom kunstbeflissenen Ansbacher Hof (Textbücher von Opern und Schäferspielen, der Stammbaum des Zollernhauses, Gedichte und Festordnungen), daneben stellte Kretschmann weitere Auflagen der Schulbücher aus Böhemschem Druck her. Der rührige Konsistorialrat Gottfried Händel initiierte eine

[5] Erst später sagte man „Druckfehler“.
[6] Vgl. Bayer/Merkel, a. a. O., S. 19 ff.
[7] Bayer/Merkel, a. a. O., S. 32.

Reihe theologischer Schriften, Predigten, Disputationen und Erbauungsbücher. Zusammen mit den landesherrlichen Verordnungen hatte Kretschmann damit sein gutes Auskommen.

So günstig der Bedarf eines Fürstenhofes für das Gedeihen einer Hof- und Kanzleidruckerei war, so hemmend wirkten sich andererseits die in einer Residenz zu nehmenden Rücksichten (nämlich auf das Fürstenhaus als Ganzes und seine mit ihm verwandten Höfe) auf die Entwicklung des Zeitungswesens aus. Die Angst vor staats- oder religionsgefährdenden Schriften machte die Verbreitung von Druckererzeugnissen abhängig von der Vorzensur durch das fürstliche Konsistorium. Ungeachtet dieser Schwierigkeit begann Kretschmann 1678 mit der Herausgabe einer Wochenzeitung, von der allerdings kein Exemplar mehr erhalten ist.[8] Bereits nach kurzer Zeit mußte Markgraf Johann Friedrich beim Rat der Stadt Nürnberg intervenieren, um der Beschwerde Kretschmanns Nachdruck zu verleihen, der Nürnberger Drucker Felsecker drucke unbefugt Kretschmanns Zeitungsberichte ab. Felsecker führte gegen diese Beschwerde sein eigenes Privileg ins Feld, scheint aber späterhin die Rechte seines Ansbacher Kollegen und Konkurrenten besser geachtet zu haben. Das Druckereipersonal konnte angesichts der guten Auftragslage erhöht werden, unter anderem zog sich Kretschmann einen tüchtigen Faktor heran, der, nachdem Kretschmann 1701 verstorben war, das Geschäft weiterführen konnte – wiederum, indem er die Witwe Kretschmanns heiratete. Als Johann Böhringer 1709 starb, stand seine Frau zum zweiten Mal vor der Notwendigkeit, einen Fachmann zu finden, der den Betrieb erhalten konnte. In Johann Valentin Lüders fand sich ein geeigneter Kandidat, den die zweifache Witwe in aller Stille ehelichte. Das Ansbacher Hofbuchdrucker-Privileg wurde nachweislich 1694, 1702, 1704, 1709 und 1712 bestätigt, womit gleichzeitig belegt ist, daß Kretschmann, Böhringer und Lüders in ihrer Offizin weiterhin ein Periodikum druckten, eine Ansbacher „Ordinari Wochen-Zeitung" nämlich. Danach schweigen die Akten vom Ansbacher Zeitungswesen.

Der Kalenderdruck, der einige Zeit eine sichere Einnahmequelle für die Druckerei gewesen war, vor allem zu Zeiten des Ansbacher Astronomen Simon Marius, lag zu dieser Zeit schon eine Weile darnieder, weil Nürnberger Drucker das Kalendergeschäft allein übernommen hatten. Lüders bemühte sich intensiv, vom Markgrafen wieder ein Kalender-Privileg zu erhalten, unterlag jedoch zunächst seinem Schwabacher Konkurrenten Johann Michael Kuhn. Erst 1724 wurden beide gleichberechtigt zum Kalenderdruck in der Markgrafschaft zugelassen, der Verkauf „ausländischer" Kalender, insbesondere der in Nürnberg gedruckten, wurde untersagt. Lüders Quart-Kalender erreichten einige Bekanntheit; zu nennen wären hier der „Bauern-Kalender", der „Amtskalender" und der „Onolzbachische Calender". Lokalhistorisch bedeutsam wurden: die Geschichte Weißenburgs von Schaudig, die 1711 mit neuen Initialen versehen wurde, die Chronik des Ansbacher Waisenhauses von 1729 sowie die Beschreibungen und Verzeichnisse von 1735 zu den in Nürnberg als Kupferstiche gedruckten Karten des Ansbacher Landvermessers Vetter.

Als 1737 Lüders starb, kam es zum vierten Mal bei sieben Nachfolgen dazu, daß ein junger Buchdrucker mit der Witwe des Geschäftsvorgängers auf gesicherter Grundlage eine Familie gründete. Der Buchdrucker Christoph Lorenz Messerer aus

---

[8] Bayer/Merkel zufolge ist diese erste Ansbacher Wochenzeitung aktenmäßig völlig einwandfrei nachgewiesen; vgl. dieselben, a. a. O., S. 77.

Michelfeld bei Schwäbisch-Hall gründete mit der Witwe Lüders eine Buchdruckerfamilie, welche immerhin bis zum Ende der Ansbacher Markgrafenzeit die Hofbuchdruckerei betreiben konnte. Die Druckerei besaß unverändert das Privileg für den Druck des Gesangbuches der Markgrafschaft und der Schulbücher, ein Vorrecht, das nach wie vor gegen auswärtige Drucker verteidigt werden mußte. Nach Nürnberg und Schwabach hatte nun auch Roth eine eigene Druckerei, die die Konkurrenz für private Drucke erheblich verschärfte. Messerer beschäftigte anfangs zwischen drei und sieben Gesellen und zwei bis drei Lehrlinge.

Für 1739 ist dann wieder eine markgräfliche Genehmigung für die „Ansbacher Wöchentlichen Nachrichten" in den Akten festgehalten. Verleger war freilich nicht mehr der Hofbuchdrucker Messerer, sondern der rührige Hofbuchhändler Johann Wilhelm Rönnagel, der den Beginn einer Arbeitsteilung von herstellendem und vertreibendem Buchhandel im Fürstentum markierte. Die Hofbuchdruckerei behielt nur den Druck gegen Rechnung. Das mittwochs erscheinende Blatt beschränkte sich im ersten Jahr auf Anzeigen und hängte erst im zweiten Jahr „politische Neuigkeiten" an. Der Verleger rechtfertigte diesen Anhang damit, er sei „zwar nicht gesonnen, diese wöchentlichen Blätter wider die bisherige Gewohnheit mit zeitungsmäßigen Nachrichten zu füllen; nachdem aber von verschiedenen auswärtigen, entlegen wohnenden Liebhabern es gewünscht werde, werde er in Zukunft zuweilen mit auserlesenen Nachrichten dienen".[9] Die markgräfliche Genehmigung sah folgende Inhalte für die Zeitung vor: die markgräflichen Verordnungen; die Urteile des kaiserlichen Landgerichts und des Justizrats; Verzeichnis von Deserteuren, von steckbrieflich Gesuchten und Verschollenen; die Angabe verlorener, gestohlener oder gefundener Gegenstände; Vorladungen; Angebote verkäuflicher Güter, Häuser und beweglicher Sachen; Pacht- und Mietsachen; Angebot und Nachfrage für Kapitalien; Subhastationen (Zwangsversteigerungen); Angabe von Geburten, Taufen, Trauungen und Sterbefällen; Fremdenlisten, Markt- und Warenpreise; Gelehrtes vom Gymnasium und neue Bücher; Merkwürdigkeiten aus der Bibliothek und dem Münzkabinett; Observationes physikalischer, ökonomischer und medizinischer Art; Mitteilungen aus Bauwesen, Mechanik und Gärtnerei; Commerzien- und Manufaktur-Sachen; Curiosa und Naturalia; Nachfrage nach Hofmeistern, Schreibern, Lakaien, Dienstboten und Angebote solcher Personen; Namen neuer Handwerksmeister und schwarze Tafel für solche; Veränderungen im Waisen- und Witwenhaus und den Spitälern.[10] Diese Aufzählung macht deutlich, daß es sich bei dem Blatt um einen typischen Vertreter des Intelligenzblattes handelte,[11] einer staatlich privilegierten Publikation behördlicher Bekanntmachungen und wirtschaftlicher Gesuche und Gebote. In der Regel kümmerten sich die Intelligenzblätter nicht um die Berichterstattung aus der Welt außerhalb ihrer Gemeinde, dafür brachten sie das zur Kenntnis aller oder vieler, was eben alle oder viele in ihrer Gemeinde anging. Insofern lag in diesem frühen Zeitungstyp der Keim zur Lokalberichterstattung späterer Zeit, die sich dann unabhängig von den Inserenten und Interessenten etablierte. Das Ansbacher Intelligenzblatt machte da keine Ausnahme: Die politischen Tagesereignisse, etwa der erste schlesische Krieg, kamen nicht zur Darstel-

---

[9] Zitiert nach Bayer/Merkel, a. a. O., S. 79.

[10] Vgl. Bayer/Merkel, a. a. O., S. 79.

[11] Vgl. hierzu eingehend: Hubert Max: Intelligenzblatt – Intelligenzwesen. In: Walther Heide (Hg.): Handbuch der Zeitungswissenschaft. Bd. 2, Leipzig 1944.

lung, vermerken die Chronisten.[12] Das Blatt kostete zwei Kreuzer. Sein Abonnement wurde den markgräflichen Behörden nahegelegt, was sicherlich den Absatz beförderte, aber auch nicht verhindern konnte, daß das Blatt 1742 eingestellt wurde.

Messerer druckte auch die dritte Ansbacher Zeitung, die „Gnädigst privilegierten Onolzbachischen Wöchentlichen Frag- und Anzeige-Nachrichten", die genau vierzig Jahre, von 1752 – 1792 herauskamen. Inhaltlich war das Blatt wenig verändert, kaum „große" Politik, die mit der Zensurbehörde hätte in Konflikt geraten können, statt kulturgeschichtlicher Themen kamen nun vermehrt land- und hauswirtschaftliche Berichte in die Zeitung, die sich in erster Linie der Vermittlung von Angebot und Nachfrage widmete.

Seit 172 Jahren war die Hofbuchdruckerei unmittelbar von einem Besitzer auf den anderen durch Vertrag oder Verehelichung übergegangen, erstmals geschah dies nun im Erbwege vom Vater auf den Sohn 1776. Johann David Messerer jr. hatte freilich keine glückliche Hand mit dem Betrieb, deshalb mußte er 1785 einen stillen Teilhaber nehmen, den Gastwirt Johann Josef Hiller. Trotz dessen Finanzspritze war Messerer bald darauf so hoch verschuldet, daß Hiller ihm die restlichen Anteile gegen eine Gnaden-Rente abkaufte. „Die markgräfliche Residenzstadt Ansbach war im 18. Jahrhundert zu wirtschaftlicher Blüte und ansehnlicher Vergrößerung gelangt. Das Buchdrucker-Handwerk hatte hier einen goldenen Boden gefunden, hatte dabei mehr für den öffentlichen und höfischen Bedarf als für eigenen Nutzen arbeiten müssen. Als die Hofhaltung zerfiel, war auch der Hofbuchdrucker wirtschaftlich zusammengebrochen."[13]

Nachdem Markgraf Karl Alexander seit 1769 beide Fürstentümer (Bayreuth und Ansbach) in Personalunion regiert hatte, trat er 1791, auf Anraten seiner Geliebten, Lady Craven, Ansbach an Preußen ab; daraufhin wurde der Titel der Zeitung umgeändert in „Ansbacher Intelligenz-Zeitung", was ihre Funktion als Anzeige- und Amtsblatt deutlich machte. Die Hofbuchdruckerei nannte sich fortan „Königlich privilegierte Kanzleibuchdruckerei".

Ein unruhiger Stürmer und Aufklärer

Ansbach war gerade zu Preußen gekommen und damit unter von Hardenbergs Einfluß, als der Ansbacher Kaufmann und derzeitige Inhaber der Kanzleidruckerei den Journalisten und Publizisten Wilhelm Ludwig Wekhrlin[14] nach Ansbach holte, was von Hardenberg durchaus unterstützt wurde, um eine „politische Zeitung" heraus-

---

12 Bayer/Merkel, a. a. O., S. 80.

13 Bayer/Merkel, a. a. O., S. 49.

14 Wekhrlin hatte bereits im schwäbischen Oettingen ein Wochenblatt herausgebracht; sein Mitstreiter aus dieser Zeit, Karl Heinrich Lang, der spätere Ritter von Lang, bezeichnete ihn später in seinen Memoiren als „genialen, leichtsinnigen Wüstling, den Herausgeber des grauen Ungeheuers, des Chronologen und anderer, pikanter, im französisch mutwillig-leichten Ton verfaßter Zeitschriften"; zitiert nach Bayer/Merkel, a. a. O., S. 83. Tatsächlich ging Wekhrlin ein Ruf voraus wie Donnerhall, der sich unter anderem auf seine Publikationen gründete: 1771 Denkwürdigkeiten von Wien; 1772 Anselmus Rabiosus Reise nach Oberdeutschland; 1778 Das Felleisen; 1779 – 1781 Chronologen, 12 Bde; 1784 – 1787 Das Graue Ungeheuer, 12 Bde; 1788 – 1790 Hyperboreische Briefe, 6 Bde; 1791 Paragraphen, 2 Bde.

zubringen, die die „Erlanger Realzeitung“ ersetzen sollte, die zu jener Zeit in Ansbach viel gelesen wurde. Im Juni 1792 traf Wekhrlin (in der Schreibweise, die er selber gewählt hat) in Ansbach ein, und am 1. August 1792 erschien die erste Nummer der „Ansbachischen Blätter“. Hier handelte es sich um den typischen Vertreter einer Persönlichkeitszeitung, geprägt und redigiert durch eine einzige Person. Über diese Person, also sich selbst, hatte Wekhrlin einst notiert: „Ich bin zu einer Zeit geboren, wo es in Deutschland noch sehr finster war, und in einem Lande, das auf der Bahn zum Lichte eines der spätesten ist. Eine frühzeitige und geraume Entfernung von meinem Vaterlande machte mich mit dem Gang seiner Literatur und selbst seiner Sprache unbekannt. Als ich die Schriftstellerbahn betrat, war's bereits zu spät, beim Alphabet anzufangen. Die Zeit schien mir zu kostbar zu sein; ich hatte genug zu tun, nachzulesen, um mich auf dem vaterländischen Parnaß zu orientieren. So mußte ich vorerst schlecht debütieren. Allein ich suchte mich zu bessern, ich fing an, meinen Stil zu putzen. Man pfiff mich aus. Ich schrieb Anderen nach: Man klopfte mir auf die Finger. Man tadelte meine eigenen Federn, und wollte mir doch keine fremdem erlauben. So überließ ich anderen das Schönschreiben und hielt mich an's Schöndenken.“[15] Wer solches heute liest, kann sich vielleicht vorstellen, wie das Gastspiel des Hitzkopfes Wekhrlin damals in Ansbach endete. Nach nur wenigen Monaten war Wekhrlin tot und sein Blatt auch. Aber damit haben wir zu weit vorgegriffen.

Dem 1739 in Bothnang, einem damals kleinen Dorf bei Stuttgart, geborenen Wekhrlin hatten seine spitze Feder, sein aufrührerischer Geist, seine Opposition zu allem Hergebrachten mehrfach Ausweisungen (aus Wien und Nördlingen), Verhaftung und Gefangenschaft auf Schloß Hochhaus und Feinde in nicht geringer Zahl eingebracht. „In Ansbach bedeuteten Wekhrlins exzentrische Artikel (. .) eine so vollständige Umwälzung, daß ein Großteil der Bevölkerung über den ‚Jakobiner‘ empört war, ihn 1792 wegen vermeintlicher Beziehungen zu den französischen Revolutionären bedrohte und mißhandelte, so daß ein Schlagfluß den gichtkranken Mann vorzeitig dahinraffte.“[16] Nach seinem Tod wurden die „Ansbachischen Blätter“ eingestellt, von denen bis dato 33 erschienen waren.

Das Gesellschaftsunternehmen des Kaufmanns Hiller und des Publizisten Wekhrlin hatte solche Verluste eingebracht, daß die nächsten vierzig Jahre keine Konkurrenz zur „Intelligenz-Zeitung“ mehr gegründet wurde. 1799 veräußerte Hiller die ungeliebte, ihm als Geschäftsteilhaber (erst von Messerer, dann von Wekhrlin) zugefallene Buchdruckerei wieder an einen Fachmann, den Buchdrucker Adam Brügel. Die Druckerei-Einrichtung im Haus in der Pfarrstraße bestand zu jener Zeit aus fünf hölzernen Pressen, die von den drei Setzern und drei Druckern nicht ausgelastet werden konnten. Das Druckprivileg umfaßte Kirchen-, Schul- und Gesangbücher, Gelegenheitsdrucke und Kalender. Auch das Ansbacher Intelligenzblatt wurde weiterhin in der Kanzleidruckerei gefertigt. Die Schriftleitung wurde nebenamtlich von Regierungsbeamten besorgt. Die Auflage erreichte kaum 2000 Stück

[15] Zitiert nach Till Grupp: Wilhelm Ludwig Wekhrlin. Versuch über einen vergessenen Publizisten. In: Hansjürgen Koschwitz/Günter Pötter (Hg.): Publizistik als Gesellschaftswissenschaft. Konstanz 1973, S. 131.

[16] Justizrat Dr. Bayer: Aus dem Ansbacher Leben vor 90 Jahren. In der Jubiläumsausgabe der „Fränkischen Zeitung“ von 1933, S. 6.

bei einem Umfang von 16 Seiten wöchentlich. Mit dem Tod der Witwe Ansorg,[17] die das Verlagsrecht für die „Intelligenz-Zeitung" besessen hatte, wurde das Privileg dem Waisenhaus und der Arbeitsanstalt erteilt, was den beiden Einrichtungen sichere Einkünfte verschaffen sollte. Brügels Versuch, das Verlagsrecht zu erwerben, schlug fehl. Die zuständige, preußische Kriegs- und Domänenkammer bestand darauf, die „Intelligenz-Zeitung" als staatliches Unternehmen weiterzuführen und den Gewinn wohltätigen Zwecken zuzuführen. Dadurch blieb die Ansbacher Zeitung ein Amtsblatt der preußischen, später der bayerischen Regierung. 1809 wurde der Titel geändert in „Intelligenzblatt des Rezatkreises". Als die kleineren, nach den Flüssen Rezat und Pegnitz benannten Kreise im größeren Bezirk Mittelfranken aufgingen, vollzog auch das Blatt im Titel die Veränderung: „Kgl. Bayerisches Intelligenzblatt für Mittelfranken". Erst um die Mitte des 19. Jahrhunderts wurde die nicht mehr übliche Bezeichnung Intelligenzblatt aufgegeben; das Blatt nannte sich nun „Kreisamtsblatt von Mittelfranken" und existierte unter diesem Namen bis zum Inflationsjahr 1922.

Drucker der bürgerlichen Ära

Auch der nächste Versuch, in Ansbach eine politische Zeitung zu etablieren, schlug nach kurzer Zeit fehl. Der Sohn Brügels, Carl, tat sich 1834/35 mit dem Advokaten Lippert zusammen, um gemeinschaftlich eine „Deutsche Zeitung" herauszubringen. Nach sechs Monaten wurde der Versuch eingestellt, weil die Ansbacher es nach wie vor vorzogen, den Nürnberger „Korrespondenten von und für Deutschland"[18] zu lesen. Mehr Erfolg war dem „Ansbacher Tagblatt" beschieden, das der Ansbacher Eduard Vetter 1844 ins Leben rief und bei Brügel drucken ließ. Der Erfolg war in erster Linie auf die veränderten Zeitumstände zurückzuführen, namentlich auf die Auseinandersetzungen zwischen konstitutionellem und demokratischem Verein. Das Blatt erschien zweimal wöchentlich mit einer Sonntagsbeilage, dem „Ansbacher Conversations-Blatt". Angesichts des Erfolges kaufte Brügel bereits 1845 seinem Mitbürger Vetter das Verlagsrecht ab und änderte den Titel in „Ansbacher Morgenblatt". Die Zeitung erschien im Oktavformat viermal wöchentlich. Schriftleitung und Expedition übernahm der Buchhändler Karl Fielitz (Dollfuß'sche Buchhandlung) in Ansbach, der das Konzept am 24. April 1845 seinen Lesern im Blatt erläuterte: „Dieses Blatt hat folgende Tendenz: Dem Publikum neben den (kurz gefaßten) interessantesten politischen Neuigkeiten, in gedrängter Kürze das allgemein wissenswertheste mitzuteilen und namentlich das dabei zu berücksichtigen, was in unserem Vaterlande und zunächst in unserer Stadt und Umgegend sich ereignet. Die Redaktion wird daher mit Vergnügen jene Aufsätze aufnehmen, welche die Zustände unserer Stadt im Allgemeinen auf eine anständige, von jeder Persönlichkeit entfernte Weise besprechen. Die Redaktion wird sich ferner angelegen seyn lassen, aus dem reichen Schatze der bereits erschienenen und noch erscheinenden Schriften Auszüge zu geben, welche neben der Unterhaltung auch Belehrung gewähren (..); es wird commerzielle, gewerbliche und landwirtschaftliche Mitteilungen aufnehmen (..). Das Morgenblatt wird am 1. Mai anfangen, in einem Vier-

[17] Die Inhaber des Verlagsrechts können nicht mehr lückenlos nachgewiesen werden. Bayer/Merkel erwähnen (a. a. O., S. 82) jene Witwe Ansorg, ohne Einzelheiten zu nennen.
[18] Vgl. Porträt der „Nürnberger Zeitung" in diesem Band.

telsbogen, jeden Dienstag, Mittwoch, Freitag und Sonntag, am letzten Tage mit einem Unterhaltungsblatt erscheinen, und werden, insoferne die Materialien sich häufen, Beiblätter gegeben, was vorzüglich dann geschehen wird, wenn die Insertionen einen zu großen Raum einnehmen sollten. Der Preis für das Vierteljahr ist 45 kr; (..) Inserate werden um 3 kr. per Zeile berechnet."[19]

Mit dem „Ansbacher Morgenblatt" war es erstmals gelungen, für Ansbach und Umgebung ein Periodikum zu etablieren, das unseren heutigen Vorstellungen von Heimatzeitung recht nahe kam. Neben Bekanntmachungen und Anzeigen wurden unterhaltende und belehrende Abhandlungen ins Blatt gehoben; daneben fanden sich die bescheidenen Anfänge von Lokalberichterstattung. 1847 übernahm die Redaktion der Lehrer Meyer, „bekannt als Erzieher des jungen Kaspar Hauser".[20] Das Verbreitungsgebiet konnte weit über die Ansbacher Grenzen hinaus ausgedehnt werden, so daß 1864 der Verlag zu dem Titel „Fränkische Zeitung (Ansbacher Morgenblatt)" überging. Das Format wurde der im Rheinland üblichen Größe angepaßt, als vom Flachdruck zum Rotationsdruck übergegangen wurde. „Anstelle der Vierseiten-Maschine trat unter Ludwig Brand eine Achtseitenpresse von Koenig & Bauer in Würzburg-Zell. Im September 1936 erfolgte unter August Dreschers Leitung die Anschaffung einer Sechzehnseiten-Druckpresse von Albert in Frankenthal. Zur Ausnützung des damaligen Materndienstes mußte das Zeitungsformat gleichzeitig auf das kleinere Berliner Format vermindert werden."[21]

Ganz besonders gepflegt wurde der lokale Teil, was vermutlich auch zum Erfolg des Blattes ganz wesentlich beitrug. Der Lokalberichterstattung kam zustatten, daß Carl und Gustav Brügel selbst den städtischen Kollegien angehörten, der Mitarbeiter Hermann Krauß lange Jahre erster Vorstand des Kollegiums der Gemeindebevollmächtigten war, somit also lokale Informationen aus erster Hand vorlagen. Die bereits Mitte des 19. Jahrhunderts angekündigten Beilagen wurden später Realität. Allmonatlich wurde der „Fränkischen Zeitung" ein kulturgeschichtlich orientiertes Unterhaltungsblatt beigelegt. 1925 folgten die „Heimatblätter für Ansbach und Umgebung". Im April 1936 verschwand die bislang unabhängige „Fränkische Zeitung", weil der NS-Gauverlag in Nürnberg die Firma C. Brügel & Sohn[22] zwang, ihm das Verlagsrecht abzutreten. Der alte Titel erschien nun nur noch als Untertitel der „Fränkischen Tageszeitung".

Wenn nun noch einzelne Blätter kurz genannt werden, die vor 1933 in Ansbach erschienen, so geschieht dies nicht vollständig, sondern nur im Hinblick auf deren (spätere) Bedeutung für die „Fränkische Landeszeitung". In Ansbach waren 1933 neben der „Fränkischen Zeitung" noch drei weitere Blätter verbreitet, nämlich die „Ansbacher Zeitung", die „Mittelfränkische Zeitung" und die „Fränkische Tagespost".[23] Die alte „Ansbacher Zeitung", die 1863 vom Erlanger Carl

---

19 Ansbacher Intelligenz-Zeitung/Ansbacher Morgenblatt/Fränkische Zeitung. In der Jubiläumsausgabe der „Fränkischen Zeitung" von 1933, S. 5.

20 ebd.

21 Bayer/Merkel, a. a. O., S. 86.

22 Wer mehr über die traditionsreiche Firma C. Brügel Sohn erfahren möchte, der sei auf das entsprechende Kapitel bei Bayer/Merkel (a. a. O., S. 62 ff.) verwiesen. Im Rahmen dieser Darstellung der Ansbacher Zeitungsgeschichte, die typische Entwicklungslinien herausarbeiten will, kann auf die Entwicklung der Druckerei Brügel nicht ausführlicher eingegangen werden, zumal sie bereits an anderer Stelle gewürdigt wurde.

23 Vgl. Hans Kapfinger (Hg.): Die neue bayerische Presse. München 1948, S. 60.

Fränkische Zeitung

Ansbacher Morgenblatt

91. Jahrgang
Nr. 119

Bezugspreis für die Stadtauflage monatlich 1.70 RM.; für die Landauflage 1.65 RM. ohne Postzustellgebühr. Anzeigenpreis n aufliegendem Tarif 2. Beilagen nach Vereinbarung. Platz- und Tagvorschriften ohne Verbindlichkeit. — Wochenbeilagen: „Reichsnährstand", „Sport", „Frau und Mutter", „Ansbacher Bürgerzeitung", „Der Sonntag". Monatliche Beilagen: „Heimatblätter", „Hitlerjugend in Front".
Telephon SA. 2256

Amtliches Organ des Stadtrats Ansbach, Stadtrats Windsbach, Stadtrats Heilsbronn, Finanz- und Forstamts Ansbach, Bezirksamts Ansbach, der Amtsgerichte Ansbach und Heilsbronn, der Notariate Ansbach, Heilsbronn, Herrieden, des Forstamts Heilsbronn und anderer Behörden.
Bei Störungen infolge höherer Gewalt oder Streiks besteht kein Anspruch auf Lieferung der Zeitung oder Rückzahlung des Bezugsgeldes.

Donnerstag,
24. Mai 1934

Was alles in Genf entschieden werden soll

Abrüstungsfrage — Sowjetrußlands Pläne — Erweiterter Balkanpakt
Saarabstimmung

DNB. Genf, 23. Mai. Wie in Völkerbundskreisen verlautet, rechnet man in der nächsten chen. Die Wortführer der sowjetrussischen Republik hätten oftmals Verachtung gegenüber

„Mobilisierungsprobe" in Frankreich

Paris. Wie der „Deutschen Allgemeinen Zeitung" von ihrem Berichterstatter aus Paris gemeldet wird, weist das Manöverprogramm der französischen Regierung für dieses Jahr eine Reihe von wichtigen Neuerungen auf. Anfang Juni wird ein Manöver zwischen Kriegsmarine und Armee stattfinden unter Leitung des Gene-

Deutschland und England

I.

Staatsform und Nationalgefühl.

In einer Stunde, wo im schmerzhaften und entscheidenden Ringen die Frage der Zeit, Deutschlands Gleichberechtigung ihrer Lösung entgegenreift, ist es doppelt notwendig, sich über unser

Die geistige und die technische Produktion der Zeitung, wie sie einst die „Fränkische Zeitung" zu ihrem 90. Erscheinungs-Jubiläum 1933 präsentierte.

Junge[24] gegründet worden war, wurde nach kurzem, aber verlustreichem Konkurrenzkampf und einer kleinen Abfindung der Brügels an die Familie Junge wieder eingestellt. Die „Neue Ansbacher Zeitung", die dann später nur noch „Ansbacher Zeitung" hieß, war da vergleichsweise erfolgreicher, nicht zuletzt weil sie die, auch finanzielle Unterstützung demokratisch gesinnter Ansbacher Bürger genoß, denen die „Fränkische Zeitung" zu rechtsliberal[25] war. Das Verlagsrecht besaß Eduard Schnug, der das Blatt in seiner Druckerei auch produzierte. Sein Sohn Otto wandelte die Zeitung 1927 inflationsbedingt in eine Wochenzeitung um. Erst der Zeitungsverleger Bollmann aus Zirndorf bei Nürnberg, der das Verlagsrecht 1932 von Schnug erwarb, ließ die „Ansbacher Zeitung" wieder mittäglich erscheinen, was sich für ihn eher rechnete, weil er bereits eine Redaktion für die „Zirndorfer Zeitung" in Zirndorf unterhielt. Also entstanden nur noch Kosten für die Redaktion der lokalen Seiten.

Nürnberger Pressemagnat einen Riegel vorschieben

Die Ansbachische Druckerei-, Verlags- und Zeitungsgeschichte ist, für sich genommen, eine recht ansehnliche, hält nur dem Vergleich mit der Nürnberger Tradition nicht so recht stand. Nur: Ist der Vergleich mit dem schon immer ganz anders strukturierten Nürnberg eigentlich erlaubt? Diesem Kräftemessen mit den Nürnbergern ist auch die „Fränkische Landeszeitung" nie aus dem Weg gegangen, wovon später noch die Rede sein wird. Das hatte in Ansbach, wie wir gesehen haben, durchaus Tradition. Und vielleicht haben die Amerikaner, als sie am 24. 4. 1946 die „Fränkische Landeszeitung", versehen mit einem Umerziehungsauftrag, aus der Taufe hoben, daran ein Stück Mitverantwortung? Aber sehen wir uns den Start der „Fränkischen Landeszeitung" näher an.

Die Lizenzüberreichung wurde, dem Wunsche des Verantwortlichen, Oberst Mc Mahon, entsprechend, überall feierlich gestaltet. In Ansbach freilich zeigen die Bilder neben vielen amerikanischen Uniformen und deutschen Anzügen auch einige Damen in auffälligem Gewande: eine in der Pagenuniform der Markgrafen, die anderen in langen Rokoko-Kleidern, womit an eine Blütezeit des Ansbacher Druckwesens erinnert werden sollte, an die galante Markgrafenzeit nämlich. Eine der anmutigen Damen trug übrigens einen Prolog vor, der eigens für diesen Taufakt gedichtet worden war und der ein wenig poetisch verklären sollte, was vom amerikanischen Presseoffizier Frank J. Klier mühevoll vorbereitet worden war.

Da waren zunächst unbelastete und doch einschlägig vorgebildete Lizenzträger zu finden. Der in Schwabach geborene Willi Mehl, der u. a. Zeitungswissenschaft studiert hatte und wegen nazifeindlicher Äußerungen in Schutzhaft genommen worden war, der sich dann, bevor er als Soldat dienen mußte, als Verlagsangestellter durchgeschlagen hatte, dieser Willi Mehl also wurde kaufmännischer Leiter der „Fränkischen Landeszeitung". Georg Abel,[26] als technischer Betriebsleiter vorgesehen, war als einziger gebürtiger Ansbacher und gelernter Buchdrucker und hatte in

24 Vgl. Porträt der „Erlanger Nachrichten", in welchem die Geschichte der Firma Junge & Sohn ausführlich gewürdigt wird.

25 Vgl. Bayer/Merkel, a. a. O., S. 90.

26 Nach Abels frühem Tod 1949 fielen seine Anteile, gemäß erstem Gesellschaftsvertrag, an die beiden Mitgesellschafter Mehl und Wiedfeld, deren Familien sich bis heute die Stammkapitalanteile hälftig teilen.

Ein Jahr

Fränkische Landeszeitung

Sonderbeilage | 24. April 1946 — 24. April 1947

Das Wort – eine Weltmacht

In den 12 Jahren des Verhängnisses waren wir Zeugen dessen, wie furchtbar sein Mißbrauch werden kann. Die junge Demokratie hat mit der Freiheit der Presse das Wort aus seiner Versklavung erlöst und ihm seine Würde wiedergeben wollen. Jede Freiheit setzt Erkenntnis der Verantwortung voraus. Unsere Verantwortung heißt: Aufbau des neuen demokratischen Deutschlands, Bildung einer neuen, freigewählten Gemeinschaft

Privataufnahme

OFFICE OF MILITARY GOVERNMENT FOR BAVARIA
INFORMATION CONTROL DIVISION AFK/EL/JEB/eh
APO XXX US ARMY
407

PRESS BRANCH

15. April 1947

MGBKP

BETRIFFT: Erstes Jahresjubilaeum.

AN : Die Herren Wilhelm Wiedfeld, Wilhelm Mehl, Georg Abel, Fraenkische Landeszeitung, Ansbach, Pfarrstrasse 29.

1. Es ist mir eine grosse Freude, der Fraenkischen Landeszeitung im Namen der Militaerregierung und der Information Control Division meine besten Glueckwuensche zu ihrem ersten Jahresjubilaeum uebermitteln zu koennen.

2. Der erbarmungslose Krieg und fanatische Widerstand des Hitlerreiches hat die deutsche Wirtschaft zerstoert, Chaos und Leiden unvermeidlich gemacht, so wird die Demokratie leichthin als abgedroschene Phrase abgetan. Und doch ist

Beste Glückwünsche!

Frank J. Klier, Presseoffizier,

Der „Stammbaum" der FLZ

Die Glückwünsche zum ersten Geburtstag der neuen „Fränkischen Landeszeitung" und ein bis 1949 recht kräftig erstarkter ‚Stammbaum' ließen erwarten, daß da wohl einige Blütenträume reifen würden ...

seiner Heimatstadt bereits seit 1935 als Buchdrucker gearbeitet (bei Brügel & Sohn). Journalistische Erfahrung brachte der in Dortmund geborene Wilhelm Wiedfeld[27] ein; er war zum Chefredakteur bestimmt. Wiedfeld war nach dem Ersten Weltkrieg Redakteur einer Jugendzeitschrift und später Chefredakteur bei der Berliner Tageszeitung „Der Deutsche“ gewesen, als er 1933 Berufsverbot erhielt und sich mit einem Einzelhandelsgeschäft selbständig machte. Auch politisch war das Lizenzträgergremium gemischt: Mehl gehörte der FDP an, Abel stand den Gewerkschaften und Wiedfeld der CSU nahe, war allerdings wohl nie Mitglied.[28]

Die „Fränkische Landeszeitung“ erschien in den Stadt- und Landkreisen Ansbach, Gunzenhausen, Dinkelsbühl, Feuchtwangen, Rothenburg ob der Tauber, Uffenheim, Neustadt an der Aisch und einem Teil des Kreises Scheinfeld, südlich der Bahnlinie Nürnberg – Würzburg.[29] Dies Territorium hatten vorher die „Nürnberger Nachrichten“ versorgt; mit dem Titel „Fränkische Landeszeitung“ wie mit dem Untertitel „Nachrichten für den Regierungsbezirk Ober- und Mittelfranken“ wurde bereits ein Verbreitungsraum beansprucht, der deutlich über die genannten Landkreise hinausreichte. Der flächenmäßig größere Anspruch der FLZ wurde damit begründet, daß der Regierungsbezirk Mittel- und Oberfranken in jenen Tagen von Ansbach aus verwaltet wurde. (Der Sitz der Bezirksregierung blieb im übrigen lange Zeit zwischen Ansbach und dem aufstrebenden Nürnberg umkämpft. Mittlerweile hat sich die Einsicht durchgesetzt, daß historisch Gewachsenes nicht mit einem Federstrich verändert werden kann.)

Die Zeitung begann 1946 mit einer Auflage von 60 000 Stück, die auf den Maschinen der alten Brügelschen Druckerei hergestellt wurden. Vor der Kapitulation war hier auch, wie erwähnt, die Ansbacher Ausgabe der nationalsozialistischen „Fränkischen Tageszeitung“ gedruckt worden. Nun erhielt die von den drei Lizenzträgern gegründete GmbH das Recht, den Zeitungsbetrieb der Firma C. Brügel & Sohn zu pachten. (Die der „Fränkischen Landeszeitung“ auf Druck der Amerikaner eingeräumten Pacht- und Mietrechte im Brügelschen Hause wurden zum Jahresende 1952 vorzeitig aufgegeben.)

Der Blick in die erste Nummer der „Fränkischen Landeszeitung“ (FLZ) vom 24. April 1946 macht deutlich, „daß die FLZ in jener ersten Ausgabe schon in vielen Einzelheiten und in ihrer Gesamtheit so angelegt und gestaltet war, wie dies später in den vielen Jahren ihres Erscheinens, natürlich weiter ausgebaut und verfeinert, sich bewährt hat. Das Konzept der ersten Stunde hat sich als so zweckmäßig und so erfolgreich erwiesen, daß es durchgehalten wurde, bis wirtschaftliche Überlegungen und äußere Umstände zu neuen Planungen und notwendigen Veränderungen geführt haben“, heißt es im Rückblick der FLZ nach 25 Jahren.[30] Die grundlegende Veränderung, von der hier die Rede ist, verursachte der Beitritt zur Arbeits- und Interessengemeinschaft mit den „Nürnberger Nachrichten“, der 1970 vollzogen wurde. „Man sieht es dieser ersten Ausgabe an, wie schwer die Nachrichtenbeschaffung kurz vor jenem 24. April 1946, einem Mittwoch, gewesen sein muß“, ur-

---

27 Wiedfeld hatte sich 1923 aktiv am Abwehrkampf gegen die Ruhrbesetzung beteiligt, was er in seinem Buch „Gequälte Nation“ verarbeitete, und stand später dem Widerstandskreis um Jakob Kaiser nahe; vgl. Meldung aus der „Süddeutschen Zeitung“ vom 23. 1. 1958.

28 Nach Angabe von Wiedfelds Sohn, Klaus W. Wiedfeld, am 23. 5. 1989.

29 Vgl. Kapfinger, a. a. O., S. 59.

30 Beitrag „Die erste FLZ erschien am 24. April 1946“ in der Sonderbeilage der FLZ vom 24. 4. 1971 zum 25jährigen Jubiläum.

teilt der Chefredakteur 25 Jahre später. Und er erläutert: „Noch spürt man die Improvisation in den Überschriften, die Einheitlichkeit des Schriftbildes ist noch nicht vorhanden, auch die Trennung von Lokalnachrichten und Auslandsmeldungen ist noch nicht immer säuberlich durchgeführt. Aber man ahnt hinter den acht Seiten dieser ersten Ausgabe, der am 27. April dann die zweite folgte, schon einen festumrissenen Bauplan, man sieht die Struktur, man erkennt den Aufbau, der sich nach den klassischen Ressorts jeder Tageszeitung richtete: Außen- und Innenpolitik, Feuilleton, Landespolitik, die hier natürlich noch keine ‚Politik' im eigentlichen Sinne sein konnte, sondern lediglich sich in Nachrichten aus dem Deutschland jener Tage, und zwar dem Deutschland noch ohne Trennmauer, niederschlug. Mittel- und Oberfranken (..) sind schon geographisch als eigene Sparte vertreten. Besonderes Gewicht legte man auf den lokalen Teil, der in der ersten Ausgabe der FLZ allerdings auf Ansbach-Stadt und -Land beschränkt war, bis dann am 9. 7. 1946 ein eigener Uffenheimer und am 2. 11. ein eigener Rothenburger Lokalteil entstand, denen dann die Ausgaben Gunzenhausen, Dinkelsbühl, Neustadt an der Aisch, Feuchtwangen, Nürnberg und zwischen Main und Aisch folgten. Auch der Sport lebte in jenen frühen Tagen nach der Stunde Null des Jahres 1945 bereits wieder und war in der FLZ vertreten, ebenso übrigens wie die Landwirtschaft, der in jener ersten Ausgabe mehrere Artikel gewidmet waren. (...) Die FLZ (..) hat sich selbst nicht nur als Nachrichtenorgan, sondern auch als Ratgeber aufgefaßt. Neben einem ‚persönlichen Wort' des damaligen Chefredakteurs an seine Leser finden sich mannigfaltige Ratschläge für die Leser. Da ist vom ‚schlüsselfertigen Typenhaus' die Rede. ‚Winke für die Landwirtschaft' werden gegeben, und ‚Frühling im Garten' ist die Überschrift eines weiteren ratgebenden Beitrags. Betrachtungen wie ‚Die Bodenständigen', ‚Das Dritte Reich in einem Kinderkopf' und ‚Ausbeutung des Jammers' ergänzen das Mosaik der FLZ in ihrer ersten Ausgabe ebenso wie die ersten Sportberichte über den Sportverein Ansbach und den TSV Feuchtwangen und Berichte des Arbeitsamtes und eine Meldung über die Ackerbauschule Triesdorf und die vermutliche Wiederaufnahme des Lehrbetriebes im Herbst des Jahres. Die Feuilletons der Ausgabe sind demgegenüber winzig, in der Hauptsache Anekdoten, kleine Geschichtchen und Zitate, erste platzfüllende Versuche, die dann übrigens ebenso wie der Anzeigenteil, der in der ersten Ausgabe nur winzig war, in den folgenden Ausgaben gegliederter, ausgeweiteter und zusehends selbstbewußter geworden ist."[31]

Wer die ersten Ausgaben der „Fränkischen Landeszeitung" durchblättert, muß sich die Schwierigkeiten der Nachrichtenbeschaffung damals vor Augen halten, um zu einem ausgewogenen Urteil zu gelangen. Da sind zunächst die „Anweisungen an die Lizenzinhaber" der Information Control Division, die beispielsweise eine freimütige öffentliche Diskussion der Maßnahmen der Militärregierung verhindern.[32] Da sind zum anderen die technischen Probleme: Papiermangel, widrige Verkehrsverhältnisse und unregelmäßige Postbeförderung. Auch war das Nachrichtennetz gerade in Mittel- und Oberfranken noch nicht dicht genug, um über die Ereignisse in breiter Fülle zu berichten. Insofern kann der Redaktion kaum ein Vorwurf aus der Tatsache gemacht werden, daß der Anspruch, Öffentlichkeit für den Bezirk Mit-

---

31 Im Beitrag „Die erste FLZ erschien am 24. April 1946", a. a. O.

32 Vgl. Office of Military Government for Bavaria (Information Control Division): Instructions to the licensees. Typoskript, o. O., o. J., Abschnitt I.

tel- und Oberfranken herzustellen, in den ersten Jahren nur im Ansatz eingelöst werden konnte.

Auf der zweiten Seite der ersten Ausgabe findet sich der programmatische Beitrag von Chefredakteur Wiedfeld, in welchem er in wohlgesetzten Worten den Weg zum Frieden, zur Demokratie, zum Recht und zur wahren Kultur beschrieb. „Wir müssen und wollen einen neuen Weg gehen, einen Weg, der zum Wohl unseres Volkes führt."[33] Was damals als Redaktionsprogramm fixiert wurde, u. a. daß sich die FLZ keinem Stand, keiner Klasse, keiner politischen Partei und keiner Konfession verpflichtet sah, brachte die „Fränkische Landeszeitung" den Lesern immer wieder zur Kenntnis, nicht zuletzt genötigt durch die Angriffe von der SPD[34] ebenso wie von der CSU wie auch später von der evangelischen Kirche.[35] Im Rückblick „10 Jahre Zeitungsarbeit"[36] machte Wiedfeld wieder einmal die Prinzipien journalistisch sauberer Berichterstattung deutlich: „Wir bringen Rede und Gegenrede, wir bringen in- und ausländische Pressestimmen, auch wenn es uns nicht immer in den Kram paßt, auch wenn wir die vertretene Ansicht anderer für unrichtig halten. Wir führen unsere Leser an verschiedene Quellen und überlassen es ihnen, aus welcher Quelle sie trinken wollen. (...) Noch eine Tatsache: Wenn sich in einem Landkreis mit 83 Bürgermeistern rund 80 davon zur CSU bekennen, dann ist es die natürlichste Sache der Welt, daß sich diese Tatsache im ganzen Leben des Landkreises auswirkt. Da jede gute Zeitung das Leben und Weben in ihrem Kreise wiedergeben muß, spiegelt sich eine derartige Mehrheit auch in der Heimatzeitung wider. (...) Unsere Zeitung ist auch konfessionell nicht einseitig verpflichtet. Wir tragen gern der starken christlichen Grundhaltung der Bevölkerung Rechnung. Auch die überwiegende evangelische Struktur des Landes spiegelt sich selbstverständlich in unserer Zeitung wider. Aber wir sind trotzdem weder eine evangelische noch eine katholische Kirchenzeitung." Während sich die „Nürnberger Nachrichten" mit ihrer politischen Kommentierung jener Tage eher links im Meinungsspektrum etablierten, spiegelte die „Fränkische Landeszeitung" die deutsche Nachkriegspolitik wider: „gesamtdeutsch" und „christlich" waren die redaktionellen Orientierungsmarken. Die „Fränkische Landeszeitung" begriff sich sehr bald als Bollwerk gegen das, wie sie

---

33 Wilhelm Wiedfeld: Der neue Weg. In der „Fränkischen Landeszeitung" vom 24. 4. 1946, S. 2. Wie ernst es Wiedfeld mit der geistigen und sittlichen Erneuerung war, läßt sich auch an den Prozessen gegen den Präsidenten der bayerischen Landpolizei, Freiherrn von Godin, und gegen den ehemaligen Bayerischen Ministerpräsidenten, Dr. Wilhelm Hoegner, ablesen. Wiedfeld hatte in einem Artikel Hoegner vorgeworfen, er habe sich als Ministerpräsident mit gutem Einkommen vor der endgültigen Regelung der Wiedergutmachungsfrage 60 000 Mark in einer Zeit auszahlen lassen, in der Millionen anderer Deutscher vor dem Nichts standen. Wiedfeld wurde daraufhin von Hoegner wegen übler Nachrede verklagt, jedoch vom Landgericht Ansbach freigesprochen.

34 Die SPD gründete schließlich 1948 ein eigenes Wochenblatt in Nürnberg, die „Fränkische Tagespost", die sich schon bald in einer Weise mit der FLZ anlegte, die der Chefredakteur der „Süddeutschen Zeitung" in einem Kommentar als „Ton der Gosse" geißelte. Der Kampf um Leser wurde auf beiden Seiten mit harten Bandagen geführt.

35 Vgl. dazu Wilhelm Wiedfeld: Die „Fränkische Landeszeitung" hat Geburtstag. In der Sonderbeilage der FLZ vom 24. 4. 1947. Weiterhin: „Sie täuschen sich, meine Herren!", Kommentar in der FLZ vom 17. 8. 1946. Weiterhin: „In eigener Sache", Kommentar in der FLZ vom 15. 10. 1947 zur Kritik der KPD am Blatt. Weiterhin: „Wir protestieren mit Nachdruck" in der FLZ vom 18. 2. 1950 und „Du sollst nicht falsches Zeugnis geben" in der FLZ vom 8. 3. 1950; Beiträge in eigener Sache, die sich gegen den Vorwurf verwehren, die Sache der Katholiken einseitig zu bevorzugen.

36 Wilhelm Wiedfeld: 10 Jahre Zeitungsarbeit. In der Sonderbeilage der FLZ vom 28. 4. 1956.

Ansbacher Zeitung

Unabhängige Mittagszeitung für Stadt und Land

Die „Ansbacher Zeitung" erscheint wöchentlich dreimal (Montag, Mittwoch und Samstag) / Bezugspreis: 1.80 DMark monatlich (ohne Zustellgebühr)
Für Anzeigen ist z. Z. Tarif 1 gültig / Platzvorschriften ohne Verbindlichkeit / Druckerei: Zirndorf, Nürnberger Straße 19-21

65. Jahrgang — Ansbach, Montag, 17. Oktober 1949 — Nummer 20

Der erste Sowjetgesandte in Ostberlin

Georgij Maximowitsch Puschkin Chef der Mission

Moskau, 16. Okt. (dpa) Die Sowjetunion hat beschlossen, mit der Regierung der „Deutschen Demokratischen Republik" diplomatische Missionen auszutauschen. Nach Meldung des Senders Moskau ist Goergi Maximowitsch Puschkin zum Chef der Sowjetischen Mission ernannt worden.

psychologisch geschickt, aber praktisch unwirksam, weil eine Freundschaft mit der Sowjetunion den endgültigen Verzicht auf ein Gebiet bedeuten würde, in welchem

Bayern und Pfalz

Von 1777 bis 1945 — wenn man von der Zeit der napoleonischen Kriege absieht — wär die Rheinpfalz mit dem rechtsrheinischen Bayern vereint und auf über 700 Jahre geht die Verbindung zwischen ihr und dem früheren bayerischen Herrschergeschlecht der Wittelsbacher zurück. Erst 1945 trenn-

FRÄNKISCHE Zeitung

...und trotzdem: aktuell, lebendig, bebildert

Not-Ausgabe

Verlagsort: Nürnberg

5. Jahrgang / Nummer 198 — Dienstag, 9. Dezember 1952 — Preis 10 Pfennig

Unsere vorliegende Notausgabe:

Nur mit „Bordmitteln"

DER STREIK IN UNSEREM TECHNISCHEN BETRIEB ZWINGT UNS ZU EINER UNGEWÖHNLICHEN LÖSUNG: ZEITUNG MIT SCHREIBMASCHINE, SCHERE, LEIMTOPF UND PINSEL

NÜRNBERG, 9. Dez. - Der Streik in unserem technischen Betrieb machte es uns nicht nur unmöglich, die normale Zeitung herauszubringen, sondern auch die Herstellung einer "richtigen" Notzeitung war uns nicht möglich.

Wir mussten zu ungewöhnlichen Mitteln greifen:mit Hilfe von Schreibmaschinen, Schere, Leim und mit dem Pinsel des Zeichners - also mit den "Bordmitteln" der Redaktion - haben wir die vorliegende Ausgabe gemacht. Die fertig geklebten Seiten wurden wie ein "Bild" behandelt, sodass die Ausgabe vom "Klischee" gedruckt ist. Diese Zeitung ist also ohne Verwendung von bleiernen Lettern und ganz gegen die Regeln der "Schwarzen Kunst" als ein Kuriosum zustande gekommen. Unser Bestreben: unseren Lesern wenigstens das Wichtigste - und wenn es noch so kurz gefasst werden musste - mitzuteilen.

Ob morgen wieder eine normale Zeitung erscheinen wird, lässt sich noch nicht voraussagen. Heute nachmittag finden in Frankfurt/M weitere Verhandlungen statt. Der Streik selbst wird im Bundesgebiet sehr unterschiedlich durchgeführt. Die Streikparole ist ke[illegible]swegs überall befolgt worden. In zahlreichen Orten setzen die D[illegible]er und Setzer die Arbeit zu den alten Tarifen fort. Von rund 550 Zeitungen im Bundesgebiet erschienen gestern etwa 110 in normalem Umfang oder mit "Notausgaben". In zahlreichen Städten Südwest- und Süddeutschlands war es den Zeitungen durch innerbetriebliche Abmachungen möglich, im vollen Umfang zu erscheinen. In anderen Städten wieder konnte nicht einmal eine Notausgabe hergestellt werden.

Verschiedentlich kam es zu - allerdings geringfügigen - Zwischenfällen. So u.a. in Stuttgart, wo Polizei die Fertigstellung einer "Notzeitung" sichern musste. Ähnliche Vorfälle werden aus Augsburg, Essen, Fulda, Frankfurt usw. gemeldet, wo - wie auch in vielen anderen Städten - vor den Verlagsgebäuden Streikposten aufgezogen sind.

In Nürnberg wurden gestern Flugblätter der I.G. "Druck und Papier" verteilt, in denen die Bevölkerung aufgerufen wird, keine "Notzeitungen" zu kaufen.

Zu den "Notzeitungen" stellt der bayerische Journalistenverband fest dass seine Mitglieder sich der Mitwirkung bei solchen Zeitungen nicht entziehen können, weil die Journalisten in diesem Falle kein Streikrecht haben.

Aus fünf Erdteilen

TUMULTE IN ESSEN

In der am Kupfernen Sonntag überfüllten Innenstadt von Essen demonstrierten Kommunisten gegen Generalvertrag und Bundesregierung. Sie schossen Flugblattraketen ab und verteilten Flugblätter aus Koffern. Im Handgemenge wurden 8 Polizisten und mehrere Demonstranten

beschlagnahmten Wohnungen und Grundstücke bis spätestens Ende 1953. Unabhängig von dieser Kundgebung kündigte der neue Kommandeut des US-Militärbereichs Nürnberg-Fürth, General Young, an, er wolle die von seinem Vorgänger versprochenen Häuser-Freigaben "im Rahmen des Möglichen" durchführen.

Eine Enttäuschung für die Bundesregierung

Karlsruhe behandelt heute Heuss-Gutachten

WIRD DIE FESTSTELLUNGSKLAGE DER BONNER REGIERUNGSPARTEIEN DOCH NICHT MIT VORRANG BEHANDELT? MÖGLICHERWEISE VERSCHIEBUNG AUF DAS NÄCHSTE JAHR

DIE RICHTER STEHEN BEREIT

Zeichn. Esser

KARLSRUHE, 9.Dez.- Das Plenum des Bundesverfassungsgerichts hat beschlossen, dass die Verhandlung über das vom Bundespräsidenten zu den deutsch-alliierten Verträgen angeforderte Gutachten planmässig am heutigen Dienstag beginnt.

Punkt 1 der um 10 Uhr beginnenden Verhandlung ist die Klärung der Frage, ob das Gericht zuständig und das angeforderte Gutachten zulässig ist. Praktisch heisst das, dass die Entscheidung darum geht, ob das Gutachten für Heuss oder die Klage der Regierungsparteien zuerst behandelt wird. Die Bundesregierung hat - nach Angaben zahlreicher Bundestagsabgeordneten - ihre Klage u.a. deswegen angestrengt, weil sie erfahren haben wollte, dass die Entscheidung des Plenums über das Gutachten "nicht unbedingt im Sinne Dr. Adenauers" ausfallen würde.

Die Bundesregierung hatte erwartet, dass ihre Feststellungsklage, die von einem Sonderkurier am Samstag in Karlsruhe überreicht worden ist, mit Vorrang vor dem Gutachten für Prof. Heuss behandelt wird. - Präsident Dr. Höpker-Aschoff erklärte, dass noch nicht entschieden ist, wann der zuständige Senat II sich mit der Bonner Klage befassen wird. Jedenfalls könne der Senat II nicht zur gleichen Zeit verhandeln wie das Plenum des Bundesverfassungs-

tifizierung herbeigeführt werden könne.

In dem Antrag der Bundesregierung wird eine Verurteilung der Opposition gefordert, da die Antragsgegner dadurch gegen das Grundgesetz verstossen, dass sie dem Deutschen Bundestag und der antragstellenden Mehrheit des Bundestags das Recht bestreiten, die Gesetze über den Deutschland- und EVG-Vertrag mit der im Art. 42 Abs. 2 Satz 1 des Grundgesetzes vorgeschriebenen Mehrheit zu verabschieden.

ÜBER 50 STIMMEN MEHRHEIT

In der Nacht zum Samstag war im Bundestag die 2. Lesung der deutsch-alliierten Verträge nach 35-stündiger Debatte gegen 4 Uhr früh beendet worden. Es wurde eine Reihe von Abstimmungen, die sich auf die einzelnen Paragraphen und Bestimmungen der Verträge bezogen, durchgeführt. Die

Der Wind der Konkurrenz wehte dann ab 1949 neue und alte Blätter ins Ansbachische. Die „Nürnberger Nachrichten", die den Traditions-Titel „Fränkische Zeitung" erworben hatten, ließen sich auch durch einen Druckerstreik nicht bremsen; nur mit „Bordmitteln" brachten sie ihre Notausgabe heraus.

es später nannte, „ferngesteuerte Zeitungskartell" in Nürnberg.[37] Die Konkurrenz mit dem Nürnberger Nachbarn war von Anfang an auch eine weltanschauliche.

Verteilungskämpfe

Dieser Auseinandersetzung waren andere vorausgegangen, in denen die betont evangelische „Ansbacher Zeitung (Allgemeine Rundschau)" sich angeschickt hatte, der FLZ in Ansbach Konkurrenz zu machen. Jener Zeitungsverleger Bollmann, der bereits 1932 die „Ansbacher Zeitung" als Kopfblatt der „Zirndorfer Zeitung" herausgebracht hatte, machte nun, nachdem die Generallizenz den Altverlegern freie Hand ließ, einen neuerlichen Anlauf. Dr. Fritz Jahn redigierte den Ansbacher Lokalteil; gedruckt wurde wieder in Zirndorf. Ein großangelegter Versuch mit aggressiver Bezieherwerbung und erheblicher Preisunterbietung scheiterte freilich unter starken Verlusten.[38] Nach dem ersten Fiasko wurde ein neuer Verlag gegründet und neues Geld beschafft; auch dieser Versuch mißlang. Der Martinus-Verlag verkaufte die Verlagsrechte und den Titel der Zeitung „über Mittelsmänner an Herrn Willmy aus Nürnberg, den ehemaligen Drucker des ‚Stürmer'".[39] Bollmann trat 1951 das Verlagsrecht an die Intra Druck GmbH ab, die zum Nürnberger Willmy Druckerei Konzern gehörte. Ende September 1951 kamen die Ansbach-Nürnberg-Fürther Zeitungsverleger überein, die „Ansbacher Zeitung" endgültig stillzulegen.[40]

Damit war die Konkurrenz freilich nicht gänzlich ausgeschaltet. Die „Fränkische Landeszeitung" hatte bereits während der durch den Lizenzzwang verursachten Monopolstellung ihre Lokalberichterstattung vorbildlich differenziert: Ansbach und Umgebung (von Anfang an), Gunzenhausen (seit 1. 1. 1947), Uffenheim-Windsheim (seit 3. 7. 1946), Feuchtwangen (seit 30. 4. 1948), Dinkelsbühl (seit 19. 7. 1947), Neustadt a. d. Aisch (seit 2. 8. 1947) und Rothenburg ob der Tauber (seit 2. 11. 1946) erhielten eigene Lokalseiten. Für das Gebiet zwischen Main und Aisch (später „Steigerwald Kurier" bzw. Ausgabe Scheinfeld) und Nürnberg wurden erst im Sommer 1948 eigene Ausgaben eingeführt. Insofern war die „Fränkische Landeszeitung" auf das Wiedererscheinen der alten Heimatzeitungen im Herbst 1949 gut vorbereitet. Die „Uffenheimer Zeitung", die „Windsheimer Zeitung", der „Altmühl-Bote" in Gunzenhausen und der „Fränkische Anzeiger" in Rothenburg ob der Tauber versuchten, ihre alten Leser wiederzugewinnen.[41] Den Mantel bezogen diese Heimatzeitungen von der „Nordbayerischen Zeitung" in Nürnberg.

---

37 „Für die Pressemagnaten aus Nürnberg ist es ungewohnt, daß es überhaupt noch jemand wagt, ihnen die Wahrheit zu sagen. Ganze Landstriche Mittelfrankens werden vom Zeitungskartell der ‚Nürnberger Nachrichten' beherrscht, das jede Meinungsäußerung verhindern kann, die für sie unbequem ist. (...) Nur noch eine einzige unabhängige Zeitungsgruppe gibt es, die mit ihrem Stamm von 55 000 treuen Lesern der von Nürnberg aus ferngesteuerten Meinungsgleichschaltung einen Riegel vorschiebt." In der FLZ vom 28. 10. 1967.

38 Vgl. Notiz „Bankrott der ‚Ansbacher Zeitung'" in der Tageszeitung „Der Allgäuer" vom 20. 7. 1950.

39 ebd.

40 Dies berichten Bayer/Merkel, a. a. O., S. 90.

41 Vgl. Porträts dieser Zeitungen; einzig die „Uffenheimer Zeitung" existiert heute nicht mehr.

Die „Fränkische Landeszeitung" ihrerseits hatte im März 1949 die Höchstmarke von 81 943 Exemplaren erreicht, danach fiel die Auflage abrupt auf 55 000 Stück am Endes des Jahres 1949. Später rutschte die Auflage sanfter ab und pendelte dann viele Jahre um die 41 000-Stück-Marke; seit der Zusammenarbeit mit den „Nürnberger Nachrichten" bewegt sie sich kontinuierlich nach oben. 1988 konnte die „Fränkische Landeszeitung" 52 115 Exemplare[42] absetzen. Aber damit haben wir zu weit vorgegriffen.

Lange Jahre machte die Konkurrenz aus den benachbarten Städten und vor allem aus Nürnberg der „Fränkischen Landeszeitung" schwer zu schaffen. Nachdem die FLZ bereits 1948 eine Ausgabe in Nürnberg etabliert und sich 1949 finanziell an der „Nürnberger Zeitung" (und später an der Nordbayerischen Verlagsgesellschaft mbH & Co.[43]) beteiligt[44] hatte, fühlten sich die „Nürnberger Nachrichten (NN), die im nahen Zirndorf bei Bollmann gedruckt wurden, offenbar herausgefordert und etablierten 1951 eine eigene Ausgabe, die „Fränkische Zeitung", in Ansbach. Dem Verlag der NN war es gelungen, vom Freistaat Bayern die Rechte an dem traditionsreichen Titel zu erwerben. Zu diesem Titel stellte die „Fränkische Landeszeitung" klar: Sie selbst habe die Tradition der „Fränkischen Zeitung" wieder aufgenommen. „Sie, die FLZ, nannte sich jedoch deshalb ‚Landeszeitung', weil das ihr zugewiesene Verbreitungsgebiet viel größer war als das der alten ‚Fränkischen Zeitung'."[45] Zudem erschien die „Fränkische Landeszeitung" nach wie vor in der Brügelschen Offizin, sie wurde auf der Maschine gedruckt, auf der einst auch die „Fränkische Zeitung" gefertigt worden war. Auf diesen Traditionsstrang berief sich also weiterhin die „Fränkische Landeszeitung",[46] auch wenn die Titelrechte nun bei der Konkurrenz lagen. Auch der verantwortliche Lokalchef des Nürnberger Ablegers war den Ansbacher Zeitungsleuten wohl bekannt: Es war Dr. Fritz Jahn, der einst den Lokalteil der „Ansbacher Zeitung" verantwortet hatte.

Jahrelang befehdeten sich die „Fränkische Landeszeitung" und die „Fränkische Zeitung" mehr oder weniger heftig, wobei der Kampfplatz über die Jahre ausgedehnt wurde, weil die „Nürnberger Nachrichten" nach und nach im Verbreitungsgebiet der FLZ lokal differenzierte Nebenausgaben etablierten. Das Verbreitungsgebiet, das von den Amerikanern einst abgesteckt worden war, konnte die „Fränkische Landeszeitung" ihrerseits jedoch nicht ausdehnen, weil es an drei Seiten von Verwaltungsgrenzen praktisch „eingezäunt" war (und ist): Weder nach Baden-Württemberg noch nach den Bezirken Schwaben oder Unterfranken konnte die FLZ sich ausdehnen, ohne sich erhebliche Mehrkosten für die Redaktionen aufzuhalsen. Flexibel und entsprechend umkämpft war allein die Grenze zum Industriedreieck Nürnberg-Fürth-Erlangen. Sich ein Stück vom Werbeaufkommen dieses kräftig sich entwickelnden Wirtschaftsraumes zu sichern, war in jedem Falle lukrativ. Zumal das Verbreitungsgebiet der FLZ, stark agrarisch orientiert, selbst keine Wirtschaftskraft besaß, die der Zeitung große Sprünge erlaubt hätte.

---

42 Lt. IVWListe 4/1988.

43 Vgl. Porträt der „Nürnberger Zeitung" in diesem Band.

44 Vgl. Berichtigung zur Meldung „Die Fusion von Nürnberg-Ansbach"; im Verlegerorgan ZV 18/1951, S. 15.

45 „Eine notwendige Klarstellung", in der FLZ vom 17. 11. 1951.

46 „Die FLZ ist in Ansbach aus der Tradition der alten ‚Fränkischen Zeitung' heraus geboren." In: „Falsche Gerüchte im Umlauf", FLZ vom 14. 11. 1951. Vgl. auch Beitrag „Die moderne Heimatzeitung Westmittelfrankens" in der FLZ vom 12. 3. 1965.

Infolgedessen mußte im eigenen Hause expandiert und rationeller gearbeitet werden, um die Erlösstruktur zu verbessern. Zehn Jahre nach der Lizenzierung der „Fränkischen Landeszeitung“ gründeten Mehl und Wiedfeld, Abel war ja frühzeitig ausgeschieden, als selbständige Gesellschaft die Druckerei Wiedfeld & Mehl,[47] die Industriedrucksachen, Kataloge und Kalender herstellt. Damit konnten sich Wiedfeld und Mehl ein zweites Standbein sichern. 1959 entschlossen sich die Verlage der „Nürnberger Zeitung“, des „Altmühl-Boten“, des „Weißenburger Tagblatts“ und der „Fränkischen Landeszeitung“ zu einer Zusammenarbeit im Nordbayerischen Zeitungskreis. Wenn schon die Auflage im Stammland stagnierte, und auch an eine Ausdehnung in der Fläche nicht zu denken war, mußten die Redaktions-Kosten durch Kooperationen auf mehrere Partner verteilt werden. Die beteiligten Verlage vereinbarten eine gemeinsame Anzeigen-Akquisition; durch die höhere Gemeinschafts-Auflage sollte profitablere Markenartikel-Werbung in die Blätter kommen. Gleichzeitig verpflichteten sich die beiden Nachbarverlage der FLZ in Weißenburg und Gunzenhausen, die Matern der Mantelseiten von der FLZ zu übernehmen.

Die mittelfränkische Flurbereinigung auf dem Zeitungssektor

Anfang 1963 setzte die entscheidende Neuordnung des mittelfränkischen Zeitungsraumes damit ein, daß 49% der Geschäftsanteile der Nordbayerischen Verlagsgesellschaft mbH, Nürnberg, in der die „Nürnberger Zeitung“ erschien, in das Eigentum des Verlages der „Nürnberger Nachrichten“ übergingen. Damit schied der Nürnberger Partner aus dem Nordbayerischen Zeitungskreis aus. Gleichzeitig bemühten sich die NN auch der FLZ, dem „Altmühl-Boten“ und dem „Weißenburger Tagblatt“ Leser abspenstig zu machen, indem sie deren Anzeigen- und Vertriebspreise unterboten. Als 1969 die letzten noch im Anzeigenverbund und in Redaktionsgemeinschaft mit der FLZ verbliebenen Heimatblätter dem Werben aus Nürnberg nachgaben, war es nur noch eine Frage der Zeit, bis sich auch die „Fränkische Landeszeitung“ der Interessen- und Arbeitsgemeinschaft mit den „Nürnberger Nachrichten“ anschloß. Dies geschah 1970. Im Gegenzug nahmen die NN ihre drei Lokalausgaben im Verbreitungsgebiet der FLZ aus dem Rennen um die Gunst der Leser. Das Ergebnis dieser Flurbereinigung im mittelfränkischen Zeitungsraum zeigte sich sofort: Die Auflage der FLZ, die nun den Mantel der NN bezog, kletterte noch im selben Jahr wieder über 50 000 verkaufte Exemplare. Somit wurde ein einziger, einheitlich gestalteter Werbeträger im gesamten mittelfränkischen Gebiet etabliert, der durch seine hohe Haushaltsabdeckung für die Inserenten attraktiv ist; davon profitiert auch die FLZ, die im regionalen und lokalen Anzeigengeschäft[48] selbständig geblieben und am überregionalen Anzeigenaufkommen der NN prozentual beteiligt ist.[49]

---

47 Diese Gesellschaft firmiert heute unter dem Namen Wiedfeld und Mehl, Druck- und Verlagsgesellschaft mbH.

48 Das Anzeigengeschäft brachte dem Verlag der „Fränkischen Landeszeitung“ 1988 57,4% des Umsatzes. 39,5% des Umsatzes kamen durch die Vertriebserlöse herein; lediglich 3,1% entfielen in diesem Zeitraum auf sonstige Druckaufträge.

49 Die Arbeitsweise des NN-Modells wird detailliert im Porträt der „Nürnberger Nachrichten“ beschrieben.

Fränkische Landeszeitung

Ansbacher Tageblatt

IN ZUSAMMENARBEIT MIT DEN NÜRNBERGER NACHRICHTEN — 1 Z 2910 A

8800 Ansbach · Postfach 1362

Einzelpreis: 1,– DM — Montag, 6. Juli 1987 — Nummer 151

Heute im Sport

FUSSBALL:
B-Jugend des Club holt Endspiel um die deutsche Meisterschaft nach Nürnberg

RADSPORT:
Nürnberger Remig Stumpf überlegen deutscher Meister im Zeitfahren — Reges Zuschauer-Interesse an den Tour-Etappen in Deutschland

LEICHTATHLETIK:
Gudio Kratschmer gab nach erneuter Verletzung beim Zehnkampf-Europacup auf

TV Programm Seite 28

Massenansturm auf Mittelfrankens Seenland

Zehntausende nutzten das erste richtige Sommerwochenende – Chaos auf den Zufahrtswegen und den Parkplätzen

An Szenen von völlig überfüllten Adria-Stränden erinnert dieses Bild vom Brombachsee. Dicht an dicht lagen Sonnenhungrige und Wasserratten am ersten heißen Wochenende dieses Jahres. Zehntausende von Menschen hatte es ins mittelfränkische Seenland gezogen. Eine Folge des Massenansturms waren Stauungen auf den Zufahrtswegen und chaotische Verhältnisse an den Parkplätzen. (Siehe Bericht im Innern des Blattes). *Auch sonst waren die meisten Freibäder überfüllt, dafür die Innenstädte wie ausgestorben. Obwohl in einigen Bundesländern, aber auch in Belgien, den Niederlanden, der Schweiz, Teilen Österreichs und in Frankreich die Ferien begannen, blieb auf den Fernstraßen der Bundesrepublik das befürchtete Verkehrschaos aus. Es gab allenfalls kurze Staus. Nur in Richtung der Nord- und Ostseestrände quälten sich lange Autoschlangen.* Foto: Rach

Bonn und Westberlin bedauern

Rückschlag für Besuchsverkehr

Die DDR gibt Reisenden seit Anfang Juli weniger Devisen mit

BERLIN – Politiker aus Bonn und Westberlin haben die Devisenbeschränkung für DDR-Bürger, die wegen dringender Familienangelegenheiten in den Westen reisen wollen, als Rückschlag in den Bemühungen um mehr Freizügigkeit bedauert.

Vertreter von CDU und SPD äußerten die Befürchtung, daß durch diesen Schritt Ostberlins die in jüngster Zeit stark angewachsenen Besucherzahlen aus der DDR wieder schrumpfen werden. Berlins Regierender Bürgermeister Eberhard Diepgen appellierte daher an die Regierungen beider deutscher Staaten, gemeinsam nach Möglichkeiten zur Erhaltung des Reiseverkehrs im bisherigen Umfang zu suchen. „Tatsächliche oder vermeintliche Devisenprobleme", so Diepgen, dürften dem nicht entgegenstehen. Der Berliner SPD-Vorsitzende Walter Momper plädierte offen dafür, „daß die Bundesrepublik der DDR in der Devisenfrage hilft".

Seit Anfang Juli dürfen DDR-Bürger – *wie in einem Teil unserer Auflage bereits berichtet* – für Westreisen nur noch 15 DDR-Mark statt bisher maximal 70 im Verhältnis 1:1 in D-Mark umtauschen. Dieser Tauschsatz galt bisher schon für Rentner. Daß sich damit künftig alle DDR-Bürger begnügen müssen, wurde von der Regierung in Ostberlin öffentlich nicht bekanntgemacht. Auch die Bonner Behörden wurden davon nicht unterrichtet. Ein Sprecher des Ostber-

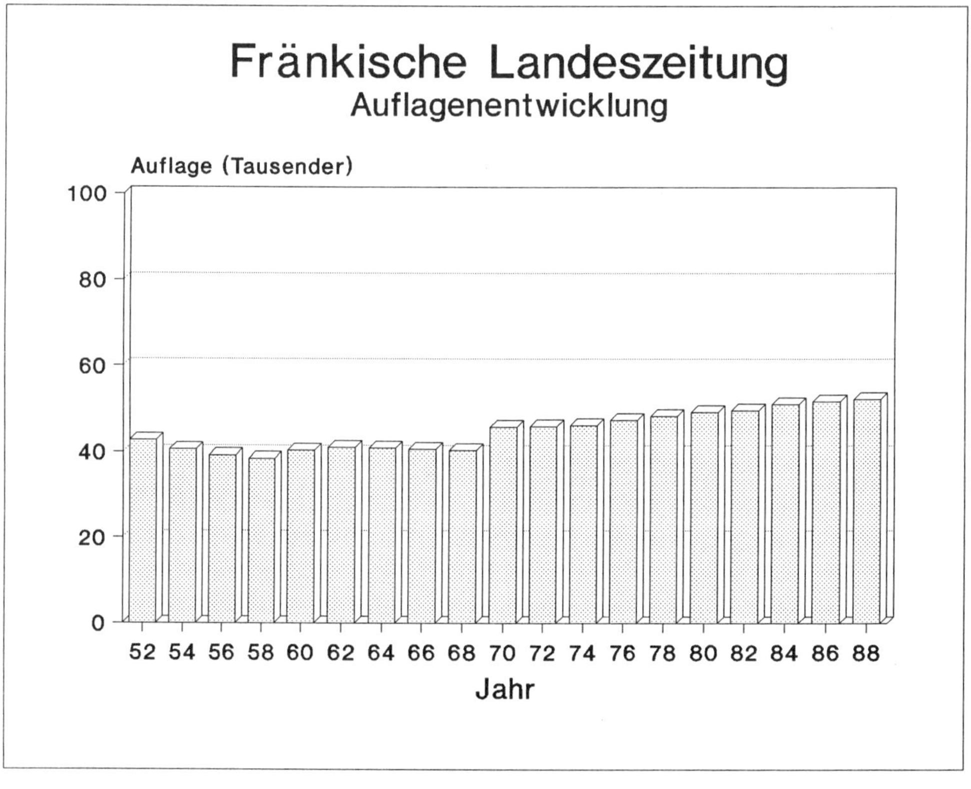

Nach wie vor gestaltet die FLZ die lokalen und regionalen Seiten selbst, druckt diese Seiten auch im eigenen Haus[50] und organisiert den Vertrieb der Zeitungsstücke in eigener Regie, nicht zuletzt, weil man sich über die Austräger eine Verstärkung der Leser-Blatt-Bindung verspricht. Im Sommer 1989 wurde ein neues Ferag-Versandsystem installiert, das die alten und langsameren Müller-Martini-Versandanlagen ablöste.

Abweichend von den üblichen NN-Vereinbarungen mit den Heimatverlegern haben die Leser der FLZ keine Wahlmöglichkeit zwischen den beiden Mänteln aus dem Nürnberger Pressehaus. Der Mantel der „Nürnberger Zeitung" kann im Verbreitungsgebiet der FLZ, den Landkreisen Ansbach und Neustadt an der Aisch – Bad Windsheim,[51] nicht bezogen werden, weil der Vertrieb der entsprechenden Zeitungsstücke dann von Nürnberg aus zentral organisiert worden wäre, was die Ansbacher vermeiden wollten. Zudem mögen gewisse Animositäten gegen die „Nürnberger Zeitung" eine Rolle gespielt haben, da diese durch ihr Ausscheren aus dem Anzeigen- und Redaktionsverbund das Ende der Selbständigkeit mittelbar verursacht hatte.

Eine besondere Kooperationsvereinbarung hat die FLZ mit dem Schneider Verlag in Rothenburg ob der Tauber geschlossen, der den „Fränkischen Anzeiger" herausbringt. Nach dem Wegfall des Lizenzzwangs 1949 hatten im Altlandkreis Rothenburg ob der Tauber der „Fränkische Anzeiger" und die Ausgabe Rothenburg der „Fränkischen Landeszeitung" konkurriert. Bei den Vertragsverhandlungen zwischen den NN und der FLZ mußte 1969 auch eine Lösung gefunden werden, die das Gebiet der Stadt und des Landkreises Rothenburg zwischen den einstigen Konkurrenten[52] gerecht verteilte. Vor 1970 war die FLZ stärker im ländlichen Gebiet um Rothenburg vertreten, der „Fränkische Anzeiger" hingegen hatte seine Stammleserschaft in der Stadt Rothenburg. Diese Aufteilung (durch die Leser) wurde nun vertraglich zementiert; die FLZ gab ihre Zustellung in der Stadt auf, der „Anzeiger" zog sich aus den ländlichen Gebieten zurück. Der Lokalteil für Rothenburg und Umgebung wird nun von beiden Verlagen gemeinschaftlich erstellt und durch Seiten der FLZ ergänzt, die aus dem jetzigen Großlandkreis Ansbach und der Region westliches Mittelfranken berichten. Dieses Produkt wird in Ansbach bei der FLZ gedruckt. Der Auflagenanteil des „Fränkischen Anzeigers" wird dann nach Nürnberg transportiert, dort in den Mantel der NN eingelegt und durch die Vertriebsorganisation der NN auch verteilt. Der Auflagenanteil der FLZ wird in Ansbach komplettiert (ebenfalls mit dem Mantel der NN) und durch die FLZ-Vertriebsorganisation im Landbereich Rothenburgs ausgeliefert. Die Kosten für die technische Herstellung und die Anzeigeneinnahmen werden auf die Partner nach einem festen Schlüssel umgelegt. Ähnlich gestaltet sich die Zusammenarbeit zwischen „Fränkischem Anzeiger" und „Fränkischer Landeszeitung" auf dem Anzeigenblattsektor. Der „Fränkisch-Hohenlohische Wochenspiegel" mit einer Auflage von 24 150 Stück

50 Gedruckt wird von Fotopolymerplatten auf einer Koenig-Bauer-Hochdruckrotation, die eine Kapazität von zweimal 16 Seiten hat. Im Moment stellt die FLZ auf den elektronisch gesteuerten Ganzseitenumbruch um.

51 Der Amtsgerichtsbezirk Bad Windsheim wird journalistisch von der „Windsheimer Zeitung" bedient; vgl. deren Porträt in diesem Band.

52 Der „Fränkische Anzeiger" war bereits 1965 der Interessengemeinschaft mit den NN beigetreten.

wöchentlich wird satztechnisch in Rothenburg erstellt und in Ansbach gedruckt. Kosten und Erlöse werden auf die Partner umgelegt.[53]

Für Ansbach Stadt und Land konzipierte der Verlag der FLZ schon 1976 ein eigenes Anzeigenblatt, um auswärtige Interessenten abzublocken. „Werbung im Blickpunkt" wird wöchentlich mit 58 000 Exemplaren auf den Markt gebracht. Auch im Hörfunk ist der Verlag der „Fränkischen Landeszeitung" nicht untätig geblieben. Er gründete die Aktuelle Welle Region 8 – Programm- und Werbegesellschaft mbH, eine 100prozentige Tochter der „Fränkischen Landeszeitung". Sie betreibt mit sechs anderen Anbietern „RADIO 8" und ist seit September 1988 im Gebiet des Landkreies Ansbach, seit April 1989 auch im Landkreis Neustadt a. d. Aisch – Bad Windsheim auf Sendung. Die Verwendung der Ziffer 8 im Namen ist schnell erklärt: Der Sender ist ausschließlich in der Planungsregion 8, westliches Mittelfranken, tätig. Insgesamt stehen ca. 230 Mitarbeiter auf den Lohn- und Gehaltslisten der beiden heutigen Alleineigentümer (je 50%), die sich die Aufgaben im Unternehmen aufgeteilt haben: Rainer Mehl kümmert sich um Rechnungswesen, Vertrieb und Anzeigen, Klaus W. Wiedfeld ist für den technischen Bereich verantwortlich. Die Geschäftsführung und die Finanzplanung teilen sie sich.

Die Kooperation mit den „Nürnberger Nachrichten" war unausweichlich, meint Wiedfeld heute: „Wir hätten im Konkurrenzkampf allein gestanden. Eine Weile wäre das gutgegangen, auf die Dauer nicht."[54] Ein wenig traurig ist er auch heute noch, trotz aller Vorteile, die ihm die Kooperation brachte und bringt, daß ein Stück redaktioneller Selbständigkeit aufgegeben werden mußte. Überregional, ob nun in München oder im fernen Bonn, hätten die West-Mittelfranken nun keine eigene Stimme mehr, die ihre Interessen vertreten könnte, gibt Wiedfeld zu bedenken. Die eher linksliberale Tendenz der „Nürnberger Nachrichten", die Drexels Überzeugung[55] entsprach, war und ist der eher bürgerlichen Leserschaft und den Verlegern der „Fränkischen Landeszeitung" fremd, was im übrigen mit ein Grund dafür war, daß die Kooperation so lange hinausgezögert wurde.

Besinnung auf das Notwendige und Machbare

Wirtschaftlich gesehen hat sich der Beitritt in die Interessengemeinschaft für die „Fränkische Landeszeitung" ohne Zweifel ausbezahlt. Durch die vereinbarte Flurbereinigung wurde die Position der Heimatzeitung im lokalen Wirtschaftsraum gestärkt, wo sie nun als einziger Werbeträger auftreten kann. Zugleich kann die „Fränkische Landeszeitung" ihre journalistischen Kräfte auf die lokale und regionale Berichterstattung konzentrieren. Die Redaktionsmannschaft, die etwa 35 Köpfe zählt, kümmert sich heute ausschließlich um die Berichterstattung aus dem Verbreitungsgebiet. Was früher in die Breite der Berichterstattung gesteckt wurde, geht heute in die Tiefe. Das läßt sich auch am Netz der Außenredaktionen ablesen, welche der Verlag in Neustadt, Scheinfeld, Uffenheim, Dinkelsbühl, Feuchtwangen,

---

53 Beim „Fränkischen Anzeiger" gesetzt und in Ansbach gedruckt wird auch das Anzeigenblatt der Konkurrenz, „Das Anzeigenblättle" der Christiansen GmbH & Co. Verlags KG in Rothenburg. Die Leistungen für dieses Produkt, das eine Auflage von 31 000 Stück hat, werden allerdings auf fremde Rechnung erbracht.

54 Klaus W. Wiedfeld im Gespräch mit d. V. am 23. 5. 1989.

55 Vgl. Porträt der „Nürnberger Nachrichten".

Rothenburg und neuerdings auch in Heilsbronn unterhält. Die „Fränkische Landeszeitung“ erscheint in sieben Ausgaben, die der Leser am Untertitel auseinanderhalten kann: „Ansbacher Tageblatt“, „Der Wörnitzbote“, „Feuchtwanger Tageblatt“, „Neustädter Anzeigeblatt“, „Uffenheimer Tageblatt“, „Der Steigerwald Kurier“ und „Rothenburger Tageblatt/Fränkischer Anzeiger“.

Die „Fränkische Landeszeitung“ hat, was die Gestaltung der Lokalteile betrifft, vollkommene Selbständigkeit behalten. Infolgedessen variiert die Lokalberichterstattung von Ausgabe zu Ausgabe beträchtlich. Das läßt sich schon am Umfang ablesen: Zwischen 20 und 40 Seiten produzieren die Redakteure der „Fränkischen Landeszeitung“ täglich, im Durchschnitt liegt der Umfang zwischen 12 und 24 Seiten, je nach Ausgabe und Wochentag. Daß die Lokalberichterstattung den alten Verwaltungsgrenzen „nachgewachsen“ ist, läßt sich auch im westlichen Mittelfranken beobachten. „In der Region West-Mittelfranken gibt es keine Großstädte oder Verdichtungsräume, in denen selbständige publizistische Einheiten wirtschaftlich existieren könnten, abgesehen vielleicht von Ansbach mit seinem großen Landkreis. Vielmehr ist die Siedlungsstruktur bestimmt durch überwiegend ländliche Räume mit einigen Kleinstädten wie Weißenburg, Gunzenhausen, Dinkelsbühl, Rothenburg und Neustadt a. d. Aisch als sog. Mittelzentren in diesem Gebiet“, urteilt eine wissenschaftliche Untersuchung.[56] Die genannten Kleinstädte, die einst die Verwaltung der umliegenden Landkreise beherbergten, haben mit der Kreisreform ein Stück ihrer Verwaltungseigenständigkeit aufgeben müssen. Das System der Nebenausgaben der „Fränkischen Landeszeitung“, welches die vielen kleinen Lokalblätter ersetzt hat, reproduziert diesen Rationalisierungsprozeß der Verwaltung auf der kommunikativen wie auf der organisatorischen Ebene.

Ein Regionalblatt stellt sich vor

Die „Fränkische Landeszeitung“ deckt heute als Regionalblatt ein flächenmäßig ausgedehntes, wenn auch dünn besiedeltes Gebiet ab, was an Vertrieb und Redaktionen erhöhte Anforderungen stellt. Die Mittelzentren im Verbreitungsgebiet bekommen jeweils eigene Ausgaben, die freilich ganz unterschiedlich konzipiert sind.

Die kreisfreie Stadt Ansbach, die im Landesentwicklungsplan als Oberzentrum ausgewiesen ist und die Bezirksregierung beherbergt, hat eine eigene Ausgabe („A“), die sich auf den ersten Blick als die anspruchsvollste erweist – gemessen am Umfang, am Engagement für kommunalpolitische Themen, aber auch an der Vielfalt journalistischer Darstellungsformen, die hier zu finden ist. Neben die üblichen Formen der Lokalberichterstattung, die sich so oder ähnlich überall finden (tabellarisch gefaßte Terminübersichten, längere Ankündigungen, Polizeiberichte, Vereinsnachrichten, Sitzungsberichte der Verwaltungsorgane) treten in der Ansbacher Ausgabe andere journalistische Formen, die den Leseanreiz erhöhen. Da macht die Redaktion Umfragen zu kommunalpolitischen Themen, da erscheinen beinahe in jeder Ausgabe Leserbriefe, die das Meinungsspektrum zu lokalen Problemen deutlicher machen als es ein Bericht über eine Stadtratssitzung je vermöchte, da meldet sich die Redaktion selbst im Stadtgespräch zu Wort: in einer Kommentarspalte, auch schon mal in fränkischer Mundart – unter der Spitzmarke „Verdrussrundn“.

---

[56] Karl Vogel: Das NN-Modell. Nürnberg 1981, S. 216.

Fränkische Landeszeitung

Feuchtwanger Tageblatt

IN ZUSAMMENARBEIT MIT DEN NÜRNBERGER NACHRICHTEN 1 Z 2911 A
8800 Ansbach · Postfach 1362

Einzelpreis: 1,– DM | Montag, 6. Juli 1987 | Nummer 151

Fränkische Landeszeitung

Neustädter Anzeigeblatt

IN ZUSAMMENARBEIT MIT DEN NÜRNBERGER NACHRICHTEN J 2913 A
8800 Ansbach · Postfach 1362

Einzelpreis: 1,– DM | Montag, 6. Juli 1987 | Nummer 151

Fränkische Landeszeitung

Rothenburger Tageblatt / Fränkischer Anzeiger

IN ZUSAMMENARBEIT MIT DEN NÜRNBERGER NACHRICHTEN 1 Z 2915 A
8800 Ansbach · Postfach 1362

Einzelpreis: 1,– DM | Montag, 6. Juli 1987 | Nummer 151

Fränkische Landeszeitung

Der Steigerwald Kurier

IN ZUSAMMENARBEIT MIT DEN NÜRNBERGER NACHRICHTEN J 6466 A
8800 Ansbach · Postfach 1362

Einzelpreis: 1,– DM | Montag, 6. Juli 1987 | Nummer 151

Fränkische Landeszeitung

Uffenheimer Tageblatt

IN ZUSAMMENARBEIT MIT DEN NÜRNBERGER NACHRICHTEN J 2914 A
8800 Ansbach · Postfach 1362

Einzelpreis: 1,20 DM | Samstag/Sonntag, 11./12. Juli 1987 | Nummer 156

Fränkische Landeszeitung

Der Wörnitzbote

IN ZUSAMMENARBEIT MIT DEN NÜRNBERGER NACHRICHTEN 1 Z 2912 A
8800 Ansbach · Postfach 1362

Einzelpreis: 1,– DM | Montag, 6. Juli 1987 | Nummer 151

Ein Titel mit Variationen. (Vignetten aus den Geburtstagsnummern von 1949 und 1956).

Genau genommen vollzieht sich die Berichterstattung der „Fränkischen Landeszeitung“ auf drei Ebenen, nämlich lokal, sodann auf Landkreis-Ebene und schließlich auf die gesamte Region West-Mittelfranken bezogen. Dementsprechend besteht der Ansbacher Lokalteil aus den (durchschnittlich: vier) lokalen Seiten für die kreisfreie Stadt Ansbach, in der etwa 40 000 Menschen leben, daran schließen sich die Seiten für den Landkreis Ansbach an, in dem knapp 160 000 Menschen zu Hause sind, und ganz zuletzt folgen die Seiten für West-Mittelfranken, die knapp 300 000 Menschen betreffen und für alle Lokalteile der FLZ identisch sind. In diesem Regionalteil finden sich auch Themen aus der Arbeitswelt, der Landwirtschaft, der lokalen bzw. regionalen Kultur und besonders auch des Sports mit bis zu sieben Seiten an Montagen. Die geschilderte Differenzierung verlangt von den Redakteuren ganz unterschiedliche Verdichtungsmaßstäbe für die einzelnen Berichterstattungsebenen, eine Menge Fingerspitzengefühl und eine genaue Kenntnis der unterschiedlichen Informationsbedürfnisse.

Im heutigen Großlandkreis Ansbach sind die ehemaligen Landkreise Rothenburg, Feuchtwangen und Dinkelsbühl aufgegangen. Die Ausgabe „DF“ der „Fränkischen Landeszeitung“ versorgt die beiden letztgenannten Altlandkreise mit Lokalnachrichten. „Der Wörnitzbote“, Dinkelsbühl, und das „Feuchtwanger Tageblatt“ unterscheiden sich nur in der ersten Seite, die jeweils auf den Erscheinungsort zugeschnitten ist, und werden deshalb zur Ausgabe „DF“ zusammengefaßt. Diese Ausgabe folgt dem beschriebenen Muster, führt also neben den wechselnden Aufmacherseiten die Seite(n) für den Landkreis und die Seiten für West-Mittelfranken.

Für den Altlandkreis Rothenburg ob der Tauber wurde eine abweichende Lokalausgabe konzipiert, was der Sonderstellung der alten Reichsstadt Rothenburg entspricht, wobei Ansbach zu Rothenburg in ähnlichem Konkurrenzverhältnis stand wie zu Nürnberg. Die Sonderstellung des „Rothenburger Tageblatts“ resultiert unmittelbar aus den Kooperationsvereinbarungen, die der Verlag der „Fränkischen Landeszeitung“ mit dem des „Fränkischen Anzeigers“, wie erwähnt, geschlossen hat. Die Redaktionsgemeinschaft der beiden Verlage für den Lokalteil wird dem Leser schon am abweichenden Layout der Bestandteile deutlich. Die Lokalseiten für Rothenburg und Umgebung tragen die Handschrift der NN-Layouter. Auszeichnungs- als auch Brotschrift, Rubrikenbezeichnungen und das Fehlen einer Zusatzfarbe auf der ersten Seite verändern das Gesicht des Lokalteils merklich. Allein die Seiten für den Landkreis und die Region, die von der Ansbacher Zentralredaktion komplett gestaltet werden, zeigen das gewohnte Erscheinungsbild. Dieser Lokalteil ist dem Umfang nach der kleinste, aber sicher nicht der schlechteste in der Reihe der Lokalausgaben. In Rothenburg wird noch eine alte Tradition gepflegt, nämlich die der heimatkundlichen Beilagen. In Rothenburg heißt sie „Die Linde“.

Die drei genannten Ausgaben „A“, „DF“ und „R“ decken nur eine Hälfte des Verbreitungsgebietes ab, nämlich die südliche „Hemisphäre“. Der nördliche Teil des Ovals, den das Verbreitungsgebiet auf der Karte einnimmt, wird durch die Ausgabe „NSU“ versorgt. Die Altlandkreise Neustadt a. d. Aisch, Scheinfeld und Uffenheim wurden zum Landkreis Neustadt a. d. Aisch – Bad Windsheim zusammengezogen. Die Stadt Bad Windsheim selbst ist die Domäne der „Windsheimer Zeitung“;[57] den

---

57 Mit der „Windsheimer Zeitung“ in Bad Windsheim besteht nach anfänglichem Konkurrenzverhältnis heute auch eine Zusammenarbeit sowohl im Anzeigenwesen als auch auf redaktionellem und technischem Gebiet. Jede Woche werden gemeinsame Anzeigenseiten

Rest des Landkreises deckt die Ausgabe „NSU“, die unter verschiedenen lokalen Köpfen angeboten wird,[58] vollständig ab. Im Prinzip ist diese Ausgabe nach dem bekannten Muster aufgebaut. Doch werden hier die Lokalteile mit der Landkreisseite aufgemacht, die die einzelnen Seiten für die Mittelzentren Scheinfeld, Neustadt und Uffenheim quasi zusammenhält.

Der skizzierte Bauplan der unterschiedlichen Ausgaben der „Fränkischen Landeszeitung“ wird in der Regel eingehalten. Die Nachrichtenlage und spezielle Plazierungswünsche von Anzeigenkunden können diese Ordnung allerdings durcheinanderbringen. Wenn Platz genug ist, wird schon mal die Landkreisseite für Ansbach auch in die Ausgabe „NSU“ der „Fränkischen Landeszeitung“ gehoben. Diese fein differenzierte Lokal- und Regionalberichterstattung verlangt von der Zentrale in Ansbach eine Menge Koordinierungsgeschick, dies um so mehr, als auch im Mantel der NN Regionalseiten täglich mitgeliefert werden und Dubletten vermieden werden müssen.

Der Verhältnis der beiden großen Zeitungsverlage in Ansbach und Nürnberg wird heute durch den Geist der Zusammenarbeit bestimmt. Die Konzentration der Kräfte auf das westmittelfränkische „Stammland“ wurde durch positive Bilanzergebnisse belohnt. Das Verbreitungsgebiet der „Fränkischen Landeszeitung“ ist endgültig aus seinem Dornröschenschlaf erwacht. Damit eröffnen sich Verlag und Zeitung notwendige und mögliche Entwicklungschancen auch für die Zukunft.

(sf)

---

von der „Windsheimer Zeitung“ und der „Fränkischen Landeszeitung“ (Ausgabe Neustadt, Uffenheim und Scheinfeld) gestaltet. Zusätzlich bietet die FLZ der Windsheimer Redaktion auch täglich ihre Landkreisseite zur Veröffentlichung an. Fast regelmäßig erscheint diese Seite für den Landkreis Neustadt a. d. Aisch – Bad Windsheim seitdem in der „Windsheimer Zeitung“.

58 Gemeint sind die Titel „Neustädter Anzeigeblatt“, „Der Steigerwald Kurier“ und das „Uffenheimer Tageblatt“.

Zwischen Lust und Last der Geschichte: Die „Nürnberger Zeitung“

Tradition sei eine Lust, schrieb der Chefredakteur der „Nürnberger Zeitung“, Gustav Roeder, wenn man eine Aufgabe fortzuführen habe, die vorher viele Generationen, jede auf ihre Weise, zu erfüllen versucht hätten. Da könne das Bewußtsein, „vor fundiertem geschichtlichem Hintergrund für die Zukunft zu arbeiten“, schon beflügeln. Das gelte auch für Zeitungsarbeit. „Überparteilichkeit“ und „Toleranz“ hätten in der Geschichte seines eigenen Blattes nie „Positionen feigen Ausweichens“ markiert, sondern seien immer als „kämpferische Begriffe“ verstanden worden. „Mit dieser Vergangenheit im Rücken, die wir kritisch-bewundernd betrachten, läßt sich gut für eine bessere Gegenwart streiten, die günstige Perspektiven für die Zukunft eröffnet.“[1]

Auge und Ohr

Die „Nürnberger Zeitung“ steht mit ihrer eigenen Geschichte in der reichen Zeitungstradition Nürnbergs. Nürnberg, bemerkte Luther 1528, sei „das Auge und Ohr Deutschlands, das alles siehet und höret“. Neben Augsburg, Straßburg oder Köln war Nürnberg mit seinen weitreichenden, lebhaften Handelsbeziehungen ein Zentrum europäischen Verkehrs, daher auch Sammel- und Ausgangspunkt von Nachrichten, die immer wieder Anlaß zum Druck „Newer Zeytungen“ gewesen sind. Aber diese sind bald auch schon Anlaß für Ärger mit dem Rat der Stadt; der gibt 1534 dem Abt zu St. Ägidius, der zum Zensor bestellt war, auf, daß er den Formschneidern und Briefmalern nicht erlauben dürfe, solche „Newen Zeytungen“ und Lügen, wie es etliche Male schon geschehen, drucken zu lassen; und einen von diesen Zeitungs-Verbreitern läßt der Rat gleichzeitig fragen, von wem er's denn habe, daß diese Zeitungen und Geschichten, die er gedruckt, auch wahrhaftig seien.[2]

Privilegien, Zensur und Strafen umreißen die Lasten in der Geschichte der Presse. Dennoch blühte das Zeitungswesen in Nürnberg; in Gestalt sowohl der Einblattdrucke, die über alles zu berichten wußten, was den Sensationshunger stillen konnte; in Gestalt auch der zirkulierenden Briefzeitungen mit all ihren Ansätzen zu einer aktuell politischen Berichterstattung, darunter auch mehrere Bände einer handgeschriebenen, ersten „Nürnberger Zeitung“ aus der Zeit zwischen 1587 und 1591; und endlich dann auch in Gestalt der periodisch erscheinenden Blätter in der zweiten Hälfte des 17. Jahrhunderts.

Allerdings versuchte der Hohe Rat der freien Reichsstadt noch 1663 aufgrund seiner Erfahrungen in den Glaubenskriegen dieser Zeit und wohl auch aus diplomatischen Rücksichten gegenüber den erstarkten Territorialfürsten, eine Verordnung

---

1 Gustav Roeder: Last und Lust der Tradition. Alte journalistische Grundsätze im Licht einer veränderten Zeit. In: Jubiläums-Beilage „175 Jahre ‚Nürnberger Zeitung‘“. Nürnberg 1979. Kurzbeleg: JB 1979.

2 Nach Leo Benario (Hrsg.): Alte Nürnberger Zeitungen von 1515–1747. Faksimile-Drucke nach alten Originalen. Nürnberg o. J. [1928].

Zeitungen/

Von dem Grossen Christen Sieg auff dem Jonischen oder Ausonischen Meer/ wider den Türcken/ so bey dem Porto Le Pame (sonsten Naupactus genandt) auß sonderbarer schickung Gottes erhalten worden ist/ Den 7. Octobris/ Im 1571.

Sampt einer verzeychnuß/ was auff beyden seitten/ von fürtrefflichen Leuten gewesen/ vnd zum theyl gefangen vnd bliben sein.

Gedruckt zu Nürnberg/ durch Wendelinum Borſck/ Wonhafft auff dem Newenbaw bey der Kalchhütten.

Außzug etlicher Zeitungen/ was sich zum anfang des jetzigen Türckenkriegs/ an etlichen orten inn Vngern/ verloffen vnd zugetragen hat. 1566.

Gedruckt zu Nürmberg/ durch Valentin Geyßler.

Sehr grewliche/ erschröckliche/ vor vnerhörte/ warhafftige Newe zeytung/ was für grausame Tyranney der Moscouiter/ an den Gefangenen/ hinweggeführten Christen auß Lyfland/ beydes an Mannen vnd Frawen/ Junckfrawen vnnd kleinen Kindern/ begeht/ vnd was täglichs schadens er jnen in jrem Land zůfüget/ Beyneben angezeygt/ in was grosser fahr vnd not die Lyflender stecken. Allen Christen zur warnung/ vnd besserung jhres Sündtlichen lebens/ auß Lyfland geschriben/ vnd in Druck verfertiget.

Zu Nürnberg bey Georg Kreydlein. M.D.LXI.

Kuriere und Boten trugen Zeitungen aus aller Herren Länder nach Nürnberg und verbreiteten von da aus die gedruckten Nachrichten auf vielerlei Wegen. Die Beispiele früher Nürnberger Zeitungsdrucke zeigen eindrucksvoll, daß offensichtlich eine Mischung von Sensationen, Human interest, Mirakeln und Greueltaten immer schon auf großes Leserinteresse stieß.

zu erlassen, „damit das Zeitungstrucken allhier würklich und allerdings ab und eingestellt werde".[3] Verständlich also, daß Wolf Eberhard Felsecker, der Verleger des „Simplicissimus" von Grimmelshausen, um das Jahr 1669 die Erlaubnis zur Herausgabe des „Teutschen Kriegs-Curier" erst nach langen Kämpfen erhielt. Es war das wohl erfolgreichste Blatt dieser Gründerzeit; es änderte bald seinen Titel in „Deutscher Friedens- und Kriegskurier" und stellte sein Erscheinen erst 1862 im 192. Jahrgang als „Nürnberger Kurier" ein. Ein paar Jahrzehnte später, wohl um 1696 erhielt ein Konkurrent, der Drucker Balthasar Joachim Endter, ein Privileg für die Zeitung „Der Schnelle Postillon oder Staffetta", der dann später auch die alte Druckerfamilie Lochner noch einmal einen „Schnellen Postillon" nachreiten ließ.

Kuriere, Postillone, Ordinari-Postzeitungen, Staffetten, Merkure und schließlich noch Korrespondenten: Schon die Nürnberger Zeitungstitel reflektieren den Schnittpunkt des Verkehrs, der Postlinien, der Handelsrouten. In Nürnberg treffen Menschen und Nachrichten aus aller Herren Länder ein: Da wurde in vielen Sprachen geredet. So zählt es nicht nur unter die Kuriosa der Pressegeschichte, daß hier einst auch eine „Lateinische politische Zeitung" entstand, die es jedoch nur auf wenige Nummern brachte; daß hier zwei italienische Zeitungen, die erste von 1754 bis 1757, gegründet wurden, daß 1772 mit einigem Erfolg eine halb deutsche, halb französische Zeitung erschien mit dem Titel „Widerhall der Neuigkeiten, Echo des Nouvelles"; als sie im folgenden Jahr dann ganz in französischer Sprache auftrat, verursachte das aber „mit dem ersten Quartal ihren Tod", bemerkt ein Chronist. Und schließlich wagte noch vor Ende des 18. Jahrhunderts der gelehrte Kaufmann Johann Michael Leuchs in Nürnberg die Herausgabe einer „Allgemeinen Handelszeitung", die zwischen 1794 und 1836 eine gute wirtschaftspolitische Rolle zu spielen vermochte.[4]

„Korrespondent von und für Deutschland"

Aber Nürnberg stand in diesen Jahrzehnten im Zeichen des Niedergangs. Die Stadt, die 1620 schon etwa 40 000 Einwohner gezählt hatte, war auf rund 25 000 Bewohner geschrumpft. Die Finanzen waren, bei Schulden in Höhe von 10 Mio. Gulden, hoffnungslos zerrüttet. Davon indessen stand in den damaligen Blättern kaum etwas. Nicht nur in Nürnberg, auch in den anderen bayerischen Städten vegetierten in der Ära Napoleons und des Rheinbundes die Zeitungen unter bescheidenen Verhältnissen dahin.[5] Der „Friedens- und Kriegskurier" hatte seine Bedeutung verloren.

---

3 Leo Benario, a. a. O.

4 Quellen für die Pressegeschichte Nürnbergs u. a.: Hans Ludwig Zankl: Teilbeitrag „Nürnberg" im Artikel „Bayern". In: Walther Heide (Hrsg.): Handbuch der Zeitungswissenschaft. Bd. I, Leipzig 1940, Sp. 408–416 (mit weiteren Verweisen). Walter Zimmermann: Entwicklungsgeschichte des „Nürnberger Friedens- und Kriegskuriers" („Nürnberger Kuriers") von seinen ersten Anfängen bis zum Übergang an den „Fränkischen Kurier" 1663–1865. Ein Beitrag zur Geschichte des deutschen Zeitungswesens. Diss. Erlangen 1930. Ingeborg Stöpel: Nürnbergs Presse in der ersten Hälfte des 19. Jahrhunderts vom Übergang der freien Reichsstadt an Bayern zum Ausklang der Revolution 1848/49. (Phil. Diss. München) Würzburg 1940. O. N.: Vom „Korrespondenten von und für Deutschland" zur „NZ". In: 125 Jahre „Nürnberger Zeitung", Jubiläums-Ausgabe 23. Februar 1929. Kurzbeleg: JA 1929. Manfred Rühl: Deutschlands erstes Feuilleton. Verbotene politische Nachrichten wurden unter dem Strich eingeschmuggelt. In: JB 1979.

5 Vgl. Heinz Starkulla: Zur Geschichte der Presse in Bayern. In: 50 Jahre Verband Bayerischer Zeitungsverleger 1913–1963. München 1963, S. 18.

Deshalb und trotz der schwierigen Zeiten gründeten 1804 drei angesehene Männer den „Fränkischen Kreiscorrespondenten“: Der fürstlich hohenlohische Gesandte zum Fränkischen Kreistag von Schaden, der württembergische Gesandte Graf von Taube und der Kartograph Major Hammer. Ende Juli hatten sie dafür die Privilegien der „höchsten ausschreibenden Fürsten des Fränkischen Kreises“ erhalten; am 1. Oktober erschien das Blatt erstmals; es stellte sich und sein Programm so vor: „Diese politisch-literarische Zeitung erscheint seit dem 1. Oktober 1804 in Nürnberg. Bisher ist die Lage dieser Stadt, in dem Mittelpunkte von Deutschland, in dieser Hinsicht nicht benutzt worden; und dennoch ist sie eine der vorteilhaftesten, die sich denken läßt. Beinahe jede Stunde kommen aus allen Teilen Europas Journalposten an und gehen wieder dahin ab. Die Unternehmer verbinden mit diesen natürlichen Vorteilen den nötigen Aufwand, um durch eine ausgebreitete Korrespondenz dem Blatte das höchste Interesse der Neuheit und Vollständigkeit zu geben. Keine deutsche Zeitung aus dem südlichen Deutschland kann französische, spanische und holländische Nachrichten so früh geben, als diese; und selbst die englischen und nordischen liefert sie früher als die Hamburger Blätter. Alle Tage, selbst den Sonntag nicht ausgenommen, wird ein Blatt von einem halben Bogen im Median-Quartformat ausgegeben. Oft kommen noch eigene Beilagen hinzu.“ Die Grundsätze, nach denen die Unternehmung ihre Arbeit einrichten werde, seien folgende: „Vorsicht in der Auswahl auffallender Nachrichten, hohe Achtung für Verfassungen und strenge Unparteilichkeit.“[6]

In den letzten Tagen des Jahres 1806, nachdem die Stadt und mit ihr auch der „Korrespondent“ dem Bayerischen Königreich von Napoleons Gnaden einverleibt worden war, änderte die Zeitung ihren Titel; sie hieß fortan: „Korrespondent von und für Deutschland“. Und sie begann, ihr angekündigtes Programm zu verwirklichen. Sie war peinlich darauf bedacht, mit den Zensurbehörden nicht in Konflikt zu geraten. Dies wurde honoriert. Als einziges Blatt in Nürnberg durfte der „Korrespondent“ selbstrecherchierte und selbstgeschriebene Nachrichten veröffentlichen, während alle übrigen Blätter nur aus den offiziellen Zeitungen nachdrucken konnten. Der „Korrespondent“ nutzte seine Chancen; er baute ein kostspieliges Netz von Briefkorrespondenten in München, Frankfurt, Berlin, Kiel, Wien, Preßburg, Budapest und in Rom sowie in manch anderen bedeutenden Orten auf. Da auf diese Weise der „Korrespondent“ weit über Nürnberg hinaus an Ansehen gewann, trafen ihn mit der Zeit auch die Lasten der Zensur um so härter, da er sich ihr nicht entziehen konnte. Schon 1807 hatte der „Korrespondent von und für Deutschland“ nach französischem Vorbild (womöglich als erste deutsche Zeitung) ein Feuilleton eingeführt und „unter dem Strich“ die „nichtpolitischen Nachrichten“ sowie Notizen aller Art abgedruckt;[7] redaktionell klug hatte er da manche innenpolitischen Stoffe ebenfalls plaziert, um sie vor dem Stift des Zensors zu bewahren. Doch diese Strategie ging nicht auf. Nach den Karlsbader Beschlüssen wurde der „Korrespondent“ gerade wegen seiner Sonderstellung und seines erworbenen Renommees mit der höchsten Zensurgebühr aller Nürnberger Zeitungen, nämlich mit 300 Gulden jährlich, belegt. So sehr vor 1848 dem Nürnberger „Korrespondenten“ als einer Ausnahmeerscheinung der bayerischen Presse noch gelegentlich so etwas wie „revolutio-

[6] Zit. nach JA 1929, S. 3.

[7] Dazu publizierte der „Korrespondent von und für Deutschland“ in seiner Nummer 182 vom 1. Juli 1807 eine detaillierte redaktionelle Mitteilung; abgedruckt in JA 1929, S. 3 f.

näre Anwandlungen" zuzutrauen waren,[8] so sehr hielt er nach der Revolution von 1848 an einem gemäßigt-liberalen Kurs fest und stand loyal zur politischen Linie des bayerischen Königshauses. Verantwortlich dafür waren sicher die Chefredakteure Dr. Henle (von 1829 bis 1845) und sein Nachfolger Dr. Philipp Feust, der 1841 in die Redaktion eingetreten war und ihr bis zu seinem Tod 1880 angehörte, ab Januar 1846 als deren Leiter. Philipp Feust „führte den politischen Leitartikel ein und baute das Feuilleton weiter aus. Mit einer regelmäßigen Berichterstattung von den wichtigsten Börsen Europas stellte er die Weichen für einen selbständigen Handelsteil. Zudem förderte er die Aufnahme von Anzeigen".[9]

Als Philipp Feust nach 1848 als Abgeordneter in den Bayerischen Landtag gewählt wurde, gab es Anfragen und Gerede über die mögliche Tendenz des „Korrespondenten"; dazu äußerten sich nacheinander im Blatt selbst die Eigentümer, inzwischen der Erlanger Professor von Schaden sowie der Nürnberger Jurist Dr. Zehler; letzterer schrieb 1850, er fühle sich veranlaßt zu erklären, „daß ich keinen Einfluß auf den Inhalt dieses Blattes geltend zu machen für nötig finde, wohl aber das Meinige tun werde, um Einflüsse, die selbst unter gewissen Einflüssen stehen, jetzt und wohl auch noch über die nächste Zukunft hinaus von demselben fern zu halten".[10]

Um die Jahrhundertmitte hatte der „Korrespondent von und für Deutschland" eine Auflage von ca. 3000 Exemplaren. Aber bis 1880 erfolgte ein ununterbrochener innerer und äußerer Ausbau des Programms; das Blatt zählte zu den bedeutendsten in Deutschland. Nach 1880 wechselten noch ein paar Mal die Chefredakteure und die Besitzer, bis die Zeitung schließlich am 1. Januar 1890 vom Verlag Häßlein & Walz aufgekauft und mit dem erst 1882 gegründeten „Generalanzeiger für Nürnberg-Fürth und Umgegend" zusammengelegt wurde; dieser Generalanzeiger führte die Untertitel „Neue Nürnberger Zeitung"[11] und „Neuer Generalanzeiger".

Der „Generalanzeiger"

Der Aufschwung für das vereinigte Blatt mit dem Doppeltitel „Generalanzeiger und Korrespondent von und für Deutschland" kam aber erst, nachdem es mitsamt dem Verlag im Jahre 1893 von Erich Spandel übernommen worden war. Spandel, dessen Erben bis heute die Miteigentümer der „Nürnberger Zeitung" geblieben sind, war ein moderner, technisch kundiger und aufgeschlossener Mann. Er modernisierte den Druckerei- und Zeitungsbetrieb und sorgte 1896 für eine Sensation, die zugleich nachdrückliche Leserwerbung war: Bei der Bayerischen Landesausstellung im Stadtpark von Nürnberg ließ er seine Zeitung an Ort und Stelle auf einer 16seitigen Rotationsmaschine vor aller Augen drucken. Damals betrug die Auflage 26 000 Exemplare. Zehn Jahre später, bei der nächsten Landesausstellung, war die Auflage bereits auf 50 000 Exemplare gestiegen.

---

8 Heinz Starkulla, a. a. O., S. 23.

9 Manfred Rühl: Deutschlands erstes Feuilleton. in: JB 1979.

10 Erklärung nachgedruckt in JA 1929, S. 4.

11 Die Titelbetonung „Neue Nürnberger Zeitung" rührt wohl daher, daß zwei nur kurzlebige Blätter mit dem Titel „Nürnberger Zeitung" schon in den Jahren 1836/37 sowie 1842/45 erschienen waren. Vgl. dazu Gustav Roeder: Last und Lust der Tradition: In: JB 1979.

Aus der Vereinigung mit dem traditionsreichen „Korrespondenten von und für Deutschland“ und dem „General-Anzeiger für Nürnberg und Umgebung“ entstand erst am Ende des 19. Jahrhunderts die „Nürnberger Zeitung“.

Der Korrespondent von und für Deutschland.

Num. 1. Donnerstag. 1. Januar 1807.

Mit Seiner Königlichen Majestät von Bayern allergnädigstem Privilegium.

Dr. B.

Nr. 1. Donnerstag, 16. Februar 1888. Auflage: 30.000.

General Anzeiger für Nürnberg und Umgebung.

An die Einwohner der Stadt Nürnberg!

Was wir wollen.

1) Politische Depeschen und Nachrichten

2) Die Bayerische Chronik.

3) den Lokalen Teil

4) Die Nürnberger Handelszeitung.

„Der Musikant von Tegernsee“

Offener Sprechsaal

Offener Briefkasten

Inseratenteil des General-Anzeigers

Der Verlag des General-Anzeigers.

Preis pro Nummer 20 Pfg.

Nürnberger Zeitung

Korrespondent von und für Deutschland. Gegründet 1804

NZ am Mittag

General-Anzeiger für Nürnberg. Gegründet 1888

Monatlicher Bezugspreis Mk. 2.20

Geschäftsstelle: Hauptmarkt 4

Politisch und wirtschaftlich unabhängig.

Täglich garantiert unerreicht höchste Auflage am Platze. Bestes und verbreitetstes Insertionsorgan.

Nr. 46 Nürnberg, 23./24. Februar 1929 Samstag-Sonntag

Die Parteien am Ende ihrer Wissenschaft.

Auch die Verhandlungen in Preußen sind gescheitert.

Volks- oder Parteipolitik?

Dieser Aufstieg ist auch ein Indiz für die Akzeptanz des Generalanzeiger-Konzepts, das den „Parteiklatsch und Parteitratsch" aus den Zeitungsspalten verbannte und dafür „von Anfang an größten Wert auf die rasche, zuverlässige und eingehende Berichterstattung legte". Und die anonymen Verfasser der Jubiläumsausgabe von 1929 bemerken dazu, auch wenn die „Nürnberger Zeitung" inzwischen andere Züge trage, „sind wir doch auf unsere Entwicklung aus dem ‚Generalanzeiger für Nürnberg-Fürth' stolz. Das Wort, das die liebe Konkurrenz so oft in hämischem Sinne gebrauchen möchte, ist für uns ein Ehrentitel. Auch im Zeitungswesen entscheidet der Erfolg. Ohne ihn kann ein Blatt nicht bestehen, oder es kann sich nur mühselig dahinschleppen".[12]

Mitten auf der Straße des Erfolgs war Erich Spandel 1909 gestorben. Seine Witwe und sodann deren Schwager, Hermann Spandel, führten Verlag und Zeitung durch die schwierigen Jahre des Ersten Weltkriegs, gemeinsam mit Verlagsdirektor Hermann Jatzke, der als politischer Redakteur beim „General", wie die Leute das Blatt kurz, bündig und liebevoll nannten, angefangen hatte. 1913 hatte die Zeitung ihren endgültigen Haupttitel „Nürnberger Zeitung" bekommen (führte aber die traditionsreichen, älteren Haupttitel nunmehr als Untertitel fort). Die „Nürnberger Zeitung" war damals die größte der insgesamt neun politischen Tageszeitungen in Nürnberg mit einer Auflage von 73 000 Exemplaren. Bis 1920 konnte die „Nürnberger Zeitung" ihre führende Marktposition noch weiter auf die Höchstauflage von 90 000 Exemplaren ausbauen, verlor aber davon während der Inflationsjahre fast ein Drittel. 1926 übernahm Otto Spandel das Erbe seines Vaters Erich. Bis 1930 hatte sich die Auflage bei 80 000 Exemplaren wieder erholt.

Nach der nationalsozialistischen Machtübernahme konnte die „Nürnberger Zeitung" als bürgerliches Blatt zwar weitererscheinen; aber ihre unter vielen Titeln, unter verschiedenen Zeitungskonzepten und unter zahlreichen belastenden Umständen gewahrte Unabhängigkeit und Nachrichtentreue wurde durch eine Vielzahl von Eingriffen und Auflagen nach und nach abgewürgt. Am 31. März 1943 mußte der Verlag Spandel seine Verlagsrechte an die „Fränkische Tageszeitung" der NSDAP abtreten; ein gutes Jahr noch blieb die „Nürnberger Zeitung" zum Kopfblatt der NS-Zeitung degradiert. Dann verschwand der traditionsreiche Titel vorerst von der Nürnberger Presseszene.

Die Last der Geschichte

Wenige Monate noch vor dem Ende des Zweiten Weltkrieges, am 2. Januar 1945, wurde bei einem Angriff mit Spreng- und Brandbomben Nürnberg in knapp einer Stunde in Schutt und Asche gelegt. Die Betriebsgebäude der Firma Erich Spandel samt Mobiliar und Maschinen waren ein Trümmerhaufen. Daraus konnten später Setzmaschinen und eine Rotation, schwer angeschlagen, gerettet sowie nach mühsamen Ausbesserungsarbeiten für den notdürftigen Neuanfang eines technischen Betriebs aufgestellt werden.

Aber nun hielt die Last der Geschichte, die keineswegs immer die Last ihrer eigenen Geschichte war, die Altverleger am Boden. Erst im Frühherbst 1949 konnten sie

12 Siehe: Vom „Generalanzeiger" zur „Nürnberger Zeitung". In: JA 1929, S. 7.

10 Pfennig
außerhalb 15 Pfennig

Nürnberger Zeitung

Korrespondent von und für Deutschland • Fürther Tagblatt • General-Anzeiger für Nürnberg

Hauptgeschäftsstelle Nürnberg, Adolf-Hitler-Platz 4, Fernsprecher 2825
Postscheckkonto Nürnberg 7560 • Postanschrift: Nürnberg 2, Abholfach

Vertreter der Schriftleitung: Berlin W 9
Linkstraße 16 — Fernsprecher 21 40 57.

Die „Nürnberger Zeitung" erscheint täglich mit Ausnahme der Sonn- und Feiertage und kostet mit ihren wöchentlichen Beilagen „Sonntags-NZ" und „Frau und Haus" monatlich RM. 1.74 bei Selbstabholung, bei frei Hauslieferung zuzüglich 26 Pfg. Botenlohn. Auf dem Lande: Mindestbotenlohn 35 Pfg. — Wochenabholbezug 40 Pfg. — Postbezugspreis monatl. (einschl. 49 Pfg. Postzeitungsgebühr) RM. 2.— zuzüglich 36 Pfg. Postzustellgebühr. — Samstagbezug monatlich 45 Pfg. einschl. 6 Pfg. Zustellgebühr. Postbezugspreis „Ausgabe S" einschließl. Postzeitungsgebühr 45 Pfg. zuzüglich 6 Pfg. Postzustellgebühr. Samstagsabholbezug monatlich 40 Pfg. — Anzeigenpreise: Die 22 mm breite Millimeter-Zeile 13 Rpf., die 90 mm breite Text-Millimeterzeile 81 Rpf. Nachlässe (Staffel C) nach aufliegender Preisliste Nr. 10. Kleine Anzeigen nach Wortberechnung: Überschriftswort je 15 Rpf., jedes weitere Wort 9 Rpf. (Höchstgrenze 100 mm.) Für Platzwünsche sowie Aufnahme an bestimmten Tagen wird keine Gewähr übernommen

Nummer 297 | Die große Heimatzeitung Nordbayerns | Dienstag, 19. Dezember 1939

Erich Spandel gilt als Gründer der „Nürnberger Zeitung"; das Familienunternehmen Spandel kam nach der Generallizenz von 1949 mit der „Nürnberger Zeitung" wieder auf den Markt, erwarb bald auch die „Nordbayerische Zeitung", bis heute Namensgeberin der Nebenausgaben.

Nürnberger Zeitung

Nordbayerische Zeitung

Verlag. Nürnberger Lokal- und Franken-Redaktion. Nürnberg. Regensburger Str. 40-46 Hauptredaktion Nürnberg. Winklerstraße 11. — Bezugspreis monatlich DM 3.— einschließlich Trägerlohn. — Erscheinungsweise: Montag. Mittwoch. Freitag und Samstag.

Seit 1804

Hauptgeschäftsstelle Nürnberg. Regensburger Str. 40-46. — Stadtgeschäftsstellen: Karolinenstr. 11. Winklerstr. 11. Ruf 431 41; Fürth. Königsplatz 3. Ruf 72597. — Bankverb.: Bayer. Disc.-Bank Nbg. Kto. Nr. 58 401; Stadtspark. Nbg.; Postsch.-Kto. Nbg. Nr. 9125

Nummer 123 | Samstag, 9. August 1952 | Einzelpreis 20 Pfg.

Als Lumumba Schläge erhielt - Bericht eines Augenzeugen / Seite 4

Freitag
12. August 1960

Nürnberger Zeitung

Das Wetter
Stärker bewölkt. Schauer oder Gewitter. Temperaturen um 20 Grad

* * * *
Nr. 186 / Jahrgang 157 / Einzelpreis 20 Pf

Nordbayerische Zeitung

J 5398 A Verlagsort Nürnberg / Ausgabe A/B

versuchen, ihre traditionellen Zeitungstitel wieder aufleben zu lassen.[13] Das Konzept der Lizenzzeitungen war offenkundig dem Lebensgefühl der Nachkriegszeit gerecht geworden. Die Lizenzzeitungen hatten es vermocht, eine treue Leserschaft an sich zu binden und damit eine solide wirtschaftliche Basis zu schaffen. Ihr Vorsprung erwies sich in vielen Fällen als so groß, daß es den Altverlegern nicht gelang, an ihre einstige Marktstellung anzuknüpfen und die früheren Zeitungstitel durchzusetzen.

In Nürnberg war das nicht anders als anderswo. Der Versuch, die ehrwürdige Tageszeitung „Fränkischer Kurier" als „Neuen Kurier" wieder zu beleben, scheiterte schon nach vier Monaten. Dieser „Fränkische Kurier" war 1834 als „Allgemeine Zeitung von und für Bayern" in Nürnberg gegründet worden und ging nach manchen Wechseln an den Verlag W. Tümmel über; hier erhielt das Blatt 1850 seinen endgültigen Haupttitel „Fränkischer Kurier". Der Verlag kaufte jedoch als Untertitel für sein Blatt den Letzttitel „Nürnberger Kurier", den der berühmte „Deutsche Friedens- und Kriegskurier" getragen hatte, als er 1862 eingestellt worden war. Dies ist deshalb von Bedeutung, weil die „Nürnberger Zeitung" seit 1963 den Untertitel „Fränkischer Kurier" führt und damit bewußt die enge Bindung an die älteste Nürnberger Pressetradition bis heute dokumentiert.

Mehr Erfolg war der „Nürnberger Zeitung" beschieden, wenngleich ihr erster Versuch unter keinem guten Stern stand. Bei ihrem Wiedererscheinen mit Probenummern im August 1949 mußte sie, nachdem sie mit wenigen Ausgaben an die Öffentlichkeit getreten war, schon ein Verbot der Besatzungsmacht hinnehmen, das sich über drei Wochen erstreckte. Dies wirkte sich keineswegs positiv auf das ursprüngliche Leserinteresse aus. Aber der Verleger Otto Spandel verteidigte die Position seiner Zeitung im Nürnberger Pressewesen mit großer Zähigkeit. Er suchte die Zusammenarbeit zunächst mit der Ansbacher Lizenzzeitung „Fränkische Landeszeitung". 1951 gelang die Fusion mit der „Nordbayerischen Zeitung", die in der Folge zur Gründung der Nordbayerischen Verlagsgesellschaft mbH führte. Diese Verlagsgesellschaft ist bis heute Eigentümer der „Nürnberger Zeitung"; und der Titel „Nordbayerische Zeitung" ist immer noch in allen Landausgaben der „Nürnberger Zeitung" aktiviert.

Zunächst nützten diese Kooperationen und Zusammenschlüsse dem Zeitungsunternehmen. 1952 erreichte die „Nürnberger Zeitung" den Höchststand ihrer Auflage nach dem Krieg mit mehr als 50 000 Exemplaren. Von da an jedoch ging es bergab, unaufhaltsam, wie es schien. Anfang der 60er Jahre waren gerade noch etwa 30 000 Exemplare übrig. In der Erkenntnis, daß sich eine wirtschaftlich tragfähige Basis im Alleingang und auch im Verbund der „Schwachen" nicht würde gewinnen lassen, suchte und erreichte Otto Spandel Ende 1961 ein Arrangement mit dem Verlag Nürnberger Presse Druckhaus Nürnberg GmbH & Co., dem Haus der „Nürnberger Nachrichten" also. Bei deren Verlegern fand Spandel Verständnis für die Belange der „Nürnberger Zeitung" und die Bereitschaft zur Hilfe unter Konditionen, welche die Unabhängigkeit der „Nürnberger Zeitung" garantierten. Zunächst im Wege der Treuhandschaft beteiligte sich der Verlag Nürnberger Presse über seine Tochterfirma Pressehaus GmbH am Verlag der „Nürnberger Zeitung", um deren akut gefährdetes Überleben zu sichern.

---

[13] Der gesamte folgende Abschnitt der Darstellung basiert auf einem Schreiben des Geschäftsführers der Nordbayerischen Verlagsgesellschaft mbH, Horst Weickmann, vom 25. 9. 1987 zum Arbeitstitel „NZ nach 1945".

Freilich erforderte die endgültige Festigung des Unternehmens größere Anstrengungen und einen beträchtlichen finanziellen Einsatz des Verlags Nürnberger Presse. Daß sie schließlich gelang, „und daß die geschaffene solide Grundlage bis heute gewahrt werden konnte, ist in erster Linie dem persönlichen Engagement des Mitverlegers der ‚Nürnberger Nachrichten', Bruno Schnell, zu verdanken". Er „entwarf die auf diesem Weg erforderlichen Maßnahmen und trieb sie (..) gemeinsam mit Verleger Otto Spandel voran. In vielen, der jeweiligen Situation angepaßten und der Entwicklung flexibel folgenden Schritten gelang es, die ‚Nürnberger Zeitung' wirtschaftlich zu konsolidieren".[14]

Rein äußerlich tritt dies zunächst nur in den Angaben zum Eigentumsverhältnis in Erscheinung. Dazu vermerkt das Impressum, daß 51 Prozent Anteile an der Nordbayerischen Verlagsgesellschaft mbH Hildegard Spandel (und damit den Erben der Verlegerfamilie Spandel) gehören, und 49 Prozent im Besitz der Pressehaus GmbH sind.[15]

Stabilisierte Konkurrenz

Auf der Grundlage dieser Beteiligung stehen alle weiteren verlegerischen Entscheidungen zur inneren und äußeren Konsolidierung der „Nürnberger Zeitung".

Die erste zweckdienliche Kooperation betraf schon Anfang der 60er Jahre die Zusammenarbeit auf dem Vertriebssektor, was zur Entlastung der kleineren „Nürnberger Zeitung" nicht unwesentlich beitrug. Das Sanierungskonzept sah ferner von Anfang an eine Werbeträgergemeinschaft zwischen den „Nürnberger Nachrichten" und der „Nürnberger Zeitung" vor; die Idee war höchst einfach: Da es kaum Leserschaftsüberschneidungen der beiden Blätter im Hauptverbreitungsgebiet des mittelfränkischen Städtezentrums Nürnberg – Erlangen – Fürth gab, konnte durch eine Werbeträgergemeinschaft die Haushaltsabdeckung für die hier und dort plazierten Anzeigen deutlich gesteigert werden. Umgekehrt partizipierte die schwächere „Nürnberger Zeitung" an den so erreichten Gewinnen aus dem Anzeigengeschäft. Der Schritt war für das weitere Gedeihen des Blattes entscheidend. Aber es dauerte mehrere Jahre, bis die „Nürnberger Zeitung" voll in den Anzeigenverbund integriert war, der von seiten der „Nürnberger Nachrichten" ja auch ein Dreh- und Angelpunkt des Kooperations-Modells mit den Heimatverlegern im gesamten Regierungsbezirk Mittelfranken war.[16]

Im Jahre 1965 konnten Verlag und Redaktion in ein neues NZ-Haus an der Regensburger Straße umziehen. Das bedeutete eine erhebliche Verbesserung der Arbeitsbedingungen. Es hatte allerdings lange gedauert, bis der 1960 bereits begonnene Neubau bezugsfertig war; hier wurden nämlich in einem Gebäudekomplex die Nordbayerische Verlagsgesellschaft und die Großdruckerei Erich Spandel vereinigt. Otto Spandel hatte diesen Druckereibetrieb von seiner technischen Seite sowie von den Auftragsbeständen her wieder in die Höhe gebracht.[17] Beide Firmen arbeiteten getrennt. Und bis Anfang der 80er Jahre war die „Nürnberger Zeitung" im Lohnsatz und im Lohndruck bei der Firma Erich Spandel hergestellt worden.

---

14 Schreiben von Horst Weickmann, a. a. O.
15 Impressum der „Nürnberger Zeitung" vom 1. Juli 1988.
16 Siehe dazu auch das Porträt der „Nürnberger Nachrichten" in diesem Band.
17 Siehe dazu: Das neue NZ-Haus; Sonderbeilage der „Nürnberger Zeitung" vom 4. 9. 1965.

Die sich überstürzende Entwicklung neuer Produktionsmethoden im Satz- und Druckbereich machte das Ende der Beziehung zwischen den Tochterfirmen des Spandelschen Hauses absehbar. Die immensen Investitionen, die nötig gewesen wären, um mit der Zeitungstechnik Schritt zu halten, konnte die Druckerei Spandel nicht aufbringen. Daher wurde die Herstellung der „Nürnberger Zeitung" Zug um Zug in das Druckhaus des Verlags Nürnberger Presse verlagert. Im Satzbereich geschah dies Anfang 1981, im Druck- und Expeditionsbereich Anfang 1987. Im Vollzug beider Schritte wurden sämtliche Mitarbeiter der Firma Spandel und der „Nürnberger Zeitung", die von der Produktionsverlagerung unmittelbar betroffen waren, vom Verlag Nürnberger Presse übernommen.

Insgesamt zählt die Nordbayerische Verlagsgesellschaft der „Nürnberger Zeitung" nur mehr rund 70 Mitarbeiter; davon sind lediglich ein Dutzend im Verlag und in der Verwaltung beschäftigt, was sich aus der Kooperation mit den „Nürnberger Nachrichten" erklärt. Rund 60 Mitarbeiter dagegen sind im Funktionsbereich Redaktion tätig, 42 davon als Redakteure; deren Zahl wurde im letzten Jahrzehnt noch verstärkt; 1975 waren für die „Nürnberger Zeitung" lediglich 36 Redakteure tätig.[18] Diese Zahlen und ihre Relationen zeigen, wo gegenwärtig und in Zukunft der Schwerpunkt und die Chancen des Unternehmens „Nürnberger Zeitung" liegen.

Die Mitarbeiter in Verlag und Redaktion zogen mit der Umstellung auf die elektronische Satztechnik im Jahre 1981 von der Regensburger Straße in das Pressezentrum am Nürnberger Marienplatz um. Vor allem für die Redaktion konnten dabei mit der großzügigeren räumlichen Unterbringung auch komfortablere Arbeitsbedingungen geschaffen werden. In diesem Pressezentrum arbeiten nun „Nürnberger Zeitung" und „Nürnberger Nachrichten" gewissermaßen Wand an Wand – aber eben auch durch eine Wand getrennt.

Freie Mantel-Wahl

Trotz wirksamer Entlastungs- und Konsolidierungsmaßnahmen fiel die Auflage der „Nürnberger Zeitung" nach 1962 zunächst weiter ab und schwankte während der folgenden Jahre um die 25 000 Exemplare. Erst ab 1971/72 zeigte die Auflagenentwicklung wieder kontinuierlich steigende Tendenz; rund 30 700 Exemplare wurden Ende 1988 täglich verkauft; auf diesem Niveau hat sich die Auflage seit Beginn der 80er Jahre stabilisiert.

Diese Entwicklung steht ohne Zweifel in einem ursächlichen Zusammenhang mit einer verlegerischen Idee, die im Pressewesen der Bundesrepublik wohl einmalig ist. Den mit den „Nürnberger Nachrichten" in einer „Arbeits- und Interessengemeinschaft" kooperierenden selbständigen Heimatverlagen und damit auch allen Abonnenten der entsprechenden Lokalblätter im mittelfränkischen Land wurde die Chance einer freien Mantel-Wahl eröffnet. Die Abonnenten können wählen, ob sie ihren Lokalteil im Mantel der „Nürnberger Nachrichten" oder im Mantel der „Nürnberger Zeitung" erhalten wollen. Das nämliche gilt für die Abonnenten zweier verlagseigener Nebenausgaben der „Nürnberger Nachrichten". Diese Wahlmöglichkeit eines unterschiedlich orientierten und gestalteten Zeitungsmantels basiert auf

[18] Personalstand Ende 1987 nach Angaben von Horst Weickmann, a. a. O.

Schutzgemeinschaft schlägt Alarm

Das Waldsterben nimmt wieder zu

BONN. — Das Waldsterben hat nach einer Phase der Verlangsamung offensichtlich wieder zugenommen. Darauf verwies die Schutzgemeinschaft Deutscher Wald.

Umfragen in den Bundesländern hätten eine Zunahme der Schäden insbesondere bei Laubbäumen ergeben. Die Schutzgemeinschaft nannte zusätzliche, sofort wirkende Maßnahmen dringend notwendig. Eine starke Reduzierung der Luftschadstoffe, die als wesentliche Verursacher der Waldschäden gelten, sei nur durch eine europaweite Einführung umweltfreundlicher Autos zu erreichen. Vor diesem Hintergrund forderte die Schutzgemeinschaft, daß deutsche Pk-Hersteller nur noch Katalysator-Fahrzeuge bauen und in der Bundesrepublik anbieten. Auch sei die ausschließliche Einfuhr von Autos mit Katalysator unerläßlich.

NZ

NÜRNBERGER ZEITUNG | FRÄNKISCHER KURIER

Dienstag, 7. Juli 1987 — 184. Jahrgang — Nr. 152

BKA sprengte Kokain-Syndikat
(Aus aller Welt Seite 3)

Neue Attacke auf die Raucher
(Politik Seite 4)

Hafenlohrtal soll erhalten bleiben
(Bayern Seite 11)

FS-Programm Seite 17

Von Weizsäcker geht in Moskau auf die deutsche Teilung ein

Offene Töne im Kreml

Abrüstung und die gegenseitigen Beziehungen weitere Themen der Gespräche im Kreml — Noch keine Klarheit im Fall Rust

Millionenschäden auf NATO-Flughafen

Anschlag gegen Treibstofflager

Fast in seriösem Boulevardstil präsentiert sich die moderne Titelseite der „NZ".

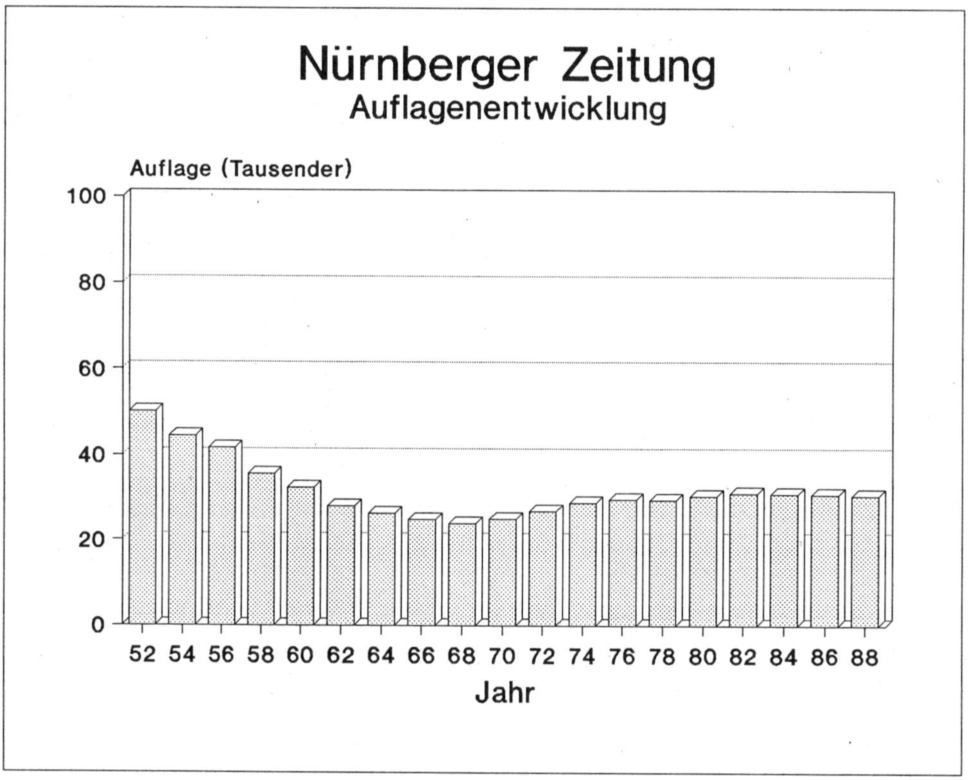

einer komplizierten Vertragsstruktur innerhalb des sogenannten „NN-Modells“ und hat selbstverständlich auch einige Komplizierungen bei der Zeitungsherstellung zur Folge. Wo die Lokalausgaben in den Mantel der „Nürnberger Zeitung“ gehüllt werden, erscheint diese unter ihrem Zweittitel „Nordbayerische Zeitung“.

Verwirklicht ist diese Wahlmöglichkeit heute bei folgenden 12 Heimatzeitungen bzw. Ausgaben im mittelfränkischen Verbreitungsgebiet (mit Angabe des Erscheinungsortes und des Jahres, in dem die Wahlmöglichkeit eingeführt wurde):

NZ – Schwabacher Tagblatt, Schwabach 1971,
NZ – Hersbrucker Zeitung, Hersbruck 1972,
NZ – Pegnitz-Zeitung, Lauf 1972,
NZ – Roth-Hilpoltsteiner Volkszeitung, Roth 1972,
NZ – Erlanger Tagblatt, Erlangen 1973,
NZ – Der Bote, Feucht 1973,
NZ – Neumarkter Nachrichten, Neumarkt 1973,
NZ – Windsheimer Zeitung, Bad Windsheim 1974,
NZ – Altmühl-Bote, Gunzenhausen 1974,
NZ – Treuchtlinger Kurier, Treuchtlingen 1974,
NZ – Weißenburger Tagblatt, Weißenburg 1974,
NZ – Fürther Nachrichten, Fürth 1975.

Grob vereinfacht kann man sagen, daß die „Nürnberger Zeitung“ etwa ein Drittel ihrer gegenwärtigen Auflage im Rahmen dieser Wahlmöglichkeit fast im gesamten mittelfränkischen Raum streut. Dieses Betriebs- bzw. Vertriebsergebnis ist aus der Perspektive der „Nürnberger Zeitung“ ganz sicher ein Erfolg, weil er ganz wesentlich zu ihrer Existenzsicherung beiträgt. Warum die Abonnenten von der angebotenen Alternative nicht übermäßig Gebrauch machen, mag verschiedene Gründe haben. Viele Leser sind seit langem an den Mantel der „Nürnberger Nachrichten“ gewöhnt; sie kennen diesen viel besser und können ihn auch richtungsmäßig entsprechend einschätzen. Dazu kommt ein Handicap der „Nürnberger Zeitung“; es besteht darin, daß sie auch in ihrer „Landausgabe“ den Nürnberger Lokalteil mitführt, der das Leserinteresse für regionale Information und Orientierung aber kaum befriedigen kann. Für die Produktion eines eigenen Regionalteils aber, wie ihn die „Nürnberger Nachrichten“ sehr attraktiv realisieren, fehlen der „Nürnberger Zeitung“ die Redaktionskräfte und wohl auch das Mitarbeiternetz im Land.[19]

Aufgeklärter Konservatismus

Es gibt unter den Skeptikern des Konzepts der freien Mantel-Wahl natürlich auch die Auffassung, hier handele es sich gar nicht um eine wirkliche Wahlmöglichkeit, weil keine wirkliche Alternative vorliege; gerade die finanzielle Verflechtung der Verlagshäuser schließe aus, daß tatsächlich erkennbar unterschiedliche, publizistische Richtungen im Informationsangebot gesteuert würden. Dazu hat schon vor zehn Jahren der Chefredakteur der „Nürnberger Zeitung“, Gustav Roeder, Stellung genommen und erklärt: „Ich betone stark, die beiden Redaktionen sind in einem

[19] Zu den verschiedenen Meinungen und Aspekten der Mantel-Wahl siehe Karl Vogel: Das NN-Modell. Nürnberg 1981, insbes. S. 168 – 172.

scharfen Konkurrenzkampf, der quer durch alle Ressorts geht. (...) Man nimmt sich gegenseitig ernst. (...) Für den Leser ist durch diese beiden unterschiedlichen Zeitungen eine Vielfalt gegeben."[20]

Richtig ist zunächst einmal ganz sicher, daß die „Nürnberger Zeitung" eine „publizistische Einheit" geblieben ist, deren Vollredaktion eine Zeitung mit sämtlichen Sparten und Teilen herstellt. Dieses Zeitungsprodukt, betrachtet man es zunächst für sich, ist ansprechend aufgemacht und so klar aufgebaut, daß man sich schon nach wenigen Nummern mühelos zurechtfinden kann. In den Grundlinien wurde das gegenwärtige typographische Bild 1968 fixiert mit einem mutigen Schritt vom betulichen vierspaltigen zum lebendigeren fünfspaltigen Umbruch. Der bis dahin über die ganze Breite reichende Titelkopf wurde radikal auf zwei Spalten eingeschrumpft. „So erhielt die ‚Nürnberger Zeitung' ein Gesicht, das modernem Stilgefühl entsprach und das der Aktualität und Lebhaftigkeit ihres redaktionellen Inhalts Ausdruck gab und sie förderte."[21]

Die Titelseite bietet sich seitdem mit auffälligen Überschriften, mit Kästen, mit Schmuckfarben, oft mit großen Bildflächen und mit einem Vielerlei an Themen an, deren Komposition fast einem seriösen Boulevardstil nahekommt. Die Aufmacherseite ist ganz sicher nicht mehr Werkzeug der Politik-Information, sondern Schaufenster der Tagesaktualitäten in ihrer ganzen Breite vom Lokalen bis zum Globalen, vom sportlichen Wettbewerb bis zum politischen Streit, von harten Fakten bis zum Soft-Klatsch.

Politik als Ressort beginnt auf Seite 2 mit Kommentaren und wichtigen Meldungen. Seite 3 bleibt zumeist dem „Vermischten" vorbehalten, wird aber nach Bedarf auch für die Erhellung von Hintergründen und für die umfassende Orientierung zu einem einzigen Thema genutzt. Dann folgen – voneinander getrennt – Innenpolitik und Außenpolitik sowie Wirtschaft. An dieser Stelle wird dann der klassische Mantelteil unterbrochen durch die Nürnberger Lokalseiten, die mit dem Bayernteil verbunden sind. Der Kulturteil mit verschieden akzentuierten Seiten und die Sportseiten schließen im Normalfall an. Sport kann allerdings gelegentlich auch vorgezogen sein; Wirtschaftsseiten werden manchmal zurückversetzt, die Fernsehseite erfüllt eine gewisse Wander- und Füllfunktion. Ergänzt werden diese Standard-Rubriken durch Spezialseiten wie „Motor und Fahrer", „Reisen und Wandern", „Für die Frau", „Leserbriefe", „Wissenschaft und Technik" sowie durch eine bunt gemischte, unterhaltsame und bildungsbeflissene Wochenend-Beilage.

Bei einer mit den Ausgaben der „Nürnberger Nachrichten" vergleichenden Durchsicht zeigen sich formale Übereinstimmungen im Platzangebot und in der Raumaufteilung für redaktionelle und Anzeigenteile. Dies liegt selbstverständlich an der realisierten Werbeträgergemeinschaft. Das tägliche Anzeigenvolumen und die Anzeigenplazierung sind gleichartige Vorgaben, nach denen sich beide Redaktionen zu richten haben. In diesem Rahmen aber füllen beide Redaktionen den ihnen zugewiesenen Raum im Detail unterschiedlich.

Ein alternatives Zeitungsangebot läge aber in der Tat erst vor, wenn sich die Inhalte, mit denen der Zeitungsraum gefüllt wird, unterscheiden. Da, von den wenigen Ausnahmen eigener Korrespondenten abgesehen, beide Zeitungen die Nachrich-

---

[20] Wiedergabe von Interview-Aussagen bei Karl Vogel, a. a. O. S. 164.
[21] Horst Weickmann, a. a. O.

tenlage im wesentlichen aus den hochkonzentrierten Quellen der Nachrichtenagenturen beziehen, muß natürlich der Tagesfundus der Informationen eine hohe Übereinstimmung zeigen; wäre es anders, der Leser würde zu Recht Informationsdefizite monieren. Aus diesem konsonanten Nachrichten-Fundament erheben sich nun aber schon recht deutlich unterschiedliche Spitzen, werden andere Beleuchtungen und Betonungen sichtbar, sind unterschiedliche Wichtigkeiten gesetzt. So etwa fand sich in einer zufällig ausgewählten Beobachtungswoche[22] eine ganze Reihe von entsprechenden Hinweisen, die zunächst nur exemplarischen Charakter haben: Die „Nürnberger Zeitung" zieht auf ihre Titelseite etwa auch kirchliche Themen und nicht selten Aussagen konservativer Politiker und Parteien – in positivem Kontext –, die auch in den „Nürnberger Nachrichten" Platz haben – aber irgendwo im Inneren des Blattes. In der fraglichen Woche beschäftigten sich fast sämtliche Ausgaben mit dem Weizsäcker-Besuch in Moskau. Beide Zeitungen versagen sich der Informationsgebung da nicht. Aber die „Nürnberger Nachrichten" kommentieren deutlich häufiger, heben in Überschriften, Berichten und Kommentaren alle positiven Tendenzen zum Teil überdimensioniert hervor, die den Trend der Annäherung verstärken und demonstrieren sollen, daß die Sowjetunion ihre expansiven Absichten eines Exports der Weltrevolution aufgegeben hat. Für diesen gesamten Themenbereich sind die Unterschiede zwischen den beiden Zeitungen fast mit Händen zu greifen. Die „Nürnberger Zeitung" verschweigt im Detail der Berichterstattung diese erwähnten Aspekte nicht, nimmt sie aber stark zurück, kommentiert viel weniger und hebt für den Leser ganz deutlich die Pannen, Ungereimtheiten, Widersprüche und reaktionären Verhaltensweisen der Sowjetführung ans Licht. Überhaupt zeigt die außenpolitische Berichterstattung der „Nürnberger Zeitung" im Detail viele Informationen, die sich gegen herrschende Trends richten; so sind etwa sowohl für südamerikanische Staaten wie für Südafrika Nachrichten mit Positionen und komplementären Fakten zu finden, die sonst kaum irgendwo laut werden. Bezeichnend ist auch, daß solche Informationsaspekte häufig über Eigenberichte ins Blatt kommen.[23]

Verallgemeinert man diese exemplarischen Beobachtungen mit gebotener Vorsicht zu möglicherweise typischen Mustern,[24] so zeichnen sich durchaus Markierungen dafür ab, daß die „Nürnberger Zeitung" der eher „linksliberalen" Tendenz der „Nürnberger Nachrichten" die Grundhaltung „eines aufgeklärten, toleranten Konservatismus" entgegensetzt. Die Formulierung der inhaltlichen Grundsätze präzisiert die „Nürnberger Zeitung" wie folgt: „Mit der Achtung vor überlieferten geistigen und sittlichen Werten verbindet sie das Verständnis für den Fortschritt auf allen Gebieten, im besonderen für die notwendige Weiterentwicklung der gesellschaftlichen Verhältnisse. Als Leitbild sollen dabei jene Wertvorstellungen dienen, wie sie vom Christentum und Humanismus entwickelt und in den von den Vereinten Nationen proklamierten Menschenrechten formuliert worden sind. Eine solche Grundhaltung schließt die Verfechtung chauvinistischer Gedankengänge von vor-

---

22 Beobachtet wurden die Ausgaben der Woche vom 6. bis 11. Juli 1987.

23 Ein Beispiel dafür findet sich in der „Nürnberger Zeitung" Nr. 152 vom 7. Juli 1987, S. 3. Dort wird in einem Eigenbericht dargestellt, daß selbst ein Nobelpreisträger Tutu die bestialischen Halskrausen-Morde nicht verurteilt, deren Erfinder der Afrikanische Nationalkongreß ist, mit dem Tutu seit Jahren sympathisiert und dessen Ideen er propagiert.

24 Es wäre im Rahmen von Fragestellungen der Grundlagenforschung längst angebracht, die redaktionellen Ausprägungen dieses in der Bundesrepublik einmaligen Konkurrenzverhältnisses inhaltsanalytisch intensiv und über längere Zeiträume hin zu untersuchen.

neherein aus, was jedoch nicht bedeutet, daß die Zeitung nicht nationale Anliegen vertritt."[25]

Die finanziellen Verflechtungen und die Kooperationsbeziehungen der beiden Nürnberger Verlagshäuser stehen tatsächlich einem auf markante Profilierung zielenden Wettstreit der Redaktionen nicht entgegen. Ganz im Gegenteil. Gerade weil die Kooperation unter wirtschaftlicher Perspektive auf die Optimierung der Marktsättigung zum Vorteil beider Zeitungen abzielt, müssen die inhaltlich alternativen Informations-Akzentuierungen scharf herausgearbeitet werden. Wenn dies nicht geschieht, die Zeitungsprodukte sich also zum Verwechseln ähnlich würden, wäre das wirtschaftliche Ziel gefährdet.

Ethos mit Tradition

Es ist für eine Zeitung eine Sache, Haltung zu zeigen; es ist eine andere, die journalistischen Regeln zu statuieren, mit deren Hilfe das Zeitungsprogramm realisiert wird. (Beides nicht scharf genug zu trennen, ist der Grund, aus dem die Mißverständnisse steigen.) Farbe bekennen muß im Journalismus nicht heißen, einseitig zu informieren; Fakten „in Form bringen" muß nicht heißen, parteilich zu sein. „Aufgeklärter Konservatismus" kann durchaus aufklärend sein, wenn er mit Maximen verbunden wird, wie sie ebenfalls im Richtlinien-Statut der „Nürnberger Zeitung" festgehalten sind: „Wichtigste Aufgabe der Zeitung ist die objektive und möglichst umfassende Unterrichtung der Leser. Die täglichen Geschehnisse in den Bereichen der Politik, der Wirtschaft, der Kultur und des Sports, auf internationaler, nationaler, regionaler und lokaler Ebene, sind so in Nachrichten zu verdichten, daß möglichst kein wichtiger Komplex übergangen wird. Gradmesser der Wichtigkeit ist das nach gewissenhafter Abwägung gemutmaßte Interesse der Leser. Eine Verquickung von Nachrichten und kommentierender Betrachtung muß unterbleiben. Verpflichtendes Ziel der Nachrichtengebung in ihrer Gesamtheit ist es, dem Leser zu ermöglichen, sich ein eigenes Urteil zu bilden."[26]

In diesen Maximen drückt sich die Tradition aus, in deren Nachfolge die „Nürnberger Zeitung" sich selbst sieht. Zum 175jährigen Bestehen des Blattes hat Gustav Roeder drei Grundsätze journalistischer Arbeitsweise aus dieser Tradition herausdestilliert, die über den Tag hinaus Geltung haben.

„Da ist zum ersten der Grundsatz der schnellen Unterrichtung". Schon der „Korrespondent von und für Deutschland" hatte sich daran orientiert, ließ sich sein Korrespondentennetz viel Geld kosten, weil es „dem Blatte das höchste Interesse der Neuheit und Vollständigkeit" geben sollte. Und das Postulat blieb und verstärkte sich im Generalanzeiger-Konzept, das schnelle, gründliche und unparteiliche Information verlangte.

„Da ist zum zweiten die Überparteilichkeit"; von den Kritikern des einstigen „Korrespondenten", des früheren „Generalanzeigers" und der heutigen Nachrichten-

---

[25] Ziff. 3 der „Grundsätzlichen Haltung der ‚Nürnberger Zeitung'", die als Richtlinien im Sinne des Manteltarifvertrages für Redakteure an Tageszeitungen gelten und als solche Bestandteile aller Arbeitsverträge sind.

[26] Die grundsätzliche Haltung der „Nürnberger Zeitung", Ziff. 1, a. a. O.

presse wurde und wird sie gleichermaßen als „mittlere Linie", als „eigentlich unpolitische" Richtungslosigkeit verschrieen. Es war indessen gerade die strenge Unparteilichkeit, die das Ansehen des „Korrespondenten" schuf; und als 1913 der „Generalanzeiger" endgültig den Namen „Nürnberger Zeitung" erhielt, teilte der Verlag mit: „Unsere politische Haltung, unabhängig nach jeder Richtung hin, gestattet uns ein freies, nur auf das Wohl des Volksganzen bedachtes Urteil und ermöglicht, Kritik zu üben an Einrichtungen oder Gesetzen, die sich überlebten, oder deutlich die einseitige Berücksichtigung bestimmter Klassen erkennen lassen; sie macht uns aber auch frei von dem Ballast rein agitatorischen Zwecken dienender Parteistreitigkeiten."

„Da ist zum dritten schließlich der Grundsatz der Toleranz. In einer Zeit, in der die heute so gut wie verschwundene Parteipresse eine große Rolle in der Meinungsbildung spielte, hat die ‚Nürnberger Zeitung' versucht, politische Strömungen kühl zu analysieren und nicht von vorneherein zu attackieren." Er sehe keinen Grund, meint Roeder abschließend, heute „diese Markierungswerte zu ignorieren".[27]

Da ist insgesamt die Tradition eines journalistischen Ethos recht präzise und typisch fixiert, das die deutsche Presseentwicklung nachdrücklicher getragen hat, als es die späteren (auch wissenschaftlich verbrämten) Denunziationen wahrhaben wollen. In ihren praktischen Konsequenzen vor allem unterscheiden sich die Konturen dieses journalistischen Ethos kaum oder überhaupt nicht von jenen Leitsätzen, die für die Lizenzierungs- und Umerziehungspolitik der Besatzungsmächte und damit für die Begründung der Lizenzpresse maßgebend gewesen sind. In Nürnberg hat die eigenständige Tradition dieses journalistischen Ethos, verkörpert im Vermittlungs-Statut der „Nürnberger Zeitung", und das journalistische Regelwerk angelsächsischer Herkunft, wie es von den „Nürnberger Nachrichten" aufgenommen, aufgefaßt und angewendet wurde, ein Bündnis zu gegenseitigem Nutzen geschlossen – und zum Nutzen der Leser hoffentlich auch.

Lust an Geschichten

Natürlich sind auch die Maximen journalistischen Handelns immer nur Sollwerte. Und selbstverständlich weiß jeder Praktiker, daß ihre Proklamation noch lange nicht ihre Realisierung bedeutet. Auch die Reflexion über derlei Unzulänglichkeiten hat ihre Tradition. In der Nummer 204 vom 22. Juli 1808 des „Korrespondenten von und für Deutschland" sind breit die „Letzten Stoßseufzer eines sterbenden Zeitungsschreibers" abgedruckt, die solche Erfahrung voll Selbstironie geißeln. Zwischen Pausen der Schwäche, des Hustens und der Erschöpfung (die wie Regieanweisungen in den Text eingestreut sind) sinniert der Publizist auf dem Totenbett: „In jeder Zeitung weht Wind genug, aber in meinen Blättern blies nie ein schneidender Nordwind, der Gesicht und Nase verbrennt. Es fächelten darin immer bloß sanfte, kühlende Zephire, die in der schwülen Luft der Politik der beengten Brust wohltun. (...) Was mir weit ärger auf dem Herzen liegt, als all die Luft- und Windeier, das sind die vielen Totschläge, die meine Feder beging. Guter Himmel! Schon zu Friedenszeiten hatte ein handfester Arzt vollauf zu tun, wenn er mit mir gleichen Schritt halten wollte. Mit einem Federstrich legte ich die bravsten Leute ins

27 Alle Zitate und Belege aus: Gustav Roeder: Last und Lust der Tradition. In: JB 1979, S. 1.

Grab, von denen manche noch über meinen Leichenstein hinwegschreiten werden. Und dann erst, wenn der Sirokko des Krieges tötend über die Erde ging! (...) Bei der Schilderung eines Gefechts floß oft mehr Tinte als Blut in der Schlacht selbst. (...) Und es ist wahr! Wenn uns der Himmel die Gnade erweisen wollte, unser Leben so lange zu fristen, bis wir unsere Fehler verbessert, wir wären auf ewig vor dem Sterben gesichert."[28]

Auch das ist Lust an der Geschichte, die sich ja nicht nur hier als Lust an Geschichten entzündet. Letztere ist nicht der geringste Gewinn, der aus der Tradition gezogen werden kann, deren Last sie erleichtert. Mit der Lust an Geschichten läßt sich mitunter sogar die Gegenwart bewältigen.

(hw)

---

[28] Zit. nach dem Abdruck in JA 1929, S. 5.

Optimierung durch Vielfalt: Die „Nürnberger Nachrichten"

Ein Jahr waren die „Nürnberger Nachrichten" gerade alt geworden. Da widmeten sie aus diesem Anlaß ihren Freunden, ihren Mitarbeitern und überhaupt allen „Presseleuten" eine hübsche, reich illustrierte Broschüre. Es war, wie manch spätere PR-Aktion aus dem Nürnberger Haus, ein ebenso ungewöhnlicher, wie überraschender Einfall: Eine Fabel wurde da erzählt, von Tieren, die in ihrem Reich eine große Zeitung gründeten, sie aber durch Streitigkeiten zugrunde richteten. „Schafft Einigkeit, dann geht es allen gut!" Dies war damals die Moral von der Geschicht'.[1]

Die Ironie der Geschichte

Ein Zeitungsverlag ohne Vorläufer, ohne Traditions-Verknüpfung: Die „Nürnberger Nachrichten" haben immer Wert auf den Hinweis gelegt, daß sie nicht in das Haus irgendeiner Traditionszeitung „hineinlizenziert" worden seien.[2] Tatsächlich gab es Ende 1945 in der weithin zerbombten Stadt Nürnberg keine Druckerei, die für die Herausgabe einer großen Zeitung betriebsbereit gewesen wäre. Was da an Druckmaschinen noch intakt war, hatte die Militärregierung auf Jahre hinaus beschlagnahmt für die Produktion einer Militärzeitung namens „Stars and Stripes" sowie für den Druck von amtlichem Material, vor allem von Protokollen im Nürnberger Prozeß gegen die Hauptkriegsverbrecher. Daher wußten „noch eine Woche vor Erscheinen der ersten Nummer der ‚Nürnberger Nachrichten' die Schöpfer zwar das Wann, aber noch keineswegs das Wo".[3]

So kam es auch, daß die Geschichte der „Nürnberger Nachrichten" – abgesehen von der Übergabe der Urkunde mit der Lizenznummer 3 an Dr. Joseph Eduard Drexel – auch gar nicht eigentlich in Nürnberg, sondern in dem südwestlich davon gelegenen Landstädtchen Zirndorf begann. Dort nämlich fand sich ein geeigneter Maschinenpark in der Bollmann-Druckerei, in der vordem eine kleine Provinzzeitung hergestellt wurde. Die Druckerei stand unter Treuhandschaft und konnte als erste Produktionsstätte für die neue Großstadtzeitung angemietet werden. Daher begaben sich der Lizenzträger sowie deutsche und amerikanische Gäste samt dem Chef der amerikanischen Nachrichtenkontrolle für den Bezirk, Oberst McMahon, nach dem Festakt der Lizenzverleihung nach Zirndorf, wo mit dem obligaten Knopfdruck die Rotationsmaschine für die erste Nummer in Gang gesetzt wurde, die mit Datum vom 11. Oktober 1945 erschien.[4]

Auch Verlag und Redaktion hatten in Zirndorf ihr erstes Domizil gefunden. In Nürnberg gab es vorerst nur eine Filiale des Blattes. Jedoch war als künftiges Ver-

---

1 „Nürnberger Nachrichten" (Hrsg.): Ein Märchen für Presseleute und solche, die es werden wollen. Nürnberg 1946; 12 Seiten.

2 Nach Angaben des Verlags in einer Stichwort-Skizze zur Geschichte des Unternehmens der „Nürnberger Nachrichten" vom 16. 10. 1987.

3 Hans Kapfinger (Hrsg.): Die neue bayerische Presse. München 1948, S. 20.

4 Hans Kapfinger, a. a. O. sowie Erstnummer der „Nürnberger Nachrichten" vom 11. 10. 1945 (Nachdruck).

lagsgebäude sehr bald das stark zerstörte frühere Gauhaus der Nationalsozialisten am Nürnberger Marienplatz erworben und sein Wiederaufbau vorangetrieben worden, so gut es unter den damaligen Umständen möglich war. Ab 1949 residierte der Verlag unter seiner neuen Nürnberger Adresse, während das Blatt immer noch in Zirndorf gedruckt werden mußte.[5] Der Aufbau des technischen Betriebs zog sich hin, weil zunächst – wenn überhaupt – nur stark beschädigte und reparaturbedürfte Maschinen aufgekauft werden konnten. Und wenn man schon vom Neuaufbau einer Zeitung spricht, so sollte man im Rückblick auf diese Jahre nicht vergessen, daß da erst mühsam wieder ein funktionierendes Verkehrssystem in Gang kam, daß der Vertrieb der gedruckten Ausgaben ebenso von der organisatorischen Improvisationsgabe im Verlag wie vom Nachrichtenhunger der Bevölkerung abhängig war. Wie alles andere, so mußte auch ein Zustellsystem erst schrittweise ausgebaut werden. Noch im Mai 1949 veröffentlichten die „Nürnberger Nachrichten" im Anzeigenteil eine lange Liste von mehr als 40 „Zeitungsabholstellen" im Nürnberger Stadtgebiet mit dem Vermerk: „Das monatliche Abonnement bei Selbstabholung kostet DM 1,95."[6]

Das wiedererrichtete Haus in Nürnberg, von dem aus der Aufbau der „Nürnberger Nachrichten" geleitet wurde, hatte während des Dritten Reiches dem gewissenlosen Gauleiter Julius Streicher als Residenz gedient. Als der Lizenzträger Dr. Joseph Drexel in diese Räume einzog, gab es Streicher nicht mehr: 1946 war er wegen seiner Verbrechen gegen die Menschlichkeit vom Internationalen Militärgerichtshof in Nürnberg zum Tode verurteilt und hingerichtet worden. Sieben Jahre vorher hatte eben dieser Gauleiter Streicher dem Prozeß des berüchtigten Volksgerichtshofes gegen Drexel beigewohnt und diesem nach der Verurteilung die Drohung hingeworfen: „Ich werde dafür sorgen, daß Sie die Sonne nie mehr sehen." Im einstigen Arbeitszimmer des „Stürmer"-Hetzers Streicher bemühte sich nun Joseph Drexel um den Neuaufbau einer freien, demokratischen Presse. Wilhelm Raimund Beyer sieht darin einen Prozeß der „geschichtlichen Entsühnung".[7] Wie auch immer: Die Ironie des Wechsels der Personen und Ziele im Wechsel der Zeit ist mit Händen zu greifen.

---

5 Vgl. Impressum der Ausgabe der „Nürnberger Nachrichten" Nr. 32 vom 19. 3. 1949, S. 10 (Nachdruck).

6 „Nürnberger Nachrichten" Nr. 60 vom 23. Mai 1949, S. 7 (Nachdruck).

7 Wilhelm Raimund Beyer schreibt zum Besitz und Funktionswechsel des ehemaligen Gauhauses in Nürnberg wörtlich: „Es war der ausdrücklich erklärte Wille der zuständigen Stellen der Militärregierung und auch der im Wachsen der landeshoheitlichen Befugnisse zuständigen bayerischen Stellen, daß gerade der Gründer der ‚Nürnberger Nachrichten', Dr. Joseph E. Drexel, in diesem Hause das renovierte, einstige Arbeitszimmer des Gauleiters Julius Streicher für die nunmehrige Herausgabe einer freien und demokratischen Presse benützen und damit geschichtlich entsühnen konnte." (Stichwort-Skizze zur Geschichte des Unternehmens der „Nürnberger Nachrichten" vom 16. 10. 1987, S. 2). Vgl. dazu auch: Die Freunde und der Freund. Festschrift Joseph E. Drexel zum 70. Geburtstag Nürnberg, 1966, dort: Joseph E. Drexel: Confessio.

Nürnberger Nachrichten

1. Jahrgang | Nummer 1

Einzelpreis 20 Pfg. | Lizenz Nr. 3 der Nachrichtenkontrolle der Militärregierung Ost | Donnerstag, den 11. Oktober 1945

Krieg soll sein Schwert nicht mehr
an unsren Knochen schärfen
und Lasten kneten aus Mensch und
Metall,
sie hohnvoll auf die Waage zu
werfen.
Wir wollen der Erde neue Gewichte
geben,
Die Liebe aufrichten aus ihrem
tiefsten Fall,
und allen künden:
Heilig der Mensch und dreimal
heilig das Leben!

Karl Bröger, aus dem Gedicht „Abkehr vom Krieg"

Anfang

Der „totale Krieg" Hitlers hat für Deutschland mit einer totalen Amputation geendet. Das reiche, kostbare Erbe einer fleißigen, aber freilich „unheroischen" Zeit ist gewissenlos vernichtet. Millionen Tote und Verstümmelte, in Schutt und Asche gesunkene, einstmals blühende Städte, eine zerstörte oder aller Hilfsmittel beraubte Wirtschaft, Not und Elend, Kummer und Sorgen, in alle vier Winde zerstreute Familien, schlechte und elende Wohnungen, ein materieller und geistiger Zusammenbruch ohne Beispiel in der Geschichte: das ist die traurige Bilanz eines historischen Konkurses, den der Uebermut politischer Dilettanten und Falschspieler über uns herauf beschworen hat.

Nur Wenige hatten den Mut, nüchtern zu bleiben und zu warnen. Die meisten hatte der Rausch der Macht betrunken gemacht. Sie hatten jedes Augenmaß für die Wirklichkeit verloren. Die Stimme der Warner reichte nicht aus, sich zur Geltung zu bringen. Sie wurde übertönt von den Schallplatten des Propagandaministeriums. Sie wurde verhöhnt, verlacht und in den Kerkern und Konzentrationslagern des Dritten Reiches zum Schweigen gebracht.

Die Folgen sind schwer und das Ende so bitter wie es unabwendbar kommen mußte.

Allein und nur auf sich selbst angewiesen, aus der Gemeinschaft der Völker ausgeschlossen, belastet mit der Verantwortung, der sich die Verantwortlichen durch feigen Selbstmord entzogen, sehen wir uns, wie Robinson nach seinem Schiffbruch, vor die schwere Aufgabe gestellt, wieder ganz von vorne beginnen zu müssen. Wir sind uns klar darüber, wie schwer ein solcher Anfang ist und laß es manchmal scheinen möchte, daß er menschliche Kraft und allen guten Willen übersteigt.

Sehr viele haben noch keine richtige Vorstellung von der Zukunft. Sie möchten am liebsten tun, „als wäre nichts gewesen". Die Enttäuschung nach 12 Jahren großsprecherischer Verheißungen ist zu groß, der Sturz zu tief, das Selbstvertrauen zu gründlich erschüttert. Sie mißtrauen allen politischen Begriffen, sie mißtrauen auch noch dem Begriff der Demokratie.

Sie müssen daran erinnert werden, daß es auch in Deutschland eine demokratische Tradition gibt, und zwar eine, die sich seit 1848 mit den besten Namen der Nation verbindet und durch Kampf geheiligt ist. Die Allmacht der Reaktion hat freilich nie aufgehört, alle Ansätze eines freien demokratischen Lebens zu sabotieren oder mit blutigen und unblutigen Mitteln zu unterdrücken.

Demokratie ist etwas, was unaufhaltbar im natürlichen Gefälle der Geschichte liegt. Die politische Entwicklung eines Jahrhunderts in allen Ländern zeigt es unabweisbar. Gegen ihren sieghaften Fortgang gibt es kein zureichendes Mittel. Sich um diese Konsequenz herumzudrücken, ist keinem Volke gestattet — auch dem deutschen Volke nicht.

Diese Konsequenz ist auch der Reaktion nicht verborgen geblieben. Deshalb dingte sie sich, als ihr das Wasser bis zum Halse stand, in Hitler den letzten Kondottiere. Sie war entschlossen, entweder zu siegen oder bedenkenlos die Welt mit ihr zusammen untergehen zu lassen. Das ist der tiefere Sinn jenes platten Wortes, daß es nach diesem Kriege nur noch Vernichtete oder Ueberlebende gäbe.

Nun wohl — es ist unser Schicksal, daß wir zu den Ueberlebenden gehören, und zu diesem Schicksal wollen wir auch entschlossen ja sagen und uns den Verantwortungen der Zukunft unterziehen. Wie groß auch angesichts der Not für den Einzelnen, wie für ein Volk die Versuchung sein mag, sich aufzugeben, es darf nicht geschehen. Das sind wir nicht nur uns, sondern auch der Geschichte schuldig. Wir wollen leben und es ist eine Lüge und eine feige Ausflucht, zu sagen, daß es Bedingungen gebe, unter denen das Leben nicht lebenswert sei.

Wir gleichen einem gefangenen Vogel, der nach langen Jahren der Gefangenschaft wieder

Fortsetzung Seite 2

Keine Nazis in leitenden Stellungen

Die erste Ausführungsverordnung zum Gesetz Nr. 8 veröffentlicht

Frankfurt, 8 Oktober. (DANA). — General Eisenhower als Oberbefehlshaber der amerikanischen Besatzungszone hat heute eine Ausführungsverordnung zum Gesetz Nr. 8 erlassen, dessen Zweck die Entfernung aller Nazis aus führenden Stellungen des Industrie- und Wirtschaftslebens ist. Durch diese Ausführungsverordnung wird die einheitliche Anwendung des Gesetzes Nr. 8 in der gesamten amerikanischen Besatzungszone gewährleistet.

Der amtliche Text der neuen Verordnung:

MILITÄRREGIERUNG — DEUTSCHLAND
AMERIKANISCHE ZONE

Erste Ausführungsverordnung zum Gesetz Nr. 8.

Im Interesse der einheitlichen Auslegung und Anwendung des Gesetzes Nr. 8 sowie zu dem Zwecke, die Verantwortung für die Ausschaltung nationalsozialistischer Einflüsse aus dem Wirtschaftsleben dem deutschen Volke selbst zu übertragen, wird folgendes verordnet:

1. Zwecke und Anwendungsbereich des Gesetzes. Nach dem Gesetz ist die Beschäftigung eines Mitgliedes der NSDAP oder einer der ihr angeschlossenen Organisationen, mit Ausnahme der Beschäftigung in gewöhnlicher Arbeit strafbar. Nach dem Gesetz machen sich strafrechtlich verantwortlich der Arbeitgeber, der Arbeitnehmer, sowie jede andere Person, die dem Gesetz zuwiderhandelt. Das Gesetz legt jedem Arbeitgeber die positive Verpflichtung auf, die Richtigkeit der Angaben nachzuprüfen, die ein Arbeitnehmer oder ein Stellungssuchender bezüglich seiner Mitgliedschaft in der NSDAP oder den ihr angeschlossenen Organisationen macht. Nach dem Gesetz ist gleichfalls strafbar, wer als Arbeitnehmer oder Stellungssuchender bezüglich seiner Mitgliedschaft in der Partei oder den ihr angeschlossenen Organisationen falsche oder irreführende Angaben macht oder diese Mitgliedschaft oder Tätigkeit verheimlicht. Zur Berichtigung von Irrtümern und Ungerechtigkeiten sieht das Gesetz ein Vorstellungsverfahren vor. Die Militärregierung ist jedoch entschlossen, alle Personen, die nicht unverzüglich dem Gesetz nachkommen, sofort zu bestrafen.

2. Begriffsbestimmungen. Für die Zwecke des Gesetzes gelten die folgenden Begriffsbestimmungen:

a) Der Ausdruck „Angeschlossene Organisationen" bezeichnet: die SS (Schutzstaffeln), die SA (Sturmabteilungen), NSKK (NS-Kraftfahr-Korps), den NSDOB (NS-Dozentenbund), den NSDSTB (NS-Deutscher Studentenbund), die NSF (NS-Frauenschaft), die HJ (Hitler-Jugend) und den BDM (Bund deutscher Mädel).

b) Der Ausdruck „Mitglied der NSDAP oder einer der ihr angeschlossenen Organisationen" bezeichnet jede Person, die zu irgendeiner Zeit einer dieser Organisationen als Mitglied angehört hat. Ausgenommen sind Personen, die nach deutschem Recht gezwungen waren, der Hitler-Jugend oder dem Bund deutscher Mädel beizutreten oder darin Dienstpflicht abzuleisten, es sei denn, daß sie Aemter in diesen Organisationen ausgeübt haben. Ausgenommen sind ferner Personen, die nach dem 1. März 1944 in die Waffen-SS einberufen wurden, es sei denn, daß sie zum Unteroffizier oder Offizier in dieser Organisation befördert worden sind.

c) Der in § 5 des Gesetzes (Vorstellungsverfahren) angewendete Ausdruck „sich aktiv für eine Tätigkeit der NSDAP oder einer der ihr angeschlossenen Verbände einsetzen", bezieht sich auf Mitglieder der NSDAP und der ihr angeschlossenen Organisationen, die entweder

Absatz 1: ein Amt in der NSDAP, in einer der in den § 1, 2 und 3 des Militärregierungsgesetzes Nr. 5 angeführten Organisationen oder in einem der Verbreitung militaristischer Lehren gewidmeten Verbande ausgeübt oder sich sonst aktiv in diesen Organisationen oder Verbänden betätigt haben, ohne Rücksicht darauf, ob dies auf der Orts- oder Reichsstufe oder auf irgendeiner Zwischenstufe der Fall war.

Absatz 2: Die Begehung einer nationalsozialistischen Straftat, eine Rassenverfolgung oder Diskriminierung angeordnet oder sich daran bewußt beteiligt haben, oder

Absatz 3: ihre nationalsozialistische Ueberzeugung, die Rassendoktrin oder militärische Lehren nachdrücklich vertreten haben, oder

Absatz 4: die NSDAP oder nationalsozialistische Amtsträger oder Führer aus freien Stücken und in wesentlichem Umfang moralisch, finanziell oder politisch unterstützt haben.

d) Der Ausdruck „gewöhnliche Arbeit" bezeichnet gelernte, ungelernte und büromäßige Arbeiten und Dienste in einer untergeordneten Stellung, in welcher der Arbeitnehmer weder in einer aufsichtsführenden, leitenden oder organisatorischen Weise tätig ist, noch an der Anstellung und Entlassung von Arbeitnehmern oder der Aufstellung der Arbeits-

Fortsetzung: Seite 2

GENERAL LUCIAN K. TRUSCOTT, JR.

Generalleutnant Lucian K. Truscott, Jr., früher Kommandeur der amerikanischen 5. Armee in Italien, hat General George S. Patton, Jr., als Kommandeur der 3. amerikanischen Armee in Deutschland ersetzt. (DANA-Bild)

GLÜCKWÜNSCHE DES CHEFS der Nürnberger Amerikanischen Militärregierung

Die Veröffentlichung einer freien deutschsprachigen Zeitung in Nürnberg sollte von großem Interesse für die Stadt sein und wird sicherlich von allen Einwohnern begrüßt werden.

Die Pressefreiheit ist die Voraussetzung für eine freie Meinung und die Vorbedingung für die Freiheit selbst. Eine überwachte Presse kann der Oeffentlichkeit nicht die besten Dienste leisten. Es ist daher nicht wünschenswert, daß entweder die Regierung oder die Politik sich der Presse bemächtige, denn sie muß in der Lage sein, ihren Lesern die Wahrheit über alle Vorkommnisse zu berichten. Ich bin überzeugt, daß der neue Herausgeber sich der Wichtigkeit der Zeitung zum gegenwärtigen Zeitpunkte bewußt ist und daß er darauf hinarbeitet, seinen Lesern treue und gerechte Dienste zu leisten.

Den „Nürnberger Nachrichten" und dem Wirkungsbereich, den sie erfaßt, die besten Glückwünsche der Amerikanischen Militärregierung.

gez. CHARLES H. ANDREWS
Oberst der Infanterie
Chef der Militärregierung.

Laval zum Tode verurteilt

Der Angeklagte weigerte sich, weiter vor Gericht zu erscheinen

Paris, 10. Okt. (DANA) Der oberste französische Gerichtshof verurteilte Dienstag Pierre Laval, den 62jährigen Premier der Vichy-Regierung, wegen militärischer Zusammenarbeit mit dem Feinde, Zerschlagung Frankreichs und Teilnahme an der Zerstörung der französischen Flotte in Toulon zum Tode.

Der Prozeß gegen Laval hatte nur fünf Tage gedauert. An den letzten zwei Sitzungen nahm der Angeklagte, der am dritten Tage zum zweiten Male aus dem Gerichtssaal ausgewiesen worden war, nicht teil, da er sich geweigert hatte, jemals wieder vor dem Gericht zu erscheinen.

Andre Mornet, der die Todesstrafe forderte, beschuldigte Laval, versucht zu haben, Amerika daran zu hindern, England im Krieg zu helfen. Er erklärte:

„Am 5. Mai 1941 sandte Laval einen Brief an die amerikanische Regierung, in dem er versuchte, Amerikas Eintritt in den Krieg auf der Seite Englands zu verhindern."

Mornet erinnerte die Geschworenen an Lavals Rundfunkansprache, in der der damalige Vichy-Premier betonte: „Ich wünsche Deutschlands Sieg", und rief den Geschworenen zu:

„Fünf lange Jahre hindurch hat Frankreich nach Gerechtigkeit geschrien. Ich verlange die Todesstrafe."

Laval verliert die bürgerlichen Ehrenrechte und sein gesamtes Vermögen verfällt dem Staat.

Kabinett Shidehara tritt sein Amt an

Tokio, 9. Okt. (DANA) — Das neue japanische Kabinett Premier Shideharas wurde heute vom Kaiser Hirohito in seinem Palast akkreditiert. Shidehara war von Admiral Mitsumasa Jonai als Vertreter des aus dem Amt austretenden Kabinetts begleitet. Jonai soll das Marineministerium an Stelle des ursprünglich in Aussicht genommenen Admirals Sejemu Tojoda übernehmen, da nach offiziösen Berichten General McArthur Tojoda für unannehmbar hält. Man nimmt an, daß Tojoda für die von der japanischen Marine begangenen Kriegsverbrechen zur Verantwortung gezogen werden könnte, da er vom Mai 1944 bis Januar 1945 Oberbefehlshaber der japanischen Flotte war.

Premier Shidehara hält am Dienstagabend eine von allen Stationen übertragene Rundfunkansprache, die für die japanische Tradition einen Präzedenzfall darstellt.

Kriegsgefangenenmord gesühnt

London, 7. Okt. (DANA) — Fünf deutsche Kriegsgefangene, die im Juli des Mordes an einem Mitgefangenen für schuldig befunden worden waren, sind am Samstag im Londoner Pentonville-Gefängnis durch den Strang hingerichtet worden.

Verbrecherbande festgenommen

Salzburg, 5. Okt. (DANA) — Es gelang der hiesigen Polizei, eine Bande von Verbrechern festzunehmen. Die Bande, die unter der Führung eines 25jährigen Automechanikers stand, ist verdächtigt, mehrere Einbrüche, einen Mord und einige andere Verbrechen verübt zu haben.

Die „Nürnberger Nachrichten" aus der Taufe gehoben

Eigentlich liefert das Blatt, das im Augenblick Tausende von Nürnbergern, Fürthern und wie sie noch alle heißen mögen, in der Hand halten, den besten Beweis dafür, daß die „Nürnberger Nachrichten" geboren wurden.

Dem Druck ging eine eindrucksvolle Feier im Versammlungssaal der Militärregierung voraus, in deren Verlauf Oberst B. B. McMahon, der Chef der amerikanischen Nachrichtenkontrolle für den Bezirk, Dr. Joseph Eduard Drexel, dem neuen Herausgeber, die Lizenz überreichte. Oberst Edward Haight, der Kommandeur der Militärregierung für den Bezirk, Oberst Charles H. Andrews, der Chef der Nürnberger Militärregierung, Arthur F. Gerecke, Chef der Presseabteilung der Nachrichtenkontrolle, zahlreiche Offiziere, Oberbürgermeister Martin Treu, stellv. Oberbürgermeister von Fürth, Schwiening, und viele Mitglieder der Behörden beider Städte nahmen an der Feier teil.

Später begaben sich die Teilnehmer nach Zirndorf, wo Oberst McMahon durch Bedienung eines Knopfes die Rotationspresse in Gang setzte.

(Nähere Einzelheiten folgen in der nächsten Nummer.)

Heß in Nürnberg

Nürnberg, 9. Okt. (DANA). — Rudolf Heß, der frühere „Stellvertreter des Führers der NSDAP," ist in Deutschland eingetroffen und ins Nürnberger Gefängnis gebracht worden. Heß befindet sich in guter körperlicher Verfassung.

Der rechte Mann am rechten Platz

Dr. Joseph Drexel – auch das war ein Sonderfall in der Lizenzpraxis der Amerikaner – hatte die Genehmigung zur Herausgabe der „Nürnberger Nachrichten" zunächst für sich allein erhalten und konnte sich – wenngleich mehrfach dazu gedrängt – einen ihm genehmen Lizenzpartner selbst suchen.

Dr. Drexel, 1896 in München geboren, „war ein interessanter Mann. Während des Ersten Welt-Krieges war er Fliegerleutnant, dann war er zur USP[8] gegangen, trat daraufhin dem Bund Oberland[9] bei; 1919 hatte er seine lyrische Begabung entdeckt. Er dichtete und trat selbst als Vortragender in Kabaretts auf. Er hatte Volkswirtschaft studiert und immer schwankte er zwischen der Nüchternheit der Geschäfte und der Beschwingtheit lyrischer Verse. Er war sehr tätig, zeigte unübertreffliche Umsicht und bewährte eine beneidenswert geschickte Hand bei allem, was er anfaßte. Seinem geistigen Habitus nach gehörte er unzweifelhaft zur Linken. Schriftsteller wie Thomas Mann waren ihm gemäß. Er war ohne alle Pathetik und gehörte zu jenen Menschen, die eine ganze Gesellschaft erheitern können. Sein persönlicher Charme war ungewöhnlich. Auf Menschenbehandlung verstand er sich vorzüglich; als er später, nach 1945, den Verlag der ‚Nürnberger Nachrichten' übernahm, konnte er sich bald einer Angestellten- und Arbeiterschaft erfreuen, die für ihn, wie man zu sagen pflegt, durchs Feuer ging."[10] Ernst Niekisch, der den Nürn-

---

[8] USPD = Unabhängige Sozialdemokratische Partei Deutschlands, entstanden 1917, als die Kriegsgegner sich von der SPD abspalteten. 1920 schloß sich die linke Mehrheit der Mitglieder der KPD an, während sich der verbliebene Rest 1922 auf dem Nürnberger Parteitag wieder mit der SPD vereinigte. Hier liegt indessen wohl ein Irrtum von Niekisch vor, den W. R. Beyer im Auftrage Dr. Drexels bei einem Besuch in Berlin diesem vorhalten sollte. Ernst Niekisch wußte genau, daß Drexel nur ein oder zweimal zu Versammlungen der USPD als Zuhörer gegangen war. Nur dieses habe er ausdrücken wollen, entschuldigte sich Niekisch. Niekisch hat aber vergessen, daß die für Joseph E. Drexel ungemein wichtige Mitgliedschaft im Freikorps Epp (und zwar aktiv beim Marsch von Dachau in die Stadt München) hier zeitlich folgte. Drexel war sofort nach der Entlassung aus dem Heer zum Freikorps Epp gegangen. Er nahm am Einmarsch desselben von Dachau nach München teil und blieb längere Zeit in München im Freikorps tätig. Diese Mitgliedschaft im Freikorps Epp hat Drexel zeit seines Lebens betont. Sie war auch kritischer Gegenstand bei der Erteilung der Zeitungslizenz durch die amerikanische Militärregierung.

[9] Der Bund Oberland hatte sich aus dem Freikorps Oberland entwickelt, das sich vornehmlich aus „bayerischen kleinbürgerlichen Intellektuellen" rekrutierte und bei der Niederwerfung der Münchener Räterepublik eine führende Rolle spielte. Die Organisation Oberland konnte sich aktiv lange Zeit trotz der Vorschriften des Versailler Vertrages in Bayern bewegen. Drexel war auch einmal zum 1. Vorstand gewählt worden. Er konnte diese Funktion aber nicht ausüben, da das Registergericht die Wahlversammlung als nicht richtig einberufen wertete. Der Bund Oberland hatte Redner der verschiedensten politischen Strömungen zu seinen Tagungen eingeladen. Nur unter diesem Vorzeichen kam Niekisch auch dorthin und lernte hierbei Drexel kennen. Als sich dann ein beachtlicher Teil von Oberland der Bewegung Niekisch, die damals nur aus dem Leserkreis seiner Zeitschrift „Widerstand" bestand, anschloß, zogen die Österreicher (die Mehrheit) unter dem Fürsten Starhemberg einen Spalter-Verein auf. Der letzte Vorsitzende des selbständigen Vereins Bund Oberland war Staatsrat Friedrich Weber, der mit Hitler zusammen 1923 schon den Marsch vor die Feldherrnhalle unternommen hatte und in der Folge wegen Hochverrats ebenfalls zu fünf Jahren Festungshaft in Landsberg verurteilt worden war. Dort hatte Weber zeitweise die Stube mit Hitler geteilt und letzteren als „rohen Patron", rücksichtslos und hemmungslos gegen seine Umgebung, erlebt. (Siehe dazu auch Ernst Niekisch: Gewagtes Leben. Köln/Berlin 1958, S. 155–158).

[10] Ernst Niekisch, a. a. O., S. 156.

berger Lizenzträger, Verleger und Publizisten so schildert, hat bei anderer Gelegenheit ergänzend bemerkt, mit Drexel sei „der rechte Mann auf den rechten Platz gelangt“[11].

Mit Ernst Niekisch war Joseph Drexel durch gemeinsame Überzeugungen und ein gemeinsam ertragenes Schicksal während der Nazi-Herrschaft verbunden. Über den Bund Oberland war Drexel auf Niekisch und einen Kreis von Gesinnungsgenossen gestoßen, der sich um die Niekisch-Zeitschrift „Widerstand“ gesammelt hatte. Drexel, bis 1937 in leitenden Wirtschaftspositionen und zeitweise auch in der Außenhandelsabteilung des Auswärtigen Amtes beschäftigt, wurde einer der führenden Mitarbeiter dieser Zeitschrift und Mitglied in der Widerstandsbewegung. Auch an der Wochenschrift „Entscheidung“ in Berlin wirkte er führend mit. Nachdem diese Zeitschriften verboten worden waren, arbeitete Drexel im Untergrund gegen die NSDAP und gab einen illegalen Informationsdienst heraus. Zusammen mit Niekisch und anderen Freunden wurde er 1937 festgenommen. Erst nach 23 Monaten Untersuchungshaft mit Mißhandlungen und Schikanen wurde er vom Volksgerichtshof in Berlin wegen Vorbereitung zum Hochverrat zu vier Jahren Zuchthaus und zum Verlust der bürgerlichen Ehrenrechte verurteilt. (Niekisch erhielt im nämlichen Prozeß eine lebenslange Zuchthausstrafe). 1941 wurde Drexel entlassen und aus Bayern ausgewiesen. Er zog nach Innsbruck und wurde auch dort ausgewiesen. In Stuttgart, wo er schließlich als Vertreter ein leidliches Auskommen fand, bekam er Kontakt zur Widerstandsbewegung des „Kreisauer Kreises“.[12] Nach dem fehlgeschlagenen Attentat vom 20. Juli 1944 wurde Drexel erneut verhaftet und ins Konzentrationslager Mauthausen gebracht.[13] „Seine Personalpapiere trugen den Vermerk: ‚R. u.‘ = Rückkehr unerwünscht. (...) Es war darauf abgesehen, ihn langsam zu ruinieren. Unvorhergesehen und überraschend wurde er im Januar 1945 aus Mauthausen nach Nürnberg entlassen. So überlebte er den Krieg und das Dritte Reich.“[14]

In Joseph Drexel fanden die Amerikaner einen Lizenzträger, dessen Widerstand gegen die Nationalsozialisten aktenkundig war; seine publizistischen Arbeitsproben aus der Zeitschriftenmitarbeit der 30er Jahre „verrieten eine leichte Feder und besaßen jenes Spritzige, das den Mann von Geist zu verraten pflegt“.[15] Außerdem gehörte Drexel keiner Partei an und wurde von den Lizenzgebern als „liberal“ angesehen. 1946 erhielt Dr. Drexel zusammen mit Dr. Friedebert Becker auch die Lizenz für den Olympia-Verlag, der in der Folge die Zeitschriften „Wochenend“, „Bella“ und „Sport-Magazin“ produzierte, sich später dann weitgehend auf den Sportsektor spezialisierte und bis heute die Publikationen „kicker-sportmagazin“ und „Fußball-Magazin“, neuerdings auch „Berge“ herausgibt. Seit 1962 gehört der Olympia-Verlag zur Unternehmensgruppe der „Nürnberger Nachrichten“.[16]

---

11 Ernst Niekisch im Nachwort zu: Der Gesichtskreis. Joseph Drexel zum sechzigsten Geburtstag. München 1946, S. 214.

12 Nach dem Gut Kreisau des Grafen von Moltke benannte Gruppe von Gegnern des Nationalsozialismus, zu der u. a. auch Alfred Delp und Eugen Gerstenmaier (der langjährige spätere Präsident des Deutschen Bundestages) zählten.

13 Die Kurzdarstellung folgt Hans Kapfinger (Hrsg.): Die neue bayerische Presse. München 1948, S. 22.

14 Ernst Niekisch im Nachwort zu: Der Gesichtskreis, a. a. O., S. 214.

15 Ernst Niekisch im Nachwort, a. a. O., S. 214.

16 Nach Angaben des Verlags in der Stichwort-Skizze zur Geschichte des Unternehmens der

Mangels funktionsfähiger Maschinen werden die „Nürnberger Nachrichten“ nicht in Nürnberg, sondern in Zirndorf produziert. Aber es geht aufwärts mit der Zeit – und auch dem „Zeitungsmann“ geht es immer besser! (Karikaturen aus der Freundesgabe „Menschen und Begegnungen“ für Joseph E. Drexel zum 60. Geburtstag.)

NÜRNBERGER Nachrichten

ALLGEMEINE ZEITUNG FÜR NORDBAYERN

Einzelpreis 20 Pfg. | Donnerstag, den 3. Oktober 1946 | 2. Jahrgang / Nummer 79

„Das Urteil von Nürnberg ein hoffnungsvolles Zeichen für den Frieden der Welt!“

Nachdem Dr. Drexel die Zeitungsherausgabe in Nürnberg trotz vieler Schwierigkeiten gelungen war, drängten die Offiziere der Amerikanischen Nachrichtenkontrolle darauf, daß ein zweiter Lizenzträger für das Unternehmen bestellt werde. Doch der Nürnberger Verleger lehnte verschiedene Bewerber ab. Von Anfang an hatte er jedoch mit Hans Walter einen „rein wirtschaftlichen Teilhaber" in seine Gesellschaft aufgenommen. Walter war „ein Freund von Drexel, der mit ihm im Widerstandskreis Niekisch in Nürnberg eng zusammengearbeitet hatte".[17] Den Lizenzpartner fand Drexel schließlich in Heinrich G. Merkel, der laut notarieller Urkunde ab 1. 1. 1949 mit 45% beteiligt wurde. Merkel arbeitete im verlegerischen und vor allem kaufmännischen Sektor mit, so daß sich Drexel stärker auf den Funktionsbereich des Herausgebers und die redaktionellen Aufgaben konzentrieren konnte.[18]

Heinrich G. Merkel war bis dahin Lizenzträger bei der „Main-Post" in Würzburg gewesen. 1900 in Trebnitz (Schlesien) geboren, hatte er in Breslau ein juristisches Studium absolviert. Von 1923 bis 1933 war er Geschäftsführer der Darlehenskasse des Deutschen Studentenwerks e. V. gewesen und hatte in dieser Zeit bereits an der Herausgabe von Zeitschriften und Büchern mitgewirkt. 1933 wurde er entlassen. Mehrere Jahre schlug er sich als Angestellter der Auto-Union in Chemnitz durch, wurde 1938 dann aber kaufmännischer Leiter eines Leipziger Musikalienverlags und blieb es bis 1945. Den parteilosen Merkel stufte die amerikanische Nachrichtenkontrolle als „konservativ" ein.[19]

Ebenfalls 1949 holte Dr. Drexel zu guter Letzt Roland Buschmann als Chefredakteur zu den „Nürnberger Nachrichten". Dieser hatte schon im Alter von 23 Jahren als Chefredakteur des „Kölner Tagblatts" zu Beginn der 30er Jahre auch die Pressekonkurrenz der Domstadt am Rhein kräftig durcheinandergewirbelt, mußte dann vorübergehend jedoch emigrieren und erwies sich bis zum Ende des Krieges als Redakteur der in Stettin erscheinenden „Pommerschen Zeitung" als recht mutig, indem er mit viel Geschick die Regieanweisungen der Nationalsozialisten umging.[20]

Das Führungsteam für die erste Aufbauphase der „Nürnberger Nachrichten" war damit komplett.

„Nürnberger Nachrichten" vom 16. 10. 1987, S. 4; vgl. auch Karl Vogel: Das NN-Modell. Nürnberg 1981, S. 165.

17 So Heinrich G. Merkel in einem Schreiben vom 18. 1. 1983 an Rainer Sütfeld sowie in einem Gespräch mit diesem vom 16. 9. 1982. Beides zitiert in Rainer Sütfeld: Die Entwicklung der 27 in Bayern lizenzierten Tageszeitungen seit 1949. (Unveröffentl.) Mag. Arb. München 1983, S. 130. Siehe dazu auch Hans Walter: Joseph in der „Löwengrube". In: Lotte Foth/Ludwig Baer/Heinrich Sperl (Hrsg.): Menschen und Begegnungen. Dr. Joseph E. Drexel zum 60. Geburtstag. Nürnberg 1956, S. 60.

18 Der Verlag hält am 1. 1. 1949 als Stichtag für den Eintritt Merkels in den Verlag aufgrund der Urkunde des Notars Dr. Held vom 18. 1. 1949 Nr. 79/49 und des Berichts des Oberfinanzpräsidenten vom 5. X. 1949 fest. (Auskunft vom 13. 4. 1989) Merkel selbst bemerkt in einem Vorwort zur Drexel-Festschrift „Menschen und Begegnungen" von 1956, er steuere mit Drexel „seit 1948 das Werk und Lebensschiff gemeinsam durch die bewegte See der Jahre" (a. a. O., S. 7).

19 Siehe dazu Hans Kapfinger (Hrsg.): Die neue bayerische Presse. München 1948, S. 37.

20 Siehe „Nürnberger Nachrichten" (Hrsg.): Roland Buschmann. Erinnerungsgabe aus Anlaß des Ablebens unseres Chefredakteurs. Nürnberg 1962.

Profilierung

Die „Nürnberger Nachrichten“ konnten ihr Profil gewinnen und festigen. Das grobe Muster hierfür hatte Joseph Drexel schon in der ersten Nummer vorgegeben. Am optischen Fixpunkt der ersten Seite der Erstnummer hatte er aus einem Gedicht des Nürnbergers Karl Bröger die programmatischen Zeilen abgedruckt:

> „Wir wollen der Erde neue Gewichte geben,
> Die Liebe aufrichten aus ihrem tiefsten Fall,
> Und allen künden: Heilig der Mensch
> Und dreimal Heilig das Leben!“[21]

Gleichzeitig hatte Drexel aber auch in seinem ersten Leitartikel, betitelt „Anfang“, die künftige Linie vorgezeichnet: „Friede und Demokratie werden uns nicht von selbst zufallen, sondern wollen erkämpft werden. Demokratie ist kein Zustand, sondern eine Aufgabe. Sie erfordert den Mut zur Selbstbesinnung und zur Einkehr, die dann wieder eine Heimkehr sein wird. Wenn wir an dieser Aufgabe nicht scheitern wollen, so müssen wir in unserer gegenwärtigen Lage allen illusionistischen Schlagworten entsagen und uns zu einem nüchternen Realismus der Tatsachen bekennen. Wir müssen unseren Sinn für das Notwendige schärfen. Es ist eine alte Weisheit: Wer sich an das hält, was sein soll, statt an das, was ist, tut mehr für seinen Untergang als für seine Erhaltung. Das gilt heute mehr denn je.“[22]

Diese Position Drexels hatte Konsequenzen sowohl für seine Auffassung von unabhängigem Journalismus wie für die Richtung, die er publizistisch mit seinem Blatt einschlagen wollte. Was das erste anlangt, so wehrte er sich vehement gegen den Vorwurf, die Lizenzpresse sei den amerikanischen Besatzern hörig oder sei auf deren Wunsch hin auf einen antikommunistischen Feldzug eingeschwenkt. Drexel schrieb hierzu: „Ich stehe aufgrund einer nun beinahe dreijährigen Erfahrung nicht an zu erklären: Diese Abhängigkeit ist nicht existierend. Ich erinnere mich nicht eines einzigen Falles, in welchem die Besatzungsmacht, sei es direkt oder über ihre Presseoffiziere, mich einer Abhängigkeit ausgesetzt hätte. Mir ist in der amerikanischen Zone kein Fall bekannt, daß eine Zeitung, weil sie sich ‚nicht dem propagandistischen Willen der Sieger pflichtig machen ließ‘, auf Zeit oder auf immer verboten worden wäre. (...) Die in der amerikanischen Zone erscheinende Presse ist weder direkt noch indirekt gehalten, dem Willen der Besatzungsmacht gefügig zu sein und amerikanische Gesichtspunkte zu propagieren. Wo es da und dort geschieht, geschieht es nicht unter Druck, sondern offenbar aus der Überzeugung der Journalisten selbst. Wenn sich der Journalist nicht in Übereinstimmung mit amerikanischen Gesichtspunkten befindet, hindert ihn niemand zu schreiben, was er für recht und billig hält. (...) Keine Zeitung in der amerikanischen Zone ist gezwungen worden, sich etwa dem antikommunistischen Feldzug anzuschließen, und niemand hatte Nachteile zu erwarten, der sich davon distanzierte.“[23]

Drexel wußte durchaus, worüber er da öffentlich nachdachte. Denn unter seiner Leitung hatten die „Nürnberger Nachrichten“ sich schon 1946 gegen Berichte ge-

---

[21] Erstnummer vom 11. 10. 1945 (Nachdruck). Es war im übrigen bei den „Nürnberger Nachrichten“ lange üblich, ins linke obere Eck der ersten Seite vor allen aktuellen Stoffen einen (meist zu den Tagesaktualitäten passenden) Spruch, einen Aphorismus oder ein paar Verszeilen zu setzen.

[22] Erstnummer vom 11. 10. 1949 (Nachdruck), S. 2.

[23] Joseph Drexel: Parteien und Presse. In: „Nürnberger Nachrichten“ vom 14. Juli 1948.

wandt, welche die Zustände in der sowjetischen Besatzungszone einseitig negativ zeichneten. Drexel hatte im November 1947 sodann erhebliche Zweifel am langfristigen Nutzen des Marshall Planes angemeldet, weil gerade das Gelingen dieses Planes im Westen eine Prosperität hervorzaubern werde, deren Anziehungskraft der Osten sich nicht entziehen könne; dadurch aber werde die Teilung Deutschlands zementiert. Und als die Sowjets die Berlin-Blockade verhängten, kritisierte Drexel zwar auch nach deren Seite hin; aber er war einer der ganz wenigen Publizisten, die auch den westlichen Alliierten einige Schuld an der Blockade zuschoben. Und als die westdeutschen Ministerpräsidenten bei ihrer Rüdesheimer Konferenz im Juli 1948 bisherige Vorbehalte gegen einen wirtschaftlich eigenständigen, deutschen Weststaat aufgaben, drückten Drexels Kommentare „offenen Zorn und Mißtrauen“ aus: „Es handelt sich (...) um ein von den Alliierten und Deutschen gemeinsam gezeugtes Kind. Das gilt es festzustellen, um für alle Zukunft dem Versuch einer Legendenbildung entgegenzuwirken, als seien für diese Entwicklung die Alliierten ebenso allein verantwortlich wie unsere Politiker unschuldig.“[24]

Seine eigenen Überzeugungen ließen Drexel in den „Nürnberger Nachrichten“ für eine deutsche Ostorientierung, oder doch wenigstens gegen eine einseitige Westorientierung, wenn nicht für eine Neutralität zwischen den Blöcken plädieren. Damit stand Drexel, „der mit dem Wort und durch das Wort in die Öffentlichkeit“ hineinwirken wollte, „um Einfluß zu nehmen“,[25] natürlich in publizistischer Opposition zur deutschen Nachkriegspolitik. Hier konturiert sich der Ruf des „linken“ Blattes. Noch 25 Jahre später, schreibt Hurwitz, besaßen die „Nürnberger Nachrichten“ „das Profil, das von dem Lizenzträger und Gründer Joseph Drexel geprägt worden war: In der Außenpolitik mit Betonung auf der Unabhängigkeit der nationalen Interessen, aber linksliberal in innenpolitischen Fragen“.[26] Doch er bescheinigt dem Herausgeber Drexel auch, daß er seine Verantwortung für eine demokratische Presse bewußt wahrgenommen habe: „Dies äußerte sich nicht nur in einer objektiven Zusammenstellung der Nachrichten, sondern auch in der breiten Skala unterschiedlicher Meinungen, die in den ‚Nürnberger Nachrichten‘ gedruckt werden konnten“ und die keineswegs mit Drexels Meinung übereinstimmen mußten.[27]

Nach Drexels Tod, im Jahr 1976, formulierten Heinrich G. Merkel und Bruno Schnell als Verleger in den „Richtlinien für die grundsätzliche Haltung der ‚Nürnberger Nachrichten‘“ das nämliche Prinzip: „In den Meinungsspalten müssen auch – der Vielfalt der Auffassungen in einer pluralistischen demokratischen Gesellschaft entsprechend – kontroverse Überzeugungen dargelegt werden können. Das ist, im Hinblick auf die starke Position der ‚Nürnberger Nachrichten‘ unter den Pressemedien Mittelfrankens und im Hinblick auf die sehr unterschiedliche Prägung dieser Region, nicht nur ein Gebot journalistischer Fairness, sondern auch publizistische Pflicht.“[28]

---

24 Joseph Drexel: Die alten Ausreden. In: „Nürnberger Nachrichten“ vom 11. August 1948. Die Textstellen und ihre Bewertungen sind wiedergegeben nach Harold Hurwitz: Die Stunde Null der deutschen Presse. Köln 1972, S. 386 ff.

25 So hat Helmut Lindemann den Publizisten Drexel charakterisiert. In: Ernst Niekisch (Hrsg.): Die Freunde und der Freund. Nürnberg 1966, S. 45.

26 Harold Hurwitz, a. a. O., S. 240.

27 Harold Hurwitz, a. a. O., S. 389.

28 Richtlinien für die grundsätzliche Haltung der „Nürnberger Nachrichten“ vom 1. Januar 1979, gezeichnet von Heinrich G. Merkel und Bruno Schnell, Ziff. 8. Die Richtlinien sind bis heute gültig und Bestandteil der Arbeitsverträge mit den Redakteuren.

DR. J. DREXEL VON P. KLEE

In drangvoller Enge arbeitete die Redaktion, geleitet von Dr. Joseph E. Drexel (oben karikiert von Prof. H. E. Köhler). Mit der Währungsreform verbesserten sich auch die Bedingungen der Zeitungsarbeit.

NÜRNBERGER Nachrichten SONDER-AUSGABE

Donnerstag, 24. Juni 1948 — Allgemeine Zeitung für Nordbayern — Preis 20 Pfennig

Steuerreform-Gesetz: Senkung der Steuerlasten

Der Wortlaut des Gesetzes Nr. 64 über eine vorläufige Revision der Steuergesetzgebung

Frankfurt, 23. Juni (DENA). — Die Militärgouverneure der amerikanischen, britischen und französischen Zone haben im Zusammenhang mit der Währungsreform für ihre Zone ein Steuerreformgesetz erlassen, das, wie es im Wortlaut des Gesetzes heißt, eine „vorläufige Revision der Steuergesetze" vorsieht, „um diese der Währungsreform anzupassen und um den besten Gebrauch der finanziellen Hilfsmittel der drei Zonen zum allgemeinen Wohle zu fördern". Es handelt sich hierbei um ein deutsches Gesetzgebungswerk, das von der Zweizonenverwaltung für Finanzen ausgearbeitet worden ist und nach gründlicher Beratung mit den Sachverständigen der Länder und in den Finanzausschüssen des sie gewisse Abänderungen für notwendig. In Gesprächen wird hervorgehoben, daß die neuen Steuergesetze trotzdem einen großen Fortschritt bedeuten, wenn auch die deutschen Vorschläge über die Herabsetzung der wichtigsten Steuern, vor allem der Einkommensteuer wesentlich weitergegangen seien. Den amerikanischen und britischen Militärbehörden wird zugestanden, sie hätten die deutschen Pläne nachdrücklich gefördert. In gewissem Umfang hätten sie aber den französischen Ansprüchen nachgeben müssen. Die Haltung der französischen Besatzungsmacht sei auf ihre höheren Besatzungskosten zurückzuführen, die durch entsprechend höhere Steuereinnahmen ihre Deckung finden müßten. Der Direktor den Betrieben durch besondere Vergünstigungen stark gefördert, damit ein möglichst großer Teil der nach der Währungsreform laufend entstehenden Kaufkraft nicht in den Verbrauch strömt, sondern gespart, bzw. im Betrieb verwendet wird. Der Abschöpfung der Kaufkraft dient auch eine Neuregelung der Besteuerung bei Gegenständen des entbehrlichen Bedarfs, wie Tabak und Kaffee. Die Verbrauchsbesteuerung wollen wir elastisch der Entwicklung der Marktlage anpassen, so daß bei zunehmend besserer Versorgung der Verbraucher die Steuersätze nach und nach gesenkt werden können. Das Aufkommen aus der Tabaksteuer und der Kaffeesteuer dient dazu, die Steuersenkung auf dem Ge-

Der Zeitungsraum Mittelfranken

Die starke Position der „Nürnberger Nachrichten“ in Mittelfranken war von Anfang an durch das zugewiesene Verbreitungsgebiet vorbestimmt; dieses umfaßte die damaligen Stadt- und Landkreise Nürnberg, Fürth, Erlangen, Schwabach, Hersbruck, Lauf/Pegnitz, Hilpoltstein und Teile des Landkreises Neumarkt. Ursprünglich gehörte auch das seinerzeit noch mittelfränkische Kreisgebiet Eichstätt dazu, das dann jedoch an den „Donau Kurier“ fiel. Ähnliche Bereinigungen erfolgten an der Grenze zu Oberfranken, wo die Landkreise Forchheim und Höchstadt /Aisch sehr bald dem „Fränkischen Tag“ in Bamberg zugeschlagen wurden. Innerhalb des Regierungsbezirkes schließlich mußten die „Nürnberger Nachrichten“ die Stadt- und Landkreise West-Mittelfrankens, nämlich Ansbach, Neustadt/Aisch und Gunzenhausen ab April 1946 an das Lizenzblatt „Fränkische Landeszeitung“ (Ansbach) abtreten. Nachdem die „Nürnberger Nachrichten“ sich einigermaßen eingerichtet hatten, versorgten sie ihr Gebiet mit zwei Ausgaben: Die Stadtausgabe A war für Nürnberg bestimmt; ihr waren zwei titelbezogene Nebenausgaben für die Nachbarstädte angehängt: die „Fürther Nachrichten“ und die „Erlanger Nachrichten“. Die zweite, die Landausgabe B erschien ohne spezifische Lokalteile für die Landkreise Nürnberg, Hersbruck, Hilpoltstein, Lauf, Schwabach und Weißenburg.

Erst als im September 1949 die Generallizenz in Kraft trat, kam Bewegung in den großzügig verteilten und fein abgezirkelten Zeitungsmarkt. Hier waren bis 1933 wenigstens 34 Blätter erschienen, 20 im Verbreitungsgebiet der „Nürnberger Nachrichten“, 14 im west-mittelfränkischen Einzugsgebiet der „Fränkischen Landeszeitung“.[29] Ein Teil der Altverleger-Blätter hatte schon vor der Generallizenz ein Wiedererscheinen als Anzeigenblätter versucht oder war illegal zumindest mit „Probenummern“ schon früher auf den Markt getreten.[30] Auf jeden Fall waren „im Verlauf von zwei Jahren Pressefreiheit“ allein die „Nürnberger Nachrichten“ mit nicht weniger als 17 Neu- bzw. Wiedergründungen konfrontiert;[31] mit neun Konkurrenten mußte sich die „Fränkische Landeszeitung“ in ihrem Gebiet messen. Für 1956 zählt Karl Vogel insgesamt 29 Titel lokal-regional verbreiteter Abonnementzeitungen im mittelfränkischen Raum.[32]

Die Heimatzeitungen traten nicht chancenlos gegen die Lizenzzeitungen an, auch wenn deren Vorsprung in Mittelfranken nirgends einholbar war. Die Heimatzeitungen hatten den Vorteil der Nähe zur Leserschaft und deren Lebensräumen. Sie verstanden und verstehen sich bis heute „als Motor für die Entwicklung, als Integrationsinstrument der heterogenen Bevölkerungsstruktur ihres Verbreitungsgebietes“.[33] Dieser Vorteil schlug zu Buche. Die Landausgabe der „Nürnberger Nachrichten“ vor allem verlor nach 1949 bis 1958 deutlich, wenngleich nie gefährlich an Auf-

29 Siehe Hans Kapfinger (Hrsg.): Die neue bayerische Presse. München 1948, S. 21 und S. 60 f.

30 Siehe Helmuth von Holstein/Philipp Riederle: 50 Jahre Verband Bayerischer Zeitungsverleger e.V., München 1963, S. 99 und S. 102 f. Die Autoren führen für das hier relevante Verbreitungsgebiet den „Treuchtlinger Kurier“ (der ab 27. 8. 1948 als Anzeigenblatt herauskam) und das „Erlanger Tagblatt“ mit einer als Nummer 1 deklarierten Werbenummer vom 30. Juli 1949 an.

31 Harold Hurwitz, a. a. O., S. 240.

32 Karl Vogel: Das NN-Modell. Nürnberg 1981, S. 126 ff.

33 So vermutlich wohl repräsentativ und typisch für die Heimatzeitungsverlage der Verleger des „Schwabacher Tagblatts“; zit. nach Karl Vogel, a. a. O., S. 130.

lage. Umgekehrt hatten die Heimatzeitungen, die – an alten Landkreis-, Gerichts- und Verwaltungsbezirksgrenzen orientiert – kaum irgendwelche Möglichkeiten für Auflagensteigerungen ausschöpfen konnten, eine schmale wirtschaftliche Basis. Diese war nennenswert nicht zu stärken, solange die Heimatblätter ihrer Verbreitung und Auflage wegen für die werbende Wirtschaft wenig attraktiv waren, abgesehen vom Einzelhandel und von Privatanzeigen im lokalen oder regionalen Werbemarkt. Indem sie diesen ausschöpften und zur Verbesserung der publizistischen Leistung miteinander kooperierten, wahrten sich die Heimatzeitungen zunächst ihre Lebensfähigkeit. Publizistisch schlossen sie sich in den Redaktionsgemeinschaften der Bayerischen Heimatzeitungsverlags GmbH und der Nordbayerischen Heimatzeitungsverlags GmbH zusammen; die Anzeigenakquisition wurde über Anzeigenringe abgewickelt.

Doch damit waren die Probleme auf Dauer nicht zu lösen. Es war abzusehen, daß an die technische Ausstattung der Zeitungsbetriebe immer höhere Anforderungen gestellt werden würden; die damit verbundenen hohen Investitionen hätten die Heimatzeitungsverlage überfordert.

Umgekehrt hätte die starke großstädtische Lizenzzeitung ihre lokalbezogenen Ausgaben in etlichen Bereichen noch weiter ausbauen, in anderen, von ihr noch nicht erschlossenen Gebieten erst neu aufbauen müssen, um insgesamt als Werbeträger attraktiv zu bleiben. Das aber hätte in den Gebieten der Heimatzeitungen einen Verdrängungswettbewerb zur Folge gehabt.

In dieser Situation boten die „Nürnberger Nachrichten“ ab 1959 den Heimatzeitungsverlegern die Kooperation in einer „Arbeits- und Interessengemeinschaft“ an. Die Kooperationspartner der ersten Stunde, die sich am 1. Juli 1959 den „Nürnberger Nachrichten“ anschlossen, waren: das „Schwabacher Tagblatt“, das „Erlanger Tagblatt“, die „Roth-Hilpoltsteiner Volkszeitung“, die „Pegnitz-Zeitung“ (Lauf), der „Treuchtlinger Kurier“ und die „Windsheimer Zeitung“.[34]

Im nämlichen Maße, in dem der Beitritt dieser Verlage die bisherigen Kooperationsgruppen schwächte, wurde die Position der „Nürnberger Nachrichten“ gestärkt. Das kam auch den Auflagen und den wirtschaftlichen Ergebnissen der kooperierenden Heimatverlage zugute. Andererseits begannen die „Nürnberger Nachrichten“ damit, durch Nebenausgaben die Ränder ihres konzipierten Verbreitungsgebietes intensiver abzudecken. Ende 1961 wurden die „Nordbayerischen Nachrichten“ für Forchheim, Ebermannstadt und Pegnitz gegründet (die inzwischen in zwei Ausgaben – B 1 und B 1a – aufgeteilt sind); anfang 1962 folgten die „Nordbayerischen Nachrichten“ für Höchstadt und Herzogenaurach (heute Ausgabe B 2) sowie die „Nordbayerischen Nachrichten“ für Neustadt, Scheinfeld und Uffenheim; letztere Ausgabe wurde, als es später zur Kooperation mit der „Fränkischen Landeszeitung“ kam, wieder eingestellt.

1961 hatten die „Nürnberger Nachrichten“ zudem 49 Prozent Anteile an ihrer städtischen Konkurrenz, der „Nürnberger Zeitung“, erworben. Bezüglich dieser Konkurrenz war nie der Versuch eines Verdrängungswettbewerbs von seiten der viel stärkeren „Nürnberger Nachrichten“ unternommen worden. Sowohl Joseph Drexel

---

[34] „Siehe dazu: Stichwort-Skizze des Verlags vom 16. 10. 1987, S. 3; Verlag Nürnberger Presse (Hrsg.): „Teamwork“ der Verlage; in: 25 Jahre „Nürnberger Nachrichten“. NN-Sonderbeilage vom 10./11. Oktober 1970. Karl Vogel, a. a. O., S. 139.

wie Heinrich G. Merkel waren der Meinung gewesen, daß man im Verdichtungsraum der Städte Nürnberg, Erlangen und Fürth auch eine „konservative Zeitung" brauche.[35] Vor allem Bruno Schnell, seit 1956 Prokurist in gestaltender verlegerischer Funktion und ab 1962 Gesellschafter-Geschäftsführer, vertrat diesen Standpunkt mit allem Nachdruck. Daher wurde in der Folge streng auf die Eigenständigkeit der redaktionellen Arbeit beider Zeitungen geachtet. Unmittelbare Konsequenz der Beteiligung war jedoch die Herausgabe eines gemeinsamen Anzeigenteils; die „Nürnberger Nachrichten" und die „Nürnberger Zeitung" schlossen sich zu einem einzigen, mächtigen Werbeträger zusammen.

In den folgenden Jahren schlossen weitere fränkische Heimatverleger Arbeits- und Interessengemeinschaftsverträge mit den „Nürnberger Nachrichten": 1962 waren es die „Hersbrucker Zeitung" sowie „Der Bote für Nürnberg-Land"; 1965 der „Fränkische Anzeiger" aus Rothenburg; 1969 schließlich der „Altmühl-Bote" und das „Weißenburger Tagblatt". 1969 arrondierten die „Nürnberger Nachrichten" die Süd-Ost-Ecke ihres schon in die Oberpfalz vorgetriebenen Verbreitungsgebietes durch die Nebenausgabe „Neumarkter Nachrichten". Und auf „Drängen der Anzeigenkunden"[36] hatten sie schon Mitte der 60er Jahre mit den „Ansbacher Nachrichten" und den „Feuchtwanger Nachrichten" lokale Werbeträger in direkter Konkurrenz zur „Fränkischen Landeszeitung" angeboten. Das Ergebnis war, daß am 1. Januar 1970 schließlich auch die „Fränkische Landeszeitung" in die Interessengemeinschaft mit den „Nürnberger Nachrichten" eintrat. Mit der Aufnahme der „Fränkischen Landeszeitung" in ihr Mantel- und Kooperationssystem hatten die „Nürnberger Nachrichten" ein lückenloses Zeitungsnetz im Raum Mittelfranken geknüpft. Die „Nürnberger Nachrichten" decken diesen Zeitungsraum ab und gliedern ihn zugleich; wie das geschieht, verdeutlicht ein Überblick, der die Struktur der Ausgaben und Auflagen der „Nürnberger Nachrichten" sowie der mit ihnen kooperierenden und verbundenen Zeitungsverlage herausstellt. Um die Orientierung zu erleichtern, werden in dieser schematischen Übersicht folgende Blöcke getrennt ausgewiesen:

* die Hauptausgabe der „Nürnberger Nachrichten",
* die Serie der fünf Nebenausgaben,
* die kooperierenden Heimatzeitungen sowie als Unterfall
* die „Fränkische Landeszeitung" mit ihren Ausgaben.[37]

---

35 So zitiert Rainer Sütfeld (Die Entwicklung der 27 in Bayern lizenzierten Tageszeitungen, a. a. O., S. 131) ein Gespräch mit Heinrich G. Merkel vom 16. 9. 1982. Siehe dazu auch das Porträt der „Nürnberger Zeitung" im vorliegenden Band.

36 So zitiert Karl Vogel den Verleger der NN, Bruno Schnell, a. a. O., S. 141.

37 Die wiedergegebenen Auflagenzahlen entsprechen durchgehend der IVW-geprüften, verkauften Auflage im vierten Quartal 1988. Die daraus errechnete Gesamtauflage für die „Nürnberger Nachrichten" ergibt 351 195 Exemplare. Tatsächlich jedoch bestätigt IVW im gleichen Quartal lediglich 345 393 Exemplare für die (Mantel)-Verbreitung der „Nürnberger Nachrichten". Die Differenz von rund 5800 Exemplaren ist relativ leicht zu klären: Ein Teil der Nebenausgaben und praktisch alle kooperierenden Heimatzeitungen können auch mit dem Mantel der „Nürnberger Zeitung" (als „Nordbayerische Zeitung" – NOZ) erscheinen. (Siehe dazu den späteren Abschnitt „Das NN-Modell" sowie das Porträt der „Nürnberger Zeitung".) Diese Teilauflagen der NOZ sind in den IVW-Zahlen für die entsprechenden Neben und Heimatausgaben enthalten. Diese Zahlen wollen ja vornehmlich dem Anzeigenkunden Auskunft geben über die Verbreitungsstärke eines bestimmten Werbeträgers.

Die „Nürnberger Nachrichten", ihre Ausgaben und ihre Partner

Titel [Gründungsjahr] (Untertitel)	Erscheinungsort Verlagsort	Verk. Aufl. 4. Qu. '88
Hauptausgabe: Nürnberger Nachrichten [1945] (Nordbayerische Nachrichten) (Fränkische Zeitung)	Nürnberg	113 969
Nebenausgaben: Fürther Nachrichten (Fürther Zeitung) (mit NOZ)	Fürth	37 081
Nordbayerische Nachrichten Forchheim [1961]	Forchheim	8 056
Nordbayerische Nachrichten Herzogenaurach [1962]	Herzogenaurach	8 720
Nordbayerische Nachrichten Pegnitz [1962]	Pegnitz	4 084
Neumarkter Nachrichten [1969] (mit NOZ)	Neumarkt/Opf.	7 752
Kooperierende Heimatzeitungen:		
Erlanger Nachrichten [1859] (mit NOZ) (Erlanger Tagblatt)	Erlangen	32 080
Treuchtlinger Kurier [1888]* (mit NOZ) (Treuchtlinger Nachrichten) (Treuchtlinger Zeitung) (Treuchtlinger Tagblatt)	Treuchtlingen	11 749
Der Bote für Nürnberg-Land [1834] (mit NOZ)	Feucht	11 106
Hersbrucker Zeitung [1848] (mit NOZ)	Hersbruck	8 286
Pegnitz-Zeitung [1907] (Schnaittacher Anzeiger) (Röthenbacher Nachrichten) (mit NOZ)	Lauf	12 504

Titel [Gründungsjahr] (Untertitel)	Erscheinungsort Verlagsort	Verk. Aufl. 4. Qu. '88
Roth-Hilpoltsteiner Volkszeitung [1862] (Rother Anzeigeblatt) (Fränkische Volkszeitung) (mit NOZ)	Roth	10 971
Schwabacher Tagblatt [1802] (Schwabacher Nachrichten) (Schwabacher Anzeiger) (mit NOZ)	Schwabach	15 521
Windsheimer Zeitung [1849] (Burgbernheimer Anzeiger) (Fränckischer Kriegs- und FriedensBoth 1754) (mit NOZ)	Bad Windsheim	4 952
Fränkischer Anzeiger [1892]	Rothenburg	3 811
Weißenburger Tagblatt* [1892] (mit NOZ)	Weißenburg	
Altmühl-Bote [1850] (Gunzenhauser Zeitung) (Rundschau am Hahnenkamm und Hesselberg) (mit NOZ)	Gunzenhausen	8 438
„Fränkische Landeszeitung“	Ansbach	ges.: 52 115

zusammengefaßt also:

Hauptausgabe „Nürnberger Nachrichten“	113 969
Nebenausgaben „Nürnberger Nachrichten“	65 693
Kooperierende Heimatzeitungen	119 481
„Fränkische Landeszeitung“	52 115
Gesamtauflage:	351 195

* Gemeinsame Auflagenangabe für Treuchtlinger Kurier und Weißenburger Tagblatt

NÜRNBERGER Nachrichten

43. Jahrgang
J 5393 A

Ausgabe A

NORDBAYERISCHE NACHRICHTEN — FRÄNKISCHE ZEITUNG

Einzelpreis: 1,20 DM — Samstag/Sonntag, 11./12. Juli 1987 — Nummer 156

Aus dem Inhalt

SEITE 5:
Heroin wird bei Londoner Börsianern immer beliebter

BAYERN:
Protest gegen EG-Pläne, Grenzwerte bei Nahrungsmitteln von 600 auf über 4000 Becquerel anzuheben

SPORT:
Dietrich Thurau bot beim Zeitfahren auf der 10. Etappe der Tour de France eine große Leistung

WOCHEN-MAGAZIN:
Im Psycho-Boom — Seelenforscher ergründen das Glück

TV im WOCHEN-MAGAZIN

Laut Aussage des Lkw-Fahrers

Die Bremsen haben versagt

Er wollte in die Autobahn einbiegen, raste aber nach Herborn

HERBORN — Die Katastrophe in der mittelhessischen Stadt ist nach der Aussage des schwerverletzt im Krankenhaus liegenden Fahrers des Unglückstankzuges auf ein Versagen der Bremsen zurückzuführen.

Dies gab die Staatsanwaltschaft in Limburg bekannt, die den 47jährigen am Donnerstag nur wenige Minuten vernommen, zunächst aber über das Ergebnis nichts bekanntgegeben hatte. Laut Staatsanwalt Norbert Winkler erklärte der Lenker des Lastzuges, er habe gar nicht nach Herborn hineinfahren, sondern, aus Montabaur kommend, an der Anschlußstelle Herborn-West auf die Autobahn abbiegen wollen, um sein Ziel im Sauerland zu erreichen. Bereits vor dem Autobahnanschluß hätten die Bremsen des Fahrzeuges versagt, das erst vor zweieinhalb Monaten neu zugelassen wurde. Deshalb sei es ihm unmöglich gewesen, in die Fernverbindung einzufahren. Der Lkw, mit 36 000 Litern Treibstoff beladen, sei über die Gefällestrecke weiter bis in die Herborner Innenstadt an den Katastrophenort gerast.

Immer wieder, so der 47jährige der Staatsanwaltschaft zufolge, habe er verzweifelt versucht

Regierungschef würdigt den Moskau-Besuch des Bundespräsidenten

Kanzler Kohl: »Ein Meilenstein auf dem Weg der Verständigung«

Hoffnung auf Visite Michail Gorbatschows während der deutschen EG-Präsidentschaft — Liste mit 16 Nazi-Verbrechern wird überprüft

Bundesbahn erhöht die Preise

Zeitfahrkarten werden teurer

Begründung: „Gerade der Nahverkehr deckt die Kosten nicht"

FRANKFURT — Die Bundesbahn erhöht vom 1. August an die Preise für Zeitkarten im Nahverkehr um durchschnittlich 2,64 Prozent für Erwachsene und 2,84 Prozent für Schüler. Gleichzeitig bietet die Bahn für Schüler ein Jahresabonnement an, mit dem die Jugendlichen zum Preis von zehn Monatskarten zwölf Monate fahren können.

Der Sprecher der Bundesbahn, Gerhard Scheuber, begründete die Preiserhöhungen damit, daß gerade der Nahverkehr seine Kosten nicht decke. Mit den Anhebungen solle versucht werden, das Defizit nicht noch weiter ansteigen zu lassen.

Nach der neuen Preiserhöhung kostet eine Wochenkarte für Entfernungen von mehr als 25 Kilometern 36,50 Mark, der Preis einer Monatskarte steigt von bisher 124 auf 128 Mark. Schüler müssen für ihre Wochenkarte über die gleiche Entfernung 27 Mark, für die Monatskarte 95 Mark zahlen.

Auch für Schüler führt die Bahn ein Jahres-Abonnement ein, zum Preis von zehn Monatskarten. Dieses neue Abonnement löst die bisherige Jahreskarte ab, die nur ausgegeben wurde,

Das typische Gesicht der „Nürnberger Nachrichten" heute.

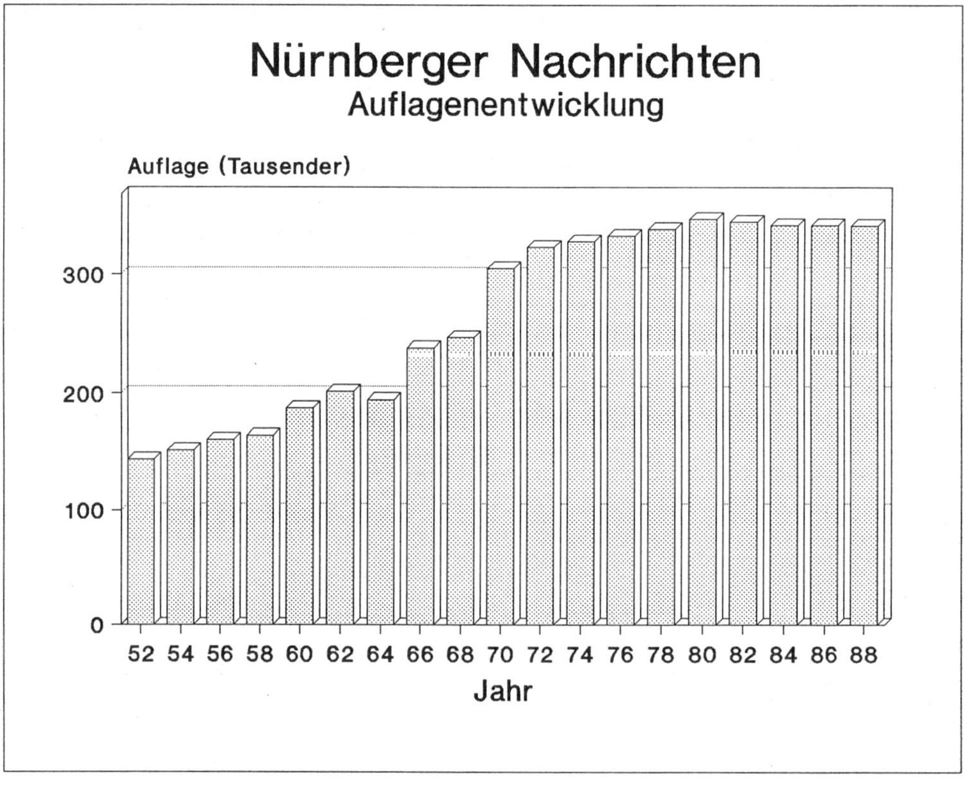

Das „NN-Modell"

Wie aber sieht das Muster der Interessengemeinschaftsverträge (die fallweise verschieden sind) aus? Diese Verträge waren manchenorts mißtrauisch beobachtet und gescholten, von den Betroffenen aber ausnahmslos zustimmend bewertet worden. Sie wurden sogar gepriesen – sobald eben eigene Erfahrungen vorlagen.

Fundament aller Vereinbarungen im „Arbeits- und Interessengemeinschaftsvertrag" ist die Eingangsfeststellung: „Die rechtliche Selbständigkeit der Vertragsteile und ihrer Firmen wird durch den Vertrag nicht berührt, soweit nicht (...) zur Erreichung des gemeinsamen Ziels etwas anderes vereinbart ist".[38] Daß diesbezüglich die Vertragswirklichkeit mit dem Vertragswort übereinstimmt, bestätigen alle Kooperationspartner: „Ein sehr fairer Vertrag, der den Heimatzeitungsverleger in die Lage versetzt, einen qualitativ guten Lokalteil in völlig eigener Regie unter Gewährleistung rechtlicher und wirtschaftlicher Selbständigkeit herzustellen".[39]

In der praktischen Konsequenz erstreckt sich diese vertraglich gesicherte Selbständigkeit auf sämtliche Hauptfunktionen verlegerischen und herausgeberischen Handelns.

Vor allem ist der jeweilige Lokalverleger „für die redaktionelle Gestaltung des lokalen Teils ausschließlich zuständig und verantwortlich". Der Heimatverleger richtet dafür also seine eigene Redaktion ein. Er bestimmt Linie und Richtung seines Lokalteils, wobei er lediglich den Grundsatz zu beachten hat, daß er wirtschaftlich und weltanschaulich unabhängig bleibt und den überparteilichen und überkonfessionellen Charakter der Zeitung wahrt. Daher kommt es, daß im mittelfränkischen Zeitungsgebiet der tendenziell als „links-liberal" eingeschätzte Mantel der „Nürnberger Nachrichten" überwiegend mit eher „konservativ" ausgerichteten Lokalteilen verbunden ist. Der Leser stört sich an den unterschiedlich orientierten Zeitungsteilen nicht.[40] Angepaßt an den Mantel wurde lediglich das äußere Gesicht der Lokalteile, d. h. der Satzspiegel (vierspaltig umbrochen) und die typographische Gestaltung. Eine Durchsicht zeigt allerdings, daß da im gesetzten Rahmen eine ganze Menge von Variationen nicht nur möglich ist, sondern auch praktiziert wird.

Die Selbständigkeit der Heimatverleger erweist sich sodann in der alleinverantwortlichen Abwicklung des gesamten lokalen Anzeigengeschäfts, dessen Erlöse ausschließlich im Heimatverlag verbleiben.

Völlig selbständig sind die Heimatverlage auch bei der drucktechnischen Produktion des Lokalteils geblieben. Fast alle drucken nach wie vor „ihre" Lokalteile auf

---

38 Alle Zitate aus dem „Arbeits- und Interessensgemeinschaftsvertrag" mit den „Nürnberger Nachrichten" stammen aus Karl Vogel, a. a. O..

39 Zit. nach Karl Vogel, a. a. O., S. 152. Die einzigen Kapitalbeteiligungen seitens der „Nürnberger Nachrichten" an Heimatverlagen sind erst lange nach Vertragsabschluß und unabhängig davon erfolgt: Die „Roth-Hilpoltsteiner Volkszeitung" wurde 1978 an die „Nürnberger Nachrichten" verkauft, weil sich für den verstorbenen Verleger kein Nachfolger fand. Eine Zwei-Drittel-Beteiligung halten die „Nürnberger Nachrichten" am „Altmühl-Boten" in Gunzenhausen auf Wunsch der einzig verbliebenen Gesellschafterin seit 1979. Diese beiden Zeitungen werden in der Praxis jedoch bewußt wie alle anderen Heimatzeitungen gemäß den Vertragsvereinbarungen behandelt.

40 So zitiert Karl Vogel den Verleger der „Windsheimer Zeitung", Heinrich Delp (a. a. O., S. 154).

den eigenen Maschinen. Der Mantel-Verleger holt die gedruckten Lokalteile nach Nürnberg, fügt sie dort mit dem Mantelteil zusammen und liefert die fertigen Zeitungen an die Depots und die Zusteller der jeweiligen Heimatzeitung aus. Denn auch für das Vertriebssystem in ihren jeweiligen Verbreitungsgebieten sind nach wie vor die selbständigen Heimatverleger zuständig.

Daß diese selbständigen Heimatzeitungen in Kooperation stehen, ist äußerlich zunächst nur abzulesen an einem Zusatz, der dem jeweiligen Haupttitel beigefügt ist: „In Gemeinschaft mit den ‚Nürnberger Nachrichten'". Dieser Hinweis erscheint auch im Impressum, wo neben dem Heimatverleger stets auch der Verleger der „Nürnberger Nachrichten" als Herausgeber genannt wird. Und nähme er nicht nur sein eigenes Blatt, sondern mehrere benachbarte Heimatzeitungen nebeneinander in Augenschein, so sähe auch der Durchschnitts-Abonnent auf einen Blick, daß die ersten Zeitungsteile in all diesen Blättern gleich sind – sofern er nicht gerade zur einen oder anderen Ausgabe der „Nordbayerischen Zeitung" gegriffen hat, die dann im eher „konservativen" Mantel der „Nürnberger Zeitung" erscheint; denn auch diese einmalige Wahlmöglichkeit ist – von den Ausgaben der „Fränkischen Landeszeitung" abgesehen – den Lesern in den Gebieten der Heimatverlage im Rahmen des „NN-Modells" eröffnet.[41] Auf jeden Fall steht der Zeitungs-Mantel, den der Leser heute geboten bekommt, nach Quantität und Qualität, nach der Fülle und der Aktualität des Inhalts erheblich über dem Niveau der früher von den Heimatzeitungsringen produzierten Mäntel. Dabei gilt: „Für die Überlassung des Mantels (...) hat der Lokalverleger je Monat und Exemplar einen festen Betrag zu entrichten" (§ 16). Aber dieser Mantel enthält jeweils auch einen mehr oder weniger umfangreichen Anzeigenteil, der ausschließlich vom Verlag der „Nürnberger Nachrichten" bewirtschaftet wird (§ 18). Und weil der Lokalverleger den „Nürnberger Nachrichten" diese Anzeigenbewirtschaftung überläßt und für die „Nürnberger Nachrichten" zugleich Werbeträger in seinem Teil des Verbreitungsgebietes ist, erhält der Lokalverleger „zum Ausgleich für die ihm dadurch entgangenen Einnahmen aus den Markenartikel-, Repräsentativ-, Bundes- und Nürnberger Geschäftsanzeigen eine monatliche Vergütung" (§ 19). Diese Ausgleichsbeträge haben dazu geführt, daß sich der Effekt der Kooperation in der Interessengemeinschaft zunächst am deutlichsten in den Anzeigenerlösen auch der Heimatverlage niedergeschlagen hat. Nach Karl Vogel bestätigen alle Heimatzeitungsverleger, daß sie nach dem Beitritt in die Interessengemeinschaft „einen großen Aufschwung erlebt" haben.[42]

Für die Heimatzeitungsverlage resultiert aus der Kooperation mit den „Nürnberger Nachrichten" vor allem wirtschaftliche Unabhängigkeit, die gegenüber früher größer und sicherer geworden ist. Damit aber wurde die Position der Heimatzeitung im lokalen Verbreitungsraum wirtschaftlich gestärkt, soweit sie als Werbeträger auftritt, zugleich aber in der journalistischen Arbeit gegen die zahlreichen, divergierenden Interessen-Einflüsse immunisiert, in deren Schnittpunkt die Heimatzeitung als Publikationsorgan der Nahraum-Kommunikation beinahe von selbst steht. Schließlich sind so zumindest die Bedingungen für eine ausgewogene Berichterstattung über alle Gruppen und Interessen im Lokalteil, die Voraussetzungen für eine Vielfalt der Meinungen in der Zeitung, verbessert worden.

---

41 Siehe dazu das Porträt der „Nürnberger Zeitung" in diesem Band.
42 Karl Vogel, a. a. O., S. 159.

Die Kraft des Werbeträgers

Damit haben die „Nürnberger Nachrichten" zweifellos ein wichtiges Teilziel erreicht: Sie knüpften im Rahmen der Kooperation in Mittelfranken ein Netz von Zeitungen oder besser: von journalistischen Einheiten, deren Arbeit vor Ort die Berücksichtigung aller Bedürfnisse und Erwartungen der Leser in den zugehörigen, überschaubaren Lebensräumen optimal gewährleistet. Dieses Netz entstand, ohne daß die personelle und technische Struktur des Zentralunternehmens übermäßig hätte aufgebläht werden müssen; das Teilziel wurde also mit minimalem Aufwand bzw. sogar bei einer Minderung des schon etablierten Aufwandes gewonnen. Im Vollzug der Kooperationsverträge zogen die „Nürnberger Nachrichten" nämlich insgesamt fünf Nebenausgaben zurück und lösten die damit verbundenen Außenstellen und Lokalredaktionen auf. Mit derzeit lediglich noch fünf eigenen Nebenausgaben, die im wesentlichen der Abdeckung und Sicherung von Randzonen des Verbreitungsgebietes dienen, beherrschen die „Nürnberger Nachrichten" als Werbeträger den gesamten mittelfränkischen Raum. Oder auch präziser formuliert: Diese Optimierung ihrer Reichweite und ihrer Haushaltsabdeckung wird ausschließlich durch das Kernstück der Zeitung, nämlich durch den „Mantel" erzielt; läßt man dessen Vervielfältigung auf Papier beiseite, so erfordert die Herstellung des Mantels die nämlichen finanziellen Investitionen und den nämlichen journalistischen Einsatz, auch wenn er nur für einen begrenzten Landstrich oder für ein städtisches Ballungszentrum allein bestimmt wäre. Sein voller publizistischer und wirtschaftlicher Nutzen sowie die hieraus resultierende Attraktivität aber ist nur auszuschöpfen, wenn mit einem solchen Mantel eine ganze weite Region möglichst lückenlos abgedeckt wird, und wenn er gleichzeitig die an Feinstrukturen der einzelnen Lebensräume angepaßten Lokalteile mittransportiert.

Aufgrund der Auswertung aller bekannten Entscheidungsprozesse und aller relevanten Daten kommt daher Karl Vogel zu dem Ergebnis, daß der das Verlagshandeln motivierende Aspekt des „NN-Modells" die Optimierung der Werbeträgerfunktion für einen sozio-ökonomisch gleich oder ähnlich strukturierten Wirtschaftsraum gewesen ist, nicht aber das Streben nach Umsatz- oder Gewinnmaximierung; denn das wirtschaftliche Motiv zielt seinerseits auf die langfristige Sicherung der publizistischen Potenz der Zeitung. Dieses Hauptziel und die Teilziele hätten die „Nürnberger Nachrichten" angestrebt in dem von jeher gepflegten Bewußtsein, eine Zeitung zu sein, „die für ganz Mittelfranken konzipiert war".[43]

Das Kalkül ist offenbar aufgegangen. Die Haupttitel der Werbeträger-Gemeinschaft, die „Nürnberger Nachrichten" und die „Nürnberger Zeitung", nehmen seit Jahren Spitzenplätze ein, was den Anzeigenanteil am Gesamtumfang der Zeitung betrifft. Gut 57 Prozent Anzeigenseiten haben die „Nürnberger Nachrichten" und die „Nürnberger Zeitung"; etwa den gleichen Anteil verbucht die „Fränkische Landeszeitung". In dieser Höhe kann sich ansonsten in Bayern nur noch die ganz an-

---

[43] Karl Vogel, a. a. O., S. 136 ff. Schon Hartmut Kiock hat bereits seit langem darauf hingewiesen, daß die Behauptung, ein kommerziell organisiertes Massenmedium strebe nach Gewinnmaximierung durch Auflagenmaximierung, eindeutig durch ein Fülle empirischer Untersuchungen widerlegt sei. (Siehe Hartmut Kiock: Kommunikations-Marketing. Die Technik journalistischer Anpassung. Düsseldorf 1972, S. 81 ff. sowie S. 127.) Das Schlagwort von der „Profitmaximierung" kann demnach zwar Ideologisierungs-Bedürfnisse erfüllen, eine Erklärung erfolgreichen verlegerischen Handelns ist damit jedoch nicht möglich.

ders strukturierte „Süddeutsche Zeitung“ halten, mit einem Anzeigenvolumen, das absolut zwar noch erheblich größer ist, bezogen auf den Gesamtumfang jedoch einem Anteil von 56 Prozent entspricht. Auf mittleren Plätzen landen dagegen die zwei Nürnberger Zeitungstitel bei den Zuwächsen des Anzeigenaufkommens in den letzten Jahren; jedoch signalisieren die entsprechenden Durchschnittswerte nicht etwa Stagnation, sondern ein stetig-ruhiges Wachstum.[44] Entscheidend ist, daß an diesem Wachstum immer auch die Heimatzeitungen in Mittelfranken partizipieren.

Selbstverständlich bedurfte das Konzept der „Nürnberger Nachrichten“ schon auch des Rückhalts in einem starken Wirtschaftsraum. Mit seinen rund 1,5 Mio. Einwohnern, mit überschaubaren Entfernungen und einer zukunftsorientierten Infrastruktur ist Mittelfranken eine hochentwickelte industrielle Kernregion in Bayern. Dabei gibt es allerdings ein deutliches Gefälle von der Industrieregion Mittelfranken um die Städte Nürnberg, Erlangen und Fürth zur Region Westmittelfranken. Nürnberg, die Schul- und Universitätsstadt, das Messe- und Ausstellungszentrum, die Metropole der Industrieregion, nimmt mit seinen wirtschaftlichen Wachstumsreserven einen Spitzenplatz unter allen deutschen Städten ein. Obwohl in dieser Industrieregion lediglich 10 Prozent der bayerischen Bevölkerung leben, erreicht der Anteil des Einzelhandelsumsatzes hier 16 Prozent. Neben den Räumen München und Stuttgart ist die mittelfränkische Industrieregion das dritte deutsche Elektronikzentrum mit einer breiten Produkt- und Entwicklungspalette, die von Informationstechnologie, Mikroelektronik, digitaler Nachrichten- und Medizintechnik bis zu Höchstspannungstechnik und Kraftwerksbau reicht. Mit 82 000 Beschäftigten stellt die Elektrotechnik 36 Prozent der Arbeitsplätze, gefolgt vom Maschinenbau mit 32 000 Arbeitsplätzen.

Trotz großer Firmennamen, die mit Mittelfranken assoziiert sind, ist die Industrie der Region ausgeprägt mittelständisch. Aus diesen mittleren und kleinen Betrieben mit einer oft langen Tradition kommen die Spezialprodukte. In Mittelfranken wurde nicht nur die Taschenuhr erfunden. Hier werden heute 30 Prozent des Vanadiumbedarfs der westlichen Welt erzeugt, hier werden Kleinmusikinstrumente gefertigt, Bleistifte, Schreib- und Zeichengeräte, Christbaumschmuck, Angelgeräte und Pfeifen – und natürlich Spielwaren, die nicht nur Kinderherzen höher schlagen lassen. Der Trend zum Aufschwung im Dienstleistungsgewerbe, vor allem im Handel, ist unverkennbar. 85 Prozent der 53 000 Arbeitsplätze, die seit 1974 im produktiven Bereich verloren gegangen sind, wurden im Dienstleistungssektor neu eingerichtet. In der schwächeren, westmittelfränkischen Region wurden in den letzten zwei Jahrzehnten rund 20 000 industrielle Arbeitsplätze neu geschaffen. Mit dem Bau des Main-Donau-Kanals entsteht in Mittelfranken zur Zeit ein völlig neues Seengebiet mit allen Voraussetzungen für eine attraktive Freizeit- und Urlaubsgegend.

---

[44] In den letzten drei Jahren (1986, 1987, 1988) lag der Anzeigenteil der beiden Nürnberger Zeitungen (NN, NZ) jeweils bei 57 Prozent des Umfangs. Bei den jährlichen Zuwächsen lag die Werbeträgergemeinschaft von 1985 auf 1986 mit rund 2,9 Prozent nahe am Durchschnitt (3,2) aller bayerischen Tageszeitungen; von 1986 auf 1987 mußten leichte Verluste hingenommen werden. Dafür legten beide Blätter von 1987 auf 1988 4 Prozent zu und übertrafen damit den bayerischen Durchschnittswert aller Zuwächse um das Doppelte. Vgl. hierzu die zuletzt zugänglichen Jahresumfangstatistiken des Verbandes Bayerischer Zeitungsverleger von 1986 in: ZV + ZV, Nr. 15 vom 16. 4. 1987, S. 25.

„Flugzeug, Autobahn, Schiene und Schiff übernahmen die Funktionen der Handelsstraßen des Mittelalters. Die Tradition der tüftelnden Handwerker und der Weitblick der Kaufleute, die den ehemaligen freien Reichsstädten Nürnberg, Rothenburg und Dinkelsbühl zur Blüte verhalfen, leben in den Forschungslabors, den Entwicklungsabteilungen und den mit elektronischen Medien arbeitenden kaufmännischen Büros der Unternehmen fort. ‚Nürnberger Witz' bringt ‚Nürnberger Tand in alle Land' – heute noch in viel größerem Umfang als früher." So charakterisiert die Industrie- und Handelskammer den Wirtschaftsraum Mittelfranken.[45]

Von diesen günstigen Voraussetzungen kann eine Zeitung als Werbeträger profitieren, sofern sie sich in dieser Funktion als Dienstleistungsunternehmen versteht, das sich an die Bedürfnisse seiner Inserenten anzupassen hat.[46]

Flankierende Entscheidungen

Die Konzeption des „NN-Modells" und seine schrittweise Verwirklichung sind das Werk von Bruno Schnell, dem heutigen Verleger und Herausgeber der „Nürnberger Nachrichten". Bruno Schnell war 1950 in die Firma eingetreten und wurde 1956 bereits alleinvertretungsberechtigter Prokurist; seit 1962 hielt er die Geschicke des Unternehmens als Gesellschafter-Geschäftsführer in der Hand, ab 1974 nach der Umwandlung der Firma zur Kommanditgesellschaft als persönlich haftender Gesellschafter. An seiner Seite blieb Heinrich G. Merkel bis in sein Todesjahr 1985 hinein als Gesellschafter-Geschäftsführer im Verlag tätig.[47] Allerdings hatte Heinrich G. Merkel ab 1952 lange Jahre als Vorsitzender des Verbandes Bayerischer Zeitungsverleger viel Kraft und Zeit auch für die Belange der Zeitungsverlage und der Tagespresse insgesamt investiert; dies war ohne Schaden für das eigene Unternehmen möglich, weil in Nürnberg Bruno Schnell einen außerordentlich erfolgreichen Kurs in die Zukunft steuerte.

In dem verlegerischen Konzept von Bruno Schnell ist die Arbeits- und Interessengemeinschaft mit den Heimatzeitungsverlagen das Herz- und Kernstück, das die Struktur auf dem mittelfränkischen Pressemarkt langfristig stabil und berechenbar macht, weil die Laufzeiten der Kooperationsverträge in der Regel entsprechend weit in die Zukunft reichen und weil die Kooperationsbedingungen auch für die kleineren Partner so attraktiv und lukrativ sind, daß sämtliche bisher fälligen Vertragsverlängerungen ohne Umstände vorgenommen wurden. Doch um die Kon-

---

45 Alle Daten und Angaben zum Wirtschaftsraum Mittelfranken sind folgenden Unterlagen entommen: Industrie und Handelskammer Nürnberg (Hrsg.): Mittelfränkische Wirtschaft. Strukturen, Zahlen, Ziele 1986; dies. (Hrsg.): Pluspunkte für Mittelfranken. Nürnberg o. J.

46 So resümiert Karl Vogel u. a. ein Interview mit Bruno Schnell über das Selbstverständnis der „Nürnberger Nachrichten" und über die Zielvorstellungen des verlegerischen Handelns (a. a. O., S. 137).

47 Laut Impressum-Angabe sehen die derzeitigen Besitzverhältnisse wie folgt aus: Gesellschafter des Verlags Nürnberger Presse Druckhaus Nürnberg GmbH Co. KG: 1. Bruno Schnell (Kompl), Nürnberg, 22,50%; 2. Druckhaus Nürnberg GmbH. (Kompl), Nürnberg, 19%; 3. Walter GmbH., Nürnberg, 9%; 4. Ulrike Merkel, Schwaig, 20,25%; 5. Thomas Merkel, Gmund, 6,75%; 6. Beatrice Kapfhammer, Nürnberg, 6,75%; 7. Peter Merkel, Nürnberg, 6,75%; 8. Friederike Diem, Stauf, 9%. Die Beteiligungen zu 4 bis 8 unterliegen jeweils einer vom ehemaligen Gesellschafter (Drexel und Merkel) angeordneten Testamtentsvollstrekkung. (Testamentsvollstrecker sind Bruno Schnell und Karl Stöckl gemeinsam.)

struktion dieses Kernstücks herum fielen eine Reihe flankierender verlegerischer Entscheidungen, die zum einen das reibungslose Funktionieren des Kooperationsmodells erst ermöglichen oder erleichtern sowie zum anderen konsequent die publizistische und wirtschaftliche Position des Zentralunternehmens ausbauen und festigen.

1962 wurde das K. Michel Presse Grossounternehmen erworben. Die von der heutigen K. Michel Nordbayerische Presse Vertriebs GmbH verwalteten Vertriebs-Touren bilden Grundlage und Voraussetzungen für die reibungslose Anlieferung der vorgedruckten Lokalteile zum Nürnberger Druckhaus sowie für die Auslieferung der fertigen Zeitungen in alle Teile und Winkel des ausgedehnten Verbreitungsgebietes. Inzwischen hat sich die Funktion dieser Firma erheblich erweitert. Von einigen Ausnahmen abgesehen bedienen sich ihrer die meisten der zur Arbeits- und Interessengemeinschaft gehörenden Heimatverlage. Die Vertriebsgesellschaft verwaltet für diese Verlagsmitglieder die Auflagen, bearbeitet alle Bezugsänderungen und Reklamationen; sie ist zuständig für das Zustellpersonal und beaufsichtigt mit Hilfe von Inspektoren den Zustelldienst; sie kümmert sich um die Bezieherwerbung und ist um die Förderung der Auflagenentwicklung bemüht.

Eine Folge aus der finanziellen Beteiligung an der Nordbayerischen Verlagsgesellschaft mbH im Jahre 1961/62 war die Zusammenführung der „Nürnberger Nachrichten" und der „Nürnberger Zeitung" zu einem einzigen Werbeträger. Auf dieser Grundlage wurde 1965 die Nordbayerische Anzeigenverwaltung GmbH (NAV) gegründet. Die gesamte Auftragsabwicklung im Anzeigengeschäft des Werbeträgers „Nürnberger Nachrichten" erfolgt über diese Anzeigenverwaltung, insbesondere das Anzeigengeschäft im gesamten Mantel-Teil, aber auch das Anzeigengeschäft bei überlokalen Belegungen. Die Anzeigenverwaltung tritt in Funktion ebenfalls bei der Akquisition und Realisierung der Anzeigenaufträge für den „Nürnberger Anzeiger"; dieses Verlagsobjekt wurde entwickelt und gegründet, um die Chancen der „Nürnberger Nachrichten" im Stadtgebiet Nürnberg zu optimieren und die Konkurrenz einer Vielzahl von Anzeigenblättern in Schach zu halten, die in diesem wirtschaftsstarken Raum auf den Markt drängen. Der „Nürnberger Anzeiger" wird jeden Donnerstag dem Hauptblatt beigelegt, und zwar gegliedert nach vier gebietsmäßig gesondert gestalteten Ausgaben. In redaktionell und anzeigenbezogen teilweise veränderter Gestalt werden diese vier Ausgaben aber auch unabhängig vom Hauptblatt in einer zusätzlichen „Nichtabonnentenauflage" von über 150.000 Exemplaren im nämlichen Verbreitungsgebiet kostenlos verteilt, so daß hier eine „totale Haushaltsabdeckung" erreicht wird.[48]

Ganz in der Konsequenz der Strategie des „NN-Modells" lag ferner die seit 1971 in Etappen für alle kooperierenden Heimatverlage – ausgenommen die „Fränkische Landeszeitung" und ihre Nebenausgaben sowie den „Fränkischen Anzeiger" – eröffnete Möglichkeit, die einzelnen Lokalteile auch im Mantel der „Nürnberger Zeitung" anzubieten. Die nachdrückliche Förderung der richtungsmäßig alternativen Redaktionskonzeptionen der beiden Blätter erhielt damit auch über Nürnberg hinaus ihren Sinn. Es mag für einen außenstehenden Beobachter auf den ersten Blick schwer verständlich sein, daß die „Nürnberger Nachrichten" ihre publizistische Macht, nicht gegen die viel kleinere „Nürnberger Zeitung" zum Zwecke der Verdrängung einsetzen. Tatsächlich aber würde ein solches Ausspielen der publizisti-

[48] Angaben nach Anzeigenpreisliste Nr. 31, Beiblatt.

schen Machtstellung eben diese schädigen. Die Richtungsalternative, die sich in der „Nürnberger Zeitung“ manifestiert, ist nämlich unerläßlich zur Optimierung der Reichweite und der Haushaltsabdeckung, unverzichtbares Element also einer Marktsättigung. Auch wenn im einzelnen die auf den NZ-Mantel entfallenden Zahlen nicht besonders ins Gewicht fallen: Sie tragen in jedem Fall zu der Reichweite von rund 70 Prozent bei, die der Werbeträger „Nürnberger Nachrichten“ im Verbreitungsgebiet durchschnittlich erreicht.

Schließlich sind da neuerdings die verlegerischen Entscheidungen zum Einstieg in die „Neuen Medien“ nicht zu vergessen. 1985 beteiligten sich die „Nürnberger Nachrichten“ an der Gründung der Mittelfränkischen Kabelgesellschaft mbH sowie an angrenzenden Kabelgesellschaften; die Optionen auf diese Beteiligungen resultieren nicht zuletzt aus der lückenlosen regionalen Marktstellung der Zeitung. Im selben Jahr wurde gemeinsam mit zur Unternehmensgruppe der „Nürnberger Nachrichten“ zählenden oder mit ihr kooperierenden Verlagen die Produktions- und Sendefirma „Radio Franken, Programm- und Werbegesellschaft mbH“ in Nürnberg ins Leben gerufen. „Radio Franken“ versorgt inzwischen auf lokaler Welle interessierte Hörer mit einem ebenso unterhaltsamen wie informativen Ganztagesprogramm.

Das Zeitungswerkzeug

Unschwer läßt sich zeigen, wie diese gesamte Verlagspolitik letztlich aus einem Guß ist, zielorientiert bleibt, gleichgültig, ob es um die Etablierung komplettierender Nebenbetriebe geht, um die Abrundung von Verbreitungsgebieten, um die Beteiligung an publizistischen Alternativen oder um den Einstieg in die privaten Funkprogramme. Die Arbeits- und Interessengemeinschaft der Verlage im Rahmen des „NN-Modells“ ist stets Einflußgröße und Zielmarke zugleich. Dies gilt auch für sämtliche Investitionsentscheidungen, die hier wie anderswo im letzten Jahrzehnt bezüglich der Zeitungstechnik zu treffen waren. Die vertraglich festgelegten Kooperationsverhältnisse waren unmittelbar wirksame Vorgaben für die Ausgestaltung der Drucktechnik sowie für die Modernisierung der Verarbeitungs- und Versandtechnik. Der unmittelbare Anstoß zur Veränderung auf beiden Sektoren aber war die Umstellung von Bleisatz auf rechnergestützten Fotosatz.

Das gesamte Produktionsvolumen der Zeitungstechnik orientiert sich an 3.000 bis 3.500 Druckseiten pro Monat. 1978 wurde mit der Einführung der neuen Satztechnik begonnen; gearbeitet wird mit einem Siemens-Betriebssystem, mit dem mehr als 100 Daten-Sicht-Stationen on-line verbunden sind; 17 davon stehen in der Nürnberger Zentralredaktion, 28 in den sechs Außenredaktionen der Zeitung, 48 im Texterfassungs-Pool und der Rest in dem mit der Unternehmensgruppe verbundenen Olympia-Verlag. Für den mobilen Einsatz der Redaktion bedient man sich einiger Reporter-Terminals und überspielt die Beiträge über Akustikkoppler in das angeschlossene Agentursystem. In das letztere werden auch die aktuellen Nachrichtenmaterialien von dpa, AP und Reuter sowie vom Sportinformationsdienst sid übermittelt und zur Bearbeitung übernommen.

1988 wurde mit der Umstellung auf das leistungsfähigere Siemens-Betriebssystem 2000 begonnen. Die damit angestrebte Erweiterung der Aufgabenerfüllung betrifft vor allem die gesamte Abwicklung der Anzeigenaufträge (insbesondere der Fließsatz-Anzeigen) vom Annahmeschalter aus in einem Paket: Anzeigentext-Erfassung und -bearbeitung, Bildverarbeitung und Signet-Verwaltung, Anzeigenbuchhaltung und -abrechnung. Mit dem Ganzseiten-Umbruch am Bildschirm, der zu den künftig angepeilten Zielen gehört, wird derzeit noch im Rahmen von Einzelmaßnahmen experimentiert. Für die Anwendung im Zeitungsbetrieb sind nach Meinung der technischen Spezialisten im Hause der „Nürnberger Nachrichten" noch erheblich mehr Erkenntnisse und Erfahrungen vonnöten, vor allem aber praktikablere Lösungen für eine ganze Reihe von Detail-Schwierigkeiten.

Zwangsläufig mußte eine neue Drucktechnik der modernisierten Satztechnik folgen. Hier muß täglich eine Mantel-Auflage von rund 350.000 Exemplaren produziert werden. Man entschied sich für den Druck über Fotopolymerplatten auf Hochdruckrotationsmaschinen. Für diese Entscheidungen waren auch Faktoren wie geringerer Energieeinsatz, niedrigere Materialkosten sowie das leichter zu lösende Facharbeiterproblem maßgebend; besonders ins Gewicht fielen aber Eckdaten des „NN-Modells": Mehr als zwei Dutzend verschiedene Ausgaben täglich, das erforderliche Auflagen-Splitting, der Bezug von fremden, nämlich von den Heimatverlagen produzierten Hochdruck-Lokalteilen. Vorhanden waren vier Hochdruckrotationen von MAN mit 19 Druckwerken aus den Baujahren 1950 – 1970. Davon wurde zwischenzeitlich eine 96seitige Maschine umgerüstet und den erhöhten Qualitätsanforderungen angepaßt.

Aber seit 1986 läuft zusätzlich in einer neuerrichteten Druckhalle eine 96seitige Wickelplatten-Hochdruck-Rotation von Koenig & Bauer. Ihre Ausrüstung bietet eine Vielzahl von Möglichkeiten der Papierführung und des Mehrfarbendrucks; und die Maschine ist ausbaufähig bis zu einem Druckumfang von 176 Seiten. Hier sind also nicht nur künftige Kapazitäts-Erweiterungen kalkuliert; mit der neuen Maschine kann man auch den Trends von morgen etwa nach mehr Farbigkeit der Anzeigen oder nach leichterem Zeitungspapier nachkommen.

Mit der neuen Rotation wurde gleichzeitig eine automatisierte Versandtechnik kombiniert. Noch bis 1980 wurden die Vorprodukte, hier vor allem die Lokalteile der Heimatverlage ebenso wie die Werbebeilagen, überwiegend manuell mit dem Mantelprodukt zusammengefügt. Vorsammelsysteme, Schnellanleger und mehrere Ferag-Trommeln zum Zusammenführen von Vordrucken und Beilagen ersetzen heutzutage diese früher mühsame Handarbeit.[49]

In den technischen Betrieben des Verlags Nürnberger Presse arbeiten gegenwärtig rund 790 Beschäftigte; das sind etwas mehr als die Hälfte aller rund 1550 Arbeitsplätze. Die andere Hälfte kann grob dem Funktionsbereich Zeitungsverlag zugeordnet werden. Nach Geschlechtern ausgewiesen arbeiten in allen Bereichen des Verlags knapp 1000 Männer und etwas mehr als 550 Frauen. Die gesamte Unternehmensguppe mit Olympia-Verlag und Nebenbetrieben umfaßt derzeit rund 2300 Arbeitsplätze. Bei der Einführung neuer Technologien wurde auf die Beschäftigungsmöglichkeiten größte Rücksicht genommen. Kein einziger Mitarbeiter der „Nürnberger Nachrichten" hat dabei seinen Arbeitsplatz verloren, vielmehr wurden die im Zuge der Entwicklung erforderlichen Maßnahmen auf die natürliche Personalfluktuation abgestimmt.

---

[49] Alle Angaben zur Technik der „Nürnberger Nachrichten" nach Verlagsauskünften vom 16. 10. 1987.

Publizistische Potenz

Jeder sechste der im Zeitungsverlag beschäftigten Mitarbeiter ist Redakteur bei den „Nürnberger Nachrichten"; 127 insgesamt sorgen für die journalistische Gestaltung des Blattes in der Zentralredaktion sowie der Nebenausgaben in den Außenredaktionen. (Die Redaktionsbesetzungen der Heimatzeitungen sind dabei selbstverständlich nicht mitgerechnet.) Die Besetzung der Redaktion und einzelner Ressorts hat im übrigen durch die Kooperation mit den Heimatverlagen profitiert; denn alle Redakteure, die bei der Auflösung der verlagseigenen Nebenausgaben frei wurden, verstärkten im Anschluß entweder die Zentralredaktion oder wurden bei den verbleibenden Nebenausgaben weiterbeschäftigt.[50] Für die Zuarbeit beschäftigen die „Nürnberger Nachrichten" in ihrem gesamten Verbreitungsgebiet selbstverständlich auch eine große Anzahl freier Mitarbeiter, von denen viele im Laufe der Zeit in den lokalen Einzugsräumen auch ganz spezifische Aufgaben übernommen haben. Die Gesamtzahl der in der Honorarbuchhaltung geführten Mitarbeiter beläuft sich auf ungefähr 1500.

Während einer Woche bearbeitet die zentrale Mantel-Redaktion etwa 80 Zeitungsseiten aus allen Ressorts, während die Lokalredaktionen der Nürnberger Hauptausgabe und der fünf Nebenausgaben fast 220 Lokalseiten produzieren; der Leser der Nebenausgaben (die Stadtausgabe einmal nicht berücksichtigt) findet täglich in „seinem" Blatt durchschnittlich etwa 13 bis 14 Mantel-Seiten und 6 bis 7 Lokalseiten. Mit durchschnittlich fünf Lokalseiten pro Tag liegen da die Ausgaben der angeschlossenen Heimatverlage etwas niedriger; ihre 11 Titel liefern rund 320 Lokalseiten pro Woche.[51]

Die Titelseite der „Nürnberger Nachrichten" macht mit den interessantesten oder wichtigsten Meldungen des Tages auf; das müssen keineswegs immer politische sein und sie können durchaus auch regionalen oder lokalen Ereignisräumen entstammen. Die zweite Seite ist den täglich drei Kommentaren sowie einem ausführlichen Wetterbericht und weiteren aktuellen Meldungen vorbehalten. Korrespondentenberichte aus dem In- und Ausland füllen die dritte Seite. Kurznachrichten und vermischte Meldungen findet man auf den folgenden, meist schon stark mit Anzeigen besetzten Teilseiten. In der Regel schließt das erste Zeitungs-„Buch" mit dem Wirtschaftsteil. Die Kultur- und Sportseiten, dazu auch längerfristig wechselnde Seiten mit Themen aus Technik, Wissenschaft usw. sind im dritten Zeitungs-„Buch" vereinigt.

Eine Besonderheit des Zeitungs-Mantels der „Nürnberger Nachrichten" ist der Regionalteil, der zwischen Weltgeschehen einerseits und Lokalnachrichten andererseits eingezogen ist und insgesamt zumeist das zweite Zeitungs-„Buch" füllt. Er findet sich in allen Ausgaben, die den Mantel führen, mit Ausnahme der Nürnberger Stadtausgabe selbst und den „Fürther Nachrichten"; hier werden die Nürnberger Stadtseiten mit ein oder zwei regionalen Seiten angeboten. Für alle übrigen Ausgaben aber komponiert die Nürnberger Redaktion an dieser Stelle täglich einen besonderen Regionalteil mit etwa drei bis vier Seiten Umfang, dem unmittelbar die

---

50 Vgl. dazu Karl Vogel, a. a. O., S. 154.

51 Die Berechnungen basieren auf der Erhebung in allen Ausgaben der Woche vom 6. bis 11. Juli 1987. Die Hochrechnung der ermittelten Werte liegt nicht weit von den durchschnittlichen Jahreswerten der Umfangstatistik entfernt.

Bayern-Seiten folgen und dem manchmal auch noch die beliebten und lebendig aufgemachten Leserbriefseiten angefügt sind. Der Regionalteil, der in dieser Form erst in den 70er Jahren eingeführt wurde, berichtet über Ereignisse im Verbreitungsgebiet der „Nürnberger Nachrichten", die von überlokaler Bedeutung sind. Dieser Zwischenstufe der täglich aktuellen Orientierung entspricht natürlich auch eine Stufe des Anzeigenmarktes, der im Rahmen des „NN-Modells" ohnehin immer schon abgestuft gesehen und behandelt wird: Die lokalen, überlokalen, regionalen und überregionalen Anzeigenmärkte werden vom Werbeträger „Nürnberger Nachrichten" alle mit gleicher Aufmerksamkeit verfolgt und bedient.

Wie eh und je wird dabei des Lesers Aufmerksamkeit aus vielen Gründen zuerst den lokalen Anzeigen gelten, die für ihn so interessanter Lesestoff sein können wie die redaktionellen Lokalseiten auch. Natürlich ist in den verschiedenen Lokalteilen ein großer Raum für Kommunalpolitik, Vereinsaktivitäiten, Heimatsport und Heimatkultur von vorneherein vergeben – wie überall. Aber Besonderheiten fallen beim Vergleichen schon auch ins Auge. Dazu zählt etwa die heimatkundliche Beilage „Die Linde" im „Fränkischen Anzeiger", die zu erwähnen sich lohnt, weil derlei Beilagen so selten geworden sind. Oder da findet sich gelegentlich sogar eine ganz muntere Lokal-Reimerei – eine lokalpublizistische Form, die im 19. Jahrhundert ganz groß da war, inzwischen aber ebenfalls zu den Raritäten gerechnet werden muß. Und schließlich interessieren auch den fremden Beobachter die oft sehr lebhaften und originellen Erlebnisberichte von Ausflügen und Reisen. So viel zu den Details.

An größeren Mustern in diesen mittelfränkischen Heimatteilen sollte man festhalten: die Bemühungen, eine lokale Wirtschaftsberichterstattung anzukurbeln (z.B. „Der Markt des Frankenbauern", „Informationen für den Landwirt", „Aktuelles aus dem Wirtschaftsleben", „Umwelttip der Woche" usw.); die große Meinungsfreude der Redaktionen, die sich aber zumeist mit kleinen, sehr gefälligen Glossen und Marginalien begnügt (z.B. „Randbemerkungen", „Gehört, Gesehen – Aufgespießt", „Der Luginsland", „Fränkisches ‚Gwaaf'" usw.); die durchgehend erkennbare Bereitschaft, den Leser ausgiebig zu Wort kommen zu lassen; die intensive, gelegentlich umfängliche Beschäftigung mit Personen der Ortsgeschichte, die sich nicht selten zu harmlos-freundlichen Spalten für Lokalklatsch steigert (z. B. „Zur Person", „Namen im Gespräch", „Beim Namen genannt", „Kurz notiert", „Zeitgenossen" usw.); und die Leute am Ort, vor allem ihre Köpfe, sind schließlich in diesen Lokalteilen ganz auffällig häufig ins Bild gebannt: Rund 70 Prozent aller Bilder zeigen Köpfe. Doch dies ist wiederum nur ein Aspekt eines Trends zum Foto im Lokalteil. Im Durchschnitt reproduziert jede Lokalseite der angeschlossenen Heimatverlage drei Fotos, jede Lokalseite der verlagseigenen Nebenausgaben 2,5 Fotos. In einer Woche sind das mehr als 1500 Zeitungsbilder. Diese werden teils zu Bildreportagen seitenweise kombiniert, teils als freistehende Bildnachrichten mit kurzen, oft auch humorigen Interpretationstexten versehen und in Spalten rubriziert unter Titeln wie „Notiert und Fotografiert" oder „Berichtet und Belichtet".

Es ist unbestreitbar richtig, daß die Etablierung der „Arbeits- und Interessengemeinschaft" der mit den „Nürnberger Nachrichten" kooperierenden Heimatverlage im Oberflächenverständnis die Vielfalt der Lokalausgaben für den einzelnen Bürger eingeschränkt hat – sofern sie je bestand. Aber die entscheidende Frage ist, ob in den verbliebenen Lokalausgaben die verschiedenen Sichtweisen, Meinungen und

Überzeugungen, die in den lokalen Lebensräumen Ausdruck finden, faire Chancen auf Vermittlung bekommen; ob die örtlichen Debatten und Auseinandersetzungen ohne Abstriche und Einschränkungen sich öffentlich vernehmbar machen können im Heimatblatt. Ob – mit einem Wort – die publizistische Potenz genutzt wird, die das Kooperationsmodell gewährleisten will.

Lektion gelernt

Sicher ist nämlich auch, daß „von 1956 bis 1976 alle Hauptausgaben der Heimatzeitungen und alle Ausgaben der ‚Fränkischen Landeszeitung' erhalten" blieben, während „im gleichen Zeitraum nahezu die Hälfte aller Zeitungen in der Bundesrepublik Deutschland mit einer Auflage unter 10 000 Exemplaren ihr Erscheinen einstellen" mußten.[52]

In jedem Falle ist auch der Fortbestand einer Vielfalt von Heimatzeitungen langfristig garantiert. Dabei muß inzwischen wohl auch eine sehr kritische Beobachtung der Entwicklung des „NN-Modells" zugestehen, daß hier gerade nicht die Macht des Stärkeren als „Recht des Stärkeren" durchgesetzt worden ist. Die „Nürnberger Nachrichten" haben ihren Vorteil dadurch gesucht, daß sie auch den Verlagspartnern Vorteile einräumten. Auf diese Weise können die „Nürnberger Nachrichten" heute einen Spitzenplatz unter den auflagenstärksten Zeitungen in der Bundesrepublik einnehmen: Die Werbeträgergemeinschaft, die sich um die „Nürnberger Nachrichten" herum kristallisierte, deckt mit der „Nürnberger Zeitung", mit der „Fränkischen Landeszeitung" und mit den Heimatverlagen den Wirtschaftsraum Mittelfranken vollständig ab; in diesem Verbund sind die „Nürnberger Nachrichten" die größten in Bayern. Mit einer täglichen Mantel-Auflage von rund 350 000 Exemplaren liegen die „Nürnberger Nachrichten" im friedlichen Wettstreit mit der „Augsburger Allgemeinen" um den ersten Rang unter den regionalen Abonnementzeitungen in Bayern.

„Schafft Einigkeit, dann geht es allen gut!" Der Wahlspruch der „Nürnberger Nachrichten", der schon den Inhalt der zum einjährigen Bestehen erschienenen Broschüre bestimmt hatte, blieb über die Jahrzehnte hin gültig. Aber diese ihre Stärke resultiert aus dem gelungenen Versuch, viele kleine Partner zu wirkungsvoller Kooperation bewegt zu haben. Die „Nürnberger Nachrichten" – so scheint es – haben ihre eigene Lektion gelernt.

(hw)

---

52 Karl Vogel, a. a. O., S. 144.

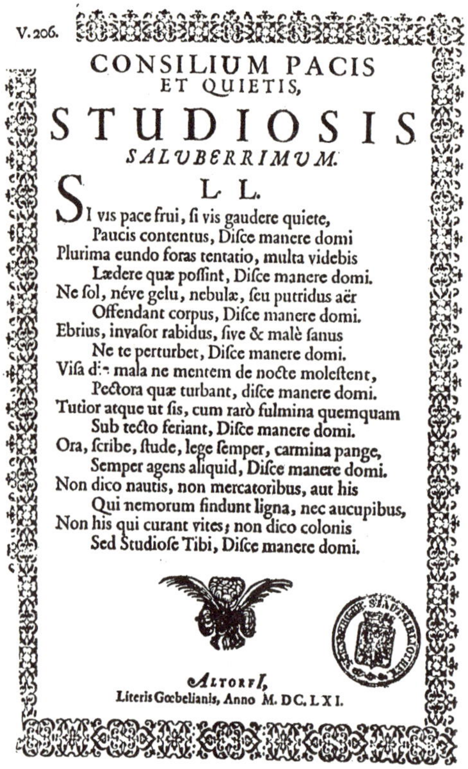

V. 206.

CONSILIUM PACIS
ET QUIETIS,
STUDIOSIS
SALUBERRIMUM.

L. L.

SI vis pace frui, ſi vis gaudere quiete,
Paucis contentus, Diſce manere domi
Plurima eundo foras tentatio, multa videbis
Lædere quæ poſſint, Diſce manere domi.
Ne ſol, néve gelu, nebulæ, ſeu putridus aër
Offendant corpus, Diſce manere domi.
Ebrius, invaſor rabidus, ſive & malè ſanus
Ne te perturbet, Diſce manere domi.
Viſa d:- mala ne mentem de nocte moleſtent,
Pectora quæ turbant, diſce manere domi.
Tutior atque ut ſis, cum rarò fulmina quemquam
Sub tecto feriant, Diſce manere domi.
Ora, ſcribe, ſtude, lege ſemper, carmina pange,
Semper agens aliquid, Diſce manere domi.
Non dico nautis, non mercatoribus, aut his
Qui nemorum findunt ligna, nec aucupibus,
Non his qui curant vites; non dico colonis
Sed Studioſe Tibi, Diſce manere domi.

ALTORFI,
Literis Goebelianis, Anno M. DC. LXI.

In Altdorf residierte vormals die Nürnbergische Universität. Da wurde der Universitätsbuchdrucker Hessel gebraucht; das rege geistige Leben und eine fortschrittliche Drucktechnik waren fruchtbarer Boden für eine Zeitung. Die Hesselsche Offizin, in der heute noch der Lokalteil des „Boten“ gedruckt wird, dokumentiert als ihren frühesten Druck den „Heilsamen Rat an die Studenten“ aus dem Jahr 1661, der die Vorzüge der Heimat preist – vielleicht also auch ein Rat für Heimatzeitungen.

Heilsamer Rat
an die Studenten, Ruhe und Frieden zu genießen

Wenn du, mit wenigem zufrieden, den Frieden genießen und dich
der Ruhe freuen willst, *lerne daheim zu bleiben.*

Vielfältig ist die Versuchung, wenn du hinausgehst; du wirst vieles
sehen, was dir schaden kann; also *lerne daheim zu bleiben.*

Damit weder Hitze noch Kälte, weder Nebel noch faulige Luft deinem Körper
Leiden zufügen, *lerne daheim zu bleiben.*

Damit Trunkenheit, die schnell den Menschen befällt und der Gesundheit
abträglich ist, deinen Geist nicht verwirre, *lerne daheim zu bleiben.*

Damit schlimme Dinge, die du bei Tage gesehen, dich in der Nacht
nicht heimsuchen und dich aufwühlen, *lerne daheim zu bleiben.*

Und damit du sicherer seiest, denn selten trifft der Blitz
einen unter Dach, *lerne daheim zu bleiben.*

Bete, schreibe, studiere lies immerzu, sing Lieder und
sei stets irgendwie tätig; *lerne daheim zu bleiben.*

Dies sage ich nicht den Seefahrern, nicht den Kaufleuten oder den Holzfällern,
auch nicht den Vogelstellern und nicht den Winzern;
Ich sag's nicht den Bauern, sondern Dir, Studiosus: *Lerne daheim zu bleiben.*

Aus der Hesselschen Offizin: „Der Bote für Nürnberg-Land"

Ex Officina Hesseliana – so lautet der Druckvermerk auf alten Büchern aus der mehr als 300 Jahre alten Buchdruckerei C. Hessel. Der runde Geburtstag war Anlaß genug für den Heimatkundler Konrad Lengenfelder, die Verbindung des Druckhauses zur Altdorfer Hochschule nachzuzeichnen. „Die über das 19. Jahrhundert fortgeführte Firmengeschichte offenbart, wie sich die Druckerei nach Aufhebung der Universität auf die bescheideneren bürgerlichen Bedürfnisse umstellen mußte", schreibt Hanns Bollmann im Vorwort.[1]

Unter den vielfältigen Hesselschen Druckerzeugnissen finden sich „bekannte Schriften, so Wagenseils Buch von der Meistersinger holdseligen Kunst, die Dissertation von Goethes Ahnherrn und vor allem die berühmte Flugschrift ‚Deutschland in seiner tiefen Erniedrigung', jene Schrift, wegen deren Verbreitung der Verleger, der Nürnberger Buchhändler Palm, auf Napoleons Geheiß erschossen wurde."[2] Aus der Zeit der Einzeldrucke (1661 – 1935) sind noch viele alte holzgeschnittene Druckstöcke erhalten. Daneben druckten Hessel und Nachfolger eineinhalb Jahrhunderte vornehmlich amtliche Drucksachen der Universität sowie akademische Schriften auf Geheiß und Rechnung der Professoren oder Studenten. Dazu gesellen sich im Lauf der Zeit Periodica unterschiedlichster Natur.[3] „Verzeichnisse der Kirchenhandlungen in Altdorf", „Homiletisch-liturgisches Correspondenz-Blatt", Volkskalender und Jahrbücher, Zeitschriften und Gerichts-Bekanntmachungen. Von da ist der Weg nicht mehr weit zum „jüngsten Kind" aus dem Haus Hessel, zur Zeitung „Der Bote".

Bereits 1828 begutachteten „Stadtmagistrat und Landgericht (in Altdorf) die Herausgabe eines solchen Wochenblattes für die Stadt Altdorf und deren Bezirke als höchst nützlich". Die Regierung von Ansbach war jedoch anderer Ansicht.[4]

Tobias Hessel und sein besonderer Gönner, Landrichter Zernott aus Altdorf, wiederholten 1833 ihre Eingabe: „Man beabsichtige die Herausgabe einer Zeitschrift unter dem Titel: Der Bote von Altdorf, Lauf, Hersbruck und Neumarkt, deren hauptsächlicher Inhalt sich auf Landwirtschaft, Hopfenbau, bürgerliche Gewerbe, oeffentlichen Verkehr, artistische Gegenstände, Naturdenkwürdigkeiten, Alterthümer etc. tendirt. (...) Tatsächlich genehmigte die ‚hochpreisliche Regierung' darauf den ‚Boten' mit den Bemerken, daß er der Zensur unterliege und politische Berichte keinesfalls bringen dürfe."[5] Der „Bote" war zu dieser Zeit so etwas wie ein Amtsblatt. Den meisten Raum nahmen amtliche Meldungen und gemeinnützige Inserate ein. Private sowie lokale Nachrichten wurden kaum aufgenommen. „Aus den 25 Jahren von 1863 bis 1888 konnten wir von Hessel – abgesehen von seiner Zeitung

---

1 Hanns Bollmann: Vorwort. In: Konrad Lengenfelder: Ex Officina Hesseliana. Beitrag zur Geschichte des Buchdrucks an der vormals Nürnbergischen Universität Altdorf. Nürnberg 1963, S. 7.

2 ebd.

3 a. a. O., S. 143.

4 a. a. O., S. 56.

5 ebd.

und Jahresberichten – nur zehn Drucke feststellen, und das sind meist Feuerwehrsatzungen. Hierin offenbart sich eine für Altdorf schmerzliche Tatsache: Das kulturelle und wirtschaftliche Leben der Stadt begann zu stagnieren, die Zahl der Einwohner ging zurück. Die neuen Eisenbahnlinien liefen an Altdorf vorbei. Die Bürgergeneration um Tobias Hessel, die noch die Universitätszeit erlebt hatte, war dahingegangen, und mit ihr der Vorsprung, um den Altdorf den übrigen Kleinstädten voraus war. Zudem hatte die seit der Jahrhundertmitte einsetzende Liberalisierung auch in benachbarten Städtchen die Entstehung von Druckereien und ‚Wochenblättern' begünstigt.

Einen schweren Schaden brachte das Jahr 1862 mit der Trennung von Justiz und Verwaltung. Altdorf verlor seine Stellung als Verwaltungsmittelpunkt seines ‚Distrikts' und wurde dem Bezirksamt Nürnberg eingegliedert. Diese Verwaltungsmaßnahmen bekam vor allem Hessel zu spüren, indem er das Amtsblatt und damit zahlreiche Leser verlor. Hessel verstand den Schaden dadurch wettzumachen, daß er das Format seiner Zeitung vergrößerte, zu mehrmaligem Erscheinen überging und seinen Zeitungsbetrieb entsprechend modernisierte."[6]

Sein Sohn Carl Hessel, 1866 geboren, hatte von 1880 bis 1883 im Geschäft des Vaters gelernt und pflegte besonders den Akzidenzsatz und Formblattverlag. „Seine Zeitung ‚Der Bote' wurde normalerweise nicht zugestellt, sondern in einem Fensterchen seines Hauses aufgelegt, von dort nahmen ihn die Schulkinder mittags mit nach Hause. Kurz vor dem ersten Weltkrieg investierte Hessel durch den Kauf einer damals hochmodernen Maschine noch eine größere Summe. Dann begann der Krieg. Hessel mußte Lebensmittelmarken und ähnliches drucken; Schwierigkeiten in der Papierbeschaffung stellten sich ein; endlich verleideten ihm die politischen Verhältnisse alle Freude. Mit dem verlorenen Krieg war die Welt Hessels zusammengebrochen. In die veränderte Lage vermochte er sich nicht mehr zu schicken. So entschloß er sich 1920 zum Verkauf seines Geschäfts. Dazu sah er sich um so mehr veranlaßt, als er ohne Nachkommen war."[7]

Die Druckerei wird vom Käufer (und zehnten Inhaber) Johann Bollmann sofort an den Sohn Hanns Bollmann weitergegeben. „Für die Weiterentwicklung war es unumgänglich, einen neuen, besser gelegenen Standort zu wählen. 1924 wurde der Zeitungsbetrieb, in den folgenden Jahren auch die Akzidenz in die verkehrsgünstige und aufstrebende Industriegemeinde Feucht verlegt. In Altdorf besteht eine Geschäftsstelle weiter. 1931 bezog die Buchdruckerei C. Hessel in Feucht eine neue eigene Betriebsstätte."[8]

„Ab 1881 erschien der ‚Bote' zweimal, 1914 dreimal, ab 1921 sechsmal wöchentlich. Zur Zeit der Hochinflation trat ein vorübergehender Rückgang ein, bis die Zeitung mit der Stabilisierung 1924 wieder sechsmal in der Woche herauskommen konnte."[9]

„1924 wurde der ‚Nürnberger Landbote' als Kopfblatt des ‚Boten von Altdorf' ins Leben gerufen. Von der neuen Druckstätte Feucht aus konnte ein größeres Verbreitungsgebiet erschlossen und die Zeitung leistungsfähiger gestaltet werden.

---

6 a. a. O., S. 62.
7 a. a. O., S. 63 f.
8 a. a. O., S. 64.
9 a. a. O., S. 144.

Bald sollten die politischen Verhältnisse eine neue Veränderung bewirken. Im Zuge nationalsozialistischer Gleichschaltungsmaßnahmen mußten der ‚Bote‘ und der ‚Nürnberger Landbote‘ an den Gauverlag der ‚Fränkischen Tageszeitung‘ abgetreten werden. Ab 1. Januar 1938 erschienen beide Heimatblätter unter dem Titel: ‚Bote für Nürnberg-Land‘. Infolge der Kriegsereignisse wurden 1943 ‚Der Bote ...‘, die ‚Hersbrucker Zeitung‘ und die Laufer ‚Pegnitz-Zeitung‘ zu einem Organ zusammengelegt, das nunmehr in der parteieigenen Druckerei der ‚FTZ‘ in Nürnberg hergestellt wurde. Es hieß: ‚Fränkisches Heimatblatt‘.

Als nach dem Zusammenbruch 1945 die deutschen Zeitungen der Lizenzpflicht unterlagen und Lizenzen kaum erteilt wurden, konnte der ‚Bote‘ zunächst nur als bescheidenes ‚Anzeigenblatt‘ zu seinen Lesern gelangen. Erst mit der 1949 verkündeten allgemeinen Presselizenz erschien die Zeitung wieder in altgewohnter Weise unter dem Titel: ‚Der Bote. Heimatzeitung für Nürnberg-Land. Unabhängiges Organ mit dem Amtsblatt für den Landkreis Nbg.‘. Am 1. Januar 1961 erfolgte die Vereinfachung des Titels auf: ‚Der Bote für Nürnberg-Land‘. Der ‚Bote‘ erscheint viermal in der Woche, samstags mit einem eigenen Lokalteil für die Gemeinde Stein bei Nürnberg.

Ab 1. September 1962 wird der ‚Bote‘ in Verlagsgemeinschaft mit den ‚Nürnberger Nachrichten‘ herausgegeben. Beide Zeitungen werden innerhalb des Landkreises Nürnberg zusammengelegt und erscheinen unter dem Titel ‚Der Bote für Nürnberg-Land‘, wobei die ‚Nürnberger Nachrichten‘ den Mantel der B-Ausgabe und der ‚Bote‘ den lokalen Text- und Anzeigenteil stellt.“[10]

Die Beiblätter des „Boten“

Der „Bote“, der als Amtsblatt begonnen hatte – bis 1875 in Nürnberg ein eigenes Bezirksamtsblatt herauskam –, führte diese Tradition ab 1923 weiter. Freilich in veränderter Form. Fortan erschien das „Amtsblatt des Bezirksamts Nürnberg“ bzw. „des Landrats Nürnberg“ (ab 1939) selbständig. Erst ab 1946 wird das Amtsblatt samstags dem „Boten“ beigelegt.

Seit den zwanziger Jahren und „bis 1941 führte der ‚Bote‘ eine vorzüglich redigierte Heimatbeilage (..). Die ‚Reichswaldblätter‘ waren anfänglich als literarische Sonntagsbeilage des ‚Boten‘ gestaltet; sie brachten vorwiegend Erzählungen aus Franken, zum Teil in Fortsetzungen. Seit 1930 erschienen sie monatlich (1935–36 zweimonatlich) als Heimatbeilage. (...) Infolge der Kriegsereignisse mußte die Herausgabe mit dem 30. 12. 1941 eingestellt werden. Vollständige Sammlungen der ‚Reichswaldblätter‘ sind heute bereits sehr selten geworden.“[11]

Von der Frankenalb

Der „Bote“ wird im südlichen Teil des Landkreises Nürnberger Land gelesen, der an die Industrieregion Mittelfranken im Osten anschließt. Der Landkreis hat insgesamt etwa 140 000 Einwohner, wovon 85 000 in Gemeinden leben, die zwischen 5000 und 20 000 Einwohner haben, nochmals 40 000 Menschen leben in kleinen Orten mit weniger als 5000 Einwohnern. Der einstige Imkermarkt Feucht als auch die ehema-

---

[10] a. a. O., S. 146.
[11] a. a. O., S. 149. Blatt 12, 1941 enthält ein Orts-, Sach-, Personen- und Verfasserverzeichnis über die Jahrgänge 1936–1941.

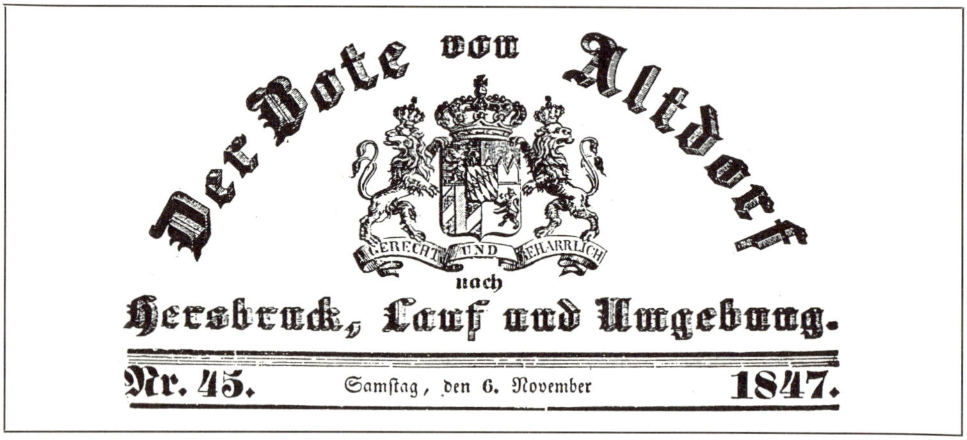

Der Bote von Altdorf

GERECHT UND BEHARRLICH

nach

Hersbruck, Lauf und Umgebung.

Nr. 45. Samstag, den 6. November 1847.

154. Jahrgang

Der Bote

J 1850 A

FÜR NÜRNBERG-LAND

Mit dem Amtsblatt für den Kreis Nürnberger Land · In Gemeinschaft mit den „Nürnberger Nachrichten"

Einzelpreis: 1,20 DM — Samstag/Sonntag, 11./12. Juli 1987 — Nummer 156

Aus dem Inhalt

WIRTSCHAFT:
Johannes Rau fordert Zwei-Milliarden-Programm zur Überwindung der Stahlkrise

BAYERN:
Protest gegen EG-Pläne, Grenzwerte bei Nahrungsmitteln von 600 auf über 4000 Becquerel anzuheben

SPORT:
Dietrich Thurau bot beim Zeitfahren auf der 10. Etappe der Tour de France eine große Leistung

WOCHEN-MAGAZIN:
Im Psycho-Boom — Seelenforscher ergründen das Glück

TV im WOCHEN-MAGAZIN

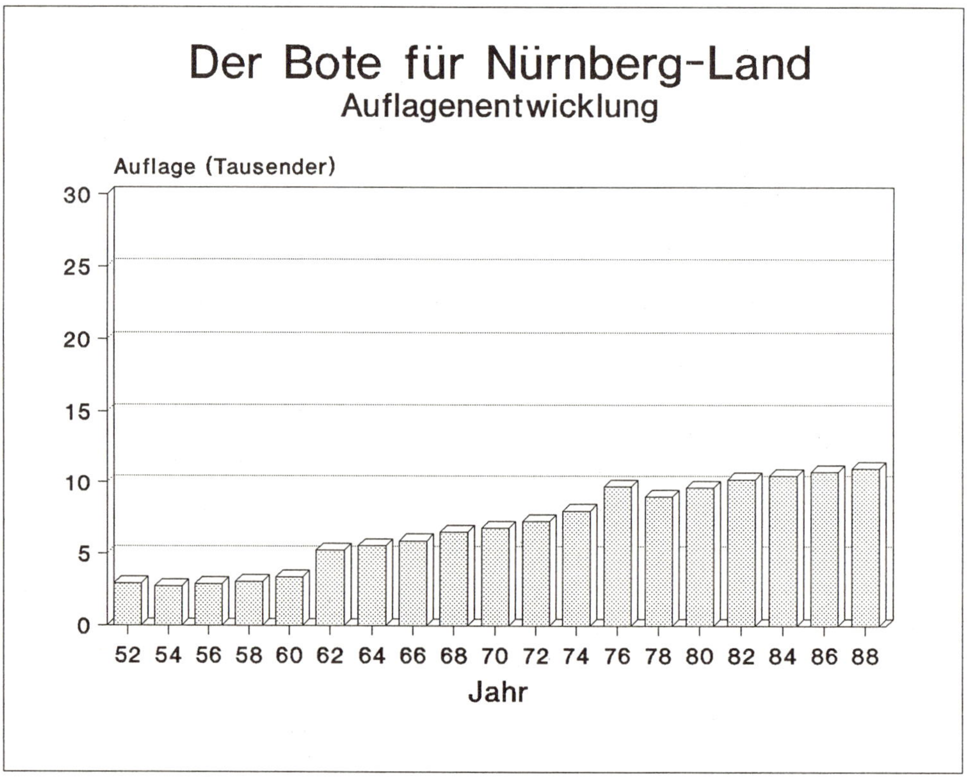

lige Universitätsstadt Altdorf sind zentrale Orte für den „Boten". Überraschend wenige Erwerbstätige, nämlich unter 5%, sind in der Land- und Forstwirtschaft tätig. Mehr als die Hälfte (57%) der Erwerbstätigen arbeitet im produzierenden Gewerbe. Insgesamt übersteigt die Zahl der Auspendler die Zahl der Einpendler. Dem Informationsbedürfnis der Berufspendler ins Industrie-Dreieck Nürnberg/Fürth/ Erlangen muß auch der „Bote" Genüge tun.

Vor diesem Hintergrund kommt dem Regionalteil, den die „Nürnberger Nachrichten" gestalten, eine nicht zu unterschätzende, ergänzende Rolle für die Orientierung der Pendler zu. Denn die Pendler müssen sich an ihrem Arbeitsplatz und ihrem Umfeld ebenso zurechtfinden können wie an ihrem Wohnort. Der eigentliche Lokalteil „Aus Nürnberg Land", den die Redaktion des „Boten" selbständig gestaltet, umfaßt im allgemeinen zwischen sechs und sechzehn Seiten. Drei der vier Spalten auf der ersten Seite nimmt der Aufmacher ein, am Montag[12] ein Bericht über die Jugend-Justizanstalt Laufen-Lebenau, der der Jugendwohlfahrtsausschuß des Laufer Kreistags einen Besuch macht – womit der Lokalbezug wieder hergestellt ist. Am Dienstag[13] wird über die Jubiläumsfeierlichkeiten des Gesangvereins Feucht ganz groß berichtet, am Mittwoch[14] erinnert die Liedertafel Altdorf an ihre Gründung vor 150 Jahren, am Donnerstag[15] wird das Programm für das Altdorfer Altstadtfest vorgestellt, am Freitag[16] feiert die Sparkasse Altdorf ihren 150. Geburtstag. Am Samstag[17] ist nachzulesen, wie sich ein Gespräch des Evangelischen Erwachsenenbildungswerkes in Altdorf entwickelt hat, das das Verhältnis von Krankheit und Schuld zum Thema hat. Auf den ersten Blick scheint im Verbreitungsgebiet des „Boten" vor allem gefeiert zu werden. Freilich ist diese Kostprobe aus einer Woche im Juli 1987 nicht zu verallgemeinern, weil der Juli wegen des schönen Wetters ein bevorzugter Termin für Festveranstaltungen ist, vor allem für solche an frischer Luft. Zum anderen bieten sich Feierlichkeiten mit der örtlichen Prominenz und abwechslungsreichem Rahmenprogramm (Bilder!) für den „Aufmacher" geradezu an. Ein Blick auf die folgenden Seiten zeigt dann den Alltag in und um Altdorf. Polizeiberichte, Termine, Gratulationen zu runden Geburtstagen, Fortsetzungsroman, Lokalanzeigen gewerblicher und privater Natur, Sitzungsberichte der örtlichen Gruppen, Verbände, Verwaltungen. Am Mittwoch und in der Wochenendausgabe kommen die Sportbegeisterten auf den Seiten für den „Heimatsport" auf ihre Kosten. Die Leser des „Boten" sind für das Tägliche, den Einkauf und die Geselligkeit, den Vereinssport und die Schulangelegenheiten, ihrem Wohnort verbunden. Die Pendler und die Bildungshungrigen richten ihre Aufmerksamkeit zudem auf die nahegelegenen Großstädte Nürnberg – Fürth – Erlangen. Die kommunalen Angelegenheiten des Landkreises Nürnberger Land werden wiederum in Lauf entschieden, einer Kleinstadt, die außerhalb des Verbreitungsgebietes liegt. Deshalb schaut die Redaktion durchaus über den eigenen Tellerrand (des Verbreitungsgebiets) hinweg, um die Leser auf dem laufenden zu halten.

Im Laufe seiner über 150jährigen Geschichte hat sich der „Bote" fest in der Bevölkerung seines Verbreitungsgebietes verankern können. Heute erreicht er mit einer

---

12 „Der Bote" vom 6. 7. 1987.
13 „Der Bote" vom 7. 7. 1987.
14 „Der Bote" vom 8. 7. 1987.
15 „Der Bote" vom 9. 7. 1987.
16 „Der Bote" vom 10. 7. 1987.
17 „Der Bote" vom 11./12. 7. 1987.

Auflage von etwa 11 000 Exemplaren[18] wochentags und ungefähr 12 000 am Wochenende seine Leserschaft. Drei Vollredakteure und ein Volontär, ergänzt durch einen Stab von freien Mitarbeitern und Fotografen, versorgen die überwiegend bodenständige Bevölkerung mit Nachrichten aus der Umgebung.

Da der Anzeigenmarkt im Verteilungsgebiet sehr begrenzt ist, sah die Verlegerschaft im privaten Lokalrundfunk eine ernsthafte Konkurrenz. Um wirtschaftlich nicht untergraben zu werden, baute der „Bote" seine mediale Betätigung auf Hör- und Sehbares aus. Als Mitgesellschafter von Radio 2000, Radio F und mbt (Mediengesellschaft bayerischer Tageszeitungen) ist das Fundament für die künftige Nutzung neuer Informationsmöglichkeiten gesichert, und der Verlag braucht sich keine Sorgen zu machen, daß die größten Stücke des Werbekuchens an fremden Tischen verspeist werden.

(rh/sf)

---

[18] IVW-Liste 4/1987: verkaufte Auflage: 10 912 Exemplare, am Wochenende: 12 024 Exemplare.

Einmannbetrieb und Familienunternehmen: Die „Pegnitz-Zeitung“

Als Familienunternehmen bezeichnet sich der Verlag Hans Fahner oHG, Stammhaus der in Lauf erscheinenden „Pegnitz-Zeitung“; die Eigentümer, die heute im Impressum stehen (Juliane Herrmann, Elisabeth Fahner, Juliane Brandmüller und Lambert Herrmann), sind Tochter, Schwiegertochter und Enkel des Verlagsgründers.[1] Es war ein junger Schweizerdegen[2], der 1907 die „Pegnitz-Zeitung“ ins Leben rief. Hans Fahner (1883–1933), so ist überliefert, „machte in den Gründerjahren fast alles selbst. Er war Redakteur, Setzer und Drucker in einer Person, tatkräftig unterstützt von seiner Frau Margarete und einem oder später zwei Gehilfen.“[3]

Einmannbetrieb und Familienunternehmen: Mit diesen gängigen Alltagsbegriffen sind Zustände markiert, die einen Großteil der deutschen Zeitungsverlagsgeschichte prägen. Insofern sie speziell auch die Entwicklung der „Pegnitz-Zeitung“ treffen, wird es möglich, dies Blatt als typische Hervorbringung des deutschen Lokalpressewesens zu begreifen.

Einmannbetrieb: Otto Groth nennt als die ideellen und materiellen Funktionen der Zeitungsunternehmung: Herausgabe und Verlag mit Administration, Redaktion (später auch Anzeigenabteilung), Druckerei und Expedition. Die materielle Basis hat er in die anschauliche Vorstellung gegossen, ein Zeitungsunternehmen umfasse „dreierlei: eine Fabrik, in der eine Ware hergestellt wird, ein Handelsgeschäft und schließlich eine Transportanstalt“. Und er fährt fort: „Diese Funktionen oder mehrere davon waren in den Anfängen des Zeitungswesens meist in einer Hand vereinigt.“ Wohl gab es schon im 17. Jahrhundert Einzelbeispiele für Arbeitsteilung, doch „grundsätzlich wurde die wirtschaftlich-technisch-geistige Produktion von einer Person, dem Eigentümer der Zeitung, besorgt. Auch heute [1930] ist diese Form der Zeitungsherstellung noch bei kleinen Betrieben üblich.“[4]

Freilich hat sich nach Groth dabei eine „innere Änderung“ ergeben, die er mit Friedrich Naumanns Worten veranschaulicht; es lohnt, das Zitat im Zusammenhang vorzuführen: „Der alte Zeitungsherausgeber ist Handwerker. Er lebt noch heute in seiner ältesten und schlichtesten Form da und dort im Hinterlande und auch gelegentlich in großstädtischen Nebengassen. Dieser Mann macht sein Blatt, wie der alte Tischler seinen Hausrat für seine Kunden. Er kauft Papier und Nachrichten, wie man Holz und Firnis kauft und gibt selbst alles weitere dazu. Je weiter er sich kultiviert, desto mehr Halbfabrikate übernimmt er fertig: Zeitungsausschnitte aus der Großstadt, gekaufte Korrespondenzen, geborgte Marktberichte, ab-

---

1 Verlagsangaben für diese Festschrift, mitgeteilt am 17. August 1987, S. 4.

2 „in buchdruckereien einer, der sowol setzer wie drucker ist ...; solche geschickte arbeiter mögen ursprünglich vielfach aus der Schweiz gekommen sein ...; der ausdruck musz ziemlich alt sein, denn er knüpft doch wol an die handliche waffe der Schweizer an.“ (Deutsches Wörterbuch von Jacob Grimm u. Wilhelm Grimm, Bd. 9. Leipzig 1899, Sp. 2473.)

3 „‚Schweizerdegen‘ Hans Fahner begründete im Jahr 1907 Druckerei und Verlag.“ In: Sonderbeilage zur Pegnitz-Zeitung anläßl. der Einweihung d. neuen Druck- u. Verlagsgebäudes, 4. Juli 1981, S. 1.

4 Otto Groth: Die Zeitung: ein System der Zeitungskunde (Journalistik), Bd. 3. Mannheim [u. a.] 1930, S. 71.

gedruckte Telegramme, Annoncen von einer Expedition. Er wird, soweit der Inhalt in Betracht kommt, zum Monteur, das ist zum Zusammensteller. Seine Persönlichkeit verschwindet im Inhalt und tritt nur kaufmännisch zu Tage: der Uhrmacher wird zum Inhaber eines Uhrenladens."[5]

Diese Schilderung mag auf den Fernerstehenden wie eine Herabsetzung wirken. Indessen beschreibt sie nur sehr lebendig, wie das hochkomplizierte Geschäft der aktuellen Vermittlung von Massenkommunikation mehr und mehr Arbeitsteilung, rationale Organisation der wirtschaftlich-technischen Betriebsaufgaben bei Trennung (oder doch „Sonderstellung") von Herausgabe und Redaktion erzwingt.[6] Wir werden sehen, was davon auf die „Pegnitz-Zeitung" zutrifft.

Familienunternehmen: In ihrem bekannten Werk über den wirtschaftlichen Aufbau des deutschen Zeitungsgewerbes schildern Friedrich Bertkau und Karl Bömer, daß „der Familienbesitz auch bei den wirtschaftlichen Gesellschaften des deutschen Zeitungswesens stark vertreten ist, die in vielen Fällen aus der Einzelunternehmung hervorgegangen sind und der Geistigkeit und Tradition dadurch Ausdruck verleihen, daß sie die Form des Familienbesitzes beibehalten".[7] Nach einer Untersuchung befanden sich noch 1926/27 mehr als drei Viertel der deutschen Zeitungen in Familienbesitz; mithin steht „einwandfrei fest, daß der Familienbesitz in der Einzelunternehmung verwurzelt und am deutlichsten ausgeprägt ist und dem deutschen Zeitungsgewerbe nicht nur sein wirtschaftliches, sondern auch sein geistiges Gepräge gibt".[8] Bertkau und Bömer resümieren gar, „daß der Familienbesitz eines der kostbarsten Güter des deutschen Zeitungsgewerbes ist und seine Gesinnungsfestigkeit und Überzeugungstreue besser gewährleistet als die Unternehmungsformen der unpersönlichen Kapitalgesellschaften".[9] Wie mit diesem Gut bei der „Pegnitz-Zeitung" gewirtschaftet wurde, bleibt darzustellen.

Gründerjahre

Als sich Hans Fahner nach Lehr- und Wanderjahren 1907 in seiner Heimatstadt Lauf niederließ, um eine Druckerei zu begründen und eine Zeitung herauszugeben[10], muß sehr viel unternehmerischer Wagemut im Spiel gewesen sein. Denn erstens steckt er sich – im wahrsten Sinne des Wortes – ein umfassendes Gebiet ab, das vom ersten Erscheinungstag an, dem 19. Juni 1907, aus dem Zeitungstitel hervorgeht: „Pegnitz-Zeitung / Unabhängiges Publikations- und Insertionsorgan für die Stadt Lauf; Allgemeiner Anzeiger für Röthenbach, Markt Schnaittach sowie für

[5] Ebenda.
[6] Vgl. Otto Groth, a. a. O., S. 73 und passim.
[7] Friedrich Bertkau, Karl Bömer: Der wirtschaftliche Aufbau des deutschen Zeitungsgewerbes. Berlin 1932 (Zeitung und Zeit; 3), S. 187.
[8] Friedrich Bertkau, Karl Bömer, a. a. O., S. 188. Bei der angezogenen Untersuchung handelt es sich um Manfred Rietschel: Der Familienbesitz in der deutschen Tagespresse. Diss. Leipzig 1928. – Die genauen Zahlen: 3257 Zeitungen wurden untersucht; darunter befinden sich 2481 oder 76,17% im Familienbesitz. Da für 1927 (von Hans Kapfinger; vgl. Friedrich Bertkau, Karl Bömer, a. a. O., S. 31) 3241 deutsche Zeitungen ermittelt sind – allerdings ohne Kopfblätter –, kann man die Zahlen in der Tat als repräsentativ betrachten.
[9] Friedrich Bertkau, Karl Bömer, a. a. O., S. 189.
[10] Vgl. „‚Schweizerdegen' Hans Fahner ...", a. a. O., S. 1.

das gesamte Pegnitzgebiet".[11] Und zweitens tritt er gegen Konkurrenz an, die bereits über ein Vierteljahrhundert eingesessen ist und dem Neuankömmling nicht zuletzt den Amtsblattcharakter vorausha: Seit 1881 nämlich gibt es das „Laufer Wochenblatt / Amtliches Publikationsorgan des Stadtmagistrats zu Lauf usw.", parallel dazu das „Schnaittacher Wochenblatt / Amtliches Publikationsorgan des Magistrats zu Schnaittach und vieler kgl. Behörden". Beide Blätter erscheinen mit einer Auflage von je 1500 dreimal wöchentlich in eigener Druckerei in Lauf; Verleger und verantwortlicher Redakteur ist Heinrich Bachmann – auch ein Einmannbetrieb. Das Verbreitungsgebiet deckt sich im ersten Fall mit dem Amtsgerichtsbezirk Lauf und Hersbruck, im zweiten mit dem Amtsbezirk Schnaittach und Lauf.[12]

Da muß man natürlich trachten, mehr zu bieten: Fahner bringt sein in der Regel vierseitiges Blatt viermal wöchentlich heraus, geht schon ab 1. Oktober 1907 gar auf sechsmaliges Erscheinen über; zeitungsfreier Tag ist nach damals weitverbreitetem Brauch der Montag.[13] Der Vertrieb, „schon damals vorwiegend an feste Abonnenten", erfolgte im Bahnversand und durch Boten auf Pferdewagen; man achtete darauf und erreichte auch, „daß schon damals alle Leser noch am Erscheinungstag ihre Zeitung erhielten". Dabei war zu der Zeit das Verbreitungsgebiet noch beträchtlich größer als heute (wo es sich in etwa mit dem Altlandkreis Lauf deckt); es erstreckte sich bis Hersbruck, Velden und Pegnitz.[14]

Von Weltkrieg zu Weltkrieg

In den Weltkrieg zieht Hans Fahner als Soldat; der Verlag wird zum „Einfraubetrieb": Als „Bevollmächtigte" steht „Frau Hans Fahner" im Zeitungshandbuch von 1917 eingetragen. Wir erfahren dort auch, daß die parteilose „Pegnitz-Zeitung", „Nebenausg. Schnaittacher Wochenblatt" vierseitig im Flachdruck hergestellt wird und mit Beilage „Der Krieg" erscheint. Was die örtliche Konkurrenz betrifft, so haben sich die Verhältnisse weiter angeglichen: Das „Laufer Wochenblatt" hat offenkundig einen Spurt eingelegt und erscheint mittlerweile fünfmal wöchentlich – wie übrigens inzwischen auch die „Pegnitz-Zeitung" nur noch fünfmal – „Mo., Mi., Do., Frei., Snd." – ausgegeben wird; gewiß machen sich bei dem doch noch kleinen Blatt die Engpässe des vorgerückten Krieges bemerkbar. Anzeige- und Reklamepreise sind bei der „Pegnitz-Zeitung" ein wenig günstiger: 13 bzw. 40 Pfennig die fünf- bzw. dreigespaltene Petitzeile verlangt Bachmann, bei Fahner sind 12 bzw. 30 Pfennig zu entrichten. (Insofern kann angenommen werden, daß die nicht angegebene Auflage der „Pegnitz-Zeitung" unter der des Konkurrenzunternehmens liegt; das „Laufer Wochenblatt / Schnaittacher Wochenblatt" seinerseits meldet noch eine Auflage von 2700, hat also nach Erscheinen der „Pegnitz-Zeitung" Boden verloren.) Auch im Abonnementpreis geht die „Pegnitz-Zeitung" geringfügig unter das „Laufer Wochenblatt"; mit 1,20 Mark ist sie im Vierteljahr um 20 Pfennig billiger zu haben. Bemerkenswert ist in diesem Zusammenhang, daß das „Laufer Wochenblatt"

---

[11] Ebenda.

[12] Vgl. Joseph Kürschner: Handbuch der Presse für Schriftsteller, Redaktionen, Verleger. Berlin 1902, Sp. 655, 983 f.

[13] Vgl. „‚Schweizerdegen' Hans Fahner...", a. a. O.

[14] Ebenda.

als in allen Volksschichten verbreitet gilt, während als Publikum der „Pegnitz-Zeitung“ Bürger und Landwirtschaft angegeben werden.[15]

Schwer muß die Nachkriegszeit gewesen sein, doch Frau Margarete hat das Unternehmen sicher über den Krieg gebracht, und als Hans Fahner heimkehrt, kann er investieren, den Betrieb in den zwanziger Jahren erweitern.[16] 1928 ist die „Pegnitz-Zeitung“ mit einer Auflage von 3000 dreimal wöchentlich am Markt – und diesmal ist es das „Laufer Tagblatt“ (ehedem „Laufer Wochenblatt“), das seine Auflage nicht nennt.[17] Hans Fahner bleibt nicht viel Zeit. 1933 stirbt er, fünfzigjährig, hinterläßt die Leitung des Unternehmens Frau Margarete, die von Sohn Lambert und Tochter Gunda unterstützt wird. Dem Druck der Nationalsozialisten auf die Heimatpresse (ihnen und ihren Gaublättern war die von Bertkau und Bömer gerühmte „Gesinnungsfestigkeit und Überzeugungstreue“ ein Dorn im Auge, und den „Familienbesitz als eines der kostbarsten Güter des deutschen Zeitungsgewerbes“ trachteten sie sich anzueignen) hatten auch die Fahners auf Dauer nichts entgegenzusetzen. Am 1. Mai 1936 wurde die „Pegnitz-Zeitung“ zwangsweise an die „Fränkische Tageszeitung“ angegliedert.[18]

Der nationalsozialistischen Gleichschaltung war damit Genüge getan. „Zwar wurde der Lokalteil noch im Verlag Hans Fahner gesetzt und gedruckt“[19], zwar fungierte zunächst Lambert Fahner noch als Lokalschriftleiter und Anzeigenleiter, doch war die „Pegnitz-Zeitung“ (miteinbeschlossen übrigens nun auch das „Laufer Tagblatt“) faktisch zum Kopfblatt der Gauzeitung in Franken geworden. Im I. Quartal 1937 beträgt die Auflage über 3000 bei einem Umfang von acht Seiten und sechsmaligem Erscheinen pro Woche. Neben den Beilagen „Illustriertes Wochenblatt“ und „Der deutsche Bauer“ gibt es nach wie vor „Die Fundgrube“; das sind verlagseigene monatliche Heimatkunde- und Geschichtsblätter.[20] Die Konstellation bleibt nicht lange bestehen: Nach Verlagsangaben bringt die Jahreswende 1942/43 „im Zeichen des ‚totalen Krieges‘ ... das vorläufige ‚Aus‘ für die PZ“[21] Nun ist diese Darstellung insofern ein wenig vereinfacht, als im Frühling 1943 das „Fränkische Heimatblatt“ auflebt, behaust in der Nürnberger Pfannenschmiedsgasse bei der „Fränkischen Tageszeitung“ und „entstanden durch Zusammenlegung der Zeitungen Fränkische Tageszeitung, Ausgabe für Nürnberg-Land, Pegnitzzeitung und Hersbrucker Zeitung“.[22] Doch gleichviel: Mit dem Titel „Pegnitz-Zeitung“ ist es vorbei – und bald auch mit dem „Fränkischen Heimatblatt“.

---

15 Vgl. Handbuch deutscher Zeitungen 1917, bearb. im Kriegspresseamt von Rittm. a. D. Oskar Michel. Berlin 1917, S. 35.

16 Vgl. „‚Schweizerdegen‘ Hans Fahner...“, a. a. O.

17 Vgl. Sperlings Zeitschriften- u. Zeitungs-Adreßbuch. 54. Aufl. Leipzig 1928, S. 405.

18 Vgl. „‚Schweizerdegen‘ Hans Fahner...“, a. a. O.

19 Ebenda.

20 Vgl. Handbuch der deutschen Tagespresse, hrsg. vom Inst. f. Zeitungswiss. a. d. Univ. Berlin. 6. Aufl. Leipzig 1937, S. 31.

21 Vgl. „‚Schweizerdegen‘ Hans Fahner...“, a. a. O.

22 Siehe Handbuch der deutschen Tagespresse, hrsg. v. Inst. f. Zeitungswiss. a. d. Univ. Berlin. 7. Aufl. Leipzig 1944, S. 44 f.

Von 1945 bis zur Gegenwart

Nach dem Zusammenbruch wird bei Fahner zunächst das Amtsblatt der Militärregierung gedruckt, sodann das „Amtsblatt für den Landkreis Lauf/Pegnitz".[23] Lambert Fahner ist im zweiten Weltkrieg draußen geblieben; wieder einmal führen die Frauen der Familie das Geschäft. Pünktlich mit der Generallizenz, zum 1. September 1949, ist die „Pegnitz-Zeitung" wieder da. Mit einem gepflegten Lokalteil, beschränkt auf den Landkreis Lauf, versteht man es, Leser und Anzeigenkunden zurückzugewinnen; was an Berichterstattung darüber hinausgeht, wird vom „Bayerischen Heimatzeitungsverlag" in Nürnberg geliefert; auf diese Weise ist ein viermaliges Erscheinen pro Woche sichergestellt. 1956 verstirbt Tochter Gunda Fahner verehel. Kiefhaber, 1959 Mutter Margarete Fahner; die Leitung des Unternehmens geht auf Rechtsanwalt Gustav Kiefhaber über.[24]

1959 auch erfolgt schließlich ein bedeutender Schritt in die Zukunft der Zeitung: Mit den „Nürnberger Nachrichten" wird ein Kooperationsvertrag geschlossen. Die „Pegnitz-Zeitung" als solche bleibt Familienbesitz; der Heimatteil wird nach wie vor in Lauf produziert, dazu „der Pegnitz-Zeitung ermöglicht, unter ihrem Namen den hochaktuellen, umfassend informierenden ‚Mantel' der ‚Nürnberger Nachrichten' zu verbreiten".[25] Die Auflage tut daraufhin einen kräftigen Sprung nach oben, wie ein Vergleich der IVW-Listen – IV. Quartal – von 1958 (4017 verkaufte Auflage) und 1960 (7265) erweist. Der Zuwachs setzt sich kontinuierlich fort; die „Pegnitz-Zeitung" ist im Jahr 1988 bei einer verkauften Auflage von 12 385 angelangt.

Das Verbreitungsgebiet dieser Auflage deckt sich fast vollständig mit dem Altlandkreis Lauf und bezieht auch einige Orte ein, die bei der Gebietsreform 1972 zu Erlangen-Höchstadt geschlagen wurden. Die Auflage wird zu etwa vier Fünfteln im Abonnement vertrieben. Neun von zehn Lesern lassen sich mit der „Pegnitz-Zeitung" im Mantel der „Nürnberger Nachrichten" beliefern, der Rest macht „von der seit einigen Jahren bestehenden Möglichkeit Gebrauch, den Lokalteil der PZ zusammen mit dem Mantelteil der Nürnberger Zeitung zu erhalten"[26] – als „Nordbayerische Zeitung für Lauf Stadt und Land". Etwas weniger als die Hälfte der Bezieher der „Pegnitz-Zeitung" ist in der Stadt Lauf ansässig; die „Pegnitz-Zeitung" erreicht umgekehrt etwas mehr als die Hälfte der Laufer Haushaltungen; im Verbreitungsgebiet insgesamt rechnet sie mit rund 40 000 Lesern.[27]

---

23 Vgl. „‚Schweizerdegen' Hans Fahner...", a. a. O., S. 3. Siehe auch Sperlings Zeitschriften- und Zeitungs-Adreßbuch. 62. Aufl. Leipzig 1947, S. 251.

24 Vgl. „‚Schweizerdegen' Hans Fahner...", a. a. O., S. 3.

25 Ebenda.

26 „Pegnitz-Zeitung informiert täglich 40 000 Leser im Verbreitungsgebiet." In: Sonderbeilage zur Pegnitz-Zeitung, a. a. O., S. 7.

27 A. a. O., S. 10.

J 5563 A

Pegnitz-Zeitung

Schnaittacher Anzeiger · Röthenbacher Nachrichten

Unabhängige Heimatzeitung für Lauf Stadt und Land · In Gemeinschaft mit den „Nürnberger Nachrichten"

81. Jahrgang

Einzelpreis: 1,— DM Donnerstag, 9. Juli 1987 Nummer 154

Aus dem Inhalt

WIRTSCHAFT:
Wissenschaftler warnen vor zu niedrigen Ausgaben für Forschung und Entwicklung

BAYERN:
Lehrerverband wirf Zehetmair „aktive Sterbehilfe" für die Hauptschule vor

KULTUR:
Die vielseitige Schauspielerin Hannelore Schroth ist tot

SPORT:
Club-B-Jugend verlor Finale um die deutsche Meisterschaft

TV Programm Seite 7

Die „Pegnitz-Zeitung": seit Generationen im Verlags- und Druckhaus Fahner.

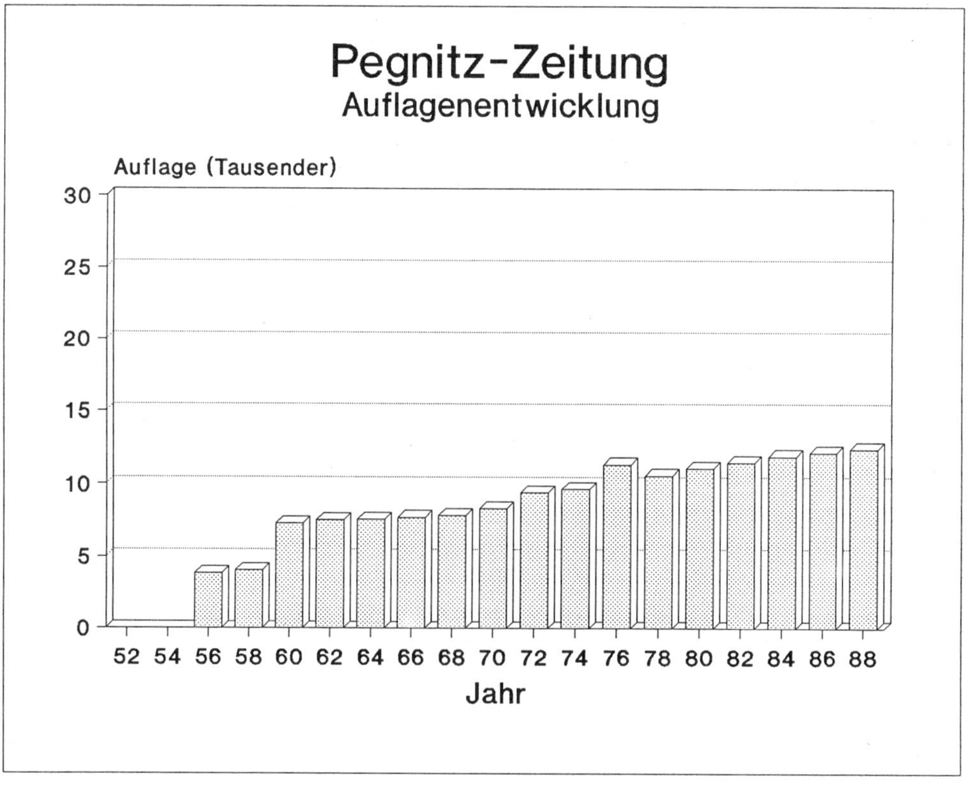

Redaktion und Technik heute

„Die PZ versteht sich als typische Heimatzeitung. Sie ist überparteilich und bemüht sich, Sprachrohr aller gesellschaftlich relevanten Gruppen zu sein."[28] Diesem Selbstverständnis entspricht der Zuschnitt der Redaktion: „Typische Heimatzeitungsredaktion. Fünf Redakteure, davon einer als Leiter. Alle Redakteure haben an der Redaktion volontiert. Die Zahl der freien Mitarbeiter liegt bei etwa zwölf."[29] Auf das Konto der letzteren dürften wohl viele der recht umfangreichen Berichte kommen, die das Erscheinungsbild des Lokalteils mitprägen. Auffällig ist ferner ein stark ausgebauter Vereinsnachrichtenteil auf Anzeigenbasis. Das Amtsblatt für den Landkreis Nürnberger Land wird regelmäßig beigedruckt.

Produziert wird der wenigstens sechs, doch besonders an den Wochenenden auch sechzehn oder mehr Seiten umfassende Heimatteil wie eh und je in Lauf; 1981 zog man dafür in ein geräumiges neues Domizil. Die Firma Fahner-Druck (36 Mitarbeiter) und der Verlag (11 Mitarbeiter) wirken bei der Herstellung eng zusammen. Gesetzt wird mit Computer, gedruckt auf einer 32seitigen Hochdruckrotation.[30] Seit 1979 die erste Fotosetzmaschine angeschafft wurde, „spiegelt sich in Einrichtungen und Maschinen ein Zeitraum von etwa 500 Jahren Entwicklungsgeschichte der Satzherstellung wider"[31] – vom Winkelhaken bis zur Elektronik, denn bei Fahner-Druck ist man für alle Auftragsarten gerüstet. Im Vertrauen auf die Zukunft der Zeitung hat man im Jahre 1983 eine „neue" 32seitige KOEBAU-Rotation, Baujahr 1966/70, aufgestellt, die auch Farbeindruckmöglichkeit bietet. Der Druck des Heimatteils dauert zwischen einer halben und anderthalb Stunden täglich; er wird in Nürnberg in den Mantel eingelegt und per Lastwagen ins Verbreitungsgebiet zurückexpediert. 80 Träger besorgen den Rest[32]; der Vertrieb der „Pegnitz-Zeitung" ist allerdings „voll in das Vertriebssystem der ‚Nürnberger Nachrichten' integriert".[33]

Die „Pegnitz-Zeitung" ist die führende Zeitung in ihrem Verbreitungsgebiet. Im Geflecht der Medienkomplementarität ist zu erwähnen, daß der Verlag der „Pegnitz-Zeitung" einer der Mitanbieter bei „Radio F" ist – doch ebenso, daß kommunale Mitteilungsblätter mit Anzeigen wie auch reine Anzeigenblätter als Konkurrenz verspürt werden.[34]

Der kontinuierliche Erfolg der „Pegnitz-Zeitung" drückt sich in einem jährlichen Auflagenzuwachs von etwa 2 % aus[35]. Nehmen wir dies als Beleg für die Standfestigkeit der Heimatzeitung als Familienunternehmen im Rahmen einer starken Gemeinschaft.

(hs)

---

[28] Verlagsangaben, a. a. O., S. 4.
[29] A. a. O., S. 5.
[30] A. a. O., S. 4.
[31] „Zeitungstechnik im Wandel." In: Sonderbeilage zur Pegnitz-Zeitung, a. a. O., S. 11.
[32] „Erst an der Haustür endet das nächtliche ‚Vertriebs-Marathon'." In: Sonderbeilage zur Pegnitz-Zeitung, a. a. O., S. 15.
[33] Verlagsangaben, a. a. O., S. 4.
[34] A. a. O., S. 3.
[35] A. a. O., S. 5.

Wochenblatt
der
Stadt Hersbruck und Umgebung.

Nr. 1. Samstag, den 7. Oktober 1848.

Dieses Blatt erscheint jeden Samstag in der K. Pfeiffer'schen Buchdruckerei zu Hersbruck, und kostet **jährlich 1 fl. 30 kr.** (Irrthümlicher Weise lautete die Bekanntmachung im „Erzähler" auf 1 fl. 12 kr.) — Bei Anzeigen wird die Spaltzeile nur zu 2 kr. berechnet, und die Einsendung derselben bis längstens Donnerstag Mittags 12 Uhr erbeten.

BEILAGE ZUR HERSBRUCKER ZEITUNG

58. Jahrgang Februar 1988 Nummer 1

Zum heimatlichen Wochenblatt gehören nicht nur die Lokalnachrichten, sondern auch die heimatlichen Sagen und Geschichten, wie sie im Unterhaltungsblatt „Feierabend“ gesammelt wurden; die Beilage „Heimat“ ist bis heute fester Bestandteil der „Hersbrucker Zeitung“.

Es begann im Sturmjahr 1848:

Die „Hersbrucker Zeitung"

Die „Hersbrucker Zeitung" verdankt ihre Existenz der am 19. Juni 1847 „unterthänigst gehorsamsten Vorstellung und Bitte des Konrad Pfeiffer aus Hersbruck um Verleihung einer Conzession zur Buchdruckerey mit Steindruck-Presse."[1] Schon damals plante Konrad Bartholomäus Pfeiffer (1823–1904), auch ein Lokalblatt herauszugeben. Allerdings war es für einen überzeugten Demokraten, der die 1848er Revolution freudig begrüßte, nicht einfach, im von der reaktionären Regierung von der Pfordten beherrschten Bayern eine Zeitung herauszubringen, die seinen Idealen entsprach. So war denn auch das am 7. Oktober 1848 erstmals erschienene „Wochenblatt der Stadt Hersbruck und Umgebung" zunächst für amtliche Verlautbarungen bestimmt.[2] Geschäfts- und private Anzeigen und ein wenig unterhaltender und belehrender Stoff füllten den übrigen Raum, während lokale Nachrichten noch recht spärlich vertreten waren.

Neben die amtlichen Ankündigungen, die Pfeiffer drucken mußte, setzte er mutig Anzeigen für demokratisch-revolutionäre Bücher und „vaterländische" Gedichte. In seinen Erinnerungen, die Pfeiffer einige Jahre später niederschrieb, läßt er seinen politischen Standpunkt deutlich erkennen: „Die letzten Regierungsjahre des Königs Ludwig I. waren nicht gerade geeignet, unser schönes Bayernland zu heben. Eine, wenn auch nur vorübergehende Maitressenwirtschaft, ziemlich andauernde Beamtenwillkür und Jesuitenherrschaft mußten jeden aufrichtigen Vaterlandsfreund mit Schmerz erfüllen. Die Verfassung stand auf dem Papier, man bog sie, man regierte mit ihr nach Belieben. Patriotisch gesinnte Männer, die rechtzeitig auf die dem Vaterlande unausbleiblich bevorstehenden Gefahren entschieden mit Schrift und Wort aufmerksam machten, wurden geächtet; die damals in Flor stehende Censur verrichtete ihr Henkergeschäft an den Zeitungen, die noch einen Schimmer von Wahrheitsgefühl trugen."[3] (Auf diese 48er Tradition ist die Familie Pfeiffer, die nun schon in der vierten Generation die „Hersbrucker Zeitung" verlegt, noch heute stolz.) Sein Engagement für demokratische Grundrechte und ein geeinigtes Deutschland bescherten Konrad Pfeiffer auch einige Unannehmlichkeiten – 1855 kam es sogar zu einer Durchsuchung seiner Druckerei und zur Beschlagnahmung einiger Schriften.[4] Trotz dieser Behinderungen hatte Pfeiffer wirtschaftlichen Erfolg. Seit 1859 ließ er die Zeitung zweimal in der Woche erscheinen. Im Lauf der Zeit kam immer noch eine Ausgabe hinzu und 1925 war aus dem Wochenblatt schließlich eine Tageszeitung geworden.

Unterdessen hatte sein Sohn Karl (1860–1966) die Führung des Unternehmens übernommen und seit 1920 war wiederum dessen Sohn Georg maßgeblich am Entstehen der „Hersbrucker Zeitung" beteiligt. Der noch heute gültige Name der Zeitung entstand übrigens im selben Jahr.

---

1 „Es begann im Sturmjahr 1848". In: „Hersbrucker Zeitung 1848–1973", Jubiläumsausgabe der „Hersbrucker Zeitung", 6. 10. 1973, S. 3.

2 Noch heute nennt sich die „Hersbrucker Zeitung" im Titel „Veröffentlichungsblatt der Behörden".

3 Jubiläumsausgabe, a. a. O., S. 3.

4 Jubiläumsausgabe, a. a. O., S. 7, Haussuchung in der Buchdruckerei Pfeiffer.

Die zwanziger und dreißiger Jahre setzten die „Hersbrucker Zeitung" Problemen aus, mit denen auch die anderen deutschen Zeitungen zu kämpfen hatten: die Inflation, die allfällige technische Modernisierung der Presse und natürlich ab 1933 die Gleichschaltungsbestrebungen der Nationalsozialisten.

Die „Hersbrucker Zeitung" konnte sich bis 1943 über Wasser halten, mußte dann aber im Rahmen der „totalen Mobilmachung" ihr Erscheinen einstellen. Sechs Jahre lang blieb sie verschwunden. Mühsam konnte immerhin die Pfeiffersche Druckerei mit der Herstellung von Lebensmittelkarten und Formblättern und seit 1945 mit der Herausgabe des „Mitteilungsblattes der Vereinigten Militärregierung Hersbruck, des Landrats, des Bürgermeisters und sonstiger Behörden" fortgeführt werden, bis die Währungsreform 1948 Auftrieb gab. Als die früheren Heimatzeitungen dank der Generallizenz der Militärbehörden 1949 wieder erscheinen durften, bemühten sich auch die Pfeiffers um einen Neuanfang.

Gemeinsam mit anderen mittelfränkischen Zeitungen gründete der Verlag der „Hersbrucker Zeitung" eine Gemeinschaftsredaktion, die für alle beteiligten Zeitungen den überregionalen Teil lieferte. Georg Pfeiffer war am Zustandekommen dieser Bayerischen Heimatzeitungsverleger eGmbH maßgeblich beteiligt. Sein Sohn Eckhardt übernahm 1957 die Leitung der Lokalredaktion und wurde bald darauf auch Mitgesellschafter der „Hersbrucker Zeitung". Noch heute ist er für die Herausgabe der Zeitung verantwortlich, während sein Bruder Hannsgörg die Druckerei Karl Pfeiffer leitet.

Die Nachkriegsgeschichte des Blattes wurde maßgeblich bestimmt durch ein Angebot der „Nürnberger Nachrichten". Die Nürnberger strebten nach einer Kooperation mit den Heimatzeitungen ihres Verbreitungsgebiets, d. h. sie wollten den „Mantel", den überlokalen Teil der Zeitung liefern, und die Heimatzeitungen sollten weiterhin in eigener Verantwortung den Lokalteil erstellen. Die Familie Pfeiffer ging auf diesen Vorschlag 1962[5] ein und scheint mit dem Ergebnis auch zufrieden zu sein: „So profitiert der Leser von den modernsten Errungenschaften der Zeitungstechnik, der Nachrichten- und Bildübermittlung, wie sie nur einer kapitalstarken großen Zeitung zur Verfügung stehen, und zugleich von der Zuverlässigkeit und Vertrautheit der Heimatzeitung mit ihrem Bereich. Es ist ein Konzept, das in die Zukunft weist."[6]

Der Herausgeber Eckhardt Pfeiffer weiß sich mit der Erstellung der „Hersbrucker Zeitung" dem „Dienst an der Heimat" verpflichtet. „Wir fühlen uns nicht als Weltverbesserer, die einer unwissenden Leserschaft das Heil zu verkündigen haben, sondern als getreue Chronisten und ehrliche Informationsmakler, die darauf achten, daß die Meinungen in ihrer Vielfalt zu Wort kommen. (...) Überparteilichkeit bedeutet selbstverständlich nicht, daß die Redaktion auf eigene Meinung verzichten würde. Ohne Kommentar, Glosse und Lokalspitze würde dem Heimatteil die Würze fehlen. Nachricht und Meinung sind jedoch voneinander getrennt." Die Heimatzeitung trägt dazu bei, „daß sich in ihrer Leserschaft – und das heißt in der Bürgerschaft – ein Bewußtsein dafür entwickelt, was die Heimat lebens- und liebenswert macht. Dieses Bewußtsein verbindet Menschen, die sonst durchaus unter-

---

5 Zur Arbeitsweise des „NN-Systems" vgl. Karl Vogel: Das NN-Modell. Nürnberg 1981. Weiterhin: Porträt der „Nürnberger Nachrichten".

6 Jubiläumsausgabe, a. a. O., S. 4, Vom Amtsblatt zur Heimatzeitung.

schiedliche Interessen und Standpunkte vertreten können, es schlägt Brücken über natürlich oder künstlich aufgerissene Gegensätze."[7]

In der Heimat verwurzelt

Zunächst hatte die spätere „Hersbrucker Zeitung" ihre Leser in den Bezirken Hersbruck und Lauf, bis dort eine eigene Zeitung erschien. 1972, im Jahr der bayerischen Kreisreform, wurden beide Landkreise mit dem Kreis Nürnberg-Land im Landkreis Nürnberger Land zusammengefaßt. Der Name des Landkreises erinnert an die 300jährige reichsstädtische Hoheit Nürnbergs über fast das gesamte Kreisgebiet als Auswirkung des Landshuter Erbfolgekrieges.

Das Verbreitungsgebiet der Zeitung deckt sich im wesentlichen mit dem Altlandkreis Hersbruck. Im Norden kommt die Gemeinde Neuhaus/Pegnitz hinzu, im Osten die westlichen Gemeinden des Landkreises Amberg-Sulzbach. Die Gegend ist überwiegend ländlich geprägt. Hersbruck mit seinen 11 000 Einwohnern ist die größte Gemeinde im Verbreitungsgebiet der Zeitung. Alle anderen Ansiedlungen sind Landgemeinden, zumeist stagniert die Bevölkerungszahl. Zwei Drittel der Bevölkerung im Landkreis sind evangelisch getauft, ein Drittel ist katholisch.

Bei der letzten Bundestagswahl im Januar 1987 wählte auch der Kreis Nürnberger Land, zu dem die ehemalige Kreisstadt Hersbruck seit der Gebietsreform 1972 gehört, entsprechend den landesweiten Trends: Die CSU verlor über 5% und erreichte 46,9% der Stimmen, die SPD erhielt 34,5% statt wie 1983 35,3%. Die FDP wurde mit 8,6% (1983: 6,6%) vor den Grünen mit 8,1% (1983: 4,8%) dritte Kraft im Landkreis. Von den Kleinstparteien erhielt die NPD mit 0,9% noch die verhältnismäßig meisten Stimmen.

Wirtschaftlich steht das Hersbrucker Land recht gut da. Die Ansiedlung von Heimatvertriebenen nach dem Zweiten Weltkrieg brachte einen gewaltigen Fortschritt in der industriellen Entwicklung. In Hersbruck stehen nunmehr 2 000 Einpendlern nur noch 1 300 Auspendler gegenüber.[8] Leistungsfähige Klein- und Mittelbetriebe bestimmen die ausbaufähige Industrielandschaft im Hersbrucker Raum. Mit 5% liegt die Arbeitslosenquote erfreulich niedrig im Vergleich zum Bundesdurchschnitt.[9] Die meisten Hersbrucker arbeiten in Unternehmen der Textil- und Bekleidungsindustrie, der Meßwerkzeugherstellung und der Kunststoffverarbeitung. Dank der landschaftlich reizvollen Lage am Rande der Fränkischen Schweiz gewinnt in Hersbruck auch der Fremdenverkehr immer mehr an Bedeutung. Nach der Auflösung des Landkreises Hersbruck (und zum Ausgleich für den Verlust an Selbständigkeit) behielt Hersbruck Amtsgericht, Finanzamt und das Amt für Landwirtschaft für den neu geschaffenen Großlandkreis. Außerdem befindet sich in Hersbruck ein Schulzentrum mit Volks- und Realschule sowie Gymnasium. Aus dieser noch relativ heilen mittelfränkischen Welt stammen die Leser der „Hersbrucker Zeitung".

---

7 Jubiläumsausgabe, a. a. O., S. 2, Heimatzeitung heute.
8 ebd.
9 Jubiläumsausgabe, a. a. O., S. 6.

Seit 1848 J 3698 A

Hersbrucker Zeitung

Das Heimatblatt für das Hersbrucker Land

Veröffentlichungsblatt der Behörden

In Gemeinschaft mit den „Nürnberger Nachrichten"

Einzelpreis: 1,20 DM Samstag/Sonntag, 25./26. Juli 1987 Nummer 168

Aus dem Inhalt

BAYERN:
Fakten im Bahngutachten zur ICE-Trasse Nürnberg — München sprechen für Variante über Ingolstadt

KULTUR:
Die Unbeirrbare — Die Lyrikerin Hilde Domin wird 75

SPORT:
Lob für Degen-Weltmeister Volker Fischer: Fairneß zahlte sich endlich aus

WOCHEN-MAGAZIN:
Auf der Suche nach dem „Neuen Mann" — Ein Seminar

TV im WOCHEN-MAGAZIN

Der CDU-Minister sprach in Santiago mit Angehörigen der Häftlinge

Blüm ist sicher: Berichte über die Folter stimmen

Regierungssprecher versichert in Bonn: Jeder Fall wird geprüft

SANTIAGO — Die 14 inhaftierten Chilenen, die ihre Aufnahme in die Bundesrepublik beantragt haben, sind nach den Worten des stellvertretenden CDU-Vorsitzenden Norbert Blüm zweifelsfrei gefoltert worden.

Nach Gesprächen mit Angehörigen der Gefangenen in Santiago sagte der Politiker, wenn gefoltert wurde, seien für ihn auch alle anderen Beweise nicht akzeptabel. „Das ist der Preis, den Foltersysteme zahlen müssen." Zuvor hatte der Minister erklärt, er werde alles tun, um Menschen vor der Todesstrafe zu bewahren. „Ich werde sie auch mitnehmen in unser eigenes Land".

Unterdessen machte in Bonn Regierungssprecher Friedhelm Ost deutlich, daß die Aufnahme der 14 Häftlinge vor allem davon abhängt, ob sie sich schwerer Gewaltverbrechen schuldig gemacht haben oder nicht. Die Frage der Folter sei nur ein Aspekt des Problems, den die Regierung aber sehr ernst nehme. Ost bestritt, daß es zwischen dem Innenminister und dem Außenminister scharfe Meinungsgegensätze gibt und versicherte, im Kabinett herrsche völlige Übereinstimmung über die Behandlung der Angelegenheit. Jeder Fall werde geprüft, bevor eine Entscheidung über die Aufnahme fällt.

Streit um Möllemanns GSG-9-Vorschlag

Nur Innenressort sagt ernsthafte Prüfung zu

Ein Einsatz der Antiterrortruppe des BGS wird aber überwiegend abgelehnt

BONN — Der Vorschlag von Bundesbildungsminister Jürgen Möllemann (FDP), die Spezialtruppe des Bundesgrenzschutzes GSG 9 bei Demonstrationen einzusetzen, hat eine heftige innenpolitische Kontroverse ausgelöst, ist aber bislang überwiegend auf Ablehnung gestoßen.

Lediglich das Bundesinnenministerium wollte einen Einsatz der Anti-Terror-Einheit nicht grundsätzlich ausschließen. Der Sprecher des Zimmermann-Ressorts, Michael-Andreas Butz, erklärte vor Journalisten, bei manchen Demonstrationen werde ein Ausmaß von Gewalt erreicht, „dem man mit herkömmlichen Methoden nicht mehr begegnen" könne. Deshalb müsse „jede Idee sorgfältig geprüft" werden. Butz verwies darauf, daß die GSG 9 vor zwei Jahren schon einmal auf Wunsch der bayerischen Staatsregierung bei Demonstrationen in Wackersdorf eingesetzt worden sei.

Demgegenüber wurde der Möllemann-Vorschlag aber sowohl von Vertretern der SPD und der Grünen als auch der Gewerk-

Kurz vor der Festnahme erschoß er einen französischen Passagier

Libanesischer Luftpirat auf dem Genfer Flughafen überwältigt

Über 160 Geiseln waren fünf Stunden lang in der Gewalt des Entführers Plante er die Freipressung der Brüder Ali und Abbas Hamadei?

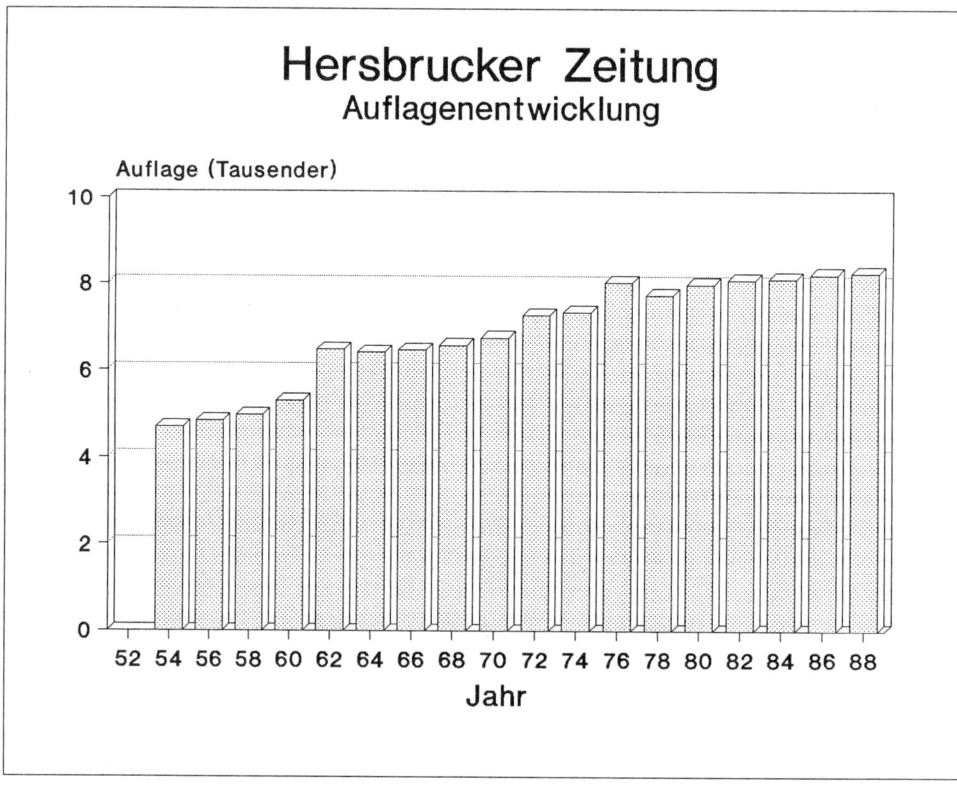

Verleger E. Pfeiffer, Diplomkaufmann, Journalist und Vorstandsmitglied im Verband Bayerischer Zeitungsverleger, hat 45 Mitarbeiter, wovon drei Redakteure und ein Volontär die Lokalredaktion bilden. Der Rest der Zeitung wird ja von den „Nürnberger Nachrichten" redaktionell gestaltet.

Der Lokalteil wird durch das Wappen Hersbrucks und die Titelzeile „Hersbrucker Land" eingeleitet. Der Lokalteil, üblicherweise zwischen sechs und 16 Seiten stark, bringt werktäglich die ersehnten Nachrichten aus dem näheren Umkreis. Wer gestorben ist und wer heiraten wird, was in kleineren Orten durchaus nicht nur Verwandte oder Bekannte interessiert, sondern jedermann, wer am Sonntag gegen den eigenen Sportverein spielen wird, wo es preiswerte Sonderangebote gibt, wie der Stadtrat in der letzten Sitzung über die Bebauung in einem neuen Wohngebiet entschieden hat und ähnliches mehr sucht und findet der Leser in der „Hersbrucker Zeitung". Der plötzliche Unfalltod eines beliebten Arztes, der dreiste Einbruch in das Fotogeschäft um die Ecke bewegen die Leser mehr als die Dürrekatastrophe in Afrika oder der Bankraub in New York. „Der Heimatteil erscheint dem Leser aber nicht nur aus diesem gewissermaßen perspektivischen Grund als wichtig, sondern vor allem deshalb, weil er ihm hilft, sich in seiner Rolle als Nachbar, Eltern, Verkehrsteilnehmer, Verbraucher, Gemeindebürger oder Vereinsmitglied zurechtzufinden",[10] skizziert der Verleger und Lokalchef seine Aufgabe.

Der Lokalteil spiegelt diese Auffassung wider. Das Wir-Gefühl, die Zugehörigkeit zu einer Gruppe wird durch die Berichterstattung im Heimatblatt gestärkt und befestigt. Wenn solchermaßen Gemeinschaft konstituiert wird, dort, wo ein Wir-Gefühl gepflegt wird, werden auch die Grenzen zum „Ihr", zu den anderen abgesteckt. Jeder kennt so seinen Platz und den des anderen in der örtlichen Gemeinschaft. Das ist auch ein Verdienst der Lokalberichterstattung. Das Jubiläum des Schulleiters oder des Mesners, die Meisterschaft der Akkordeonspieler und der Schützen, der Vortrag bei der Kolpingfamilie und das Sommerfest im Kindergarten geben den Gemeindemitgliedern Gelegenheit, Zugehörigkeiten, Mitgliedschaften, Interessengruppierungen, Felder für eigenes Engagement zu entdecken und zu pflegen. Täglich bringt die „Hersbrucker Zeitung" ausführliche Mitteilungen der örtlichen Vereine, Verbände und Parteien, die den Mitgliedern Kunde geben, daß das Kinderturnen heute ausfällt, daß die Monatsversammlung morgen in der „Glocke" stattfindet und dergleichen mehr. Gleichzeitig zeigen die Gruppierungen damit Flagge für die Außenstehenden, die so von der Existenz des „Eine-Welt-Arbeitskreises Cocoyoc", des „Waffenrings" oder des „1. Eselclubs Hersbruck" erfahren.

Aber die Redaktion läßt natürlich nicht nur die offiziellen Stellen und Vereine zu Wort kommen. Kritisch oder freundlich, je nach Sachlage, beleuchtet sie die Probleme, wenn sie z. B. in einer Reportage die Atmosphäre in einem kleinen Dorf mit vielen Asylanten schildert oder nach den Ursachen für die Atrazinbelastung des Trinkwassers bohrt, wenn sie in einem Feature einen heimischen Sportler oder Künstler vorstellt, in einer Umfrage die Bürger zu Stellungnahmen zur Neuregelung des innerstädtischen Verkehrs herausfordert, die neue Rektorin nicht einfach mit Bild und Lebenslauf vorstellt, sondern über ihre Absichten interviewt, die „Verkehrsberuhigung" kritisch kommentiert oder ein Hersbrucker Original in einer heiteren Lokalspitze abkonterfeit.

---

[10] Jubiläumsausgabe, a. a. O., S. 2.

Eine Besonderheit der „Hersbrucker Zeitung“ ist ihr Engagement in der Heimatgeschichte. Seit mehr als 60 Jahren bringt sie, inzwischen als einziges Blatt im mittelfränkischen Raum regelmäßig, eine heimatkundliche Beilage heraus, die interessante Details aus der Vergangenheit ans Licht holt und dabei die jüngste Geschichte nicht ausspart. Auch im normalen Lokalteil hat Geschichte einen hohen Stellenwert, wie z. B. eine reichhaltige Serie über die Kriegs- und unmittelbare Nachkriegszeit im Hersbrucker Land zeigt.

Schließlich sind da noch die vielen Mitteilungen der Sorte „Biete“, „Suche“, „Möchte“, die privaten bzw. gewerblichen Lokalanzeigen also, womit der Bogen zum Anfang, dem „Amts- und Anzeigenblatt“ von ehedem geschlagen wäre. Eine Anzeigenspalte aus dem Jahre 1850[11] bringt Warnungen vor und an unliebsame Zeitgenossen, Ärger über eine „duftende“ Mistgrube und eine rührende Liebeserklärung. Auch Unterhaltliches wird angekündigt, nämlich „Miss Dzuba, der junge, schöne afrikanische Elephant“ eines kleinen Wanderzirkus. Daneben wird auch für allerlei Produkte geworben, etwa eine „Barterzeugungstinktur“, welche der ortsansässige Drogist Langguth vertreibt.

Am Ende kann man feststellen, daß bei allem Wechsel der Sitten, Anschauungen und Lebensgewohnheiten der Mensch selbst sich gar nicht so sehr verändert hat. Er interessiert sich am lebhaftesten für das „Kleine“ um ihn herum. Und deshalb braucht die „Hersbrucker Zeitung“ weder die Konkurrenz benachbarter Blätter noch des regionalen Hörfunks zu fürchten.[12] Die Auflagenhöhe, seit Jahren leicht ansteigend, zwischendurch stagnierend, liegt derzeit um 8 500 Exemplare.[13] Dies und die im Verhältnis zu vergleichbaren Zeitungen große Zahl von Leserbriefen[14] belegen, daß die „Hersbrucker Zeitung“ mit ihrer Lokalberichterstattung richtig liegt.

(cs/sf)

---

[11] Jubiläumsausgabe, a. a. O., S. 6.

[12] Über den Verband Bayerischer Zeitungsverleger ist der Verlag an mbt, Radio 2000 und Radio F in Nürnberg beteiligt.

[13] Laut IVW-Liste 4/87 liegt die verkaufte Auflage Mo. – Fr. bei 8 259 Exemplaren, am Samstag bei 8 759 Exemplaren.

[14] Nach Angabe des Verlegers in einem Schreiben vom 23. 7. 1987.

Seit zwei Jahrhunderten im Familienbesitz: Die „Erlanger Nachrichten“

„Und mein Geschäfte kennt Ihr schon –
Wie jede Stadtfraubaase
Erzehl' ich – thu hinzu – davon –
Steck überall die Nase,
Was mich auch nicht betrifft, hinein –
Und solltens Knickereyen seyn,
Ich misch mit meinem Air mich drein“,[1]

verdeutlicht der Vorläufer, das „Erlanger Intelligenz-Blatt“, sein Selbstverständnis. Der ältere Bruder war 1743, also etwa gleichzeitig mit der Universität entstanden. (1743/44: „Erlangische Anzeigen“, 1749 bis 1751: „Frag- und Nachrichten“, 1757 bis 1783: „Frag- und Anzeigenberichte“, ab 1783: „Intelligenz-Blatt der Königlichen Universitätsstadt Erlangen“, ab 1858 „Erlanger Tagblatt“, seit 1959 „Erlanger Nachrichten“). Das „Intelligenz-Blatt“ war keineswegs ein Skandalblättchen, wie obige Zeilen vermuten lassen, sondern brachte amtliche und private Anzeigen, die oft freilich allerlei Vorkommnisse und Ereignisse rügten. Die Anzeigen betrafen „Sachen, die zu verkaufen, oder zu erkaufen gesucht werden: Sachen, die verloren gegangen, und gestohlen oder gefunden werden; Sachen und Gelder, die zu verleihen oder zu entlehnen gesucht werden; Personen, die Dienst suchen, oder die man in Dienste verlangt; Verpacht- und Vermietungen; Getreid- und Victualien-Tax; Wechsel-Cours; Ankunft der Fremden; Anzeige der Copulirten, Gebohrenen und Verstorbenen; Policey-Sachen, und Edicte vom hiesigen Magistrat. Allerhand dergleich zufällige Notificationes.“[2]

Durch Einheirat „erwarb“ die Familie Junge 1787 die Buchdruckerei und den Verlag, in dem das „Intelligenz-Blatt“ erschien. Seitdem ist der Verlag in Familienbesitz. „Die heutige Universitätsdruckerei Junge und Sohn (..) zählt mit zu den ältesten Offizinen in Bayern. Sie ist entstanden aus den von Balthasar Scherf im Jahre 1619 in der Reichsstädtischen Universität Altdorf bei Nürnberg und im Jahre 1743 nach Errichtung der Universität Erlangen in Erlangen von Johann Friedrich Bekker gegründeten Druckereien.“[3] Die Buchdruckerei wurde fortlaufend vergrößert, eine Buchbinderei angegliedert, ein wissenschaftlicher Verlag dazu gegründet (1890) und technische Neuerungen eingeführt (moderne Setzmaschinen, Stereotypie, Rotationsdruck und Chemigraphie). Der technische Wandel hat aus der ehemaligen Buchdruckerei eine neuzeitliche Druckerei entstehen lassen. Lichtsatz, Datenkonvertierung, modernste Offsetmaschinen und eine fortschrittliche Buchbinderei tragen heute zur führenden Stellung in Erlangen mit bei.

Der langjährig verantwortliche Redakteur des „Erlanger Tagblatts“ erinnert sich an die politisch wie wirtschaftlich bewegte Zeit nach dem I. Weltkrieg: „Das Diktat

---

1 Zit. nach Ernst G. Deuerlein: Aus der Vorgeschichte des „Erlanger Tagblatts“. In der Jubiläumsausgabe „100 Jahre ‚Erlanger Tagblatt'“. Erlangen 1958.

2 ebd.

3 Carl Junge: Elf Generationen dienen Johannes Gutenberg. In der Jubiläumsausgabe „100 Jahre ‚Erlanger Tagblatt'“. Erlangen 1958.

Erlanger
Intelligenz-Blatt
auf das Jahr
1814.

Kostet jährlich 1 fl. 36 kr. rhn.

Erlangen
im Verlag bei A. E. Junge, priv. Universitäts-Buchdrucker.

Die Avertissements, welche in diesen Blättern eingerückt werden, müssen längstens Sonnabends Vormittags eingeschickt werden. Die gedruckte Zeile kostet, wie bekannt, 3 kr. Dienstboten oder arme Personen zahlen nichts.

Dieses Blatt erscheint wöchentlich fünf Mal und zwar jeden Sonntag, Dienstag, Mittwoch, Freitag und Samstag. Abonnementspreis: jährlich 2 fl., halbjährig 1 fl. 6 kr., vierteljährig 36 kr.

Erlanger Tagblatt.

Beiträge werden nach Befinden aufgenommen und ist zu deren erleichterter Abgabe ein Briefkasten am Eingang in's Expeditionslokal angebracht. Anzeigen finden schnelle Aufnahme und kostet die gespaltene Petitzeile od. deren Raum 2 kr.

Eisenbahn-Fahrten.

Nach Nürnberg:
Postzug Morgens 6 Uhr 52 Minuten.
Güterzug Morgens 9 Uhr 36 Minuten.
" " Mittags 12 Uhr 19 Minuten.
Eilzug Nachmittags 2 Uhr 39 Minuten.
Güterzug Abends 7 Uhr 47 Minuten.
Postzug Nachts 10 Uhr 34 Minuten.

Nach Bamberg:
Postzug Morgens 4 Uhr 13 Minuten.
Güterzug Morgens 6 Uhr 47 Minuten.
Eilzug Mittags 11 Uhr 42 Minuten.
Güterzug Nachmittags 2 Uhr 44 Minuten.
" " Nachmittags 6 Uhr 17 Minuten.
Postzug Abends 7 Uhr 48 Minuten.

Freitag, Nr. 1. den 1. Oktober 1858.

(Eingesandt.) Mit Freuden begrüßen wir in dem „Erlanger Tagblatt" eine Zeitung, die den schönen Zweck hat, einem lange gefühlten Mangel endlich abzuhelfen. Erlangen wird so ziemlich als die einzige Universitätsstadt auf vaterländischem Boden dastehen, welche seither eines täglich erscheinenden Blattes entbehrte, was von vielen Seiten schon gar manchmal bekrittelt und bespöttelt worden ist. —

Ein Mitbürger hat es nun unternommen, ein solches Blatt in's Leben treten zu lassen und wenn derselbe auch — wie eben aller Anfang schwer ist — beim Beginne des Unternehmens mit mancherlei Schwierigkeiten zu kämpfen haben dürfte, so hoffen wir doch zuversichtlich, daß unsere verehrliche Einwohnerschaft sowohl, als ein geschätztes auswärtiges Publikum, durch rege Theilnahme einerseits, sowie durch gütige Nachsicht anderseits diese Schwierigkeiten erleichtern und beseitigen helfen wird.

Die Redaktion des „Erlanger Tagblattes" wird gewiß eifrig bestrebt sein, stets mehr und mehr des Interessanten und Wissenswerthen zu liefern und wird nichts verabsäumen, um den Wünschen eines geehrten Leserkreises nach Kräften möglichst Rechnung zu tragen.

In solcher Hoffnung heißen wir dieses neue Unternehmen herzlich willkommen und wünschen demselben nicht minder herzlich das beste und segensreichste Gedeihen!

X.

Neueste Nachrichten.

Hiesiges. Eine sehr wichtige Stelle, welche unter den manchfachen Neuerungen im Wege des vernünftigen Fortschrittes in's Leben gerufen wurde, nimmt die Kreirung des Gewerberathes ein; denn wie einerseits durch Annäherung an Künste und Wissenschaft dem Gewerbe eine höhere Stufe im Bereiche bürgerlicher Thätigkeit errungen ward, so bringt das Institut der Gewerberäthe, die Tüchtigkeit des bayerischen Gewerbestandes anerkennend, dessen Angelegenheiten vor sein eignes Forum. Es ist dieß ein sehr bedeutungsreicher Schritt auf dem Wege der Emanzipation der Gewerbe von bevormundenden Fesseln; möge daher der hiesige Gewerbestand diesem für die Gegenwart wie für die Zukunft bedeutungsvollen Institute seine volle Aufmerksamkeit zuwenden, die Früchte werden ihm nur zukommen und sicher nicht ausbleiben. Den Werth dieses von der k. Regierung in wohlwollender Absicht geschaffenen Organes zu verkennen, wäre nicht das beste Zeugniß für die Mitglieder dieses Standes.

Die Universitätsbuchdruckerei Junge ist seit zwölf Generationen, nämlich seit 1787, im Besitz der Familie Junge. Aber erst 1858 gründete Johann August Junge das „Erlanger Tagblatt", das dann 1870 mit dem viel älteren „Erlanger Intelligenzblatt" verschmolzen wurde. Seitdem der Verlag mit dem Nürnberger Pressehaus kooperiert (1959), erscheint der Traditionsname nur noch im Untertitel.

von Versailles und die kurzsichtige Politik der damaligen Siegermächte vergifteten auch die innerpolitischen Verhältnisse und stärkten die Extreme von rechts und links. Die Franzosen besetzten das Ruhrgebiet, in Sachsen und Thüringen putschten die Kommunisten, in München die Nationalsozialisten und Vaterländischen Verbände. (...) Inzwischen hatte die inflationistische Bewegung der deutschen Mark lawinenhafte Formen angenommen."[4] Sowohl für das wirtschaftliche Problem wie auch für die Frage der redaktionellen Linie wurden schließlich Lösungen gefunden. Überlegungen, das „Erlanger Tagblatt" zu einer Parteizeitung umzugestalten, wurden von Verlag und Redaktion übereinstimmend verworfen. Die politische Polarisierung der Öffentlichkeit in der Weimarer Republik war nicht zuletzt verursacht durch die zunehmende parteiliche Ausrichtung der Zeitungen. Dieser Entwicklung wollten Verlag und Redaktion nicht Vorschub leisten. Als die Vertriebsabteilung verzweifelte ob der massenhaft angelieferten Papierscheine (als monatliches Bezugsgeld für das „Tagblatt"), stellt es der Verlag schließlich den „Landwirtschaft treibenden Lesern anheim, uns statt dieses Betrages (i. e. 1 320 Millionen Mark) Naturalien im Tausch für die Lieferung unseres Blattes zu geben".[5] Die Leser hatten die Wahl: „1 Pfund Butter oder 10 Stück Eier oder 10 Pfund Weizen oder 1/2 Zentner Kartoffeln"[6] waren abzuliefern, um das „Tagblatt" einen Monat frei Haus zu bekommen.

„Als Mann des Ausgleichs und der Toleranz" habe er sich, schreibt der verantwortliche Redakteur Oskar Paulus im Rückblick, „durch eine sachliche, objektive, jeder Sensationsmache abholden zuverlässigen Unterrichtung der Leser eifrig bemüht, (..) daß das Zusammenleben in der Bevölkerung des Stadt- und Landkreises nicht zu sehr durch Haß und Zwietracht vergiftet wurde."[7] Nach der Machtübernahme der Nationalsozialisten geriet das „Erlanger Tagblatt" immer stärker unter Druck. „Täglich um 6.30 Uhr brachte mir [i. e. Oskar Paulus] der Postzusteller einen eingeschriebenen Eilbrief des Reichspropagandaamtes Franken, der Außenstelle des Reichspropagandaministeriums." Er enthielt „jeweils genaue Anweisungen für die Behandlung der tagespolitischen Fragen und Geschehnisse aller Art. Für Verstöße gegen die Anweisungen wurden außer dem Berufsverbot schärfste Strafen angedroht".[8] Da sich der Verlag weigerte, das „Tagblatt" käuflich dem Parteiverlag zu überlassen, wurde das Blatt im Zuge sogenannter Rationalisierungsmaßnahmen mit einer parteitreuen Zeitung fusioniert. Der Verlag verpachtete das Verlagsrecht auf Kriegsdauer und erhielt den Druckauftrag für die zusammengelegten Zeitungen (ab 1. April 1943). Die letzte Kriegsausgabe vom April 1945 „enthielt u. a. noch einen Bericht über eine Frauenkundgebung im Kolosseumssaal, bei der der Kreisleiter die Erschienenen unter Hinweis auf die sicher noch kommende ‚Wunderwaffe' zum Durchhalten aufforderte".[9] Derweil standen die Amerikaner mit Panzern und schweren Waffen bereits im Aisch- und Seebachgrund.

---

4 Oskar Paulus: In schwerer politischer und wirtschaftlich bewegter Zeit. In der Jubiläumsausgabe „100 Jahre ‚Erlanger Tagblatt'". Erlangen 1958.

5 Im Beitrag „100 Jahre Zeitgeschichte im ‚Erlanger Tagblatt'" der Jubiläumsausgabe „100 Jahre ‚Erlanger Tagblatt'". Erlangen 1958.

6 ebd.

7 Oskar Paulus, a. a. O.

8 ebd.

9 ebd.

Mit dem Beginn der Besatzungszeit war das „Erlanger Tagblatt" seiner Zwangsverpflichtungen ledig, durfte freilich erst nach der Generallizenz wieder erscheinen. Vorerst wurde der Verlag „bereits im Mai 1945 ermächtigt, allwöchentlich ein Amtsblatt mit den Anordnungen der Besatzungsmacht und den Bekanntmachungen der Stadtverwaltung herauszugeben (..)".[10] Der ehemalige Bürgermeister Michael Poeschke erinnert sich an das für ihn eindrucksvolle Bild jener Tage, als „die Erlanger Frauen und Männer in Schlangen vor dem ‚Erlanger Tagblatt' stehen und auf das ‚Amtsblatt' warten. Und sie warten dabei auch auf die Informationen, die wir damals schon ohne Genehmigung der Militärregierung in dieses ‚Amtsblatt' hineingeschmuggelt haben, damit die Leute nicht bloß lesen brauchen, wie wenig Essensrationen sie bekommen."[11]

Nach 1949 konkurrierte das ältere „Erlanger Tagblatt" mit den jüngeren „Erlanger Nachrichten", einer Nebenausgabe der „Nürnberger Nachrichten", der ersten Lizenzzeitung in Nordbayern. Der Vorsprung der großen Lizenzzeitung war für die Heimatzeitung kaum mehr aufzuholen. Das „Erlanger Tagblatt" konnte seinen Leserstamm nur mühsam halten (Auflage 1950: 8 400 Exemplare, 1956: 8 300 Exemplare),[12] die „Erlanger Nachrichten" bauten ihre Leserschaft kräftig aus (1950: 9 409 Exemplare, 1956: 12 455 Stück). Am 1. Juli 1959 schloß sich das „Erlanger Tagblatt" (zusammen mit fünf weiteren Heimatzeitungsverlagen) mit den finanzkräftigen „Nürnberger Nachrichten" zu einer bald 30jährigen, bewährten „Arbeits- und Interessengemeinschaft" zusammen.[13] Die Verschmelzung wird im Titel deutlich: „Erlanger Nachrichten", Unterzeile: „Erlanger Tagblatt".

Die Konkurrenz der Erlanger mit den Nürnbergern ist eine alte. „Als das mittelalterliche Nürnberg sich als freie Reichsstadt zu einer der bedeutendsten und größten Städte des damaligen Reiches erhoben hatte, war Erlangen ein vergleichsweise unbedeutendes Stück Erde, denn Nürnberg bot seinen Bürgern sicheren Schutz und große Möglichkeiten zur Entfaltung. Es hatte nicht nur feste Mauern errichtet, die als unüberwindlich galten, sondern es umgab sich auch mit einem Kranz von kleinen Herrschaften, deren Besitzer im Kriegsfall den Nürnberger Truppen zu öffnen hatten (..). Und es blühten auch Künste und Wissenschaften."[14] Erst als „mit dem Niedergang des Handels auf dem Landwege eine Lebensader der ‚Pfeffersäcke' verletzt war",[15] und sich die Stadt vor neuem Zuzug schützte, entwickelte sich Erlangen weiter. Einen Sprung vorwärts brachte „das 17. Jahrhundert, als auf fürstlichen Befehl die barocke Neustadt entstand und die Hugenotten hier die Freistätte fanden, die ihnen das französische Vaterland verweigert hatte. Die Franzosen wurden angesiedelt, weil man von ihrem Gewerbefleiß Nutzen erwartete, ohne daß die einheimischen Erlanger Untertanen viel hätten einwenden können".[16] Seitdem gilt Erlangen als Stätte des Gewerbefleißes und des Geistes. Die neugegründete Universität machte die reichsstädtische Universität in Altdorf schließlich überflüssig.

---

[10] ebd.

[11] Michael Poeschke in einer Ansprache auf der festlichen Veranstaltung des „Erlanger Tagblatts" anläßlich seines goldenen Jubiläums am 18. 10. 1958 in Erlangen. Abgedruckt in: Säkularfeier des „Erlanger Tagblatt". Typoskript, Erlangen 1958. S. 16.

[12] Zahlen aus Karl Vogel: Das NN-Modell. Nürnberg 1981, S. 126.

[13] Zur Arbeitsweise dieser Kooperation vgl. Karl Vogel: Das NN-Modell. Nürnberg 1981.

[14] Volkmar Schardt: Erlangen – zwischen Vergangenheit und Zukunft. In der Jubiläumsausgabe „100 Jahre ‚Erlanger Tagblatt'". Erlangen 1958.

[15] ebd.

[16] ebd.

Den nächsten großen Sprung tat Erlangen nach dem II. Weltkrieg, „als Nürnberg in Trümmern lag und Fürth Industrie- und Siedlungsgebiet kaum anzubieten hatte, im Erlanger Stadtsüden aber der Staatswald große noch unerschlossene Flächen bereithielt." Dies brachte eine hohe Zuwanderungsrate mit sich. „Sudetendeutsche, Vertriebene und Flüchtlinge aus Ost- und Mitteldeutschland und die ins Frankenland gekommenen Berliner stellten den größten Anteil der Menschen",[17] denen Erlangen zur neuen Heimat wurde. Erlangen hat heute knapp 100 000 Einwohner,[18] davon 10% Ausländer. Seine Industriedichte ist doppelt so hoch wie in den Nachbarstädten.[19] Die wirtschaftliche Blüte Erlangens läßt sich auch an der Kaufkraftkennziffer ablesen.[20] Die Kaufkraft der Erlanger liegt fast 20% über dem Bundesdurchschnitt.

Erlangen liegt auch noch in anderer Hinsicht gegen den Trend. So werden in Erlangen überdurchschnittlich viele Kinder geboren; dagegen liegt die Sterbequote unter dem Durchschnitt. Die vielen Studenten der zweitgrößten bayerischen Universität und der langjährige Geburtenüberschuß machen Erlangen zu einer Stadt mit ungewöhnlich junger Bevölkerung. Erst seit 1982 verliert auch Erlangen Einwohner. Ungewöhnlich ist die hohe Mobilität der Erlanger. Die Stadtverwaltung Erlangen hat ausgerechnet, daß mehr als ein Viertel der Bevölkerung pro Jahr zu-, weg- oder im Stadtgebiet umzieht.[21] Hier kommen (und kamen durch die Vertriebenen-Zuzüge nach dem II. Weltkrieg) besondere Aufgaben auf eine Heimatzeitung zu, die sich als Integrationskraft versteht. Die Redaktion der „Nachrichten" wäre schlecht beraten, ignorierte sie diese Besonderheiten der Bevölkerungsstruktur.

Der Verlag Junge und Sohn gestaltet seit der Zusammenarbeit mit den „Nürnberger Nachrichten" nur mehr den Lokalteil selbst. Die NN arbeiten den Mantel, bekommen aus Erlangen Ganzseitenfilme für den Lokalteil geliefert, besorgen Druck und Vertrieb. Etwa 70% der Auflage (an Wochentagen insgesamt 40 574 Exemplare, an Samstagen knapp 45 000 Exemplare[22]) gehen in die Stadt Erlangen, der Rest wird in den Landgemeinden ringsum verteilt.

---

17 ebd.

18 Bayerisches Landesamt für Statistik und Datenverarbeitung, Stand 31. 12. 1985: Stadtkreis Erlangen: 99 600 Einwohner, Landkreis Erlangen-Höchstadt: 105 900 Einwohner.

19 Bayerisches Landesamt für Statistik und Datenverarbeitung, Stand 1984: Industriedichte = Zahl der im verarbeitenden Gewerbe (Industrie und Produzierendes Handwerk) tätigen Personen je 1 000 Einwohner, berücksichtigt werden nur Betriebe mit mehr als 20 Beschäftigten. Erlangen: 394 (zum Vergleich: Ansbach 140, Fürth 180, Nürnberg 189, Regierungsbezirk Mittelfranken gesamt 154).

20 Bayerisches Landesamt für Statistik und Datenverarbeitung: Die Kaufkraftkennziffer je Einwohner, bezogen auf den Bundesdurchschnitt von 100, beträgt für Erlangen: 118,4, für den Landkreis Erlangen-Höchstadt: 97,3.

21 Statistische Umschau der Stadt Erlangen, Sonderdruck aus dem Einwohnerbuch 1985. Erlangen 1985, S. 14. 1983: 244 Wanderungsfälle je 1 000 der Wohnbevölkerung.

22 Laut IVW-Liste 4/87: Verkaufte Auflage Mo.–Fr.: 40 574 Exemplare, an Samstagen 44 816 Exemplare.

ERLANGER Nachrichten

ERLANGER TAGBLATT

129. Jahrgang — J 2696 A

Einzelpreis: 1,— DM — Dienstag, 7. Juli 1987 — Nummer 152

Aus dem Inhalt

WIRTSCHAFT:
Neue Videorecorder-Fertigung bei Grundig sogar für Konkurrenz aus Fernost?

BAYERN:
Verdienste honoriert — Bund Naturschutz erhielt 50 000-DM-Preis

KULTUR IN DER REGION, Seite 20:
Geiz und Dummheit — Bitterböse Komödie bei den Neumarkter Schloßspielen

KULTUR:
Matisse und Italien — eine erste große Retrospektive in Venedig

TV Programm Seite 17

Schlag gegen den Drogenhandel

Kokain-Syndikat ist aufgeflogen

44jähriger Deutscher als Chef des Rauschgiftrings in London verhaftet

WIESBADEN — Ein schwerer Schlag gegen das wohl größte bisher in Europa entdeckte Kokain-Syndikat ist dem Bundeskriminalamt (BKA) in Zusammenarbeit mit britischen und nordamerikanischen Rauschgiftfahndern gelungen.

Als Begründer und Chef der kriminellen Organisation wurde bereits am 19. Juni ein 44jähriger Bundesbürger in London festgenommen. Anschließend folgten in Bayern, Großbritannien und den USA die Festnahmen von zwölf mutmaßlichen Komplizen, unter ihnen die Ehefrau des Deutschen. Der 44jährige gestand laut BKA den Handel mit 400 Kilogramm Kokain. In einer Londoner Wohnung des Syndikats wurden 53 Kilogramm dieser Droge sichergestellt.

Für die bundesdeutsche Justiz ist der Bandenchef kein unbeschriebenes Blatt: Schon seit 1973 lag gegen ihn ein Haftbefehl wegen eines Raubüberfalls auf ein Münchner Juweliergeschäft vor. Den erbeuteten Schmuck im Wert von 960 000 Mark hat der Festgenommene nach BKA-Angaben als „Startkapital" für den Kokainring benutzt. Die Behörden prüfen außerdem, ob das Syndikat mehrere Morde in der Drogenszene begangen hat. Ein Spezialkommando schützt den „Boß" der kriminellen Organisation, der jetzt in Großbritannien in Untersuchungshaft sitzt, vor Mordanschlägen seines Rauschgiftlieferanten, der gefürchteten kolumbiani-

Bundespräsident von Weizsäcker im Kreml: „Ausbau der Kontakte steht im Zentrum unserer Politik"

Unterwegs zu einer besseren Partnerschaft?

Auch der sowjetische Staatschef Andrej Gromyko sieht trotz ideologischer Unterschiede eine konkrete Chance — „Ihr Besuch ist ein gutes Omen" — Der Bonner Gast sprach auch über die deutsche Teilung

Am Grabmal des Unbekannten Soldaten an der Kremlmauer legte Bundespräsident von Weizsäcker einen Kranz nieder, bevor er seine Gespräche mit Staatschef Andrej Gromyko aufnahm.

MOSKAU — Bundespräsident Richard von Weizsäcker und sein sowjetischer Gastgeber, Staatsoberhaupt Andrej Gromyko, haben sich mit Entschiedenheit für eine Verbesserung der deutsch-sowjetischen Beziehungen ausgesprochen.

Bei einem Abendessen im Kreml zu Ehren des Präsidenten sagte Gromyko: „Wir glauben, daß die UdSSR und die Bundesrepublik Deutschland trotz der politischen und ideologischen Unterschiede gute Partner sein können. Hier ist ein neues, breit angelegtes Herangehen im Geiste der Zeit nötig sowie konkretes Handeln, Kontakte und Verbindungen."

Weizsäcker hob hervor, der „planmäßige und tatkräftige Ausbau" der deutsch-sowjetischen Beziehungen stehe im „Zentrum unserer Politik". Gleichzeitig sprach er aber auch die Folgen der deutschen Teilung an. Die Deutschen, sagte er, „werden nicht aufhören, sich als eine Nation zu fühlen". Damit wollten sie sich jedoch gegen niemanden wenden und sich in diesem Sinne auch „zwischen den beiden deutschen Staaten" vorrangig für die Entspannung einsetzen. Gerade die Menschen im geteilten Deutschland seien „in ganz besonderem Maße des Friedens bedürftig" *(ausführliche Auszüge aus der Weizsäcker-Rede auf Seite 4).*

Zu Beginn seines sechstägigen Staatsbesuchs in der Sowjetunion wurde der Bundespräsident von Gromyko und Außenminister Eduard Schewardnadse mit militärischen Ehren auf dem Prominenten-Flughafen „Wnukowo 2" emp-

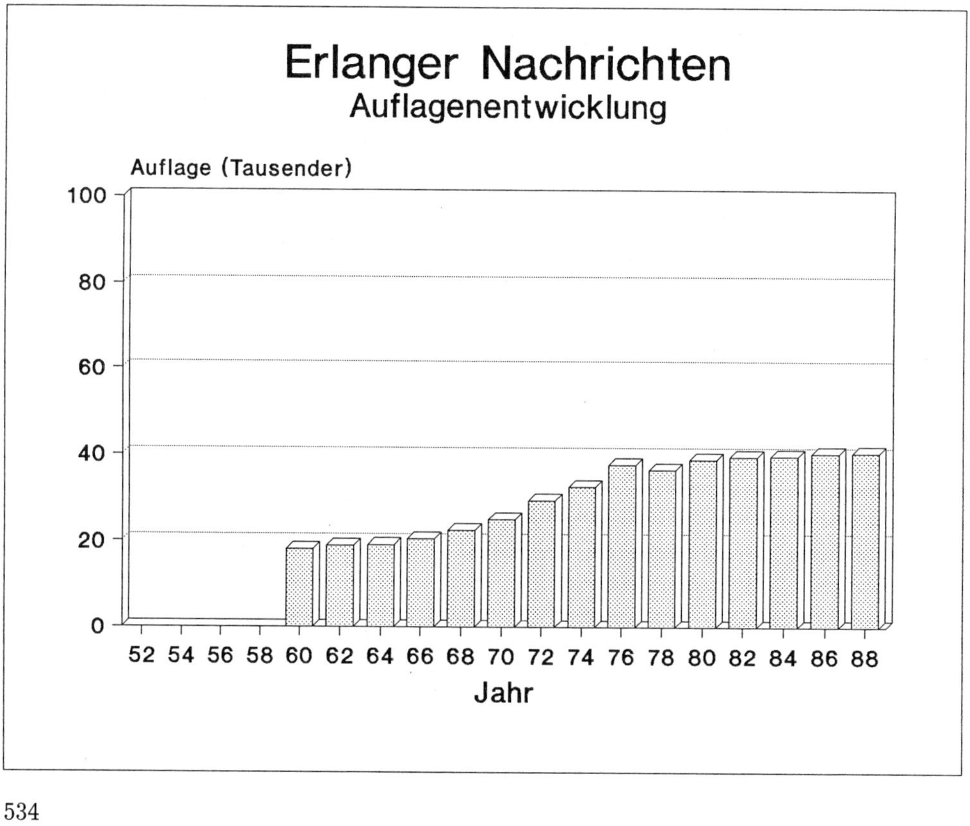

„Donnersdoch ab 11e Schlachtschissl“

So annoncierten „Moni + Gerd“ ihr Angebot der Woche in den „Erlanger Nachrichten“. Das Beispiel soll nicht darüber hinwegtäuschen, daß die Mundart hier wie in anderen Heimatzeitungen auch fast verschwunden ist. Sie taucht üblicherweise nur noch vereinzelt in der „Lokalspitze“ auf, wie um der Kritik die Schärfe zu nehmen durch ein die Distanz verkleinerndes von-mir-zu-dir, und eben im Anzeigenteil.

Die große Universität und das Siemens-Forschungszentrum bereiten den Boden, auf dem Kultur und Wissenschaft gut gedeihen. Die Kulturberichterstattung wird von der Zeitung liebevoll gepflegt. Der Verlag beschäftigt für sie einen eigenen Redakteur; die Redaktion wiederum hält ihr täglich ein bis zwei Seiten frei. Noch auffälliger ist die umfangreiche Wissenschaftsberichterstattung. Es gibt kaum eine Seite im Lokalteil, die nicht eine kürzere oder längere Meldung aus dem universitären Leben brächte. Da werden neue Projekte der Öffentlichkeit präsentiert, Preisverleihungen und Personalia gemeldet, Vorträge angekündigt und Colloquien referiert. Auch das studentische Leben kommt durchaus nicht zu kurz. Veranstaltungen von oder für die Studiosi finden immer Platz im Blatt. Was diese beiden Themenbereiche betrifft, unterscheidet sich die Zeitung von anderen Heimatzeitungen, deshalb wurden sie hier besonders herausgehoben. Natürlich bringen die „Nachrichten“ auf täglich acht bis zwölf Seiten auch ganz normale lokale Neuigkeiten, aus den Vereinen und kirchlichen Gruppierungen, aus Parteien und Verbänden, aus der Stadtverwaltung und dem reich gegliederten (und offensichtlich sehr regen) Schulwesen.

Die wirtschaftliche Kraft der Erlanger kommt dem Verlag zweifach zugute, der zu 51% Anne Probst, geb. Junge, und zu 49% Carl Probst gehört. Die Akzidenzdruckerei stellt Kataloge und Drucksachen für die Industrie her, neben Zeitschriften und Büchern. Um den Anschluß nicht zu verpassen, beteiligt sich der Verlag auch im Hörfunk-Bereich.

(sf)

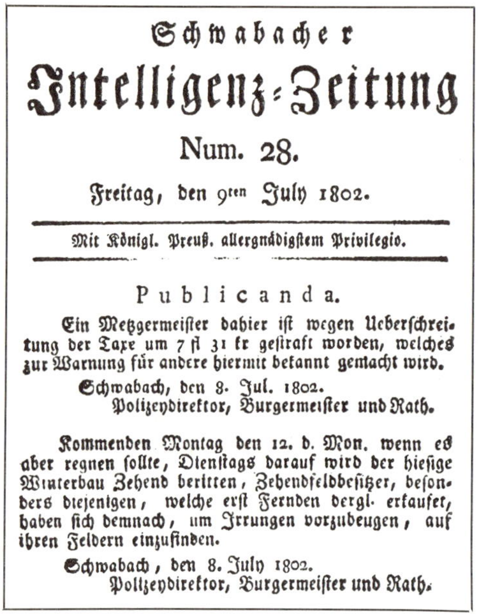

Schwabacher

Intelligenz-Zeitung

Num. 28.

Freitag, den 9ten July 1802.

Mit Königl. Preuß. allergnädigstem Privilegio.

Publicanda.

Ein Metzgermeister dahier ist wegen Ueberschreitung der Taxe um 7 fl 31 kr gestraft worden, welches zur Warnung für andere hiermit bekannt gemacht wird.

Schwabach, den 8. Jul. 1802.
Polizeydirektor, Burgermeister und Rath.

Kommenden Montag den 12. d. Mon. wenn es aber regnen sollte, Dienstags darauf wird der hiesige Winterbau Zehend beritten, Zehendfeldbesitzer, besonders diejenigen, welche erst Fernden dergl. erkaufet, haben sich demnach, um Irrungen vorzubeugen, auf ihren Feldern einzufinden.

Schwabach, den 8. July 1802.
Polizeydirektor, Burgermeister und Rath.

Aus einem Haus mit Tradition kommt seit 1801 die Schwabacher Lokalzeitung.

Amts-Blatt des Königlichen Bezirks-Amts Schwabach.

Erscheint Dienstag u. Freitag, und kann bei allen Postanstalten und Postboten abonnirt werden. Preis per Jahr 2 fl. excl. Postzuschlag.

Der Insertionspreis beträgt für die dreispaltige Zeile aus gewöhnlicher Schrift oder deren Raum 2 Kreuzer.

Nro. 59. **Freitag den 24. Juli.** 1868.

Inhalt:

Aushebung der Wehrpflichtigen der Altersklasse 1847. — Außerordentliche Sitzung des Distriktsraths Schwabach und des Distriktsraths Roth. — Vollzug des Art. 6 des Gewerbsgesetzes vom 30. Jan 1868 — Einhaltung der Termine bei Collekten. — Verakkordirung der Arbeiten an den Cultusgebäuden in Hilpoltstein. — Vollzug des Gesetzes über Heimath, Verehelichung und Aufenthalt. — Anbau von Pferdezahnmais. — Grasschwamm — Privat-Anzeigen.

E.-Nr. 7816.

Bekanntmachung.

(Die Aushebung der Wehrpflichtigen der Altersklasse 1847 betr.)

Gemäß kgl. Regierungs-Ausschreibens vom 8. Juli 1868 (Kreisamtsblatt pag. 1131) hat die Aushebung der Altersklasse 1847 mit dem 1. August 1868 zu beginnen.

Indem nachstehend die Art. 45, 46, 47 und 76, Absatz 1 des Wehrverfassungsgesetzes vom 30. Januar 1868 bekannt gegeben werden, ergeht an sämmtliche zur Altersklasse 1847 gehörigen oder verwiesenen Jünglinge des königl. Bezirksamts Schwabach die Aufforderung, in der Zeit vom

1. bis 14. August 1868

bei der Gemeindebehörde ihrer Heimath, oder wenn sie in einer auswärtigen Gemeinde des Inlandes sich befinden, bei der Gemeindebehörde ihres Aufenthaltsortes

Alljährlich bis zum 1. Februar ist sodann von jeder Gemeindebehörde eine Urliste
1) der in der Gemeinde Heimathberechtigten,
2) der dortselbst ohne Heimathsberechtigung im Aufenthalte befindlichen Jünglinge

anzufertigen, welche in demselben Jahre das 21. Lebensjahr vollenden oder der nachträglichen Einreihung unterliegen.

Art. 46.

Zwischen dem 1. und 15. Januar hat jeder Pflichtige bei Vermeidung des Ausschlusses seine etwaigen Ansprüche auf gänzliche oder zeitweise Befreiung von der Wehrpflicht oder auf einstweilige Aussetzung seiner Einreihung bei der Gemeindebehörde anzumelden, und die zur Begründung seines Anspruchs erforderlichen Nachweise so weit möglich vorzulegen.

Art. 47.

Druckergenerationen prägen eine Zeitung: Das „Schwabacher Tagblatt“

Wer heute auf der Straße Passanten befragen wollte: „Wissen Sie, was das Wort ‚Zeitung‘ bedeutet?“, der müßte schon ein gesundes Selbstvertrauen haben. Denn er würde mildes Lächeln und gesalzene Antworten ernten. Was soll die naive Frage? So ein Gebilde aus Papier und Druckerschwärze, das Neuigkeiten aus aller Welt ins Haus bringt, hat doch schon jeder in der Hand gehabt.

Dabei wäre die Frage gar nicht so einfach zu beantworten. Denn die Wortgeschichte weist aus, daß „Zeitung“, und zwar mit Ausläufern bis ins 19. Jahrhundert hinein, „ursprünglich so viel wie ‚Bericht von einem Ereignis‘ besagt“, also primär mündliche oder handschriftliche Botschaft meint.[1] Als es aufkommt, Neuigkeiten im Druck nach Gutenbergs Verfahren zu verbreiten, heißt man daneben auch diese Blätter „Zeitung“; und erst nach und nach hat sich der Begriff auf die gedruckte aktuelle Nachrichtensammlung so gründlich verengt, daß wir heute mit „Zeitung“ längst nur noch das bekannte Druckerzeugnis assoziieren.[2]

Es hat sich also im Bewußtsein der Menschen eine – und zwar eine unerhört leistungsfähige – Form der Neuigkeitenverbreitung so sehr verankert, daß sie in eins gesetzt wurde mit dem alten Wort für Nachricht schlechthin. Und damit wird nur nachvollzogen, was sich in der Wirklichkeit abspielte: Der individuelle mündliche und schriftliche Nachrichtenaustausch brach natürlich nie ab, doch er wurde nun von einem „neuen“, ungleich rationelleren Medium der sozialen Kommunikation überlagert; der frühe „Zeitunger“[3] war von der Technik überholt, wurde vom Drukker ergänzt, ja ersetzt: „Buchdruckereibesitzer waren Drucker und Verleger der frühen Presseerzeugnisse.“[4] Und wenn diese Personalunion der einfachen Anfänge späterhin auch vielfach der Arbeitsteilung wich, so blieb doch bis in unsere Tage engstes Zusammenwirken erforderlich: „Der Verleger ist ohne den Drucker nicht denkbar. Aus dieser natürlichen Bedingtheit heraus ergeben sich organisch Zusammenhänge zwischen Drucker und Verleger.“[5] Ungezählte Zeitungen im heutigen Wortsinne sind von einem Drucker ins Leben gerufen worden.

---

1 Vgl. Deutsches Wörterbuch von Jacob Grimm und Wilhelm Grimm. Bd. 15, Leipzig 1956, Sp. 591–593; Sp. 591.

2 Es gab sogar Wissenschaftler, die den Druck geradezu zum „Wesensmerkmal“ der Zeitung erhoben haben; vgl. dazu Otto Groth: Die Zeitung. Ein System der Zeitungskunde (Journalistik). Bd. 1, Mannheim [u. a.] 1928, S. 28.

3 „im 16. jahrh. die gewerblichen berichterstatter von zeitereignissen und verfasser geschriebener zeitungen, auch novellisten oder avisenschreiber genannt“: Deutsches Wörterbuch, a. a. O., Sp. 594.

4 Margot Lindemann: Deutsche Presse bis 1815. Berlin 1969, S. 23. (Geschichte der deutschen Presse; 1)

5 Reinhold Krüger: Druckverfahren. In: Handbuch der Zeitungswissenschaft, hrsg. von Walther Heide. Bd. 1, Leipzig 1940, Sp. 829–856; Sp. 829.

So verhielt es sich auch in Schwabach. Hier war der Buchdruck bereits 1603 heimisch geworden.[6] Ob wir in dem Betrieb des aus Hof zugewanderten Paul Böheim schon den Anfang der heutigen „Buch- und Offsetdruckerei Hermann Millizer" erblicken dürfen, ist ungeklärt. Sicher scheint dagegen, daß die Wurzeln dieses Unternehmens, Stammhaus des „Schwabacher Tagblatts", zumindest bis in die Mitte des 17. Jahrhunderts zurückreichen, das damit „zu den ältesten Druckereien Mittelfrankens" – jedenfalls außerhalb Nürnbergs und jedenfalls unter den heute noch bestehenden – zählt.[7] Freilich druckt man zunächst noch keine periodischen Zeitungen, sondern hält sich an gottgefälligere Werke. „Schwabach / druckts Moritz Hagen 1702" lautet der Druckvermerk einer typographisch reich ausgestatteten Bibel, die „gehaltvolle Illustrationen und künstlerische Initialen in reicher Zahl dem Texte einflocht".[8] Auch Hagens Nachfolger in der Offizin, die Kuhn, Krell, Steinmarck, Enderes und Mizler, treten noch weitere hundert Jahre als Drucker periodischer Zeitungen nicht hervor. Schwabach war damals noch so überschaubar, daß am Ort die „gesprochene Zeitung" (Karl d'Ester) genügte. Mit Weltnachrichten in gedruckter Form aber konnte man sich aus dem nahegelegenen Nürnberg gewiß hinreichend versorgen.

Vor diesem Hintergrund wird auch plausibel, daß das erste periodische Druckwerk in Schwabach den Charakter eines Intelligenzblatts[9] trägt, einer staatlich privilegierten Publikation behördlicher Bekanntmachungen und wirtschaftlicher Gesuche und Gebote: Solche Blätter schließen Lücken oder erleichtern doch Unwegsamkeiten in der mündlichen Lokal-Kommunikation, da Dinge, die alle oder ganze Gruppen angehen oder in denen es sinnvoll ist, möglichst viele zu fragen, hier zuverlässig zur Kenntnis gebracht werden können. Dagegen kümmern sich Intelligenzblätter aber vorab nicht um Berichterstattung aus der Welt außerhalb ihrer Gemeinde.

Ein solches Blatt, betitelt „Schwabacher Intelligenz-Zeitung", herauszugeben, gestattete dem Buchdrucker Johann Martin Friedrich Mizler die Ansbacher Provinzialregierung am 14. Juli 1800.[10] „Mit Königl. Preuß. allergnädigstem Privilegio" erschien es daraufhin ab dem Jahre 1801; Schwabach gehörte mit der einstigen Hohenzollern-Markgrafschaft Ansbach ja seit 1791 zu Preußen und fiel erst 1806 an Bayern. Das Oktav-Blättchen kam – um 48 Kreuzer pro Jahrgang – wöchentlich einmal heraus und „enthielt nur amtliche Bekanntmachungen, kirchliche Nachrichten (Kopulierte, Geborene, Gestorbene), einige Inserate, angekommene Fremde, Getreide-, Viktualien- und Fleischpreise".[11]

Nach Johann M. F. Mizlers alsbaldigem Tode führten seine Erben das Unternehmen weiter, seit 1810 als „Intelligenz-Blatt der Königl. Baierischen Stadt Schwa-

---

[6] Vgl. Heinrich Schlüpfinger: Zur Geschichte der Buchdruckerei und des Verlags „Schwabacher Tagblatt". In: Schwabach die schöne Frankenstadt, [nach dem Tode von Heinrich Krauß] hrsg. von der Stadt Schwabach. Schwabach 1978, S. XVII–XIX; S. XVII.

[7] Vgl. Buchdruckerei Hermann Millizer, in: Bayerns Industrie und Handel, hrsg. von A. Gutmann. Nürnberg 1906, S. 105 f.

[8] Buchdruckerei Hermann Millizer, a. a. O., S. 105.

[9] Vgl. hierzu eingehend: Hubert Max: Intelligenzblatt – Intelligenzwesen. In: Handbuch der Zeitungswissenschaft, hrsg. von Walther Heide, Bd. 2, Leipzig 1944, Sp. 1806–1845.

[10] Vgl. Heinrich Schlüpfinger, a. a. O., S. XVII.

[11] Buchdruckerei Hermann Millizer, a. a. O., S. 106.

bach". Vorab nehmen nur die Abmessungen des Blattes ein wenig zu, und es wird nunmehr zweispaltig bedruckt. Inhaltlich dagegen bleibt alles beim alten. Erst in den sechziger Jahren geraten die Dinge in Bewegung, wird in Schwabach von der ursprünglichen Linie der inzwischen ohnehin hoffnungslos überlebten, staatlicherseits längst fallengelassenen Intelligenzblätter abgewichen: Erst jetzt wird „Lesestoff" über die Bekanntmachungen und Anzeigen hinaus eingerückt[12] (vermutlich handelt es sich dabei um bescheidene Anfänge von Lokalberichterstattung, aber auch unterhaltende und belehrende Abhandlungen).

1864 geht Theodor Mizler zu wöchentlich zweimaligem Erscheinen über;[13] 1866 wird aus dem „Intelligenz-Blatt" das „Amts-Blatt des Königlichen Bezirks-Amts Schwabach" mit dem großen bayerischen Staatswappen im Kopf.[14] Zwei Gulden zahlt man dafür im Jahr, und der Insertionspreis beträgt zwei Kreuzer die Zeile.[15] Für das Blatt schafft Jakob Thoma, nach Verheiratung mit Theodor Mizlers Witwe neuer Inhaber der Druckerei, die erste Schnellpresse an.[16] Seit 1884 erscheint das „Amts-Blatt" viermal, seit 1887 sechsmal pro Woche;[17] für 1892 wird die Auflage mit „zirka 1200" angegeben.[18] Mittlerweile hat sich übrigens Konkurrenz für das parteilose Blatt eingestellt: Seit 1890 ist in Schwabach auch die „Allgemeine Volks-Zeitung. Volkstümliches Organ für Stadt und Land" beheimatet, ein demokratisches Richtungsblatt, dem aber jedenfalls kein langes Leben beschieden war.[19] Vielleicht gibt dieses auch letztlich den Anstoß zur Innovation durch die Buchdrucker Nikolaus Deppert und Hermann Millizer, die mit Jahresbeginn 1892 das Druckgeschäft übernommen und „durch erhebliche Neuanschaffung von Schriftmaterial ... sowie durch Einrichtung des Motorbetriebes ... leistungsfähiger" gemacht haben:[20] Das „Amts-Blatt" wird 1896, nachdem es ohnehin schon längst täglich erscheint, auch äußerlich zur Tageszeitung.

Heimatblatt

Der Zeitungskopf wird nun dominiert von dem Titel „Schwabacher Tagblatt". Darunter findet sich freilich eine ganze Reihe von Zusätzen, die von Herkunft und Funktionen des Blattes zeugen: „Zugleich Amtsblatt des Stadtmagistrats Schwabach. Kgl. Bezirksamts Schwabach. Intelligenzblatt. Amtliches Publikationsorgan des Kgl. Amtsgerichts, Kgl. Notariats, Kgl. Rentamts und Kgl. Forstamts Schwa-

---

12 So Buchdruckerei Hermann Millizer, a. a. O.

13 Heinrich Schlüpfinger, a. a. O.

14 Autopsie; Heinrich Schlüpfinger (a. a. O.) spricht dagegen vom „Amts- und Intelligenzblatt der Stadt Schwabach". Titeländerungen über die Zeit will der Vf. jedoch nicht ausschließen.

15 Angaben im Kopf des Blattes.

16 Buchdruckerei Hermann Millizer, a. a. O. – Zur Orientierung: „Zu Beginn der siebziger Jahre des 19. Jahrhunderts lieferten einfache Schnellpressen, die für kleinste Lokalzeitungen verwandt wurden, 1200 Drucke in der Stunde" (Reinhold Krüger, a. a. O., Sp. 835).

17 Heinrich Schlüpfinger, a. a. O.

18 Buchdruckerei Hermann Millizer, a. a. O.

19 Vgl. Joseph Kürschner: Handbuch der Presse für Schriftsteller, Redaktionen, Verleger. Berlin [u. a.] 1902, Sp. 28 f. – Im Zeitungskatalog Annoncen-Expedition Rudolf Mosse, 47. Aufl. Berlin 1914, läßt sich die Zeitung noch nachweisen; während des Weltkrieges ist sie aber wohl eingegangen, denn im Handbuch deutscher Zeitungen 1917, bearb. im Kriegspresseamt von Rittm. a. D. Oskar Michel, Berlin 1917, ist sie nicht mehr verzeichnet.

20 Buchdruckerei Hermann Millizer, a. a. O.

bach sowie vieler gemeindlicher Behörden." Redaktion, Druck und Verlag in einem besorgt – seit 1897 allein[21] – Hermann Millizer.

Die Auflage des Blattes steigt bis zum ersten Weltkrieg kontinuierlich an: Für 1902 ist sie mit 2300 Exemplaren bekannt;[22] für 1906 werden „rund 3000 Abonnenten (im Winterhalbjahr etwas mehr, im Sommerhalbjahr etwas weniger)" für das „verbreitetste der in der Umgegend Nürnbergs erscheinenden Blätter" beansprucht;[23] 1917 – da war die „Allgemeine Volks-Zeitung" schon wieder verschwunden – wird die Auflage gar mit 4940 notiert.[24] In fast jeder Familie Schwabachs werde das „Tagblatt" gelesen, und es sei in sämtlichen 53 Gemeinden des Amtsbezirks verbreitet („weshalb Inserate in demselben den größten Erfolg haben"), kann der Verlag in Anspruch nehmen.[25] Daß das Blatt floriert, zeigt sich auch in der Entwicklung der Druckerei, in der 1897 noch drei, 1905 aber schon zehn Gehilfen arbeiten, und in der nun schon mehrere moderne Schnellpressen nebst Stereotypie-Einrichtung vorhanden sind.[26]

Das Gesicht der Zeitung wird von dreispaltiger Aufmachung bestimmt. Auf Seite 1 stehen Bekanntmachungen neben Nachrichten, unter dem Strich eine Roman-Fortsetzung. Wer schärfer hinsieht, bemerkt freilich, daß die journalistische Güte der Zeitung hinter ihrer Druckqualität zurückbleibt. Eine Meldung unter der Rubrik „Die Reichstagswahlen" aus der beliebig herausgegriffenen Nummer des „Schwabacher Tagblatts" vom 9. Januar 1907 möge dies als – gewiß pointiertes – Beispiel belegen:

> s. Ansbach, 8. Jan. Der Kandidat der vereinigten Liberalen und Demokraten Herr Dr. Quidde stellte sich gestern Abend den Ansbacher Wählern in einer Versammlung im Orangerie-Saal vor. Der große Saal war bis auf den letzten Platz gefüllt und viele Besucher mußten wieder umkehren. Die zweistündige temperamentvolle Rede des Herrn Dr. Quidde wurde mit rauschendem Beifall aufgenommen. In der anschließenden Diskussion wurden die Redner der Sozialdemokratie und der Konservativen (Dr. Rötter) von Herrn Dr. Quidde in geradezu glänzender Replik abgeführt. – Die Versammlung war ein ganz bedeutender Erfolg der verein. Liberalen und Demokraten.

Man erfährt alles – bloß nicht, was der nachmalige Friedens-Nobelpreisträger Ludwig Quidde gesagt hat. (Mag sein, daß man das Inhaltliche der in Quiddes Richtung tendierenden „Allgemeinen Volks-Zeitung" überlassen hat, doch das macht vom journalistischen Standpunkt aus nichts besser.) Es wäre indes billig, den ungelenken Einzelfall zum Amüsement freizugeben; die Meldung steht lediglich hier, weil sie die (sachlich und personell, da finanziell) beschränkten Möglichkeiten eines kleinen, im Einmannbetrieb verlegten und redigierten Lokalblattes um die Jahrhundertwende wie in einem Brennspiegel einfängt. So ein Blatt ist natürlich

---

21 Vgl. Heinrich Schlüpfinger, a. a. O., S. XVIII.

22 Vgl. Joseph Kürschner, a. a. O., Sp. 992.

23 Buchdruckerei Hermann Millizer, a. a. O. – Zum Phänomen der Sommer- und Winterauflage (z. B. kam landwirtschaftliche Bevölkerung durch Felderbestellung und Ernte kaum zum Lesen!) vgl. Otto Groth, a. a. O., S. 238 f.

24 Vgl. Handbuch deutscher Zeitungen 1917, a. a. O., S. 48.

25 Geschäftliche Mitteilung (Kasten) im Kopf des „Schwabacher Tagblatts".

26 Buchdruckerei Hermann Millizer, a. a. O.

auf unprofessionelle „Zeilenschinder“ angewiesen, die bei der Berichterstattung aus der näheren Umgebung behilflich sind. Und was die Berichterstattung aus der großen Welt angeht, so erschöpft sich die „Redaktion“ vielfach in Kompilation von Berichten größerer Organe.[27]

Damit soll die Bedeutung des „Schwabacher Tagblatts“ im besonderen wie allgemein des alten deutschen Heimatblattes nicht herabgesetzt werden. Sie liegt freilich wohl nicht so sehr in der publizistischen „Bedienung“ der Leserschaft, sondern eher in der von journalistisch-anwaltlichem Sinn getragenen Öffnung des Blattes für die Mitsprache der Wohnbevölkerung selbst. Als das „Schwabacher Tagblatt“ nach erzwungener Zäsur 1949 wieder erscheint, da erinnern Verlag und Schriftleitung in einem Programmartikel daran, wie „nach alter Tradition unserer Zeitung ... ihre Spalten allen Parteien, Konfessionen und Volksschichten gleichermaßen geöffnet ... (waren) als ein öffentlicher Lesesaal für alle berechtigten Wünsche und Anregungen und Reformgedanken. Schon seit einem Jahrhundert war das freie Wort in der beliebten Rubrik ‚Eingesandt‘ in unserer Zeitung allen Lesern eingeräumt und ersetzte in vieler Hinsicht den freien Meinungsaustausch in den ... Bürgerversammlungen.“[28]

Diesen Lesesaal- oder, wie er ansonsten vielfach genannt wird, Sprechsaal-Dienst[29] leistet das „Schwabacher Tagblatt“, solange es die Umstände erlauben. In der wirtschaftlichen Krisenzeit nach dem ersten Weltkrieg geht seine Auflage zwar zurück, hält sich aber immerhin bei 4000 Exemplaren.[30] Es spricht für das „Schwabacher Tagblatt“ und seine Leser, daß im Dritten Reich seine Auflage nur relativ geringfügig weiter abnahm, denn nun war die – gewiß nicht pressionsfreie – Konkurrenz der neugegründeten parteiamtlichen „Fränkischen Tageszeitung“, Nebenausgabe Schwabach-Hilpoltstein, zu bestehen.[31] Anders als sein Bruder Moritz im nahegelegenen Hilpoltstein, dessen „Fränkisches Tagblatt“ schon 1936 von dem expansiven

---

27 Dies galt namentlich auch in der älteren Zeitungsgeschichte; schon Joachim vom Schwarzkopf unterschied idealtypisch zwischen zusammengetragenen (compilirten) und ausgearbeiteten (redigirten) Zeitungen. (Vgl. Über Zeitungen. Ein Beytrag zur Staatswissenschaft. Frankfurt/M. 1795, S. 78 – 80.) – Ein recht hübsches Beispiel für das Gesagte (welches aber demonstriert, daß sich auch größere Organe untereinander bedienten) läßt sich derselben Nummer des „Schwabacher Tagblatts“ (9. Januar 1907) entnehmen, aus der das Quidde-Beispiel stammt: »Berlin, 7. Jan. Die „Nordd. Allg. Ztg.“ schreibt: „Der ‚Vorwärts‘ bringt in seiner Nummer vom 6. ds. aus der ‚Königsberger Volksztg.‘ die angeblich einem Briefe eines Beamten in Süd-Westafrika entnommene folgende Nachricht: ...“«

28 Unsern Lesern zum Gruß! In: „Schwabacher Tagblatt“ Nr. 1 (Werbenummer) vom 1. August 1949. – Es klingt dies geradezu wie die Paraphrase einer Schlüsselstelle bei dem berühmten Staatsrechtler Carl Theodor Welcker, der seinerzeit erklärte, warum eine freie Presse notwendig sei: „Der Gebrauch der Presse hat jene älteren Organe der Mittheilung durch seine größere Wirksamkeit und Leichtigkeit vielfach außer Gebrauch gesetzt, und ist an ihre Stelle getreten. Er trat ... besonders auch an die Stelle jener täglichen, unmittelbaren demokratischen Versammlungen und mündlichen Besprechungen und Belehrungen aller Bürger, der in ihnen statt findenden Bildung der öffentlichen Meinung ..., der in ihnen vorgenommenen Verhandlung und Entscheidung aller gesellschaftlichen Angelegenheiten.“ (Die vollkommene und ganze Preßfreiheit..., Freiburg [i. Br.] 1830, S. 7.)

29 Vgl. Otto Groth, a. a. O., S. 412.

30 Vgl. Sperlings Zeitschriften- und Zeitungs-Adreßbuch. 54. Aufl. Leipzig 1928, S. 413, sowie Jahrbuch der Tagespresse, Jg. 3, Berlin 1930, Sp. 86.

31 Im Quartal I/37 beträgt die Auflage jener Ausgabe der „Fränkischen Tageszeitung“ „über 3800“, die des „Schwabacher Tagblatts“ 3679 Exemplare: Handbuch der deutschen Tagespresse, hrsg. vom Institut für Zeitungswissenschaft an der Univ. Berlin. 6. Aufl. Leipzig [u. a.] 1937, S. 46.

Schwabacher Tagblatt

Das Heimatblatt für Schwabach und das gesamte Landkreisgebiet

SCHWABACHER ZEITUNG — SCHWABACHER ANZEIGER

Druck und Anzeigenannahme: Buchdruckerei H. Millizer, Schwabach, Spitalberg Nr. 3. Anzeigen werden jeweils bis 15 Uhr am Tage vor dem Erscheinen angenommen.

143. Jahrgang

Erscheinungsweise: Vorerst Montag, Mittwoch und Samstag. — Monatlicher Bezugspreis DM. 1.80 und 20 Pfg. Zustellgebühr. — Fernsprecher 422 — Postschließfach 20.

Nr. 1 — Montag, 1. August — 1949

Unsern Lesern zum Gruß!

Nach Schaffung eines freiheitlichen Bayer. Pressegesetzes und nach der in Kürze zu erwartenden Erteilung der General-Lizenz Nr. 3 durch die Amerikanische Militär-Regierung kann nun das alteingebürgerte „Schwabacher Tagblatt" wieder erscheinen. Einige Probenummern mögen ins Land gehen und damit ist ein 1943 jäh zerschnittenes Band zwischen unserer seit mehreren Menschenaltern mit dem Schwabacher Gebiet enge verwachsenen Heimatzeitung und unserer altverbundenen Lesergemeinde wiederhergestellt und aufs neue geknüpft worden und ein vielgeäußerter und sehnlicher Wunsch der Gesamtbevölkerung in Stadt und Land in Erfüllung gegangen. Wir nehmen unsere zeitweise unterbundene Tätigkeit im Dienste der Allgemeinheit wieder auf im zuversichtlichen Vertrauen darauf, daß unsere Lesergemeinde der schmerzlich entbehrten alten Heimatzeitung die Treue halten wird. Ist doch unser „Schwabacher Tagblatt" unzertrennbar und unlösbar mit der gesamten Kultur unseres Gemeinwesens aufs engste verknüpft und verwachsen; es stellt ein wesentliches Stück der Geschichte unserer Stadtgemeinschaft seit vielen Generationen und ein getreues Spiegelbild ihrer ganzen Entwicklung dar. Es ist geradezu zu einem Stück Schwabachs geworden, ja gewissermaßen zum lebensvoll pulsenden

„Herz der Heimat".

Seit 1801 ist die Schwabacher Intelligenzzeitung, die dann nach starkem Wachstum zum „Tagblatt" ausgebaut wurde, im ununterbrochenen Besitz zweier Familien geblieben, zunächst der altangesehenen Drucker- und Verlegerfamilie Mizler-Thoma (in der Wittelsbacherstraße) und dann seit 1892 der Druckerfamilie Millizer, die das neue Verlagsgebäude am Spitalberg zu einem modernen Zeitungsunternehmen ausgestaltete. Durch Generationen hindurch sind diese beiden Buchdruckerfamilien mit der alten Schwabacher Bürgerschaft enge verwachsen und haben Leid und Freud des aufstrebenden Gemeinwesens gemeinsam geteilt, seinen Aufstieg miterlebt und vorwärtsblickend in manchen Stücken mitfördern helfen. Das „Tagblatt" hat manche gemeindliche Projekte zuerst angeregt und manchen gemeindlichen Reformen in der breiten Oeffentlichkeit die Wege geebnet. Nach guter, alter Schwabacher Tradition haben der sozial denkende Verlag und die Druckerei-Belegschaft in selten-schönem Einvernehmen sich gegenseitig die Treue gehalten, viele Arbeitskräfte sind schon seit den Lehrjahren her mit der Druckerei bis zum Lebensabend verbunden geblieben. Auch der langjährige Mitarbeiterstab hat sich der Zeitung bei ihrem Wiedererscheinen in selbstverständlicher treuer Verbundenheit wieder zur Verfügung gestellt.

Wir glauben auch fest darauf rechnen zu können, daß das zeitweise zerschnittene Band zwischen der

alten Lesergemeinde

und der ihr seit Generationen liebgewordenen Zeitung schnell wieder geknüpft sein wird und daß unsere zahlreichen früheren Leser und die heimische Altbürgerschaft der fest eingebürgerten Heimatpresse gerne u. freundlich die Pforten und Türen wieder öffnen wird und in reger Werbetätigkeit ihrem wiedererscheinenden alten Heimatblatt die Wege ebnen helfen wird. Auch zahlreiche

Neubürger,

die unserer engeren Stadtgemeinschaft sich eingliederten oder in den Dorfgemeinden unserer Umgebung sich neu ansiedelten, werden wohl den Wert einer ausgesprochenen Heimatzeitung würdigen. Wir werden nachdrücklich für ein schönes Zusammenwachsen der Alt- und Neubürger uns einsetzen und das Gesamtinteresse aller Gemeindeglieder gleichmäßig wahrnehmen und vertreten. Auch unsere Neubürger sollen sich in der neuen fränkischen Heimat heimisch fühlen, ebenso wie einstens die alpenländischen Einwanderer und die französischen Emigranten unserer fränkischen Heimaterde fruchtbar belebten.

Nach alter Tradition unserer Zeitung werden ihre Spalten allen Parteien, Konfessionen und Volksschichten gleichermaßen geöffnet sein als ein

öffentlicher Lesesaal

für alle berechtigten Wünsche und Anregungen und Reformgedanken. Schon seit einem Jahrhundert war das freie Wort in der beliebten Rubrik „Eingesandt" in unserer Zeitung allen Lesern eingeräumt und ersetzte in vieler Hinsicht den freien Meinungsaustausch in den neuerdings so sehr geförderten Bürgerversammlungen. Wie viele Anregungen u. Pläne, die dann später in die Tat umgesetzt wurden, wurden zunächst im „Tagblatt" ventiliert und zur Diskussion gestellt! Auch weiterhin wird nach gutem demokratischem Grundsatz eine freie Meinungsäußerung in den Spalten unserer Heimatzeitung die vielseitigen Wünsche aller Leserkreise zur öffentlichen Besprechung bringen und zur allgemeinen Kenntnis gelangen lassen. Das ersprießliche Zusammenwirken mit unserer Stadtvertretung, in der ja alle Parteien und Volksschichten zusammenarbeiten, und mit dem Landratsamt und den Gemeindeämtern des Landkreises wird uns besonders am Herzen liegen und tunlichst gepflegt werden. Wir werden dabei in aller Freimütigkeit auch neue Anregungen für verbesserungsbedürftige Verhältnisse und zeitgemäße Reformen zur Geltung zu bringen suchen, nicht in einseitiger, engstirniger Rechthaberei, sondern möglichst von hoher Warte aus.

Höchster Leitstern wird bei der Gestaltung unserer Heimatzeitung das

Gemeinwohl unserer Vaterstadt,

das Gedeihen unseres engeren und weiteren Vaterlandes und darüber hinaus der Fortschritt der europäischen Völkergemeinschaft und des großen Menschheitsganzen sein. Die Stadt Schwabach ließ sich im Grunde schon von jeher nicht von engherzigem Lokalpatriotismus, sondern von weiterschauenden Gesichtspunkten leiten; als gewerbereiche Fabrikstadt fühlte sie sich auf den Verkehr mit anderen Völkern angewiesen; so wurde denn hier schon frühzeitig die wirtschaftliche und geistige Verbindung auch mit anderen Völkern gepflegt. Heimatliebe, Liebe zum Volke und Liebe zur Menschheit galten seit jeher in Schwabach als Grundpfeiler des öffentlichen Wirkens und der politischen Gesinnung. „Es gibt keine Liebe zur Menschheit ohne Liebe zum Muttervolk, ohne Liebe zum Vaterland." (Seminar-Inspektor Helm in Schwabach in der Seminar-Festrede 1893.) Dieser schöne Dreiklang wurde in Schwabach schon immer hochgehalten. Der hohe Menschheitsgedanke, das Streben nach

edlem Menschentum

galt seit langem auch in Schwabach als höchstes Bildungsideal, als Hochziel alles Geistesstrebens. „Humanitati!" lautet in lapidarer Form die Inschrift am Aufgang zur Oberrealschule mit Gymnasium. Auch für unsere Zeitung wird sie das oberste Ziel unseres Wirkens sein; den Ausgangspunkt hiefür bildet naturgemäß die echte Liebe zur Heimat.

Mit besonderer Betonung hat unser „Tagblatt" stets die gleichmäßige und wohlabgewogene Vertretung der Interessen aller Schichten der Stadtbürgerschaft und der Dorfgemeinschaften als wesentliche Aufgabe einer ausgesprochenen Heimatzeitung erachtet. Das schöne und fruchttragende Verhältnis zwischen

Stadt und Land

weiterhin verständnisvoll zu pflegen, wird uns stets als Hauptprogrammpunkt unseres Wirkens voranleuchten. Bauer und Bürger gehören zusammen; beide Gruppen sind aufeinander angewiesen und bilden gemeinsam gewissermaßen das Rückgrat unserer Volksgemeinschaft und Schicksalsgemeinschaft.

Arbeiter der Stirne und der Faust,

Handarbeiter und Geistesarbeiter verdienen gleiche Schätzung und Wertung. Schwabach war von jeher eine intelligente und fleißige „Stadt der Arbeit", und zwar jener werteschaffenden

„Arbeit, die da nützt und nährt
Und vorwärts trägt der Menschheit Fahnen
Und Kraft verleiht und Manneswert
und Adel . . ."

Diese adelnde Arbeit zu würdigen, den sozialen Gedanken zu pflegen, die Idee christlicher Nächstenliebe und helfender Menschenliebe zu vertiefen, wird stets ein besonderes Leitziel der Heimatzeitung sein.

Wir werden unsere ganze Kraft dafür einsetzen, das Band zu unserer Lesergemeinde recht rege und fruchttragend zu gestalten, die wirtschaftlichen und kulturellen Belange zu fördern, das erprobte Alte zu pflegen, aber auch neue, zeitgemäße Gedanken und neu auftauchende Probleme nutzbringend sich auswirken zu lassen zum Wohle unserer Industriestadt und des ganzen Landkreises Schwabach. Die vielseitige, fördernde

Mitarbeit unserer Leser

wird uns bei unserer Arbeit sehr erwünscht, anspornend und von besonderem Werte sein; wir bitten unsere Leser in Stadt und Land, uns durch Mitteilung allgemein interessierender Vorgänge zu unterstützen zu möglichst vielseitiger Ausgestaltung des Heimatblattes. Die Aufträge unserer Inserenten werden wir, auf langjährige Erfahrungen gestützt, wie bisher mit besonderer Sorgfalt ausüben. Jeder Leser möge sich als

Werber für seine Heimatzeitung

berufen fühlen und an deren Ausgestaltung und Verbreitung nach Kräften mitwirken.

So möge denn unser „Schwabacher Tagblatt" nach der ihm aufgezwungenen mehrjährigen Pause wieder hinausziehen in die Häuser unserer engeren Heimat, in Stadt und Land, zu unseren Altbürgern und Neubürgern, die sich in unserer Mitte recht heimisch und heimatlich liebevoll betreut fühlen sollen als gleichberechtigte Glieder der neuen Heimat. Wir grüßen unsere treuverbundenen alten Bezieher und unsere lieben neuen Leser und geloben, unser Bestes zu geben und alle Kraft einzusetzen, damit sich wieder wie seit vielen Generationen eine heimatlich verbundene echte Lesergemeinde herausbildet, die fest zusammenwächst und treu zusammenhält.

Ein herzliches „Glückauf!" zu neuen Ufern in einer neuen Zeit!

Verlag und Schriftleitung des „Schwabacher Tagblattes".

Geleitwort!

Nach einer 6-jährigen Zwangspause erscheint nunmehr auch unsere Heimatzeitung, das „Schwabacher Tagblatt" wieder. Ueber 140 Jahre, bis zum Jahre 1943, war das „Schwabacher Tagblatt" Sprachrohr und Freund der Bevölkerung des Stadt- und Landkreises, das über alle wichtigen Vorkommnisse die Einwohnerschaft einwandfrei unterrichtete.

Besonders die lokale Berichterstattung nahm einen breiten Raum ein und brachte oft in humorvoller Weise in der „Wochenplauderei" alle Begebenheiten in Stadt und Land.

Wir begrüßen daher das Wiedererscheinen unseres Heimatblattes und hoffen, daß es in der kommenden schweren Zeit die Bevölkerung so wie früher schnell und unparteiisch unterrichtet und zugleich als Mittler zwischen Verwaltung und Einwohnerschaft wirkt im Geiste gegenseitiger Achtung, Duldung und Toleranz.

Schwabach, den 29. Juli 1949.

Hocheder,
Oberbürgermeister.

Zum Geleit!

Das Landratsamt begrüßt das Wiedererscheinen des seit dem Jahre 1943 eingestellten „Schwabacher Tagblattes" als einen weiteren Schritt zur Herstellung normaler Verhältnisse. Möge das alte Heimatblatt auch im Landkreisgebiet dazu beitragen, die Bevölkerung wieder in nähere Verbindung mit dem Leben in Stadt und Land, in Kirche und Welt, im Inland und Ausland, in der Wirtschaft und bei den Behörden bringen. Der Wunsch des Landratsamtes geht aber auch dahin, daß es der bodenständigen Zeitung gelingen möge, die Anteilnahme der Bevölkerung am gesamten öffentlichen Leben zu wecken und zu freiwilliger Mitarbeit zu steigern.

In diesem Sinne wünscht das Landratsamt dem „Schwabacher Tagblatt" alles Gute für den neuen Lebensabschnitt.

Schwabach, den 29. Juli 1949.

Landratsamt.
I. V.: Brunner.

Glück auf!

Die Kreis-Handwerkerschaft Schwabach-Roth-Hilpoltstein, insbesondere das Handwerk aus der Stadt und dem Landbezirk Schwabach, sowie der Einzelhandels-Verband, Kreis Schwabach, begrüßen das Wiedererscheinen unseres Heimatblattes nach längerer Zwangspause.

Wir wünschen ihm ein Blühen und Gedeihen und hoffen, daß es auch in Zukunft, wie in früheren Jahren, ein treuer Vermittler zwischen der Bevölkerung und dem Handwerk, Handel und Gewerbe sein wird.

Einzelhandels-Verband Kreis Schwabach
gez.: Otto Seltmann,
Obmann.

Kreis-Handwerkerschaft Schwabach-Roth-Hilpoltstein
gez.: Hans Beugler,
1. Vorsitzender.

Als ‚Sprechsaal' aller Meinungen, als papierene Stätte ständiger Bürgerversammlung präsentierte sich das „Schwabacher Tagblatt" 1949 nach einer sechsjährigen Zwangspause.

NS-Gauverlag geschluckt worden war,[32] kann zunächst Hermann Millizer jun. und können dann seine Witwe Anna und schließlich Wilmar und Herta Schmitt das „Schwabacher Tagblatt“ über die Runden retten, bis es – im Rahmen der totalen Kriegsanstrengung nach den Schlachten von El-Alamein und Stalingrad – am 28. Februar 1943 mit der örtlichen NS-Konkurrenz „Fränkische Tageszeitung“ zusammengelegt wird und damit als eigenständige Zeitung verschwindet.[33]

Nach dem Zusammenbruch kommt die Periode der Lizenzierung, haben die „Altverleger“ pauschal das Nachsehen. In Schwabach darf vom 13. Juli 1945 an lediglich das „Mitteilungsblatt der Militärregierung, des Landrats und des Bürgermeisters der Stadt Schwabach“ erscheinen (ab 18. Mai 1946: „Mitteilungsblatt des Landrats und des Bürgermeisters der Stadt Schwabach“).[34] Erst mit der Generallizenz, 1949, konnte Wilmar Schmitt das „Schwabacher Tagblatt“ wieder als unabhängige Heimatzeitung etablieren und zunächst dreimal wöchentlich herausbringen.[35] Dem Bayerischen Heimatzeitungsverlag angeschlossen, produziert man nun in Schwabach ein in mancher Beziehung reichhaltigeres, doch auch aus eigener Kraft professioneller gestaltetes Heimatblatt als vordem.[36]

In Kooperation mit den „Nürnberger Nachrichten“

Wilmar Schmitt erkennt jedoch, daß es in der veränderten Presselandschaft der Nachkriegszeit auf Dauer einer weitergehenden Konsolidierung der Heimatpresse bedarf. Durch seine Initiative kommt 1959 eine von den „Nürnberger Nachrichten“, der großen Regionalzeitung mit US-Lizenz Nr. 3, angebotene Kooperation zustande: „Zwischen der ‚Buchdruckerei Hermann Millizer‘ in Schwabach und dem ‚Verlag Nürnberger Presse Druckhaus Nürnberg GmbH & Co.‘ wurde ein Arbeits- und Interessengemeinschaftsvertrag geschlossen. Zweck des Vertrages war es, das ‚Schwabacher Tagblatt‘ und die ‚Nürnberger Nachrichten‘ ab 1. Juli 1959 gemeinsam herauszugeben. Als Titel legte man fest: ‚SCHWABACHER TAGBLATT. Das Heimatblatt für Schwabach Stadt und Land. In Gemeinschaft mit den Nürnberger Nachrichten‘. Die Selbständigkeit der Verlage blieb gewahrt. Seit dieser Zeit erscheint das ‚Schwabacher Tagblatt‘ mit einem Mantel der ‚Nürnberger Nachrichten‘ und einem Lokalteil, der technisch und redaktionell eigenverantwortlich von der Buchdruckerei Hermann Millizer hergestellt wird.“[37]

Hier sind heute, unter Leitung von Manfred Schmitt, 53 Mitarbeiter in Verlag, Technik und Redaktion beschäftigt.[38] Sie produzierten 1988 einen Lokalteil im Ge-

---

32 Vgl. Norbert Frei: Nationalsozialistische Eroberung der Provinzpresse: Gleichschaltung, Selbstanpassung und Resistenz in Bayern. Stuttgart 1980, S. 131 f. (Studien zur Zeitgeschichte; 17)

33 Vgl. Handbuch der deutschen Tagespresse, hrsg. vom Inst. für Zeitungswiss. an der Univ. Berlin. 7. Aufl. Leipzig 1944, S. 46.

34 „Verlagsangaben für diese Festschrift. Die Angaben in Sperlings Zeitschriften- und Zeitungsadreßbuch, 62. Ausg. Leipzig 1947, S. 55 und 71 – dort wird von getrennten Mitteilungsblättern des Landrats und des Bürgermeisters gesprochen – sind nicht richtig.

35 Verlagsangaben.

36 Autopsie mehrerer am Institut für Kommunikationswissenschaft (Zeitungswissenschaft) der Universität München archivierter Nachkriegsnummern.

37 Verlagsangaben.

38 Verlagsangaben.

Verlagsort Schwabach

SCHWABACHER TAGBLATT

J 6187 A
188. Jahrgang

DAS HEIMATBLATT FÜR SCHWABACH STADT UND LAND
In Gemeinschaft mit den „Nürnberger Nachrichten"

Einzelpreis: 1,10 DM — Donnerstag, 20. April 1989 — Nummer 91

Beim Rückspiel zwischen Bayern und Neapel waren 700 Ordnungshüter im Einsatz

Auf 100 Zuschauer kam ein Beamter

Stoiber: Die Stadien in München und Nürnberg sind sicher – Heftiger Streit um Sheffield

MÜNCHEN (Eigener Bericht/fe) – Unter scharfen Sicherheitsvorkehrungen begann gestern abend das Rückspiel im UEFA-Cup-Halbfinale zwischen dem FC Bayern München und dem SSC Neapel.

Insgesamt 700 Polizeibeamte waren aufgeboten, um die Sicherheit im mit 70 000 Menschen voll besetzten Olympiastadion aufrecht zu erhalten. Unter dem Eindruck der Katastrophe im englischen Sheffield hatte sich wenige Stunden vor Spielbeginn sogar der bayerische Landtag mit dem Thema beschäftigt. Innenminister Edmund Stoiber erklärte, mit dem Einsatz von jeweils einem Polizisten auf 100 Zuschauer sei ein hohes Maß an Sicherheit gewährleistet. Auch die baulichen Voraussetzungen in den Stadien von München und Nürnberg machten ein Unglück wie in Sheffield unwahrscheinlich. *(über die Sicherheit im Nürnberger Stadion informiert ein Bericht auf Seite 9.)*

In England wird weiterhin heftig über die Ursachen der Katastrophe in Sheffield gestritten, bei der 95 Menschen den Tod gefunden hatten. Die Polizei wies energisch Vorwürfe zurück, sie sei verantwortlich

Entscheidung über WAA

Bonn setzt auf Zeit

Deutsch-französische Arbeitsgruppe wird gebildet

PARIS (dpa/AP) – Bei der Entscheidung, ob das Projekt Wackersdorf zugunsten einer atomaren Wiederaufarbeitung in Frankreich aufgegeben werden sollte, setzt die Bundesregierung offenbar auf Zeit.

Beim deutsch-französischen Gipfel in Paris kamen Kanzler Helmut Kohl und Staatspräsident François Mitterrand auf Initiative des deutschen Regierungschefs überein, eine „hochrangig besetzte Arbeitsgruppe" einzusetzen, die sich mit den Kooperationsplänen des deutschen Energieversorgungsunternehmens Veba und der französischen Nuklearfirma Cogema befassen soll. Im Mittelpunkt werden dabei technische und rechtliche Fragen dieser europäischen Lösung stehen. Erste Ergebnisse können nach den Worten des Bonner Regierungssprechers Herbert Schmülling im Herbst vorgelegt werden.

Die Einsetzung der Arbeitsgruppen und ihr Zeitplan werden, wie unser Korrespondent Emil Bölte berichtet, in Frankreich als Zeichen dafür gewertet,

Wilhelm Vorndran — Foto: Voll

Weniger Tiefflüge?

WASSERTRÜDINGEN – Für die militärischen Tieffluggebiete wird zwischen Bund und Ländern ein neues Verteilungssystem ausgehandelt. Zugleich drängt Bayern nach Angaben des Chefs der Staatskanzlei, Wilhelm Vorndran, in Bonn auf Einstellung sämtlicher Flüge bis 75 Meter über Grund. Seite 9

Schönlein mahnt

NÜRNBERG – Einen „Sturm der Entrüstung" sagt OB Peter Schönlein voraus, wenn der Freistaat die „Nürnberg Messe" nicht mit den erwarteten 50 Millionen Mark unterstützt. Finanzminister Tandler hat der Münchner Messe Gesellschaft annähernd 750 Millionen zugesagt. Seite 11

Ein Zuchtprogramm

NÜRNBERG – Der Nürnberger Tiergarten beteiligt sich an einem internationalen Zuchtprogramm zur Erhaltung seltener Tierarten. Überschüssige Exemplare werden nach ganz Europa vermittelt. Seite 11

Asyl in der Kirche

HAPPURG – Einer kurdischen

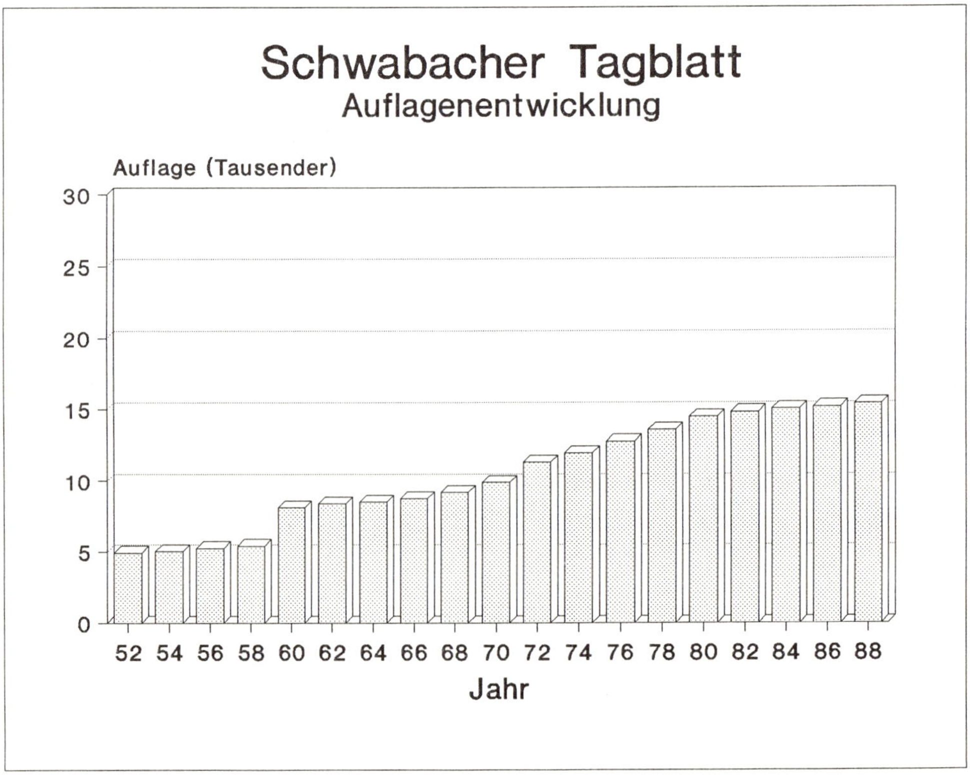

samtumfang von 3128 Seiten mit zwei Dritteln Text zu einem Drittel Anzeigen.[39] Das tendiert, wenn man grob mit 300 Ausgaben im Jahr rechnet, zu durchschnittlichen Ausgaben von etwas über zehn Seiten; in der Realität entsprechen dem Tage mit acht, zwölf, aber auch Wochenend- und Feiertagsausgaben mit erheblich mehr Seiten. Mit ihrer kontinuierlich wachsenden Verkaufsauflage, die im vierten Quartal 1988 bereits über 15 500 (gemäß IVW) lag, versorgt die Zeitung die kreisfreie Stadt Schwabach, heute eine Mittelstadt von über 35 000 Einwohnern, sowie den umliegenden nördlichen Teil des Landkreises Roth (bis zur Gebietsreform 1972 Landkreis Schwabach).[40]

Unter den Rubriken „Schwabach Stadt und Land" sowie „Heimat-Sport" wird in dem vierspaltig aufgemachten Produkt ausgesprochen engmaschige Berichterstattung aus dem lokalen Bereich gepflegt. Daß diese Zeitung in Schwabach wirklich zu Hause ist, sieht man auch daran, daß sie eine regelmäßige Beilage „Schwabacher Heimat" bietet.[41] Der Verlag wahrt damit getreulich eine bis ins Jahr 1921 zurückreichende – und lange Jahre mit dem Namen des Heimatschriftstellers Heinrich Krauß verbundene – Tradition des „Schwabacher Tagblatts", „heimatkundliche Beilagen und Vorabdrucke ortsgeschichtlicher Druckschriften zu veröffentlichen".[42]

Wer heute, im Jahre 1989, den Kopf des „Schwabacher Tagblatts" aufmerksam betrachtet, der findet den Vermerk: „188. Jahrgang". Die Zwangspause von sechs Jahren, die der 1801 ins Leben getretenen Zeitung zwischen 1943 und 1949 erst die nationalsozialistische deutsche Staatsgewalt und dann die amerikanische Militärregierung verordnet haben, reduziert sich im eigenen Traditionsverständnis also auf ein Jahr. Wir konnten feststellen, daß Generationen von Druckern diese Zeitung prägten. Es wird dies eine Jahr wohl 1944 sein – das einzige, in dem in Schwabach am Spitalberg die Druckmaschinen ganz stillstanden.

(hs)

---

39 Verlagsangaben.
40 Verlagsangaben.
41 Vgl. Impressum des „Schwabacher Tagblatts".
42 Heinrich Schlüpfinger, a. a. O., S. XVIII.

No. 1. Samstag, 2. Januar 1915. 59. Jahrgang.

Rother Volkszeitung

Amtsblatt der Stadt Roth

Allgemeiner Anzeiger des Amtsgerichtsbezirks Roth.

Erscheint: Montag, Mittwoch, Donnerstag und Samstag. Mit dem wöchentlichen 8 seitigen „Illustrierten Sonntagsblatt". Inseratenpreis: Die einspaltige Borgiszeile oder deren Raum 12 Pfg., lokale 10 Pfg., Reklameteil 25 Pfg.

Abonnementsbetrag vierteljährlich Mk. 1.10 ohne Zustellgebühr. In Roth werden Wochen-Abonnements zu 10 Pfg. angenommen. Bestellungen nehmen alle Postanstalten und Landpostboten, sämtliche Agenturen, sowie die Expedition entgegen.

Telephon-Anschluß 38. Druck und Verlag von K. Müller vorm. Fr. Feuerlein in Roth bei Nürnberg. Telegramme: Volkszeitung.

Die Rother Volkszeitung ist wieder da

Über 6 Jahre sind vergangen, seit die Einwohner von Roth und der weiteren Umgebung zum letzten Mal die „Rother Volkszeitung" erhielten. Schwere Tage waren es für den Verlag der alteingeführten Heimatzeitung, als er so jäh die traditionelle Verbindung zur Bevölkerung aufgeben mußte. Ereignisreiche Jahre folgten für uns alle. Die von oben diktierte gewaltsame Unwahrhaftigkeit und die daraus folgernde allgemeine Verantwortungslosigkeit führten 1945 zum totalen Zusammenbruch. Deutschland war nicht mehr zu erkennen!

Unter ganz anderen neu geschaffenen Verhältnissen mußten alle wieder vorne anfangen, um sich wieder eine Existenz zu schaffen. Bereits im Juni 1945 erschien in unserem Verlag das Amtsblatt für die Städte Roth, Spalt und Umgebung, das in der ganzen Gegend verbreitet und 4 Jahre hindurch der Mittler zwischen Behörden und der Bevölkerung war. Im August 1948 wurde dann von der Militärregierung die Herausgabe von Anzeigenblättern allgemein genehmigt, die als Schrittmacher der Heimatblätter zu betrachten waren.

Heute legen wir nun mit Genehmigung der Militärregierung einem lange gehegten Wunsche der Gesamtbevölkerung entsprechend, die erste Probeausgabe unserer „Rother Volkszeitung" vor, mit der das bisherige Amtsblatt inhaltlich verbunden sein wird. Wir geben dabei der Hoffnung Ausdruck, daß bereits diese Ausgabe nach Form und Inhalt jedem Leser das bietet, was er sich unter seiner Heimatzeitung vorstellt.

Unsere Aufgabe soll und wird es sein, unsere Leser über die wichtigsten Ereignisse aus der Fülle des politischen, wirtschaftlichen und kulturellen Lebens zu unterrichten. Ganz beonders wollen wir uns aber den Belangen unseres engeren Heimatgebietes widmen und versuchen, auch unseren Neubürgern unsere schöne Markgrafenstadt Roth mit ihrer näheren und weiteren Umgebung zur Heimat werden zu lassen.

Die „Rother Volkszeitung" ist unabhängig von Parteien und Interessentengruppen, sie will allen dienen, die guten Willens sind, mitzuarbeiten am Aufbau eines sozialen Staates, am Aufbau eines neuen Deutschlands.

Wir hoffen, Sie nach Ablauf der kostenlosen Probelieferung zu den ständigen Lesern unserer Heimatzeitung zählen zu dürfen.

Verlag und Redaktion

Rother Volkszeitung

Unabhängiges Heimatblatt für soziale Politik, deutsche Kultur, Heimatnachrichten, Wirtschaf., Unterhaltung und Sport

Publikationsorgan für die Ämter und Behörden des Landkreises Schwabach-Roth, Spalt und Umgebung

Nr. 1 Montag, den 1. August 1949 88. Jahrgang

Gegründet im 19. Jahrhundert, kam die Heimatzeitung erstmals am 2. Januar 1915 mit dem Titel „Rother Volkszeitung" heraus (Abb. oben). Erst mit der Generallizenz konnte das Blatt ab 1. August 1949 unter dem alten Titel wiedererscheinen (Abb. unten), wozu Verlag und Redaktion eine pressehistorisch aufschlußreiche Erklärung publizierten (Abb. Mitte).

Der Weg eines typischen Heimatblatts: Die „Roth-Hilpoltsteiner Volkszeitung“

„Sekundenzeiger der Geschichte“ hat Arthur Schopenhauer die Zeitungen genannt. Das war alles andere als eine Freundlichkeit über den Journalismus, ist doch der Sekundenzeiger „meistens nicht nur von unedlerem Metalle als die beiden anderen, sondern geht auch selten richtig“.[1] So sicher der frische Zeitungsinhalt sich von der ausgegorenen Darstellung des Geschichtsbuchs unterscheidet wie der Gang des Sekunden- von dem des Stundenzeigers, so unstreitig vermag der Gang eines Zeitungsunternehmens Licht auf die Kultur- und Sozialgeschichte des von ihm betreuten Raumes zu werfen. Die Probe aufs Exempel kann man durchaus an der „Roth-Hilpoltsteiner Volkszeitung“ machen, einem Blatt, das seine Ursprünge just auf die Zeit zurückführt, als der grimmige Philosoph aus Danzig in seinen „Parerga und Paralipomena“ (1851) die Zeitungsschreiber in die Schranken wies.

Die Gründerjahre

1856 ist das Ursprungsjahr, das sich aus der Jahrgangszählung im Kopf der heutigen „Roth-Hilpoltsteiner Volkszeitung“ errechnet; und das ist kein ganz beliebiger Zufall, denn in den späten 40er und in den 50er Jahren des 19. Jahrhunderts, in dieser Zeit „der politischen Gärung Deutschlands und damit der endlich erlangten Preßfreiheit blühte und wucherte das Zeitungswesen auch in Bayern“.[2] Das Verlagsarchiv der „Roth-Hilpoltsteiner Volkszeitung“ läßt uns für die erste Zeit indessen im Stich; „konkrete Angaben zu Verlagen und Verlegern sind nicht mehr möglich“, heißt es.[3] Zeitungsnummernstücke aus jenen Jahren haben sich füglich nicht erhalten. Soviel immerhin glaubt man feststellen zu können, daß in Roth von 1856 bis 1859 ein „Amts- und Intelligenzblatt“ erschien, von 1860 bis 1885 sodann ein „Intelligenzblatt“, welches ab 1869 den Titel „Rother Anzeigeblatt“ führte.[4]

Doch diese Titel- und Zeitangaben, so präzis sie auch anmuten, laden zu Skepsis geradezu ein. Daß eine andere Quelle schon als Gründungstitel, ab 1856, die Bezeichnung „Rother Anzeigeblatt“ nennt[5], ist dabei – für sich genommen – von minderer Bedeutung. Denn es geht nicht so sehr um den Namen: Es kann durchaus sein, daß jemand noch 1856 ein Lokalblatt gegründet hat, das im Titel die althergebrachte Bezeichnung „Intelligenzblatt“ mitführt, ja, nach wenigen Jahren sogar als alleinige Benennung präsentiert. Aber die Sache, um die es hier geht, ist damit nur unvollkommen – und vielleicht sogar irreführend – angesprochen.

1 Zit. nach: Die Zeitung: Deutsche Urteile u. Dokumente von den Anfängen bis zur Gegenwart, ausgew. u. erl. von Elger Blühm und Rolf Engelsing. Bremen 1967, S. 181.

2 Max Allaire: Die periodische Presse in Bayern: eine statist. Untersuchung. Zweibrücken 1913. Zugl.: München, Univ., Diss., S. 53.

3 Materialsammlung des Verlages für diese Festschrift, mitgeteilt am 22. Juli 1987, S. 3.

4 Ebd.

5 Handbuch der deutschen Tagespresse, hrsg. vom Inst. f. Zeitungswiss. an der Univ. Berlin. Leipzig [u. a.] 1937, S. 45: „Rother Volkszeitung“.

Intelligenzblätter: Das waren, seit dem frühen 18. Jahrhundert, staatlich geförderte oder unterhaltene Frag- und Anzeige-Nachrichten mit amtlichen Mitteilungen und privaten Anzeigen, die „dem heimischen Handel und Verkehr dienten“[6] und für die in Preußen und Österreich Bezugs- und Insertionspflicht verordnet war („Intelligenzzwang“). Sie nahmen sich nach und nach auch der Lokalberichterstattung an, was die herkömmliche „politische“ Zeitung kaum tat: Klassischer Journalismus war Bericht von fernher. Das hatte eine Hauptursache darin, daß die Gemeinden in alter Zeit klein und überschaubar, die sozialen Verhältnisse eng waren. Was sich lokal zutrug, war Ortsgespräch, das des vermittelnden Journalisten nicht bedurfte, ja, jeder gedruckten Nachrichtenquelle an Frische des Eindrucks, an Schnelligkeit der Verbreitung sogar überlegen war. (Ein Abklatsch dessen hat sich bis auf den heutigen Tag erhalten. So lesen wir unter der Rubrik „Hilpoltstein Stadt und Land“ im Lokalteil der „Roth-Hilpoltsteiner Volkszeitung“ vom 11./12. Juli 1987 humorig beschrieben, wie das „größte Geheimnis der Burgstadt ... gelüftet“ wurde: „Die neue Gräfin für das Burgfest 1987“ nämlich wird der Bevölkerung bei einem Burgfestkränzchen vorgestellt. „Die Presse allerdings durfte den Hilpoltsteinern ... um gut einen Tag voraus sein“, so daß sie doch wenigstens zeitgleich die Neuigkeit in die Welt setzen konnte.)

Die vorstehend geschilderten Verhältnisse beginnen sich schon in der zweiten Hälfte des 18. Jahrhunderts zu wandeln: Mit dem Anwachsen der Städte und mit zunehmender sozialer Differenzierung wird Lokalkommunikation im direkten Austausch nur noch partiell bestreitbar. Hier mischen sich Intelligenzblätter fördernd ein; aber auch an der „politischen“ Zeitung geht dieser Wandel nicht spurlos vorbei, und allmählich etabliert sich ein Lokalteil, freilich bis zur Mitte des 19. Jahrhunderts als „Aschenbrödel, das neben Politik und Feuilleton in dem würdigen Saal der Zeitung nicht erscheinen und nur hie und da von einem verborgenen Plätzchen aus dem Aufzug seiner stolzen Schwestern zusehen durfte“.[7] Intelligenzblatt und politische Zeitung werden im Laufe der ersten Hälfte des 19. Jahrhunderts einander immer ähnlicher, durchdringen und mischen sich, setzen am Ende den Medientypus frei, den wir heute als universelle Tageszeitung anzusehen gewohnt sind: ein Blatt mit Welt- und Lokalberichterstattung und, nicht zuletzt, einem Anzeigenteil.[8]

Die Idee des Intelligenzblatts als ausschließlich lokalen Anzeigen-, amtlichen Verordnungs- (und dazu gelegentlich Belehrungs-) Blattes aber hatte sich damit längst überlebt. Als in der ersten Hälfte des 19. Jahrhunderts schrittweise der Intelligenzzwang fiel, konnte sich die Institution im freien Wettbewerb nicht behaupten. Dazu kommt, daß speziell in Bayern bereits durch „Verordnung vom 7. März 1814 ... für jeden Kreis des Königreichs ein Kreisintelligenzblatt geschaffen“ wurde, das alle amtlichen Verlautbarungen der Kreisbehörden enthalten und „überall mit den Lokal-Intelligenzblättern vereinigt werden“ sollte; die „Herausgabe wurde in der Regel von der Polizeibehörde der Kreishauptstadt besorgt“.[9] Roth, das damals ja noch nicht Kreisstadt war, wäre in dieser Beziehung also von Schwabach aus versorgt gewesen. Nimmt man dies zusammen, dann ist die Annahme plausibel, jemand

---

6 Otto Groth: Die Zeitung: Ein System der Zeitungskunde (Journalistik). Bd. 1. Mannheim [u. a.] 1928, S. 590.

7 Otto Groth, a. a. O., S. 591.

8 Vgl. Heinz Starkulla jr.: Gemeinde im Gespräch: Aspekte lokaler Kommunikation. München [u. a.] 1988, S. 42 – 64. Hier auch weiterführende Literatur.

9 Otto Groth: Die Zeitung. Bd. 2. Mannheim [u. a.] 1929, S. 278.

habe in Roth 1856 eine – vermutlich noch recht bescheidene – Lokalzeitung etabliert, der lediglich an dem altüberkommenen Namen „Intelligenzblatt“ festgehalten habe.

Daß dies nachmalige „Rother Anzeigeblatt“ gewiß in der Tradition vormaliger „echter“ Intelligenzblätter stand, ist dagegen kaum zweifelhaft. Insbesondere dürfte es sich bald um Amtsblattcharakter bemüht haben, also darum, die für seine Leser wichtigen amtlichen Mitteilungen bezahlt veröffentlichen zu dürfen; und das heißt dann vermutlich auch, daß ein gewisses politisches Wohlverhalten und Abstinenz in parteipolitischer und weltanschaulicher Hinsicht gepflegt wurde. Die Weltpresserundschau des katholischen Verlegers Leo Woerl jedenfalls – und das paßt insofern ins Bild – verzeichnet das „Rother Anzeigeblatt“ 1880 unter den „akatholischen Zeitungen“; dort erfahren wir auch, daß es in jener Zeit einmal wöchentlich erschien, eine Auflage von ca. 400 Exemplaren hatte, und daß sich der Bezugspreis des Jahrgangs auf 2,80 Mark stellte.[10] Es sind dies naturgemäß kleine und bescheidene Verhältnisse, die mit den Gegebenheiten des Landstädtchens Roth korrespondieren.

„Fränkische Volkszeitung“

Aber es sind Verhältnisse, die über ihre Beschränkung hinausdrängen. Von 1886 ab tritt die „Fränkische Volkszeitung“ an die Stelle des „Rother Anzeigenblatts“; verlegt wird sie bis 1908 von Friedrich Feuerlein, ab 1909 von Karl Müller.[11] Ein altes Zeitungsverzeichnis gibt wenigstens ein paar dürftige Angaben über die „Fränkische Volkszeitung“ her; danach erscheint sie um die Jahrhundertwende in Roth, das inzwischen 3500 Einwohner zählt, mit bereits drei Nummern pro Woche. Der Abonnementspreis beträgt 0,95 Mark im Vierteljahr. In der Spalte „Tendenz“ ist für die „Fränkische Volkszeitung“ lediglich ein Strich eingetragen.[12]

Späterhin ist die Erscheinungshäufigkeit noch gesteigert worden: „Montag abend, Mittwoch mittag, Donnerstag abend und Samstag mittag“ wird im Kopf der letzten Nummer der „Fränkischen Volkszeitung“ vom 30. Dezember 1914 angegeben, die sich in ihren Untertiteln als „Amtsblatt der Stadt Roth“, „Allgemeiner Anzeiger des Amtsgerichtsbezirks Roth“ und „Verbunden mit dem Rother Anzeige-Blatt“ ausweist. Es handelt sich, soweit das aus dem vorliegenden Bruchstück der Einzelnummer überhaupt zu beurteilen ist, um ein typisches Lokalblatt der Zeit; der Textteil ist dreispaltig aufgemacht; auf der Titelseite sind amtliche lokale Verlautbarungen einer Anzahl Meldungen von den Kriegsschauplätzen vorangestellt. Unter den ersteren wird eine „Naturalien-Abgabe für Frauen von Kriegsteilnehmern“ für den

---

10 Die Publicistik der Gegenwart: Eine Rundschau über die gesammte Presse der Welt / Leo Woerl. 4. Die Pressverhältnisse im Königreich Bayern. Würzburg 1880, S. 141.

11 Verlagsangaben.

12 Die deutsche Presse: Verz. der im Dt. Reich ersch. Zeitungen; Inhalt: Amts-, Lokal- und Anzeige-Blätter, Politische Zeitungen. Forbach 1896, S. 26/27. Diese Angaben werden einige Jahre darauf bestätigt: Vgl. Joseph Kürschner: Handbuch der Presse: für Schriftsteller, Redaktionen, Verleger; überhaupt f. Alle, d. m. d. Presse in Beziehung stehen. Berlin [u. a.] 1902, Sp. 385 f. (Lediglich über die politische Einstufung – „liberal“ statt richtig „parteilos“ – täuscht sich Kürschner, der seine Einteilung jedoch selbst stark relativiert, vgl. Sp. 1501/02.)

Nachmittag angekündigt und findet sich ein namentliches „Verzeichnis derjenigen Personen, welche sich durch Gaben zur Armenkasse von der üblichen Neujahrsgratulation pro 1915 entbunden haben". Den letzteren steht naturgemäß der – über WTB, das Wolffsche Telegraphenbüro, verbreitete – amtliche Tagesbericht aus dem Großen Hauptquartier voran, der jedoch auch, wie vermerkt, „schon durch Extrablatt bekanntgegeben" worden ist. Bei den übrigen Meldungen fällt auf, daß in großem Ausmaße andere, bekannte Zeitungen ausgeschrieben werden, so die „Vossische Zeitung", das „Berliner Tageblatt" und die „Frankfurter Zeitung"; aber auch aus ausländischen und gar feindlichen Blättern wird (gewiß indirekt) zitiert, wie z. B. aus dem Londoner „Daily Express".

So spiegeln sich schon auf dieser einen Zeitungsseite, in engem Nebeneinander, die kleine heimische Welt mit ihren kriegsbedingten Nöten, aber auch alten, friedlichen Bräuchen, und die Ereignisse der „großen Zeit", deren dunkle Schatten freilich noch kaum bemerkbar sind. Und es spiegelt sich natürlich auch die begrenzte Vermittlungsleistung einer damaligen kleinen Lokalzeitung, die weitgehend gezwungen ist, auf „große gutbediente Zeitungen" als „für kleinere überhaupt oft die vornehmste Quelle"[13] zurückzugreifen. Was Wunder, daß man sich bemüht, dem Leser mit der wöchentlichen Fremdbeilage „Illustriertes Sonntagsblatt" zusätzlichen Unterhaltungsstoff zu verschaffen.[14]

„Rother Volkszeitung"

Mit Anbruch des 59. Jahrgangs, zur Jahreswende 1914/15, ist erneut eine Titeländerung zu verzeichnen: Nicht mehr „Fränkische", sondern „Rother Volkszeitung" nennt sich das im „Druck und Verlag von K. Müller vorm. Fr. Feuerlein" erscheinende Blatt. Der Zeitungskopf ist nun geringfügig verkleinert (vielleicht ein erster Tribut an kriegsbedingte Papierknappheit?) und in einer etwas klareren gebrochenen Schrift gehalten; auf die Erwähnung des einstigen „Rother Anzeigeblatts" im Untertitel wird hinfort verzichtet. Hinter der Namensänderung steht vermutlich das verbreitete Motiv, „die Zugehörigkeit zum Erscheinungsort, den Heimatcharakter, recht eindringlich zu machen".[15] Ansonsten bleiben redaktionelle Aufmachung und Art des Blattes weitestgehend erhalten.

Nicht unterschlagen sei, daß sich gleich in jener ersten Nummer der „Rother Volkszeitung" vom 2. Januar 1915 der Druckfehlerteufel einen blutigen Witz ausgerechnet mit Seiner Majestät erlaubt hat; in dem groß aufgemachten Tagesbefehl Wilhelm II. zum Jahreswechsel lesen wir: „In allen Meeren haben sich meine Schiffe mit Rum bedeckt." Was uns heute ein Lächeln abzwingt, mag damals, drei Wochen, nachdem eine überlegene britische Streitmacht das deutsche Kreuzergeschwader unter Graf Spee bei den Falklandinseln vernichtet hatte, grimmige Wut hervorgerufen haben. Denn die stolze Trauer, daß deutsche Schiffsbesatzungen „nicht nur siegreich zu fechten, sondern, von der Übermacht erdrückt, auch heldenhaft zu

---

13 Joseph Kürschner, a. a. O., Sp. 1573.

14 Vgl. Joseph Kürschner, a. a. O., Sp. 386, sowie die Zeitungsköpfe der (letzten) Nr. 206 der „Fränkischen Volkszeitung" vom 30. Dezember 1914 sowie der (Start-)Nr. 1 der „Rother Volkszeitung" vom 2. Januar 1915.

15 Otto Groth: Die Zeitung, Bd. 1, a. a. O., S. 315.

sterben vermögen“ (so der nächste Satz des Tagesbefehls), hat damals gewiß das ganze deutsche Volk beseelt.

Ebenfalls nicht hinter dem Berg gehalten werden soll mit einer Neuerung im Anzeigengeschäft, die sich offenkundig mit dem Titelwechsel vollzieht: Die „Fränkische Volkszeitung“ hatte noch ganz offen die Reklamezeile doppelt so teuer wie die Anzeigenzeile berechnet, sich also dazu bekannt, von Werbetreibenden bezahlte Anpreisungen in ihren redaktionellen Teil aufzunehmen (und zwar gegebenenfalls verdeckt, denn um nichts anderes geht es im engeren Sinne unter dem Stichwort „Reklame“; es war dies damals eine weithin übliche und geduldete, wenngleich nicht unumstrittene Verfahrensweise[16]). Die „Rother Volkszeitung“ dagegen vollzieht einen Schritt, der Sorge um die reelle Behandlung des Lesers ausdrückt: Sie etabliert einen eigenen „Reklameteil“, einen Raum also, „der sich unmittelbar an den redaktionellen Text anschließt, wohl auch dessen – größere – Spaltenbreite aufweist und in Wahrheit kaum etwas anderes als einen bevorzugten Platz für Inserate darstellt“.[17] So kann der Verleger von seinen Anzeigenkunden „aus der Gewährung eines besonders günstigen Platzes Gewinn ziehen“[18], und dem Grundsatz der Trennung des redaktionellen vom Anzeigenteil (zu dem sich die deutschen Zeitungsverleger dann namentlich ab den späten zwanziger Jahren unseres Jahrhunderts bekannt haben[19]) ist dennoch Genüge getan. Es spricht für die „Rother Volkszeitung“, daß sie sich offenbar schon früh von „Reklame“ im Sinne eines zwielichtigen, weil den Leser potentiell desorientierenden Geschäftsgebarens gelöst hat.

Den ersten Weltkrieg und die durch ihn auferlegten Härten übersteht die „Rother Volkszeitung“ in zeitgemäß dünner Hülle: 940 Seiten Jahresumfang produziert das Blatt um diese Zeit[20]; das entspricht bei viermaligem Erscheinen pro Woche rein rechnerisch einer Durchschnittsnummer von etwas über viereinhalb Druckseiten.

In der Zeit der Weimarer Republik wächst – mit der Stadt – auch die Rother Volkszeitung: 2300 Exemplare beträgt um 1930 die Auflage; Roth hat damals 6300 Einwohner. Man kann also grob mit einer vollständigen Haushaltsabdeckung rechnen. Inzwischen ist man auch zu werktäglichem Erscheinen übergegangen, was gewiß dafür spricht, daß Verleger und Hauptschriftleiter Karl Müller die Leistungsfähigkeit der Zeitung steigern konnte.[21]

Untergang im Dritten Reich

Doch die Entwicklung setzt sich nicht ungebrochen fort. Im Dritten Reich wurden die bürgerlichen Lokalzeitungen stark bedrängt; besonders die NS-Gaupresse trachtete danach, sich der ungeliebten Rivalen zu bemächtigen.[22] Bereits 1936 hatte

---

16 Vgl. Otto Groth: Die Zeitung. Bd. 3. Mannheim 1930, S. 298 ff.
17 Victor Mataja: Die Reklame. München 1916, S. 15, Anm. 1.
18 Otto Groth, a. a. O., S. 324.
19 Vgl. Otto Groth, a. a. O., S. 313 f.
20 Siehe Handbuch deutscher Zeitungen 1917, bearb. im Kriegspresseamt von Rittm. a. D. Oskar Michel. Berlin 1917, S. 47.
21 Vgl. Jahrbuch der Tagespresse. Jg. 3. Berlin 1930, Sp. 85.
22 Vgl. Presse in Fesseln: eine Schilderung des NS-Pressetrusts / [Fritz Schmidt]. Berlin 1947. Ferner: Norbert Frei: Nationalsozialistische Eroberung der Provinzpresse: Gleichschaltung, Selbstanpassung u. Resistenz in Bayern. Stuttgart 1980. (Studien z. Zeitgeschichte; 17)

im benachbarten Hilpoltstein der – gewiß nicht antinationale – Verleger Moritz Millizer trotz aller taktischen Finessen gegenüber Julius Streicher sein „Fränkisches Tagblatt“ aufgeben müssen.[23] So weit war es in Roth noch nicht, vorerst ist nur ein Absinken der Auflage um mehrere Hundert Exemplare zu konstatieren.[24] Doch 1938 ist die Zeit auch in Roth abgelaufen. Eine unscheinbare Notiz in der Fachpresse verkündet, daß der fränkische Gauverlag die „Rother Volkszeitung“ schluckt: „Am 1. August ist das Verlagsrecht an der „Rother Volkszeitung“ vom Verleger Karl Müller an die Fränkische Tageszeitung G.m.b.H. in Nürnberg übergegangen. Das Blatt wird unter dem alten Titel weiter herausgegeben.“[25]

Was hinter solchen dürren Zeilen steht, hat plastisch Fritz Schmidt beschrieben: die Suche nach einem legalen Vorwand, die Abtretung des Verlagsrechts zu erzwingen; die Entschädigung durch einen „Schundpreis“, den der Gauverlag oft schon nach wenigen Monaten wieder hereingeholt hatte (im vorliegenden Fall werden es nicht viel mehr als RM 10 000 gewesen sein); der Verfall der Druckereien, die sich mit dem verbleibenden Akzidenzgeschäft über Wasser halten konnten oder nicht; ganz zu schweigen von dem ideellen Verlust der Zeitungsherausgabe. Daß die Abonnenten oft viel lieber dem Heimatblatt treugeblieben wären – wenn ihnen denn die Transaktion offenkundig wurde –, verschlug nichts. Sie wurden als allerletzte gefragt.[26]

Bei Ausbruch des 2. Weltkrieges läßt sich für die nunmehrige „Fränkische Tageszeitung / Rother Volkszeitung“ noch eine Auflage von knapp unter 1600 Expl. nachweisen. Am 12. März 1943 wird sie im Rahmen der kriegsbedingten Konzentrationsmaßnahmen mit der Ausgabe Schwabach-Hilpoltstein der „Fränkischen Tageszeitung“ zusammengelegt.[27] Mit dem Gauverlag und dem Dritten Reich versinkt die „Rother Volkszeitung“ in den Trümmern des Kriegsendes.

Neuanfang 1949

Doch wenige Jahre später gibt es eine „feierliche Wiederauferstehung“.[28] Etwas nüchterner drückten es Verlag und Redaktion selbst aus: „Die Rother Volkszeitung ist wieder da“, heißt es über einer kurzen Notiz in der unentgeltlich verteilten Nr. 1 vom 1. August 1949. Man erfährt hier, daß der Verlag Karl Müller schon kurz nach dem Zusammenbruch wieder tätig geworden war: „Bereits im Juni 1945 erschien in unserem Verlag das Amtsblatt für die Stadt Roth, Spalt und Umgebung, das in der ganzen Gegend verbreitet und 4 Jahre hindurch Mittler zwischen Behörden und der Bevölkerung war.“ Nun lege man „mit Genehmigung der Militärregierung, einem lange gehegten Wunsche der Gesamtbevölkerung entsprechend, die erste Probe-

---

23 Vgl. Norbert Frei, a. a. O., S. 131 f.

24 Vgl. Sperlings Zeitschriften und Zeitungs-Adreßbuch: Handbuch der dt. Presse, bearb. v. d. Adreßbücher-Red. d. Börsenvereins d. Dt. Buchhändler zu Leipzig. Leipzig 1937, S. 391. Hier wird die Auflage mit 1974 angegeben.

25 Zeitungs-Verlag (Berlin), 1938, S. 496.

26 Vgl. Presse in Fesseln, a. a. O., S. 92 f.

27 Handbuch der deutschen Tagespresse, hrsg. v. Inst. f. Zeitungswiss. an der Univ. Berlin. Leipzig 1944, S. 45.

28 So 1. Bürgermeister Pürner in seinem Geleitwort zur Probenummer der „Rother Volkszeitung“ vom 1. Aug. 1949.

ausgabe unserer ‚Rother Volkszeitung' vor, mit der das bisherige Amtsblatt inhaltlich verbunden sein wird".

Betont wird, daß man „unabhängig von Parteien und Interessentengruppen" am Wiederaufbau mitwirken und besonders auch den Neubürgern Roth zur Heimat werden lassen wolle. Gerade dies letztere ist ein Programmpunkt, der von verlegerischer und redaktioneller Weitsicht zeugt. Als ein wesentlicher Faktor für die Schwierigkeiten der Altverleger, nach Erteilung der Generallizenz ihre Zeitungen wieder zu etablieren, galt damals, die „Heimatzeitungen hätten die nach Westdeutschland gekommenen Flüchtlinge nicht angezogen".[29]

Daß es die Altverleger generell schwer hatten, gegenüber der Lizenzpresse mit ihrem jahrelangen Vorsprung Fuß zu fassen, ist bekannt.[30] Eine „rasche und gründliche Neuorientierung der überkommenen Zeitungsformen und Zeitungskonzeptionen tat not" – auch deshalb, weil der „Leser, der nunmehr allein lizenzierte, ... sich gewandelt" hatte und eine „Synthese von modernem westlich-demokratischem Welt- und traditionellem deutschem Heimatblatt" wünschte.[31] Existenzwichtig für die Altverleger war es mithin damals, den bestehenden großen Lizenztiteln möglichst lebensfähige Heimatblätter entgegensetzen zu können; viele sind bei ihrem Neuanfang daran gescheitert. Abermals erkannte man in Roth (hier gab es inzwischen die „Nürnberger Nachrichten") schnell und präzise die Erfordernisse der Zeit: Schon ab dem 29. Oktober 1949 tat man sich mit dem Verlag Moritz Millizer in Hilpoltstein zusammen (dort hatte sich außerdem auch der in Ingolstadt beheimatete „Donau-Kurier" mit einer Nebenausgabe etabliert[32]), erweiterte nach Kräften sein Verbreitungsgebiet und nannte sich fortan füglich „Roth-Hilpoltsteiner Volkszeitung". Fast zehn Jahre hindurch gelang es, das Blatt in einer Auflagenhöhe von etwa viereinhalbtausend Exemplaren (nach „Stamm") viermal pro Woche in dieser Form erscheinen zu lassen.

Man muß sich diese Jahre übrigens nicht als ein einseitiges Rückzugsgefecht gegen die große, einst durch US-Lizenz auf den Weg gebrachte und darum privilegierte Konkurrenz vorstellen: Karl Vogel hat präzise beschrieben, daß beide Seiten, Lizenz- wie Heimatblätter, je ihre spezifischen Schwierigkeiten hatten.[33] Auf einen kurzen Nenner gebracht, waren die Heimatblätter im Nachteil, wo es um Berichterstattung im Landes- und Weltmaßstab ging, und dies war auch durch Anschluß an einen Materndienst nicht prinzipiell zu beheben. Um aber Investitionen zur Hebung ihrer Attraktivität zu leisten, waren den Heimatblättern mit ihren relativ kleinen Auflagen enge finanzielle Grenzen gesetzt, die auch Anzeigenringe nicht ohne weiteres sprengen konnten. (Die „Roth-Hilpoltsteiner Volkszeitung" partizipierte damals am „Bayerischen Heimatzeitungsverlag" mit Sitz in Nürnberg.) Auf der anderen Seite aber war auch die Lizenzpresse im Hintertreffen, nämlich mit der Lokalberichterstattung auf dem „flachen Land", fernab ihrer Erscheinungszentren.

---

29 Kurt Koszyk: Die deutsche Presse 1945–1949. In: Idee und Wirklichkeit des Journalismus: Festschrift für Heinz Starkulla, hrsg. von Hans Wagner. München 1988, S. 71.

30 Siehe detailliert Kurt Koszyk: Pressepolitik für Deutsche 1945–1949. Berlin 1986. (Geschichte der deutschen Presse; 4)

31 Heinz Starkulla: Zur Geschichte der Presse in Bayern. München 1963, S. 46.

32 Vgl. Der Leitfaden 1950: für Presse und Werbung, hrsg. von Willy Stamm. Essen 1950, S. 23.

33 Vgl. Karl Vogel: Das NN-Modell: Verlegerisches Handeln als kommunikationspolitisches Programm. Nürnberg 1981 (Nürnberger Forschungsberichte; 18) – Zugl. Erlangen-Nürnberg, Univ., Diss., S. 123 ff.

ROTH-HILPOLTSTEINER

Volkszeitung

Verlagsort: Roth

Unabhängiges Heimatblatt für soziale Politik, Heimatnachrichten, Wirtschaft, Unterhaltung und Sport

126. Jahrgang — In Gemeinschaft mit den „Nürnberger Nachrichten" — J 5946 A

Einzelpreis: 1,— DM — Freitag, 10. Juli 1987 — Nummer 155

Aus dem Inhalt

WIRTSCHAFT:
Messerschmitt-Bölkow-Blohm und China wollen ein gemeinsames Flugzeug entwickeln
Heute mit fünf Sonderseiten „Altbau"

KULTUR:
Übermacht des Grauens — Zum 85. Geburtstag von Günther Anders

KULTUR IN DER REGION, Seite 25:
Gläserne Fabeln — Eine Ausstellung im Schloß Pilsach

SPORT:
Dietrich Thurau will heute bei der Tour de France ins Gelbe Trikot schlüpfen

TV-Programm Seite 24

Zwei Tage nach der Katastrophe im hessischen Herborn kann eine erste vorläufige Bilanz gezogen werden

Der Schaden beträgt mindestens zehn Millionen

Neun Häuser müssen abgerissen werden — Unglücksursache weiter unklar — Fahrer konnte ganz kurz vernommen werden

HERBORN — Auch gut zwei Tage nach dem verheerenden Unglück mit einem Tanklastzug im hessischen Herborn ist die Ursache für die Katastrophe noch rätselhaft. Die Schadenshöhe dagegen läßt sich einigermaßen bestimmen: Die Summe dürfte deutlich über zehn Millionen Mark liegen.

Von den 38 Verletzten befindet sich niemand mehr in Lebensgefahr. 16 liegen noch in Krankenhäusern. Neun Häuser, so teilte Herborns Bürgermeister Sonnhoff mit, sind so schwer beschädigt, daß sie abgerissen werden müssen. Sonnhoff versicherte, daß die zerstörten Gebäude im alten Stil neu entstehen werden, um das mittelalterliche Stadtbild zu bewahren.

Das Speditionsunternehmen, dem der Unglückslastzug gehörte, ist bis zu 100 Millionen gegen Unglücksfolgen ver-

Wie nach einem Bombenangriff: Die Überreste des Gebäudes in Herborn, in das der Lkw gerast war.

noch am Unglücksabend eine 64jährige Rent-

men. Nach wenigen Minuten mußte die Ver-

Rasche Entscheidung Karlsruhes

Anklage gegen Abbas Hamadei

Libanese soll die Deutschen Cordes und Schmidt entführt haben

KARLSRUHE — Überraschend schnell hat Generalbundesanwalt Kurt Rebmann gegen Abbas Hamadei, den älteren Bruder des mutmaßlichen libanesischen Luftpiraten Mohammed Ali Hamadei, Anklage erhoben.

Kurt Rebmann

Abbas (26), der den Fahndern am 26. Januar auf dem Frankfurter Flughafen ins Netz gegangen war, wird beschuldigt, an der Entführung der beiden deutschen Geschäftsleute Rudolf Cordes und Alfred Schmidt beteiligt gewesen zu sein. Laut Anklageschrift wollte er damit die Auslieferung seines Bruders an die Vereinigten Staaten verhindern und dessen Freipressung aus deutscher Haft erzwingen.

Die Anklage gegen Abbas Hamadei, der sich vor dem Oberlandesgericht Düsseldorf wird verantworten müssen, lautet neben Geiselnahme auch auf Nötigung der Bundesregierung und Vergehen gegen das Sprengstoffgesetz. Rebmann konnte die Anklage erheben, weil die Nöti-

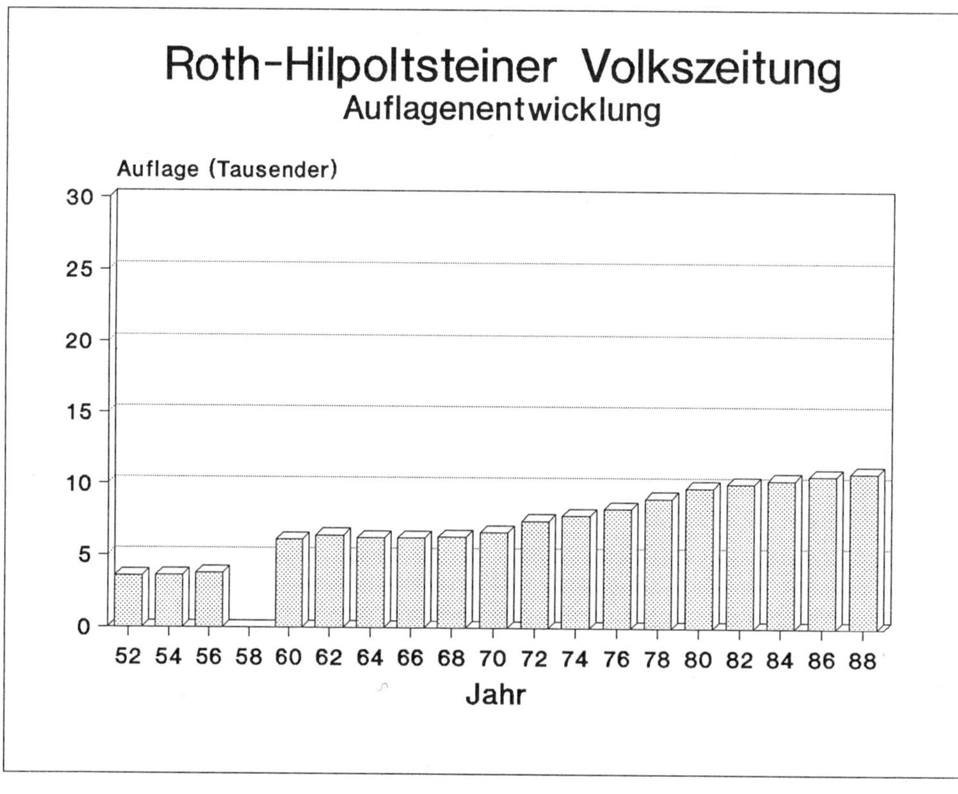

Die „Nürnberger Nachrichten“ mußten, wie Vogel berichtet, „in der Zeit von 1950 bis 1956 – mangels lokalbezogener Berichterstattung – einen Rückgang der Auflagenzahl ihrer Landausgabe B in allen Landkreisen hinnehmen“.[34]

So war es eine richtungweisende Überlegung, die wechselseitigen Nöte in wechselseitigen Vorteil umzumünzen: Von den „Nürnberger Nachrichten“ ging die Anregung aus, in Form einer Arbeits- und Interessengemeinschaft zu kooperieren. Die „Roth-Hilpoltsteiner Volkszeitung“ war unter den ersten sechs Heimatblättern, mit denen – ab 1. Juli 1959 – ein entsprechender Vertrag zustandekam. Der Zeitungstitel lautete fortan und bis heute: „‚Roth-Hilpoltsteiner Volkszeitung in Gemeinschaft mit den Nürnberger Nachrichten‘. Im Impressum erschienen ab 1. Juli 1959 als Herausgeber der Verleger der ‚Roth-Hilpoltsteiner Volkszeitung‘, Karl Müller, und die damaligen Verleger der ‚Nürnberger Nachrichten‘, Dr. Joseph E. Drexel und Heinrich G. Merkel.“[35] Der nach wie vor bestehende Vertrag legt die Grundlage einer in jeder Richtung adäquaten verlegerisch-journalistischen Betreuung des Roth-Hilpoltsteiner Raumes. Der Kooperationsvertrag tastet die Selbständigkeit der Partner in ihren Bereichen nicht an. Für die „Roth-Hilpoltsteiner Volkszeitung“ bleibt indes nachzutragen, daß ihr Verlag nach Karl Müllers Tod von dessen Sohn Theo geleitet wurde und – in Ermangelung eines Nachfolgers – 1977 durch Kauf an die „Nürnberger Nachrichiten“ übergegangen ist. Die Gesellschaftsform wird eine GmbH. Doch wird die Zeitung von den „NN“ dessenungeachtet „weiterhin ganz bewußt wie alle Heimatzeitungen behandelt“.[36]

Die „Roth-Hilpoltsteiner Volkszeitung“ erscheint heute in der Form, daß alle überlokalen Produkte von den „Nürnberger Nachrichten“ bezogen werden. Der Lokalteil (der jedoch auch im Mantel der „Nordbayerischen Zeitung“ zu beziehen ist!) mit den Rubriken „Roth Stadt und Land“, „Hilpoltstein Stadt und Land“ und „Sport“ wird von der in Roth ansässigen Lokalredaktion (ein Leiter, vier Redakteure, ein Volontär) erstellt, geht in Lichtsatz und wird auf der Hochdruckrotation des Druckhauses Nürnberg in seine Papierform im Berliner Format gebracht.[37] Insgesamt 42 Mitarbeiter in Verlag, Redaktion und Technik (einschließlich der Drucker) sind damit beschäftigt. Werktäglich umfaßt der Lokalteil sechs bis 16 (Spitzen bis zu 24) Seiten. Das summiert sich: So wurden 1986 nicht weniger als 3068 Seiten Lokalteil erstellt. Die Relation zwischen redaktionellem und Anzeigen-Umfang beträgt 65:35; im redaktionellen Teil ist von einem Verhältnis von 20% Bild zu 80% Text auszugehen.

Ihre Orientierung, die die Zeitung mit „liberal, den regionalen politischen Gegebenheiten Rechnung tragend“ umschreibt, wird mit einer Reichweite von 69,5 % auf dem Lesermarkt honoriert. Die Auflage von heute weit über 10 000 wird im Landkreis Roth verbreitet, der bei der Gebietsreform 1972 aus dem Umland der Stadt Schwabach und dem Altlandkreis Hilpoltstein entstand. Die „Roth-Hilpoltsteiner Volkszeitung“ sieht sich als Erstanbieter im südlichen Landkreis (dort erscheint nach wie vor der „Hilpoltsteiner Kurier“ als Kopfblatt des „Donau-Kurier“). Eine weitere Tageszeitung im nördlichen Landkreis ist das „Schwabacher Tagblatt“.

34 Karl Vogel, a. a. O., S. 130.
35 Materialsammlung, a. a. O., S. 2.
36 Karl Vogel, a. a. O., S. 152. Vgl. auch S. 229.
37 Diese und alle weiteren technisch-organisatorischen Angaben nach der Materialsammlung, a. a. O., passim.

Hiermit ist jedoch keine Wettbewerbssituation gegeben, da das „Schwabacher Tagblatt“ ebenfalls in den Kooperationsverbund mit den „Nürnberger Nachrichten“ einbezogen ist. An der Schwelle neuer Medienstrukturen steht der Verlag der „Roth-Hilpoltsteiner Volkszeitung“ mit seiner Beteiligung an der Kabelgesellschaft Mittelfranken.

Zusammenfassend läßt sich die „Roth-Hilpoltsteiner Volkszeitung“ als ein typisches Beispiel einer deutschen Lokalzeitung deuten, insofern ihre Geschichte von der Bewegung einer steten Kommunikationsrationalisierung durchzogen ist. Die Zeitung beginnt prompt, ihre Dienste anzubieten, als „Gemeinde“ als der ausschließlich mündlich-direkte Kommunikationsverband, der sie seit Menschengedenken gewesen ist, nicht mehr funktioniert. Sie arbeitet sich aus kleinsten Anfängen zu einem eingesessenen Blatt empor, das den Bedürfnissen eines Landstädtchens an innerer Transparenz und weiterhin an Anbindung an den Weltnachrichtenverkehr nach Kräften folgt. Selbst noch Übernahme und Zusammenlegungsschicksal im Dritten Reich entspringen dem Streben nach rationalisierter Kommunikationsvermittlung; diesmal freilich ist es die Ratio der ideologischen Vereinnahmung und dann der Kriegsanstrengung, zielt also nicht auf ein Optimum an verlegerisch-journalistischem Dienst, sondern auf ein kommunikatives Existenzminimum, das hier geboten werden soll. Um so eindrucksvoller ergibt sich nach dem 2. Weltkrieg, in freier Einstellung auf die Kommunikationsbedürfnisse freier Menschen, die heutige Synthese aus Weltnachrichten- und Heimatblatt.

(hs)

Damals und heute Zwillinge:

Das „Weißenburger Tagblatt"

Das „Weißenburger Tagblatt" hat einen Bruder, der ihm fast auf's i-Tüpfelchen gleicht – das ist der „Treuchtlinger Kurier". Der kleine Unterschied liegt in der ersten Seite des Lokalteils, der Rest ist identisch – weil der Lokalteil gemeinschaftlich produziert wird und der Mantel in beiden Fällen von den „Nürnberger Nachrichten"[1] stammt. Die Zwillingsbrüder waren durchaus nicht immer ein Herz und eine Seele, sondern eher Rivalen.

Schauen wir ein wenig zurück. Bereits bei der „Zeugung" des „Tagblatts" spielten Zwillinge[2] eine gewisse Rolle. Zwei Weißenburger Zwillingsschwestern nämlich waren Anlaß für Leonhard Braun und Max Elbel sich in Weißenburg niederzulassen. Nachdem sie die Schwestern geheiratet hatten, taten sich die beiden auch geschäftlich zusammen und erwarben das Haus des Bezirksbauschaffners Guttmann in der Wildbadstraße, um darin eine Buch- und Steindruckerei zu eröffnen. Die industrielle Entwicklung Weißenburgs hatte sie zu dem Wagnis ermuntert. Die Gründer brachten das beste persönliche Rüstzeug mit. Der gelernte Buchdrucker Elbel übernahm die Redaktion des Blattes, der Lithograph Braun kümmerte sich um die technische Herstellung der Zeitung und die Steindruckerei.

Das „Tagblatt" war bei der Gründung (1892) die zweite Zeitung am Ort. „Die zu dieser Zeit in Weißenburg herrschenden kommunal-politischen Verhältnisse waren der Art, daß sich zwei Parteien in der Gemeinde gegenüberstanden, die Adler- und Bärenpartei. Ihre Namen hatten sie nach ihren Versammlungslokalen erhalten. Das ‚Weißenburger Tagblatt' wurde das Sprachrohr der bürgerlichen Bärenpartei. Unter der tüchtigen Redaktion Elbels gewann auch diese Neugründung sehr bald einen stattlichen Leserkreis in Stadt und Land, in allen Bevölkerungskreisen, der sich von Jahr zu Jahr steigerte."[3]

Der lithographischen Anstalt kam das Aufblühen der örtlichen Gold- und Silbermanufaktur zugute.[4] Die Manufaktur exportierte nämlich ihre Erzeugnisse zum größten Teil ins überseeische Ausland, das für jedes Warenstück ein gesetzlich geschütztes, meist künstlerisch ausgeführtes Etikett verlangte. Die in den 90er Jahren aufkommende Ansichtskarten-Industrie tat das übrige zum Gedeihen des Betriebes. Da sich Braun auch auf's Photographieren verstand, lag es nahe, daß er in den umliegenden Ortschaften „schöne und gefällige Gesamtansichten"[5] ebenso auf die Platte bannte wie packende Familien- und Feierszenen. Mit einem Wort: Braun kam viel herum, sah und hörte so manches, das sich nur zu gut in der Zeitung unterbringen ließ. Elbel wiederum hatte sich bald das Vertrauen der Bürgerschaft erworben und wurde 1903 in das Gemeindekollegium und später in den Magistrat ge-

---

1 Zur Arbeits- und Interessengemeinschaft mit den „Nürnberger Nachrichten" vgl. Karl Vogel: Das NN-Modell. Nürnberg 1981.

2 Vgl. Julius Schmuck: Die schwarze Kunst in Weißenburg i. B. In: „Weißenburger Heimatblatt". Weißenburg, 7. Jg., Nr. 38, S. 149 ff. sowie Nr. 39, S. 153 ff.

3 ebd.

4 Vgl. Beitrag „40 Jahre ‚Weißenburger Tagblatt'" in der Jubiläumsausgabe des „Weißenburger Tagblatts" vom 2. 7. 1932.

5 ebd.

wählt, kannte sich in den Gemeindeangelegenheiten aus. Die beiden Gründer des „Weißenburger Tagblatts“ ergänzten sich vortrefflich.[6] Auch die Söhne schlugen den Vätern nach. Elbel verließ 1912 krankheitshalber den Betrieb, sein Sohn Leonhard war bereits vorher nach Norddeutschland gegangen, um seine Buchdruckerkenntnisse um journalistische zu erweitern. Er war später „Chefredakteur großer und angesehener Blätter wie der ‚Frankfurter Nachrichten‘ (..) und des ‚Berliner Westen‘“[7] und dann technischer Direktor des Verlags der „Deutschen Allgemeinen Zeitung“, der noch eine Reihe von Zeitschriften herausgab. Mit Elbels Ausscheiden gehören Verlag und Blatt allein der „Dynastie“ Braun. Seit 1960 führt Leonhard Braun in der 3. Generation den Verlag.

Der Chronist fährt fort: „Infolge der Neuordnung des Zeitungswesens im Kreis Weißenburg ging 1939 auch diese Weißenburger Tageszeitung, die sich im Laufe von 47 Jahren stetig fortentwickelt hatte, in den Verlag der ‚Fränkischen Tageszeitung‘ über. Herr Max Braun wurde als Schriftleiter für den lokalen Teil bestimmt und zugleich auch als Anzeigenleiter. Durch einen von beiden Teilen abgeschlossenen Druckvertrag wird das ‚Weißenburger Tagblatt‘ nach wie vor in der Buch- und Steindruckerei Braun & Elbel hergestellt. Im Zuge dieser Neuordnung gingen auch noch zwei Tageszeitungen des Bezirkes Weißenburg, nämlich der ‚Ellinger Anzeiger‘ und die ‚Pappenheimer Zeitung‘ in den Verlag der ‚Fränkischen Tageszeitung‘ über. Vor der Verlagsübernahme wurde die ‚Pappenheimer Zeitung‘ einige Jahre in der Druckerei des ‚Weißenburger Tagblatt‘ – Braun & Elbel – hergestellt; bei der Verlagsübernahme am 1. Januar 1939 haben beide Zeitungen ihr Erscheinen eingestellt und der Leserkreis ging auf das ‚Weißenburger Tagblatt‘ über. Durch das Einstellen der ‚Weißenburger Zeitung‘, des ‚Ellinger Anzeiger‘ und der ‚Pappenheimer Zeitung‘ wurde das ‚Weißenburger Tagblatt‘ mit seiner stark angewachsenen Abonnentenzahl die führende Zeitung des Kreises Weißenburg.“[8] Am 30. September 1944 erschien die zunächst letzte Ausgabe.

Wie der „Treuchtlinger Kurier“ erschien nach dem II. Weltkrieg auch das „Weißenburger Tagblatt“ zunächst nur als Amtsblatt, das es auch schon vorher gewesen war. Erst 1949 kam das „Tagblatt“ wieder unter Verleger Max Braun viermal die Woche heraus, mit 5 000 Stück Auflage.[9] Zwanzig Jahre lang arbeitete das „Tagblatt“ mit dem „Altmühl-Boten“, Gunzenhausen und der „Fränkischen Landeszeitung“, Ansbach redaktionell zusammen, um gemeinsame Seiten-Matern für den Mantel zu erstellen.[10] Das „Tagblatt“, der „Treuchtlinger Kurier“ und die Landausgabe B der „Nürnberger Nachrichten“ konkurrierten zunächst um Leser und Anzeigenkunden. Bis 1956 konnte das „Tagblatt“ seine Vormachtstellung ausbauen.[11] Es war jedoch abzusehen, daß die Zeit gegen das Blatt arbeitete.

Als 1959 die „Arbeits- und Interessengemeinschaft“ der „Nürnberger Nachrichten“ mit anderen Heimatzeitungsverlagen ins Leben gerufen wurde, war zunächst auch das „Weißenburger Tagblatt“ interessiert beizutreten. „Es bestand bereits ein Ko-

---

6 ebd.

7 ebd.

8 Julius Schmuck, a. a. O.

9 Lt. Willy Stamm: Leitfaden für Presse und Werbung. Essen 1947 ff. Ausgabe 1950.

10 Nach Angaben des Verlags.

11 Auflage 1956: „Weißenburger Tagblatt“: 6 361 Exemplare, „Treuchtlinger Kurier“: 1 957 Exemplare, NN-Landausgabe B: 2 297 Exemplare; lt. Karl Vogel: Das NN-Modell. Nürnberg 1981, S. 128.

„Weißenburger Tagblatt“ in der Schule – anno dazumal.

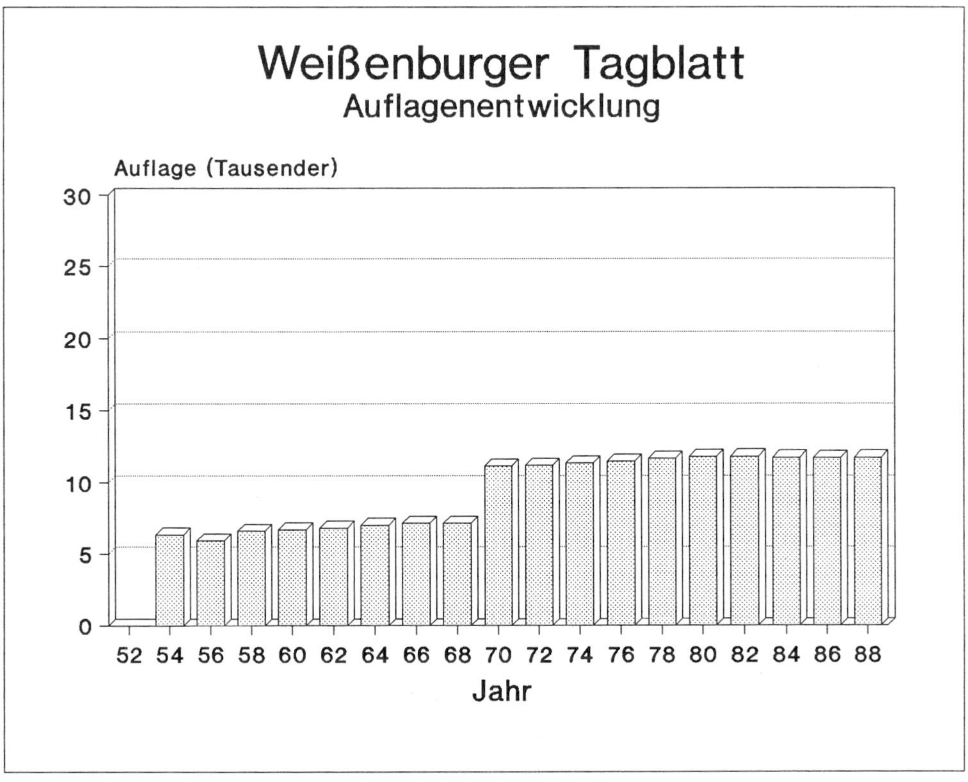

operationsvertrag. Da jedoch auch der ‚Treuchtlinger Kurier' in die Interessengemeinschaft aufgenommen wurde, zu dem sich das ‚Weißenburger Tagblatt' in Konkurrenz wähnte, trat das ‚Weißenburger Tagblatt' vom Vertrag zurück."[12] Erst zehn Jahre später, am 1. 11. 1969, trat es als eine der letzten Heimatzeitungen im mittelfränkischen Raum in die Interessengemeinschaft ein.

Das „Weißenburger Tagblatt" ist seitdem die einzige Tageszeitung im Altlandkreis Weißenburg, ausgenommen die Stadt Treuchtlingen und ihr Umland, wo der „Treuchlinger Kurier" gelesen wird. Seitdem die „claims" klar abgesteckt sind, arbeiten die beiden Blätter Hand in Hand bei der Erstellung des Lokalteils und im Anzeigengeschäft. Der Verlag Braun und Elbel KG beschäftigt derzeit 35 Mitarbeiter (davon drei in der Redaktion) und etwa 110 Zusteller.[13] Die Auflage des Blattes im Berliner Format liegt derzeit bei knapp 12 000 Exemplaren.[14] Der Verlag besorgt Satz (im Moment wird auf Fotosatz umgestellt) und Druck für den gemeinsamen Lokalteil mit dem „Treuchtlinger Kurier". Die beiden Verlage haben für sich eine ausgewogene Mischung von Abgrenzung (Verbreitungsgebiet) und Zusammenarbeit (Redaktion) gefunden, die nicht nur das wirtschaftliche Überleben sichert, sondern auch den Lesern täglich eine ausführliche, sorgfältige und lebendige Lokalberichterstattung beschert.[15]

(sf)

---

12 a. a. O., S. 141.

13 Nach Angaben des Verlags.

14 Lt. IVW-Liste 4/87 beträgt die verkaufte Auflage des „Weißenburger Tagblatts" mit dem „Treuchtlinger Kurier" zusammen: Mo.–Fr.: 11 745 Exemplare, an Samstagen 12 020 Exemplare.

15 Zur inhaltlichen Gestaltung siehe Porträt vom „Treuchtlinger Kurier".

„Steht bei allen und zwischen allen“: Der „Treuchtlinger Kurier“

Treuchtlingen ist heute eine muntere Kleinstadt mit einer ebenso munteren Zeitung. Wer die Stadt von früher kennt, dem ist der Eisenbahnknotenpunkt in Erinnerung, die rußige Drehscheibe des Schienenverkehrs zwischen Nürnberg, Würzburg, Ingolstadt und Augsburg. Der Anschluß an das bayerische Eisenbahnnetz 1869 brachte die Wende, 1898 wurde Treuchtlingen zur Stadt erhoben. An die stolzen Dampflokomotiven, die hier einst gewartet wurden, erinnert nur mehr eine Denkmalslok inmitten schmucker Grünanlagen. Treuchtlingen mit seinem Kranz von Ortsteilen ringsum hat sich mittlerweile zum Erholungsort mit staatlichem Prädikat, Heilquelle, Thermalbad und steigenden Besucher- und Übernachtungszahlen gewandelt. Die Einwohnerzahl hat sich in den letzten 50 Jahren fast verdreifacht (1939: 4473 Einwohner, 1985: 11 803 Einwohner einschließlich der dreizehn Ortsteile; der Frauenanteil überwiegt auch hier). Seine Vermittlungsdienste leistet der „Treuchtlinger Kurier“ (TK) nicht nur den Einheimischen, sondern auch den Fremden, den Gastarbeitern wie auch den Erholungsuchenden. Etwa drei Prozent der Bevölkerung stammt aus anderen europäischen Ländern (wobei die Türkei die stärkste Gruppe stellt). Die Übernachtungsgäste (70 000 im Jahr) wollen täglich informiert werden, was los ist in der Stadt und auf dem Erdball. Die Treuchtlinger Märkte (zu Lichtmeß, Ostern, Bartholomäus und Martini sowie zum Volksfest im Juli), traditionelle Anziehungspunkte für Auswärtige und Einheimische, boten und bieten willkommene Gelegenheiten, die neueste „Zeitung“ (was früher soviel hieß wie Neuigkeit) und Klatsch auszutauschen. Noch lange bevor die tägliche Erscheinungsweise sich für die Zeitungen durchsetzte, war die Herausgabe zu den Markterminen üblich. „Der Saumarkd is aa immer unkindichd worn im Bleddla. Der Saumarkd woar immer nebn der Zeidung und des had nemeds schinierd, daß dou saumäßi gschdunka had“.[1]

Der „Treuchtlinger Kurier“ ist gut 100 Jahre alt.[2] Im Spätherbst 1887 gründete der aus Wassertrüdingen am Hesselberg stammende Johann Christian Leidel in Treuchtlingen eine Buchdruckerei und den Verlag für die Heimatzeitung „Treuchtlinger Kurier“. Leidel, der zunächst eine Laufbahn als Volksschullehrer angestrebt hatte, sattelte um und erlernte das Handwerk eines Schriftsetzers und Druckers, in der Fachsprache „Schweizerdegen“ genannt. Nach Ablegen der Meisterprüfung mietete er zunächst in der Oettinger Straße in Treuchtlingen ein Anwesen. Dort wurde 1887 der erste „Treuchtlinger Kurier“ als „Amtsblatt für den Magistrat Treuchtlingen und Anzeigeblatt für Treuchtlingen und Umgebung“ gedruckt. Die neue Zeitung für den damaligen Marktort erschien zweimal wöchentlich, mittwochs und samstags, „in loco am Abend des Tags zuvor“. Als Verleger, Schriftleiter und Drucker zeichnete Johann Christian Leidel verantwortlich. Der Inhaber des Zeitungsbetriebes brachte es in dem durch die Eisenbahn aufblühenden Treuchtlingen bald zu beträchtlichem Ansehen in der Bürgerschaft. Im Gemeindekollegium war er als Schriftführer tätig. Um die Jahrhundertwende erwarben die Leidels ein An-

---

1 Aus der Jubiläumsausgabe „100 Jahre ‚Treuchtlinger Kurier‘“ vom 2. 12. 1987.

2 Die historische Darstellung folgt dem Beitrag „100 Jahre ‚TK‘“ in der Jubiläumsausgabe „100 Jahre ‚Treuchtlinger Kurier‘“ vom 2. 12. 1987.

wesen in der Gutenbergstraße und siedelten mit ihrer Firma dorthin über. Sohn Eugen absolvierte im Betrieb seines Vaters eine vierjährige Lehre.

Nach dem Ersten Weltkrieg kam der „Treuchtlinger Kurier" dreimal wöchentlich heraus, nach der Geschäftsübernahme durch Eugen Leidel ab 1923 viermal. Nach dem Kauf einer Linotype-Setzmaschine konnte ein großer Teil des Satzes, der früher mühsam Buchstabe für Buchstabe mit der Hand zusammengefügt werden mußte, nun maschinell hergestellt werden. Man vergrößerte gleichzeitig das Format der Zeitung auf das bis heute beibehaltene Berliner Format und ließ sie sechsmal wöchentlich als Mittagszeitung erscheinen.

Bei den kleinen Heimatzeitungen jener Jahre war Arbeitsteilung weitgehend unbekannt. Herausgeber und Verleger Eugen Leidel war wie schon sein Vater zugleich Berichteschreiber, Redakteur, Setzer und Drucker. Bei dieser wahrlich nicht leichten Aufgabe unterstützte ihn seine Frau nach Kräften. Sie besuchte die meisten Veranstaltungen im Verbreitungsgebiet und legte ihrem Mann die Berichte an den Setztisch. Daneben gehörte die kaufmännische Seite der Betriebsführung zu ihren Aufgaben. Ein besonderes Anliegen war es beiden, den Lokalteil des „Treuchtlinger Kurier" betont heimatgebunden zu gestalten. Die Meldungen aus der „großen Welt" bezog man als satzfertige Manuskripte von Nachrichtenbüros. Der uneingeschränkte Einsatz der Inhaber ermöglichte im Jahr 1930 den Kauf des Gebäudes der ehemaligen Hypotheken- und Wechselbank in der Hauptstraße 19. Zum 100. Geburtstag des TK im Dezember 1987 wurde das repräsentative Gebäude gegenüber dem Rathaus von Treuchtlingen gründlich renoviert und strahlt in neuem Glanz.

Mit der Machtübernahme der Nationalsozialisten stellten sich Überraschungen in geschäftlicher und persönlicher Beziehung ein. Wenn er auch die „Braunen" mit einer gewissen Skepsis betrachtete, wurde Eugen Leidel doch 1934 in den Stadtrat berufen, dem er bis 1939 angehörte. Im Zuge der Gleichschaltung der deutschen Presse entzog ihm der NS-Staat 1939 das Verlagsrecht. Trotz einer finanziellen Abfindung bedeutete diese Maßnahme einen herben Verlust für den Zeitungsmann. Alle Versuche, diese Entscheidung rückgängig zu machen, verliefen ergebnislos. Bis zum Ende des Krieges erschien der „Treuchtlinger Kurier" im NS-Gauverlag des „Frankenführers" Julius Streicher. Nach dem Ausruf des „totalen Krieges" wurde die Zeitung 1944 eingestellt.

Die einrückenden Amerikaner verhafteten Eugen Leidel; eine lange, zermürbende Gefangenschaft folgte. 1946 erhielt Ehefrau Adelgunde Leidel die Genehmigung zur Herausgabe eines Anzeigenblattes.

Erst 1949, als die „Altverleger" wieder zugelassen wurden, durfte der „Treuchtlinger Kurier" erneut erscheinen. Er kam in den Anfangsjahren der Bundesrepublik zunächst dreimal, dann viermal wöchentlich heraus. Mit dem „Wirtschaftswunder" änderte sich die Zeitungslandschaft. Parallel zur Ausbreitung von Rundfunk und Fernsehen mußten auch die Zeitungen über den lokalen Bereich hinaus in Wort und Bild ausführlicher berichten. Während die Heimatzeitungen bisher fast bildlos redigiert wurden, rückte die Fotodarstellung auch bei der Tagespresse immer mehr in den Vordergrund. Der Mantelteil mit den politischen, wirtschaftlichen und kulturellen Berichten aus aller Welt wurde deshalb in den fünfziger Jahren in Form vorgefertigter Maternseiten bezogen; der Umfang der Wochenendausgaben erhöhte sich auf 12 bis 16 Seiten.

Dennoch war es 1959 für den „Treuchtlinger Kurier" eine Frage der zu steigernden Aktualität und damit der wirtschaftlichen Existenz, sich mit einer Reihe von fränkischen Heimatzeitungen zu einer Interessengemeinschaft mit den „Nürnberger Nachrichten" zusammenzuschließen. Bei dieser seither erfolgreichen Kooperation wurde die verlagsmäßige Eigenständigkeit bewahrt. Der Leser erhält seitdem eine Zeitung mit Großstadtniveau und einem bürgernahen Heimatteil ins Haus geliefert. 1969 schloß sich auch die Nachbarzeitung „Weißenburger Tagblatt" der Interessengemeinschaft mit den Nürnbergern an. Seither erfolgt zwischen den beiden Heimatzeitungen eine Zusammenarbeit im Lokalteil mit gemeinsamen Anzeigenseiten und Wechselseiten bei den Lokalnachrichten.

In diesen Jahren des Aufbaus und der Umstrukturierung waren die beiden Leidel-Schwiegersöhne Walter Lindner (Verlag und Redaktion) sowie Alois Sprinz (Technik und Druckerei) wesentlich an der Entwicklung des Hauses beteiligt. Neben der Zeitung wurde auch die Akzidenzdruckerei J. C. Leidel immer weiter ausgebaut. Vom einfachen Brief- und Rechnungsbogen reicht der Umfang der Akzidenzarbeiten bis hin auch zu fremdsprachigen Firmenzeitschriften.

Eugen Leidel war neben seiner erfolgreichen beruflichen Tätigkeit als Zeitungsverleger und Geschäftsmann ein eifriger Förderer und aktiver Mitarbeiter in verschiedenen Vereinen seiner Heimatfstadt. Für die Arbeit zum Wohl seiner Mitbürger wurde er mit zahlreichen Ehrungen bedacht. Sie wurden im Jahr 1964 mit der Verleihung des Bundesverdienstkreuzes am Bande gekrönt. Im Alter von 76 Jahren verstarb er am 31. Januar 1969. Seine Frau folgte ihm drei Jahre später.

Nach dem Tod der Eltern übernahm die Tochter Marle Sprinz, die schon bisher in der Geschäftsleitung tätig war, als Alleininhaberin die Firma J. C. Leidel und den Verlag „Treuchtlinger Kurier".

Seit 1967 führt Walter E. Keller die zweiköpfige Lokalredaktion des „Treuchtlinger Kuriers". Die beiden Journalisten „vor Ort" bemühen sich, täglich eine lebendige Lokalseite zu machen; bei besonderen Anlässen steuert Treuchtlingen auch dem gemeinsam mit dem „Weißenburger Tagblatt" produzierten Lokalteil mehrere Seiten bei.

Die Redaktion versucht, die in manchen Lokalseiten noch vorherrschende Betulichkeit abzulegen, das zu schreiben, was der Bürger wissen will, und nicht nur das, was „die da oben" lesen wollen. Der „Treuchtlinger Kurier" sieht sich als Dienstleistungsunternehmen, das Öffentlichkeit herstellt. Darum jagt die Redaktion nicht nur nach Terminen, sondern wird selbst aktiv – innerhalb und außerhalb des Blattes: mit Serien, Podiumsdiskussionen, anderen Veranstaltungen und Aktionen.

Praktische „Teilhabe"

„Man hat teil an der Entwicklung dieser Stadt", umreißt der Redaktionsleiter des „Treuchtlinger Kuriers", Walter E. Keller, sein Berufsverständnis, „man hat teil am Strukturwandel einer Kommune, die wirtschaftlich am Ende war, zu einer lebendigen Betriebs-, Wohn- und Erholungsgemeinde. Man hat teil daran, wenn ihre Einwohner für den dabei bewiesenen Bürgersinn von Bund und Land ausgezeichnet werden; wenn in der Stadt die erste vollintegrierte Gesamtschule Bayerns im länd-

Treuchtlinger Kurier.

Amtsblatt für den Stadtmagistrat Treuchtlingen.

Anzeigeblatt für Treuchtlingen und Umgegend.

Der Treuchtlinger Kurier erscheint Mittwoch und Samstag (in loco am Abend des Tages zuvor) und kostet im ganzen deutschen Reichspostgebiete vierteljährig 90 Pfg. ohne Zustellgebühr; auch kann jeder einzelne Monat abonnirt werden.
Für Auswärts nimmt Bestellungen jede Postanstalt und Postbote entgegen.

Inserate, für deren Inhalt der Einsender verantwortlich ist, finden wirksamste Verbreitung und kostet die kleingespaltene Petit oder deren Raum 10 Pfennig.
Reklamen werden die Zeile mit 15 Pfennig berechnet.
Anonyme Einsendungen finden keine Berücksichtigung.
Einzelne Nummer 5 Pfennig.

Für die Redaction verantwortlich Chr. Seibel. Druck und Verlag der J. C. Seibel'schen Buchdruckerei in Treuchtlingen.

TREUCHTLINGER Kurier

Unabhängige Heimatzeitung für Treuchtlingen und Umgebung Amtsblatt der Stadt Treuchtlingen und des Landratsamtes Weißenburg

In Gemeinschaft mit den „Nürnberger Nachrichten"
100. Jahrgang

J 6723 A

TREUCHTLINGER NACHRICHTEN
TREUCHTLINGER ZEITUNG
TREUCHTLINGER TAGBLATT

Einzelpreis: 1,– DM | Montag, 6. Juli 1987 | Nummer 151

Heute im Sport
FUSSBALL:
B-Jugend des Club holt Endspiel um die deutsche Meisterschaft nach Nürnberg
RADSPORT:
Nürnberger Remig Stumpf überlegen deutscher Meister im Zeitfahren – Reges Zuschauer-Interesse an den Tour-Etappen in Deutschland
LEICHTATHLETIK:
Gudio Kratschmer gab nach erneuter Verletzung beim Zehnkampf-Europacup auf

TV Programm Seite 28

Kontrast: Zeitungskopf im Lauf von 100 Jahren.

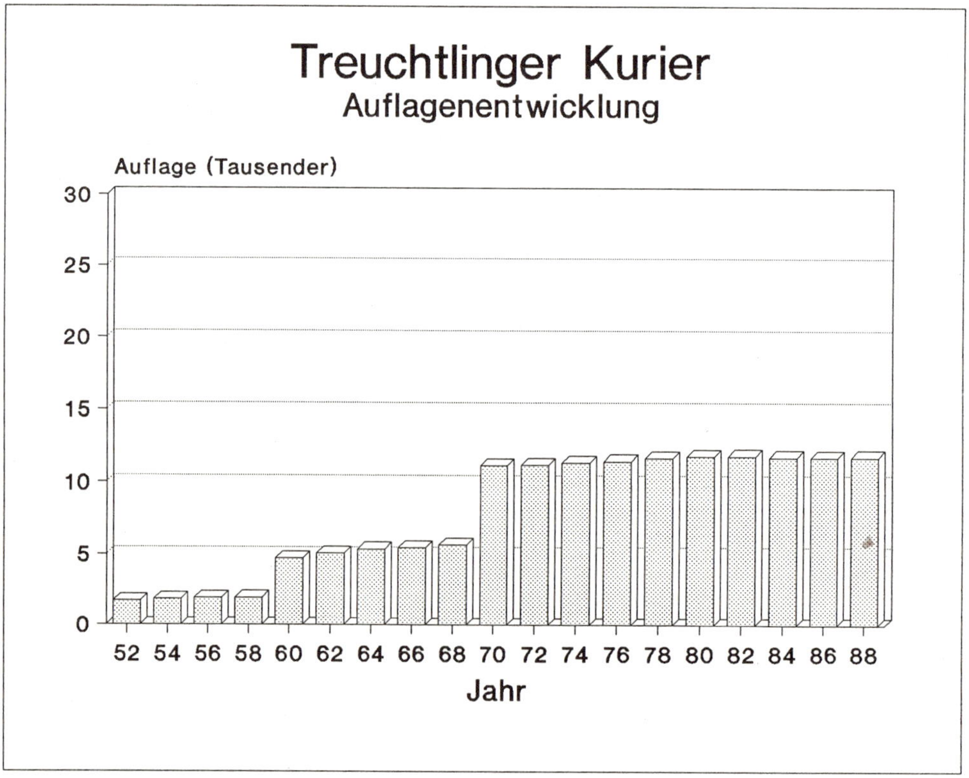

lichen Raum entsteht und einen Neubau für 44 Millionen DM bekommt; wenn die Leute in der Stadt und in den Dörfern ringsum feiern – auf ihren Kirchweihen, in ihren Vereinen oder sonstwo. Man hat teil daran und läßt seine Mitbürger, von denen man eine stattliche Anzahl kennt, daran teilhaben.

Um diese Teilhabe – bürgernahe Lokalkommunikation nennen es die Wissenschaftler – als Journalist zu verwirklichen, muß man seinen eigenen Standort kennen und ebenso kritisch beäugen wie das, was einem vorgesetzt wird oder was man sich mit mehr oder minder Mühe zusammensucht.

Wo steht der Lokaljournalist in der Kleinstadt? Auf der Seite des Verlegers? Ja. Auf der Seite des Bürgermeisters, der Stadträte, der Rathausbeamten? Ja. Auf der Seite der Unternehmer, der Geschäftsleute? Ja. Auf der Seite des „namenlosen Bürgers", des „kleinen Mannes"? Ja. Er steht bei allen und zwischen allen. Und wehe, wenn er versucht, die einen gegen die anderen auszuspielen. Hier, wo jeder (fast) jeden kennt, geht das nicht, ist die Qualität der Lokalberichterstattung kontrollierbar. Auch eine jener unbequemen Chancen des Lokalredakteurs in der Provinz".[3]

Sehen wir uns an, wie sich dies berufliche Selbstverständnis im täglichen Zeitungmachen auswirkt. Die Lokalseiten sind übersichtlich, luftig und reich bebildert gestaltet. Der „Treuchtlinger Kurier" bringt vielen etwas, bemüht sich spürbar um eine Schreibe, die eng am Umgangssprachlichen bleibt. Die Sanitäter heißen Sanis, in der Rubrik Stadtratssplitter heißt es launig: „In der jüngsten Sitzung des Stadtrats wurden in der öffentlichen Sitzung keine dicken Brötchen gebacken". Zum üblichen „beantragt wurde" oder auch „beschlossen wurde" tritt im Kurier der Versuch, die Stimmung eines Ereignisses einzufangen. Da wird dann „gemosert" und „gescherzt" – wie im richtigen Leben halt.[4] Daß die Bevölkerung den Schulhaus-Umbau zu „großkotzig" findet, wie im Rathaus gemunkelt wird, liest diese sicher mit Interesse ... Da sperrt einer Ohren und Augen auf bei allerlei offiziösen Terminen, um auch das einzufangen, was in der Luft liegt. Doch das hat anscheinend seinen Preis. Derselbe Beobachter leitet nämlich den Stadtrats-Bericht folgendermaßen ein: „Und wenn etwas geschieht, dann paßt es auch wieder einigen nicht." Solche und ähnlich subjektive Wertungen des Journalisten garnieren manchen Artikel im „Kurier". Unter dem Stichwort „nachgefragt" wird die Redaktion selbst aktiv, versucht die Bedeutsamkeit überregionaler Ereignisse oder Entscheidungen für den lokalen Raum auszuloten, indem sie kompetente Gesprächspartner auswählt und zum Sprechen bringt.

Überraschend: Das (typisch deutsche) vielgestaltige Vereinsleben der Stadt Treuchtlingen bzw. des Landkreises Weißenburg-Gunzenhausen wird nur in Ansätzen im Blatt sichtbar. Dabei nennt die Broschüre „Treuchtlingen auf einen Blick",[5] die Walter E. Keller selbst gestaltet hat, immerhin 120 Vereine und Verbände in Treuchtlingen, deren Interessen und Anliegen weit gespannt sind: Politik und Auto, Gartenbau und Heimatpflege, Gesang und Sport, Kleintiere und Reservistenkameradschaft, Briefmarken und Amateurfunk. Veranstaltungshinweise finden sich nur

---

3 TK-Redaktionsleiter Walter E. Keller in einer Veröffentlichung des „Deutschen Allgemeinen Sonntagsblatts" und der Bundeszentrale für Politische Bildung zum Thema „Massenmedium Lokalteil". o. O. 1975. Wieder abgedruckt in einem Sonderdruck des TK vom Mai 1976.

4 „Treuchtlinger Kurier" vom 7. Juli 1987.

5 Treuchtlinger Kurier (Hg.): Treuchtlingen auf einen Blick. Treuchtlingen 1984, S. 54 f.

vereinzelt – offensichtlich als reguläre Anzeigen – zwischen einer Danksagung zum 80. Geburtstag und der Ankündigung eines Schlachtfestes mit Metzelsuppe.

Die beiden kooperierenden Heimatblätter „Treuchtlinger Kurier“ und „Weißenburger Tagblatt“ werden im Dreieck zwischen Treuchtlingen, Greding und Spalt gelesen. Die Auflage für beide Zeitungen liegt seit 1970 konstant bei gut 11 000 Exemplaren.[6] Mit dem Eintritt in die Interessengemeinschaft der Heimatzeitungsverlage mit den „Nürnberger Nachrichten“[7] wurden regelmäßig auch die Grenzen der Verbreitungsgebiete „bereinigt“. So ist auch der „Treuchtlinger Kurier“ heute Alleinanbieter in seinem Gebiet. Für die Lokalberichterstattung hält er das Monopol, nicht jedoch für den Mantel. Der Leser hat die Wahl zwischen dem Mantel der „Nürnberger Nachrichten“, dem die Vorliebe für sozialliberale Politik anzumerken ist, und dem Mantel der „Nürnberger Zeitung“, die einen eher konservativen Kurs[8] fährt. Dieser Mantel, NOZ-Mantel genannt, beinhaltet auch den kompletten Lokalteil für Nürnberg und einen Regionalteil für Franken. Beide Teile wären mindestens für die vielen Auspendler nach Nürnberg von Interesse. Die eher konservativ wählende Leserschaft hätte also genügend Gründe, sich für den Mantel der „Nürnberger Zeitung“ zu entscheiden. Tatsächlich ist jedoch der „NOZ“-Mantel „kein Erfolg, der Leser ist an die Aufmachung des ‚NN‘-Mantels gewöhnt“, mutmaßt die Verlegerin.[9]

(sf)

---

6 IVW-Erhebung für das III. Quartal 1986 (in einem Prospekt des Verlages): verkaufte Auflage 11 641 Exemplare, an Samstagen 11 921 Exemplare.

7 Vgl. Karl Vogel: Das NN-Modell. Nürnberg 1981.

8 Als „konservativ“ bezeichnet die NZ selbst ihre Grundhaltung, die auch Bestandteil der Arbeitsverträge mit Redakteuren ist. Vgl. dazu das Kapitel „Verhältnis ‚Nürnberger Zeitung‘ und ‚Nürnberger Nachrichten‘“ in Karl Vogel: Das NN-Modell. Nürnberg 1981, S. 164 ff.

9 Äußerung von Frau Sprinz am 6. 2. 1979, zitiert nach Karl Vogel, a. a. O., S. 172.

„Fränckischer Kriegs- und Friedens Both“: Die „Windsheimer Zeitung“

Der Titel hat sich durch die Jahrhunderte nicht verändert, auch nicht der Windsheimer Adler, der von Anfang an den Zeitungskopf schmückte. Die Anfänge liegen lang zurück. Der erste Buchdrucker wurde vor ziemlich genau dreihundert Jahren nach Windsheim berufen. Die Stadt „Windsheim spielte im Kranz der Reichsstädte eine gar nicht unbedeutende Rolle dank ihrer günstigen Lage an der großen Durchzugsstraße von Osten nach Westen und zeigte sich vor allem auf kulturellem Gebiete äußerst regsam“, bringt Verleger Hermann Delp die historischen Gegebenheiten auf einen Nenner.[1] „So nimmt es nicht wunder, daß verhältnismäßig früh schon auch hier eine Buchdruckerei entstand.“[2] Hinzu kam freilich, daß mit Bürgermeister Melchior Adam Pastorius ein Mann die Geschicke Windsheims bestimmte, der einerseits allem Neuen aufgeschlossen war, und der andererseits selbst literarische Ambitionen pflegte. „Der Umstand, daß er alle seine Schriften in Nürnberg drucken lassen mußte, war Veranlassung, den ersten Buchdrucker, einen Mann mit Namen Adam Christian Redelhamer um das Jahr 1685 nach Windsheim zu berufen.“[3] Er druckte neben Büchern auch Flugschriften und städtische Anordnungen.

„Erst 1754 begegnen wir wieder Zeugnissen, die vom Bestand einer Druckerei in Windsheim Kunde geben. Es war das Unternehmen des Buchdruckers Franz Köngott, der vom Januar 1754 an die erste ‚Windsheimer Zeitung‘ bereits dreimal wöchentlich herausgab (Dienstag, Donnerstag und Samstag), die, wie er ankündigte, auf allen Postämtern zu haben war. Von der zweiten Nummer sind noch einige Exemplare vorhanden. Diese Stücke wurden in einem Hause der Wassergasse unter den Dachsparren gefunden. (...) Leider scheint diese Druckerei höchstens bis 1787 bestanden zu haben, denn außer den oben erwähnten Zeitungsstücken und einer Reihe von städtischen Verordnungen ist nichts von weiteren Druckerzeugnissen bekannt. Die erste ‚Windsheimer Zeitung‘ hatte je Ausgabe 8 Seiten im Format von 11x18 cm und war rein handwerkliche Arbeit. Auf handgeschöpftes Papier wurde mit den ebenfalls von Hand gesetzten Buchstaben mittels einer Presse gedruckt, die im wesentlichen derjenigen Gutenbergs noch durchaus glich. Die Stundenleistung betrug vielleicht 50 Stück.

In der Zeit der napoleonischen Kriege und der nachfolgenden Aera scharfer Polizei-Zensur, in der sich lange Jahre wirtschaftlicher Krisen einander ablösten, hören wir nichts von einem Nachrichtenblatt in Windsheim. Erst die Revolution 1848 ließ einen frischen Wind wehen, der auch das geistige wie das politische Leben erneut in Bewegung brachte. Wie in vielen anderen Städten entstand damals in Windsheim eine Zeitung. Im Herbst des Jahres 1848 gründete der aus Schernau in Unterfran-

1 Hermann Delp: Über ein Jahrhundert „Windsheimer Zeitung“. In: Festausgabe der „Windsheimer Zeitung“ vom 26. 8. 1950.

2 ebd.

3 ebd.

ken stammende Johann Martin Bischoff in der Rothenburger Straße eine Druckerei mit Kommissionsbuchhandlung und Schreibwarengeschäft. Es war ein Wagnis für die damalige Zeit. Schon 1828 war die Nachbarstadt Neustadt a. d. Aisch mit einem gleichen Unternehmen, dem ein Zeitungsverlag angegliedert war, vorangegangen. Auch hier gab es Schwierigkeiten über Schwierigkeiten seitens der reaktionär eingestellten Behörden. In Windsheim war es nicht anders. Nach harten Kämpfen und erheblichen Schwierigkeiten erschien am Samstag, den 19. Mai 1849 die erste Ausgabe des ‚Windsheimer Wochenblattes für Stadt und Land', das von nun an wöchentlich einmal am Mittwoch herauskam. Das neue Blatt war vorwiegend amtliches Organ des Königlichen Landgerichtes Windsheim, dessen Bereich sich bis Leutershausen und bis vor die Tore von Kitzingen erstreckte. Doch auch Geschäftsanzeigen und die wichtigsten Tagesereignisse wurden bereits veröffentlicht. Der Anfang war noch bescheiden, denn diese erste wiedererstandene ‚Windsheimer Zeitung' wurde noch mit einer Handpresse gedruckt.

Das Jahr 1857 brachte eine Erweiterung des Bezieherkreises insofern, als das ‚Windsheimer Wochenblatt' zugleich amtliches Lokalblatt des Königlichen Landgerichtsbezirks Leutershausen wurde und damit an Umfang wesentlich wuchs. 1858 kam noch der Königliche Landgerichtsbezirk Uffenheim dazu. (...) Das Verbreitungsgebiet war also im wesentlichen der Bereich des kgl. Bezirksgerichts Windsheim, d. h. des heutigen Landgerichts Fürth. Mit der Aufhebung des kgl. Bezirksgerichts Windsheim im Jahr 1879 änderte das damalige Lokalblatt wiederum seinen Titel. Es hieß ab 1. Januar 1880 ‚Amtsblatt für die kgl. Bezirksämter Ansbach und Uffenheim, umfassend die kgl. Amtsgerichte Ansbach, Heilbronn, Uffenheim und Windsheim'.

In diesem Jahre 1880 übernahm der Sohn des Gründers Joh. Martin Bischoff, Georg Michael, den väterlichen Betrieb."[4] Er ersetzte bald Lithographie und Handpresse durch die Schnellpresse. Da er ohne männliche Nachkommen blieb, verkaufte er 1900 den Verlag des Amtsblattes an den Buchdrucker Heinrich Delp aus Weinheim. Da dieser Gefahr lief, das Amtsblatt mit seinen knapp tausend Abonnenten nach Ansbach zu verlieren, gründete er am 1. 10. 1902 die zunächst zweimal wöchentlich erscheinende „Windsheimer Zeitung" mit den Amtsblättern Ansbach und Uffenheim. Von nun an sollte der Verlag in den Händen der Familie Delp bleiben. So schwierig die ersten Jahre auch waren, um 1910 lag die Auflage schon bei etwa 1700 Stück. Doch Erster Weltkrieg und Inflation bedrohten den Verlag in seiner Existenz, das Betriebsvermögen ging verloren. 1922 wurde die erste Setzmaschine aufgestellt, eine zweite folgte fünf Jahre später. Trotz großer Arbeitslosigkeit und wirtschaftlicher Depression konnte Heinrich Delp 1927 die tägliche Erscheinungsweise einführen. Nach dem Tod des Vaters, ein Jahr später, übernahm Hermann Delp die Firma. Natürlich blieb die „Windsheimer Zeitung" während des Dritten Reiches von der „Gleichschaltung" nicht verschont, konnte sich aber bis zum Ende des Zweiten Weltkrieges auf 3800 zahlende Abonnenten steigern. Zu dieser Entwicklung trugen auch eine dritte Setzmaschine und eine vollautomatische Druckpresse bei. Seit September 1949, nach Erteilung der Generallizenz, gibt es wieder die „Heimatzeitung für den oberen Aisch-, Zenn- und Ehegrund/Burgbernheimer Anzeiger".

[4] ebd.

Bodenständiges Heimatblatt

Hermann Delp, der Vater des jetzigen Verlegers Heinrich Delp, beschrieb 1950 die Zeitung als „bodenständiges Heimatblatt".[5] Bodenständig ist die „Windsheimer Zeitung" sicherlich heute noch, auch wenn sich der Inhalt im Laufe der Jahre gewandelt hat. „Die ‚Windsheimer' Zeitung versteht sich im Verbreitungsgebiet als Integrationsfaktor zwischen Stadt und Land, den politischen Gruppierungen und den sehr zahlreichen Vereinen. Die Zeitung ist am Gemeinwohl orientiert, nicht an einzelnen Parteien. Eine publizistische Bevorzugung bestimmter Gruppen ist nicht gegeben. Dies ginge schon gar nicht wegen der Alleinstellung der ‚Windsheimer Zeitung' in ihrem Verbreitungsgebiet. Besonders gefördert werden die Heimatgeschichte und der Erhalt der historischen Bausubstanz. Selbstverständlich findet das kirchliche Leben in der Berichterstattung seinen Niederschlag."[6] Mit diesen Worten skizziert Herausgeber Heinrich Delp (Mitherausgeber Bruno Schnell) sein Konzept und kümmert sich in dieser Eigenschaft auch um den Inhalt. Eine „lesernahe, aufgeschlossene Heimatzeitung" ist sein Ideal.

Am Herzen liegt ihm vor allem eine umfangreiche Berichterstattung über die Geschichte von Bad Windsheim und Umgebung. Daß es ihm damit ernst war, bewies 1930 schon sein Vater, der das Windsheimer Heimatmuseum mitbegründete. „In jahrzehntelanger Unermüdlichkeit widmete er sich mit großem Fleiß und enormer, in praktischer Arbeit erworbener Sachkenntnis dem Suchen und Sammeln geschichtlicher Zeugnisse aus der Ur- und Frühgeschichte des Aischgrunds und aus der Stadtgeschichte Bad Windsheims. Eine wertvolle prähistorische und historische Sammlung kam zusammen."[7] Dieser „Institution der Heimatgeschichte"[8] verpflichtet, initiierte Heinrich Delp als Vorsitzender des Vereins „Alt-Windsheim" beispielsweise das Vorgeschichte-Museum. Seine politische Heimat hat Delp im konservativen Liberalismus, so sieht ihn jedenfalls Godehard Schramm in einem Buch über fränkische Reichsstädte.[9] Für Heinrich Delp ist die Behandlung politischer Themen im Blatt freilich „keine Frage der Ideologie, sondern eine Frage des Gespürs für ein lebendiges redaktionelles Angebot". Wie viele andere fränkische Städte ist auch Bad Windsheim zu drei Vierteln evangelisch. Verhältnismäßig hohe Arbeitslosigkeit durch Firmenzusammenbrüche in zurückliegenden Jahren prägt das Bild dieser Stadt im ohnehin strukturschwächeren westlichen Mittelfranken. „Speziell in Bad Windsheim stellt sich die Entwicklung wenig erfreulich dar", resümiert Wolfgang Wille, Direktor des Arbeitsamts Ansbach.[10] „Die Bevölkerungsentwicklung ist rückläufig, die Investitionsquote liegt weit unter dem bayerischen Durchschnitt, die Verdienste sind bescheiden, und die Zahl der Arbeitslosen liegt über dem Durchschnitt." Weil der Arbeitsamtsdirektor sicherlich nicht die Verdien-

---

5 ebd.

6 zitiert nach Stefanie Schopenhauer: Die Windsheimer Zeitung. Seminararbeit am Institut für Kommunikationswissenschaft (Zeitungswissenschaft) der Ludwig-Maximilians-Universität München. WS 1982/83 (unveröffentl.).

7 Alfred Estermann: Bad Windsheim. Geschichte einer Stadt in Bildern. Bad Windsheim 1975, 2. Auflage, S. 170.

8 ebd.

9 Godehard Schramm: Dreimal verpfändet, vom Feuer geschändet, das Elend immer wieder abgewendet ... In: Fränkische Reichsstädte (Hrsg. Wolfgang Buhl). Würzburg 1987, S. 182.

10 Interview der „Windsheimer Zeitung" mit Wolfgang Wille, Direktor des Arbeitsamtes Ansbach, am 15. 5. 1987.

ste der Windsheimer meinte, sondern deren durchschnittlichen Verdienst, sieht die wirtschaftliche Lage dieser Region ungünstig aus. Zu diesen unerfreulichen wirtschaftlichen Daten trägt auch die allgemein schlechte Lage der Landwirtschaft bei, in der im Bereich der Arbeitsamtsnebenstelle Bad Windsheim mit 30 Prozent der Erwerbstätigen überproportional viele arbeiten. Zum Vergleich: Bundesweit sind nur fünf Prozent der Erwerbstätigen in diesem Sektor beschäftigt. Die Gemeinde ist stark auf den Fremdenverkehr ausgerichtet: Einige der Attraktionen der ehemaligen Reichsstadt sind der Kurpark und das Fränkische Freilandmuseum, zu dem Heinrich Delp durch die „umfassende Berichterstattung in der ‚Windsheimer Zeitung' einen wertvollen Dienst geleistet hat".[11]

Wirtschaftlich gesund steht mittlerweile die „Windsheimer Zeitung" da. Zunächst (seit 1949) war sie der Nordbayerischen Heimatzeitungs-GmbH angegliedert. Nach deren Erlöschen 1959 schloß sie sich zusammen mit anderen Heimatzeitungsverlagen und den „Nürnberger Nachrichten" zu einer Arbeits- und Interessengemeinschaft zusammen.[12] Den Mantelteil von der Recherche bis zum Druck erstellen die „Nürnberger Nachrichten", die „Windsheimer Zeitung" verantwortet allein den Lokalteil. Der Vertrag mit den „Nürnberger Nachrichten" legt fest, daß für die redaktionelle Aufbereitung des lokalen Teils ausschließlich der Lokalverleger zuständig und verantwortlich ist. Der Vertrag sichert neben der redaktionellen und rechtlichen Selbständigkeit auch das lokale Anzeigengeschäft zu. So kostet eine ganze Seite im Anzeigengebiet bei einem Satzspiegel von 280 mm mal 420 mm 1990,– DM plus MwSt. Dieser Grundpreis ermäßigt sich für Anzeigen und Beilagen von Handel, Handwerk und Gewerbe aus dem Verbreitungsgebiet bei direkter Auftragsabwicklung mit dem Verlag auf 1688,– DM plus MwSt. Zudem ist die „Windsheimer Zeitung" an den Anzeigenerlösen durch den Mantelteil der „Nürnberger Nachrichten" prozentual beteiligt. Das Anzeigenaufkommen hat zur Mitte des Jahres 1987 gegenüber 1986 mit plus fünf Prozent eine leicht steigende Tendenz. Die Anzeigenpreise schließen auch Anzeigen im Lokalteil der „Windsheimer Zeitung" ein, der dem Mantel „Nürnberger Zeitung"/„Nordbayerische Zeitung" beigefügt wird. Dem Umfang nach stehen die redaktionellen Beiträge zum Anzeigenteil im Verhältnis 3 : 2.

Das Verbreitungsgebiet der „Windsheimer Zeitung" deckt sich im wesentlichen mit dem Amtsgerichtsbezirk Bad Windsheim vor der Gebietsreform 1972. Durch die Kooperation mit den „Nürnberger Nachrichten" besitzt die „Windsheimer Zeitung" im Kernbereich des Verbreitungsgebietes Alleinstellung. In einigen Gemeinden am Rand des Verbreitungsgebiets wird auch noch die „Fränkische Landeszeitung" (Ansbach) gelesen. Seit drei Jahren erscheint ein wöchentliches Anzeigenblatt mit dem Titel „Lokal-Kurier", herausgegeben von einer Bad Windsheimer Druckerei. Außerdem können die Leser auch den Mantel der „Nürnberger Zeitung/Nordbayerische Zeitung" mit dem lokalen Teil der „Windsheimer Zeitung" beziehen. Tatsächlich nutzen jedoch nur rund 200 Leser diese Alternative. Die wirtschaftliche Lage von Bad Windsheim und seiner Umgebung läßt die Auflage stagnieren. Zudem ist die Haushaltsabdeckung überdurchschnittlich hoch, so daß kaum neue Leser zu gewinnen sind. Dazu kommt die rückläufige Bevölkerungsentwicklung. Einschließlich

---

11 Franken unter einem Dach. Schriftenreihe des Vereins Fränkisches Freilandmuseum e.V., Nürnberg. Band 9. Nürnberg 1986, S. 86.

12 Zur Arbeitsweise des „NN"-Modells vgl. Karl Vogel: Das NN-Modell. Nürnberg 1981.

der „Nürnberger Zeitung/Nordbayerischen Zeitung“ für Bad Windsheim beträgt die derzeitige verbreitete Auflage 4963 Exemplare.[13] Der monatliche Bezugspreis beträgt 22,50 DM einschließlich Zustellkosten und Mehrwertsteuer.

Der Wechsel vom Blei- zum Fotosatz 1978 hat laut Heinrich Delp keine Schwierigkeiten mit sich gebracht. Vielmehr ist die Redaktion der „Windsheimer Zeitung“ durch die Umstellung elastischer geworden. Beim Fotosatz entschied man sich für das amerikanische System Compugraphic. Da die Setzer im Verlag umgeschult wurden, sind keine Arbeitsplätze verloren gegangen. Neben der Herstellung im Fotosatz wird die Zeitung auch im Haus konventionell montiert. Gedruckt wird der Lokalteil bei der „Kitzinger Zeitung“. Von dort werden die Lokalteile nach Nürnberg transportiert, den „Nürnberger Nachrichten“ beigefügt und verpackt. Anschließend übernimmt der Nordbayerische Pressevertrieb die Zustellung; an den Kosten beteiligt sich die „Windsheimer Zeitung“ prozentual. Eine eigene Zustellung erwies sich auf Dauer als weniger wirtschaftlich.

Kooperation zweier Schwestern

Der Lokalteil umfaßt täglich mindestens acht Seiten. Drei Redakteure und ein Volontär bearbeiten die Fülle von Nachrichten, die täglich in der Redaktion einlaufen, formulieren kürzere und längere Meldungen und gehen zu Terminen vor Ort, zur Stadtratssitzung ebenso wie zur Primizfeier. Weil sich die Termine drängen (und vor allem in den Abendstunden überschneiden), weil die Wege in die Landgemeinden weit sind, überwiegt die Berichterstattung aus der Stadt Windsheim. Die Landbevölkerung fühlt sich dadurch etwas vernachlässigt und macht gelegentlich in Beschwerdebriefen ihrem Unmut Luft. Um dieses Defizit auszugleichen, veröffentlicht die Zeitung alle Leserbriefe, soweit nicht anonym oder beleidigend. Das soll gerade den Leser auf dem Land ermuntern, selbst aufs Papier zu bringen, was ihn ärgert oder freut, was ihn bewegt, wenn er für jemand oder etwas „Reklame“ machen oder auch Tadel aussprechen will.

Veranstaltungskalender, Polizeibericht, Vereinsnachrichten, Fortsetzungsroman und Comic gehören täglich zum Lokalteil. Ebenso die Seite für den Landkreis Neustadt/Aisch-Bad Windsheim, die von der in Ansbach erscheinenden „Fränkischen Landeszeitung“ redaktionell und technisch gestaltet wird. Erst diese Kooperation erlaubt den beiden NN-„Töchtern“ eine leistungsfähige Berichterstattung für den Kreis Neustadt/Aisch-Bad Windsheim, den sich die beiden Zeitungen teilen. (Die „Fränkische Landeszeitung“ bezieht den Mantel ebenfalls von den NN, insofern kann man von NN-„Töchtern“ in beiden Fällen sprechen.) Die stagnierende, relativ kleine Auflage verhindert, daß das redaktionelle Angebot der „Windsheimer Zeitung“ weiter ausgebaut werden kann. Deshalb werden auch in Zukunft fertige Seiten der NN und anderer Verlage im Lokalteil erscheinen, obschon sie keinen Bezug zum Verbreitungsgebiet aufweisen („Kultur“ und „Unterhaltung“, „Für den Tierfreund“ oder „Deutschland drüben“). Hausgemacht sind wiederum die kirchlichen Nachrichten und die Sportberichte, die von den ortsansässigen Sportvereinen an die „Windsheimer Zeitung“ geliefert werden.

---

[13] lt. IVW-Auflagenliste 4/87; an Samstagen: 5033 Exemplare.

Probe=Nummer.

Windsheimer Wochenblatt

für Stadt und Land.

№ 1. Samstag den 19. Mai 1849.

Vorwort.

Nicht leicht hat eine Zeit das Bedürfniß nach möglichst schneller und allgemeiner Mitthei=

J 7342 A

Windsheimer Zeitung

Heimatzeitung für den oberen Aisch-, Zenn- und Ehegrund · Burgbernheimer Anzeiger

Amtliches Verkündigungsblatt der Städte Bad Windsheim und Burgbernheim sowie der Marktgemeinden Ipsheim, Marktbergel und Obernzenn

Fränkischer Kriegs- und Friedens Both 1754

In Gemeinschaft mit den „Nürnberger Nachrichten" Verlagsort Bad Windsheim 139. Jahrgang

Einzelpreis: 1,– DM | Mittwoch, 8. Juli 1987 | Nummer 153

Aus dem Inhalt

SEITE 3:
Die Italiener „rationieren" den Verkehr auf ihren Autobahnen

BAYERN:
„CSU im Machtrausch" – Opposition kritisiert Änderungsvorschläge zur Geschäftsordnung im Landtag

KULTUR:
Umjubelte „Falstaff"-Inszenierung zum Start der Opernfestspiele in München

SPORT:
Streit um Ablöse zwischen Düsseldorf und Club spitzt sich zu

TV Programm Seite 21

Geschichte in Zeitungsköpfen – und im gegenwärtigen Zeitungskopf Titel-Signet der ältesten Windsheimer Zeitung.

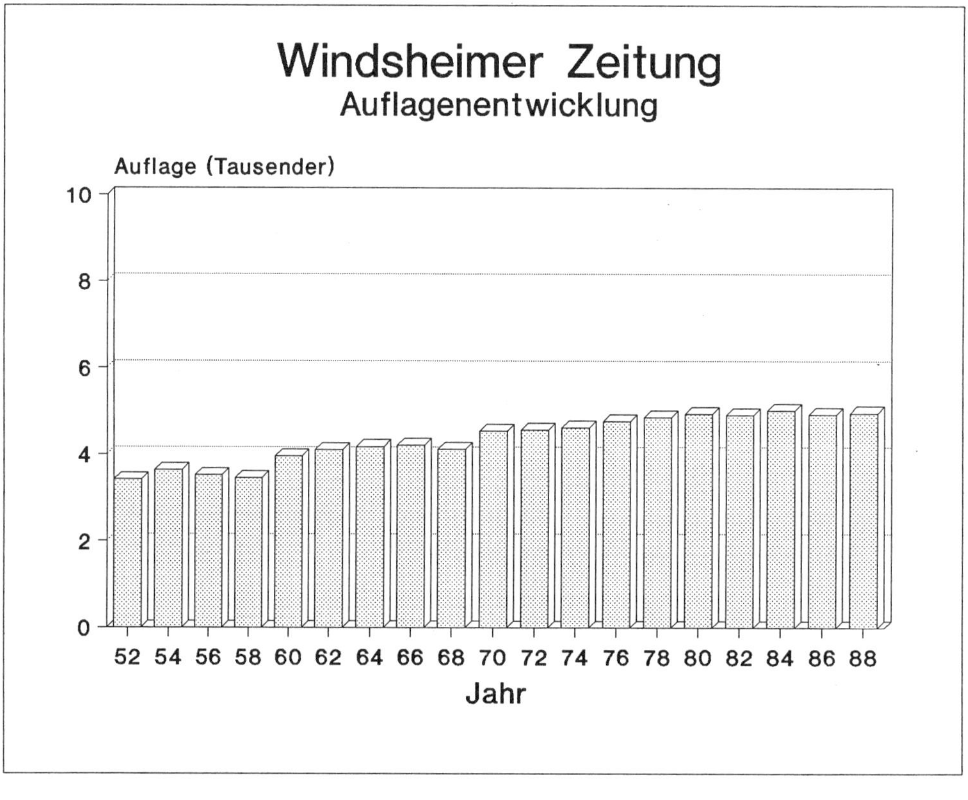

Was meinen nun die Redakteure und Volontäre selbst zu ihrer Arbeit? „Meine Aufgabe als Lokalredakteur bei der ‚Windsheimer Zeitung' sehe ich darin, die Öffentlichkeit möglichst objektiv und umfassend zu informieren und die Kontrollfunktion gegenüber Kommunalpolitikern und Kommunalverwaltung wahrzunehmen. Gerade in einer Kleinstadt gilt es, den richtigen Weg zwischen tendenziöser Berichterstattung, sprich einseitiger Beeinflussung der Leser, und dem vielzitierten Verlautbarungsjournalismus zu finden." Eine andere Stimme meint: „Vor allem sollten Dinge, die die Bürger im Lande interessieren, genau unter die Lupe genommen werden, wobei Unangenehmes nicht verschwiegen werden darf." Und der Volontär, dem die Möglichkeit zur Teilnahme an Ausbildungsveranstaltungen des Verbandes Bayerischer Zeitungsverleger gegeben wird, möchte seine „durch das Pressewesen gegebene Funktion als Anwalt der Öffentlichkeit ausfüllen, berechtigte Interessen der Bad Windsheimer Bürger wahren, auf Mißstände hinweisen und den Aktivitäten der hiesigen Vereine gerecht werden. Daß dies bisweilen nicht ohne Kritik gehen kann, ist klar." Die Wahrheit liegt für ihn in der Mitte, „auch wenn das manche Betroffenen nicht einsehen wollen".[14]

Neben der Heinrich Delp GmbH mit etwa 40 Mitarbeitern besteht noch das Schwesterunternehmen Verlag Delp KG. Dieser Verlag veröffentlicht vor allem fränkische Regionalia, aber auch historische und kulturhistorische Arbeiten. Fremdaufträge (einschließlich der selbstverlegten Bücher) lasten die Fotosatzanlage übrigens zu 45 Prozent aus. Hauptgesellschafter in beiden Firmen sind Diplomkaufmann Heinrich Delp und die Witwe des Altverlegers Hermann Delp, Frau Berta Delp. Kapitalverflechtungen mit anderen Medienunternehmen bestehen nicht. Der Verlag seinerseits ist mit kleineren Anteilen an SAT 1, an der Mediengesellschaft der bayerischen Tageszeitungen sowie an der Kabelgesellschaft Westmittelfranken (Planungsregion 8) beteiligt.

Fragen an die Zukunft wirft der für den Landkreis Neustadt/Aisch geplante Lokalsender mit einer Leistung von 100 Watt auf Frequenz 90,4 Kilohertz auf. Doch Heinrich Delp bezweifelt, daß das Einzugsgebiet dieses Senders groß genug ist, um auf Dauer einen wirtschaftlichen Betrieb zu garantieren. „Der Sender Neustadt/Aisch ist noch nicht für Anbieter-Gesellschaften ausgeschrieben. Nachdem zunächst für Westmittelfranken fünf oder sechs lokale Hörfunksender geplant waren, zeichnet sich jetzt eine offensichtlich etwas andere Entwicklung ab. Und zwar, daß diese Sender zusammengeschaltet werden können und nur lokale Fenster anbieten. Die Dinge sind aber alle im Fluß. Ich selbst kann mir nicht recht vorstellen, daß eine Low-Power-Station in Neustadt an der Aisch für sich allein wirtschaftlich betrieben werden kann. Dem steht das vorwiegend landwirtschaftlich strukturierte Umland entgegen. Eines scheint mir allerdings heute festzustehen: Daß die zu erwartenden Defizite aus kleinen Lokalsendern in Westmittelfranken höher sein werden, als der durch diese Sender bedingte Anzeigenausfall bei den Printmedien".[15]

(rr/sf)

---

[14] Schriftliche Antworten auf Anfrage des Verfassers.

[15] Zitiert nach Stefanie Schopenhauer: Die Windsheimer Zeitung. Seminararbeit am Institut für Kommunikationswissenschaft (Zeitungswissenschaft) der Ludwig-Maximilians-Universität München. Wintersemester 1982/83 (unveröffentl.)

Altmühl-Bote

Gunzenhauser Zeitung

138. Jahrgang | Rundschau am Hahnenkamm und Hesselberg | Anzeigeblatt für Stadt und Land in Gemeinschaft mit den „Nürnberger Nachrichten" | J 1138 A

Einzelpreis: 1,— DM | Dienstag, 7. Juli 1987 | Nummer 152

Aus dem Inhalt

WIRTSCHAFT:
Neue Videorecorder-Fertigung bei Grundig sogar für Konkurrenz aus Fernost?

BAYERN:
Verdienste honoriert — Bund Naturschutz erhielt 50 000-DM-Preis

KULTUR IN DER REGION, Seite 20:
Geiz und Dummheit — Bitterböse Komödie bei den Neumarkter Schloßspielen

KULTUR:
Matisse und Italien — eine erste große Retrospektive in Venedig

TV Programm Seite 17

Schlag gegen den Drogenhandel

Kokain-Syndikat ist aufgeflogen

44jähriger Deutscher als Chef des Rauschgiftrings in London verhaftet

WIESBADEN — Ein schwerer Schlag gegen das wohl größte bisher in Europa entdeckte Kokain-Syndikat ist dem Bundeskriminalamt (BKA) in Zusammenarbeit mit britischen und nordamerikanischen Rauschgiftfahndern gelungen.

Als Begründer und Chef der kriminellen Organisation wurde bereits am 19. Juni ein 44jähriger Bundesbürger in London festgenommen. Anschließend folgten in Bayern, Großbritannien und den USA die Festnahmen von zwölf mutmaßlichen Komplizen, unter ihnen die Ehefrau des Deutschen. Der 44jährige gestand laut BKA den Handel mit 400 Kilogramm Kokain. In einer Londoner Wohnung des Syndikats wurden 53 Kilogramm dieser Droge sichergestellt.

Für die bundesdeutsche Justiz ist der Bandenchef kein unbeschriebenes Blatt: Schon seit 1973 lag gegen ihn ein Haftbefehl wegen eines Raubüberfalls auf ein Münchner Juweliergeschäft vor. Den erbeuteten Schmuck im Wert von 960 000 Mark hat der Festgenommene nach BKA-Angaben als „Startkapital" für den Kokainring benutzt. Die Behörden prüfen außerdem, ob das Syndikat mehrere Morde in der Drogenszene begangen hat. Ein Spezialkommando schützt den „Boß" der kriminellen Organisation, der jetzt in Großbritannien in Untersuchungshaft

Bundespräsident von Weizsäcker im Kreml: „Ausbau der Kontakte steht im Zentrum unserer Politik"

Unterwegs zu einer besseren Partnerschaft?

Auch der sowjetische Staatschef Andrej Gromyko sieht trotz ideologischer Unterschiede eine konkrete Chance — „Ihr Besuch ist ein gutes Omen" — Der Bonner Gast sprach auch über die deutsche Teilung

MOSKAU — Bundespräsident Richard von Weizsäcker und sein sowjetischer Gastgeber, Staatsoberhaupt Andrej Gromyko, haben sich mit Entschiedenheit für eine Verbesserung der deutsch-sowjetischen Beziehungen ausgesprochen.

Bei einem Abendessen im Kreml zu Ehren des Präsidenten sagte Gromyko: „Wir glauben, daß die UdSSR und die Bundesrepublik Deutschland trotz der politischen und ideologischen Unterschiede gute Partner sein können. Hier ist ein neues, breit angelegtes Herangehen im Geiste der Zeit nötig sowie konkretes Handeln, Kontakte und Verbindungen."

Weizsäcker hob hervor, der „planmäßige und tatkräftige Ausbau" der deutsch-sowjetischen Beziehungen stehe im „Zentrum unserer Politik". Gleichzeitig sprach er aber auch die Folgen der deutschen Teilung an. Die Deutschen, sagte er, „werden nicht aufhören, sich als eine Nation zu fühlen". Damit wollten sie sich jedoch gegen niemanden wenden und sich in diesem Sinne auch „zwischen den beiden deutschen Staaten" vorrangig für die Entspannung einsetzen. Gerade die Menschen im geteilten Deutschland seien „in ganz besonderem Maße des Friedens bedürftig" *(ausführliche Auszüge aus der Weizsäcker-Rede auf Seite 4).*

Zu Beginn seines sechstägigen Staatsbesuchs in der Sowjetunion wurde der Bundespräsident von Gromyko und Außenminister Eduard Sche-

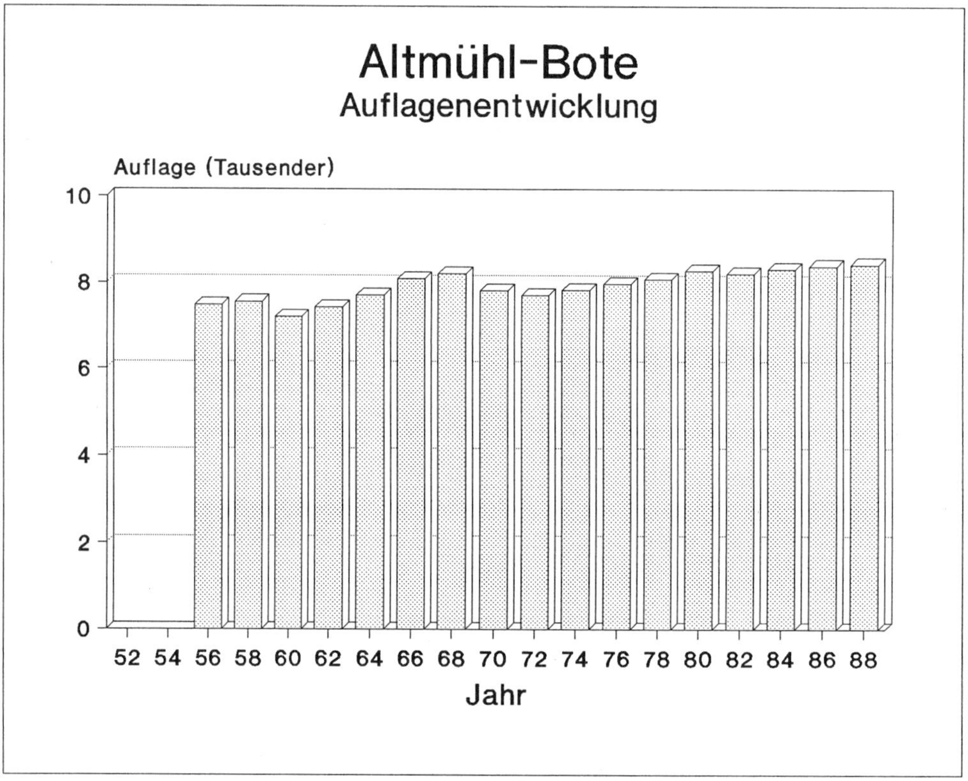

Sprechsaal für alle Stände:

Der „Altmühl-Bote"

Ab 1848[1] wurde von dem Buchdruckereibesitzer Philipp Waizmann aus Gunzenhausen das „Gunzenhäuser Anzeigenblatt" mit dem Untertitel „Wochenblatt der Städte Gunzenhausen und Wassertrüdingen sowie der angrenzenden Gerichtsbezirke Heidenheim und Pleinfeld" herausgegeben. Das Blatt, das zunächst einmal wöchentlich erschien, enthielt neben Bekanntmachungen auch Geschäftsanzeigen sowie Mitteilungen über die „Ankunft und Abfahrt der Dampfzüge". Hinzu kam als Beilage das „Volksblatt politischen, unterhaltenden und gemeinnützigen Inhalts". Ab 1864 erhielt das „Anzeigenblatt" den neuen Untertitel „Amtsblatt des königlichen Bezirksamtes Gunzenhausen und der Landgerichte Gunzenhausen und Heidenheim" und erschien nun zweimal wöchentlich. Den Lesern wurde 1874 eine neue Seite geschaffen, um ihre Meinungen der Öffentlichkeit mitzuteilen – der „Sprechsaal".

Nun erschien das Blatt dreimal wöchentlich. Die erste, dem Verlag heute noch vorliegende komplette Zeitungsausgabe, datiert vom 1. Januar 1901. Das „Gunzenhäuser Anzeigenblatt – Amtsblatt des königlichen Amtsgerichtes und des Stadtmagistrats Gunzenhausen, sowie sonstiger Behörden des Bezirks" wurde in der Philipp Waizmann'schen Buchdruckerei hergestellt.

Am 31. Dezember 1926 wurde der „Altmühl-Bote" letztmals durch J. Geßlein aus Gunzenhausen herausgegeben. Der Zeitungstitel wurde optisch etwas umgestaltet und am 3. Januar 1927 durch den Verlag J. Riedel'sche Buchdruckerei weitergeführt.

Der Druckereibesitzer und Herausgeber J. Riedel übernahm in den 30er Jahren von Fritz Apel, Wassertrüdingen, den Verlag der „Südfränkischen Zeitung". Ab 1. April 1934 erschien dann der „Altmühl- und Hesselberg-Bote" mit dem Untertitel „Gunzenhauser und Wassertrüdinger Zeitung". Die letzte Ausgabe vor dem Ende des Zweiten Weltkrieges erschien am 15. April 1945.

In den Jahren von 1946 bis 1948 konnte der Verlag nur durch ein Inseratenblatt weitermachen. Im Jahr 1949 bekam dann Willy Riedel, ein Sohn des J. Riedel, die Lizenz zur Herausgabe des „Altmühl-Boten". Ab dem 30. Juli 1949 erhielten die Leser ihren „Altmühl-Boten" wieder; jetzt mit dem Untertitel „Rundschau am Hahnenkamm und Hesselberg".

Von 1959 bis 1969 bestand über den Nordbayerischen Zeitungskreis eine Zusammenarbeit mit der „Fränkischen Landeszeitung", Ansbach. Von dort bezog der „Altmühl-Bote" Seitenmatern für den Mantelteil. Die Herstellung der Lokalseiten mit dem lokalen Anzeigenteil und der Druck erfolgten nach wie vor in der Druckerei Riedel. Die Selbständigkeit der Verlage blieb gewahrt.

Am 1. November 1969 begann eine Kooperation zwischen dem Emmy Riedel Verlag und den „Nürnberger Nachrichten" in Form eines Arbeits- und Interessengemeinschaftsvertrages.[2] Der Vertrag wurde geschlossen, um den „Altmühl-Boten" und die

---

1 Die Darstellung des „Altmühl-Boten" stützt sich ausschließlich auf Angaben des Verlages.

2 Zur Arbeitsweise des „NN"-Systems vgl. Karl Vogel: Das NN-Modell. Nürnberg 1981.

„Nürnberger Nachrichten" gemeinsam herauszugeben. Als Titel legte man fest: „Altmühl-Bote", (Gunzenhauser Zeitung, Rundschau am Hahnenkamm und Hesselberg, Anzeigenblatt für Stadt und Land in Gemeinschaft mit den „Nürnberger Nachrichten").

Der bestehende Verlag Emmy Riedel wurde am 5. Dezember 1978 als GmbH umgegründet. Gesellschafter sind die Pressehaus GmbH Nürnberg mit 66²/₃% und Melanie Blum mit 33¹/₃% Geschäftsanteil. Herausgeber und Verleger ist Bruno Schnell. Der Verlag ist Mitglied im Verband der Bayerischen Zeitungsverleger und im Verband der bayerischen Druckindustrie.

Der „Altmühl-Bote" erscheint in Gunzenhausen, Mittelfranken, und somit im Landkreis Weißenburg/Gunzenhausen (bis zur Gebietsreform von 1972 waren dies die Landkreise Gunzenhausen und Weißenburg). Im Landkreis leben etwa 84 000 Menschen[3], wobei der überwiegende Teil der Bevölkerung auf dem Land zu Hause ist (Verhältnis Stadt : Land = ca. 30% : 70%). Das Verbreitungsgebiet des „Altmühl-Boten" war früher identisch mit dem Landkreis Gunzenhausen, der 1972 der Landkreisreform zum Opfer fiel, und entspricht heute etwa einem Drittel des Landkreises Weißenburg-Gunzenhausen im nordwestlichen Teil. So wurden angestammte Lesergemeinden den neuen Landkreisen Ansbach (Norden), Roth (Osten), Weißenburg-Gunzenhausen (Süden), und Donau-Ries (Westen) zugeordnet. Bis heute konnte aber ein Einbruch der Auflage verhindert werden. Die Grenzen des „Altmühl-Boten", in denen die Zeitung ganz oder teilweise verbreitet ist, liegen im Norden bei Wolframs-Eschenbach, Mitteleschenbach, Ornbau, Merkendorf; im Süden bei Wettelsheim, Döckingen, Polsingen; im Osten bei Spalt, St. Veit, Untererlbach; im Westen bei Hainfarth, Steinhart und Westheim. In diesem Verbreitungsgebiet lag die Auflage 1987 bei 8532 Exemplaren.[4]

Die Bevölkerung dieses Gebietes ist mehrheitlich evangelisch (73%) und nur zu knapp einem Drittel (27%) katholisch getauft. Gewählt wird hier überwiegend konservativ. So kann seit 1949 ununterbrochen die CSU die Mehrheiten bei Bundestags- und Landtagswahlen gewinnen (die CSU liegt jeweils bei über 55%, die SPD bei 25–30% und die FDP bei 5–10%). Die Gegend ist ein mit Industrie schwach durchsetzter Raum. Zwar ist in Gunzenhausen – insgesamt stehen im Ort etwa 8000 Arbeitsplätze zur Verfügung – metallverarbeitende und Fernmeldeindustrie ansässig, ein großer Teil der Bevölkerung ist aber gezwungen, zu den größeren Firmen im Schwabacher und Nürnberger Raum zu pendeln. Das neue fränkische Seenland (Altmühlsee, kleiner Brombachsee, Igelsbachsee und z. Zt. im Bau großer Brombachsee) soll Langzeiturlauber in die Region bringen und Arbeitsplätze auf dem Tourismus-Sektor schaffen.

Im Verlag, in der Redaktion und im technischen Bereich des „Altmühl-Boten" sind ca. 50 Mitarbeiter beschäftigt. Davon arbeiten in der Redaktion ein Redaktionsleiter, drei Redakteure und eine Redaktionsschreibkraft. Je nach Arbeitsanfall unterstützen freie Mitarbeiter dieses Team.

Im lokalen Bereich werden Nachrichten ausschließlich durch eigene Redaktionsarbeit beschafft. Überregionale Meldungen sind im Mantel, der durch die Redaktion

---

3 Nach Angaben des Verlages, Stand 31. 12. 1985.

4 Lt. IVW-Liste 4/87: verkaufte Auflage: 8405 Exemplare Montag bis Freitag, 8532 Exemplare am Samstag.

der „Nürnberger Nachrichten“ gestaltet wird, enthalten. Auch die Ausbildung von Volontären wird in Zusammenarbeit mit den „Nürnberger Nachrichten“ durchgeführt. Zu Beginn der zweijährigen Ausbildung sieht sich der Volontär zwei Monate in der Lehrredaktion der „Nürnberger Nachrichten“ um, und zum Ende des Volontariats durchläuft er drei Monate lang verschiedene Ressorts der „Nürnberger Nachrichten“.

Die Redaktion des „Altmühl-Boten“ ist politisch liberal orientiert, trägt aber den regionalen politischen Gegebenheiten Rechnung. Nach diesem Grundsatz werden die Ressorts Lokales und Lokalsport sowie die zu besonderen Anlässen erscheinenden Beilagen erarbeitet.

Die erste Seite des Lokalteils gehört stets der Stadt Gunzenhausen, den aktuellen Kurzmeldungen und einem längeren Bericht zum Thema des Tages: vom 100. Missionsfest über einen Schülerwettbewerb zur neuen Sommerkollektion eines ortsansässigen Textilherstellers. Bereits am Montag und Dienstag sind die lokalen Sportberichte vom Wochenende, am Freitag zusätzlich die Ankündigungen der sportlichen Großereignisse des kommenden Wochenendes nachzulesen. „Runde“ Geburtstage sind häufig für die Redaktion Anlaß, die Jubilare ausführlich in Wort und Bild zu würdigen. Wie überhaupt der „Altmühl-Bote“ stärker bebildert zu sein scheint als andere Heimat-Zeitungen. Die beiden letzten Seiten bieten in der Regel Raum für lokale Anzeigen. Donnerstags kommen die Interessenten an lokaler Kultur und Heimatkunde zu ihrem Recht. In der dickeren Samstagsausgabe findet sich eine extra Rubrik für die Wirtschaftsnachrichten aus dem Altmühltal.

Das reiche religiöse Leben in Gunzenhausen und Umgebung spiegelt sich in der ungewöhnlich ausführlichen Gottesdienstordnung für die nächste Woche wider. Den zehn Gemeinden mit katholischer Sonntagsmesse stehen 44 Dörfer mit evangelischen Gottesdiensten gegenüber, dazu gesellt sich die Gemeinschaft der Siebenten-Tags-Adventisten. Die kirchlichen Nachrichten finden im „Altmühl-Boten“ ganz selbstverständlich ihren Platz. Den kirchlichen Würdenträgern, die z. B. anläßlich des 100. Missionsfestes in Gunzenhausen die missionarische Arbeit ehemaliger Gunzenhausener oder Neuendettelsauer Bürger würdigen, wird eine halbe Seite Platz eingeräumt. Am gleichen Tag und auf der gleichen Seite kommt auch der katholische Bischof von Eichstätt mit einem Predigtauszug zu Wort. In beiden Fällen wird der religiösen Verwurzelung der Bevölkerung Rechnung getragen.

Von den 8 bis 16 Seiten des Lokalteils einschließlich der Lokalanzeigen, an Tagen mit außergewöhnlicher „Nachrichtenvielfalt“ und umfangreichem Lokal-Anzeigenteil kann er auch bis zu 24 Seiten umfassen, entfallen im Redaktionsteil etwa 20% auf Bilder und etwa 80% auf Textbeiträge. Im Jahr 1987 lieferte der Verlag seinen Lesern auf insgesamt 3334 Seiten Nachrichten über lokale Geschehnisse. Davon blieben etwa 40% des Umfangs den Anzeigen vorbehalten. 60% standen der Redaktion zur Verfügung. Der Werbemarkt ist für den „Altmühl-Boten“ nur im lokalen Bereich von Bedeutung. Die Anzeigenentwicklung ist aber gleichbleibend und nur geringfügigen Schwankungen unterworfen. 1955 (Preisliste Nr. 5 vom 15. 4. 1955) lag der mm-Preis für Anzeigen noch bei DM 0,20; 1987 (Preisliste Nr. 17 vom 1. 7. 1987) stand dann der Lokalpreis bei DM 0,80 und der Grundpreis bei DM 0,90.

Der „Altmühl-Bote“ besitzt keinen eigenen Maschinenpark für die Herstellung der Zeitung. Sie wird im Druckhaus Nürnberg über Hochdruck-Rotation gefertigt und dann durch Träger oder – zum geringen Teil im ländlichen Bereich – durch die Post zugestellt.

Als Erstanbieter im nordwestlichen Landkreis Weißenburg-Gunzenhausen steht der „Altmühl-Bote“ in keiner Wettbewerbssituation zu der Tageszeitung im südöstlichen Landkreis, dem „Weißenburger Tagblatt“ und im südlichen Landkreis zum „Treuchtlinger Kurier“. Auch die Anzeigenblätter, die als Wochenzeitungen oder Monatsblätter erscheinen, sind nur von geringer Bedeutung und können nicht als Konkurrenz betrachtet werden.

Diese Voraussetzungen und auch die Tatsache, daß der „Altmühl-Bote“ die Kreisreform ohne Einbruch der Auflagenzahlen überstanden hat, sprechen dafür, daß die Zeitung optimistisch in die Zukunft blicken kann.

(rr/sf)

REGIERUNGSBEZIRK UNTERFRANKEN

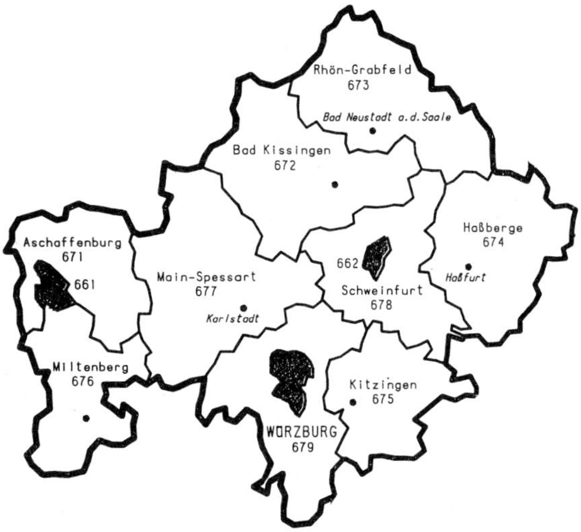

FRÄNKISCHES VOLKSBLATT

DEUTSCHE TAGESPOST

MAIN-POST

KITZINGER ZEITUNG

HZ Heimatzeitungsgesellschaft mbH

BOTE VOM HASSGAU

RHÖN- UND SAALEPOST

SAALE-ZEITUNG

Gemeinschaftsredaktion Bayerischer Heimatzeitungen

HASSFURTER TAGBLATT

RHÖN- UND STREUBOTE

DER STEIGERWALD-BOTE

MAIN-ECHO

Der katholischen Weltanschauung verpflichtet: Das „Fränkische Volksblatt"

Das „Fränkische Volksblatt" mit seinen Untertiteln „Aschaffenburger Volksblatt", „Schweinfurter Volkszeitung" und „Fränkische Volkszeitung" wurde 1868 von dem Universitätsbibliothekar Dr. theol. Baptist Stamminger als katholische Tageszeitung gegründet. Baptist Stamminger hatte sich bereits einen Namen als Herausgeber und Redakteur der Zeitschrift „Chilianeum"[1] gemacht. Verlegt wurde die Zeitung von der Leo Woerlschen Buch- und Kunsthandlung, den Druck besorgte J.B. Fleischmann in Würzburg.

Die christlich-katholische Ausrichtung des „Volksblattes" bedeutet immer wieder Auseinandersetzungen mit dem Staat. In den Jahren des Kulturkampfes (1870-1877) steht an der Spitze der Redaktion Dr. theol. et phil. Aloys Ritter, Mitglied des Bayerischen Landtages. Das „Volksblatt" kämpft mit der Zentrumspartei und der katholischen Kirche gegen den Versuch Bismarcks, Geistliche als Beamte dem Staat zu unterstellen, um deren Verbindung zur Kurie zu stören. Auch andere Gesetze wie der „Kanzelparagraph" (gegen politischen Mißbrauch des geistlichen Amtes), das Schulaufsichtsgesetz, das Verbot des Jesuitenordens und die Staatlichen Vorschriften für die Ausbildung von Geistlichen und über die kirchliche Disziplinargewalt scheitern am Widerstand des Klerus, der Zentrumspartei und des „Volksblattes".[2]

Durch sein mutiges Eintreten schuf sich das „Volksblatt" aber nicht nur Feinde, sondern auch sehr viele Freunde. Bereits 1875 hatte die Zeitung 4 800 feste Bezieher, eine für damalige Zeiten durchaus stattliche Zahl. Bis zum Ersten Weltkrieg wechselten die Eigentümer häufig. Bereits 1870 war die Zeitung in den Besitz von Josef Bucher übergegangen, der (bzw. später dessen Bruder) das Blatt auch druckte. Am 1. April 1893 übernahmen Adam Göb, der langjährige Faktor von Bucher, und J. Seiwert, der verantwortliche Redakteur des Blattes, Buchdruckerei und „Volksblatt". Zur Jahrhundertwende kaufte die von führenden katholischen Persönlichkeiten Würzburgs und Unterfrankens gegründete Fränkische Gesellschaftsdruckerei GmbH den Zeitungsverlag. Der spätere Landrat, Politiker und Historiker Dr. jur. Josef Jörg wurde vorübergehend Chefredakteur.

1903 trat der Reichs- und Landtagsabgeordnete Liborius Gerstenberger an die Spitze des „Volksblattes". Unter seiner Leitung expandierte die Zeitung schnell. 1905 gründete er das „Schweinfurter Volksblatt". Das „Fränkische Volksblatt" hatte zu diesem Zeitpunkt bereits 15 000 Stück Auflage. Die alten Räumlichkeiten platzten regelrecht aus den Nähten, ein Verlags-Neubau, das Echter-Haus, wurde 1915 eingeweiht und bezogen. Dort, an der Juliuspromenade in Würzburg, ist auch heute noch der Sitz der Zeitung.

---

1 Die Zeitschrift „Chilianeum" trug den Untertitel „Blätter für katholische Wissenschaft, Kunst und Leben" und kam 1862–1869 im Verlag Stahel in Würzburg heraus.

2 Vgl. Hermann Kinder/Werner Hilgemann: dtv-Atlas zur Weltgeschichte. Bd. 2: Von der Französischen Revolution bis zur Gegenwart. München 1977, S. 77.

Erscheint täglich mit Ausnahme der Sonntage. Preis vierteljährlich bei der Expedition 45 kr., bei der Post 54 kr.

Insertionsgebühr: Die dreispaltige Zeile 3 kr., die zweispaltige 6 kr., die durchlaufende 9 kr. Briefe und Gelder franco.

Fränkisches Volksblatt

Bahn-Züge.

I. Würzburg-Bamberg-Frankfurt.

Ankunft von Frankfurt: Courz. 2 U. 35 M. Nachm. Schnellz. 10 U. 30 M. Vorm. Postz. 4 U. früh u. 7 U. 35 M. Ab. Güterz. 6 U. 35 M. früh, 1 U. Mitt. u. 11 U. 53 M. Nachts.

Abgang nach Bamberg: Schnellz. 10 U. 40 M. Vorm. Postz. 2 U. 50 M. Nachm. u. 8 U. 15 M. Abds. Güterz. 4 U. 20 M. früh u. 7 U. 30 M. früh.

Ankunft von Bamberg: Schnellz. 5 U. 20 M. Abds. Postz. 8 U. 10 M. früh u. 1 U. 15 M. Mitt. Gütz. 8 U. 50 M. Ab. u. 11 U. 53 M. Nchts.

Abgang nach Frankfurt: Courz. 1 U. 25 M. Mitt. Schnellz. 5 U. 30 M. Abds. Postz. 9 U. 50 M. Vorm. u. 12 U. 15 M. Nachts. Güterz. 4 U. 5 M. früh, 2 U. 40 M. Nachm. u. 8 U. Abds.

II. Würzburg-Nürnberg.

Abgang nach Nürnberg: Courz. 3 U. 10 M. Nachm. Postz. 4 U. 20 M. früh. Güterz. 5 U. 40 M. früh, 9 U. Vorm, 4 U. 40 M. Nachm. u. 8 U. Abends.

Ankunft von Nürnberg: Schnellz. 9 U. 35 M. Vorm. Postz. 11 U. 45 M. Nachts. Güterz. 8 U. 25 M. früh, 12 U. 55 M. Mitt., 5 U. 25 M. Abds. u. 9 U. 40 M. Nachts.

III. Würzburg-Ansbach-München.

Abgang nach Ansbach: Schnellz. 3 U. Nachm. Postz. 5 U. früh u. 10 U. 50 M. Vorm. Güterz. 3 U. 30 M. Nachm. u. 7 U. 45 M. Ab.

Ankunft von Ansbach: Schnellz. 1 U. 5 M. Mitt. Postz. 5 U. 13 M. Ab. u. 10 U. 5 M. Nts. Güterz. 8 U. 45 M. früh u. 11 U. 24 M. Vorm.

IV. Würzburg-Heidelberg.

Abgang nach Heidelberg: Schnellz. 8 U. 30 M. früh u. 10 U. 15 M. Vorm. Persz. 12 U. 10 M. früh, 5 U. 15 M. früh, 1 U. 55 M. Nachm. u. 6 U. 50 M. Ab. Güterz. 2 U. 25 M. früh.

Ankunft von Heidelberg: Schnellz. 2 U. 35 M. Nachm. u. 7 U. 55 Abd. Persz. 4 U. 5 M. u. 8 U. 15 M. früh, 10 U. 5 M. Vrm u. 6 U. 50 M. Abd. Güterz. 3 U. 40 M. Nachm.

№ 1. | Samstag, den 13. Juni 1868. | Erster Jahrgang.

An die Leser.

Ein bekannter preußischer General reichte im Sommer 1866 einem hochgestellten bayerischen Offizier dahier drei Blätter mit den Worten hin: „Sie werden sehen, wohin Sie in Bayern mit ihrer Presse noch kommen." Der Mann hatte Recht. Eine nicht geringe Zahl unserer öffentlichen Blätter mißhandelt Alles, nicht nur Institute, sondern auch Personen. Ihnen ein Gegengewicht zu geben, greifen wir zur Feder. Was wir wollen, ist kurz gesagt.

Wir wollen nach Innen die Freiheiten des Volkes gewahrt, aber auch eine starke Regierung, die über den Parteien steht und nicht selbst Partei ist. Wir wollen die Kirche, die katholische wie die protestantische, in ihren Rechten ungekränkt. Zu jenem verpflichtet uns die Verfassung, die wir immer hochgehalten, dieses gebietet uns der Katechismus. Wir wollen in allen Gebieten eine ersprießliche Entwicklung, ohne Stillstand aber auch ohne Ueberstürzung; denn so wenig alles Vorhandene schon darum gut, weil es bereits länger besteht, ebenso wenig und noch weniger ist das Neue schon darum besser, weil es neu ist. Wir wollen die Hebung des Wohlstandes unseres Landes, und sind darum der Vergeudung an Geldmitteln und Arbeitskräften für irgend einen einseitigen Zweck entschieden entgegen.

Nach Außen halten wir fest an dem Gedanken eines großen, einigen Vaterlandes. Gewiß auch uns ist jene Hoffnung kein eitler Traum, daß jener verdorrte tausendjährige Baum auf dem bekannten Felde — das Wahrzeichen unseres Vaterlandes — einmal wieder zu grünen anfange, daß sodann ein deutscher Fürst seinen Schild daran aufhängen und die zerrissenen Stämme zu einem mächtigen Volke einigen werde. Wie weit wir aber auch davon entfernt, den preußischen Adler, der einen mächtigen Flug gethan, verhöhnen zu wollen, so wenig sind wir auch geneigt, jenen bayerischen Kukuk, der in jüngster Zeit bereits die Ankunft dieses Frühlings verkündet, zu bewundern oder nachzuahmen. Wir überlassen das den Kindern. Die Einigung unseres Volkes kann nicht auf dem Wege der Unterjochung des Einen unter den Andern, sondern der Vereinigung Aller mit gleichen Rechten und gleicher Selbständigkeit sich vollziehen. Die Einigung unseres Volkes kann nicht als wirkliche gedacht werden, so lange Luxemburg preisgegeben und Oesterreich, das seit Jahrhunderten unsere Schlachten gekämpft, von dem Bunde ausgeschlossen ist. Wenn wir in dieser Weise die Richtung unseres Blattes angeben, so haben wir aus den Herzen von Tausenden gesprochen. Es bleibt nur noch übrig, von der Einrichtung desselben zu reden.

Das **Fränkische Volksblatt** erscheint vom 1. Juli d. J. an täglich mit Ausnahme der Sonn- und hohen Festtage mit der wöchentlich dreimaligen Beilage: **Der Hausschatz**, beide in der Größe und Ausstattung der vorliegenden Probeblätter, und kostet vierteljährlich hier in Würzburg 45 kr., durch die Post bezogen 54 kr.

Das Hauptblatt wird vor Allem über sämmtliche Ereignisse des engeren und weiteren Vaterlandes sowie des Auslandes in der Weise berichten, daß der Leser immer mit der Zeit geht und sich ein unbefangenes Urtheil über deren Begebnisse bilden kann. Einzelnen wichtigen Fragen werden besondere Artikel gewidmet sein. Alles, was also den Bürger und Landmann interessiren kann, Nachrichten über Heimath und Fremde, aus Stadt und Land, die Verhandlungen des Zollparlamentes und der bayerischen Kammern, der Gerichte und der Gemeindesitzungen, Anstellungen und Beförderungen im Staate, in der Kirche und im Heere u. s. w. wird seine Stelle finden. Daran reihen sich Berichte über den geschäftlichen Verkehr, Angabe der Gerichtstermine, Schrannen-, Börsen- und Markt-Preise, Nachrichten über Landbau und gewerbliche Verhältnisse. Den Schluß bilden Anzeigen jeder Art, für welche sich das Blatt, da ihm schon vor Ausgabe dieser Probenummer 1000 Abonnenten gesichert sind, bestens empfehlen dürfte.

Das Beiblatt wird sich für Unterhaltung jeder Art erschließen und sich bestreben, das in Wahrheit zu sein, was sein Titel sagt.

Daß wir in dem einen wie in dem andern nie vergessen werden, daß wir zum Volke sprechen, versteht sich von selbst. Indem wir darum zu zahlreichem Abonnement freundlichst einladen, versprechen wir, daß man uns immer: „Treu der Wahrheit und dem Rechte" finden soll.

Die Redaktion und Expedition des „Fränkischen Volksblattes".

Erstnummer des „Fränkischen Volksblattes", das zum markantesten katholischen Meinungsblatt Würzburgs vor dem Zweiten Weltkrieg aufstieg.

Nach Beendigung des Ersten Weltkrieges soll die Republik konstituiert werden. Wie in vielen anderen Städten kommt es auch in Würzburg zu Arbeiter- und Soldatenaufständen. 1919 wird das Verlagshaus kurzzeitig von bewaffneten Matrosen besetzt, und Geschäftsleitung, Redaktion und technischer Betrieb unter Aufsicht gestellt.

Zwischen allen Fronten

Nach Hitlers Machtergreifung 1933 reißt die Serie von Repressalien gegen das „Fränkische Volksblatt" nicht ab. Allein 1933 wird die Zeitung fünfmal verboten: am 10. März für einen Tag, am 21. März für acht Tage, am 5. August für drei Tage, am 22. August für drei Tage und am 20. Dezember wiederum für drei Tage. Das Vorgehen gegen das „Volksblatt" ist durchaus typisch, wie sich aus einer Untersuchung Norbert Freis über die „Nationalsozialistische Eroberung der Provinzpresse" ergibt:[3] „Bereits in den ersten fünf Monaten nach der Machtergreifung war die Hälfte aller 90 Verbote ausgesprochen, die bis Ende 1937 in Bayern verhängt werden sollten; 20 davon stammten allein aus den drei letzten Märzwochen des Jahres 1933. Ein knappes halbes Jahr später bewirkte die Diskussion um die wirtschafts- und sozialpolitischen Folgen der Verbote einen verstärkten Rückgang solcher Maßnahmen. (...) Wirtschaftspolitische Bedenken waren aber nicht die einzige Ursache dafür, daß seit Sommer 1933 immer weniger Erscheinungssperren statthatten: Der rasche Aufbau des zentralen Presselenkungsapparats im Propagandaministerium (im April 1933 gegründet) führte zu der bekannten Sprachregelungs-Politik, die praktisch einer Vorzensur gleichkam, und zunehmend an die Stelle nachträglicher Sanktionen (wie Verbote und Beschlagnahmungen) trat. Daß Goebbels inhaltlicher Lenkung der Presse aus indoktrinatorischen Gründen den Vorzug gab vor kruder Machtdemonstration, ist unschwer zu verstehen: Ihm war an Effizienz gelegen, nicht an Aufsehen. Auch eignete den frühen Verboten eine längerfristige (Nach-) Wirkung – besonders, als die Verunsicherung des Honoratiorentums, zu dem in der Regel die Verleger zählten, während der nationalsozialistischen Machtmonopolisierung im Juli 1933 ohnehin wuchs."

Im Sommer 1933 geriet das „Fränkische Volksblatt" zusätzlich zwischen parteiinterne Fronten. Anlaß war das Sterilisationsgesetz vom 14. Juli 1933 gewesen, zu dem das Blatt nun Stellung bezog, indem es die drei Jahre alte päpstliche Stellungnahme zur Euthanasie nochmals abdruckte. Zunächst wurde das Blatt von der Würzburger Polizeidirektion verwarnt, dann von der Bayerischen Politischen Polizei für vier Wochen verboten. Dies harsche Vorgehen, gegen das Verlag und Würzburger Bischof energisch protestierten, nahm Hermann Esser, Chef der neugegründeten Bayerischen Staatskanzlei und für die „Aufsicht über die Presse" zuständig,[4] zum Anlaß, seine Kompetenz gegenüber dem Innenministerium abzugrenzen. „Weil die Einzelheiten des ‚vom rassehygienischen Standpunkt aus besonders wichtigen' Gesetzes noch nicht geklärt seien und deswegen sogar der ‚maßgebende' ‚Völkische Beobachter' den Fragebereich sehr vorsichtig angefaßt habe, operierte Esser ge-

---

3 Norbert Frei: Nationalsozialistische Eroberung der Provinzpresse. Gleichschaltung, Selbstanpassung und Resistenz in Bayern. Stuttgart 1980, S. 57 f.

4 Lt. Verordnung des Gesamtministeriums über den Geschäftsbereich der Staatskanzlei vom 31. 5. 1933, GVBL., S. 153 zitiert nach Frei, a. a. O., S. 46.

genüber maßvoll kritischen katholischen Blättern nur mit Verwarnungen. (...) Esser beendete das Verbot (..) nach knapp einer Woche, da er sich, nach Erlaß des Reichskonkordats nicht in der Lage sah, kirchenamtliche Äußerungen über Fragen des Glaubens und der Sitte ohne weiteres zu beanstanden."[5]

Nach ein paar Monaten relativer Ruhe hagelte es im Dezember 1933 noch einmal viele Verbote. Acht größere, ehemals BVP-orientierte Provinzblätter, darunter auch das „Fränkische Volksblatt", wurden verboten, „weil sie über die Inhaftierung eines katholischen Geistlichen berichtet hatten, dessen Fall die NS-Propaganda auszuschlachten trachtete – man hatte bei ihm ‚marxistische' Literatur gefunden. Es scheint, als sei die Chance, das örtliche BVP-Blatt kurz vor Weihnachten noch einmal verbieten zu können, von so vielen Bezirksämtern genutzt worden, weil man ihm dadurch das lukrative Anzeigengeschäft (möglicherweise zugunsten der konkurrierenden NS-Zeitung) abspenstig zu machen hoffte. Diesen Eindruck bestärkt auch die Tatsache, daß die Verbote in der Mehrzahl am 19. Dezember nur für drei Tage – also zu den für das Anzeigengeschäft entscheidenden Ausgaben – verhängt wurden. Betroffen waren ‚Pfälzer Tagblatt', ‚Neue Pfälzische Landeszeitung', ‚Weidener Volksblatt', ‚Fränkisches Volksblatt', ‚Fränkische Presse', ‚Bayerischer Anzeiger', ‚Weilheimer Tagblatt' und ‚Bamberger Volksblatt'" , schreibt der Historiker Norbert Frei.[6]

Die Verbote wurden begleitet von persönlichen Attacken: Bereits im März 1933 waren der politische Redakteur Georg Page und im Juni der Chefredakteur Heinrich Leier, ein Geistlicher Rat, in Schutzhaft genommen, und bei einer Hausdurchsuchung im Echter-Haus die Redaktionsräume durchwühlt worden. Im November trat der Pfälzer August Becker die Chefredaktion des „Volksblattes" an; am 19. April 1934 wurde er von nationalsozialistischen Anhängern, die sich vor dem Echter-Haus versammelt hatten, zunächst erbarmungslos geschlagen und mißhandelt und danach von der Polizei in Schutzhaft genommen. Der Chefredakteur mußte mit schweren Verletzungen in das Juliusspital eingeliefert werden. Sein Zustand war so bedenklich, daß man sich in Würzburg erzählte, er sei gestorben. Und wieder wurde die Zeitung für acht Tage verboten. Bei einem zweiten Sturm 1935 auf das Verlagsgebäude wurden der Redakteur Saal und die beiden Verlagsdirektoren Wegner und von Rhoda für einige Tage in Schutzhaft genommen.

1936 erfolgt die Gleichschaltung; das „Fränkische Volksblatt" wird dem Einfluß der Fränkischen Gesellschaftsdruckerei entzogen und formell der Phönix GmbH, Berlin, unterstellt.[7] Die Geschäftsführer und Sonderbeauftragten der Finanzierungs- und Kontrollgesellschaft Phönix waren seit 1935 vor allem im katholischen Süd- und Westdeutschland von einem Gaupresseamt zum anderen gereist, um festzustellen, wo und wie ehemalige Zentrumsblätter, aber auch sonstige mittlere und kleine

---

[5] Frei, a. a. O., S. 47.

[6] Frei, a. a. O., S. 58, Anm. 89.

[7] Die Phönix GmbH in Berlin gehörte zu jenen, scheinbar neutralen, Holding- und Finanzierungsgesellschaften, durch die der „Reichstreuhänder" Max Amann Aufkäufe vornahm, deren wahre Auftraggeber auf diese Weise getarnt blieben. Die Transaktionen waren möglich auf der Basis von drei Anordnungen der Reichspressekammer vom 24. April 1935, die auf Grund des § 25 der „Ersten Verordnung zur Durchführung des Reichskulturkammergesetzes" vom 1. November 1933 erlassen wurden. Näheres vgl. Karl-Dietrich Abel: Pressselenkung im NS-Staat. Berlin 1968, S. 7 f. und Anonym [Fritz Schmidt]: Presse in Fesseln. Eine Schilderung des NS-Pressetrusts. Berlin 1947, S. 79 f.

Zeitungen in Privathand mittels der Anordnungen der Reichspressekammer[8] unter Druck gesetzt und aufgekauft werden konnten. Am 1. April 1943 mußte die Zeitung ihr Erscheinen ganz einstellen.

Zwangspause

Als der Krieg endlich vorbei war, standen die Mitarbeiter vor den Trümmern der Verlagsräume und der Druckerei. Der Wiederaufbau begann, doch das „Volksblatt" erhielt von den amerikanischen Besatzungsmächten keine Lizenz. Der Grund: Eine katholische Tagespresse wurde nicht als notwendig erachtet. Die Amerikaner wollten lieber eine überparteiliche Zeitung, in der alle politischen Richtungen vertreten werden konnten. Die von den Amerikanern lizenzierten Blätter entsprachen (nach amerikanischem Vorbild) „dem für Deutschland neuen Typ der mittleren bis großen Provinz- oder Landeszeitung zwar überparteilichen, aber durchaus politischen Gepräges, deren erste Schritte auf demokratischem Parkett von der amerikanischen ‚Information Control Division' streng überwacht wurden", schreibt Heinz Starkulla in einem Rückblick.[9] Gesinnungsblätter waren den Amerikanern suspekt. „Parteizeitungen, gebundene Blätter, die wiederum nach bestimmten Grundsätzen einer Ideologie verschwiegen oder zersetzten, was ihnen passend oder unpassend erschien, wären wirklich falsch am Platze gewesen", urteilte Johann Wilhelm Naumann, Lizenzträger der „Schwäbischen Landeszeitung" und später der katholischen „Augsburger Tagespost" und selbst ein überzeugter Katholik.[10]

Erst gegen Ende der Lizenzierungszeit wurden zwei katholische Zeitungen lizenziert. Der bereits erwähnte Johann Wilhelm Naumann gab ab 28. August 1948 die „Augsburger Tagespost" heraus. Im Juni 1949 kam das „Neue Volksblatt" hinzu (1953 noch das „Bamberger Volksblatt").

---

8 „Die ‚Anordnung zur Wahrung der Unabhängigkeit des Zeitungsverlagswesens' verwehrte allen jüdischen Verlegern und allen bisher in der Form von Aktiengesellschaften, Kommanditgesellschaften auf Aktien, Gesellschaften mit beschränkter Haftung, Genossenschaften oder Stiftungen betriebenen Verlagen die Zugehörigkeit zum Verlegerverband und verbot die Herausgabe von mehr als einer Zeitung in einem Verlag. Auch die ‚Anordnung zur Beseitigung der Skandalpresse' schloß eine Reihe von Verlegern aus, nämlich alle, deren Zeitungspublikationen den nationalsozialistischen Führern ‚Anstoß zu erregen' oder ‚der Würde der Presse zu schaden' schienen. Schließlich gestattete die ‚Anordnung über Schließungen von Zeitungsverlagen zwecks Beseitigung ungesunder Wettbewerbsverhältnisse' die Ausschaltung solcher Unternehmen, die zu ihrer Rentabilität ‚auf den Absatz einer höheren Auflage angewiesen sind, als nach den örtlichen Verhältnissen und gesunden verlegerischen Grundsätzen insgesamt vertrieben werden kann'. Das vorgeschobene Motiv für alle diese Anordnungen war die ‚Konzentration' der deutschen Presse, ihr tatsächliches, wesentlich politisches Ergebnis jedoch die fortgesetzte Verringerung der privateigenen Presseerzeugnissse und damit selbstverständlich auch die zunehmende Beseitigung der Konkurrenz für die quantitativ und in ihrer Qualität zunächst sehr schwache parteieigene Presse", schreibt Abel, a. a. O., S. 7 f.

9 Heinz Starkulla: Zur Geschichte der Presse in Bayern. In: Verband Bayerischer Zeitungsverleger e.V. (Hg.): 50 Jahre Verband Bayerischer Zeitungsverleger e.V. München 1963, S. 45.

10 Johann Wilhelm Naumann: Zum Geleit. In: Dr. Hans Kapfinger: Die neue bayerische Presse. München 1948, S. 3.

FRÄNKISCHES Volksblatt

Einzelpreis 20 Pfg.

77. (86.) Jahrgang | Mittwoch, 2. April 1952 | Nummer 1

Eisenhower gibt Rechenschaft

Nur durch Anspannung aller Kräfte kann die sowjetische Gefahr gebannt werden

ap/dpa Hauptquartier der Alliierten Streitkräfte in Europa, 2. April.

General Eisenhower hat in einem umfassenden Rechenschaftsbericht über seine einjährige Tätigkeit als Alliierter Oberbefehlshaber in Europa die bisherigen Erfolge und die Zukunftsprobleme des europäischen Westens dargelegt. Darin betont er besonders die unerläßliche Mitwirkung Deutschlands, mit der nach seiner Ansicht die militärische, wirtschaftliche und politische Sicherheit Europas steht und fällt.

Der Bericht, der dem ständigen Militärausschuß der Nordatlantikpakt-Organisation (Nato) zugeleitet worden ist, enthält zugleich das Programm des Politikers Eisenhower. Ihm war ein über Presse, Rundfunk, Fernsehfunk und die Wochenschauen verbreiteter Aufruf des Generals beigefügt, der als sein Abschiedsgruß an Europa aufgefaßt wurde.

Freie Welt nicht ohne Deutschland

Die Einbeziehung Deutschlands in das atlantische System bezeichnet Eisenhower als eine der vordringlichsten Aufgaben. Er hoffe auf den baldigen Abschluß des Generalvertrages. „Eine dauernde wirtschaftliche Sicherheit und Stabilität in Europa kann kaum erreicht werden, bevor nicht Westdeutschland an die Seite der freien Nationen tritt. Heute könnten unsere Truppen keinen anhaltenden Widerstand östlich des Rheines leisten. Wir würden fahrlässig die beträchtlichen Reserven Deutschlands verlieren und gleichzeitig Dänemark und Holland entblößen. Wenn Westdeutschland jedoch einbezogen ist, werden die Nato-Streitkräfte eine starke und durchgehende Linie in Mitteleuropa von der Ostsee bis zu den Alpen bilden."

„Mit dem Status der vollen Achtung" finde Deutschland seinen Platz in der europäischen Verteidigungsgemeinschaft, die zusammen mit dem Schuman-Plan und der noch zu erhoffenden Landwirtschafts- und Energie-Union ein Ansatz zur wirtschaftlichen und politischen Einigung Europas sei.

Es ist noch keine wirkliche Sicherheit in Europa erreicht, sondern erst ein Anfang gemacht worden", stellt General Eisenhower weiter mit kühler Sachlichkeit fest. Außerdem habe es sich häufig erwiesen, daß in den westlichen Ländern politischen Interessen der Vorrang vor dem Schicksal der Nation und selbst der Zivilisation gegeben wurde und der Profit über den Patriotismus siegte.

Amerikas Hilfe nicht unbegrenzt

Eisenhower meint kritisch, daß bisher noch nicht die volle Kraft und die moralische Stärke der freiheitliebenden Völker in dem Kampf um unschätzbare Werte eingesetzt wurden. In diesem Zusammenhang warnte er auch vor der „törichten Annahme", daß der amerikanische Steuerzahler weiterhin Geld und Material in Europa hineinpumpen werde, wenn dieses nicht stetige Fortschritte in der Zusammenarbeit und Leistungssteigerung mache. „Amerika kann nicht auf unabsehbare Zeit die einzige Rüstungsquelle für die freie Welt sein." Das wäre „militärisch unklug" und würde außerdem über kurz oder lang die amerikanische Wirtschaft ruinieren, deren Stabilität die wichtigste Grundlage der freien Welt bilde.

Moral und Stärke wachsen

Diesen noch bestehenden Schwächen der westlichen Verteidigung stellte Eisenhower als ermutigendes Faktum die „fast revolutionäre Hebung der Moral" bei den Nato-Streitkräften entgegen. Ihre Ausbildung werde unter Leitung der erfahrensten Militärs vervollkommnet, und das Selbstvertrauen wachse überall. Ferner beginne die große Produktionsmaschine der westlichen Welt zu rollen. Die Wirtschaftskraft der Nato-Länder sei der des Ostens überlegen. Die atlantische Gemeinschaft verfüge über die höchste Produktion und fortgeschrittenste technische Vervollkommnung, die die Welt je gesehen habe.

Der General betont, daß die Streitkräfte in Westeuropa innerhalb der letzten zwölf Monate fast verdoppelt wurden und besser ausgerüstet und ausgebildet sind.

Trotz allem: hoffnungsvoller Ausblick

„Zahlreiche der an mich herangetragenen Probleme", erklärte Eisenhower, „und zwar meist die schwierigsten, waren nicht rein militärischer, sondern vielmehr wirtschaftlicher, politischer und psychologischer Natur." Mehr als einmal habe Parteiengeist das gemeinsame Lebensinteresse in Gefahr gebracht. Er sei zu der Überzeugung gelangt, daß die wirkliche Antwort auf die Gefahr einer kommunistischen Überflutung in der Verbesserung des Lebensstandards liege. Hierfür sollten sich die Arbeiter- und Unternehmerschaft als gleichrangige Partner tätig einsetzen.

Eisenhowers Aufruf fordert „Treue, Selbstvertrauen, Eifer und nie erlahmende Ausdauer" von jedem einzelnen Angehörigen der Atlantischen Gemeinschaft. Sein Bericht schließt mit der Feststellung, daß die Lage des Westens sich im letzten Jahr bereits zu dessen Gunsten verschoben habe. Wenn er seine ganze militärische, wirtschaftliche und moralische Kraft einspanne, würde seine Stärke eines Tages die Machthaber jenseits des Eisernen Vorhangs zu ernsthaften Abrüstungsvorschlägen zwingen.

US-Streitkräfte erhöht

dpa Washington, 1. April

Die USA-Streitkräfte sollen im Finanzjahr 1952/53 auf 3,639 Millionen Mann gebracht werden. Das bedeutete eine Verstärkung von über zwei Millionen Mann gegenüber der Stärke des Jahres 1950.

Oberster Leitsatz: Wahrheit

dpa Vatikanstadt, 1. April

Papst Pius XII. sagte dieser Tage, daß Wahrheit, Gerechtigkeit und christliche Nächstenliebe die Journalisten bei ihrer Arbeit leiten müßten. Vor einer Gruppe von fünfzig amerikanischen Journalisten, die den Vatikan besuchten, erklärte der Heilige Vater: „Gewöhnlich ist die Wahrheit in den Dingen des Tages nicht so verborgen, daß eine aufrichtige und gründliche Untersuchung sie nicht zutage fördern könnte. Und dennoch wird die Wahrheit, wenn sie auch in noch so großen Buchstaben geschrieben ist, oft bis zur Unkenntlichkeit verstümmelt oder aus unwürdigen Beweggründen unterdrückt." Der Papst betonte, daß eine öffentliche Meinung, die durch Irrtum und Verleumdung genährt werde, die Politik nur vergiften könne.

Auf der Verbandstagung der katholischen Arbeiterbewegung in Recklinghausen wurde Bundeskanzler Dr. Adenauer im Hinblick auf den mißglückten Anschlag besonders herzlich begrüßt; der tosende Beifall wollte kein Ende nehmen Foto: dpa

Sprengstoff explodierte nicht

Mißglückter Anschlag auf den deutschen Deligierten Professor Böhm

ap Den Haag, 1. April

Auf den Leiter der deutschen Delegation zu den deutsch-israelischen Reparationsverhandlungen in Wassenaar (Den Haag), Professor Franz Böhm, ist am Dienstag ein Sprengstoffanschlag verübt worden, der aber glücklicherweise kein Opfer forderte.

Ein an Böhm adressierter Brief mit 40 Gramm hochexplosivem Sprengstoff wurde in der Poststelle der Deutschen Botschaft im Haag von seiner Sekretärin an der unteren Seite geöffnet. Nur dadurch wurde der Zündmechanismus, der aus einer winzigen Batterie bestand, deren Stromkreis beim Abreißen eines kleinen Fadens geschlossen werden sollte, nicht in Tätigkeit gesetzt. Der Sprengstoff bestand aus einem weißen zuckerähnlichen Pulver. Der normale Umschlag trug den Stempel eines Postamtes in Amsterdam. Er enthielt ein Schreiben in fehlerhaftem Französisch, das den Eindruck erweckte, von einer jüdischen Organisation abgesandt worden zu sein. Es ähnelt in Stil und Form dem Schreiben aus Genf, das am Montag der Pariser Presse zugegangen ist. Der holländische Generalstaatsanwalt hat sofort eine Untersuchung eingeleitet. (Auch einige verdächtige Briefsendungen an das Delegationsmitglied Dr. Abraham Frohwein und einige Angestellte der Botschaft sind nach einer amtlichen Mitteilung aus Bonn der holländischen Polizei übergeben worden).

Die deutsch-israelischen Reparationsverhandlungen sind von der rechtsradikalen israelischen Freiheitspartei von Anfang an energisch abgelehnt worden. Aus Furcht vor möglichen Anschlägen waren sie deshalb noch vor ihrem Beginn am 19. März von Brüssel nach Wassenaar verlegt worden. Das Landhotel, in dem sie stattfinden, ist ständig von holländischen Kriminalbeamten in Zivil bewacht. Außerdem waren die holländischen Konsulate in Israel angewiesen worden, die Ausgabe von Visa für die Niederlande scharf zu beschränken, um „unerwünschten jüdischen Elementen" die Einreise unmöglich zu machen.

Verhaftung in Hamburg

ap Hamburg, 1. April

In einer Hamburger Pension wurde am Montagabend ein Mann festgenommen, auf den die Beschreibung des Münchener Bombenattentäters zutrifft, wie die Polizei mitteilte. Der Festgenommene, der keine Papiere hat, spricht bayerischen Dialekt und gibt an, im Januar dieses Jahres aus der Kriegsgefangenschaft geflüchtet zu sein. Seit dieser Zeit habe er sich in Bad Reichenhall aufgehalten. Er habe sich nirgends gemeldet, weil er Schwierigkeiten befürchtete. Die Hamburger Polizei prüft gegenwärtig in Zusammenarbeit mit der Münchener Sonderkommission, ob eine Verbindung zwischen dem Festgenommenen und dem Bombenattentat auf Bundeskanzler Adenauer besteht.

Unser Auftrag

(RS) Nach 1945 erwarteten alle wie etwas Selbstverständliches das „Volksblatt". Unsere Stunde war endlich da: die katholische Presse, bisher von den Machthabern verfemt, wird jetzt alle Freiheit bekommen, um schöpferisch zu arbeiten, um das Ihrige zu sagen, das gewichtige Wort. So dachten wir in den Tagen der letzten Grausamkeit und der letzten Trümmer. Aber auch jetzt wurde von den neuen Herren unseres Landes eine katholische Tagespresse als nicht notwendig angesehen und zum Schweigen verurteilt. Es ist heute wie damals unverständlich, daß man diesen guten Willen niederhielt und demokratischen Idolen opferte, die das zerfließende Abendland nicht zu festigen vermochten. Es ist müßig, darüber nachzusinnen, wie sich die innerdeutsche Entscheidung verändert und das Volk viel eher gesammelt hätte, wenn wir von 1945/46 an in der US-Zone eine von hoher Verantwortung getragene Weltanschauungspresse gehabt hätten.

Heute nach rund sieben Jahren seit 1945 ist die Fränkische Gesellschaftsdruckerei durch die beharrliche eigene Kraft und mit Hilfe der Katholiken Unterfrankens so erstarkt, um den bedeutenden Auftrag einer Tageszeitung zu übernehmen. Der Volksblatt-Leser empfindet den heutigen Tag und die neu erstandene Zeitung als eine Genugtuung. Irgendwie spürt er an diesem Tag mit uns, daß sich das Leben dem Gutsinnenden immer wieder rundet. Er empfindet weiter noch, daß das Ende einer lange ertragenen Benachteiligung gekommen ist, und daß wir aufgeholt haben. An dieser Genugtuung kann eigentlich jedermann in Unterfranken teilhaben, wenn er die letzten 15 Jahre der Prüfung hier gelebt hat. Ein jeder in Unterfranken kann sich daran freuen, daß ein Werk wie die Fränkische Gesellschaftsdruckerei heute wieder aufgebaut ist. Wie sich ja jeder von uns auch in einer zertrümmerten Stadt an einem aus den Ruinen aufwachsenden Haus freut, als wäre er selbst der Bauherr oder Architekt. Ist dieses Haus dann fertig, so glaubt man, selbst ein wenig daran mitgebaut zu haben.

Dem Leser mag auffallen, daß er nirgendwo in dieser Nummer die Worte „Katholische Tageszeitung" als Titel und in die Augen springend finden kann. Gerade jenes Wort ist also unausgesprochen und ausgespart geblieben, an dem sich alle Begeisterung und Erregung entzündet hat: das Wort „katholisch". Nun, dieses Wort ist kein beliebiges Wort, sondern ein Wort, an dem das ganze Leben hängt mitsamt der Ewigkeit. Dieses Wort ist unser Auftrag. Dieses Wort will mitten in uns sein. Mit diesem Wort fordern alle Leser uns immer neu ein und fordern von uns. Dieses Wort bleibt mit dieser und jeder folgenden Nummer der Zeitung eine Forderung. Immer nur teilweise erfüllbar. Der größere Teil bleibt ungetan. Es gibt keine Norm für die katholische Zeitung, es gibt kein Rezept. Das „Soll" ist ein höchster Anspruch an Menschenkraft, an Herz und Seele. Erwarten wir keine Wunderdinge, nichts Ausgefallenes. Ziel und Auftrag der katholischen Tageszeitung und das Werk der Leute, die sie betreuen und gestalten, ist nichts anderes als Auftrag, Werk und Ziel jedes Katholiken in der Welt. Darum können und werden wir uns im Letzten immer verstehen und auch von uns selbst das Letzte fordern.

Der Gesellenvater Adolf Kolping hat einmal in fast harter Deutlichkeit das ausgesagt, was wir hier meinen müssen, wenn er auch diesmal die katholischen Journalisten zu allererst nicht meint: „Es ist doch so klar wie der helle Tag, daß es ein himmelweiter Unterschied ist, ob ich die Welt mit christlichen, endlich, ob ich sie mit katholischen Augen anschaue, beurteile und demnach den Dingen oder Begebenheiten Wert oder Unwert beilege; oder ob ich sie mit den Augen eines Irrgläubigen, eines philosophischen Phantasten, endlich gar eines erklärten Ungläubigen besehe und demnach mein Judicium fälle. Ein Ochs sieht die Welt ochsig, ein Esel eselhaft, ein bloßer Sinnenmensch sinnlich und ein Christ christlich."

Es könnte so obenhin den Anschein erwecken, als sei es in unserem Falle doch sehr leicht gewesen, mit dem Plan der Tageszeitung voranzukommen, da über unserer Arbeit die Autorität des Bischofs stand, da die Priester von den Kanzeln der katholischen Zeitung das Wort redeten. Daß die Forderung des Bischofs nach einer katholischen Tageszeitung von so vielen als Gewissensverpflichtung aufgefaßt wurde, kann doch niemals als Nötigung erkannt werden, es beweist sich dadurch nur dies, daß das Wort des Bischofs in seiner Deutlichkeit verstanden und gewertet wird, daß das Bischofswort in seiner Diözese lebendig widerhallt. Daß die Priester des Frankenlandes priesterliche Autorität besitzen, und daß das Wort „katholisch" zündet, wenn es nur überzeugt in die Menschen hineingesprochen wird. Wenn unsere nach Zehntausenden zählenden Volksblatt-Abonnenten die Zeitung bestellten, ohne eine Nummer zu Gesicht bekommen zu haben, so bezeugt das ein einmaliges Vertrauen: das darf nicht unerwähnt bleiben, weil es in der Zeitungsgeschichte wahrlich nicht alltäglich ist. Wir wissen, daß auch dieses Vertrauen nicht der Person der Zeitungsleute gilt, sondern dem Rang des Wortes „katholisch".

Weiter kalt und unbeständig

Über der Nordsee liegt ein sich verstärkendes Tiefdruckgebiet, das nach Nordosten abwandert. Auf seiner Rückseite wird Kaltluft sibirischen Ursprungs nach Süddeutschland geführt. Sie hatte in der vorletzten Nacht zu erheblichem Temperaturrückgang Anlaß gegeben. (In Würzburg von 11,4 Grad am 31. 3. um 19 Uhr auf —2 Grad am 1. 4. um 07 Uhr.) Zu immer noch anhaltendem Druckanstieg in Unterfranken kann die Bewölkung innerhalb der Kaltluft aufreißen, doch bleibt das kalte und unbeständige Wetter in den nächsten Tagen noch erhalten.

Vorhersage für Mittwoch und Donnerstag: Bei zeitweilig böigen nördlichen Winden meist stark bewölkt und noch vereinzelt leichte Schneeschauer. Temperatur am Tage einige Grad über Null. Nachts leichter Frost.

Wasserstand des Main und Rhein:

Limbach 499; Schweinfurt 385; Würzburg 382; Steinbach 383; Frankfurt 840; Kaub 605.

Niederlage der radikalen Gruppen

Kommunale Interessen gaben bei den Wahlen in Bayern den Ausschlag

ap/dpa München, 1. April.

Die bayerischen Gemeindewahlen, die am Sonntag ohne Zwischenfälle verliefen, haben nach den bisherigen Auszählungen, mit Ausnahme eines beträchtlichen Stimmenverlusts der Bayernpartei, keine Überraschung gebracht. Von einem Wahlergebnis politischen Charakters kann insofern nicht gesprochen werden, als neben den „klassischen" Parteien auf der kommunalen Ebene sehr viele unabhängige Wählergruppen Kandidaten aufgestellt und sich zum Teil auch Parteien mit ganz verschiedenen politischen Zielen auf einen Bewerber geeinigt hatten. Der bayerische Ministerpräsident Dr. Hans Ehard hatte schon vor den Wahlen betont, daß diese nicht als Votum über Landes- oder Bundespolitik aufgefaßt werden dürften, sondern daß die kommunalen Anliegen und Sorgen ausschlaggebend seien.

Von den direkt gewählten Oberbürgermeistern stellt die SPD zwölf, die CSU sechs, und die Bayernpartei zwei. Sechs sind parteilos und als Kandidaten mehrerer Parteien oder von Wählergruppen wurden neun Oberbürgermeister gewählt. In den anderen kreisfreien Städten ist eine Stichwahl erforderlich, weil dort keiner der Kandidaten die notwendige absolute Mehrheit erreichte. Von den 130 bisher ermittelten Landräten entfielen 50 auf die CSU, sieben auf die Bayernpartei, sechs auf die SPD und 46 auf Parteilose oder auf Kandidaten mehrerer Parteien.

Bei der Wahl der Stadt-, Gemeinde- und Kreisräte wurden bisher die Stimmen von 188 Kreisen ausgezählt, jedoch ohne Berücksichtigung derjenigen Wähler, die panaschiert, d. h. unabhängig von den Parteilisten gewählt haben. Davon entfielen auf die SPD 798 603 Stimmen (= 28,9 Prozent), die CSU 700 790 (= 25,4 Prozent), die BP 276 578 (= 10 Prozent), BHE/DG 302 708 (= 11 Prozent), WAV 8045 (= 0,3 Prozent), KPD 78 036 (= 2,8 Prozent), FDP 98 077 (= 3,6 Prozent), Deutscher Block 19 755 (= 0,7 Proz.), Deutsche Gemeinschaft 11 891 (= 0,4 Prozent), Flüchtlingsgruppen 110 649 (= 4 Prozent) und Sonstige 355 597 (= 12,9 Prozent).

Bei den Wahlen sind mehrere Wahlfälschungen festgestellt worden. In Ansbach hat der Kandidat der „Unabhängigen Gemeinschaft", Wilhelm Hilpert, zugegeben, etwa 60 Wahlzettel zu seinen Gunsten geändert zu haben. Der Betrug wurde dadurch erkannt, daß Hilpert einen anderen Bleistift benutzte. Die Stadtverwaltung prüft, ob eine Neuwahl in diesem Stimmbezirk notwendig ist. Der Leiter des Flüchtlingslagers Scheinfeld, Heinrich Pinkas, hat gleichfalls zugegeben, 160 Stimmzettel zu seinen Gunsten gefälscht zu haben. Pinkas wurde seines Postens als Leiter des Flüchtlingslagers enthoben.

Mit großer Mehrheit (61 v. H.) wurde der bisherige Münchener Oberbürgermeister Thomas Wimmer (SPD) erneut zum Oberhaupt der bayerischen Landeshauptstadt gewählt. In Nürnberg wurde Otto Bärnreuther, in Fürth der bisherige Oberbürgermeister Dr. Hans Bonkessel gewählt. Augsburg und Regensburg wählten CSU-Kandidaten zu Oberbürgermeistern, in Regensburg Hans Herrmann, in Augsburg Dr. Klaus Müller.

Der Christusdarsteller der Oberammergauer Passionsspiele 1950, Toni Preisinger, ist als Kandidat einer „Unpolitischen Persönlichkeitsliste" in den Oberammergauer Gemeinderat gewählt worden.

Erste Ausgabe des „Fränkischen Volksblattes" nach dem Zweiten Weltkrieg (1952), das sich damals ausdrücklich als katholische Zeitung verstand.

Der Neubeginn

Erst am 1. April 1952, genau neun Jahre nach seiner Einstellung, erscheint das „Fränkische Volksblatt“ erstmals nach dem Krieg wieder. Viele ehemalige Leser, die in den ersten Nachkriegsjahren die Konkurrenz-Zeitung „Main-Post“ gelesen haben, wechseln sehr schnell zu ihrer alten Zeitung zurück. Dies bedeutet für die „Main-Post“ einen Verkaufsrückgang zwischen zehn und zwanzig Prozent.

Erster Chefredakteur wird Dr. Richard Sattelmair, der im September abgelöst wird von Dr. Max Rößler. Auch die Nebenausgaben „Schweinfurter Volksblatt“ und „Aschaffenburger Volksblatt“ kommen wieder heraus, nachdem die in Aschaffenburg erschienene eigene katholische Tageszeitung „Der Beobachter am Main“ in einem anderen Verlag aufgegangen ist. Redaktion und Geschäftsstelle in Aschaffenburg betreuen redaktionell und kaufmännisch das Gebiet des Untermains, das die Kreise Miltenberg, Obernburg, Aschaffenburg und Alzenau ganz und die Kreise Lohr und Marktheidenfeld teilweise umfaßt. Redaktion und Geschäftsstelle in Schweinfurt haben die Aufgabe, die östlichen und nördlichen Kreise Unterfrankens zu bearbeiten. Dazu gehören, neben den Kreisen Schweinfurt Stadt und Land, die Kreise Gerolzhofen-Nord, Haßfurt, Hofheim, Bad Neustadt, Königshofen, Bad Kissingen und Mellrichstadt.

Verlegerische Flurbereinigung

Im Herbst 1959 wird die bis dahin erschienene Konkurrenzzeitung „Der Volkswille“ mit dem „Schweinfurter Volksblatt“ zur „Schweinfurter Volkszeitung“ zusammengelegt. Produziert wird die „Volkszeitung“ zusammen mit dem „Fränkischen Volksblatt“ in Würzburg.

Die räumliche Nähe zu den erwähnten anderen katholischen Tageszeitungen bewegt den Verlag, stärker zu rationalisieren, um der Konkurrenz durch überparteiliche Blätter standhalten zu können. Im Zuge solcher Überlegungen beschließen im Frühjahr 1967 das „Bamberger Volksblatt“ (aus dem St.-Otto-Verlag) und das „Fränkische Volksblatt“, eine Redaktionsgemeinschaft einzugehen. Der Zeitungsmantel (Politik, Kultur, Wirtschaft und die Bundes-Sportseiten) wird redaktionell und technisch in Würzburg hergestellt. Per Auto werden die Matern dann täglich zum Druckbeginn nach Bamberg gebracht. Ab 1. Juli 1967 wird die redaktionelle Zusammenarbeit ausgedehnt auf die „Deutsche Tagespost“,[11] die überregional katholisch orientiert ist. Die Hauptschriftleitung der „Deutschen Tagespost“ übernimmt gleichzeitig die Redaktionsleitung des „Volksblattes“, so daß von einer engen Redaktionsgemeinschaft gesprochen werden kann. Die „Deutsche Tagespost“ wiederum wird technisch bei der Fränkischen Gesellschaftsdruckerei hergestellt.

Der stetige Konkurrenzdruck durch die „alte“ Rivalin am Ort, die „Main-Post“, und die steigenden Kosten führen schließlich zum sog. „Würzburger Kooperationsmodell“. Am 1. April 1971 wird die Volksblatt Verlagsgesellschaft mbH gegründet, an der die Firma Mainpresse Richter Druck und Verlags-GmbH & Co KG, die die „Main-Post“ herausgibt, zu 80 Prozent und die Fränkische Gesellschaftsdruckerei

[11] Vgl. deren Porträt im selben Band.

Bonn reserviert

Bonn. Die Bundesregierung hat sich deutlich reserviert zu der Aufforderung des Europäischen Parlaments an die Adresse der Türkei geäußert, die Armenier-Massaker vor 70 Jahren als Massenmord anzuerkennen und die moralische Schuld dafür auf sich zu nehmen. Ein Sprecher des Auswärtigen Amtes sagte, Bonn nehme diese Entschließung „zur Kenntnis", sei aber der Auffassung, daß die Beurteilung der Bluttaten den Historikern obliege. Die Entschließung war in der Türkei auf scharfen Protest gestoßen.

FRÄNKISCHES **Volksblatt**

TAGESZEITUNG FÜR UNTERFRANKEN

Gegründet 1868 – Nr. 155 · ☎(0931) 3091–0 · Würzburg, Freitag, 10. Juli 1987 · Preis: 1,– DM · Ausgabe 000

Aus STADT und REGION

Gefahrguttransport

70 Chefs auf der Schulbank

Würzburg. Gestern informierten sich im IHK-Gebäude 70 Unternehmer über das Thema Gefahrguttransport. Der Kurs war vor sechs Wochen schon belegt, hätte aber, wie ein Kammer-Sprecher vermutete, sicher noch größere Resonanz gefunden, wenn er erst „nach Herborn" angeboten worden wäre. Polizeihauptkommissar Lothar Ulsamer hält Verbesserungen in vier Punkten für möglich.

Südzucker AG

Appetit auf Frankenzucker

Ochsenfurt. An einer Fusion mit der Zuckerfabrik Franken GmbH, Ochsenfurt, ist die Süddeutsche Zucker-AG, Mannheim, nach wie vor interessiert, hieß es gestern auf der Hauptversammlung von Südzucker. Wie der Vorstand mit-

Der Generalbundesanwalt warnt

Neue Anschläge der RAF zu erwarten

„Kommandoebene" ungeschmälert – Kritik an Brüdern Braunmühl – Rebmann vor Presse

Karlsruhe. (dpa) Die Rote-Armee-Fraktion (RAF) wird nach Einschätzung des Generalbundesanwalts Kurt Rebmann „in absehbarer Zeit neue Verbrechen begeben". Rebmann sagte am Donnerstag auf seiner Halbjahres-Pressekonferenz in Karlsruhe, die personelle Basis der „Kommandoebene" der RAF sei ungeschmälert. „Auch der Vorrat an Waffen und Geld dürfte ausreichend sein."

Zahlreiche Erkenntnisse wiesen darauf hin, daß sich die Terroristen ihre schon seit vielen Jahren erhobene Forderung nach „Zusammenlegung der Gefangenen aus RAF und Widerstand" als Nahziel gesetzt haben. Besonders gefährdet seien nach wie vor die „Militärmaschine", Industrie, Wirtschaft und der „staatliche Machtapparat", sagte Rebmann, der in diesen Tagen auf eine zehnjährige Amtszeit zurückblickt.

Seit der „Neurekrutierung der Kommandoebene" der RAF im Jahr 1984 seien „noch keine befriedigenden Ermittlungs- und Fahndungserfolge" gelungen, stellte Rebmann fest. Es müsse davon ausgegangen werden, daß sich die bundesdeutschen Terroristen im westlichen Ausland Ruheräume und Ausgangsbasen für

Deshalb halte er es für dringend geboten, der im Bereich der Strafverfolgung tätigen Polizei „für ganz West-Europa Ermittlungs- und Fahndungskompetenzen einzuräumen". Erneut vertrat der Generalbundesanwalt die Auffassung, daß die Einführung einer Kronzeugen-Regelung eine Chance wäre, „den harten Kern der RAF oder jedenfalls das sie unmittelbar umgebende Umfeld aufzubrechen".

Rebmann erklärte, Terrorismus sei auf Dauer zwar nicht allein mit den Mitteln des Strafrechts zu bekämpfen. „Mit dem Angebot zum Dialog mit Terroristen, wie ihm die Herren von Braunmühl nach der Ermordung ihres Bruders vorgeschlagen haben, lassen sich die für uns gefährlichsten Terroristengruppierungen allerdings nicht

In der Residenz *des deustchen Botschafters in Moskau trafen Bundespräsident Richard von Weizsäkker und der sowjetische Regimekritiker Andrej Sacharow zu einem Abendessen zusammen.* *dpa-Funkbild*

Die Opfer von Leningrad geehrt

Kreml äußert Zweifel an Unterstützung Bonns für Moskauer Vertrag

Leningrad/Moskau. (dpa) Bundespräsident Richard von Weizsäcker hat am Donnerstag bei einem Besuch in Leningrad „Ehrfurcht und Trauer" vor den Hunderttausenden von namenlosen Opfern bezeugt, die bei der Belagerung der Stadt im Zweiten Weltkrieg durch deutsche Truppen ihr Leben verloren. Bei einem Abendessen des Stadtsowjets betonte er aber: „Die Erinnerung gibt uns die Kraft für eine Zukunft friedlicher und guter Nachbarschaft."

Während der Bundespräsident Denkmäler und Kulturstätten Leningrads besuchte, begrüßte die

Bundespräsidenten eine Liste „mit Kriegsverbrechern" übergeben habe, deren Auslieferung die So-

Freitag in der sowjetischen Wochenzeitung „Nedelja" in vollem Wortlaut veröffentlicht. Dies kündigte Pjadyschew am Donnerstag an. In der Zeitung, die eine Beilage der Regierungszeitung „Iswestija" ist, würden die vollen Redetexte Gromykos und Weizsäkkers gedruckt.

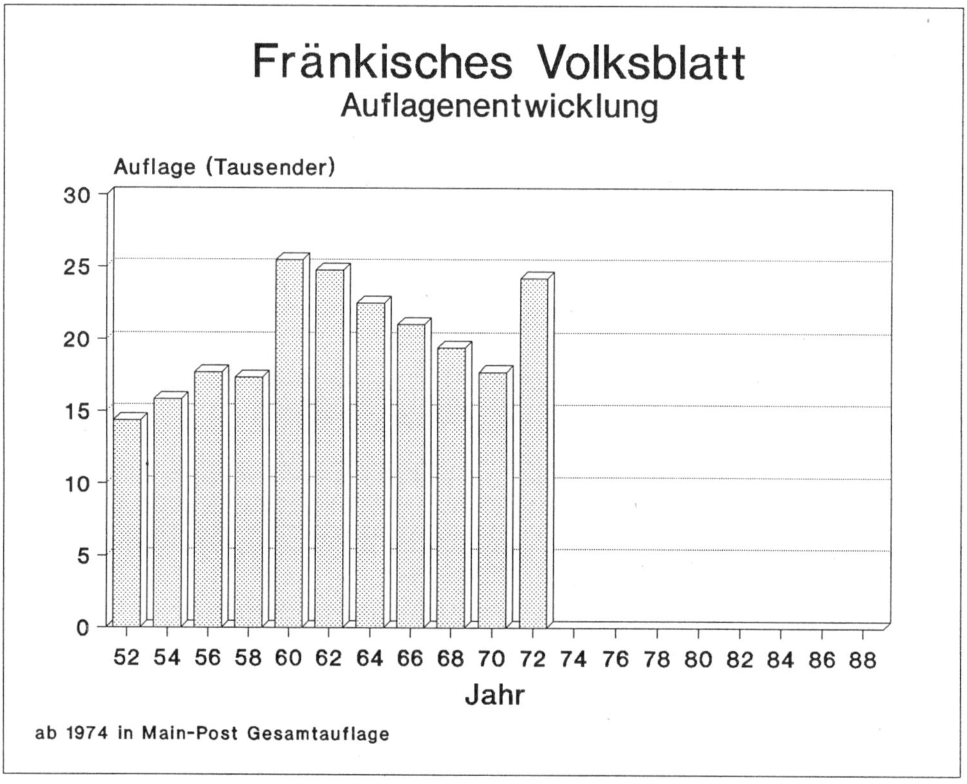

Echter-Verlag GmbH zu 20 Prozent beteiligt sind. Es handelt sich dabei um eine Laissez-Faire-Regelung zur Sicherung der wirtschaftlichen Basis – jedoch unter Gewährleistung der Eigenständigkeit der Zeitungen auch in der Zukunft.

Das „Fränkische Volksblatt" bleibt redaktionell unabhängig; nur einige Landkreisseiten, der Sportteil, die Reiseseite und später auch die Landwirtschaftsseite werden gemeinsam produziert. Das „Volksblatt" hat auch nach wie vor eine Vollredaktion. Seit 1971 ist Hermann Kober Chefredakteur. Geschäftsführer sind Heinz Otremba und Hans-Dietrich Freiherr von Stein, dem am 1. Januar 1973 Dipl. Kfm. Erich Aelker nachfolgte. Die Geschäftsführer und der Chefredakteur sind gleichzeitig auch für die Schweinfurter Volkszeitung Verlagsgesellschaft mbH zuständig. Diese Verlagsgesellschaft wird 1977 aufgelöst und von der Volksblatt Verlagsgesellschaft mbH, Würzburg, übernommen. An den Zeitungen selbst ändert sich nichts.

„Äußerlich sind die einstigen Konkurrrenten und zeitweise heftigen Rivalen weiterhin unverwechselbar. (...) Doch der Preis für eigenes Gesicht und Gewicht ist die weitgehende Kooperation in den kostenintensiven Bereichen – dort, wo sie ökonomisch und sinnvoll ist. Die Verantwortlichen, denen diese Art von Flurbereinigung gelungen ist, sind heutzutage sehr auf Harmonie und Rücksichtnahme bedacht. Doch in Erinnerung an vergangene Zeitungsfehden mag mancher den mal frechen, mal bissigen Streitereien unter den Rivalen durchaus ein wenig nachtrauern."[12]

Da die Volksblatt Verlagsgesellschaft mbH als Dachgesellschaft über keine eigenen Druckkapazitäten verfügt, teilten sich bis zum 31. Januar 1989 die Fränkische Gesellschaftsdruckerei Echter-Verlag GmbH und die Mainpresse Richter Druck und Verlags GmbH & Co KG in Würzburg in die Satzherstellung. Dem letztgenannten Verlag obliegt auch der Druck und seit 1. Februar 1989 die komplette Satzherstellung. Den Vertrieb besorgt die ZVM Zeitungs-Vertriebs-Gesellschaft Mainfranken GmbH, an der die Volksblatt Verlagsgesellschaft mbH mit 20 Prozent beteiligt ist. Den Löwenanteil hält die Mainpresse Richter Druck und Verlags GmbH & Co KG.[13]

Die weitgehende Kooperation mit Nachbarverlagen hat die Mitarbeiterzahl auf 50 Angestellte und fünf Arbeiter zurückgehen lassen. Bei den Angestellten handelt es sich vorwiegend um Redakteure und Volontäre. Hinzu kommen – wie bei jeder anderen Zeitung auch – vertraglich gebundene freie Mitarbeiter, die z. B. aus München oder Bonn berichten. Die Zusammenarbeit mit der „Deutschen Tagespost" in Würzburg gestattet die Übernahme überregionaler Nachrichten und Berichte aus dieser Zeitung. Die Seiten für die Landkreise, in denen „Main-Post" und „Fränkisches Volksblatt" gemeinsam erscheinen, werden auch gemeinschaftlich gestaltet. Getrennt arbeiten die Stadtredaktionen in Würzburg und Schweinfurt. Eigene Lokalredaktionen und Geschäftsstellen gibt es auch in Aschaffenburg und Miltenberg, in Aschaffenburg auch eine eigene Sportredaktion.

Seit 1983 ist die Volksblatt Verlagsgesellschaft mbh beteiligt an der
- Region 1 Kabelgesellschaft Region Untermain GmbH, Aschaffenburg, mit 15 000 DM (2,31%),

---

12 Franz Dülk: 1883–1983. 100 Jahre Zeitungen im Hause Richter. Würzburg 1983, S. 101.
13 Vgl. auch Porträt der „Main-Post" im selben Band.

- Region 2 Kabelgesellschaft Region Würzburg GmbH, Würzburg, mit 6 900 DM (1,0%),
- Region 3 Kabelgesellschaft Main-Rhön-GmbH, Schweinfurt, mit 7 500 DM (2,5%)
- sowie an der Radio Television Unterfranken Programmgesellschaft mbH, Würzburg, mit 200 000 DM (20%).

Caritatives Engagement

Die christlich-katholische Ausrichtung bedeutet auch aktive Hilfe für Bedürftige. So veranstalten das „Fränkische Volksblatt" und seine Nebenausgaben in Zusammenarbeit mit dem Caritasverband für die Diözese Würzburg in der Vorweihnachtszeit die Hilfsaktion „Fröhlich sein – Gutes tun". Der Erlös kommt hilfsbedürftigen alten und einsamen Menschen in Unterfranken zugute. Zu dieser Wohltätigkeitsaktion gehören regelmäßig Weihnachtskonzerte z. B. mit den Regensburger Domspatzen, dem Tölzer oder dem Windsbacher Knabenchor, den Würzburger Domsingknaben sowie die Weihnachtsbasare „Gutes durch Schönes". Die bei diesen Basaren angebotenen Gegenstände werden von Lesern des „Fränkischen Volksblattes" gestiftet. Ein Geschäftsführer des Verlages (Pseudonym „Peter Busch") engagiert sich für diese Aktion seit vielen Jahren. Weil nicht nur Not beschrieben, sondern auch, durch die Mithilfe der Leser, konkret gelindert wird, fühlen sich die Leser dem Blatt eng verbunden. Diese Bindung wird unterm Jahr durch die Aktion „Städtequiz" und das wöchentlich erscheinende Bilderrätsel auf den Lokalseiten von Würzburg, Schweinfurt und Aschaffenburg noch vertieft.

(ug)

Katholische Zeitung für Deutschland: Die „Deutsche Tagespost“

Von den heutigen Redakteuren der „Deutschen Tagespost“ hat ihn keiner mehr persönlich gekannt, Johann Wilhelm Naumann, den Gründungsverleger der Zeitung. „Ältere Verleger in Bayern, die ihn noch als Vorsitzenden des Verbands Bayerischer Zeitungsverleger in der Nachkriegszeit kannten, sprechen mit Achtung von ihm, worin sich freilich ein Hauch von Verwunderung mischt“, schreibt der heutige Chefredakteur Harald Vocke im Nachwort zu einer Sammlung von Leitartikeln Naumanns.[1] „Hatte nicht Naumann zu jenen Gründungsvätern der Nachkriegspresse gezählt, die von den Besatzungsbehörden die Lizenz für eine Regionalzeitung erhielten? Warum hatte dieser eigenwillige Zeitungsmann nicht wie die anderen mit beiden Händen Fortuna am Schopfe ergriffen, um ein wirtschaftlich möglichst erfolgreiches Regionalblatt zu schaffen? Warum hatte Naumann die Schwäbische Landeszeitung in Augsburg verlassen, zu deren Lizenzträgern er zählte und deren Chefredakteur er zeitweilig war? Etwa nur deshalb, weil es ihm darum ging, seiner katholischen überregionalen Abonnementzeitung den Weg in die Zukunft zu ebnen?“[2] Fragen über Fragen, die hier nur ansatzweise beantwortet werden können, und sicher nicht, ohne an die Wurzeln zurückzugehen.

Da ist zunächst Naumann selbst, dem Vocke „ein starkes, eigenwilliges Temperament, (..) Sinn für Präzision im Detail (..) und die stets wache Bereitschaft“ attestiert, „den katholischen Glauben nicht etwa scheu zu verbergen, sondern als Fundament des eigenen Lebens frei zu bekennen“.[3] Naumann, am 9. 7. 1897 in Köln geboren, hatte Philosophie, Geschichte, Volkswirtschaft und Literatur studiert, nahm am Ersten Weltkrieg als Gefreiter teil, wurde 1920 Redakteur beim „Rheinpfälzer“ in Landau und kam schließlich 1922 als alleiniger Redakteur nach Hattingen an der Ruhr. Nach einem kurzen Zwischenspiel als Syndikus in einem Industriebetrieb ging Naumann als Hauptschriftleiter nach Wissen an der Sieg und 1926 als Redakteur und Verlagskaufmann zu den Kommunalpolitischen Blättern der Zentrumspartei in Köln, bis er Schriftleiter bei der „Augsburger Postzeitung“ wurde.

Die „Augsburger Postzeitung“ gehörte zwar nicht zum wirtschaftlichen Besitz der Bayerischen Volkspartei, aber stand ihr doch sehr nahe. Die Journalisten der „Postzeitung“ hatten beispielsweise Zutritt zu den Sitzungen der Landtagsfraktion der BVP, wie Norbert Frei berichtet[4], was nur noch dem Sprachrohr der Münchner Parteileitung, dem „Bayerischen Kurier“ gestattet war, der wiederum der Ortsgruppe des Katholischen Preßvereins gehörte. Zum harten Kern der BVP-Presse gehörten u. a. auch das „Fränkische Volksblatt“ in Würzburg sowie der „Regensburger Anzeiger“, dessen Verleger und Hauptgesellschafter der bayerische Ministerpräsident

---

1 Harald Vocke: Der unbekannte Lehrer. Ein Nachwort. In „Johann Wilhelm Naumann zum Gedächtnis (1897 – 1956)“. Leitartikel aus der Gründungszeit der Deutschen Tagespost. Würzburg 1986. S. 100.

2 ebd.

3 ebd.

4 Norbert Frei: Nationalsozialistische Eroberung der Provinzpresse. Gleichschaltung, Selbstanpassung und Resistenz in Bayern. Stuttgart 1980, S. 253.

Dr. Heinrich Held war. Beide Blätter sollten für die „Deutsche Tagespost" (DT) sehr viel später große Bedeutung erlangen.

BVP und katholischer Preßverein sind wesentliche Koordinaten für Naumanns Engagement bereits zu Weimarer Zeiten. Der Preßverein war, ebenso wie der 1878 aus der Taufe gehobene, im Außerbayerischen verankerte „Augustinusverein zur Pflege der katholischen Presse", ein Produkt der Kulturkampf-Erfahrungen. „In den Bedrängnissen des Kulturkampfes nämlich und in der ersten Zeit danach hatte die katholische Presse ihre ‚höchste Blüte'[5] erlebt. Zwar waren die katholischen Blätter zahlenmäßig auch nach der Jahrhundertwende kräftig weitergewachsen[6], ihr politischer Elan freilich hatte zusehends abgenommen. Zeitungen, die im Reflex auf Bismarcks antikatholische Politik dazu übergegangen waren, ausschließlich mit der katholischen Weltanschauung vereinbar scheinende Informationen zu vermitteln, hatten ihr ‚geschlossenes Programm' teilweise etwas erweitert. Die ‚enge Fühlungnahme mit den nahestehenden Instanzen der katholischen Parteien'[7] wurde dadurch zwar nicht ernsthaft in Frage gestellt, aber kirchennahe Publizistik-Manager glaubten darin Anfänge einer Auflösung der katholischen Pressemacht zu entdekken, denen sie zu wehren gedachten."[8] Der Pressedienst der BVP (die Bayerische Volkspartei Correspondenz) und der katholische Preßverein, der später (zum ersten Mal 1919) in Not geratene kirchennahe Zeitungen aufkaufte, ergänzten einander in der Stützungspolitik.

Naumann trat vorbehaltlos und energisch für eine katholische Presse ein; Kritik, wie sie auch aus den eigenen Reihen laut wurde, nicht fürchtend: „Der Katholik stellt an eine katholische Zeitung die selbstverständliche Forderung, daß diese nun auch katholisch sei, d. h. katholisches Gedankengut vermittelt, der Weltanschauung zu Dienst steht, und zwar nicht nur defensiv, sondern auch offensiv, nicht nur berichtend, sondern auch belehrend, nicht nur referierend, sondern auch fördernd."[9] Als Naumann dies 1932 schreibt, steht er bereits auf verlorenem Posten.

Mit der Machtergreifung der Nationalsozialisten, die die „Entkonfessionalisierung" der Presse betrieben, wurde Naumann mit Berufsverbot belegt, fristete sein Dasein als Verlagsangestellter, verlor Hab und Gut und hatte alle Mühe, seine zehnköpfige Familie durchzubringen. Seit 1937 war er zusätzlich für das päpstliche Missionswerk tätig.[10]

---

[5] vgl. Otto B. Roegele/Hans Wagner: Die katholische Presse in Deutschland. In: Emil Dovifat (Hg.): Handbuch der Publizistik. Bd. 3. Berlin 1969, S. 498.

[6] 1871 zählte man im Deutschen Reich 126 katholische Blätter, 1890 rund 300, 1912 waren es bereits 445 und nach dem Krieg, 1925, 451 Zeitungen; ebd. Dr. Hans Kapfinger zählte 1932 575 katholische Zeitungen. In: Johann Wilhelm Naumann (Hg.): Die Presse und der Katholik. Anklage und Rechtfertigung. Augsburg 1932, S. 315. Die Zahlen sind in jedem Fall mit äußerster Vorsicht zu behandeln, weil keine Übereinstimmung darüber besteht, wann eine Zeitung als katholisch zu gelten hat. Die Selbsteinschätzung (etwa in Anzeigenkatalogen) ist vermutlich weniger aussagekräftig als die Mitgliedschaft im Augustinusverein.

[7] Hans Kapfinger, a. a. O., S. 211.

[8] Norbert Frei, a. a. O., S. 251.

[9] Johann Wilhelm Naumann, a. a. O., S. 33. Bezeichnenderweise führt das von Naumann herausgegebene Buch „Die Presse und der Katholik" den Untertitel: Anklage und Rechtfertigung. Die katholische Presse ist durch die Generalanzeigerpresse bereits in die Defensive geraten.

[10] vgl. Christoph Cobet: Deutschlands Erneuerung 1945–1950. Frankfurt 1985.

Da die Besatzungsbehörden nach dem Krieg nur wenig für eine Wiederbelebung der katholischen Presse übrig hatten, erhielt Naumann zunächst (im Sommer 1945) nur eine Lizenz gemeinsam mit dem Sozialdemokraten Curt Frenzel für die „Schwäbische Landeszeitung" in Augsburg, die spätere „Augsburger Allgemeine Zeitung". Doch mit dieser wurde er nicht recht froh. Denn sein Lebensziel sei doch nicht, „journalistischer Gemischtwarenhändler" zu sein. Sein publizistisches Gewissen lasse ihn nicht ruhen, bis er eine Lizenz erhalte, mit der er Farbe bekennen dürfe. Er dachte an eine katholische Zeitschrift für Kultur und Politik, die programmatisch „Neues Abendland" heißen sollte, womit er bewußt an die von Hermann Platz 1925 in Köln gegründete Zeitschrift „Abendland" anknüpfte; das beigefügte „neu" sollte restaurativen Bestrebungen eine Absage erteilen.

Walter Ferber, in der christlichen Gewerkschaftsbewegung verwurzelt, wurde erster Redakteur der Zeitschrift. Er erinnert sich: „Neues Abendland erschien erstmals am 1. März 1946. Den Leitartikel schrieb Naumann. Er versuchte darin zunächst den geistesgeschichtlichen Nachweis des Verfalls der abendländischen Einheit seit dem Nominalismus, sodann aber zeichnete er den Grundriß einer neuen Einheit, die kein Supranaturalismus sein dürfe, sondern ein alle Wertsphären umfassender Realismus. Ich schrieb für die erste Nummer den Beitrag ‚Das Wesen des Föderalismus' sowie die Nachrufe auf Schmittmann und Platz. Die Attraktion aber unseres ersten Heftes war ein Essay Reinhold Schneiders ‚Der Mensch vor dem Gericht der Geschichte' mit einem dazu passenden Sonett Gottfried Hasenkamps (..); beide, Essay und Sonett, wurden (..) von mehreren Zeitschriften nachgedruckt. Die nächsten Nummern erhielten Beiträge von Philosophen wie Siegfried Behn, Hans-Eduard Hengstenberg und Bernhard Lakebrink; Historikern wie Mayer-Pfannholz, Friedrich Zoepfl und Ernst Deuerlein; Staatsrechtlern wie Ernst v. Hippel, Wilhelm Laforet und Franz Kirnberger; Soziologen wie Paul Jostock, Karl Lugmayer und Nikolaus Ehlen; Schriftstellern wie Gottfried Hasenkamp, Gertrud Bäumer und Ilse Reicke."[11] Auch Hans Otto Boehm und der damalige Bischof von Augsburg, Joseph Kumpfmüller, waren verständnisvolle Mitstreiter der Zeitschrift, die bis März 1951 erschien.

Naumanns Kampf für eine katholische Tageszeitung

Naumann indes wollte mehr, die überregionale katholische Tageszeitung für Deutschland als „Kampf- und Gesinnungspresse".[12] Nach langwierigen und hartnäckigen Verhandlungen mit der amerikanischen Militärregierung tauschte Naumann seinen Augsburger Lizenzanteil ein gegen eine Lizenz für eine katholische Tageszeitung.

Am 28. August 1948 erschien die erste Ausgabe „seiner" Zeitung. Der Titel „Augsburger Tagespost" mit der Postreiter-Vignette knüpfte an die Tradition der „Augsburger Postzeitung" an. Der erste Erscheinungstag war sehr bewußt gewählt, es

[11] Walter Ferber: Johann Wilhelm Naumanns Lebensziel. In der Sonderbeilage „Dreißig Jahre Deutsche Tagespost" vom 15./16. September 1978, S. 20.

[12] vgl. Ferdinand Römer: Mit der „Deutschen Tagespost" ins kommende vierte Jahrzehnt. In der Sonderbeilage, a. a. O., S. 17.

Num.: 1. Montag, den 2. Jan. Anno. 1769.

Augspurgische Ordinari Postzeitung,

von Staats- politischen und andern Neuigkeiten.

Mit Ihro Römis. Kayserl. Majestät allergnädigstem *Privilegio.*

Verlegt und gedruckt von Joseph Anton Moy, wohnhaft auf dem obern Graben, in dem sogenannten Schneid-Haus.

Blitz, Donner, Hagel, Sturm Empörung, Kriegs-Gefahr
Erschröckten Mensch und Vieh noch in dem alten Jahr;
Wir aber sind gottlob! damit verschont geblieben:
Der HErr hat andrer Noth von uns hinweg getrieben.
Wir sahen keinen Feind vor unsern Mauren stehn;
Die Donner-Wetter ließ GOtt bald vorüber gehn,
Und nur ein einziger Strahl hat hier ein Haus verletzet,
Der aber solches nicht in Feur und Brand gesetzet.

Faksimile der Augsburger Postzeitung Nr. 1 vom 2. Januar 1769 war der Festtag des hl. Augustinus, womit auch die Verbindung zum Augustinus-Verein[13] hergestellt war.

Am 3. September 1948 legte Naumann dem ersten deutschen Nachkriegs-Katholikentag in Mainz seine Zeitung vor. Die Aufgabe einer solchen Zeitung sei „nicht die Übermittlung des Glaubensgutes oder Vertretung seelsorgerischer Anliegen, sondern die Erfassung und Verarbeitung der Geschehnisse auf allen Gebieten des öffentlichen Lebens aus den Grundsätzen des christlichen Sittengesetzes heraus. In ihr", so hatte er ausgerufen, „wird aus der Verantwortung der christlichen Persönlichkeit heraus gesprochen. Diese Verantwortung trägt auch der Verleger mit. Er darf seine Zeitung nicht als ein Geschäftsunternehmen auffassen, sondern seine innere Haltung muß seinen Einsatz bestimmen. Freilich darf er die wirtschaftliche Nüchternheit dabei nicht verlieren."[14]

Es soll nicht verschwiegen werden, daß Naumanns Unternehmen von Beginn an auch Skepsis hervorrief. Innerhalb der eigenen Reihen wurden die Chancen für eine Gesinnungszeitung heftig diskutiert. Die einen gaben zu bedenken, daß der Nachkriegsleser parteipolitisch oder konfessionell ausgerichtete Tageszeitungen nicht mehr wolle, was nach den Erfahrungen mit der nationalsozialistischen Holzhammerpublizistik durchaus verständlich war. Die anderen warnten vor erneuter Zersplitterung der katholischen Kräfte. Bei den meisten kamen auch persönliche Erfahrungen mit der früheren katholischen oder Zentrumspresse hinzu, die nicht immer die besten waren. Naumann hatte mit seiner Neugründung eine Diskussion eingeläutet, die einige Jahre noch die Gemüter bewegen sollte.[15]

Zunächst mußte sich das dreimal wöchentlich erscheinende Blatt auf dem Markt behaupten. In seinem Testament, das er kurz vor seinem (frühen) Tod niedergelegt hat, läßt sich nachlesen, welch bittere Bilanz Naumann selbst zieht: „Hauptgegenstand des Unternehmens (des Verlags Johann Wilhelm Naumann) ist die Deutsche Tagespost. Nicht nur, daß ich in ihr mein Lebenswerk sehe, sondern ich habe für dieses Lebenswerk meine volle Gesundheit aufgeopfert und jahrelang an den Folgen meiner Krankheit gelitten. Zugleich stelle ich fest, daß ich alle Vermögenswerte in mein jetziges Unternehmen hineingesteckt habe. (...) Die Verluste der Zeitschrift Neues Abendland (..) können kaum ermessen werden. Eine Gewinnentnahme aus dem Verlag des Neuen Abendland ist nie erfolgt."[16]

---

13 Der langjährige Bonner Mitarbeiter der „Deutschen Tagespost" und selbst Mitglied des Augustinus-Vereins umriß in der Sonderbeilage, a. a. O., S. 23, die Aufgabe des Vereins so: „... dafür besorgt zu sein, daß die Übereinstimmung mit den Lehren und Grundsätzen der katholischen Kirche gewahrt und in der Tagesarbeit der katholischen Presse die engste Fühlung mit dem heiligen Stuhle, dem Episkopat und dem Klerus erhalten werde. Die zweite Hauptaufgabe erblickten die Gründer darin, eine volle Übereinstimmung mit der Zentrumspolitik in allen wichtigen Tagesfragen zu wahren und das Verständnis für dieselbe zu vermitteln. Die dritte Aufgabe (..) sahen die Gründer mit Recht darin, die Einigkeit in der katholischen Presse selbst zu erhalten und jeden Ansatz zur Uneinigkeit, wenn auch nur in Nebenfragen, fernzuhalten. (...) Mit der Selbstauflösung des Zentrums im Sommer 1933 wurde auch die Arbeit des Augustinus-Vereins stillschweigend eingestellt."

14 Karl Bringmann: Majestät Leser entscheidet. In der Sonderbeilage, a. a. O., S. 18.

15 „Wirkung und Versagen der Gesinnungspublizistik" war auch das Gesamtthema der, nach dem 1948er Beginn in Walberberg, zweiten Werkwoche der Gesellschaft Katholischer Publizisten im September 1949 in Bonn.

16 Harald Vocke, a. a. O., S. 102.

Augsburger Tagespost

UNABHÄNGIGE ZEITUNG FÜR CHRISTLICHE KULTUR UND SOZIALE POLITIK

[illegible]

[illegible]

Nummer 1 – 1. Jahrgang | REICHSAUSGABE | Samstag, 28. August 1948 – Augustinus

Deutsche Tagespost

UNABHÄNGIGE TAGESZEITUNG FÜR ABENDLÄNDISCHE POLITIK UND KULTUR

Nummer 128/4. Jahrgang / Postverlagsort Regensburg | Mittwoch, 31. Oktober 1951 — Einzelpreis 20 Pfg.

▶ Seite 5 - Dr. Helmut Kohl: Verwaltung im Computer-Zeitalter

Deutsche Tagespost

UNABHÄNGIGE TAGESZEITUNG · BEGRÜNDET VON J. W. NAUMANN

Nummer 148 - 21. Jahrgang - Dienstag, 10. Dezember 1968 | Einzelpreis 50 Pf - Verlagsort Würzburg 1 Z 2310 B

Heute auf Seite 13: In Hessen will die CDU eine Lobby für die Kinder sein

Deutsche Tagespost

KATHOLISCHE ZEITUNG FÜR DEUTSCHLAND

Nummer 93 - 31. Jahrgang - Freitag/Samstag, 4./5. August 1978 | Einzelpreis 1,30 DM - Verlagsort Würzburg 1 Z 2310 BX

Terrorismus-Abkommen tritt heute in Kraft

ESSEN. (dpa) Als ein verbessertes Instrumentarium zur Bekämpfung des internationalen Terrorismus hat Bundesjustizminister Hans-Jochen Vogel (SPD) das europäische Übereinkommen zur Bekämpfung des Terrorismus bezeichnet, das am heutigen Freitag in der Bundesrepublik Deutschland in Kraft tritt. In dem Übereinkommen, das von 17 der 19 Mitgliedsstaaten des Europarates im Januar 1977 unterzeichnet worden war, sind praktisch alle wesentlichen terroristischen Straftaten erfaßt. Nach den bisherigen Regelungen der Länder untereinander war die Auslieferung eines Straftäters nicht zulässig, wenn der um Auslieferung und Rechtshilfe ersuchte Staat die betreffende Tat als politisch einstufte.

Deutsche Tagespost

Katholische Zeitung für Deutschland

1 Z 2310 B

Nummer 82 – 40. Jahrgang – Samstag, 11. Juli 1987 | Einzelpreis 1,75 DM – Verlagsort Würzburg

Der Wander- und Schicksalsweg einer katholischen Zeitung nach dem Krieg.

Josef Othmar Zöller, einstmals Jungredakteur bei der „Deutschen Tagespost", erzählt eine Episode, die Naumanns Einstellung und Arbeitsweise besser beleuchtet als hehre Erklärungen: „Und es ergab sich, daß ich eine Glosse geschrieben habe über unzumutbare Nuditäten einer Illustrierten, die zur gleichen Zeit in der DT eine Anzeige aufgegeben hatte. Ich sah das beim Umbruch. War empört. Rief Naumann an, erklärte den ‚Skandal'. Er nahm die Anzeige aus dem Blatt, stornierte den Auftrag. 20 000 DM Verlust. Erst viel später habe ich erfahren vom Krach in der Geschäftsleitung. Eine solche Großanzeige war für die damalige Zeit ein kleines Vermögen. Dieses Beispiel charakterisiert die eminent moralische Geschäftsführung des J.W. Naumann wie kaum ein anderes. Er wollte eine katholische Zeitung führen wie ein Institut für Moraltheologie", erinnert sich Zöller.[17]

Gegen die Skepsis in den eigenen Reihen und das mangelnde Interesse der Leser kam Naumann auf Dauer nicht an. Im Februar 1951 stand der Konkurs ins Haus. Naumann suchte verzweifelt nach Geldgebern, auch kirchlicherseits. Die Augsburger Kurie winkte ab. Allgemein wurde eine Wochenzeitung als die geeignetere Form katholischer Gesinnungspublizistik erachtet. Im Oktober 1951 beriet die Gesellschaft katholischer Publizisten in Mainz zusammen mit einer Reihe von Verlegern die Möglichkeit einer überregionalen katholischen Tageszeitung und beauftragte einen Ausschuß, kalkulatorische Unterlagen zu erstellen. Zwei Verleger der Tagespresse (Dr. Stenzel aus Frankfurt und Dr. Betz aus Düsseldorf) und zwei Verleger der kirchlichen Presse legten schließlich im Januar 1952 einen Abschlußbericht vor. Danach würde eine große, konkurrenzfähige überregionale Zeitung ein Startkapital von etwa einer Million DM und wenigstens für das erste Jahr einen monatlichen Zuschuß von 60 000 DM erfordern, und das 1952. (Das personelle und finanziell reich ausgestattete Experiment der Wochenzeitung „Publik" scheiterte in den frühen siebziger Jahren dennoch.)

Die Rettung für die „Deutsche Tagespost" kam schließlich aus Regensburg.[18] Der Sohn des früheren bayerischen Ministerpräsidenten Dr. Held bot einen kulanten Druckvertrag an, um wenigstens den Titel zu retten. Die Gebrüder Held GmbH hatte 1949 selbst mit der Herausgabe einer lokalen katholischen Tageszeitung in Regensburg begonnen und kannte die Schwierigkeiten eines solchen Unternehmens. Am 3. März 1951 erschien in Regensburg die erste „Deutsche Tagespost" in Verbindung mit dem Heldschen „Tages-Anzeiger". Die alte Unterzeile „Unabhängige Zeitung für christliche Kultur und soziale Politik" hatte einer neuen Platz gemacht: „Unabhängige Tageszeitung für abendländische Politik und Kultur".

Der Redaktionsstab war auf ein Minimum reduziert. Treu blieb ein Kern von Mitarbeitern. Ohne Honoraransprüche schrieben sie weiter, wie wenn nichts geschehen wäre. Zum Kern gehörten Dr. Josef Rußwurm, Dr. Emil Franzel, Hans-Otto Boehm, Marianne Lindau, Peter Hornung, Karl-Reinhold Doederlin.

---

17 Josef Othmar Zöller: Ein Stück Leben geblieben. In der Sonderbeilage, a. a. O., S.20f.

18 In der Geschichte der katholischen Presse hat die alte Reichs- und Bischofsstadt an der Donau eine wichtige Rolle gespielt. Sie ist verknüpft mit den traditionsreichen Namen Pustet – Habbel – Held. 1849 begann sie mit der Gründung des „Bayerischen Volksblattes" im Verlag Friedrich Pustet. Nach der Übernahme durch die Verlegerfamilie Habbel entwickelte sich daraus das „Regensburger Morgenblatt", das später in „Regensburger Anzeiger" umbenannt wurde und in die Hände des damaligen Chefredakteurs und späteren bayerischen Ministerpräsidenten Dr. Heinrich Held überging.

Msgr. Rußwurm bestimmte von seiner Regensburger Studierstube aus den theologischen und kirchenpolitischen Kurs der Zeitung in den fünfziger und sechziger Jahren wesentlich mit. Seiner Initiative verdanken die Leser die Beilage „Römische Warte“, den Vorläufer des deutschsprachigen „Osservatore Romano“. Er war nicht nur ein fleißiger Übersetzer von Texten aus dem „Osservatore Romano“, sondern schrieb Woche um Woche die Sonntagsbetrachtungen. Mancher theologische Beitrag zum Zeitgeschehen stammt aus seiner Feder. Dr. Emil Franzel wurde 1948, vom „Neuen Abendland“ kommend, Leiter des Ressorts Kultur in der „Deutschen Tagespost“. Nach 1950 schrieb er weiterhin als freier Mitarbeiter Leitartikel und historische Betrachtungen für die Zeitung. Ständiger Leitartikler der DT war auch Ludwig Altenhöfer. Nach dem Krieg hatte er zunächst die Schriftleitung des „Leuchtturms“ inne, bis er 1961 Chefredakteur der Beilage „Allgemeine Sonntagszeitung“ wurde. Bereits zu Regensburger Zeiten stieß Hanns Wagner zur DT. Als Verlagsleiter bewältigte er in nimmermüdem Einsatz die enormen Vertriebsprobleme und führte den Verlag schließlich ins EDV-Zeitalter. Aber auch vom „Tagesanzeiger“ kam Unterstützung. Dessen politischer Redakteur Dr. Ludwig Franz half in der ersten Zeit tatkräftig mit.

Langsam ging es bergauf. Die Leser aus der Augsburger Zeit blieben treu, neue kamen hinzu. Von 1951 bis 1955 konnte die Zahl der (mit der Post belieferten) Abonnenten von 6 000 auf 12 000 verdoppelt werden.

Anläßlich einer Tagung der „Abendländischen Akademie“ in Eichstätt 1954 wurde erstmals offen eine Übersiedlung von Regensburg nach Würzburg diskutiert. Der Verlag hoffte damit endgültig, den überregionalen Durchbruch zu schaffen. Eine Auflage von 20 000 Exemplaren wurde anvisiert.

Endlich der überregionale Durchbruch

Die erste in Würzburg gedruckte Ausgabe im Juni 1955 war ausführlich einem Datum und einem Manne gewidmet: der Tausendjahrfeier der Schlacht auf dem Lechfelde und dem hl. Ulrich. Das Durchbrechen der Schallmauer (20 000 Exemplare Auflage) erlebte Naumann nicht mehr. Schon in der Augsburger Zeit hatte Naumann Ferdinand Römer gewonnen und kurz vor seinem Tod zum Nachfolger in der Chefredaktion bestimmt. Drei Jahrzehnte lang, bis zu seinem Tod 1986, führte Römer Naumanns Vermächtnis weiter: Eine katholische Zeitung müsse die „Deutsche Tagespost“ bleiben, fest im Glauben verwurzelt und eindeutig in den grundsätzlichen Fragen. Nach Naumanns Tod 1956 leitete seine Frau Gertrud als Herausgeberin den Zeitungsverlag, dem Wunsch Naumanns entsprechend, der das Unternehmen weiter in Familienbesitz wissen wollte.

Eine Zeit publizistischer wie verlegerischer Dynamik begann. Als neuer Titel erschien im Verlag die „Allgemeine Sonntagszeitung“. Bemühungen mit anderen Blättern („Das Wort“, Hildesheim, „Deutsches Volksblatt“, Stuttgart und „Badische Volkszeitung“ in Karlsruhe) zu kooperieren scheiterten am „verlegerischen Kleinmut“ und der von Naumann oft beklagten „invidia catholica“.[19] So blieb der „große Wurf“ eine Utopie.

---

[19] Ferdinand Römer, a. a. O., S. 17. „Invidia catholica“ : katholischer Neid.

1967 gelang freilich das „Würzburger Modell". Seitdem kooperieren „Fränkisches Volksblatt" (mit „Aschaffenburger Volksblatt" und „Schweinfurter Volkszeitung") und „Deutsche Tagespost".[20] Den weiteren Ausbau des Verlages trieb in erster Linie Erwin Stindl voran. Der ehemalige freie Mitarbeiter war 1955 in die Redaktion der DT eingetreten, war ab 1956 deren stellvertretender Chefredakteur und übernahm 1969 die Leitung des Naumann-Verlages von Peter Fries. 1973 wurde er zum Verlagsdirektor ernannt. Von 1971 bis zu seinem frühen Tod (1982) baute er den Vertrieb der deutschsprachigen Ausgabe des „Osservatore Romano" auf.

Stindls Verdienste um die Zeitung sind gerade vor dem Hintergrund der Gründung von „Publik" nicht hoch genug zu bewerten. Als Stindl Ende der sechziger Jahre die Leitung des Verlages übernahm, zeigten dessen betriebliche Kennzahlen einen Abwärtstrend an. Er selbst äußerte dazu: „Eine der Hauptursachen dafür muß in der Gründung von ‚Publik' gesehen werden, d. h. weniger in der Existenz dieses Blattes, als in den Methoden, mit denen ihm Marktanteile verschafft werden sollten. Auch die Kirchenpresse hatte ja darunter zu leiden. Während die Redaktion dieses Organs nicht müde wurde, ihre Unabhängigkeit von kirchlichen Stellen zu beweisen und ihren bischöflichen Gründern immer wieder kräftig gegen das Schienbein zu treten, gaben sich Werber einen kirchenamtlichen Anstrich, was verständlicherweise in vielen Fällen zur Abbestellung der ‚privaten' DT führte. Die großzügige finanzielle Ausstattung der Neugründung gestattete es auch, auf kostengerechte Preise zu verzichten."[21] (Dennoch scheiterte „Publik" wie bereits erwähnt im vierten Jahrgang 1971.)

Stindl nahm auch die 1955 eingestellte Buchproduktion des Verlages wieder auf. Gleich nach dem Kriege hatte Naumann eine „Abendländische Reihe" mit namhaften Autoren begonnen, die Zeitschrift „Neues Abendland" herausgebracht und das zweibändige Standardwerk „Köpfe der Politik, Wirtschaft, Kunst und Wissenschaft" verlegt. Der später einsetzenden Turbulenzen wegen galt die ganze Aufmerksamkeit des Verlegers „seiner" Zeitung. Begonnen wurde die neue Ära des Buchverlages Naumann in enger Anlehnung an die redaktionelle Linie der DT. Der kommentierten Ausgabe der Sozialenzyklika „Mater et magistra" folgten bald Sonderdrucke der Konzilsdokumente. Erst später verselbständigte sich das Buchprogramm: Bücher der Lebenshilfe gehören dazu wie Reflexionen über die Zukunft des abendländischen Raumes.

Nach Römers Tod 1986 übernahm Dr. Harald Vocke gemeinsam mit Carl-Heinz Pierk die Chefredaktion, die er bis heute innehat. Als Verleger und Herausgeber war schon 1973 Prof. Dr. Heinrich Wilhelm Naumann an die Stelle seiner Mutter getreten.[22] Im Dezember 1988 hat er zum Mitherausgeber den Paderborner Theologen Prof. Dr. Theodor Herr berufen.

Wie von Naumann erträumt, wird die „Deutsche Tagespost" heute bundesweit gelesen, die Auflage liegt allerdings wieder unter der Schallmauer von ehedem[23]. Ihren

---

20 vgl. dessen Porträt im selben Band.

21 Interview der DT-Redaktion mit dem Verlagsdirektor des Hauses Naumann, Erwin Stindl. Nachzulesen in der Sonderbeilage, a. a. O., S. 26 f.

22 Gemeint ist Naumanns zweite Frau Gertrud.

23 lt. IVW-Liste 4/1987 liegt die verkaufte Auflage der „Deutschen Tagespost" mit „ Der Allgemeinen Sonntagszeitung" bei 18 357 Exemplaren während der Woche und 19 716 Stück an Samstagen.

Deutsche Tagespost

Katholische Zeitung für Deutschland

1 Z 2310 B

Nummer 102– 41. Jahrgang – Samstag, 27. August 1988 | Einzelpreis 1,75 DM – Verlagsort Würzburg

Im Ringen um Wahrheit

Vierzig Jahre Deutsche Tagespost

Die Zeitung bewahrt in Gehalt und Gestalt das Programm ihres Gründers

Von Max Rößler

I

„Die Demokratie, die wir vertreten, ist bestimmt durch Wahrheit, Recht, Freiheit der Persönlichkeit und Würde des Menschen als Ebenbild Gottes."

Johann Wilhelm Naumann

„Jahr um Jahr war unsere tägliche Nahrung die Lüge" – so hat Werner Bergengruen die Schmach jener fluchbeladenen zwölf Jahre beschrieben. Die Hörfunk-Technik hatte der Lüge zu solch raffiniert und gewalttätig eingesetzter Macht verholfen, daß ihre brüllende Stimme noch das einsamste Dorf und das letzte Berg-Gehöft erreichte.

An ihrer Lüge war das Satanische jenes Terrors unverkennbar zu entlarven gewesen: „Die Lüge ist so frech und schreit / und hat ein Maul so höllenweit / uns alle zu verschlingen" (Georg Thurmair). Mit verwegener Tapferkeit hatte ein Johannes Maaßen versucht, sich dem lawinenhaften Schwall der Lüge entgegenzustemmen: „Schreie Wahrheit!" forderte untergehend seine heroische „Junge Front". Doch die Gewalt erstickte brutal, ja hohnlachend auch diesen letzten Aufschrei des Widerstands.

Eine Selbstverpflichtung

Durch Ver-wahr-losung des Wortes hatte der Satan seine Erfolge vor allem errungen – mit der Wahrheit des Wortes mußte er bekämpft werden. Freilich genügt es nicht, sich der Lüge zu erwehren, wenn die Frage unbeantwortet bleibt: Was ist Wahrheit? Daß der so fragende Pilatus die vor ihm stehende, Mensch gewordene Wahrheit nicht erkennen konnte oder wollte – in dieser dramatischen Szene wurden bereits Chance, Tragik und

dere dachten an die immensen technischen und finanziellen Schwierigkeiten, an Personal- und Programmprobleme und rieten dazu, in den neu strukturierten, allgemeinen Rundfunk-Anstalten mitzuarbeiten.

Während man hier noch sehr theoretisch und hypothetisch über Mögliches und Unmögliches stritt, hatte Johann Wilhelm Naumann den Saal betreten und einen Stoß frischer Zeitungen auf den Tisch gelegt. „Nicht klagen – handeln!" hatte das ungewohnt pathos-lose Leitwort des Katholikentages gefordert – nun, Naumann hatte gehandelt, hatte am Augustinustag seine Zeitung gestartet und konnte sie nun, am 1. September 1948, hier vorlegen.

Noch waren Pessimismus und Resignation spürbar besonders bei jenen, die die klägliche, beschämende Situation der ka-

Jubiläumsforum

AUGUSTINUS HEUTE

Mit Beiträgen von
Jan Rainer Hermanns
Helmut Kohlenberger
Johannes Lehmann-Dronke
Leo Scheffczyk
Harald Vocke
Hermann-Josef Zoche

Seiten 11 bis 18

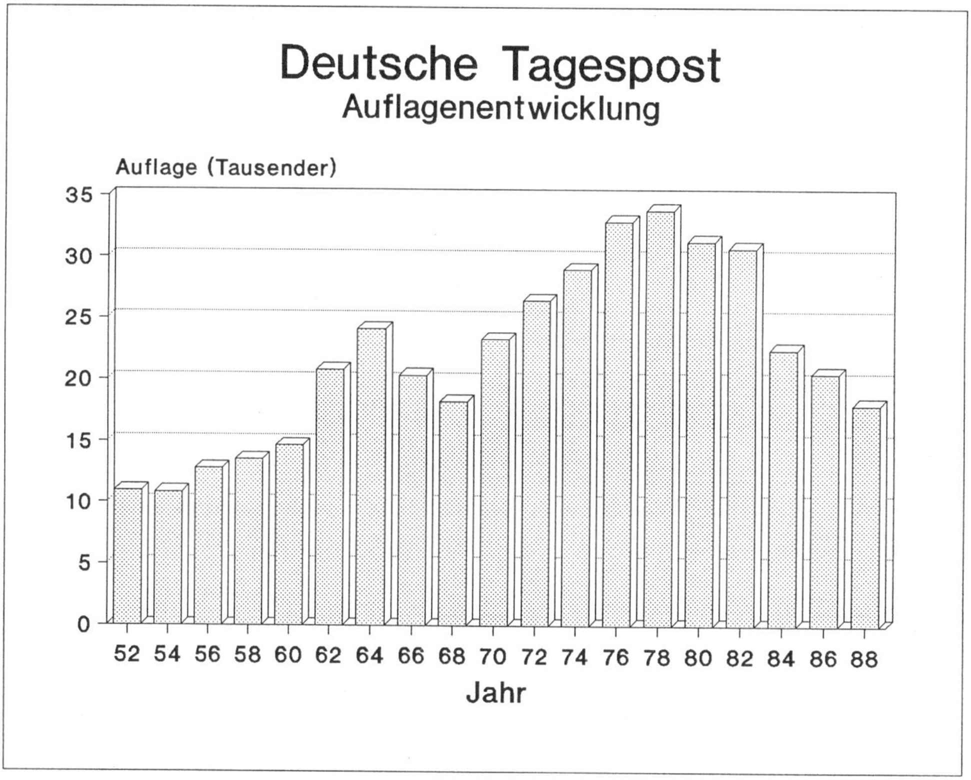

Verbreitungsschwerpunkt hat die „Deutsche Tagespost" in Süddeutschland, wohin 45% der Auflage gehen, und in Nordrhein-Westfalen. Der typische Leser[24] ist männlich, deutlich über vierzig Jahre alt und hat mindestens Abitur. Selbständige, leitende Angestellte und Beamte und Geistliche machen das Gros der Leser aus. Mindestens die Hälfte der Leser ist politisch tätig.[25] Dreiviertel aller Leser nutzt die „Deutsche Tagespost", die nach wie vor nur dreimal die Woche herauskommt, ergänzend zur lokal informierenden Tageszeitung und parallel zu Wochenblättern wie dem „Bayernkurier", dem „Rheinischen Merkur" und dem „christlichen Magazin" „Weltbild". Befragt, was sie an der Zeitung besonders schätzen, führen die Leser spontan die „klare Haltung, die politische Charakteristik, die objektive Berichterstattung und die Kommentare, Stellungnahmen und Wertungen aus katholisch-christlicher Sicht" an.[26] Die Wertschätzung der Leser drückt sich nicht zuletzt in jahrelanger Treue aus: Mehr als die Hälfte der Abonnements besteht 10 Jahre und länger.

Eine katholische Zeitung für Deutschland

Der Zeitungskopf wurde in den vergangenen vierzig Jahren mehrfach verjüngt. Statt „Augsburger" nun „Deutsche Tagespost", nicht mehr in Fraktur gesetzt, statt altem Postreiter erschien zwischenzeitlich das Verlagssignum mit den Köpfen der Juno und Ecclesia, das mit der letzten Modernisierung verschwand.

Die Titelseite bringt nationale und internationale Agenturberichte (dpa, KNA, epd, cid und Kathpress), ein zweispaltiges Bild sowie eine knappe Themenübersicht aus verschiedenen Ressorts. Die zweite Seite dient ganz überwiegend der Kommentierung: ganz links der Leitartikelkasten, der allein eine ganze Spalte frißt, ganz rechts kürzere und längere Fernsehkritiken, sodann die Rubrik „Was andere Zeitungen schreiben" im unteren Drittel der Seite. Dazwischen ein oder zwei längere, subjektiv eingefärbte Artikel von Korrespondenten oder freien Mitarbeitern zum Zeitgeschehen. Auch die dritte Seite bringt namentlich gekennzeichnete Stellungnahmen zum politischen Geschehen. Die vierte Seite ist „Kirche aktuell" überschrieben. Sie bringt die Rubrik „Römische Warte" mit Nachrichten aus dem Vatikan, katholische Personalien und etwa 40-50zeilige Berichte aus dem kirchlichen Leben, welche überwiegend auf KNA-Material basieren. Die folgenden Seiten variieren je nach Wochentag und Materiallage. Eine feste Einrichtung stellt die Seite „Glaube und Wissen" dar, die theologischen Erörterungen und Würdigungen breiten Raum läßt. Nach den Seiten für Sport und Wirtschaft kommen vermischte Meldungen. Regelmäßig erscheinen auch die Rubrik „Aussprache", welche Leserbriefe abdruckt, und der Roman. Mit der Samstagsausgabe der „Deutschen Tagespost", die in der Regel einen Umfang von sechzehn Seiten hat, stimmt die „Allgemeine Sonntagszeitung" im redaktionellen Inhalt weitgehend überein.

---

24 Diese und die folgenden Angaben stützen sich auf eine Abonnentenanalyse (Stand Februar 1987), erstellt von KOHORTEN, Sozial- und Wirtschaftsforschung GmbH Co KG, Offenbach.

25 lt. Verlagsangaben sind 40% der Leser Mitglied einer Partei, 7% haben eine Funktion innerhalb einer Partei, 3% haben ein politisches Mandat in der Legislative, 1% ist tätig in der Exekutive und 4% bekleiden ein politisches Amt im Rahmen von Verbänden, Vereinigungen und Gewerkschaften.

26 nach Verlagsangaben.

Die Beilage versammelt Betrachtungen von Cocteau, Malraux und Jünger, einen Auszug aus dem „Weißblauen Knigge“ über die Weißwurst und einen Vers von Ringelnatz, knappe und ausführliche Buchbesprechungen, Theologisches neben dem Kinderbuch, das naturwissenschaftliche Sachbuch neben den Predigten des Augustinus. Extraseiten widmet die achtköpfige Redaktion den „Medien“ und dem Feld „Frau und Beruf“. Die Rubrik „Im Gespräch“ nutzt die „Deutsche Tagespost“, um Themen jenseits der Tagesaktualität intensiv zu beleuchten. So wird ein Vortrag des Präsidenten der katholischen Universität Eichstätt, Nikolaus Lobkowicz, über die Verantwortung des Unternehmers im Wortlaut abgedruckt. Verbundenheit mit den Gläubigen im Osten beweist die Redaktion, indem sie Nachrichten, Reportagen und Kommentare zu deren schwierigen Situation gesondert versammelt und somit der besonderen Aufmerksamkeit der Leser anheim gibt. Eine Seite mit Zeitschriftenumschau, Rezensionen, Kulturnotizen und einem Feuilleton schließt die Wochenendbeilage ab.

Engagement im Privatfunk

„Ein Angebot, wie es die DT bringt“, äußerte Stindl einst, „ist nun einmal nichts für den Allerweltshaushalt, es muß ein gewisses Interesse am kirchlichen Geschehen und ein Engagement für die katholische Sache vorhanden sein.“[27] Schätzt man die Zahl der Haushalte in der Bundesrepublik, auf die das zutrifft, so wird deutlich, daß es dem Verlag nicht leicht fällt, die Auflage einigermaßen zu halten oder gar zu erhöhen. Seit dem Höchststand von 1978 (33 000 Exemplare Auflage) hat die „Deutsche Tagespost“ kontinuierlich Leser verloren. Erst in der zweiten Hälfte des Jahres 1988 gelang es, durch eine Steigerung der redaktionellen Qualität die Auflage zu stabilisieren, ja bis zum Januar 1989 konnte ein leichter Anstieg der Leserzahl verzeichnet werden. Besondere Zustimmung fand bei den Leser die Entsendung eines ständigen Korrespondenten nach Rom, der seit November 1988 regelmäßig exklusiv über das Geschehen im Vatikan berichtet und für die Rubrik „Römische Warte“ der Redaktion wichtige päpstliche Dokumente übermittelt. Verlag und Redaktion verweisen stolz darauf, daß die ausführliche Berichterstattung der Zeitung zur Debatte über Abtreibung und Schwangerenberatung aus katholischer Sicht in jüngster Zeit wachsende Beachtung finde.[28]

Der Naumann-Verlag versucht sich zugleich im Würzburger Privatfunk. Drei Jahre nach der politischen Weichenstellung für privaten Rundfunk in Bayern gingen im Mai 1987 drei private Anbietergemeinschaften unter dem gemeinsamen Programmnamen „Radio Frankenwarte“ auf UKW-Frequenz 103 MHz auf Sendung. Der Verlag Johann Wilhelm Naumann beteiligt sich seither an der Anbietergemeinschaft „Radio Mainland“, zu der außerdem das Studio Gong Würzburg, die Firma Udo Lermann und die Mittelstand GmbH Unterfranken gehören. Chefredakteur Jürgen Höfle schildert die Programmphilosophie seiner Anbietergemeinschaft so: „Unser Ziel ist es, für den Großraum Würzburg, Main-Spessart und Kitzingen ein aktuelles, informatives, unterhaltsames Boulevard-Radio mit starken lokalen Ele-

---

27 Erwin Stindl, a. a. O., S. 20.

28 vgl. Schreiben vom Verlagsleiter Dr. Harald Vocke an die Verfasserin vom 2. 2. 1989.

menten zu machen."[29] Hörer zwischen 14 und 50 Jahren, die Interesse an Lebenshilfe und aktuellem Service haben, zielen die Programmacher an. Die Musikbeiträge werden der im Tagesverlauf wechselnden Hörerschaft angepaßt. Die Würzburger Lokalthemen werden boulevardmäßig auf den Punkt gebracht. Gemeinsam mit dem Studio Gong sendet der Naumann-Verlag jeden Wochentagmorgen das flotte Magazin „Guten Morgen Würzburg" sowie abends die „Main-Kultur". Samstagmorgens starten die beiden Anbieter ins „Würzburger Wochenende" und bieten ab 20 Uhr Unterhaltendes für die Samstagnacht an. Sonntags geht der „Frühschoppen Würzburg" auf Sendung und das „Sportstudio Mainfranken". Gesendet wird vom Studio Gong in der Würzburger Semmelstraße aus. Beiträge von Radio Mainland behandeln lokale Ereignisse, wobei auch regelmäßig das kirchliche Leben in Würzburg berücksichtigt wird.

Mehr als drei Jahrzehnte lang wurde die „Deutsche Tagespost" im Bleisatz gesetzt. Heute nutzt sie den computer-gesteuerten Lichtsatz und wird im Offsetverfahren auf einer modernen Rotationspresse gedruckt. Für das Rechnungswesen und den Vertrieb ist die EDV unentbehrlich geworden. Schon der hl. Don Bosco, der Schutzpatron der Verleger, hatte seine geistlichen Kinder ermahnt, im Druckwesen stets den technischen Fortschritt zu nutzen. Der Naumann-Verlag folgt diesem Rat.

(sf)

---

29 vgl. Klaus Schmidt: Seit dem 8. Mai viel Lokales auf Frequenz 103. In der Zeitschrift der Industrie und Handelskammer Würzburg-Schweinfurt „Mainfränkische Wirtschaft", Heft Juni 1987, S. 6 ff.

10,000 Exemplare. 10,000 Exemplare.

General-Anzeiger

für Würzburg und Umgebung.

Nr 53 Dienstag, den 25. September 1883. 1. Jahrgang.

Erscheint vorläufig Dienstag, Donnerstag und Samstag. || Inserate: Für hier 10 ₰, nach auswärts 15 ₰ per 4spalt. Zeile.

Zur gefl. Beachtung!

Hierdurch beehren wir uns, unseren verehrl. Lesern die Mittheilung zu machen, daß, ermuthigt durch den großen Erfolg, wir uns veranlaßt sehen, den „General-Anzeiger für Würzburg und Umgebung“ vom 27. ds. ab

täglich

(mit Ausnahme der Sonn- und höchsten Feiertage) erscheinen zu lassen. Derselbe wird Alles Wissenswerthe aus dem Gebiete des öffentlichen Lebens, hauptsächlich aber die lokalen Vorkommnisse und die des Kreises berücksichtigen, sowie alle für den Landwirth wichtigen Marktberichte rc. bringen. Zur Unterhaltung soll das Feuilleton eine spannende Erzählung enthalten.

Der Erfolg der

Inserate

des „General-Anzeiger“ ist bekannt und wird durch das tägliche Erscheinen noch erhöht. Die gegenwärtige Abonnentenzahl beträgt

10,000

eine Auflage, wie sie kein hiesiges Blatt aufzuweisen hat.

Zur Inseration ladet ergebenst ein

Redaktion und Expedition des „General-Anzeiger“
J. M. Richter.

Anzeigen „verführen“

Bonn (AP) – Die Beschäftigung mit Zeitungsanzeigen im Unterricht ist nach Einschätzung des Leiters des Aachener „zop-Instituts zur Objektivierung von Lern- und Prüfungsverfahren“, Peter Brand, eine gute Möglichkeit, Schüler zum Lesen auch anspruchsvollerer Zeitungstexte zu „verführen“. Anzeigen seien kurz und präzise formuliert, wirklichkeitsnah und im Gegensatz zu vielen Zeitungsartikeln gut verständlich, erklärte Brand gestern in Bonn auf einer Veranstaltung der Zeitungsverleger.

MAIN POST

WÜRZBURGER NEUESTE NACHRICHTEN

43. JAHRGANG Nr. 152 DIENSTAG, 7. JULI 1987 Preis 1 DM 4600

Waldschützer: Nur noch Kat-Autos

Bonn (dpa) – Das Waldsterben in der Bundesrepublik hat nach einer Phase der Verlangsamung offensichtlich wieder zugenommen. Darauf hat gestern in Bonn die Schutzgemeinschaft Deutscher Wald hingewiesen.

Umfragen in den Bundesländern hätten eine Zunahme der Schäden insbesondere bei Laubbäumen ergeben. Die Schutzgemeinschaft hält daher zusätzliche und sofort wirkende Hilfsmaßnahmen für notwendig.

Vor diesem Hintergrund forderte die Schutzgemeinschaft, daß deutsche Pkw-Hersteller nur noch Katalysator-Fahrzeuge bauen und in der Bundesrepublik anbieten. Auch sei die ausschließliche Einfuhr von Autos mit Katalysator unerläßlich. Der Vorstand der Schutzgemeinschaft kritisierte in diesem Zusammenhang, daß auch zwei Jahre nach Inkrafttreten der steuerlichen Erleichterungen monatlich noch immer 60000 Personenwagen ohne jegliche Schadstoffreduzierung zugelassen würden.

„Hilfe wichtiger als Strafverfolgung“

Bonn: Hohe Dunkelziffer bei Kindesmißhandlungen

Bonn (KNA/AP/dpa) – In der Bundesrepublik werden jährlich etwa 10000 Fälle von Kindesmißhandlungen angezeigt. Allerdings: Dieser Zahl steht eine hohe Dunkelziffer gegenüber. Fachleute gehen von 150000 bis 300000 Fällen allein bei sexuell ausgebeuteten Kindern aus.

Von solchen Zahlen berichtete gestern in Bonn Bundesfamilienministerin Rita Süßmuth bei einer von ihrem Ministerium veranstalteten Fachtagung „Gewalt gegen Kinder – alle sind gefordert“. In diesem Zusammenhang räumte Frau Süßmuth der Hilfe mißhandelter Kinder Vorrang vor der Strafverfolgung der Täter ein. Daran müsse sich auch die Aufklärungsarbeit orientieren, die nicht zu Verdächtigungs- oder Diffamierungskampagnen und bei den Kindern nicht zu Verunsicherung oder Vertrauenskrisen führen dürfe.

Notwendig – so die Ministerin – sei auch eine neue Regelung mit den Krankenkassen, die bislang Regreßforderungen an Eltern stellen können, wenn ein Arzt ihr Kind unter dem Verdacht einer Mißhandlung ins Krankenhaus einweist.

Bei der Tagung berichtete zudem der Düsseldorfer Kinderpsychiater Eugen Jungjohann aus Erfahrungen seiner Fachambulanz: 65 Prozent der mißhandelten Kinder sind danach jünger als sechs Jahre gewesen.

Kritik Bonns an DDR-Maßnahme

Bonn (rtr) – Die Bundesregierung hat gestern die Senkung des Umtauschsatzes für Reisende aus der DDR in dringenden Familienangelegenheiten kritisiert.

Zugleich bekundete sie die Absicht, darüber mit der DDR-Führung zu reden. Die Bundesministerin für innerdeutsche Beziehungen, Dorothee Wilms, erklärte, die Bundesregierung habe „wenig Verständnis für eine Maßnahme, die Verwandtenbesuche im geteilten Deutschland für Reisende und Gastgeber schwieriger macht“.

In diplomatischen Kreisen in Ost-Berlin hieß es, die DDR habe in letzter Zeit ihre Devisenbelastung als erheblich empfunden. Seit dem 1. Juli dürfen DDR-Bürger unterhalb des Rentenalters bei Westreisen nur noch 15 DDR-Mark im Jahr im Verhältnis eins zu eins in D-Mark umtauschen. Bisher waren es zehn DM pro Tag und höchstens 70 DM im Jahr.

(Siehe auch Bericht Seite 5)

Mainfranken aktuell

Stammgast *in Bad Kissingen ist seit vielen Jahren der Deutsche Beamtenbund (DBB) mit seiner alljährlichen Arbeitstagung. Nicht zuletzt um diese vorzubereiten, traf sich*

Von Weizsäcker bei UdSSR-Besuch:

„Blockdenken sollte

Noch gefährlicher als Plutonium?

Strahlen-Schlamm auf

Zeitungen aus dem Verlagshaus Richter im 19. und 20. Jahrhundert.

Vom „General-Anzeiger" zur Regionalzeitung: Die „Main-Post"

Die Mainpresse Richter Druck und Verlags GmbH & Co. KG mit Sitz in Würzburg hat eine lange Tradition, die bis ins Jahr 1883 zurückreicht. Noch wesentlich älter ist jedoch der Druckereibetrieb Richter. Angesichts der außerordentlichen Vielfalt des Würzburger Zeitungslebens Anfang des 19. Jahrhunderts kaufte der Buchdrukker Stephan Richter 1815 eine Druckerei und druckte für verschiedene Verleger Zeitungen.

Die Technik sichert den Vorsprung – das könnte bereits die Maxime Richters gewesen sein. Er jedenfalls installierte eine damals hochmoderne Druckmaschine und konnte sich so einen zeitlich-technischen Vorsprung vor der Konkurrenz sichern, den er auch knapp 70 Jahre halten konnte. Doch im Jahre 1883 standen die Nachfahren des Stephan Richter plötzlich ohne Aufträge da, weil sämtliche Verlagsobjekte zu dieser Zeit einen anderen Drucker gefunden hatten. Die großen Druckmaschinen standen still. Das war die Geburtsstunde einer neuen Zeitung. Wer für andere Zeitungen drucken konnte, konnte auch für sich selbst Zeitungen drucken. Die Zeit selbst war günstig. Der Krieg gegen Frankreich war gewonnen, der Handel blühte wie selten zuvor.

Die Richtersche Devise: klotzen statt kleckern

Trotzdem erforderte es einigen unternehmerischen Wagemut von den Buchdrukkern Carl und August Richter, am 26. Mai 1883 in der eigentlich recht dicht besiedelten mainfränkischen Zeitungslandschaft ein weiteres Periodikum zu starten. Ihr „General-Anzeiger für Würzburg und Umgebung" war alles andere als ein Verlegenheitsblatt für die nicht ausgelasteten Druckerpressen. Sie starteten ihre Zeitung mit einer Auflage von 10 000 Exemplaren – und das angesichts einer nicht gerade schlafenden Konkurrenz. Der „Stadt- und Landbote", die bis dahin größte Würzburger Tageszeitung, erschien mit 7 500, das 1868 gegründete „Fränkische Volksblatt" mit 3 400 Exemplaren. Die Richter-Brüder verdoppelten also auf einen Schlag die Gesamtauflage aller in Würzburg erscheinenden Zeitungen und läuteten so eine neue Ära ein in der bis 1688 zurückreichenden Geschichte der Würzburger Presse.

Ein „Massenblatt" wie dieses war noch nicht dagewesen in der Würzburger Zeitungslandschaft. Und doch hatte der Würzburger „Generaler" – so wurde die Zeitung liebevoll von der Gründerrunde um die Richter-Brüder genannt – seine Vorläufer und Vorbilder.[1] General-Anzeiger gab es bereits in Aachen, Köln, Frankfurt und anderen deutschen Städten, doch das Blatt, das bis heute als Prototyp dieser neuen Presseorgane gilt, August Scherls „Berliner Lokal-Anzeiger", sollte erst ein halbes Jahr später erscheinen.

---

1 Vgl. den Artikel „Generalanzeiger" von Emil Dovifat im „Handbuch der Zeitungswissenschaft" (hrsg. von Walther Heide). Bd. I. Leipzig 1940, Sp. 1217 ff.

Der Name war den Richter-Brüdern Programm. „General-Anzeiger" – das erhob Anspruch auf ein Massenblatt und bedeutete günstige Preise sowie viele Anzeigen. Das Anzeigenaufkommen ergab sich nicht nur aus dem aufblühenden Geschäftsleben und der wachsenden Industrialisierung dieser Zeit (die sich nicht zuletzt in der Eröffnung von Warenhäusern und damit verbunden ganzseitigen Anzeigen ausdrückte), sondern auch durch eine sorgfältige Pflege des lokalen Teils und die Einführung der sogenannten „‚Kleinen Anzeigen', durch die auch dem ‚kleinen Mann' der Anzeigenmarkt geöffnet wurde".[2] Die zahlreichen Anzeigen bedingten wiederum einen großen Leserkreis.

Und noch ein weiteres Novum in der Würzburger Zeitungslandschaft machte den Erfolg des Richterschen „General-Anzeigers" aus. Als Massenblatt verzichtete er als einzige Zeitung auf jede parteiliche oder konfessionelle Bindung. „Völlig parteilos, ruhig und objektiv"[3] zu sein, rühmte sich das Blatt, das ein Würzburger Stadtkommissar andererseits als „farblose und nur lokalen Zwecken dienende Zeitung"[4] bezeichnete. Allein bürgerliche Werte und nationale Gesinnung, also „gängige Kost für möglichst jedermann"[5] mit Neuigkeiten, Klatsch und Tratsch aus Stadt und Land, bestimmten die oft ins Sensationelle gehende Nachrichtenaufmachung des „General-Anzeigers".

Der Erfolg gab den ehemaligen Druckern, die nun auch Redaktion und Anzeigengeschäft besorgten, recht. Klotzen, nicht kleckern, so lautete die Devise auch, als nur vier Monate nach der ersten Ausgabe auf tägliches Erscheinen umgestellt und der monatliche Abonnementpreis verdoppelt wurde. Bislang war der „General-Anzeiger für Würzburg und Umgebung" dreimal wöchentlich erschienen und gegen das geringe Entgelt von zehn Pfennigen frei Haus geliefert worden, was den frischgebackenen Verlegern gerade mal die Kosten für das Austragen ersetzte. Im Untertitel der Zeitung stand inzwischen zu lesen: „Amtliches Publikationsorgan"[6] unter anderem der Registergerichte und des Stadtmagistrats Würzburg sowie zahlreicher Gerichte von Boxberg (Baden) bis Rehau (Oberfranken) und „Holzverkaufs- und Submissionsanzeiger"[7] zahlreicher Forstbehörden bis hin ins ferne Elsaß-Lothringen.

1885 erschien der „General-Anzeiger" erstmals mit 36 Seiten, und 1887 rühmte sich das Blatt angesichts einer Auflage von 20 000 Exemplaren „in fast jeder Familie in Würzburg gelesen und Amtliches Organ von ca. 500 Behörden"[8] zu sein. Die Konkurrenzzeitungen, die sich als Zeitungs-Persönlichkeiten mit langer Tradition verstanden, jedoch ließen fast zu jeder Zeit kaum ein gutes Haar am parteilosen „General-Anzeiger". Ziel der Kritik war die „farb- und geruchslose Presse".[9] Das katholische „Fränkische Volksblatt" in Würzburg bezeichnete die parteilosen Blätter als Waschlappen ohne erzieherischen Wert auf den Charakter und die politische Betä-

---

[2] Karl d'Ester: Zeitung und Zeitschrift. In: Wolfgang Stammler (Hg): Deutsche Philologie im Aufriß. Berlin 1957. Bd. II, S. 593.
[3] Franz Dülk: 1883 – 1983. 100 Jahre Zeitungen im Hause Richter. Würzburg 1983, S. 16.
[4] ebd.
[5] a. a. O., S. 15.
[6] a. a. O., S. 21.
[7] ebd.
[8] ebd.
[9] a. a. O., S. 22.

tigung.[10] Der Geldsack ihrer Besitzer sei das einzige Endziel. „Neutraler“[11] und „kritiklose Alltagsgazette“[12] oder „Generalklatscher“[13] waren als Schimpfnamen an der Tagesordnung. Konfessionelle und parteigebundene Zeitungen wechselten sich darin ab, den „General-Anzeiger“ einmal als zu liberal, ein andermal als „heimlich klerikal“ oder sogar als „käuflich“ zu kennzeichnen.[14]

Vorreiter auch in der Technik

In bester Richterscher Tradition wurden die Druckanlagen stets auf den neuesten Stand der Technik gebracht. Bereits 1884 stand im Verlagshaus Richter die erste Rotationsmaschine im unter- und oberfränkischen Raum. Eine Erweiterung der Druckerei und der Geschäftsräume wurde bereits 1889 notwendig, und nur fünf Jahre später mußte das neue Druckereigebäude in der Domerschulgasse 6 bereits wieder auf das Doppelte vergrößert werden. Zu dieser Zeit erschien der „General-Anzeiger“ mit einer Auflage von 27 000 Exemplaren. 1895 schließlich wurde eine 16seitige Rotation, 1900 zwei weitere Zeitungsmaschinen angeschafft, so daß das Format vergrößert und auf vierspaltigen Umbruch umgestellt werden konnte. Damit hatte der „General-Anzeiger“ das modernste Seitenbild der sieben damals erscheinenden Würzburger Zeitungen.

Längst hatten die Richter-Brüder den blühenden Aufschwung ihres Gewerbes dazu benützt, ihr Unternehmen auf eine breite wirtschaftliche Basis zu stellen. 1891 veröffentlichten sie erstmals eine Beilage zum „General-Anzeiger“, aus der sie zwei Jahre später eine selbständige Zeitung mit 120 000 Abonnenten in ganz Deutschland machten. Aus der Beilage „Praktischer Ratgeber für Wein-, Obst- und Gartenbau, Feld-, Land- und Hauswirtschaft“, einem sich an ländliche Leser richtenden Beiblatt mit kurzen, prägnanten Ratschlägen und einem großen Anzeigenteil, wurde die Erfolgszeitung „Praktischer Ratgeber“. Drittes unternehmerisches Standbein des Richterschen Verlagshauses war die „Süddeutsche Eisenbahnzeitung“, ein früher Vorläufer des „Zugbegleiters“. Das Blatt wurde kostenlos in mehr als 300 Zügen verteilt und brachte es auf eine Auflage von rund 200 000 Stück.

Kurzzeitiger Besitzerwechsel

1905 schließlich kam es zu einem entscheidenden Bruch in der Geschichte des „General-Anzeigers“. Carl und August Richter, beide unabhängig und unverheiratet, verkauften ihre drei Zeitungen an Albert Broschek, welcher den „Praktischen Wegweiser“ postwendend an den Berliner Pressezaren August Scherl veräußerte. Mutmaßlicher Grund für den Rückzug der Richter-Brüder aus dem Verlagsgeschäft war ihr Drang nach mehr Unabhängigkeit und Freiheit. Beide weilten oft und gerne auf Reisen.

---

10 ebd.
11 ebd.
12 ebd.
13 ebd.
14 Vgl. Diskussionen in den Gründungsjahren des Vereins Deutscher Zeitungsverleger (1894 f.), der erst nach heftigen Fehden vom Beginn des neuen Jahrhunderts an die Generalanzeiger-Verleger in den Kreis aufnahm.

Mit Albert Broschek hielt eine der ganz großen Verlegerpersönlichkeiten Einzug in die Geschäftsräume des „General-Anzeigers". Er war es auch, der – in Würzburg als erster – Redaktion und Expedition (Anzeigen und Vertrieb) trennte und dafür sogar zwei getrennte Telefonleitungen einrichtete. 32 000 bis 36 000 Abonnenten, je nach Jahreszeit, waren die stolze Bilanz, die Broschek 1905 vorweisen konnte. An einem Rekordsonntag dieses Jahres erschien das Blatt mit insgesamt 28 Seiten, 24 davon waren Anzeigenseiten. Der „General-Anzeiger" kostete inzwischen wie die gleichartigen Konkurrenzzeitungen 50 Pfennig monatlich und lag auflagenmäßig sogar über den großen Nürnberger Blättern.

Doch Alfred Broschek hielt es nicht allzu lange am Main. Noch 1905 setzte er zwei Geschäftsführer ein und läutete damit bereits das Ende seines insgesamt vierzehnmonatigen Intermezzos ein. Broscheks Statthalter vor Ort drohten das ehemals so erfolgreiche Blatt herunterzuwirtschaften, so daß der „General-Anzeiger" schließlich nach freundschaftlichen Verhandlungen wieder an die Gebrüder August und Carl Richter zurückfiel. Eine Neuerung Broscheks allerdings hat bis heute in der „Main-Post" Tradition. In seine Zeit fiel der erste Spendenaufruf des „General-Anzeigers" zugunsten sozialer und karitativer Anliegen, eine Initiative, die heute in der „Main-Post"-Aktion „Patenkind" ihre Fortsetzung findet. Alfred Broschek selbst, der sich vom Setzerlehrling hochgearbeitet hatte, sollte erst später, 1907, als Herausgeber des „Hamburger Fremdenblatts" den Zenit seines Verlegerdaseins erreichen.

Für die Gebrüder Richter galt es zunächst, die Auflage zu halten. 1909 erschien das erste Bild im „General-Anzeiger". „Das Luftschiff des Grafen Zeppelin in Würzburg"[15] lautete die erste Bildunterschrift einer Würzburger Zeitung.

Im darauffolgenden Jahr hatte dann auch die bislang verhältnismäßig hohe Fluktuation der Chefredakteure ein Ende. Theo Kaufmann, 30 Jahre alt und Theaterkritiker, leitete die Redaktion bis zum Ende des Würzburger „General-Anzeigers" im Jahre 1941. Bis dahin erlebte die Auflage, nicht zuletzt wegen des Ersten Weltkrieges und dem sich daraus ergebenden Nachrichtenbedürfnis, einen starken Zuwachs. Waren es im Jahre 1912 noch 45 000 Exemplare, die tagtäglich gedruckt wurden (18 535 für Würzburg, 23 634 für Franken), so waren es 1917 bereits stolze 63 000 Exemplare.

Mit Ende des Krieges war der „General-Anzeiger" allerhand Repressionen ausgesetzt. Bereits am 11. November 1918 erzwang der Arbeiter- und Soldatenrat den Abdruck eines Revolutionsaufrufs auf der Titelseite. Und im Februar und März 1919 machten Zensurlücken in den verbliebenen vier Würzburger Blättern deutlich, daß die „revolutionäre Zensur" ihre Vorstellungen mit bewaffneten Wachen neben den Redaktionsschreibtischen durchgesetzt hatte. Einmal, am 7. April 1919, erschien der „General-Anzeiger" überhaupt nicht.

Mit dem Druck der Straße hatte es am 9. April 1919 ein Ende, die wirtschaftliche Lage Deutschlands war aber nach wie vor miserabel. Die galoppierende Inflation ließ die Leserzahlen des „General-Anzeigers" dahinschmelzen. Die Konkurrenzzeitung „Bayerische Landeszeitung" mußte im Mai 1923 ebenso wie ihr drei Monate später gegründetes Nachfolgeblatt, die „Fränkische Landeszeitung", ihr Erscheinen einstellen. 4,4 Milliarden Mark erhob die Post Ende Oktober 1923 für den „General-

[15] „General-Anzeiger" vom 3. 6. 1909, S. 1, zitiert nach Dülk, a. a. O., S. 31.

Anzeiger“ als Bezugspreis für die erste Oktoberwoche. Bei Aushändigung des Bezugspreises Anfang November an den Verlag hatte er gerade noch den Wert eines Pfennigs.

Mit der Währungsreform kehrten schließlich wieder geordnete Verhältnisse ein, der Würzburger „General-Anzeiger“ hatte aber einen ernsthaften Konkurrenten bekommen. Während der „General-Anzeiger“ wie vor der Jahrhundertwende 50 Pfennig (diesmal in Goldmark) kostete, kassierte das „Fränkische Volksblatt“ nur 0,15 Goldmark und konnte seine Auflage auf fast 20 000 Exemplare steigern. Der „General-Anzeiger“ hatte aber stets zwischen 25 000 und 27 000 Bezieher.

Kontinuierlich, jedenfalls bis zur Weltwirtschaftskrise, stieg die Auflage wieder auf 54 000 Exemplare (1927) an. 1928 wurde die Druckerei erweitert und eine neue Geschäftsstelle eröffnet. Daß 1932 die Geschäftsräume des Blattes zum Einzeichnungsbüro für die Wiederwahl des Reichspräsidenten Paul von Hindenburg umfunktioniert wurden, stellt nicht unbedingt die Frage, wie es damals noch um seine – für Generalanzeiger an sich typische – parteipolitische Neutralität bestellt war: Bekanntlich stand Hindenburg für die „breite Front von der SPD bis zu den Volkskonservativen“[16] gegen die extremistischen Kandidaten von links nach rechts (Thälmann, Hitler, Duesterberg), und bekanntlich trugen sich in die „von der Presse unterstützten Einzeichnungslisten (..) ohne Hilfe der Parteiorganisationen schon bis zum 13. September über drei Millionen Wähler ein“.[17] Man könnte also sagen, daß wenigstens insofern ein die politischen Parteien übergreifender Konsens in diesem Sachverhalt zum Ausdruck kommt; freilich gleichermaßen die Bedrängnis der Weimarer Republik durch die Extremisten beider Flügel, welcher sich damals auch ein Generalanzeiger nicht mehr unbedingt in den apolitischen Raum entziehen konnte.

Zum 50jährigen Jubiläum der Zeitung gratulierte Reichspropagandaminister Joseph Goebbels in der 112seitigen Jubiläumsausgabe vom 26. Mai 1933. Otto Richter erlebte diese Entwicklung nicht mehr. Er war im Juni 1932 verstorben. Die Geschicke des „General-Anzeigers“ lagen damit gänzlich in den Händen des 31jährigen Karl Richter, der die Zeitung bis zu ihrem kriegsbedingten Ende leiten sollte.

Das erste Jahr unter Hitler überlebten von den Würzburger Traditionszeitungen nur der „General-Anzeiger“ sowie das „Fränkische Volksblatt“.[18] Der sozialdemokratische „Fränkische Volksfreund“ war bereits im März 1933 einem Verbot der Nationalsozialisten zum Opfer gefallen, und auch die „Neue Bayerische Landeszeitung“ mußte im Oktober desselben Jahres ihr Erscheinen einstellen. Das Sprachrohr der Nationalsozialisten wurde ab April 1934 die „Mainfränkische Zeitung“, ein hakenkreuzverziertes Kampfblatt.

Die Berichterstattung des „General-Anzeigers“ orientierte sich vornehmlich daran, das Überleben der Zeitung sicherzustellen. Der Verlag bewies Entgegenkommen – auch mit der Beilage „Hitlerjugend“. Zum 1. Januar 1937 gab Karl Richter, nachdem man ihn massiv unter Druck gesetzt hatte, 51% des Verlags an die NS-Holdinggesellschaft Vera ab.[19] Nach außen blieb freilich alles beim alten. Wie die anderen

---

16 Alfred Milatz: Wählen und Wahlen in der Weimarer Republik. Bonn 1965, S. 138.

17 Karl Dietrich Bracher: Die Auflösung der Weimarer Republik. Villingen 1964, S. 455.

18 Vgl. Porträt des „Fränkischen Volksblattes“ im selben Band.

19 Über die finanzwirtschaftlichen Verflechtungen des NS-Pressetrusts unterrichtet insbe-

Blätter der Vera Verlagsanstalt GmbH in Berlin behielt auch der „General-Anzeiger“ den alten Titel und trug auch nicht den Parteiadler. Bei seiner Abonnenten- und Anzeigenwerbung blieb unerwähnt, daß das Blatt genausogut zum Amann-Konzern gehörte wie das konkurrierende Gaublatt. Die Redaktion blieb unverändert. Das Redaktionskonzept (schneller und umfassender Nachrichtendienst, viel Sport, starke Beachtung der weiblichen Belange und ein spannender Fortsetzungsroman) sicherte dem „General-Anzeiger“ einen deutlichen Auflagen-Vorsprung (41 000 Exemplare) vor der „Mainfränkischen Zeitung“ (29 000 Exemplare). Die logische Konsequenz war die „Vereinigung“ mit der „Mainfränkischen Zeitung“. Karl Richter hatte sich zwar zunächst geweigert, mußte aber letztlich dem Druck von oben und dem drohenden Papierentzug nachgeben. Am 14. Juli 1941 gab es die letzte Ausgabe der bis dato auflagenstärksten Zeitung Frankens. Einen Tag später bereits erschien die „Mainfränkische Zeitung“ aus dem Zeitungshaus des „General-Anzeigers“ und rühmte sich einer Auflagensteigerung von 140 Prozent. Karl Richter selbst blieb im Hause seiner ehemaligen Zeitung und arbeitete bis zum Ende der „Mainfränkischen Zeitung“ im März 1945 als Verlagsleiter des Gauverlags.

Nach dem Krieg Neuanfang mit neuem Namen

Nach Kriegsende durften – so wollte es die amerikanische Besatzungsmacht – frühere Verleger und ehemalige Druckereibesitzer keine Zeitung mehr herausgeben. Stattdessen erhielten Heinrich G. Merkel, gebürtiger Schlesier und zuletzt kaufmännischer Leiter eines Leipziger Musikverlags, sowie Richard Seubert, der bis 1933 bei sozialdemokratischen Blättern gearbeitet hatte, den Auftrag, in Würzburg die Voraussetzungen für das Erscheinen einer deutschen Zeitung zu schaffen. Am 24. November schließlich war es soweit: Colonel McMahon, Chef der Information Control Division in Bayern, startete im Beisein von Würzburgs erstem Oberbürgermeister der Nachkriegszeit, Gustav Pinkenburg, die Rotation in der Druckerei von Karl Richter. „Main-Post“ war der Titel der neuen Zeitung, die anfangs zweimal wöchentlich zu einem Preis von 1,70 Reichsmark erschien. Herausgeber war der Mainpresse-Verlag, Inhaber G. Merkel & Co.

Die Inhalte standen zunächst ganz im Zeichen der amerikanischen „re-education“, wie auch das Geleitwort von Dr. Adam Stegerwald, Regierungspräsident, Reichs- und Staatsminister a. D., in der ersten Ausgabe der „Main-Post“ beweist: „Doch eines dürfen wir bei aller Genugtuung über die wiedererlangte freie Meinungsäußerung nicht außer acht lassen (..): so groß und richtig auch die Bedeutung der Pressefreiheit ist, so schädlich kann ihr Mißbrauch, besonders auf den Gebieten der Kunst, Literatur und des Religiösen für Volk und Staat werden.“ Bereits diese erste Ausgabe hatte dank der großzügigen Papierzuteilung durch die Amerikaner eine stolze Startauflage von 100 000 Exemplaren. Aber schon 1946 mußte das Blatt seinen dann 120 000 Lesern mitteilen, daß Neubestellungen wegen Papierverknappung nicht möglich seien.

---

sondere „Presse in Fesseln. Eine Schilderung des NS-Pressetrusts“. Berlin 1947, S. 40 ff., S. 83 ff., S. 129 ff.; vgl. auch Peter de Mendelssohn: Zeitungsstadt Berlin. Menschen und Mächte in der Geschichte der deutschen Presse. Berlin 1959, S. 324 ff.

Das Verbreitungsgebiet der „Main-Post“ umfaßte „außer Würzburg Stadt und Land die Landkreise Bad Brückenau, Gemünden, Hammelburg, Karlstadt, Kitzingen, Ochsenfurt und Teile der Landkreise Lohr, Marktheidenfeld“,[20] wo vor 1933 eine ganze Reihe, z. T. alteingesessener Heimatzeitungen erschienen war.

Der Verlag und die Männer dahinter

Der neuen Zeitung standen zunächst wechselhafte Jahre ins Haus. Der erste Lizenzträger und Chefredakteur Richard Seubert verstarb noch in der Aufbauphase im August 1946. Er wurde von dem Journalisten Hans Weber ersetzt, einem gebürtigen Wuppertaler, der von den Nazis mit Berufsverbot belegt worden war. Der oberste US-Zensor fand eine „Reihe von Artikeln höchst aufreizenden Charakters“,[21] die Weber während des Krieges in einer Belgrader Soldatenzeitung geschrieben hatte, und entzog ihm die Lizenz.

Wenig später zog es den ersten Lizenzträger Heinrich G. Merkel zu den „Nürnberger Nachrichten“, so daß mit einem Mal zwei Lizenzen frei wurden. Zum Jahresbeginn 1949 übernahm der 45jährige Würzburger Rechtsanwalt und Landrat Michael Meisner die „Main-Post“ als Alleinherausgeber, räumte dem ehemaligen Verleger Karl Richter aber in weiser Voraussicht die Stellung eines Kommanditisten ein. Richter hatte inzwischen alle Phasen der Entnazifizierung durchlaufen. Ein Gutachten von Professor Karl d'Ester, München, bescheinigte ihm ein mutiges Verhalten als Mensch und Pressefachmann, „was aus dem Inhalt seines Blattes [dem „General-Anzeiger“, d. Verf.], aus zahlreichen Bekundungen seiner Mitarbeiter und aus den Geständnissen seiner Gegner einwandfrei bewiesen werden kann“.[22] Durch die hälftige Beteiligung Karl Richters vermied Meisner einen Konkurrenzkampf, wie er in vielen Städten entbrannte, nachdem die Besatzungsmacht den Lizenzzwang aufgehoben hatte und damit der Weg für die Altverleger frei war.

Verlagsaktivitäten und Druckereigeschäfte betreibt juristisch eine Gesellschaft mit dem seit langem eingeführten Namen Mainpresse Richter Druck und Verlags-GmbH & Co. KG. Sie wurde nach dem Ausscheiden von Richter und Meisner neu geordnet. Alleinige Inhaber sind, wie der Quartalseindruck im Blatt ausweist, die vier Töchter von Karl Richter: Marianne Weixler, Inge Zimonja, Elisabeth Buchner und Renate Richter-Carter.

An der Spitze des Betriebs (Verlag und Druckerei) stehen zwei Geschäftsführer. Zunächst übernahm 1969 Franz Josef Weixler diese Aufgabe – und damit praktisch die verlegerische Verantwortung – zusammen mit Karl Rauch, der im Januar 1978 verstarb. An Rauchs Stelle trat – erst vier Jahre später allerdings – Johannes von Guttenberg. Seit 1983 teilen sich er und Gerhard Wiesemann die Geschäftsführung. Unter dem Firmendach operieren derzeit drei weitere Gesellschaften. Die Volksblatt GmbH gibt, zusammen mit dem Echterverlag, das „Fränkische Volksblatt“ heraus. Beide Verlagsgruppen arbeiten in einer gemeinsamen Zeitungs-Vertriebs-Gesellschaft zusammen, die auch fremde Blätter vertreibt. Eine eigene Verlags-

---

[20] Dr. Hans Kapfinger (im Auftrag des Vereins Bayerischer Zeitungsverleger): Die neue bayerische Presse. München 1948, S. 36.

[21] Zit. nach Dülk, a. a. O., S. 68.

[22] Zit. nach Dülk, a. a. O., S. 50.

1972 vereinbarten die „Main-Post“ und das „Fränkische Volksblatt“ eine Zusammenarbeit für Herstellung und Vertrieb sowie in einem starken Anzeigenverbund. Dieses „Würzburger Kooperationsmodell“ (dessen Ausgaben und Verbreitungsgebiet hier dargestellt sind) nützt beiden Partnern und bewahrt den redaktionellen Kontrast.

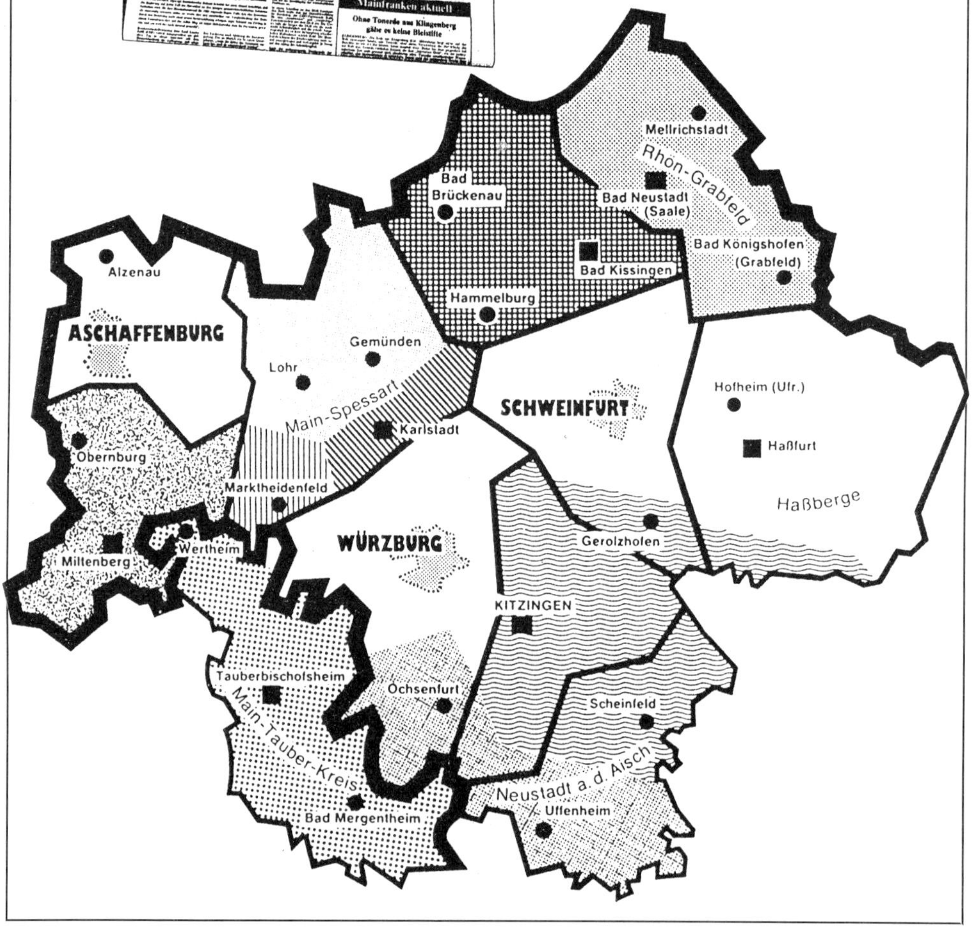

Service-Gesellschaft schließlich vermittelt Teilzeitarbeitskräfte für alle Bereiche des eigenen Betriebes.

Die inhaltliche Verantwortung für das Blatt ruht gleichfalls auf zwei Schultern. Das „große" Impressum[23] nennt Rainer F. Kirst und Dieter W. Rockenmaier als Chefredakteure und Anton Sahlender als Stellvertreter. In früheren Jahren hatte die „Main-Post" regelmäßig nur einen Redaktionsleiter gehabt.[24]

Ab 1949 Entwicklung zur Regionalzeitung

Mittlerweile decken die „Main-Post" und ihre Kopfblätter („Main-Tauber-Post" und „Schweinfurter Tagblatt") ein Gebiet ab, das von Aschaffenburg und Miltenberg im Westen und der Zonengrenze im Osten, Mellrichstadt im Norden und Bad Mergentheim und Uffenheim in Süden begrenzt wird. Das System der neun Bezirksausgaben spiegelt die Verwaltungsgliederung wider. Die Landkreise Rhön-Grabfeld, Bad Kissingen, Haßberge, Main-Tauber-Kreis, Kitzingen haben eigene Ausgaben mit Wechselseiten für Kreisstädte und größere Orte innerhalb des Landkreises. In einigen Fällen läuft die Landkreisgrenze quer zum Verbreitungsgebiet. So reichen in den Landkreis Main-Spessart drei Bezirksausgaben hinein. Dazu kommen die kreisfreien Städte Würzburg, Schweinfurt und Aschaffenburg (mit ihren umliegenden Landkreisen), die drei Großausgaben begründen, die sich wiederum netzartig über die Bezirksausgaben legen. (Eine Sonderstellung nimmt der Main-Tauber-Kreis insofern ein, als hier die „Main-Post" die bayerischen Landesgrenzen überschreitet und ins Badische hineinreicht.) Diese Regionalisierung der Berichterstattung nahm 1949 ihren Anfang. In der damals noch viermal in der Woche erscheinenden Zeitung wurde, um mehr Platz für eine umfassende Berichterstattung zu schaffen, der Frankenteil in Schwerpunkt-Verbreitungsgebiete mit jeweils einer gesonderten Regionalseite aufgeteilt und ausgeliefert. Gleichzeitig wurden lokale Wechselseiten eingeführt. Dieses Prinzip der ausführlichen Befriedigung lokaler Informationsbedürfnisse durch Wechselseiten, das der alte „General-Anzeiger" nicht kannte, darf als ein Bekenntnis zur lokalen Berichterstattung gelten.

Zum Kurs der Regionalisierung gehören auch die beiden bereits erwähnten Kopfblätter. Am 1. Oktober 1949 tauchte in Schweinfurt eine neue Kopfblattausgabe der „Main-Post" auf – und zwar unter dem alteingeführten Zeitungstitel „Schweinfurter Tagblatt". Zwar gab es die erste Zeitung dieses Namens bereits im Jahr 1856, also beachtliche 27 Jahre vor dem „General-Anzeiger" – doch hatte sie den Zweiten Weltkrieg nicht überlebt. Das Risiko für die „Main-Post" umschrieb Chefredakteur Michael Meisner so: „Das ‚Schweinfurter Tagblatt' mit Hilfe der Familie Helferich wieder herauszugeben, bedeutete ein gewisses Wagnis, denn die Lizenzzeitung ‚Der Volkswille' unter ihrem Verleger Dr. Herz hatte sich in diesem Gebiet festgesetzt."[25] Der „Volkswille" wurde sogar im traditionellen Zeughaus des früheren „Tagblatts" gedruckt.

---

23 Impressum der „Main-Post" vom 1. 7. 1988.

24 Redaktionsleiter seit 1910: August 1910: Theo Kaufmann (bis zum Ende des „General-Anzeigers" im Juni 1941), November 1945: Richard Seubert, August 1946: Hans Weber, April 1949: Dr. Fritz Exner (bis Juni 1952), Januar 1953: Barto M. Görres, September 1966: Dr. Wolfgang Baumert, Oktober 1969: Karl Anton Speck (bis April 1972), Mai 1972: Paul J. Könighaus (bis 1984), 1984: B. Walter (bis 1987), ab 1987: Rainer F. Kirst.

25 Michael Meisner zit. nach Dülk, a. a. O., S. 77.

Preise wieder gestiegen

Wiesbaden (AP) – Die Preise sind im Juni wieder langsam gestiegen. Nach Angaben des Statistischen Bundesamtes von gestern lagen die Lebenshaltungskosten aller privaten Haushalte Mitte vergangenen Monat 0.2 Prozent über dem für Mitte Mai ermittelten Wert und 0.2 Prozent höher als Mitte Juni 1986. Im Mai hatte der Abstand gegenüber dem entsprechenden Vorjahresmonat ebenfalls 0.2 Prozent betragen. im April lag er bei 0.1 Prozent. Der Preisindex stieg sogar um ein Prozent.

Schweinfurter Tagblatt

NEUESTE NACHRICHTEN FÜR SCHWEINFURT UND DAS ÖSTLICHE UNTERFRANKEN

SCHWEINFURTER ZEITUNG, TAGESPOST UND KURIER

☎ (09721) 548-0 1Z6251AX

JAHRGANG 1987 MITTWOCH, 8. JULI 1987 Preis 1 DM NUMMER 153

Preise wieder gestiegen

Wiesbaden (AP) – Die Preise sind im Juni wieder langsam gestiegen. Nach Angaben des Statistischen Bundesamtes von gestern lagen die Lebenshaltungskosten aller privaten Haushalte Mitte vergangenen Monat 0.2 Prozent über dem für Mitte Mai ermittelten Wert und 0.2 Prozent höher als Mitte Juni 1986. Im Mai hatte der Abstand gegenüber dem entsprechenden Vorjahresmonat ebenfalls 0.2 Prozent betragen. im April lag er bei 0.1 Prozent. Der Preisindex stieg sogar um ein Prozent.

MAIN-TAUBER-POST

HEIMATBLATT FÜR DAS BADISCH-WÜRTTEMBERGISCHE FRANKENLAND

Verlag und Druck: Mainpresse Richter Druck und Verlags-GmbH & Co. KG, Würzburg-Heuchelhof, Telefon (0931) 6001-0

Geschäftsstelle und Redaktion: Tauberbischofsheim, Telefon (09341) 4371. Wertheim: Anzeigenannahme Jürgen Rahn, Maingasse 4, Telefon (09342) 21911.

NUMMER 153 MITTWOCH, 8. JULI 1987 Preis 1 DM 4609

Die „Main-Post“ pflegt das Lokale, mit ihren Heimatausgaben ebenso wie mit ihren Sprüchen der „Marktbärbel“, einer ständigen Lokalglosse, die kein Blatt vor den Mund nimmt.

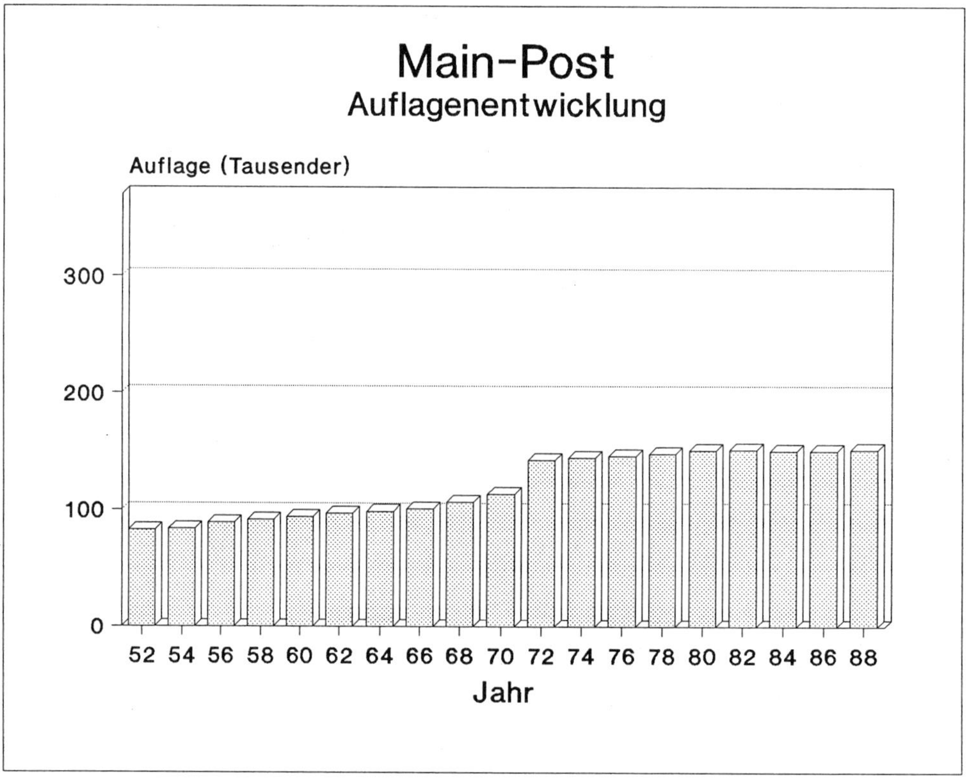

Die Alt-Verlegerfamilie Helferich war zuversichtlich, mit ihrer neuen alten Zeitung die Stadt und den Kreis Schweinfurt zurückzuholen. Doch wirtschaftliche Überlegungen legten ihr die Anlehnung an einen größeren Partner nahe. Der Partner, der das Risiko zu tragen bereit war, hieß Mainpresse-Verlag. Als ersten Redakteur setzte man Kurt Willenberg ein, der bis 1968 in der Kugellagerstadt wirkte.

Das neue Konzept erwies sich als recht erfolgreich. In Schweinfurt werden Lokales, regionale Berichterstattung und regionaler Sport redigiert und im Satz hergestellt. Auch die Anzeigenabteilung ist in Schweinfurt. Technisch dagegen wird die Heimatzeitung mit dem Traditionstitel „Schweinfurter Tagblatt" in Würzburg vervollständigt und auf denselben Rotationsmaschinen gedruckt wie die „Main-Post". Und vom Heuchelhof aus gehen heute die derzeit über 32 000 Exemplare des „Tagblatts" Nacht für Nacht in das Schweinfurter Umland zurück.

Im März 1952 wurde schließlich das größte außerbayerische Einzugsgebiet der Würzburger Zeitung quasi ausgegliedert. Aus dem Raum Tauberbischofsheim, Wertheim und Bad Mergentheim orientieren sich viele Bewohner – auch sie Franken – zum vertrauten Würzburg statt zum fernen Heilbronn oder Stuttgart. Die bisherige Wechselseite für dieses Gebiet mauserte sich zur Zeitung mit dem eigenständigen Titel „Main-Tauber-Post". Dieses Kopfblatt wird im fränkischen Taubertal redigiert und in Würzburg gedruckt und von hier aus ausgeliefert.

Wie wichtig die Zeitungsgruppe „Main-Post" ihre Funktion als lokales und regionales Dienstleistungsunternehmen nimmt, schlägt sich besonders in der redaktionellen Besetzung nieder. So macht die Zahl der Redakteure in den Bereichen Lokales und Provinz die überwiegende Mehrheit aus: 59 von insgesamt 81 festangestellten Redakteuren. Da die Berichterstattung draußen im Land nach wie vor von einer großen Zahl nebenberuflicher Mitarbeiter bestritten wird, müssen dieser Zahl noch weit über hundert freie Mitarbeiter im Verbreitungsgebiet zwischen Grabfeld und Romantischer Straße zugerechnet werden.

„Kleine Zeitung" - ein Stadtteilblatt

Sichtbarer Niederschlag noch weiterreichender Lokaltendenzen sind die Neuerscheinungen unter dem recht bescheiden klingenden Namen „Die kleine Zeitung". Die im Halbformat auf den Rotationsmaschinen gedruckten Blätter erscheinen vierzehntägig und firmieren als „Beilage Ihrer Tageszeitung". Was Form und Inhalt betrifft, so verkörpern die „Kleinen Zeitungen" wiederum einen neuen Zeitungstyp: die sogenannte Stadtteilzeitung.

Die Erstnummer erschien am 20. Juni 1979 für die linksmainischen Gebiete Würzburgs sowie fünf angrenzende Gemeinden. Es folgte am 31. März 1982 „Die kleine Zeitung" für das rechtsmainische Altstadtgebiet Würzburgs mit sechs weiteren Stadtteilen sowie acht Gemeinden und Gemeindeteilen. Das Konzept, das noch weiter ausgebaut werden soll, bleibt auf Würzburg beschränkt. Für Städte draußen im Land liefert die „Main-Post" spezielle Anzeigenblätter – unter dem Titel „Der Markt" – mit eigenem Textteil, die an alle Haushalte direkt verteilt bzw. der Zeitung im Kreisgebiet beigelegt werden.

Mit ihren Stadtteil-Aktivitäten überwindet „Die kleine Zeitung" – das läßt sich in der gebotenen Kürze analysieren – die unter alten Zeitungsleuten vorherrschende Scheu vor allzu lokalem Klatsch und Tratsch. Vereinsinternes, Pfarrfeste, B-Jugend-Fußballer im Bild: Den – namentlich ausgewiesenen – Lokalredakteuren ist so gut wie alles des Druckens wert, worüber die Leute reden. Alles hübsch eingerahmt in einen Kranz lokaler Anzeigen, wie denn überhaupt der Wunsch nach lokalen Annoncenmärkten diese Neugründungen initiierte. Ganz originell am neuen Konzept ist der Aufruf: „Wir bitten unsere Leser um aktive Mitarbeit. Schreiben Sie uns, rufen Sie uns an, wenn Ihnen etwas am Herzen liegt..." Konsequent lokaler Kurs, dazu Leseraktivierung und täglich ein Mainfranken-Resümee bereits auf der Titelseite: All dies ordnet sich ein in den Gesamttrend der „Main-Post" – hinauszugehen in den Stadtteil, auf die Dörfer, in die Region. Schlicht: so nah wie möglich zum Leser.

Gewiß sind solche Absichten durch Druck von außen noch verstärkt worden. Die neue Konkurrenzsituation für die Heimatpresse – durch Hörfunk und Fernsehen, die längst spürbar ist, und durch die sogenannten neuen Medien, hat eine noch konsequentere Orientierung auf den kleinen, den überschaubaren Raum erzwungen. Zwischen „Heimat" und „Welt" hat sich die „Main-Post" ganz gut eingerichtet.[26]

(nh/sf)

[26] Wer sich für Würzburger Pressegeschichte im allgemeinen und die Entwicklung der „Main-Post" im besonderen interessiert, dem seien an dieser Stelle mehrere historische Arbeiten empfohlen. Hans Schaberz, Verlagsprokurist im Richter-Verlag, gab einen ersten historischen Abriß in der Jubiläumsausgabe „50 Jahre Würzburger General-Anzeiger" (1933). Auf ihn berief sich Heribert Schenk, damals Chef vom Dienst, in der Jubiläumsausgabe von 1958 „Vom Generaler zur Main-Post". Alois Stadtmüller wurde 1937 promoviert mit der Dissertation „Die Geschichte der Würzburger Presse bis zum Jahre 1900" (phil. Diss. München 1937). Wie es weiterging, untersuchte Franz Dülk in seiner 1955 vorgelegten Dissertation „Würzburgs Tagespresse 1900 – 1914" (phil. Diss. München 1955). Auf den beiden letztgenannten Arbeiten baute Lothar Wild in seiner Diplomarbeit (Dipl.-Kfm.) auf: Vom Würzburger General-Anzeiger zur Main-Post 1883–1955. Die Darstellung folgte, wenn nicht anders vermerkt, Franz Dülk: 1883–1983. 100 Jahre Zeitungen im Hause Richter. Würzburg 1983.

Der Kern des Ringes: Die „Kitzinger Zeitung"

Mit einem Auflagenzuwachs von 62,3 Prozent zwischen 1976 und 1986 steht in Bayern ein Tagblatt mit weitem Abstand an der Spitze, das weder zu den berühmten noch zu den großen Zeitungen zählt. Diesen steilen Aufstieg erreichte vielmehr eine kleine Heimatzeitung in dem durch eine hohe Zeitungsdichte ausgezeichneten Unterfranken: die „Kitzinger Zeitung".[1]

Mit harter Arbeit und Fachverstand

Wie alle traditionellen Heimatzeitungen konnte auch die „Kitzinger Zeitung" nach dem Krieg erst wieder erscheinen, als der Markt schon von den Lizenzzeitungen erobert war. Dies waren schlechte Startbedingungen. Das Blatt kam nie so recht hoch und es lag noch am Boden, als Harald Schunk es im Jahre 1970 übernahm. Aber der neue Verleger sah durchaus eine Zukunft für die kleine Zeitung. Den Umschwung und Aufschwung des Verlags, der seitdem ungebrochen anhält, erreichte Schunk durch „harte Arbeit und Fachverstand"; beides investierte er in eine gezielte Verbesserung des Lokalteils und in moderne Zeitungstechnik.

Der Lokalberichterstattung gab der Verleger Schunk auf den ersten Seiten seines Blattes mehr Gewicht, kenntlich an Layout, Umfang und Inhalt. Es ist ein Prinzip dieses Heimatzeitung-Konzeptes, die lokalen Informationsbedürfnisse ebenso zu berücksichtigen wie die lokalen Kommunikationsbarrieren. Letztere veranlaßten Anfang 1986 den Verleger der „Kitzinger Zeitung" zu einem ungewöhnlichen Schritt: Er placierte mit der „Neuen Volkacher Zeitung" einen zweiten Titel bzw. eine Nebenausgabe in seinem begrenzten Verbreitungsgebiet. Die „Neue Volkacher Zeitung" ist bis auf die ersten drei (Lokal-)Seiten mit der „Kitzinger Zeitung" identisch. Für diese Lokalseiten wurden in Volkach eine eigene Lokalredaktion und eine Geschäftsstelle eröffnet. Diese Maßnahmen erhöhen indessen die Chancen der Heimatzeitung, weil sie sich den gewachsenen Mentalitäts-Unterschieden zwischen zwei lokalen Lebens- und Orientierungsräumen sehr genau anpassen.

---

1 Aus Gründen, die wir zu respektieren haben, sah sich der Verleger der „Kitzinger Zeitung", Harald Schunk, nicht in der Lage, Material für diese Enzyklopädie der Bayerischen Tagespresse beizutragen. Andererseits ist die „Kitzinger Zeitung" im Verbund und im Kontext mit der Heimatzeitungsgesellschaft mbH eine nicht unerhebliche „Publizistische Einheit", die nicht einfach übergangen werden konnte, wollte man einigermaßen dem Anspruch auf Vollständigkeit gerecht werden. Die Herausgeber haben sich daher zu der folgenden Kurzdarstellung entschlossen, die – sofern andere Quellen nicht ausdrücklich angegeben werden – ausschließlich auf einer bisher unveröffentlichten Magisterarbeit von Alfred Baur über „Publizistische und ökonomische Kooperation in der Redaktionsgemeinschaft" (München 1988) basiert. Wie der Titel signalisiert, liegt der Schwerpunkt dieser Arbeit auf der Darstellung und Analyse einer Redaktionsgemeinschaft. Dies hat zur Folge, daß die Beschreibung der geschichtlichen Entwicklung und des Gegenwartsstandes der „Kitzinger Zeitung" äußerst lückenhaft und unvollständig bleiben muß. Die Angaben über den Auflagenzuwachs stammen aus: „ZV – Medium für Medien Kommunikation", Nr. 15 vom 6. 4. 1987, S. 26/27. Auf den folgenden Rangplätzen hoher und höchster Auflagenzuwächse liegen nach der nämlichen Aufstellung die „Saale-Zeitung" mit 48,4 Prozent sowie der „Rhön- und Streubote" mit 45,2 Prozent. Der Abstand zur „Kitzinger Zeitung" ist also sehr deutlich.

Was die moderne Zeitungstechnik angeht, so hatte der Verleger Schunk frühzeitig die Vorteile und Möglichkeiten erkannt, die der Fotosatz auch kleinen Zeitungen bot. Doch vergeblich hatte er im Kreis der Gemeinschaftsredaktion Bayerischer Heimatzeitungsverleger für die Einführung dieser neuen Technik geworben, die nach seinem Kalkül auch zu Preissenkungen bei der gemeinsamen Mantel-Produktion hätte führen müssen. Die „Kitzinger Zeitung" nämlich war, wie beinahe 20 andere Heimatzeitungen auch, Mitglied dieser seinerzeit noch genossenschaftlich verfaßten Redaktionsgemeinschaft. Für einen Verleger, der eine kleine Zeitung wieder hochbringen und am Leben erhalten wollte, lagen jedoch nicht nur die Vorteile einer Redaktionsgemeinschaft auf der Hand; er erkannte rasch auch die Schwächen ihrer Organisation und ihres Verfahrens. Die Redaktionsgemeinschaft war zu groß und zu unbeweglich; die Entfernung zwischen dem Ort der Mantel-Produktion und dem Erscheinungsort der Zeitung war zu groß und ging auf Kosten der Aktualität; der Kostenschlüssel für den Mantel-Bezug benachteiligte die kleinen Verlage, genauer: die Zeitungen mit kleinen Auflagen.

Die kritische Analyse führte zu einer Initiative. Nachdem Harald Schunk seinen eigenen Verlag mit einem modernen Fotosatz-System ausgestattet hatte, suchte er Partner für den Aufbau einer neuen Redaktionsgemeinschaft. Er fand sie in der „Rhön- und Saalepost" sowie in der „Lohrer Zeitung". Diese beiden Zeitungen waren ebenso wie die später sich anschließenden Mantel-Bezieher bis dahin Mitglieder der Gemeinschaftsredaktion Bayerischer Heimatzeitungsverleger (BHZ) gewesen. Mit seinen Partnern aus Bad Neustadt und aus Lohr vollzog Schunk am 14. Dezember 1979 die Gründung der HZ Heimatzeitungsgesellschaft mbH. Als Zweck des Unternehmens fixiert die Satzung „die Beschaffung regionaler und überregionaler Nachrichten und Bilder sowie deren Aufbereitung zu gewünschten Seitenformaten zur Verwendung in den selbständigen Zeitungsverlagen der Gesellschafter".

Die Heimatzeitungsgesellschaft ist rechtlich und wirtschaftlich ein eigenes Unternehmen und streng vom Verlag der „Kitzinger Zeitung" getrennt. Da jedoch bei der „Kitzinger Zeitung" modernste technische Anlagen für die Zeitungsproduktion installiert waren, lag es nahe, diese Technik auch für die Mantel-Produktion zu nutzen. Auf diese Weise erbringt die „Kitzinger Zeitung" gegen Entgelt besondere Leistungen für die Redaktionsgemeinschaft, ist jedoch ansonsten Mitglied und Mantel-Bezieher wie andere auch. Die Unternehmensform einer GmbH wurde nicht zuletzt deshalb gewählt, um die Gleichberechtigung aller Beteiligten zu sichern und das Dominanzstreben eines einzelnen möglichst auszuschalten.

Die Partner der Kooperation

Mehrere Jahre lang bestand die Redaktionsgemeinschaft unverändert aus den drei Gründungsverlagen. Erst 1982 und 1983 stieg die Zahl der angeschlossenen Verlage auf acht. Die neu hinzugekommenen Verlage waren und sind durchweg nur Mantel-Bezieher, besitzen also keine Anteile an der GmbH. 1987 schied ein Verlag aus der Heimatzeitungsgesellschaft wieder aus: Der „Würmtalbote", eine Heimatzeitung für die westlichen Vororte von München, mußte nach 107 Jahrgängen sein Erscheinen aus betriebswirtschaftlichen Gründen einstellen. Der folgende Überblick zeigt den Stand der Redaktionsgemeinschaft von Ende 1988.

Die angeschlossenen Zeitungen der HZ Heimatzeitungsgesellschaft mbH:

Verlags- oder Erscheinungsort	Titel der Zeitung:	Verk. Aufl. 4. Q. '88
Kitzingen	Kitzinger Zeitung* mit Neue Volkacher Zeitung	6 922
Bad Neustadt	Rhön- und Saalepost*	4 931
Lohr	Lohrer Zeitung*	1 406
Bad Königshofen	Bote vom Grabfeld	2 958
Hofheim	Bote vom Haßgau	2 082
Schöllkrippen	Der Heimatbote	1 400**
Starnberg	Land- und Seebote	1 050**
Redaktionsgemeinschaft insgesamt:		20 749

* Gründerzeitungen der HZ

** IVW-Zahlen nicht gemeldet; Auflagenangabe nach Dieter Zimpel: Die deutschen Vollredaktionen. München, Stand: 10/88.

Da über die „Rhön- und Saalepost", über den „Boten vom Haßgau" sowie über den „Land- und Seeboten" an anderer Stelle gehandelt wird,[2] seien mit Stichworten lediglich die restlichen Partner dieser Redaktionsgemeinschaft skizziert. Mit ihrer Auflage von rund 1400 Exemplaren ist die „Lohrer Zeitung" in ihrem Verbreitungsgebiet einem starken Wettbewerb ausgesetzt; 90 Prozent der Auflage wird am Verlagssitz Lohr verkauft. Aber selbst dort hält das „Lohrer Echo", eine Bezirksausgabe des dominierenden „Main-Echo", eine fast doppelt so hohe Auflage. All dies unterstreicht den stark lokalen Charakter der „Lohrer Zeitung" ebenso wie ihre begrenzte Wettbewerbsfähigkeit. Der „Bote vom Grabfeld" erscheint wie die „Rhön- und Saalepost" im Landkreis Rhön-Grabfeld. Doch bestehen zwischen den beiden Verlagen keine Konkurrenzverhältnisse, weil es zwischen ihnen sowie mit den im Einzugsgebiet noch erscheinenden kleinen Heimatzeitungen Absprachen gibt. Die eigentliche Konkurrenz kommt auch hier von einer großen Regionalzeitung, nämlich von der „Main-Post". Dennoch ist der Verleger Ruthard Schunk zuversichtlich: „Ich glaube, daß die Heimatzeitungen Bestand haben werden, vor allem in einem Gebiet wie wir es haben, nämlich ein abgeschlossenes Gebiet fernab von Großstädten." Nicht ganz so optimistisch ist Peter Ostheimer, der Verleger des „Heimatboten" aus Schöllkrippen im Landkreis Aschaffenburg. Er macht das Zeitungsgeschäft „eigentlich nur noch aus Tradition, die man vielleicht noch erhalten will. Man sieht vielleicht auch einen Verlust, wenn keine Heimatzeitung mehr da ist. Aber vom Finanziellen her, da sind viele Monate dabei, in denen man in roten Zahlen ist." „Der Heimatbote", von dem die Rede ist, hat ein doppeltes Handicap: Zum einen erscheint er nur dreimal wöchentlich, und das bringt Aktualitätsverluste; zum anderen ist der Standort der Zeitung unmittelbar an der hessischen Landesgrenze

2 Siehe hierzu die gesonderten Porträts der genannten Zeitungen im vorliegenden Band.

denkbar ungünstig, denn die Leserinteressen orientieren sich hier bereits deutlich im hessischen Raum, während die Regionalberichterstattung im Zeitungsmantel der Heimatzeitungsgesellschaft natürlich auf die bayerischen Belange konzentriert ist.

In diesen Skizzen zeichnen sich bereits Merkmale ab, die für alle oder doch für jeweils die meisten Blätter dieser Redaktionsgemeinschaft typisch sind. Es handelt sich durchweg um Heimatzeitungen mit kleinen und kleinsten Auflagen, die – vom „Land- und Seeboten" abgesehen – in Unterfranken erscheinen. Sie kommen täglich heraus, wenn man den „Heimatboten" sowie den „Land- und Seeboten" außer acht läßt, die nur drei Ausgaben wöchentlich auf den Markt bringen. Außerdem arbeiten alle mit dem bei kleineren Zeitungen häufigen oder sogar üblichen Berliner Format, wovon lediglich „Der Heimatbote" mit einer noch geringeren Größe abweicht. Mit Ausnahme wiederum des „Heimatboten", der in den 20er Jahren entstand, wurden alle diese Blätter in der zweiten Hälfte des 19. Jahrhunderts gegründet. Als Organe der sogenannten „Altverleger" war ihnen durchweg der Zeitungsmarkt nach dem Krieg erst wieder nach der Generallizenz von 1949 zugänglich, was zur Folge hatte, daß sie sich gegen die starke Konkurrenz der inzwischen etablierten Lizenzpresse durchsetzen mußten; diese Tatsache bestimmt bis heute die Wettbewerbs- und Marktsituation dieser kleinen Blätter, die samt und sonders selbst in ihrem engeren Verbreitungsraum nicht die dominierenden Erstanbieter sind. Sodann waren diese Blätter von ihrer Gründung an ganz stark ausgerichtet auf den Hauptort des jeweiligen Amts- oder Gerichtsbezirks und seine unmittelbare Umgebung. Es ist bis heute ihre Stärke und zumeist ihre Schwäche zugleich, daß sie sich auf einen engen lokalen Raum, meist auf das Zentrum eines Altlandkreises, beziehen und dort für ihre Leser allerdings auch „unentbehrlich" sind: Das begrenzt ihre Auflage, ihr Anzeigenaufkommen, ihre Wettbewerbsfähigkeit und ihre Entwicklungsmöglichkeiten; das macht sie auf der anderen Seite am Ort fast unschlagbar, sofern allerdings die kleine Heimatzeitung nicht gravierende Defizite, z. B. Aktualitätsminderungen, aufweist, sofern ihre Auflage nicht unter eine Minimalgrenze absinkt, und sofern der Produktionsaufwand limitiert bleibt. Ein Weg dazu ist (und war für diesen Zeitungstyp immer schon) die Kooperation. Im redaktionellen Bereich wird eine solche im vorliegenden Fall dadurch begünstigt, daß alle der Heimatzeitungsgesellschaft angeschlossenen Blätter mit dem Lokalteil aufmachen, ihn also an die Spitze jeder Ausgabe stellen.

Die Leistungen der Kooperative

Was somit die Redaktionsgemeinschaft für die beteiligten Zeitungen liefert, ist gar nicht eigentlich ein Mantel, der den Lokalteil umhüllen würde, sondern vielmehr ein eigenes Zeitungs-„Buch", das ausdrücklich als der zweite Zeitungsteil gekennzeichnet und mit eigener Seitenzählung versehen wird. Das Layout ist auf einen fünfspaltigen Umbruch angelegt. Der Umfang des Mantels beträgt von Dienstag bis Freitag durchschnittlich acht Seiten; die Montag- und die Wochenend-Ausgabe erreichten einen durchschnittlichen Umfang von 12 Seiten.

Der Zeitungsmantel enthält die regelmäßigen Rubriken „Politik", „Wirtschaft", „Sport", „Fernsehen/Hörfunk", „Vermischtes" und „Bayern". Eine regionale „Franken"-Seite kann wahlweise im Mantel oder im Lokalteil placiert werden. Außerdem werden „Füllseiten“ zu besonderen Themenbereichen (z. B. auch eine „Besinnliche Seite“) angeboten, die auch in den Lokalteilen verwendet werden, wenn dort Raum frei ist. Anzeigen sind im Zeitungsmantel grundsätzlich nicht enthalten.

Die Material- und Nachrichtenbeschaffung läuft im wesentlichen über die Deutsche Presse-Agentur (dpa) und über Associated Press (AP) sowie für die Sonder- und Füllseiten über spezielle Korrespondenzdienste. Die Agenturmeldungen werden per Standleitung automatisch elektronisch abgespeichert und können für die Bearbeitung über eine Schreibstation ausgedruckt oder am Bildschirm abgerufen werden. Die Leistung der Heimatzeitungsgesellschaft umfaßt also die Beschaffung, die Selektion, die Redaktion und den Umbruch des Nachrichtenmaterials, die Lieferung einer kompletten Druckvorlage. Dieses Produkt besteht aus einem für die fünf täglich erscheinenden Heimatzeitungen völlig identischen, aktuell-politischen, zweiten Zeitungs-„Buch“.

Da diese fünf Tageszeitungen in allen wesentlichen formalen Merkmalen übereinstimmen und verkehrstechnisch von Kitzingen aus relativ leicht erreichbar sind, haben sie sich auf eine weitergehende Kooperation geeinigt. Die „Kitzinger Zeitung“, die selbst von der Heimatzeitungsgesellschaft den Mantel einkauft, stellt für die vier Partnerverlage die gesamte Zeitung im Lohndruck her. Die einzelnen Heimatzeitungsverlage liefern dazu jeweils am Abend die druckfertigen Lokalteile nach Kitzingen, wo sie auf einer eigenen Rotationsmaschine vorausgedruckt werden. Der Druck des Zeitungsmantels erfolgt auf einer zweiten Rotation, die gegen 23.00 Uhr anläuft. Dadurch ist es möglich, den Mantelteil nötigenfalls bis gegen 23.30 Uhr zu aktualisieren. Die vorausgedruckten Lokalteile werden mit dem aktuell-politischen, zweiten Zeitungs-„Buch“ maschinell zusammengefügt. Die technische Herstellung der fertigen Zeitungen ist gegen 1.00 Uhr nachts abgeschlossen. Die fertigen Zeitungen werden vertriebsgerecht gebündelt und sortiert auf den nämlichen koordinierten Routen ausgeliefert, auf denen am Abend die Druckvorlagen nach Kitzingen gebracht worden waren. Zu diesem Zweck sind Transportkooperationen zwischen den Heimatzeitungsverlagen, aber auch mit der „Main-Post“ vereinbart worden.

Sowohl bezüglich der Mantel-Belieferung wie bezüglich des Drucks und des Transports fallen „Der Heimatbote“ und der „Land- und Seebote“ aus der Reihe, teils wegen der Entfernungen, teils wegen anderer Formate, vor allem aber wegen der selteneren Erscheinungsweise. Praktisch müssen hier die Mantel-Vorlagen zweier Tage zu einer einzigen Ausgabe zusammengezogen werden. Dies geschah ursprünglich – zumindest für den „Land- und Seeboten“ – durch ein maßgeschneidertes Sonderprodukt in Kitzingen selbst. Inzwischen erhält jedoch der „Heimatbote“ die täglichen Seitenkopien des HZ-Mantels, die eine selbständige Montage nach eigenem Bedarf ermöglichen. Der „Land- und Seebote“ bezieht ebenfalls die Seitenkopien und montiert daraus unter Berücksichtigung des je „ausgefallenen“ Tages einen eigenen Mantel, der in der Regel zudem noch um ein Drittel des Umfangs gekürzt ist.

Für Harald Schunk ist die Heimatzeitungsgesellschaft so etwas wie eine „Agentur“, „ein Dienstleistungsunternehmen: Wir geben dem Verlag etwas hin, zu einem festen Preis pro Leser, und er macht damit seine Zeitung. Aber wie er sie macht, ist sein Privatvergnügen“. Die Bewertung, eine redaktionelle Kooperation dieser Art führe zur Uniformität der Blätter, sie bedeute jedenfalls eine „Konzentration publizistischer Inhalte“, ist aus vielen Gründen, vor allem aber schon deshalb akademisch, weil der einzelne Leser nicht einen optischen oder analytischen Vergleich für ein halbes Dutzend Blätter anstellt, sondern „sein“ Blatt bezieht und verfolgt, weil er eine Basisversorgung mit Informationen erwartet. Dies aber ist ohne Lokalteil nicht möglich. Wenn der Verleger Harald Schunk den überregionalen, aktuell-politischen „Mantel-Teil“ als eine „Pflichtübung“ bezeichnet, so wertet er ihn dadurch nicht ab (denn als unverzichtbar ist dieser Teil damit ja angesehen); aber er rückt die Relationen so zurecht, wie sie wohl der Perspektive des Durchschnittslesers entsprechen. Die Konsequenz für die Praxis des Zeitungsmachens kann daher nur lauten: Kooperation bei der „Pflichtübung“ zugunsten einer möglichst großen Vielfalt lokaler und regionaler „Kür-Figuren“. Solche Kooperation vermag, wie das Exempel zeigt, die Vielfalt gerade der kleinen Heimatzeitungen tatsächlich zu sichern. Die Gründung der Heimatzeitungsgesellschaft war ein Risiko, aber die Redaktionsgemeinschaft hat sich wirtschaftlich ebenso wie publizistisch als leistungsstark und tragfähig erwiesen.

(hw)

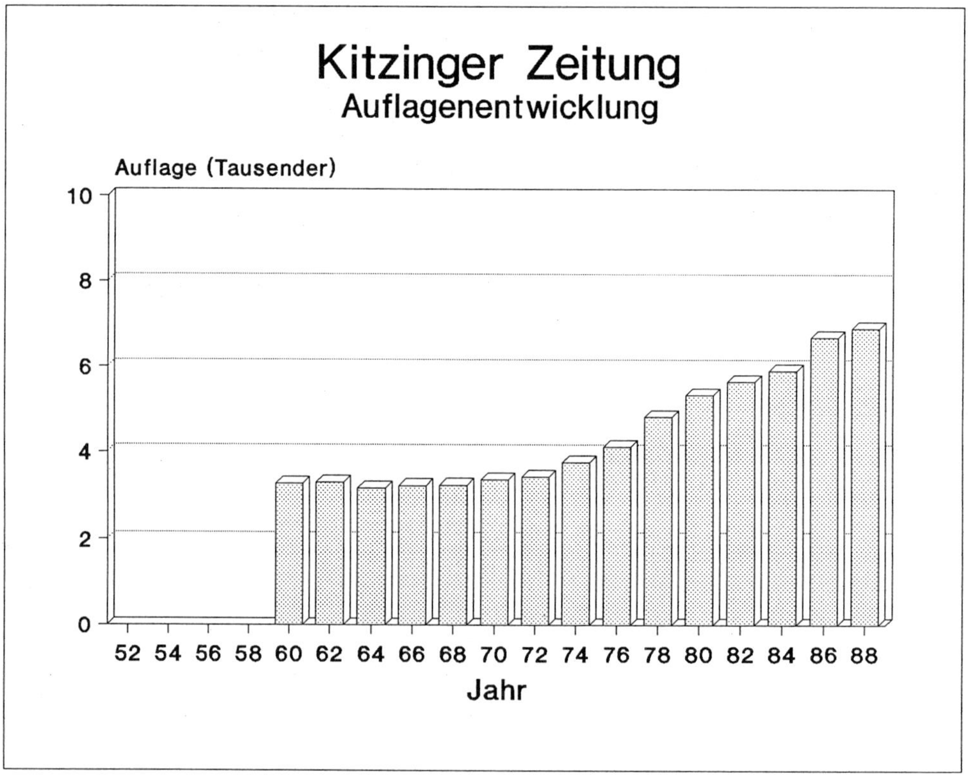

Die „Kitzinger Zeitung“ weist die höchste prozentuale Auflagensteigerung aller bayerischen Tageszeitungen auf: mehr als 62 Prozent zwischen 1976 und 1986.

HZ Heimatzeitungsgesellschaft mbH

Verlags- oder Erscheinungsort	Titel der Zeitung	Verk. Aufl. 4. Q. 1988
Kitzingen	Kitzinger Zeitung mit Neue Volkacher Zeitung	6 922
Bad Neustadt	Rhön- und Saalepost	4 931
Lohr	Lohrer Zeitung*	1 406
Bad Königshofen	Bote vom Grabfeld*	2 958
Hofheim	Bote vom Haßgau	2 082
Schöllkrippen	Der Heimatbote*	1 400
Starnberg	Land- und Seebote**	1 050
Redaktionsgemeinschaft insgesamt:		20 749

* Der Verlag ist nicht Mitglied im Verband Bayerischer Zeitungsverleger e. V.

** Da Starnberg im Regierungsbezirk Oberbayern liegt, wird die Zeitung in Abschnitt II behandelt.

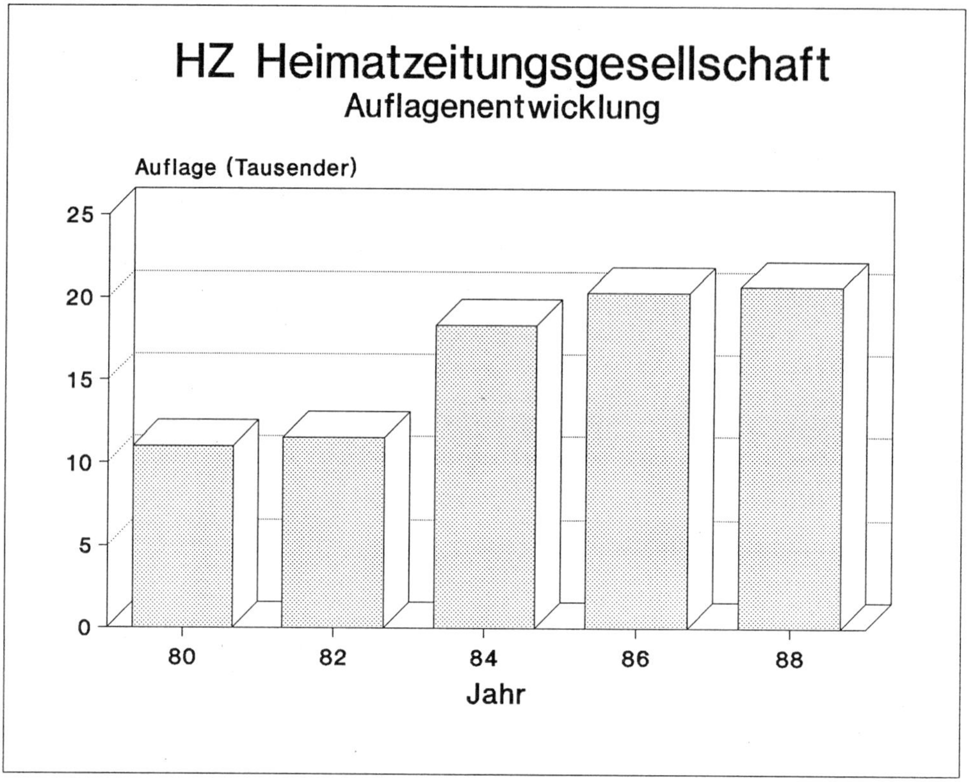

Die HZ Heimatzeitungsgesellschaft wurde erst am 14. 12. 1979 gegründet. Zu den drei Gründerverlagen („Kitzinger Zeitung“, „Rhön- und Saalepost“, „Lohrer Zeitung“) stießen erst ab 1982 weitere Heimatzeitungsverlage als Mantelbezieher.

Das Kleinste zu melden, ist dem Blättchen Gebot: Der „Bote vom Haßgau“

Das Städtchen Hofheim in Unterfranken ist – nicht nur auf der Landkarte – Mittelpunkt des Haßgaues. Es besitzt eine Grund- und Hauptschule, eine Realschule, eine landwirtschaftliche Berufsschule, ein Sportzentrum mit Freibad, ein Hallenbad ... und eine eigene Zeitung! Der „Bote vom Haßgau“ erscheint seit 85 Jahren als Heimatzeitung für den Haßgau. Das neu bezogene, vielleicht etwas nüchtern, aber funktionell anmutende Gebäude in der Industriestraße 11 beherbergt nicht nur die Geschäftsräume der Zeitung, sondern auch die Buchdruckerei Josef Holl, die den „Boten vom Haßgau“ herausgibt. Verlag und Druckerei sind seit jeher ein Familienbetrieb, laufen heute jedoch als getrennte Unternehmen. Der Zeitungsverlag ist als Einzelunternehmen im Besitz von Rosemarie Martin, der Tochter des Firmengründers Josef Holl. Die Druckerei, eine GmbH, ist zu unterschiedlichen Anteilen im Besitz der Familie Martin.

Im Jahr 1906 erwarb Josef Holl den Verlag mit Druckerei von Hans Feilner, der den „Boten vom Hassgau“ (damals noch mit Doppel-‚s‘ geschrieben) drei Jahre zuvor gegründet hatte. Es war dies ein kühner Entschluß, da mit dem „Hofheimer Tageblatt“ bereits eine andere Zeitung im Ort erschien. Knapp 1000 (!) Hofheimer konnten damals also zwischen zwei Blättern wählen.[1] Dank seiner Zeitungs-Erfahrung und ausgeprägter Buchdrucker-Kenntnisse fand der aus Illertissen zugereiste Holl schnell Anerkennung bei der Bevölkerung. Bereits ein Jahr nach der Übernahme wurde die Druckerei verlegt, von der Kirchgasse in die Grüne Marktstraße, weil die Räumlichkeiten zu beengt waren. Im Oktober 1907 stellte das „Hofheimer Tageblatt“ sein Erscheinen ein, das Verlagsrecht wurde von Josef Holl gekauft.[2] Seitdem wird die ehemalige Konkurrenz als Untertitel im Zeitungskopf des „Boten vom Haßgau“ weitergeführt. Ein zweiter Untertitel („Königsberger Zeitung“) erinnert an den Versuch Josef Holls, eine Nebenausgabe für Königsberg und Umgebung zu etablieren. Die Ausgabe wurde aber nach kurzer Zeit wieder eingestellt.

Der Ausbruch des Ersten Weltkriegs brachte für den Betrieb schwere Zeiten. Die Verpflichtung zum Kriegsdienst verringerte die Zahl der Arbeitskräfte so stark, daß eine geregelte Herausgabe der Zeitung nur unter größten Anforderungen an die Mitarbeiter möglich war. Während der Inflation wurden in der Hollschen Druckerei Banknoten für die Hofheimer und Königsberger Sparkasse hergestellt. Oft hatten die Geldscheine von der Drucklegung bis zur Fertigung ihren Wert fast vollkommen verloren. Eine enorme Arbeitserleichterung bedeutete die Anschaffung einer Setzmaschine im Jahr 1928, die den mühevollen Handsatz ablöste.

Das Schicksal fast aller Heimatzeitungen ereilte auch den „Boten vom Haßgau“ 1933, als die Nationalsozialisten die Zeitung in Beschlag nahmen. Während des Zweiten Weltkriegs mußte das Blatt mit Arbeitskräftemangel und Papierrationierung kämpfen.

---

1 Laut Angabe von Verleger Ivo Martin vom 3. 7. 1987.

2 Vgl. Beitrag „75 Jahre Druckerei und Verlag Josef Holl, Hofheim/Ufr.“ in der Sonderbeilage vom 26. 9. 1981.

Nach Ende des Zweiten Weltkriegs durfte der „Bote vom Haßgau" zunächst nicht erscheinen. Verlag und Druckerei wurden von einem Treuhänder verwaltet. Erst die Generallizenz im Herbst 1949 erlaubte es, den Zeitungsbetrieb wieder aufzunehmen, damals mit drei Ausgaben pro Woche. 1951 übergab Josef Holl den Betrieb seiner Tochter Rosemarie und deren Gatten Ivo Martin, der heute den Verlag leitet.

Der Haßgau

Das Verbreitungsgebiet des „Boten vom Haßgau" deckt sich mit den Grenzen des ehemaligen Landkreises Hofheim, der 1972 durch die Gebietsreform aufgelöst und mit den Landkreisen Ebern und Haßfurt zum Landkreis Haßberge zusammengelegt wurde. Neun Gemeinden des früheren Landkreises Hofheim – und damit Teile des Verbreitungsgebiets des „Boten vom Haßgau" – wurden dem Landkreis Schweinfurt zugeschlagen. Diese grundlegenden Veränderungen in der Verwaltungsstruktur hatten für die Heimatzeitung schlimme Folgen: Viele ihrer Leser verloren die Bindung zu dem alten „Zentrum" Hofheim und orientierten sich mehr in Richtung des neuen Mittelpunktes Schweinfurt. Zahlreiche Pendler finden heute in der Schweinfurter Großindustrie Arbeit, andere Bürger sind ganz abgewandert. Für den „Boten vom Haßgau" bedeutete die Gebietsreform den Verlust von einigen hundert Lesern, die jetzt eine Schweinfurter Zeitung lesen.

Wie die Landkreisreform manche Wunde geschlagen hat, so ist auch die Gemeindegebietsreform von 1978 nicht ohne Spuren über die Runden gegangen. Im Haßgau kam es zur Gründung von Großgemeinden, die nun in der Verwaltungsgemeinschaft Hofheim zusammengeschlossen sind. Sie umfaßt fünf neugebildete Mitgliedsgemeinden (Stadt Hofheim mit 5020 Einwohnern, Gemeinde Aidhausen mit 1997 Einwohnern, Gemeinde Bundorf mit 12 043 Einwohnern; Marktgemeinde Burgpreppach mit 1596 Einwohnern und Gemeinde Riedbach mit 1781 Einwohnern) mit insgesamt 35 Ortsteilen, auf 178 Quadratkilometern.[3] Mit etwa 80 Einwohnern auf den Quadratkilometer gehört der Haßgau zu den dünnbesiedeltsten Landstrichen in Unterfranken. Nur der Landkreis Bad Kissingen an der Saale unterschreitet diese Zahl noch.

Der „Bote vom Haßgau" deckt also einen Raum ab, der von den Gemeinden der Verwaltungsgemeinschaft Hofheim auf der einen und der Stadt Königsberg (4155 Einwohner) auf der anderen Seite konstituiert wird. (Königsberg gehörte jahrhundertelang, nämlich von 1447 – 1820, zu den Sächsischen Landen und fiel erst nach dem Ersten Weltkrieg an Bayern.) Der „Bote vom Haßgau" sah sich durch die Verwaltungsreformen vor die Aufgabe gestellt, das Seine dazu zu tun, damit sich die Bürger (ganz unterschiedlich gewachsener und strukturierter Gemeinden) ohne Einschränkung zum Gemeinschaftsbereich bekennen und durch dieses Bekenntnis die sozialen Bindungen und die kulturellen wie wirtschaftlichen Verflechtungen des gesamten Nahbereichs verbessern und stabilisieren. Die Mitgliedsgemeinden gaben ihre Selbständigkeit und Selbstverwaltung zwar nicht auf, ihre Bürger werden aber von Hofheim aus zentral betreut, was anfangs einigen Widerstand auslöste. Quasi wie das Nervensystem des menschlichen Organismus hält der „Bote vom

---

[3] Vgl. Beiträge „Verwaltungsgemeinschaft Hofheim – nicht nur ein administratives Instrument" sowie „Die Gemeindegebietsreform 1978" in der Sonderbeilage vom 26. 9. 1981.

Haßgau“ die Teile der Verwaltungsgemeinschaft zusammen, gibt den Einwohnern von A Kunde von den Neuigkeiten in B und schafft so die Voraussetzung, daß das Verwaltungskonstrukt nicht mehr als ein zwangsläufig zu akzeptierendes, administratives Instrument erscheint, sondern von Leben erfüllt ist und vom einzelnen Bürger als durchaus positiv (weil u. a. die Leistungskraft der einzelnen Gemeinde steigernd) erkannt und anerkannt wird. In dieser Funktion ist das Heimatblatt für die Haßgauer unersetzlich.

Der „Bote vom Haßgau“ hat heute gut 2000 Stück Auflage[4] und hat damit die Marke überschritten, die vor der Landkreisreform errichtet worden war. Im Landkreis Haßberge konkurriert der „Bote vom Haßgau“

- mit dem „Fränkischen Tag“, Bamberg, Ausgabe Hassfurt/Ebern,[5]
- mit der Schweinfurter Ausgabe der „Main-Post“ aus Würzburg,[6]
- mit dem „Haßfurter Tagblatt“[7]
- und mit der Zeitung „Neue Presse“ aus Coburg.[8]

Die harte Konkurrenz in einem dünn besiedelten Gebiet kann der „Bote“ nur dadurch überstehen, indem er für den überlokalen Teil kooperiert: mit dem Anzeigenring Atlas Verlag und Werbung GmbH in München, der für viele kleinere Zeitungen Anzeigen akquiriert und mit der Redaktionsgemeinschaft HZ.

Die Heimatzeitungsgesellschaft (HZ)

Die Heimatzeitungsgesellschaft mbH (HZ) wurde vom Verleger der „Kitzinger Zeitung“, Harald Schunk, gegründet, der vorher den Mantel von der Gemeinschaftsredaktion Bayerischer Heimatzeitungen in Nürnberg bezogen hatte. Die Zentralredaktion erstellte für die Genossenschaftsmitglieder einen gemeinsamen Mantel. „Der Kostenschlüssel für den Mantelbezug benachteiligte jedoch die kleinen Verlage gegenüber den großen, die Vorteile der neuen Technik wurden ignoriert.“[9] Die Entfernung zwischen der Heimatzeitung und der Zentralredaktion beeinträchtigte außerdem die Aktualität.

Deshalb gründete Schunk 1979 die HZ mit Sitz in Kitzingen, der sich nach und nach die „Rhön- und Saalepost“ (Bad Neustadt), die „Lohrer Zeitung“ (Lohr), der „Bote vom Grabfeld“ (Bad Königshofen), der „Land- und Seebote“ (Starnberg), der „Heimatbote“ aus Schöllkrippen und 1983 der „Bote vom Haßgau“ anschlossen, allesamt auflagenschwache Blätter. Im Jahr 1987 schied der „Würmtalbote“ aus der Redaktionsgemeinschaft aus und stellte sein Erscheinen ein, nachdem die Auflage kontinuierlich abgerutscht war. Die HZ kommt dem Wunsch der angeschlossenen Ver-

---

4 IVW-Liste 4/87: 2095 Exemplare.

5 IVW-Liste 4/87: Verkaufte Auflage: 6091 Exemplare.

6 Die Schweinfurter Ausgabe der „Main-Post“ erreicht laut IVW-Liste 4/87 eine verkaufte Auflage von 41 916 Exemplaren. Ivo Martin beziffert deren Reichweite im Landkreis Haßberge mit 1765 Exemplaren; zitiert nach Alfred Baur: Publizistische und ökonomische Kooperation in der Redaktionsgemeinschaft. Fallbeispiel: HZ-Heimatzeitungsgesellschaft. Magisterarbeit (unveröffentl.), München 1988.

7 IVW-Liste 4/87: Verkaufte Auflage: 5707 Exemplare.

8 IVW-Liste 4/87: Verkaufte Gesamtauflage: 30 874 Exemplare.

9 Zitiert nach Alfred Baur, a. a. O., S. 44.

Unser Hofheimer Blättchen

Man soll es nicht glauben
und doch ist es wahr:
Auf dem Buckel hats Blättchen
schon bald 100 Jahr.
Treu hat es gedient
den Haßgauern allen
Stets fand es Leser,
Liebe und Wohlgefallen.
Es ist aus dem Alltag
nicht wegzudenken,
denn vieles kann täglich
das Haßgaublatt schenken:
Wer getauft ward, konfirmierte,
die Ehe schloß,
das alles gibt preis
die Zeitung vom Boß.
Auch alle die Festchen
die kündigt es an,
wann der Bus einläuft
und abdampft die Bahn.
Was falsch war
oder lag krumm und schief,
wird angekreidet im Leserbrief.
Dem König Fußball
wird Raum viel gegeben,
denn vielen ist Sport
das halbe Leben.
Schnappschüsse vom schönen Haßbergland
machen uns all mit der Heimat bekannt,
damit wir mit unserem Haßgau verwachsen,
wir Franken, Bayern und frühere Sachsen.
Das Kleinste zu melden
ist dem Blättchen Gebot.
Kommts „Blattla" ins Haus
ist die Welt schon im Lot.
Ein Glück, daß unser kleines Blatt
Platz auch für das Kleine hat.
Das Blättchen paßt zu uns
wie angegossen,
drum haben wirs alle
ins Herz auch geschlossen.
Ob Vater Holl, ob Martin am Steuer,
stets blieb uns das Blatt
vertraut und geheuer.
Wir Leser gratulieren herzlich dem Blatt,
das nun sein Jubiläum hat.
Wir sagen gerührt
ein Dankeschön,
wir alle die Leser
zwischen Main und Rhön.
Möge es auch künftig flattern ins Haus
und uns erfreuen tagein, tagaus!

Nix laß mä
übäsch Blattla kumm.
Äß gfellt uns ölla,
ob alt oder jung.
(Ein Leser)

Eine Liebeserklärung an die Heimatzeitung.

lage nach Mitbestimmung, Wahrung der Selbständigkeit und festen Bezugskosten für den Mantel entgegen.

Alle der HZ angeschlossenen Verlage haben die lokale Berichterstattung nach vorne gezogen, haben also lokale Aufmacher und schließen daran den überregionalen Teil an, der deshalb „Teil 2" betitelt ist. Der Verleger des „Boten", Ivo Martin, erinnert sich noch lebhaft an die Umstellung vor wenigen Jahren, als sich viele Leser zunächst nicht an das neue Erscheinungsbild der Zeitung gewöhnen konnten. Manch einer drohte sogar mit der Kündigung des Abonnements. „Heute", so versichert Ivo Martin, „sind die Leser davon begeistert". Da die Lokalteile der einzelnen Zeitungen unterschiedliche Umfänge haben, beginnt der „Teil 2" wieder mit der Zählung bei Seite 1. Die einheitliche Gestaltung hat den Vorteil, daß der Druck völlig unabhängig von den Lokalteilen erfolgen kann. Beim „Boten vom Haßgau" werden sowohl lokaler Teil als auch Mantel bei der „Kitzinger Zeitung" gedruckt. Der von der HZ produzierte Zeitungsmantel hat das für kleinere Heimatzeitungen übliche Berliner Format mit fünfspaltigem Umbruch. Er umfaßt Dienstag bis Freitag durchschnittlich acht Seiten (montags und samstags meist zwölf Seiten) mit „Politik", „Wirtschaft", „Fernsehen/Hörfunk", „Sport", „Bayern" und „Vermischtes". Die „Frankenseite" wird wahlweise im Lokalteil oder im „Teil 2" plaziert. Im „Teil 2" finden sich hin und wieder auch „Füllseiten" von speziellen Agenturen (z. B. „Besinnliche Seite", „Kinderseite"). Wenn Schunk den HZ-Mantel als „Pflichtübung"[10] bezeichnet, so kommt darin zum Ausdruck, daß der Schwerpunkt der Berichterstattung der angeschlossenen Zeitungshäuser auf dem lokalen Geschehen liegt. Diese „Bevorzugung" wird auch in der Gliederung des Blattes deutlich, indem der Lokalteil vorne plaziert wird.

Die Lokalredaktion des „Boten vom Haßgau" besteht aus zwei Redakteuren, einer Volontärin, einer Bürokraft und einem Stab von fünf freien Mitarbeitern. Nicht selten übernimmt auch Verleger Ivo Martin selbst redaktionelle Aufgaben, schreibt gelegentlich auch Kommentare. Ungeachtet seiner persönlichen, eher konservativen Gesinnung legt der Verleger großen Wert auf neutrale Berichterstattung. Anschaulich verdeutlicht er seine Philosophie: „Ich teile Hiebe aus von links nach rechts und von rechts nach links."[11] „Eine Heimatzeitung, wenn sie klug ist und ihre Möglichkeiten richtig einschätzt, wird sich nie auf eine Seite schlagen, auch wenn es noch so verführerisch wäre. Sie wird versuchen, ihren eigenen Weg zu gehen, Lob und Tadel dort zu verteilen, wo es nicht Parteiprogramme oder Interessenlagen gebieten, sondern nüchterner Menschenverstand",[12] äußern die Zeitungsmacher über ihre Aufgabe.

Und die Leser zwischen Main und Rhön sind zufrieden mit ihrem Blatt, das über Leben und Sterben berichtet, über Pläne und Erfolge, über Glück und Sorge, über Fortschritte und Enttäuschungen, über Brauchtum und lokalhistorische Erinnerungen. Ein Leser reimte zu einem Geburtstag der Heimatzeitung:

> „Man soll es nicht glauben
> und doch ist es wahr:
> Auf dem Buckel hats Blättchen

---

10 Zitiert nach A. Baur, a. a. O., S. 81.

11 Gespräch mit Ivo Martin am 3. 7. 1987.

12 Im: Beitrag „Die Zeitungsmacher – und wie sie die Heimatzeitung sehen" in der Sonderbeilage vom 26. 9. 1981.

schon bald 100 Jahr.
Treu hat es gedient
den Haßgauern allen,
stets fand es Leser,
Liebe und Wohlgefallen.
Es ist aus dem Alltag
nicht wegzudenken,
denn vieles kann täglich
das Haßgaublatt schenken:
Wer getauft ward, konfirmierte,
die Ehe schloß,
das alles gibt preis
die Zeitung vom Boß.
Auch alle die Festchen,
die kündigt es an,
wann der Bus einläuft
und abdampft die Bahn.
Was falsch war
oder lag krumm und schief,
wird angekreidet im Leserbrief.
Dem König Fußball
wird Raum viel gegeben,
denn vielen ist Sport
das halbe Leben.
Schnappschüsse vom schönen Haßbergland
machen uns alle mit der Heimat bekannt,
damit wir mit unserem Haßgau verwachsen,
wir Franken, Bayern und frühere Sachsen.
Das Kleinste zu melden
ist dem Blättchen Gebot.
Kommts ‚Blattla' ins Haus
ist die Welt schon im Lot.
Ein Glück, daß unser kleines Blatt
Platz auch für das Kleine hat.
Das Blättchen paßt zu uns
wie angegossen,
drum haben wirs alle
ins Herz geschlossen.
Ob Vater Holl, ob Martin am Steuer,
stets blieb uns das Blatt
vertraut und geheuer.
Wir Leser gratulieren herzlich dem Blatt,
das nun sein Jubiläum hat.
Wir sagen gerührt ein Dankeschön,
wir alle die Leser zwischen Main und Rhön.
Möge es künftig flattern ins Haus
und uns erfreuen tagein, tagaus!"[13]

---

[13] Im: Beitrag „Unser Hofheimer Blättchen" in der Sonderbeilage vom 26. 9. 1981.

Einzelpreis -,85 DM / Samstag 1,- DM

1 Z 1859 A

Postfach 1140 / 8729 Hofheim
Telefon (09523) 219

Bote vom Haßgau

Heimatzeitung und allgem. Anzeigenorgan im Haßgau

Hofheimer Tageblatt

Anzeigeblatt für Königsberg i. Bayern und Umgebung

Königsberger Zeitung

Jahrgang 1987 | Mittwoch, 8. Juli 1987 | NUMMER 153

BVJ Hauswirtschaft bietet Vorteile - Anmeldung läuft

HOFHEIM. Für das Berufsvorbereitungsjahr (BVJ) - Hauswirtschaft - werden ab sofort Anmeldungen für Schülerinnen aus dem Gebiet des ehemaligen Landkreises Hofheim und dem ehemaligen Landkreis Königshofen an der Staatl. Berufsschule Hofheim entgegengenommen.

Dieses Schuljahr ist für Mädchen gedacht, die kein Ausbildungsverhältnis anstreben. Sie können hier in einem Vollzeitjahr ihre Berufsschulpflicht ableisten, um dann leichter einen Arbeitsplatz zu finden. Der endgültige Anmeldeschluß ist am 14. September. Für die Schulleitung ist allerdings aus Planungsgründen wichtig, daß eine unverbindliche **Voranmeldung bis Freitag, 10. Juli**, erfolgt. Auskünfte gibt das Sekretariat täglich zwischen 9 und 12 Uhr unter Telefon 09523/338 oder auch persönlich. Informationsunterlagen und Anmeldevordrucke sind im Sekretariat der jeweiligen Hauptschule beziehungsweise Sonderschule erhältlich.

Musterungsausschuß wurde neu gewählt

HASSBERGE. Für den derzeitigen Musterungsausschuß beim Kreiswehrersatzamt in Würzburg geht mit Ablauf dieses Jahres die vierjährige Amtszeit zu Ende. Im Vollzug des Wehrpflichtgesetzes hatte der Kreisausschuß des Kreistages

„Kein Säufer, kein Spieler, kein rachsündiger Erdenwurm ..."

... so steht's in der Siebener-Ordnung aus dem 16. Jh. - Siebenertag in Unterpreppach

HASSBERGE. Zur Demonstration für das ehrenamtliche Engagement wurden Kreisfeuerwehr- und Siebenertag, die am Wochenenede im Zusammenhang mit dem 110. Gründungsfest der FFW Unterpreppach im „attraktiven Ebener Stadtteil" (Landrat Walter Keller) gefeiert wurden. Zum Siebenertag am Samstag vormittag waren über 450 Feldgeschworene gekommen. Im Mittelpunkt standen die Vereidigung von 19 neuen „Märkern" und die Ehrungen langjährig aktiver Siebener. Von den Politikern wurde das Amt des Feldgeschworenen als ein Grundstein der Demokratie gewürdigt. Namens der Staatsregierung strich Finanzstaatssekretär Albert Meyer heraus, daß es nirgendwo in der Bundesrepublik ein so gut funktionierendes Feldgeschworeneninstitut gebe. Durch die Ehrenamtlichkeit lägen im Freistaat die Gebühren für Vermessungen im Bundesvergleich am niedrigsten.

nach ohne klare Grenzen kein Grundbesitz möglich sei und erinnerte an die Zeit, als im nahen Thüringen die Feldsteine zu Hunderten aus den Fluren gerissen worden seien. Der Landrat wurde grundsätzlich. Bei einem Siebenertreffen solle man sich auch Gedanken über die Grundlagen des Staates machen.

Der Staat lebe von den gemeinsamen Rechtsüberzeugungen seiner Bürger und der freiwilligen Achtung der Gesetze. Keller wörtlich: „Man kann dies auch mit dem Begriff Loyalität umschreiben und dies in einer Zeit, in der vielfach zu Boykotten aufgerufen wird. Gehorsam wurde aber weitgehend aus dem Sprachgebrauch gestrichten." Der Landrat fragte, ob Feldgeschworene in einer solchen Zeit den Anschluß verpaßt hätten? Des Landrats eindeutige Antwort: Nein. In einer Demokratie brauche der Mensch die Freiheit, aber auch Grenzen - nicht nur an Grundstükken, sondern auch dort, wo die gewählte Mehrheit Gesetze beschlossen habe.

Heute im Lokalteil

Bewaffneter Raubüberfall auf die Raiba Römershofen 2

Kindergartenfest Lendershausen 3

Jubiläum 125 Jahre TSV Goßmannsdorf 3

Umstrukturierung der Inspektionsbezirke der Feuerwehr 4

Leserbrief: Für Problem Ermershausen nur „geißelnde Häme" übrig 4

Jubelkonfirmation in Birkenfeld 5

Ergebnisse der Schützen 6

und im Teil 2

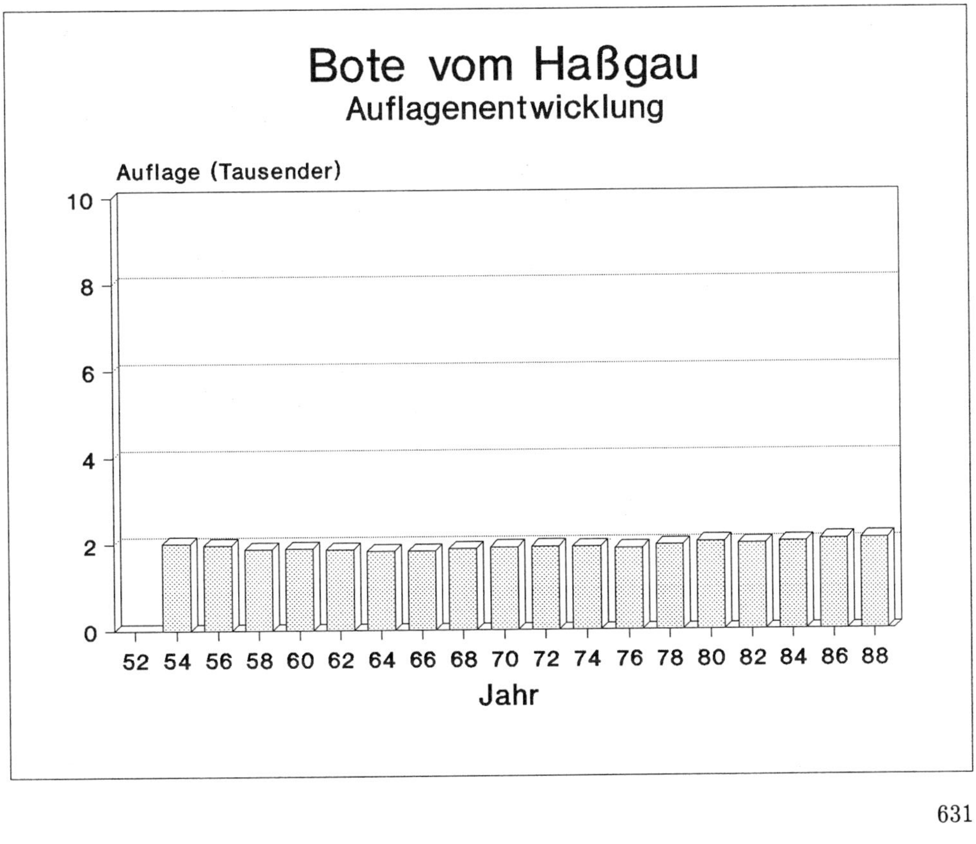

Natürlich gibt es hin und wieder Beschwerden. Da jammern die einen, daß über ihren Verein oder ihren Bereich weniger im Blatt steht als über andere. Das sind in der Regel diejenigen, die praktisch über keine Pressearbeit verfügen und nicht einsehen wollen, daß eine Zwei-Mann-Redaktion nicht überall sein kann, seufzt der geplagte Lokalredakteur. Und da sind die anderen Kritiker, denen die Bereitschaft abgeht, „Tatsachen abseits angeschlagener Eitelkeit und Besserwisserei abhandeln zu lassen".[14] Gerade die Heimatzeitung ist auf jeden Leser angewiesen, darf sich schon deshalb nicht vor Sonderinteressen spannen lassen.

Auf die Zukunft des „Boten vom Haßgau" angesprochen, wird Ivo Martin nachdenklich. Er macht sich Gedanken um seine Nachfolge, da sein Sohn keine Ambitionen zum Zeitungsverleger hat.[15] Die fortschreitende technische Entwicklung, die enorme Investitionen erfordert, die Konkurrenz der neuen Medien bedrohen auch den „Boten vom Haßgau". Auch der Vertrieb ist ein Sorgenkind des Verlegers, „weil es immer schwieriger wird, Zeitungsträger zu finden".[16]

Zwar hat der Betrieb Josef Holl (16 Mitarbeiter) noch ein zweites Standbein, die Akzidenzdruckerei, die bis 1964 auch den Zeitungsdruck besorgt hatte und die heute noch den Lohnsatz für den Lokalteil erledigt. Kein lokaler Hörfunksender, keine große Regionalzeitung (mit Lokalseite) könnte den Haßgauern die großen und kleinen Ereignisse ihrer Umgebung so intensiv und engagiert nahebringen, wie das eine ortsansässige Heimatzeitung vermag.

Und wenn alle so dächten wie ein Leser, der die folgenden Zeilen reimte, dann erübrigten sich die Rentabilitätserwägungen des Verlegers:

„Nix laß mä
übäsch Blattla kumm.
Äß gfellt uns ölla,
ob alt oder jung."[17]

(ab/sf)

---

[14] Vgl. Beitrag „Die Zeitungsmacher – und wie sie die Heimatzeitung sehen" in der Sonderbeilage vom 26. 9. 1981.

[15] Gespräch mit Ivo Martin am 3. 7. 1987.

[16] ebd. 41 Träger verteilen täglich den „Boten", 15% der Auflage erreicht die Abonnenten per Post. Mittlerweile tragen auch Verteiler der „Main-Post" und der „Schweinfurter Volkszeitung" den „Boten" mit aus, bzw. umgekehrt die Träger des „Boten" die Konkurrenzblätter.

[17] Im: Beitrag „Unser Hofheimer Blättchen" in der Sonderbeilage vom 26. 9. 1981.

„Neuschter“ Geschichte und Geschichten: Die „Rhön- und Saalepost“

Max Josef Mayer hieß der Mann der ersten Stunde der „Rhön- und Saalepost“,[1] „der am 4. Februar 1828 in Regensburg geboren und über Bamberg kommend, 1858 in Neustadt seine zweite Heimat fand. Er gründete in der heutigen Schuhmarktstraße sofort eine Druckerei und, nachdem er 1862 für 30 Gulden das Bürgerrecht erworben hatte, die ‚Rhön- und Saal-Post‘. Das Blatt erschien jeweils dienstags, donnerstags und samstags für zwei Gulden im Jahr. Vier Seiten umfaßte das Blatt (Format 18 x 24 cm), noch mühselig im Handdruck hergestellt: ‚Politische und Nichtpolitische Nachrichten‘. Die Nr. 1 erschien am Dienstag, dem 1. Juli 1862, und als politische Nachricht galt z. B. folgende: ‚Nach direkten Berichten aus der Pfalz über das Befinden des Königs Ludwig ist Se. Majestät rüstig und vom besten Humor, und besteigt Berge ohne alle Beschwerde. Dieser Tage erst hat derselbe die Rietburg bestiegen, ohne die geringste Beschwerde zu fühlen.‘

Es gab schon einige Inserate – pro Zeile 3 Kreuzer – und Meldungen aus Neustadt: ‚Heute trat das von der hiesigen Schützengesellschaft aufgegriffene Projekt einen Rhönschützenbund zu gründen, in die Wirklichkeit ein.‘ Oder aus der Umgebung, z. B. Stangenroth: ‚In Stangenroth hat sich ein trauriger Todesfall ereignet. Nämlich Herr Pfarrer R. daselbst ist schon mehrere Jahre durch Hämorrhoidenbeschwerden sehr leidend gewesen, und zwar derart, daß ihm das Blut stark in das Gehirn stieg. Am verflossenen Montag hielt er noch Betstunde, nach derselben legte er die Kirchenkleider ab, aber nicht nur diese, sondern auch seinen Priesterrock usw. bis auf's Hemd. Nun erst kam der Lehrer herbei und wehrte ab. Es war offenbar eine Geistesstörung eingetreten. Er kam nämlich wieder zu Bewußtsein und man geleitete ihn nach Hause. Nachts entstand in seinem Schlafzimmer Lärm. Als man eintrat, fand man, daß er sich die Kehle eingeschnitten hatte. Es war wie es scheint, die Hauptader nicht verletzt, er lebte noch. Man rief Arzt und Beichtvater. Er konnte sich noch verständlich machen und beichten, starb aber am folgende Tage Nachmittags.‘

Die Kurlisten von Bad Neuhaus werden in der Zeitung bis 1911 ebenfalls abgedruckt und anschließend gesondert bei der ‚Rhön- und Saalepost‘ hergestellt und abgegeben. Schon im September 1862, des Erscheinungsjahres also, trägt das Blatt den Untertitel: ‚Alleiniges Amts-Organ der Bezirksämter Bad Neustadt, Mellrichstadt und Gersfeld.‘ Damit war der Herausgeber aller existentiellen Sorgen um die neue Zeitung enthoben. Nicht zuletzt dank der Hilfe des ersten Bezirksamtsmanns von Neustadt, Leonhard Geigel, der die Gemeinden aufforderte, die ‚Rhön- und Saal-Post‘ zu beziehen und deren Inhalt zu verbreiten, so auch in Gersfeld, das damals noch bayerisch war. (...) Forstämter, die freiherrlichen Gutsverwaltungen, Schützenvereine und die Städte mit ihren Marktanzeigen und Verlegungen, vor allem Berichte von Gerichtsverhandlungen bestimmten den Inhalt. Der Verbreitungsbereich der Zeitung war sogar größer als heute. Ob Römhild oder Geisa (heute

[1] Die Darstellung folgt dem Beitrag „Wahrheit und Freiheit – Niedergang und Größe“ von Joachim Bröske in der Verlagsbeilage der „Rhön- und Saalepost“ vom November 1987.

Erscheint mit Ausnahme der Sonn- und Feiertage täglich. — Preis vierteljährlich 1 M. 20. — Inserate: 3spaltige Corpuszeile 10 ₰

Mittwoch, 27. Mai — Neustadt a. fränk. Saale — 1885.

Kurlose Meldungen:

Seltenheit.

Im. k. Ldg.-Bezirk Neustadt machen seit Jahren Bauern Mode, ihre Töchter mit vielen Versprechen anzubringen, aber bis sie es erhalten, können sie warten bis zur Ewigkeit, Amen.

W. R.

Dem K. — den wohlmeinenden Rath, die Bauern-Weiber nächstens nicht wieder auf der Straße zu spotten.

Dem weißen Herrn von Heustren einen Dank für die Gratulation an die blonde Beata und zugleich ein Hoch ihm als schon oft durchgefallenen Ehestandskandidaten.

(Eingesandt.) Wie bange muß es einem bei jetziger Jahreszeit von wegen der so schlechten Beleuchtung unserer Stadt bei stockfinsterer Nacht zu Muthe werden. Nicht bloß, daß die wenigen Laternen an den dazu bestimmten Orten sehr mangelhaftes Licht verbreiten, ist es natürlich, daß man in solchen Straßen, wo dergleichen Laternen höchst nothwendig wären, im nüchternsten Zustande, ohne Wummum, Hals und Beine brechen kann. (Einer für Alle.)

Ein weißes Taschentuch wurde vorgestern Abends gefunden und kann in der Expedition abgeholt werden.

„Tag für Tag ist eine Heimatzeitung Spiegel des Lebens in ihrem Erscheinungsbereich. Ganz zu Unrecht wird oft in der öffentlichen Meinung die Heimatzeitung gegenüber den großen, überregionalen Tageszeitungen abgewertet. Dabei wissen wir doch alle, daß fast jeder Zeitungsleser sich zunächst für das Geschehen in seinem engeren Lebensumfeld interessiert." (Dr. Steigerwald, Landrat)

Rhön- und Saal-Post.

Nr. 1. — Neustadt a. S., Dienstag, den 1. Juli 1862.

Dieses Blatt erscheint wöchentlich 3mal und zwar: Dienstag. Donnerstag und Samstag und kostet ganzjährig 2 fl., halbjährig 1 fl., vierteljährig 30 kr.

in der DDR gelegen), Schweinfurt oder Gera – überall war die ‚Rhön- und Saal-Post' zu Hause. Und zwar stramm bayerisch und gegen Preußen.

Mit dem Steigen der Auflage und dem samstags beiliegenden ‚Unterhaltungsblatt' wird die Druckerei von Max Josef Mayer zu klein, so daß am 28. April 1864 der große Umzug in die heutige Roßmarktstraße 58 erfolgt. Die kleine Häfnergasse erhielt ihm zu Ehren den Namen ‚Buchdrucker-Gässle' (heute wieder Häfnergasse).

Am 1. Januar 1869 wird die ‚Rhön- und Saal-Post' Tageszeitung – bis auf Sonn- und Feiertage. Vor allem die Samstags-Beilage enthält heimatkundliche Beiträge. Das Blatt bezeichnet sich zwei Jahre später offiziell als ‚Amtsblatt der beiden königlichen Bezirksämter Neustadt und Mellrichstadt'. Schon 1867 wurden durch die Reichsbildung ganze Teile der Rhön, wie Gersfeld, Hilders und Tann zu Preußen geschlagen. Die ‚Rhön- und Saal-Post' konnte es sich natürlich nicht verkneifen, dann und wann freundnachbarliche Grüße über die ‚verhaßte Grenze' zu schicken.

Zu dieser Zeit tauchte erstmals der Name Rötter in der ‚Rhön- und Saal-Post' auf; und zwar ist er der Stiefsohn von M. J. Mayer, Gallus, der in der Buchdruckerei als Lithograf arbeitet. Er war damals 25 Jahre alt und kam als Buchdruckerlehrling mit seinem Vater nach Neustadt. Da sein Vater zugleich als Ratsherr sehr beansprucht war, unterstützte ihn Gallus, wo er nur konnte. Als sein Vater erkrankte, übernahm er die Verantwortung für das Geschäft.

Am 14. März 1892 meldete die ‚Rhön- und Saal-Post': Es starb Max Joseph Mayer, langjähriger städtischer Bauverwalter und Gründer der hiesigen Buchdruckerei und der ‚Rhön- und Saal-Post' im Alter von 64 Jahren nach sechsmonatigem Leiden. Neustadt a. S., New York, Schweinfurt, Regensburg, Memmelsdorf. Schon ein Jahr später folgt ihm sein Sohn Gallus. Mit 49 Jahren erlitt er einen Herzschlag.

Wiederum übernimmt dessen Sohn Max Josef Rötter die Zeitung – 1868 in Neustadt geboren – ebenfalls Buchdrucker und unermüdlich fleißig. Seine Hobbies gleichen denen des Vaters und Großvaters: Er war ein begeisterter Schütze und darüber hinaus Jäger und Heger. Als durch einen Hausbau die Schulden der Schützengesellschaft nicht bezahlt werden konnten, druckte er eigenes Geld – natürlich im Handsatz. Genauer: Für die Bank stellte er 50 Darlehensscheine in Höhe von 2500,– Mark her, die mit dreieinhalb Prozent verzinst und von den Schützenkameraden aufgebracht wurden.

Von diesem Zeitpunkt an bleibt die ‚Rhön- und Saal-Post' im Besitz der Familie Rötter. Der Zeitungskopf ändert sich, indem das Motiv mit der Postkutsche wegfällt (der Holzschnitt ist noch vorhanden). Statt dessen nennt sich die Zeitung im Untertitel: ‚Tag- und Anzeigenblatt' mit vielen Beilagen. Die acht Seiten der Tagesausgabe werden fünfspaltig umbrochen, und die Kleinanzeigen häufen sich. Der Vierteljahres-Bezugspreis beträgt 1 Mark 35. Die Vielfalt der politischen und allgemeinen Meldungen sowie der Berichte nimmt zu. Der kulturelle Aspekt in der ‚Rhön- und Saal-Post' kam in den ersten Jahrzehnten des Bestehens insofern zu kurz, weil es meist reisende Theatergruppen waren, die mit ihren Possen und Komödien im Hotel-Saal (meistens im ‚Löwen') gastierten. Man haute sich auf die Schenkel vor Vergnügen, wenn die Pointen den Nerv der Besucher trafen. Die selten und nur kurz gebrachten ‚Theater-Nachrichten aus Meiningen' erscheinen jetzt regelmäßig und sind Rückhalt der jungen privaten Neustädter Theatergemeinde für das Hoftheater in Meiningen", umreißt Joachim Bröske die Geschichte des Blattes in der Jubiläumsausgabe.

Kostprobe einer Theaterkritik von damals:

„Herschfeld, 30. Dez. ‚Der schwarze Ritter', so betitelt sich das vom hiesigen katholischen Burschenverein am vergangenen Sonntag mit wirklich gutem Erfolg gegebene Schauspiel. Durch zahlreiche Proben haben es die Mitwirkenden fertig gebracht, trotz der Schwierigkeit des Stückes ein flottes Zusammenspiel zu erzielen, wozu die schönen Kostüme wesentlich beitrugen. Auf vielseitigen Wunsch wird das Stück am Dreikönigstage nachmittag nochmals aufgeführt und sei jeder Theaterfreund hierauf aufmerksam gemacht."[2]

„Der Erste Weltkrieg wirkte sich auch auf die ‚Rhön- und Saal-Post' aus. Nicht nur die Materndienste, also der überregionale Teil, sondern auch die örtlichen Berichte sind der Zensur unterworfen. Die Pressefreiheit ist willkürlich eingeschränkt. Und das zeigt sich auch den Lesern: Immer häufiger gibt es Lücken im Text, so daß oft der Sinn eines Satzes verloren geht. Die Zeit zwischen 1918 und 1923 ist gekennzeichnet durch Kriegsfolgen; wobei die Geldentwertung immer mehr im Berichts- und Anzeigenteil deutlich wird. Während der Inflation kostete die ‚Rhön- und Saal-Post' jeweils monatlich: 1918 = 1,80 RM; 1920 = 3,60 RM; 1921 = 7,50 RM; 1922 = 40 300 RM und im Dezember 1923 = 0,7 Billionen Mark.

Erst ab 1. Januar 1924 herrschten wieder zivile Verhältnisse, und die Bezieher der ‚Rhön- und Saal-Post' zahlten schließlich bis 1945 für eine größer gewordene Zeitung wie vor dem Ersten Weltkrieg vierteljährlich 1,50 Mark ohne Trägerlohn oder Postzustellgebühren. Wenig später verfügte die Zeitung wieder über einen Telefonanschluß, der seinerzeit ein Opfer der Inflation geworden war. Die industrielle Entwicklung, die in Neustadt ja bereits vor dem Ersten Weltkrieg begonnen hatte, machte jetzt gewaltige Fortschritte. Die Preh-Werke, die mit der Montage von elektrischen Schaltern im Tanzsaal des sogenannten ‚Schmitt'schen Gartens' begonnen hatten, wuchsen ständig an.

Am 10. Oktober 1927 starb – am Todestag seines Vaters Gallus – der fast 60jährige Max Rötter. Seine Witwe, Maria Rötter, geb. Weigand, führte mit ihren Kindern die Druckerei und die Zeitung weiter. Der Schulrat Alfons Borst betreute als Beilage die ‚Neustädter Heimatblätter', die allerdings nur fünf Jahre erscheinen konnten; dann hatten die Nazis alles im Griff. Statt dessen gab es eine Jugendzeitung als Ergänzung unter der Leitung örtlicher HJ-Führer.

Jetzt kam die schwerste Zeit. Die ‚parteiamtlichen Mitteilungen' mußten kostenlos und mit Vorrang ins Blatt gebracht werden. Dafür gab es sogar technische Unterstützung – allerdings nur, um die Arbeitsleistung im Sinne der Partei zu steigern; denn vorher, von 1862 bis 1936, mußte der Großteil des Gedruckten im kostspieligen und zeitraubenden Handsatz gefertigt werden. Jetzt gestattete man die Aufstellung einer ‚modernen' Setzmaschine, wodurch die ‚Rhön- und Saal-Post' sowie sämtliche Drucksachen wesentlich an technischer Qualität gewannen.

Die ‚Rhön- und Saal-Post' stand nun unter einer kleinlichen Zensur der Militär- und Parteizentrale in Würzburg, von wo täglich ‚Sprachregelungen' herausgegeben wurden. Sie waren bei strengster Strafe bis zur angedrohten Betriebseinstellung einzuhalten. Die Leser wußten davon wenig oder gar nichts. Und man legte der Zeitung zur Last, was von ‚oben' verfügt und zwangsweise auferlegt wurde, wie etwa

---

[2] ebd.

Berichte über Devisenprozesse u. a. Dann gingen bei der Zeitung Schreiben ein, wie etwa am 24. Mai 1937: ‚Fühle mich veranlaßt, Ihnen hierdurch mitzuteilen, daß mir Ihr Blatt zum Halse heraushängt. Wenn das heute Ihre Politik ist, dann hasse ich dieses Blatt. Wenn nicht viel, so erwarte ich doch ein bißchen Gefühl, gleich, um welche Menschen es sich handelt.‘ Oder ein anderer Brief mit dem Kernsatz: ‚Wir lesen keine Zeitungen, in denen die Geistlichen so schlecht gemacht werden!‘ Da kleine Zeitungen auf die Lieferung großer überörtlicher Maternteile angewiesen waren, war der Inhalt unter parteipolitischem Druck vorgeschrieben. Oft mußte die ‚Rhön- und Saal-Post‘ sich durch Nachfragen absichern, um die stets drohende Betriebs-Stillegung abzuwenden. So durfte im Marktbericht z. B. nicht stehen: ‚Der Handel ging etwas langsamer.‘ Selbst die Textfassungen der Todesanzeigen unterlagen dem Zensor.

Während des ‚Vier-Jahres-Planes‘ der NS-Zeit wurden die Siemens-Schuckert-Werke in Berlin veranlaßt, in Neustadt ein Zweigwerk zu bauen. Der damalige nationalsozialistische Bürgermeister Ingebrand kam den Berlinern sehr entgegen: Nördlich der Bahnhofstraße erwarb die Firma 79 000 qm Land zum Preis von 50 Pfennig pro qm. Außerdem brauchte sie drei Jahre lang keine Steuern und Abgaben zu leisten. Die Stadt hatte Verpflichtungen von 200 000 bis 300 000 Mark übernommen. Heute ist das Bad Neustädter Siemens-Werk ein selbständiges Stammwerk der Siemens AG. Die Jahresproduktion hat inzwischen einen Wert von 440 Millionen Mark erreicht. Siemens, die Preh-Werke, Forbach, Kunert und Jopp sind die größten Arbeitgeber in Bad Neustadt und in der Region.“[3] Damals wie heute profitiert mittelbar auch die Heimatzeitung von der Wirtschaftskraft der ortsansässigen Unternehmen.

Ab Februar 1945 erschien täglich nur noch ein einziges Blatt mit magerem Inhalt. Am 28. März 1945 stellte die „Rhön- und Saal-Post“ ihr Erscheinen (vorläufig) ein.

Vom 25. Juni 1945 an produzierte die Druckerei das „Mitteilungsblatt des Landrates Bad Neustadt“ unter der Treuhänderschaft von Carl Goldammer. Im August 1948 ging die Druckerei wieder in den Besitz der Familie Rötter über. Zunächst wurde das „Amtliche Mitteilungs- und Werbeblatt“ herausgegeben. Erst ein Jahr später, im August 1949 (nach der Generallizenz) tritt die „neue“ „Rhön- und Saalepost“ an dessen Stelle und unternimmt erste Gehversuche, anfangs mit drei Ausgaben in der Woche.

Neue Techniken, wie der Vier-Farb-Druck setzten sich durch, so daß zunächst ein Umbau erforderlich wurde, der im Herbst 1955 erfolgte. So konnte man 1960 bequem eine neue Rotationsmaschine zusammen mit einer hydraulischen Presse aufstellen.

Zum 100. Geburtstag der ‚Rhön- und Saalepost‘ im Jahre 1962 schrieb Alfons M. Borst, Schulrat a. D., darüber auf der Heimatseite am 30. Juni unter dem Titel ‚100 Jahre Rhön- und Saalepost‘ – ‚104 Jahre Buchdruckerei Rötter‘ einen mageren Zweispalter; allerdings lag der Zeitung eine Festschrift bei. Von der ‚Rhön- und Saalepost‘ entdeckt man vor dem 100jährigen Jubiläum keine Zeile, die an ihre eigene Gründung erinnert. Weder 1887 noch 1912 und schon gar nicht 1937.

---

[3] ebd.

Nun bekommt die ‚Rhön- und Saalepost' mehr Seiten und pflegt vor allem den lokalen Teil, berichtet über Stadtrats- und Gemeinderatssitzungen und begleitet wichtige Ereignisse mit ihrem Kommentar, ihrer Meinung zu den Vorgängen. Der Anzeigenteil wächst, und als 1969 der jetzige Inhaber Gerhard Rötter mit 32 Jahren das Unternehmen übernimmt, hat auch für die Zeitung eine neue Zeit begonnen.

Er hatte auf Wunsch seines Vaters den Beruf des Schriftsetzers in Schweinfurt von der Pike auf gelernt, arbeitete in einigen Betrieben sowohl in Oberursel und Nürnberg als auch in Straubing und in Würzburg. 1963 wurde Gerhard Rötter Schriftsetzermeister und weiß deshalb, wovon er spricht, wenn er die eigene Druckerei betritt. Im Laufe der Zeit hat er gewaltig investieren müssen; denn der Bleisatz wurde auf Fotosatz umgestellt und erforderte neue Setz- und Druckmaschinen. Die Zeitung wurde jedoch schon 1964 bis 1978 außerhalb gedruckt – heute in Kitzingen. (Davon später mehr.) Dennoch: Die Räume in der Roßmarktstraße wurden zu eng, und so zog das gesamte Unternehmen zum zweiten Mal in seiner Geschichte um. 1982 auf einen 3300 qm großen Platz in der Industriestraße. Die Redaktion, in der Roßmarktstraße an enge, kleine Räume gewöhnt, bekam ein Großraumbüro mit Computern anstelle von Schreibmaschinen. Dadurch konnte rationalisiert werden und vor drei Jahren ein zweites Projekt entstehen: Der ‚Rhön-Spiegel', ein Magazin für Urlauber und Kurgäste, das von Fulda bis Münnerstadt und von Hammelburg bis Fladungen über 700 Veranstaltungen monatlich ankündigt"[4] – und das kostenlos. Die Werbetreibenden in dem Magazin, mit einer Auflage von mehr als 7000 Exemplaren, finanzieren das Heft.

Im Rhön- und Grabfeld-Kreis

Unter Gerhard Rötters Ägide konnte die Auflage der „Rhön- und Saalepost" von 2500 Exemplaren (1969) auf 5000 Exemplare täglich (1987) gesteigert werden. „Allerdings hatte sich die Bevölkerung von Bad Neustadt von 1950 bis 1979 (von 7123 auf 14 547 Einwohner) mehr als verdoppelt. Dann erfolgte am 1. Juli 1972 eine Verwaltungsreform, bei der die Kreise Bad Neustadt, Mellrichstadt und Königshofen mit rund 78 000 Einwohnern zu einem Landkreis zusammengeschlossen wurden. Er erhielt den Namen ‚Rhön-Grabfeld'. Der neue Landkreis zählte 37 Gemeinden, von denen 33 einer Verwaltungsgemeinschaft angehören. Diese Verwaltungsreform hatte bei den Betroffenen natürlich zu heftigen Auseinandersetzungen geführt. Lokalpatriotismus und Egoismus bestimmten diese Fehde, in der die ‚Rhön- und Saalepost' munter mitmischte. Dabei suchte man mit dieser Reform in einer Region, die durch den Zweiten Weltkrieg zum Grenzland geworden war, lediglich die Lebensverhältnisse zu verbessern und das Leistungsgefälle zwischen Stadt und Land abzubauen. Auch die staatlichen Fachbehörden wurden umstrukturiert, so daß eine Steigerung der Wirksamkeit, der Wirtschaftlichkeit und der Bürgernähe der gesamten Verwaltung erreicht wurde.

Im „neuen" Großlandkreis Rhön-Grabfeld ist die „Rhön- und Saalepost" mitnichten die einzige Zeitung. Da sind zum einen drei weitere Heimatzeitungen, der „Bote

---

[4] ebd.

vom Grabfeld" aus Bad Königshofen,[5] der „Rhön- und Streubote" aus Mellrichstadt[6] und die „Ostheimer Zeitung" aus Ostheim[7], deren Verbreitungsgrenzen sich mit denen der „Rhön- und Saalepost" freilich nicht überschneiden.[8] Platzhirsch am Zeitungsmarkt ist die Regionalzeitung „Main-Post" aus Würzburg mit ihrer Ausgabe Rhön-Grabfeld.[9] Die „Main-Post" und die „Rhön- und Saalepost" haben fast gleichgezogen, was die Auflage im Landkreis betrifft. Dennoch macht die Konkurrenzsituation der Heimatzeitung mehr zu schaffen als der „potenteren" „Main-Post". Da die „Main-Post" die Preise eingefroren hatte, muß sich Verleger Rötter jede Erhöhung der Bezugs- und Anzeigenkosten „zweimal überlegen",[10] um weiterhin konkurrenzfähig zu bleiben. Angesichts ständig steigender Produktionskosten macht ihm das natürlich Kopfzerbrechen. Deshalb soll in Zukunft verstärkt die Akzidenz-Druckerei ausgebaut werden, die im Moment nur ein Drittel des jährlichen Umsatzes einbringt.

Kooperation wird groß geschrieben

In einigen Bereichen wurde die Konkurrenz mit der „Main-Post" durch Kooperationsverträge entschärft. Der Neustadter Verlag übernimmt die Verteilung der „Main-Post" im eigenen Verbreitungsgebiet; das Würzburger Verlagshaus wiederum liefert einen kleinen Teil der Auflage der „Rhön- und Saalepost" im eigenen Verbreitungsgebiet aus. Als sich Ende der siebziger Jahre „fremde" Anzeigenblätter im Landkreis breitmachten, schlossen sich die bereits erwähnten Heimatzeitungen zu einer Anzeigen-Kooperative mit der „Main-Post" zusammen, um gemeinschaftlich (aber unter Federführung der „Main-Post") das Anzeigenblatt „Der Markt" herauszubringen, das kostenlos an alle Haushalte im Landkreis Rhön-Grabfeld verteilt wird.

Kooperiert wird auch im redaktionellen Bereich. 1979 war Gerhard Rötter an der Gründung der Heimatzeitungsgesellschaft mbH in Kitzingen beteiligt. Diese Redaktionsgemeinschaft[11] geht auf eine Initiative des Verlegers der „Kitzinger Zeitung", Harald Schunk, zurück. Alle heute an die Redaktionsgemeinschaft angeschlossenen Verlage waren vorher Mitglied der „Gemeinschaftsredaktion Bayerischer Heimatzeitungen" (BHZ), die zu jener Zeit noch genossenschaftlich organisiert war, aber den Vorstellungen der Verlage von Mitbestimmung, Wahrung der Selbständigkeit und „gerechtem" Preis für den Zeitungsmantel nicht so recht entsprach.

Die HZ GmbH ist rechtlich selbständig, jedoch eng mit der „Kitzinger Zeitung" verbunden, und versteht sich als „Dienstleistungsunternehmen. Wir geben dem Verlag

---

5 Lt. IVW-Verbreitungsanalyse (Kreiskartei), Bonn 1988: Auflage im Landkreis Rhön-Grabfeld: 2850 Exemplare täglich.

6 ebd.: Auflage im Landkreis Rhön-Grabfeld: 2949 Exemplare täglich.

7 ebd.: Auflage im Landkreis Rhön-Grabfeld: 900 Exemplare täglich.

8 Lt. Aussage von Gerhard Rötter vom 5. 7. 1987.

9 Lt. IVW-Verbreitungsanalyse (Kreiskartei), Bonn 1988: Auflage im Landkreis Rhön-Grabfeld: 4731 Exemplare täglich.

10 Lt. Aussage von Gerhard Rötter vom 5. 7. 1987.

11 In Unterfranken gibt es noch eine zweite Redaktionsgemeinschaft, nämlich die „Gemeinschaftsredaktion Bayerischer Heimatzeitungsverleger BHZ GmbH", mit Sitz in Bad Kissingen und Haßfurt.

Rhön- u. Saalepost

125 Jahre

Heimatzeitung im Rhön-Grabfeld-Kreis · Amtsblatt der Stadt Bad Neustadt a.d. Saale

Seit 1862

RÖTTER DRUCK UND VERLAG GMBH — 8740 BAD NEUSTADT A.D. SAALE
Telefon (09771) 1393 — Erscheint werktäglich — Einzelpreis 1.- DM, Wochenendausgabe 1.20 DM

1 Z 5921 A

Nummer 153 | Bad Neustadt, Mittwoch, 8. Juli | Jahrgang 1987

Seit Juli ist Erwin Krewenka Geschäftsführer der Kurverwaltung Bad Neustadt GmbH, hier vor der Geschäftsstelle der Kurverwaltung GmbH im Gemeindehaus Mühlbach. Foto: Helmerich

Kein Sand knirscht mehr im Fremdenverkehrs-Getriebe

BAD NEUSTADT-MÜHLBACH (mh). Vom sinkenden Schiff kann keine Rede mehr sein. Mit der Neubesetzung der Vereinsspitze vor einem Jahr gelang es dem Kur- und Verkehrsverein, das Ruder herumzureißen. Der angepeilte Kurs: Die Auslastung der Pensionen, Hotels und der Kur verbessern. Und vor allem: Das Sand im Getriebe entfernen. „Wir sind auf dem richtigen Weg und müssen ihn mit Loyalität und Solidarität weiter beschreiten", sagte Vorsitzender Paul Goebels in der Mitgliederversammlung am Montag.

Goebels verwies auf eine stolze Bilanz seiner einjährigen Amtszeit. Durch die Gründung der Kurverwaltung Bad Neustadt GmbH firmieren nun der Kur- und Verkehrsverein, die Stadt Bad Neustadt und das Guttenberg'sche Heilbad unter einem Dach.

gelte, mit vereinten Anstrengungen sich Marktanteile zu sichern. „Wer das Täfelchen Zimmer frei ins Fenster stellt, sollte auch Mitglied bei uns sein." Die Mithilfe bei den Kurparkfesten könne ebenfalls besser sein, meinte er. Die freiwillige Arbeit komme ja allen Pensionsbesitzern zugute, denn die Feste seien für die Gäste immer ein Erlebnis. Wenn sich in Zukunft hier kein besserer Gemeinschaftsgeist entwickle, denke man daran, Entschädigungen von denen zu fordern, die immer durch Abwesenheit glänzen.

Zur Gründung der neuen Kurverwaltungs-GmbH informierte Goebels, daß zu deren Gründung das Guttenberg'sche Unternehmen 100.000 Mark beisteuerte. Die Anteile der Stadt und des Kur- und Verkehrsvereins wurden von Guttenberg als zinsloses Darlehen gewährt, ohne Bedingungen daran zu knüpfen, wie Goebels betonte. Mit dem neuen Geschäftsführer und den drei Fachfrauen in der neueingerichteten Gästeinformation im Gemeindehaus Mühlbach habe man nun das qualifizierte Personal, um den Wünschen der Besucher gerecht werden zu können.

Dauerbrenner Verkehr

Probleme bereite nach wie vor die Verkehrssituation im Kurbereich, betonte der Vorsitzende. Für Einheimische sei das Wort Rücksicht offenbar ein Fremdwort. Erst kürzlich sei der Pkw eines Bad Neustädter Geschäftsmanns mit 80 km/h durch das Kurviertel gerast. In diesem Zusammenhang habe man die Polizei gebeten, verstärkt Radarkontrollen in den frühen Morgenstunden und nach 22 Uhr in der Löhriether Straße und im Kur-

Fortsetzung auf Seite 2

„Feste drauf zu arbeiten, den Gästen mehr zu bieten"

Heute im Lokalteil

Grenzgang

Lustig ging's beim Grenzgang in Heustreu zu: Da übten sich die Bürger u. a. im Baumstamm-Werfen, Eierlauf und Rad-Langsamfahren. Bericht Seite 2

Gemeinderäte als Rückendeckung . . .

für Bürgermeister: In dieser Funktion beschrieb Landrat Dr. Fritz Steigerwald 17 Stadt- und Gemeinderäte, die er mit der Dankurkunde des Bayerischen Staatsministeriums des Innern auszeichnete. Bericht Seite 3

Stadtmeisterschaft und Gemeindesportfest

Zu einem vollen Erfolg wurde die Fußball-Stadtmeisterschaft des TSV Brendlorenzen. Dieses Resümee wurde in der Vorstandssitzung gezogen. Die nächsten Ereignisse werfen ihre Schatten bereits voraus: Am kommenden Sonntag ermitteln die Fußballschüler ihren Stadtmeister, am 25./26. Juli findet das Gemeindesportfest statt. Bericht Seite 5

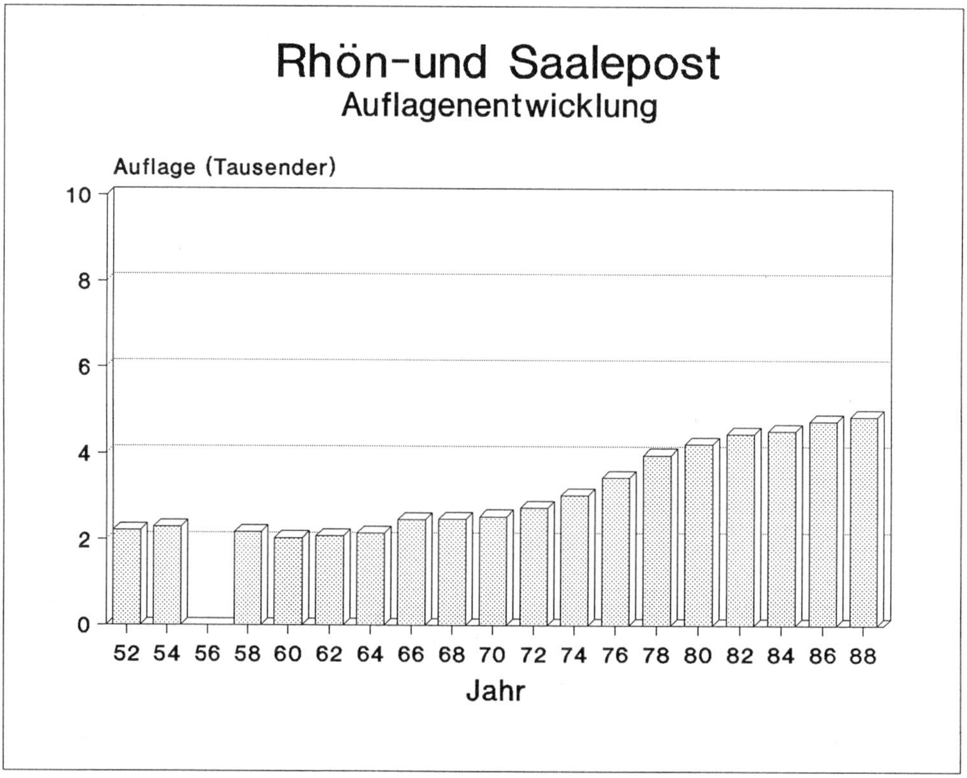

etwas hin zu einem festen Preis pro Leser, und er macht damit seine Zeitung. Aber wie er sie macht, ist sein Privatvergnügen".[12] „Der HZ-Zeitungsmantel ist ein eigenes Zeitungsbuch und wird als ,Teil 2' betitelt. Die Bezeichnung läßt bereits erkennen, daß sich der Mantel erst an den Lokalteil der verschiedenen Zeitungen anschließt. (...) Da die Lokalteile der einzelnen Zeitungen unterschiedliche Umfänge haben, beginnt der ,Teil 2' bei der Seitenzählung mit Seite 1."[13]

Der nach innen gezogene Mantel enthält auf durchschnittlich acht bis zwölf Seiten die Rubriken „Politik", „Wirtschaft", „Fernsehen/Hörfunk", „Sport", „Bayern" sowie „Vermischtes".[14] Die „Franken"-Seite(n) wird (werden) wahlweise im Lokalteil oder im „Teil 2" plaziert. Auf den technischen Anlagen der „Kitzinger Zeitung" wird neben dem Mantel auch der Lokalteil der „Rhön- und Saalepost" gedruckt.

Lokales an erster Stelle

Der seit 1975 nach vorne gezogene Lokalteil verdeutlicht die Auffassung des Verlegers, daß die Berichterstattung über lokale Ereignisse absolute Priorität besitzt.[15] Vier feste Redakteure und 20 freie Mitarbeiter gestalten durchschnittlich zwölf Seiten täglich, lokale Anzeigen, Fortsetzungsroman, Comic und die eine oder andere „Füllseite" aus der Werkstatt einer Agentur eingerechnet. Auch der „Aufmacher" auf der ersten Seite hat Lokalbezug.

Das Stiefkind vieler Heimatzeitungen, die lokale Kultur, wird bei der „Rhön- und Saalepost" gehätschelt. Wobei der Begriff „Kultur" durchaus weit zu fassen ist. In einer einzigen Ausgabe werden etwa die „Wiesenbilder" einer ortsansässigen Malerin vorgestellt, und zwar an prominenter Stelle, nämlich auf der ersten Seite, weiter folgen: Misswahl der Orts-Karnevalisten, Konzert beim „Kissinger Sommer", Gastspiel des Naturtheaters „Deutsch-Sowjetische Freundschaft" im DDR-Landkreis Hildburghausen, Ankündigung einer Fahrt zu den Luisenburg-Festspielen, Kritik einer Ausstellung eines Nürnberger Malers und einer Kindertheater-Aufführung.

Die „Rhön- und Saalepost" versteht sich nicht nur als Chronist örtlicher Ereignisse, als Sprachrohr örtlicher Prominenz, sondern bringt auch die Menschen zum Reden, die, weil keine „Amts-" oder „Würdenträger", sonst wenig Chance haben, ihre Anliegen (in einem hochrationalisierten Medium und einer größeren Öffentlichkeit) bekannt zu machen. Das können Sinti-Familien sein, die in den Saalewiesen ihr Lager aufgeschlagen haben, oder Stipendiaten Asiens, die in Bad Neustadt Deutsch lernen sollen, oder auch ein Priester, der seine Heimat in der Rhön bereits als junger Mann verlassen hatte, jedes Jahr dorthin zur Erholung für kurze Zeit zurückkehrte und nun nicht mehr reisen kann. Die Zeitung stellt zum Priesterjubiläum die Verbindung wieder her. Der Absturz eines Hochseilartisten, seine Ursachen und Konsequenzen, beschäftigt die Redakteure mehrere Tage. „Verlautbarungsjourna-

---

12 Gespräch mit H. Schunk am 30. 1. 1987. Zit. nach Alfred Baur: Publizistische und ökonomische Kooperation in der Redaktionsgemeinschaft. Fallbeispiel: „HZ Heimatzeitungsgesellschaft mbH". München 1988. Magisterarbeit (unveröffentlicht), S. 58.

13 a. a. O., S. 60 f.

14 Vgl. Porträt der „Kitzinger Zeitung".

15 Aussage von Gerhard Rötter am 5. 7. 1987.

lismus“ wird Lokalredakteuren nur zu gern unterstellt. Die „Rhön- und Saalepost“ ist davon so weit entfernt wie von überzogenen sozialkritischen Ambitionen.[16]

Die Redaktion macht ohne viel Tamtam und ohne Pathos auch die Schweigenden in der dörflichen Gemeinschaft vernehmbar.

Engagement und Initiative sind die Voraussetzungen für eine lebendige Lokalberichterstattung. Verleger Rötter, der selbst auch Beiträge liefert, hat die Weichen für die Zukunft richtig gestellt. Die Auflagensteigerung von 38% in den vergangenen zehn Jahren liegt weit über dem bayerischen Durchschnitt und bestätigt, auch für sich genommen, die Politik des Verlegers.

(sf)

---

16 So verhinderten z. B. im Jahr 1984 die hartnäckigen Nachforschungen der Lokalredaktion einen Subventionsbetrug in Millionenhöhe. Vgl. „Rhön- und Saalepost“ vom 28. 3. 1984.

Schwarze Kunst in Farbe:
Die „Saale-Zeitung“

„Nein, mit dem Intelligenzblatt seligen Angedenkens hat die Heimatzeitung für den Großlandkreis Bad Kissingen heute kaum noch etwas gemein“,[1] bekunden Verleger Kuno Schachenmayer und Chefredakteur Ulrich Lutz übereinstimmend.

Das vierseitige Blättchen im Quartformat („Kissinger Intelligenz-Blatt“) erschien ab 1847 „jeden Freitag Morgens, für die Dauer der Bad-Saison aber wöchentlich zweimal, jeden Dienstag und Freitag. (. .) Holz-, Getreid- und Strohstriche erbietet sich unterzeichnete Redaktion unentgeltlich aufzunehmen; desgleichen alle Bekanntmachungen der hiesigen Gemeinde, sowie auch jene der Nachbarorte, insofern keine Partheisachen obwalten (. .)“.[2] Das Blättchen enthielt neben spröden amtlichen Nachrichten Berichte über Tanzveranstaltungen und Auswandererschiffe sowie Anzeigen, etwa für „20 Thaler oder 35 Gulden-Loose des Eisenbahn-Lotterie-Anlehens“.[3] Druck, Verlag und Redaktion besorgte zunächst die Fesersche Buchdruckerei, später (1864) die Reichardtsche Buchdruckerei. Im Spätsommer 1868 erwarb der Buchhändler und königlich privilegierte Druckereifachmann und ehemalige Redakteur der „Kemptener Zeitung“ Tobias August Schachenmayer Buchdruckerei und Verlag der „Kissinger-Saal-Zeitung“ – wie die Zeitung dann hieß – und des Kuranzeigers sowie die dazugehörige Papier- und Schreibmaterialien-Handlung. Trotz der schwierigen Zeitläufe, die Nachwirkungen des 1866er Krieges machten sich auch in der Badestadt ungünstig bemerkbar, gelang es Schachenmayer, das „Käsblättle“[4] zu einer wohl angesehenen Zeitung zu gestalten. Kissingens Kurgast Nr. 1, Reichskanzler Bismarck, soll geäußert haben, daß er noch nie eine so kleine Zeitung gesehen habe, die gleichzeitig auch so gut gewesen wäre.[5] Nach Schachenmayers Tod 1912 führten seine Söhne Wilhelm (Redaktion und Technik), Otto (kaufmännischer Bereich) und später auch Maximilian den Betrieb weiter, durch die Wirren der Nachkriegszeit, durch die Jahre der allgemeinen wirtschaftlichen Depression als auch durch die schwierige Zeit des Dritten Reiches (bis die Zeitung 1943 ihr Erscheinen einstellen mußte).

„In der Zeit des Faschismus hatte die ‚Saale-Zeitung‘ einen schweren Stand“, resumiert Bernd Schachenmayer in der Jubiläumsnummer zum 140. Geburtstag. „Man durfte sich kein falsches Wort leisten, und es gab Schwierigkeiten, z. B. weil im Verlag ein Buchbinder beschäftigt war, der seine kommunistische Überzeugung nicht

1 Aus einem Manuskript für die Industrie- und Handelskammer Würzburg vom Juli 1987.

2 Aus einem Original-Faksimiledruck des „Kissinger Intelligenz-Blattes“ vom 1. Januar 1847.

3 ebd.

4 ebd. Diese Bezeichnung dürfte sich weniger auf den Inhalt als vielmehr auf das Zeitungsseiten-Format bezogen haben. Das Blatt hatte damals die genau richtige Größe, um einen Backsteinkäse, der in jener Zeit Volksnahrung und somit wortwörtlich in aller Munde war, einzuwickeln. Auflage 1 000 Stück, Erscheinungsweise mittäglich, außer montags. Vgl. Jubiläumsausgabe „140 Jahre Saale-Zeitung“ vom September 1987.

5 ebd.

№ 1. 1847.

Freitag, den 1. Januar.

Kissinger Intelligenz=Blatt.

Zum Jahreswechsel.

So stehn wir wieder an der Schwelle
Von einem neuen flücht'gen Jahr,
Und rastlos, wie des Meeres Welle,
Flieht es auch zu der Brüder Schaar!

Und rückwärts, vorwärts streckt entgegen—
Ein jedes dir sein Janus=Haupt,
Halb droht es Gram, halb winkt es Seegen,
Von Myrthe und Cypreß umlaubt.

Das eine Antlitz, jung, verheißend,
Das andre trüb, umfurcht, ergraut,
Trau beiden nicht, sie sind nur gleißend:
Nur dort trügt nichts, wo's ewig blaut.

Was es mit einem Blick gegeben,
Hat dir sein andrer schon entwandt,
Das eine winkt zum frischen Leben,
Das andre zu des Grabes Rand.

Manch süße Hoffnung ward begraben
Mit ihm; was keine Zeit entreißt, —
Und was wir noch gewisses haben,
Liegt nur im Jenseits und im Geist!

Wohl ist dieß eine ernste Stunde,
Die Jahres=Grab und Wiege trennt,
Da macht der Geist der Zeit die Runde,
Der Jedes Tag und Stunde kennt.

Doch mag uns Alles heut verkünden
Des Schnitters heischendes Gebot:
Mag Alles Alles um uns schwinden,
Es lebt, es sorgt der alte Gott,

Der mit unendlichem Erbarmen,
Das unser Flehen mild bewegt,
In seinen treuen Vater=Armen,
Uns alle freundlich trägt und pflegt,

Der seine Heerde gütig leitet,
Und über All', die „Kind" er heißt,
Den Gnadenfittich segnend breitet,
Und Keines lässet je verwaist.

Der walte ferner über Allen
Mit seiner ewigen Liebeshuld,
Und so langmüthig Wohlgefallen
Vergebe jedem seine Schuld.

Zeit — eil' dann, oder schleiche träge,
Du schreckst uns nicht im Pilgerstand,
Ein jeder deiner Glockenschläge
Mahnt uns ans schön're Vaterland.

So sey das Alte denn vergangen,
Und Herz und Leben werde neu!
Uns darf's nicht vor der Zukunft bangen,
Denn ewig jung ist Gottes Treu.

Erscheint **täglich** früh mit Ausnahme der Tage nach Sonn= und Festtagen. Das Unterhaltnngsblatt „Pandur" Sonntag

Organ
der Amts= und Landgerichts=Bezirke
Kissingen, Brückenau, Münnerstadt, Euerdorf & Umgegend.

Abonnementsbedingungen:		Einrückungsgebühren:
Vierteljährlich 45 kr., halbjährlich 1 fl. 30 kr., ganzjährlich 3 fl., bei allen k. Postanstalten und Postboten in Bayern.	XXI. Jahrgang.	3 kr. die dreispaltige, 6 kr. die zweisp. und 9 kr. die durchlaufende Garmondzeile. Die Verantwortlichkeit der Inserate trägt der Einsender.

№ 197. Dienstag, den 1. September. 1868.

Genau zwanzig Jahre war das „Kissinger Intelligenz-Blatt“ alt, als Buchdruckerei und Verlag Reichardt an Tobias August Schachenmayer verkauft wurden. Am Tag der Übernahme erschien die Lokalzeitung mit neuem Gesicht (unten). Die Zeitung ist bis heute im Besitz der Familie Schachenmayer.

ganz verbergen konnte. Schon während der Weimarer Zeit hatten städtische Behörden vergebens den Verleger bedrängt, ihn zu entlassen. Aber dem Verleger gelang es, diesen hervorragenden Mitarbeiter zu schützen – er überlebte das Dritte Reich. Dagegen fiel Anzeigenakquisiteur Felix Gutmann – ein jüdischer Kollege und alter Schulkamerad des Verlegers – der faschistischen Barbarei zum Opfer, nachdem 1934 die Machthaber seine Entlassung erzwungen hatten. (..) In ihrem manischen Bemühen, Fremdworte aus dem alltäglichen Sprachgebrauch zu verbannen, machten die Nazis der ‚Saale-Zeitung' bisweilen skurrile Auflagen. Pistolen sollten z. B. als ‚Meuchelpuffer' bezeichnet werden, und als das ‚Hotel Frühlingsgarten' in einer Anzeige für die Sommersaison einen Portier und einen Saucier suchte, zog man den Verleger gleich wegen dieses undeutschen Sprachgebrauchs zur Rechenschaft. Nach Beginn des 2. Weltkrieges wurde sogar die Größe von Todesanzeigen beschränkt, weil die Nazis fürchteten, daß die Bevölkerung am Erfolg ihrer Kriegsführung zweifeln würde, wenn die Inserate für die gefallenen Soldaten die Zeitungsseiten füllen. Anfang April 1943 wurde die ‚Saale-Zeitung' dann von den Nazis im Zuge der ‚Flurbereinigung' der Presse geschlossen. Die Setzmaschinen wurden beschlagnahmt und ‚zur Herstellung nationalsozialistischen Schriftgutes' weggeschafft – eine nach Berlin und zwei zum Girardet-Verlag nach Düsseldorf. Die ‚Saale-Zeitung' verabschiedete sich von ihren Lesern und mußte ihnen die Lektüre der ‚Schweinfurter Zeitung' empfehlen, die von den Faschisten in den Räumlichkeiten des ebenfalls geschlossenen ‚Schweinfurter Tagblatts' hergestellt wurde. (..)

Erst am 1. August 1949 konnte die ‚Saale-Zeitung' wieder erscheinen, initiiert vom heutigen Verleger Kuno Schachenmayer. Der Neubeginn stieß auf lebhaftes Interesse der Bevölkerung, und damit wuchs die Auflage des Blattes auch rasch über den Vorkriegsstand von 2 500 Exemplaren hinaus. Ein neues Druckverfahren – der Rotationsdruck – erlaubte ein rationelleres Arbeiten und damit größere Zeitungsumfänge. Ein wachsendes Interesse der Bürger an Informationen aus ihrem unmittelbaren Lebensbereich kam der Konzeption der Heimatzeitung entgegen, und mit dem wirtschaftlichen Aufschwung nach dem Zweiten Weltkrieg nahm auch die Zahl der Leute, die sich eine Tageszeitung leisten konnten, stark zu. So entwickelte sich die ‚Saale-Zeitung' rasch. Die ‚Münnerstädter Zeitung' und das ‚Hammelburger Wochenblatt' wurden in den fünfziger Jahren übernommen, und als 1977 der ‚Brükkenauer Anzeiger' von der Familie Nikolaus dem Verlag T. A. Schachenmayer angeboten wurde, kaufte man die traditionsreiche Zeitung und führte das bis dahin dreimal wöchentlich erscheinende Blatt mit sechs Ausgaben pro Woche weiter. Damit hatte man die Landkreisreform von 1972 hinsichtlich der Zeitung nachvollzogen. Das Kissinger Intelligenzblatt war zur Kreiszeitung geworden."[6]

Im Verlag erscheinen heute neben der „Saale-Zeitung", der „Brückenauer Anzeiger", die „Münnerstädter Zeitung", Kurzeitungen für die Staatsbäder Kissingen, Brückenau, Bocklet und für das Kommunalbad Brückenau sowie ein Anzeigen-„Wochenblatt". Der Enkel des Firmengründers, Kuno Schachenmayer, und sein Sohn Bernd führen die Verlagsgeschäfte gemeinsam. Die Lokalzeitung für den Großlandkreis Bad Kissingen reicht seit 1982 mit ihrer Vollredaktion für die Gemeinschaft Bayerischer Heimatzeitungsverleger in weite Teile Unterfrankens und darüber hinaus (Oberpfalz, Oberbayern): Sie liefert nämlich zusammen mit dem

[6] ebd.

„Haßfurter Tagblatt" den überregionalen Zeitungsmantel für mehrere selbständige Heimatzeitungsverlage.[7]

In der bayerischen Rhön

Ist es vermessen zu behaupten, daß die „Saale-Zeitung" nach der Landkreisreform 1972 ein wenig mitgeholfen hat, die drei ehemals selbständigen Landkreise Bad Kissingen, Brückenau und Hammelburg miteinander zu verknüpfen? Der Großlandkreis mit seinen rund 102 000 Einwohnern zieht sich vom Sinntal über die Vorrhön, entlang der Saale und der Lauer bis an den Rand des Grabfeldes, Thüringen auf der einen, Hessen auf der anderen Seite vor Augen. Die Heilquellen, zwei große Truppenübungsplätze (Wildflecken und Hammelburg), dazu Oerlenbach als Standort des Bundesgrenzschutzes kennzeichnen den Landkreis. Im übrigen gibt es viel Landwirtschaft und relativ wenig industrielle Arbeitsplätze.

Der Verlag der Heimatzeitung trägt den gewachsenen Strukturen dadurch Rechnung, daß er an den zentralen Orten durch Geschäftsstellen und Redaktionen vertreten ist. Dies auch in Münnerstadt, im Osten des Landkreises. Immerhin hatte Münnerstadt einst eine größere Bedeutung als die heutige Große Kreisstadt Bad Kissingen mit ihren rund 22 000 Einwohnern. Der Leser- und Anzeigenmarkt im Landkreis Bad Kissingen ist hart umkämpft. Vor allem die „Main-Post" (Auflage 130 000) aus Würzburg gibt sich alle Mühe, der „Saale-Zeitung" Leser abzujagen. Bislang behauptet sich die „Saale-Zeitung" gut (Auflage 16 000). (Die „Main-Post" hat mit ihrer Nebenausgabe für Kissingen erst etwas über 4 000 Abonnenten im Landkreis Bad Kissingen[8].) Die Auflage der Zeitung hat sich vervielfacht, der Umfang ist von vier Seiten auf 32 bis 40 Seiten (bzw. 44 bis 64 Seiten am Wochenende) im Durchschnitt angewachsen, statt im Quartformat erscheint sie heute im Berliner Format.

Nicht nur Schwarz-auf-Weiß

Bereits die farbig umrahmte Inhalts-Leiste über dem Zeitungstitel macht die Akzente der Berichterstattung deutlich. Die „Saale-Zeitung" versteht sich als Heimatzeitung im besten Sinne des Wortes, bringt deshalb nur zwei Seiten nationale und internationale Politik, einschließlich der Wirtschaftsnachrichten, des Kommentars und der Presseumschau, die auch ausländische Zeitungen berücksichtigt. Hier wie auch in den Lokalteilen kriegt der Aufmacher drei Spalten und Farbe, entweder als Rahmen oder in der Überschrift. Die Reihenfolge der Lokalteile für die Regionen Bad Kissingen, Hammelburg, Münnerstadt und Bad Brückenau bleibt auch für die Nebenausgaben („Brückenauer Anzeiger" und „Münnerstädter Zeitung") immer gleich. Manchmal zwingt freilich die Aktualität dazu, eine Kissinger Seite in einen anderen Zeitungsteil zu packen, weil der Kissinger Teil schon voll ist. Bereits auf

---

7 Vgl. Dieter Zimpel: Die deutschen Vollredaktionen. Teil 2. Loseblattsammlung, München. Die Gesamtauflage der angeschlossenen Verlage beträgt 34 600 Stück täglich.

8 IVW-Liste 4/87: verkaufte Auflage der „Saale-Zeitung" Mo.–Sa.: 15 264 Exemplare; verkaufte Auflage der „Main-Post" im Landkreis Mo.–Sa.: 4 155 Exemplare.

der dritten Seite der Zeitung erscheinen vereinzelte Lokalanzeigen, die sich auf den innersten beiden Seiten häufen.

Die Redaktion nutzt jede Möglichkeit, um dem Leser die Orientierung im Blatt zu erleichtern. Da ist die erwähnte Gliederung des Blattes analog zur Landkreisstruktur, die bereits auf der Titelseite mit Seitenangaben angekündigt wird. Da ist weiter das Layout, das durch Farbe und andere graphische Elemente Lesehilfen gibt. Da ist nicht zuletzt die Regel, Nachrichten aus einer Landgemeinde auf der Seite zusammenzubinden. Der Roman, der Comicstreifen „Hägar" und die Veranstaltungshinweise haben ihren festen Platz. Auffällig ist die ungewöhnlich hohe Bildqualität, auf die im Hause Schachenmayer offensichtlich besonderer Wert gelegt wird. Entsprechend groß raus kommen die Bilder. Statt griseliger, statischer Ablichtungen von Rednern illustrieren scharfe, kontrast- und spannungsreiche Bilder das Leben im Landkreis. Bereits ins dekorativ-künstlerische spielt das Schmuckbild, das regelmäßig in den Lokalteilen auftaucht. Die Motive sind vielfältig, mal „Human touch", mal Naturschönheit, mal Baudenkmal.

Trotz der geographischen Randlage haftet der „Saale-Zeitung" kein Hauch von Provinzialität an. Die Grenznähe wird spürbar beim redaktionellen Blick über den Zaun, beispielsweise in der Rubrik Thüringen, die Nachrichten aus den östlichen Nachbarkreisen bringt. Quelle ist z. T. die lokale SED-Zeitung „Das Volk". Auch der Kulturkalender im Regionalteil „Franken" berücksichtigt die Aufführungen der Bühne in Meiningen, DDR. Dieser Kulturkalender fällt noch in anderer Hinsicht angenehm auf. Indem die Termine jeweils drei Tage im voraus angekündigt werden, wird der Servicecharakter vergrößert. Personalia werden im Blatt gepflegt. In der Rubrik „Totentafel" werden nicht nur Sterbefälle registriert, sondern mindestens auch Requiem und Beerdigungstermin genannt. Oftmals wird der Verstorbene ausführlich gewürdigt. Die gleiche Ehre (freilich noch zu Lebzeiten) widerfährt Jubilaren, Paaren, die goldene Hochzeit feiern. Aber auch eine glorreich abgelegte Meisterprüfung kann Anlaß sein, mit Bild ins Blatt zu kommen. Die intensive landwirtschaftliche Nutzung der Region wird an den regelmäßig abgedruckten Marktnotierungen deutlich, die die ansässigen Bauern auf dem Laufenden halten über die aktuellen Preise für Vieh und Getreide, Butter und Käse. Den Interessen der heimischen Geschäftswelt kommt das Blatt entgegen, indem es ihren Promotion-Texten bei entsprechender Aktualität Platz einräumt. In Wort und Bild wird über Geschäftsneueröffnungen, Umzüge, Ausstellungseröffnungen und Sortimentserweiterungen berichtet. Zur umfangreichen Lokalberichterstattung (in der Regel 16 Seiten redaktioneller Text) treten die Seiten für „Franken" und „Bayern", für überregionalen Sport und Kultur sowie für das Hörfunkprogramm.

Bestgedruckte Hochdruckzeitung

Vor den Preis haben die Götter bekanntlich – Sinnbild für Müh' und Plag' – den Schweiß gesetzt. Mancher Tropfen davon wurde auch vergossen im neuen Druckhaus des Verlages, bis die Drucker auf die 64seitige Rotation von Koenig & Bauer eingefuchst waren, doch dafür gab's dann auch wirklich einen Preis, im „nyloprint"-Wettbewerb nämlich und zudem noch auf Europa-Ebene. Gesucht war die bestgedruckte Hochdruckzeitung des Jahres 1986, eine Herausforderung für die Laboranten und Techniker des renommierten Heimatzeitungsverlages. Denn im Jahr

Kissinger

Saale-Zeitung

Probe-Exemplar

General-Anzeiger für Bad Kissingen und Umgebung

Nr. 1 — Montag, 1. August 1949 — 98. Jahrgang

Die neue französische Krise — Minderbelastete dürfen in Bayern wählen — Königin von England und Frau Truman sollen helfen
Die Arbeitslosigkeit in der Welt — Deutsche Kriegsgefangene in Rußland — Bessere Fleischversorgung der Welt

Der Kissinger Saale-Zeitung zum Gruß!

Der Direktor der amerikanischen Militärregierung Bad Kissingen

Voltaire, einer von Frankreich's (und der Welt) größten Philosophen sagte einmal: „Ich bin vollkommen gegen das, was Sie sagen, aber ich will bis zum Tode kämpfen, um Ihr Recht, es zu sagen, zu verteidigen."

Daher begrüßt die hiesige Militärregierung mit großer Freude das Neuerscheinen der „Saale-Zeitung". Wir möchten unsere herzlichsten Glückwünsche für eine erfolgreiche Zukunft aussprechen. Wir sind besonders glücklich über die Tatsache, daß der Bevölkerung dieser Stadt und des Landkreises zum ersten Mal seit 6 Jahren eine Möglichkeit gegeben ist, örtliche Neuigkeiten, Lokalprobleme und -meinungen in Einzelheiten zu bringen, die alle lesen können. Zu oft mußten in den vergangenen 6 Jahren durch den Krieg und Zensur-Schwierigkeiten, Raummangel in den Zeitungen usw. Neuigkeiten, Lokalprobleme, Leitartikel und „Briefe an die Schriftleitung" unberücksichtigt bleiben. Die Zeitung als eine Einrichtung kann eine grundlegende treibende Kraft für den Fortschritt im Aufbau einer Gemeinschaft sein. Wir kennen Herausgeber und Schriftleiter der „Saale-Zeitung" persönlich und sind davon überzeugt, daß die „Saale-Zeitung" es an nichts fehlen lassen wird, eine führende Stelle im Leben dieser Gemeinschaft einzunehmen.

Alex D. Robb

Der Landrat des Kreises Bad Kissingen

Zum Wiedererscheinen der „Kissinger Saale-Zeitung" spreche ich dem Inhaber der Firma Schachenmayer und der Redaktion dieses im Stadt- und Landkreis Bad Kissingen so beliebten und geschätzten Blattes im Namen des Landkreises Bad Kissingen meine herzlichsten Glückwünsche aus.

Möge das Wiedererscheinen der „Kissinger Saale-Zeitung" ein Zeichen dafür sein, daß alle schwierigen Nachkriegser-

Der Oberbürgermeister der Stadt Bad Kissingen

Das Wiedererscheinen der „Kissinger Saale-Zeitung" wird bei allen Kissingern Befriedigung und Freude auslösen. Nach jahrzehntelangem erfolgreichen Bestehen mußte die „Saale-Zeitung" aus bekannten Gründen ihr Erscheinen einstellen und die Stadt mußte lange Zeit ein ausgesprochenes Heimatblatt entbehren. Nun ist Dank den Bemühungen des alteingesessenen Hauses Schachenmayer die Saale-Zeitung wieder erstanden. Ich beglückwünsche die Leitung der „Kissinger Saale-Zeitung" zu diesem für die vielgestaltigen Interessen der Stadt, ihrer Wirtschaft und ihrer Alt- und Neubürger wichtigen Entschluß und hoffe, daß die „Saale-Zeitung" auch in ihrem neuen Gewand eine reiche und fruchtbare Tätigkeit zum Segen der gesamten Einwohnerschaft von Stadt und Umgebung wird entfalten können.

Der neuen „Kissinger Saale-Zeitung" auf ihrem Wege ein herzliches Glückauf!

Dr. K. Fuchs

Christlich-Soziale Union

Die „Kissinger Saale-Zeitung" erscheint in einer Stunde, in der das deutsche Volk der Westzonen vor einer ernsten und schicksalhaften Entscheidung steht. Möge die Zeitung ihrer alten Tradition als Heimatzeitung des Saalegaues getreu mithelfen, jeden einzelnen im Volke daran zu erinnern, daß über alle Schranken der Stände hinweg nur redliche Arbeit und gerechte Menschlichkeit ohne gehässiges Gezänke und üblen Propagandalärm der Weg ist zum Frieden und zu fruchtbarer Freiheit für uns alle.

für die Stadtratsfraktion der CSU
gez. Nieland
für den Ortsverband der CSU
gez. Dr. Ortloff

Sozialdemokratische Partei Deutschlands

Die SPD Bad Kissingen begrüßt die neue Herausgabe einer Heimatzeitung für

Der Kommandant der „Sub-Post" von Bad Kissingen
Lt. Col. E. Herendeen

Am 2. Februar 1948 übernahm Lt. Col. E. Herendeen innerhalb von 24 Stunden die Leitung des neu ins Leben gerufenen „Bad Kissingen Sub Post".

Col. Robert Aloe, der damalige Chef der „Würzburg Military Post", stellte 5 Offiziere und 27 Mannschaften und gab Lt. Col. E. Herendeen die Anweisung, einen Sub Post in Bad Kissingen einzurichten.

Das „XII Tactical Air Command" wurde am 31. Januar 1948 abgelöst und der Sub Post begann seine Arbeit, indem er plante und alles bereitstellte, um die neuankommenden Abteilungen zu versorgen. Die größte dieser Gruppen war die „International Refugee Organisation" die von ungefähr 462 Personen und 27 verschiedenen Nationalitäten vertreten wurde.

Seit dieser Zeit sind viele Aenderungen zu Gunsten beider, des Besatzungspersonals und der Bürger von Bad Kissingen, eingeführt worden.

47 Gebäude und Grundstücke, einschließlich der Wandelhalle und des Palast Hotels Sanner, wurden an die Besitzer zurückgegeben.

Der Bad Kissinger Tennisplatz wird nun auch von dem alliierten Personal sowie von hiesigen deutschen Tennisbegeisterten benutzt.

Die Neuordnung der Parkgelegenheiten geben der Bäderverwaltung zusätzlichen Raum, und die Pflasterung des Platzes vor dem „Post Exchange" hat das Aussehen dieses Teiles des Kurparks verschönert.

Diese und viele andere Verbesserungen sind von dem „Sub Post Commander" und den örtlichen Behörden ausgearbeitet worden.

Lt. Col. Herendeen möchte nun durch diese Zeitung den hiesigen Stellen, die so fruchtbare Arbeit für die Verbesserung der Bedingungen für alle Betroffenen in

Im Namen des Rechts, der Wahrheit und des Friedens

Von A. Knopp

„Wenn ich nichts zu sagen hätte als was den Leuten gefiele, so schwiege ich gewiß ganz und gar stille". (J. W. v. Goethe 1818,

Sechs volle Jahre mußte die in früheren Jahren beliebte „Kissinger Saale-Zeitung" schweigen. Zunächst war es die Demagogie einer herrschenden deutschen Schicht, die das Erscheinen der Lokalzeitung für Bad Kissingen und seine Umgebung unmöglich machte, bis dann die Verhältnisse der einem verlorenen Krieg folgenden Zeit es nicht gestatteten, daß die Heimatzeitung wieder zu ihren Lesern kam. Endlich ist der Tag gekommen, da eine gute und alte Bekannte wieder regelmäßig in das Haus getragen wird, und mag der urwüchsige Kissinger Bürger die Saalezeitung auch etwas neckisch das „Käsblättchen" genannt haben, so bewiesen die Rufe aus der Oeffentlichkeit nach der Lokalzeitung in den letzten Jahren deutlicher als alle anderen Beweise der Anhänglichkeit es vermocht hätten, mit welcher Liebe dieser früher täglich erscheinenden Zeitung nachgetrauert wurde und wie sehr ihr Wiedererscheinen herbeigesehnt worden ist.

Weiteste Kreise der Bevölkerung freuen sich mit der Familie des Herausgeberverlages T. A. Schachenmayer darüber, daß begangenes Unrecht endlich wieder gutgemacht werden kann. Nicht nur die Einheimischen begrüßen das Wiedererscheinen der „Kissinger Saale-Zeitung", sondern auch die Kreise derer, denen Bad Kissingen ungewollt zur zweiten Heimat wurde, freuen sich, eine Lokalzeitung zu erhalten.

Ein vernichtender Sturm ist über Deutschland hinweggebraust, seit die letzte Ausgabe der „Kissinger Saale-Zeitung" die Druckmaschine verließ, noch schmerzen die Nachwehen heftig, die der Geburt eines Deutschlands folgten, das nunmehr ein wahrhaft demokratischer Staat werden soll und will. Aus vielen tausend Wunden blutet die gesamte Heimat Deutschland, und wenn auch der Krieg nicht in direkt sichtbarer Form seine Spuren in unserer Badestadt Kissingen hinterließ, so hat er dennoch seine Furchen tief in das Gesicht unserer Heimat gegraben. Tausende aus unserer engeren Heimat erhielten in den vergangenen Jahren die grausame Gewißheit, daß einer ihrer

Nicht nur die Einheimischen begrüßten 1949 das Wiedererscheinen der „Kissinger Saale-Zeitung". Die Heimatzeitung konnte sich auf Dauer durchsetzen, wie nicht nur die Auflagenentwicklung, sondern auch die Nebenausgaben (unten) belegen.

zuvor war das neue Druckzentrum in Kissingens Nachbargemeinde Nüdlingen in Betrieb genommen worden. Im Zuge der Umstellung auf Fotosatz vor einigen Jahren hatten die Mitarbeiter des Labors bei ihrer Arbeit schon einige Erfahrung und Routine angesammelt; nach rund einjährigem Umgang mit der 250-Tonnen-Rotation fühlten sich auch die Drucker fit genug, ihr Können an bestimmten Qualitäts-Standards messen zu lassen. Im Verlag Schachenmayer war man so selbstsicher aber nun auch wieder nicht. Eine Plazierung im vorderen Drittel des Teilnehmerfeldes – damit wäre man schon zufrieden gewesen. Daß es dann aber ein 1. Platz in der Kategorie 1 – deutschsprachige Tageszeitungen mit einer Auflage bis zu 50 000 Exemplaren – wurde, das übertraf die kühnsten Erwartungen. Zur Bewertung standen übrigens sechs vierfarbig gedruckte Zeitungsexemplare des Jahres 1986. Auf den 2. Platz kam eine Nachbarzeitung, die „Fuldaer Zeitung", auf den 3. Rang der in der Schweiz erscheinende „Anzeiger von Uster". (Auch beim internationalen NAPP-Qualitätswettbewerb 1988 in Atlanta, Georgia, wurde die „Saale-Zeitung" für den besten Vierfarb-Hochdruck ausgezeichnet.) Die Lorbeeren teilen sich die insgesamt 160 Mitarbeiter im Stammbetrieb in Bad Kissingen und im Druckzentrum in Nüdlingen, in den Geschäftsstellen und Lokalredaktionen in Hammelburg, Brükkenau und Münnerstadt. Insgesamt verlassen jede Woche über eine Million Zeitungs-, Anzeigenblatt- und Prospektexemplare die Rotationsmaschine, die dabei mehr als 50 Tonnen Rollenpapier verbraucht.

Daß neue Technologien auch neue Perspektiven eröffnen, wenn die Mitarbeiter dieser Entwicklung positiv gegenüberstehen und sich das notwendige Know-how aneignen, bestätigte sich im Verlag Schachenmayer 1979 mit der Einführung des Lichtsatzes. Die Bildschirme – mittlerweile sind es über 50 – ebneten den Weg für neue Produkte und Aufträge. Nicht weniger Arbeitsplätze, wie in manch anderen Verlagen, sondern mehr waren die Folge.

Aufmerksam verfolgte der Verlag in den letzten Jahren die Entwicklung der neuen Medien, beteiligte sich an der Mediengesellschaft der bayerischen Tageszeitungen und experimentierte auch mit Btx. Für eine Beteiligung am lokalen Rundfunk in der Region Main/Rhön hat man mit 25 Redakteuren und Volontären, Berichterstattern in Schweinfurt, Würzburg und München sowie ca. 200 freien Mitarbeitern ausgezeichnete Voraussetzungen. Daß man im Haus den – wie immer auch organisierten – privaten Rundfunk unter wirtschaftlichen Aspekten nicht überschätzt, sondern eher skeptisch betrachtet, soll gar nicht verschwiegen werden.[9] „Wir glauben nicht, daß ein lokaler Rundfunksender in einer ländlichen und noch dazu strukturschwachen Region wirtschaftlich arbeiten kann, weil das nötige Werbeaufkommen fehlt."[10] „In München mag ein Lokalradio eine sinnvolle Angelegenheit sein – in Bad Kissingen ist es für mich so notwendig wie eine U-Bahn zwischen Ludwigstraße und Berliner Platz. Man sollte sich jedenfalls hüten, hier eine U-Bahn zu bauen, wenn der Bedarf nur ausreicht, um ein Kurbähnle zu finanzieren",[11] macht der Verlagsleiter die Position des Hauses deutlich.

Sein redaktionelles Konzept ist klar: „Wir legen den Schwerpunkt unserer redaktionellen Bemühungen aufs Lokale, weil wir in diesem Bereich jedem anderen Me-

---

9 Vgl. Manuskript für die IHK Würzburg vom Juli 1987.

10 Telephonische Auskunft von Verlagsleiter B. Schachenmayer am 4. Juli 1988.

11 Aus einem Redemanuskript von Bernd Schachenmayer zur Einweihung der Druckhalle in Nüdlingen 1985.

Bad Kissingen: »Rote Karte« für Porno und Gewalt Seite 3
Hammelburg: Burggelage beim Jungfernwein Seite 9
Münnerstadt: Ausstellung dokumentiert Stadtgeschichte Seite 17
Sport: Seiten 12 bis 16
Franken: Seite 21
Fernsehen: Seite 29
Heute mit Rundfunk- und Fernsehbeilage
rtv

SEIT 1847

Saale-Zeitung

Überparteiliche Kreiszeitung, Amtsblatt der Stadt und des Landratsamtes Bad Kissingen

Lokalberichte aus Bad Kissingen, Hammelburg, Münnerstadt und Bad Brückenau

NUMMER 152 — DIENSTAG, 7. JULI 1987 — Einzelverkaufspreis 1.- DM — 1 Z 4196 A

Großbrand bei Henkel

Bei einem Großfeuer im Düsseldorfer Hafen sind am Montag etwa 1100 Tonnen Fettalko-

Der Bundespräsident beginnt Staatsbesuch in der Sowjetunion mit Friedensappell

Weizsäcker spricht deutsche Teilung an

Aufruf zur Abrüstung – »Ernstes und vertrauensvolles« Gespräch mit dem sowjetischen Staatschef

Moskau. Bundespräsident Richard von Weizsäcker hat in Moskau zum Auftakt seines Staatsbesuches das Thema Abrüstung, den Ausbau der deutsch-sowjetischen Beziehungen und die Frage der deutschen Teilung in den Mittelpunkt eines Friedensappells gestellt. In einer Tischrede anläßlich eines Staatsbanketts im Moskauer Kreml sagte von Weizsäcker am Montag abend, daß die Deutschen „nicht aufhören werden, sich als eine Nation zu fühlen".

Damit wollten sie sich jedoch gegen niemanden wenden und sich in diesem Sinne auch „zwischen den beiden deutschen Staaten" vorrangig für die Entspannung einsetzen. Gerade die Menschen im geteilten Deutschland sind „in ganz besonderem Maße des Friedens bedürftig", sagte das Staatsoberhaupt.

Der Bundespräsident wurde am Montag zu Beginn seines sechstägigen Staatsbesuchs in der Sowjetunion von seinem Gastgeber, Staatsoberhaupt Andrej Gromyko, und UdSSR-Außenminister Eduard Schewardnadse mit militärischen Ehren auf dem Prominenten-Flughafen „Wnukowo 2" empfangen. Von Weizsäcker, der von Bundesaußenminister Hans-Dietrich Genscher begleitet wird, fuhr anschließend zusammen mit seiner Frau Marianne über den mit Fahnen der UdSSR und der Bundesrepublik geschmückten Lenin-Prospekt in den Kreml.

Anschließend traf der Bundespräsident zu einem rund zweieinhalbstündigen Gespräch mit Gromyko im Präsidium des Obersten Sowjets zusammen. Von Weizsäcker bezeichnete diese erste Gesprächsrunde, an der auch die Außenminister beider Länder teilnahmen, vor Journalisten als „ernst und vertrauensvoll".

Es sei über internationale Fragen, Abrüstung sowie die bilaterale Zusammenarbeit auf wirtschaftlichem, kulturellem und wissenschaftlichem Gebiet gesprochen worden. Das Gespräch reflektiere die „ernsten Absichten" beider Seiten, die bilateralen Beziehungen zu intensivieren, sagte von Weizsäcker.

Der Bundespräsident legte am Nachmittag einen Kranz am Grabmal des unbekannten Soldaten an der Kremlmauer nieder. Nach der Kranzniederlegung marschierte eine Ehrenformation im Stechschritt an dem deutschen Staatsoberhaupt vorbei.

Der Bundespräsident rief in seiner Tischrede zu „radikalen und ausgewogenen Verminderungen der Rüstungen auch bis tief in den konventionellen Bereich hinein als Gebot der Stunde" auf.

Die Bundesrepublik verfolge mit „angespannter Aufmerksamkeit" die sowjetische Politik der Umgestaltung, die nicht nur der UdSSR selbst, sondern auch der friedlichen Nachbarschaft dienen

Erste politische Gefangene frei

Wieder Straßenschlacht zwischen Studenten und der südkoreanischen Polizei

Seoul. Die Unruhen in Südkorea halten trotz der Freilassung der ersten politischen Gefangenen an. Während am Montag 177 im Juni festgenommene Demonstranten, darunter ein führender Oppositionspolitiker, auf freien Fuß gesetzt wurden, kam es vor den Toren der Yonsei-Universität in der Hauptstadt Seoul erneut zu schweren Zusammenstößen zwischen der Polizei und etwa 2000 Studenten.

Dabei setzte die paramilitärische Polizei massiv Tränengas ein. Vereinzelt warfen die Demonstranten Steine. Zu den am Montag 177 Freigelassenen

abgehalten. Bereits am Montag nachmittag (Ortszeit) hatten sich auf dem Universitätsgelände weit über 10 000 Menschen zu einer Trauerfeier für Lee

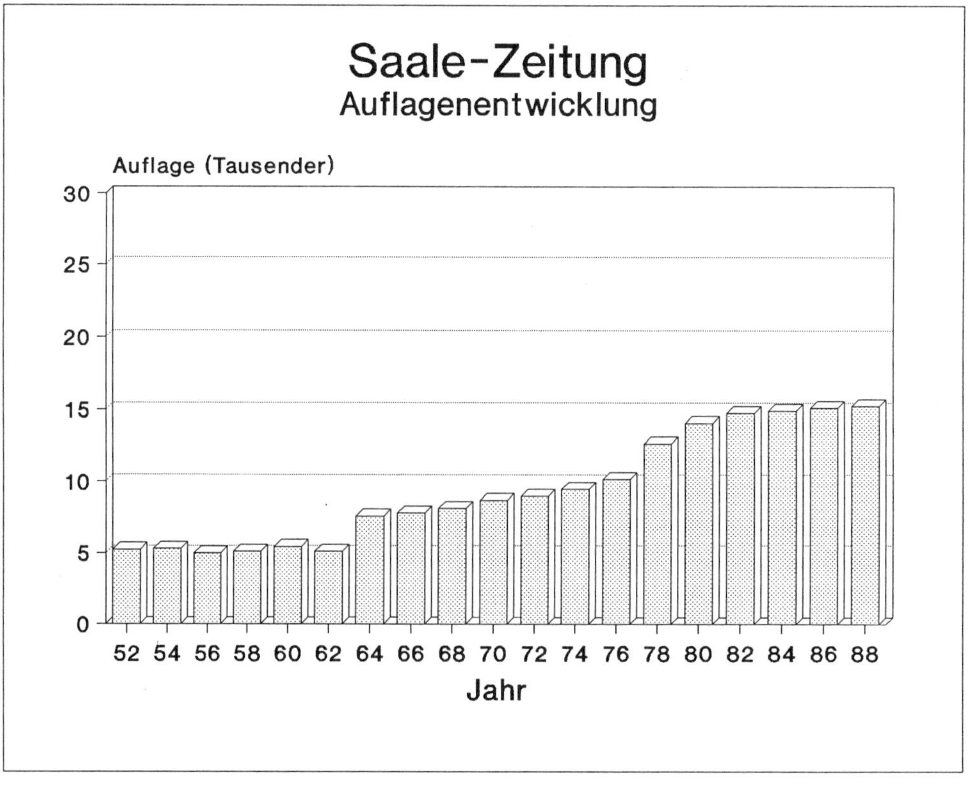

dium überlegen sind. Kein anderes Medium war bisher von der Technik her in der Lage, die soziale Funktion einer gut gemachten Lokalzeitung auszufüllen, und dies wird auch dem lokalen Rundfunk kaum gelingen. Der Lokalteil unserer Zeitung informiert über die Region, in der die Leser leben und die sie durch eigene Aktivitäten auch beeinflussen. Indem wir den Lebensbereich der Leute transparent machen, haben wir eine wichtige Sozialisations- und Organisationsfunktion und bieten zudem die Gelegenheit selbst am Prozeß der lokalen Meinungs- und Willensbildung teilzunehmen. Die Bevölkerung kann sich – via Zeitung – mit ihren Aktivitäten und Anliegen einem größeren Publikum darstellen und sie macht auch reichlich Gebrauch davon. Wahrscheinlich wurden die meisten unserer Leser selbst schon irgendwann einmal im Zusammenhang mit irgendwelchen Aktivitäten des Kegelclubs, der Freiwilligen Feuerwehr oder eines Faschingsvereins namentlich in der Zeitung erwähnt – vielleicht sogar mit Bild. Das schafft natürlich eine sehr enge Verbindung zu unserem Blatt.

Im Kampf um die Leser wird die Berichterstattung im Lokalteil immer detaillierter, die Widerspiegelung des Geschehens in unserem Landkreis immer genauer. Die Kommunikationspartner nehmen wir als Vermittler auch noch mit ihren kleinen Bedürfnissen ernst, die von anderen Zeitungen ignoriert werden. Dies ist sicher ein wesentlicher Grund für unsere positive Auflagenentwicklung. Wenn wir mit 17 Textseiten täglich widerspiegeln, was 100 000 Einwohner unseres Landkreises tun – wieviele Seiten über den Münchner Raum müßte dann die ‚Süddeutsche Zeitung' täglich produzieren, falls sie ähnlich detailliert berichten wollte.... Ich glaube schon, daß wir in Sachen Detailliertheit – man kann auch sagen Vollständigkeit der Berichterstattung – Maßstäbe setzen. Die Selektion überlassen wir also weitgehend dem Rezipienten. Das gilt natürlich nur für den Lokalteil. Im überregionalen Teil beschränken wir uns auf einen informativen Nachrichtenüberblick, der aber sehr sorgfältig selektiert und redigiert wird und alle wirklich wichtigen Ereignisse enthalten soll.

Wenn wir das lokale Geschehen für die Leser transparent machen wollen, muß unsere journalistische Arbeitsweise dem Leser transparent sein. Erst wenn der Rezipient weiß, nach welchen Kriterien wir auswählen und gegebenenfalls werten und wenn er dies auch überprüfen kann, entsteht ein Vertrauensverhältnis. Die Ausschaltung von Willkür bei der journalistischen Arbeit ist für uns Teil der praktischen Umsetzung unseres Bemühens um Objektivität und Überparteilichkeit. Wir müssen in der Lage sein, den etwaigen Vorwurf, wir würden die einen bevorzugen und die anderen benachteiligen, überzeugend zu widerlegen – sonst sind wir unserem Anspruch nicht gerecht geworden. Das Feed back klappt im lokalen Bereich allerdings sehr gut. Denn die Gesprächspartner sind genauso unmittelbar greifbar wie wir als Vermittler und wer sich von seiner Lokalzeitung ungerecht behandelt fühlt, steht häufig unvermittelt in der Redaktion oder beklagt sich zumindest per Telefon,"[12] umreißt der Verleger die journalistische Linie seiner Zeitung.

1986 führte der Verlag eine Leserbefragung durch, um zu erfahren, „ob die Serviceleistung ausreichend ist, ob wir den von uns verlangten ‚Biss' auch haben, ob das Angebot der Zeitung weitgehend alle Ansprüche abdeckt."[13] „Eine deutliche Mehr-

---

12 Aus einem Vortrag von Bernd Schachenmayer an der Ludwig-Maximilians-Universität München im Herbst 1986.

13 „Saale-Zeitung" vom 19. 6. 1986.

heit“ der 463 Einsendungen „bringt den Wunsch zum Ausdruck, die Heimatzeitung so zu belassen wie sie seit der Umgestaltung im Zusammenhang mit der Inbetriebnahme einer neuen Rotationsmaschine ist“.[14] Was die Kritikpunkte betrifft, so wurde deutlich, daß der eine Leser mehr und der andere weniger mit seiner unmittelbaren Umgebung lebt, dort mehr oder weniger seine Orientierungspunkte hat. Der eine rühmt die ausführliche Vereinsberichterstattung, dem anderen ist gerade die zu langweilig und breit. Die Redaktion machte daraufhin wieder einmal die Redaktions- und Auswahlkriterien deutlich: „Daß fast alle Ortschaften im Verbreitungsgebiet der Heimatzeitung Schützenvereine haben, ist Faktum und belegt überdies die Beliebtheit des Schießsports. Wenn die nun fast alle zur selben Zeit ihre Schützenkönige ermitteln, dann ist das für den Nichtschützen angesichts der Vielzahl der in der Zeitung abgedruckten Proklamationen sicherlich eine fast nicht zu begreifende Flut. Doch: Wenn in A-Dorf ein großes berichtenswertes Schützenfest gefeiert wird, weshalb soll dann gleiches aus B-Dorf nicht gebracht werden?“[15] Es ist wahrlich nicht einfach, ein Lese-Menü zusammenzustellen, das jedem etwas bringen soll und dennoch nicht unbegrenzt erweitert werden kann und das trotz des Konzentrierens auf das Wesentliche leicht verdaulich bleiben soll. Der Teufel steckt auch hier im Detail, umso mehr ist die Bemühung der Redaktion anzuerkennen, dem Leser immer wieder neu klarzumachen, was er von seinem Lokalblatt erwarten kann und was nicht, ihn auch mit konkreten redaktionellen Überlegungen zu konfrontieren. Das gilt ebenso für einen weiteren Kritikpunkt, den der angeblich zu geringen Kritikbereitschaft der Zeitung. Die Redaktion äußerte sich dazu: „Die Tatsache, daß beispielsweise die ‚Neue Heimat‘ nicht in Bad Kissingen ihren Sitz hat, Parteien-Spendenkonten nicht zwischen Sinn und Lauter angelegt wurden oder Macht-Mauscheleien vor allem in Bonn, München und Frankfurt angesiedelt sind, mag man bedauern. Dafür aber einen Provinz-Skandal anzuprangern, der ein solcher gar nicht ist, ein solches Spiel haben wir nicht gemacht und werden wir auch nicht betreiben.“[16] So versucht die Redaktion, ihre tägliche Arbeitsweise (Auswahl und Bearbeitung von Nachrichten), die tägliche Gratwanderung dem Leser nachvollziehbar zu machen.

Das so notwendige Vertrauen des Lesers in das Blatt, Leser-Blatt-Bindung also, entsteht im übrigen nicht nur durch die Arbeit der Redaktion, sondern auch dadurch, daß mittlerweile 1% der Landkreisbevölkerung irgendwie an Herstellung und Vertrieb der Lokalzeitung beteiligt ist. Durch Leserbefragungen und umgekehrt Leserfragestunden zu brennend aktuellen Themen (Beispiel: Tschernobyl), durch Beteiligung am Stadtfest und Einladung von Besuchergruppen bemüht sich der Verlag, den Kontakt zu den Lesern zu halten und auszubauen.

(sf)

---

[14] ebd.
[15] ebd.
[16] ebd.

Gemeinschaftsredaktion Bayerischer Heimatzeitungen:

Verlags- oder Erscheinungsort	Titel der Zeitung	Verk. Aufl. 4. Q. 1988
Bad Kissingen	Saale-Zeitung	15 229
Gerolzhofen	Der Steigerwald-Bote	1 581
Mellrichstadt	Rhön- und Streubote	2 927
Dießen	Ammersee-Kurier**	1 829
Haßfurt	Haßfurter Tageblatt	6 087
Weiden	Oberpfälzer Nachrichten***	6 741
Ostheim	Ostheimer Zeitung*	1 003
Dachau	Dachauer Volksbote	910
Redaktionsgemeinschaft insgesamt:		36 352

* Der Verlag ist nicht Mitglied im Verband Bayerischer Zeitungsverleger e. V.

** Da Dießen im Regierungsbezirk Oberbayern liegt, wird die Zeitung in Abschnitt II behandelt.

*** Da Weiden im Regierungsbezirk Oberpfalz liegt, wird die Zeitung in Abschnitt IV behandelt.

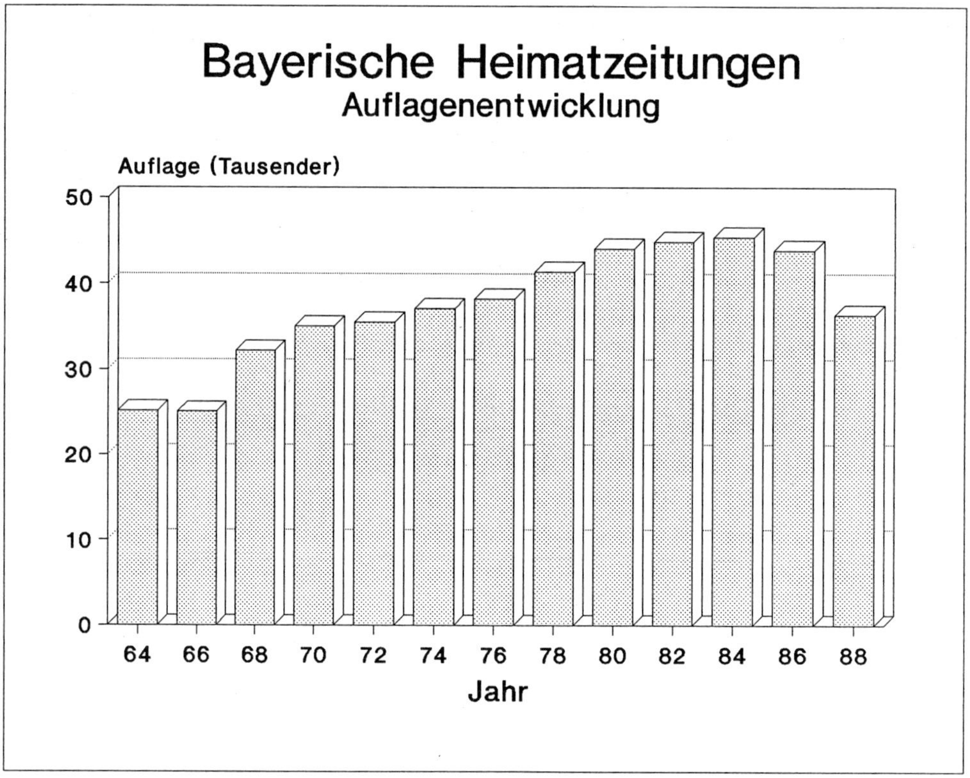

Die oben dargestellte Auflagenentwicklung für die „Gemeinschaftsredaktion Bayerischer Heimatzeitungen GmbH" geht vom Mitgliederstand 1988 aus. Berücksichtigt wurden auch für die früheren Jahre nur die IVW-gemeldeten Auflagen dieser Verlage. Der Hinweis ist wichtig, da die Gemeinschaftsredaktion vor 1984 als „Bayerische Heimatzeitungsverleger e. G." firmierte; von 1964 bis 1982 waren die fraglichen Mitgliedsverlage sämtlich beteiligt an der „Bayerischen Heimatzeitungsverleger eGmbH" in Nürnberg; zu dem berücksichtigten Stamm von Verlagen kamen jeweils wechselnde Mitglieder, deren Auflagenentwicklungen für unseren Zweck außer acht geblieben sind.

Am Webstuhl der Zeit:

120 Jahre „Haßfurter Tagblatt“

Die Heimatzeitung für den Kreis Haßfurt, das Maintal, Steigerwald und Haßgau[1] steht im 120. Jahr. Da jedoch von 1844 bis 1868 bereits ein Vorläufer unter dem Titel „Intelligenzblatt der Stadt Haßfurt“ wöchentlich einmal (vier Seiten im Format 18 x 21 cm) von Haßfurts Bürgermeister J. K. Baumann herausgegeben worden war, so müßte eigentlich als Entstehungsjahr des „Haßfurter Tagblatts“ nicht 1868, sondern 1844 angenommen werden. Aber der Verlag zählt erst ab 1868, weil das Intelligenzblatt nicht in Haßfurt, sondern anfangs in Schweinfurt und dann (ab 1850) in Bamberg gedruckt wurde.[2] Nachdem der Buchdrucker Johann Stephan 1867 eine eigene Druckerei in Haßfurt errichtet hatte, konnte Verleger Baumann das Intelligenzblatt ab 1868 am Ort drucken lassen. „In einer seinerzeitigen Eingabe des Bürgermeisters Baumann heißt es, daß das Blatt sich nur mit Intelligenzwesen befassen und jeden Artikel politischen und statistischen Inhalts fernhalten werde. Unter der Voraussetzung, daß das Blatt nur Bekanntmachungen öffentlicher Behörden und Annoncen von Privatpersonen bringen und außerdem sich mit Unterhaltung und Belehrung befassen werde, wurde damals von einer besonderen Genehmigung abgesehen und dasselbe keiner Zensur unterworfen.“[3] Zum Intelligenzblatt gehörte ein illustriertes, katholisch orientiertes Sonntagsblatt. Das Intelligenzblatt war amtliches Lokalblatt für die königlichen Gerichtsbezirke Haßfurt und Hofheim, später auch für die Gerichtsbezirke Eltmann und Baunach. 1861 wurde es erstmals verschickt.[4]

Mit dem Druck übernahm Johann Stephan das Wochenblatt in eigene Regie. Es hieß nun „Haßfurter Amts- und Anzeigeblatt“, erschien dreimal pro Woche und bildete die erste Ausgabe des heutigen „Haßfurter Tagblatts“. Der Umfang wurde beibehalten, das Format auf 19,5 cm x 27,5 cm vergrößert. Mit Stephans Tod (1872) übernahm seine Witwe Druck und Verlag, die Redaktion besorgte der Stadtschreiber Faßnacht. Die Erscheinungshäufigkeit wurde wieder verringert, die Auflage stagnierte bei knapp 400 Exemplaren, die Buchdruckerei geriet in wirtschaftliche Schwierigkeiten und ging 1875 „zwangsweise in das Eigentum des Wirtes Jakob Müller von Unterhohenried über“.[5]

Drei Jahre später erhielt Müller von der Regierung die Genehmigung zur Herausgabe eines täglich erscheinenden, auch die Tagesereignisse berichtenden Blattes. Mit einer Auflage von knapp 1 000 Exemplaren erschien die Zeitung erstmals am 24. 11. 1878 unter dem Titel „Haßfurter Tagblatt“ mit dem Untertitel „Organ des K. Bezirksamtes Haßfurt und der K. Amtsgerichte Haßfurt und Eltmann“ im Format 22 x 31 cm. Nachdem Müllers Sohn Hans 1901 früh verstorben war, übernahm mit Georg M. Rasp ein Profi Verlag und Druckerei. Er erweiterte die Berichterstattung auf zehn bis sechzehn Seiten täglich, pflegte die Lokalnachrichten, gab neben dem

1 Vgl. Unterzeile im Zeitungskopf.
2 Vgl. Beitrag „Zur Geschichte des ‚Haßfurter Tagblatts‘“ in der Jubiläumsausgabe von 1928.
3 ebd.
4 Üblicherweise werden die Zeitungen in dieser Zeit an festen Punkten abgelegt und von den Abonnenten dort abgeholt.
5 Vgl. Beitrag „Zur Geschichte des ‚Haßfurter Tagblatts‘“, a. a. O.

Haßfurter Tag-Blatt.

Organ des k. Bez.-Amts Haßfurt und der k. Landgerichte Haßfurt und Eltmann.

Nro. 1. Ausgegeben am Donnerstag, den 2. Januar **1879.**

Erscheint täglich mit Ausnahme der Sonn- und höchsten Feiertage und kostet vierteljährig incl. des illustr. Sonntagsblattes 1 ℳ 25 ₰. Alle Postanstalten und Postboten nehmen Bestellungen entgegen. — Inserate werden die dreispaltige Zeile mit 10 ₰ berechnet.

Bestellungen auf das **Haßfurter Tagblatt** mit dem „Illustrirten Sonntagsblatt" werden von allen Postanstalten und Postboten noch **jederzeit** entgegengenommen.

Tagesneuigkeiten.

Rom, 1. Jan. Der König hat gestern das diplomatische Korps in feierlicher Weise empfangen. — Das Amtsblatt ver-

Anblick, den man seit Jahren nie gesehen hat um diese Jahreszeit. Wie man weiß, geht es sonst am Weihnachtstage in den ärmsten, wie in den reichsten Häusern an ein Festiren und Schmausen, an ein Vertilgen von Geflügel, unverdaulichen Plumpuddings und zahllosen Flaschen Wein, daß die Krämer und Bäcker und Weinhändler Wochen voraus alle Hände voll zu thun haben und demgemäß ihre Taschen füllen. Heuer haben sie sehr schlechte Geschäfte gemacht. Der Hunger hat an so viele Thüren geklopft, daß

Das „Haßfurter Tag-Blatt" von 1879 – und wie es viele Jahrzehnte lang produziert wurde! (Holzschnitte aus der Jubiläumsausgabe von 1928)

Bezirksamtsblatt noch die Wochenbeilagen „Der Erzähler", „Unterhaltung, Wissen, Kunst", „Die Frau und ihre Welt" und „Ein Blick in die Welt" heraus. Die uns spät erscheinende Aufnahme von Lokalnachrichten ins „Haßfurter Tagblatt", die vielen Lesern heute der liebste Teil der Zeitung sind, hat ihren Grund in strengen Zensurbestimmungen und in der seltenen Erscheinungsweise. „Jede Nachricht von einigermaßen Bedeutung hatte sich doch von Mund zu Mund viel eher verbreitet, als bis das ‚Wochenblatt' davon berichten konnte."[6] Deshalb erfährt man aus den alten Jahrgängen des „Haßfurter Tagblatts" (oder gar des „Intelligenzblatts") eigentlich recht wenig und nur andeutungsweise von lokalgeschichtlichen Ereignissen. (Erst die Verbesserungen im Transport- und Nachrichtenwesen und eine Güterproduktion über den konkreten Auftrag hinaus für einen anonymen Markt, welche das Anzeigengeschäft zum Blühen bringt, lassen eine tägliche Erscheinungsweise zu.) Rasp, vorher Verlagsdirektor eines Heidelberger Großbetriebs, führte den Verlag zu beachtlicher Prosperität. Die Zeitung erreichte eine Auflage von 2 000 Exemplaren.[7] Nach dem Ersten Weltkrieg wurde die Zeitung nochmals auf das bis heute beibehaltene Berliner Format vergrößert.

Im September 1933 erwarb August Wollenweber das „Haßfurter Tagblatt". Zu diesem Zeitpunkt war das Blatt noch eine Mittagszeitung, die ihren Redaktionsschluß morgens um 9 Uhr hatte, „so daß man also sehr frühzeitig aufstehen mußte, um die Zeitung zusammenzustellen bzw. zu ‚umbrechen', wie es in der Fachsprache heißt". So „war es möglich, Berichte über Versammlungen, Stadtratssitzungen usw. vom Vorabend noch in der Zeitung unterzubringen", erinnert sich Hugo Bopp, Lokalredakteur unter vier Verlegern, an die Zeit.[8]

Unter dem Datum 31. März 1943 schrieb das Blatt an seine Leser: „Die Kriegswirtschaft erfordert stärkste Konzentration. Die Schweinfurter Zeitungen und unser ‚Haßfurter Tagblatt' werden zu einer Zeitung zusammengelegt und erscheinen ab 1. April 1943 unter dem Titel ‚Schweinfurter Zeitung'. Unsere Leser erhalten daher ab 1. April 1943 während der Dauer des Krieges die ‚Schweinfurter Zeitung' zugestellt. Es ist dies eine kriegsbedingte Maßnahme, die nur die Herstellung der Zeitung betrifft, die Buchdruckerei arbeitet wie bisher weiter." Im Schlußsatz heißt es: „Mit Beendigung des Krieges erhalten unsere Leser dann wieder das ‚Haßfurter Tagblatt'."[9]

Doch nach Beendigung des Krieges genehmigte die Militärregierung nur die Herausgabe einer „Anzeigentafel für die Stadt Haßfurt". Erst mit der Generallizenz 1949 erschien das „Haßfurter Tagblatt" zunächst dreimal wöchentlich, dann viermal, schließlich sechsmal wöchentlich. Wenige Jahre nach dem „Neubeginn" erreichte die Zeitung wieder eine Auflage von 4 600 Exemplaren. Nach Wollenwebers Tod im März 1952 übernahm übergangsweise seine Witwe die Verlagsleitung, bis 1962 der Diplomkaufmann Josef Gerhart ans Ruder kam. Das alte Verlagsgebäude wurde zu eng, 1968 daher ein Neubau in der Goethestraße bezogen, der im Herbst 1986 zugunsten eines noch größeren Hauses verlassen wurde.

---

6 ebd.

7 Vgl. Beitrag „Ein viel und gern gelesenes Heimatblatt" in der Jubiläumsausgabe vom 26. 10. 1968.

8 Zitiert nach Beitrag „Am Webstuhl der Zeit" in der Jubiläumsausgabe vom 26. 10. 1968.

9 ebd.

Mittlerweile stehen der Zeitungsredaktion, Akzidenzdruckerei und Buchbinderei 7 000 Quadratmeter Raum zur Verfügung. Bildfunkempfänger, Fotosatzmaschinen, eine 72-Seiten-Rollenoffset-Druckmaschine finden hier Platz. Die Buchbinderei besitzt vollautomatische Anlagen für Broschüreklebebindung, Fadenheftung sowie eine Buchstraße. In der Reproabteilung werden neben der Satzherstellung auch Strich-, Halbton- und Rasterarbeiten durchgeführt.

Von den insgesamt 80 Arbeitsplätzen im Verlag entfallen nur 25 auf die Zeitungsproduktion. Mit je sieben Arbeitsplätzen sind in der Zeitungsredaktion ebensoviele Leute beschäftigt wie im Zeitungsdruck. Die Bereiche Satz und Erfassung bieten jeweils vier Arbeitsplätze. Die übrigen drei Arbeitsplätze verteilen sich auf Verwaltung, Anzeigenannahme und einen Fahrer. Natürlich ist daneben noch eine große Anzahl von freien Mitarbeitern für das Blatt tätig. Die Verteilung der Arbeitsplätze weist deutlich auf den wirtschaftlichen Schwerpunkt des Verlages im Akzidenzdruckbereich hin. Verleger Gerhart bestätigt: „Ein reiner Zeitungsbetrieb mit dieser Intensität wäre sonst nicht möglich.“[10] Als Grund nennt Josef Gerhart den Preisanstieg in allen Bereichen der Zeitungsproduktion, der durch die Zeitungserlöse nicht mehr ausgeglichen werden kann.

Neben dem „Haßfurter Tagblatt“ gibt der Verlag noch ein zweites Periodikum heraus. Das Anzeigenblatt „Wochenpost“ erscheint erst seit zwei Jahren. Die Gründung des jungen Blattes wird von der Verlagsleitung als „reine Abwehrmaßnahme“ verstanden. Die forcierte Verbreitung von Anzeigenblättern durch Branchenfremde wirkte sich negativ auf die Anzeigenerlöse der Tageszeitung aus. Inzwischen erreicht die „Wochenpost“ 27 000 Haushalte in 189 Gemeinden.

Konkurrenz und Kooperation

Im Vertrieb arbeitet die Zeitung mit dem „Fränkischen Tag“ aus Bamberg zusammen. Die Kooperation geschieht in der Weise, daß beide Verlage die Zeitungen des jeweils anderen Verlages im eigenen Verbreitungsgebiet an die Leser verteilen.[11] Der Haßfurter Verlag übernimmt zusätzlich den Vertrieb der „Süddeutschen Zeitung“ aus München und der Hamburger „Welt“ in seinem Verbreitungsgebiet.[12] Das Blatt wird zu 98% von Trägern ausgeliefert. 81 Agenturen sorgen dafür, daß der Leser seine Zeitung rechtzeitig zum Frühstück erhält.

Das „Haßfurter Tagblatt“ liegt mit einer Auflage von 5 707 Exemplaren[13] nur knapp unter dem Hauptkonkurrenten, dem „Fränkischen Tag“ (Bamberg), Ausgabe für Haßfurt und Ebern, der gut 6 000 Exemplare absetzen kann.[14] Die Heimatzeitung steht die Konkurrenz mit den um ein Vielfaches stärkeren Regionalzeitungen nur deshalb durch, weil das „Haßfurter Tagblatt“ schon vor vielen Jahren zusammen mit anderen Heimatzeitungsverlagen die Genossenschaft der Bayerischen Heimatzeitungsverleger e. G. gegründet hat. Diese Genossenschaft ist 1984 in die jetzige BHZ GmbH – Gemeinschaftsredaktion Bayerischer Heimatzeitungen – umge-

---

[10] Gespräch mit Josef Gerhart am 4. 8. 1987.
[11] ebd.
[12] ebd.
[13] IVW-Liste 4/87: Verkaufte Auflage 5 707 Exemplare Mo.–Sa.
[14] IVW-Liste 4/87: Verkaufte Auflage 6 091 Exemplare Mo.–Sa.

wandelt worden, die zu gleichen Teilen vom „Haßfurter Tagblatt" und der „Saale-Zeitung" in Bad Kissingen gehalten wird. Diese Gemeinschaftsredaktion versorgt die zwölf angeschlossenen Zeitungen,[15] unter ihnen das „Haßfurter Tagblatt", mit einem überregionalen Mantel. In der Gemeinschaftsredaktion zeichnet das „Haßfurter Tagblatt" für überregionalen Sport, Kultur und das Fernsehprogramm verantwortlich, während von der „Saale-Zeitung" Politik, Wirtschaft und Feuilleton geliefert werden. Für die Akquisition und Abwicklung der nicht-lokalen Anzeigenaufträge kooperiert das „Haßfurter Tagblatt" mit dem Ring Bayerischer Heimatzeitungen in München. Die Anzeigen nehmen im „Tagblatt" zwischen 20 und 25% des Umfanges ein.[16]

Heimatzeitung für Haßfurt

„Hasavourte" wird das heutige Haßfurt in einer alten Urkunde genannt. Welche Rolle der Hase bei der Benennung der Furt über den Main gespielt hat, ist nicht verbürgt. Sicher ist freilich, daß das Haßfurter Stadtwappen bereits seit dem späten 14. Jahrhundert einen Hasen zeigt, der zum Sprung über ein Gewässer, den Main, ansetzt. Das „Haßfurter Tagblatt" führte bereits in der ersten Ausgabe das Wappen im Zeitungskopf und versinnbildlicht damit die enge Bindung zur Heimat. Haßfurt ist nicht nur der Verwaltungsmittelpunkt des Landkreises Haßberge, sondern auch die wohl bedeutendste Siedlung am unterfränkischen Obermain zwischen Bamberg und Schweinfurt. Das Maintal durchzieht das Kreisgebiet in Ost-West-Richtung, vereinigt Straße, Bahn und Schiffahrtsweg und zog der günstigen Transportbedingungen halber Industriebetriebe an, hauptsächlich mittelständischer Prägung. Neben großen Betrieben wie Kugelfischer in Eltmann oder der Zuckerfabrik in Zeil siedelten sich Unternehmen der Möbelbranche, der Rohpappenherstellung, der Natursteinverarbeitung, der Schuh- und Textilindustrie hier an. Das Verbreitungsgebiet des „Tagblatts" deckt sich in etwa mit dem ehemaligen Landkreis Haßfurt, der im Zuge der Gebietsreform im größeren Landkreis Haßberge aufging. Seit dieser Zeit, da sich die Verwaltungsgrenzen des Landkreises mit den Verbreitungsgrenzen der Zeitung deckten, ist das „Haßfurter Tagblatt" das offizielle Amtsblatt des Landratsamtes.

Das „Haßfurter Tagblatt" pflegt die Lokalberichterstattung ausführlich, ja geradezu liebevoll. Nach zwei Seiten Politik und Wirtschaft, einschließlich in- und ausländischer Pressestimmen, Wertpapiernotierungen und Wetterbericht, beginnen bereits die Nachrichten „aus unserem Heimatkreis". Die Ereignisse in der Kreisstadt Haßfurt bekommen einen prominenten Platz, gleich auf der ersten Seite des Lokalteils. Um den umliegenden Gemeinden auch die nötige „Ehre" zu erweisen, werden deren Nachrichten jeweils unter eigenen Miniatur-Titeln versammelt. Und so findet sich im Inneren des „Haßfurter Tagblatts" das „Zeiler Stadtgeschehen", der „Eltmanner

[15] Zur Gemeinschaftsredaktion Bayerischer Heimatzeitungen zählen: „Traunsteiner Wochenblatt", „Saale-Zeitung" (Bad Kissingen), „Reichenhaller Tagblatt", „Oberpfälzer Nachrichten" (Weiden), „Berchtesgadener Anzeiger", „Viernheimer Tageblatt", „Haßfurter Tagblatt", „Rhön- und Streubote" (Mellrichstadt), „Ammersee-Kurier" (Dießen), „Der Steigerwald-Bote" (Gerolzhofen), „Ostheimer Zeitung", „Dachauer Volksbote"; Gesamtauflage im Jahr 1986: 74 418 Exemplare.

[16] Laut Aussage von Josef Gerhart am 4. 8. 1987.

Einzelpreis 1,– / Samstag 1,20 DM

1 Z 3510 A
Postfach 7 / 8728 Haßfurt

Haßfurter Tagblatt

Eltmanner Zeitung Heimatzeitung für den Kreis Haßfurt, das Maintal, Steigerwald u. Haßgau **Zeiler Nachrichten**

NUMMER 161 FREITAG, 17. JULI 1987 119. JAHRGANG

Protokollarisch kein Staatsbesuch

Positive Resonanz auf geplante Honecker-Reise

Alle Parteien erwarten Festigung deutsch-deutscher Beziehungen

Bonn/Ost-Berlin. Der Besuch des DDR-Staatsratsvorsitzenden Erich Honecker im September ist von Spitzenpolitikern aller im Bundestag vertretenen Parteien einhellig begrüßt worden. Die Bundesregierung erwartet nach den Worten von Kanzleramtsminister Wolfgang Schäuble (CDU) vom Besuch Honeckers konkrete Fortschritte für die deutsch-deutschen Beziehungen.

CSU-Chef Franz Josef Strauß zeigte sich erfreut über das Kommen Honeckers, warnte aber davor, „Wunder zu erwarten". Nach Meinung des FDP-Vorsitzenden Martin Bangemann ist die Verbesserung der Begegnungsmöglichkeiten der Menschen in beiden deutschen Staaten ein wichtiges Ziel der Honecker-Visite.

Der SPD-Vorsitzende Hans-Jochen Vogel wertete die für den 7. bis 11. September angekündigte Reise des DDR-Staats- und -Parteichefs in die Bundesrepublik als weiteren Schritt in der Entwicklung der Beziehungen zwischen der DDR und der Bundesrepublik. Der Fraktionsvorstand der Grünen äußerte die Hoffnung, daß Honecker auch bereit sein werde, Themen zu besprechen, die von der DDR-Führung ein Überdenken ihrer Position verlangen.

Die DDR-Zeitungen berichteten auf den Titelseiten über die bevorstehende Reise Honeckers in Gast Bundespräsident Richard von Weizsäcker in der Villa Hammerschmidt aufsuchen.

Am zweiten Tag sollen das bereits paraphierte Umweltschutzabkommen sowie weitere Verträge über Zusammenarbeit im wissenschaftlich-technischen Bereich und bei der Kernenergie unterzeichnet werden. Honecker wolle dann mit Vertretern der Bundestagsparteien zusammentreffen und am Abend einen Empfang auf Schloß Gymnich geben, wo er während seines Aufenthaltes in Bonn wohnen wird. Am dritten Tag sei ein Treffen mit dem nordrhein-westfälischen Ministerpräsidenten Johannes Rau (SPD) vorgesehen. Außerdem will Honecker ein Gespräch mit dem DKP-Vorsitzenden Herbert Mies führen und den Krupp-Aufsichtsratsvorsitzenden Berthold Beitz in Essen besuchen.

Abstecher in die alte Heimat

Anfang September zu Besuch in der Bundesrepublik: Der DDR-Staatsratsvorsitzende und SED-Chef Erich Honecker.

taine ist ein Abstecher nach Wiebelskirchen vorgesehen, wo Honecker aufgewachsen ist. Am selben Tag werde er das Karl-Marx-Haus in Trier aufsuchen und mit dem rheinland-pfälzischen Minister-

Hat Strauß Heiratspläne?

Die Gerüchte verdichten sich

München. In der bayerischen Landeshauptstadt München verstärken sich Gerüchte, wonach Ministerpräsident Franz Josef Strauß neue Heiratspläne schmieden soll.

Er selbst hält sich ebenso wie seine Umgebung mit dem Hinweis auf das Privatleben, das auch einem Politiker zustehe, zwar bedeckt. Seitdem der 71jährige im Februar beim Wiener Opernball aber in Begleitung der 42jährigen Renate Piller gesehen worden war, taucht der Name der Mitarbeiterin des Privatsenders „tv weiß-blau" immer wieder auf.

Wie auch bei anderen festlichen Anlässen erscheint die von manchen Zeitungen bereits als neue „First Lady" Bayerns titulierte Strauß-Bekannte bislang aber niemals an der Seite des Ministerpräsidenten und CSU-Vorsitzenden. Auch im Schloß Schleißheim beim alljährlichen Sommer-Empfang von Landtagspräsident Franz Heubl saß sie am Dienstag abend an einem anderen Tisch als Strauß.

Die meisten Arbeitnehmer für flexiblere Arbeitszeit

Bonn. Die überwältigende Mehrheit der Arbeitnehmer möchte gerne darüber mitentscheiden, wann und wie lange gearbeitet wird.

Nach einer Umfrage der Wirtschaftsjunioren

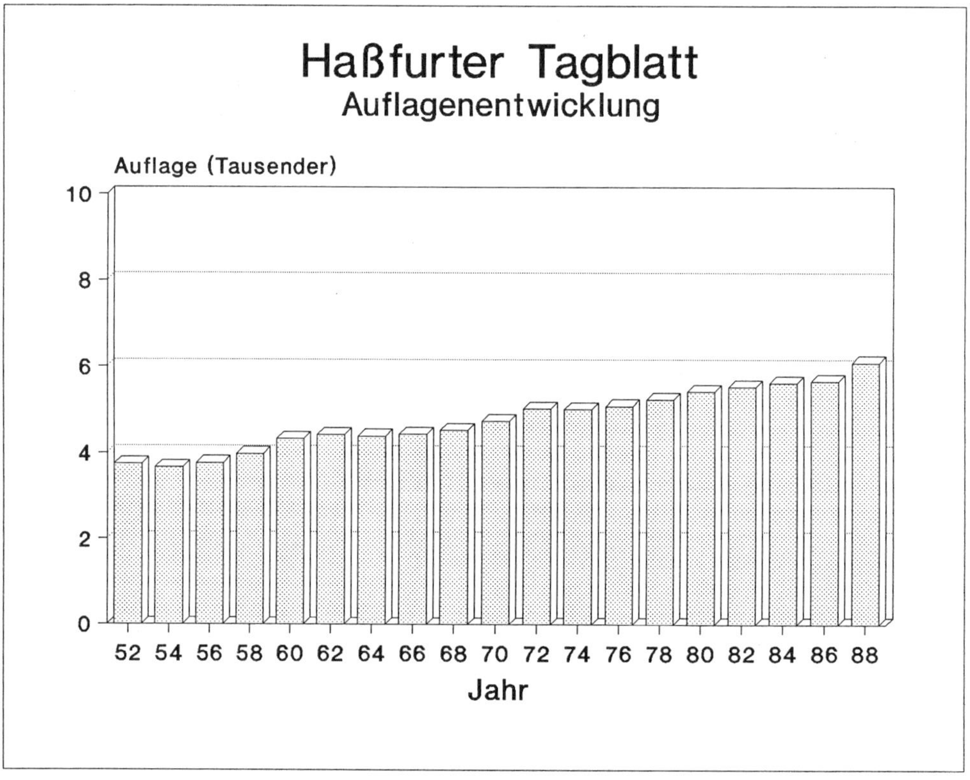

Stadtspiegel", die „Nachrichten aus Sand", die „Königsberger Umschau", die „Riedbacher bzw. Wonfurter Nachrichten" und die „Knetzgauer Chronik". Diese Praxis weist in eine Zeit zurück, in der viele Gemeinden noch weitgehende Autonomie besaßen und großen Wert auf eine eigene Identität legten. (Die beiden Untertitel „Eltmanner Zeitung", „Zeiler Nachrichten" im Kopf des Blattes sind ebenfalls Relikte dieses „Distriktdenkens".[17]) Heute tragen diese Miniatur-Titel dazu bei, die Aufmerksamkeit des Lesers etwas zu kanalisieren. Schon beim Durchblättern fällt der Blick auf die Meldungen aus der eigenen Gemeinde. Das können Vereins- und Verbandstermine, Unfall- und Sportberichte, Totentafel oder Geburtstagsmeldungen sein. Dazwischen finden sich Füller, etwa der Sinnspruch des Tages, ein Gedicht (auch ohne Lokalbezug), Eigenwerbung für den Verlag und die Anzeigen gemeinnütziger Organisationen, die kostenlos ins Blatt gehoben werden, wenn gerade mal Platz ist. Zwischen vier und vierzehn Seiten (am Wochenende) sind dem lokalen Geschehen vorbehalten. Am Wochenende erscheint ein ungewöhnlich umfangreicher Gottesdienstanzeiger für die gesamte kommende Woche, der durch große Photos der Ortskirchen aufgelockert wird.

An den Lokalteil schließen sich in wechselnder Reihenfolge überregionale Seiten an, die (wie die ersten beiden Politik-Seiten) von Bad Kissingen kommen: Bayern, Panorama und Zeitgeschehen (entspricht in etwa der Rubrik „Vermischtes" in anderen Blättern) und überregionaler Sport, der zusammen mit der Frankenseite in der Redaktion des „Haßfurter Tagblatts" entsteht. Dazwischen sind nur bedingt aktuelle Füllseiten plaziert, die von speziellen Agenturen geliefert werden und die sich typographisch vom Rest der Zeitung abheben: Deutschland drüben, Motor und Straße, Land und Garten sind Themen, die dort abgehandelt werden. Das „Haßfurter Tagblatt" erstellt wiederum selbst die wöchentliche Kulturseite und das tägliche Rundfunkprogramm für die Gemeinschaftsredaktion. Insgesamt erreicht das Blatt montags bis freitags sechzehn Seiten und am Wochenende achtundzwanzig Seiten.

Das „Tagblatt" hat seine Auflage in den vergangenen zehn Jahren kontinuierlich steigern können, von 1976 zu 1986 um 11,3%,[18] obgleich im Landkreis Haßberge noch andere Zeitungen um die Sympathie der Leser kämpfen. Neben dem erwähnten „Fränkischen Tag" aus Bamberg sind das drei weitere Zeitungen aus Coburg, Schweinfurt und Würzburg. Freilich kann das „Tagblatt" als lang ortsansässige Heimatzeitung die lokalen Informationsbedürfnisse leichter befriedigen als die Nebenausgaben von größeren Regionalzeitungen. Insofern ist dem Verleger Gerhart vor der Zukunft nicht bang.

Bedrohlich jedoch erschien der Geschäftsleitung die Konkurrenz durch die neuen Medien. Um auch in diesem Bereich „die Nase im Wind zu haben", erwarb der Verlag Beteiligungen an einem lokalen Hörfunksender in München sowie an der Kabelgesellschaft Main-Rhön.[19] „Schließlich", so Gerhart, „muß man seinen Blick nach vorne richten."

(sf)

---

[17] ebd.
[18] Vgl. ZV + ZV Nr. 15 vom 6. 4. 1987, S. 26.
[19] Laut Aussage von Josef Gerhart am 4. 8. 1987.

Rhön- und Streubote.

Erscheint täglich mit Ausnahme der Tage nach den Sonn- und Feiertagen.

Bestellungen

wollen von hiesigen Abonnenten bei der Expedition, von auswärtigen bei allen Postämter oder Postboten gemacht werden.

Der Abonnementspreis ist ganzjährig 2 fl. 24 kr. halbjährig 1 fl. 12 kr., vierteljährig 36 kr. monatlich 12 kr.

Inserate

werden mit 3 kr. die dreispaltige Garmondzeile oder deren Raum berechnet.

2. Jahrgang.

№ 1. Donnerstag, den 1. Januar 1874.

Rhön-und Streubote

Unabhängige Heimatzeitung für Rhön-Grabfeld · Streutal Amtsblatt der Verwaltungsgemeinschaft Mellrichstadt

NUMMER 155 - JAHRGANG 112 - 1987 MELLRICHSTADT - FREITAG, 10. JULI Einzelpr. 1,00 · Samstag 1,20 · monatl. DM 19,20 1 Z 5922 A

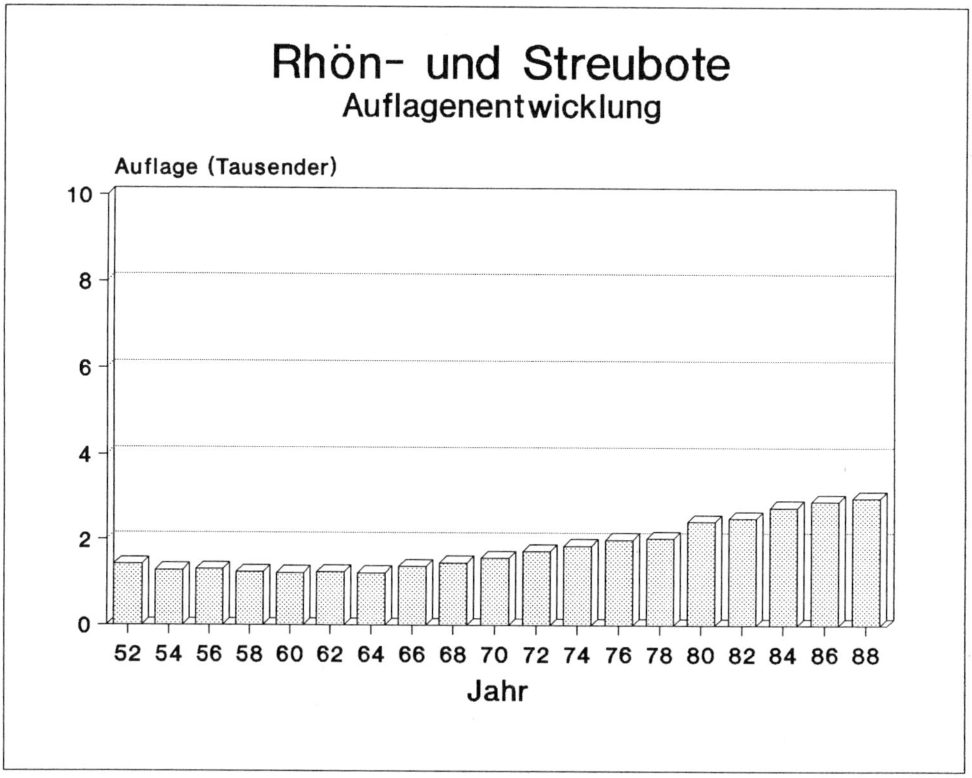

Viel lokaler Lesestoff:

Der „Rhön- und Streubote“

Die Tageszeitung ist ein aktuelles Medium par excellence, der Leser möchte sich bei der Morgenlektüre einen Überblick sowohl über das Welt- als auch über das lokale Geschehen verschaffen. Der Spruch „Nichts ist so alt wie die Tageszeitung von gestern!“ charakterisiert aber nur eine begrenzte Wertlosigkeit alter Tageszeitungsausgaben. Gerade bei kleinen Heimatzeitungen, die wie der „Rhön- und Streubote“ auf eine lange Geschichte zurückblicken können, erweisen sich die Archivbände als einzigartige Fundgrube für die Erforschung der Heimat- und der Zeitungsgeschichte. Der Leser kann in den meisten Fällen nur durch Jubiläumsausgaben etwas über die Entstehung und Entwicklung seiner Zeitung erfahren.

Die Verlagsleitung des „Rhön- und Streuboten“, der in Mellrichstadt erscheint, nahm 1978 die Umstellung auf den Fotosatz zum Anlaß, ihre Leser sowohl über die neue technische Entwicklung als auch über die Geschichte ihrer Heimatzeitung zu informieren. Dort erfährt man über die Entstehung des „Rhön- und Streuboten“: „Als Johann Valentin Bauner im Dezember die erste Probenummer von ‚Der Rhön- und Streubote‘ herausbrachte, das Format halb so groß wie heute, als es noch das königliche Bezirksamt und den ‚kgl. Assessor‘ gab, stand der Verlag am Anfang einer stürmischen Entwicklung mit Höhen und Tiefen, die aber alle Zeiten überdauern sollte. In dieser ersten Probenummer verdeutlicht eine lokale Nachricht den Fortschritt zwischen damals und heute. Wir lesen dort:

‚Mellrichstadt, 29. Dec. Heute früh gegen 4 Uhr wurde ein Brand in Unterwalsbehrungen signalisiert. Allein noch ehe die hiesige Feuerwehr das Weichbild der Stadt verlassen, kam durch einen reitenden Feuerboten die Nachricht der Niederlegung ein. Glücklicherweise soll nur ein Wohnhaus beschädigt sein.‘

Der reitende Feuerbote ist heute durch Telefon und Funk ersetzt, das Feuerwehr-Pferdegespann durch modernste Löschfahrzeuge.“[1]

Dem Kopf der ersten Nummer des zweiten Jahrgangs vom 1. Januar 1874 kann man entnehmen, daß der „Rhön- und Streubote“ „täglich mit Ausnahme der Tage nach Sonn- und Feiertagen“ erschien und daß der Abonnementspreis ganzjährig 2 fl. 24 fr. betrug. Obwohl die kleinformatige Zeitung nur vier Seiten umfaßt und somit sehr übersichtlich ist, sind die Nachrichten streng in einzelne Ressorts unterteilt. Sie beginnen auf der ersten Seite unter der Überschrift „Deutsches Reich“ mit Meldungen aus München, die vom 27. Dezember stammen – also fünf Tage alt sind – und mitteilen, daß die Königin-Mutter von Hohenschwangau nach München zurückgekehrt sei und daß ein Abgeordneter der Hohen Kammer der Abgeordneten vorschlug, die Rentämter den Bezirksämtern gleichzustellen. Weiter geht es mit mehreren Meldungen aus der Reichshauptstadt Berlin, die vom 28. bzw. vom 29. Dezember datiert sind. Sodann folgen unter dem Titel „Ausland“ Meldungen aus Paris und Madrid, die erstaunlicherweise nicht älter sind als die Meldungen aus dem Inland.

---

1 Für den Rhön- und Streuboten begann ein neues Zeitalter. Sonderbeilage des „Rhön- und Streuboten“ von 1978, S. 2.

Damals kaum Lokalnachrichten

Nach dem heutigen Verständnis der Heimatzeitung neigt man zu der Annahme, daß die nun folgende Rubrik „Lokales und aus dem Kreis“ auf der zweiten Seite wohl die umfangreichste der Zeitung darstelle. Weit gefehlt! Lediglich eine kurze Meldung findet sich dort, die lautet: „Mellrichstadt. Die vereinigten katholischen Comités des Wahlbezirks Neustadt a. S. haben Herrn Freiherrn Gustav v. Habermann, Gutsbesitzer in Unsleben, als Candidat zu den Reichstagswahlen aufgestellt.“ Diese Mitteilung war mit Sicherheit nicht das einzig Berichtenswerte, was in Mellrichstadt und Umgebung passiert war. Über die Gründe, warum der „Rhön- und Streubote“ keine weiteren Lokalnachrichten brachte, kann man heute nur Vermutungen anstellen. Plausibel erscheint der Gedanke, daß es zur damaligen Zeit eben keinen Bedarf für die Verbreitung der lokalen Neuigkeiten durch die Zeitung gab. Die lokale Kommunikation lief wahrscheinlich direkt zwischen den Bewohnern ab, und dies viel schneller, als es mit Hilfe der Zeitung möglich gewesen wäre.

Weitere Rubriken waren der „Handelsbericht“, „Vermischtes“ und „Neueste Nachrichten“. Außerdem wurden, wie in fast allen Zeitungen zur damaligen Zeit, die Abfahrtszeiten der Eisenbahnzüge, des Postomnibusses und des Privat-Omnibusses veröffentlicht. Auf der vierten und letzten Seite veröffentlichte der „Rhön- und Streubote“, in seiner Eigenschaft als Amtsblatt, die amtlichen Bekanntmachungen. Auch drei Anzeigen finden sich dort. Die Anzeigenpreise werden im Kopf der Zeitung genannt: „Inserate werden mit 3 fr. die dreispaltige Garamondzeile oder deren Raum berechnet.“

Über die Entwicklung des „Rhön- und Streuboten“, der heute auf eine 116jährige Geschichte zurückblicken kann, ist leider sehr wenig bekannt.[2] Es liegt neben der schon erwähnten Ausgabe vom 1. Januar 1874 noch eine Jubiläumsausgabe vor, die der „Rhön- und Streubote“ anläßlich seines 60jährigen Bestehens am 31. Dezember 1932 herausgegeben hat. Die Zeitung hatte sich zwischen diesen beiden Zeitpunkten schon äußerlich verändert: Das Format hatte sich verdoppelt; der Kopf, der in der Ausgabe von 1874 eher schlicht gehalten war – eine runde Miniaturzeichnung unter dem Zeitungstitel zeigte einen Boten, der mit einem Blatt in der Hand durch das Land wandelt – wirkt in der Ausgabe vom 31. Dezember 1932 vergleichsweise bombastisch. Die Schrift des Zeitungstitels ist verschnörkelter und ist über die ganze Seitenbreite unterlegt mit einer Strichzeichnung, die eine komplette Landschaft mit einer Stadt, Hügeln, einer Burg und einer Kirche sowie einem Wanderer darstellt. Auf der Titelseite wird ein Abriß über die bisherige Geschichte des „Rhön- und Streuboten“ gegeben: „Aus kleinen Anfängen heraus hat sich das Unternehmen und die Zeitung entwickelt. Jedoch unermüdlich haben die Verleger gearbeitet seit dieser Zeit am Ausbau des Blattes. Die erste wesentliche Vergrößerung erfolgte im Jahre 1908, die vor allem dem Roman- und Feuilletonteil der Zeitung zugute kam. Es gelang unter schwersten Opfern, das Blatt in den furchtbaren Kriegsjahren, sowie in der wirtschaftlich äußerst schlechten Nachkriegszeit und in der Inflation aufrecht zu erhalten. – Die Stabilisierung brachte neues Leben und dem allgemeinen Bedürfnis folgend, wurde die Zeitung im Jahre 1924 auf das größere Berli-

[2] Hier erschließt sich ein weiter Themenbereich für zukünftige Abschlußarbeiten. Geschichte, Tradition und Funktion der Heimatzeitungen im letzten Jahrhundert, aber auch ihre Rolle im Nationalsozialismus sind weitgehend unerforscht.

ner Format umgestellt. In dem Bestreben, unseren Lesern eine in jeder Hinsicht vollwertige Zeitung zu liefern, wurde seit 2 Jahren nicht nur der Umfang des Blattes von 4 auf 6 bezw. 8 Seiten erhöht, es erfolgte ferner eine umfassende innere Ausgestaltung, der die landwirtschaftlichen Belange, der ausführliche Sportteil, das beliebte Heimatblatt, die Kursberichte, der aktuelle Bilderdienst und die illustrierte Unterhaltungsbeilage dienen. Der Rhön- und Streubote umfasst heute 5–6mal so viel Lesestoff als zur Zeit seines Entstehens. Und doch ist der Bezugspreis im Verhältnis wesentlich niedriger als damals. Dieser gewaltige Ausbau machte natürlich bauliche Vergrößerungen und Erweiterungen, sowie umfassende technische Neuerungen notwendig, die in den Jahren 1925, 1930 und 1932 vorgenommen wurden."[3]

In der Tat findet man neben den Berichten und Nachrichten reichlich Lesestoff in der Zeitung, Besinnliches zum Jahreswechsel, einen Fortsetzungsroman, eine Silvestergeschichte. Die Lokalnachrichten nehmen jetzt eine ganze Seite ein, die Anzeigen füllen drei Seiten. Der Jubiläumsartikel schließt mit den Worten: „Die Zeiten sind heute ernst, und wir können und wollen unsere Bezieher nicht mit einer umfassenden Festausgabe überraschen. Es wäre das eine einmalige und eintägige Sache, von der die Zukunft nichts hätte. Lieber verwenden wir unsere Kraft für einen stetigen, organischen Ausbau unseres Blattes, der dauert." Herausgeber des „Rhön- und Streuboten" war der Sohn Johann Valentin Bauners, Ludwig, der den Verlag und die Druckerei im Jahre 1895 übernommen hatte. Für die Redaktion war er allein zuständig; außerdem waren in dem Unternehmen vier Personen beschäftigt.[4]

Wie der „Rhön- und Streubote" die für die Heimatzeitungen existenzbedrohende Zeit nach 1933 überstanden hat, ist nicht bekannt. Die Zeitung war jedenfalls eine der wenigen, die bis kurz vor Kriegsende erscheinen konnten. Wie alle anderen Zeitungen erhielt auch der „Rhön- und Streubote" von der amerikanischen Militärregierung keine Erlaubnis zum Wiedererscheinen, lediglich die Lizenzzeitungen kamen heraus. Aber schon 1949 konnte der „Rhön- und Streubote" durch einen eingesetzten Treuhänder wieder erscheinen.[5]

Zu Beginn des 75. Jahrgangs, am 3. Januar 1950, vier Monate nach dem Wiedererscheinen, wird in der Zeitung Bilanz über die Geschichte gezogen: „Die Gründerjahre (der Heimatzeitung) mit ihrem übertriebenen Optimismus, die Zeit des Kulturkampfes, der erwachende Sozialismus, die Vorwehen des 1. Weltkrieges, die Katastrophe des alten europäischen Bürgertums und seiner Staatsordnung selbst, der Taumel der Inflationszeit, die Verzweiflung der Massen, die sich nur allzu willig in die Arme des vermeintlichen Retters stürzten, dessen kometenhafter Aufstieg und schließlicher Untergang, der auch zum Untergang Deutschlands als ein einheitliches Staatswesen werden sollte: dies alles zieht gespensterhaft und wie unwirklich an uns vorüber, wenn wir in den gesammelten Jahrgängen unseres Archivs blättern."[6]

1954 wurde der Verlag an seinen Besitzer Ludwig Bauner übergeben. Der „Rhön- und Streubote" hatte damals ungefähr eine Auflage von 1 800 Exemplaren, im Verlag arbeiteten vier Angestellte. 1971 endete die alte Verlegertradition der Familie

---

[3] 60 Jahre Rhön- und Streubote. Beitrag im „Rhön- und Streuboten" vom 31. Dezember 1932, S. 1.

[4] Lt. Schreiben vom 29. 12. 1988 des Verlags an die Verfasserin.

[5] Lt. Schreiben des Verlags vom 29. 12. 1988 an die Verfasserin.

[6] Im „Rhön- und Streuboten" vom 3. Januar 1950, zitiert nach: Sonderbeilage von 1978, S. 2.

Bauner, der Verlag wurde an den heutigen Besitzer Richard Mack verkauft, der schon seit 1956 dem Betrieb als Geschäftsführer angehörte. Im gleichen Jahr bezog man ein neues Verlagsgebäude, die Mitarbeiterzahl für Verlag und Druckerei war auf 14 angestiegen.

Das Bestreben, die verkaufte Auflage zu erhöhen, ist bei den kleinen Heimatzeitungen immer ein zäher Kampf, geht es doch oft nicht nur um Marktanteile, sondern um das schlichte Überleben. Auch die Auflagenentwicklung vom „Rhön- und Streuboten" ist seit seinem Wiedererscheinen relativ großen Schwankungen unterworfen. Konnten 1950 über 3 000 Exemplare verkauft werden,[7] sank die Auflage danach drastisch, bis sie schließlich 1964 den Tiefpunkt von 1 218 verkauften Exemplaren erreichte.[8] Zwei Gründe lassen sich für diese Entwicklung anführen: Erstens verschärfte sich die Konkurrenzsituation im Verbreitungsgebiet des „Rhön- und Streuboten", das ungefähr den Rhön-Grabfeldkreis (ehemals Kreis Mellrichstadt) im nördlichen Unterfranken umfaßt. Drei weitere Heimatzeitungen erscheinen in diesem Gebiet: die „Rhön- und Saalepost", der „Bote vom Grabfeld" und die „Ostheimer Zeitung". Während die beiden erstgenannten Zeitungen ihren Mantel von der Zentralredaktion der Heimatzeitungsgesellschaft in Kitzingen beziehen, kommt der Mantel für die „Ostheimer Zeitung" und den „Rhön- und Streuboten" von der Gemeinschaftsredaktion der Bayerischen Heimatzeitungen in Bad Kissingen. Außerdem vertreibt die „Main-Post" eine Lokalausgabe „Rhön- und Grabfeld" in diesem Gebiet. Der zweite Grund für das Absinken der Auflage in den 50er und 60er Jahren war das schlechte Vertriebssystem des „Rhön- und Streuboten": „Früher wurde die Zeitung mit dem Motorrad hinausgefahren oder per Post verschickt, der Service ward immer schlechter. Der Besengau wurde nicht mehr direkt bedient, und so wurde das ‚Streublättle' teilweise gar erst einen Tag später zugestellt. Noch heute ist die seinerzeitige Vernachlässigung im Bereich des Besengaues nicht überwunden . . ."[9]

Aufschwung durch Betonung des Lokalteils

Mit den 70er Jahren kam für die Heimatzeitung die rettende Wende. Die Auflage stieg trotz der schwierigen Konkurrenzsituation stetig an und erreicht heute wieder knapp 3 000 verkaufte Exemplare.[10] Diese Steigerung von 45,2% in dem Zeitraum 1976 bis 1986 liegt weit über dem Durchschnitt von 21,9% der bayerischen Zeitungen.[11] Diese Leistung ist umso beachtlicher, als der Anzeigenanteil im „Rhön- und Streuboten" 1986 nur 14,5% betrug; hier liegt der Durchschnitt der bayerischen Zeitungen bei 41,6%.[12]

Zwei Lokalredakteure und zehn freie Mitarbeiter gestalten den Lokalteil. Grundsatz hierbei ist eine „sachliche, neutrale, aktuelle Berichterstattung", wobei der Lokalteil als „ausführlich in Text und Bild, kritisch, mit klarverständlicher Sprache, heimatverbunden, geprägt von der rauhen Landschaft der Rhön" gekennzeichnet

---

7 Vgl. Sonderbeilage von 1978, S. 3.
8 IVW-Liste 4/1964.
9 Sonderbeilage von 1978, S. 3.
10 Verkaufte Auflage: 2 972 Exemplare lt. IVW-Liste 3/88.
11 Vgl. ZV + ZV, 15/1987, S. 25 f.
12 ebd.

wird.[13] Stolz ist man darauf, daß der „Rhön- und Streubote“ als erste Zeitung in Unterfranken 1975 begonnen hat, den Lokalteil nach vorne zu ziehen. Die sonst allgemein übliche Reihenfolge der Ressorts ist beim „Rhön- und Streuboten“ genau umgekehrt: Auf das Lokale (mit Lokalsport) folgen die Franken- und Bayern-Seiten und erst dann die „große weite Welt“. Der durchschnittliche Umfang einer Ausgabe liegt bei 20 Seiten, wovon der Lokalteil fünf bis sechs Seiten umfaßt.

Die Auflagensteigerung in den letzten Jahren läßt erwarten, daß der „Rhön- und Streubote“ seinen Platz im gesellschaftlichen Leben des Rhön-Grabfeldkreises – dessen amtliches Organ er auch ist – erhalten und ausbauen wird. Wie bei vielen anderen Heimatzeitungen auch, stellt der Druckereibetrieb das zweite wirtschaftliche Standbein dar. Auch hier ist die Tendenz positiv: „Der Mitarbciterstand wuchs von 1971 von 10 auf den heutigen Stand von 20 Mitarbeitern.“[14] Besonders von den alteingesessenen selbständigen Gewerbetreibenden und Landwirten der bayerischen Rhön wird die Heimatzeitung schon seit Generationen gelesen. Den größten Anteil an der Leserschaft aber haben die Arbeiter, die in dieser Region zumeist in der Metall-, Holz- und Kunststoffindustrie tätig sind.[15]

(kn)

---

13 Schreiben des Verlags an die Verfasserin vom 29. 12. 1988.

14 Aus dem Schreiben des Verlags an die Verfasserin vom 29. 12. 1988.

15 Leser-Analyse des Rhön und Streuboten:

Selbständige Handwerker, Gewerbetreibende, Einzelhandelsgeschäfte usw.	ca. 22%
Selbständige Landwirte	ca. 12%
Beamte und Angestellte	ca. 6%
Freie Berufe	ca. 6%
Arbeiter	ca. 54%
	100%

Lt. Preisliste Nr. 12, gültig ab 1. Juli 1985.

Verlagsgebäude „Der Steigerwald-Bote“.

Einzelpreis 85 Pfennig

1 Z 6465 A

Postfach 1240 / 8723 Gerolzhofen

Der Steigerwald-Bote

Generalanzeiger für den Steigerwald u. Maingau

Tagblatt für Gerolzhofen Volkach und Wiesentheid

NUMMER 156 — GEROLZHOFEN, SAMSTAG, 11. JULI 1987 — 112. JAHRGANG

Ex-CIA-Chef zur Contra-Affäre

Reagan wohl

Am Lkw von Herborn versagten die Bremsen

Aussage des Fahrers – Unglücksstrecke für Schwerlastverkehr gesperrt – Hessen prüft Straßen auf ihre Sicherheit

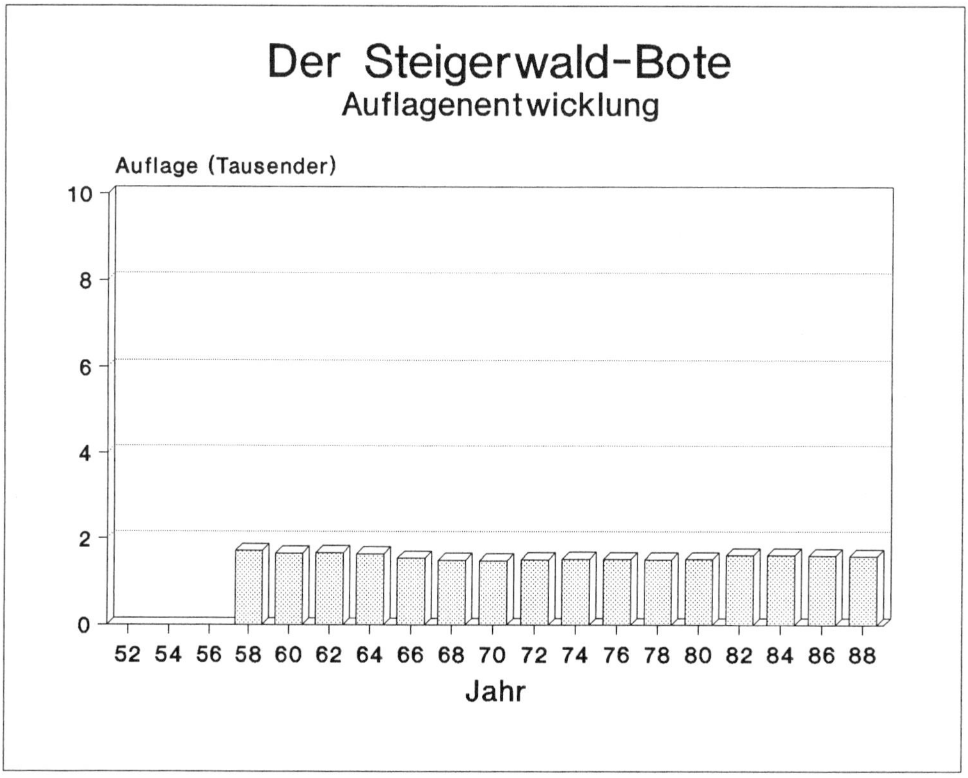

Spiegelt Land und Leute: Der „Steigerwald-Bote"

Der Zeitungskopf verrät dem Eingeweihten Charakteristisches über den „Steigerwald-Boten". Die Titelzeilen sind noch in der schönen alten Fraktur gesetzt und erinnern jeden Werktag neu daran, wie sich der „Bote" zu dem entwickelt hat, was er heute ist. Die Unterzeilen nennen nämlich die Vorläufer: „Generalanzeiger für den Steigerwald und Maingau" und „Tagblatt für Gerolzhofen, Volkach und Wiesentheid". Nicht zuletzt die altertümliche Titelvignette, nicht wie häufig ein Wappen, sondern ein Bildchen, auf dem ein eiliger Bote einer Bauersfrau mit Weidenkorb die (Nachrichten-)Blätter überreicht, eingerahmt von zwei Rebstöcken, im Hintergrund lugt noch ein Kirchturm, all das verrät eine Menge über Land und Leute. Zunächst zur Entstehungsgeschichte.

Im Jahre 1875 war „Der Bote vom Steigerwald", wie der Zeitungstitel über Jahrzehnte hieß, noch eine Gratisbeilage zum Bezirksamtsblatt Gerolzhofen (Organ auch für die kgl. Landgerichte Gerolzhofen, Volkach und Wiesentheid), wobei man schon damals auf ein tägliches Erscheinen Wert legte. Beim Bezirksamtsblatt handelte es sich um eine Publikation, die nicht nur amtliche Bekanntmachungen, sondern auch Tagesneuigkeiten und Inserate veröffentlichte.[1] Über das Bezirksamtsblatt in Verbindung mit dem „Boten vom Steigerwald" ist folgendes aus dem Jahre 1875 in einer Abonnements-Einladung nachzulesen: „Dasselbe wird fortan wie bisher alles Interessante und Gemeinnützige, wie z. B. die neuesten Nachrichten von Berlin, München etc., Tagesereignisse, Verschiedenes, neben den amtlichen und gerichtlichen Ausschreiben für die Angehörigen des Bezirksamtssprengels Gerolzhofens zur Offenkunde bringen und dabei jedoch von jeder einseitigen Politik fern bleiben. Besonders wird man bemüht sein für alle Markt-, Getreide-, Hopfen-, Schaf- und Rindviehmärkte und sonstige Berichte, überhaupt alles für die Landwirte Nützliche, schnellstens und aus bester Quelle schöpfend zu veröffentlichen. Der Abonnementspreis beträgt vierteljährig nur 35 Kreuzer = 1 Mark und ist sohin das ‚Bezirksamtsblatt' (Bote vom Steigerwald) eines der billigsten Blätter, weßhalb Niemand versäumen sollte hierauf zu abonnieren."

Als Herausgeber und Verleger zeichnete zu jener Zeit Philipp Sebastian Huller verantwortlich, dessen Druckerei sich in der Rügshöfer Straße im Hause Nr. 157 (neben der Drogerie Stock) befand. Ein mehrfacher Wechsel in den Besitzverhältnissen folgte, bis im Jahre 1904 mit der Übernahme von Zeitung und Betrieb durch Buchdruckermeister Franz Teutsch eine kontinuierliche Entwicklung in die Wege geleitet wurde, dies zusammen mit dem jungen Gerolzhöfer Kaufmann August Vollmuth. Noch im gleichen Jahr verlegte Franz Teutsch seine Druckerei in sein Elternhaus, das jetzige Verlagsgebäude in der Weiße-Turm-Straße. Bild, Format und Umfang der Zeitung wurden aus kleinen Anfängen heraus im Laufe der Zeit immer mehr durch die rasante technische Entwicklung und die modernen Nachrichtenmittel geprägt.

---

1 Die historische Darstellung ist dem Beitrag „100 Jahre Steigerwald-Bote" im „Steigerwald-Boten" vom 31. 12. 1974 entnommen. Solche Anzeigenblätter hießen früher Generalanzeiger.

Nach dem Ersten Weltkrieg hat der „Bote" das bis heute beibehaltene Berliner Format übernommen; seine Auflage bewegt sich damals schon um die Marke 2 100 Exemplare. Auch noch während des Zweiten Weltkrieges liegt die Auflage knapp über 2 000 Stück. Wöchentlich erscheinen die Beilagen „Die Furche" und „Sonntag ist's".

Nach dem Zweiten Weltkrieg durfte der „Bote", wie alle anderen Heimatzeitungen auch, nicht erscheinen. Die Herausgabe eines Amtsblattes, nämlich des „Anzeigen-Boten für den Landkreis Gerolzhofen", hielt ab 1945 Druckerei und Verlag am Leben.

Erste Kunde vom Wiedererscheinen der Heimatzeitung gab ein Flugblatt, in dem der „Bote" seinen Freunden in Stadt und Land mitteilte, daß die amerikanische Militärregierung die Lizenzierung der Presse in Bayern, Bremen und im amerikanischen Sektor Berlins am 22. August 1949 aufheben, und daß von diesem Tag an die Generallizenz Nr. 3 nach den Bestimmungen über die Nachrichtenkontrolle Nr. 3 in diesen Ländern in Kraft treten werde. (In Hessen war die Presselizenzierung bereits am 22. Juni und in Baden-Württemberg am 1. Juli abgeschafft worden.) Wenige Tage später verkündete ein weiteres Flugblatt: „Es ist so weit ... Ab 1. September erscheint er wieder, ‚Der Steigerwald-Bote'". Was in jener Zeit durchaus nicht selbstverständlich war, nämlich, daß eine Zeitung sechsmal wöchentlich herauskam, wurde von Verlagsleitung und Redaktion des „Boten" unter manchen Opfern und Schwierigkeiten in die Tat umgesetzt. Die meisten Zeitungen kamen zu jener Zeit nur drei- oder viermal in der Woche heraus. Die Umstände, die dieses „Kurztreten" verursachten, waren hauptsächlich technischer Natur; aber auch die Papierknappheit nach dem Kriege erlaubte kein häufigeres Erscheinen. Gleichlaufend mit einer Plakataktion im Landkreis erschien am 26. August 1949 eine Werbenummer des „Boten", die unter dem Eindruck der völlig veränderten Situation in der Zeitungsherstellung der Nachkriegszeit nicht frei von „Kinderkrankheiten" war. Der Lokalteil von damals gibt Kunde von den Zeitläufen: Im Heimatteil konnte man damals einen ausführlichen Bericht über die Vorbereitungen zur Kreismesse in Gerolzhofen lesen, über die Einführung Pfarrer Lenharts in Elfershausen (er hatte 15 Jahre als Stadtkaplan in Gerolzhofen gewirkt), ferner Notizen über die Vorbereitung der Soforthilfe, die Ausgabe der Treibstoffmarken oder nachträglichen Zucker- und Weißbrotaufruf. Man trug in Gerolzhofen den Glasermeister Arnold Hümpfner zu Grabe, nach langem Leiden starb hier 70jährig der Spenglermeister Stephan Harter, die Pfarrei Stadelschwarzach ehrte ihren Seelsorger H. H. Pfarrer Eduard Schneider aus Anlaß seines 40jährigen Priesterjubiläums und in Volkach rüstete man zum 1. Fränkischen Weinfest, das vom 27. bis 29. August stattfand.

Zum neuen Beginnen hatten dem „Boten" in der Nr. 1 vom Donnerstag, 1. September 1949 (74. Jahrgang) Landrat Dr. Josef Eugen Held und Bundestagsabgeordneter Funk Grußworte geschrieben, die auf der Titelseite veröffentlicht wurden. Das eine persönliche Note tragende Grußwort von Landrat Dr. Held begann wie folgt: „Lieber Steigerwald-Bote! Da bist Du also wieder. Wir älteren eingesessenen Bewohner des Kreises Gerolzhofen grüßen Dich herzlich und heißen Dich als lieben, wohl vertrauten und verdienten Kameraden und Landsmann aufrichtig willkommen."[2]

---

[2] Lokalbericht des „Steigerwald-Boten" vom 29. 8. 1959.

In der gleichen Nummer erklärten Verlag und Redaktion in eigener Sache: „Wir wollen ganz einfach die Lücke wieder ausfüllen, die während der erzwungenen Pause mehrerer Jahre entstanden ist, nicht mehr und nicht weniger; den Wünschen und Nöten der Menschen unseres Landkreises ein unparteiliches Sprachrohr zur Verfügung stellen, die Aufgaben, die sich aus der Gemeinschaft ergeben, fördern und unterstützen, alle wirtschaftlichen und christlich-kulturellen Beziehungen vertiefen und alle Gegensätze ausgleichen helfen. Und nicht zuletzt wollen wir die Liebe zu unserer schönen, deutschen Heimat pflegen, das Interesse an ihrem geschichtlichen und wirtschaftlichen Werden wach erhalten und an ihrem Hineinwachsen in den Aufbau eines friedlichen deutschen Vaterlandes mitarbeiten. Dazu erbitten wir die verständnisvolle Hilfe der Bürgermeister, Behörden und Bevölkerung des ganzen Kreises und sagen im voraus dafür Dank."[3]

1951 hatte die Auflage bereits 3 193 Exemplare erreicht (einschließlich eines Kopfblattes mit dem Titel „Die Mainschleife"), heute liegt sie bei der Hälfte. Mittlerweile arbeitet der Verlag mit der Gemeinschaftsredaktion Bayerischer Heimatzeitungen zusammen. Die Gemeinschaftsredaktion, die bei der „Saale-Zeitung" (Bad Kissingen) und beim „Haßfurter Tagblatt" angehängt ist, liefert durchschnittlich acht Seiten täglich an selbständige Heimatzeitungsverlage im bayerischen Raum[4] und ans „Viernheimer Tagblatt" im Hessischen. Da sich die angeschlossenen Verlage samt und sonders der Lokalberichterstattung verschrieben haben, stellen die Redakteure in Haßfurt (überlokaler Sport, Fernsehen und Kultur) und Bad Kissingen (alle übrigen Ressorts von Politik bis Landwirtschaft) vor allem eine gründliche und konzentrierte Aufarbeitung der täglichen Nachrichtenfülle von überregionalen Ereignissen in den Vordergrund ihrer Arbeit. Nachrichtenlieferant ist in erster Linie die Deutsche Presse-Agentur (mit ihren verschiedenen Diensten) in Hamburg, an die die Redaktionen in Haßfurt und Bad Kissingen mit ihren Satzrechnern direkt angeschlossen sind. Zu den Agenturdiensten kommt eine ganze Reihe verschiedener Pressedienste von Ministerien, Verbänden, Verwaltungen und Organisationen. Nicht zu vergessen der Nachrichtenaustausch unter den einzelnen Verlagen, der mit dazu beiträgt, Lücken in der Regionalberichterstattung zwischen Ostheim/Rhön und Bad Reichenhall zu schließen.

Seit drei Jahrzehnten gehört der Verlag außerdem dem Ring bayerischer Heimatzeitungen in München an, der die überregionale Anzeigenakquisition für fast alle süddeutschen Heimatzeitungen betreibt. Nur durch diese Kooperationen im redaktionellen und Anzeigenbereich konnte sich der „Steigerwald-Bote" trotz harter Konkurrenz der Großstadt-Verlage bis heute seine Selbständigkeit bewahren. Der Verlag gibt außer dem „Boten" eine Reihe heimatkundlicher Bücher und Broschüren heraus.

Das zweite Standbein des Unternehmens ist die Druckerei. Das Unternehmen reduzierte schon Ende der 60er Jahre wesentlich Bleisatz- und Buchdruckverfahren und investierte kontinuierlich in die neuen Technologien. Heute wird der Satz an modernen Fotosatz-Bildschirmgeräten hergestellt und gedruckt wird fast ausschließlich im Offsetverfahren.

---

3 Der „Steigerwald-Bote" vom 1. 9. 1949.

4 Abnehmer sind die Heimatzeitungsverlage in Mellrichstadt und Ostheim, Schongau, Weiden, Dießen, Dachau, Berchtesgaden, Trostberg, Bad Reichenhall, Traunstein sowie Viernheim im Hessischen und eben Gerolzhofen.

Moderne Technik und versierte Mitarbeiter sind die Grundlage, um als kleine Druckerei erfolgreich gegen die große Konkurrenz der Branche am Markt zu bestehen. Räumlich weitreichende Geschäftsverbindungen beweisen, daß die Randlage in einem strukturschwachen Gebiet eine gute und enge Zusammenarbeit mit einem entfernten Kundenstamm nicht ausschließt.

Wald, Wein und Wiesen

In fast allen Gemeinden des Altlandkreises Gerolzhofen, der nach der Gebietsreform in den Landkreisen Schweinfurt und Kitzingen aufging, wird der „Steigerwald-Bote“ seit Generationen gelesen. Im Verbreitungsgebiet leben ca. 42 000 Einwohner in 11 000 Haushaltungen. Der Leserkreis setzt sich dabei wie folgt zusammen:[5]

Selbständige	ca. 26%
Landwirte	ca. 33%
Beamte und Angestellte	ca. 8%
Arbeiter und Nebenerwerbslandwirte	ca. 20%
Sonstige	ca. 13%

Die Landwirtschaft ist in diesem Raum der Haupterwerbszweig der Bevölkerung. Von den Arbeitern und Nebenerwerbslandwirten ist ein hoher Prozentsatz in den Betrieben der Schweinfurter Industrie tätig. Der für eine Heimatzeitung recht umfangreiche Anzeigenteil weist daher neben zahlreichen Markenartikel-Ankündigungen und Familienanzeigen auch viele Anzeigen Schweinfurter und Würzburger Einzelhandelsunternehmen auf.

Gerolzhofen selbst, wo der „Bote“ erscheint, zählt heute 6 400 Einwohner[6] und wird als mögliches Mittelzentrum gehandelt. Es liegt an der regionalen Entwicklungsachse Schweinfurt-Kitzingen, nicht weit von der Autobahn Nürnberg-Würzburg entfernt. Das Freizeitzentrum Geomaris, Go-Cart-Bahn, Museum und Weinfest ziehen zunehmend Tagesgäste und Urlauber in das Vorland des Steigerwaldes. Der Kirchturm, die Rebstöcke und die ländliche Tracht der Figuren in der Titelvignette nehmen die Charakteristika der Region vorweg. Die Auflage, 1 582 Stück täglich,[7] verbleibt zu 61%[8] in Gerolzhofen; der Rest verteilt sich auf die umliegenden Orte in den Landkreisen Schweinfurt, Haßberge und Kitzingen. Konkurrenz bekommt der „Bote“ aus den nahen Großstädten zu spüren, von der „Main-Post“ (Würzburg) vor allem (Ausgaben Schweinfurt und Kitzingen) und von „Bild“ (Hamburg).[9]

Der „Steigerwald-Bote“ profiliert sich gegen die Konkurrenz durch eine intensive Lokalberichterstattung. Da der „Bote“ weder mit der Aktualität der elektronischen Medien mithalten, noch sich ein ausgedehntes Korrespondenten-Netz leisten kann, liegt der Schwerpunkt „Lokales“ nahe.

---

5 Aus der Preisliste Nr. 16, gültig ab 1. 1. 1986.

6 Die Wirtschaftsdaten über Gerolzhofen stammen vom Landratsamt Schweinfurt.

7 Lt. IVW-Liste IV/87.

8 Lt. IVW-Verbreitungsanalyse 1988 (Kreiskartei).

9 ebd. Die „Main-Post“, Ausgabe Schweinfurt ist mit 523 Exemplaren, die Ausgabe Kitzingen ist mit 271 Exemplaren täglich in Gerolzhofen vertreten.

Von den durchschnittlich sechzehn Seiten des „Boten“ befassen sich drei bis fünf Seiten mit dem lokalen Geschehen, der Rest wird von der Gemeinschaftsredaktion übernommen. Der Lokalteil beginnt regelmäßig auf der dritten Seite, eingeleitet durch den Schriftzug „Aus der Heimat“ (in Fraktur gesetzt), illustriert durch ein altes Stadt-Panorama. Neben dem Bericht von der Stadtratssitzung, den Vereinsnachrichten, Personalia, Polizeibericht, Fortsetzungsroman und Sportnotizen fällt auf, daß die kirchlichen Nachrichten einen breiten Raum einnehmen. Die Palette der Themen wird durch das offensichtlich rege gemeinschaftliche Leben bestimmt.

Seit ihrem Entstehen bis in die Neuzeit hat die Pfarrgemeinde ein sehr kohärentes Sozialgebilde abgegeben.[10] Seit Beginn der Neuzeit hat sich die „Kongruenz von Pfarrei und profaner Gemeinde immer mehr gelockert“, die Pfarrei „verlor (..) immer mehr Funktionen, mußte (..) immer mehr der wirtschaftlichen, sozialen, politischen und kulturellen Stützen entbehren, auf denen ihre bisherige Vorrangstellung beruht hatte“.[11] Das gemeindlich-gemeinschaftliche Leben hat sich segmentiert und differenziert; die Pfarrgemeinde selbst „bildet jetzt nur noch ein Segment unter vielen und muß in einem harten Existenzkampf um ihr Dasein ringen“; dies übrigens in der Stadt noch mehr als auf dem Land.[12] Auf dem Land, und das Verbreitungsgebiet des „Boten“ ist durchaus ländlich geprägt, ist noch ein Abglanz von jener Zeit spürbar, als die Pfarrgemeinde noch der profanen Gemeinde ihren Stempel aufdrückte, als die Öffentlichkeit noch weitgehend eine kirchliche Öffentlichkeit war.

Möglicherweise erklärt sich die Fülle kirchlicher Nachrichten aber auch daraus, daß sich der terminlich überlastete Lokalredakteur des „Boten“ der „Öffentlichkeitsarbeit“ des Pfarrers bedient. Ohne die Zuarbeit aus der Gemeinde könnte ein einzelner kaum täglich mehrere Seiten produzieren. In der Ausgabe des „Steigerwald-Boten“ vom 8. 7. 1987 ist die Tagesbetrachtung dem Heiligen Kilian gewidmet, werden die Trauerreden am Grab der Tierärztin Knapp referiert, werden Kirchenkonzerte angekündigt bzw. gewürdigt, wird vom Pfarrfest in Dingolshausen mit Text und Bildern berichtet. Eifrige Mitarbeiter finden die Heimatzeitungen traditionell auch in den örtlichen pädagogischen „Anstalten“. Das Sommerfest des Kindergartens, die Theateraufführung der örtlichen Schule, das Konzert in der Aula: Der Lokalredakteur müßte sich zehnteilen, dürfte er nicht darauf rechnen, daß sich Lehrer und/oder Elternbeirat selbst um Text und Bild kümmern. Ähnlich verhält es sich mit den sportlichen Ereignissen des Wochenendes, über die frühestens zur Wochenmitte im „Boten“ berichtet wird, weil die Amateure nicht so schnell schreiben wie sie schießen, laufen, turnen.

Notfalls wird der kostbare Platz im Lokalteil, kostbar, weil er die Leser ans Blatt bindet, mit überregionalen und/oder inaktuellen Meldungen gefüllt (z. B. Treffen der katholischen Deutschen Bischofskonferenz und der Vereinigten Evangelisch-Lutherischen Kirche Deutschlands, Broschüre „Heimat Bayern“ für die Schulen, über die Linde als Dorfbaum); Anzeigen und public-relations-Beiträge nehmen zusätzlich Raum weg, sichern freilich das finanzielle Überleben.

---

10 Vgl. dazu Heinz Starkulla: Gemeinde im Gespräch. Bd. I: Die Fundamente einer zeitungswissenschaftlichen Verortung des Pfarrbrief-Phänomens. Diss. München 1985 (unveröff.), S. 136 und das 3. Kapitel insgesamt.

11 Norbert Greinacher zit. nach Heinz Starkulla, a. a. O.

12 ebd.

Die Auflage stagniert seit zehn Jahren, doch die Kosten für Papier, Löhne und Gehälter steigen kontinuierlich. Bleibt also nur zu wiederholen, was Verlag und Redaktion bereits vor vielen Jahren „in eigener Sache" ausgesagt haben: „Was eine Heimatzeitung besonders hervorhebt, ist das Verwurzeltsein mit der Heimat, die Liebe und der Idealismus, mit der alle ihre Mitarbeiter vom Herausgeber bis zum Zeitungsfahrer an einem Werk schaffen, das oftmals viele Opfer an Zeit und persönlicher Hingabe erfordert".[13]

(sf)

[13] Beitrag „100 Jahre Steigerwald-Bote" im „Steigerwald-Boten" vom 31. 12. 1974.

Buntes vom Main-Viereck: Das „Main-Echo“

Im westlichen Unterfranken, dort wo Bayern, Hessen und Baden-Württemberg aneinander grenzen, erscheint seit Herbst 1945 das „Main-Echo“. Dem aufmerksamen Leser verrät bereits der Zeitungskopf allerlei über das Blatt. Der Name ist nicht mehr in Fraktur gesetzt, wie bei älteren Titeln üblich, sondern in schwungvoller Schreibschrift. Der Anstrich zum „M“ (vom „Main-Echo“) umgreift das alte Aschaffenburger Stadtwappen, welches bereits die ehrwürdige „Aschaffenburger Zeitung“ im Kopf führte und deutet gleichzeitig die Mainschleife an, die das Verbreitungsgebiet begrenzt.

Dem flüchtigeren Betrachter fällt freilich noch etwas ganz anderes auf: Die Layouter des Blattes setzen kräftige Farbakzente. Die Balken der Schlagzeile, der Rahmen der Kurznachrichtenspalte und das Bild auf der Titelseite werden farbig gedruckt. Die aufmerksamkeitheischende Konzeption zeigt sich freilich nicht nur im Layout, sondern auch inhaltlich. So werden die Gegnerinnen im Damen-Tennis-Finale von Wimbledon von ihrer sportlich-technischen und von ihrer menschlichen Seite vorgestellt und (unüberhörbar) bewertet: ein Menschlein, wie Du und ich, die eine (Steffi Graf) – ebenso reich wie exzentrisch die andere, dabei noch tierlieb (Martina Navratilova).[1]

Das Beispiel soll freilich nicht verdunkeln, daß die Sportberichterstattung im „Main-Echo“ ungewöhnlich breit ausfällt.[2] Die Breite, etwa 25 Seiten pro Woche, kommt in erster Linie den Bildern und Siegerlisten zugute, welche bis in die Kreisklasse hinunterreichen. Ausführliche Resonanz findet auch der Jugendsport. Spitzensportler auf der einen und Wettkampfergebnisse auf der anderen Seite: „Dem Bürger aber, der sich darüber informieren will, wo man welche Sportart mehr gesellschaftlich und wo mehr als Leistungssport betreibt, in welchem Verein man zahlenmäßig ausreichende und gute Übungsleiter findet, wo ein Mäzen leistungswillige Jugendliche fördert, wo man künftige Leistungssportler bei ihrer Trainingsarbeit beobachten kann und in welchen Vereinen es diese überhaupt gibt“, klagte Hans-Martin Kirchner[3] schon 1979, da bleiben viele Sportredaktionen die Antwort schuldig. Das ist beim „Main-Echo“ nicht viel anders, was insofern erstaunt, als dem Sport in diesem Blatt überdurchschnittlich viel Platz eingeräumt wird.

Welt- und Bundespolitik müssen sich mit vergleichsweise knappen zwei Seiten täglich begnügen. Rechnet man den Raum für den Fortsetzungsroman, den Comic „Magnus, der Magier“, die großformatigen Bilder und die mehrzeiligen, daumenbreiten Überschriften noch ab, läßt sich ermessen, wie sehr die großen Nachrichten

---

[1] Vgl. „Main-Echo“ vom 6. 7. 1987, S. 3. 1989 wurde das Layout im ersten Buch umgestellt; dies konnte im Porträt nicht mehr berücksichtigt werden.

[2] Vgl. Hans-Martin Kirchners Untersuchung: Lokale Sportberichterstattung dargestellt an der Presseszene im Großraum München. In: Publizistik, Heft 24/1979, S. 543: „Regionalzeitungen bringen von 13 bis 16 Seiten Sport je Woche acht bis neun Seiten über Veranstaltungen unterhalb der Landesligen, wobei die Wettbewerbe der Lokalvereine dominieren. Heimatzeitungen bringen 13 bis 21 Seiten Sport, davon sieben bis acht Seiten Sportberichte der Kreis- und Bezirksklasse im Verbreitungsgebiet.“

[3] ebd.

zusammengestrichen werden müssen, um mit dem Platz auszukommen. Mitte der Woche, wenn die Sportberichte etwas nachlassen, füllen Seiten für „Bayern, Hessen und Baden-Württemberg“, „Wirtschaft“, „Landwirtschaft“, „Auto und Motor“ den freigemachten Raum. Daran schließt sich regelmäßig eine bunte Seite an, bunt – wegen der blauen und pinkigen Farbe, welche die Seite auflockert, bunt aber auch wegen der Themen, die hier abgehandelt werden: „Atlantiküberquerung im Ballon“ neben „Rekordjagd als Werbegag“, „Ärztestreik“ und „Eisenbahnunglück in Zaire: 125 Tote“ neben der europäischen Schönheitskönigin.[4]

Die zweite Lage bringt den „Heimat- und Lokalteil“, auch hier läuft weiter Farbe. Das macht nicht nur die Seite insgesamt attraktiver, sondern das ermöglicht auch, etwa den festlichen Schmuck der Häuser und Straßen beim Jubiläumsfestzug des Obst- und Gartenbauvereins in seiner bunten Pracht abzubilden. Aber auch dort, wo Bilder aus dem Gemeindeleben in Schwarzweiß ins Blatt gehoben werden, sind diese noch aussagekräftiger, schärfer und kontrastreicher als in anderen Zeitungen. Allem Anschein nach wird auf die Qualität der Bilder ebenso geachtet wie auf die der Texte. Im „Heimat- und Lokalteil“ kann sich der Aschaffenburger informieren, was so los ist in der Stadt und ihrem Umland, wer welche Position vertritt in einer Kontroverse, wer sich wann mit wem trifft, um Jubiläen und Feste zu feiern, um Sport zu treiben oder um sich Hilfe zu holen in einer der zahlreichen Interessenvereinigungen. Daneben erscheinen Polizeiberichte, die Notierungen der Produktenbörse Würzburg (für Getreide, Mühlenprodukte, Futtermittel und Speisekartoffeln), Vereins- und Terminkalender, ein historisches Kalenderblatt, das die Erinnerung an Vergangenes wachhält, ein Witz in Mundart, ein Lokalkommentar, Rezensionen lokaler Kulturveranstaltungen, das tägliche Fernsehprogramm, das einzelne Sendungen auch kurz charakterisiert, Geschäfts- und Familienanzeigen.

Im „Main-Echo“ menschelt’s

Nun könnte mancher einwenden, daß solcherlei in jeder Heimatzeitung zu finden sei. Stimmt – und auch wieder nicht, der Umgang mit den Nachrichten macht den Unterschied. Im „Main-Echo“ ist nichts von der dürren Sprödigkeit zu spüren, die „amtlichen“ Stellungnahmen gemeinhin anhaftet. Mit einem Wort: Im „Main-Echo“ menschelt’s. Und das ist größtenteils die Frucht harter journalistischer Arbeit.

Erstes Beispiel: Die Unfallmeldungen der Polizei. Wenn sie ins „Main-Echo“ kommen, enthalten sie im allgemeinen mehr als die journalistische Handwerksregel (wer, was, wann, wie, wo, warum) erfordert. Manchmal liegt der Akzent (des Zusätzlichen) auf der Person („die 45jährige Elisabeth Coester aus Karlstein-Großwelzheim, Mutter von zwei Kindern, (..) Mann hält sich zur Zeit in den Vereinigten Staaten auf“; „Leipold, der 1986 in Schifferstadt Jugend-Vizeweltmeister wurde, mehrfacher deutscher Jugendmeister ist und der Junioren-Nationalmannschaft des Deutschen Ringer-Bundes angehört“), manchmal werden die Umstände, die zum Unfall geführt haben könnten, näher beleuchtet („im Auslauf einer Linkskurve mit zehnprozentigem Gefälle“, „unsichere Fahrweise des 84jährigen von einem Zeugen

[4] „Main-Echo“ vom 6. 7. 1987, S. 12.

beobachtet", „der 1952 gebaute Mercedes ohne Sicherheitsgurte").[5] Dabei wird eben nicht fabuliert, sondern nur das an Detailinformationen mitgeliefert, was für das Verstehen des Unfallhergangs von Bedeutung sein könnte.

Zweites Beispiel: Rubrik „Persönliches". In ihr werden Einheimische mit Photo und Text vorgestellt. Die Zeitung rückt immer wieder individuelle „Schicksale" ins Licht der Öffentlichkeit: „Vier Zweige der Fritsche Sippe trafen sich zu einem Familientag" und „Mitglied der Trapp-Familie sucht nach Spuren des Ur-Großvaters"[6] sind Beispiele (aus einer einzigen Ausgabe des „Main-Echos") dafür, wie wichtig die Redaktion das human-touch-Bedürfnis der Leser nimmt.

Drittes Beispiel: Nun, wo's menschelt, da wird auch gestorben. Nicht wenige Todesanzeigen sind mit einem Schwarzweiß-Foto des Verstorbenen versehen – dem Umstand Rechnung tragend, daß sich (gerade in kleineren Gemeinden) viele Einwohner eher vom Sehen, als vom Namen kennen. Vielleicht hoffen die Angehörigen auch, die Erinnerung an den Verstorbenen ein bißchen länger wachhalten zu können, wenn jedermann sein Antlitz vor Augen hat. In jedem Fall stellt sich durch das beigegebene Porträt eine ganz andere, intensivere, weil sinnlichere Betroffenheit beim Lesen der Todesnachricht ein. Kurzum: Die Zeitung bildet die Vielfalt dessen ab, was zwischen den Menschen im Sozialverband spielt. In diesem Fall spiegelt sie Details des ortsüblichen Totenkults wider.

Und sie hilft auch mit, Interessengegensätze abzugleichen, indem sie Positionen einer Kontroverse öffentlich bekanntmacht. Und das ist das vierte Beispiel: Leserbriefe. Im Aschaffenburger Stadtrat wird beispielsweise die künftige Müllentsorgung der Stadt und des Kreises diskutiert. Das „Main-Echo" zeichnet die verschiedenen Positionen der Parteivertreter akkurat nach. Und druckt in den nachfolgenden Tagen gebündelt Leserbriefe ab, die ganz verschiedenartige Aspekte des Problems beleuchten und die möglicherweise im Stadtrat nicht zur Sprache kamen, und trägt so zur Orientierung der Leser in der Sache bei. Die Kompetenz des sich (leser-)brieflich Äußernden wird durch die Angabe von Repräsentanzzeichen deutlich gemacht. Eine ökologisch argumentierende Bürgerinitiative kommt so ebenso zu Wort wie der Landrat, der seine bei der Sitzung geäußerte Position präzisieren will, wie aber auch Otto Normalverbraucher, der zwar über keine ausgewiesene Kompetenz (qua Funktion nämlich) verfügt, aber die in der Bevölkerung kursierenden Gerüchte, Mutmaßungen und Sorgen artikuliert. Die Lebhaftigkeit und Menge der vorgetragenen Argumente läßt darauf schließen, daß die vielbeschworene Leser-Blatt-Bindung beim „Main-Echo" gepflegt wird.

Aus der Fülle schöpfend

Die „Buntheit" des „Main-Echos" ist also durchaus keine nur äußerliche. Die Redaktion spielt geschickt auf der Klaviatur journalistischer Darstellungsformen. Die knappe Meldung und der Hintergrundbericht („Report" genannt), der die subjektive Einschätzung des Journalisten als gleichsam private Beigabe einschließt, die Rezension und der Kommentar, ausdrücklich als individuelle Stellungnahmen ge-

[5] Die nachrichtlichen Fragmente entstammen ausnahmslos der Seite 13 des „Main-Echos" vom 6. 7. 1987.

[6] ebd.

MAIN-ECHO

1. Jahrgang Nummer 9 · LIZENZ NR. 9 DER NACHRICHTENKONTROLLE DER MILITÄRREGIERUNG OST · Aschaffenburg, 22. Dezember 1945

LICHTER IN DER NACHT!

VON AUGUST GRÄF

„Tauet Himmel den Gerechten!" singt das gläubige Volk in Franken von Väterzeiten her in der dunkelsten Zeit des Jahres, wenn es sich ohne Scheu vor Kälteungemach und finsteren Frühstunden zu den Roraten einfindet. Es singt von bangen Nächten, aber auch wie beschafftes Kerzchen am dürftigen Tännlein mehr zu erheben als einst der strahlendste Funkelflitterbaum, ein simpler rarer Apfel mehr als vordem ein ganzer Präsentkorb Brüsseler Trauben und nach dem Kriegsgetöse ein wenig besinnliche Stille mehr als „dem Glanz, der ausstrahlend von 80 Millionen Herzen, unseren Führer einhüllt in das Banner der Unbesiegbarkeit". Noch waren der Rhein und die Oder nicht bezwungen. Noch heulten die Sirenen Alarm in unser törichtes kleines Menschenverlangen, irgendwie gen. Bei allem was uns aufgebürdet ist, gläubiger als eine kurze Erdenbahn zuvor. Denn jener unsagbar große Gerechte, der über allen Welten, das vermessene Erdlein eingeschlossen, waltet, hat wieder einmal sein Gericht gehalten.

MAIN-ECHO

Jahrgang 2 Nummer 22 · LIZENZ NR. 9 DER NACHRICHTENKONTROLLE DER MILITÄRREGIERUNG OST · Aschaffenburg, 21. März 1946

Irans Appell

An den Sicherheitsrat

Washington. (AP) Der erste Sekretär der iranischen Botschaft gab bekannt, daß Iran dem Generalsekretär der UNO Trygve Lie am Montagabend eine Beschwerde über die Anwesenheit sowjetischer Truppen in Iran übergeben hat.

Der Generalsekretär der Vereinten Nationen, Trygve Lie, gab am Dienstagabend ein Kommuniqué heraus, worin er den Empfang der iranischen Beschwerde über die Anwesenheit sowjetischer Truppen in Iran bestätigt.

Wie es in dem Kommuniqué heißt, protestiert Iran dagegen, daß erstens sowjetische Truppen im Gegensatz zu den vertraglich eingegangenen Verpflichtungen nach wie vor in Iran sind und zweitens, daß die Sowjetbehörden weiterhin in die inneren Angelegenheiten Irans eingreifen.

Gleichzeitig veröffentlichte Lie einen Brief des iranischen Botschafters in Washington Hussein Ala an den Vorsitzenden des Sicherheitsrates, in dem es heißt: „Iran lenkt die Aufmerksamkeit des Sicherheitsrates auf den Konflikt zwischen Iran und der Sowjetunion, dessen Fortsetzung geeignet ist, die Aufrechterhaltung des internationalen Friedens und der internationalen Sicherheit zu be-

Hitler wollte 10 Jahre kämpfen!

Der Schwede Birger Dahlerus über die Verhandlungen vor Ausbruch des Krieges

Nürnberg. (DANA) Die letzten Tage vor dem Ausbruch des zweiten Weltkrieges und die Bemühungen Englands um die Erhaltung des Friedens schilderte der schwedische Zeuge Birger Dahlerus in der Dienstag-Morgensitzung.

Dr. Stahmer fragte ihn zunächst, was ihn als schwedischen Bürger und Privatmann dazu veranlaßt habe, sich um die Verständigung zwischen England und Deutschland zu bemühen.

„Ich kenne beide Länder gut und habe sie im ersten Weltkrieg und später häufig besucht", erklärte Dahlerus. „Im Juni 1939 bereiste ich England und konnte überall feststellen,

daß das englische Volk nicht mehr geneigt schien, irgendwelche deutsche Angriffsakte in Europa zu dulden.

In London kam ich mit Freunden zusammen, die aus englischen Wirtschaftskreisen stammten. Es wurde mir mitgeteilt, daß England in seinem Entgegenkommen gegenüber Deutschland nicht weiter gehen könne. England sei Pflicht, zwischen diesen beiden Ländern, die ich so gut kannte, zu vermitteln. Ich einigte mich mit meinen englischen Freunden über die Notwendigkeit eines Vermittlungsversuches und fuhr nach Deutschland."

Dahlerus berichtete dann, wie er am 6. Juli eine Audienz bei Goering in Karinhall erhalten und ihm den Vorschlag einer Zusammenarbeit zwischen deutschen Regierungsmitgliedern und englischen Vertretern gemacht habe. Goering habe zunächst erklärt, er fürchte einen „Bluff" der Engländer, sei aber dann auf Dahlerus Vorschlag eingegangen und habe auch Hitlers Genehmigung zu diesem Plan erhalten.

Daraufhin habe er am 20. Juli, so sagte Dahlerus weiter, in London mit dem britischen Außenminister Lord Halifax gesprochen. Dieser habe ihm mitgeteilt,

daß die englische Regierung zwar keine offiziellen Vertreter zu einer solchen Konferenz schicken könne, daß sie aber den Plan mit größtem Interesse verfolge.

Am 7. August 1939 kam es dann zu der Zusammenkunft in Soenke Nissen Koog

Main-Echo

UNABHÄNGIGE ZEITUNG FÜR UNTERMAIN UND SPESSART

S

Jahrgang 1987 / Nr. 155 · Freitag, 10. Juli 1987 · Einzelverkaufspreis 1,– DM

Seoul: Trauermarsch Hunderttausender wurde Kundgebung

Größte Demonstration in der Geschichte Südkoreas
Trotz Amnestie wieder schwere Krawalle mit Polizei

Seoul (dpa). Obwohl am selben Tag die südkoreanische Regierung eine Amnestie für einen Großteil der politischen Häftlinge und die Wiederherstellung der Bürgerrechte verkündete, haben am Donnerstag in Seoul Hunderttausende an dem Trauerzug für den am Sonntag gestorbenen südkoreanischen Studenten Lee Han Yol teilgenommen. Der Leichenzug entwickelte sich zu einer politischen Kundgebung. Die Massendemonstration, die als die größte in der jüngeren Geschichte des Landes bezeichnet worden ist, führte zu Zusammenstößen zwischen Teilnehmern und der Polizei, als ein Teil der Demonstranten auf dem Weg von der Yonsei-Universität zum Rathaus in Richtung auf den Palast des Präsidenten marschieren wollte. Die Ordnungshüter, die sich bis dahin zurückgehalten hatten, setzten massiv Tränengas ein.

Kurz & bündig

Um schnelle Hilfe bemüht

Herborn. Aufräumarbeiten an den zerstörten Häusern, Untersuchungen nach der Ursache für die verheerende Explosion des Tanklastzuges und das Bemühen, den Betroffenen möglichst schnell zu helfen, haben am Donnerstag in Herborn das Tagesgeschehen bestimmt. **(Aus aller Welt)**

Lebenslang

Aschaffenburg. Die Höchststrafe, nämlich lebenslang, verhängte das Gericht gestern über den 46jährigen Bernhard Franzsander. Sein Sohn Thomas erhielt eine Jugendstrafe von neuneinhalb Jahren. Beide haben nach Überzeugung des Gericht den 35jährigen Helmut Neumann grausam ermordet. **(Heimat- und Lokalteil)**

Millionen für Parkplätze

Würzburg. Fast drei Millionen Mark hat das bayerische Finanzministerium für den Ausbau von Parkplätzen auf der Festung Marienberg in Würzburg bewilligt. Im Festungsgelände sollen Abstellplätze für weitere 106 Kraftfahrzeuge geschaffen werden.

„Geschichtsbuch des Augenblicks": Zeitungsköpfe von 1945 bis heute.

kennzeichnet, auch in der humorigen Version als Glosse („Die Bawett") bis hin zu (unverändert) dokumentierten Stellungnahmen von Aschaffenburgern (Leserbriefe, „offene Briefe", Rubrik „Im Wortlaut") – die Vielfalt der Formen, in denen Menschen im „Main-Echo" zu Wort kommen, macht die Zeitung „leicht verdaulich" – und das ist nicht geringschätzig gemeint.

Die Redaktion gibt sich alle Mühe, dem Leser Appetit zu machen, auf das, was da täglich gedruckt (und damit der Lebendigkeit beraubt) vor ihm liegt. Die graphischen Elemente (Bilder, Farbe, Kästen) fallen sofort ins Auge, die Überschriften aber auch. Entsprechende Sorgfalt wird hierauf verwendet. Augenzwinkernde und redensartliche Überschriften wecken bereits beim flüchtigen Darüberschauen Aufmerksamkeit. Kostproben wiederum aus einer einzigen Ausgabe: „Französinnen wurden in der Hitze schwach" (statt: wurden ohnmächtig), „‚steilen Zahn' in der Kiesgrube aufgerissen" (betraf einen Steinzeitfund), „wundersame Geldvermehrung" (kündigte eine Ausstellung über die Inflationsjahre an).[7]

Die Fülle, aus der das „Main-Echo" heute in jeder Hinsicht schöpft (journalistisch, technisch, finanziell), war nicht immer selbstverständlich, konnte sich jedoch durch eine konsequente Verlagspolitik entwickeln.

Harte Anfänge

Klaus Eymann, heute Geschäftsführer im Main-Echo-Verlag, erinnert an die harte Anfangszeit und entscheidende verlegerische Weichenstellungen[8]: Das „Main-Echo" mit der Lizenznummer 9 der Nachrichtenkontrolle der amerikanischen Militärregierung ist am 24. November 1945 zum ersten Mal erschienen mit einer Auflage von 40 000 Exemplaren. Sie wurden nach Plan den Haushaltungen im Verbreitungsgebiet zugeteilt.

Lizenzträger waren:
- August Gräf (* 13. 10. 1894 – † 1. 2. 1959). Er war von den Amerikanern eingesetzter Landrat in Alzenau und von Anfang an bis zu seinem Tod Chefredakteur der Zeitung.
- Jean Stock (* 7. 6. 1893 – † 13. 1. 1965). Oberbürgermeister, Regierungspräsident und Landtagsabgeordneter der Sozialdemokratischen Partei. Er schied wegen seines Amtes als Regierungspräsident am 1. 4. 1946 als Lizenznehmer aus.
- Hanns Wetzel (* 1. 5. 1904 – † 7. 8. 1985). Er war nach Jean Stock Lizenznehmer vom 1. 4. 1946 bis 14. 8. 1947. Nach seinem Ausscheiden (er wandte sich zunächst nach Straubing, dann zu Kapfinger nach Passau) verpflichteten die Amerikaner am 14. August 1947
- Dr. Wilhelm Engelhard (* 23. 8. 1896), Wirtschaftsjournalist und nach dem Krieg Leiter des Aschaffenburger Finanzamtes. In der Folgezeit prägte er das Geschick des Verlages durch seine wirtschaftliche und journalistische Tätigkeit.

Zunächst gestattete das verfügbare Papierkontingent nur zwei Erscheinungstage in der Woche und einen Umfang von vier Seiten. Bald erhöhte sich der Umfang, denn

---

7 „Main-Echo" vom 8. 7. 1987, S. 20.
8 Die folgende Darstellung der Verlags- und Zeitungsentwicklung geht auf ein Manuskript von Klaus Eymann für diese Festschrift zurück (Stand: September 1987).

es gelang, an den Amerikanern vorbei Papier zusätzlich zu beschaffen. Anstatt mehr Seiten zu produzieren, was wegen der fehlenden Satz-Kapazitäten kaum möglich gewesen wäre, erhöhte Vertriebsleiter Rudi Stock die Auflage bald auf 60 000 Exemplare. Von April 1946 bis Ende September 1952 erschien die Zeitung viermal wöchentlich. Anfangs fuhr Chefredakteur August Gräf nach Redaktionsschluß mit einem endlos zusammengeklebten Manuskript („damit nichts verloren geht") nach Würzburg. Dort wurde das „Main-Echo" unter Aufsicht eines Offiziers der Militärregierung beim Main-Presse-Verlag (Inhaber G. Merkel & Co.) gesetzt und gedruckt. Die Zeitung hatte ein Format von ca. 49 x 34 cm und einen Umfang von vier Seiten.

Die Militärregierung hatte sich im Verlagsgebäude der „Aschaffenburger Zeitung" (Luitpoldstr. 46 und Steingasse 16) etabliert. Die traditionsreiche, schon in Mainz von Kurfürst Erthal 1786 gegründete Zeitung war 1933 Parteizeitung der NSDAP geworden. Sie ging mit ihren Zensoren im Krieg unter, die Maschinen lagen im Schutt begraben. Unter großen Opfern begann die Bergung der Maschinen. Gleichzeitig ließen die Amerikaner Setz- und Druckmaschinen anderer Druckereien aus Aschaffenburg, Schöllkrippen und Würzburg beschlagnahmen. Das unter Treuhänderschaft gestellte Gebäude der Kleiderfabrik Hellmuth Weidenmann KG in der Maximilianstraße 1a war Sammelplatz. Aus der Gefangenschaft zurückgekehrte ehemalige Mitarbeiter der „Aschaffenburger Zeitung" begannen mit der Instandsetzung. Die Stadtverwaltung hatte den Zeitungsleuten einen kleinen Raum im 3. Stock des Gebäudes der Stadt- und Kreissparkasse Aschaffenburg abgetreten. Redaktion, Vertrieb und Verwaltung wurden damals von insgesamt sechs Personen bewältigt. In den ersten Monaten des Jahres 1946 zog der Verlag um in das Gebäude der Kleiderfabrik. Der Treuhänder der Kleiderfabrik erhielt eine Zwangspacht, ebenso die Besitzer der requirierten Maschinen. Die Militärregierung wiederum forderte eine Lizenzabgabe in Höhe von 20% der Einnahmen aus Zeitungs- und Inseratenverkauf, nachweisbar bis 31. 12. 1947. Bilanz, Gewinn- und Verlustrechnung waren vorzulegen. Im April 1946 erst war die stark beschädigte Rotationsmaschine der „Aschaffenburger Zeitung" wieder betriebsbereit. Es war eine 16-Seiten-Maschine von Frühwald und Jäger: Rollenbreite 72 cm, Zylinderumfang 1020 cm mit einer Laufgeschwindigkeit von 12 000 Umdrehungen je Stunde. Damit konnte die Zeitung im Format von 51 × 36 cm nun wieder in Aschaffenburg gedruckt werden.

Während dieser Zeit des Schwarzmarktes und des beginnenden Wiederaufbaus mangelte es an allem. Nicht nur Papier und Farbe mußten zugeteilt werden. Es fehlte an Treibstoff, Glühbirnen, Büromaterial, Verkehrsmitteln. Telefongespräche waren nur über das örtliche Fernmeldeamt zu vermitteln. Die DANA, zunächst einziger, von den Amerikanern gegründeter Nachrichtendienst, schickte ihre Berichte über den „Hellschreiber", d.h. vom Endgerät ausgedruckte Papierstreifen. Sie wurden zusammengeklebt, noch einmal abgeschrieben und dabei dechiffriert, bevor sie dem Redakteur vorgelegt wurden.

Die Anzeigenkunden standen Schlange. Ohne Erfolg versuchte mancher mit Naturalien mehr als die zulässige Höchstzahl von vier Zeilen pro Inserat (Todesanzeigen fünf Zeilen) zu erreichen. Ein Jahr später noch bestand der Anzeigenteil im „Main-Echo" aus nur einer Seite, kompreß gesetzt. Die starke Nachfrage nach Anzeigen an Wochenenden ließ bald eine Beilage im Halbformat entstehen. Am 1. Januar 1946 bestand die Belegschaft aus neun Personen. Dazu kamen etwa 120 Träger, deren Zahl täglich wuchs.

Ende 1949 trat Dr. Joseph Kirsch (* 2. 5. 1880 – † 29. 4. 1950) in die Firma ein. Er war bis zum Verbot durch die Nationalsozialisten am 1. Juni 1941 Verleger der katholischen Tageszeitung „Beobachter am Main“ gewesen. Seine gut ausgestattete Akzidenzdruckerei in eigenen Gebäuden hatte im Krieg weniger gelitten. Die gemeinsame Firma hieß von 1950 an Verlag und Druckerei Main-Echo, Kirsch & Co GmbH mit Dr. Wilhelm Engelhard, August Gräf und Dr. Joseph Kirsch als Gesellschaftern. Dem inzwischen gewachsenen Betrieb stellte Dr. Kirsch seine Gebäude in der Pfaffengasse 11 zur Verfügung. Die Akzidenzdruckerei mit Setzmaschinen und Schnellpressen brachte er in das gemeinsame Unternehmen ein. Zum 1. 5. 1950 übernahm die Main-Echo GmbH 27 Lohnempfänger und fünf Angestellte aus der Druckerei Dr. Kirsch.

Die Zeitung wurde noch ein knappes Jahr in der Maximilianstraße gedruckt. Die dort aufgestellte Rotationsmaschine zog nicht mehr um. Im Oktober 1950 begannen MAN-Monteure, eine von der Mainzer Verlagsanstalt für 110 000 DM gekaufte VOMAG-Maschine aufzustellen. Sie bestand aus zwei jeweils vier Platten breiten Druckwerken, hatte die Seriennummer 16422 und war 1929 gebaut worden als Teil einer 96-Seiten-Maschine für den „Frankfurter Generalanzeiger“. Zuletzt hatte diese Maschine das „Wiesbadener Tagblatt“ gedruckt. Die Zeitung konnte mit 51 × 36 cm das gewohnte Format fast beibehalten.

Die Klischees für die Zeitung mußten in den Anfängen in Darmstadt und dann in Hanau angefertigt werden. Für eine aktuelle Zeitung ein untragbarer Zeitverlust. Am 25. November 1949 gründeten Dr. Wilhelm Engelhard und August Gräf für diese Aufgabe die Chemigraphische Gesellschaft mbH. Sie zog als erster Betriebsteil ein im Anwesen Dr. Kirschs.

Das Gelände in der Innenstadt war von Trümmergrundstücken umgeben. Engelhard kaufte, baute aus. Im Rückgebäude des Anwesens Dalbergstr. 26, von den Gebäuden in der Pfaffengasse 11 nur durch das schmale Judengäßchen getrennt, war bis zu ihrem Verbot 1933 die den Sozialdemokraten gehörende „Volkszeitung“ untergebracht. Am 23. 3. 1951 erwarb die Main-Echo GmbH von Jean Stock (als Treuhänder der Sozialdemokratischen Partei) den Verlag „Volkszeitung“, Spessart-Druck GmbH und das dazu gehörende Grundstück und „Gebäude mit Abort, Druckerei und Hofraum“. Der Kaufpreis betrug 42 000 DM für 370 Quadratmeter. Das Anwesen war noch auf den Namen des Druckereibesitzers Josef Rückziegel eingetragen, wurde dann von der Wiedergutmachungskommission beim Landgericht Würzburg an die Verkäuferin zurück übertragen.

Mit einem Aufwand von 25 000 DM konnten die Gebäude den neuen Erfordernissen angepaßt werden. In dem ehemaligen Druckereigebäude im Judengäßchen ließ Dr. Engelhard 1951 aus dem nahen Offenbach (Faber & Schleicher) modernste Roland-Offset-Maschinen aufstellen. Fachkundiges Personal kam aus ganz Deutschland zusammen. Vorwiegend im Lohndruck entstanden hier Zeitschriften, Prospekte, Bücher, Bilderbogen, im Mehrfarben-Offset gedruckt. Die Chemigraphische Gesellschaft erweiterte ihre Produktionspalette und lieferte die erforderlichen Lithographien. Am 31. 12. 1954 waren in diesem Betriebszweig 12 Lohnempfänger beschäftigt. 1955 mußte dieser Betriebsteil wieder aufgelöst werden.

Einen fast existenzbedrohenden Knick erhielt die Entwicklung der Zeitung durch das Erscheinen des „Aschaffenburger Volksblattes" am 1. April 1952.[9] Die kritische Situation wird an der Entwicklung der Auflage deutlich. Im März 1952 war der Höchststand erreicht: 62 460 Exemplare. Das „Volksblatt" drückte die Auflage des „Main-Echos" auf den Tiefststand: 49 047 Exemplare im August 1955. Dennoch hielt der Main-Echo-Verlag am Typ der überparteilichen Zeitung fest, obwohl beim Erscheinen des „Volksblatts" eine quasi arbeitsteilige Orientierung an der sozialdemokratischen Leserschaft nahegelegen hätte.

In den Anstellungsverträgen aller „Main-Echo"-Redakteure wird heute noch ohne Ausnahme die neutrale Haltung der Zeitung festgeschrieben: „Der Redakteur ist zur Innehaltung der Richtlinien für die grundsätzliche Haltung der Zeitung verpflichtet. Die Richtlinien sind: Parteipolitische und weltanschauliche Neutralität bei liberaler, auf Ausgleich zwischen den Bevölkerungs- und Interessengruppen ausgerichteter Grundhaltung unter absolutem Ausschluß jeder direkten oder indirekten Förderung rechts- oder linksextremer parteipolitischer, weltanschaulicher und gesellschaftspolitischer Tendenzen durch Wort und Bild."

Der Verlag expandiert

Die Gebäude in der Pfaffengasse waren für eine Vergrößerung des Betriebes ungeeignet. Vor allem zeigte es sich, daß die alte VOMAG-Rotation den Anforderungen der Zukunft (erweiterter Umfang und vergrößertes Format sowie Farbdruck) nicht gewachsen war.[10] Am 7. Juli 1958 konnte das Gebäude der ehemaligen Herdfabrik und Eisengießerei Koloseus, Goldbacher Straße 25-27, erworben werden. „Main-Echo" und Chemigraphische GmbH teilten sich die große Investition. Die der Familie Kirsch gehörenden Grundstücke im Stadtzentrum wurden aufgegeben. Dr. Engelhard stand schon seit längerer Zeit mit der MAN in Verhandlungen wegen einer neuen, leistungsfähigen Rotationsmaschine mit acht Druckwerken. Eine genügend große Halle im nun erworbenen Grundstück war mit geringen Mitteln auszubauen. Die neue Rotation wurde mit Umlenkrollen und umsteuerbaren Werken ausgerüstet in der Absicht, damit Farbe in die Zeitung zu bringen. Das „Main-Echo" erschien am 1. Dezember 1959 nicht nur in größerem Format (jetzt 52 × 39 cm), sondern nun auch mit einer blauen Überschrift auf der ersten Seite. Gleichzeitig mit der Rotationsmaschine konnten von 1959 an Teile der Verwaltung übersiedeln. Eine EDV wurde 1960 installiert zur Fakturierung der Anzeigen. Jeweils nach Ausbau der dafür vorgesehenen Räume zogen die Anzeigen- und Vertriebsverwaltung, die Redaktion und die Technik der Zeitung um, im Jahr 1967 schließlich die Akzidenz-Druckerei.

Im Verlauf der folgenden Jahre wurden Verlag und Druckerei zielstrebig ausgebaut und modernisiert durch Einführung eines leistungsfähigen Fotosatz- und Redaktionssystems (Linotype), einer EDV-Anlage (IBM 4361) und durch Installation einer

---

9 Die vom Echter-Verlag in Würzburg herausgegebene Tageszeitung vertrat eine katholisch-konservative Richtung.

10 Der Verlag entschied sich, die Höhe des rheinischen Formats mit der Breite des nordischen Formats zu kombinieren, was die Anzeigenakquisition erleichtern sollte.

MAN-Offset-Rotation für den autotypischen Vierfarbendruck. Die alten Gebäude waren durch neue bzw. Umbauten zu ersetzen, weitere Betriebe fanden Platz: Wailandt'sche Druckerei (1966), Buntdruck Aschaffenburg (1967), May AG (1979).

Die Chemigraphische Gesellschaft konnte am 24. April 1956 schon Grundstück und Gebäude der ehemaligen Aschaffenburger Wachswarenfabrik Berta (28. 11. 1879 bis 17. 1. 1958) erwerben. Mit dem Um- und Ausbau der ehemaligen Fabrikationsgebäude nach den Bedürfnissen einer chemigraphischen Anstalt wurde umgehend begonnen.

Neue Entwicklungsmöglichkeiten ergaben sich 1973 mit dem Erwerb eines großen Geländes aus dem Besitz der Aschaffenburger Zellstoffwerke. Es liegt am Stadtrand an der neu erschlossenen Weichertstraße, nahe der Autobahn im Aschafftal. Hier sind inzwischen drei Betriebsgebäude errichtet. In einem davon, mit einer Nutzfläche von dreimal 4519 Quadratmetern, ist die Akzidenz-Druckerei mit Buchbinderei untergebracht. Hier werden Zeitschriften für Verlage aus dem Wirtschaftsraum Frankfurt hergestellt, u.a. der „Polygraph", das „Börsenblatt" des Börsenvereins des Deutschen Buchhandels, die „Pharmazeutische Zeitung", Fachorgan des Deutschen Apotheker-Verbandes. In einem weiteren Gebäudekomplex mit insgesamt 2800 m^2 Nutzfläche (Maschinenhalle 1109 m^2, Papierlager 927 m^2, Packerei 774 m^2) laufen zwei WIFAG-Offset-Rotationen (OF 07 und OF 09) mit angeschlossenen Packstraßen für den Druck eigener und fremder Verlagserzeugnisse. Mittelfristig geplant ist die Übersiedlung der Satztechnik in das Obergeschoß des erstgenannten Gebäudes und die Zusammenfassung des gesamten Rotationsdrucks auf den beiden WIFAG-Maschinen. Redaktion und Anzeigenannahme werden in der Stadt verbleiben. Ein dritter Bau mit 1738 Quadratmetern Nutzfläche für die Betriebshandwerker ist demnächst beziehbar.

Medien im Mainviereck

Im gesamten Verbreitungsgebiet, das etwa 140 000 Haushalte umfaßt, leben 625 000 Einwohner, davon 387 000 im Kerngebiet. Politisch umfaßt es die Planungsregion I mit der Stadt Aschaffenburg und den Landkreisen Aschaffenburg und Miltenberg sowie den westlichen Teil des Landkreises Main-Spessart, der zur Planungsregion II gehört. Am Mainlauf zwischen Gemünden und Wertheim, früher die Grenze zwischen dem Kurfürstentum Mainz und dem Bistum Würzburg, endet das Verbreitungsgebiet. Der Kreis Main-Spessart wird auf diese Weise von zwei Tageszeitungen bedient, im Westen vom „Main-Echo", im Osten von der „Main-Post". Im Altlandkreis Lohr, der früher zu Mainz gehörte, deckt sich die nach Osten weiter vorgeschobene frühere Landkreisgrenze mit der Verbreitungsgrenze. Westlich des Mainvierecks bildet das Bundesland Hessen eine natürliche Grenze, im Süden endet der Einfluß an der baden-württembergischen Landesgrenze. Im nordbadischen Wertheim wird die „Wertheimer Zeitung", ein Lokalblatt des „Main-Echo"-Verlages, gelesen.

Nach der Kreisgebietsreform von 1972 verlor die Stadt Lohr nach hartem Ringen den Kreissitz an Karlstadt. Die Gemeindegebietsumwandlung war 1978 abgeschlossen. Fast alle Ämter sind aus Lohr nach Würzburg und Karlstadt verlegt worden, womit sich eine allmähliche Umorientierung der Bewohner dorthin verbindet. Der

Verleger kämpfte zusammen mit den politisch Verantwortlichen der Region gegen die der geschichtlichen Entwicklung und der Mentalität der Bewohner zuwiderlaufende Entwicklung. Würzburg als Sitz der Regierung von Unterfranken, des Bischofs, einer Universität und großer Kaufhäuser übt eine starke Anziehungskraft auf die Region aus, besonders natürlich im östlichen Verbreitungsgebiet der Zeitung. Die Bürgermeister der Städte im Landkreis Main-Spessart versuchen, Kaufkraft in ihren Mauern zu halten. Die Stadt Lohr, seit vielen Jahren schon Sitz wichtiger Industrie, war in dieser Hinsicht erfolgreich durch Neuansiedlungen von Industriebetrieben. Im Gewerbegebiet des benachbarten Gemünden hat sich eine wettbewerbsfähige Kleinindustrie etabliert. Ein neu errichtetes Veranstaltungszentrum zieht Kongresse und Fremdenverkehr an. Auch Marktheidenfeld entwickelte sich durch Industrie- und Wohnansiedlung. Wertheim, südlich davon, expandiert durch Handel, Industrie und Fremdenverkehr.

Die Einzugsgebiete der Tageszeitungen in der amerikanischen Besatzungszone wurden 1945 von der Militärregierung festgelegt. Als Kriterien galten geographische, politische Grenzen und die Bevölkerungsdichte. Die damals vollzogene Aufteilung hat sich im wesentlichen nicht verändert. So beginnen nicht weit von der Grenze nach Hessen die Verbreitungsgebiete des „Hanauer Anzeigers",[11] der „Offenbach-Post"[12] und des „Darmstädter Echos".[13] Im Süden beginnt über der Grenze nach Baden-Württemberg eine bevölkerungsarme Zone, in die Ausläufer der Tageszeitungen aus dem Neckarraum und Mannheim drängen sowie nach Osten hin die „Fränkischen Nachrichten".[14] An der Mainlinie grenzt das „Main-Echo" an die „Main-Post" an.[15]

Der Main-Echo Verlag richtete frühzeitig schon Außenstellen in den wichtigsten Städten des Verbreitungsgebiets ein. Zusammen mit Hans Volkhardt war bereits am 1. 5. 1949 der Verlag des „Boten am Untermain" in Miltenberg gegründet worden. Erst mit der Aufhebung des durch die Amerikaner verfügten Lizenzzwanges konnte das Blatt wieder unter dem früheren Titel „Bote vom Untermain" herausgebracht werden. In Wertheim erwarb der Verlag 1951 von Wilhelm Hinckel die Rechte an der „Wertheimer Zeitung". Für den Raum Obernburg konnten die Verlagsrechte des auch in Klingenberg erscheinenden „Obernburger Boten" am 11. 3. 1954 erworben werden. Kreisausgaben erschienen von 1945 an in Alzenau unter dem Titel „Main-Echo" und in Lohr als „Lohrer Echo". Seit April 1970 heißt die für die angrenzenden Randgebiete im südöstlichen Hessen herausgegebene Teilausgabe „Tagespost".

Der Entwicklung nach 1945 förderte stärker die Anbindung der Industriestadt Aschaffenburg an den Wirtschaftsraum Frankfurt. Eine erhebliche Ausweitung über die Landesgrenze hinaus ist jedoch wegen der in der Zeitung zu findenden bayerischen Politik nicht möglich. In hessischen Grenzgemeinden mit katholischer Bevölkerung aber hat das „Main-Echo" einen treuen Leserstamm. Die Redaktion in Dieburg hilft mit, diese Interessen in Hessen abzusichern. Von Alzenau aus betreut

---

11 Lt. IVW-Auflagenliste 4/1987 liegt die verkaufte Auflage des „Hanauer Anzeigers" bei 23 806 Exemplaren täglich.

12 Verkaufte Auflage der „Offenbach-Post": 54 658 Exemplare täglich; ebd.

13 Verkaufte Auflage des „Darmstädter Echos": 114 045 Exemplare täglich; ebd.

14 Verkaufte Auflage der „Fränkischen Nachrichten" aus Tauberbischofsheim: 27 581 Exemplare täglich; ebd.

15 Verkaufte Auflage der „Main-Post", Würzburg: 151 144 Exemplare täglich; ebd.

die Redaktion den Kahlgrund und das bayerische und hessische Freigericht, woher täglich Tausende von Berufspendlern zu ihren Arbeitsplätzen im Wirtschaftsgroßraum Frankfurt fahren.

Konkurrenz spürt das „Main-Echo“ durch das „Volksblatt“[16] und die „Lohrer Zeitung“[17] sowie den dreimal wöchentlich im Kahlgrund verbreiteten „Heimatboten“ aus Schöllkrippen.[18] Die Kosten für den redaktionellen Wettbewerb werden etwas dadurch gemildert, daß mit „Volksblatt“, „Main-Post“ und überregionalen Blättern im Vertrieb kooperiert wird.[19]

Neben den Tageszeitungen entwickelten sich seit 1970 verschiedene Anzeigenblätter im Verbreitungsgebiet, die mit ihren günstigeren Anzeigentarifen gerade in den Randgebieten als Konkurrenz hart spürbar sind. Die Informationsblätter zahlreicher Gemeinden schöpfen ebenfalls Werbekraft ab, hinzu kommen die vielen Publikationen örtlicher Vereine, die sich ausschließlich durch Anzeigen finanzieren. Der Main-Echo Verlag begegnete mit der Herausgabe der „Regionalpost“ am 22. 2. 1973 der Absicht eines anderen Verlages, in Aschaffenburg ein Anzeigenblatt auf den Markt zu bringen. Die „Regionalpost“ ist heute eine Regionalausgabe des „top shop“, der als eigener Titel seit dem 7. 3. 1974 besteht, mit einer Gesamtauflage von 190 000 Exemplaren. 105 000 Haushalte von Nicht-Lesern werden so zusätzlich erreicht, vor allem am westlichen Rand des Verbreitungsgebiets.

Der Verlag in Zahlen

Der Main-Echo Verlag wurde am 23. November 1945 als Offene Handelsgesellschaft gegründet, die bis zum Februar 1946 bestand. Inhaber waren August Gräf und Jean Stock. Danach gründete August Gräf eine Einzelfirma, in die am 23. 11. 1946 Hanns Wetzel als stiller Teilhaber eintrat. Vom 1. 1. 1947 an hieß die Firma Verlag und Druckerei Main-Echo, Gräf und Wetzel GmbH. Am 18. 2. 1948 waren als Geschäftsführer eingetragen: August Gräf, Chefredakteur; Dr. Wilhelm Engelhard, Verlagskaufmann; Hanns Wetzel, Verlagsleiter. Hanns Wetzel war zu dieser Zeit als Lizenznehmer ausgeschieden und über einen Umweg nach Straubing in die „Passauer Neue Presse“ eingetreten. Er blieb aber bis zum 5. 7. 1951 Gesellschafter und Geschäftsführer. Am 25. 4. 1951 wurde das Kapital von 20 000 DM auf 80 000 DM aufgestockt. Mit dem Eintritt von Dr. Joseph Kirsch, Ende 1949, nannte sich die Firma Verlag und Druckerei Main-Echo Kirsch & Co. GmbH. Dr. Joseph Kirsch verstarb 1950. Seine Erben verblieben als Kommanditisten in der Firma, die zum 1. 9. 1959 in eine Kommanditgesellschaft umgewandelt wurde mit Dr. Wilhelm Engelhard als Komplementär. Die Erben Kirsch verkauften am 11. 6. 1970 ihre Anteile an die W. Engelhard GmbH & Co. KG.

---

16 Verkaufte Auflage des „Volksblatts“ im Bereich Aschaffenburg und Miltenberg nach Angabe des Verlages 3345 Exemplare täglich.

17 Verkaufte Auflage der „Lohrer Zeitung“ 1413 Exemplare täglich lt. IVW-Auflagenliste 4/1987.

18 Verkaufte Auflage des „Heimatboten“ 2763 Exemplare dreimal wöchentlich.

19 Die Träger des „Main-Echos“ nehmen auch die „FAZ“, die „Süddeutsche Zeitung“, „Die Welt“, die „Frankfurter Rundschau“ und die Blätter der Nachbarverlage mit.

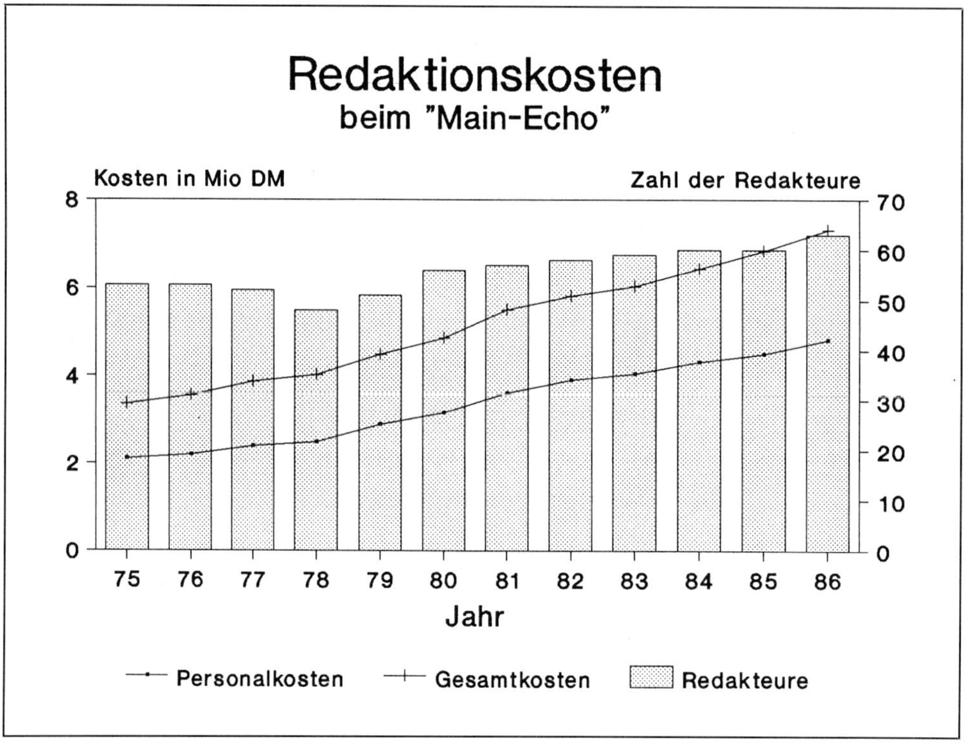

Redaktionskosten
beim "Main-Echo"
Kosten in Mio DM
Zahl der Redakteure
8
6
4
2
0
70
60
50
40
30
20
10
0
75 76 77 78 79 80 81 82 83 84 85 86
Jahr
Personalkosten
Gesamtkosten
Redakteure

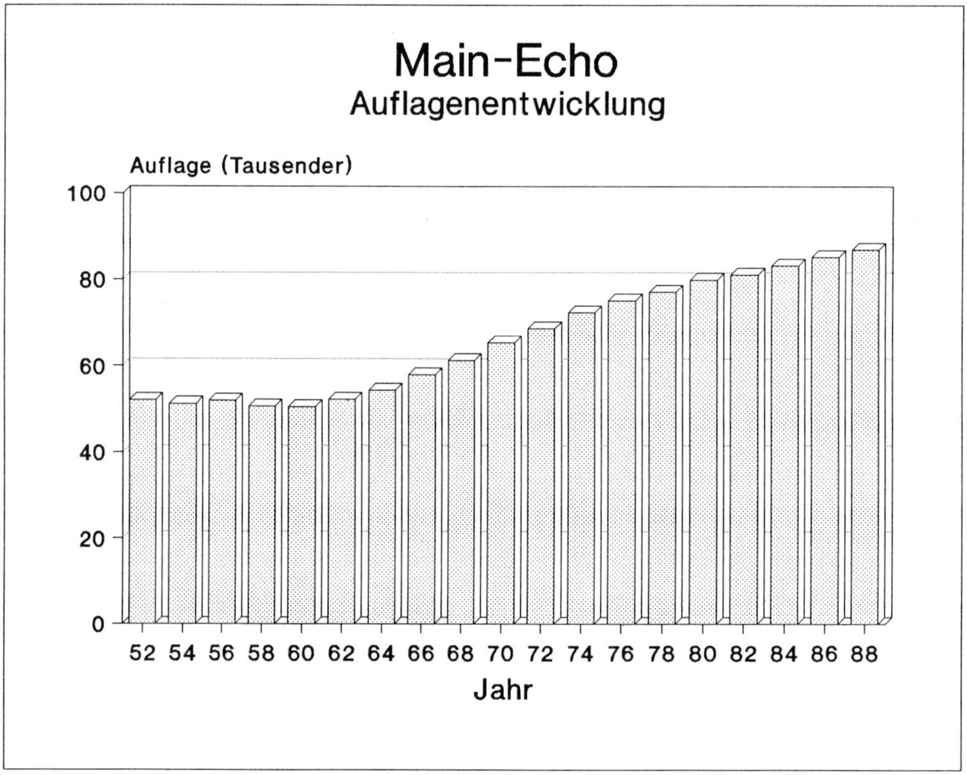

Main-Echo
Auflagenentwicklung
Auflage (Tausender)
100
80
60
40
20
0
52 54 56 58 60 62 64 66 68 70 72 74 76 78 80 82 84 86 88
Jahr

Der Main-Echo Verlag wird weiterhin als Kommanditgesellschaft geführt. Dr. Wilhelm Engelhard ist Komplementär. Kommanditisten sind Frau Rosi Gräf-Teufel und Dr. Helmut Teufel. Das Gesellschaftskapital beträgt 6,5 Mio. DM, davon halten Dr. Wilhelm Engelhard 20 Prozent, die W. Engelhard GmbH & Co. KG und die Familie Gräf/Teufel je 40 Prozent. Als Prokuristen sind bestellt Günter Moser seit 1964 und Franz Nießner seit 1968. Am 9. 4. 1985 wurde die Main-Echo Verlags- und Betriebs GmbH gegründet, die nach dem Tod des Komplementärs an dessen Stelle tritt. Geschäftsführer sind Klaus Eymann und Reinhard Golembiewski.

Beteiligungen hält der Verlag an der
- Mediengesellschaft Radio 2000 KG mit einem gezeichneten Kapital von DM 490 500,–
- Kabelgesellschaft Region Untermain in Aschaffenburg mit einem Kapital von DM 105 000,– (16,1%). Damit verbunden sind zwei Sitze im Verwaltungsrat.
- Kabelgesellschaft Region Würzburg mit DM 12 000,– (2%), mit einem Sitz im Verwaltungsrat.

Zum Verlag gehört eine Akzidenzdruckerei, die mit zur Zeit 144 Beschäftigten im Lohndruck Zeitschriften herstellt und 1986 einen Jahresumsatz von 14,7 Mio. DM erwirtschaftete. Angegliedert ist weiterhin der Spessart-Verlag, in dem das offizielle Organ des über 10 000 Mitglieder zählenden Spessartbundes, die Monatszeitschrift „Spessart“, erscheint. Sie verbreitet in 4000 Stück Auflage Heimatkundliches auf 16-32 Seiten monatlich.

Die Tochtergesellschaft der Main-Echo Kirsch & Co, die Frankfurter Nachrichten Verlags GmbH, gibt wöchentlich das Anzeigenblatt „Frankfurter Nachrichten“ heraus. Verlag (und angeschlossenes Reiseunternehmen) beschäftigen 41 Mitarbeiter fest und zehn Mitarbeiter frei für die redaktionelle Arbeit. Diese Tochtergesellschaft hat wiederum eine Tochter, den Libelle-Verlag, der die Kundenzeitschrift („Neue Woche“) der Leibbrand-Gruppe im Rotationsdruck vierfarbig mit einer Auflage von 2,2 Mio. Exemplaren herstellt. Der Libelle-Verlag beschäftigt 11 Mitarbeiter.

Mittlerweile hat sich der Main-Echo Verlag zu einem der größten Arbeitgeber im graphischen Gewerbe der Region entwickelt. Obschon das nahe Frankfurt vor allem Fachkräfte mit attraktiven Angeboten wegzulocken sucht, hält sich die Fluktuation in der (579 Menschen zählenden) Belegschaft in Grenzen. Dafür gibt es mehrere Ursachen. Zum einen spielt wohl eine Rolle, wie hoch der Anteil derjenigen Mitarbeiter ist, die aus dem Verbreitungsgebiet der Zeitung stammen. Daß hierbei die Gruppe der Facharbeiter (78%) und der Angestellten (71%) führt, ist das Ergebnis einer kontinuierlichen Ausbildungsarbeit. Die einheimischen Redakteure (32%) allerdings sind eine Minderheit.

Eine verlagsinterne Berechnung ergab, daß 71 Prozent aller Beschäftigten (Volontäre und Auszubildende ausgenommen) zwischen 6 und 25 Jahren dem Betrieb angehören. Die Betriebstreue der Frauen (72%) liegt insgesamt über der der Männer (68%). Eine Beschäftigungsdauer zwischen 6 und 25 Jahren erreichen dagegen nur 60 Prozent aller Redakteure und nur 25 Prozent der Redakteurinnen. Insgesamt ist ein Fünftel der Belegschaft älter als 50 Jahre.

Vertriebsleiter Rudi Stock, der schon für die Verteilung der ersten Ausgabe am 24. November 1945 zu sorgen hatte, ist auch heute noch verantwortlich dafür, daß 556

Zusteller (wovon 81% Frauen sind) Nacht für Nacht die Zeitung in 293 Orten des Verbreitungsgebietes pünktlich zustellen. 18 Fahrzeuge legen täglich 2 020 Kilometer zurück, das sind 608 000 Kilometer im Jahr.

Das „Main-Echo“ ist eine reine Abonnementzeitung. Von den 86 388 Exemplaren gingen nur 4,7% über den Ladentisch von Wiederverkäufern.[20] Es gelang bisher stets, jährlich etwa eintausend Abonnenten mehr zu gewinnen. Im Gegensatz zu den Zeitungsverlagen in unmittelbarer Nachbarschaft verzichtet das „Main-Echo“ auf Werbemaßnahmen wie „Leser werben Leser“. Stattdessen kommen die Werbeprämien voll den Trägern zugute. Dafür stellte der Verlag 1986 knapp 45 000 DM zur Verfügung.

Die bisher positive Entwicklung der Abonnentenzahl hat ihren Grund auch in der noch anhaltenden Bevölkerungszunahme, vor allem im westlichen Verbreitungsgebiet. Hier ziehen attraktive Gewerbebetriebe Menschen aus allen Teilen des Bundesgebietes an. Im Landkreis Aschaffenburg stieg die Einwohnerzahl von rund 132 000 Personen im Jahr 1966 auf rund 149 000 im Jahr 1981 (+13%), die Main-Echo-Auflage nahm um 56 Prozent im vergleichbaren Zeitraum zu. Auch im heutigen Kreis Miltenberg ist noch immer ein Zuwachs zu spüren (+32% seit 1966). Eine Ausnahme bildet die Stadt Aschaffenburg, die ihre Einwohnerzahl nur durch zwei Eingemeindungen in jüngerer Vergangenheit stabil halten konnte. Die Stadtausgabe hingegen hat im Vergleich zu 1966/67 21 Prozent mehr Leser.

Zukunftsperspektiven und -probleme

Während der vergangenen Jahre galt es, so der Verlag, in Redaktion, Technik und Verwaltung mit der rasanten Entwicklung der Mikroelektronik Schritt zu halten. Die Geschwindigkeit der Nachrichtenübermittlung hat sich enorm erhöht. Die Nachrichten aus Agenturen und aus den eigenen Redaktionen fließen zugleich mit der Papierausgabe in den Satzrechner. Fotos aus aller Welt in Schwarzweiß und Farbe gelangen über Funk in die Redaktionen. Die vier Bildreporter des Verlags sind mit Zweitkameras für das aktuelle Farbbild ausgerüstet.

Die in überschaubaren Abschnitten bewältigte Umorientierung von Redaktion, Technik und Verwaltung hat sich beim Main-Echo Verlag ohne Verlust von Arbeitsplätzen vollzogen. Es gelang, durch

- Übernahme der „Frankfurter Nachrichten“,
- eine bessere Gestaltung der Zeitungen mit Farbe und
- die Nutzung der ausgebauten Satzkapazität auch für den Lohndruck,

alle Arbeitsplätze zu erhalten, in einigen Bereichen sogar neue zu schaffen.

Redaktion und Technik sind weiterhin herausgefordert durch den Wettbewerb mit den elektronischen Medien. Nach Meinung des Verlags bringe dies für die Tageszeitung u. a. den Zwang mit sich, noch stärker zu regionalisieren. Im übrigen koste der Betrieb eines lokalen Rundfunksenders nach vorsichtigen Schätzungen zwischen zwei und drei Millionen DM jährlich – ein stattlicher Betrag, der aus dem örtlichen Werbemarkt geholt werden müßte. Hinzu kommt, daß die Lage am Rand

---

[20] Lt. IVW-Auflagenliste 4/1987.

des Wirtschaftsraums Rhein-Main den Platz Aschaffenburg für Rundfunk-Anbieter aus verschiedenen Bundesländern attraktiv erscheinen läßt. Obwohl hier schon eine kaum zu überbietende Fülle von Rundfunk- und Fernsehstationen empfangbar ist (Bayerischer und Hessischer Rundfunk, Südfunk mit jeweils mehreren Programmen, Südwestfunk, Saarländischer, Westdeutscher Rundfunk, um nur die wichtigsten zu nennen), bewarben sich Anbieter aus Frankfurt, Nürnberg, München, Ludwigshafen, Mainz und anderen Orten in Rheinland-Pfalz für die lokale Frequenz.

Der Main-Echo Verlag beteiligt sich selbst als Anbieter im privaten Rundfunk, um die Interessen der Zeitung und ihre über tausend Arbeitsplätze zu verteidigen. „Wir müssen wach bleiben, wenn marktwirtschaftliche Grundsätze bei den elektronischen Medien zugunsten von Subventionierungsgedanken ausgeschaltet werden sollen, wenn trotz erlassener Werberichtlinien im privaten Rundfunk die Grenzen zwischen Information und Werbung zu fließen beginnen. Zugleich sind wir zuversichtlich, daß durch die bewährte Unternehmenspolitik, so frühzeitig wie möglich sich den technischen und geistigen Herausforderungen der Zeit zu stellen, die Entwicklung in überblickbaren Abschnitten angehend, große Schwankungen vermeidend, für Zeitung, Leser und Region die Zukunft zu bewältigen sein wird“, skizziert Klaus Eymann die Politik des Hauses.

(sf)

REGIERUNGSBEZIRK SCHWABEN

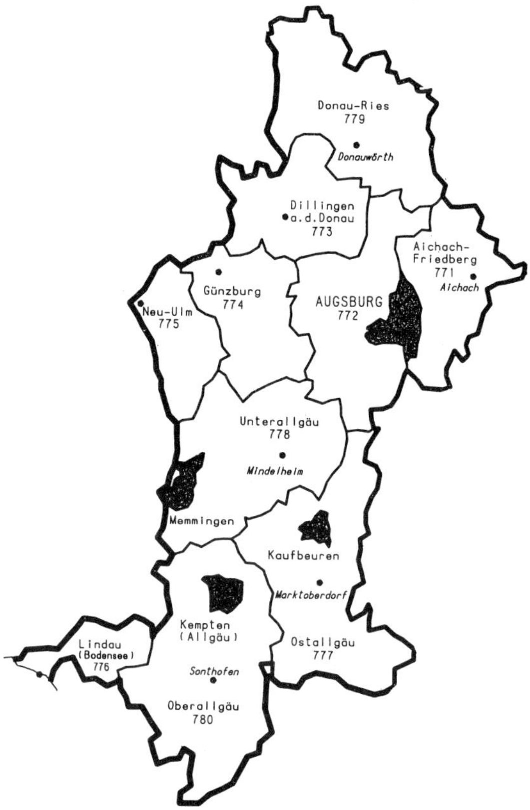

AUGSBURGER ALLGEMEINE

ALLGÄUER ZEITUNG

ALLGÄUER ANZEIGEBLATT

DER WESTALLGÄUER

Mit Berufung auf große Tradition:

Die „Augsburger Allgemeine“

„Sie erreichen Bayern nicht ohne ‚Augsburger Allgemeine‘.“ So wirbt die Zeitung, das Hauptprodukt der Presse-Druck- und Verlags-GmbH in Augsburg, bei den Anzeigenkunden für sich selbst und fügt gleich noch hinzu: „Bei uns brauchen Sie nur uns!“ „Bei uns“, das sind der Regierungsbezirk Bayerisch-Schwaben sowie die oberbayerischen Kreise Landsberg und Neuburg-Schrobenhausen. Das Verbreitungsgebiet reicht damit von der historisch bedeutsamen Ries-Stadt Nördlingen im Norden bis zu der Fremdenverkehrsmetropole Oberstdorf im Süden. Dieser westliche Landstreifen des bayerischen Freistaates dehnt sich in Nord-Süd-Richtung über rund 200 km aus und bringt es an den breitesten Stellen, etwa zwischen Neu-Ulm und Aichach oder zwischen dem unteren Landkreis Lindau und der Ostgrenze des Altlandkreises Füssen, auf rund 100 km. In diesem Verbreitungsgebiet vereinen sich Großstadtatmosphäre und Ferienflair. Da ist der, mit nahezu 25 km im Durchmesser, fast kreisrunde Ries-Kessel um Nördlingen herum, vor rund 15 Mio. Jahren durch einen gewaltigen Meteoreinschlag entstanden und weltberühmt nicht erst, seitdem die Ränder des Kraters als Trainingsgelände für US-Astronauten dienten. Und da sind im Süden die vielen kleinen und großen, nicht minder berühmten Trainingszentren für Gesundheit, Fitness und Wohlbefinden, angefangen von der weltweit bekannten Wirkstätte des Pfarrer Kneipp, Bad Wörishofen, bis hinauf in die Allgäuer Alpen, die im Sommer wie im Winter gleichermaßen attraktiv sind. Schon in diesen dürftigen Andeutungen wird klar: „Bayerisch-Schwaben ist nur bei äußerer, oberflächlicher Betrachtung ein einheitlich geformtes Stammesland. Der landschaftlichen Vielfalt zwischen Lech und Iller, Ries und Allgäuer Alpen entspricht die unterschiedliche Wesensart von Augsburgern und Mittelschwaben, Nordschwaben und Allgäuern. Sein unverwechselbarer Charakter ergibt sich erst aus der Summe der historischen und gegenwärtigen Besonderheiten von Land und Leuten.“[1]

Insgesamt gehört die Zeitungsregion der „Augsburger Allgemeinen“ und ihrer Heimatzeitungen nicht zu den wirtschaftskräftigsten Landstrichen der Bundesrepublik. Aber immerhin fügen sich hier, oberflächlich und aufs Ganze gesehen, Fremdenverkehr und Handel, Landwirtschaft und Handwerk, nicht zuletzt neue und tradierte Industrien zu einer Mischung, die auf einige Krisenfestigkeit hindeutet. Doch diese gesunde Mischstruktur kommt nicht dem ganzen bayerischen Schwaben zugute. Es gibt Schwerpunkte ganz unterschiedlicher Art. Und schon eine Betrachtung nach Planungsregionen zeigt ein starkes Gefälle zu Lasten Augsburgs und seines Umlandes. „Unter den drei schwäbischen Planungsregionen bildete die Region Augsburg zwischen 1970 und 1980 sogar das Schlußlicht der wirtschaftlichen Entwicklung, gemessen an der unterdurchschnittlichen Steigerung des Bruttoinlandprodukts. Die Region Donau-Iller mit den Städten Neu-Ulm und Memmingen und deren Verflechtungsbereich lag dagegen in ihrer Wachstumsrate erheblich über dem bayerischen Durchschnitt; die Region Allgäu mit den Städten Kempten, Kauf-

---

1 Wolfgang Poschwatta: Augsburg – die Schwabenstadt. Eine kritische Bestandsaufnahme. In: 2000 Jahre Augsburg. Sonderbeilage der „Augsburger Allgemeinen“ und ihrer Heimatzeitungen vom 25. April 1985, S. 10. (Kurzbeleg: Augsburg-Beilage 1985.)

beuren und Lindau bewies 1980 sogar eine stärkere Leistungskraft je Einwohner als die Region Augsburg."[2]

Wirtschaftliche Strukturschwäche wurde der Stadt Augsburg noch vor einigen Jahren attestiert; sie wurde als eine Stadt vorgestellt, die keine oder zu wenig Ermutigung erfährt und noch weniger der Region Ermutigung zu geben vermag.[3] Da hat sich inzwischen einiges geändert. Aber die Kritik muß auch verwundern, weil die Stadt, ihr Name, ihre historische Größe und Pracht verknüpft sind mit den Namen Fugger und Welser, mit weltweitem Handel, mit Frühkapitalismus und kaufmännischem Unternehmergeist. Tatsächlich jedoch ist die Wirtschaftsschwäche dieser Stadt in der Gegenwart, zu einem Teil wenigstens, auch in Altlasten der Vergangenheit begründet. Seit alters war Augsburg eine Textilstadt. Hier erzeugten im Jahre 1612 schon 3 000 Augsburger Weber mit ihren Gesellen nicht weniger als 7 Mio. Meter Barchent[4]. Textilindustrie blieb der Schwerpunkt auch im 19. Jahrhundert; 1847 waren mehr als sechs von zehn Beschäftigten in Augsburg in der Textilbranche tätig. Als Zulieferindustrien für die Textilbranche nahmen sodann chemische Unternehmen und Maschinenfabriken ihren Aufschwung. Die Textilherstellung und der Maschinenbau zählen freilich nicht gerade zu den wachstumsintensiven Industriezweigen. Daß allerdings, wer an Augsburg denkt, heute und wohl in Zukunft auch an Industrieroboter, an Katalysatoren für Automotoren, an den Airbus oder an Computer denken muß, daran hat man sich wohl noch nicht so recht gewöhnt. Diese Stichworte zeigen, daß ein wirtschaftlicher Strukturwandel schon im Gange ist, der bislang erfolgreich auf Zukunftstechniken setzt.[5]

Noch hat Augsburg es schwer, sich als regionales Zentrum mit hinreichend gewichtiger Binnenwirkung und überregionaler Ausstrahlung zu profilieren. Die Wende markiert die 1970 gegründete Universität. Ihre Errichtung nach einem langen Tauziehen verdankt sie einer bis dahin einmaligen „gesamtschwäbischen Solidarität", und umgekehrt hat das Ringen um sie, um ihre Entwicklung und ihren weiteren Ausbau „viel zur Identität, zum Zusammenhalt, zum Gemeinschaftsgefühl der Bewohner vom Ries bis zum Bodensee beigetragen".[6] Aber da ist noch eine andere, täglich neu aktualisierte Verbindung, die über das ganze, an Natur- und Kulturvielfalt ebenso wie an Interessen- und Mentalitätsunterschieden reiche bayerische Schwaben reicht: die „Augsburger Allgemeine" mit ihren Heimatzeitungen. Der Überblick über ihre Ausgaben macht deutlich, wie weit das verbindende Netz reicht:

---

2 Wolfgang Poschwatta, a. a. O.

3 Vgl. Dr. Elisabeth Emmerich: Mehr kritisches Publikum. In: Die Zeitung hat Zukunft. „Augsburger Allgemeine" und ihre Heimatzeitungen. Verlagsbeilage vom 16. 3. 1982, S. 26. (Kurzbeleg: VB 1982.)

4 Barchent ist ein Baumwollflanell.

5 Oskar H. Metzger: Industriestadt im Strukturwandel. Auf dem Weg zu neuen Branchen und Technologien. In: Augsburg-Beilage 1985, S. 41 f. Ergänzend auch Josef Amann/Johann Hintersberger: Handel und Handwerk. Aus der Tradition des Mittelalters gestärkt in den Wettbewerb der Gegenwart. In: Augsburg-Beilage 1985, S. 49 ff.

6 So Schwabens Bezirkstagspräsident Dr. Georg Simnacher zum 10jährigen Bestehen der Augsburger Universität; zit. nach: Dr. Elisabeth Emmerich, a. a. O.

Die Ausgaben der „Augsburger Allgemeinen“

Verlags- oder Erscheinungsort	Titel der Ausgabe (Untertitel)	Verk. Auf. 4. Q. '88
Augsburg [Stadt- und Fernausgabe]	Augsburger Allgemeine (Schwäbische Landeszeitung) (Neue Augsburger Zeitung) (München-Augsburger Abendzeitung) (Augsburger Zeitung) (Augsburger Postzeitung) (Augsburger Lokalanzeiger)	75 064
Augsburg [Landkreisausgabe]	Augsburger Allgemeine (Augsburger Landbote) (Augsburger Landkurier) (Schwäbische Landeszeitung) (Augsburger Tagblatt) (Augsburger Rundschau)	12 145
Aichach	Aichacher Nachrichten (Pöttmeser Zeitung) (Aindlinger Anzeiger)	4 912
Friedberg	Friedberger Allgemeine (Meringer Anzeiger) (Meringer Rundschau) (Paartalbote) (Friedberger Volksbote) (Friedberger Zeitung)	10 694
Schwabmünchen*	Schwabmünchner Allgemeine (Bobinger Anzeiger) (Königsbrunner Rundschau) (Königsbrunner Zeitung) (Schwabmünchner Zeitung)	11 691
Hauptausgabe	Augsburger Allgemeine	114 506
Heimatausgaben Nord-Block:		
Dillingen*	Donau-Zeitung	14 002
Donauwörth	Donauwörther Zeitung (Nordschwäbische Rundschau)	13 599
Günzburg	Günzburger Zeitung (Tagblatt für Burgau, Ichenhausen und Leipheim)	15 667

Verlags- oder Erscheinungsort	Titel der Ausgabe (Untertitel)	Verk. Auf. 4. Q. '88
Illertissen	Illertisser Zeitung (Babenhausener Anzeiger) (Vöhringer Anzeiger) (Iller-, Roth- und Günzbote)	9 938
Krumbach*	Mittelschwäbische Nachrichten (Krumbacher Bote)	7 816
Landsberg*	Landsberger Tagblatt (Ammersee Zeitung) (Oberbayerische Nachrichten) (Landsberger Nachrichten) (Landsberger Zeitung) (Fuchstaler Bote) (Oberbayerischer Anzeiger)	14 790
Mindelheim*	Mindelheimer Zeitung (Bad Wörishofer Rundschau)	14 406
Neuburg*	Neuburger Rundschau (Neuburger Nachrichten) (Rainer Zeitung) (Neuburger Zeitung) (Neuburger Anzeigeblatt)	10 112
Neu-Ulm	Neu-Ulmer Zeitung (Weissenhorner Volkszeitung) (Tagblatt für den Ulmer Winkel)	10 284
Nördlingen*	Rieser Nachrichten (Nördlinger Zeitung) (Oettinger Anzeiger) (Wallersteiner Rundschau)	10 311
Wertingen*	Wertinger Zeitung (Meitinger Anzeiger)	5 851
Heimatausgaben	insgesamt:	126 776
Nord-Block	insgesamt:	241 282
Süd-Block	Allgäuer Zeitung**	113 173
Gesamtauflage:		354 455

* Partnerschaft mit Heimatverlegern

** Siehe: Porträt der „Allgäuer Zeitung", Kempten.

Aus Augsburg kommt die Zeitung. Die Hauptausgaben präsentieren Augsburg als Pressezentrum, zeigen ein „pressegedeihliches Klima“ (Curt Frenzel) an. Als Mittel- und Kreuzungspunkt eines potenten Straßen- und Handelsnetzes war Augsburg seit römischen Zeiten auch Zentrum eines ausgedehnten Nachrichtennetzes. Hier wurde, knapp 20 Jahre nach der Revolutionierung der Drucktechnik durch Gutenberg, 1468 von Günther Zainer das erste Augsburger Buch gedruckt. Und bald übertraf Augsburg mit der Zahl der Druckereien „bei weitem die Vaterstadt des Buchdrucks, Mainz. Zwischen 1468 und 1500 gab es in Augsburg 22 Meister und sehr produktive Offizine“.[7]

Die Fugger schließlich organisierten dann ein Korrespondentennetz, das sich bis an die Grenzen der damals bekannten Welt ausdehnte; 27 Bände der sogenannten „Fugger-Zeitungen“, aus der Zeit von 1568 bis 1605 gesammelt von Philipp Eduard Fugger, bewahrt die Wiener Nationalbibliothek auf. Wenngleich handgeschrieben, handelt es sich um „Zeitungen“ im damaligen Verständnis, um aktuelle Nachrichten nämlich, denen zur Zeitung im heutigen Sinn nur die öffentliche Zugänglichkeit abgeht. Ursprünglich bestimmt zur Unterrichtung der Augsburger Handelsherren, gelangte allerdings manches (von ihnen ausgewählte und – gelegentlich mit Bedacht und Hintersinn – freigegebene) Nachrichtenstück über Augsburger Kopistenbüros in den öffentlichen, allgemeinen Zeitungsstrom dieser Jahrzehnte.

Die äußeren, auch die technischen Bedingungen für die Entwicklung des Zeitungswesens blieben in Augsburg günstig bis in die Neuzeit hinein. 1873 bereits wurde hier von MAN die erste deutsche Rotationsmaschine gebaut. Seit 1849 arbeitet hier die Haindl'sche Papierfabrik, heute eine der größten in Europa, die in drei Werken jährlich nahezu eine Million Tonnen Zeitungs- und anderes Papier fertigt.[8]

Auf diesem traditionsreichen Boden entstand und wuchs die „Schwäbische Landeszeitung“, die seit 1959 den Namen „Augsburger Allgemeine“ trägt. Nie vorher gab es in Augsburg eine größere Zeitung. Mit einer täglichen Durchschnittsauflage von gegenwärtig rund 355 000 Exemplaren ist sie die größte bayerische Regionalzeitung[9] und steht – im Wettlauf mit den „Nürnberger Nachrichten“ – jeweils an fünfter oder sechster Stelle in der Rangreihe der auflagenstärksten bundesdeutschen Abonnementzeitungen. Mit dieser Auflage, die aus 25 Ausgaben[10] resultiert, erreicht die „Augsburger Allgemeine“ rund eine Million Leser in dem knapp 1,5 Millionen Einwohner zählenden bayerischen Schwaben.

---

7 Lieselotte Hefner: Was die Zeitung alles braucht. In: „Schwäbische Landeszeitung“, Sonderbeilage „Neues Augsburg“ vom 8. 8. 1956, S. 17. Vgl. auch Dr. Josef Bellot: Augsburg als Druckerstadt. In: VB 1982, S. 36 f.

8 Vgl. Presse-Druck- und Verlags-GmbH (Hrsg.): Schwäbische Landeszeitung. Ein Druck- und Pressehaus im Herzen der Stadt Augsburg. Augsburg 1956, S. 15. (Kurzbeleg: Festschrift 1956.)

9 Die noch auflagenhöhere „Süddeutsche Zeitung“ gewinnt diese Stärke als überregionales Blatt.

10 Gelegentlich werden in verschiedenen Dokumenten und Listen abweichende Ausgabenzahlen genannt. Diese resultieren entweder daraus, daß beim Nord-Block die Trennung der Stadt- und der Fernausgabe, bzw. der Ausgaben A und A1 nicht vorgenommen wird (wie übrigens auch in der obigen Übersicht); oder daß beim Süd-Block die „Buchloer Zeitung“, deren Auflage regelmäßig in der Kaufbeurer Ausgabe mitgezählt ist, nicht extra aufgeführt wird. Berücksichtigt man jedoch beide Ausgaben-Differenzierungen, so verfügt der Nord-Block über 17, der Süd-Block über 8 Ausgaben.

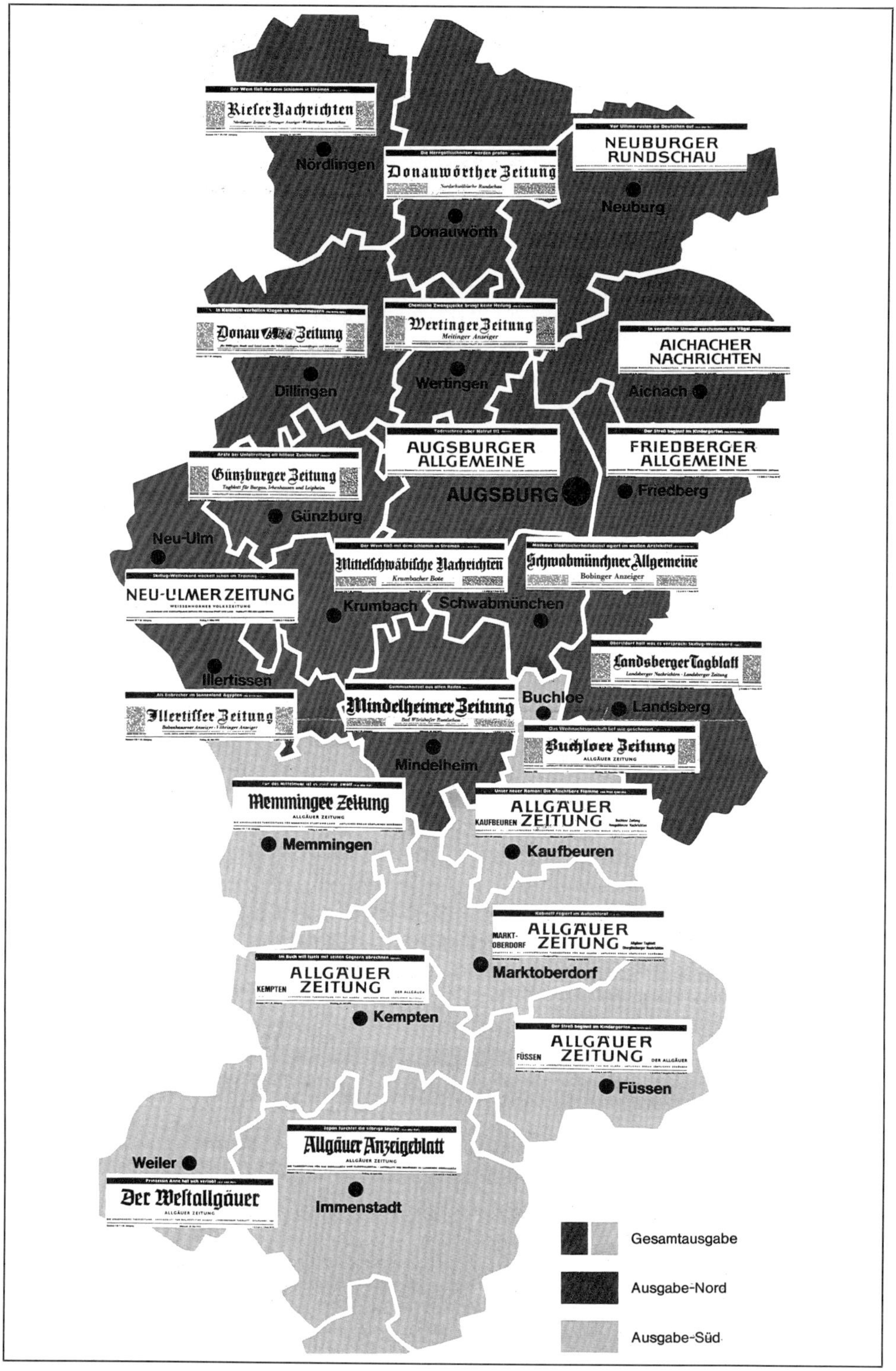

Die „Augsburger Allgemeine" mit der „Allgäuer Zeitung" und ihren Heimatausgaben: Verbreitungsgebiet und Titel.

Eine solch gesamtschwäbische und nach Oberbayern ausstrahlende Position war der Zeitung ursprünglich allerdings nicht zugedacht. Für die Nachrichtenversorgung lediglich der nördlichen Hälfte des bayerischen Schwaben war die „Schwäbische Landeszeitung“ vorgesehen, die am 30. Oktober 1945 zum ersten Mal erschien, begründet und legitimiert durch die Lizenzurkunde mit der Nummer 7, die am selben Tag den Lizenzträgern Johann Wilhelm Naumann und Curt Frenzel feierlich überreicht wurde. Die südliche Schwaben-Hälfte, nämlich das gesamte Allgäu, sollte nach dem Konzept der amerikanischen Besatzungsmacht dem „Allgäuer“ zufallen, der nur sechs Wochen später sein Erscheinen aufnahm. Die Region schien groß genug für zwei Blätter.

Die beiden Lizenzträger in Augsburg verkörperten – wie die amerikanische Lizenzpolitik es wollte – ganz gegensätzliche Weltanschauungen, Lebens- und Erfahrungswelten und ebenso konträre Zielsetzungen; gemeinsam aber war ihnen, daß sie offen gegen den Nationalsozialismus aufgetreten waren, daß sie wegen ihrer Gesinnung aus der journalistischen Berufslaufbahn flogen, daß sie – verfolgt und bespitzelt – mit ihren Familien harte, leidvolle Jahre hinter sich hatten.

Der eine, Johann Wilhelm Naumann, kannte Augsburg bereits von früher. 1897 in Köln geboren, war der überzeugungstreue, bekennende Katholik 1928 nach manchen journalistischen Lehr- und Wanderjahren als Redakteur zur „Neuen Augsburger Zeitung“ gekommen. Das war ein 1852 über einen Leserverein von Subskribenten gegründetes katholisches Blatt, das sich zu einer wirklichen Volkszeitung entwickelt hatte und sowohl wirtschaftlich wie der Auflagenhöhe und der Verbreitung nach sehr erfolgreich war. Die „Wiener Reichspost“ sprach schon im ersten Jahrzehnt dieses Jahrhunderts davon, daß die „Neue Augsburger Zeitung“ „ganz Schwaben förmlich beherrscht“.[11] Der Wiederaufbau einer aktuellen katholischen Gesinnungspresse blieb Naumanns Ideal und Ziel, das er auch als Teilhaber einer unabhängigen und überparteilichen Lizenzzeitung unbeirrbar weiterverfolgte. Er erreichte dieses Ziel 1948, als er – entgegen aller bis dahin geltenden Richtlinien – eine amerikanische Lizenz für die katholische Tageszeitung „Augsburger Tagespost“ erhielt. Er mußte sich allerdings dafür von der Teilhaberschaft an der „Schwäbischen Landeszeitung“ trennen. Wohl etwas überspitzt schrieb dazu einer der ehemals zuständigen amerikanischen Besatzungsoffiziere, Joseph Dunner, später: „Hier hatten wir uns verrechnet, Naumann wollte eigentlich eine Kirchenzeitung herausgeben und hatte kein Interesse an einer allgemeinen Tageszeitung“.[12]

Curt Frenzel, der zweite Lizenzträger, war auf ganz anderen Wegen nach Augsburg gelangt. Als Sohn eines Postbeamten 1900 in Dresden geboren, schrieb er – nicht zuletzt angeregt und ermuntert durch einen Gymnasiallehrer – zunächst Zeitungsbeiträge als freier Mitarbeiter; er war mehrere Jahre lang Handelsschulleh-

---

11 Zit. nach Dr. H. Rink: Die „Neue Augsburger Zeitung“, ihre Gründung, Entwicklung und Bedeutung. In: Sonderbeilage der „Neuen Augsburger Zeitung“, aus Anlaß des Um- und Neubaus des Verlags- und Geschäftshauses im Herbst 1913, hrsg. vom „Literarischen Institut von Haas & Grabherr“, S. 17. Vgl. auch: Festschrift „75 Jahre ‚Neue Augsburger Zeitung‘“. Augsburg 1927, S. 4 ff.

12 Joseph Dunner: Zu Protokoll gegeben. München 1971, S. 115. Näheres zur Person und zur Leistung von Johann Wilhelm Naumann siehe Porträt der „Deutschen Tagespost“.

Augsburger Anzeiger

HERAUSGEGEBEN FÜR DIE DEUTSCHE ZIVILBEVÖLKERUNG VON DER 12. AMERIKANISCHEN HEERESGRUPPE

AMTLICHES NACHRICHTENBLATT
NUMMER 2
20. Juli 1945

Anfragen, Briefe und Mitteilungen sind durch die örtliche Vertretung der alliierten Besatzungsbehörde zu richten an: Redaktion des „Augsburger Anzeigers", c/o P & PW Detachment, 12th Army Group — APO. 655 — U.S.Army

Preis 20 Pfennig

Konferenz in Potsdam tagt

Präsident Truman zum Vorsitzenden gewählt — Die größte Konferenz der Alliierten — Außenminister und Generalstabschefs nehmen an den Besprechungen teil

BERLIN. — Die Dreimächtekonferenz in Potsdam hat am 17. Juli um 17.00 Uhr begonnen. Das folgende amtliche Kommuniqué wurde ausgegeben: „Die Potsdamer Konferenz der Regierungschefs von Großbritannien, den Vereinigten Staaten und der Sowjetunion nahm heute um 17.00 Uhr ihren Anfang. Der Präsident der Vereinigten Staaten wurde von den beiden anderen Teilnehmern gebeten, den Vorsitz bei den Zusammenkünften der Konferenz zu übernehmen. Es fand ein vorläufiger Meinungsaustausch statt über die Fragen, die von den drei Regierungschefs entschieden werden sollen. Es wurde beschlossen, daß die drei Außen-

Der russische Soldat Der amerikanische Soldat Der britische Soldat
Ihr Wille schuf den Sieg — Sie stehen hinter den Großen Drei.

Die Londoner „*Times*" weist darauf hin, daß die Anwesenheit so vieler hoher amerikanischer und britischer Offiziere und des britischen Transportministers in Potsdam zu der Vermutung Anlaß gegeben hat, ob in Potsdam die Frage des Eintrittes der Sowjetunion in den Krieg gegen Japan besprochen werden soll. Über die Frage der zukünftigen Verwaltung Deutschlands schreibt die „Times":

Gegen Interessensphären

„Das ist die erste Aufgabe der Konferenz. Niemand weiß besser als die Stabschefs, welche Kontrollen notwendig sind und wie lange diese dauern sollen und welche Industrien vorsichtshalber zerstört werden müssen. Kaum weniger dringlich

Von der Zeitung der Amerikaner für die Zivilbevölkerung bis zur Lizenzzeitung, die von Deutschen für Deutsche gemacht wurde, war es ein großer Schritt. Von der „Schwäbischen Landeszeitung" bis zur heutigen „Augsburger Allgemeinen" und ihrem modern ausgerüsteten Verlagshaus war es ein weiter Weg.

Schwäbische Landeszeitung

Augsburger Zeitung

TELEFON 5123/24/25

POLITIK · WIRTSCHAFT · KULTUR · KUNST · WISSENSCHAFT · SPORT

EINZELPREIS 20 Pfg.

Jahrgang 2 · Nummer 1 — Lizenz Nr. 7 der Nachrichtenkontrolle der Militärregierung Ost — Dienstag, 1. Januar 1946

Jahresende - Zeitenwende

Augsburg, 31. Dezember

Wenn sich in wenigen Stunden die Schatten der dunklen Nacht über den Rest des heutigen Tages legen werden, gleichsam die würgende Not und die überreiche Fülle schlimmster Erfahrungen und wohl auch Entbehrungen überdeckend; wenn schließlich um Mitternacht zwölf eherne Schläge von den Turmuhren der Städte und Dörfer gewichtig das Ende des Jahres verkünden und die wenigen noch vorhandenen Kirchenglocken zu läuten beginnen —: dann hat das Jahr 1945 ausgelitten. Das neue Jahr beginnt.

Wir gehören wahrhaftig nicht zur Gilde der Mucker und wollen durchaus nicht den Menschen die kleine Freude vergällen, die sie sich von einer bescheidenen Silvesterfeier versprechen. Wir möchten, um mit Dickens zu sprechen, nicht zu jenen gehören, die das neue Jahr weinerlich mit Wachen und Fasten beginnen, als mühten sie beim des Wiederaufbaues der zerstörten Städte und Dörfer bringen zwangsläufig eine Fülle von sozialen Problemen mit sich, die in ihrer Tiefe und in ihrer Tragweite nicht übersehen werden können. Ein jeder möge sich im klaren sein, daß der Wiederaufbau Deutschlands mit einer grundlegenden Lösung dieser sozialen Frage steht und fällt. Deutschland ist verarmt. Die Reaktion gegen den Nationalsozialismus und die Konsequenzen der nationalsozialistischen Hinterlassenschaft werden sich am stärksten und tiefsten auf dem sozialen Gebiete auswirken. Frühere Begriffe und Größenordnungen von arm und reich verschwinden. Die Not wird uns zwingen, daß wir in den nächsten Jahren bescheiden sein und einfach leben müssen. Von der sittlichen Stärke und Reinheit des Volkes und seiner Regierung wird es abhängen, ob wir die Zeichen der Gegenwart verstehen. Armut ist noch nie eine Schande gewesen, und eine bescheidene Lebenshaltung wird für niemand ein Unglück

rer, kurze Zeit auch freier Korrespondent in Paris. Dann ging er 1928 als Redakteur zur sozialdemokratischen „Volksstimme“ in Chemnitz und rückte 1931 zu deren politischem Ressortleiter auf. Rund 400 Artikel gegen den Nationalsozialismus hatten ihn bis 1933 bei seinen Gegnern hinreichend unbeliebt gemacht. Noch im Februar 1933, also nach dem Machtantritt Hitlers, publizierte er gegen Goebbels Gleichschalterei einen Leitartikel mit dem Titel: „Rundfunk oder Parteigrammophon“. Das war zuviel. Im April 1933 wurde er verhaftet und saß bis September in Dresden und in der damals als KZ benutzten Feste Königstein ein. Mit seiner Entlassung wurde er auf Lebenszeit aus der Berufsliste der Journalisten gestrichen und für die Dauer von zehn Jahren unter Polizeiaufsicht gestellt. Nicht zuletzt deshalb brachte er in der Folgezeit sich und seine Familie nur leidlich mit Gelegenheitsarbeiten durch, immer wieder schikaniert. Er mußte auf Weisung der Gestapo Sachsen verlassen, wurde 1943 in Berlin ausgebombt, verbarg sich in den letzten Kriegsjahren vor einer erneut drohenden Verhaftung auf dem Balkan. In Bad Reichenhall erlebte er die Kapitulation. Dort setzte ihn die amerikanische Militärregierung im September 1945 zunächst als Treuhänder im Reichenhaller Zeitungsverlag ein, bevor er als Verleger und Chefredakteur nach Augsburg berufen wurde.[13]

Mit sieben Setzmaschinen, die aus dem Trümmerschutt des NS-Nachlasses zusammengebastelt worden waren, mit einer vorsintflutlichen Rotationsmaschine, „die nur auf wiederholtes gutes Zureden und mit einigen Stoßseufzern zum Anlaufen zu bewegen war“, und mit drei erfahrenen Redakteuren (Curt Frenzel, Dr. Otto Färber und August Ulrich) ging die „Schwäbische Landeszeitung“ an den Start, zweimal wöchentlich mit je 160 000 Exemplaren für die Stadt Augsburg zunächst, weil mehr Zeitungspapier noch nicht zur Verfügung stand.[14] Schon ab Januar 1946 ging die neue Zeitung auch aufs Land: In rascher Folge entwickelten sich eine mittelschwäbische, eine nordschwäbische und eine Süd-Ausgabe, ergänzt schließlich um eine überregionale Deutschland-Ausgabe (von der bis heute die Fernausgabe geblieben ist). Ihr vorläufiges Domizil fand die Zeitung „An der Blauen Kappe 7“.

Obwohl unter den gegebenen Umständen die beiden Augsburger Lizenzträger genug mit ihrem Blatt zu tun hatten, übernahmen sie doch über den eigenen Interessenbereich hinaus Verantwortung beim Aufbau eines neuen demokratischen Pressewesens. Johann Wilhelm Naumann wurde bereits im November 1945 zum ersten Vorsitzenden des Vereins der bayerischen Zeitungsverleger gewählt; ein Jahr später übernahm er das Amt eines ersten Vorsitzenden des Verlegerverbandes der US-Zone. Curt Frenzel andererseits wurde im Oktober 1946 zum Vorstandsvorsitzenden des von den Amerikanern ins Leben gerufenen Nachrichtendienstes DANA bestellt, als dieser in den genossenschaftlichen Besitz der damals 41 Lizenzblätter in der US-Zone überführt und kurz danach in die „Deutsche Nachrichtenagentur“ (DENA) umgewandelt wurde.[15] Frenzel war maßgeblich, zeitweilig auch als der nominelle

---

13 Darstellung nach: Dr. Hans Kapfinger (Hrsg.): Die neue bayerische Presse. München 1948, S. 33 f; ferner Dr. Hans Drexler: Curt Frenzel und sein Werk. Aus dem bewegten Leben eines deutschen Zeitungsmannes. In: „Augsburger Allgemeine“ vom 2. Februar 1970, S. 2. Dazu kamen Angaben der Familie Holland für dieses Kurzporträt.

14 Die Daten zur Gründung und zur Entwicklung der „Schwäbischen Landeszeitung“ sind – soweit nicht andere Quellen ausdrücklich angegeben werden – entnommen der Darstellung von Alfons A. Schertl: Eine große Zeitungstradition. In: VB 1982, S. 9 ff.

15 Außer Hans Kapfinger, a. a. O. sowie Hans Drexler, a. a. O. siehe hierzu vor allem und präziser: Kurt Koszyk: Pressepolitik für Deutsche 1945–1949. Berlin 1986, S. 50 ff. Der 1945 von den Amerikanern für den fraglichen Nachrichtendienst gewählte Name DANA sollte

Chefredakteur, am Aufbau und an der Weiterentwicklung dieser Agentur beteiligt; auch als schließlich 1949 aus der Fusion mit dem „Deutschen Pressedienst" (DPD) die „Deutsche Presseagentur" (dpa) hervorging, sicherte sich diese die Mitarbeit Frenzels auf vielen Ebenen.

Daheim in Augsburg zog die „Schwäbische Landeszeitung" 1947 zum ersten Mal um. Sie fand Unterkunft in einem ehemaligen Fabrikgebäude im Westen der Stadt, in der Ulmer Straße. Wohl auf der Grundlage von Verlagsangaben schreibt Kapfinger 1948 von einem „imposanten neuen Heim", von einem „modernen und allen Anforderungen des Betriebs gewachsenen Gebäude".[16]

Nach der Währungsreform, nachdem er eine eigene Zeitungslizenz erhalten hatte, schied Naumann 1948 aus dem Verlag der „Schwäbischen Landeszeitung" aus und gründete in Augsburg zunächst die „Augsburger Tagespost", die nach 14 Monaten ihr Erscheinen einstellen mußte. Auch seiner zweiten Zeitungsgründung, der „Neuen Augsburger Zeitung", war kein Erfolg beschieden; ebensowenig dem Versuch der „Süddeutschen Zeitung", für eine tägliche Augsburger Lokalausgabe genügend Leser zu finden. Alle diese Blätter vermochten die „Schwäbische Landeszeitung" in ihrem Bestand niemals zu gefährden, ein Beweis für die These, daß in „kleinen" Großstädten wie Augsburg nur eine publizistisch anspruchsvolle Tageszeitung auf Dauer lebensfähig ist.[17]

Knapp drei Jahre nach ihrem Start, am 1. September 1948, weitete Curt Frenzel, der nun als Verleger und Chefredakteur alleinige Verantwortung trug, das Verbreitungsgebiet der „Schwäbischen Landeszeitung" aus: auf die Landkreise Dillingen, Donauwörth, Günzburg, Mindelheim, Neuburg, Neu-Ulm, Illertissen, Nördlingen, Schwabmünchen und Friedberg sowie auf den Raum Buchloe. Gleichzeitig erschien das Blatt mit allen seinen Ausgaben nunmehr viermal pro Woche. Im April 1951 erfolgte der Schritt zum täglichen Erscheinen. All diesen Ausdehnungen des Verbreitungsgebietes und der Erscheinungsweise mit ihren Rückwirkungen auf die Zeitungsumfänge war das Betriebsgebäude im Westen der Stadt nicht mehr gewachsen. Auf historischem Grund [18] im Zentrum der Stadt, an der Ecke Ludwigstraße/ Kesselmarkt, begann Curt Frenzel das neue Verlags-, Redaktions- und Produktionsgebäude zu errichten. Das dritte, aber erste eigene Haus wurde im August 1956 eingeweiht und bezogen. Curt Frenzel schrieb damals, nach zehn Jahren erhalte die Zeitung endlich „eine Heimstatt, die ihrer Stellung als eine der größten deutschen Tageszeitungen entspricht". Keinen „Pressepalast" habe man bauen wollen, aber doch ein auch städtebaulich markantes Haus, dessen Gesamtanlage „ganz nach den Erfordernissen einer Zeitung gestaltet" worden sei.[19]

In den folgenden Jahren kam es im neuen Verlagshaus zu wichtigen Entscheidungen. Im November 1959 wurde der Titel der Zeitung geändert: Aus der „Schwäbischen Landeszeitung" wurde die „Augsburger Allgemeine".

---

an den amerikanischen Journalisten Anderson Dana (1819 – 1897) erinnern; gleichzeitig kürzte er die Langbezeichnung „Deutsche Allgemeine Nachrichten-Agentur" ab.

[16] Hans Kapfinger, a. a. O., S. 31 f.

[17] Diese These wird jedenfalls im Verlagshaus der „Augsburger Allgemeinen" vertreten.

[18] Nach Wolfgang Zorn entstand dieser Zeitungsbau an der Stelle der kriegszerstörten Stadthäuser der Patrizierfamilie von Stetten, die 1426 von Frankfurt/M. zugewandert war und zwischen 1633 und 1806 sechsmal den evangelischen Stadtpfleger und 151mal insgesamt städtische Amtsträger stellte, „unübertroffen in ihrem Amtseifer im Stadtdienst". (Wolfgang Zorn: Stadt der Menschen. In: Augsburg-Beilage 1985, S. 58.)

[19] Festschrift 1956, S. 15 und S. 19.

Im Jahre 1964 wurde Curt Frenzel durch den Verkauf von Anteilen des „Allgäuer" an den Fürsten von Waldburg zu Zeil überrascht. Er entschloß sich im Gegenzug zur Herausgabe von Lokalausgaben der „Augsburger Allgemeinen" in Füssen, Marktoberdorf, Kaufbeuren und Kempten. 1968, nach vierjährigem Konkurrenzkampf, gründete Curt Frenzel mit Georg Fürst von Waldburg zu Zeil, der erst ein Jahr zuvor Alleinbesitzer des „Allgäuer" in Kempten geworden war, die Allgäuer Zeitungsverlag-GmbH, die den beiden Vertragspartnern seitdem je zur Hälfte gehört; und sie vereinbarten für die Zukunft eine enge wirtschaftliche, technische sowie vor allem redaktionelle Kooperation bei der Herausgabe der „Allgäuer Zeitung" und ihrer sieben Heimatausgaben, die seitdem mit dem Mantel der „Augsburger Allgemeinen" erscheinen. Diese „großschwäbische" Lösung mit ihren neuen Besitzverhältnissen und die damit verbundene publizistische Leistung machten es möglich, aus den Auflagen der „Augsburger Allgemeinen" und der „Allgäuer Zeitung" anzeigenmäßig eine Gesamtbelegungseinheit zu bilden. Damit war deren Platz in der Spitzengruppe der deutschen Abonnementzeitungen endgültig gesichert.[20]

Am 30. Januar 1970 starb der Architekt dieses Zeitungsbaus. Heutige Besitzerin ist Ellinor Holland, die Tochter Curt Frenzels, die wiederum ihre beiden Töchter an der Gesellschaft beteiligt hat. Ihr Ehemann Günter Holland übernahm zudem die Positionen des Herausgebers und Vorsitzenden der Chefredaktion.

Schließlich fielen im Herbst 1977 zwei Entscheidungen, mit denen – wie der Geschäftsführer der Presse-Druck- und Verlags-GmbH, Dr. Hans-Georg Walter, schrieb – „ein neues Kapitel der Geschichte der ‚Augsburger Allgemeinen'" begonnen hat: Beschlossen wurden ein Neubau auf der „grünen Wiese", nunmehr weit am Ostrand des Stadtgebiets, und die Einführung einer neuen Satz-, Druck- und Versandtechnik. Die Entscheidung für ein Projekt solcher Dimension mit Investitionen bis an den Rand der Belastbarkeit des Unternehmens „fällt nicht freiwillig. Sie ist die zwingende Folge von Entwicklungen, die keine Alternative zulassen."[21] Pünktlich, wie im Planungsverfahren festgelegt, wurde die Umstellung auf die neue Technik am 1. September 1981 vollzogen. Der Umzug des Verlags mit all seinen Abteilungen von der Stadtmitte an den Stadtrand dauerte rund sechs Monate, ohne daß es zu größeren Pannen oder gar zum Ausfall auch nur einer Zeitungsnummer gekommen wäre. Der Umzug in die Curt-Frenzel-Straße 2 war ein logistisches Meisterstück. Aus Anlaß des Umzugs bemerkte Günter Holland: Wir mußten immerhin „Abschied nehmen vom Zeitalter Gutenbergs, von einer Satz- und Drucktechnik, die sich im Prinzip 400 Jahre nicht verändert hatte. Wir mußten ein Druck- und Verlagshaus verlassen, das vor 25 Jahren modern war und wie für die Ewigkeit gebaut erschien. Dort ging nichts mehr. Und zurücklassen mußten wir teure Maschinen, völlig intakt, aber ohne Chancen in der Zukunft. Sie werden jetzt verschrottet."[22]

---

20 Zur Entwicklung des Zeitungswesens im Allgäu siehe das gesonderte Porträt der „Allgäuer Zeitung".
21 Dr. Hans-Georg Walter: Der richtige Weg. In: VB 1982, S. 3.
22 Günter Holland: Aus Anlaß eines Umzugs. In: VB 1982, S. 2.

Im Hinblick auf die Zukunft, d. h. auch und vor allem im Hinblick auf die Neuen Medien, so der Geschäftsführer Dr. Walter, „schien es uns unverzichtbar, unsere Zeitung technisch so auszustatten, daß wir den Wettbewerb mit der Elektronik etwa bei Video- oder Bildschirmtext wagen können. Für uns mußte die Entscheidung zwangsläufig lauten: Errichtung eines kompletten Neubaus, der sich den veränderten technischen Gegebenheiten voll anpaßt"; außerdem Umstellung auf den modernsten Stand der Technik der Satzherstellung, des Drucks und des Versands. „Wir betraten in einigen Bereichen absolutes Neuland. In der Bundesrepublik sind wir nach Stuttgart und Hannover die dritte große regionale Tageszeitung, die mit einem Schlag eine so umfassende Umstellung auf die neue Satz- und Drucktechnik vorgenommen hat, wobei auch die Verlagsabteilungen in das elektronische Rechensystem einbezogen wurden. Dieses sogenannte ‚Online-Verfahren' bietet zwar ein Höchstmaß an Effektivität, setzt aber eine überdurchschnittliche Beherrschung der Geräte und Anlagen sowie der eingegebenen Programme durch die Mitarbeiter voraus. Diese waren schon in der Umschulungs-, erst recht aber in der Umstellungsphase außerordentlich gefordert. (...) Zur Verwirklichung der Konzepte beschritten wir einen zumindest in unserer Branche völlig neuen Weg. Weil wir davon überzeugt waren, daß ein solches Projekt auf den Sachverstand der Mitarbeiter nicht verzichten kann, praktizierten wir eine Form der Mitwirkung durch die Belegschaft, die man als ‚Augsburger Modell' bezeichnen kann. Es wurden sieben verschiedene Projektgruppen geschaffen, in denen ständig 37 Mitarbeiter vertreten waren, die für ihren Bereich besonders sachkundig waren. Bei bestimmten Detailproblemen wurden weitere Mitarbeiter hinzugezogen. So kam es, daß in der Planungs- und Bauzeit rund 100 Mitarbeiter neben den üblichen Tagesaufgaben intensiv mitgewirkt haben, die notwendigen Investitionsentscheidungen vorzubereiten und die Arbeitsabläufe so wirtschaftlich, aber auch so mitarbeiterfreundlich wie möglich zu gestalten. Der Betriebsrat war ständig in allen Projektgruppen vertreten und konnte schon frühzeitig seine Überlegungen und Wünsche zu den jeweiligen Maßnahmen zur Sprache bringen. Durch die Einbindung des Betriebsrats in die Projektgruppen war zugleich der Informationsfluß über den aktuellen Stand der Planungen und Entwicklungen zum einzelnen Mitarbeiter gewährleistet. Diese offene Art der Entscheidungsfindung, die bisher – soweit uns bekannt ist – in keinem anderen Betrieb unserer Branche vergleichbar praktiziert wurde, schuf ein hohes Maß an Motivation."[23]

Daß auch die Redaktion die neue Technik akzeptiert hat, belegen die Ergebnisse einer wissenschaftlichen Begleitforschung. Die Redaktion hatte schon frühzeitig ihre Zielvorstellungen formuliert; sie ging davon aus, daß das neue Arbeitssystem „ständig dem technischen Fortschritt angepaßt wird. Die ‚Neue Technik' soll damit in erster Linie der Arbeitserleichterung dienen und nicht einer personellen Ausdünnung".[24] Da die Redaktion in vielen Schritten der Information, der Tests, der Schulung und der praktischen Versuche an die neue Technik herangeführt wurde, zogen sich die Planungs-, Entscheidungs- und Umstellungsprozesse zwar über Jahre hin, aber schon in einer Zwischenbilanz konnte der Chef vom Dienst festhalten: „Die

23 Dr. Hans-Georg Walter: Der richtige Weg. In: VB 1982, S. 3.

24 Redaktions-Memorandum von 1978; zit. nach: Claudia Mast: Der Redakteur am Bildschirm. Konstanz 1984, S. 70.

Erwartungen sind im Gesamtergebnis weit übertroffen worden. Der große Arbeitseinsatz, der auch durch die Redaktionen ging, hat keine negative Stimmung aufkommen lassen. Unser Vorteil ist, daß das System uns bisher nicht im Stich gelassen hat. Es ist für die Redaktion nicht zu einem Schock geworden. (...) Die Kritiker in der Redaktion sind viel ruhiger und geringer geworden."[25]

Insgesamt sahen die befragten Redaktionsmitglieder die wesentlichen Vorteile der „Neuen Technik" schließlich in „genauerem Arbeiten", in einer „besseren Arbeitsorganisation" sowie im „leichteren Überblick über das Textmaterial" und im „schnelleren Ablauf der Produktion". Die Befürchtungen schließlich, „die ‚Neue Technik' beeinträchtige die Kreativität, sind nach den Einschätzungen der befragten Redakteure unbegründet, da sowohl beim Recherchieren als auch Formulieren keine Einflüsse des Redaktionssystems gesehen werden".[26] „Ich bin nicht sicher", so resümiert ein Redaktionsmitglied, „ob in der Bundesrepublik eine zweite Redaktion so behutsam und komfortabel in die ‚Neue Technik' gehen kann".[27] Auch das ist ein bemerkenswerter Superlativ zugunsten der „Augsburger Allgemeinen".

Der Umfang und die Leistungsfähigkeit der „Neuen Technik", mit der die Presse-Druck- und Verlags-GmbH in Augsburg ausgestattet ist, lassen sich nur in groben Andeutungen umreißen. Neben zwei Rollenoffset-Rotationsmaschinen für die Taschenbuchproduktion stehen 16 Bogenoffset-Druckwerke für den Werk- und Akzidenzbereich zur Verfügung. Für die Zeitungsherstellung werden vier 64seitige Offset-Rotationsmaschinen WIFAG 0F 7 eingesetzt. Diese Reihenanlage hat 70 Meter Gesamtlänge, die je Sektion bis zu 70 000 Exemplare pro Stunde mit einem Umfang von 32 Seiten in brillanter Qualität druckt. Der tatsächliche Ausstoß richtet sich jedoch nach den mit der Rotation synchron geschalteten Versandanlagen, die aus nicht weniger als 275 Einzelmaschinen, 370 Elektromotoren und einer Unzahl elektronischer Elemente zusammengesetzt sind. Jedes einzelne Exemplar des zuletzt gedruckten aktuellen Zeitungsteils kommt auf der Versandlinie zunächst zur Makulaturschleusung, wo schlechte und fehlerhafte Produkte automatisch ausgeschieden werden. Von hier aus gelangt das Druckexemplar dann zu einem der vier Komplettierungssysteme, deren Herzstück je eine Einstecktrommel ist. Eine solche Trommel nämlich stellt den Treffpunkt aller Zeitungsteile und Beilagen dar, die in der rotierenden Anlage zum Fertigprodukt zusammengefügt werden: Von Turmstapelstationen werden die bereits tagsüber produzierten „Vordrucke", Anzeigenteile etwa oder Beilagen, Wochenendmagazine oder Sonderveröffentlichungen, herangeführt; Werbeprospekte (Fremdbeilagen) werden über spezielle „Schnellanleger" zugeführt. Das ganze System ist pro Linie auf maximal 40 000 Exemplare pro Stunde ausgelegt. Ohne daß sie von Menschenhand berührt worden wären, wandern die kompletten Zeitungsexemplare schließlich zum Paketiersektor, wo sie nach Zusteller-Stückzahlen gebündelt, mit Adressen versehen, nach Zustellbezirken, Abladestellen und Fahrzeugtouren sortiert und ausgeliefert werden. Gesteuert wird diese Endstation des Versands mit den je aktuellsten Vertriebsdaten, die aus der zentralen Vertriebsdatei und der daran angeschlossenen Abonnentenverwaltung übermittelt werden. Die Einzeladressierung von Zeitungen für den Postversand kann über eine moderne Ink-Jet-Anlage mit einer Verarbeitungsgeschwindigkeit von bis

---

[25] Zit. nach Claudia Mast, a. a. O., S. 80 f.
[26] Claudia Mast, a. a. O., S. 113 und S. 139.
[27] Zit. nach Claudia Mast, a. a. O., S. 79.

Oberstdorfer Bergwacht rettet acht britische Soldaten (Bayern)

AUGSBURGER ALLGEMEINE

UNABHÄNGIGE UND ÜBERPARTEILICHE TAGESZEITUNG · AUGSBURGER ZEITUNG · AUGSBURGER POSTZEITUNG · AUGSBURGER LOKALANZEIGER

Nummer 156 • 43./136. Jahrgang — Samstag/Sonntag, 11./12. Juli 1987 — 1 B 1398 A • Ausgabe A 1 • Preis 1.40 DM

Auch in Kliniken Bayerns Aids-infiziertes Personal

Bundesgesundheitsamt: Keine Ansteckungsgefahr

KÖLN/AUGSBURG (dpa/AZ/AP). In mehreren Kliniken der Bundesrepublik arbeiten Aids-infizierte Ärzte und Pflegekräfte. Die Leiter des Münchner und Kölner Gesundheitsamtes, Kathke und Leidel, bestätigten am Freitag die Existenz solcher Fälle für ihren Bereich. Der Krankenhauszweckverband Augsburg, der in Augsburg das Zentralklinikum unterhält, teilte auf Anfrage mit, ihm lägen keine Erkenntnisse über infiziertes Personal vor. Das Bundesgesundheitsministerium betonte, ohne eine allgemeine Meldepflicht könne es keine gesicherten Erkenntnisse über den betroffenen Personenkreis geben. Das Bundesgesundheitsamt erklärte, es bestehe bei Einhaltung der allgemeinen Hygienevorschriften für die Patienten keine Gefahr der Ansteckung. (Siehe auch Politik und Hintergrund.)

Der Leiter des städtischen Gesundheitsamtes in München, Kathke, bestätigte, in mehreren Kliniken der Landeshauptstadt arbeiteten Ärzte, Schwestern und Pfleger, die Aids-infiziert seien. Er sehe keine Veranlassung dazu, Ärzte oder Pflegepersonal, die HIV-Träger seien, nicht weiterzubeschäftigen, da eine Ansteckung der Patienten ausgeschlossen sei. Das bayerische Sozialministerium und das Innenministerium in München teilten mit, ihnen lägen keine Erkenntnisse darüber vor, ob auch an anderen Krankenhäusern des Freistaats Aids-infiziertes Personal beschäftigt sei. Der Chef des Kölner Gesundheitsamtes, Leidel, sagte, es sei bisher kein einziger Fall bekannt, bei dem Aids-infizierte Ärzte oder Schwestern Patienten angesteckt hätten. Dies gelte auch umgekehrt. Er sehe bisher keine Veranlassung, grundsätzlich ein Operationsverbot für Aids-infizierte medizinische Kräfte zu erlassen. Ein Sprecher des Gesundheitsministeriums in Nordrhein-Westfalen meinte, angesichts von 20 000 bis 40 000 Aids-infizierten in

Heute

Wetter: Schwimmbäder, Eiscafes

Wochenend und Badefreuden

AZ-Bild Wolfgang Diekamp

Kanzler lädt Gorbatschow für das erste Halbjahr 1988 nach Bonn ein

Höhere Preise für Bahn-Zeitkarten

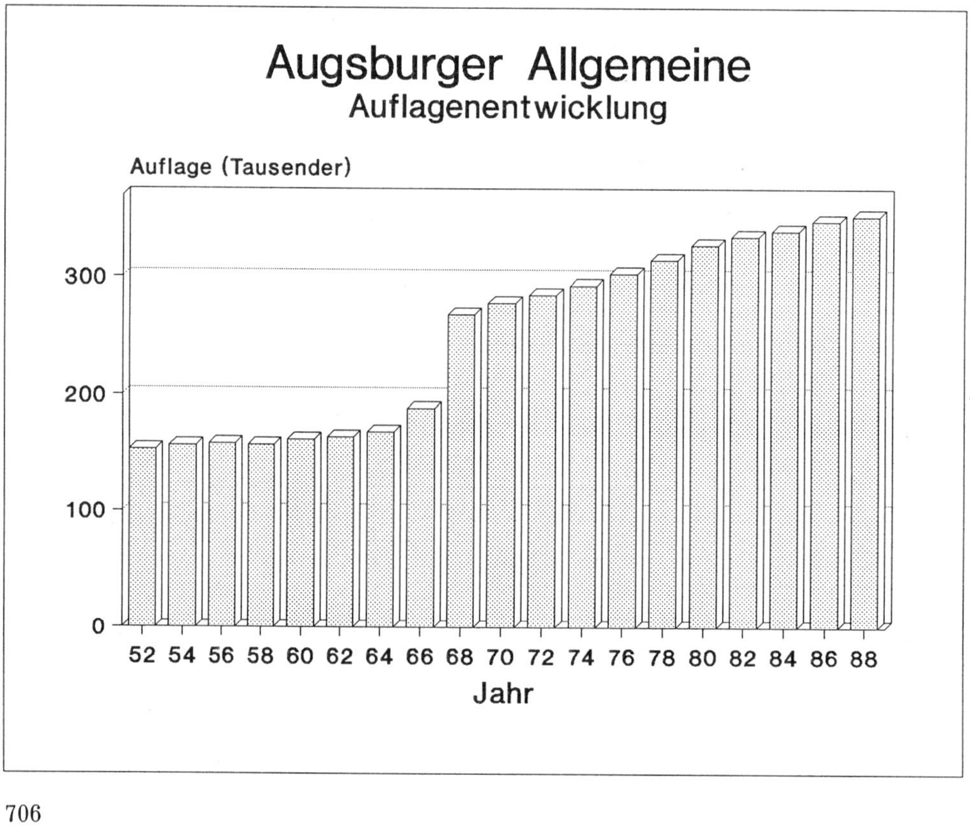

zu 30 000 Exemplaren pro Stunde erfolgen. Natürlich bleibt auch die konventionelle Einzeletikettierung möglich.

Das On-line-Vertriebssystem, kurz „OLIVER", ist ein Teil des speziell von der „Augsburger Allgemeinen" entwickelten EDV-Systems; der andere Teil mit der Kurzbezeichnung „ISA" für „Integriertes Satzsystem Augsburg" ist maßgeschneidert für die verschiedenen Anforderungen bei der Texterfassung und -bearbeitung, wie sie in der Anzeigenabteilung und in der Redaktion anfallen. Mit „ISA" sind im On-line-Betrieb auch bereits Außenstellen verbunden, insbesondere die sogenannten „Kurierredaktionen" in Aichach, Friedberg und Schwabmünchen, die ihre Arbeit für solche Teilausgaben leisten, die insgesamt zur Hauptausgabe integriert sind.[28] (Und seitdem das flotte Augsburger Pärchen „ISA" und „OLIVER" auch in Kempten unter der Bezeichnung „KISS" im Einsatz ist, zeichnet sich da ein recht zukunftsträchtiges „Dreiecks"-Verhältnis ab!) Die Qualität der Eigenentwicklungen beweist auch ihr Einsatz in zahlreichen in- und ausländischen Zeitungshäusern, die diese Programme ganz oder teilweise erworben haben.

Sicherung von Zukunfts-Chancen

Bei all diesen aufwendigen Investitionen ging und geht es dem Verlag nach eigenem Bekunden „nicht um einen neuen Markt, sondern um die Sicherung des Erreichten, um die Arbeitsplätze in unserem Haus, um das Weiterleben der Zeitung".[29] Konkret geht es hier zunächst um immerhin fast 1 300 Arbeitsplätze (nicht mitgerechnet die des Allgäuer Zeitungsverlages in Kempten), von denen rund 260 in den Außenstellen des Verbreitungsgebietes etabliert sind. Rund 530 Mitarbeiter sind im Arbeitsbereich Technik tätig, rund 490 im Arbeitsbereich Verlag und Verwaltung sowie rund 270 im Arbeitsbereich Redaktion. In dieser Bilanz mitgezählt sind etwa 60 Auszubildende, darunter 20 Redaktionsvolontäre. Am Verlagsunternehmen hängen indessen auch die Verdienstmöglichkeiten von mehr als 1 800 Zustellern und vielen Hundert freien Mitarbeitern allein im Verbreitungsgebiet des Nord-Blocks.[30] Selbstverständlich kann Technik allein die Zukunfts-Chancen einer Zeitung nicht garantieren. Dazu bedarf es auch eines wirtschaftlich starken Verlagsunternehmens und einer journalistisch überzeugenden Leistung. Dies gilt vor allem, seitdem unaufhaltsam elektronische Medien auf neuen Verbreitungswegen, in neuen Organisationsformen und mit neuen Anwendungsweisen auf den regionalen und lokalen Markt drängen, der bislang Domäne der Tageszeitung war. Auf diese Herausforderung muß die Zeitung reagieren. Nicht die zeitungsspezifisch-technische Umrüstung, etwa im Druckbereich, ist hier schon eine Antwort; eine solche deutet sich jedoch an in der für die gesamte Zeitungsproduktion grundlegenden Technik der elektronischen Datenverarbeitung, wie sie im Haus der „Augsburger Allgemeinen" eingeführt ist.

---

28 Siehe hierzu Joachim Schwegler: Vom Setzer zum Operator; ‚Hei': Brillanz in der Druckqualität; ‚Fe': Elektronik steuert den Versand. Alle in: VB 1982. Technische Daten stammen ferner aus „AZ Führungskonzept" (4.87), S. 20.

29 Günter Holland: Aus Anlaß eines Umzugs. In: VB 1982, S. 2.

30 „AZ Führungskonzept" (Stand 4.87), S. 5 f. sowie Angaben zum Stand von 1988 durch die Verlagsleitung.

Für den Einstieg in die Neuen Medien hat die Presse-Druck- und Verlags-GmbH jedoch noch weitere organisatorische und technische Vorkehrungen geschaffen. Sie hat als 100prozentige Töchter die Anbieter- und Programmgesellschaft „RADIO + TELE 1“ (RT1) sowie eine gleichnamige Produktionsgesellschaft für den Einstieg in den Lokalfunk gegründet. Seit März 1987 ist ein Radio-Angebot „der guten Laune“ und der reichhaltigen Information für den Großraum Augsburg auf Sendung. Derzeit ist das Haus außerdem beteiligt an weiteren Lokalstationen im Norden und Westen des Verbreitungsgebietes. Für die Produktion und den Sendebetrieb wurden vier Studios eingerichtet. Neben Radioprogrammen und Hörfunk-Werbespots werden hier professionell auch bereits Fernsehbeiträge (u. a. für „SAT 1“, für „RTL plus“ und andere Anstalten) sowie Dokumentationen und Werbefilme hergestellt. Insgesamt waren und sind in diesem Bereich etwa 70 Mitarbeiter fest engagiert.

Auf dem Print-Sektor hält die Presse-Druck- und Verlags-GmbH eine unangefochtene Marktstellung. Dies drückt sich auch aus in einem gleichbleibend starken Anzeigen-Aufkommen; monatlich werden im Satzsystem „ISA“ etwa 35 000 Anzeigen erfaßt; 6 535 redaktionell gestaltete Seiten standen in der Stadtausgabe 1988 immerhin 5 599 Anzeigenseiten gegenüber.[31] Diese Relation beansprucht durchaus exemplarischen Charakter. Um diese Marktposition zu halten, hat der Verlag sehr bald damit begonnen, auch eigene Anzeigenblätter herauszugeben. Diese erscheinen heute im Verbreitungsgebiet des Nord-Blocks, zugeschnitten auf die Räume der verschiedenen Heimatausgaben, in einer wöchentlichen Auflage von rund 345 000 Exemplaren. Dabei ist zu beachten, daß die konkurrierenden Anzeigenblätter anderer Unternehmen die ländlichen Verbreitungsgebiete ebenfalls durchgehend abdecken, sich aber allein im Großraum Augsburg mit einer wöchentlichen Gesamtauflage von mehr als 400 000 Exemplaren geradezu drängeln.[32]

Der Verlag hat sich eine Menge Aktionen einfallen lassen, um Leser und Inserenten ans Blatt zu binden und um seine Marktposition zu halten: Sonderseiten, Treuebände, Leserreisen, Wandertage, Preisausschreiben und Wettbewerbe, „Kavalier der Straße“, eine Aktion des Deutschen Verkehrssicherheitsrates, der die „Augsburger Allgemeine“ 1964 beigetreten ist. Nicht verwunderlich ist auch, daß das attraktive neue Zeitungshaus mit seinen technischen Finessen jährlich mehr als 5 000 Besucher zur Führung anlockt. Seine hohe Kultur- und Sozialkompetenz stellt das Verlagshaus mit drei besonderen Aktionen unter Beweis. Zum einen mit dem Lehrspiel „Wir machen eine Zeitung“, das 1973 von der „Augsburger Allgemeinen“ nach einem amerikanischen Vorbild für die Oberklassen der Hauptschule entwikkelt wurde und seitdem außerordentlichen Zuspruch findet.[33] Da ist sodann der vom Verlag 1970 gestiftete „AZ-Musik-Förderpreis“: Mit ihm werden nicht arrivierte Musiker ausgezeichnet, sondern Begabungen gesucht und tatkräftig gefördert, um „das musikalische Interesse der Jugend in unserem Land zu beleben“.[34]

Schließlich hat die „Augsburger Allgemeine“ ein soziales Hilfswerk als Dauereinrichtung etabliert, dem die Hauptgesellschafterin Ellinor Holland mit großem Engagement vorsteht. Das Hilfswerk „Kartei der Not“ hat sich aus einer bescheidenen

---

31 Alle Zahlen nach Verlagsangaben.

32 Vgl. dazu auch Martin Kluger: Das bayerische Schwaben – Entwicklung einer Presselandschaft bis zur Gegenwart. Augsburg 1981, S. 23 ff.

33 Gernot Römer: „Wir machen eine Zeitung“. In: VB 1982, S. 33.

34 Prof. Dr. Erich Valentin: AZ-Musik-Förderpreis. In: VB 1982, S. 32.

Advent-Sammlung für Gelähmte im Jahre 1965 entwickelt, die zwei Jahre später der damalige Sozialredakteur Bernhard Eichler auf „krasse Notstände von Familien und Einzelpersonen“ und auf das ganze Jahr ausdehnte. Mit massiver Unterstützung vor allem in den Lokalteilen der Zeitung ist das Hilfswerk im Laufe der Jahre zu einem Gemeinschaftswerk der Leser geworden, die „unaufhörlich Mark um Mark zusammentragen, um den Armen in ihrer Heimat zu helfen. Schützenaktionen, Fußballspiele, Tombolas, Chorkonzerte, Laientheater, Grillfeste, Schulfeiern, Turnvorführungen, Weihnachtsfeiern – kaum ein Anlaß, bei dem Menschen nicht sammeln zur Linderung der Not gleich nebenan.“[35] 16 Millionen Mark wurden bisher auf diese Weise gesammelt und restlos wieder ausgegeben für Notfälle, die von Sozialämtern und karitativen Organisationen überprüft und zur Hilfe empfohlen wurden.[36]

Den Leser zugleich zu binden und zu bewegen vermag eine Zeitung jedoch primär durch eine überzeugende publizistische Leistung. Man kann ja, wie Günter Holland zu Recht betont, nicht verschweigen, daß eine starke Marktstellung oder gar die Monopolstellung letzlich durch das „Votum der Leser“ zustandekommt und sich stabilisiert.[37] Mit dem Bezug mehrerer Agentur- und Informationsdienste, mit eigenen Redaktionsbüros in München, Bonn und Berlin sowie mit Korrespondenten an allen wichtigen Orten der Welt hat die „Augsburger Allgemeine“ gute Bedingungen für eine hohe Informationsqualität des alle ihre Ausgaben umfassenden Zeitungsmantels geschaffen. Dieser Zeitungsmantel macht mit den wichtigsten tagesaktuellen, außen- oder innenpolitischen Themen auf der ersten Seite auf. Die zweite Seite wird überwiegend als „Meinungsseite“ genutzt, die täglich eine Karikatur, drei Kommentare sowie wichtige Pressestimmen bringt. Die „Dritte Seite“ wird häufig für detailgenau recherchierte Reportagen der eigenen Mitarbeiter, für die Analyse komplexer Vorgänge (oft mittels mehrerer, sich ergänzender Beiträge zu ein und demselben Thema) oder auch für Dokumentationen verwendet. Es folgen die Seiten der klassischen Ressorts und Spezialseiten (etwa zu Fragen der Technik, der Wissenschaft, der Umwelt, der Freizeit u. a.) sowie die Rubrik „Politik und Hintergrund“, die sich bei Bedarf über mehrere Seiten hinziehen kann. Hier erhalten auch Kolumnisten jeglicher Provenienz und Couleur Gastrecht. Die Berichterstattung aus Bayern glänzt natürlich durch viele Eigenberichte aus dem Verbreitungsgebiet, weil hier die eigenen Lokalredaktionen ein außerordentlich dichtes und reiches Korrespondentennetz bilden. Auch ohne Lokalseiten noch, die für den einzelnen Leser selbstredend das „Herz der Zeitung“ bilden und auf die sogleich zurückzukommen ist, bieten also die Mantelteile rasche Information sowohl wie den Tag überdauernde Orientierung.

---

35 Wilfried Höhnke: Kartei der Not – die stille Hilfe. In: VB 1982, S. 41.
36 „Hilfe mit Herz und Verstand“. AZ-Interview mit der Kuratoriumsvorsitzenden der „Kartei der Not“, Ellinor Holland. In: „Augsburger Allgemeine“ vom 9. 7. 1987, S. 30. Ferner Verlagsangaben speziell für diese Darstellung.
37 Günter Holland: Aus Anlaß eines Umzugs. In: VB 1982, S. 2.

Die moderne „Augsburger Allgemeine“ beruft sich auf die große Zeitungstradition der Fugger-Stadt mit weltberühmten Titeln.

Allgemeine Zeitung.

Mit allerhöchsten Privilegien.

Sonnabend Nro. 172. 21 Jun. 18[illegible]

Brasilien. — Großbritannien. (Schreiben aus London.) — Frankreich. — Italien. — Deutschland. (Bundestagsverhandlungen.) — Preußen. — Oestreich. — Beilage Nro. 79. Blike auf die Leipziger Jubilatemesse. — Deutschland. — Ankündigungen.

Brasilien.

(Aus dem Courier vom 10 Jun.) Ein Paketboot aus Rio : Janeiro hat Depeschen für die englische Regierung, und gier, blos mit Ausnahme des französischen Konsuls, verbreitet. (Times.)

* London, 10 Jun. Gestern sind endlich die Hochverrä-

Der Augsburger Stadt- und Land-Bote erscheint täglich früh um 8 Uhr, Montags und Tags nach den hohen Festtagen ausgenommen.

* Expedition in Augsburg bei Buchhändler Leonh. Doll am Perlachberg.

Nro. 1.

Augsburger Stadt- u. Landbote.

Donnerstag, den 1. Juli 1852.

Preis in Augsburg, wie im ganzen Königreich vierteljährig 42 kr.

Bestellungen außer Augsburg geschehen nur bei den nächstgelegenen kgl. Postämtern.

Anzeigen werden schnell aufgenommen und kostet die dreispaltige Petitzeile od. deren Raum 2 kr.

Recht wird ewig bleiben Recht!

Gedanken über die Erschwerung der Ehe und ihre Folgen.

I.

P. W. Wenn es richtig ist, daß im vergangenen mehr. Hiezu kommt noch, daß in der Pfalz durchschnittlich mehr als doppelt so viele Mädchen schon vor Erreichung des 25. Lebensjahres unter die Haube kommen, als in Oberbayern, und daß in letzterer

Neue Augsburger Zeitung.

Die „Neue Augsburger Zeitung“ kostet in Augsburg sowie auf allen k. b. Postämtern u. Zeitungsexped. halbjährl. 1 fl. 30 kr., vierteljährl. 45 kr. — Das „Unterhaltungsblatt“ kostet vierteljährl. 15 kr.

(Stadt- und Landbote.)

Nro. 1.

Donnerstag, 17. September 1857.

Passende Beiträge werden aufgenommen und auf Verlangen honorirt. Inserate werden schleunigst aufgenommen und billigst berechnet.

Die Enthüllung des Fuggerdenkmals in Augsburg.

☐ Vom Wetter begünstigt ist diese erhabene Feier gestern Mittags vor sich gegangen. Nachdem schon Mor-

„Mit seines Geistes edlen Waffen
„Sich eine eig'ne Welt erstrebt,
„Und einen Namen sich geschaffen,
„Der Glanz und Reichthum überlebt.“

Als hierauf der Festzug unter heiterer Musik den Rückweg nach

Tradition journalistischer Unabhängigkeit

Insoweit trifft auch für die „Augsburger Allgemeine“ durchaus noch der erste Vermerk der amerikanischen Nachzensur für die „Schwäbische Landeszeitung“ vom Dezember 1945 zu; dies sei, so heißt es da, „einschließlich Sportteil (. .) eine ‚saubere‘ gutgeschriebene und ‚intelligente‘ Zeitung“.[38]

Damals war solches Wohlwollen keineswegs selbstverständlich, denn Curt Frenzel hatte von Anfang an auf unbedingte Unabhängigkeit seines Blattes gepocht; schon in der ersten Nummer kündigte er an: „Die ‚Schwäbische Landeszeitung‘ ist ein freies, unabhängiges deutsches Organ. Sie ist weder eine Zeitung der Besatzungsbehörden noch der Staatsregierung noch der Stadt Augsburg. Sie erscheint ohne jede Kontrolle und Zensur und wird von Deutschen geleitet, die allein die Verantwortung übernommen haben.“ Und als von eben dieser ersten Nummer die Offiziere der Information Control Division Abzüge der einzelnen Artikel für eine Vorkontrolle verlangten, wurden ihnen diese zwar ausgehändigt, jedoch mit der Erklärung Frenzels: „Wenn auch nur ein Komma meiner Vorlage geändert werden sollte, erscheint diese Zeitung morgen und in aller Zukunft nicht . . .“[39] Vorstöße in ähnliche Richtung unternahm Frenzel auch als DENA-Vorstandsvorsitzender; als solcher bemängelte er 1947 gegenüber den Amerikanern, daß Mißstände in der Lizenzpresse entweder furchtsam überhaupt nicht oder unsachlich in Form persönlicher Kritik behandelt würden, und daß viele Zeitungen ihre Redakteure nur unzureichend in der Formulierung von Nachrichten schulten.[40]

Die Geltung der hier angedeuteten Prinzipien untermauerte Curt Frenzel für sein eigenes Blatt durch eine mehrfache, ausdrückliche Berufung auf die große verlegerische und journalistische Zeitungstradition in Augsburg. Gemeint ist damit nicht die Tatsache, daß die „Augsburger Allgemeine“ in den Unterzeilen ihrer Hauptausgaben fast die gesamte Augsburger Pressegeschichte im Kopf führt.[41] Gemeint ist

---

38 Kurt Koszyk: Pressepolitik für Deutsche 1945 – 1949. Berlin 1986, S. 65.

39 Alle Zitate nach Alfons A. Schertl: Eine große Zeitungstradition. In: VB 1982, S. 10.

40 Kurt Koszyk: Pressepolitik für Deutsche 1945 – 1949. Berlin 1986, S. 53.

41 Die hier relevanten Ausgaben A und A 1 (siehe auch Ausgabenübersicht im ersten Abschnitt dieses Porträts) verweisen auf die neuere Pressegeschichte mit den Untertiteln: „Schwäbische Landeszeitung“ und „Augsburger Lokalanzeiger“; letzterer war womöglich das erste in Augsburg erschienene und kostenlos verbreitete Anzeigenblatt; das kurzlebige Blatt kam 1956 (Druck: Haas & Grabherr) heraus, hatte noch eine Text-Anzeigen-Relation von 3:1 und führte als Untertitel die Erläuterung: „Ein Sprachrohr der Augsburger Geschäftswelt“. Von den Titeln der älteren Pressegeschichte bedeutsam ist zum einen die „Augsburger Postzeitung“; sie wurde 1687 als katholische Zeitung gegründet, wurde am Beginn und gegen Ende des 19. Jahrhunderts weit über Bayern und Deutschland hinaus gelesen und fiel erst 1935 den Nationalsozialisten zum Opfer. Da ist sodann und zum anderen die „München-Augsburger Abendzeitung“, die erst mit dem Ende des 2. Weltkriegs ihr Erscheinen einstellen mußte; sie ist noch ein paar Jahre älter als die „Augsburger Postzeitung“; sie wurde vermutlich 1676 oder spätestens 1679 von Johann Koppmeyer als evangelische „Wochentlich-Ordinari-Post-Zeitung“ gegründet. (Siehe dazu Heinz Starkulla: Zur Geschichte der Presse in Bayern. In: 50 Jahre Verband Bayerischer Zeitungsverleger. München 1963, S. 12. Ferner H. Rink: Die „Augsburger Postzeitung“ eine der ältesten Zeitungen. In: Literarisches Institut Haas & Grabherr (Hrsg.): Die Neue Augsburger Zeitung und Augsburger Postzeitung im neuen Heim. Augsburg 1913, S. 7 ff. Schließlich: Jubiläumsausgabe „325 Jahre ‚München-Augsburger Abendzeitung‘“. Augsburg 1934. Diese Jubiläumsausgabe ist insofern ein Kuriosum, als sich das Jubiläum auf das Gründungsjahr 1609 zurückrechnet, die Zeitung ihre Herkunft konkret von der 1609 erstmals nachgewie-

vielmehr zunächst die Entscheidung der „Schwäbischen Landeszeitung", sich bewußt in die Kontinuität der früheren „Neuen Augsburger Zeitung" zu stellen, die 1852 als „Augsburger Stadt- und Landbote" gegründet wurde. 1951 hatte Curt Frenzel den Zeitungstitel nach dessen vergeblicher Wiederbelebung durch Johann Wilhelm Naumann erworben; seither findet sich auf der Augsburger Hauptausgabe eine doppelte Jahrgangszählung: Die eine weist auf 1945 zurück, die andere dagegen auf 1852, auf das Gründungsjahr der bedeutenden katholischen Volkszeitung. Allerdings konnte diese nach 75jährigem Bestehen 1927 von sich sagen, sie habe zwar dem katholischen Volksteil mehr Bewegungsfreiheit erfochten, ihren Kampf aber immer für das Daseinsrecht aller Konfessionen geführt; politisch habe sich die „Neue Augsburger Zeitung" der Parole „Für Wahrheit, Freiheit und Recht" verschrieben: „Ausgleich unter den Ständen, Ausgleich zwischen Stadt und Land war ihr stets Richtschnur ihrer politischen und sozialen Einstellung. Als größtes und bedeutendstes Blatt im Kreise Schwaben und in der Kreishauptstadt selbst konnte sie mit der konsequenten Betonung dieser Richtsätze gar oft richtunggebend eingreifen in das Rad der heimatlichen Geschicke".[42]

Von Curt Frenzel wird berichtet, für ihn sei Richtschnur und Grundsatz der redaktionellen Gestaltung seines Blattes immer gewesen, all das zu betonen und zu fördern, was die Leser eint, alles dagegen zu unterlassen, was sie trennt oder gegeneinander aufbringt.[43]

Sodann und in einer gewissen polaren Gegensätzlichkeit zur ersten steht die zweite Anknüpfung an die Zeitungstradition, die mit der Namensänderung in der ersten November-Ausgabe von 1959 vollzogen wurde. In der Begründung hierzu findet sich ein pragmatischer und ein ideeller Grund: „Wir sind es der Pressegeschichte Augsburgs schuldig, den geographischen Standort zu nennen. (...) Und mit dem Zeitungsnamen ‚Augsburger Allgemeine' wollen wir zum Ausdruck bringen, daß wir es als oberstes Prinzip betrachten, der Allgemeinheit verpflichtet zu sein und unsere Unabhängigkeit in jeder Beziehung zu wahren."[44] Mit der deutlichen Herausstellung des Hauptsitzes der Zeitung – soweit die praktische Seite der Namensänderung – sollte die häufige Zuordnung zum württembergischen Nachbarland verhindert werden, die vor allem außerhalb Bayerns nur schwer ausrottbar war und ist; außerdem waren damit auch Verwechslungen mit Zeitungen ausgeschaltet, die ebenfalls Namenskombinationen mit „schwäbisch" trugen.[45] Die Formulierung des

---

senen Wochenzeitung „Aviso" direkt ableitet, wofür es indessen keine historischen Belege gibt, auch nicht in der vorliegenden Jubiläumsnummer, in der sich hierzu lediglich S. 30 ein ziemlich vage formuliertes „Testimonial" des damaligen Ordinarius am Münchener Institut für Zeitungswissenschaft, Karl d'Ester, findet, das sich seinerseits auf eine diesbezüglich inzwischen widerlegte, ansonsten außerordentlich wertvolle historische Untersuchung von Helmut Fischer beruft.) Diese sowie zahlreiche Untertitel auch in den Heimatausgaben der „Augsburger Allgemeinen" spielen in der Regel die Rolle, Titelschutzrechte geltend zu machen.

42 O. N.: Werdegang der „Neuen Augsburger Zeitung". In: Festschrift „75 Jahre ‚Neue Augsburger Zeitung'". Augsburg 1927, S. 9.

43 Dr. Hans Drexler: Curt Frenzel und sein Werk. In: „Augsburger Allgemeine" vom 2. 2. 1970.

44 „Augsburger Allgemeine" vom 1. 11. 1959, S. 1.

45 Solche Namensverwechslungen waren durchaus möglich etwa mit der „Schwäbischen Post" aus Aalen oder mit der „Schwäbischen Donau-Zeitung" aus Ulm, beide von den Amerikanern lizenziert, insbesondere aber mit der „Schwäbischen Zeitung" aus Leutkirch, die von den Franzosen lizenziert worden war. Dabei ist zu beachten, daß die Verbreitungsge-

ideellen Grundes läßt keinen Zweifel daran, daß mit der Namensänderung die Augsburger „Allgemeine Zeitung“ von Cotta als Vorbild markiert werden sollte.

Johann Friedrich Cotta hatte seine berühmte Zeitung am 1. Januar 1798 mit dem Titel „Neueste Weltkunde“ in Tübingen erscheinen lassen; aber noch im gleichen Jahr wanderte das Blatt der Zensur wegen nach Stuttgart, aus dem nämlichen Grund 1803 ins damals noch bayerische Ulm. Als Ulm dann Württemberg zugeschlagen wurde, verlegte Cotta sein Blatt 1810 nach Augsburg. 72 Jahre später legten wirtschaftliche Gründe den letzten Umzug nach München nahe, wo das Blatt 1895 verkauft wurde. Ab 1908 erschien es nur noch wöchentlich und stellte schließlich 1917 das Erscheinen ein. Fast ein Jahrhundert lang war die „Augsburger Allgemeine“, wie Cottas Zeitung im Sprachgebrauch der Zeitgenossen kurz genannt wurde, das Blatt für das gebildete deutsche Bürgertum. Es gibt unter den bedeutenden Literaten des 19. Jahrhunderts kaum einen Namen, der nicht in der Mitarbeiterliste der Zeitung auftauchte. Vor allem aber hatte Cotta seiner Zeitung die Aufgabe gestellt, die Weltereignisse in leidenschaftsloser, wohlunterrichteter Berichterstattung zu begleiten, Weltgeschichte des Tages in zuverlässigen Urkunden und Regesten niederzuschreiben, die öffentliche Magistratur der Zeit zu sein und – wo es sein mußte – das Amt des Chores in der griechischen Tragödie für die Gegenwart zu versehen.

Wenn Curt Frenzel von der Qualität der neuen „Augsburger Allgemeinen“ sprach, so verstand er darunter „die solide und unverfälschte Tatsachenwiedergabe ohne parteipolitische Schminke, die Gründlichkeit der Darstellung trotz der Eile, die zur Zeitungsarbeit gehört, und der Vorrang der Anständigkeit und Ehrlichkeit in der Kommentierung vor billigen Effekten.“[46] Frenzels Nachfolger in der Position des Herausgebers und Chefredakteurs, Günter Holland, resümiert zum 25jährigen Jubiläum der Zeitung: „Daß die ‚Augsburger Allgemeine‘ unabhängig und überparteilich ist, glauben wir in den vergangenen 25 Jahren nachgewiesen zu haben. Ohne die Freiheit von parteipolitischen Zwängen könnten wir unseren Auftrag, um mehr Toleranz, um mehr Menschlichkeit, um mehr Gerechtigkeit besorgt zu sein, kaum erfüllen. Wir haben (..) für die Stärkung dieser immer noch labilen Demokratie zu unserem Teil einen Beitrag geleistet.“[47]

Die journalistischen Richtlinien der Cottaschen „Allgemeinen Zeitung“ scheinen durchaus das Selbstverständnis der Redaktion in der neuen „Augsburger Allgemeinen“ zu prägen. Im März 1983 hat diese Redaktion Fairness-Grundsätze formuliert, die bis heute Geltung haben. Darin wird u. a. statuiert: „Bei Befragungen ist zu bedenken, daß viele Gesprächspartner im Umgang mit der Presse nicht geübt sind. Daher dürfen sie nicht hereingelegt werden. Wir sind keine Ermittlungsbeamten. (...) Berichterstattung kann korrekt und wahr sein, aber durch Stil und Wortwahl doch eine abwertende Meinung zum Ausdruck bringen oder hämisch und verletzend wirken. Beiträge dieser Art sind nicht zulässig. (...) Die Richtigkeit und Vollständigkeit eines Berichts steht vor der Aktualität. Ein Beitrag kann erst dann ver-

biete der beiden zuletzt genannten Zeitungen unmittelbar an das Verbreitungs- bzw. Interessengebiet der „Schwäbischen Landeszeitung“ aus Augsburg angrenzten.

46 Dr. Hans Drexler: Curt Frenzel und sein Werk. In: „Augsburger Allgemeine“ vom 2. 2. 1970.

47 „Augsburger Allgemeine“ vom 30. 10. 1970, Jubiläums-Beilage.

öffentlicht werden, wenn er sorgfältig recherchiert worden ist. Dazu gehört, daß alle Betroffenen befragt werden."[48]

Der „Geist des Hauses", der in solchen Leitsätzen zum Ausdruck kommt, ist durchaus auch empirisch faßbar. Eine Befragung von Redakteuren der „Augsburger Allgemeinen" hat ergeben, daß für sie, genau: für 91 Prozent von ihnen, die Güte journalistischer Arbeit an erster Stelle von der Sorgfalt der Recherche abhängt; 57 Prozent erklärten, es sei wichtig, „Informationen und Meinungen in größere Zusammenhänge einzuordnen", und 48 Prozent hielten es für ein Qualitätskriterium, „gut und verständlich zu schreiben".[49] Die verschiedenen Auskünfte zum journalistischen Selbstverständnis bei der „Augsburger Allgemeinen" lassen sich auf den Nenner einer „aktiven Vermittlungsrolle im Bereich des lokalen und regionalen Geschehens" bringen, die hier Vorrang hat – im Gegensatz zu anderen empirischen Skizzen der Berufsauffassung, in denen „elitäre Grundhaltungen" wie die des „Kritikers und Kontrolleurs des politischen Prozesses" oder die eines „(moralischen) Erziehers" der Nation immer wieder erste Plätze in Prioritätenlisten einnehmen.[50]

Alle typischen Elemente dieses Berufsbildes eines „Vermittlers" sind in den folgenden Statements fixiert, die beide nicht ganz zufällig von Lokalredakteuren stammen: „Ich fühle mich weitgehend in einer dienenden Funktion dem Leser gegenüber, nämlich Information zu vermitteln, in den letzten Jahren immer häufiger auch Service-Funktionen zu erfüllen und eigentlich sehr gewissenhaft, sorgfältig und umfassend über das zu berichten, was im engeren Umfeld des Lesers passiert. Viel weniger und erst in zweiter Linie verstehe ich diesen Beruf in einer Art und Weise, der selbsternannte Wachhund der Öffentlichkeit zu sein." Und: „(. .) der Leser ist für mich Maßstab bei der Arbeit, nicht die Kollegen und deren Meinung zu meinem Produkt, obwohl die Versuchung immer groß ist, sich an den anderen zu messen."[51]

Ein zeitungsreiches Land

Die Tendenz zur bewußten Übernahme einer mit Sorgfalt auszufüllenden Vermittlerrolle mag im Lokaljournalisten verstärkt sein, weil dieser viel konkreter als jeder andere unter der kritischen Kontrolle des Lesers steht, weil jedenfalls ein nicht unbeträchtlicher Teil dessen, was da berichtet wird, tatsächlich auch überprüfbar ist. Mit „Hauruck-Journalismus" ist da nichts getan; der selbstkritische Journalist erfüllt da seine Aufgabe zuverlässiger als der bloß kritische; gewiß braucht er im lokalen Raum seine „guten Kontakte"; noch mehr aber braucht er Distanz, und diese letztere nicht nur nach einer Seite hin, zur Verwaltung etwa, sondern auch Distanz im „Umgang mit dem Bürger". „Sonst besteht die Gefahr, vor den Karren von Einzelpersonen oder Interessengruppen gespannt zu werden" und die Zeitung zum einseitigen Sprachrohr zu machen. „Lokalteile, die auf der Höhe der Zeit sind", „schlagen als Mittler und Vermittler Kommunikationsbrücken zwischen Bürger und Be-

[48] Fairness-Grundsätze der AZ-Redaktion vom 1. 3. 1983.
[49] Claudia Mast: Der Redakteur am Bildschirm. Konstanz 1984, S. 53.
[50] Claudia Mast, a. a. O., S. 48 f. und S. 199.
[51] Zit. nach Claudia Mast, a. a. O., S. 49 f.

hörden, geben Anstöße und Anregungen“ und werden gerade auf diese Weise „zum kritischen Bürgerforum“.[52] Die Verpflichtung zur Vermittlung der Vielfalt von Äußerungen und Meinungen im Blatt und im Lokalteil erhebt sich mit besonderer Nachdrücklichkeit, wo die Zeitung eine Alleinstellung errungen hat.[53]

Das journalistische Selbstverständnis der Lokalredaktionen ist nicht zweitrangig oder nebensächlich bei einer regionalen Zeitung, die sich de facto als ein Verbund von Heimatzeitungen präsentiert. Das Gewicht des „Lokalen“ für das Zeitungsunternehmen der „Augsburger Allgemeinen“ wird mit einer einzigen Zahl sichtbar: Während für den Mantelteil in einer beliebig herausgegriffenen Testwoche[54] knapp 80 redaktionelle Seiten produziert wurden, summieren sich in der gleichen Woche die redaktionellen Texte aller Heimat- und Teilausgaben allein im Nord-Block auf insgesamt 470 Seiten; die verschiedenen Lokalredaktionen im nördlichen Verbreitungsgebiet produzieren also beinahe das Sechsfache des Ausstoßes, der aus der Mantelredaktion kommt. Mit diesen Zahlen werden die täglichen Erfahrungen eines Lesers gewissermaßen gegen den Strich gebürstet, weil der Leser natürlich in „seinem“ Blatt jeden Tag durchschnittlich zwar 13 Mantelseiten, aber „lediglich“ 4–6 Lokalseiten vorfindet.

Große formale und inhaltliche Buntheit demonstrieren die 16 Lokalteile (wenn man in diesem Zusammenhang die Augsburger Ausgaben nur einmal zählt). Natürlich fallen bestimmte Stoffgruppen überall an; und so gibt es selbstverständlich in allen Lokalteilen Sport- und Kulturrubriken. Die üppigen Ankündigungen und Terminkalender, die für das Publikum am Ort eine bedeutsame Service-Funktion haben, firmieren unter vielerlei Kennmarken: „Im Blickpunkt“, „Notizbuch“, „Tip zum Tage“, „Wohin heute?“, „Tagesweiser“, „Heute“ usw. Es gibt viele und interessant aufgemachte Personalnachrichten; und nicht nur die Orts-Händel in Gestalt von Debatten und Diskussionen finden Beachtung, sondern auch der Orts-Handel in Kolumnen wie „Marktbummel“, „Aus den Betrieben“, „Das Schaufenster“, „Notizen aus dem Geschäftsleben“. Kommentare und Glossen mehren sich dem Wochenende zu, ohne daß man Kritisches an anderen Tagen als Ausnahme bezeichnen müßte. Eine recht schlitzohrige Lokalspitze entdeckt man häufig in der „Günzburger Zeitung“ unter dem Titel „s'Post Jörgele“. Dialekt begegnet dem Leser im übrigen relativ selten; das Nämliche gilt für Heimatgeschichte und Heimatgeschichten, wovon sich im Beobachtungszeitraum Kostproben lediglich in den „Mittelschwäbischen Nachrichten“, in der „Neu-Ulmer Zeitung“, im „Landsberger Tagblatt“ oder in der „Günzburger Zeitung“ fanden; in letzterer erfährt man Hintergründiges über Redensarten, welche die schwäbischen Grenzen längst verlassen haben, etwa über das „Herrgöttle von Biber(b)ach“. Die „Mindelheimer Zeitung“ schließlich versammelt regelmäßig vermischte und kuriose Stadtnachrichten unter der Anreißerzeile „Wissat Ihr dös au?“ Diese schwäbische Frage klingt wie die freundliche Einladung zu einem unbefangen-harmlosen „Schwätzle“, die man kaum ablehnen kann.

---

52 Winfried Striebel: Das Lokale als Bürgerforum. In: VB 1982, S. 27.

53 Vgl. Günter Holland: Aus Anlaß eines Umzugs. In: VB 1982, S. 2.

54 Als Testwoche diente die Woche vom 6.–11. Juli 1987. Die in den diversen Augsburger Ausgaben bzw. in den zur Hauptausgabe zusammengeschlossenen Teilausgaben mehrfach verwendeten Lokalseiten wurden nur einmal gezählt. Die Lokalausgaben des Süd-Blocks („Allgäuer Zeitung“) wurden hier nicht berücksichtigt.

Der Informations- und Formenreichtum der Lokalteile ist Folge eines Gestaltungs- und Produktionsprinzips, das bei der „Augsburger Allgemeinen" trotz aller technischen Fortschritte immer noch hochgehalten wird: Heimatzeitungen, genauer: deren Lokalteile, werden – von wenigen technisch bedingten Ausnahmen abgesehen – „vor Ort" hergestellt. „Für uns bedeutet das mehr als den Erhalt hochqualifizierter Arbeitsplätze in kleineren Städten. In einem Produktionsgang, der vom Schreiben der Nachricht in der Redaktion über die Texteingabe im technischen Betrieb des Heimatverlegers bis zur fertig montierten Seite reicht, erkennen wir vielmehr etwas von jener Verwurzelung im lokalen Bereich, die Grundlage der Existenz von Heimatzeitungen ist. Die Lokalredaktion schließlich erhält damit gestalterische Möglichkeiten, die zur eigenen, unverwechselbaren Art unserer Lokalteile beitragen. Denn eines wollen wir ja nicht: Uniformiertes in der journalistischen Arbeit."[55]

Gleichgültig, ob die jeweilige Heimatausgabe an einer Außenstelle des Augsburger Verlags oder in Partnerschaft mit einem ortsansässigen Heimatverleger produziert wird, das Prinzip der „Vor-Ort-Herstellung" ist immer verbunden mit einem anderen: Die journalistischen Mitarbeiter der Lokalredaktionen sind immer Angestellte der Augsburger Presse-Druck- und Verlags-GmbH und unterstehen der Chefredaktion der „Augsburger Allgemeinen". Dieser Grundsatz entspricht einer Vorkehrung zur Sicherung der journalistischen Unabhängigkeit. Unabhängigkeit nämlich muß man sich leisten können, d. h. sie bedarf des Rückhalts in der wirtschaftlichen Stärke des großen Zeitungsunternehmens.

Diese Stellung der Redaktion sowie die Gestaltung der Lokalteile am Ort sind wesentliche Punkte der Partnerschafts- und Kooperations-Verträge mit den Heimatverlegern. Von den 16 Lokalausgaben des Nord-Blocks (die Augsburger Ausgaben nur einmal gezählt) erscheinen immerhin acht im Rahmen einer derartigen Partnerschaft. Vier dieser Kooperationsverträge wurden 1948/49, weitere drei 1950/51 abgeschlossen; der jüngste Vertrag für die „Schwabmünchner Allgemeine" stammt aus dem Jahre 1955. In manchen Fällen haben sicherlich wirtschaftliche Erwägungen der alteingesessenen Heimatverleger beim Abschluß der Verträge eine Rolle gespielt. Zumeist aber war wohl das Bemühen leitend, vertraute, traditionsreiche Heimatzeitungen weiterzuführen, aber im Interesse der Leser die lokale Berichterstattung mit den journalistischen und technischen Leistungen einer bedeutenden Großstadtzeitung zu kombinieren. In allen Fällen dieses Partnerschaftsmodells bringen die Heimatverleger ihre Verlagsrechte ein und tragen gemeinsam mit dem Herausgeber der „Augsburger Allgemeinen" die Herausgeber-Verantwortung für die Heimatausgabe. Darüber hinaus erfüllen die Heimatverleger weiterhin drei genuin verlegerische Funktionen: Sie selbst oder die von ihnen angestellten Anzeigenvertreter sind verantwortlich für das gesamte lokale Anzeigengeschäft sowie für alle damit verbundenen Aufgaben der Kontaktpflege im örtlichen Wirtschaftsraum und der fachmännischen Beratung bei der Abwicklung der Aufträge. Sodann sind sie zuständig für den Aufbau und für das Funktionieren des Zeitungsvertriebes; schließlich obliegt ihnen die Pflege und die Mehrung des Abonnentenstandes. Nicht zu vergessen ist die technische Herstellung der lokalen Text- und Anzeigenseiten in den jeweils eigenen Druckereien. Auf der Grundlage von Leistung und

[55] Erich Tröndle: Blattmacher vor Ort. In: VB 1982, S. 43.

Gegenleistung sind die Heimatverleger am Erfolg ihrer Ausgaben unmittelbar beteiligt. Das verlegerische Bündnis hat sich bislang für alle Beteiligten bewährt.[56]

Es hat sich auch gelohnt für die von Augsburg aus geprägte Zeitungslandschaft. Denn da ist – mit Ausnahmen im Raume Aichach und in und um Neu-Ulm – zwar nur noch eine Zeitung für das bayerische Schwaben und die oberbayerischen Landkreise Landsberg und Neuburg. Aber diese eine Zeitung trägt immerhin in den stabilen, vertrauten Lebens- und Orientierungsräumen der Altlandkreise 15 Heimatzeitungen; und sie bewahrt damit die Reste einer reichen Zeitungskultur. Die Fixierung auf die nach Quantitäten und Qualitäten fast immer rekordverdächtige Nachrichten-, Drucker-, Verlags- und Pressemetropole Augsburg verstellt nur allzu leicht den Blick auf eine illustre und nicht minder bedeutsame Zeitungstradition im ganzen Land. Kapfinger vermerkt, daß in dem Verbreitungsgebiet, das dem Lizenzblatt „Schwäbische Landeszeitung“ zugewiesen wurde, vor 1933 nicht weniger als 46 Zeitungen erschienen seien, davon in Augsburg allein sechs Titel gleichzeitig, in mehreren, gar nicht besonders großen Kreisstädten zwei nebeneinander.[57] Nur noch in ganz wenigen Fällen ragt diese Tradition auch für den Laien sichtbar in die Gegenwart hinein. Ganze vier Heimatausgaben verweisen über die Jahrgangszählung im Zeitungskopf auf frühere Ursprünge. Gelegentlich ist auch ein Zeitungstitel selbst aus der Vergangenheit herübergeholt; manchmal lebt ein alter Zeitungsname fort in einem Untertitel. Das ist der Fall bei der „Nördlinger Zeitung“, heute „Rieser Nachrichten“, der ältesten in der Runde aller Heimatausgaben der „Augsburger Allgemeinen“; ihr Gründungsjahr ist 1787. Und 1933 existierte neben ihr noch eine „Rieser Volkszeitung“ am gleichen Ort.

Da stoßen wir ferner in Oberbayern auf das nur knapp ein Jahrzehnt jüngere „Landsberger Tagblatt“; es wurde 1796 von dem Buchdrucker Johann Friederich Ott als „Landsberger Wochenblatt für Bürger und Landleute“ ins Leben gerufen, war dann während der längsten Zeit seiner wechselvollen Geschichte, nämlich von 1834 bis 1911, im Besitz der Verlegerfamilie Kraus, die es ab Ende 1907 als „Tagblatt“ herausbrachte, um damit einem „Oberbayerischen Generalanzeiger“, der sich als Konkurrent etabliert hatte, den Rang abzulaufen. Dennoch gewann dieser „Generalanzeiger“ unter der Leitung von Martin Neumeyer, der ihn 1907 erworben hatte, die publizistische Oberhand. 1912 wurden beide Blätter nebeneinander in einer Verlagsgesellschaft zusammengeführt, zwei Jahre später wurde das ältere „Landsberger Tagblatt“ zu einem Kopfblatt des „Generalanzeigers“ (ebenso wie der „Fuchstaler Bote“ dessen Kopfblatt war); 1934 wurden noch die letzten Unterschiede zwischen den Blättern aufgehoben, und 1936 schließlich erschien die alte Zeitung unter dem neuen Titel „Landsberger Zeitung“. Bis heute aber ist der Heimatverlag im Besitz der Verlegerfamilie Neumeyer.[58]

Im ebenfalls oberbayerischen Neuburg an der Donau erschien seit 1803 als erste Heimatzeitung das „Neuburgische Wochenblatt“. Im Jahre 1880 wurde es zum „Neuburger Anzeigeblatt“ mit täglichem Erscheinen. Der seinerzeitige Landtags- und spätere Reichstagsabgeordnete Martin Loibl sen. übernahm 1910 die Direktion der Zeitung. Sein Sohn führte das Werk fort und schloß 1951 mit der „Schwäbischen Landeszeitung“ einen Partnervertrag.

---

56 Nach Verlagsangaben für diese Darstellung.

57 Vgl. Dr. Hans Kapfinger (Hrsg.): Die neue bayerische Presse. München 1948, S. 32.

58 Siehe Hans Proeger: Vom „Landsberger Wochenblatt“ zur „Landsberger Zeitung“. München 1945.

Einen Traditions-Verweis auf das Gründungsjahr 1852 führt sodann auch die „Donau-Zeitung“ aus Dillingen im Kopf, der allerdings schwer zu deuten ist. Denn als im Jahre 1865 die spätere „Schwäbische Donauzeitung“ unter dem Titel „Tagblatt für die Städte Dillingen, Lauingen, Höchststädt, Wertingen und Gundelfingen“ als katholisches Blatt gegründet wurde, geschah dies auch mit der Begründung, daß es bis dahin in Dillingen nur den liberalen „Donauboten“ gegeben hatte. Dieser besagte „Donaubote“ indessen bestand mit Sicherheit seit 1824, vermutlich jedoch bereits seit 1814, in welchem Jahr er unter dem Titel „Stadt Dilingisches Wochenblatt“ erstmals auftauchte.[59] Die „Mindelheimer Zeitung“ schließlich, die vierte, die sich nicht scheut, ihr wahres Alter anzugeben, existiert seit 1881. Ihr Untertitel markiert den Einschluß des Verbreitungsgebietes von Bad Wörishofen, wo ebenfalls bereits lange vor 1933 die „Wörishofer Zeitung“ nachweisbar ist.

Mit Fug und Recht könnten die „Mittelschwäbischen Nachrichten“, deren Heimatverlag die Buchdruckerei Ziegler in Krumbach ist, zwar nicht für den Haupttitel, aber für den Untertitel ihre Herkunft auf 1842 zurückführen; in diesem Jahr gründete Franz Josef Kober ein lithographiertes „Wochenblatt für Krumbach und Umgebung“, das von seinem Sohn weitergeführt, aber dann von dem neuen Besitzer Josef Ziegler im Buchdruck und unter dem Namen „Krumbacher Bote“ herausgebracht wurde. Ab 1884 gab es in Krumbach sogar ein zweites Blatt, nämlich den „Volksfreund“, der später in „Krumbacher Neueste Nachrichten“ umbenannt und 1935 eingestellt wurde.[60] Das Gesagte gilt gleichermaßen für die „Wertinger Zeitung“, die 1871 von dem wandernden Buchdrucker-Gesellen Georg Krauß gegründet wurde, dessen Nachfahren ebenfalls bis heute als Heimatverleger tätig sind. Der junge Krauß heiratete im übrigen eine Nichte des damaligen Münchner Erzbischofs Antonius von Steichele, der es 1882 Krauß mit einer Beihilfe ermöglichte, ein Anwesen am Marktplatz und eine moderne Druckereieinrichtung zu erwerben.[61]

Noch ein Beispiel aus der unmittelbaren Umgebung Augsburgs: In Schwabmünchen wurde seit 1878 ein „Wochenblatt“ gedruckt, ab 1900 erschien das „Schwabmünchner Tagblatt“, und 1938 übernahm Josef Oberländer die Verlagsrechte an der „Schwabmünchner National-Zeitung“. Nach dem Krieg, im Jahr 1955, schloß der Vater der heutigen Heimatverlegerin, Liselotte Foster-Oberländer, mit Curt Frenzel den Vertrag zur gemeinsamen Herausgabe einer Heimatzeitung.

Es gab jedoch bedeutende Zeitungstraditionen auch in Städten, in denen Heimatverlage heute nicht mehr existieren, in Donauwörth etwa, wo die „Donauwörther Zeitung“ und vordem das „Donauwörther Anzeigeblatt“ ihr Auskommen fanden; oder in Burgau, das erst relativ spät zu einer eigenen Zeitung kam, nämlich 1883 zum katholischen „Burgauer Anzeiger“. Vorher war Burgau von Günzburg aus mit Zeitungen bedient worden. Günzburg war vor 1933 ein Platz für nicht weniger als drei Tageszeitungen, u. a. für den „Günz- und Mindelboten“, eines der ältesten Blätter im schwäbischen Land. Es wurde unter Kaiserin Maria Theresia im Jahre 1752 in Günzburg gegründet. Günzburg war damals Residenzstadt der Markgrafschaft Burgau, die zum Territorium Vorderösterreich gehörte. Der ursprüngliche Titel die-

---

59 Vgl. hierzu: Jubiläumsausgabe der „Schwäbischen Donauzeitung“ zum 50. Jahrgang vom 13. März 1926. Ferner: Jubiläumsausgabe „Hundert Jahre ‚Donaubote‘“ vom Juli 1924.

60 Heinrich Sinz: Beiträge zur Geschichte des ehemaligen Marktes und der nunmehrigen Stadt Krumbach (Schwaben). Krumbach 1940, S. 108.

61 Siehe Jubiläumsnummer „60 Jahre ‚Wertinger Zeitung‘“ vom 14. Juli 1931.

ser Zeitung lautete: „Marggräflich Burgowisches Wochenblatt von den merkwürdigsten Begebenheiten der Staaten, des Kriegs, der Friedensschlüsse, der Literatur, der Künste und des Ackerbaus".[62]

Man müßte wohl schon so etwas wie Zeitungs-Archäologie betreiben, wollte man der schwäbischen Zeitungslandschaft lückenlos auf den Grund kommen. Daß wichtige Zugänge zu ihr offen sind, daß die schwäbische Zeitungstradition nicht tote Vergangenheit geworden, sondern wenigstens hier und dort lebendige und für die Zukunft bewahrte, papierene Magistratur unserer Zeit geblieben ist, auch das ist nicht zuletzt das Verdienst der neuen „Augsburger Allgemeinen".

(hw)

---

62 A. Wohlhaupter: Zur Geschichte des „Günz- und Mindelboten". In: Jubiläumsausgabe zum 175. Jahrgang des „Günz- und Mindelboten" vom 12. Februar 1927.

Allgäuer Zeitung

Mit der illustrierten Unterhaltungsbeilage „Algovia" und der Frauenbeilage „Für Heim und Herd"

Nebenausgaben: Lindauer Volkszeitung Kaufbeurer Volkszeitung und Tagblatt

Erscheint täglich, Sonn- und Feiertage ausgenommen. Alle Postanstalten und Postboten nehmen Bestellungen an. — Beilagen „Algovia" und „Für Heim und Herd" erscheinen infolge vorgeschriebener Papierersparnis z. Zt. nicht. — Bei Eintritt höherer Gewalten (Streik usw.) hat der Bezieher kein Anrecht auf Lieferung der Zeitung oder Rückerstattung des Bezugspreises. — Probenummern kostenlos auf Verlangen. — Rücksendung unverlangter Zuschriften erfolgt nur, wenn Rückporto beiliegt. — Hauptgeschäftsstelle: Fischerstr. Q 70. — Postscheckkonto: München 32728. Verlag und Rotationsdruck: Josef Kösel & Friedrich Pustet, Kommandit-Gesellschaft, Kempten.

Die Allgäuer Zeitung ist Publikationsorgan zahlreich. Behörden, Forstämter, Gemeinden, Bankinstitute, Genossenschaften usw. und bringt alle wichtigen amtl. Bekanntmachungen der Amtsgerichte Kempten, Immenstadt, Sonthofen, Lindau, Weiler, Füssen, Markt Oberdorf, Obergünzburg, Ottobeuren, Kaufbeuren und Memmingen, sowie der Bezirksämter Kempten, Sonthofen, Lindau, Füssen, Markt Oberdorf, Kaufbeuren u. Memmingen. — Größtes Zeitungsunternehmen im bayerischen Allgäu. — Inserate finden auf Wunsch auch in unseren beiden Nebenausgaben kostenlose Aufnahme. — Platz- und Termin-Vorschriften für Anzeigen ohne Verbindlichkeit. — Erfüllungsort und Gerichtsstand Kempten.

Bezugspreis ins Haus gebracht wöchentl. 50 Pfg., monatl. bei wertbeständ. Zahl. Mk. 1.90, durch die Post Mk. 2.25. Einzelnummer 10 Pfg. | Verantwortlich für die gesamte Schriftleitung: Franz Josef Meier, für Anzeigen und Reklamen: F. Birkhofer. | Anzeigen-Goldpreise: Die neungespaltene Zeile 15 Pfennig im Allgäu 12 Pfennig, im Textteil 60 Pfennig.

Nr. 2 Telephon-Anschluß: Redaktion Nr. 157 Geschäftsstelle Nr. 156, Verlag Nr. 158 — Donnerstag, den 3. Januar 1924 — Kath.: Genoveva, Bertila Prot.: Enoch — 69. Jahrgang

Ein goldenes Jubiläum der „Allgäuer Zeitung"

die gemäßigte venizelistische Partei Zaimis beteiligte sich nicht am Wahlakt.

So ist das Resultat der Wahlen nicht der Volkswille, und Venizelos betritt, indem er dem Ruf der kleinen Minderheit in Griechenland, die für ihn ist, folgt, als Diktator und Tyrann den Boden seines Vaterlandes. Er wird kaum Dank

---

Probe-Nummer.

Tag- und Anzeigeblatt

für Kempten und das Allgäu.

Donnerstag. № 1. 1. Januar 1863.

Zum neuen Jahr

Gedicht von Gustav Schwab.

Es geht der Wunsch, der holde Knabe,
Am neuen Jahr von Haus zu Haus,
Sieht sich in eines Jeden Habe
Wohl um, und spürt die Lücken aus;
Er eilt im Himmel zu bestellen,
Wohin er, irdisch zwar gezeugt,
Doch, wie ein Götterkind, auf schnellen
Von Lust bewegten Schwingen fleugt.

Doch Eines ist, was edle Herzen
Dem Himmelsboten anvertrau'n,
Die nicht aus Lüsten und aus Schmerzen
Des Pöbels, ihre Zukunft bau'n;
Die selbst ihr Leben nur empfinden
Als eines großen Leibes Glied,
Eins ist, was sie dem Wunsch verkünden,
Und also lautet es im Lied:

Allgäuer Neueste Nachrichten

Generalanzeiger für das Allgäu

Freie Tages-Zeitung für Stadt und Land

Die „Allgäuer Neuesten Nachrichten" erscheinen täglich mit Ausnahme der Sonn- und Feiertage. Bezugspreis: In Kempten vierteljährlich M ..., monatlich M 5.—, Zustellgebühr monatlich M —.30. Durch die Post: vierteljährlich M 15.9, monatlich M 5.30 einschl. Zustellgebühr. Preis der Einzelnummer 30 ₰.

Verantwortlicher Schriftleiter: Gotthard Herzig; für den Anzeigenteil verantwortlich: Martin Köhler, beide in Kempten im Allgäu.

In den „Allgäuer Neuesten Nachrichten" finden Anzeigen weiteste Verbreitung in Kempten und im gesamten Allgäu. Anzeigenpreis: Die 6-gespaltene 47 Millimeter breite Kolonelzeile 80 ₰ für Kempten und das Allgäu, für ausw. Anzeigen 1 M. Kleine Anzeigen aus dem Bezirk pro Kolonelzeile 70 ₰. Die 90 Millimeter breite Reklamezeile im Textteil M 2.— Bei Wiederholungen entspr. Rabatt nach Tarif. Erfüllungsort: Kempten im Allgäu. Druck und Verlag der „A. N. N." (Dr. Karl Höhn) Kempten, Ecke Salz- und Mühlstr. Tel. 75.

Nr. 237. Kath. Kalixtus — Kempten, Freitag, 14. Oktober — Prot. Burkhard — Jahrgang 1921.

Das Neueste vom Tage

* Nach einer Pressemeldung wird die amtliche Mitteilung über Oberschlesien voraussichtlich bis Sonntag erfolgen.

*

schlesische Bevölkerung auf die verfrühten Meldungen über das Schicksal Oberschlesiens gemahnt wird, Ruhe und Besonnenheit zu bewahren. Jede Herausforderung werde rücksichtslos unterdrückt werden. Die interalliierte Kommission hofft, daß sie in dem Augenblick, wo sie im Begriff steht, die ihr von den alliierten Mächten anvertraute Aufgabe zu beenden, nicht zur

Letzte Drahtberichte

Erkrankung des früheren Königs Ludwig.

—ch— München, 14. Okt. Der frühere König Ludwig, der seit Ende September auf der ungarischen Besitzung seiner verstorbenen Gemahlin in Sarvar weilt, ist

Beispiele aus der Kemptener Zeitungstradition, die weiterlebt im Namen und in den Untertiteln der heutigen „Allgäuer Zeitung".

Heimatkompetenz mit KISS-Programm: Die „Allgäuer Zeitung“

„Wir bieten mehr als Bundes- und Landespolitik, große Welt und Lokales. Das Allgäu hat bei uns seinen angestammten Platz. Unsere ‚Allgäuer Rundschau‘ reicht von der Gennach-Stadt Buchloe im Norden bis zur Kanzelwand im Kleinwalsertal; von den Märchenschlössern im Osten bis zum Schwäbischen Meer im Südwesten. Regionaljournalismus in der Ferienlandschaft Allgäu mit ihren über 500 000 Menschen, von denen täglich 350 000 unser Blatt lesen, ist besonderen Gesetzen unterworfen.“[1] Mit diesen Sätzen markiert Jürgen Stöcker, Leiter der Redaktion „Allgäuer Rundschau“ nicht nur einige wesentliche Eckdaten der „Allgäuer Zeitung“, sondern zugleich auch ihre Besonderheit, ihr Regionalprogramm nämlich. „Denn während die meisten Tageszeitungen und auch Hörfunk und Fernsehen noch am Plan für eine – wie es im Fachjargon heißt – umfassende Regionalisierung tüfteln, ist diese für die ‚Allgäuer Zeitung‘ bereits seit vielen Jahren erfolgreich praktizierte Übung“, „Redaktions-Alltag in einer nicht alltäglichen Redaktion“, wie Stökker an gleicher Stelle betont.

Das Allgäu und seine Zeitungsleser

Mit den Lokalteilen für Städte, Dörfer, Weiler und Filialen sowie mit einem sie alle umfassenden Regionalteil, der „Rundschau“ eben, präsentiert sich die „Allgäuer Zeitung“ aus Kempten den Lesern im Ost-, West-, Ober- und Unterallgäu als ihre Heimatzeitung.

Die Redaktionskonzeption enthält Gründe und Argumente für ein solches Vorgehen. „Je weiter die Erlebnisräume werden, in denen sich der moderne Mensch bewegt, um so intensiver wird seine Suche nach Heimat. Angesichts einer täglich neu hereinbrechenden Flut irritierender Neuigkeiten aus allen Ecken der Welt wächst das Bedürfnis nach einem überschaubaren Nah-Bereich. Überschaubarkeit aber ist gewährleistet, wo Informationen lückenlos und zuverlässig fließen und gegebenenfalls überprüfbar sind. Findet deshalb gerade der Heimatteil der Zeitung ein so starkes Interesse bei den Lesern? Meinungsforscher haben ermittelt, daß sein Nutzungswert bei annähernd 100 Prozent liegt. Kein anderer Teil der Zeitung genießt so viel Beachtung. (...) Das Interesse des Lesers an lokaler Information ist im Vergleich zu früher mehrschichtiger geworden. Nachrichten aus der engeren oder weiteren Nachbarschaft dienen nicht mehr nur der Befriedigung von Neugier, sondern sind heute zur wichtigen Orientierungs- und Lebenshilfe geworden. Die gerne als Chronistenpflicht bezeichnete Verbreitung von Tagesaktualitäten allein genügt längst nicht mehr. Ansprüche und Erwartungen des Bürgers sind gestiegen und verpflichten die Heimatzeitung, will sie den Titel nicht nur als dekoratives Etikett benützen, zu mehr als zum Nachdruck behördlicher Verlautbarungen.“[2]

---

1 Jürgen Stöcker: Hinter den Kulissen der Rundschau. In: Für die Zeitung von Morgen. Sonderbeilage der „Allgäuer Zeitung“ vom 28. 3. 1984, S. 11. (Kurzbeleg: SB 1984.)

2 Helmut Hojer: Informationen sind Lebenshilfe. In: SB 1984, S. 2.

Der Kemptener Redaktionsleiter, Helmut Hojer, meint, daß eine möglichst umfassende und unvoreingenommene Information über das lokale Geschehen ein notwendiger Teil der journalistischen Strategie für den Leser ist, daß sie jedoch ergänzt werden muß durch die „uneingeschränkte Bereitschaft, den Leser mit in die tägliche journalistische Arbeit einzubeziehen, ihm die Plattform zu bieten für die Artikulation seiner Sorgen und seines Zornes, seiner Ängste und seines Ärgers, aber auch seiner Hoffnung und seiner Freude".[3] Leserbriefseiten und -Rubriken sind der herkömmliche Weg zu diesem Ziel. In der „Allgäuer Zeitung" hat man sich noch andere ausgedacht und erschlossen: Die „Mobile Redaktion" vor allem, eine „Vor-Ort-Aktion", die überall auf große Zustimmung gestoßen ist[4]; mit ihr „verwirklichen unsere Lokalteile das Ziel, echtes Bürgerforum zu sein, Kommunikationsbrücken zu schlagen zwischen Bürgern und Behörden, Anstöße zu geben und Anregungen aufzugreifen. Die sogenannte ‚Lesernähe', also die Orientierung an den Interessen und Lebensbedingungen der Bürger, hier nimmt sie wie sonst nirgendwo konkret Gestalt an."[5] „Gespräche im ‚Hoigarte'-Stil" nennt ein Redaktionskollege diese Debatten, bei denen man oft mehr erfahre und höre „als dem einen oder anderen Funktionär oder Amtsträger recht ist". Aber auch das mache eine Heimatzeitung aus: Sie solle „ein allgemein anerkanntes öffentliches Forum für die verschiedensten Meinungen im Lande" sein. Daher seien in den Redaktionskonferenzen auch nicht etwa der Bundeskanzler, der Kemptener Bundesminister Kiechle oder bedeutende Allgäuer Bürgermeister die meistzitierten Leute, sondern die „Leser", deren Informationsanspruch man erfüllen müsse, auf deren Interessen man sich stets berufe.[6]

Natürlich sucht man auch bei der „Allgäuer Zeitung", die Kenntnis des Leserinteresses durch Leserforschung zu präzisieren. Aus den Ergebnissen weiß man, daß die Allgäuer fleißige Leser sind; mit 45 Minuten täglicher Zeitungslektüre rangieren sie leicht über dem Bundesdurchschnitt.[7] Und man weiß auch, daß die Leserschaft der Heimatzeitung in etwa einem repräsentativen Bevölkerungsquerschnitt entspricht – mit kleinen Abstrichen: Die jüngeren Jahrgänge sind (wie fast überall im Zeitungsbereich) leicht unterrepräsentiert; Leser aus der Landwirtschaft sind leicht überrepräsentiert, was angesichts der ländlichen Struktur des Verbreitungsgebietes nicht verwundern sollte. Glücklicherweise spielen in diesen Leserkreisen jedoch die Abbestellungen zur Erntezeit keine erhebliche Rolle mehr; besorgniserregender sind, bei dem sicher noch zunehmenden Überhang älterer Leser, die Auflageneinbußen, die aus Todesfällen resultieren.

Daher, sagt sich der Vertriebsleiter, muß eine Tageszeitung „zusätzlich zur gedruckten Nachricht ihren Lesern noch einiges bieten, um mit ihnen in Kontakt und im Gespräch zu bleiben". So organisiert die „Allgäuer Zeitung" (AZ) etwa mit dem Presse- und Künstlerball in Kempten oder mit der „Modeon-Gala" in Marktoberdorf gesellschaftliche Höhepunkte am Ort; mit Tanzparties in vielen Städten, mit Rock 'n' Roll-Turnieren, Swing- und Country-music-Konzerten, mit volkstümlichen Takten und Open-air-Veranstaltungen macht sie allen Altersgruppen wohltönende Angebote – und fördert dabei, soweit es möglich ist, Allgäuer Musiker und Bands.

---

3 ebd.
4 ebd.; siehe dazu auch die Porträts des „Allgäuer Anzeigeblattes" und des „Westallgäuer".
5 Helmut Hojer, a. a. O.
6 Siegfried Michel: Seine Majestät der Leser. In: SB 1984, S. 9.
7 ebd.

Es gibt außerdem noch AZ-Familien-Wandertage, Maibaumwettbewerbe, Ferienaktionen für Kinder, die wöchentliche Blindenzeitung auf Tonband, Wohltätigkeitsaktionen zugunsten der „Kartei der Not".[8] Gemeinsam mit dem Amtlichen Allgäuer Reisebüro, dessen Mitgesellschafter der Verlag ist, werden laufend anspruchsvolle Leserreisen ausgeschrieben.[9] Nicht zuletzt hat sich der Anfang der 70er Jahre angeschlossene AZ-Buchverlag die Förderung Allgäuer Kultur und Literatur zum Ziel gesetzt; mit den inzwischen weit über 100 (teils renommierten) Titeln dient er der Pflege der Heimatkultur ebenso wie dem Aufbau einer unschlagbaren Heimatkompetenz im Bewußtsein der Leser.[10]

Zeitungs-Variationen

Ob die Zusatzleistungen eines Verlages Wirkung erzielen können und vom Leser auch als Zusatznutzen angenommen werden, das hängt von der Qualität des Hauptproduktes ab, um dessen Förderung es letztlich geht. Der Leser will zuverlässig informiert werden. Also erwartet er zunächst einmal, daß die Zeitung pünktlich ins Haus kommt. Und das ist eine Frage der Beförderung.

Täglich werden nicht ganz 114 000 Exemplare (an Samstagen rund 117 000) der „Allgäuer Zeitung" ausgeliefert. Der größte Teil dieser Auflage, etwa zwischen 85 und 90%, geht mit überwiegend verlagseigenen Liefer- und Lastwagen in alle Teile des Verbreitungsgebietes. Fast 3 000 km ist diese nächtliche Tour insgesamt lang. Auf ihr werden mehr als 1 000 Zusteller bedient, die in den frühen Morgenstunden die Zeitung zum Leser tragen. Die Probleme dieser Zustellung liegen in der landschaftlichen Struktur des Verbreitungsgebietes: Wenig Städte, viele kleine Dörfer, weit auseinander gezogene Ortschaften, abgelegene Bauernhöfe. All dies erschwert den Vertrieb und macht ihn aufwendig. Die „Allgäuer Zeitung" ist eine Abonnementzeitung; im täglich schwankenden Einzelverkauf werden wenig mehr als 4 000 Exemplare abgesetzt; lediglich für die Wochenend-Ausgabe verdoppelt sich diese Zahl.[11]

Die Zeitungen, die da täglich ausgeliefert, zugestellt und verkauft werden, kommen zwar aus dem nämlichen Haus, laufen über die nämliche Druckmaschine, präsentieren sich mit ihrem Titelblatt dem ersten Blick als identisch; der zweite Blick auf die Zeitungsköpfe und die Zeitungsnamen zeigt jedoch: Hier wird eine Zeitung in acht Variationen produziert. Die Lokal- bzw. Bezirksausgaben spiegeln die Gliederung des Verbreitungsraumes. Dementsprechend sind auch die Auflagen-Pakete von ganz unterschiedlicher Größe, wie der folgende Überblick zeigt:

---

[8] Udo Wilhelm Spitz: Aktionen für die Leser-Familie. In: SB 1984, S. 18. Zu der Wohltätigkeitsaktion „Kartei der Not" siehe auch Porträt der „Augsburger Allgemeinen".

[9] Hermann Volkheimer: Mit der AZ in die weite Welt. In: SB 1984, S. 20.

[10] Hermann Volkheimer: 100 Bücher aus der Heimat. In: SB 1984, S. 19 f.

[11] Vgl. Klaus Eckardt: Nachts, wenn andere schlafen. In: SB 1984, S. 14; ferner diverse Verlagsmitteilungen vom 30. 7. 1987. Aus den Verlagsmitteilungen geht auch hervor, daß zwischen dem Allgäuer Zeitungsverlag, dem Süddeutschen Verlag in München und dem Springer Verlag in Hamburg ein Kooperationsvertrag für die Zustellung im Verbreitungsgebiet der „Allgäuer Zeitung" besteht; auf der Grundlage dieses Vertrags werden täglich ca. 2 000 Exemplare der „Süddeutschen Zeitung" und rund 260 Exemplare der „Welt" ausgeliefert.

Leidensgenossen gibt sie neuen Lebensmut (Dritte Seite)

ALLGÄUER ZEITUNG

KEMPTER TAGBLATT — DER ALLGÄUER

UNABHÄNGIGE UND ÜBERPARTEILICHE TAGESZEITUNG FÜR DAS ALLGÄU · AMTLICHES ORGAN SÄMTLICHER BEHÖRDEN · 43. JAHRGANG

Nummer 153 ★★★ Mittwoch, 8. Juli 1987 Preis 1.10 DM

Kein Durchbruch im Gespräch mit Gorbatschow

Differenzen mit Kreml bei Weizsäcker-Besuch

Genscher tadelt Zensur in Parteiorgan „Prawda"

MOSKAU (dec./dpa/AP). Beim Staatsbesuch Bundespräsident von Weizsäckers in Moskau hat es nicht den erhofften Durchbruch in den deutsch-sowjetischen Beziehungen gegeben. Zwar vereinbarten der sowjetische Parteichef Gorbatschow und Weizsäcker den Besuch von Außenminister Schewardnadse in Bonn, andererseits ließ Gorbatschow offen, wann er in die Bundesrepublik reisen will. Bei der zweieinhalbstündigen Unterredung, die Weizsäcker als „intensiv, ernst, offen und vertrauensvoll" bezeichnete, traten auch erhebliche Meinungsunterschiede in der Abrüstungspolitik zu Tage. Außenminister Genscher äußerte gegenüber Schewardnadse „Erstaunen" über die zensierte Wiedergabe der Weizsäcker-Rede vom Vortag in der Parteizeitung *Prawda*. (Siehe Kommentar Seite 2 und Seite 3.)

Am Ende des Gesprächs im Kreml ließ Gorbatschow „herzliche Grüße" an Bundeskanzler Kohl ausrichten, berichtete der Bundespräsident. Treffen auf so hoher Ebene sind aber noch nicht in Sicht. „Auf die eine oder andere Weise", so von Weizsäcker, solle jedoch eine Begegnung stattfinden. Ohne auf Einzelheiten wie die Abrüstung einzugehen, teilte der Bundespräsident lediglich mit, daß der Fall des in Moskau inhaftierten Sportfliegers Rust erörtert worden sei. Es sei nicht nützlich, darüber zu reden.

Die beiden Außenminister Genscher und Schewardnadse unterzeichneten gestern das Protokoll über die in den vergangenen Monaten abgeschlossenen wissenschaftlich-technischen Vereinbarungen. Damit setzten sie vier Verträge in Kraft: das am 22. Juli 1986 abgeschlossene Rahmenabkommen, den Vertrag über die friedliche Nutzung der

Zweieinhalb Stunden, eine Stunde länger als vorgesehen, sprachen Bundespräsident Weizsäcker (links) und der sowjetische Parteichef Gorbatschow miteinander. Weizsäcker bezeichnete das Gespräch als „intensiv, ernst, offen und vertrauensvoll" (in der Mitte ein Dolmetscher). Bild: AP

Die CSU will den Grünen im

Tanklastzug rast in Pizzeria

HERBORN (dpa). Ein Tanklastzug ist am späten Dienstagabend in der Innenstadt von Herborn (Lahn-Dill-Kreis) in eine Pizzeria gerast und explodiert. Nach Einschätzung der Polizei gab es ca. 30 Todesopfer und viele Verletzte.

Ein genauer Überblick über die Zahl der Opfer war bis Redaktionsschluß noch nicht möglich. Auch zwei Häuser explodierten, ein drittes sei in Brand geraten, berichtete ein Polizeisprecher. Gasleitungen seien beschädigt worden, es habe deshalb „in weiterem Umkreis" um die Unglücksstelle noch mehr Explosionen gegeben. Vorsorglich hatte die Polizei die Bevölkerung von Herborn über Rundfunk und Fernsehen aufgerufen, ihre Häuser zu verlassen. Diese Warnung wurde auch aufrechterhalten, nachdem die Gaszufuhr zu den Leitungen abgestellt worden war. Die Begründung: Es seien noch Benzindämpfe in der Luft. Ursache des Unglücks waren vermutlich heißgelaufene Bremsen.

Grünbeck beklagt sich bei Jenninger

Beschwerdebrief zu Prag-Reise

AUGSBURG (de). Der Höchstädter FDP-Abgeordnete Grünbeck hat sich jetzt schriftlich bei Bundestagspräsi-

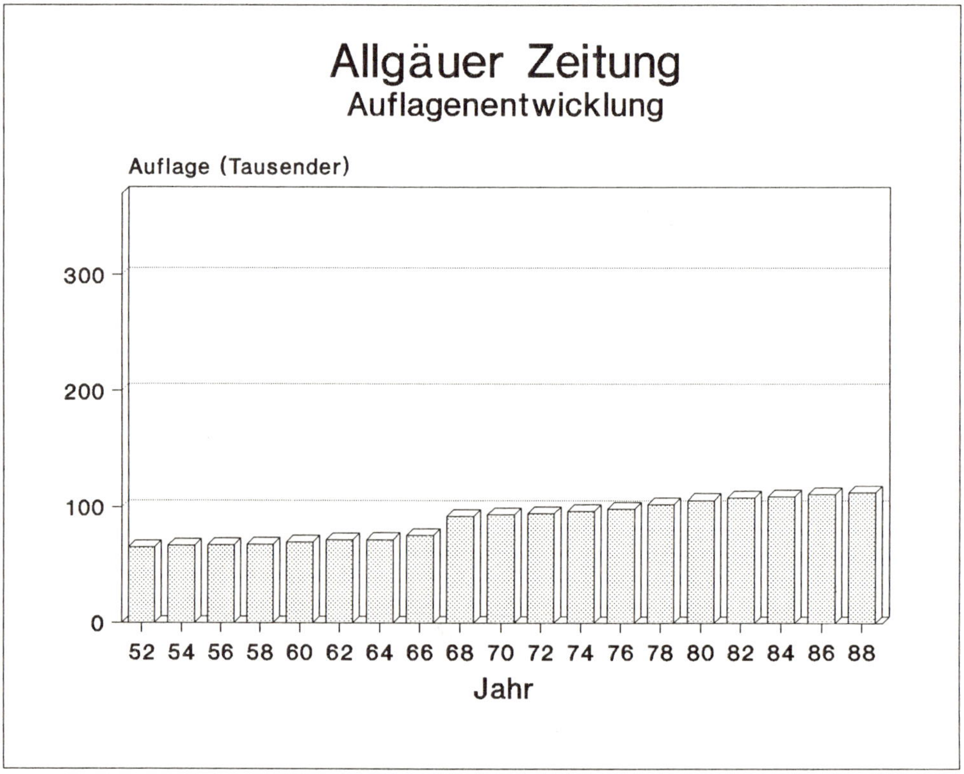

Die Ausgaben der „Allgäuer Zeitung“:

Verlags- oder Erscheinungsort	Titel der Ausgabe (Untertitel)	Verk. Aufl. 4. Q. '88
Kempten	Allgäuer Zeitung (Kempter Tagblatt) (Der Allgäuer)	26 745
Kaufbeuren	Allgäuer Zeitung (Neue Kaufbeurer Zeitung) (Neugablonzer Nachrichten)	16 560
Marktoberdorf	Allgäuer Zeitung (Marktoberdorfer Landbote) (Obergünzburger Nachrichten)	9 368
Füssen	Allgäuer Zeitung (Füssener Blatt) (Der Allgäuer)	10 647
Memmingen	Memminger Zeitung (Allgäuer Zeitung)	22 432
Weiler	Der Westallgäuer (Allgäuer Zeitung)	8 219
Immenstadt	Allgäuer Anzeigeblatt	19 709
Buchloe	Buchloer Zeitung (Allgäuer Zeitung)	(3 591)

Gelegentlich konkretisiert und differenziert eine weitere Unterzeile im Titel das jeweilige Verbreitungsgebiet. So deklariert sich die „Memminger Zeitung“ als Tageszeitung „für Memmingen und das Unterallgäu“ oder die „Buchloer Zeitung“ als „Heimatblatt für das Singold-, Gennach-, Kirchweih- und Fuchstal“. Fast immer geben Kopfzeilen auch die Richtung des Blattes an: „unabhängig“, „überparteilich“. Sie tun schließlich kund, daß hier jeweils ein „Amtsblatt“, bzw. ein „Amtliches Organ sämtlicher Behörden“ vorliegt. In drei Fällen schließlich führt die Jahrgangszählung zurück auf Anfänge im 19. Jahrhundert: Die Füssener Ausgabe existiert seit 1837, „Der Westallgäuer“ seit 1852, das „Allgäuer Anzeigeblatt“ seit 1859. Alle übrigen Blätter verzeichnen als gemeinsames Geburtsjahr 1945. Darin und im Verbund mit den Zeitungstiteln verraten sich Konturen der älteren und neueren Pressegeschichte[12] der einzelnen Allgäuer Zeitungsräume. Zum Teil sind es offensichtlich alte Heimatzeitungen, die da heute im Verbund einer großen Zeitung fortgeführt werden, die Verwandtschaft mit der „Allgäuer Zeitung“ im Untertitel dokumentierend. Zum anderen Teil, wo „Allgäuer Zeitung“ den Haupttitel bildet, weckt dieser die Erinnerung an ein viel älteres Blatt dieses Namens aus Kempten.

---

12 Zur Pressegeschichte der Zeitungsräume Weiler und Immenstadt siehe die Porträts „Der Westallgäuer“ und „Allgäuer Anzeigeblatt“.

In der Köselschen Buchdruckerei erschienen ab 1848 die „Konstitutionellen Blätter aus dem Allgäu", die von 1853 bis 1866 und dann endgültig ab 1874 „Allgäuer Zeitung" hießen. Die Richtung dieser Zeitung – schon der Verlagsname Kösel & Pustet deutet es an – war konservativ und katholisch. 1933 wurde diese Zeitung mit dem „Allgäuer Tagblatt" vereinigt und der nationalsozialistischen Kampfpresse einverleibt. Das „Allgäuer Tagblatt", 1863 ursprünglich als „Tag- und Anzeigeblatt für Kempten und das Allgäu" gegründet, erschien im Verlag Oechelhäuser und vertrat eine national-liberale Haltung. Übertroffen an Alter und Berühmtheit wurden die beiden genannten Blätter indessen von der „Kempter Zeitung". Der ursprüngliche Titel dieser frühesten Kemptener Zeitungsgründung von 1784 lautete: „Neueste Weltbegebenheiten, erzählt von einem Weltbürger". Erst ab 1841 hatten diese neuesten Erzählungen den Titel gewechselt; 1889 wurde das Blatt eingestellt. Abgesehen von den Anfangsjahren war diese Zeitung bis zu ihrem Ende von dem bedeutsamen Druck- und Verlagshaus des Tobias Dannheimer nicht nur verlegerisch, sondern über Jahrzehnte hin auch redaktionell betreut worden.[13]

Immer schon hatten die Zeitungen aus Kempten sich in den Räumen des Ostallgäus und des Unterallgäus auszudehnen und sich zu verbreiten gesucht. Der Aufbau einer Zeitung für das ganze Allgäu ist aber erst nach dem Zweiten Weltkrieg mit der von den Amerikanern lizenzierten Zeitung „Der Allgäuer" gelungen. Auf diese jüngste Phase der Allgäuer Pressegeschichte macht also der entsprechende Untertitel einiger Ausgaben, insbesondere der Kemptener Hauptausgabe, der „Allgäuer Zeitung" bis heute aufmerksam. Spuren dieser Entwicklung kann ein wacher Zeitungsleser indessen in jedem aktuellen Zeitungsexemplar bemerken.

Orientierungsangebot in drei Stufen

Der „normale" Leser, der seine Zeitung von vorne durchzublättern beginnt, wird stets den Eindruck gewinnen, er habe dieselbe „Allgäuer Zeitung" mit dem nämlichen aktuellen Inhaltsangebot in der Hand, gleichgültig, von welcher Ausgabe er ein Exemplar zieht. Ganz anders der viel zitierte und womöglich auch viel häufigere Durchschnittsleser, der sein Blatt von hinten anliest; er entdeckt sofort das Besondere, das Unverwechselbare „seiner" Zeitung, das, was sie von allen anderen Ausgaben unterscheidet: den Lokal- und Heimatteil nämlich. In der Mitte, aber nicht exakt nach der Hälfte der Seiten, sondern auf halbem Weg zwischen Nähe und Ferne, trifft der Leser auf den Allgäuer Regionalteil. Er ist allen Ausgaben der „Allgäuer Zeitung" gemeinsam und macht gleichzeitig auch ihr Spezifikum aus. Aus drei Teilen ist somit jede Ausgabe zusammengefügt: aus dem Universalteil, aus dem Regionalteil und dem Lokalteil. Das so gegliederte Angebot der allerneuesten Begebenheiten in der „Allgäuer Zeitung" erlaubt eine Drei-Schritt-Orientierung: die Orientierung im alltäglichen Erfahrungs- und Lebensraum, die Orientierung im erweiterten, regionalen Heimatraum und die Orientierung in der weiten Welt.

Entsprechend dreistufig sind auch die mit den redaktionellen Teilen verbundenen oder ihm anhängenden Anzeigenteile, die insgesamt jährlich rund 40 Prozent des

---

[13] Siehe (ohne Verf.): Beitrag zur Geschichte der Kemptener Tageszeitungen. In: „75 Jahre ‚Allgäuer Tagblatt'". Kempten 1937, S. 6.

angebotenen Seitenumfangs beanspruchen.[14] Der Vorteil solcher nach Nähe und Ferne geordneten Anzeigenteile liegt auf der Hand. Denn Anzeigen haben da eben nicht nur „Schaufenster"-Funktion, indem sie dem Verbraucher Tips und Einkaufsanregungen vermitteln oder „Vergleiche ermöglichen, die sonst nur durch den Besuch vieler Geschäfte möglich wären".[15] Anzeigen in Heimatzeitungen sind vielmehr und darüber hinaus ein willkommener Lesestoff, wenn dieser nur die Nähe zur alltäglichen Lebenswelt erkennen läßt.

Selbstverständlich ist die Ordnung des Zeitungsinhalts Ausdruck eines Zeitungskonzepts; dessen Realisierung jedoch ist abhängig von angemessenen Organisations-, Arbeits- und Verantwortlichkeitsstrukturen. Dabei fällt zunächst auf, daß die drei Zeitungsteile jeweils an drei Orten von drei verschiedenen Redaktionen produziert werden.

Der Welt-, Deutschland- und Bayernteil, also der Zeitungsmantel, mit seiner gesamten Ressortgliederung und zahlreichen Sonderrubriken stammt aus der Redaktion der „Augsburger Allgemeinen".[16] Zugespitzt könnte man darin einen neuerlichen Beweis dafür sehen, daß in Augsburg und eben nicht in Kempten die Fäden des Welt-Nachrichtennetzes zusammenlaufen – wie es schon zur Zeit der Fugger der Fall war und, mehr als ein Jahrtausend vorher, unter den Römern. Diese hatten ja zunächst vermutlich an der Stelle einer ursprünglich keltischen Iller-Siedlung das erste Kempten, „Cambodunum", errichtet, weil es günstig im Schnittpunkt aller wichtigen Heeres- und Handelsstraßen lag. Aber die Blüte dieser Römerstadt hatte keinen Bestand. Die Römer verlagerten ihre Militär-, Handels- und Nachrichtenwege, die nunmehr „Augusta Vindelicorum", das römische Augsburg, begünstigten und zur überragenden Hauptstadt Rätiens machten.[17] Seitdem liegt Kempten am Rande der weltweiten Tausch- und Nachrichtenbeziehungen.

Aber als Allgäu-Metropole hat Kempten sich Geltung verschafft, als Schul- und Kulturstadt, als Wirtschaftszentrum etwa, nicht zuletzt mit der „Allgäuer Festwoche", einer Leistungsschau des ganzen Allgäus. Schon aus den 20er Jahren resultiert der ganz inoffizielle Beiname einer „Käsemetropole", denn seinerzeit wurden hier in rascher Folge eingerichtet: die „Allgäuer Butter- und Käsebörse", die „Allgäuer Bauernschule", das „Haus der Milchwirtschaft" und eine Allgäuer „Tierzuchthalle".[18] Dort also, am zentralen Verlags- und Druckort der „Allgäuer Zeitung", in Kempten, arbeitet die Allgäu-Redaktion, die für den Regionalteil zuständig und verantwortlich ist. Den Allgäu-Stoff hat sich das zehnköpfige Redaktionsteam (Bildberichterstatter, Volontäre und Redaktionssekretariate nicht mitgerechnet) aufgeteilt: Abgesehen von der allgemeinen „Allgäu-Rundschau" mit den aktuellen Aufmachern gibt es feste Regional-Ressorts, Rubriken und Spalten für Allgäu-Sport, Allgäu-Wirtschaft und Allgäu-Kultur. „Am Rande notiert", ein regelmäßig glossierender Kommentar, „nachgefragt", eine Kombination aus Nachricht und Kurzinterview sowie „Blickpunkt Allgäu" sind wiederkehrende Orientierungsmarken für den Leser, der auf der ersten „Rundschau"-Seite eine bunte Mischung aus

---

14 Vgl. VBZV-Jahresumfangstatistiken.
15 Werner Melz: Anzeigen – das größte Schaufenster. In: SB 1984, S. 16.
16 Vgl. die detaillierte Darstellung im Porträt der „Augsburger Allgemeinen".
17 Vgl. Max Förderreuther/Martin Kellenberger: Kemptner Heimatbuch. Kempten 1932, S. 9 ff.
18 a. a. O., S. 69.

Nachrichten, Hintergrund-Stories und Reportagen serviert bekommt. Dafür stehen indessen keine Rohmaterialien aus Nachrichtenagenturen oder anderen Korrespondenzen zur Verfügung. Die Redaktion ist hier ausschließlich auf Eigenleistung und auf die Zulieferung der acht Lokalredaktionen angewiesen, die den einzelnen Heimatausgaben zugeordnet sind. Diese Lokalredaktionen fungieren als Korrespondentennetz für die „Allgäu-Rundschau", das täglich am frühen Nachmittag abgerufen wird: Was gibt es da vor Ort, etwa in Füssen, was „auch den Leser in Memmingen noch vom Stuhle reißt"?[19]

Die acht Lokalredaktionen erarbeiten und gestalten an den Erscheinungsorten der verschiedenen Ausgaben (siehe Übersicht über die Ausgaben der „Allgäuer Zeitung") die Heimatteile. Sie haben unterschiedliche Stärke; zwischen zwei (in Buchloe) und sechs Redakteure (in Kempten, Memmingen oder Kaufbeuren) hat ein solches Lokal-Team (auch hier jeweils Fotoreporter, Volontäre, Redaktionstechniker und Sekretariate nicht mitgerechnet). Unterschiedlich nach Umfang und Gliederung sind auch die produzierten Lokalteile selbst. Der kleinste findet sich in der „Buchloer Zeitung", der größte und differenzierteste in der „Memminger Zeitung". In letzterer etwa begegnet dem Leser täglich eine Lokalspitze, während in den anderen Lokalausgaben die Kommentierung aufs Wochenende konzentriert ist oder an die Berichterstattung, auch an Foto-Darstellungen, angehängt wird. Wenn man die Lokalseiten der verschiedenen Ausgaben im Detail vergleicht, so fällt bei aller Verschiedenartigkeit und Buntheit doch eine Reihe von Übereinstimmungen auf: Es gibt überall die „Mobile Redaktion"; es gibt übereinstimmende Rubriken-Bezeichnungen (wenngleich nicht überall in den nämlichen Schrifttypen); überall wird großer Wert auf die Service-Informationen gelegt, die unter der nämlichen Markierung „wo-was-wann-wer" laufen und natürlich einer rationellen Verarbeitung der ungeheuren Fülle von Ankündigungen und Terminen dienen. Offensichtlich handelt es sich also bei den Lokalteilen um Variationen eines gemeinsamen Konzeptes, das genug Spielraum für einen eigenschöpferischen Lokaljournalismus läßt (wie das Memminger Beispiel demonstriert), aber andererseits doch auch das äußere Erscheinungsbild dieser Lokalteile so deutlich mitprägt, daß diese ihre Herkunft aus dem Hause der „Allgäuer Zeitung" nicht verleugnen können.

Insgesamt zählen zum Redaktionsstab, der die regionalen und lokalen Allgäu-Teile aller Ausgaben produziert, 75 Redakteure, Fotografen, Volontäre, Redaktionstechniker und Mitarbeiter. (Das sind 16% des gesamten, 476 Köpfe zählenden Personals im Allgäuer Zeitungsverlag.) Ein kontinuierlicher, aber behutsamer Ausbau der Redaktion ist vorgesehen. Regelmäßig werden im Haus acht bis zehn Volontäre ausgebildet; das Ausbildungsprogramm schließt ein dreimonatiges Praktikum in den klassischen Ressorts der Augsburger Mantelredaktion ein. Schließlich sorgen für eine hautnahe Berichterstattung aus allen Gegenden und Vierteln des Allgäus über 800 freie Mitarbeiter, die mehr oder weniger regelmäßig nach Bedarf von den einzelnen Redaktionen eingesetzt werden.[20]

Wenn der Zeitungsleser schließlich noch einen Blick auf das Impressum seiner Ausgabe wirft, so wird ihm da bedeutet, daß den drei Zeitungsteilen und den drei Redaktionsebenen, auf denen sie hergestellt werden, auch eine gestufte redaktionelle Verantwortung durch Redaktionsleiter in Augsburg, Kempten und am jeweili-

---

19 Jürgen Stöcker: Hinter den Kulissen der Rundschau. SB 1984, S. 11.
20 Alle mitgeteilten Daten stammen aus Verlagsauskünften vom 30. 7. 1987.

gen Erscheinungsort entspricht, und daß die herausgeberische Aufgabe – für die meisten Ausgaben jedenfalls – auf drei Schultern verteilt ist: Günter Holland und Georg Fürst von Waldburg zu Zeil werden immer und stets zuerst genannt; dann folgt der Name dessen, der das lokale Verlagsrecht besitzt. Hier deuten sich ineinandergreifende Strukturen von Selbständigkeit und Kooperation an. Wie sie aussehen und wie sie entstanden sind, kann die Geschichte der neuen „Allgäuer Zeitung" erklären.

Lizenzen – mit Turbulenzen

Wie für andere Regionen auch, sah die zentralistische Lizenzpolitik der amerikanischen Besatzungsmacht für das gesamte Allgäu nach der Stunde Null eine einzige Zeitung vor. Sie sollte mit einer Auflage von knapp 67 000 Exemplaren in Kempten für die alten Landkreise Kempten, Memmingen, Marktoberdorf, Füssen und Sonthofen erscheinen. „Der Allgäuer", so der durchaus treffende Zeitungsname, kam erstmals am 13. 12. 1945 heraus. Die Lizenznummer 11 hierfür war zunächst allein Dr. Caspar Rathgeb erteilt worden.[21]

Rathgeb, 1900 in Dalkingen bei Ellwangen geboren, war als Korrespondent für mehrere katholische Zeitungen in München tätig gewesen, bevor er 1931 Redakteur des „Fränkischen Volksblatts" in Würzburg wurde und es bis zu seinem Berufsverbot 1936 blieb. Rathgeb war stark bei der Bayerischen Volkspartei engagiert gewesen und hatte 1933 die Vorstandschaft des Katholischen Männervereins in Würzburg übernommen. Einziger Lizenzträger blieb Rathgeb nur 41 Tage lang. Am 23. 1. 1946 wurde der bis dahin als politischer Redakteur des „Allgäuer" tätige Dr. Hans Falk „nachlizenziert". Falk, 1902 in Bonn geboren, war vor der Machtergreifung Wirtschaftsredakteur und Berliner Wirtschaftskorrespondent des „Hannoverschen Kurier" und später Leiter der Wirtschaftsredaktion der „Hamburger Nachrichten" gewesen, bis ihn als Halbjuden 1933 das Berufsverbot ereilte. Entsprechend der amerikanischen Lizenzpolitik sollte Falk, der der SPD nahestand, das politische Gegengewicht zum konservativen Rathgeb bilden. Falk übernahm die Aufgaben eines Chefredakteurs für den „Allgäuer".

Hier, wie in anderen Fällen auch, waren zwei Männer zur Herausgabe eine Zeitung zusammengespannt worden, die sich von Naturell und Herkunft, persönlich wie politisch fremd waren und fremd blieben. Obwohl die Unterschiede von Anfang an deutlich wurden, gelang es den beiden Lizenzträgern, unter dem Zwang der Verhältnisse und unter „der erzieherischen Aufsicht" der Militärregierung, sich in ganz wesentlichen Sachentscheidungen zu einigen.

1947 gründeten sie als gleichberechtigte Partner und Anteilseigner die Allgäuer Heimatverlag GmbH.

---

21 Vgl. Kurt Koszyk: Pressepolitik für Deutsche 1945–1949. Geschichte der deutschen Presse, Teil IV. Berlin 1986, S. 472 f. Im übrigen beruht die Darstellung der neueren Zeitungsentwicklung im wesentlichen auf Materialien aus folgenden Untersuchungen: Harold Hurwitz: Die Stunde Null der deutschen Presse. Die amerikanische Pressepolitik in Deutschland 1945–1949. Köln 1972. Hans Schneider: „Der Allgäuer". Werden und Wirken einer Heimatzeitung seit 1945. Phil. Diss. München 1952. Ulf Böhringer: Pressekonzentration als Prozeß – dargestellt am Beispiel der Zeitung „Der Allgäuer" 1964–1968. Magisterarbeit München 1978 (unveröffentlicht). Rainer Sütfeld: Die Entwicklung der 27 in Bayern lizenzierten Tageszeitungen seit 1949. Magisterarbeit München 1983 (unveröffentlicht).

Der Allgäuer

Heimatzeitung für die Städte und Landkreise
Kempten, Memmingen, Kaufbeuren, Markt Oberdorf, Füssen, Immenstadt und Sonthofen

Jahrgang 2 / Nummer 14 | Lizenz Nr. 11 der Nachrichtenkontrolle der Militär-Regierung Ost | Dienstag, 19. Februar 1946

Zum 400. Todestage Martin Luthers

Von katholischer Seite wird uns zum 400. Todestage Luthers folgende Würdigung des großen Reformators zur Verfügung gestellt:

In den ersten Morgenstunden des 18. Febr. 1546 ist Martin Luther zu Eisleben gestor-

Botschaft des Glaubens und der Hoffnung

Die erste Sitzungsperiode der UNO beendet

London, 15. Febr. Die erste Sitzungsperiode der Vollversammlung der Vereinten Nationen wurde heute morgen nach einer Dauer von 36 Tagen abgeschlossen. In seiner Schlußrede unterstrich Premierminister Attlee den bedeutenden Erfolg

Nach der Ablehnung eines weiteren Zusatzantrages von ägyptischer und russischer Seite liegt nun die Entscheidung in der indonesischen Frage bei den direkten Verhandlungen zwischen dem Generalgouver-

Truman kündigt neue Lohn- und Preispolitik an

Washington, 18. Febr. (Dana) Präsident Truman hat eine neue Lohn- und Preispolitik der Regierung angekündigt, die durch die Zuspitzung des Stahlarbeiterstreiks notwendig geworden ist.

Danach soll in Fällen, in denen eine Einigung zwischen streikenden Arbeitern und Unternehmern nicht anders möglich er-

Der Allgäuer

Heimatzeitung für die Städte und Landkreise Kempten, Memmingen, Kaufbeuren, Markt Oberdorf, Füssen, Immenstadt und Sonthofen

Jahrgang 2 / Nummer 99 · ◆ ◆ ◆ ◆ ◆ · Samstag, 14. Dezember 1946

England verlangt Genugtuung

London, 13. Dez. (DANA – Reuter) Die britische Regierung verlangt in einer Note an Albanien innerhalb 14 Tagen eine Entschuldigung der albanischen Regierung und eine Entschädigung für die Sach- und Menschenverluste, die bei Angriffen auf Schiffe der britischen Marine in der Straße von Korfu entstanden sind. Bekanntlich sind zwei britische Zerstörer in der Straße von Korfu auf Minen gelaufen und

Unser erstes Jahr

Von Dr. Hans Falk

Am 13. Dezember 1945 erschien die erste Ausgabe unserer Heimatzeitung „Der Allgäuer". Vorausgegangen war am Vormittag dieses denkwürdigen Tages im Thronsaal der Residenz zu Kempten die feierliche Ueberreichung der Lizenzurkunde an Dr. Caspar Rathgeb als Herausgeber der neuen deutschen Zeitung für das geten, eine der Wahrheit dienende, unabhängige und überparteiliche Zeitung mit klarer politischer Prägung herauszugeben.

Wahrlich keine leichte Aufgabe! Sie erfordert ein Höchstmaß von Charakterfestigkeit, Zivilcourage, beruflichem Können und Verantwortungsgefühl gegenüber dem Volksganzen. Eine

„Als Heimatzeitung will ‚Der Allgäuer' zwar in erster Linie der engeren Heimat dienen, aber zugleich auch die Herzen und Hirne aufschließen für das große Geschehen im gesamten deutschen Vaterland und darüber hinaus in aller Welt." (Dr. Hans Falk, Lizenzträger).

Schon im Geleitwort zur ersten Ausgabe des „Allgäuer" hatte Dr. Rathgeb betont, daß der „Allgäuer" „in erster Linie eine gute Heimatzeitung sein" wolle. Diese Absicht verfolgten Rathgeb und Falk im weiteren Verlauf jedoch nicht monopolistisch; vielmehr versuchten sie von Anfang an, die traditionsreichen Allgäuer Heimatzeitungs-Verlage in die Herausgabe der neuen Zeitung einzubinden. Als erste bayerische Lizenzzeitung brachte „Der Allgäuer" bereits 1946 lokal ausgerichtete Bezirksausgaben heraus, die sich wie eh und je an den Landkreisgrenzen orientierten und den großen Allgäuer Zeitungsraum gliederten.

Als im September 1949 der Lizenzzwang fiel, und auch die Altverleger ohne Kontrolle der Besatzungsmacht wieder auf den Zeitungsmarkt treten konnten, kam es im Allgäu nicht zu einem Interessenkonflikt zwischen Lizenzträgern und Altverlegern, sondern zur Festigung vertraglicher Vereinbarungen (vor allem in Immenstadt und in Weiler) oder auch zur gemeinsamen Verlagsgründung (wie im Falle der Memminger Zeitung Verlagsdruckerei GmbH, an der seitdem der Kemptener Verlag die Hälfte der Anteile hält).

Nur an zwei Stellen blieben Reibungsflächen, die später bedeutsam werden sollten: In Füssen kam ab November 1949 das „Füssener Blatt" als Konkurrenz zum „Allgäuer" wieder auf den Markt. Und obwohl die Bevölkerung sich vier Jahre lang an den letzteren hatte gewöhnen können, eroberte sich das „Füssener Blatt" relativ rasch eine Auflage von rund 4 000 Exemplaren im damaligen Landkreis Füssen. Konkurrenz entstand gleichzeitig im Gebiet Buchloe, für das die „Schwäbische Landeszeitung" aus Augsburg eine Bezirksausgabe mit dem Titel „Buchloer Anzeigeblatt" gründete. Gleichzeitig drang die „Schwäbische Landeszeitung" in den Zeitungsraum Kaufbeuren vor. Als Reaktion spaltete der „Allgäuer" von seiner Kaufbeurer Ausgabe das „Buchloer Tagblatt" ab und setzte es bewußt gegen die Augsburger Konkurrenz ein. Doch bereits ein Jahr später kam es zu Vertriebsabsprachen. Die „Schwäbische Landeszeitung" zog sich aus dem Kaufbeurer Gebiet zurück; „Der Allgäuer" nahm dafür das „Buchloer Tagblatt" vom Markt.

Solchermaßen konsolidiert und stabilisiert in seinen Verbreitungsstrukturen, ging „Der Allgäuer" scheinbar einer guten Zeitungszukunft entgegen. Im Inneren des Hauses jedoch nahmen die Turbulenzen zwischen den ungleichen Verlagspartnern kein Ende. Sie nahmen im Gegenteil unerfreuliche Formen an, die auch in der Öffentlichkeit nicht verborgen blieben. Dazu kam eine teils öffentliche, in jedem Fall aber nicht einflußlose Kritik an der politischen Orientierung des Blattes, für die nach wie vor Dr. Falk verantwortlich zeichnete.[22] Auch hatten beide Verleger in den 50er Jahren den Versuch gemacht, einen dritten Gesellschafter gewissermaßen als Puffer oder Vermittler aufzunehmen – in keinem Fall jedoch mit Erfolg.

Diese Situation traf Georg Fürst Waldburg zu Zeil an, als er Verlags- oder Druckereibeteiligungen im bayerisch-schwäbischen Raum suchte. Es gelang ihm, am 4. Januar 1964 eine Minderheitenbeteiligung am „Allgäuer" zu erwerben, der dazu im Lokalteil folgende Notiz veröffentlichte: „Fürst von Waldburg zu Zeil ist mit einem

[22] Kritik wurde geübt an der „Linkslastigkeit" der politischen Berichterstattung. Doch sind dazu die Urteile keineswegs eindeutig oder einheitlich, und der Vorwurf verdiente sicherlich genauerer Untersuchung. Denn es muß auch bedacht werden, daß Dr. Falk, der offenbar 1946 der SPD beigetreten war, „wegen seiner kritischen redaktionellen Stellungnahmen" auch zur Politik der eigenen Partei von dieser wieder ausgeschlossen wurde, wie Hans Schneider (siehe Anmerkung 21), a. a. O., S. 62 berichtet.

26prozentigen Kapitalanteil Mitgesellschafter der Allgäuer Heimatverlag GmbH in Kempten und damit auch Mitherausgeber der Tageszeitung ‚Der Allgäuer' geworden. Zugleich wurde der Generalbevollmächtigte des Fürsten, Dr. Dazert, dritter Mitgeschäftsführer der Gesellschaft. Die volle Selbständigkeit des Allgäuer Heimatverlags sowie der überparteiliche Charakter des ‚Allgäuer' bleiben gewahrt."[23]

Fast genau ein Jahr später wurde gemeldet: „Aus der Allgäuer Heimatverlag GmbH, Kempten/Allgäu, scheidet zum 1. Januar 1965 Mitverleger Dr. Hans F. C. Falk aus, der seit Frühjahr 1946 Chefredakteur und zu 50 Prozent Mitinhaber des Verlages der Tageszeitung ‚Der Allgäuer' sowie dessen Mitgeschäftsführer ist. Die Anteilsverteilung in der GmbH nach dem 1. Januar 1965 ist wie folgt: Dr. Caspar Rathgeb 40 Prozent, Georg Fürst von Waldburg zu Zeil 40 Prozent. Die GmbH selbst erwirbt 20 Prozent der Anteile."[24] Der Besitzwechsel wird schließlich vollendet im Herbst 1967. Unter der Überschrift „‚Allgäuer' jetzt zu 100 Prozent bei Fürst v. Waldburg" meldet das Verbandsorgan „ZV + ZV": „Der bisherige Verleger und Gesellschafter des ‚Allgäuer' im Kemptener Allgäuer Heimatverlag GmbH, Dr. Rathgeb, hat am 1. November seinen Anteil an S. D. Georg Fürst von Waldburg zu Zeil übertragen. Rathgeb ist aus Altersgründen ebenfalls als Geschäftsführer aus dem Allgäuer Heimatverlag ausgeschieden."[25]

Von der Konkurrenz zur Kooperation

Parallel dazu, und längst bevor der „Allgäuer" in neue Hände kam, war Bewegung in den Zeitungsmarkt gekommen. Allein die Absicht des Fürsten von Waldburg, sich am „Allgäuer" zu beteiligen, hatte die empfindliche Balance der Interessen dreier ehemaliger Lizenzzeitungen gestört. Fürst von Waldburg nämlich besaß als Komplementär auch Anteile an der „Schwäbischen Zeitung" in Leutkirch; außerdem gehörte ihm damals noch ein Anteil am Augsburger Druck- und Verlagshaus, vormals der renommierte Verlag Haas & Grabherr, der seit dem Ende des 19. Jahrhunderts u. a. die berühmte „Augsburger Postzeitung" herausgegeben hatte. Der geplante Einstieg ins Kemptener Zeitungsgeschäft gab in Verbindung mit diesen Engagements zu allerlei Gerüchten Anlaß. Da wurde im einen Fall über einen großen schwäbisch-süddeutschen Zeitungsblock „vom Schwarzwald bis zum Lech" spekuliert, zum anderen über das Konzept einer möglichen Konkurrenzzeitung in Augsburg selbst. In beiden Fällen wäre, wenngleich in unterschiedlichem Maß, das Interesse der „Augsburger Allgemeinen" unmittelbar tangiert gewesen. Daher entschloß sich deren Verleger, Curt Frenzel, zum Handeln.

Seinem Vorhaben kam zustatten, daß in Füssen das „Füssener Blatt" stagnierte, und der Verlag Holdenried sich nach einer neuen Partnerschaft umsah. Curt Frenzel bot eine solche an; bereits am 19. Juni 1964 erschien das „Füssener Blatt" erstmals in Verbindung mit der „Augsburger Allgemeinen". In den folgenden Wochen erschienen in technischer Zusammenarbeit mit örtlichen Druckereien entsprechende Zeitungsausgaben für die Verbreitungsgebiete Kaufbeuren und Marktoberdorf, und schließlich kam am 1. August 1964 in Kempten selbst das Augsburger

---

[23] Zit. nach: ZV + ZV, Nr. 6 vom 7. 2. 1964, S. 176.
[24] ZV + ZV, Nr. 49 vom 4. 12. 1964.
[25] ZV + ZV, Nr. 51/52, vom 22. 12. 1967, S. 2314.

Konkurrenzblatt unter dem Titel „Allgäuer Tagblatt“ auf den Markt. Dieser Haupttitel ebenso wie die Untertitel „Allgäuer Zeitung“ und „Kempter Zeitung“ aktualisierten fast die gesamte Kemptener Zeitungstradition, und zwar bewußt, wie ein kurzes Geleitwort „An unsere Leser“ zeigte: „Die Kemptener Ausgabe des ‚Allgäuer Tagblatts‘ wird in der Ferdinand Oechelhäuser Druck- und Verlags-GmbH hergestellt, an jener traditionsreichen Stätte, wo vor 100 Jahren zum ersten Mal das ‚Tagblatt‘ erschien, und von Redakteuren geschrieben und gestaltet, die durch ihre bisherige, vieljährige journalistische Arbeit in Kempten ihrer Allgäuer Heimat und ihren Menschen auf das engste verbunden sind.“ An gleicher Stelle wird außerdem das Allgäu als altes Interessengebiet der „Augsburger Allgemeinen“ reklamiert, denn es heißt da: „So ganz neu und unbekannt ist diese Zeitung gar nicht. Seit vielen Jahren hat die ‚Augsburger Allgemeine‘ in Kempten und im Allgäu mit ihrer Allgäuer Ausgabe einen Stamm von treuen Lesern und Abonnenten. Nicht nur aus diesem Kreis wurde immer wieder der Wunsch laut, doch einen Lokalteil mit den örtlichen Anzeigen einzubauen und noch ausführlicher aus dem gesamten Allgäu zu berichten. Diese Verbindung schafft das ‚Allgäuer Tagblatt‘ mit seiner Ausgabe für Stadt- und Landkreis Kempten.“[26]

Erstmals war „Der Allgäuer“ in seinem halben Verbreitungsgebiet mit einer wirklichen Konkurrenz konfrontiert. Doch gingen und gehen die Meinungen darüber weit auseinander, wie diese Konkurrenzsituation, die etwas mehr als vier Jahre andauerte, endgültig zu bewerten ist.[27] So ist es nicht ausgemacht, ob die Leser während der Konkurrenz-Zeit wirklich einen Gewinn an vielfältiger Information verbuchen konnten. Nach dem Urteil von Redakteuren nämlich glichen sich die Lokalseiten an und tendierten zu einer Verringerung der Kritik; obendrein machte man die Beobachtung, daß Vereine, Verbände und sonstige Interessenten schon nach kurzer Zeit begannen, die beiden Zeitungen zu ihren eigenen Gunsten gegeneinander auszuspielen.

Was die Marktpositionen der Konkurrenzblätter betrifft, so ist im Ergebnis interessant, daß das neue Blatt vom eingeführten älteren nur eine ganz geringfügige Zahl von Beziehern abwerben konnte; insgesamt verlor „Der Allgäuer“ in den Konkurrenzgebieten während der fraglichen vier Jahre lediglich 1 650 Abonnenten. Wenn in der gleichen Zeit der „Allgäu-Block“ der „Augsburger Allgemeinen“ eine Auflage von mehr als 16 000 Exemplaren erreichen konnte, so besagt dies, daß der Effekt der Konkurrenzunternehmung vornehmlich in einer Marktsättigung bestand: Die neuen Ausgaben der „Augsburger Allgemeinen“ konnten eine Leserschaft gewin-

---

26 „Allgäuer Tagblatt“ vom 1./2. August 1964, S. 1. Die starke Option des Augsburger Verlegers Curt Frenzel auf das gesamte Allgäuer Verbreitungsgebiet ist auch in einer Verbreitungskarte von 1956 dokumentiert, in der das Allgäu als Gebiet der „Überregionalen Streuung der ‚Schwäbischen Landeszeitung‘“ ausdrücklich gekennzeichnet ist. Siehe: Festschrift „Schwäbische Landeszeitung“. Ein Druck- und Pressehaus im Herzen der Stadt Augsburg. Augsburg 1956, S. 80.

27 Die später gelegentlich als „Allgäuer Zeitungskrieg“ apostrophierte Konkurrenz-Auseinandersetzung kommt viel eher einem quasi „natürlichen“ Experiment gleich, mit dem sich zeigen läßt, welche publizistischen und ökonomischen Folgen der Markteintritt eines starken Konkurrenten auszulösen vermag. Obwohl eine solche Konstellation im deutschen Medienmarkt äußerst rar ist, ihre genaue Kenntnis andererseits aber die überwiegend „reinen“ Vermutungen und Behauptungen über Konzentrationsprozesse auf den Boden der Tatsachen bringen könnte, sucht man nach einer intensiven und präzisen wissenschaftlichen Auswertung dieses „natürlichen“ Experiments auf dem Allgäuer Zeitungsmarkt bis heute vergeblich.

nen, die bislang die einzig vorhandene Lokal- oder Heimatzeitung nicht beziehen mochte. Vergleicht man die Entwicklung im Konkurrenzgebiet mit jener in der anderen Hälfte des Verbreitungsgebietes, die als eine Art „Kontrollgebiet" dieses „natürlichen" Experiments fungieren kann, weil in ihm die Alleinstellung der Ausgaben des „Allgäuer" ungefährdet blieb, so läßt sich ein weniger erfreulicher Effekt präzisieren: Im Konkurrenzgebiet partizipierte „Der Allgäuer" nicht mehr an der Erweiterung von Auflage und Anzeigenumfang, die durchschnittlich in den Alleinstellungsgebieten zu verzeichnen war.

Die Konkurrenzjahre bedeuteten, wirtschaftlich gesehen, ein Verlustgeschäft für beide beteiligten Verlagshäuser, also auch für den Allgäuer Heimatverlag, obwohl seine Vorrangstellung bis dahin nirgendwo in Frage gestellt war. Aber die Konkurrenzverhältnisse erforderten eine Erweiterung des Leistungsangebotes, insbesondere des Zeitungsumfanges, bei gleichzeitig stagnierenden Erlösen. Es war daher folgerichtig, daß Fürst von Waldburg, schon kurz nachdem er im Herbst 1967 Alleinbesitzer des „Allgäuer" geworden war und dadurch Handlungsfreiheit gewonnen hatte, in Gespräche mit Curt Frenzel in Augsburg eintrat. Überraschend schnell wurden sich die beiden Verleger im Grundsätzlichen einig. Daß sich dann die Verhandlungen doch noch fast ein Jahr, bis in den Herbst 1968 hinzogen, lag daran, daß auch die mit Kempten kooperierenden, selbständigen Heimatverleger für eine dauerhafte Lösung gewonnen werden mußten. Wenn nämlich, worin Frenzel und von Waldburg sich einig waren, künftig eine enge technische und redaktionelle Kooperation zwischen Augsburg und Kempten verwirklicht werden sollte, so konnten die auf diese Weise eröffneten Rationalisierungsmöglichkeiten nur ausgeschöpft werden, wenn auch die Heimatverleger in Immenstadt, Weiler und Memmingen zustimmten. Letztere nämlich mußten dann auf den Druck ihrer Teilauflagen zugunsten eines zentralen Druckbetriebs in Kempten verzichten; und sie sollten, wie es das in Augsburg entwickelte „Partnerschafts-Modell" vorsah,[28] die bisher autonom tätigen Lokalredaktionen dem neuen Kemptener Verlag unterstellen, also einen Teil ihrer redaktionellen Verantwortlichkeiten und der damit verbundenen Weisungsrechte abtreten. Nachdem die Heimatverleger überzeugt werden konnten, gründeten Georg Fürst von Waldburg zu Zeil und Curt Frenzel am 24. September 1968 die neue Gesellschaft Allgäuer Zeitungsverlag GmbH mit Sitz in Augsburg, deren Zweck „Verlag, Herausgabe, Druck und Vertrieb einer parteipolitisch und konfessionell unabhängigen, bewußt demokratischen Tageszeitung auf der Grundlage christlicher Weltanschauung mit dem Titel ‚Allgäuer Zeitung'"[29] sein sollte.

Alle wesentlichen Teile der neuen Lösung machten die Blätter des „Allgäu-Blocks" der „Augsburger Allgemeinen" ihren Lesern unter der Überschrift „Zeitungszusammenschluß im Allgäu" wie folgt bekannt: „Die bisher vom Allgäuer Heimatverlag Kempten und von der Presse-Druck- und Verlags-GmbH Augsburg herausgegebenen Tageszeitungen der Kreise Kempten, Füssen, Kaufbeuren und Marktoberdorf werden am 1. Oktober dieses Jahres vereinigt. In den genannten Kreisen erscheint künftig jeweils eine Tageszeitung mit dem Titel ‚Allgäuer Zeitung' und Untertiteln, die sich auf den Landkreis und Verlagsort beziehen. Um die Kooperation, die einer Leistungssteigerung der Zeitungen dient, zu ermöglichen, haben die eingangs erwähnten Verlagsunternehmen einen gemeinsamen Verlag unter dem Namen ‚All-

---

28 Siehe dazu das Porträt der „Augsburger Allgemeinen".
29 So die Satzung des AZV laut Handelsregister beim Amtsgericht Augsburg (HR B 6371).

gäuer Zeitungsverlag‘ mit je hälftiger Beteiligung geschaffen, der an die Stelle des bisherigen Allgäuer Heimatverlags in Kempten tritt. Der Allgäuer Zeitungsverlag gibt seine Zeitungen in Zusammenarbeit mit den ortsansässigen Heimatverlegern heraus. Der Verlagsgemeinschaft schließen sich auch die ‚Memminger Zeitung‘, das ‚Allgäuer Anzeigeblatt‘ in Immenstadt/Sonthofen und ‚Der Westallgäuer‘ in Weiler an. Die sieben Heimatzeitungen der neuen Verlagsgemeinschaft erscheinen in einer Gesamtauflage von etwa 90 000 Exemplaren. Sie führen einen gemeinsamen Text- und Anzeigenmantel mit der ‚Augsburger Allgemeinen‘ und einen regionalen Allgäu-Teil. Darüber hinaus hat jede Zeitung ihren eigenen lokalen Text- und Anzeigenteil. Den Lokalteil gestalten die Heimatredaktionen am Verlagsort.“[30] Der Vollständigkeit halber ist zu ergänzen, daß unter den neuen Verlagskonstellationen Kooperationsverträge auch mit den lokalen Druck- bzw. Verlagsanstalten in Füssen und Marktoberdorf erneuert wurden; dies gilt auch für Buchloe; allerdings wurde die „Buchloer Zeitung“ aus dem Ausgaben-Block der „Augsburger Allgemeinen“ ausgegliedert. Sie wurde zur achten, kleinsten und am weitesten nach Norden vorstoßenden Ausgabe der neuen „Allgäuer Zeitung“.

Hier also und auf diese Weise wurden bereits alle wichtigen Muster vorgezeichnet für die Zeitungsgestaltung, für die redaktionellen und technischen Produktionsprozesse sowie für das Erscheinungsbild der „Allgäuer Zeitung“, wie es sich bis heute bewahrt und wohl auch bewährt hat. „Der Allgäuer“ wies in seinen letzten Ausgaben vor der Umstellung die Leser ganz besonders auf diese neuen Möglichkeiten hin: Der Leser sei und bleibe am Ende der Gewinner des harten Konkurrenzkampfes. „Für den Leser bedeutet Konzentration zwar einen Verlust an Vielfältigkeit“, aber „die Konzentration bietet sich als ein Weg an, den Zeitungsbetrieb zu rationalisieren“.[31] Der Geschäftsführer des Allgäuer Zeitungsverlags, Wilfried Passeick, stellt jedenfalls fest: „Unser Unternehmen hat seit der Kooperation mit der ‚Augsburger Allgemeinen‘ und den lokalen Heimatverlagen im Jahre 1968 eine ständige kontinuierliche Aufwärtsentwicklung genommen. Dies gilt sowohl für die Abonnentenzahlen als auch für die Zeitungsumfänge.“[32]

Solche Aufwärtsentwicklung setzt natürlich den fortschrittlichen Ausbau der Technik voraus. Nach der Modernisierung der Rotationen im Zusammenhang der Verlagskooperation erfolgte ein gewaltiger Investitionsschub mit einem Volumen von 13 Mio. DM zwischen 1982 und 1984 beim Neubau der Produktionsgebäude im Zentrum Kemptens sowie mit der Modernisierung der Satz-, Druck- und Verarbeitungstechniken. Nur drei Jahre später, nämlich 1987, wurde ein Erweiterungsbau für die Etablierung der zweiten Generation moderner Satztechnik erforderlich. Dazu wurde das System KISS installiert, dessen Name im Klartext heißt: Kemptener Integriertes Satzsystem. Damit wurden die Satzsysteme der Verlagshäuser in Augsburg und Kempten kompatibel; mit KISS eröffneten sich sodann neue Möglichkeiten für die redaktionelle Textgestaltung und für den Service im Anzeigenbereich. Letzten Endes aber bringt KISS die Chance, an der Entwicklung zukünftiger

[30] „Allgäuer Tagblatt“ vom 28./29. September 1968.

[31] Siehe „Der Allgäuer“ vom 28./29. September 1968 („Eine neue Zeitung“); ferner: „Der Allgäuer“ vom 30. September 1968 („Lieber Leser ...“).

[32] Wilfried Passeick: Es geht jetzt weiter aufwärts. In: SB 1984, S. 2.

„Der Allgäuer" wahrt seine Heimat-Kompetenz heute mit den Mitteln modernster Technik.

Programme aktiv teilzunehmen; das KISS-Programm ist der erste Schritt zum Ganzseitenumbruch und zur digitalen Bildverarbeitung.[33]

Töchter für die Zukunft

Investitions- und Innovationsbereitschaft haben bisher dazu beigetragen, daß die „Allgäuer Zeitung" unangefochten die Nummer 1 im gesamten Allgäu geblieben ist. Natürlich nutzen die Leute im Allgäu außer der jeweiligen Lokalausgabe der „Allgäuer Zeitung" auch noch andere Informationsquellen. Da gibt es in Kempten und Memmingen etwa die Stadtzeitungen „Ketch up" und „Live in" und in den großen Fremdenverkehrsgebieten eine ganze Reihe von „Kur-Zeitungen"; und natürlich werden lokale Informationen auch in Gemeinde- und Kirchenblättern verbreitet. Aber solche Nachrichten- und Informationsangebote destabilisieren den Medienmarkt nicht. Denn es handelt sich durchweg um komplementäre, nicht um konkurrierende Angebote; vor allem vermag keines davon den tagesaktuellen, lokalen Alleinanbieter „Allgäuer Zeitung" zu ersetzen. Auf dem Anzeigenmarkt sieht die Lage etwas anders aus. Und mit der Etablierung eines lokalen, privaten Rundfunks könnte sich beides verändern, der Medienmarkt und der Anzeigenmarkt.

Auf dem lokalen Werbemarkt haben sich auch im Allgäu mehrere kostenlose Anzeigenblätter ganz gut eingerichtet, die in der Regel jedoch nur eine regionale Rolle spielen oder sich an spezielle Interessentengruppen wenden, wie etwa Gastronomieführer oder auch lokale Kundenzeitschriften. Eine aufmerksame Beobachtung aus der Sicht einer Tageszeitung verdienen diese und andere Publikationen allerdings schon deshalb, weil sich immer mehr Werbeträger um die Werbebudgets der Unternehmen und des Handels bemühen; in einigen Branchen beginnen jedenfalls im Wirtschaftsraum Allgäu die Ausgaben für das Werbemittel „Anzeigen" bereits zu stagnieren.

Zu einem Mitbewerber auf dem Anzeigenmarkt hat sich das Anzeigenblatt „Der Kreisbote" entwickelt. Gegen diese Konkurrenz hat der Allgäuer Zeitungsverlag schon 1982 ein eigenes Anzeigenblatt ins Leben gerufen: das Wochenblatt „Allgäu-Expreß". Es ist eine hundertprozentige Tochter der „Allgäuer Zeitung", „bunt und munter" im Boulevardstil aufgemacht, von einer eigenen Redaktion gestaltet, auf rosafarbenem Papier gedruckt und wird – das Westallgäu ausgenommen – im gesamten Erscheinungsgebiet der Tageszeitung beigelegt sowie darüber hinaus, mit einer Zusatzauflage von rund 65 000 Exemplaren, auch an alle Haushalte verteilt, die von der „Allgäuer Zeitung" nicht erreicht werden. Mit einer Haushaltsabdekkung von rund 75 Prozent ist die Heimatzeitung der attraktivste Werbeträger geblieben. Dies drückt sich auch darin aus, daß 1986 bereits mehr als 50 Mio. Exemplare Fremdbeilagen mit der Zeitung in die Bezieher haushalte transportiert wurden; seit 1980 hat sich damit das Aufkommen solcher Beilagen mehr als verdoppelt.[34]

---

33 Siehe „Allgäuer Zeitung" vom 23. 5. 1987: Zweite EDV-Generation im Allgäuer Zeitungsverlag. (Interview mit Artur Trunzer, Produktionsleiter beim AZV.)

34 Alle Angaben laut Auskunft der Anzeigenabteilung der „Allgäuer Zeitung" vom Juli 1987. Vgl. dazu auch Werner Melz: Anzeigen – das größte Schaufenster. In: SB 1984, S. 16.

Der Herausforderung durch den Lokalfunk, die aktuell und konkret vorerst in Gestalt von Lokalradios im gesamten Verbreitungsgebiet auftritt, begegnete der Zeitungsverlag ebenfalls mit einer Tochter, die beim Publikum durchaus Anklang fand: Mit der Tochtergesellschaft „RTA", oder ausgeschrieben „Radio Tele Allgäu", präsentierte sich der Verlag bereits sehr früh als Programmanbieter. Ein im Jahre 1984 erarbeitetes Konzept sah „RTA" zunächst als Mittelpunkt eines sternförmigen, allgäu-weiten Netzes von lokalen, verlagseigenen Hörfunkstationen vor. Dafür wurden Redaktionen aufgebaut, die alsbald auch in einen kreativen Wettbewerb mit der Zeitung aus dem eigenen Haus eintraten. Im Verbreitungsgebiet Kempten ist „RTA" seit Februar 1986 im Kabel und seit Dezember 1986 auch terrestrisch auf Sendung. In Kaufbeuren tat sich „RTA" zu einer Anbietergemeinschaft mit der „Neuen Welle Ostallgäu" (NWO) zusammen und profilierte sich mit gemeinsamer Senderkennung unter gemeinsamem Dach als „Radio Ostallgäu". Das inhaltliche Konzept sah überall viel aktuelle und lokale Information vor, mit einer Verteilung von etwa 30 Prozent Wort und 70 Prozent Musik. Aber weder das ursprüngliche Konzept, noch die bereits funktionierende Kooperation ließen sich endgültig verwirklichen. Verantwortlich dafür sind geänderte Frequenzplanungen, restriktive Entscheidungen zu Lasten der Zeitungsverlage sowie Vernetzungsverbote in der bayerischen Medienpolitik. Weil die Bayerische Landesmedienzentrale in der Zusammenarbeit von „RTA" und „NWO" im Sendegebiet Kaufbeuren eine unerwünschte Monopolstellung entstehen sah, mußte die Kooperation aufgegeben, neuen Anbietern Zugang gewährt und eine funktionierende Redaktion personell wieder abgebaut werden. Obwohl also das Rundfunkengagement im Sommer 1987 vorerst zurückgefahren werden mußte, hat „RTA" sich doch mit einem Qualitätsmaßstab profilieren können, der von bloßem „Disco-Funk" nicht ohne weiteres verwischt werden kann. Daher ist es wohl richtig, wenn Geschäftsführer Wilfried Passeick betont, „RTA" habe das „Hauptziel, nämlich einen Fuß in der ‚Hörfunktür' zu haben und den Werbemarkt nicht fahrlässig anderen zu überlassen, zweifellos erreicht".[35]

Der Allgäuer Zeitungsverlag hält sich also mit seinen Marktaktivitäten auf der Linie, die der Verleger und Herausgeber Günter Holland 1984 bereits vorgezeichnet und unterstrichen hat: „Am Aufbruch in die Medienlandschaft von morgen beteiligen wir uns. Es wäre fatal zu glauben, daß die neuen Medien wie Kabelfernsehen und Bildschirmtext nicht auch in den regionalen und lokalen Raum vorstoßen werden. Diesem Wettbewerb müssen und wollen wir uns stellen. Aber wir hätten nicht in Kempten und Augsburg gewaltige Summen investiert, wenn wir nicht an die Zukunft der Zeitung glaubten. In der ständig steigenden Flut unüberschaubarer Informationen und Daten wird dieses vertraute, stets greifbare Medium noch mehr als bisher Wegweiser sein für den verwirrten Menschen."[36]

(hw)

---

[35] Wilfried Passeick: Geschäftsverlauf 1987 für AZV und RTA. In: „AZ intern", II/1987, S. 2.
[36] Günter Holland: Investitionen für die Zukunft. In: SB 1984, S. 2.

Für das „Völkchen hinter den Bergen“: „Allgäuer Anzeigeblatt“

„Es sind der Jahre noch nicht viele her, wo man das Allgäu nur dem Namen nach gekannt, und wo man die Allgäuer als ein munteres Völkchen hinter den Bergen wähnte, das im Winter schlafe, und im Sommer einige Viehzucht treibe. Ganz anders urtheilt man jetzt unten im Flachland vom Allgäu und seinen Bewohnern. Im Jahre 1853 hat die erste Locomotive hineingedampft in die Berge, und die Thäler mit ihrem gellenden Pfiff zu einem neuen Leben aufgeweckt. Damals begann das Allgäu das Fest einer neuen Ära.

Seit jener Zeit wurde das Allgäu aufgeschlossen wie eine alte Burg, um jene Schätze abzugeben, die es Jahrtausende in seinem dunkeln Schoß geborgen; seit jener Zeit wurde dem frohen Bergbewohner von seinen Höhen eine Fernsicht eröffnet, welche die bisherige in Allem übertraf.

Während das Produkt der Berge bisher nur für das naheliegende Hügel- und Flachland berechnet war, wird es jetzt von dem dampfenden Rosse in alle Theile der Welt getragen ...

Das Allgäu hat ein neues Kleid gewonnen, und reiht sich nun stolz und hehr den anderen Gauen des Vaterlandes an. Wer sollte sich dessen im Allgäu nicht von Herzen freuen? Wer sollte, begeistert von diesem edlen Stolze, die Gelegenheit verabsäumen, welche Mittel biethet, das Wohl des Allgäus zu vermehren, dessen Namen groß zu machen und zu erhalten?

Könnte man das Erscheinen des vorliegenden Wochenblattes nicht als eine solche Gelegenheit im Kleinen betrachten?! Dasselbe dürfte wohl als eine nützliche Frucht des Aufblühens des Allgäus mit Freuden begrüßt werden.

Man gibt sich deßhalb der angenehmen Hoffnung hin, daß diesem Blatte nicht nur Unterstützung durch noch zahlreiche Abonnements zugewendet, sondern daß dasselbe, gerade zum Zwecke der Förderung gewerblicher und industrieller Interessen des Allgäus, mit einschlägigen Artikeln, Anzeigen und Bekanntmachungen in recht zahlreichem Maße beehrt werde.“[1]

Die Zeitungs-Tüftler

Mit diesem Leitartikel über „Das Allgäu und seine Bewohner“ präsentierte sich am 2. April 1859 die erste Nummer eines „Wochenblattes für die Landgerichtsbezirke Immenstadt und Sonthofen“. Und mit dem Blatt stellten sich zwei Männer vor, welche die Idee dieser Zeitung ausgedacht, den Plan nach allen Seiten durchgespielt und höchstselbst die erforderlichen Markterkundungen vorgenommen hatten. Seit Wochen hatten die beiden von Immenstadt aus Pfarrer und Bürgermeister, die Herren Doktores und Apotheker, die Handwerker und Geschäftsleute und auch die

---

1 „Wochenblatt für die Landgerichtsbezirke Immenstadt und Sonthofen“, Nr. 1 vom 2. April 1859, S. 1 f. (Faksimiledruck des Verlags J. Eberl KG).

Maler, Vergolder, Gottesacker-Mesner und Steindrucker war Franz Xaver Glötzle, der 1859 die erste Nummer eines lithographierten Wochenblattes in Immenstadt herausbrachte. Aber schon damals wollten die Leute die Handschrift nicht gerne lesen ...

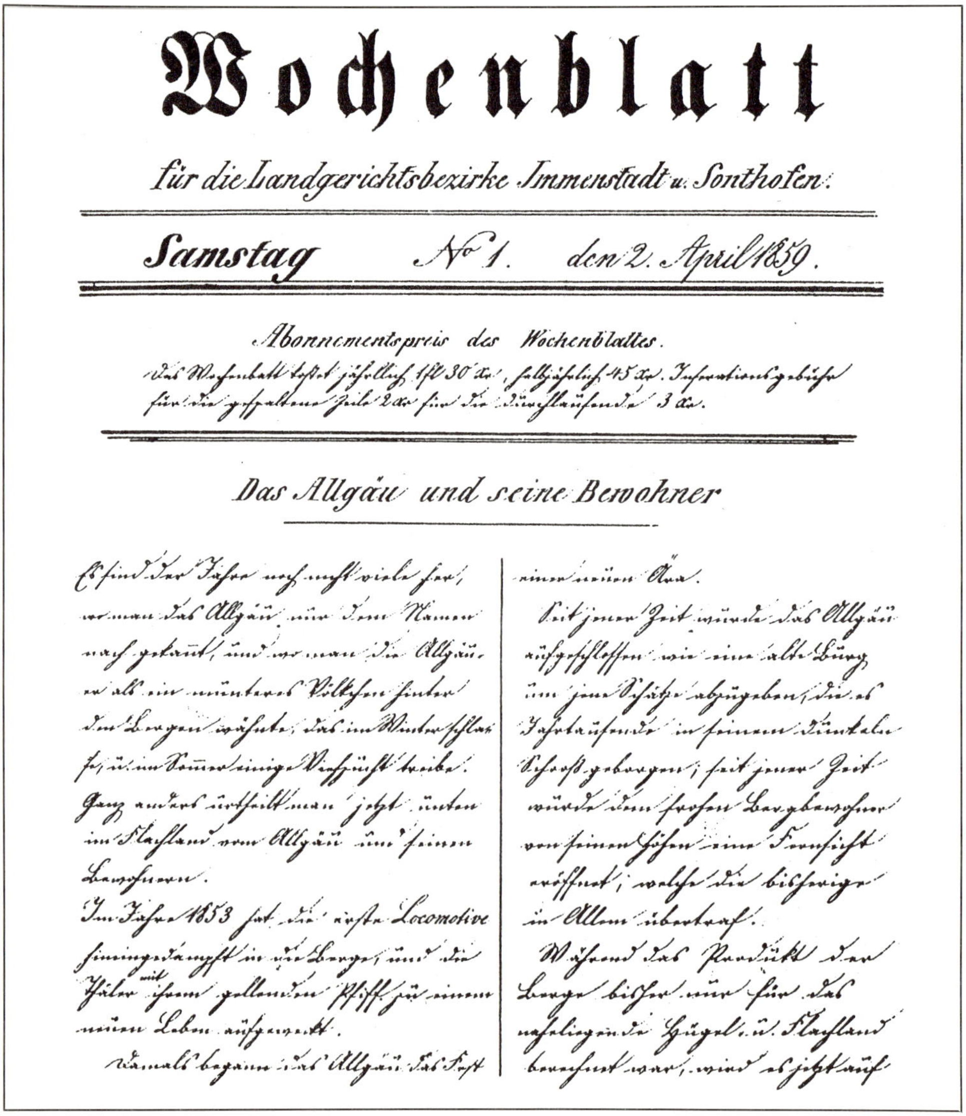

Wochenblatt

für die Landgerichtsbezirke Immenstadt u. Sonthofen.

Samstag № 1. den 2. April 1859.

Abonnementspreis des Wochenblattes.

Das Wochenblatt kostet jährlich 1 fl 30 kr, halbjährlich 45 kr. Insertionsgebühr für die gespaltene Zeile 2 kr für die Durchlaufende 3 kr.

Das Allgäu und seine Bewohner

Es sind der Jahre noch nicht viele her, wo man das Allgäu nur dem Namen nach gekannt, und wo man die Allgäuer als ein munteres Völkchen hinter den Bergen wähnte, das im Winter schlafe, und im Sommer einige Viehzucht treibe.

Ganz anders urtheilt man jetzt unten im Flachland vom Allgäu und seinen Bewohnern.

Im Jahre 1853 hat die erste Locomotive hineingedampft in die Berge, und die Thäler mit ihrem gellenden Pfiff zu einem neuen Leben aufgeweckt.

Damals begann das Allgäu das Fest einer neuen Aera.

Seit jener Zeit wurde das Allgäu aufgeschlossen wie eine alte Burg um ihre Schätze abzugeben, die es Jahrtausende in seinem dunkeln Schooß geborgen; seit jener Zeit wurde dem frohen Bergbewohner von seinen Höhen eine Fernsicht eröffnet, welche die bisherige in Allem übertraf.

Während das Produkt der Berge bisher nur für das naheliegende Hügel- u. Flachland berechnet war, wird es jetzt auf-

Bauern in den Gemeinden des Oberen Allgäus auf teils beschwerlichen Wegen aufgesucht, um Abonnements und Anzeigen zu werben, oder doch wenigstens die Bereitschaft zu solcher Unterstützung für das Wochenblatt-Unternehmen auszuforschen. Auf solche „Marktanalysen“ bauend, hatten sie nun ihren Plan in die Tat umgesetzt.

Der eine, Franz Xaver Glötzle, besorgte als Kopf des Unternehmens den Verlag und den mühsamen Steindruck des Blattes.[2] Glötzle war Künstler und Realist zugleich. 1816 in Kempten geboren, war er als junger Mann nach Immenstadt zugewandert. Er fristete ein bescheidenes, aber zufriedenes Leben vom Absatz seiner Landschafts-Aquarelle und religiösen Bildmotive, für die auch in Bauernstuben immer ein Platz war; er versuchte sich in Porzellan-, Faß- und Ölmalerei; er beschäftigte sich mit Gravurtechnik und Lithographie; er druckte Briefköpfe, die kleine Ansichten von Sonthofen und Immenstadt als Bildschmuck trugen; und er hatte auch einigen Erfolg mit Landschaftspostkarten. 1841 heiratete er und hatte bald eine große Familie mit sechs Kindern zu ernähren. Als ihm die frei gewordene Stelle eines Gottesackermesners angeboten wurde, nahm Glötzle daher ohne Zögern an: Die Stelle brachte immerhin ein bescheidenes Wohnhaus und ein paar sicher verdiente Taler und sie ließ ihm genug Muße für die künstlerische Arbeit und für das Schmieden von Zeitungsplänen.

Dabei fand er den Gleichgesinnten: Dem anderen, Franz Offner, einem Rechtspraktikanten, lag das Schreiben. Also betätigte er sich als „Redakteur“ des neuen Blattes und zeichnete auch für den oben zitierten Leitartikel verantwortlich. In gestochener Handschrift füllte dieser fast die Hälfte, nämlich beinahe zwei Seiten, des nur heftgroßen Blättchens. Die zweite Hälfte war mit der Auflistung von Mehl- und Brotpreisen, mit dem kleinen Eisenbahn-Fahrplan für die Strecken nach Lindau und Augsburg sowie mit privaten Bekanntmachungen bestückt; in den letzteren zeigte ein Arzt seine Sprechstunden in Tiefenbach ebenso an wie der Postwirt Hilsenbek seine Blut- und Leberwürste.

Das Werk, so schien es, war also in jeder Hinsicht bestens gesichert. Tatsächlich aber stagnierte das Blatt nach kurzen Anfangserfolgen. Franz Offner, der das gemeinsame Unternehmen schon im Dezember 1862 verlassen mußte, weil er befördert und versetzt wurde, schrieb 1903 über die gemeinsame Arbeit und die Erfahrung dieser ersten Zeitungsjahre: „Die Herausgabe erfolgte auf Rechnung und Verantwortung Glötzles. Ich erhielt von diesem für meine Arbeiten zeitweilig eine kleine Entschädigung in Geld oder ein Gemälde. Auf unseren gemeinsamen Bergpartien schmiedete ich auf der Spitze Gedichte, während Glötzle die Landschaften zeichnete, welche Zeichnungen er nachher zum Gegenstand seiner Malereien

2 Der historischen Darstellung des Verlags und der Zeitung liegen folgende Quellen zugrunde: „75 Jahre Allgäuer Anzeigeblatt“. Jubiläumsbeilage vom 16. 10. 1935, Nr. 239. (Kurzbeleg: JB 1935.) „90 Jahre Allgäuer Anzeigeblatt“. Jubiläumsausgabe vom 14. Oktober 1950, Nr. 153. (Kurzbeleg: JA 1950.) „100 Jahre Allgäuer Anzeigeblatt“. Jubiläumsausgabe vom 10./11. Oktober 1959, Nr. 233. (Kurzbeleg: JA 1959.) J. Eberl KG (Hrsg.): Schwarz auf weiß. Tradition und Fortschritt in 100 Jahren. Die Chronik eines Hauses und einer Zeitung“. Immenstadt 1959. (Kurzbeleg: Chronik 1959.) „120 Jahre Druckerei-Fortschritt Eberl“. Eine Festschrift der graphischen Betriebe Eberl GmbH. Immenstadt o. J. [1979]. (Kurzbeleg: Festschrift 1979.) „125 Jahre Allgäuer Anzeigeblatt“. Jubiläumsbeilage vom 9. November 1984. (Kurzbeleg: JB 1984.) Die Geschichte des Verlags, der Druckerei und der Zeitung ist in den genannten Quellen in unterschiedlicher Ausführlichkeit und mit je zeitbedingten Akzenten, aber hinsichtlich der entscheidenden Tatsachen übereinstimmend dargestellt.

machte. Von diesen Malereien besitze ich noch mehrere; er gab mir solche meistens als Recompense für meine Artikel im ‚Wochenblättle'. Ich schaue diese Gemälde und Gemäldchen täglich an, und sie erinnern auch an den liebevollen Verkehr mit meinem alten Freund. Meminisse juvabit!

Die Freude an schriftstellerischen Arbeiten war der Beweggrund zur Mitarbeit an dem Blatte für mich, und das Bewußtsein, hiermit meinem Freunde eine große Gefälligkeit zu erweisen, war der beste Lohn für meine Arbeit.

In dem neugegründeten Blatte wurden vorzugsweise amtliche Erlasse bekanntgegeben, dann Tagesneuigkeiten darin aufgenommen, desgleichen Theaterberichte und dergl., und schien das Blatt anfangs zu prosperieren, zumal die Zahl der Abonnenten anfänglich eine namhafte war.

Im Verlaufe kurzer Zeit nahm die Abonnentenzahl aber wieder merklich ab und zwar – wie allgemein verlautete -, weil die gewöhnlichen Leser das lithographierte Blatt nur mit Mühe lesen konnten oder sich des Lesens einer Lithographie nicht unterziehen mochten. Die Zahl der Abonnenten minderte sich infolgedessen derart, daß die Herausgabe des Blattes nicht mehr möglich war, und stellten wir diese deshalb wieder ein. Nach einiger Zeit wurde neuerdings allgemein das Bedürfnis nach einem lokalen Blatt gefühlt und gleich mehrfach der Wunsch geäußert, dasselbe gedruckt wieder erscheinen zu lassen.

Zum Druck aber war eine Presse notwendig. Eine solche bot Volkart in Augsburg dem Glötzle an, dem ein guter Freund und Gönner von uns Barmittel vorgeschossen hatte. Bald begann das Blatt in neuer Form und Gestaltung zu erscheinen. Ich besorgte fernerhin wie früher auch der Hauptsache nach die Redaktion und Glötzle den Druck. Alles geschah wieder unter des letzteren Haftung und Verantwortlichkeit. So besorgten wir beide das Blatt miteinander wie früher, bis ich zum Sekretär beim königlichen Bezirksgerichte Augsburg ernannt wurde.

Das Blatt zählte bald eine große Anzahl Abonnenten, die sich von Jahr zu Jahr mehrten, und da es Raum für größere Aufsätze bot, wurden alle gemeindlichen, kirchlichen, sozialen etc. Verhältnisse besprochen und ausführlicher behandelt. Verschiedene Veranstaltungen und Einrichtungen in der Stadt und den angrenzenden Orten dürften auf die Anregung in dem Blatte zurückzuführen sein, so z. B. die bessere Beleuchtung, Verbesserung der Wege, die bessere Beköstigung der Pfründner im Spitale usw. Die Warnungen hinsichtlich der rücksichtslosen Waldabschwendungen in den Alpen wegen deren zerstörender Wirkung wurden aber nicht allseitig beachtet, und zeigten sich bald die vielfach traurigen Folgen.[3] (...) Das neue Blatt brachte viel neues Leben und vielfach gesunde geistige Bewegung in das

---

[3] Franz Offner spielt hier auf die Katastrophe vom 28. 7. 1873 an: Ein Unwetter ließ die Bergbäche anschwellen und machte den Steigbach zu einem reißenden Strom, der Dämme und Wehr brechen ließ wie Spielzeug, der Brücken einknickte, mehr als 100 Häuser in Immenstadt zerstörte, Chaos und Ruinen hinter sich ließ. Sieben Menschen kamen in den Fluten um. „Eine Katastrophe, die hätte vermieden werden können, wenn man den Warnungen, die oft genug im ‚Wochenblättle' niedergeschrieben worden waren, Gehör geschenkt hätte, wenn man sich im Kampf gegen die Wildwasser nicht auf die Wuhrmauern in der Talsohle verlassen hätte, sondern droben, in den Hochtälern, nicht solchen Raubbau an den Waldungen getrieben hätte, denn Waldungen sind die beste Wildbachverbauung." (Vgl. Chronik 1959, S. 33 ff.) Diese Verweise auf Vorgänge, die sich vor mehr als 100 Jahren abspielten, haben recht aktuelle Parallelen.

‚Städtle' und unter seine Bewohner, und mit Freude und Begierde griff man stets nach jeder neuerschienenen Nummer."[4]

Erfolg des zweiten Anlaufs

Bis es soweit war, mußte allerdings Franz Xaver Glötzle Neues lernen. Nachdem er sein lithographiertes Blatt vorläufig eingestellt hatte, zog er, der Familienvater und Mittvierziger, als Setzer- und Druckerlehrling nach Augsburg. Er muß rasch gelernt haben, denn schon am 23. Februar 1861 erschien das Immenstadt-Sonthofener „Wochenblatt" im zweiten Anlauf, gesetzt und gedruckt, wie es sich gehörte, und wie es sich die Allgäuer Zeitungsleser vorstellten. Den verehrlichen Abonnenten kündigte Glötzle an, das Blatt werde jeden Samstag ausgegeben; Inserate würden aufs pünktlichste besorgt und billigst berechnet. „Das Wichtigste aus Zeitungsnachrichten über politische Ereignisse wird dem Blatt in gedrängtester Kürze auch beigegeben werden, damit jene von den verehrlichen Abonnenten, welche entweder kein Zeitungsblatt halten, oder ein solches wo lesen zu können, nicht Gelegenheit haben, über Zustände des öffentlichen Lebens in diesem Wochenblatte gleichwohl Kenntniß bekommen."[5]

Von nun an nahm das Blatt eine starke Aufwärtsentwicklung. Schon Ende 1862 wurde es durch einen Erlaß des Bezirksamts Sonthofen zum Amtsblatt für alle Gemeinde- und Stiftungsverwaltungen im Amtsbezirk bestimmt. Ab 1863 gliederte es sich allerlei Beilagen geschichtlichen, gemeinnützigen und landwirtschaftlichen Inhalts an. 1866 wurde das Format vergrößert. Seit dem Weggang seines Freundes Offner lag die ganze Zeitungsarbeit auf Glötzle allein. Sein Sohn Max, der im väterlichen Betrieb gelernt hatte, half nur kurze Zeit beim Satz und Druck des Blattes. Dann ging er zur weiteren Ausbildung nach Stuttgart. 1869 fand Glötzle in dem Druckereifachmann Engelbert Hamann, der aus Kempten kam, einen gleichgesinnten Mitarbeiter – und mehr als das: Im November 1870 heiratete Hamann Josephine Glötzle, eine Tochter des Zeitungsgründers. Die Druckerei ging an Hamann über; den Verlag leiteten Glötzle und Hamann gemeinsam.

Obwohl Krieg war, wurde 1870 für das Unternehmen zu einem glücklichen Jahr: Das Wochenblatt nannte sich von Neujahr 1870 an „Algäuer Amtsbote" und erschien gleichzeitig von da an zweimal wöchentlich. Druckerei und Verlag siedelten in ein größeres Haus am damaligen Marktplatz um. An Stelle der alten Handpresse wurde eine Schnellpresse aufgestellt. Schließlich verfügte eine Regierungs-Entschließung, daß der „Algäuer Amtsbote" nunmehr auch als Amtsblatt für das Bezirksamt Kempten zu halten sei. Mitten in diese Aufwärtsentwicklung traf ein harter Schlag Franz Xaver Glötzle: Sein Sohn Max, der als Nachfolger vorgesehen war, starb 1871 erst 27jährig.

Zum Jahresbeginn 1874 gab es eine erneute Titeländerung: „Algäuer Anzeigeblatt" hieß die Heimatzeitung nun. Ein halbes Jahr später, ab 1. Juli 1874, erschien das Blatt täglich. Dafür war Vorsorge getroffen worden: Einen Monat zuvor war Benno

4 JA 1950, S. 2. Hier findet sich die ausführlichste Zitation dieser Darstellung der Gründerzeit, die der damalige Oberlandesgerichtsrat a. D. Franz Offner 1903 für den Redakteur des „Allgäuer Anzeigeblatts", Franz Glötzle, den Enkel des Zeitungsgründers, niederschrieb.

5 Zit. nach: Chronik 1959, S. 26.

Das handgeschriebene Blatt mußte eingestellt werden. Dem nunmehr gedruckten Wochenblatt schlug die Gründungsstunde 1861 (oben); am 1. Januar 1874 trug die Zeitung erstmals den Titel „Algäuer Anzeigeblatt" (Mitte).

Wochenblatt

für die Landgerichtsbezirke

Immenstadt und Sonthofen.

Samstag. Nro. 1 23. Februar 1861.

Eisenbahnfahrten.

Von Immenstadt nach Lindau.	Von Immenstadt nach Augsburg.
6 Uhr 35 Min. Morgens, Güterzug mit Personenbeförderung.	8 Uhr 12 Min. Morgens, Postzug.
10 Uhr 45 Min. Mittags, Eilzug.	1 Uhr 15 Min. Mittags, Güterzug mit Personenbeförderung.
11 Uhr 45 Min. Mittags, Güterzug mit Personenbeförderung.	3 Uhr 50 Min. Nachmittags, Güterzug ohne Personenbeförderung.
7 Uhr 13 Min. Abends, Postzug.	4 Uhr 45 Min. Nachmittags, Eilzug.
7 Uhr 45 Min. Abends, Güterzug ohne Personenbeförderung.	9 Uhr 25 Min. Abends, Güterzug mit Personenbeförderung.

An die verehrlichen Abonnenten des Immenstadt-Sonthofer Wochenblattes.

Von heute angefangen wird jeden Samstag der abgelaufenen Woche gegenwärtiges Wochenblatt im Drucke an die verehrlichen Abonnenten ausgegeben. Der Preis und Inhalt desselben ist aus der Ankündigung zu ersehen. Inserate werden aufs pünktlichste besorgt und billigst berechnet. Das Wichtigste aus Zeitungsnachrichten über politische Ereignisse wird dem Blatte in gedrängtester Kürze auch beigegeben werden, damit jene von den verehrlichen Abonnenten, welche entweder kein Zeitungsblatt halten, oder ein solches wo lesen zu können, nicht Gelegenheit haben, über Zustände des öffentlichen Lebens in diesem Wochenblatte gleichwohl Kenntniß bekommen.

Immenstadt, 22. Februar 1861.

Xaver Glötzle.

Algäuer Anzeigeblatt.

(Früher Algäuer Amts-Bote.)

Lokal-Blatt für Immenstadt und Sonthofen. sowie für das Oberland.

Das „Algäuer Anzeigeblatt" erscheint wöchentlich 3 Mal, Dienstag, Donnerstag u. Samstag, u. kostet ganzj. 2 fl., halbj. 1 fl., viertelj. 30 kr. Alle Postanstalten u. Postboten nehmen Bestellungen an. — Insertionspreis im Inseratentheile: gesp. Petit-Zeile od. der Raum hiefür 3 kr.

Nro. 1. Immenstadt. Donnerstag, 1. Januar 1874. XV. Jahrgang.

Heimatblatt für alle Gemeinden des Landkreises Sonthofen - Amtsblatt sämtlicher Behörden

Nummer 153 • Samstag, 14. Oktober 1950 • 90. Jahrgang

Keine Bevorzugung nach Bekenntnissen

Hebung des Schulniveaus in Bayern im Sinne einer Qualitätsauslese

(Drahtbericht unserer Münchner Redaktion)

D München - Kultusminister Dr. Alois Hundhammer sprach von einer „Brunnenvergiftung", wenn immer wieder behauptet werde, daß bei der Anstellung an den höheren staatlichen Lehranstalten in Bayern die katholischen Lehrkräfte zum Nachteil ihrer evangelischen Kollegen bevorzugt würden.

500 Stimmberechtigten unterzeichnet sein muß, als rechtsgültig anerkannt.

Um das Postgebäude in Sonthofen

Wahlen unter Terror

Auch bei den früheren Wahlen in der Sowjetzone hat es an Wahlbehinderungen, Wahlfälschungen und Wahlbeeinflussungen nicht gefehlt. Diesmal aber ist der Wahlterror in einer Weise deutlich geworden, daß man notgedrungen von den Terrorwahlen des 15. Oktober sprechen muß. Noch niemals ist in der Geschichte der Diktaturen der Terror als politisches Kampfmittel so nackt und deutlich hervorgetreten, wie bei diesen Ok-

Rauchenegger als verantwortlicher Redakteur in das Unternehmen eingetreten. Den Lesern erklärte das „Anzeigeblatt“: „Es wird allen Anforderungen, welche an die Tagespresse gestellt werden können, zu entsprechen suchen. In politischer Beziehung auf der Basis unserer nationalen Errungenschaften arbeitend, soll dasselbe in wirtschaftlicher Hinsicht hauptsächlich den Interessen des ganzen Allgäus dienen und dürfte deshalb auch außer dem Bezirke des schwäbischen Hochlandes eine gewisse Bedeutung zu beanspruchen haben.“

1875 wurde ein Neubau bezogen, in dem Verlag und Druckerei sich bis heute befinden. Ab 1879 erschien als Beilage der „Oberländer Erzähler“, der bis in die Gegenwart als „Oberallgäuer Erzähler“ weiterlebte, ein weithin beachtetes Forum für Heimat- und Volksschriftsteller. Die Auflage stieg von 1800 Exemplaren im Jahre 1874 auf 2800 Exemplare im Jahre 1879. Das Blatt dehnte sich aus. 1880 richtete Engelbert Hamann eine Buchdruckerei-Filiale in Sonthofen ein. Und unermüdlich trieb Hamann die Zeitungsinvestitionen auch voran, nachdem 1884 Franz Xaver Glötzle, der Zeitungsgründer, gestorben war. Vor allem der Zeitungsdruck war trotz Schnellpresse eine Schinderei geblieben: Zehn Stunden am Tag mußte das Handschwungrad gedreht werden, um eine Auflage herzustellen. Daher wurde 1885 ein Heißluftmotor als Antrieb für eine neumontierte, doppelseitige Druckmaschine installiert. Wieder wurde das Format vergrößert. Dann kamen 1891 die Dampfmotoren und eine Falzmaschine zur Verbesserung der Ausrüstung hinzu. 1894 wurde die erste Rotationsmaschine in einem Allgäuer Zeitungsbetrieb aufgestellt. Anfangs schien diese Investition unter keinem guten Stern zu stehen. Es gab Pannen über Pannen. Der Schwierigkeiten und technischen Störungen waren so viele, daß Verleger und Personal sich fast zum anstrengenden Handbetrieb von anno dazumal zurücksehnten. Und die Leser schienen sich mit dem größeren Format der Zeitung nicht anfreunden zu können. Zum erstenmal in der Geschichte der Zeitung ging die Zahl der Abonnenten vorübergehend zurück. Es dauerte Monate, bis diese Krise gemeistert war. Zwei Jahre später dann wurde ein moderner Anbau bezogen, in dem es erstmals elektrisches Licht gab.

Zwischen 1880 und 1889 hatte Franz Glötzle, der einzige Sohn des früh verstorbenen Max Glötzle, bei seinem Onkel Engelbert als Schriftsetzer gelernt und gearbeitet; dann war er nach München gegangen, um sich in seinem Beruf umzusehen. 1893 trat nun Franz Glötzle als Redakteur in die Zeitung ein, für die er ohne Unterbrechung bis 1933, also 40 Jahre lang, prägend tätig sein sollte. 1898 übergab Hamann die Redaktion des Blattes alleinverantwortlich an seinen Neffen. Ein Jahr später starb Hamann, erst 59 Jahre alt. Die Wende zum neuen Jahrhundert erlebte er nicht mehr. Seine Söhne Johann und Max Hamann übernahmen das Erbe.

„Rückwärts nimmer“

Die Söhne hielten sich an den Wahlspruch des Hauses, der gerahmt an einer Wand des Verlags hing: „Vorwärts immer – Rückwärts nimmer“. Es ging weiter aufwärts mit der Zeitung. Die Statistik meldet für 1904 eine Auflage von 8000 Exemplaren. Und wie der Verlag sich erstmals im Allgäu der Rotation bediente, so führte er 1905 als erster auch die Linotype-Setzmaschine ein; im gleichen Jahr wurde eine neuartige Zwillings-Rotationsmaschine in Betrieb genommen. „Es gab größere Städte mit größeren und modernen Druckereien im Allgäu", vermerkt der Chronist; „der modernste Zeitungsbetrieb aber war in Immenstadt".[6]

Was hier aufgebaut wurde, war knapp 10 Jahre später schon in Frage gestellt. Der erste Weltkrieg brachte nicht nur Versorgungsengpässe, massive Störungen des Vertriebs und des Betriebsablaufs, Teuerungen bei fast allen Zeitungsrohstoffen, insbesondere beim Druckpapier. Vor allem mußten zehn Angehörige des Verlags und der Druckerei einrücken. An den Folgen eines Kriegsleidens verstarb 1916 Max Holdenried, der Leiter der Sonthofener Filiale. Sie wurde stillgelegt. Am Ende des Krieges waren auch die Brüder Hamann zermürbt. Im April 1918 erschien in der Zeitung folgende Notiz: „Wir geben unseren verehrlichen Lesern bekannt, daß unsere Firma Glötzle & Hamann mit Wirkung ab 1. Oktober 1918 von einer Gesellschaft ‚Algäuer Anzeigeblatt G.m.b.H.' übernommen wird, und bemerken ausdrücklich, daß die Tendenz sowohl wie die Schriftleitung beibehalten und das Geschäft in Immenstadt und Sonthofen in der bisherigen Weise weitergeführt wird".

Der Käufer des Verlagsrechts und Gründer der neuen Gesellschaft war der Münchner Bankdirektor Anton Mößmer, der die Leitung der neuen Firma an Georg Färber übertrug. Die Filiale in Sonthofen wurde wiedereröffnet. Einigermaßen unbeschadet konnte die Zeitung – nicht zuletzt dank einer treuen Leserschaft – durch die Fährnisse der Inflationszeit geführt werden. Ab 1925 ging es wieder bergauf mit dem „Allgäuer Anzeigeblatt". (Das zweite ‚l' kam erst ab 1921 in den Zeitungstitel!) Eine zweite Setzmaschine konnte angeschafft werden. Neue Beilagen und Rubriken erweiterten das inhaltliche Angebot der Zeitung, die am florierenden Handel und Fremdenverkehr des Oberallgäus guten Anteil hatte. Zwischen 1929 und 1931 erwehrte sie sich eines Konkurrenzblattes, das zunächst unter dem Titel „Oberallgäuer Generalanzeiger" erschienen war, dann von nationalen Kräften übernommen wurde und als „Deutsche Alpenwacht" hervortrat.

Gleichschaltung, „Neutralität", Demontage

Keine Möglichkeit der Gegenwehr gab es allerdings, als die Herren eines neuen, Dritten Reiches die Gleichschaltung der Presse in die Wege leiteten. Ab Oktober 1933 war dem „Allgäuer Anzeigeblatt" der Untertitel „Oberallgäuer Nationalzeitung" verordnet. Gleichzeitig übernahm Dr. Valentin Rolzhäuser die Schriftleitung. Die NSDAP schickte ungetarnt ihre „Beauftragten" in Verlag und Redaktion, Otto Kobe zunächst und später Ernst Giesler. Ende November 1933 schied Franz Glötzle aus der Redaktion aus, die er 40 Jahre geleitet hatte.

Im Frühjahr 1935 ging der bisherige Verlagsdirektor, Georg Färber, mit 72 Jahren in den verdienten Ruhestand. An seinen Platz trat ein Mann, der fachlich hoch qualifiziert war und der das Vertrauen des Verlagsinhabers Anton Mößmer genoß, ein Mann, der vielen Mitarbeitern in Immenstadt schon bekannt war und in der Folgezeit jenes Fingerspitzengefühl bewies, mit dem er das Zeitungsschiff zwischen

6 Chronik 1959, S. 44. Der Wahlspruch „Vorwärts immer – Rückwärts nimmer" war auch als Schlagzeile über einen Leitartikel gesetzt, der in Nr. 64 vom 18. 3. 1905 den Lesern die Arbeitsweise und die Vorteile der neuen Satzmaschinen erklärte und eine Linotype sogar im Bild vorstellte. Es war die erste Ausgabe, die mit der Maschine gesetzt wurde. (Eine verkleinerte Wiedergabe dieser Titelseite findet sich in JB 1935, S. 6.)

Skylla und Charybdis hindurchzusteuern vermochte: Dr. Josef Eberl. Zwischen 1925 und 1928 war der studierte Nationalökonom bereits beim Verlag des „Allgäuer Anzeigeblattes" tätig gewesen; er hatte Erfahrung im Bankfach und im Verlagswesen. Obwohl Mößmer ihm seinerzeit bereits Handlungsvollmacht für den Zeitungsverlag erteilt hatte, wechselte Eberl 1928 als Verlagsleiter zunächst nach Düsseldorf und später nach München. Als er 1935 zum „Allgäuer Anzeigeblatt" zurückkehrte, wartete keine leichte Aufgabe auf ihn.

Zunächst feierte die Zeitung im Oktober 1935 mit einer großen Jubiläumsbeilage ihr 75jähriges Bestehen.[7] Natürlich mußte da unter den gegebenen Umständen Farbe bekannt werden. Wie schwierig die „Neuorientierung" der Zeitung war, und wie wenig reibungslos sich die „Gleichschaltung" wohl vollzogen hatte, lassen einige bezeichnende Bemerkungen in der Jubiläumsnummer vermuten. Die Jubiläumsausgabe „unserer Heimatzeitung", so tönte der zuständige NSDAP-Kreisleiter Kalhammer, der den Leitartikel der Jubiläumsausgabe beanspruchte, „gibt zwingende Veranlassung, wieder einmal tiefere Betrachtungen darüber anzustellen, was sich gerade jetzt im Leben unserer engeren Heimat abspielt". Nachdem er dies ohne Bezug zur Zeitung ausführlich angestellt hatte, bemerkte er gegen Ende seines Beitrags: „Das ‚Allgäuer Anzeigeblatt' war bis zur Neuregelung am 1. Oktober 1933 stark kirchlich und zwar katholisch eingestellt. Mit der Übernahme als amtliches Blatt der Bewegung im Kreis Sonthofen gibt es in dieser Hinsicht für unser Blatt nur den Standpunkt absoluter Neutralität".[8] Zum nämlichen Stichwort „Neutralität" las man dagegen am Schluß des nichtgezeichneten, aber von Hauptschriftleiter Rolzhäuser verantworteten Beitrags zur Geschichte des Blattes: „1933, das Jahr des Umbruches im deutschen Volk, brachte für unser Blatt eine grundsätzliche Wandlung. In einer Zeit, in der die Meinungen so grundverschieden wurden, in der letzten Endes das deutsche Wesen gegen alles Undeutsche stritt, war der Grundsatz einer Neutralität der Zeitungen unhaltbar geworden. Wurde doch unser Blatt wie so viele andere infolge der Neutralität zu einem Spiegelbild der verheerenden Parteikämpfe".[9] Das mutet zumindest im Rückblick schon an wie – möglicherweise unfreiwillige – höhere Ironie; und man weiß nicht so recht, ob da nun der Funktionär die Redaktion auf die Hörner nimmt oder umgekehrt.

Soweit es noch möglich war, trieb Dr. Josef Eberl den weiteren Ausbau des Zeitungsverlages voran. Der Setzmaschinen-Park wurde erweitert und eine 16seitige Rotationsmaschine in Betrieb genommen. „Am 1. Oktober 1938 wurde auf höhere Weisung die damalige ‚GmbH' in eine ‚KG' umgewandelt. Dr. Eberl wurde persönlich haftender Gesellschafter."[10] Aber mit Kriegsbeginn wurden alle Erwartungen an einen Zeitungsfortschritt zerstört. Der Krieg riß Lücken im Fachpersonal, die nicht mehr geschlossen werden konnten. Dr. Josef Eberl betrieb die Geschäftsfüh-

---

[7] Es ist dies eigenartigerweise das einzige Jubiläum bzw. die einzige Jubiläumsbeilage außerhalb der üblichen Zählung. Vom Gründungsjahr 1859 an gerechnet, hätte das Jubiläum 1934 begangen werden müssen. Zur Datierung heißt es im redaktionellen Hinweis auf die Jubiläumsbeilage, der unter der Überschrift „Unsere Jubiläums-Nummer" auf der Titelseite der Normalausgabe erschien, lediglich: „Das Heimatblatt des Oberallgäus kann jetzt auf ein 75jähriges Bestehen zurückblicken ..." In: „Allgäuer Anzeigeblatt – Oberallgäuer Nationalzeitung", Nr. 239 vom 16. 10. 1935.

[8] Dr. F. Kalhammer: 75 Jahre Allgäuer Anzeigeblatt. Geleitwort. JB 1935, S. 2.

[9] „Im Dienst der Heimat. Wie unser Blatt sich aus den kleinsten Anfängen heraus entwikkelte." (Ungezeichnet) JB 1935, S. 7.

[10] So gleichlautend in allen obengenannten (vgl. Anm. 2) Quellen seit 1950.

rung jahrelang nur mehr nebenberuflich an Feierabenden und Wochenenden, wenn er von Kempten zurückkehrte, wo er seinen Wehrdienst abzuleisten hatte. Die Papierzuteilungen wurden immer knapper. In den letzten Monaten vor Kriegsende war die Zeitung auf vier Seiten geschrumpft.

Im April 1945 besetzte der Frontzeitungstrupp der 19. Armee, die sich von Südfrankreich durch das Rhônetal und das Elsaß bis ins Oberallgäu zurückgekämpft hatte, den Betrieb. Jeden Tag, wenn der Druck der Heimatzeitung beendet war, druckten Spezialkräfte des Frontzeitungstrupps die Armeezeitung „Appell". Überall auf den Straßen und Wegen zogen die Regimenter dahin, die schon in Auflösung begriffen waren. Am 27. April wurde erstmals Feindalarm gegeben. Der Frontzeitungstrupp bereitete seinen weiteren Rückzug nach Innsbruck vor. Befehlsgemäß begann er damit, den gesamten Maschinenpark unbrauchbar zu machen; Setzmaschinen und Rotationen wurden ausgebaut und auf Fahrzeuge verladen. Der damalige technische Betriebsleiter Georg Moser erreichte jedoch, daß die bereits demontierten Maschinenteile wieder abgeladen wurden, indem er versprach, diese Maschinenteile zu vergraben und dafür zu garantieren, daß sie dem Feind nicht in die Hände fallen würden. Der „Feind", zunächst französische, dann marokkanische Truppen, marschierte am 30. April in Immenstadt ein. Im Herbst 1945 wechselte die Besatzungsmacht: Die Franzosen wurden von Amerikanern abgelöst.

Neue Partnerschaften

Drucksachen brauchten beide, Franzosen und Amerikaner. Die Akzidenzdruckerei bekam also wieder Arbeit. Vergebens aber mühten sich Bankdirektor Mößmer und Dr. Josef Eberl, der sofort nach dem Umsturz die Leitung der Firma wieder übernommen hatte, um eine Zeitungslizenz. Nach langen Verhandlungen wurde wenigstens ein Teilerfolg erzielt. Als einzige Zeitung im Allgäu hatten die Amerikaner 1946 den „Allgäuer" in Kempten[11] lizenziert. Und schon am 1. November 1946 hatte der Kemptener Verlag den Redakteur Hermann Matschke nach Immenstadt geschickt, um von dort aus einen lokalen Nachrichtendienst für den Landkreis Sonthofen aufzubauen. Fast zwei Jahre später gelang es Dr. Eberl, wenigstens den Druckauftrag für die Oberallgäuer Teilauflage des „Allgäuer" zu bekommen. Am 1. Oktober 1948 liefen die Rotationsmaschinen in Immenstadt wieder an.

Erst nach der Generallizenz und der Gründung der Bundesrepublik erschien am 3. Juni 1950 auch das „Allgäuer Anzeigeblatt" wieder. Mit seinem neuen Untertitel „Der Allgäuer" wies die lang vermißte Heimatzeitung auf die Kooperation hin, die Dr. Eberl mit dem Verlag der Kemptener Lizenzzeitung vereinbart hatte: Den politischen und wirtschaftlichen „Mantel" lieferte weiterhin Kempten für das „Anzeigeblatt". Lokalredaktion und Anzeigenabteilung wurden in Immenstadt eingerichtet, wo auch gedruckt wurde. Dr. Josef Eberl starb kurz darauf, 1951. Sein Sohn Helmut Eberl führte das Unternehmen weiter, zunächst gemeinsam mit seiner Mutter und dem langjährigen technischen Leiter, seit Beginn der 70er Jahre allein.

Nachdem das Kemptener Verlagshaus 1964 den Besitzer gewechselt, und sich eine Zusammenarbeit zwischen dem „Allgäuer Heimatverlag" in Kempten und dem Ver-

---

[11] Vgl. Porträt „Der Allgäuer", Kempten.

lag der „Augsburger Allgemeinen" angebahnt hatte, änderte sich auch für das „Allgäuer Anzeigeblatt" einiges. Es erschien ab Herbst 1968 im „Mantel" der „Augsburger Allgemeinen", es wurde in Kempten gedruckt, es präsentierte sich in größerem Format und blieb doch die traditionelle Heimatzeitung: „Ein auf partnerschaftlicher Zusammenarbeit aufgebauter Vertrag bringt das (..) im Hause Eberl bestehende Verlagsrecht für die Dauer der Zusammenarbeit ein. Der Allgäuer Zeitungsverlag, Kempten, und das Augsburger Verlagshaus ergänzen den Vertrag mit journalistischem Know-how und all jenen redaktionellen und technischen Einrichtungen, die auf Grund gewaltiger Investitionen und aus wirtschaftlicher Sicht heute nur von auflagenstarken Unternehmen oder aber von in einem Verband zusammengeschlossenen Verlagen erbracht werden können. Ausdruck der gemeinsamen verlegerischen Arbeit wurde der Untertitel ‚Allgäuer Zeitung', den auch seit dem 1. 10. 1968 das ‚Allgäuer Anzeigeblatt' gleich den im West-, Ost- und Unterallgäu erscheinenden Zeitungen übernimmt."[12]

Durch neue Partnerschaften hat der Zeitungsverlag sich seine Selbständigkeit erhalten. 1973 wurden Zeitungsverlag und Druckerei in zwei unabhängige Unternehmen aufgeteilt. Die J. Eberl KG, geführt von dem einzigen, persönlich haftenden Gesellschafter Helmut Eberl, befaßt sich ausschließlich mit den herausgeberischen und den verlegerischen Aufgaben, die das „Allgäuer Anzeigeblatt" stellt. Die Eberl GmbH, ebenfalls unter der Geschäftsführung von Helmut Eberl, ist Eigentümer und Träger des graphischen Betriebs. Die unentwegten Investitionen seit den 50er Jahren machten diesen Unternehmensteil auf dem Gebiet hochwertiger Farbdrucke zu einem führenden Betrieb der bayerischen Druckindustrie, der sich – für die Mehrzahl der Zeitungsleser nahezu unbemerkt – neben dem Zeitungsverlag entwickelte.

Alte Bindungen

Die Leser kennen dafür um so besser „ihre" Zeitung, meist schon seit Generationen. Die Leser-Blatt-Bindung ist sehr groß in einem Verbreitungsgebiet, das sich fast wie ein dreieckiger Keil mit der Spitze südwärts in österreichisches Alpenland vorschiebt. Die Hauptorte dieses Zeitungsraumes liegen in Ost-West-Richtung entlang der Deutschen Alpenstraße von Wertach bis Oberstaufen, in Nord-Süd-Richtung im Tal der Iller. Hier und in den einmündenden, reizvollen Seitentälern, etwa dem der Ostrach, konzentriert sich die Besiedelung; hier liegen, wie Perlen aufgereiht, die Fremdenverkehrszentren des Oberallgäus, die im Kreis der führenden mitteleuropäischen Feriengebiete zu Übernachtungs-Millionären zählen: Oberstdorf mit 2,2 Mio. Übernachtungen jährlich, das Kleinwalsertal mit 1,6 Mio., Hindelang und Oberstaufen mit je etwa 1 Mio., die Verwaltungsgemeinschaft „Hörnergruppe" einschließlich Fischen mit ebenfalls rund 1,5 Mio. Übernachtungen jährlich. Die Verlags-Stadt Immenstadt mit rund 350 000 sowie die Kreisstadt Sonthofen mit etwa 340 000 Übernachtungen nehmen sich da schon fast idyllisch aus, obwohl auch diese Städte in Schwaben noch zur Spitze gehören. Im gesamten Landkreis zählt man Jahr für Jahr weit über 8 Mio. Übernachtungen.[13] Ein wunderschönes Land also ist

---

[12] JB 1984, S. 3. Vgl. hierzu auch das Porträt der Heimatzeitung „Der Westallgäuer".

[13] JB 1984, S. 50; Hans Bachmann (Schriftleiter): Oberallgäu – eine Reiselandschaft für Millionen.

Ulmer Entwürfe vom Löffel bis zur Stadt (Kultur)

Allgäuer Anzeigeblatt

ALLGÄUER ZEITUNG

DIE TAGESZEITUNG FÜR DAS OBERALLGÄU UND KLEINWALSERTAL • AMTSBLATT DER BEHÖRDEN IM LANDKREIS OBERALLGÄU • 128. JAHRGANG

Nummer 155 — Freitag, 10. Juli 1987 — Preis 1.10 DM

Explosion fordert fünftes Todesopfer

Städte verlangen mehr Schutz

HERBORN (AP/dpa). Die Zahl der Toten bei der Herborner Explosion hat sich auf fünf erhöht. Wie erst jetzt bekannt wurde, erlag am Unglücksabend eine Rentnerin einem Herzanfall, den sie durch die Aufregung erlitten hatte. (Siehe Aus aller Welt.)

Der Deutsche Städtetag hat aufgrund der Katastrophe eine erhebliche Verschärfung des vorbeugenden Gefahrenschutzes bei der Herstellung, Lagerung und dem Transport gefährlicher Stoffe verlangt. Unter anderem solle der Transport hochgefährlicher Güter wie Benzin nur auf dafür besonders geeigneten Verkehrslinien zugelassen werden. Verkehrsminister Warnke will den Beirat für Gefahrengüter zusammenrufen und alle denkbaren Konsequenzen aus dem Unfall erörtern. Mit den Ländern soll darüber verhandelt werden, solche Transporte in Zukunft möglichst ganz aus Ortschaften herauszuhalten. Der Vorsitzende der Gewerkschaft der Eisenbahner Deutschlands, Haar, warf der Bundesregierung vor, „trotz massenweiser Straßenverkehrsunfälle in der Vergangenheit tatenlos zuzusehen, wie die Bahn sich aus der Fläche zurückzieht, nur weil Bonn nicht bereit ist, eine umweltfreundliche Güterbeförderung auf der Schiene zu gewährleisten".

Stadtführungen speziell für Kinder in Kaufbeuren

Spielend sollen Kinder bei speziellen Stadtführungen die Geschichte der ehemals freien Reichsstadt Kaufbeuren kennenlernen. Im Juli und im August, jeweils samstags, führt Kunz-von-der-Rosen, des Kaisers lustiger Rat aus dem Tänzelfest, Buben und Mädchen im Alter zwischen sieben und zwölf Jahren durch die historische Altstadt. Bild: Miller

Hamadei-Bruder wegen Entführung vor Gericht

„An Verschleppung der Deutschen im Libanon mitgewirkt"

BONN (dpa/AP). Überraschend schnell hat Generalbundesanwalt Rebmann gestern vor dem Oberlandesgericht Düsseldorf gegen Abbas Hamadei Anklage erhoben. Der Bruder des mutmaßlichen Flugzeugentführers Mohammed Hamadei wird beschuldigt, an der Entführung der beiden Deutschen Rudolf Cordes und Alfred Schmidt im Libanon beteiligt gewesen zu sein, um damit die Auslieferung seines Bruders an die USA zu verhindern und dessen Freipressung aus deutscher Haft zu erzwingen.

Die Anklage gegen Abbas Hamadei, der die deutsche Staatsbürgerschaft besitzt, lautet neben Geiselnahme auf Nötigung der Bundesregierung und Vergehen gegen das Sprengstoffgesetz. Abbas Hamadei war – wie zuvor schon sein Bruder – am 26. Januar am Frankfurter Flughafen festgenommen worden. Bei seinen Verhören hat er angeblich zugegeben, an der Entführung der beiden Deutschen im Libanon mitgewirkt zu haben.

Die Bundesregierung hat offenbar noch keine Entscheidung getroffen, ob und in welcher Form sie auf einen Brief der Entführer der beiden Deutschen reagieren soll. Eine bisher unbekannte Gruppe „Heilige Kämpfer für die Freiheit" hatte – wie gestern in einem Teil unserer Auflage berichtet – in einem Schreiben an die libanesische Zeitung *An Nahar* den Austausch eines Videobandes mit Aufnahmen eines der beiden Deutschen gegen ein Videoband mit einer Botschaft des in Frankfurt auf seinen Prozeß wartenden Mohammed Hamadei angeboten. In Bonn hieß es, der von Kanzleramtsminister Schäuble geleitete Arbeitsstab Libanon werde sich heute mit der Nachricht der Entführer beschäftigen. Zunächst müsse geprüft werden, wie stichhaltig die Angaben seien. Es wird nicht ausgeschlossen, daß die Entführer der Bundesregierung ein Signal für eine neue Kontaktaufnahme geben wollten.

Heute

Wetter: Meist heiteres, im Alpen-

Koalitions-Turbulenzen um Lufthansa

Aids-Erfassung bei Polizei kritisiert

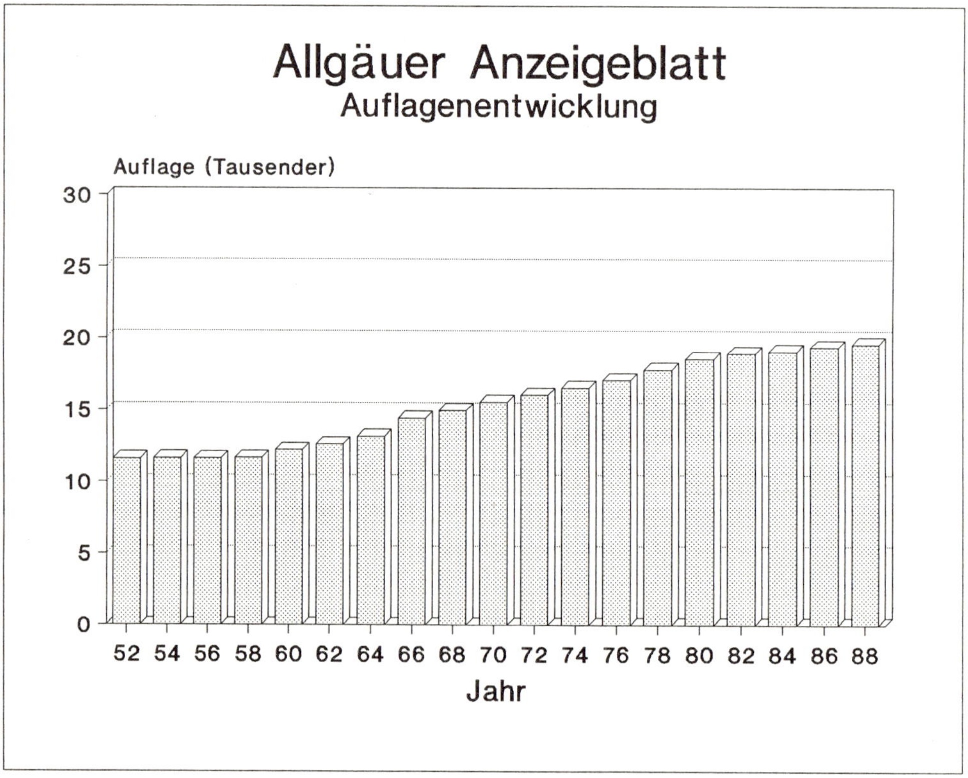

das; und sein Reichtum drückt sich auch darin aus, daß 38 Prozent (rund 59 000 ha) des Oberallgäuer Kreisgebietes als Natur- und Landschaftsschutzgebiet ausgewiesen sind. Das sind flächenmäßig mehr als die Hälfte aller geschützten Landschaftsteile in Schwaben.[14]

Als Zeitungsraum hat diese weltberühmte Ferienlandschaft eine Besonderheit: Das „Allgäuer Anzeigeblatt" ist auch die Heimatzeitung der österreichischen Gemeinde Jungholz sowie des zu Österreich gehörenden Kleinwalsertals, das indessen nur vom Allgäu her erschlossen und zugänglich ist. Beide Gebiete wurden 1891 durch einen Zollanschlußvertrag mit dem deutschen Wirtschaftskörper verbunden, ohne daß die österreichischen Hoheitsrechte in diesen Gebieten angetastet worden wären. Diese eigenartige, aber gedeihliche Nachbarschaft bedarf des Austausches von Informationen. Und diese Aufgabe, schreibt der Bürgermeister und Landtagsabgeordnete im Kleinwalsertal, Walter Fritz, „hat das ‚Allgäuer Anzeigeblatt' übernommen, das seit seiner ersten Ausgabe nicht nur über die Geschehnisse im Oberallgäu, sondern auch im Kleinwalsertal berichtete und damit zur wichtigsten Informationsquelle für unsere Bevölkerung wurde".[15]

Wer sich aber nun dieses Oberallgäu nur Grün in Grün, voll Wiesen, Matten, Blumen und duftender Kräuter ausmalte, würde gewaltig irren. Denn 400 Jahre lang gab es hier zwischen Alpwiesen und Bergwäldern ein „Ruhrgebiet en miniature"; in den Oberallgäuer Tälern wurde seit dem Mittelalter Erz abgebaut und Eisen geschmolzen. Hütten- und Hammerwerke hatten eine lange Tradition bis in die unmittelbare Neuzeit hinein. Durch das Oberallgäu führte eine wichtige Salzstraße, auf der in einem einzigen Jahr (von Oktober 1661 bis Oktober 1662) 16 000 Salzfässer transportiert wurden. Ebenso war von jeher die Weberei hier zu Hause; auf dem Leinwandmarkt von Immenstadt, der auf das Jahr 1563 zurückgeht, trafen sich Kaufleute aus ganz Europa. Und endlich war und ist das Oberallgäu ein Land der Bauern; Viehzucht und Milchwirtschaft geben bis heute diesem Land sein Gepräge. Daneben ist ein blühendes Handwerk geblieben und eine Industrie aufgebaut worden, die in vielen Branchen verankert ist: Zubehörproduktion für die Autoindustrie, Textilunternehmen mit weltbekannten Strumpfwirkereien, Maschinenbau und Verfahrenstechnik; bei alledem ist das Dienstleistungswesen in Handel, Banken und Tourismus mit hohen Zuwachsraten bis weit in die 70er Jahre hinein nicht zu vergessen. Eine gut durchwachsene, krisensichere Erwerbsstruktur ist die Folge; die Arbeitslosenquote liegt deutlich unter dem Durchschnittswert für Bayern.[16]

Für dieses Oberallgäu, seine Bewohner und – in der Saison – auch für seine Gäste wird das „Allgäuer Anzeigeblatt" gemacht. Mehr als 20 000 Exemplare werden täglich gedruckt. Der größte Teil dieser Auflage wird von rund 160 Zeitungsträgern zu den Lesern gebracht. 36 Mitarbeiter zählt der Verlag, 10 von ihnen sind Redakteure oder Volontäre. Neben der zentralen Lokalredaktion in Immenstadt sind Redaktionsbüros in Sonthofen und Oberstdorf eingerichtet, die rund um die Uhr über Telefax mit der Zentrale verbunden sind. Den hauptamtlichen Redakteuren arbeiten

---

14 JB 1984, S. 6; Hubert Rabini (Landrat im Landkreis Oberallgäu): Wir können stolz sein auf unseren Landkreis Oberallgäu.

15 JB 1984, S. 96; Walter Fritz (Bürgermeister und Landtagsabgeordneter): Die Walser haben ihr Brauchtum und ihre Sprache bewahrt.

16 Vgl. JB 1984, S. 64; Rainer Michel: Arbeitswelt durch ausgeglichene Erwerbsstruktur weitgehend in Ordnung.

rund 250 freie Mitarbeiter zu; ohne deren „Mitwirken wäre die redaktionelle Gesamtleistung nicht denkbar".[17]

Diese Gesamtleistung beläuft sich auf täglich durchschnittlich 12 Lokalseiten – alles inbegriffen, den redaktionellen Teil und den Anzeigenteil. In letzterem spiegelt sich die wirtschaftliche Leistungsfähigkeit des Zeitungsraumes: Sie gibt auch einem Anzeigenblatt sein Auskommen, das unter dem Titel „Oberallgäu-Expreß" im sechsten Jahr ebenfalls von der J. Eberl KG herausgegeben und wöchentlich einmal der Heimatzeitung beigelegt, aber auch zusätzlich verteilt wird.

Es entspricht gewissermaßen den „natürlichen" Gegebenheiten, daß umfangmäßig die drei großen Orte, nämlich Immenstadt, Sonthofen und Oberstdorf, in den Lokalteilen auch besonders hoch gewichtet sind und häufig vorkommen. Doch wird insgesamt schon auch auf eine gleichmäßige Berücksichtigung aller Belange und Interessen im Verbreitungsgebiet geachtet. Den kleineren Gemeinden versucht man mit Hilfe der „Mobilen Redaktion" buchstäblich entgegenzukommen: Im Rahmen dieser Aktionen kommen Redakteure der Heimatzeitung für einen Gesprächsabend auf die Dörfer, Weiler und Filialen hinaus, wo sie sich mit Einheimischen und Gästen meist um einen Wirtshaustisch herumsetzen, „um über Ereignisse und Probleme" des Ortes „in zwangloser Form zu sprechen. Dabei haben Interessierte selbstverständlich auch Gelegenheit, die Zeitungsleute über die tägliche Pressearbeit zu befragen. Eingeladen zur ‚Mobilen Redaktion' ist praktisch jeder, den irgendwo der Schuh drückt". Und da meist auch die Bürgermeister oder andere Honoratioren erscheinen, besteht für die Teilnehmer Gelegenheit, auch ihnen einmal offen zu sagen, was sie sich denken.[18]

Die Lokalteile, die auf diese Weise aus dem gesamten Oberallgäu informieren, sind für die Leser das „Herz der Zeitung". Einen besonders großen Raum nehmen darin, nicht zuletzt der Fremden und Gäste wegen, die Service-Informationen ein und die „Kulturnotizen", die durch Kursivdruck hervorgehoben und leicht zu erkennen sind; auf sie legt die Redaktion ebenso großen Wert wie auf die kleinen und kleinsten lokalen Sportnachrichten. Das sind, neben all den Details des aktuellen Dorf- und Stadtgesprächs, die Informationen, die den Leser binden. Da haben sich in den letzten Jahrzehnten die Akzente sicherlich verschoben, gegenüber den Zeiten, als noch der Enkel des Gründers, Franz Glötzle, die Redaktion leitete. Dieser machte große Wanderungen durch seine Heimat und berichtete davon. Kaum einer kannte wie er die Alpenflora, von der er eine Sammlung anlegte, die an Vollständigkeit und Gründlichkeit kaum zu überbieten war. Er hat sie seiner Heimatstadt Immenstadt vermacht, ebenso wie eine in gestochener, sauberer Handschrift geschriebene Chronik, die nicht weniger als 7000 Seiten und 25 Folianten umfaßt. Diese Lokal-Chronik und 40 Jahresbände des „Allgäuer Anzeigeblattes" bilden sein Lebenswerk.[19] 1935, als Franz Glötzle schon zwei Jahre aus der Redaktion ausgeschieden war, aber immer noch seine heimatlichen Spaziergänge beschrieb, findet sich ein Mundartgedicht über „'s Blättle und sine Fruind i dr Familie". Da unterhält man

---

[17] Vgl. Hans Jörg Seitz (Redaktionsleiter des „Allgäuer Anzeigeblattes"): Die Redaktion hat täglich Premiere. In: JB 1984, S. 83.

[18] Vgl. Ankündigung und Einladung zur „Mobilen Redaktion" in Gunzesried; „Allgäuer Anzeigeblatt", Nr. 156 vom 11./12. Juli 1987, S. 35. Die sonstigen Angaben zur Verlags- und Redaktionsarbeit stammen aus einer Verlagsauskunft vom 2. 9. 1987.

[19] Siehe Chronik 1959, S. 52 und S. 60 f.

sich in einer Familie über die Zeitungsangebote, die jeder am liebsten liest, und als die Reihe am Großvater ist, sagt der:

„Und dr Glötzle schribt so nette Sacha
Vu sine Wondrunga, wora tuat macha
Vu Vögel, Bluma und Schmetterling
Und es interessiert'n 's klinste Ding."[20]

Das Land und die Städte im Oberallgäu haben sich verändert seit der Zeit, als der Zeitungsgründer von Bergeshöhen sie auf seine Kunstblätter skizzierte. Das „Allgäu und seine Bewohner" sind mit der Zeit gegangen – und ihre Heimatzeitung auch. Sie hat tiefe Wurzeln geschlagen seit den Tagen der Gründung. Aber die Bindung zu Land und Leuten muß sie täglich in der Gegenwart suchen und erneuern.

(hw/rr)

---

[20] Franz Mühlegg: 's Blättle und sine Fruind i dr Familie. In: „Allgäuer Anzeigeblatt", Nr. 239 vom 16. 10. 1935.

Wochenblatt

für den Markt u. Amtsbezirk Weiler.

Freitag No. 40. den 2. Oktober 1857.

Sinnspruch.

Ich bin ein Handwerksmann, ihr glaubt mich zu erhöhen,
Wenn ihr mich „Herr" begrüßt? Nein!
Sagt „Meister" nur: denn der muß was verstehen,
Allein ein „Herr" – kann jeder Esel sein!

Amtliche u. Privat-Anzeigen.

Bekanntmachung.	Zuschlag nicht ertheilt werden, sondern wird

Anzeige-Blatt

für das westliche Allgäu.

Abonnementspreis vierteljährlich und incl. Postzustellgebühr 1 Mark, in Loco, sowie in der Expedition abgeholt, 90 Pfennig. Inserate werden billigst berechnet.

Erscheint nebst jeweiligem Amts- und wöchent. Unterhaltungs-Blatt sowie mit illustriertem Sonntags-Blatt jeden Montag, Mittwoch und Freitag.

Amtsblatt für das kgl. Bezirksamt Lindau, sowie für das kgl. Amtsgericht Weiler.

48. Jahrgang.

No. 52. | Montag, Weiler. 2. Mai | 1898.

Mit dem Unterhaltungsblatt.

Für die Monate **Mai** und **Juni** kann man bei allen königlichen Poststellen und Postboten auf das „Amts- & Anzeige-Blatt" mit seinen Unterhaltungsblättern abonnieren.

wohner und gehört zu den bedeutendsten Hafenorten der Insel. Am Mittwoch Mittags erschienen die Kriegsschiffe „Newyork", „Cincinnati" und „Puritan" vor der Stadt und begannen gegen 1 Uhr ein Geschützfeuer auf das Fort von Matanzas. Der ganze Kampf dauerte eine halbe Stunde. Allzuviel hatte dieses „Bom-

Anzeigeblatt für das westl. Allgäu

Verbunden mit dem „Lindenberger Tagblatt"

Nr. 101 | Donnerstag, Weiler im Allgäu, 17. Mai 1945 | 95. Jahrgang

Militärregierung Deutschland
Kontrollgebiet des Obersten Befehlshabers

Proklamation Nr. 1

An das deutsche Volk!

Ich, General Dwight D. Eisenhower, Oberster Befehlshaber der Alliierten Streitkräfte, gebe hiermit Folgendes bekannt:

Wieder die Heimatzeitung

* Mit Genehmigung des Herrn Militärkommandanten von Weiler können wir von heute — Donnerstag, den 17. Mai — ab nach zweieinhalbwöchiger Unterbrechung mit unserer werten Leserschaft wieder in Verbindung treten. Bis zur Einrichtung der notwendigen Kontroll- und Nachrichtenstellen wird unsere Zeitung allerdings in verkleinertem Umfange und

Auch im Alemannenwinkel ging die Zeit an der Zeitung nicht spurlos vorbei; gelegentlich bedurfte es schon schwäbischer List, um in allen Wirren getreulich anzuzeigen, was die Stunde geschlagen hatte (unten).

Aus dem Bayerischen Alemannenwinkel: „Der Westallgäuer"

„Die Qualität des ‚Westallgäuers' lebt auch von der erfolgreichen Symbiose mit der Buchdruckerei Holzer und ihrer großen Erfahrung in einer 100jährigen unternehmerischen Familientradition. Die stabile wirtschaftliche Kraft und Innovationsfreudigkeit des Betriebs garantieren die soziale Sicherung der Beschäftigten und ihrer Familien."[1] Einer, der wohl vertraut ist mit den Verhältnissen im Westallgäu, der Präsident des Bayerischen Landtages, Dr. Franz Heubl, bemerkt dies in seinem Grußwort in der Jubiläumsausgabe von 1987, mit der „Der Westallgäuer" das 135. Jahr seiner Gründung, die Buchdruckerei Holzer das 100. Jahr ihres Bestehens feierten. Damit ist durchaus ein wesentlicher Grund dafür auf den Punkt gebracht, warum eine kleine Heimatzeitung, die in Bayern zu den ältesten, noch erscheinenden Tageszeitungen zählt, so lange überleben konnte und auch unter gegenwärtigen Bedingungen auf verhältnismäßig engem Territorium ihre Funktion zu erfüllen und zu florieren vermag. „Diese traditionsbewußte Zeitung", fügte der damalige Bayerische Ministerpräsident Dr. hc. Franz Josef Strauß beim nämlichen Anlaß hinzu, „trägt wesentlich dazu bei, die gewachsene Eigenart des westlichen Allgäus zu bewahren. Sie ist damit ein Stück der Vielfalt, die den kulturellen Reichtum Bayerns prägt. Gleichzeitig ist ‚Der Westallgäuer' ein wichtiger Partner für Wirtschaft und Verwaltung innerhalb der Region." Da sind wohl die Motive der Zeitungsmacher und ihre Erfolge in Vergangenheit und Gegenwart ganz gut getroffen; im Ergebnis wird man also zu Recht sagen können, daß die 135 Jahrgänge des „Westallgäuers" „eine Chronik des heimatlichen Raumes geworden" sind.[2]

Wochenblatt im Steindruck

Er wolle einem vielseitigen Wunsch entsprechen und ein „Wochenblatt für den Markt Weiler und Umgebung" herausgeben, kündigte 1852 der Lithograph Anton Ellgaß an: Das Blatt solle regelmäßig jeden Samstag erscheinen und werde mit „Bötinnen" zugestellt. Es bringe alle amtlichen Bekanntmachungen, die Schrannen- und Victualienpreise, Familienanzeigen jeder Art, und es werde über lokale Geschehnisse berichten.[3] Dieser Aufruf wurde offenbar beifällig und den Erwartungen des Anton Ellgaß entsprechend aufgenommen. Das „Wocheblättle" erschien fortan zu jedem Wochenende. Und da Ellgaß über keine Setzerei verfügte, war noch eine lange Reihe von Jahrgängen handgeschrieben und im Steindruck vervielfältigt. Auf meist vier Druckseiten mit einem Format, das nicht größer war als das eines Schulheftes, verwirklichte das Blatt sein angekündigtes Programm.

---

1 Franz Heubl (Präsident des Bayerischen Landtages): 100 Jahre Familientradition. In der Jubiläumsbeilage „Der Westallgäuer" vom 1. 10. 1987, Nr. 225, (Kurzbeleg in den folgenden Anmerkungen: Jubiläumsbeilage 1987), S. 34.

2 Franz Josef Strauß (Bayerischer Ministerpräsident): Unternehmerischer Mut und verlegerischer Weitblick der Familie Holzer. In: Jubiläumsbeilage 1987, S. 7.

3 Die gesamte historische Darstellung des „Westallgäuers" folgt dem (nicht gezeichneten) Beitrag „135 Jahre Zeitung" in der Jubiläumsbeilage 1987, S. 2 f. Ferner liegen der Darstellung zugrunde diverse (ebenfalls nicht gezeichnete) Verlags-Typoskripte vom 28. 6. 1988.

Die lithographische Werkstatt übernahm 1858 August Schwarz; dieser brachte das Wochenblatt weiter heraus, ging jedoch offenbar zur gesetzten Schrift und zum Buchdruck über. 1887 stand dann die Buchdruckerei Schwarz zum Verkauf. Sie wurde erworben von Gebhard Holzer, der von da an Redakteur, Herausgeber und Verleger des „Wochenblattes für den Markt Weiler" war. Er blieb unermüdlich bemüht, diese Zeitung zu verbessern und sie weiter zu verbreiten.

Über die Hintergründe der Druckerei- und Verlagstransaktion schweigen sich die Chronisten bisher aus. Sicher ist soviel: Der aus Maierhöfen gebürtige Gebhard Holzer war 1871 als junger Lehrer an die Volksschule in Weiler versetzt worden. Er war ein sehr geschätzter Pädagoge, der nebenbei auch eine Menge zur Belebung des örtlichen Musiklebens tat und sich auf diese Weise einen großen Bekanntenkreis schuf. Er hatte Berta Rick, die Tochter des Weiler Tierarztes, geheiratet, und diese drängte vermutlich zum Kauf der Druckerei und der Zeitung, weil dazumal die Besoldung der Lehrer wohl sehr bescheiden gewesen ist.

Holzers verlegerische Investitionen

Gebhard Holzer verlegte sofort die Werkstatt in ein eigenes Haus, das jetzige Geschäftshaus der Buchdruckerei Holzer; damals bestand das Inventar aus ein paar Schriftregalen und einer kleinen Schnellpresse. Alles war in einem einzigen Zimmer gut unterzubringen. Der Titel der Zeitung wurde geändert; sie hieß nun „Amts- und Anzeige-Blatt für das westliche Allgäu". Das Blatt erschien fortan dreimal wöchentlich. Die Auflage kletterte in den ersten Jahren nach dem Besitzwechsel bereits auf 1 400 Exemplare. 1888 wurde ein Benzinmotor für den Antrieb der Schnellpresse angeschafft; denn diese mußte bis dahin für den Druck jeder Zeitungsausgabe stundenlang mit der Hand gedreht werden. Zwei Gehilfen und zwei Lehrlinge bildeten das ganze Personal von Verlag und Druckerei.

Mit Fleiß und Rührigkeit hatte es Gebhard Holzer bald zu einer gesicherten Existenz gebracht. 1902 übergab er die Druckerei seinem Sohn Fridolin Holzer, der in den folgenden drei Jahrzehnten das „Anzeige-Blatt für das westliche Allgäu" zu einer allseits geschätzten Heimatzeitung für das ganze Westallgäu entwickelte. Mit diesem Ziel wurden unentwegt die technischen Bedingungen dem Fortschritt angepaßt: Mit der Einführung der Elektrizität – im Jahre 1909 – konnten die Benzinmotoren durch elektrische Motoren ersetzt werden. 1910 wurde es auf dieser Grundlage möglich, die erste Setzmaschine aufzustellen. In den 20er Jahren wurde ein eigenes Druckereigebäude errichtet, weitere Setzmaschinen wurden in Betrieb genommen, und eine Zeitungsrotation wurde angeschafft, die nun stündlich 6 000 vier- bis achtseitige Zeitungsexemplare im Berliner Format drucken konnte. Unter den so verbesserten Bedingungen reihte sich das „Anzeige-Blatt" 1911 unter die täglich erscheinenden Zeitungen ein. 1907 erschien als Nebenausgabe der „Oberstaufener Anzeiger": In des letzteren Entwicklung zeigt sich im Ansatz schon die Tendenz zu einer außerordentlich intensiven Pflege und Verstärkung der lokalen Berichterstattung, die auch mit Umfangerweiterungen verbunden war. Fridolin Holzer, der auch ein Schriftleiter mit gewandter Feder war, setzte hier inhaltliche wie verlegerische Akzente. Sein Konzept wird vollends deutlich, als es Anfang der 20er Jahre um die Absicherung der Auflage geht.

Sowohl am Rand des Verbreitungsgebietes, in Lindau, wie in dessen Mitte, nämlich in Lindenberg, waren Konkurrenzblätter entstanden. Fridolin Holzer antwortete mit der Herausgabe lokalbetonter Nebenausgaben. 1920 entstanden die Ausgaben „Heimenkircher Anzeiger", „Anzeigenblatt für Scheidegg" und der „Lindenberger Kurier". Außerdem wurde in Lindenberg eine eigene Geschäftsstelle samt hauptamtlichem Berichterstatter etabliert. Im Jahre 1933 konnte der Holzer-Verlag die Konkurrenz, das „Lindenberger Tagblatt", übernehmen; bis heute führt „Der Westallgäuer" im Untertitel diesen Zeitungsnamen noch mit. Mit seinen Nebenausgaben hatte sich damit das „Anzeige-Blatt" praktisch zur ausschließlich gelesenen Tageszeitung im Bayerischen Westallgäu entwickelt.

Pflege einer Kultur- und Sprachlandschaft

Fridolin Holzer verstand seine Sache. Er kannte Land und Leute, Gemeinden und Geschäfte, Geschichte und Geschichten seines Zeitungsgebietes wie kaum ein anderer. Neben all seinem Einsatz als Verleger und Redakteur war er von 1921 an 15 Jahre nebenamtlich erster Bürgermeister in Weiler. Mit Gleichgesinnten, allen voran Ignaz Dornach, begann er, Gebrauchs- und Kunstgegenstände der bäuerlichen und bürgerlichen Kultur des Westallgäus zu sammeln. So schuf er als Bürgermeister den Grundstock und die Voraussetzungen des 1922 von ihm eröffneten Heimatmuseums.[4] Schließlich aber zählt Fridolin Holzer bis heute zu den bedeutendsten Mundartdichtern, nicht des schwäbischen, sondern des alemannischen Dialekts: Zusammen mit Elsässern, Schwarzwäldern, Ostschweizern und Vorarlbergern sagen nämlich die Allgäuer westlich der Iller nicht ‚Haus', sondern ‚Hus', und nicht etwa ‚Weib', sondern ‚Wib', und reden also alemannisch, wie alle Schwaben noch im Mittelalter. Nur jene, die inzwischen ein ‚au' (‚Haus') oder ein ‚ei' (‚Weib') aussprechen wie geschrieben und sich damit der gesamtdeutschen Sprachentwicklung angepaßt haben, zählt man heute im Unterschied dazu zu den Trägern der schwäbischen Dialekte. Fridolin Holzers Gedichte „Aus dem Bayerischen Alemannenwinkel" kannte man fast in jedem Haus des Westallgäus; und manche Älteren vermögen die schönsten Verse daraus auch heute noch zu rezitieren. Ihm wird, wie schon seinem Vater, bescheinigt, daß er seinen „Westallgäuer" zu einem „Integrationsfaktor für die Kultur- und Sprachlandschaft des Westallgäus" gemacht habe; bis heute sei die Zeitung „eine ständige Ermutigung" geblieben, „die regionale Eigenart zu erhalten und durch alle Zeitläufe zu verteidigen". Mundartliches findet sich heute zwar nur mehr ganz gelegentlich in der Normalausgabe der Zeitung, aber heimatliche Kultur und Sprache werden in der Beilage „Westallgäuer Heimatblätter" besonders gepflegt. Die Beilage ist das Organ des Westallgäuer Heimatvereins, das ebenfalls ohne Fridolin Holzer nicht vorhanden wäre.[5]

---

4 Siehe Roswitha Ennemoser: Der Markt Weiler im Allgäu mit seinen beiden Museen. In: Jubiläumsbeilage 1987, S. 26 f.

5 Siehe Walter Münch: Die Westallgäuer Mundart: Altes bewahren und der Jugend anbieten. In: Jubiläumsbeilage 1987, S. 63 f.

Neue Formen der Selbständigkeit

Als Bürgermeister von Weiler trat Fridolin Holzer 1936 zurück; drei Jahre später starb er erst 63jährig. Sein ältester Sohn, Dr. Wolfgang Holzer, der bereits seit 1930 im Verlag und, zusammen mit Schriftleiter Dominikus Kitzinger, auch in der Redaktion mitgearbeitet hatte, übernahm nun den Zeitungsverlag und die Druckerei. Die in der Zwischenzeit stattlich angewachsene Auflage konnte mit dem „Anschluß" Österreichs in den Vorarlberger Gemeinden noch einmal einen Zugewinn von einigen hundert Exemplaren verbuchen. „Auch während der Herrschaft des 3. Reiches war es gelungen, durch vertragliche Vereinbarungen die Selbständigkeit der Zeitung weitgehend zu erhalten."[6]

Der Einmarsch französischer und marokkanischer Truppen am 30. April 1945 bedeutete nicht nur das Ende der Naziherrschaft und des von ihr angezettelten Weltkrieges, sondern auch das vorläufige Aus für das Westallgäuer „Anzeige-Blatt". Zwar erschien knapp drei Wochen später, am 17. Mai 1945, „mit Genehmigung des Herrn Militärkommandanten von Weiler" eine Notzeitung unter dem alten, vertrauten Zeitungstitel. Im Geleitwort „Wieder die Heimatzeitung" keimt Optimismus: „Bis zur Einrichtung der notwendigen Kontroll- und Nachrichtenstellen wird unsere Zeitung allerdings im verkleinerten Umfang und ohne politischen Nachrichtenteil erscheinen, aber in ihrem lokalen und Anzeigenteil unseren Lesern doch sicher jetzt schon wieder wertvolle Nachrichten bieten".[7] Es bedurfte allerdings noch erheblicher und nachdrücklicher Bemühungen, damit ab Herbst 1945 wenigstens regelmäßig ein dreimal wöchentlich erscheinendes „Amtsblatt" mit recht bescheidenem Umfang und Inhalt herauskommen konnte.

Als 1947 (in der französischen Besatzungszone) die „Schwäbische Zeitung" in Leutkirch als Lizenzzeitung erschien, wurde auch dem Landkreis Lindau im Verlag Holzer ein Ableger dieses Blattes zugestanden, zu dem in Weiler der Lokalteil produziert wurde. Drei Jahre später, nach Aufhebung des Besatzungsregiments, wurde der Kreis Lindau wieder bayerisch. Und so erschien dann auch eine Umorientierung der Heimatzeitung nach Bayern angebracht. Es gelang, mit dem Allgäuer Zeitungsverlag in Kempten, der bereits eine Lizenzzeitung herausbrachte, vertragliche Abmachungen über redaktionelle Kooperation und verlegerische Selbständigkeit zu treffen, wie sie ähnlich mit der „Schwäbischen Zeitung" bestanden hatten. Unter dem Titel „Der Westallgäuer" erschien das frühere „Anzeige-Blatt" als selbständige Zeitung mit Lokalteilen für die verschiedenen Westallgäuer Gemeinden, die in eigener Zuständigkeit produziert wurden. Der Mantel der Zeitung wurde (bis 1968) vom Allgäuer Zeitungsverlag in Kempten übernommen. Damit setzte „Der Westallgäuer" ungebrochen die Tradition der Heimatzeitung in seinem angestammten Gebiet fort.

---

[6] So gleichlautend in mehreren (nicht gezeichneten) Verlags-Typoskripten vom 28.6. 1988 (siehe Anmerkung 3).

[7] „Anzeige-Blatt für das westliche Allgäu". Verbunden mit dem „Lindenberger Tagblatt", 95. Jahrgang, Nr. 101, vom 17. Mai 1945, S. 1.

Verbreitungsgebiet nach Napoleons Zuschnitt

Heute entspricht dieses Verbreitungsgebiet dem Landkeis Lindau. Die Hauptorte, der Markt Weiler und die Stadt Lindenberg, liegen – grob verortet – etwa in der Mitte eines südlich und östlich leicht ausgebeulten Landschafts-Gevierts. Dessen Eckpunkte, vier größere, bekannte Orte bilden so etwas wie Grenzpfosten des Verbreitungsgebiets, obgleich sie streng genommen gar nicht mehr zu diesem zählen, wenngleich sie natürlich in mancherlei Hinsicht zum Einzugsgebiet rechnen: Da sind im Norden östlich die Stadt Isny und westlich die Stadt Wangen; im Süden westlich die Stadt Lindau und östlich der Markt Oberstaufen. Die groben Linien Isny-Wangen im Norden und Wangen-Lindau im Westen grenzen ab nach Württemberg und zum Verbreitungsgebiet der „Schwäbischen Zeitung" aus Leutkirch (die auch in Lindau-Stadt die erste Geige spielt). Der nach Süden ausbeulende Halbkreis zwischen Lindau und Oberstaufen grenzt ab gegen Vorarlberg; und der Ostbogen zwischen Oberstaufen und Isny markiert die Scheidelinie zum Oberallgäu und zum Verbreitungsgebiet des „Allgäuer Anzeigeblatts".

In diesem Grenzgebiet ist die „Nord-West-Grenze" am interessantesten. Denn: „Was liegt westlicher als das ‚Westallgäu'?" Die Wangener, die diese Scherzfrage stellen, beantworten sie selbst so: „Da liegt das Württembergische Allgäu, in gewissem Sinn also das westlichste Westallgäu, das sich noch so weit nach Westen erstreckt ... bis dahin, wo die Leute keine Allgäuer mehr sein wollen." Was also da kultur-, sprach- und wohl oft auch familiengeschichtlich eine Einheit ist, wird durch eine – fast wie in einem Kolonialland willkürliche – Grenze geteilt (deren Folgen, etwa für die Verkehrsentwicklung, Gegenstand von Zeitungsartikeln auf beiden Seiten dieser Grenze immer waren und bis heute sind).

Schuld daran ist letztlich Napoleon, der Anfang des 19. Jahrhunderts die württembergischen und bayerischen Herren zu Königen von seinen Gnaden machte, deren Territorien neu zu ordnen er unternahm. Und so kamen die Westallgäuer Amtsbezirke zunächst zu Bayern. Nachdem aber dem Württemberger Friedrich I. trotz aller Territorialgewinne am Ende doch noch etwas mehr als 100 000 Einwohner abgingen, wurden ihm kurzerhand die Westallgäuer Bezirke Ravensburg, Tettnang, Leutkirch und Wangen zugesprochen. So kam es, daß – wie der Wangener Oberbürgermeister Dr. Jörg Leist nicht ganz ohne leise Ironie vermerkt – „zwischen Wangen und Wohmbrechts (dem ersten Ort des bayerischen Westallgäus ganz nahe bei Wangen) Mauthaus liegt, ein Schlagbaum errichtet und eine Landesgrenze gezogen wurde – quer durch das alte Territorium der Allgäuer Reichsstadt" Wangen; so kam es, daß „die Westallgäuer ihre Sünden im Wangener Franziskanerklösterle abladen und die Wangener ihr Opfergeld nach Wigratz tragen";[8] so kommt es auch, daß die Wangener zwar die „Schwäbische Zeitung" aus Leutkirch lesen, aber ebenso wacker im „Westallgäuer" inserieren, weil ja die Leute aus dem Westallgäu nach Wangen kommen sollen zum Einkaufen.

Die Zeitungsgrenzen respektieren seit jeher die Landesgrenzen. Daraus erklärt sich die zunächst württembergische und dann bayerische Orientierung der Westallgäuer Heimatzeitung während und nach der Besatzungszeit. Das wird aber sichtbar

---

8 Dr. Jörg Leist (Oberbürgermeister von Wangen): Wangen und das Westallgäu – mehr als nur gute Nachbarn. In: Jubiläumsbeilage 1987, S. 61 f.

schon bei der Gründung des „Wochenblattes für den Markt Weiler“ durch Anton Ellgaß: Er placierte sein Blatt damals richtig im Hauptort des Amtsbezirks. Welche Möglichkeiten ein solch „amtlicher Anzeiger“ eröffnete, das hatte Ellgaß wohl im württembergischen Nachbarbezirk abgeschaut; denn da hatte in Wangen – nur wenige Stunden Fußweg von Weiler entfernt – Raphael Schnitzer schon 27 Jahre vorher ein „Wochenblatt für den Oberamtsbezirk Wangen“ (später der „Argen-Bote“) gegründet; und noch drei Jahre älter war das „Ißner Wochenblatt“ (später der „Stadt- und Landbote“ aus Isny), mit dem das erstgenannte unmittelbar nach Erscheinen schon eine böse Fehde führen mußte, weil zwei Blätter in einem Bezirk als zu viel erschienen.[9] Der Nachfolger des Wochenblattes von Ellgaß, „Der Westallgäuer“ also, wirkt bis heute in einem Territorium, das sozusagen den napoleonischen Zuschnitt nicht verleugnen kann. Aber es ist heute auch ein Verbreitungsgebiet ohne wirkliche Metropole, ein Landkreis nämlich ohne die Kreisstadt. Allerdings: Das Territorium ernährt seinen (Zeitungs-)Mann.

Da ist nicht nur ein üppiges Alpenvorland mit traditioneller Milchwirtschaft; da ist nicht nur ein landschaftlich reizvolles Fremdenverkehrsgebiet zwischen Gebirge und Schwäbischem Meer; da ist vielmehr ein „Landkreis mit einem äußerst vielschichtigen und modernen Industrie-, Handel- und Dienstleistungsbesatz“. „Die Industriestruktur ist vielfältig; so sind Firmen des Spezialmaschinenbaus, der Nahrungsmittelindustrie und der modernen Elektronik ebenso vertreten wie Unternehmen, die aufgrund der natürlichen Reichtümer dieser Region hier ihren Standort gefunden haben.“[10] In diesem wirtschaftlich gesunden Territorium lag daher Mitte 1987 die Arbeitslosenquote weit unter Bundesdurchschnitt und mit 3,5% sogar noch weit unter dem bayerischen Durchschnitt.[11]

Zeitungs-Kontakte

Mag also das Gebiet dieser Heimatzeitung noch so überschaubar oder sogar eng erscheinen; es mit einer Lokalzeitung zu versorgen, ist dennoch nicht ganz einfach. Die landschaftlichen Gegebenheiten und die verstreuten Siedlungen erschweren den Vertrieb des Fertigprodukts: Rund 70 Zusteller tragen täglich etwa 6 500 Exemplare aus. Dabei sind (vor allem im Winter) mehrstündige Fußmärsche in bergigem Gelände nicht selten; in die weit abgelegenen Ortsteile bringt das Milchauto die Zeitung. Rund 1 800 Exemplare werden ohnehin über die Post vertrieben.[12] So kommen die Zeitungen zum Leser, damit dieser weiß, was um ihn herum geschieht.

Noch größer ist indessen der Aufwand, der betrieben werden muß, damit überhaupt in die Zeitung kommt, was im Westallgäu geschieht. Ein halbes dutzend Köpfe zählt die redaktionelle Kernmannschaft in Weiler, die Monat für Monat etwa 80 redaktionelle Zeitungsseiten für das Westallgäu produziert; und dabei haben die Lokalre-

---

9 Vgl. hierzu: 100 Jahre Argen-Bote. Jubiläums-Ausgabe vom 1. April 1925.

10 Peter Kürm (Präsident der Industrie- und Handelskammer Lindau): Industrie, Handel und Dienstleistungsgewerbe im Kreis Lindau – heute und in Zukunft. In: Jubiläumsbeilage 1987, S. 8.

11 Siehe „Der Westallgäuer“, Nr. 152, vom 7. 7. 1987, S. 16.

12 Vgl. Antje Wolf: Xaver Rasch trotzt seit 20 Jahren Wind und Wetter. 80jähriger Maierhöfener ist der älteste von 70 Zustellern im Landkreis – Kein leicht verdientes Geld. In: Jubiläumsbeilage 1987, S. 71.

dakteure vielerlei Interessen und vielen Eigenheiten Rechnung zu tragen. Der derzeitige Redaktionsleiter, Hans Stangl, resümiert seine Erfahrungen: „Eine jede Gemeinde im Westallgäu hat ein für sie typisches Gepräge, das bei der redaktionellen Betreuung zu berücksichtigen ist. Zentrum des Westallgäus ist die Stadt Lindenberg mit ihren über 10 000 Einwohnern. Berichte, Reportagen und Bilder vom Leben der Hutstadt dominieren folglich im ‚Westallgäuer'. Nicht umsonst führen wir im Untertitel auch ‚Lindenberger Tagblatt'. Größte Marktgemeinde im Westallgäu ist Weiler-Simmerberg mit Ellhofen, wobei es sich hier um drei Orte mit eigenständigem Leben handelt, die verwaltungsmäßig zusammengeschlossen sind. Ähnlich verhält es sich mit dem Markt Scheidegg, zu dem das Dorf Scheffau und die Wohnsiedlung Lindenau gekommen sind. Auch Heimenkirch hat mit Meckatz einen starken Filialort. Eigentlich zum Westallgäu gehörend, aber dem Oberallgäu zugeordnet, hat sich der Markt Oberstaufen zu einem Spitzenkurort in Bayern etabliert, dessen vielseitiges Leben im ‚Westallgäuer' seinen berechtigten Niederschlag finden muß. Gerade auch die kleineren Gemeinden im Westallgäu wollen nicht vernachlässigt werden. Deshalb veranstaltet die Redaktion des ‚Westallgäuer' jährlich ‚Mobile Redaktionen' draußen in den Dörfern, um mit den Leuten, den Lesern des ‚Westallgäuer', Kontakt zu bekommen, um zu hören, was sich hier tut, was als Lesestoff in der Zeitung gewünscht wird, was wir noch besser machen könnten. Viele wertvolle Anregungen bekam unser Redaktionsteam bei den ‚Mobilen Redaktionen'."[13]

Es gibt kein Thema von einiger Bedeutung, das die Lokalredaktion ausklammern würde. Viel Aufmerksamkeit wird den zahlreichen Organisationen und Verbänden geschenkt. Einen hohen Stellenwert haben – auch mit Rücksicht auf die Urlauber und Kurgäste in diesem wichtigen Fremdenverkehrsgebiet – die täglichen Service-Informationen, die in der Rubrik „wo – was – wann – wer" mit Sorgfalt aufgelistet und ausgebreitet werden. Zu alledem müssen vielfältige Kontakte bis hinein in die kleinsten Dörfer gepflegt werden. „Natürlich können wir ‚Hauptberuflichen' nicht überall hinkommen", berichtet Hans Stangl und betont dann: „Dafür schulen wir unsere ‚freien Mitarbeiter'. Zusammen mit der Volkshochschule Lindenberg-Westallgäu, dem Katholischen Kreisbildungswerk Lindau, dem Sportkreis Lindau, der Hanns-Seidel-Stiftung und politischen Parteien wurden in den vergangenen zehn Jahren zwölf Presseseminare vom ‚Westallgäuer' abgehalten, in denen sich über 200 Presseberichterstatter weitergebildet haben, um ihre Beiträge zeitungsgerecht aufzubauen. Auf diese Partner ist unsere Redaktion stolz und in besonderem Maße angewiesen".[14]

Umstellungen

Was auf all diesen Wegen in die Redaktion gelangt, dort gesammelt, aufbereitet und über modernste Satz- und Speichertechniken zum fertigen Lokalteil zusammengestellt wird, muß allabendlich nach Kempten gefahren werden. Dort wird der Westallgäuer Lokalteil mit dem aus Augsburg gelieferten Mantel der „Augsburger Allgemeinen" und dem in Kempten produzierten Allgäuer Regionalteil zu einer komplet-

---

13 Hans Stangl: Jeden Tag eine Herausforderung – ein lesergerechter Lokalteil. Wie das Geschehen im Westallgäu in die Zeitung kommt. In: Jubiläumsbeilage 1987, S. 115.

14 ebd.

Schwangere Türkin darf nicht nach Bayern zurück (Bayern)

Der Westallgäuer

ALLGÄUER ZEITUNG

Heute Journal für Reise, Freizeit und Motor

DIE UNABHÄNGIGE TAGESZEITUNG • ANZEIGEBLATT FÜR DAS WESTLICHE ALLGÄU • LINDENBERGER TAGBLATT • GEGRÜNDET 1852 • 135. JAHRGANG

Nummer 154 ★ Donnerstag, 9. Juli 1987 Preis 1.10 DM

Politiker fordern mehr Sicherheit bei Transport gefährlicher Güter

Bestürzung über Katastrophe von Herborn — Tankzug explodiert in Eisdiele

HERBORN (AP/dpa). Die Zahl der Todesopfer bei dem Explosionsunglück in Herborn (Lahn-Dill-Kreis) ist wahrscheinlich sehr viel niedriger als zunächst befürchtet. Bis zum Mittwochabend wurden zwei Menschen tot aus den Trümmern geborgen, zwei erlagen im Krankenhaus ihren schweren Verletzungen. Die Katastrophe hat gestern zu heftigen Diskussionen und Forderungen aller Parteien geführt, die Sicherheit bei Gefahrgut-Transporten zu verbessern. (Siehe Kommentar Seite 2 sowie die Seiten 3 und 4.)

Nach Polizeiangaben wurden gestern abend noch eine Person vermißt. 38 Menschen befinden sich mit zum Teil lebensgefährlichen Verletzungen in Krankenhäusern. Noch bis gestern mittag hatte die Polizei aufgrund der vielen Vermißtenanzeigen aus der Bevölkerung mit 25 bis 30 Todesopfern gerechnet. Trotz mehrfacher Aufforderung hatten viele Familien die Polizei nicht über die Rückkehr von Angehörigen informiert. Zwölf Häuser waren bis auf die Grundmauern niedergebrannt, nachdem, wie gestern in einem Teil unserer Auflage berichtet, ein mit 36 000 Litern Benzin beladener Tanklastzug aus Koblenz mit offensichtlich stark überhöhter Geschwindigkeit eine lange Gefällstrecke hinabgerast, vor einer Eisdiele umgekippt und explodiert war. Die Unglücksursache ist rätselhaft. Das zwei Monate alte Fahrzeug verfügte über ein modernes Antiblockiersystem. Der Fahrer gilt bei seiner Firma als besonders zuverlässig. Unklar ist, warum er nicht die normale Fahrtroute an Herborn vorbei gewählt hat, sondern über die gefährliche abschüssige Strecke in den Ort hineinfuhr, auf der es schon mehrere schwere Unfälle gegeben hat. Nach Mitteilung des Landrats sind durch die Katastrophe 17 Haushalte mit 40 Menschen obdachlos geworden. Ein Schwesternheim wurde geräumt, um die Familien notdürftig unterzubringen. Politiker aller Parteien haben bestürzt und mit der Forderung nach besseren Sicherheitsbestimmungen auf den Unfall reagiert. Bundespräsident Weizsäcker und Bundeskanzler Kohl schickten Beileidstelegramme. Bundesverkehrsminister Warnke brach einen Besuch in der Schweiz ab und kehrte vorzeitig nach Bonn zurück. Er schickte Sachverständige nach Herborn, die den Unfall und seine Ursachen untersuchen sollen. Die ÖTV forderte, den Transport gefährlicher Güter generell auf die Schiene zu verlegen.

Wie nach einem Bombenangriff sah am Mittwochmorgen die Innenstadt von Herborn aus. Bergungsmannschaften von Feuerwehr, Polizei, Bundeswehr und freiwillige Helfer suchten den ganzen Tag unter den Trümmern der niedergebrannten Häuser nach den Opfern der Brandkatastrophe. Funkbild: dpa

Heute

Wetter: Nach nächtlichen Gewittern und Regenfällen sagen die Meteorologen für den heutigen

Bundespräsident zieht positive Bilanz seiner Moskauer Gespräche

Weizsäcker: Neues Kapitel beginnt

US-Laster mit Raketen kippt um

Keine atomaren Sprengköpfe

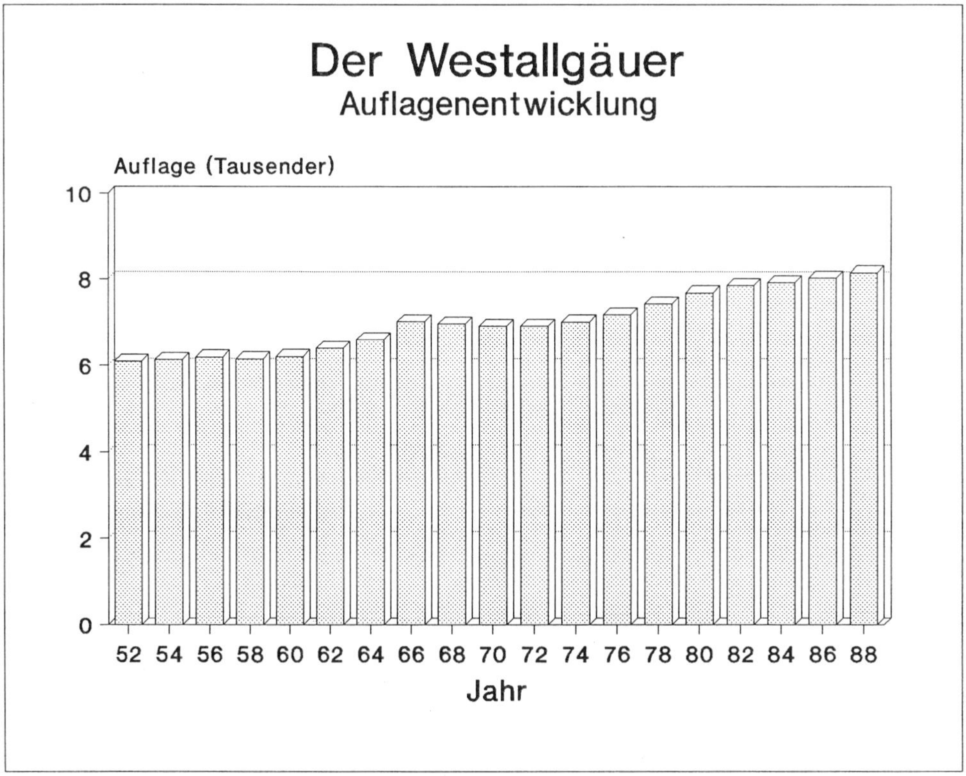

ten Ausgabe des „Westallgäuer" kombiniert und gedruckt. Gegen Mitternacht wird die fertige Auflage verladen und in den bayerischen Alemannenwinkel zurücktransportiert.

Seit fast 20 Jahren funktioniert diese Zusammenarbeit nun. Vorher war „Der Westallgäuer" stets in Weiler gedruckt worden. Im Zuge der 1968 vertraglich vereinbarten wirtschaftlichen und redaktionellen Kooperation zwischen dem Verlag der „Augsburger Allgemeinen" und dem Allgäuer Zeitungsverlag wurde auch eine Umstellung vom Berliner Format auf das größere Rheinische Zeitungsformat vorgenommen. Die Folge war, daß der Druck der in diese Kooperation einbezogenen kleineren Heimatzeitungen[15] in Kempten konzentriert wurde, weil die Anschaffung entsprechender Rotationsmaschinen für diese Verlage unrentabel gewesen wäre.

Weitsichtig hatte Dr. Wolfgang Holzer schon zu Beginn der 60er Jahre bei seinen Investitionsentscheidungen in Rechnung gestellt, daß über kurz oder lang die Herausgabe einer in allen Teilen selbständig hergestellten Zeitung nicht mehr möglich sein würde. Daher konzentrierte sich sein ganzes Bemühen auf den Ausbau des Druckereibetriebes. Die Betriebsräume wurden laufend erweitert; in Lindenberg wurde ein Zweigbetrieb eingerichtet. Gleichzeitig und Schritt für Schritt wurde die Umstellung vom Buchdruck auf den Offsetdruck vollzogen. Seit 1987 laufen insgesamt 22 Offsetdruckwerke in der Firma Holzer; im Verbund mit modernsten Satzanlagen und Verarbeitungstechniken entwickelte sich der Betrieb zur leistungsfähigsten und größten Druckerei im Kreis Lindau. Ihr heutiger Leiter und Chef von rund 100 Mitarbeitern, Dr. Elmar Holzer, vertritt seit 1981 die vierte Generation der Verleger- und Druckerfamilie. Und während in der Allgäu-Metropole Kempten nächtens „Der Westallgäuer" mit den ganz gewöhnlichen und nicht immer gerade erfreulichen Tagesnachrichten durch die Rotationen rast, läuft in Weiler über die großen Offsetwerke auf Halbpergament und Bütten der brillante Faksimiledruck des Gebetbuchs des bayerischen Herzogs Maximilian I., das im Original zu Beginn des 17. Jahrhunderts am Prager Hof als eine „Handschrift von unvergleichlicher Schönheit" entstand.[16]

(hw/cs)

[15] Vgl. Porträt „Der Allgäuer" im gleichen Band.
[16] Vgl. Prospekt des S. Fischer Verlags: Das Gebetbuch Kurfürst Maximilians I. von Bayern.

ANHANG

Alphabetisches Zeitungsverzeichnis

„Abendzeitung“ . . . 125
„Allgäuer Anzeigeblatt“ . . . 739
„Allgäuer Zeitung“ . . . 721
„Altbayerische Heimatpost“ . . . 167
„Altmühl-Bote“ . . . 575
„Ammersee-Kurier“ . . . 151
„Augsburger Allgemeine“ . . . 693

„Bayerische Rundschau“ . . . 335
„Bayerische Staatszeitung“ . . . 75
„Berchtesgadener Anzeiger“ . . . 193
„(Der) Bote für Nürnberg-Land“ . . . 509
„Bote vom Haßgau“ . . . 625

„Coburger Tageblatt“ . . . 353

„Deutsche Tagespost“ . . . 591
„Donau Kurier“ . . . 217

„Erlanger Nachrichten“ . . . 529

„Frankenpost“ . . . 397
„Fränkische Landeszeitung“ . . . 437
„Fränkischer Tag“ . . . 379
„Fränkisches Volksblatt“ . . . 581

„Hallertauer Zeitung“ . . . 251
„Haßfurter Tagblatt“ . . . 655
„Hersbrucker Zeitung“ . . . 523
„Hofer Anzeiger“ . . . 405

„Kitzinger Zeitung“ . . . 617

„Land- und Seebote“ . . . 139

„Main-Echo“ . . . 675
„Main-Post“ . . . 605
„Mittelbayerische Zeitung“ . . . 273
„Münchner Merkur“ . . . 107

„Neue Presse“ . . . 365
„(Der) Neue Tag“ . . . 295
„Nordbayerischer Kurier“ . . . 315
„Nürnberger Nachrichten“ . . . 481
„Nürnberger Zeitung“ . . . 463

„Oberbayerisches Volksblatt“ 159
„Obermain-Tagblatt“ 345
„Oberpfälzer Nachrichten“ 307

„Passauer Neue Presse“ 259
„Pegnitz-Zeitung“ 515

„Reichenhaller Tagblatt“ 207
„Rhön- und Saalepost“ 633
„Rhön- und Streubote“ 663
„Roth-Hilpoltsteiner Volkszeitung“ 547

„Saale-Zeitung“ 643
„Schwabacher Tagblatt“ 537
„Sechsämterbote“ 427
„Sechsämter Neueste Nachrichten“ 327
„Selber Tagblatt“ 419
„(Der) Steigerwald-Bote“ 669
„Straubinger Tagblatt“ 241
„Süddeutsche Zeitung“ 87

„Traunsteiner Wochenblatt“ 183
„Treuchtlinger Kurier“ 561
„Trostberger Tagblatt“ 167
„tz“ 107

„Weißenburger Tagblatt“ 557
„(Der) Westallgäuer“ 755
„Windsheimer Zeitung“ 567
„(Die) Woche“ 273

Mitarbeiterverzeichnis

(ab) Alfred Baur
* Der „Bote vom Haßgau“ (gem. mit sf)
* Der „Land- und Seebote“ (gem. mit sf)

(ak) Andrea Katzmarcyk
* Der „Ammersee-Kurier“ (gem. mit sf)

(cp) Christian Poitsch
* Das „Reichenhaller Tagblatt“ (gem. mit hw)

(cs) Christoph Steber
* Die „Hersbrucker Zeitung“ (gem. mit sf)
* Die „Passauer Neue Presse“ (gem. mit sf)
* Der „Sechsämterbote“ (gem. mit sf)
* „(Der) Westallgäuer“ (gem. mit hw)

(gb) Georg Butter
* Die „Bayerische Rundschau“
* Das „Coburger Tageblatt“

(gr) Gabriele Riffert
* Die „Hallertauer Zeitung“
* Das „Oberbayerische Volksblatt“
* Das „Straubinger Tagblatt“ (gem. mit sf)

(hs) Heinz Starkulla jr.
* Die „Mittelbayerische Zeitung“ und „Die Woche“
* Die „Pegnitz-Zeitung“
* Die „Roth-Hilpoltsteiner Volkszeitung“
* Das „Schwabacher Tagblatt“

(hw) Hans Wagner
* Die „Allgäuer Zeitung“
* Die „Augsburger Allgemeine“
* Der „Donau Kurier“
* Die „Kitzinger Zeitung“
* Die „Nürnberger Nachrichten“
* Die „Nürnberger Zeitung“
* Das „Allgäuer Anzeigeblatt“ (gem. mit rr)
* Die „Bayerische Staatszeitung“ (gem. mit kb)
* Der „Fränkische Tag“ (gem. mit nh)
* Das „Reichenhaller Tagblatt“ (gem. mit cp)
* „(Der) Westallgäuer“ (gem. mit cs)

(ih) Ingrid Huber
* Das „Trostberger Tagblatt“ und die „Altbayerische Heimatpost“
* Das „Traunsteiner Wochenblatt“ (gem. mit sf)

(kb) Kersten Bassow
* Die „Bayerische Staatszeitung“ (gem. mit hw)
* Die „Süddeutsche Zeitung“ (gem. mit sf)

(kn) Katrin Nikolaus
* Die „Abendzeitung“
* „(Der) neue Tag“
* Das „Obermain-Tagblatt“
* Die „Oberpfälzer Nachrichten“
* Der „Rhön- und Streubote“
* Die „Sechsämter Neuesten Nachrichten“

(nh) Norbert Haimerl
* Der „Fränkische Tag“ (gem. mit hw)
* Die „Main-Post“ (gem. mit sf)

(rh) Rainer Holzapfl
* „(Der) Bote für Nürnberg-Land“ (gem. mit sf)

(rr) Ralf Rippin
* Das „Allgäuer Anzeigeblatt“ (gem. mit hw)
* Der „Altmühl-Bote“ (gem. mit sf)
* Die „Windsheimer Zeitung“ (gem. mit sf)

(sf) Patricia Schmidt-Fischbach
* Die „Deutsche Tagespost“
* Das „Erlanger Tagblatt“
* Das „Haßfurter Tagblatt“
* Der „Hofer Anzeiger“
* Das „Main-Echo“
* Der „Münchner Merkur“ und die „tz“
* Die „Neue Presse“
* Der „Nordbayerische Kurier“
* Die „Rhön- und Saalepost“
* Die „Saale-Zeitung“
* Das „Selber Tagblatt“
* Der „Steigerwald-Bote“
* Der „Treuchtlinger Kurier“
* Das „Weißenburger Tagblatt“
* Der „Altmühl-Bote“ (gem. mit rr)
* Der „Ammersee-Kurier“ (gem. mit ak)
* „(Der) Bote für Nürnberg-Land“ (gem. mit rh)
* Der „Bote vom Haßgau“ (gem. mit ab)
* Die „Hersbrucker Zeitung“ (gem. mit cs)
* Der „Land- und Seebote“ (gem. mit ab)
* Die „Main-Post“ (gem. mit nh)
* Die „Passauer Neue Presse“ (gem. mit cs)
* Der „Sechsämterbote“ (gem. mit cs)
* Das „Straubinger Tagblatt“ (gem. mit gr)
* Die „Süddeutsche Zeitung“ (gem. mit kb)
* Das „Traunsteiner Wochenblatt“ (gem. mit ih)
* Die „Windsheimer Zeitung“ (gem. mit rr)

(ug) Ulrike Goreßen
* Das „Fränkische Volksblatt“

Verzeichnis der Lizenzzeitungen in Bayern

(Reihenfolge der Angaben und Zeichen:
Lizenzierter **Zeitungstitel; LiNr** = Lizenz-Nummer;
EA = Tag der Erst-Ausgabe;
EO = Erscheinungs-Ort;
LiT = Lizenzträger;
B = besondere Bemerkungen.)

Süddeutsche Zeitung – LiNr: 1
EA: 6. 10. 1945;
EO: München.
LiT: Edmund Goldschagg, Franz Josef Schoeningh, August Schwingenstein, Werner Friedmann.

Hochland-Bote – LiNr: 2
EA: 8. 10. 1945;
EO: Garmisch-Partenkirchen.
LiT: Georg Lorenz, Anton Lutz, Lothar Mayring.
B: Ab 1. 4. 1950: Fusion mit dem „Münchner Merkur".

Nürnberger Nachrichten – LiNr: 3
EA: 11. 10. 1945;
EO: Nürnberg.
LiT: Joseph E. Drexel.
B: Erst ab 1. 1. 1949 kam als zweiter Lizenzträger Heinrich G. Merkel von der Würzburger „Main-Post".

Frankenpost – LiNr: 4
EA: 12. 10. 1945;
EO: Hof.
LiT: Hans Seidel und Tibor Yost.

Mittelbayerische Zeitung – LiNr: 5
EA: 23. 10. 1945;
EO: Regensburg.
LiT: Karl Friedrich Esser und (ab April 1946) Karl Debus.

Oberbayerisches Volksblatt – LiNr: 6
EA: 26. 10. 1945;
EO: Rosenheim.
LiT: Leonhard Lang und Ernst Haenisch.

Schwäbische Landeszeitung – LiNr: 7
EA: 30. 10. 1945;
EO: Augsburg.
LiT: Curt Frenzel und Johann Wilhelm Naumann.
B: Naumann scheidet ab 28. 8. 1948 zugunsten einer eigenen Lizenz für eine katholische Tageszeitung aus. Seit November 1959 Titeländerung: „Augsburger Allgemeine".

Main-Post – LiNr: 8
EA: 24. 11. 1945;
EO: Würzburg.

LiT: Heinrich G. Merkel und Richard Seubert.
B: Nach Seuberts Tod folgte Hans Weber, dem jedoch die Lizenz wieder entzogen wurde. Nachdem H. G. Merkel ab 1. 1. 1949 nach Nürnberg wechselte, wurde einziger Lizenzträger Michael Meisner.

Main-Echo – LiNr: 9
EA: 24. 11. 1945;
EO: Aschaffenburg.
LiT: Jean Stock und August Gräf.
B: Für Jean Stock, der zugunsten einer politischen Karriere ausschied, wurde Hanns Wetzel eingesetzt, der jedoch 1947 zunächst nach Straubing und später nach Passau wechselte. An seine Stelle trat endgültig Wilhelm Engelhard.

Donau-Kurier – LiNr: 10
EA: 11. 12. 1945;
EO: Ingolstadt.
LiT: Josef Lackas und Ludwig E. Hansen.
B: Hansen gab im Februar 1948 seine Lizenz zurück.

Der Allgäuer – LiNr: 11
EA: 13. 12. 1945;
EO: Kempten.
LiT: Caspar Rathgeb und Hans Falk.

Fränkische Presse – LiNr.: 12
EA: 18. 12. 1945;
EO: Bayreuth.
LiT: Julius Steeger und Walter Fischer.

Fränkischer Tag – LiNr: 13
EA: 8. 1. 1946;
EO: Bamberg.
LiT: Walter Meiß, Georg Wirth und August Hans Brey.

Isar-Post – LiNr: 14
EA: 15. 1. 1946;
EO: Landshut.
LiT: Georg Pix und Richard Schlochauer.
B: Die Isar-Post wurde 1959 an die „Landshuter Zeitung“ verkauft.

Neue Presse – LiNr: 15
EA: 25. 1. 1946;
EO: Coburg.
LiT: Peter Maslowski und (ab September 1947) Johannes Langer.

Passauer Neue Presse – LiNr: 16
EA: 15. 2. 1946;
EO: Passau.
LiT: Hans Kapfinger.

Fränkische Landeszeitung – LiNr: 17
EA: 24. 4. 1946;
EO: Ansbach.
LiT: Wilhelm Wiedfeld, Willy Mehl und Georg Abel.

Südost-Kurier – LiNr: 18
EA: 10. 5. 1946;
EO: Bad Reichenhall.
LiT: Josef Felder und Heinrich Haug.
B: Der „Südost-Kurier“ wurde am 31. 12. 1954 eingestellt.

Der neue Tag – LiNr: 19
EA: 31. 5. 1946;
EO: Weiden.
LiT: Anton Döhler und Victor v. Gostomski.

Der Volkswille – LiNr: 20
EA: 15. 7. 1946;
EO: Schweinfurt.
LiT: Max Hoffmann und Karl Herz.
B: Nach Zusammenschluß mit dem „Schweinfurter Volksblatt" ab 1. 10. 1959 neuer Titel „Schweinfurter Volkszeitung".

Münchener Mittag – LiNr: 21
EA: 13. 11. 1946;
EO: München.
LiT: Hans Heinrich und Felix Buttersack (letzterer anstelle des verstorbenen Peter Stern).
B: Seit 1. 1. 1948 Titeländerung: „Münchner Merkur".

Niederbayerische Nachrichten – LiNr: 22
EA: 20. 8. 1947;
EO: Straubing.
LiT: Hanns Wetzel und Albert König.
B: Ab 1. 9. 1949 zugunsten des „Straubinger Tagblatts" aufgegeben.

Die Abendzeitung – LiNr: keine
EA: 16. 6. 1948;
EO: München.
LiT: Werner Friedmann.
B: Seit 6. 5. 1948 unter dem Titel „Tageszeitung" als Demonstrationszeitung zur „Deutschen Presse-Ausstellung" erschienen.

Augsburger Tagespost – LiNr: keine
EA: 28. 8. 1948;
EO: Augsburg.
LiT: Johann Wilhelm Naumann.
B: Nach dem Scheitern des Blattes im Februar 1951 in Augsburg erscheint es ab März 1951 zunächst in Regensburg, dann in Würzburg als „Deutsche Tagespost" wieder.

Neuer Seebote – LiNr: keine
EA: 29. 12. 1948;
EO: Starnberg.
LiT: Curt von Oerthel.
B: Erscheint seit Ende 1949 wieder unter dem Traditionsnamen „Land- und Seebote".

Neues Volksblatt – LiNr: keine
EA: 1. 5. 1949;
EO: Bamberg.
LiT: Josef Rost und Prälat Georg Meixner.
B: Erscheint ab 1953 wieder unter dem Traditionsnamen „Bamberger Volksblatt"; 1969 an den „Fränkischen Tag" verkauft.

Weißenburger Zeitung – LiNr: keine
EA: 1. 6. 1949;
EO: Weißenburg.
LiT: Graf Arved von Reutern.
B: Bereits nach wenigen Monaten zugunsten des angestammten „Weißenburger Tagblatts" eingestellt.

Ortsregister

Für dieses Ortsregister wurden erfaßt sämtliche Ortsnamen im Text (normal gesetzt), in den Fußnoten (*kursiv* gesetzt) sowie auf den Bildseiten (mit Sternchen [*] versehene Seitenzahlen). Durchgehend sind auch Ortsnamen berücksichtigt, die Bestandteil von Zeitungsnamen sind.

Aachen *19*, 605
Aalen *712*
Abensberg 244, 287
Adldorf 259
Aichach 221, 224, 226*, 227–230, 233, 311, 693, 695, 698*, 707, 717
Aidhausen 626
Aindling 695
Altdorf 508*, 509 f., 512*, 513, 529, 532
Altena 108*
Altenkunstadt 342
Altomünster 226*, 227
Altötting 42, *90*, 171, 176, 188, 212, 265, 266*, 267
Alzenau 587, 679, 684
Amberg 287, *291*, 295 f., 302 f., 305, 319, 428, 525
Ansbach 41, 419, 436*, 437–445, 446*, 447, 448*, 449 f., 452*, 453 f., 456*, 457 ff., 461 f., 471, 491, 493, 495, 509, *533*, 538, 540, 558, 568–571, 575 f.
Arzberg 325, 326*, 327–331, 332*, 333 f., 401 f., *404*, 419, 424, 429, 431, 433
Aschaffenburg 301, 581, 587, 589 f., 599, 612*, 613, 619, 675 ff., 678*, 679–685, 687 f., 689
Aschau a. Inn 163
Atlanta (Georgia) 649
Au (b. Berchtesgaden) 194
Au (Hallertau) 251, 252*
Auerbach 296, 319, *321*
Augsburg 35, 37, 40 f., 54 f., *62*, 69, 96, 109, 156, 185, 207, 212, 224, 263, 301 f., *392*, 463, 561, 585, 591, 593, 594*, 596*, 597 f., 601, 693 ff., 697, 698*, 699, 700*, 701–705, 706*, 707 ff., 710*, 711–719, 723, 727 f., 731–735, 738, 741 ff., 749, 761, 763
Azlburg (Kloster) 243

Babenhausen 696
Backnang 346
Bad Aibling 160 f., 164 f.
Bad Brückenau 611, 644*, 645 f., 648*, 649
Bad Homburg 89
Bad Kissingen 42, 155, 309, 587, 613, 626, *639*, 641, 643, 644*, 645 ff., 648*, 649, 650*, 652 f., 659, 661, 666, 671
Bad Königshofen 587, 619, 623, 627, 638 f.
Bad Mergentheim 613, 615
Bad Neuhaus 633
Bad Neustadt (Ufr.) 587, 618 f., 623, 627, 633, 634*, 635–639, 640*, 641, 664
Bad Reichenhall *23*, 42, 67, *90*, *145*, 171, 173, 183, 188, 194 f., 200, *201*, 202 f., 206*, 207–210, 211*, 212 f., 214*, 215, *659*, 671, 701
Bad Tölz 100, 106*, 109 f., 112, *119*, 590
Bad Windsheim 453, 457 f., 461, *462*, 475, 492, 495, *497*, 567–571, 572*, 573
Bad Wörishofen 693, 696, 718
Bamberg 23, 39, 54, *55*, *62*, 259, 339, 346, 351, *373*, *377*, 379, 380*, 381, 383–389, 390*, 391–396, 399, 428, 491, 584 f., 587, 627, 633, 655, 658 f., 661
Baunach 655
Bayreuth 42, 277, 315 ff., 318*, 319 ff., 322*, 323, 325, 329, 331, 335, 337, 339, 341, 345, 356, 373, 388, *397*, 401 f., *404*, 408 f., 413, 415, 419, 421, 423 f., 426, 429 ff., 433, 437, 442
Beilngries 227
Belgrad 611
Berchtesgaden 42, *90*, 171, 173, 177, 188, 193 ff., 196*, 197–203, 204*, 205, 208 f., 211*, 212, 215, *659*, *671*
Berg (Starnberger See) 141
Berlin 39, 48, 89, *104*, 195, 199, 233, 260, 301, 330, *373*, *375*, 430, 449, 466, *484*, 485, 533, 550, 558, 584, 605, 610, 637, 645, 663, 669, 701, 709
Beuthen 375
Bischofsgrün 319
Bischofswiesen 202
Bobingen 695
Bocklet 645
Bogen 245, 246*
Bonn 39, 96, 130, 176, 233, 263, 297, 376, 433, 458, 589, *595*, 652, 709, 729
Bothnang 443
Boxberg 606
Bremen 48, 104
Breslau 113, *373*, 487
Bruck 296
Buchloe *697*, 698*, 702, 721, 725, 728, 731, 735
Buchwald 423
Budapest 466
Bundorf 626
Burgau *49*, 718
Burgbernheim 495, 568, 572*
Burgebrach 345
Burghausen 176, 184, 266*, 267

Burgkirchen 166, 269
Burgkunstadt 342, 344*, 345, 350*, 352
Burgpreppach 626

Carrara (Italien) 234 f.
Cham 244 f., 246*, 247, 286 f., 293
Chemnitz 301, 487, 701
Coburg *23*, 95, 259, 317, 319, 325, 337 ff., *341*, 343, 351, 353, 354*, 355 – 359, 360*, 361 f., *363*, 364*, 365, 367 – 373, 374*, 375 f., 399, 627, 661

Dachau 90, 91, 100, 106*, 107, 110 f., 119, 145, 278, *484*, 653, *659*, *671*
Dalkingen 729
Darmstadt 681, 684
Deggendorf 242, 244 f., 265, 266*, 267 ff.
Dieburg 684
Diemendorf 143
Dießen 150*, 151 ff., 155 f., 653, *659*, *671*
Dillingen/Do. 118, 695, 702, 718
Dingolfing 245, 246*, 247, 249, 264
Dingolshausen 673
Dinkelsbühl 428, 448*, 449 f., 453, 458 f., 461, 501
Döckingen 576
Donauwörth 695, 698*, 702, 718
Dorfen 106*
Dortmund *202*, 449
Dresden 80, 349, 699, 701
Düsseldorf 597, 645, 747

Ebermannstadt 381, 492
Ebern 368 – 371, *376*, 381, 383, 626 f., 658
Ebersberg 90 f., 100, 106*, 107, 110 f., 119
Eger 419
Eggenfelden 261, 267
Eichstätt 224, 226*, 227 f., 231, 491, 577, 598, 602
Eisenstein 244
Elfershausen 670
Ellhofen 761
Ellingen 558
Ellwangen 729
Eltmann 655, 659, 661
Erbendorf *302*, 310*
Erding 90 f., 100, 106*, 107, 110 f., 119
Erlangen 112, 443, 445, *447*, 454, 467, 472, 475, 491 f., 494, 500, 513, 519, 529, 530*, 531 ff., 534*, 535
Eschenbach 302, 576
Eschlkam 244
Essen *373*
Etsdorf 297
Euerdorf 644*

Feucht 475, 494, 510 f.
Feuchtwangen 448*, 449 f., 453, 458 f., 460*, 461, 493
Fischen 749
Fladungen 638
Forchheim 381, 383 f., 491 f., 494
Frankfurt/M. 24, 99, *103*, 112, 156 f., 165, *222*, 263, 265, *320*, *376*, 379, 397, 408, 414, 466, 550, 558, 597, 605, 652, 681, 683 ff., 687, 688 f., 702
Freiburg i. Br. 89, 221 f.
Freilassing 170, 177, 184, 186, 203, 215
Freising 42, 80 f., 100, 106*, 107, 110 f., 119, 245, 247, 251, 254
Freyung 263, 265, 267, 269
Friedberg 224, 695, 698*, 702, 707
Fulda 638
Fürstenfeldbruck 90 f., 100, 106*, 107, 110 f., 119, 145, 151
Fürth 453 f., 469, 472, 475, 491, 494, 500, 505, 513, 533, 568
Furth 244
Füssen 693, 698*, 703, 725, 728 f., 730*, 731 f., 734 f.

Garatshausen 143
Garching 111
Garmisch-Partenkirchen 40, *90*, 106*, 110, 112, *119*, 146, 179
Gauting 148
Geisa 633
Geiselhöring 169, 242
Geisenfeld 226*, 228
Gemünden 611, 683 f.
Gera 635
Germering 106
Gerolzhofen 587, 653, *659*, 668*, 669 – 672
Gersfeld 633, 635
Gmund *501*
Grabfeld 613, 615, 619, 638 f., 666
Grafenau 261, 265, 266*, 267
Greding 566
Griesbach 261, 267
Gronau 123
Großgundertshausen 254
Gundelfingen 718
Günzburg 695, 698*, 702, 715, 718 f.
Gunzenhausen 448*, 449 f., 453, 455, 459, 475, 491, 495, *497*, 558, 565, 574*, 575 – 578
Gunzesried *752*

Haag/Obb. 161
Hagen 108*, 109
Hainfarth 576
Halle 113, *375*
Hamburg 48, 95 f., 99 f., *103 f.*, 368, 376, 466, 608, 658, 671 f., 723, 729
Hamm 108*, 123
Hammelburg 611, 638, 645 f., 649
Hanau 681, 684

Hannover 392, 704, 729
Haslach 184
Haßfurt *155 f.*, 381, 383, 587, 626 f., *639*, 646, 653, 655, 656*, 657 ff., 660*, 661, 671
Hattingen 591
Heidelberg 89, 112, 118, 347, 657
Heidelheim 423
Heidenheim 575
Heilbronn 568, 615
Heilsbronn 459
Heimenkirch 757, 761
Helmbrechts 317, 399, 400*, 401, *404*, 415, 433
Hemau 287
Hersbruck 475, 491, 493 f., 509, 511, 512*, 517 f., 522*, 523 ff., 526*, 527 f.
Herschfeld 636
Herzogenaurach 383, 492, 494
Hildburghausen 91
Hilders 635
Hildesheim 598
Hilpoltstein 226*, 227, 475, 491 f., *497*, 541, 547 f., 552 f., 554*, 555 f.
Hindelang 749
Hinterhör 160
Höchstadt a. d. Aisch 381, 383, 491 f., 519, *533*
Höchstädt 718
Hof *23*, 67, 95, 301, 316 f., 327, 329, 337, 341, *376 f.*, 397, 398*, 399, 400*, 401–405, 406*, 408 f., 410*, 411, 412*, 413 ff., 416*, 417, 419 ff., 423 f., 427 f., 430 f., 438, 538
Hofheim/Ufr. 381, 383, 587, 619, 623, 625 f., 628 f., 631*, *632*, 655
Hohenberg 419, 423 f., 427, 429
Hohenheim 117
Hohenschwangau 663
Hollfeld 345
Holzkirchen 106*, 110, 112, *119*
Hoya 108*, 109

Ichenhausen 695
Illertissen 89, 625, 696, 698*, 702
Immenstadt 698*, 725, 730*, 731, 734 f., 739, 740*, 741, *742*, 743, 744*, 745–749, 751 f.
Indersdorf 145
Ingolstadt 39, *90*, 95, 198, 217, 218*, 219–225, 226*, 227–230, 232*, 233 ff., 237, 247, 553, 561
Innsbruck 202, 485, 748
Inzell 80, 183
Isny 759 f.

Jungholz 751
Jüterbog 409

Karlsruhe 598
Karlstadt 611, 683
Kassel 113
Kaufbeuren 693 f., 698*, 703, 725, 728, 730*, 731 f., 734, 738
Kelheim 224, 227, 244 f., 247, 251, 254 f., 265
Kemnath 296, 302, 402, 433
Kempten 40 f., 109, 283, 643, 693, *696*, 698*, 703, 707, 720*, 721 ff., 724*, 725–729, 730*, 731–735, 737 f., 741, 743, 748 f., 758, 761, 763
Kiefersfelden 161
Kiel 365, 466
Kirchenlamitz 427, 429
Kirchenthumbach *321*
Kitzingen 42, 147, 568, 571, 602, 611, 613, 617 ff., 621 ff., 624*, 627, 629, 638 f., 641, 666, 672
Klingenberg 684
Kolbermoor 164
Köln 221, *375*, 463, 487, 591, 593, 605, 699
Königsberg *541*, 625 f., 631*, 661
Königsbrunn 695
Konstanz 302, 357
Kötzting 244 f., 246*, 287, 293
Kronach 319, 358, 361, 367–370, 374*, 376, *377*, 381, 383, *397*, 433
Krumbach 696, 718
Kulmbach 317, 319, 325, 335, 336*, 337 ff., 341 ff., 351, 357 f., *397*, 401 f., *404*, 408, 413, 423 f., 433, 437 f.
Kupferberg 336*, 342

Landau 118, 245, 246*, 247, 259, 264, 266*, 267, 278, 591
Landsberg 90 f., 107, 151 f., 155, 428, *484*, 693, 696, 698*, 715, 717
Landshut 219, 241 f., 244 f., 246*, 247, 249 ff., 253, 256*, 257, 264, 269, 284, 428, 525
Langemark *373*
Lauenstein 368
Lauf a. d. Pegnitz 475, 491 f., 494, 509, 511, 512*, 513, 515–519, 520*, 521, 525
Laufen *90*, 169–172, 177, 183, 186, 188, 193, 200, 203, 204*, 205, 208, 212, 215
Lauingen 718
Leipheim 695
Leipzig 80, 112 f., 209, 259 f., 379, 405, 407*, 408 f., 413 f., 419, 487, 610
Leistadt/Rheinpfalz 282
Leoni 143
Leutershausen 568
Leutkirch *712*, 732, 758 f.
Lichtenfels *317*, 319, 325, 341 f., 344*, 345 ff., 349, 350*, 351 f., 358, 361, 368–371, 374*, 376, *377*, 381, 383 f., 420
Lindau 693 f., 741, 757 ff., 761
Lindenau 761
Lindenberg 757, *758*, 759, 761, 762*, 763
Linz 274
Lohr *147*, 587, 611, 618 f., 623, 624*, 627, 683 ff.
London 550
Louisville (USA) 20
Lübeck 48
Ludwigshafen 689

Maierhöfen 756, *760*
Mainburg 245, 251, 252*, 253 ff., 256*, 257
Mainleus 336*, 342
Mainz 595, 597, 680 f., 683, 689, 697
Mannheim *375*, 684
Maria Gern (b. Berchtesgaden) 194
Marktheidenfeld 587, 611, 684
Marktleuthen 429
Marktoberdorf 698*, 703, 722, 729, 730*, 732, 734 f.
Marktredwitz 295 f., *302*, 305, 399, 400*, 401 f., 424, 429, 433
Mauthaus 759
Mauthausen 485
Meckatz 761
Meiningen 635, 647
Meitingen 696
Mellrichstadt 587, 613, 633, 635, 638 f., 653, *659*, 662*, 663 f., 666, *671*
Memmelsdorf 635
Memmingen 40, 693, 698*, 725, 728 f., 730*, 731, 734 f., 737
Menden 108*
Mering 695
Merkendorf 576
Merzig a. d. Saar 221
Michelau 344*, 352
Michelfeld 441
Miesbach *90*, 106*, 110, 112, *119*, 198
Miltenberg 587, 589, 613, 683 f., 688
Mindelheim 696, 698*, 702, 715, 718
Mitteleschenbach 576
Mitterteich 296, *302*, 402
Monatshausen 143
Moosburg 118, 245, 246*, 247, 249, 251
Mühlbach 423
Mühldorf *90*, 142, 158*, 160 f., 163 f., 166, 176, 264, 269
Münchberg 317, 399, 400*, 401 f., 404, 415, 433
München 17 f., 22, 24, 28, 32, 35 – 40, 69, 74*, 75, 76 f., 79 ff., 87, 88*, 89, 90 – 97, 99 ff., 102*, 103 f., 106*, 107, 108*, 109 – 119, 120*, 121 – 127, 128*, *129 f.*, 131, 132*, 133, 134 f., *141*, 142, 145 – 149, 151 f., 155 ff., 161, 164, 171, 173, 176, 179 f., 184, 195, 197, 200 f., 221 f., 225, 230, 233, 235, 242, 259, 263, 278, 296, 311, 320, 327, 376, 411, 433, 458, 466, 484, 500, 531, 589, 591, 611, 618, 627, 649, 651 f., 658 f., 661, 663, 669, 671, *675*, 689, 709, *711*, 713, 718, 723, 729, 745 ff.
Münnerstadt 638, 644*, 645 f., 648*, 649
Murnau 106*

Nabburg 296, 302 f.
Naila 401 f., *404*
Nandlstadt 251, 252*
Neuburg/Do. 224, 226*, 693, 696, 698*, 702, 717
Neugablonz 725
Neuhaus/Pegnitz 525
Neuhausen (Ofr.) 423
Neumarkt (Opf.) 227, 286 f., 475, 491, 493 f., 509
Neumarkt-St. Veit 158*, 161, 163
Neuötting 266*, 267
Neustadt a. d. Aisch 448*, 449 f., 453, 457 ff., 460*, 461 f., 491 f., 568, 571, 573
Neustadt b. Coburg 354*, *356*, 357 f., 361, 368 – 371, *376 f.*
Neustadt a. d. Waldnaab 296, 302, 309, 311, 319
Neu-Ulm 693, 696, 698*, 702, 715, 717
New York 635
Nittenau 286
Nördlingen 443, 693, 696, 702, 717
Nüdlingen 649
Nürnberg 35, 37, 40 ff., *62*, 69, 113, 134 f., 147, 155, 224 f., 263, 277, *284*, 309, *319*, 320, 331, 345 f., 349, 353, 368, 379, 408, 411, 413 f., 419, 431, 437 ff., 440 f., 444, 447, 448*, 449 ff., 452*, 453 ff., 457 f., 461 f., 463, 464*, 465 ff., 468*, 469, 470*, 471 ff., 474*, 475 – 479, 481 f., 483*, 484 f., 486*, 487 ff., 490*, 491 – 494, 496*, 497 – 507, *509*, 510 f., 512*, 513, 518 f., 521, 524 f., 527, 530*, 532 f., 538, 543, 552 f., 555 ff., 558, 561, 563, 566 f., 570 f., 575 ff., 608, 611, 627, 638, 641, 654, 672, 689, 697

Obergünzburg 725
Obernburg 587, 684
Oberpfaffenhofen 156
Oberstaufen 749, 756, 759, 761
Oberstdorf 693, 749, 751 f.
Oberursel 638
Oberviechtach 296, 302
Oberzeismering 143
Ochsenfurt 611
Oerlenbach 646
Oettingen 442, 696
Offenbach 108*, 681, 684
Ornbau 576
Osterhofen 266*, 267 f.
Ostheim 639, 653, *659*, 666, 671
Ottobeuren 207

Paderborn 599
Pappenheim 558
Paris 133, 233, 701
Pasing 146, 148
Passau *23*, 39, 55, 176, 188, 247, 258*, 259 ff., 262*, 263 ff., 266*, 267 ff., 284, *285*, 373, 679, 685
Pegnitz 319, 321, 323, 492, 494, 517, 519
Penzberg 106*, 110, 112
Petting 191
Pfaffenhofen 76, 95, 105, 224, 226*, 227 ff., 233
Pfarrkirchen 261, 267, 269
Planegg 111

Plattling 245, 246*, 247, 266*, 267
Plößberg 419
Polsingen 576
Pöttmes 226*, 227, 695
Prag 763
Preßburg 466
Prien 161, 165, 184

Rain a. Lech 696
Raisting 155
Ramsau 199
Ravensburg 759
Regen 265, 267, 269
Regensburg *23*, 24, 39, *50*, 55, 69, 118, 241 f., 244, 247, 257, 260, 264, 273 – 279, 280*, 281 – 289, 291, 292*, 293, 295, 590 f., 596*, 597 f., 633, 635
Rehau 400*, 401 f., *404*, 410*, 415, 417, 418*, 420, 423, 433, 606
Reims 19
Reit im Winkel 183
Reutlingen 259
Riedbach 626, 661
Riedenburg 227
Riederau 155
Rödental 354*, 361
Römhild 633
Rosenheim 55, *90*, 119, 123, 158*, 159 – 166, 176, 184, 194, 199 f., 209, 269
Roth 224, 226*, 441, 475, 492, 495, *497*, 545, 546*, 547 – 553, 554*, 555 f., 576
Röthenbach 494, 516, 520*
Rom 602
Rothenburg ob der Tauber 448*, 449 f., 453, 457 ff., 460*, 461, 493, 495, 501
Rottenburg 244, 251
Rottmannshöhe 143

Saarbrücken 118
Salzberg 194
Salzburg 177, 183 f., 194, 207
Sand 661
Scheffau 761
Scheidegg 757, 761
Scheinfeld 381, 449, 453, 458, 461 f., 492
Schellenberg 199
Schernau (Ufr.) 567
Scheßlitz 345
Schirnding 327, 419
Schnaittach 494, 516 f., 520*
Schney 370
Schöllkrippen 619, 623, 627, 680, 685
Schondorf 155
Schongau 108*, 109, 112, 198, *671*
Schönwald 418*, 423 f.
Schopflohe 76
Schrobenhausen 198, 221, 224, 226*, 227 ff., 693
Schwabach 438, 440 f., 447, 475, 491 f., 495, 536*, 537 – 541, 542*, 543, 544*, 545, 548, 552, 555 f.
Schwäbisch Hall 441
Schwabmünchen 695, 698*, 702, 707, 716, 718
Schwaig *501*
Schwandorf 284, *285*, 287, 295 ff., 298, *302*
Schwarzenbach a. d. Saale 397
Schweiklberg 259
Schweinfurt 301, 581, 587, 589 f., 599, *603*, 612*, 613, 614*, 615, 626, *632*, 635, 638, 645, 649, 655, 657, 659, 661, 672
Seebruck (am Chiemsee) 184
Selb 317, 399, 400*, 401 f., 404, 415, 418*, 419 ff., 422*, 423 – 427, 429, 433
Seßlach 345, 347 f.
Siegsdorf 183
Sigmaringen 43
Silberbach 423
Simbach 267
Simmerberg 761
Solingen 391
Sonthofen 729, 730*, 735, 739, 740*, 741, 743, 744*, 745 – 749, 751 f.
Spalt 552, 566, 576
Spielberg 423
Stadelschwarzach 670
Stadtsteinach 336*, 341 f., 402, *404*
Staffelstein 344*, 345 – 349, 350*, 351 f., 374*, *376*, 381, 383, 395
Stangenroth 633
Starnberg 76, 91, 100, 106*, 107, 110 f., 119, 139, 140*, 141 – 149, 198, 619, 623, 627
Stauf *501*
Stein b. Nürnberg 511
Steinhart 576
Stettin 113, 487
Straßburg 274, 463
Straubing 80, 241 – 245, 246*, 247, 248*, 249 f., 259 f., 262*, 264, 269, 277, 284, 293, 638, 679, 685
Stuttgart 81, 112 f., 134, *375*, 413, 443, 485, 500, 598, 615, 704, 713, 743
Sulzbach-Rosenberg 295 f., 302 f., 305, 319, 428, 525
Süßen 222
Syke 108*, 109

Tann 635
Tarnopol 89
Tauberbischofsheim 615, 684
Tegernsee 106*, 110, 112, *119*
Teisendorf 183 f.
Tettnang 759
Teuschnitz 374*, 376
Thiersheim 326*, 327, 330, 429
Thierstein 423, 427, 429
Thurnau 339
Tiefenbach 741

Tirschenreuth 296, 302 f., 309, 319, *397*, 401 f., *404*, 433
Tittmoning 171 f., 173, 177, 183, 203
Traunreut *167*, 172, 175 ff., 203
Traunstein 42, *90*, 166, 170 f., 173, 175 f., 182*, 183–189, 190*, 191 f., 197, 202 f., 205, 212, 215, 264, *659*, *671*
Trebnitz (Schlesien) 487
Treuchtlingen 475, 491 f., 494, *495*, 557 f., 560–563, 564*, 565 f., 578
Trostberg 167, 168*, 169–177, 178*, 179 f., 183–186, 203, 264, *671*
Tübingen 713
Tutzing 143, 145, 148

Uelzen 123
Uffenheim 448*, 449 f., 453, 458 f., 460*, 461 f., 492, 568, 613
Ulm 43, *712*, 713
Untererlbach 576
Unterhaching 111
Unterhohenried 655
Unterwangenbach 254
Unterzeismering 143
Utting 155

St. Veit 576
Velden 517
Viechtach 244, 264, 266*, 267
Viernheim *659*, 671
Vilsbiburg 245, 246*
Vilshofen 261, 266*, 267
Vlotho 108*
Vohenstrauß 302
Vöhringen 696
Volkach 617, 623, 668*, 669 f.

Wackersdorf 296 ff., 311
Waging 191
Waidhaus 297
Waldkraiburg 158*, 161, 163 f.
Waldsassen 296 f., *302*, 402, *404*
Wallerstein 696
Wambach 254
Wangen/Allgäu 43, 142, 759 f.
Washington 20, 233
Wasserburg 158*, 160 f., 163 ff., 176
Wassertrüdingen 561, 575
Wegscheid 261, 265
Weiden 284, 295 ff., 299, 301 ff., 304*, 305, 307 ff., 310*, 311 f., 428, 584, 653, *659*, *671*
Weiler 67, 698*, 725, 731, 734 f., 754*, 755–760, 763
Weilheim 106*, 110, 112, *119*, 124, 141 f., 148, 151 f., 156 f., 584
Weinheim 112, 568
Weismain 342, 344*, 345, 350*, 352
Weißenburg 440, 455, 459, 475, 491, 493, 495, 557 f., 559*, 560, 563, 565 f., 576, 578
Weißenhorn 696
Weißenstadt 427, 429
Wertach 749
Wertheim 615, 683 f.
Wertingen 67, 696, 698*, 718
Westheim (Mfr.) 576
Wettelsheim 576
Wien 397, 443, 466, 697, 699
Wiesbaden *115*, 681
Wiesentheid 668*, 669
Wigratz 759
Wildflecken 646
Windisch-Eschenbach *302*, 309
Windsbach 590
Wissen a. d. Sieg 591
Wohmbrechts 759
Wolfenbüttel 274, *408*
Wolfratshausen 90 f., 100, 107, 110 f., 119
Wolfstein 261, 265
Wolnzach 228, 266*
Wonfurt 661
Wörth 197, 287, 293
Wunsiedel 296, 330, 334, *397*, 399, 401 f., *404*, 419 f., 424, 426–431, 432*, 433
Wuppertal 611
Würzburg 69, 335, 338, 393, 445, 449, 487, 561, 581, 582*, 583 f., 586*, 587, 588*, 589 ff., 596*, 597 ff., 600*, 602 f., 604*, 605–611, 612*, 613, 614*, 615 f., 627, 636, 638 f., 643, 646, 649, 661, 672, 676, 680 f., *682*, 683 f., 729

Zeil 383, 659, 661
Zirndorf 447, 452*, 453 f., 481 f., 486*
Zwiesel 267

Personenregister

Erfaßt wurden für dieses Personenregister sämtliche Personenangaben oder -erwähnungen im Text (normal gesetzt), in den Fußnoten (*kursiv* gesetzt) sowie auf den Bildseiten (mit Sternchen [*] versehene Seitenangaben). Soweit aus den registrierten Personenangaben ersichtlich, werden die erwähnten Personen in diesem Register verschiedenen relevanten Sachgruppen zugeordnet, die jeweils nach dem Namen mit folgenden Kennzeichnungen angegeben sind:

(D) = Drucker, Setzer, sonstige (druck-)technische Fachleute;
(K) = Künstler, Karikaturisten, Layouter, Grafiker, Fotografen;
(L) = Lizenzträger der Nachkriegs-Zeitungen;
(Ö) = Ökonomie: Unternehmer, Wirtschafts- und Bankfachleute, Repräsentanten von Kammern und Arbeitsämtern;
(P) = Politiker, Kommunalpolitiker, ehemalige Militärregierung, Repräsentanten des Militärs und des öffentlichen Lebens;
(R) = Redakteure, Journalisten, Publizisten, Korrespondenten, Redaktionsmitarbeiter jeder Art;
(T) = Theologen, Bischöfe, Pfarrer, Kirchenleute;
(V) = Verleger (Verlegerverbände), Herausgeber, Gesellschafter, (Mit-)Eigentümer, Verlagsgeschäftsführer und -fachleute;
(W) = Wissenschaftler, Historiker, Heimatkundler, Schulleute, Verfasser wissenschaftlicher Arbeiten und von Zeitungskatalogen;
(S) = Schriftsteller, Literaten; sonstige.

Abel, Georg (L) 447, 449, 455
Abel, Karl-Dietrich (W) *584 f.*
Ackermann, Konrad (S) *89*
Adenauer, Konrad (P) *22*
Aichinger, Georg (T) 243
Allaire, Max (W) *55, 547*
Allerdt, Herbert (V) 376
Allerdt-Kurtz, Lydia Lisett (V) *317*
Altenhöfer, Ludwig (R) 598
Amann, Josef (W) *694*
Amann, Max (V) 77, *584*, 610
Anderl, Rudolf (R) 167, 179 f.
Apel, Fritz (V) 575
Apian, Philipp (W) 237
Armbruster, Hubert (W) *38*
Aswerus, Bernd M. (W) 66
Attenkofer, Clemens (V) 241 – 244, 247
Attenkover, Alois (D) 219
Auer, Erhard (P) 77
v. Auersberg, Joseph Franz (T) 260
Aventinus, Johannes (W) 167, 237

Bachmann, Hans (R) *749*
Bachmann, Heinrich (V) 517
Baer, Ludwig (S) *487*
Baier, Hans (R) 368
Balle, Hermann (V) 244, 247, 249
Bassow, Kersten (W) *79 f., 83 ff., 86*
Bauer, Clemens (V) *220, 223*
Baumann, Ekkefried Caspar (V) 335, 337 ff., 343, 355, 362
Baumann, J. K. (V) 655
Baumer, August (V) 219
Bäumer, Gertrud (S) 593
Baumert, Wolfgang (R) *613*
Bauner, Johann Valentin (V) 663
Bauner, Ludwig (V) 665 f.
Baur, Alfred (W) *147, 617, 627, 629, 641*
Bayer, Adolf (R) *438 ff., 441 f., 445, 453*
Bayer (Justizrat, Ansbach) *443*
Bechmann, Gisela (R) 370
Becker, August (R) 584
Becker, Friedebert (L) 485
Becker, Johann Friedrich (D) 529
Beer, Adolph (V) 429
Beer, Ernst Friedrich Christoph (V) 428 f.
Beer, Friedrich (V) 429
Beer, Heinrich (V) 429 f.
Beer, Margaretha (V) 429
Beer, Wilhelmina (V) 429
Behn, Siegfried (W) 593
Bellot, Josef (W) *697*
Benario, Leo (W) *463, 465*
Bertkau, Friedrich (W) 516, 518
Betz, Anton (V) 597
Beyer, Wilhelm Raimund (W) *381, 386, 394, 482, 484*
Bilek, Franziska (K) 132*
Binkowski, Johannes (V) *70*
Bischoff, Georg Michael (V) 568
Bischoff, Johann Martin (V) 568
v. Bismarck, Otto (P) 643
Bletschader, Gerhard (P) 124

Blühm, Elger (W) *62, 547*
Blum, Melanie (V) 576
v. Bodenhausen, Otto (P) 405
Boehm, Hans Otto (R) 593, 597
Boës, Rolf (V) 303
Böheim, Paul (D) 426*, 438 f., 538
Böhm, Gert (R) 411
Bohrer, Hermann (W) *419*
Böhringer, Johann (D) 440
Böhringer, Ulf (W) *729*
Bollmann, Hanns (V) 447, 453 f., 481, 509 f.
Bollmann, Johann (D) 510
Bömer, Karl (W) 516, 518
Bopp, Hugo (R) 657
Borsch, Wendel (D) 464*
Borst, Alfons (W) 636 f.
Brabänder, Franz (S) *167*
Bracher, Karl Dietrich (W) *609*
Brand, Peter (S) *428*
Brandmüller, Juliane (V) 515
Braun, Hanns (W) *276*
Braun, Max (V) 558
Braun, Leonhard jr. (V) 558
Braun, Leonhard (V) 557
Braun und Elbel (Verlag) 560
Breßl, Johann Baptist (V) 260
Brey, August Hans (L) *381*, 392, 396
Bringmann, Karl (V) *595*
Brings-Spiesshoefer, Angelika (W) *114*
Bröger, Karl (S) 488
Broschek, Albert (V) 607 f.
Bröske, Joachim (R) 633, 635
v. Bruck, Karl Ludwig (P) 89
v. Brück, Max (R) 88*
Brügel, Adam (V) 443 f.
Brügel, Carl (V) *438*, 444 f.
Brügel, Gustav (V) 445
Brügel-Verlag *438*, 445, 447, 449, 454
Bucher, Josef (V) 581
Buchholz, Peter (T) 301
Büchl, Franz (R) 411
Buchner, Elisabeth (V) 611
(s. a. Richter, Karl)
Buhl, Wolfgang (W) *569*
Buschbeck, Malte (R) 97
Buschmann, Roland (R) 487
Buttersack, Felix (L) 117 ff., 122 f.

Canisius, Petrus (T) 237
Chlodwig (K, Regensburg) *273*
Cobet, Christoph (S) *592*
Colbatzky, Friedrich (V) 355 ff., 373, 376
Colbatzky, Friedrich-Florian (V) 357
Colbatzky, Friedrich-Herbert (V) 357, 372
Colbatzky, Paula (V) 357, 373, 376
Cotta, Johann Friedrich (V) 61, 713
Courths-Mahler, Hedwig (S) 199
v. Crailsheim, Krafft (P) 76

Dacherts, Friedrich (V) 335
Dana, Anderson (R) *702*
Dannheimer, Tobias (V) 726
Dazert (Verlagsgeschäftsführer) 732
Debus, Karl (L) 273, 282
Delp, Alfred SJ (T) 90, *485*
Delp, Berta (V) 573
Delp, Heinrich (d. Ä.) (V) 568, 573
Delp, Heinrich (d. J.) (V) *497*, 569 ff., 573
Delp, Hermann (V) 567 ff., 573
Deppert, Nikolaus (V) 539
Deuerlein, Ernst G. (W) *529*, 593
Diem, Friederike (V) *501*
Dientzenhofer, Leonhard (K) 439
Dietrich, Johann Baptist (R) 388
Dietz, C. F. (D) 353
Dilliard, Irving (P) 373, 375, 381
Dischner, Otto sen. (V) 146 f.
v. Dobeneck, Götz (W) 186
Döbereiner, Ilse (V) 333
(s. a. Weber, Hans)
Dobler, Josef (D) *49*
Doederlin, Karl-Reinhold (R) 597
Döhler, Anton (L) 299, 301, *302*, 303
Döhler, Barbara (V) *303*
Dollinger, Hans (S) *89*
Dornach, Ignaz (S) 757
Dörner, Klaus (K) 131
Dorsch, Petra (W) *100*, 107, *149*
Döser, Alfons sen. (V) 160
Döser, Alfons jr. (V) 108, 123, 161
Dovifat, Emil (W) *17*, *25*, 62, *113*, *289*, *592*, *605*
Drexel, Joseph Eduard (L) 458, 481 f., 484 f., 486*, 487 ff., 490*, 492 f., *501*, 555
Drexl, Walter (R) 82
Drexler, Hans (R) *701*, *712 f.*
Dülk, Franz (W) *589*, *606*, 608, *611*, *613*, *616*
Dunner, Joseph (P) *59*, *89*, 699
Dürr, Alfred (R) *93*, 96, 99, *100*, 101
Dürrmeier, Hans (V) 92, 101, 129, 135
Dürrmeier, Hanns-Jörg (V) 93, 95, *105*
Dürrmeier (Erbengemeinschaft) (V) 93

Eaton, Joseph (R) 277
Eberl, Helmut (V) 748 f.
Eberl, Josef (V) *741*, 747 ff., 752
Eberle, Joseph (R) 282
Eberle, Raimund (P) 98*
Eck, Johannes (T) 237
Eckardt, Klaus (V) *723*
Eder, Friedrich (R) 84
Egg, Josef (R) *216*
Egger, Franz (V) *49*
Ehard, Hans (P) 75, 126
Eher, Franz (V) 145
Ehlen, Nikolaus (W) 593
Eichler, Bernhard (R) 709
Eisenhower, Dwight D. (P) 19
Eisner, Kurt (P) 76

Elbel, Leonhard (R) 558
Elbel, Max (V) 557 f.
Ellgaß, Anton (V) 755, 760
Ellixhauser, Johann (R) 260
Ellwanger, Karl (V) *317*
Ellwanger, Lorenz (V) *317*, 323
Ellwanger, Marianne (V) *317*
Ellwanger, Wolfgang (V) 317
Ellwanger (Verlag, Bayreuth) 316 f.
Emmerich, Elisabeth (R) *694*
Enderes (Schwabacher Drucker) 538
Endrös, Anton (P) 170, 187
Endter, Balthasar Joachim (V) 465
Engel, Jürgen (R) 370
Engelhard, Wilhelm (L) 679, 681 f., 685, 687
Engels, Eduard (R) 115
Engelsing, Rolf (W) *62*, *547*
Ennemoser, Roswitha (S) *757*
Erdl, Alois (V) 167, 169 ff., 172, 177, 179, 186
Erdl, Carl Borromäus (V) 169
Erdl, Georgine (V) 173
Erdl, Karl (V) 170 f., 173, 179
Erdl, Lois (V) 173
Erdl, Oskar sen. (V) 170 f., 173, 179
Erdl, Oskar jr. (V) 173 f., 177
Erhard, Ludwig (P) 281
v. Erthal, Friedrich Karl (T) 680
Esser, Hermann (P) 583 f.
Esser, Karl Friedrich (L) 273, 278 f., 281
Esser, Karl Heinz (V) *50*, *273*, 285, 288 f., *289*
Esser, Peter (V) 291
d'Ester, Karl (W) *23*, *30*, *61*, 91, *119*, 222, *606*, 611, *712*
Ettlich, Wolfgang (W) *264*
Exner, Fritz (R) *613*
Eymann, Klaus (V) 679, 687, 689

Fahner, Elisabeth (V) 515
Fahner, Gunda (V) 519
Fahner, Hans (V) 515 ff., 518, 520*
Fahner, Lambert (V) 518 f.
Fahner, Margarete (V) 515, 517 ff.
Faist, Peter (R) 126
Falk, Hans (L) 729, 730*, 731 f.
Färber, Georg (V) 746
Färber, Otto (L) 302, 701
v. Faulhaber, Michael (T) 89
Feilner, Hans (V) 625
Felder, Joseph (L) 171 f., 188, 212 f.
Feldle, Anton (R) 188
Felgenauer, Gotthard (V) 348 f.
Fellner, Anton (V) 152, 155
Fellner, Hermine (V) 151 f., 155, 157 (s. a. Reisinger, Josef)
Fellner, Raimund (V) 155
Felsecker, Wolfgang Eberhard (V) 440, 465
Ferber, Walter (R) 593
Feser (Drucker, Bad Kissingen) 643
Feuerlein, Friedrich (V) 549 f.
Feust, Philipp (R) 467
Fielitz, Karl (R) 444
Fink, Alois (W) 241
Fischer, Heinz-Dietrich (W) *113*
Fischer, Helmut (W) *712*
Fischer, Karl (P) *285*
Fischer, Laurent (V) 317
Fischer, Walter (L) 316
Fisher, John (T) 259
Fleischmann, Gerd (R) 370
Fleischmann, J. B. (D) 581
Fleischmann, Martin (R) 367 ff., 370
Flügel, Rolf (S) 113
Förderreuther, Max (W) *727*
Foster-Oberländer, Lieselotte (V) 718
Foth, Lotte (S) *487*
Frank, Hans (P) 77
Frantz, Ulrich (W) *129*
Franz, Ulrich (V) 199 f., 209
Franz, Ludwig (R) 598
Franzel, Emil (S) 597 f.
Frei, Norbert (W) *19*, 22, *23*, *25*, *55*, *61*, 115, 170, *171*, 186 f., *199*, 200, *209*, 210, *274*, *276*, 277, *301*, *329 f.*, *331*, 356, *357*, *381*, *384*, *387 ff.*, *543*, *551 f.*, 583 f., 591, *592*
Frenzel, Curt (L) 593, 697, 701 ff., 711 ff., 718, 732, *733*, 734
Freuding, Ernst (V) 308 f.
Freuding-Spintler, Renate (V) 308
Freyberger, Alex (R) 210
Frick, Philipp (R) 76
Friedmann, Anneliese (V) 126, *127*, 130, 134 ff.
Friedmann, Johannes (V) 133, 135
Friedmann, Werner, (L) 20, 88*, 91 f., 97, 125 ff., 129 f., 133 f.
Friedrich I., König von Württemberg 759
Friedrich, Volker (R) 368, 370
Fries, Peter (V) 599
Fritz, Walter (P) 751
Fugger, Philipp Eduard (Ö) 697
Fugger (Augsburger Handelshaus) 694, 697
Fürst, Werner (R) 367, 370

Gabler, Karl (Ö) 26
de Gabrieli, Gabriel (K) 439
Ganer, George J. (P) 302
Ganghofer, Alois (V) 219, 223
Gegenfurtner, Franz Xaver (V) 139, 141 f.
Geigel, Leonhardt (P) 633
Geiger, Ferdinand (V) 142 f.
van Gelder, Josef (V) 337 f.
Genscher, Hans-Dietrich (P) 131
Gensfleisch, Johann (Gutenberg) 235, 379, *381*, 697, 703
Gerhart, Josef (V) 657 f., *659*, 661
Gerstenberger, Liborius (V) 581
Gerstenmaier, Eugen (P) *485*
Gertner, Johann Georg Christoph (V) 379

Gertner, Johann Michael (V) 386
Gertner, Michael (V) 379, 381
Geßlein, J. (V) 575
Geyssler, Valentin (D) 464*
Giegold, Heinrich (V) 397, 399, 401
Giers, Werner (R) 110, 114
Giesler, Ernst (R) 746
Gießel, Carl (V) 315
Gley, Gérard (W) 386
Glotz, Peter (P) *38*
Glötzle, Franz (R) *743*, 745 f., 752 f.
Glötzle, Franz Xaver (V) 740*, 741 ff., 745
Glötzle, Josephine (V) 743
(s. a. Hamann)
Glötzle, Max (D) 743, 745
Göb, Adam (V) 581
Goebbels, Joseph (P) 609
v. Godin (Präsident der Bayerischen Landpolizei) (P) *451*
v. Goethe, Johann Wolfgang (S) 509
Goldammer, Carl (V) 637
Goldschagg, Edmund (L) 87, 88*, 89, 92
Goldschagg, Rolf (V) 93
Goldschmidt, K. (L) 261
Golembiewski, Reinhard (V) 687
Görres, Barto M. (R) *613*
Görres, Cornelius (W) *274*
Görres, Joseph (R) 62
v. Gostomski, Marieluise (V) *303*
v. Gostomski, Victor (L) 299, 301 ff.
Graeter, Michael (R) 133
Graf, Steffi (S) 675
Gräf, August (L) 678*, 679 ff., 685
Gräf-Teufel, Rosi (V) 687
Greeven, Alfons 260
Greinacher, Norbert (W) *673*
Gretzke, Willi (R) 368
Griebl, Karl (R) 367
Griebsch, Emil (V) 123
Grimm, Brüder (Jacob und Wilhelm) (S) *139, 515, 537*
Grosser, Alfred (W) 24 f., 44, 62
Groth, Otto (W) *43, 63, 70, 83*, 85, *86*, 273, *286, 420*, 515, *516, 537, 540 f., 548, 550 f.*
Groth, Willi (R) *419*
Grünbeck, Max (W) 48
Grünwald, Ludwig (L) 179
Grupp, Till (W) *443*
Gstettner, Hans (W) 275
Guilino, Heidie (R) *220, 223, 235*
Günther, Astrid (R) 368
Günther, Rudolf (V) 419 f.
Gutenberg, siehe Gensfleisch, Johannes
Gutmann, A. (W) *538*
Gutmann, Felix (V) 645
v. Guttenberg, Johannes (V) 611

Haas, Johann (V) 112, 114
Haas & Grabherr (Verlag) *699*
Habbel, Josef (V) 275, 597
Habe, Hans (S) *18 f.*, 277
v. Habermann, Gustav (P) 664
Haenisch, Ernst (L) 160
Hagelweide, Gert (W) *275*
Hagemann, Walter (W) 62
Hagen, Moritz (D) 538
Hager, Michael (R) 370
Haitzinger, Horst (K) 122
Hamann, Engelbert (V) 743, 745
Hamann, Johann (V) 745 f.
Hamann, Max (V) 745 f.
Hammer (Nürnberger Kartograph) (V) 466
Hämmerle, Josef Ludwig (R) 278
Händel, Gottfried (T) 439
Hansen, Ludwig E. (L) 221
Hartstein, Erich (R) 101
Hasenkamp, Gottfried (S) 593
Haug, Heinrich (L) 212
Hauser, Kaspar (S) 445
Hechtel, Richard (V) 421
Hefner, Lieselotte (R) *697*
Hegel, Georg Wilhelm Friedrich (W) *381*, 386, 394
Hegenberg, Lutz (R) 367, 369 f.
Heide, Walther (W) *25, 61, 113, 275, 381, 397, 437, 441, 465, 537 f., 605*
Heigert, Hans (R) 100
Heinkelmann (Mediziner und Zeitungsgründer in Bamberg) *389*
Heinrich, Hans (L) 117 f., 119
Held, Heinrich (P) 275, 592, *597*
Held, Josef (V) 597
Held, Joseph Eugen (P) 670
Helferich (Verlegerfamilie, Schweinfurt) (V) 613, 615
Heller, Thomas (W) *260*
Helmensdorfer, Erich (R) 121, *122*
Hengstenberg, Hans-Eduard (W) 593
Henle (Redakteur des „Korrespondenten von und für Deutschland“, Nürnberg) 467
Henninger, Leonhard (R) 199 f.
Herr, Theodor (T) 599
Herrmann, Juliane (V) 515
Herrmann, Lambert (V) 515
v. Hertling, Georg (P) 76
Herz, Karl (L) 613
Hessel, C. (D) 508*, 509
Hessel, Carl jr. (V) 510
Hessel, Tobias (V) 509 f.
Hetschel, Johann Andreas (D) 408
Heubl, Franz (P) 755
Hilgemann, Werner (W) *581*
Hilger, Franz (R) *164 f.*
Hiller, Johann Josef (V) 442 f.
Hillmoth, Hans-Dieter (R) *124*
Hinckel, Wilhelm (V) 684
Hinnerwisch, Carl (V) 108*, 109
Hinnerwisch, Huberta (V) 109
Hintersberger, Johann (W) *694*

v. Hippel, Ernst (W) 593
Hirtreiter, Franz Xaver (V) 269 f.
Hoegner, Wilhelm (P) 77, 80, *451*
Hoermann, Christoph Carl J. (V) 409, 411, 415
Hoermann, Heinrich (V) 411
Hoermann, Heinrich jr. (V) 411
Hoermann, Karl (V) 411
Hoermann, Karlheinz (V) 413
Hoermann, Matthias (V) 413
Hoermann, Rolf (W) *405*, *408*, 411
Hoermann, Stephan (V) 413
Höfle, Jürgen (R) 602
Hofmann, Dieter (R) 371
Hofmann, Fritz (R) *207 f.*
Hofmann, Ingolf (R) 370
Hofmann, Rainer (R) 367, 370
Hofmann, Sebast (D) 348, *349*
Hofmann, Siegfried (W) *219 f.*
Höhn, Heidi (R) 369
Höhnke, Wilfried (R) *709*
Hojer, Helmut (R) 721 f.
Holdenried, Max (V) 746
Holdenried (Verleger, Füssen) 732
Holl, Josef (V) 625 f., 628, 630, 632
Holland, Ellinor (V) 703, 708, *709*
(s. a. Frenzel, Curt)
Holland, Günter (V) 703, *707*, 709, 713, 729, 738
Höllerer, Walter (S) 306
v. Holstein, Helmuth (V) *30*, *491*
Höltzel, Hieronymus (D) 438
Holzer, Elmar (V) 763
Holzer, Fridolin (V) 756 ff.
Holzer, Gerhard (V) 755 f.
Holzer, Wolfgang (V) 758
Holzner, Franz (V) 159
Homberg, Horst (R) 296 f., *306*
Horn, Hans (R) 337
Hornung, Johann (D) 439
Hornung, Peter (R) 597
Hösel (Verleger in Arzberg) 327
Huber, Erasmus (V) 160
Huber, Erwin (V) *175 f.*
Huber, Georg (V) 243 f., 247, 251
Huber, Hermann (V) 347 f.
Huber, Josef C. (D) 151
Hübner, Ignaz (T) 219
Hübner, Lorenz (W) 193
Huck, Andreas (V) 119, 123
Huck, August (V) 112 f., 114 f.
Huck, Axel (V) 122
Huck, Edith (V) 122
Huck, Wolfgang (V) *113*, 115, 117, 118 f.
Huller, Philipp Sebastian (V) 669
Hundhammer, Alois (P) 285
Hurwitz, Harold (W) *18*, *59*, *87*, 117, *261*, *281 f.*, *392*, 489, *491*, *729*
Hutschenreuther, Lorenz (V) 419
Ingebrand (Bürgermeister, Bad Neustadt) 637
Ippen, Dirk (V) 107, 108*, 109 f., 113 f., 122 ff.
Ippen, Käthe (V) 108*, 123

Jäck (Bibliothekar, Bamberg) (W) 386
Jägerhuber, Josef sen. (V) 143 ff.
Jägerhuber, Josef jr. (V) 143, 145
Jägerhuber, Josef III. (D) 145 ff.
Jahn, Fritz (R) 453 f.
Jakobs, Hans-Jürgen (R) *109*, *123*
Janik, Emil (R) 263
Jatzke, Hermann (V) 469
Jaumann, Anton (P) *225*
Jörg, Josef (R) 581
Jostock, Paul (W) 593
Junge, A. E. (V) 530*
Junge, Carl (V) 445, 447, 529, 530*, 533
Junge, Johann August (V) 530*

Kaiser, Gustav (R) 298, *299*, *301*, *305*, 306
Kaiser, Jakob (P) *449*
Kaiser, Joseph H. (W) *60*
Kalhammer, F. (P) 747
Kammerer, Max (P) 200
Kamml, Rupert (V) 208
Kapfhammer, Beatrice (V) *501*
Kapfinger, Edith (V) 263
Kapfinger, Hans (L) *25*, *55*, *57*, *87*, *90 f.*, *107*, 117, *118*, 188, *201*, *212*, *221*, *228*, *241*, 242 ff., 259 ff., 262*, 263 f., *278*, *301*, 373, *375*, *383*, 389, *392*, *397*, *445*, *449*, 481, *485*, *487*, *491*, *516*, *585*, *592*, *611*, 679, *701*, 702, 717
Kapfinger, Heinz (V) 263
Kapr, Albert (W) *381*
Kardoff, Ursula (S) 133
Kaspar, Gunter (S) *189 f.*
Kaufmann, Theo (R) 608, *613*
Kellenberger, Martin (W) *727*
Keller, Walter E. (R) 563, 565
Keltsch, Egidius (V) 430
Keltsch, Gerhard (V) 428, 431
Keltsch, Gusti (V) 430
Keltsch, Hannes (V) 427 f., 434
Keltsch, Lilo (V) 428
Kempski, Hans Ulrich (R) 97, 99
Keutzer (Dr., Wasserburg) 160
Kiechle, Ignaz (P) 722
Kiefhaber, Gustav (V) 519
Kiesewetter, Heinz (S) 367
Kießling, Christian Adam (R) 387
Kinder, Hermann (W) *581*
Kiock, Helmut (W) *499*
Kirchhoff, Otto (V) 355
Kirchner, Hans-Martin (W) 675
Kirnberger, Franz (W) 593
Kirsch, Joseph (V) 681 f., 685
Kirsch, Karl (V) 420 f.

Kirst, Rainer F. (R) 613
Kistler, Hans (R) 253 f.
Kitzinger, Dominikus (R) 758
Klautke, Veronika (V) *317*
Kleemann, Wilhelm (R) 369
v. Klenze, Leo (K) 235
Klieber, Max (D) 277
Klier, Frank J. (P) 447, 448*
Kluger, Martin (W) *708*
Klüglein, Norbert (R) 370
Knab, Otto Michael (R) 143 f.
Kneipp, Sebastian (T) 693
Kniesa, Peter (R) 371
Kobe, Otto (R) 746
Kober, Franz Josef (V) 718
Kober, Hermann (R) 589
Koberger, Johann Anton (D) 437
Kock, Peter J. (R) 75, 78
Koenig, Herbert J. E. (R) *139*, 147
Köhler, H. E. (K) 490*
Köhler, Raimund (Ö) 259 f.
Köhler, Rainer (R) 370 f.
Kolb, Andreas (D) 438 f.
Kolb, Reinhard (K) *235*
Kollmeier, Josef (V) 293
Köngott, Franz (V) 567
König, Albert (R) 84
König, Hermann (R) *288*
König, Ludwig (R) 243
Königshaus, Paul J. (R) *613*
Könke, Jörn (V) 95
Koppmeyer, Johann (V) *711*
Kortüm, H. J. (V) *376*
Koschwitz, Hansjürgen (W) *443*
Kösel, Josef (V) 726
Kößl (Oberbürgermeister, Traunstein) 188
Koszyk, Kurt (W) *19*, 24, *25*, *28*, *59*, *221 f.*, *278*, *281 f.*, *284*, *289*, *392*, *553*, *701*, *711*, *729*
Kötting, Bernd (R) 110
Krämer, Josef (D) *141*
Kraus (Verleger, Landsberg) 717
Krauß, Georg (V) 718
Krauß, Hermann (V) 445
Krawehl, Ulrike (V) 202
Krawehl, Wolfgang (V) 202
Krell (Schwabacher Drucker) 538
Kretschmann, Jeremias (D) 439 f.
Kretschmann (Staatsminister) 364*
Kreydlein, Georg (D) 464*
Kreyssig, G. (R) 88*
Krüger, Reinhold (W) *537*, *539*
Kücker, Falk (D) 369
Kuhn, Johann Michael (D) 440
Kuhn (Schwabacher Drucker) 538
Kühn, Erich (R) 356
Kumpfmüller, Joseph (T) 593
Kuppelmayer, Lothar (R) *25*
Kürm, Peter (Ö) *760*
Kürschner, Joseph (W) *539 f.*, *549 f.*
Kurtz, Willi (V) 316, 376

Lackas, Joseph (L) 221 f.
Laforet, Wilhelm (W) 593
Lakebrink, Bernhard (W) 593
Lang, Ernst M. (K) 98*, 99
Lang, Gustl (P) *288*
v. Lang, Karl Heinrich (S) 442
Lang, Leonhard (L) 160
Lange, Karlheinz (R) 75, 80 f., 83
Langenbucher, Wolfgang R. (W) *38*, 100
Langendorf, Ernst (P) 20, 22, 125 ff., *261*, *277 ff.*, 281, 299, 302, *303*
Langer, Johannes (L) 375
Laschinger, Franz (W) *25*, 27 f., *30*, *34*, *36*, *55*, *57*, *63*
Lauer, Christoph (D) 439
Lauinger, Norbert (V) *161*, 164, *166*
Lautenschlager, M. J. (R) 242
Leidel, Adelgunde (V) 562
Leidel, Eugen (V) 562 f.
Leidel, Johann Christian (V) 561
Leier, Heinrich (R) 584
Leist, Jörg (P) 759
Lengenfelder, Konrad (W) 509
Lenz, Johann (D) 439
Lerche, Peter (W) 97
Lermann, Udo (Ö) 602
Lermer, Sebastian sen. (V) 167, 169
Lermer, Sebastian jr. (V) 169
Lersch, Willy (Ö) 295
Leuchs, Johann Michael (V) 465
Liebknecht, Karl (P) *373*
Lienig, Carl (V) 411
Lindau, Marianne (R) 597
Lindemann, Helmut (R) *489*
Lindemann, Margot (W) 537
Lindner, Walter (V) 563
Linhard, Joseph (T) 198
Lippert (Advokat, Ansbach) 444
Lobenhofer, Erich (R) 297 f.
Lobkowicz, Nikolaus (W) 602
Lochner (Nürnberger Druckerfamilie) 465
Loibl, Martin (V) 717
Lorenz, Georg (R) 91
v. Lospichl, Johann (V) 152
Lüders, Johann Valentin (D) 440 f.
Ludwig der Bayer, Kaiser 183
Ludwig I., König von Bayern 523
Ludwig II., König von Bayern 141
Lugmayer, Karl (W) 593
Luitpold von Bayern, Prinzregent 75
Luther, Martin (T) 463
Lutz, Silvia (V) *147*
Lutz, Ulrich (R) 643
Luxemburg, Rosa (P) *373*

Mack, Richard (V) 666
Madler, Philipp (V) 308
Mahlo, Viktor (V) 201
Mahlo, Victoria (V) 197, 201
(s. a. Miller, Viktoria Ernestine und Max)

Maischberger (Verleger, Arzberg) 327
Mann, Thomas (S) 484
Maria Theresia, Kaiserin 718
Marius, Simon (W) 440
Markgraf, Anné (W) *143, 145*
Martin, Ivo (V) *625*, 626, *627*, 628 ff., 632
Martin, Rosemarie (V) 625 f.
(s. a. Holl, Josef)
Martius, Johann Nikolaus (D) 408
Marx, Anton (V) 143
Massu, Jacques (P) 99
Maslowski, Peter (L) 373, 375 f.
Mast, Claudia (W) *704 f., 714*
Mataja, Victor (W) *551*
Matschke, Hermann (R) 748
Matthöfer, Hans (P) *376*
Matz, Elisabeth (W) *277*
Mauck, Susanne (W) *133*
Mauerer, Josef Hermann (R) 77, 80
Max, Hubert (W) *441, 538*
Maximilian I., Kurfürst von Bayern 763
Maximilian I., Joseph, König von Bayern 183, 194
Maximilian II., Joseph, König von Bayern *184*
Mayer, Max Josef (V) 633, 635
Mayer, Norbert (W) *275, 277*
Mayer-Pfannholz (Historiker) 593
McMahon, Bernhard B. (P) 87, *90*, 447, 481, 610
Mehl, Rainer (V) 458
Mehl, Willi (L) 447, 455
Meisner, Michael (L) 611, 613
Meiß, Walter (L) 391
Meister, Karl Gottlob (V) 346 f.
Meister, Ulla (W) *399, 424 ff., 434*
Meixner, Georg (L) 392 f.
Melcher, Erich (V) 195, 202
Melz, Werner (V) *727, 737*
de Mendelssohn, Peter (S) *610*
Mergner, Werner (R) 399, 402, *403*
Merkel, Heinrich G. (L) 487, 489, 493, 501, 555, 610 f., 680
Merkel, Peter (V) *501*
Merkel, Rudolf (R) *438 f., 441 f., 445, 453*
Merkel, Thomas (V) *501*
Merkel, Ulrike (V) *501*
Merritt, Anna J. und Richard L. (W) *281*
Messerer, Christoph Lorenz (D) 440 ff.
Messerer, Johann David (V) 442 f.
Metzger, Oskar H. (R) *694*
Meußdoerffer, Franz (Ö) 424
Meyer, Paul (R) *419 ff.*
Meyer, Werner (R) *126, 129 f.*, 131, *133*
Meyer (Lehrer, Ansbach) 445
Meyke, Wolfgang (W) *169 f., 180*
Michel, K. (V) 502
Michel, Oskar (W) *199, 335, 355, 518, 539, 551*
Michel, Rainer (Ö) *751*
Michel, Siegfried (R) *722*
v. Michel-Raulino, Richard (V) 387 f.
Middleton, Drew (R) 22
Milatz, Alfred (W) *609*
Miller, Anton (I.) (V) 173, 175, 182*, 184 f., 189, *197*
Miller, Anton (II.) (V) 182*
Miller, Anton (III.) (V) 182*, 186 ff.
Miller, Anton (IV). (V) 182*
Miller, Charlotte (V) 201 f.
Miller, Ludwig Peter (V) 200, 201 f.
Miller, Max(imilian) (V) 197, 202
Miller, Viktoria Ernestine (V) 197
(s. a. Vonderthann, Ludwig und Anna)
Millizer, Anna (V) 543
Millizer, Hermann (V) 538 f., 540, 543
Millizer, Hermann jr. (V) 543
Millizer, Moritz (V) 541 f., 552 f.
Mintzel, Alf (W) *405*
Mintzel, Gottfried (D) 408
Mintzel, Johann Albrecht (D) 405, 406*, 407*, 414
Mintzel, Johann Christoph (D) 408
Mintzel, Johann Heinrich (V) 408 f.
Mizler, Johann Martin Friedrich (V) 538
Mizler, Theodor (V) 539
Mohm, Siegfried H. (W) *79*
Mohrmann, Otto (V) 337
v. Moltke, Helmuth James (P) *485*
More, Thomas (P) 259
Moser, Georg (D) 748
Moser, Günter (V) 687
Mosse, Rudolf (W) *539*
Mößmer, Anton (Ö) 746 ff.
Motz, August (V) 109
Motz, Rudolf (V) 109
Moy, Joseph Anton (V) 594*
Mühlegg, Franz (R) *753*
Mühlfellner, Volkmar (V) 109
Müller, Carl Heinrich (V) 428
Müller, Franz Florentin (V) 428
Müller, Hans (V) 655
Müller, Jakob (V) 655
Müller, Karl (V) 549 ff., 552, 555
Müller, Theo (V) 555
Müller, Wilhelm (R) 197
Münde, Friedrich (V) 421
Münch, Walter (S) *757*
Murr, Joseph (R) 143
Murschetz, Luis (K) 99

Napoleon I., Bonaparte 759
Naumann, Friedrich (P) 515
Naumann, Gertrud (V) 598
Naumann, Heinrich Wilhelm (V) 599
Naumann, Johann Wilhelm (L) *57, 125*, 585, 591 ff., 595, 597 ff., 600*, 602 f., 699, 701 f., 712
Navratilova, Martina (S) 675
Neubert, Carl (V) 353
Neumann, August (V) 375

Neumann, Balthasar (K) 379
Neumeyer, Martin (V) 717
Neven DuMont, Alfred (V) 135
Nickl, Anna-Claudia (V) 303
Nickl, Hans (V) 299, 302 f.
Niedermayr, Franz (V) 160, 161
Niedermayr, Michael (V) 160
Niekisch, Ernst (S) 484 f., 487, *489*
Nießner, Franz (V) 687
Nikolaus (Verleger, Bad Brückenau) 645
Nippold, Otto (P) 90
Noelle-Neumann, Elisabeth (W) *38*, 68
Nyary, Josef (K) 399

Oberkandler, Klaus (R) 189, 191
Oberländer, Josef (V) 718
Oberländer, Leopold (P) 353
Obermaier, Hannes (R) 132*, 133
Oberst, Günter (R) 165
Oberwinder (R) 76
Oechelhäuser, Ferdinand (V) 726, 733
v. Oerthel, Kurt (L) 146
Offner, Franz (R) 741 f., *743*
Oldenbourg, Hans (V) 76
Oldenbourg, Paul (V) 76
Ostheimer, Peter (V) 619
Oswald, Josef (W) *260*
Oswald, Karl-Heinz (R) 368
Otremba, Heinz (V) 589
Ott, Johann Friedrich (V) 717

Paetzold, Erich (V) 413
Page, Georg (R) 584
Palm, Johann Philipp (V) 509
Paner, Joseph (P) 184
Pankofer, Anton (R) 253
Papp, Elisabeth (W) *381, 386, 389*
Passeick, Wilfried (V) 735, 738
Pastorius, Melchior Adam (P) 567
Paulus, Oskar (R) 531
Perkthold, Karl (R) 186
Pertsch, Christoph (R) 429
Pfeiffer, Eckhardt (V) 524, 527
Pfeiffer, Georg (V) 523 f.
Pfeiffer, Hannsgörg (V) 524
Pfeiffer, Karl (V) 523 f.
Pfeiffer, Konrad Bartholomäus (V) 522*, 523
Pfeilschmid, Matthäus (D) 405, 414
Pfister, Albrecht (D) 379, *381*
Pflaum, Richard (V) 77, 79, *84*
von der Pfordten, Ludwig (P) 523
Pierk, Carl-Heinz (R) 599
Pillsbury, Walter M. (P) 282
Pinkenburg, Gustav (P) 610
Pinsker, Anna (V) 253
(s. a. Pinsker, Joseph)
Pinsker, Horst (V) 251, 255, 257
Pinsker, Joseph (V) 251, 253
Pinsker, Katharina (V) 257
Pinsker, Käthe (V) 253
(s. a. Pinsker, Sepp)
Pinsker, Renate (V) 257
Pinsker, Sepp (V) 251, 253, 255
Pinsker-Verlag 245
Planer, Alfons (R) 243
Plankenburg, Theo (R) 368
Platz, Hermann (V) 593
Pleuger, Carl (V) 260
Poeschke, Michael (P) 532
Pollack, Bernhard (R) *90*
Polster, Karl (K) 178*
Poppenberger, Fritz (R) 399
Poschwatta, Wolfgang (W) *693 f.*
Pötter, Günter (W) *443*
Prediger, Nikolaus (D) 439
Probst, Anne (V) 535
Probst, Carl (V) 535
Proebst, Hermann (R) 92, 96, 99
Proeger, Hans (W) *717*
Pronold, Rudolf (R) 243
Pürner (Bürgermeister von Roth) *552*
Pustet, Anton (V) 171
Pustet, Friedrich (V) 260, 597
Pustet, Walter (V) 172 f.
Pustet, Wulf (V) *172*
Pustet-Verlag (Regensburg) 275

Queri, Georg (R) 142 ff.
Quidde, Ludwig (P) 540

Rabini, Hubert (P) *751*
Raddatz, Fritz J. (S) *93*
Ramelsberger, Annette (W) *261, 269*
Randelshofer, Adolf (P) 210
Rasch, Xaver (Zeitungsausträger) *760*
Rasp, Georg M. (V) 655 f.
Rathgeb, Caspar (L) 729, 731 f.
Rattelmüller, Paul Ernst (W) 193
Rau, Johannes (P) 131
Rauch, Karl (V) 611
Rauchenegger, Benno (R) 743, 745
Rauer, Fred (R) 369 f.
Raum, Hans (Ö) 315
Redelhamer, Ada, Christian (D) 567
Regner, Johann Baptist (R) 243
v. Rehlingen, Julius Heinrich (T) 193
Reichardt (Verlag, Bad Kissingen) 643, 644*
v. Reichenbach, Georg (W) 194
Reicke, Ilse (S) 593
Reindl, Johann Baptist (V) 386
Reindl, J. B. (V) 387
Reindl, Johann Michael (V) 385 ff.
Reindl, J. M. (Verlag) 389, 391
Reisinger, Josef (V) 151 ff., 155
Reiß, Karl (R) *334*
Reissmüller, Elin (V) 234

Reissmüller, Wilhelm (V) 217, *219 f.*, 221 ff., *224*, *227*, 230, 233, 235, *236*, 237
Reith, Manuela (W) *399*
v. Rhoda (Verlagsdirektor) 584
Richardi, Hans-Günter (S) *90*
Richter, August (V) 604*, 605 – 608
Richter, Carl (V) 604*, 605 – 608
Richter, Karl (V) 609 ff.
Richter, Otto (V) 609
Richter, Stephan (D) 605
Richter-Carter, Renate (V) 611
(s. a. Richter, Carl)
Rick, Berta 756
(s. a. Holzer, Gebhard)
Riedel, Emmy (V) 575 f.
Riedel, J. (V) 575
Riedel, Willy (V) 575
Riederle, Philipp (R) *491*
Riehl, Hans (R) 110, *122*
Riehl-Heyse, Herbert (R) *122*
Rink, H. (V) *699*, *711*
Ritter, Aloys (R) 581
Ritzsch, Timotheus (D) 405
Rockenmaier, Dieter W. (R) 613
Roeder, Gustav (R) 463, *467*, 475, 478 f.
Roeder, Karl (R) 411, 421
Roegele, Otto B. (W) *100*, 107, *149*, *592*
Rolzhäuser, Valentin (R) 746 f.
Römer, Ferdinand (R) *593*, 598 f.
Römer, Gernot (R) *708*
Rönnagel, Johann Wilhelm (V) 441
Roßbach, Kurt (V) 347, 352
Rößler, Max (R) 587
Rost, Josef (L) 392 f.
Rothammer, Josef (V) 293
Rötter, Gallus (V) 635
Rötter, Gerhard (V) 638 f., *641*, 642
Rötter, Maria (V) 636
Rötter, Max Josef (V) 635 f.
Rötter (Verlag, Bad Neustadt) 637
Rötter (konserv. Politiker) 540
Rückziegel, Josef (D) 681
Rühl, Manfred (W) *465*, *467*
Rußwurm, Josef (T) 597 f.

Saal (Redakteur, Würzburg) 584
Saekel, Wilhelm (R) 88*, *126 f.*, *129*
Sahlender, Anton (R) 613
Sandler, Christian Heinrich (Ö) *427*
Sarring, Gert (R) 151, *155*
Sattelmair, Richard (R) 587
Sauerteig, Alfred (S) *363*, 372, *375*
Sawitzki, Werner (V) 148
Schaberz, Hans (V) *616*
Schachenmayer, Bernd (V) 643, 645, *649*, *651*
Schachenmayer, Kuno (V) 643, 645
Schachenmayer, Maximilian (V) 643
Schachenmayer, Otto (V) 643
Schachenmayer, Tobias August (V) 309, 643, 644*, 645, 647, 649
Schachenmayer, Wilhelm (V) 643
v. Schaden (Gesandter zum fränkischen Kreistag) (V) 466
v. Schaden (Professor, Erlangen) (V) 467
Schäffler, Theodor (R) 197
Schamburek, Karl (R) 370
Schardt, Volkmar (R) *532*
Scharre, Max (R) 76
v. Schaumburg, Georg (T) 379
Scheler, Edmund (V) 376
Schemm, Georg (V) 277
Schemm, Hans (V) 277, 329, 388
Schenk, Heribert (R) *616*
Scherf, Balthasar (D) 529
Scherl, August (V) 301, 605
Schertl, Alfons A. (R) *701*, *711*
Schier, Georg (V) 346
Schier, Johann (V) 345 f.
Schindler, Herbert Kurt (W) *91*
Schleifer, Rudolf (R) 84
Schlüpfinger, Heinrich (W) *538 ff.*, *545*
Schmalen, Helmut (W) 268
Schmid, Josef (K) 198
Schmidt, Fritz (S) *152*, *261*, *551*, 552, *584*
Schmidt, Klaus (R) *603*
Schmidt, Kurt (V) 108*, 109
Schmitt, Herta (V) 543
Schmitt, Manfred (V) 543
Schmitt, Wilmar (V) 543
Schmöller, Carl (R) 75, 81
Schmuck, Julius (R) *557 f.*
Schmucker, Leonhard (P) 185
Schneider, Hans (W) *729*
Schneider, Reinhold (S) 593
Schneiderbanger, Konrad (V) 386
Schnell, Bruno (V) 472, 489, 493, 501, 569, 576
Schnell, Engelbert (V) 143
Schnell, Peter (P) *225*, *234*
Schnitzer, Raphael (V) 760
Schnug, Eduard (V) 447
Schnug, Otto (V) 447
v. Schönborn, Friedrich Karl (T) 379
v. Schönborn, Lothar Franz (T) 379
Schöningh, Franz Joseph (L) 87, 88*, 89, 91, 98*
Schopenhauer, Arthur (W) 547
Schopenhauer, Stefanie (W) *569*, *573*
Schorr, Sven (R) 371
Schramm, Godehard (S) 569
Schröder, Dieter (R) 96, 100 f.
Schröder, Gerhard (V) 219
Schulze, Volker (S) *428*
Schunk, Harald (V) 617 f., 621 f., 627, 629, 639, *641*
Schunk, Ruthard (V) 619
Schuster, Anton (R) 387
Schuster, Arthur (V) 349
Schütz, Walter J. (W) *17*, *25*, *27*, *30*, *32*
Schütze, Christian (R) 96
Schwarz, August (V) 756

v. Schwarzkopf, Joachim (P) *541*
Schwede, Franz (P) 356
Schwegler, Joachim (R) *707*
Schwingenstein, Alfred (V) 93
Schwingenstein, August (L) 87, 88*, 89
Seidel, Hans (L) 397, 399
Seidel, Wilhelm (W) *284*
Seidel, Wolfgang (R) 82
v. Seidlein, Karen (V) 93
Seitz, Hans Jörg (R) *752*
Seiwert, J. (R) 581
Senn, Joachim (W) 53
Seubert, Richard (L) 610 f., *613*
Shanahan, Barbara (V) 303
Siebert, Ludwig (P) 77
Sigl, Josef (V) 143
Sillé, Goar (K) 198
Simnacher, Georg (P) *694*
Simeth, Franz (W) *381*
Singer (Dr., Arzberg) (S) 334
Sinz, Heinrich (W) *718*
Sir, Walter (W) *308 f.*
Soika, Christian (W) 192
Solleder, Max (P) *285*
Spandel, Erich (V) 467, 469, 470*, 472 f.
Spandel, Hermann (V) 469
Spandel, Hildegard (V) 472
Spandel, Otto (V) 469, 471 f.
Specht, Michael (D) 327
Speck, Karl Anton (R) *613*
Sperl, Heinrich (S) *487*
Spindler, Max (W) *25*
Spintler, Emil (V) 307, 309
Spintler, Otto (D) 308, 312
Spitz, Udo Wilhelm (V) *723*
Spitzer, Georg (R) *315*
Spötzl, Max (R) 164
Springer, Axel C. (V) 122, 134
Sprinz, Alois (V) 563
Sprinz, Marle (V) 563, *566*
v. Stadion und Dannhausen, Franz Konrad (T) 379
Stadlmeier, Ludwig (V) 219
Stadtmüller, Alois (W) *616*
Stamm, Willy (W) *42, 60, 553, 558*
Stamminger, Baptist (R) 581
Stammler, Wolfgang (W) *606*
Stangl, Hans (R) 761
Starkulla, Heinz (W) 23 f., *25, 28, 37, 39,* 44, 58 f., *63,* 65, 69 f., *119,* 146, *212, 274, 276 ff., 279, 281, 284, 293, 307, 428, 465, 467, 553,* 585, *711*
Starkulla, Heinz jr. (W) *141, 548, 673*
v. Stauffenberg, Claus (P) 90, 222
Steeger, Julius (L) 316
Stegerwald, Adam (P) 610
Stegmann, Helmut (R) 110
v. Steichele, Antonius (T) 718
Steigerwald (Landrat) 634*
v. Stein, Hans-Dietrich (V) 589
Steinmarck (Schwabacher Drucker) 538
Steinweg, Maximilian Stefan (V) 347
Stengl (Bürgermeister, Dießen) 152 f.
Stenzel, Hugo (V) 597
Stephan, Johann (V) 655
Stern, Peter A. (L) 117 f.
v. Stetten (Augsburger Patrizierfamilie) *702*
Stich, Helmut (K) *235*
v. Stieler, Kaspar (S) 275
Stindl, Erwin (V) 599, 602
Stock, Jean (L) 679, 681, 685
Stock, Rudi (V) 680, 687
Stocker, Anita (W) *269*
Stöcker, Jürgen (R) 721, *728*
Stöckl, Karl (V) *501*
Stoiber, Edmund (P) 75
Stöpel, Ingeborg (W) *465*
Stoß, Franz (V) 376 f.
Straniak, Walpurgis (V) 213
Strauß, Franz Josef (P) 131, 755
Streicher, Julius (V) 90, 482, 552, 562
Streit, Feodor (V) 353, 355
Striebel, Winfried (R) *715*
Strobel (Verleger, Hof) 399
Strüder, Rolf (W) *28*
v. Stuck, Franz (K) 115
Stuiber, Heinz-Werner (W) 267, *284*
Süskind, Wilhelm Emanuel (R) 86
Sütfeld, Rainer (W) *188, 201, 212, 221, 284 f., 316, 376, 487, 493, 729*

v. Taube (Gesandter zum fränkischen Kreistag) (V) 466
Tebbe, Heinz (R) 88*
Teckentrup, Konrad H. (Ö) *52 f.*
Teufel, Helmut (V) 687
Teutsch, Franz (V) 669
Thoma, Dorothea (V) 213
Thoma, Jakob (V) 539
Thoma, Ludwig (S) 142 f.
Thomas, Michael Wolf (S) *93*
Tölle, Walter (R) 367 – 370
Tremel, Barbara (W) *125 f., 130, 134*
Tröndle, Erich (R) *716*
Trunzer, Arthur (V) *737*
Truscott, Lucien K. (P) 278
Tschou En-Lai (P) 99
Tümmel, W. (V) 353, 471

Uhlemann, Hilde (V) 337 f. (s. a. Baumann, E. C.)
Uhlemann, Horst (V) 337 f., 343, 357 f.
Ulrich, August (R) 701
Ulsamer (Dr., Kulmbach) (R) 337
Urban, Gerhard (R) *395*

Valentin, Erich (W) *708*
Vetter, Eduard (V) 444

Vierling, Johann Gottlieb (V) 414
Viertler, Günther (V) 104
Vitalowitz, Hermann (V) 117
Vocke, Harald (V) 591, *595*, 599, *602*
Vogel, Karl (W) *41, 399, 459, 475 f., 487*, 491, *492 f., 497 ff., 501, 505, 507, 524, 532*, 553, 555, *557 f., 566, 570, 575*
Vogelsang, German (V) 303
Vogl, Ludwig (V) 118 f., 123
Volk, Hermann (R) 371
Volkhardt, Hans (V) 684
Volkart (Drucker, Augsburg) 742
Volkheimer, Hermann (V) *723*
Vollmuth, August (V) 669
Vonderthann, Anna (V) 195
Vonderthann, Ludwig (V) 194 f., 197

Wagenseil, Johann Christoph (W) 509
Wagner, Adolf (P) 90
Wagner, Hans (W) *19, 38, 63, 276, 278, 553, 592*
Wagner, Hanns (V) 598
Wagner, Richard (K) 315
Waizmann, Philipp (V) 575
Walchner, Franz (V) 43
v. Waldburg zu Zeil, Georg (V) 703, 729, 731 f., 734
Wälischmiller, Heinrich (V) 245
Wallenberg, Hans (R) 87
Walser, Otto (S) *142, 144*
Walter, B. (R) *613*
Walter, Hans (V) 487, *501*
Walter, Hans-Georg (V) 703 f.
Wannes, Hermine (V) *338*
Weber, Friedrich (P) *484*
Weber, Hans (L) 611, *613*
Weber Hans (V) 327 f., *329*, 330 f., 333
Wechsung, Theodor H. (V) 355
Wegner (Verlagsdirektor, Würzburg) 584
Wehner, Josef Magnus (R) *115*
Weichslgartner, Alois J. (R) 180
Weickmann, Horst (V) *471 ff., 476*
Weidenmann, Hellmuth (Ö) 680
Weixler, Franz Josef (V) 611
Weixler, Marianne (V) 611
(s. a. Richter, Karl)
Wekhrlin, Wilhelm Ludwig (S) 442 f.
Welcker, Carl Theodor (W) *541*
Weller, Uwe B. (W) *113*
Welser (Augsburger Handelshaus) (Ö) 694
Weppler, Paul (V) 376
Werr, Franz (R) 170, 187 f.
Wetzel, Friedrich Gottlob (R) 386
Wetzel, Hanns (L) 679, 685
Wiedemann, Fritz (V) 208 ff., 212
Wiedemann, Hans (V) 208 f., 212
Wiedemann Johann (V) 173, 188, 208 f.
Wiedemann, Leo (V) 213
Wiedemann, Max (V) 208 ff.
Wiedenhorn, Dagmar (W) *89, 91 f.*
Wiedfeld, Klaus W. (V) *449*, 458
Wiedfeld, Wilhelm (L) 449, 451, 455
Wiegenstein, Roland H. (S) *93*
Wiesemann, Gerhard (V) 611
Wilczek, Gerhard (W) *219 f.*
Wild, Lothar (W) *616*
Wilhelm II., deutscher Kaiser 550
Wilke, Jürgen (W) *289*
Wille, Wolfgang (Ö) 569
Willenberg, Kurt (R) 615
Willmy, Max (V) 453
Wirth, Georg (L) 391 f.
Witte, Eberhard (W) *45*, 53
Wittmann, Johann Ev. (V) 219
Woerl, Leo (V) 549, 581
Wohlhaupter, A. (R) *719*
Wolf, Antje (R) *760*
Wollenweber, August (V) 657
Wolter, Josef (V) *316*
Wuka, Helmut (R) 369
Wurstbauer, Heinrich (W) 20, *22 – 25*, 28, *29 f., 34, 39*, 40, 43 f., *45*, 47, *55*, 59, *64*, 65, *388*

Yersin, Klaus (R) 370
Yost, Tibor (L) 397, 399

Zainer, Günther (D) 697
Zankl, Hans Ludwig (W) *437, 465*
Zehetmair, Margarete (V) 147
Zehetmair, Wilhelm (V) 146
Zehler (Jurist, Nürnberg) (V) 467
Zeitler, Walther (R) *298*
Zernott (Landrichter in Altdorf) 509
Ziegler, Josef (V) 718
Zimmer, Uwe (R) *131*
Zimmermann, Ulrich (R) 264, 268 f., 270
Zimmermann, Walter (W) *465*
Zimonja, Inge (V) 611
(s. a. Richter, Karl)
Zimpel, Dieter (W) *18, 60, 111, 646*
Zöller, Josef Othmar (R) 597
Zoepfl, Friedrich (W) 593
Zorn, Wolfgang (W) *702*
Zugschwerdt, Max sen. (V) 195, 207 f.
Zugschwerdt, Max jr. (V) 208 f.
Zugschwerdt, Viktoria 209
(s. a. Wiedemann, Fritz)

Zeitungsregister

Umfang des Registers:

Da in begrenztem Umfang in den Zeitungs- und Verlagsdarstellungen auch andere Medien erwähnt werden, wurden diese im folgenden Zeitungsregister miterfaßt, entsprechende Titel und Namen jedoch besonders gekennzeichnet:
(A) kennzeichnet Anzeigenblätter;
(R) kennzeichnet Radio- und Fernsehstationen (mit Verlegerbeteiligung);
(Rg) kennzeichnet Redaktionsgemeinschaften;
(Zs) kennzeichnet Zeitschriften.

Zur Ordnung der Zeitungstitel:

Der (bestimmte) Artikel in einem Zeitungsnamen (z. B. „Der neue Tag") wird bei der alphabetischen Zuordnung vernachlässigt (also Zuordnung des Beispielfalls unter „N").
Wenn voneinander völlig unabhängige, an verschiedenen Orten und/oder zu verschiedenen Zeiten erscheinende Zeitungen *gleichlautende Zeitungsnamen* tragen, werden die entsprechenden Zeitungstitel in der Reihenfolge ihres Alters nacheinander aufgeführt, wobei dem Titel der ältesten Namensträgerin die Kennzeichnung (1), dem Titel der zweitältesten die Kennzeichnung (2) usw. vorangestellt wird.
Zeitungstitel, denen in dieser Enzyklopädie ein eigenes Porträt gewidmet wurde, sind **fettgedruckt** angegeben.

Besondere Verweise bei Zeitungstiteln:

Titeländerungen sind, wie folgt, angezeigt: Ein mit „sp." (= „später") eingeleiteter Verweis zielt von einem älteren, also früheren Titel auf den jeweils späteren Letzt-Titel. Beim Letzt-Titel wird mit „fr." (= „früher") auf einen früheren Titel verwiesen.
Mit „s. a." (= „siehe auch") sind Gegenseitigkeitsverweise ausgezeichnet. Sie deuten regelmäßig auf unmittelbare Beziehungen zwischen Zeitungen und/oder Verlagen hin, insbesondere auf Fusionen, auf die Einstellung eines Titels zugunsten eines anderen oder auf eine sonstige genealogische Einheit.

Untertitel und Beilagen:

Im Register werden auch Untertitel von Zeitungen erfaßt, die stets in Klammern (...) angegeben sind; vom Untertitel wird jeweils mit einfachem Hinweis („s." = „siehe") auf den Haupttitel verwiesen; beim Haupttitel sind (ebenfalls in Klammern) die Untertitel ohne irgendwelche weiteren Verweise angefügt.
Untertitel, die (meist mit einer Aufzählung von Ortsnamen) lediglich das abgedeckte Verbreitungsgebiet präzisieren, wurden nicht berücksichtigt.
Erfaßt sind ferner (regelmäßige, echte) Zeitungsbeilagen; solche sind nach der Titelangabe gekennzeichnet mit **(B)**; vom Beilagentitel wird (mit „s." = „siehe") auf den Haupttitel verwiesen; bei diesem sind Beilagentitel ohne weitere Verweise, aber ebenfalls mit **(B)** gekennzeichnet, angefügt.

Qualität des Fundorts:

Die Art des Fundorts aller erwähnten und erfaßten Zeitungstitel (Medien-Namen) ist an der Schriftart der Seitenangaben abzulesen:
fett ausgedruckte Seitenangabe: ausführliche Darstellung;
normal gesetzte Seitenangabe: Fundort im normalen Beitragstext;
kursiv gesetzte Seitenangabe: Fundort in Fußnoten;
* (Sternchen) nach einer Seitenangabe: Fundort auf Bildseiten.

A

Abendblatt [München] 91
Abendland (Zs) [Köln] 593
s. a. Neues Abendland (Zs)
Abendzeitung [München] 22, 73, 92, 95, 104, 109, 121, **125 – 136,** 128*, 132*, 156, 171
fr. Tageszeitung
Abendzeitung – 8-Uhr-Blatt [Nürnberg] 134
(Abensberger Tagblatt) 287
s. Mittelbayerische Zeitung
8-Uhr-Blatt [Nürnberg] 134
Aichacher Nachrichten 695, 698*
Aichacher Zeitung 226*, 227 – 230, 233
(Altomünsterer und Pöttmeser Landbote)
(Aischtal-Bote) [Höchstadt] 383
s. Fränkischer Tag
Aktuelles Presse-Fernsehen (APF) (R) 247, 257, 319, 384
Aktuelle Welle Niederbayern (AWN) (R) [Straubing] 248*, 250
Aktuelle Welle Westliches Niederbayern (R) [Landshut] 257
Algovia **(B)** 720*
s. (1) Allgäuer Zeitung
(Der) Allgäuer [Kempten] 40, 41, *283*, *453*, 699, 703, 726, 729, 730*, 731 – 735, 736*, 748, 763
Unser Allgäu **(B)**
sp. (2) Allgäuer Zeitung
s. a. Augsburger Allgemeine
(Der Allgäuer)
s. Allgäuer Anzeigeblatt [Immenstadt] 744*, 748
s. Allgäuer Zeitung [Füssen] 725
s. Allgäuer Zeitung [Kempten] 724*, 725
Allgäuer Amtsbote 743
fr. Wochenblatt für die Landgerichtsbezirke Immenstadt und Sonthofen
sp. Allgäuer Anzeigeblatt
Allgäuer Anzeigeblatt [Immenstadt] *49*, 691, 698*, *722*, 725, 735, **739 – 753,** 744*, 750*, 759
(Der Allgäuer)
(Allgäuer Zeitung)
(Oberallgäuer Nationalzeitung)
Oberallgäuer Erzähler **(B)**
Oberländer Erzähler **(B)**
fr. Allgäuer Amtsbote
Wochenblatt für die Landgerichtsbezirke Immenstadt und Sonthofen
Allgäuer Neueste Nachrichten [Kempten] 720*
(Generalanzeiger für das Allgäu)
(1) Allgäuer Tagblatt [Kempten] 726, 733
(gegr. 1863; Verl. Oechelhäuser)
fr. Tag- und Anzeigeblatt für Kempten und das Allgäu
(2) Allgäuer Tagblatt [Kempten] 732 f.
(gegr. 1964)
(Allgäuer Zeitung)
(Kempter Zeitung)
s. a. Augsburger Allgemeine
(1) Allgäuer Zeitung [Kempten] 720*, 726
(gegr. 1853; Verl. J. Kösel)
Algovia **(B)**
Für Heim und Herd **(B)**
fr. Konstitutionelle Blätter aus dem Allgäu
(2) **Allgäuer Zeitung** [Kempten] 41, 691, 696, 698*, 703, *715*, **721 – 738,** 724*
(Der Allgäuer)
(Kempter Tagblatt)
fr. Der Allgäuer
s. a. Augsburger Allgemeine
Allgäuer Zeitung [Füssen] 698*, 725
(Der Allgäuer)
(Füssener Blatt)
Allgäuer Zeitung [Kaufbeuren] 698*, 725
(Neue Kaufbeurer Zeitung)
(Neugablonzer Nachrichten)
Allgäuer Zeitung [Marktoberdorf] 698*, 725
(Marktoberdorfer Landbote)
(Obergünzburger Nachrichten)
(Allgäuer Zeitung)
s. Allgäuer Anzeigeblatt 749, 750*
s. (2) Allgäuer Tagblatt 733
s. (Der) Westallgäuer 762*
Allgäu-Expreß (A) [Kempten] 737
Allgemeine Handelszeitung [Nürnberg] 465
Allgemeine Laber-Zeitung [Straubing] 244 f., 246*
Allgemeine Sonntagszeitung **(B)** [Würzburg] 598, *599*, 601
s. Deutsche Tagespost
Allgemeine Volkszeitung. Volkstümliches Organ für Stadt und Land. [Schwabach] 539 f.
Allgemeine Zeitung [Tübingen, Stuttgart, Ulm, Augsburg, München] 61, 115, 713
fr. Neueste Weltkunde
Allgemeine Zeitung von und für Bayern [Nürnberg] 471
sp. Fränkischer Kurier
Allgemeine Zeitung der Lüneburger Heide [Uelzen] 108*, 123
Almfried [Garmisch, Trostberg] 179
Alpenbote [Rosenheim] 199
Altbayerische Heimatpost [Trostberg] 137, 167, *169*, 172, 175, **177 – 181,** 178*
(Illustriertes Wochenblatt für die bayerische Familie)
Der Heimatspiegel **(B)**
Altenaer Kreisblatt 108*
Alt-Franken **(B)** [Bamberg] 390*
s. (1) Bamberger Volksblatt
Altmühl-Bote [Gunzenhausen] 435, 453, 455, 475, 493, 495, *497*, 558, 574*, **575 – 578**

(Gunzenhauser Zeitung)
(Rundschau am Hahnenkamm und Hesselberg)
fr. Gunzenhäuser Anzeigenblatt
(Altmühlbote) 287
s. Mittelbayerische Zeitung
Altmühl- und Hesselberg-Bote [Wassertrüdingen] 575
(Gunzenhauser und Wassertrüdinger Zeitung)
Alt-Neuöttinger Anzeiger 266*, 267
(Altomünsterer und Pöttmeser Landbote) 227
s. Aichacher Zeitung
(Amberger Volksblatt) 287, *291*
s. Mittelbayerische Zeitung
Amberger Volkszeitung *302*, 303
(Amberger Volkszeitung) 303
s. Amberger Zeitung
Amberger Zeitung 303
(Amberger Volkszeitung)
Ammersee-Kurier [Dießen] 137, 150*, **151–157**, 154*, 653, *659*
fr. Ammersee-Post
fr. Amtsblatt der Marktgemeinde Diessen am Ammersee
fr. Diessener Nachrichten
Ammersee-Nachrichten [Landsberg] 152
Ammersee-Post [Dießen] 151, 152 f., 156
sp. Ammersee-Kurier
(Ammersee Zeitung) [Landsberg] 696
s. Landsberger Tagblatt
Amper-Bote [Dachau] 91, 145
Amtliche Fremdenliste [Bad Reichenhall] 208
sp. Amtliche Kurliste
Amtliche Kurliste [Bad Reichenhall] 209, 215
fr. Amtliche Fremdenliste
(Amtliches Lokalblatt der Kgl. Gerichtsbezirke Lichtenfels, Scheßlitz, Hollfeld, Seßlach, Burgebrach und Weismain) 345
s. Lichtenfelser Wochenblatt
Amtliches Mitteilungs- und Werbeblatt [Bad Neustadt] 637
(Amtsblatt für die Großgemeinde Windischeschenbach – Veröffentlichungsorgan der Umgebung) [Weiden] 309
s. Waldnaabtalanzeiger
Amtsblatt für die kgl. Bezirksämter Ansbach und Uffenheim, umfassend die kgl. Amtsgerichte Ansbach, Uffenheim und Windsheim [Bad Windsheim] 568
sp. Windsheimer Zeitung
Amts-Blatt des Königlichen Bezirks-Amts Schwabach 536*, 539
sp. Schwabacher Tagblatt
Amtsblatt des königlichen Bezirksamts Wunsiedel (Bote aus dem Fichtelgebirg) 429
sp. Sechsämterbote
s. a. Bote aus den sechs Ämtern
(Amtsblatt des königlichen Bezirksamtes Gunzenhausen und der Landgerichte Gunzenhausen und Heidenheim) 575
s. Gunzenhäuser Anzeigenblatt
Amtsblatt des Kreises Lichtenfels 347
(Amtsblatt für die Landgerichte Reichenhall und Berchtesgaden) 208
s. Der Bayerische Gebirgsbote
Amtsblatt für den Landkreis Lauf/Pegnitz 519
Amtsblatt der Marktgemeinde Diessen am Ammersee 150*, 152 f.
sp. Ammersee-Kurier
Amts- und Anzeige-Blatt für das westliche Allgäu [Weiler] 756
sp. Der Westallgäuer
Amts- und Intelligenzblatt [Roth] 547
sp. Rother Anzeigeblatt
Ansbacher Conversations-Blatt **(B)** 444
s. Ansbacher Tagblatt
Ansbacher Intelligenz-Zeitung 436*, 442 ff.
sp. Kreisamtsblatt von Mittelfranken
Ansbacher Morgenblatt 444 f.
sp. (1) Fränkische Zeitung
(Ansbacher Morgenblatt) 445, 446*
s. (1) Fränkische Zeitung
Ansbacher Nachrichten 493
Ansbacher Tagblatt 444
Ansbacher Conversations-Blatt **(B)**
sp. (1) Fränkische Zeitung
(Ansbacher Tageblatt) 456*, 459
s. Fränkische Landeszeitung
Ansbacher Wöchentliche Nachrichten 441
(1) Ansbacher Zeitung 445
(1863; hrsg. v. Carl Junge)
(2) Ansbacher Zeitung 447, 453
(1884; hrsg. v. Eduard Schnug)
fr. Neue Ansbacher Zeitung
(3) Ansbacher Zeitung [Zirndorf] 452*, 453 f.
(1949; hrsg. v. Hanns Bollmann)
(Allgemeine Rundschau)
Ansbacher Blätter 443
Anstaltsbedarf (Offertenblatt) [Kulmbach] 337
Anzeigeblatt für das westliche Allgäu [Weiler] 754, 756, 758
(Lindenberger Tagblatt)
sp. Der Westallgäuer
Anzeigenblatt für die Landgerichte Wunsiedel, Kirchenlamitz und Selb 429
sp. Sechsämterbote
s. a. Bote aus den sechs Ämtern
Anzeigenblatt für den Markt Redwitz und Umgebung [Marktredwitz] 429
sp. Bote aus den sechs Ämtern

Anzeigenblatt für Scheidegg [Weiler] 757
(Das) Anzeigenblättle (A) [Rothenburg] *458*
Anzeiger für Hof und Umgebung, vormals Höfer Wochenblatt 409
sp. Hofer Anzeiger
Anzeiger für Selb und Umgebung 419
Anzeiger von Uster [Schweiz] 649
Appell (Deutsche Armeezeitung) 748
Argen-Bote [Wangen] 760
fr. Wochenblatt für den Oberamtsbezirk Wangen
Arzberger Zeitung 326*, 327
sp. Sechsämter Neueste Nachrichten
(Arzberger Zeitung) 328, 332*
s. Sechsämter Neueste Nachrichten
Aschaffenburger Volksblatt 581, 587, 599, 682, 685
Aschaffenburger Zeitung 675, 680
Astro-Woche (Zs) [Passau] 270
Augsburger Allgemeine 17, 40 f., *55*, *62*, 109, 156, 224, 593, 691, **693 – 716,** 698*, 700*, 706*, 710*, 717, 719, 727, 732, 733 ff., 749, 761, 763
(Augsburger Landbote)
(Augsburger Landkurier)
(Augsburger Lokalanzeiger)
(Augsburger Postzeitung)
(Augsburger Rundschau)
(Augsburger Tagblatt)
(Augsburger Zeitung)
(München-Augsburger Abendzeitung)
(Neue Augsburger Zeitung)
(Schwäbische Landeszeitung)
fr. Schwäbische Landeszeitung
s. a. Allgäuer Zeitung
Augsburger Anzeiger 700*
(Augsburger Landbote) 695
s. Augsburger Allgemeine
(Augsburger Landkurier) 695
s. Augsburger Allgemeine
Augsburger Lokalanzeiger *711*
(Augsburger Lokalanzeiger) 695, 706*
s. Augsburger Allgemeine
Augsburger Postzeitung 591, 593, *711*, 732
s. a. Augspurgische Ordinari Postzeitung
(Augsburger Postzeitung) 695, 706*
s. Augsburger Allgemeine
(Augsburger Rundschau) 695
s. Augsburger Allgemeine
Augsburger Stadt- und Landbote 710*, 712
sp. Neue Augsburger Zeitung
(Augsburger Tagblatt) 695
s. Augsburger Allgemeine
Augsburger Tagespost 54, *392*, 585, 593, 596*, 699, 702
sp. Deutsche Tagespost
(Augsburger Zeitung) 695, 706*
s. Augsburger Allgemeine
Augspurgische Ordinari Postzeitung 594*
Aviso [Wolfenbüttel] 274, *712*
AZ am Sonntag [München] 134

B

Badische Volkszeitung [Karlsruhe] 598
Bad Tölz – Wolfratshauser Neueste Nachrichten [München] *100*
s. a. Süddeutsche Zeitung [München]
Baireuther Zeitung [Bayreuth] 316
Bamberger Anzeiger (A) 385
Bamberger Intelligenzblatt 386
fr. Neue, Doch Gemein-nutzliche Hochfürstlich-Bambergische Wochentliche Frag- und Anzeige-Nachrichten
Bamberger Neueste Nachrichten *387*
Bamberger Tagblatt 386 – 389, 391, 394
(1) Bamberger Volksblatt *389*
(gegr. 1849; hrsg. v. Heinkelmann)
(2) Bamberger Volksblatt *389, 393*
(1852 – 1856)
(3) Bamberger Volksblatt (ab 1874) *23, 387,* **389 – 392,** 390*, 584
Alt-Franken **(B)**
(4) Bamberger Volksblatt (ab 1949) 54, **392 f.,** 585, 587
fr. Neues Volksblatt
Bamberger Zeitung *381*, 386, *394*
sp. Fränkischer Merkur
Bayerische Blätter für Stenographie (Zs) [Dießen] 157
(Der) Bayerische Gebirgsbote [Bad Reichenhall] 206*, 208
(Amtsblatt für die Landgerichte Reichenhall und Berchtesgaden)
(Wochen- und Unterhaltungsblatt)
sp. Reichenhaller Tagblatt
Bayerische Heimat **(B)** 115
s. Münchener Zeitung
Bayerische Heimatzeitungsverleger (eGmbH und e. G.) (Rg) [Nürnberg] 42, 309, 331, 431, 492, 519, 524, 543, 553, 618, 627, 654*, 658
Bayerische Landeszeitung [Würzburg] 608
Bayerische Ostmark [Bayreuth] 329, 356, 413, 430
s. a. Bayerische Rundschau [Kulmbach] 337
s. a. Coburger Nationalzeitung 356
s. a. Hofer Anzeiger 413
s. a. Der Hopfenbauer [Mainburg] 252*, 253
s. a. Passauer Zeitung 261
s. a. Selber Tagblatt 421
Bayerische Ostmark / Bayerische Ostwacht [Regensburg] 277
sp. Regensburger Kurier
Bayerische Ostmark – Selber Tagblatt 421
sp. Fichtelgebirgswarte
Bayerische Ostwacht [Bayreuth/Hof] 329
Bayerische Rundschau [Kulmbach] 313, 317, 319, 325, **335 – 343,** 336*, 340*, 351, 357, *358*, *404*, 415

Bayerische Staatszeitung [München] 73, 74*, **75–86,** 91, 93
(Bayerischer Staatsanzeiger)
Der Staatsbürger **(B)**
Unser Bayern **(B)**
Bayerische Zeitung [München] 91, 115
Bayerischer Anzeiger [Regensburg] 276 f., 584
s. a. Regensburger Anzeiger
Bayerischer Kurier [München] 91, 151, 591
(Bayerischer Staatsanzeiger) [München] 74*, 75 ff., **83 f.,** 85 f.
s. Bayerische Staatszeitung
Bayerischer Tag [Bamberg] *373*, 389
(Amerikanische Besatzungszeitung)
Bayerisches Volksblatt [Regensburg] 275, *597*
sp. Regensburger Anzeiger
Bayerland (Zs) [München] *30*
Bayernkurier [München] 81, 601
(Der) Bayerwald-Bote [Regen/Zwiesel] 261, 266*, 267
Bayerwald-Echo [Cham/Regensburg] 247, 287, 293
Bayreuther Anzeiger 316
sp. Oberfränkische Zeitung – Bayreuther Anzeiger
s. a. Bayreuther Tagblatt
Bayreuther Tagblatt 315 f., 318*, 322*, 323, 415
(Oberfränkische Zeitung)
s. a. Bayreuther Anzeiger
s. a. Nordbayerische Zeitung
Bella (Zs) [Nürnberg] 485
(Der) Beobachter am Main [Aschaffenburg] 587, 684
Berchtesgadener Anzeiger 42, 137, **193–205,** 196*, 204*, 209, *659*
Bergheimat **(B)**
Heimat im Bild **(B)**
Illustriertes Sonntagsblatt **(B)**
Berchtesgadener Tagblatt [Rosenheim/München] 199 f.
Berge (Zs) [Nürnberg] 485
Bergheimat **(B)** [Berchtesgaden] 199, 202
s. Berchtesgadener Anzeiger
Berliner Lokal-Anzeiger 605
Berliner Morgen *375*
Berliner Tageblatt 550
Berliner Westen 558
BGL-Anzeigenpost (A) [Bad Reichenhall] 215
Bild [Hamburg] *37*, 121, 224, 672
Bild am Sonntag [Hamburg] 134
Bild München 134, 156
Blaue Datei (Zs) [Kulmbach] 338
Blickpunkt Burghausen (A) 176
Bogener Zeitung [Straubing] 245, 246*
Börsenblatt (Zs) [Frankfurt] 683
(Der) Bote. Heimatzeitung für Nürnberg-Land 511
sp. Der Bote für Nürnberg-Land
(Der) Bote von Altdorf, Lauf, Hersbruck und Neumarkt 509, 511, 512*
sp. Der Bote für Nürnberg-Land
Bote von der Donau [Ingolstadt] 219
Bote vom Grabfeld [Bad Königshofen] *147*, 619, 623, 627, 638 f., 666
Bote vom Haßgau [Hofheim, Ufr.] *147, 376*, 579, 619, 623, **625–632,** 628*, 631*
(Hofheimer Tageblatt)
(Königsberger Zeitung)
(Der) Bote für Nürnberg-Land [Feucht] 435, 475, 493 f., **509–514,** 512*
Reichwaldblätter **(B)**
fr. Der Bote. Heimatzeitung für Nürnberg-Land
fr. Der Bote von Altdorf, Lauf, Hersbruck und Neumarkt
fr. Nürnberger Landbote
s. a. Fränkisches Heimatblatt
Bote aus den sechs Ämtern [Marktredwitz] 429
fr. Wochenblatt für den Markt Redwitz und Umgebung
sp. Sechsämterbote
s. a. Amtsblatt des königlichen Bezirksamts Wunsiedel (Bote aus dem Fichtelgebirg)
s. a. Anzeigenblatt für die Landgerichte Wunsiedel, Kirchenlamitz und Selb
Bote vom Untermain [Miltenberg] 684
Breslauer General-Anzeiger 113
sp. Breslauer Neueste Nachrichten
Breslauer Neueste Nachrichten 113, 115
fr. Breslauer General-Anzeiger
Brückenauer Anzeiger 645 f., 648*
Buchloer Anzeigeblatt 731
Buchloer Tagblatt 731
Buchloer Zeitung *697*, 698*, 725, 728, 735
Burgauer Anzeiger *49*, 718
(Burgbernheimer Anzeiger) 495
s. Windsheimer Zeitung
Bürgerzeitung [Nürnberg] 411
Burghauser Anzeiger 266*, 267
(Burglengenfelder Zeitung) 287
s. Mittelbayerische Zeitung

C

Chamer Zeitung [Straubing] 245, 246*, 247
Chemnitzer Volksstimme 89
Chiemgau-Blätter **(B)** 192
s. Traunsteiner Wochenblatt
Chiemgau-Bote [Traunstein] 170, 186 ff.
s. a. Traunsteiner Zeitung
Chiemgau-Zeitung [Rosenheim] 158*, 160, 163 f.

Chiemsee-Spiegel (A) [Rosenheim] 166
Chilianeum (Zs) [Würzburg] 581
Chronologen (Zs) [Frankfurt/Leipzig] 442
Coburger Anzeigen-Aushang 373, 375
Coburger National-Zeitung 356 f., 373
fr. Der Weckruf [Neustadt b. Coburg]
s. a. Bayerische Ostmark
(1) Coburger Tageblatt 353, 355
(1849 – 1851, 1864 – 1867; hrsg. v. F. Streit)
(2) Coburger Tageblatt *23*, 313, 317, 319, 325, 338 f., *341*, 351, 354*, **355 – 363,** 360*, 373, 376
(Neustadter Tageblatt)
(Rödentaler Tageblatt)
Coburger Wochenblatt 364*
Coburger Zeitung *355*
Coburgischer Zeitungs-Extract 372

D

(Dachauer Nachrichten) 106*, 111
s. Münchner Merkur
Dachauer Neueste Nachrichten *100*
s. a. Süddeutsche Zeitung [München]
Dachauer Volksblatt 91
Dachauer Volksbote 653, *659*
Daily Express [London] 550
Darmstädter Echo 684
Deggendorfer Zeitung 266*, 267
(Der) Deutsche [Berlin] 449
Deutsche Allgemeine Zeitung [Stuttgart] 558
Deutsche Alpenwacht [Immenstadt] 746
fr. Oberallgäuer Generalanzeiger
Deutsche Tagespost [Regensburg/Würzburg] 54 f., *392*, 579, 587, 589, **591 – 603,** 596*, 600*, *699*
Römische Warte **(B)**
fr. Augsburger Tagespost
Deutsche Wacht [Hof] 411
Deutsche Zeitung [Ansbach] 444
Deutscher Friedens- und Kriegskurier [Nürnberg] 465, 471
sp. Nürnberger Kurier
Deutsches Allgemeines Sonntagsblatt [Hamburg] *565*
Deutsches Volksblatt [Stuttgart] 598
Diessener Nachrichten 150*, 151
sp. Ammersee-Kurier
Dingolfinger Anzeiger [Straubing] 245, 246*, 264
Donaubote [Dillingen/Do] 718
fr. Stadt Dillingisches Wochenblatt
(Der) Donaubote [Ingolstadt] 218*, 219 – 222
Donau Kurier [Ingolstadt] 39, *90*, 95, 137, **217 – 237,** 226*, 232*, 491, 553, 555
(Ingolstädter Zeitung)
Donau-Post [Straubing] 244 f., 246*
Donau-Zeitung [Dillingen/Do] 695, 698*, 718
Donau-Zeitung [Passau] *23*, 258*, 260 f.
s. a. Kurier an der Donau
s. a. Passavia
Donauwörther Anzeigeblatt 718
Donauwörther Zeitung 695, 698*, 718
Dorfener Anzeiger [München] 106*
Dortmunder Anzeiger *202*
Dortmunder Wochenblatt *202*
Dresdner Neueste Nachrichten 115
(Der) Druckspiegel (Zs) [Heusenstamm] *291*

E

Ebersberger Neueste Nachrichten *100*
s. a. Süddeutsche Zeitung [München]
(Ebersberger Zeitung) 106*, 111
s. Münchner Merkur
Eichstätter Kurier 226*, 227 f.
Ellinger Anzeiger 558
s. a. Weißenburger Tagblatt
Entscheidung (Zs) [Berlin] 485
(Erdinger Anzeiger) 91, 106*, 111
s. Münchner Merkur
Erdinger Neueste Nachrichten *100*
s. Süddeutsche Zeitung [München]
Erdinger Tagblatt 91
Erlanger Intelligenzblatt 529, 530*
sp. Erlanger Nachrichten
Erlanger Nachrichten 435, *447*, 491, 494, **529 – 535,** 534*
(Erlanger Tagblatt)
fr. Erlanger Intelligenzblatt
fr. Erlanger Tagblatt
fr. Erlangische Anzeigen
fr. Frag- und Anzeigeberichte
fr. Frag- und Anzeige-Nachrichten
fr. Intelligenzblatt der Königlichen Universitätsstadt Erlangen
Erlanger Realzeitung 443
Erlanger Tagblatt 475, *491*, 492, 529, 530*
sp. Erlanger Nachrichten
(Erlanger Tagblatt) 494, 532, 534*
s. Erlanger Nachrichten
Erlangische Anzeigen 529
sp. Erlanger Nachrichten
(Der) Erzähler an der Saale **(B)** 411
s. Hofer Anzeiger
Erzähler vom Gabelmannsplatz **(B)** 433
s. Sechsämterbote [Wunsiedel]

F

Feierabend **(B)** 522*
s. Wochenblatt der Stadt Hersbruck und Umgebung
Feuchtwanger Nachrichten 493

(Feuchtwanger Tageblatt) 459, 460*, 461
s. Fränkische Landeszeitung [Ansbach]
Fichtelgebirgs-Kurier [Marktredwitz] *302*
Fichtelgebirgswarte. Amtliche Tageszeitung des Gaues Bayreuth der NSDAP für den Kreis Selb [Selb] 421
fr. Bayerische Ostmark – Selber Tagblatt
(Die) Flamme [Bamberg] 388
Frag- und Anzeigeberichte [Erlangen] 529
sp. Erlanger Nachrichten
Frag- und Anzeige-Nachrichten [Erlangen] 529
sp. Erlanger Nachrichten
Frankenpost [Hof] 313, 316, *317*, 337, 341, *376 f.*, **397 – 404,** 398*, 400*, 413, 415, 423 f., 426 ff., 430 f., 432*, 433, *434*
(Sechsämterbote)
Frankfurter Allgemeine 99, **103,** 104, 156, 165, 263, 265, 397, *685*
Frankfurter Generalanzeiger 684
Frankfurter Nachrichten 558
Frankfurter Nachrichten (A) 687 f.
Frankfurter Rundschau *222, 685*
Frankfurter Zeitung 550
(Fränkische Allgemeine) 344*
s. Obermain-Tagblatt
(1) Fränkische Landeszeitung [Würzburg] (1923; Verlag Richter) 335, 608
(2) **Fränkische Landeszeitung** [Ansbach] 41, 435, 437, 445, **447 – 462,** 448*, 456*, 460*, 471, 491 ff., 495, 498 f., 502, 507, 558, 570, 571, 575
(Ansbacher Tageblatt)
(Feuchtwanger Tageblatt)
(Neustädter Anzeigeblatt)
(Rothenburger Tageblatt / Fränkischer Anzeiger)
(Der Steigerwald Kurier)
(Uffenheimer Tageblatt)
(Der Wörnitzbote)
Fränkische Nachrichten 684
(1) Fränkische Presse [Selb] 420 (gegr. 1875; hrsg. v. K. Kirsch)
sp. Selber Tagblatt
(2) Fränkische Presse 584
(BVP-Zeitung)
(3) Fränkische Presse [Bayreuth] 315 f., 318*, 322*, 323, 337
s. a. Nordbayerischer Kurier
Fränkische Tagespost 445, *451*
Fränkische Tageszeitung [Nürnberg] 445, 449, 469, 511, 518, 541, 543, 552, 558
(Fränkische Zeitung)
(Nürnberger Zeitung)
(Rother Volkszeitung)
s. a. Hersbrucker Zeitung
s. a. Pegnitz-Zeitung
s. a. Schwabacher Tagblatt
s. a. Weißenburger Tagblatt
Fränkische Volkstribüne [Bayreuth] 316
Fränkische Volkszeitung [Roth] 549 ff.
(Rother Anzeige-Blatt)
sp. Roth-Hilpoltsteiner Volkszeitung
s. a. Rother Anzeigeblatt
(Fränkische Volkszeitung) 581
s. Fränkisches Volksblatt [Würzburg]
(Fränkische Volkszeitung) 495
s. Roth-Hilpoltsteiner Volkszeitung
(1) Fränkische Zeitung (1864) [Ansbach] 445, 446*, 447
(Ansbacher Morgenblatt)
Heimatblätter für Ansbach und Umgebung **(B)**
fr. Ansbacher Morgenblatt
fr. Ansbacher Tagblatt
(2) Fränkische Zeitung [Nürnberg] 452*, 454
(Fränkische Zeitung) 445
s. Fränkische Tageszeitung
(Fränkische Zeitung) 494, 496*
s. Nürnberger Nachrichten
Fränkischer Anzeiger [Rothenburg o. d. Tauber] 453, 457, *458*, 461, 493, 495, 502, 506
Die Linde **(B)**
Fränkischer Kreiscorrespondent [Nürnberg] 466
sp. Korrespondent von und für Deutschland
s. a. (4) Nürnberger Zeitung
(Fränkischer Kriegs- und Friedens Both) 495, 567, 572*
s. Windsheimer Zeitung
Fränkischer Kurier [Nürnberg] 76, *465*, 471
(Nürnberger Kurier)
fr. Allgemeine Zeitung von und für Bayern
s. a. Neuer Kurier
(Fränkischer Kurier) 471, 474
s. (5) Nürnberger Zeitung
Fränkischer Merkur [Bamberg] 386
fr. Bamberger Zeitung
Fränkischer Tag [Bamberg] 39, *55, 62*, 313, 351, *376 f.*, **379 – 396,** 382*, 390*, 399, 491, 627, 658, 661
(Aischtal-Bote) [Höchstadt]
(Herzogenauracher Nachrichten)
(Obermain-Bote) [Lichtenfels]
(Volksblatt) [Bamberg]
(Zeitung für Forchheim und Fränkische Schweiz)
s. a. (4) Bamberger Volksblatt
Fränkischer Volksfreund [Bamberg] *387*, 609
Fränkisches Heimatblatt [Nürnberg] 511, 518
s. a. Der Bote für Nürnberg-Land
s. a. Hersbrucker Zeitung
s. a. Pegnitz-Zeitung
Fränkisches Tagblatt [Hilpoltstein] 541, 552
Fränkisches Volk [Bayreuth] 329, 388, 413

Fränkisches Volksblatt [Würzburg] 393, 579, **581–590,** 582*, 586*, 588*, 591, 599, 605 f., 609, 611, 612*, 729
Der Hausschatz **(B)**
Fränkisch-Hohenlohischer Wochenspiegel (A) [Rothenburg o. d. Tauber] 457
(Der) Freie Franke [Hof] 411
Freie Presse [Ingolstadt] 220
fr. Ingolstädter Volksblatt
sp. Ingolstädter Anzeiger
Freilassinger Anzeiger 215
Freisinger Nachrichten 91
Freisinger Neueste Nachrichten *100*
s. Süddeutsche Zeitung [München]
Freisinger Tagblatt 91, 106*, 111
Fremdenzeitung **(B)** 141
s. Land- und Seebote [Starnberg]
Friedberger Allgemeine 695, 698*
s. a. Augsburger Allgemeine
Fuchstaler Bote [Landsberg] 717
s. a. Oberbayerischer Generalanzeiger
(Fuchstaler Bote) 696
s. Landsberger Tagblatt
Fuldaer Zeitung 649
(Die) Fundgrube **(B)** [Lauf] 518
s. Pegnitz-Zeitung
(Die) Furche **(B)** [Gerolzhofen] 670
s. Der Steigerwald-Bote
Für Heim und Herd **(B)** [Kempten] 720*
s. (1) Allgäuer Zeitung
Fürstenfeldbrucker Neueste Nachrichten *100*
s. Süddeutsche Zeitung [München]
Fürstenfeldbrucker Tagblatt 106*, 111
Fürstenfeldbrucker Wochenblatt 91
Fürstenfeldbrucker Zeitung 91, 145
Fußball-Magazin (Zs) [Nürnberg] 485
Füssener Blatt 731 f.
(Füssener Blatt) 725
s. (2) Allgäuer Zeitung [Kempten]
Fürther Nachrichten 475, 491 494, 505
s. a. Nordbayerische Zeitung [Nürnberg]
s. a. Nürnberger Nachrichten
s. a. (5) Nürnberger Zeitung

G

Garmisch-Partenkirchner Tagblatt 106*, 112
(Geisenfelder Zeitung) 226*, 228
s. Pfaffenhofener Kurier
Gemeinschaftsredaktion Bayerischer Heimatzeitungsverleger GmbH (Rg) [Bad Kissingen/Haßfurt] 42, 155, 176, 309, 579, 639, 645, 653, 654*, 658, *659*, 666, 671
Gemeinschafts-Verlag Heimatpresse [Freising] 42
(Generalanzeiger für das Allgäu) [Kempten] 720*
s. Allgäuer Neueste Nachrichten
General-Anzeiger für Halle- und Saalekreis 113
sp. Hallische Nachrichten
General-Anzeiger der Kgl. Haupt- und Residenzstadt [München] **112–115**
sp. (1) Münchener Zeitung
Generalanzeiger für Nürnberg-Fürth und Umgegend 467, 468*, 479
(Neue Nürnberger Zeitung)
(Neuer Generalanzeiger)
sp. (4) Nürnberger Zeitung
s. a. (5) Nürnberger Zeitung
(General-Anzeiger für Nürnberg) 468*, 470*,
s. (4) Nürnberger Zeitung
(Generalanzeiger für den Steigerwald und Maingau) 668*, 669
s. Der Steigerwald-Bote [Gerolzhofen]
Generalanzeiger für Thüringen und Franken [Coburg] 356
Generalanzeiger und Korrespondent von und für Deutschland [Nürnberg] 467
sp. (4) Nürnberger Zeitung
General-Anzeiger für Würzburg und Umgebung 604*, **605–610,** 613, *616*
Praktischer Ratgeber für Wein-, Obst- und Gartenbau, Feld-, Land- und Hauswirtschaft **(B)**
Hitlerjugend **(B)**
(Germeringer Zeitung) 106*
s. Münchner Merkur
Glonntal-Bote [Markt Indersdorf] 145
Gnädigst privilegierte Onolzbachische Wöchentliche Frag- und Anzeige-Nachrichten 442
sp. Kreisamtsblatt von Mittelfranken [Ansbach]
Grafenauer Anzeiger 266*, 267
Das Graue Ungeheuer (Zs) [Nürnberg] 442
(Der Grenzbote) 211*, 214*, 215
s. Reichenhaller Tagblatt
Grenzlandwelle (R) [Hof] 426
(Der) Grenzwald (Zs) [Regensburg] *288*
Grenzwarte Oberviechtach *302*
Grenzzeitung [Waldsassen] *302*
(Gunzenhauser und Wassertrüdinger Zeitung) 575
s. Altmühl- und Hesselberg-Bote
Gunzenhäuser Anzeigenblatt 575
(Amtsblatt des königlichen Bezirksamtes Gunzenhausen und der Landgerichte Gunzenhausen u. Heidenheim)
Volksblatt politischen, unterhaltenden und gemeinnützigen Inhalts **(B)**
sp. Altmühl-Bote
(Gunzenhauser Zeitung) 495, 574*, 576
s. Altmühl-Bote
Günzburger Zeitung 695, 698*, 715

Günz- und Mindelbote [Günzburg] 718, *719*
fr. Marggräflich Burgowisches Wochenblatt von den merkwürdigsten Begebenheiten der Staaten, des Kriegs, der Friedensschlüsse, der Literatur, der Künste und des Ackerbaus

H

Haager Bote 161
s. a. Wasserburger Zeitung
s. a. Oberbayerisches Volksblatt
Hallertauer Zeitung [Mainburg] 239, *244*, 245, 246*, **251 – 257**, 252*, 256*
(Mainburger Zeitung)
fr. Der Hopfenbauer
fr. Mainburger Zeitung
Hallische Nachrichten 113, 115
fr. General-Anzeiger für Halle- und Saalekreis
Hamburger Fremdenblatt 608
Hamburger Nachrichten 729
Hammelburger Wochenblatt 645
s. a. Saale-Zeitung [Bad Kissingen]
Hanauer Anzeiger 684
Hannoverscher Kurier 729
Haßfurter Amts- und Anzeigeblatt 655
sp. Haßfurter Tagblatt
Haßfurter Tagblatt *155 f.*, 579, 627, 646, 653, **655 – 661**, 656*, 660*, 671
fr. Haßfurter Amts- und Anzeigeblatt
fr. Intelligenzblatt der Stadt Haßfurt
s. a. Schweinfurter Zeitung
(Der) Hausschatz **(B)** 582*
s. Fränkisches Volksblatt [Würzburg]
Heimat **(B)** 522*
s. Hersbrucker Zeitung
Heimatblatt [Wasserburg] 161
s. a. Wasserburger Zeitung
s. a. Oberbayerisches Volksblatt
Heimatblätter **(B)** 209
s. Reichenhaller Tagblatt
Heimatblätter für Ansbach und Umgebung **(B)** 445
s. (1) Fränkische Zeitung [Ansbach]
(Heimatblatt für die Landeshauptstadt München) 101
s. Münchner Stadtanzeiger **(B)**
s. Süddeutsche Zeitung
(Der) Heimatbote [Schöllkrippen] *147*, 619 ff., 623, 627, 685
Heimat im Bild **(B)** 202
s. Berchtesgadener Anzeiger
(Der) Heimatspiegel **(B)** 175
s. Altbayerische Heimatpost [Trostberg]
Heimatzeitungsgesellschaft mbH – HZ (Rg) [Kitzingen] 42, 147, 579, 618 f., 621, 623, 624*, 627, 629, 639, 641, 666
Heimenkircher Anzeiger 757
s. a. Der Westallgäuer [Weiler]
heim und anstalt (Zs) [Kulmbach] 338
(Hemauer Wochenblatt) 287
s. Mittelbayerische Zeitung
Hersbrucker Zeitung 435, 475, 493 f., 511, 518, 522*, **523 – 528**, 526*
Heimat **(B)**
fr. Wochenblatt der Stadt Hersbruck und Umgebung
s. a. Fränkisches Heimatblatt [Nürnberg]
(Herzogenauracher Nachrichten) 383
s. Fränkischer Tag [Bamberg]
Hilpoltsteiner Kurier 226*, 227, 555
Hitlerjugend **(B)** 609
s. General-Anzeiger für Würzburg und Umgebung
Hochland (Zs) [München] 89
Hochland-Bote [Garmisch-Partenkirchen] 40, *90*, 119
Hofer Anzeiger *23*, 313, 317, 399, 400*, 401, 404, **405 – 417**, 410*, 412*, 416*, *419*, 421, *438*
Der Erzähler an der Saale **(B)**
fr. Anzeiger für Hof und Umgebung vormals Höfer Wochenblatt
fr. Höfer Intelligenzblatt
fr. Hofer Tagblatt
fr. Neues Höfer Intelligenzblatt
fr. Wochenblatt der Stadt Hof
Höfer Intelligenzblatt 408
sp. Hofer Anzeiger
Hofer Neueste Nachrichten 411
Hofer Post 411
Hofer Stadtanzeiger 411
(1) Hofer Tagblatt (1860) 409
sp. Hofer Anzeiger
(2) Hofer Tagblatt (1882) 411
Hofer Zeitung 411
Hofheimer Tageblatt 625
(Hofheimer Tageblatt) 625, 631*
s. Bote vom Haßgau
(Holzkirchner Merkur) 106*, 112
s. Münchner Merkur
(Der) Hopfenbauer [Mainburg] 252*, 253
sp. Bayerische Ostmark
sp. Hallertauer Zeitung
(Die) Horen (Zs) [Wiesbaden] *115*
Hyperboreische Briefe (Zs) [Nürnberg] 442

I

Iller-, Roth- und Günzbote [Illertissen] 89
(Iller-, Roth- und Günzbote) 696
s. Illertisser Zeitung
Illertisser Zeitung 696, 698*
(Iller-, Roth- und Günzbote)
Illustriertes Münchener Extrablatt 114
Illustriertes Sonntagsblatt **(B)** 199
s. Berchtesgadener Anzeiger

(Illustriertes Wochenblatt für die bayerische Familie) [Trostberg] 177
s. Altbayerische Heimatpost
Ingolstädter Anzeiger 218*, 220
fr. Freie Presse
fr. Ingolstädter Volksblatt
Ingolstädter Tagblatt 217, 218*, 219 f.
Ingolstädter Volksblatt 220
sp. Ingolstädter Anzeiger
Ingolstädter Wochenblatt 219
Ingolstädter Zeitung *217*, 219 ff., 223, 234 f.
fr. Neue Ingolstädter Zeitung
s. a. Donau Kurier
(Ingolstädter Zeitung) 219, 226*, 227
s. Donau Kurier
Innsbrucker Zeitung 202
Intelligenzblatt der Königl. Baierischen Stadt Schwabach 538 f.
sp. Schwabacher Tagblatt
Intelligenzblatt der Königlichen Universitätsstadt Erlangen 529
sp. Erlanger Nachrichten
Intelligenzblatt des Rezatkreises 444
sp. Kreisamtsblatt von Mittelfranken
Intelligenzblatt der Stadt Haßfurt 655, 657
sp. Haßfurter Tagblatt
Internationale (Zs) *375*
(Isar-Loisachbote) 106*, 111
s. Münchner Merkur
Isar-Post [Landshut] 253, 284
Ißner Wochenblatt 760
sp. Stadt- und Landbote [Isny]
iZ (A) [Ingolstadt] 225, 227
Jugend (Zs) [München] 143

K

Kasseler Neueste Nachrichten 113, 115
(Kelheimer Zeitung) 287
s. Mittelbayerische Zeitung
Kemnather Tageblatt *302*
(Kempter Tagblatt) 724*, 725
s. (2) Allgäuer Zeitung [Kempten]
Kempter Zeitung 643, 726
fr. Neueste Weltbegebenheiten, erzählt von einem Weltbürger
(Kempter Zeitung) 733
s. (2) Allgäuer Tagblatt
Ketch up [Kempten/Memmingen] 737
kicker-sportmagazin [Nürnberg] 485
Kissinger Intelligenz-Blatt 643, 644*, 645
sp. Saale-Zeitung [Bad Kissingen]
Kissinger Saal-Zeitung 643, 644*
Pandur **(B)**
sp. Saale-Zeitung
Kitzinger Zeitung *42*, *147*, 571, 579, **617 – 622,** 622*, 623, 624*, 629, 639, 641
(Der) Klassenkampf [Halle] *373*
(Die) kleine Zeitung **(B)** 615 f.
s. Main-Post [Würzburg]
Kölner Tagblatt 487
Kolpingsblatt [Berchtesgaden] 201
Kommunalpolitische Blätter [Köln] 591
Königlich Bayerischer Anzeiger von Straubing 241
Königlich Bayerisches Intelligenzblatt für Mittelfranken 444
sp. Kreisamtsblatt von Mittelfranken
Königlicher Polizeianzeiger von Straubing 241
Königsberger Volkszeitung *541*
(Königsberger Zeitung) 625, 631*
s. Bote vom Haßgau [Hofheim]
Konstitutionelle Blätter aus dem Allgäu 726
sp. (1) Allgäuer Zeitung [Kempten]
(Der) Korrespondent von und für Deutschland [Nürnberg] 444, **465 – 467,** 468*, 478 f.
fr. Fränkischer Kreiscorrespondent
s. a. (4) Nürnberger Zeitung
(Korrespondent von und für Deutschland) 468*, 470*
s. (4) Nürnberger Zeitung
Kötztinger Umschau 287, 293
s. a. Mittelbayerische Zeitung
Kötztinger Zeitung [Straubing] 244 f., 246*
Krankenhausumschau (Zs) [Kulmbach] 338
Kreisamtsblatt von Mittelfranken 444
fr. Ansbacher Intelligenz-Zeitung
fr. Gnädigst privilegierte Onolzbachische Wöchentliche Frag- und Anzeigenachrichten
fr. Intelligenzblatt des Rezatkreises
fr. Kgl. Bayerisches Intelligenzblatt für Mittelfranken
(Der) Kreisbote (A) [Weilheim] 109, 124, 157, 737
Kreiszeitung für die Landkreise Diepholz und Verden [Syke] 109
(Der) Krieg **(B)** 517
s. Pegnitz-Zeitung
Krumbacher Bote 718
fr. Wochenblatt für Krumbach und Umgebung
(Krumbacher Bote) 696
s. Mittelschwäbische Nachrichten
s. a. Augsburger Allgemeine
Krumbacher Neueste Nachrichten 718
fr. Volksfreund
Kulmbacher Rundschau 337
Kulmbacher Tagblatt. Bote vom Obermain 335
Kulmbacher Volkszeitung 337
Kurier an der Donau [Passau] 258*, 260
fr. Passauer Intelligenzblatt
fr. Passauer Wochenblatt
fr. Passauer Zeitung
s. a. Donau-Zeitung [Passau]

L

Landauer Anzeiger 264
Landauer Neue Presse [Passau] 266*, 267
Landauer Zeitung [Straubing] 245, 246*, 247
(Landsberger Nachrichten) 696
s. Landsberger Tagblatt
Landsberger Neueste Nachrichten 91
Landsberger Tagblatt 156, 696, 698*, 715, 717
(Ammersee Zeitung)
(Fuchstaler Bote)
(Landsberger Nachrichten)
(Landsberger Zeitung)
(Oberbayerischer Anzeiger)
(Oberbayerische Nachrichten)
fr. Landsberger Wochenblatt
fr. Oberbayerischer Generalanzeiger
s. a. Augsburger Allgemeine
Landsberger Wochenblatt 717
sp. Landsberger Tagblatt
Landsberger Zeitung 717
fr. Oberbayerischer Generalanzeiger
s. a. Landsberger Tagblatt
(Landsberger Zeitung) 696
s. Landsberger Tagblatt
Landshuter Kurier 253
Landshuter Zeitung *244*, 245, 246*, 251, 253, 256*, 264
Land- und Seebote [Starnberg] 91, 137, **139 – 149,** 140*, 619 ff., 623, 627
Unterhaltungsblatt zum Land- und Seeboten **(B)**
Fremdenzeitung **(B)**
Landwirtschaftliches Wochenblatt [München] 117
Laufener Kreiszeitung [Laufen/Tittmoning] 172
sp. Südostbayerische Rundschau
Laufer Tagblatt 518
fr. Laufer Wochenblatt / Amtliches Publikationsorgan des Stadtmagistrats zu Lauf usw.
Laufer Wochenblatt 517
sp. Laufer Tagblatt
Lech-Ammersee-Rundschau (A) 157
Lechkurier (A) [Schongau] 157
Leine-Deister Zeitung [Gronau] 108*, 123
Leipziger Abendzeitung 113
sp. Leipziger Zeitung
Leipziger Zeitung 113
fr. Leipziger Abendzeitung
Lichtenfelser Tagblatt 344*, **345 ff.,** 349, 352
fr. Lichtenfelser Wochenblatt
s. a. Obermain-Tagblatt
(Lichtenfelser Tagblatt) 344*
s. Obermain-Tagblatt
Lichtenfelser Wochenblatt 345
(Amtliches Lokalblatt der Kgl. Gerichtsbezirke Lichtenfels, Scheßlitz, Hollfeld, Seßlach, Burgebrach und Weismain)
sp. Lichtenfelser Tagblatt
Leuchtturm (Zs) 598
(Die) Linde **(B)**
s. Fränkischer Anzeiger [Rothenburg]
Lindenberger Kurier 757
(Lindenberger Tagblatt) 754, 757, *758*, 761, 762*
s. Der Westallgäuer [Weiler]
Linkskurve (Zs) *375*
Live in [Kempten/Memmingen] 737
Lohrer Echo 619, 684
Lohrer Zeitung *147*, 618 f., 623, 624*, 627, 685
Lokal-Kurier (A) [Bad Windsheim] 570

M

Mainburger Tagblatt 252*, 253
s. a. Hallertauer Zeitung
Mainburger Zeitung 252*, 253, 256*
sp. Hallertauer Zeitung
s. a. Landshuter Zeitung
(Mainburger Zeitung) 252*
s. Hallertauer Zeitung
Main-Echo [Aschaffenburg] 579, 619, **675 – 689,** 678*, 686*
Mainfränkische Zeitung [Würzburg] 609 f.
s. a. General-Anzeiger für Würzburg und Umgebung
Main-Post [Würzburg] 487, 579, 587, 588*, 589, 604*, 605, 608, **610 – 616,** 612*, 614*, 621, 627, *632*, 639, 646, 666, 672, 683 ff.
(Würzburger Neueste Nachrichten)
Die kleine Zeitung **(B)**
(Die) Mainschleife 671
s. a. Der Steigerwald-Bote [Gerolzhofen]
Main-Tauber-Post [Tauberbischofsheim] 612*, 613, 614*, 615
s. a. Main-Post
Mangfall-Bote [Bad Aibling] 158*, 160, 163 f.
s. a. Oberbayerisches Volksblatt
Mannheimer General-Anzeiger 112
Mannheimer Morgen *375*
Marggräflich Burgowisches Wochenblatt von den merkwürdigsten Begebenheiten der Staaten, des Kriegs, der Friedensschlüsse, der Literatur, der Künste und des Ackerbaus [Günzburg] 719
(Der) Markt (A) [Würzburg] 615, 639
(Der) Marktbote (A) [Berchtesgaden] 205
(Marktoberdorfer Landbote) 725
s. Allgäuer Zeitung [Kempten]
Marktredwitzer Tagblatt 399, 400*, 401
Media Perspektiven (Zs) *17*
Memminger Zeitung 698*, 725, 728, 731, 735
s. a. Allgäuer Zeitung [Kempten]
Mendener Zeitung 108*

Mercurii Relatio [München] 119
Miesbacher Merkur 106*, 112
(Holzkirchner Merkur)
(Tegernseer Zeitung)
Mindelheimer Zeitung 696, 698*, 715, 718
s. a. Augsburger Allgemeine
Mitteilungsblatt des Landrates Bad Neustadt 637
Mittelbayerische Zeitung [Regensburg] 24, 39, 50, 264, 271, **273 – 293,** 280*, 290*
(Abensberger Tagblatt)
(Amberger Volksblatt)
(Altmühlbote)
(Burglengenfelder Zeitung)
(Hemauer Wochenblatt)
(Kelheimer Zeitung)
(Neunburger Anzeiger)
(Neustädter Zeitung)
(Schwandorfer Tagblatt)
(Tages-Anzeiger)
Mittelfränkische Zeitung [Ansbach] 445
Mittelschwäbische Nachrichten [Krumbach] 696, 698*, 715, 718
(Krumbacher Bote)
s. a. Augsburger Allgemeine
Moosburger Zeitung 245, 246*, 247, 249
s. a. Landshuter Zeitung
Mühldorfer Anzeiger 158*, 161, 163, 264
Mühldorfer Nachrichten 160 f.
Münchberg-Helmbrechtser Zeitung 317, 399, 400*, 401, 415
s. a. Frankenpost
München-Augsburger Abendzeitung 91, *711*
(München-Augsburger Abendzeitung) 695
s. Augsburger Allgemeine
(1) Münchener Zeitung 91, 114 f.
Bayerische Heimat **(B)**
Die Propyläen **(B)**
fr. General-Anzeiger der Kgl. Haupt- und Residenzstadt München
s. a. Münchner Merkur
(2) Münchener Zeitung (US-Armeegruppenzeitung) 117
sp. Neue Zeitung [München]
Münchner Landzeitung 40
Münchner Merkur 17 f., 39 f., 73, 79, 100, 106*, **107 – 121,** 108*, 111, 116*, 121, 125, 134, 146 f., 149, 161, 164
(Dachauer Nachrichten)
(Ebersberger Zeitung)
(Erdinger Anzeiger)
(Germeringer Zeitung)
(Isar-Loisachbote)
(Zeitung für das Würmtal)
fr. Münchner Mittag
Münchner Mittag 116*, 117 f.
sp. Münchner Merkur
Münchner Neueste Nachrichten 28, 75 f., 87, 91 f., 110, 115, 118, 195, 197
(Münchner Neueste Nachrichten aus Politik, Kultur, Wirtschaft, Sport) 92, 102*
s. Süddeutsche Zeitung
Münchner Post 75, 77, 89
Münchner Stadtanzeiger **(B)** 75, 101
s. Süddeutsche Zeitung
Münnerstädter Zeitung 645 f., 648*
Murnauer Tagblatt 106*, 152

N

Naabtalbote [Schwandorf] *302*
Naabtal-Kurier [Amberg] 303
s. a. Amberger Zeitung
Nabburger Volkszeitung *302*
Nationale Volkszeitung [Hof] 413
s. a. Bayerische Ostmark
Neuburger Anzeigeblatt 717
fr. Neuburgisches Wochenblatt
(Neuburger Anzeigeblatt) 696
s. Neuburger Rundschau
Neuburger Rundschau 696, 698*
(Neuburger Anzeigeblatt)
Neuburgisches Wochenblatt 717
sp. Neuburger Anzeigeblatt
Neue Ansbacher Zeitung 447
sp. Ansbacher Zeitung
Neue Augsburger Zeitung 699, 702, 710*, *711*, 712
fr. Augsburger Stadt- und Landbote
(Neue Augsburger Zeitung) 695
s. Augsburger Allgemeine
Neue Bayerische Landeszeitung [Würzburg] 609
Neue Bayreuther Zeitung 316
Neue Deutsche Dorfzeitung [Coburg] 353
Neue, Doch Gemein-nutzliche Hochfürstlich-Bambergische Wochentliche Frag- und Anzeige-Nachrichten 379, 380*, 386
sp. Bamberger Intelligenzblatt
Neue Freie Volkszeitung [München] 91
Neue Ingolstädter Zeitung 217, 218*, 219, 229
sp. Ingolstädter Zeitung
(Neue Kaufbeurer Zeitung) 725
s. Allgäuer Zeitung [Kempten]
Neue Mannheimer Zeitung 115
(Neue Nürnberger Zeitung) 467
s. Generalanzeiger für Nürnberg-Fürth und Umgegend
Neue Passauer Zeitung 260
fr. Passauer Zeitung
s. a. Bayerische Ostmark
Neue Pfälzische Landeszeitung [Ludwigshafen] 584
Neue Presse [Coburg] 313, 351, *361*, 362, **365 – 377,** 374*, 399, 627
(Das) Neue Reich (Zs) [Regensburg] 282

(Der) Neue Tag [Weiden] 271, 284, **295 – 306**, 300*, 304*, 428
(Oberpfälzischer Kurier)
Neue Volkacher Zeitung [Kitzingen] 617, 619, 623
Neue Welle Ostallgäu – NWO (R) [Kaufbeuren] 738
Neue Wiesbadener Zeitung 115
Neue Woche (Zs) [Frankfurt] 687
(Die) Neue Zeitung [München] 22, 87, 117
fr. (2) Münchener Zeitung – US-Armeegruppenzeitung
(Neuer Generalanzeiger) [Nürnberg] 467
s. Generalanzeiger für Nürnberg-Fürth und Umgegend
Neuer Kurier [Nürnberg] 471
fr. Allgemeine Zeitung von und für Bayern
s. a. Fränkischer Kurier
Neuer Seebote [Starnberg] 146
s. a. Land- und Seebote
Neues Abendland (Zs) [Augsburg] 593, 595, 598 f.
s. a. Abendland (Zs)
Neues Höfer Intelligenzblatt 408
sp. Hofer Anzeiger
Neues Münchner Tageblatt 91, 151
Neues Volksblatt [Bamberg] 54, 388, 390*, **392 f.**, 585
sp. (4) Bamberger Volksblatt
s. a. Fränkischer Tag
Neueste Weltbegebenheiten, erzählt von einem Weltbürger [Kempten] 726
sp. Kempter Zeitung
Neueste Weltkunde [Tübingen] 713
sp. Allgemeine Zeitung
Neuester Freisinger Anzeiger 91
(Neugablonzer Nachrichten) 725
s. Allgäuer Zeitung [Kempten]
Neumarkter Anzeiger [Neumarkt Opf] 158*, 161, 163
Neumarkter Nachrichten [Neumarkt Opf] 475, 493 f.
Neumarkter Tagblatt [Neumarkt Opf] 287
(Neunburger Anzeiger) 287
s. Mittelbayerische Zeitung [Regensburg]
(Neustadter Tageblatt) 354*, 357, 361
s. Coburger Tageblatt
(Neustädter Anzeigeblatt) 459, 460*, *462*
s. Fränkische Landeszeitung [Ansbach]
Neustädter Heimatblätter **(B)** 636
s. Rhön- und Saale-Post [Bad Neustadt a. d. Saale]
(Neustädter Zeitung) 287
s. Mittelbayerische Zeitung [Regensburg]
Neu-Ulmer Zeitung 696, 698*, 715
s. a. Augsburger Allgemeine
Niederbayerische Nachrichten [Straubing] 244, 284
Niederbayerische Volks-Zeitung [Passau] 260
Nordbayerische Heimatzeitungs-GmbH (Rg) 492, 570
Nordbayerischer Kurier [Bayreuth] 313, **315 – 324**, 318*, 322*, 325, *331*, *341*, 351, *358*, *404*
s. a. Bayreuther Tagblatt
s. a. Fränkische Presse
Nordbayerische Nachrichten Forchheim 492, 494
s. a. Nürnberger Nachrichten
Nordbayerische Nachrichten Herzogenaurach 492, 494
s. a. Nürnberger Nachrichten
Nordbayerische Nachrichten Pegnitz 492, 494
s. a. Nürnberger Nachrichten
(Nordbayerische Nachrichten) 494, 496*
s. Nürnberger Nachrichten
(1) Nordbayerische Zeitung [Nürnberg] 453 (Neugr. nach 1949)
(2) Nordbayerische Zeitung [Nürnberg] 471, 475, *493*, 498, 570 f.
s. a. (5) Nürnberger Zeitung
(Nordbayerische Zeitung) 470*, 471
s. (5) Nürnberger Zeitung
Nordbayerische Zeitung für Lauf Stadt und Land 519
s. a. (5) Nürnberger Zeitung
Norddeutsche Allgemeine Zeitung [Berlin] *541*
Nördlinger Zeitung 717
(Nördlinger Zeitung) 696
s. Rieser Nachrichten
Nürnberger Anzeiger (A) 502
Nürnberger General-Anzeiger 113
sp. (4) Nürnberger Zeitung
Nürnberger Kurier 465
fr. Teutscher Kriegs-Curier
fr. Deutscher Friedens- und Kriegskurier
(Nürnberger Kurier) 471
s. Fränkischer Kurier
s. a. Deutscher Friedens- und Kriegskurier
Nürnberger Landbote 510 f.
sp. Der Bote für Nürnberg-Land
Nürnberger Nachrichten 17, 40 f., 224, 284, *319*, 435, 437, 449, 451, *453*, 454 f., 457 f., 461 f., 471 ff., 475 ff., 479, **481 – 507**, 483*, 486*, 490*, 496*, 519, 521, 524, 527, 532, 543, 553, 555 ff., 558, 563, 566, 570 f., 575 ff., 611, 697
(Fränkische Zeitung)
(Nordbayerische Nachrichten)
(1) Nürnberger Zeitung 463 (geschriebene Zeitung, 1587 – 1591)
(2) Nürnberger Zeitung *467* (1836/37)
(3) Nürnberger Zeitung *467* (1842/45)
(4) Nürnberger Zeitung (ab 1913) 468*, 469, 470*, 479
(NZ am Mittag)

s. a. General-Anzeiger für Nürnberg
s. a. Korrespondent von und für Deutschland
(5) Nürnberger Zeitung (seit 1949) 41, *62*, 113, *319*, 435, 444, 454 f., 457, **463 – 480,** 470*, 474*, 492 f., *498*, 499, 502, 507, 519, 566, 570 f.
(Fränkischer Kurier)
(Nordbayerische Zeitung)
s. a. Nürnberger Nachrichten
s. a. (4) Nürnberger Zeitung
(Nürnberger Zeitung) 469
s. Fränkische Tageszeitung
Nymphenburger Zeitung [München] 91
(NZ am Mittag) 468*
s. (4) Nürnberger Zeitung

O

Oberallgäuer Erzähler **(B)** 745
s. Allgäuer Anzeigeblatt [Immenstadt]
Oberallgäuer Generalanzeiger [Immenstadt] 746
sp. Deutsche Alpenwacht
(Oberallgäuer Nationalzeitung) 746
s. Allgäuer Anzeigeblatt [Immenstadt]
Oberallgäu-Expreß (A) [Immenstadt] 752
(Der) Oberbayer [Ebersberg] 91
(Oberbayerische Nachrichten) 696
s. Landsberger Tagblatt
Oberbayerische Rundschau [Dießen] 152
(Oberbayerischer Anzeiger) 696
s. Landsberger Tagblatt
Oberbayerischer Generalanzeiger [Landsberg] 91, 717
sp. Landsberger Zeitung
s. a. Landsberger Tagblatt
Oberbayerisches Volksblatt [Rosenheim] 78, *90*, 108*, 112, 119, 123, 137, 158*, **159 – 166,** 162*, 176, 264
(Rosenheimer Tagblatt)
Oberfränkische Volkszeitung [Hof] 301, 399
Oberfränkische Zeitung [Hof] 397
(Oberfränkische Zeitung) [Bayreuth] 318*
s. Bayreuther Tagblatt
Oberfränkische Zeitung – Bayreuther Anzeiger 316
fr. Bayreuther Anzeiger
(Obergünzburger Nachrichten) 725
s. Allgäuer Zeitung [Kempten]
Oberländer Erzähler **(B)** 745
s. Allgäuer Anzeigeblatt [Immenstadt]
(Obermain-Bote) [Lichtenfels] 383
s. Fränkischer Tag [Bamberg]
Obermain-Tagblatt [Lichtenfels] 313, 317, 319, 325, *341*, 344*, **345 – 352,** 350*, *358*, *376*
(Fränkische Allgemeine)
(Lichtenfelser Tagblatt)
(Staffelsteiner Tagblatt)
s. a. Lichtenfelser Tagblatt
s. a. Staffelsteiner Tagblatt
Obernburger Bote 684
Oberpfalzpost [Tirschenreuth] 401
s. a. Frankenpost
Oberpfälzer Nachrichten [Weiden] 271, 305, **307 – 312,** 310*, 653, *659*
Was uns die Heimat erzählt **(B)**
Oberpfälzischer Kurier [Weiden] 299, *302*
(Oberpfälzischer Kurier) 303
s. Der Neue Tag [Weiden]
Oberstaufener Anzeigen 756
s. a. Anzeigeblatt für das westliche Allgäu [Weiler]
(Oettinger Anzeiger) 696
s. Rieser Nachrichten
Offenbach-Post 108*, 684
(Official Gazette for the Landkreis Berchtesgaden – Reichenhall) 211*, 212
s. Reichenhaller Tagblatt
Ordinari Wochen-Zeitung [Ansbach] 440
Osservatore Romano [Rom, Vatikan] 598 f.
Ostdeutsche Morgenpost [Beuthen] *375*
Osterhofener Zeitung 266*, 267
s. a. Passauer Neue Presse
Ostheimer Zeitung 639, 653, *659*, 666

P

Pandur **(B)** 644*
s. Kissinger Saal-Zeitung
Pappenheimer Zeitung 558
s. a. Fränkische Tageszeitung
s. a. Weißenburger Tagblatt
Particular vn Ordinari Zeitungen, auß vnterschiedlichen Orten [München] 108*
Passauer Intelligenzblatt 260
sp. Kurier an der Donau
(Passauer Nachrichten) 261
s. Passauer Neue Presse
Passauer Neue Presse 39, 176, 188, 239, 247, 258*, **259 – 270,** 262*, 266*, 284, *285*, 373, 685
(Passauer Nachrichten)
Passauer Tagblatt 260
Passauer Wochenblatt 260
sp. Kurier an der Donau
Passauer Zeitung 55, 260 f.
fr. Passauer Intelligenzblatt
fr. Passauer Wochenblatt
sp. Kurier an der Donau
sp. Neue Passauer Presse
Passavia [Passau] 260, 263
s. a. Donau-Zeitung
Pegnitz-Zeitung [Lauf] 435, 475, 492, 494, 511, **515 – 521,** 520*
(Röthenbacher Nachrichten)

(Schnaittacher Anzeiger)
Die Fundgrube **(B)**
Der Krieg **(B)**
s. a. Fränkisches Heimatblatt
Peißenberger Zeitung [Weilheim] 152
Penzberger Anzeiger [Weilheim] 152
Penzberger Merkur 106*, 112
(Weilheimer Tagblatt)
s. a. Münchner Merkur
Pfaffenhofener Kurier 226*, 228 f., 233
(Geisenfelder Zeitung)
(Wolnzacher Anzeiger)
s. a. Donau Kurier
Pfälzer Tagblatt [Kaiserslautern] 584
Pharmazeutische Zeitung (Zs) [Frankfurt] 683
Plattlinger Anzeiger [Straubing] 245, 246*, 247
s. a. Straubinger Tagblatt
Plattlinger Zeitung [Passau] 266*, 267
s. a. Passauer Neue Presse
Polygraph (Zs) [Frankfurt] 683
Pommersche Zeitung [Stettin] 487
Praktischer Ratgeber [Würzburg] 607
Praktischer Ratgeber für Wein-, Obst- und Gartenbau, Feld-, Land- und Hauswirtschaft **(B)** 607
s. General-Anzeiger für Würzburg und Umgebung
Privilegirte Historische Nachrichten [Regensburg] 292*
(Die) Propyläen **(B)** 115
s. (1) Münchener Zeitung
Publik 597, 599
Publizistik (Zs) *675*

R

Radio 8 (R) [Ansbach] 458
Radio für Bamberg GmbH (R) 384
Radio Bavaria (R) [München] 108*
Radio Charivari (R) [München] 108*, 123 f.
Radio Domspatz (R) [Regensburg] 247
Radio Euroherz (R) [Hof] 426, 431
Radio F[ranken] (R) [Nürnberg] 503, 514, 521, 528
Radio Frankenwarte (R) [Würzburg] 602
Radio Freyung (R) 269
Radio Gong 2000 (R) [München] 95, 135, 247
Radio Gong (R) [Nürnberg] 135, 514, 528
Radio IN (R) [Ingolstadt] 223, 233, 237
Radio Mainland (R) [Würzburg] 602 f.
Radio Ostallgäu (R) [Kaufbeuren] 738
Radio Passau (R) 269
Radio Regen (R) 269
Radio Tele Allgäu (R) [Kempten] 738
Radio + Tele 1 (R) [Augsburg] 708
Regensburger Anzeiger *23*, 275 f., 282, 284, 591, *597*
fr. Bayerisches Volksblatt
fr. Regensburger Morgenblatt
sp. Tagesanzeiger
s. a. Bayerischer Anzeiger
Regensburger Anzeiger **(B)** 275
s. Regensburger Morgenblatt
Regensburger Echo 293
Regensburger Kurier 277
fr. Bayerische Ostmark / Bayerische Ostwacht
Regensburger Morgenblatt 275, *597*
Regensburger Anzeiger **(B)**
sp. Regensburger Anzeiger
Regensburger Post 277
Regensburger Tagblatt 275
Regensburger Volksfreund 293
Regensburger Woche 293
Regensburger wöchentliche Nachrichten für Linz 274
Regionalpost (A) [Aschaffenburg] 685
Rehauer Tagblatt 400*, 401, 415
Reichenhaller Grenzbote 206*, 208
sp. Reichenhaller Tagblatt
Reichenhaller Morgenpost [Rosenheim] 209
Reichenhaller Tagblatt *23*, 42, 137, *145*, 188, 200, *201*, 203, 206*, **207 – 216**, 211*, 214*, *659*
(Der Grenzbote)
(Official Gazette for the Landkreis Berchtesgaden-Reichenhall)
Heimatblätter **(B)**
fr. Der Bayerische Gebirgsbote
fr. Reichenhaller Grenzbote
fr. Wochenblatt für das Königl. Landgericht Reichenhall
Reichswaldblätter **(B)** 511
s. Der Bote für Nürnberg-Land [Feucht]
Relation: Aller Fürnemmen und gedenckwürdigen Historien / so sich hin vnnd wider in Hoch vnnd Nieder Teutschland / auch in Frankreich / Italien / Schott- vnd Engelland / Hisspanien / Hungern / Polen / Siebenbürgen / Wallachey / Moldaw / Türckey / etc. Inn diesem 1609. Jahr verlauffen vnd zutragen möchte. [Straßburg] 274
(1) Rheinischer Merkur (1814-1816) 62
(2) Rheinischer Merkur (seit 1945) 601
(Der) Rheinpfälzer [Landau] 118, 591
Rhön- und Saalepost [Bad Neustadt] *147*, 579, 618 f., 623, 624*, 627, **633 – 642**, 634*, 640*, 666
Neustädter Heimatblätter **(B)**
Rhön- und Streubote [Mellrichstadt] 579, *617*, 639, 653, *659*, 662*, **663 – 667**
Rhön-Spiegel (Zs) [Bad Neustadt] 638

Rieser Nachrichten [Nördlingen] 690, 698*, 717
(Nördlinger Zeitung)
(Oettinger Anzeiger)
(Wallersteiner Rundschau)
Rieser Volkszeitung 717
Ring Bayerischer Heimatzeitungsverleger (Rg) [Nürnberg] 147
s. a. Bayerische Heimatzeitungsverleger (Rg)
Ring Nordbayerischer Tageszeitungen (RNT) (Rg) [Bayreuth] 42, 313, 317, 319, 321, 324, 325, 331, 341, 351, 358, 361 f., 423, 431, 433
fr. Zeitungsring Oberfranken
Ring Südbayerischer Heimatzeitungen (Rg) [Berchtesgaden] 202
(Rödentaler Tageblatt) 354*, 361
s. Coburger Tageblatt
Römische Warte **(B)** 598
s. Deutsche Tagespost [Würzburg]
Rosenheimer Anzeiger 158*, 159 f.
sp. Oberbayerisches Volksblatt
(Rosenheimer Tagblatt) 55, 158*, 160
s. Oberbayerisches Volksblatt
Rosenheimer Wochenblatt [Wasserburg] 159 f.
sp. Oberbayerisches Volksblatt
Rote Fahne [Traunstein] 186
Rother Anzeigeblatt 547, 549
fr. Amts- und Intelligenzblatt [Roth]
s. a. Fränkische Volkszeitung [Roth]
(Rother Anzeige-Blatt) 549
s. Fränkische Volkszeitung [Roth]
(Rother Anzeigeblatt) 495
s. Roth-Hilpoltsteiner Volkszeitung
Rother Volkszeitung 546*, 550 – 553
sp. Roth-Hilpoltsteiner Volkszeitung
(Rother Volkszeitung) 552
s. Fränkische Tageszeitung [Nürnberg]
(Röthenbacher Nachrichten) 494, 520*
s. Pegnitz-Zeitung [Lauf]
(Rothenburger Tageblatt / Fränkischer Anzeiger) 459, 460*, 461
Die Linde **(B)**
s. Fränkische Landeszeitung [Ansbach]
Roth-Hilpoltsteiner Volkszeitung [Roth] 435, 475, 492, 495, *497*, **547 – 556**, 554*
(Fränkische Volkszeitung)
(Rother Anzeigeblatt)
fr. Fränkische Volkszeitung
fr. Rother Volkszeitung
Rottaler Anzeiger 266*, 267
fr. Rottaler Rundschau
s. a. Passauer Neue Presse
Rottaler Rundschau 261
sp. Rottaler Anzeiger
Ruhr-Echo [Essen] *373*
(Rundschau am Hahnenkamm und Hesselberg) 495, 574*, 575 f.
s. Altmühl-Bote [Gunzenhausen]

S

Saale-Zeitung [Bad Kissingen] *155 f.*, 309, 579, *617*, **643 – 652**, 648*, 650*, 653, 659, 671
fr. Kissinger Intelligenz-Blatt
fr. Kissinger Saal-Zeitung
Saarbrücker Abendblatt 118
Salzach-Wacht [Laufen] 171
sp. Salzach-Zeitung
Salzach-Zeitung [Laufen] 171
fr. Salzach-Wacht
fr. Tittmoninger Anzeiger
Sankt Heinrichsblatt [Bamberg] 259
Schlesische Arbeiterzeitung [Breslau] *373*
(Schnaittacher Anzeiger) 494, 520*
s. Pegnitz-Zeitung [Lauf]
Schnaittacher Wochenblatt / Amtliches Publikationsorgan des Magistrats zu Schnaittach und vieler kgl. Behörden 517
Schneller Postillon [Nürnberg] 465
(Der) Schnelle Postillon oder Staffetta [Nürnberg] 465
Schongauer Nachrichten 108*, 109, 112
s. a. Münchner Merkur
Schönere Zukunft (Zs) [Wien] 282
Schönwalder Anzeiger [Selb] 423
s. a. Selber Tagblatt
Schrobenhausener Zeitung 226*, 228 f.
s. a. Donau Kurier [Ingolstadt]
(Schwabacher Anzeiger) 495
s. Schwabacher Tagblatt
Schwabacher Heimat **(B)** 545
s. Schwabacher Tagblatt
Schwabacher Intelligenz-Zeitung 536*, 538
sp. Schwabacher Tagblatt
(Schwabacher Nachrichten) 495
s. Schwabacher Tagblatt
Schwabacher Tagblatt 435, *438*, 475, *491*, 492, 495, **538 – 545**, 542*, 556
(Schwabacher Anzeiger)
(Schwabacher Nachrichten)
Schwabacher Heimat **(B)**
fr. Amts-Blatt des Königlichen Bezirks-Amts Schwabach
fr. Intelligenz-Blatt der Königl. Baierischen Stadt Schwabach
s. a. Fränkische Tageszeitung [Nürnberg]
Schwabenspiegel (Zs) *115*
Schwäbische Donauzeitung [Dillingen/Do] 718
fr. Tagblatt für die Städte Dillingen, Lauingen, Höchstädt, Wertingen und Gundelfingen
Schwäbische Donau-Zeitung [Ulm] *712*
Schwäbische Landeszeitung [Augsburg] 585, 591, 593, 697, 699, 700*, 701 f., *711*, *713*, 717, 731, *733*
sp. Augsburger Allgemeine

(Schwäbische Landeszeitung) 695
s. Augsburger Allgemeine
Schwäbische Post [Aalen] *712*
Schwäbische Zeitung [Leutkirch] 81, *712*, 732, 758 f.
Schwabmünchner Allgemeine 695, 698*, 716
Schwabmünchner Nationalzeitung 718
Schwabmünchner Tagblatt 718
(Schwandorfer Tagblatt) 287
s. Mittelbayerische Zeitung [Regensburg]
Schwandorfer Zeitung [Regensburg] 284 f.
Schweinfurter Tagblatt 612*, 613, 614*, 615, 627, 645
Schweinfurter Volksblatt 581, 587
s. a. (2) Schweinfurter Volkszeitung
(1) Schweinfurter Volkszeitung (1868) 581
(2) Schweinfurter Volkszeitung 587, 589, 599, *632*
s. a. Schweinfurter Volksblatt
s. a. Der Volkswille
Schweinfurter Zeitung 645, 657
s. a. Haßfurter Tagblatt
Sechsämterbote [Wunsiedel] 313, *317*, *341*, 399, **427 – 434,** 432*
Erzähler vom Gabelmannsplatz **(B)**
fr. Amtsblatt für das königliche Bezirksamt Wunsiedel (Bote aus den sechs Ämtern)
fr. Amtsblatt des königlichen Bezirksamts Wunsiedel (Bote aus dem Fichtelgebirg)
fr. Anzeigenblatt für die Landgerichte Wunsiedel, Kirchenlamitz und Selb
fr. Bote aus den sechs Ämtern
fr. Wunsiedler Wochenblatt
s. a. Frankenpost [Hof]
(Sechsämterbote) 401, 432*, 433
s. Frankenpost [Hof]
Sechsämterland **(B)** [Arzberg] 326*, 333
s. Sechsämter Neueste Nachrichten
Sechsämter Neueste Nachrichten [Arzberg] 313, 317, 324 f., 326*, **327 – 334,** 332*, *341*, 351, *358*, 431
(Arzberger Zeitung)
Sechsämterland **(B)**
fr. Arzberger Zeitung – Thiersheimer Bezirksblatt
Selber Anzeigenblatt 423
Selber Tagblatt 313, 317, 399, 400*, 401, 415, 418*, **419 – 426,** 422*
s. a. (1) Fränkische Presse [Selb]
Simplicissimus (Zs) [München] 143
Sonntag ist's **(B)** 670
s. Der Steigerwald-Bote
Sozialistische Republik [Köln] *373*
Spessart (Zs) [Aschaffenburg] 687
Sport-Magazin (Zs) [Nürnberg] 485
(Der) Staatsbürger **(B)** [München] 81 f., 85
s. Bayerische Staatszeitung [München]
Stadtanzeiger **(B)** [München] 103
s. Süddeutsche Zeitung [München]
Stadt Dillingisches Wochenblatt 718
sp. Donaubote [Dillingen/Do]
(Stadt- und Landbote Augsburg) 710*
s. Neue Augsburger Zeitung
Stadt- und Landbote [Isny] 760
fr. Ißner Wochenblatt
Stadt- und Landbote [Würzburg] 605
Staffelstein-Seßlacher Tageblatt 348
sp. Staffelsteiner Tagblatt
Staffelsteiner Tagblatt 344*, 345, **347 – 349,** 352
fr. Staffelstein-Seßlacher Tageblatt
fr. Tageblatt für Staffelstein, Seßlach und Umgegend
s. a. Obermain-Tagblatt
(Staffelsteiner Tagblatt) 344*
s. Obermain-Tagblatt
Starnberger Merkur 106*
s. a. Münchner Merkur
(Starnberger Neueste Nachrichten) *100*, 110
s. Süddeutsche Zeitung [München]
Starnberger Rundschau (A) 148
Starnberger Seebote [Weilheim] 141
Starnberger Woche (A) 147
Stars and Stripes (Amerikanische Armeezeitung) [Nürnberg] 481
(Der) Steigerwald-Bote [Gerolzhofen] 579, 653, *659*, 668*, **669 – 674**
(Generalanzeiger für den Steigerwald und Maingau)
Die Furche **(B)**
Sonntag ist's **(B)**
s. a. Die Mainschleife
Steigerwald Kurier [Scheinfeld] 453
(Der Steigerwald Kurier) 459, 460*, 462
s. Fränkische Landeszeitung [Ansbach]
Steinwald Kurier [Weiden] 309, 310*
Stettiner Abendpost 113, 115
Stettiner Neueste Nachrichten 113
Stiftlandbote [Tirschenreuth] 400*
s. a. Frankenpost [Hof]
Stiftländer Neueste Nachrichten [Mitterteich] *302*
Stiftländer Volksbote [Waldsassen] *302*
Stimmen der Zeit (Zs) [München] *38*
(Straubinger Anzeiger) 246*
s. Straubinger Tagblatt
Straubinger Tagblatt 239, **241 – 250,** 246*, 248*, 259, 262*, 264, 269, 293
(Straubinger Anzeiger)
(Straubinger Zeitung)
s. a. Hallertauer Zeitung
s. a. Landshuter Zeitung
Straubinger Wochenblatt 241
(Straubinger Zeitung) 246*
s. Straubinger Tagblatt
(Der) Streiter für völkische Politik und soziale Gerechtigkeit [Hof] 411
(Der) Stürmer [Nürnberg] 453, 482
Stuttgarter Zeitung 81

Süddeutsche Arbeiterzeitung [Stuttgart] *373*
Süddeutsche Eisenbahnzeitung [Würzburg] 607
Süddeutsche Sonntagspost [München] 91, *125*
Süddeutsche Zeitung [München] 17, *19*, 73, 75, 79, 80, 86, **87 – 105**, 88*, 94*, 98*, 102*, 107, 110, 112 f., 117 f., 125, *129*, 134, *144*, 147, 149, 151, *155*, 156 f., 165, *222*, 247, 320, 375, *449*, *451*, 500, 651, 658, *685*, *697*, 702, *723*
(Münchner Neueste Nachrichten aus Politik, Kultur, Wirtschaft, Sport)
(Bad Tölz-Wolfratshauser Neueste Nachrichten)
(Dachauer Neueste Nachrichten)
(Ebersberger Neueste Nachrichten)
(Erdinger Neueste Nachrichten)
(Freisinger Neueste Nachrichten)
(Fürstenfeldbrucker Neueste Nachrichten)
(Starnberger Neueste Nachrichten)
Stadtanzeiger **(B)**
Süddeutscher Anzeiger [Ingolstadt] 219
Südfränkische Zeitung [Wassertrüdingen] 575
Südostbayerische Rundschau [Laufen/Tittmoning] 167, 172, 174 – 177, 203
fr. Laufener Kreiszeitung
Südost-Kurier [Bad Reichenhall] *90*, 171, 172, 188, 201, **212 f.**
Sulzbach-Rosenberger Zeitung [Amberg] *302*, 303

T

(Der) Tag [Berlin] 301
Tagblatt für die Städte Dillingen, Lauingen, Höchstädt, Wertingen und Gundelfingen [Dillingen/Do] 718
sp. Schwäbische Donauzeitung
Tageblatt für Staffelstein, Seßlach und Umgegend [Staffelstein] 347
sp. Staffelsteiner Tagblatt
Tages-Anzeiger [Regensburg] 55, 284 ff., 597 f.
fr. Regensburger Anzeiger
(Tages-Anzeiger) [Regensburg] 280*, 285 f.
s. Mittelbayerische Zeitung
Tageszeitung [München] 125 ff., 128*
sp. Abendzeitung [München]
Täglicher Anzeiger. Tagsblatt der Stadt Bamberg 380*, 385 f.
sp. Bamberger Tagblatt
Tag- und Anzeigeblatt für Kempten und das Allgäu [Kempten] 720*, 726
sp. (1) Allgäuer Tagblatt [Kempten]
(Tegernseer Zeitung) 106*, 112
s. Miesbacher Merkur
s. a. Münchner Merkur
Teutscher Kriegs-Curier [Nürnberg] 465
sp. Nürnberger Kurier
Tirschenreuther Volksbote *302*
Tittmoninger Anzeiger 171
sp. Salzach-Zeitung
Tölzer Kurier 106*, 112
s. a. Münchner Merkur
top shop (A) [Aschaffenburg] 685
Traun-Alz-Bote [Traunstein/Trostberg] 168*, 169
sp. Trostberger Tagblatt
Traun-Alz-Salzachbote [Traunstein/Trostberg] 168*, 169
sp. Trostberger Tagblatt
Traunbote 169
s. a. Trostberger Tagblatt
Traunreuther Anzeiger 167, 172, 176 f.
s. a. Trostberger Tagblatt
Traunsteiner Nachrichten 185, 188
Traunsteiner Tagblatt 170, 186 f.
Traunsteiner Wochenblatt 42, 137, 170, *172*, 176, **183 – 192**, 190*, *197*, 202 f., 215, 264, *659*
Chiemgau-Blätter **(B)**
fr. Wochenblatt für den Bezirk des königl. Landgerichts Traunstein
s. a. Traunsteiner Zeitung
Traunsteiner Zeitung 170, 187 f.
s. a. Chiemgau-Bote
s. a. Traunsteiner Wochenblatt
Treuchtlinger Kurier 435, 475, *491*, 492, 494, 557 f., 560, **561 – 566**, 564*, 578
(Treuchtlinger Nachrichten)
(Treuchtlinger Tagblatt)
(Treuchtlinger Zeitung)
s. a. Nürnberger Nachrichten
(Treuchtlinger Nachrichten) 494
s. Treuchtlinger Kurier
(Treuchtlinger Tagblatt) 494
s. Treuchtlinger Kurier
(Treuchtlinger Zeitung) 494
s. Treuchtlinger Kurier
Trostberger Tagblatt 137, **167 – 177**, 168*, 170, 178*, 203, 264
fr. Traun-Alz-Bote
fr. Traun-Alz-Salzachbote
fr. Trostberger Wochenblatt
s. a. Traunbote
Trostberger Wochenblatt 167, 168*, 169 f., 176
sp. Trostberger Tagblatt
Tutzinger Tagblatt 143, 145
tv weiß-blau (F) [München] 95
tz [München] 18, 73, 79, 106*, 107, 109 ff., 114, 120*, **121 f.**, 134, 156

U

(Uffenheimer Tageblatt) 459, 460*, *462*
s. Fränkische Landeszeitung [Ansbach]
Uffenheimer Zeitung 453
Unser Allgäu **(B)** 736*
s. Der Allgäuer [Kempten]
Unser Bayern **(B)** 81, **82,** 85
s. Bayerische Staatszeitung [München]
Unterhaltungsblatt zum Land- und Seeboten **(B)** 143
s. Land- und Seebote [Starnberg]

V

Verbo (Rg) [Wangen] 43
Viechtacher Bayerwald-Bote 266*, 267
s. a. Passauer Neue Presse
Viernheimer Tageblatt *659*, 671
Vilsbiburger Zeitung [Landshut] 245, 246*
Vilshofener Anzeiger 266*, 267
fr. Vilshofener Nachrichten
Vilshofener Nachrichten 261
sp. Vilshofener Anzeiger
Vilstaler Zeitung [Straubing] 244
Vlothoer Anzeiger 108*
(Das) Volk [Meiningen, DDR] 647
Völkische Presse [Hof] 411
Völkischer Beobachter [München] 77, 91, 117, 583
Volksblatt [Coburg] *355*
(Volksblatt) [Bamberg] 382*, 383, 385, 393
s. Fränkischer Tag [Bamberg]
Volksblatt politischen, unterhaltenden und gemeinnützigen Inhalts **(B)** 575
s. Gunzenhäuser Anzeigenblatt
Volksfreund [Krumbach] 718
sp. Krumbacher Neueste Nachrichten
Volksstimme [Chemnitz] 701
Volkstribüne [Bayreuth] 335
Volkswacht [Regensburg] 279
Volkswille [Hannover] 392
(Der) Volkswille [Schweinfurt] 587, 613
s. a. Schweinfurter Volksblatt
s. a. Schweinfurter Volkszeitung
(Der) Vorwärts [Leipzig] *541*
Vossische Zeitung [Berlin] 550

W

Waldkraiburger Nachrichten 158*, 161, 163 f.
s. a. Oberbayerisches Volksblatt
Waldnaabtalanzeiger [Weiden] 309
(Amtsblatt für die Großgemeinde Windischeschenbach – Veröffentlichungsorgan der Umgebung)
s. a. Oberpfälzer Nachrichten
(Wallersteiner Rundschau) 696
s. Rieser Nachrichten
Wasserburger Zeitung 158*, 160 f., 163 f.
s. a. Oberbayerisches Volksblatt
Washington Post 20
Was uns die Heimat erzählt **(B)** 312
s. Oberpfälzer Nachrichten [Weiden]
(Der) Weckruf [Neustadt b. Coburg] 356
sp. Coburger National-Zeitung
Weidener Anzeiger *302*
Weidener Wochen- und Amtsblatt 308
Weidener Volksblatt *302*, 584
Weilheimer Kreisbote (A) 148
Weilheimer Tagblatt 584
(Weilheimer Tagblatt) 106*, 112
s. Penzberger Merkur
s. a. Münchner Merkur
Weilheimer Zeitung 152
Weißenburger Tagblatt 435, 455, 475, 493, 495, **557 – 560,** 559*, 563, 566, 578
s. a. Ellinger Anzeiger
s. a. Fränkische Tageszeitung [Nürnberg]
s. a. Nürnberger Nachrichten
s. a. Pappenheimer Zeitung
Welle Plassenburg (R) [Kulmbach] 343
Welle Veste Coburg (R) 343
(Die) Welt [Hamburg/Bonn] 99, *103*, 104, *222*, 658, *685*, *723*
Weltbild (Zs) [Augsburg] 601
Weltbühne (Zs) [Berlin] *375*
Wendelstein [Rosenheim] 160
Werbung im Blickfeld (A) [Ansbach] 458
(Der) Werdenfelser [Garmisch] 146
Wertheimer Zeitung 683 f.
Wertinger Zeitung 696, 698*, 718
(Der) Westallgäuer [Weiler] 691, 698*, *722*, 725, 735, *749*, **755 – 763,** 762*
(Allgäuer Zeitung)
(Lindenberger Tagblatt)
Westallgäuer Heimatblätter **(B)**
fr. Amts- und Anzeig-Blatt für das westliche Allgäu
fr. Anzeigeblatt für das westliche Allgäu
fr. Wochenblatt für den Markt Weiler und Umgebung
Westallgäuer Heimatblätter **(B)** 757
s. Der Westallgäuer [Weiler]
Westend-Anzeiger [München] 91
Westfälischer Anzeiger [Hamm] 108*, 123
Widerhall der Neuigkeiten – Echo des Nouvelles [Nürnberg] 465
Widerstand (Zs) [Berlin] 484 f.
Wiener Reichspost 699
Wiesbadener Tagblatt 684
Windsheimer Wochenblatt für Stadt und Land [Bad Windsheim] 568, 572*
sp. (2) Windsheimer Zeitung

(1) Windsheimer Zeitung 567
(1754; hrsg. v. F. Köngott)
(2) Windsheimer Zeitung (seit 1902; hrsg. v. H. Delp) [Bad Windsheim] 435, 453, *457*, 461, *462*, 475, 492, 495, *497*, **567 – 573,** 572*
(Burgbernheimer Anzeiger)
(Fränckischer Kriegs- und Friedens Both)
fr. Amtsblatt für die kgl. Bezirksämter Ansbach und Uffenheim ...
fr. Windsheimer Wochenblatt für Stadt und Land
(Die) Woche [Regensburg] 271, 273, *274*, 292*, **293 f.**
(Die) Woche (A) [Mühldorf] 166
Wochenblatt (A) [Bad Kissingen] 645
Wochenblatt der Stadt Hersbruck und Umgebung [Hersbruck] 522*, 523
Feierabend **(B)**
sp. Hersbrucker Zeitung
Wochenblatt der Stadt Hof 410*
sp. Hofer Anzeiger
Wochenblatt-Expreß (A) [München] 109
Wochenblatt für das Königl. Landgericht Reichenhall 206*, 207
sp. Reichenhaller Tagblatt
Wochenblatt für den Bezirk des königl. Landgerichts Traunstein 182*
sp. Traunsteiner Wochenblatt
Wochenblatt für den Markt Redwitz und Umgebung [Marktredwitz] 429
sp. Bote aus den sechs Ämtern
Wochenblatt für den Markt Weiler und Umgebung [Weiler] 754*, 755, 760
sp. Der Westallgäuer [Weiler]
Wochenblatt für den Oberamtsbezirk Wangen 760
sp. Argen-Bote
Wochenblatt für die Landgerichtsbezirke Immenstadt und Sonthofen 739, 740*, 742 f., 744*
sp. Allgäuer Anzeigeblatt [Immenstadt]
Wochenblatt für die Landgerichtsbezirke Wasserburg und Rosenheim [Wasserburg] 160
Wochenblatt für Krumbach und Umgebung 718
sp. Krumbacher Bote
Wochenend (Zs) [Nürnberg] 485
Wochenpost (A) [Haßfurt] 658
Wochentlich-Ordinari-Post-Zeitung [Augsburg] *711*
(Wochen- und Unterhaltungsblatt) 208
s. Der Bayerische Gebirgsbote [Bad Reichenhall]
Wolfratshauser Tagblatt 91
(Wolnzacher Anzeiger) 226*, 228
s. Pfaffenhofener Kurier
Wörishofer Zeitung 718
(Der Wörnitzbote) 459, 460*, 461
s. Fränkische Landeszeitung [Ansbach]
(Das) Wort [Hildesheim] 598
Wörther Anzeiger 287, 293
(1) Wunsiedler Wochenblatt 428
(1799 – 1810)
(2) Wunsiedler Wochenblatt 429
(ab 1819)
sp. Sechsämterbote [Wunsiedel]
Würmtal-Bote [Pasing] 146 ff., 618, 627
Württemberger Zeitung [Stuttgart] 113
(Würzburger Neueste Nachrichten) 604*
s. Main-Post [Würzburg]

Z

(Zeitung für Forchheim und Fränkische Schweiz) [Forchheim] 383
s. Fränkischer Tag [Bamberg]
(Zeitung für das Würmtal) 111
s. Münchner Merkur
Zeitungsring Oberfranken (ZRO) (Rg) [Bayreuth] 42, 317
sp. Ring Nordbayerischer Tageszeitungen (RNT)
Zeitungswelle Südost (R) [Trostberg/Traunstein] 173
Zirndorfer Zeitung 447, 453
ZV + ZV (Zeitungsverlag und Zeitschriftenverlag) [Bad Godesberg] *25*, *43*, *48*, *55*, 63, *67 f.*, *109*, *112 ff.*, 123, *222*, *225*, *268*, *278*, *289*, *305*, *317*, *384*, *404*, *427*, *454*, *500*, *617*, *666*, 732

Die Hauptausgaben der Bayerischen Tagespresse 1989

Gesamtverzeichnis aller 90 „Hauptausgaben" (=Verlage als Herausgeber) der Bayerischen Tagespresse im Jahre 1989, geordnet nach Regierungsbezirken (in der amtlichen Reihenfolge), sodann alphabetisch nach Erscheinungsorten. Die Auflagenangaben (i. Tsd.) entsprechen der IVW-gemeldeten Verkaufsauflage im III. Quartal 1989. (Auflagenzahlen in Klammern: Eigenangaben der Zeitung lt. Aufstellung in: Bundesverband Deutscher Zeitungsverleger e. V.: „Zeitungen '89".) Bei zusammengeschlossenen bzw. redaktionell kooperierenden Zeitungen wird jeweils auf die mantel-produzierende Leit-Zeitung verwiesen (mit zusätzlicher Angabe des Regierungsbezirks, in dem die Leit-Zeitung erscheint, falls dieser den Erscheinungsort der je aufgeführten Hauptausgabe nicht deckt).

OBERBAYERN:

Aichach: Aichacher Zeitung s. Donau Kurier, Ingolstadt	8,3
Altötting: Alt-Neuöttinger Anzeiger s. Passauer Neue Presse, **Niederbayern**	22,1
Berchtesgaden: Berchtesgadener Anzeiger	6,4
Dachau: Dachauer Volksbote	0,9
Dießen: Ammersee-Kurier	1,9
Eichstätt: Eichstätter Kurier s. Donau Kurier, Ingolstadt	10,0
Ingolstadt: Donau Kurier	79,8
Landsberg: Landsberger Tagblatt s. Augsburger Allgemeine, **Schwaben**	14,9
Mühldorf: Mühldorfer Anzeiger s. Oberbayerisches Volksblatt, Rosenheim	15,1
München: Abendzeitung	251,6
München: Münchner Merkur	257,3
München: Süddeutsche Zeitung	383,2
München: tz	172,0
Neuburg/Do.: Neuburger Rundschau s. Augsburger Allgemeine, **Schwaben**	10,1
Pfaffenhofen: Pfaffenhofener Kurier s. Donau Kurier, Ingolstadt	13,1
Reichenhall, Bad: Reichenhaller Tagblatt	10,9
Rosenheim: Oberbayerisches Volksblatt s. Münchner Merkur	74,7
Schongau: Schongauer Nachrichten s. Münchner Merkur	8,4
Schrobenhausen: Schrobenhausener Zeitung s. Donau Kurier, Ingolstadt	6,9
Starnberg, Land- und Seebote	(1,1)
Tegernsee: Tegernseer Zeitung s. Münchner Merkur	6,5
Tittmoning: Südostbayerische Rundschau s. Trostberger Tagblatt	4,5
Traunstein: Traunsteiner Wochenblatt	15,5
Trostberg: Trostberger Tagblatt	17,2
Weilheim: Weilheimer Tagblatt s. Münchner Merkur	11,5

NIEDERBAYERN:

Dingolfing: Dingolfinger Anzeiger s. Straubinger Tagblatt	10,2
Landshut: Landshuter Zeitung s. Straubinger Tagblatt	39,4
Mainburg: Hallertauer Zeitung s. Landshuter Zeitung	5,6
Passau: Passauer Neue Presse	156,1
Straubing: Straubinger Tagblatt	128,7
Vilsbiburg: Vilsbiburger Zeitung s. Landshuter Zeitung	8,9

OBERPFALZ:

Regensburg: Mittelbayerische Zeitung	119,2
Weiden: Der Neue Tag	83,2
Weiden: Oberpfälzer Nachrichten	8,1

OBERFRANKEN:

Arzberg: Sechsämter Neueste Nachrichten	2,0
Bamberg: Fränkischer Tag	77,5
Bayreuth: Nordbayerischer Kurier	42,0

Coburg: Coburger Tageblatt	17,6
s. Bayerische Rundschau, Kulmbach	
Coburg: Neue Presse	31,6
Hof: Frankenpost	73,7
Hof: Hofer Anzeiger	26,3
s. Frankenpost, Hof	
Kulmbach: Bayerische Rundschau	34,5
Lichtenfels: Obermain-Tagblatt	12,7
Marktredwitz: Marktredwitzer Tagblatt	6,9
s. Frankenpost, Hof	
Münchberg: Münchberg-Helmbrechtser Zeitung	9,3
s. Frankenpost, Hof	
Selb: Selber Tagblatt	7,3
s. Frankenpost, Hof	

UNTERFRANKEN:

Aschaffenburg: Main-Echo	87,1
Gerolzhofen: Der Steigerwald-Bote	1,6
Haßfurt: Haßfurter Tagblatt	5,7
Kissingen, Bad: Saale-Zeitung	15,5
Kitzingen: Kitzinger Zeitung	7,1
Königshofen, Bad: Bote vom Grabfeld	2,9
Lohr: Lohrer Zeitung	1,4
Mellrichstadt: Rhön- und Streubote	3,0
Neustadt, Bad: Rhön- und Saalepost	5,0
Ostheim: Ostheimer Zeitung	1,0
Schöllkrippen: Der Heimatbote	(1,3)
Würzburg: Deutsche Tagespost	17,5
Würzburg: Fränkisches Volksblatt	20,1
Würzburg: Main Post	133,4

MITTELFRANKEN:

Ansbach: Fränkische Landeszeitung	51,9
s. Nürnberger Nachrichten	
Erlangen: Erlanger Nachrichten	40,8
s. Nürnberger Nachrichten	
Feucht: Der Bote für Nürnberg-Land	11,3
s. Nürnberger Nachrichten	
Gunzenhausen: Altmühl-Bote	8,5
s. Nürnberger Nachrichten	
Hersbruck: Hersbrucker Zeitung	8,4
s. Nürnberger Nachrichten	
Lauf: Pegnitz-Zeitung	12,8
s. Nürnberger Nachrichten	
Nürnberg: Abendzeitung	36,5
s. Abendzeitung, München, **Oberbayern**	
Nürnberg: Nürnberger Nachrichten	309,9
Nürnberg: Nürnberger Zeitung	30,5
Roth: Roth-Hilpoltsteiner Volkszeitung	11,2
s. Nürnberger Nachrichten	
Rothenburg: Fränkischer Anzeiger	6,4
s. Fränkische Landeszeitung, Ansbach	
Schwabach: Schwabacher Tagblatt	15,7
s. Nürnberger Nachrichten	
Treuchtlingen: Treuchtlinger Kurier	2,9
s. Nürnberger Nachrichten	
Weißenburg: Weißenburger Tagblatt	8,9
s. Nürnberger Nachrichten	
Windsheim, Bad: Windsheimer Zeitung	4,9
s. Nürnberger Nachrichten	

SCHWABEN:

Augsburg: Augsburger Allgemeine	241,0
Buchloe: Buchloer Zeitung	3,6
s. Allgäuer Zeitung, Kempten	
Dillingen: Donau-Zeitung	14,0
s. Augsburger Allgemeine	
Füssen: Allgäuer Zeitung	10,8
s. Allgäuer Zeitung, Kempten	
Immenstadt: Allgäuer Anzeigeblatt	19,9
s. Allgäuer Zeitung, Kempten	
Kaufbeuren: Allgäuer Zeitung	12,8
s. Allgäuer Zeitung, Kempten	
Kempten: Allgäuer Zeitung	113,6
s. Augsburger Allgemeine	
Krumbach: Mittelschwäbische Nachrichten	7,8
s. Augsburger Allgemeine	
Marktoberdorf: Allgäuer Zeitung	9,4
s. Allgäuer Zeitung, Kempten	
Memmingen: Memminger Zeitung	22,3
s. Allgäuer Zeitung, Kempten	
Mindelheim: Mindelheimer Zeitung	14,5
s. Augsburger Allgemeine	
Nördlingen: Rieser Nachrichten	10,4
s. Augsburger Allgemeine	
Schwabmünchen: Schwabmünchner Allgemeine	11,8
s. Augsburger Allgemeine	
Weiler: Der Westallgäuer	8,3
s. Allgäuer Zeitung, Kempten	
Wertingen: Wertinger Zeitung	5,8
s. Augsburger Allgemeine	